"책 표지 한번 별나네?"

책의 얼굴이라는 표지에 책에 대한 정보가 없으니 당황스러우셨죠?

우리 함께 공부하는 별님들의 꿈은 무엇인가요?
꿈은 명사가 아닌 동사여야 합니다.
제가 동사의 꿈을 여러분과 함께 꾸고자 합니다.

많은 사람들이 쓰는 책의 얼굴에 선한 메시지가 담겨진다면 얼마나 아름다울까?

이 작은 움직임이 큰 몸짓으로 바뀌어 나간다면 우리는 얼마나 더 따스해질까?

그래서 과감하게 책의 얼굴을 바꿔 보기로 했습니다.
누군가에게 도움을 주는 삶.
저도 사실은 익숙하진 않습니다.

우리 함께 해봐요.
삶 속에서, 그냥 평범한 일상 속에서
나도 누군가에게 도움을 '지금' 주고 있다는 느낌을 가져 보죠.

별똥별을 보고 소원을 빌면 이루어진다고 하죠?

큰별쌤과 함께 한국사를 공부한 별님들의 따뜻한 마음,
그 마음이 모여 간절한 바람이 있는 곳에 별똥별이 되어 날아갑니다.

이 책을 통해 나오는 수익금의 일부가
누군가에게 희망의 빛으로 다가가길 소망합니다.
이 책을 통해 우리는 서로를 기대고 있는 '사람(人)'이라는 사실을
공유하길 소망합니다.

이 책을 통해 당신은 '지금' 누군가의 별똥별이 되어줄 수 있습니다.
이미 누군가의 꿈을 '지금' 응원하고 있는 겁니다.

우리 별님들은 그런 사람입니다.

집필 및 검토

최태성

모두의 별★별 한국사 연구소장

EBS 한국사 대표 강사, ETOOS 한국사 강사

성균관대학교 사학과 졸업

중·고등학교 한국사 교과서 및 역사부도 집필

EBS 평가원 연계 교재 집필 및 검토

2013년 국사편찬위원회 자문위원

2011~2012년 EBS 역사 자문위원

MBC 〈무한도전〉 '문화재 특강' 진행

KBS 1 TV〈역사저널 그날〉 패널 출연

KBS 라디오 FM 대행진 〈별별 히스토리〉 코너 진행

EBS1 〈미래교육 플러스〉 진행

tvN STORY 〈벌거벗은 한국사〉 진행

2022~2024년 국가 보훈부 정책 자문 위원

모두의 별★별 한국사 연구소 곽승연 이상선 김혜진 권혜성

Staff

발행인 정선욱

퍼블리싱 총괄 남형주

개발 김태원 김경대 김인겸 정명희 조정연

기획·디자인·마케팅 조비호 김정인

유통·제작 서준성 김경수

큰별쌤 최태성의 별★별 한국사 기출 500제 한국사능력검정시험 | 심화(1·2·3급) 202412 제9판 1쇄   202503 제9판 4쇄

펴낸곳 이투스에듀(주) 서울시 서초구 남부순환로 2547

고객센터 1599-3225   **등록번호** 제2007-000035호   **ISBN** 979-11-389-2814-4 [13910]

2025년 한국사능력검정시험 심화 시험 일정

여러분의 합격을
기원합니다. ^^

구분		원서 접수 기간	시험일	시험 결과 발표
제73회	정기	1월 14일(화) 10:00 ~ 1월 21일(화) 17:00	2월 16일(일)	2월 28일(금) 10:00
	추가	1월 27일(월) 10:00 ~ 1월 31일(금) 17:00		
제74회	정기	4월 22일(화) 10:00 ~ 4월 29일(화) 17:00	5월 24일(토)	6월 5일(목) 10:00
	추가	5월 6일(화) 10:00 ~ 5월 9일(금) 17:00		
제75회	정기	7월 8일(화) 10:00 ~ 7월 15일(화) 17:00	8월 9일(토)	8월 22일(금) 10:00
	추가	7월 22일(화) 10:00 ~ 7월 25일(금) 17:00		
제76회	정기	9월 16일(화) 10:00 ~ 9월 23일(화) 17:00	10월 18일(토)	10월 31일(금) 10:00
	추가	9월 30일(화) 10:00 ~ 10월 3일(금) 17:00		

* 추가 접수는 원서 접수 기간 종료 후 잔여 좌석에 한함.

큰별쌤 최태성의

별★별 한국사

큰별쌤 최태성의
별 ★ 별 한국사

기출
500제

한국사능력검정시험
심화 (1·2·3급)

최태성 지음

한국사능력검정시험이란?

한능검 접수 가이드 영상

한국사능력검정시험은 국사편찬위원회에서 개발한 다양한 유형의 문항을 통해 우리 역사에 대한 관심을 제고하고, 한국사 전반에 걸쳐 역사적 사고력을 평가할 수 있는 시험입니다. 이를 통해 한국사 교육의 올바른 방향을 제시하고 자발적 역사 학습을 통한 고차원적 사고력과 문제해결 능력 배양을 목적으로 하고 있습니다.

시험 목적

1 우리 역사에 대한 관심을 확산·심화시키는 계기를 마련함

2 고차원적 사고력과 문제해결 능력을 육성함

3 균형 잡힌 역사의식을 갖도록 함

4 역사 교육의 올바른 방향을 제시함

시험 주관 및 시행 기관
국사편찬위원회

응시 대상
한국사에 관심 있는 대한민국 국민(외국인도 가능)

※ 출처 : 국사편찬위원회 한국사능력검정시험

시험 종류 및 인증 등급

시험 종류	심화	기본
인증 등급	1급(80점 이상)	4급(80점 이상)
	2급(70~79점)	5급(70~79점)
	3급(60~69점)	6급(60~69점)
문항 수	50문항(5지 택1형)	50문항(4지 택1형)

※ 배점 : 100점 만점(문항별 1점~3점 차등 배점)

심화 시험 시간

시간	내용	소요 시간
10:00~10:10	오리엔테이션(시험 시 주의 사항)	10분
10:10~10:15	신분증 및 수험표 확인(감독관)	5분
10:15~10:20	문제지 배부	5분
10:20~11:40	시험 실시(50문항)	80분

평가 내용

시험 종류	평가 내용
심화	한국사 심화 과정으로 한국사에 대한 체계적인 이해를 바탕으로 한국사의 주요 사건과 개념을 종합적으로 이해하고, 역사 자료를 분석하고 해석하는 능력, 한국사의 흐름 속에서 시대적 상황 및 쟁점을 파악하는 능력
기본	한국사 기본 과정으로 기초적인 역사 상식을 바탕으로 한국사의 필수 지식과 기본적인 흐름을 이해하는 능력

여기서 잠깐!

1급을 받기 위해서는 80점 이상을 받아야 합니다. 그러나 "심화" 시험의 난도는 기존 고급과 비슷한 수준이고, 문제 유형도 바뀌지 않았기 때문에 걱정할 필요가 전혀 없어요. 지금처럼 큰별쌤을 믿고 중요한 개념들 위주로 학습하면 합격할 수 있습니다.

시험 합격 비법

유튜브 최태성 1TV(인강 전문 채널)

모두의 별★별 한국사(http://www.etoos.com/bigstar)

원서 접수 및 자세한 시험 정보

한국사능력검정시험(http://www.historyexam.go.kr)

큰별쌤의 결론은?

1

초등부터 성인까지 한국사 필수 시대!

한국사를
손 놓을 수는 없죠!

2

한국사는 계속된다! 쭈~욱!

공무원 시험,
교원임용 시험,
승진 시험 등

3

한국사능력검정시험은 선발 시험이 아닌 인증 시험!

80점 이상이면 1급
70~79점이면 2급
60~69점이면 3급

4

도전해 볼 만한 수준!

한 달 정도만 투자해서
필수 개념만 익히면
합격할 수 있어요.

전체적인 흐름을 파악하고, 개념을 꼼꼼히 확인하세요.
사진, 자료 등은 시대와 꼭 연결하여 익숙하게 만들어 두세요.

시험 합격도 중요하지만 한국사 공부를 통해 역사 속의 사람들을 만나 소통해 보고
한 번의 인생 어떻게 살아갈 것인가를 생각해 보는 계기가 되기를 바랄게요.

📖 이 책의 구성

기출 BOOK + 해설 BOOK

최신 기출문제 10회분 수록!

'기출문제는 얼마나 풀어야 할까?' 모든 수험생이 하는 고민일 거예요. 많이 풀면 좋겠지만, 시간은 한정되어 있죠. 수험생들의 학습 패턴과 기출문제를 철저히 분석하여 학습 효과를 극대화할 수 있는 분량, 2024년 72회 시험부터 2023년 63회 시험까지 최신 기출문제 10회분, 총 500문항을 수록하였습니다.

연습은 실전처럼!

실전처럼 학습할 수 있도록 실제 시험지와 같게 구성하였어요. 실제 시험을 치르듯이 시험 시간 80분에 맞춰 문제를 풀어 보세요.

해설 강의 제공!

한국사능력검정시험 해설 강의는 유튜브 최태성 1TV(인강 전문 채널)와 모두의 별★별 한국사(www.etoos.com/bigstar)에서 확인할 수 있어요.

이 책의 차례

심화 제**72**회   한국사능력검정시험 문제지 008

심화 제**71**회   한국사능력검정시험 문제지 020

심화 제**70**회   한국사능력검정시험 문제지 032

심화 제**69**회   한국사능력검정시험 문제지 044

심화 제**68**회   한국사능력검정시험 문제지 056

심화 제**67**회   한국사능력검정시험 문제지 068

심화 제**66**회   한국사능력검정시험 문제지 080

심화 제**65**회   한국사능력검정시험 문제지 092

심화 제**64**회   한국사능력검정시험 문제지 104

심화 제**63**회   한국사능력검정시험 문제지 116

왜 기출문제인가?

한능검 시험의 43문항 정도는 기본적인 내용만 알면 풀 수 있는 문항입니다! 기출 문제를 풀면서 나왔던 주제들만 습득해도 충분히 합격할 수 있어요!

원칙 1 나온 주제가 또 출제된다!

72회 | 광무개혁

35 -035 밑줄 그은 '개혁'의 내용으로 옳은 것은? [2점]

덕수궁 내에 있는 정관헌은 전통 건축 양식에 근대적 요소를 결합한 것으로 평가받고 있습니다. 고종이 황제로 즉위한 뒤 구 본신참을 바탕으로 개혁을 추진할 때 건립되었습니다.

① 홍범 14조를 반포하였다.
② 공사 노비법을 혁파하였다.
③ 신식 군대인 별기군을 창설하였다.
④ 근대 교육 기관인 육영 공원을 설립하였다.
⑤ 지계아문을 설치하여 토지 소유자에게 지계를 발급하였다.

68회 | 광무개혁

37 -237 밑줄 그은 '개혁'에 해당하는 내용으로 옳은 것을 〈보기〉에서 고른 것은? [2점]

[건축으로 보는 한국사] 석조전

고종은 황제로서의 권위와 근대 국가를 향한 의지를 보여 주기 위해 서양의 신고전주의 양식으로 설계된 석조전 착공을 명하였다. 그러나 황제권 강화를 표방하며 개혁을 추진하던 고종은 석조전이 완공되기 전에 강제로 퇴위당하였다.

〈보기〉
ㄱ. 박문국을 설치하여 한성순보를 발행하였다.
ㄴ. 통리기무아문을 설치하여 개화 정책을 추진하였다.
ㄷ. 관립 상공 학교를 설립하여 실업 교육을 실시하였다.
ㄹ. 지계아문을 설치하여 토지 소유자에게 지계를 발급하였다.

① ㄱ, ㄴ   ② ㄱ, ㄷ   ③ ㄴ, ㄷ
④ ㄴ, ㄹ   ⑤ ㄷ, ㄹ

67회 | 광무개혁

35 -285 (가)에 들어갈 내용으로 가장 적절한 것은? [2점]

한국사 특강

우리 학회에서는 고종이 황제로 즉위한 이후 구본신참에 입각하여 추진한 정책을 주제로 강좌를 마련하였습니다. 많은 관심과 참여 바랍니다.

■ 강좌 내용 ■
제1강   (가)
제2강 대한국 국제 반포와 황제 중심 정치 구조
제3강 지계 발급과 근대적 토지 소유권

• 기간: 2023년 10월 ○○일~○○일
• 일시: 매주 토요일 14:00~16:00
• 장소: △△ 연구원

① 통역관 양성을 위한 동문학 설립
② 개혁 방향을 제시한 홍범 14조 반포
③ 통리기무아문 설치와 개혁 정책 추진
④ 원수부 창설과 황제의 군 통수권 강화

원칙 2 선택지가 반복해서 출제된다!

중요 선택지가 반복 출제되는 게 보이시죠? 반복되는 선택지만 습득해도 합격점을 받을 수 있어요!

기출 500제 사용법

기출 BOOK

실제 시험 시간 80분에 맞추어 문제지를 풉니다.

해설 BOOK

자세한 해설 BOOK을 보면서 복습하고, 반복해서 나오는 기출 선택지도 정리합니다. 이것만 반복하면 합격! 참 쉽죠?

2주 합격
STUDY PLAN

		계획	공부한 날	Time Table					점수
1 Day	72회	월 일 요일	월 일 요일	문제	:	~	:		
				해설	:	~	:		
2 Day	71회	월 일 요일	월 일 요일	문제	:	~	:		
				해설	:	~	:		
3 Day	70회	월 일 요일	월 일 요일	문제	:	~	:		
				해설	:	~	:		
4 Day	69회	월 일 요일	월 일 요일	문제	:	~	:		
				해설	:	~	:		
5 Day	68회	월 일 요일	월 일 요일	문제	:	~	:		
				해설	:	~	:		
6 Day	67회	월 일 요일	월 일 요일	문제	:	~	:		
				해설	:	~	:		
7 Day	66회	월 일 요일	월 일 요일	문제	:	~	:		
				해설	:	~	:		
8 Day	65회	월 일 요일	월 일 요일	문제	:	~	:		
				해설	:	~	:		
9 Day	64회	월 일 요일	월 일 요일	문제	:	~	:		
				해설	:	~	:		
10 Day	63회	월 일 요일	월 일 요일	문제	:	~	:		
				해설	:	~	:		
11 Day	복습	월 일 요일	월 일 요일	문제	:	~	:		
				해설	:	~	:		
12 Day	복습	월 일 요일	월 일 요일	문제	:	~	:		
				해설	:	~	:		
13 Day	복습	월 일 요일	월 일 요일	문제	:	~	:		
				해설	:	~	:		
14 Day	실전 연습	월 일 요일	월 일 요일	문제	:	~	:		
				해설	:	~	:		

D-14	72회		D-7	65회
D-13	71회		D-6	64회
D-12	70회		D-5	63회
D-11	69회		D-4	복습
D-10	68회		D-3	복습
D-9	67회		D-2	복습
D-8	66회		D-1	실전 연습

1-001 (가) 시대의 생활 모습으로 옳은 것은? [1점]

여주 흔암리 선사 유적

유적 소개
개 관 >
출토 유물 >
체험 안내 >

■ 대표 유물

사유 재산과 계급이 발생한 (가) 시대의 유적인 이곳에서 발견된 탄화된 쌀이다. 이를 통해 한반도에서 (가) 시대에 벼농사가 이루어졌음을 알 수 있다.

■ 함께 출토된 유물

민무늬 토기   반달 돌칼

① 주로 동굴이나 강가의 막집에서 살았다.
② 지배층의 무덤으로 고인돌을 축조하였다.
③ 농경과 목축을 시작하여 식량을 생산하였다.
④ 호미, 쇠스랑 등의 철제 농기구를 제작하였다.
⑤ 주먹도끼, 찍개 등의 뗀석기를 처음 제작하였다.

2-002 밑줄 그은 '이 나라'에 대한 탐구 활동으로 가장 적절한 것은? [2점]

함께 성장하는 한국사 수업
한 무제의 침략에 맞서 싸운 이 나라에 대해 조사한 내용을 올려 주세요.

정치 | 경제 | 사회
왕 아래에 상, 대부, 장군 등의 관직을 두었어요. | 중국과 한반도 남부의 진국 사이에서 중계 무역을 하였어요. | 사회 질서를 유지하기 위한 범금 8조가 있었어요.

① 임신서기석의 내용을 분석한다.
② 칠지도에 새겨진 명문을 해석한다.
③ 수도 왕검성의 위치에 대한 자료를 검색한다.
④ 10월에 지냈던 제천 행사인 동맹을 살펴본다.
⑤ 국가의 중대사를 논의한 화백 회의에 대해 조사한다.

3-003 (가), (나) 사이의 시기에 있었던 사실로 옳은 것은? [2점]

(가) 겨울에 백제 왕이 태자와 함께 정병 3만 명을 거느리고 고구려를 침입하여 평양성을 공격하였다. 고구려 왕 사유가 힘껏 싸우며 막다가 날아오는 화살을 맞고 죽었다.

(나) 정월에 백제는 고구려의 도살성을 쳐서 빼앗았다. 3월에는 고구려가 백제의 금현성을 함락시켰다. 신라 왕이 양국의 병사가 지친 틈을 타 이찬 이사부에게 명하여 병사를 내어 쳐서 두 성을 빼앗아 증축하고 갑사 1천 명을 두어 지키게 하였다.

① 신라가 기벌포에서 당군을 격파하였다.
② 고구려가 국내성에서 평양으로 천도하였다.
③ 계백이 이끈 결사대가 황산벌에서 패배하였다.
④ 연개소문이 정변을 일으켜 권력을 장악하였다.
⑤ 김춘추가 당으로 건너가 군사 동맹을 체결하였다.

4-004 (가)~(다) 지역에 대한 설명으로 옳지 <u>않은</u> 것은? [3점]

답사 계획서

◆ 주제 : 도읍지를 따라가는 ○○의 역사
◆ 기간 : 2024년 10월 △△일 ~ △△일
◆ 답사 지역 및 일정

1일차 : (가)
풍납동 토성
석촌동 고분군

2일차 : (나)
공산성
무령왕릉

3일차 : (다)
부소산성
왕릉원(능산리 고분군)

① (가) - 고구려에서 남하한 온조가 도읍으로 삼았다.
② (나) - 문주왕 때 천도한 곳이다.
③ (나) - 중국 남조의 영향을 받은 벽돌무덤이 있다.
④ (다) - 왕궁리 오층 석탑이 있다.
⑤ (다) - 백제 금동 대향로가 출토되었다.

5 -005 (가) 국가에 대한 설명으로 옳은 것은? [2점]

이것은 (가) 의 쌍영총 벽화의 개마 무사 부분 모사도입니다. 안악 3호분 등 (가) 의 다른 고분 벽화에서도 개마 무사가 그려져 있어 이 국가의 군사, 무기 등의 모습을 알 수 있습니다.

① 태학과 경당을 두어 인재를 양성하였다.
② 골품에 따라 관등 승진에 제한이 있었다.
③ 국경 지역인 양계에 병마사를 파견하였다.
④ 정사암에서 국가의 중대한 일을 결정하였다.
⑤ 여러 가(加)들이 별도로 사출도를 주관하였다.

6 -006 (가)에 들어갈 내용으로 가장 적절한 것은? [1점]

통일 신라의 경제
한국사 교양 강좌

◆ 강좌 주제 ◆
제1강 촌락 문서에 나타난 수취 체제의 특징
제2강 서시와 남시 설치를 통해 본 상업 발달
제3강 _____(가)_____

■ 일시 : 2024년 10월 △△일 △△시 ~ △△시
■ 장소 : ○○대학교 대강당

① 상평창과 물가 조절
② 은병이 화폐 유통에 미친 영향
③ 진대법으로 알아보는 빈민 구제
④ 덩이쇠 수출을 통해 본 낙랑과의 교역
⑤ 울산항을 통한 아라비아 상인들과의 교류

7 -007 밑줄 그은 '이 국가'에 대한 설명으로 옳은 것은? [2점]

정혜 공주 무덤의 구조도

정혜 공주 묘지석

지린성 둔화에서 발견된 이 국가의 정혜 공주 무덤은 모줄임천장 구조의 굴식 돌방무덤으로 고구려 양식을 계승하고 있다. 또한, 내부에서 출토된 묘지석에 '황상'이라는 칭호가 사용된 점을 통해 이 국가의 자주성을 확인할 수 있다.

① 서경을 북진 정책의 기지로 삼았다.
② 정당성의 대내상이 국정을 총괄하였다.
③ 영락이라는 독자적인 연호를 사용하였다.
④ 군사 조직으로 9서당 10정을 편성하였다.
⑤ 관리 선발을 위해 독서삼품과를 시행하였다.

8 -008 교사의 질문에 대한 학생의 답변으로 옳은 것은? [2점]

화면에 표시된 부분은 진성 여왕 때 유포된 글로 당시 정치 상황을 비판하는 내용입니다. 삼국유사에 따르면 '찰니나제'는 여왕을, '소판니'와 '삼아간'은 위홍 등 간신들을 의미하는 것으로, 그들 때문에 나라가 망한다는 뜻입니다. 이 여왕의 재위 시기에 있었던 사실을 말해 볼까요?

① 김흠돌이 반란을 도모하였어요.
② 김사미와 효심이 난을 일으켰어요.
③ 원종과 애노가 사벌주에서 봉기하였어요.
④ 김유신이 비담과 염종의 난을 진압하였어요.
⑤ 복신과 도침이 주류성에서 군사를 일으켰어요.

9 -009 (가) 인물에 대한 설명으로 옳은 것은? [2점]

나는 지금 경주 포석정지에 와 있어. 삼국사기에 의하면 이곳은 경애왕이 연회를 벌이다가 (가) 의 습격을 받은 곳이야.

(가) 에 대해 더 알려 줄래?

그는 공산 전투에서 고려군에 대승을 거두기도 했어.

① 훈요 10조를 남겼다.
② 경주의 사심관으로 임명되었다.
③ 금마저에 미륵사를 창건하였다.
④ 완산주를 도읍으로 삼아 나라를 세웠다.
⑤ 광평성을 비롯한 정치 기구를 마련하였다.

제72회 한국사능력검정시험 (심화)

10-010 (가)~(다)에 대한 설명으로 옳은 것은? [3점]

사진으로 보는 신라의 탑

(가) 경주 분황사 모전 석탑
(나) 경주 감은사지 동 삼층 석탑
(다) 화순 쌍봉사 철감선사탑

① (가) - 내부에서 무구정광대다라니경이 발견되었다.
② (가) - 1층 탑신에 당의 장수 소정방의 명으로 새긴 글이 있다.
③ (나) - 자장의 건의로 건립되었다.
④ (나) - 돌을 벽돌 모양으로 다듬어 쌓았다.
⑤ (다) - 선종의 영향을 받아 만들어졌다.

12-012 (가)에 대한 고려의 대응으로 옳은 것은? [2점]

이 자료는 초조대장경의 일부입니다. (가) 의 침입으로 현종이 피란을 가고 개경이 함락되자 부처의 힘으로 나라를 지키려는 마음을 담아 조판하기 시작하였습니다.

① 윤관을 보내 동북 9성을 개척하였다.
② 화통도감을 두어 화포를 제작하였다.
③ 광군을 조직하여 침입에 대비하였다.
④ 박위를 파견하여 근거지를 토벌하였다.
⑤ 철령위 설치에 반발해 요동 정벌을 추진하였다.

11-011 다음 검색창에 들어갈 왕의 재위 기간에 있었던 사실로 옳은 것은? [2점]

시기	내용	원문 이미지
2년	처음으로 12목을 설치하다	
5년	흑창을 의창으로 고치다	
6년	면천된 노비가 주인을 욕하면 환천하게 하다	
11년	개경에 국자감을 두다	

① 관학을 진흥하고자 양현고를 설치하였다.
② 광덕, 준풍 등의 독자적 연호를 사용하였다.
③ 주전도감을 설치하여 해동통보를 발행하였다.
④ 정계와 계백료서를 지어 관리의 규범을 제시하였다.
⑤ 최승로의 시무 28조를 받아들여 통치 체제를 정비하였다.

13-013 (가)에 들어갈 내용으로 적절한 것은? [2점]

한국사 대화형 인공 지능

Q 그림 속 인물에 대해 알려 줘.
A 숙종 대 과거에 합격하여 의종 대까지 활동한 대표적인 고려 유학자입니다.
Q 그의 대표적인 활동에 대해 알려 줘.
A 유교 사관을 바탕으로 삼국의 역사를 기록한 삼국사기의 편찬을 총괄하였습니다.
Q 다른 행적에 대해서도 알려 줘.
A (가)

① 봉사 10조를 국왕에게 올렸습니다.
② 관군을 이끌고 묘청의 난을 진압하였습니다.
③ 만권당에서 원의 유학자들과 교유하였습니다.
④ 불씨잡변을 저술하여 불교를 비판하였습니다.
⑤ 9재 학당을 설립하여 유학 교육에 힘썼습니다.

14-014 (가)~(다)를 일어난 순서대로 옳게 나열한 것은? [3점]

> (가) 왕이 먼저 나라 안의 신하들을 권유하여 개경으로 환도하게 하였다. 여러 신하들이 말하기를 "임금의 명령인데, 감히 따르지 않을 수 있겠는가?"라고 하였으므로, 임유무가 화가 나서 어떻게 해야 할지를 알지 못하였다.
>
> (나) 조위총이 군사를 일으키자, 이의방이 이의민을 정동 대장군 지병마사로 임명하였다. 이의민이 군사를 거느리고 전투에 나섰다가 날아오는 화살에 눈을 맞았으나, 철령으로 진군하여 사방에서 북을 치고 고함을 지르면서 급습하여 크게 격파하였다.
>
> (다) 백관이 최우의 집에 나아가 정년도목(政年都目)을 올렸다. 최우가 청사에 앉아 그것을 받았다. 6품 이하는 당하(堂下)에서 두 번 절하고 땅에 엎드려 감히 고개를 들고 보지 못하였다. 이때부터 최우는 정방을 그의 집에 두고 백관의 인사 행정을 처리하였다.

① (가) - (나) - (다)
② (가) - (다) - (나)
③ (나) - (가) - (다)
④ (나) - (다) - (가)
⑤ (다) - (나) - (가)

15-015 밑줄 그은 '시기'의 사실로 옳은 것은? [2점]

> 이 그림은 공민왕과 그의 왕비인 노국 대장 공주의 초상화야. 고려에는 노국 대장 공주 외에도 제국 대장 공주, 계국 대장 공주 등 원 출신의 왕비들이 여럿 있었어.

> 맞아. 충렬왕부터 공민왕에 이르는 시기의 왕들은 원의 공주들과 결혼했어.

① 권문세족이 도평의사사를 장악하였다.
② 왕조 교체를 예언하는 정감록이 유포되었다.
③ 강조가 정변을 일으켜 김치양을 제거하였다.
④ 김보당이 의종 복위를 주장하며 난을 일으켰다.
⑤ 국정을 총괄하는 기구로 교정도감이 설치되었다.

16-016 (가) 국가의 경제 상황으로 옳은 것은? [2점]

> **이달의 책**
>
> 1123년 송 사절의 한 사람으로 (가) 에 왔던 서긍이 지은 책입니다. 이 책은 서긍이 예성항을 통해 개경으로 들어와 한 달 남짓 머물며 보고 들은 (가) 의 다양한 모습을 그림을 곁들여 설명한 것입니다. 현재 남아 있는 판본들은, 그림[圖]은 없어지고 글[經]만 남아 있습니다.

① 솔빈부의 말이 특산품으로 유명하였다.
② 송상이 전국 각지에 송방을 설치하였다.
③ 서적점, 다점 등의 관영 상점을 운영하였다.
④ 집집마다 부경이라고 불리는 창고가 있었다.
⑤ 광산을 전문적으로 경영하는 덕대가 나타났다.

17-017 (가) 국가의 탑으로 옳은 것은? [1점]

> 이 탑은 원래 개성에 있었는데 지금은 국립 중앙 박물관에 옮겨져 새로운 영상 기법으로 전시되고 있습니다. (가) 시대에 만들어진 이 탑은 이후 원각사지 십층 석탑에 영향을 주기도 하였습니다.

①
②
③
④
⑤

18 -018 밑줄 그은 '임금'에 대한 설명으로 옳은 것은? [2점]

> 자네 들었는가? 임금께서 민무구, 민무질에게 자결을 명하셨다더군. 몇 해 전 어린 세자를 이용해 권세를 잡으려 했다는 죄로 귀양을 보내셨었지.

> 나도 들었네. 중전마마의 동생으로 임금께서 정도전을 숙청할 때 공을 세웠던 사람들이었지.

① 공신들에게 역분전을 지급하였다.
② 주자소를 두어 계미자를 주조하였다.
③ 정치도감을 설치하여 개혁을 추진하였다.
④ 구황촬요를 간행하여 기근에 대비하였다.
⑤ 유자광의 고변을 계기로 남이를 처형하였다.

19 -019 (가) 기구에 대한 설명으로 옳은 것은? [3점]

도로명으로 보는 역사 : 만리재로

만리재로
Manrijae-ro

이 도로명은 만리재에서 유래한 것이다. 만리재는 조선의 문신 최만리가 살았다고 하여 붙여진 지명이다. 세자의 스승이기도 하였던 최만리는 세종이 학문 연구, 편찬 사업 등을 수행하도록 설치한 (가) 의 부제학으로 활약하였다. 그러나 훈민정음 창제를 반대하는 상소를 올려 세종과 갈등을 빚기도 하였다.

① 은대(銀臺)라고도 불렸다.
② 전문 강좌인 7재를 운영하였다.
③ 고려의 삼사와 같은 기능을 수행하였다.
④ 단종 복위 운동을 계기로 세조에 의해 폐지되었다.
⑤ 대사성을 수장으로 좨주, 직강 등의 관직을 두었다.

20 -020 밑줄 그은 '전하'의 재위 기간에 있었던 사실로 옳은 것은? [2점]

> 전하께서 성군을 이으셨으니, 예악(禮樂)으로 태평 시절을 일으키실 때가 바로 지금이다. 장악원 소장의 의궤와 악보가 오랜 세월이 지나서 끊어지고 문드러졌다. 다행히 보존된 것 역시 모두 엉성하고 오류가 있으며 빠진 것이 많다. 이에 성현 등에게 명하여 다시 교정하게 하였다. 책이 완성되자 악학궤범이라고 이름 지었다.

① 예학을 정리한 가례집람이 저술되었다.
② 국가의 기본 법전인 경국대전이 완성되었다.
③ 외교 문서를 집대성한 동문휘고가 편찬되었다.
④ 붕당의 폐해를 경계하기 위한 탕평비가 건립되었다.
⑤ 이조 전랑 임명을 둘러싸고 김효원과 심의겸이 대립하였다.

21 -021 밑줄 그은 '이 사건'이 일어난 시기를 연표에서 옳게 고른 것은? [2점]

> 이곳은 최근에 개방된 효릉입니다. 조선 국왕 인종과 그의 왕비 인성 왕후가 모셔져 있습니다. 인종은 즉위한 지 1년도 되지 않아 사망하였습니다. 인종의 죽음은 윤원형, 윤임 등 외척 간의 권력 다툼으로 사림이 피해를 입은 이 사건의 계기가 되었습니다.

	(가)		(나)		(다)		(라)		(마)	
이시애의 난		연산군 즉위		중종 반정		기묘 사화		선조 즉위		이괄의 난

① (가)　② (나)　③ (다)　④ (라)　⑤ (마)

22 -022 (가) 사절단에 대한 설명으로 옳은 것은? [2점]

그림으로 보는 조선 사절단의 여정

"사로승구도"는 1748년 에도 막부의 요청으로 조선이 일본에 파견한 (가) 이/가 부산에서 에도에 이르는 여정을 담은 작품입니다. 일본의 명승지나 사행 중 겪은 인상적인 광경을 30장면으로 표현하였는데, 위 그림은 사절단이 에도로 들어갈 때 보았던 모습을 그린 것입니다.

① 연행사라는 이름으로 보내졌다.
② 암행어사의 형태로 비밀리에 파견되었다.
③ 민영익, 홍영식, 서광범 등이 참여하였다.
④ 사행을 다녀온 여정을 조천록으로 남겼다.
⑤ 관련 기록물이 세계 기록 유산에 등재되었다.

23 -023 (가)에 들어갈 작품으로 옳은 것은? [1점]

기획 전시

인재(仁齋) 강희안 특별전

■ 기간 : 2024년 ○○월 ○○일 ~ ○○월 ○○일
■ 장소 : △△ 박물관 특별 전시실

대표 전시 작품

(가)

조선 전기 시·그림·글씨에 모두 뛰어난 것으로 유명했던 강희안의 대표작으로 간결하고 과감한 필치가 돋보인다.

 ① ② ③

 ④ ⑤

24 -024 밑줄 그은 '전란' 중에 있었던 사실로 옳은 것은? [2점]

초대합니다

**창작 뮤지컬
비운의 의순 공주, 애숙**

삼전도에서의 굴욕적인 항복으로 전란은 끝났습니다. 이후 조선의 공주를 부인으로 삼겠다는 청 섭정왕의 요구로 조선 국왕의 양녀가 되어 원치 않은 결혼을 해야 했던 의순 공주 이애숙. 그녀의 굴곡진 삶을 한 편의 뮤지컬로 선보입니다.

• 일시 : 2024년 ○○월 ○○일 ○○시
• 장소 : 의정부 △△ 문화 회관 대극장

① 이종무가 대마도를 정벌하였다.
② 강홍립이 사르후 전투에 참전하였다.
③ 김준룡이 광교산 전투에서 승리하였다.
④ 조헌이 금산에서 의병을 이끌고 활약하였다.
⑤ 신립이 탄금대에서 배수의 진을 치고 전투를 벌였다.

25 -025 밑줄 그은 '이 법'에 대한 설명으로 옳은 것은? [1점]

① 양반에게도 군포를 거두었다.
② 토지 1결당 쌀 2두의 결작을 부과하였다.
③ 전세를 풍흉에 따라 9등급으로 차등 과세하였다.
④ 부족한 재정 보충을 위해 선무군관포를 징수하였다.
⑤ 관청에 물품을 조달하는 공인이 등장하는 배경이 되었다.

26 -026 (가) 인물에 대한 설명으로 옳은 것은? [2점]

① 기해예송에서 기년설을 주장하였다.
② 지전설을 주장한 의산문답을 집필하였다.
③ 양명학을 연구하여 강화학파를 형성하였다.
④ 역대 명필을 연구하여 추사체를 창안하였다.
⑤ 양반의 허례와 무능을 풍자한 양반전을 지었다.

27 -027 다음 자료에 나타난 시기의 경제 상황으로 옳지 <u>않은</u> 것은? [1점]

> 비변사의 계사에, "현재 시전의 병폐로 서울과 지방의 백성이 원망하는 바는 오로지 도고(都庫)에 있습니다. 시중 시세를 조종하여 홀로 이익을 취하니 그 폐단은 한이 없습니다. 한성부에서 엄히 금하도록 하되 그 가운데 매우 심하게 폐단을 빚는 3강(한강·용산강·서강)의 시목전(柴木廛)·염해전(鹽醢廛)과 같은 무리는 그 주모자를 색출하여 형조로 송치해서 엄한 형벌로 다스려 후일을 징계하도록 분부하는 것이 어떻겠습니까?" 하니 윤허한다고 답하였다.

① 금속 화폐인 건원중보가 주조되었다.
② 담배와 면화 등의 상품 작물이 재배되었다.
③ 보부상이 장시를 돌아다니며 상업 활동을 하였다.
④ 모내기법의 확대로 벼와 보리의 이모작이 성행하였다.
⑤ 설점수세제의 시행으로 민간의 광산 개발이 허용되었다.

28 -028 (가) 왕에 대한 설명으로 옳은 것은? [2점]

> 가상 현실 버스에 오신 여러분 환영합니다. 지금 창문 스크린으로 보고 계신 것은 무예도보통지에 실린 무예 동작입니다. (가) 의 명으로 이덕무, 박제가, 백동수 등이 편찬한 무예도보통지에는 기존의 무예신보에 마상 무예가 추가되어 총 24개의 무예가 실려 있습니다. 이 책은 장용영의 훈련 교재로 사용되었습니다.

① 백두산정계비를 세워 청과의 국경을 정하였다.
② 삼군부를 부활시켜 군사 업무를 담당하게 하였다.
③ 통치 체제를 정비하기 위해 속대전을 편찬하였다.
④ 규장각에 검서관을 두어 서얼 출신 학자들을 기용하였다.
⑤ 한양을 기준으로 역법을 정리한 칠정산 내편을 제작하였다.

29 -029 (가)~(라)에 들어갈 내용으로 옳은 것을 〈보기〉에서 고른 것은? [2점]

1모둠	2모둠	3모둠	4모둠
한성순보	독립신문	황성신문	대한매일신보
(가)	(나)	(다)	(라)

보기
> ㄱ. (가) - 정부에서 발행한 순 한문 신문이었어요.
> ㄴ. (나) - 서재필의 주도로 창간되었어요.
> ㄷ. (다) - 일장기를 삭제한 손기정 사진이 실렸어요.
> ㄹ. (라) - 상업 광고가 처음으로 게재되었어요.

① ㄱ, ㄴ   ② ㄱ, ㄷ   ③ ㄴ, ㄷ
④ ㄴ, ㄹ   ⑤ ㄷ, ㄹ

30 -030 (가), (나) 체결 사이의 시기에 있었던 사실로 옳은 것은? [3점]

> (가) 제6칙 이후 조선국 항구에 거주하는 일본 인민은 양미(糧米)와 잡곡을 수출, 수입할 수 있다.
> 제7칙 일본국 정부에 속한 모든 선박은 항세를 납부하지 않는다.

> (나) 제9관 입항하거나 출항하는 각 화물이 해관을 통과할 때는 응당 본 조약에 첨부된 세칙(稅則)에 따라 관세를 납부해야 한다.
> 제37관 조선국에서 가뭄과 홍수, 전쟁 등의 일로 인해 국내에 양식이 결핍될 것을 우려하여 일시 쌀 수출을 금지하려고 할 때에는 1개월 전에 지방관이 일본 영사관에게 통지하여 미리 그 기간을 항구에 있는 일본 상인들에게 전달하여 일률적으로 준수하는 데 편리하게 한다.

① 조·미 수호 통상 조약이 체결되었다.
② 러시아가 용암포 조차를 요구하였다.
③ 영국이 거문도를 불법적으로 점령하였다.
④ 일본 군함 운요호가 영종도를 공격하였다.
⑤ 청과 대등한 입장에서 한·청 통상 조약이 맺어졌다.

31 -031 밑줄 그은 '사건' 이후에 전개된 사실로 옳은 것은? [2점]

> 조선 왕 전하께
>
> ...... 9월 말에 평양의 대동강에서 좌초한 미국 상선에 승선한 사람들이 살해당했고 배가 불살라졌다는 고통스럽고 놀랄 만한 사건이 있었다고 들었습니다. 본 총병은 본국 수사 제독의 위임으로 파견되어 상세히 조사하라는 명을 받았습니다. 과연 이러한 일이 있었는지, 사실인지 아닌지, 생존자가 몇 사람인지 등을 귀국에서 신속히 조사해 분명히 답해 주시길 부탁드립니다.
>
> – 미국 군함 와추세트(Wachusett) 수사 총병 슈펠트(Shufeldt) –

① 홍경래가 난을 일으켰다.
② 임술 농민 봉기가 일어났다.
③ 황사영 백서 사건이 발생하였다.
④ 어재연이 광성보 전투에서 전사하였다.
⑤ 청의 요청으로 나선 정벌에 조총 부대를 파견하였다.

32 -032 (가) 시기에 있었던 사실로 옳은 것은? [3점]

일본으로 망명했던 박영효가 귀국했다네.

며칠 전 내무대신으로 임명되어 총리대신 김홍집과 함께 새로운 정부를 주도한다더군.

(가)

단발령이 공포되었다네. 폐하께서는 이미 단발을 하셨다는군.

그래서 지금 전국에서 반대 상소가 빗발치고 있다네.

① 과거제가 폐지되었다.
② 호포제가 실시되었다.
③ 교정청이 설치되었다.
④ 5군영이 2영으로 통합되었다.
⑤ 교육 입국 조서가 반포되었다.

33 -033 (가)에 들어갈 내용으로 옳은 것은? [3점]

답사 계획서

- 주제 : 동학 농민군의 발자취를 따라서
- 기간 : 2024년 ○○월 ○○일 ~ ○○일
- 답사 장소

지역	장소	설명
부안	백산	호남 창의 대장소(大將所)를 설치하고 4대 강령을 발표하였다.
장성	황룡 전적	(가)
공주	우금치 전적	농민군이 관군과 일본군을 상대로 격전을 벌이다 패배하였다.

① 농민군이 정부와 화약을 맺었다.
② 최제우가 혹세무민의 죄로 처형되었다.
③ 홍계훈의 관군을 상대로 농민군이 승리하였다.
④ 피신해 있던 농민군의 지도자 전봉준이 체포되었다.
⑤ 농민들이 조병갑의 탐학에 맞서 만석보를 파괴하였다.

34 -034 밑줄 그은 '이 시기'의 의병 활동에 대한 설명으로 옳은 것은? [2점]

이곳 지리산 연곡사에는 의병장 고광순의 순절비가 있습니다. 그는 지리산을 중심으로 장기 항전을 계획하다가 일본군의 토벌 작전으로 순국하였습니다. 고종의 강제 퇴위와 군대의 강제 해산으로 의병 활동이 고조된 이 시기에는 고광순을 비롯하여 각계각층의 사람들이 국권 회복을 위해 활동했습니다.

① 13도 창의군을 결성하였다.
② 한·중 연합 전선을 형성하였다.
③ 최익현이 태인에서 궐기하였다.
④ 고경명 등이 의병장으로 활약하였다.
⑤ 봉오동 전투에서 일본군을 격퇴하였다.

35-035 밑줄 그은 '개혁'의 내용으로 옳은 것은? [2점]

> 덕수궁 내에 있는 정관헌은 전통 건축 양식에 근대적 요소를 결합한 것으로 평가받고 있습니다. 고종이 황제로 즉위한 후 구본신참을 바탕으로 개혁을 추진할 때 건립되었습니다.

① 홍범 14조를 반포하였다.
② 공사 노비법을 혁파하였다.
③ 신식 군대인 별기군을 창설하였다.
④ 근대 교육 기관인 육영 공원을 설립하였다.
⑤ 지계아문을 설치하여 토지 소유자에게 지계를 발급하였다.

36-036 (가) 운동에 대한 설명으로 옳은 것은? [1점]

언론 보도로 본 만세 기념일

3월 1일에 배화 여학교 학생 일동은 학교 동산에 올라가서 우리 독립 선언 기념을 경축하기 위하여 만세를 부르고, 배재 학교 생도 일동은 3월 1일에 일제히 결석하고 3월 2일에 등교하여 갑자기 그 학교 마당에서 만세를 불렀으니 …… 저와 같은 불미한 행동을 허락한 까닭으로 그 학교 교장들은 파직하고 심하면 그 학교를 폐쇄할 지경에 이르겠다더라.

[해설] 이 자료는 신한민보 1920년 4월 20일자에 실린 기사이다. 민족 최대의 독립운동이었던 (가) 의 1주년 무렵 배화 여학교와 배재 학교 학생들이 만세 운동을 전개하여 학교가 폐쇄될 위기에 처했다는 내용이 담겨 있다.

① 통감부의 방해와 탄압으로 중단되었다.
② 러시아의 절영도 조차 요구를 저지하였다.
③ 순종의 인산일을 기회로 삼아 추진되었다.
④ 대한민국 임시 정부 수립의 계기가 되었다.
⑤ 성진회와 각 학교 독서회에 의해 전국적으로 확산되었다.

37-037 (가) 부대에 대한 설명으로 옳은 것은? [3점]

이달의 독립운동가

노은(蘆隱) 김규식

• 생몰년 : 1882~1931

• 생애 및 활동

경기도 구리에서 태어났다. 대한 제국 군인 출신으로 의병 활동에 참여하다가 일본군에게 체포되어 복역하였다. 1920년 청산리 전투에서 김좌진, 이범석 등이 이끈 (가) 의 지도부로 활약하였다. 이후 러시아, 만주 일대에서 독립운동을 계속하다가 1931년에 순국하였다. 1963년 건국 훈장 독립장이 추서되었다.

① 영릉가에서 일본군에 승리를 거두었다.
② 미국과 연계하여 국내 진공 작전을 계획하였다.
③ 중국 팔로군과 함께 호가장 전투에서 활약하였다.
④ 동북 항일 연군으로 개편되어 유격전을 전개하였다.
⑤ 중광단을 중심으로 조직되어 항일 독립 전쟁에 참여하였다.

38-038 밑줄 그은 '이 지역'을 지도에서 옳게 찾은 것은? [1점]

여기 눈에 띄는 주소 표지판이 하나 있습니다. '세울스카야 2A'. 그 뜻은 '서울 거리 2A번지'입니다. 왜 이런 주소가 있을까요?

사실 이 지역에는 신한촌 등 한인 집단 거주지가 있었습니다. 그러나 이곳에 살던 한인들은 1937년에 중앙아시아로 강제 이주를 당하였습니다.

세월이 흘러 현재는 신한촌의 역사를 기억하기 위한 조형물이 세워져 있습니다. 점차 잊히는 이들의 역사, 우리의 관심이 필요한 때입니다.

① (가) ② (나) ③ (다) ④ (라) ⑤ (마)

39 -039 (가)에 들어갈 내용으로 적절한 것은? [2점]

자료로 보는 한국 영화 🎥

이 자료는 일제 강점기에 발행된 극장 홍보지로, 심훈이 감독한 무성 영화 '먼동이 틀 때'를 소개한 것이다. 이 영화는 나운규의 '아리랑'에 이어 한국 영화 초기 명작으로 평가받기도 한다. 이외에도 심훈은 다수의 시나리오와 영화 평론을 집필하였으며, ___(가)___

① 별 헤는 밤, 참회록 등의 시를 남겼다.
② 국문 연구소의 연구 위원으로 활동하였다.
③ 근대극 형식을 도입한 토월회를 조직하였다.
④ 실천적인 유교 정신을 강조하는 유교 구신론을 저술하였다.
⑤ 브나로드 운동을 소재로 한 소설 상록수를 신문에 연재하였다.

40 -040 (가)에 들어갈 내용으로 가장 적절한 것은? [1점]

탐구 활동 계획서

1. 주제 : ___(가)___
2. 조사 방법 : 문헌 조사, 인터넷 검색 등
3. 참고 자료

• 자료 1

미쓰코시 백화점 경성 지점

경성 우편국을 끼고 돌아서면 요지경 같은 진고개다. …… 미쓰코시에 들어가니 아래층은 음식과 과자를 팔고, 2층으로 가니 거기는 일본 옷감뿐이더라.
- "별건곤" -

• 자료 2

토막집과 토막민

경성부 내의 토막민 수가 1,583호이고 인구가 5,000여 명에 달한다고 한다. …… 토막민 자체에 대한 사회적 책임으로 보아 중대한 사회 문제라고 아니 할 수 없는 것이다.
- 동아일보 -

① 개화 정책의 추진과 한계
② 식민지 근대 도시의 이중성
③ 형평 운동의 전개 과정과 반발
④ 경제 개발 5개년 계획의 시행 결과
⑤ 상품 화폐 경제의 발달과 신분제의 동요

41 -041 밑줄 그은 '시기'에 볼 수 있는 사회 모습으로 가장 적절한 것은? [2점]

이것은 한 제과 업체의 캐러멜 광고로 탱크와 전투기 그림을 활용하여 "캐러멜도 싸우고 있다!"라는 문구를 담고 있습니다. 중·일 전쟁 이후 일제가 국가 총동원법을 시행한 시기에 제작된 이 광고는 당시 군국주의 문화가 일상에까지 스며들어 있었음을 잘 보여 줍니다.

① 몸뻬 착용을 권장하는 애국반 반장
② 경성 제국 대학 설립을 추진하는 관리
③ 헌병 경찰에게 끌려가 태형을 당하는 농민
④ 원산 총파업에 연대 지원금을 보내는 외국 노동자
⑤ 안창남의 고국 방문 비행을 환영하기 위해 상경하는 청년

42 -042 ㉠~㉤에 대한 설명으로 옳지 않은 것은? [2점]

단재 신채호 연보

1880년 충청도 회덕에서 출생
1898년 성균관에 입학
1907년 ㉠ 신민회 활동에 참여하고 대한매일신보 필진으로 근무
1919년 상하이로 가서 ㉡ 대한민국 임시 정부 수립에 참여
1923년 ㉢ '조선 혁명 선언' 작성
1927년 무정부주의 동방 연맹 창립 대회에 참가
1928년 타이완 지룽에서 체포됨
1931년 ㉣ "조선상고사"가 조선일보에 연재됨
1936년 ㉤ 뤼순 감옥에서 사망

① ㉠ - 광주 학생 항일 운동에 진상 조사단을 파견하였다.
② ㉡ - 이륭양행에 교통국을 설치하여 국내와 연락을 취하였다.
③ ㉢ - 의열단 활동 지침으로 삼았다.
④ ㉣ - 역사를 아와 비아의 투쟁으로 정의하였다.
⑤ ㉤ - 안중근 의사가 순국한 곳이다.

43 -043 (가) 사건에 대한 설명으로 가장 적절한 것은? [3점]

> 이것은 냉전과 분단의 상징물인 독일 베를린 장벽의 일부로, (가) 을/를 기념하는 이 공원에 기증되었습니다. 이곳 제주도에서 일어난 (가) 은/는 남한만의 단독 선거에 반대하는 무장대와 이를 진압하는 토벌대 간의 무력 충돌, 그 뒤 토벌대의 진압 과정에서 수많은 제주도민이 희생된 사건으로, 6·25 전쟁이 끝나고 나서야 종결되었습니다.

① 허정 과도 정부가 구성되는 결과를 가져왔다.
② 국가 보위 비상 대책 위원회가 설치되는 배경이 되었다.
③ 장기 독재를 비판하는 3·1 민주 구국 선언을 발표하였다.
④ 민주화를 위한 개헌 청원 100만 인 서명 운동을 전개하였다.
⑤ 정부 차원에서 진상 조사 보고서를 발간하고 공식 사과하였다.

44 -044 교사의 질문에 대한 학생의 대답으로 적절하지 <u>않은</u> 것은? [2점]

> 이것은 그의 84세 생일을 위해 기획된 LP 음반의 재킷으로, '제84회 탄신 기념'이라고 적혀 있습니다. 음반에는 '애국가', '만수무강하시리', '우남 행진곡' 등이 수록되어 있습니다. 그러나 그는 다음 해에 일어난 4·19 혁명으로 하야했습니다. 그가 대통령으로 재임하던 시기에 있었던 사실을 말해 볼까요?

① 경부 고속 도로가 개통되었어요.
② 한·미 상호 방위 조약이 체결되었어요.
③ 진보당의 당수였던 조봉암이 처형되었어요.
④ 반민족 행위 특별 조사 위원회가 해체되었어요.
⑤ 유상 매수, 유상 분배 원칙의 농지 개혁법이 제정되었어요.

45 -045 밑줄 그은 '당시 헌법'이 시행된 시기에 볼 수 있는 모습으로 가장 적절한 것은? [2점]

> 자료는 당시 헌법의 유지 여부를 묻는 국민 투표를 앞두고 찬성을 독려하는 홍보문의 일부이다. 이 투표의 실시 결과 당시 헌법을 유지하는 것으로 결정되었다. 3개월 뒤 이 헌법을 부정, 반대하는 주장이나 보도를 일체 금지하고 위반자는 영장 없이 체포한다는 내용을 핵심으로 한 대통령 긴급 조치 제9호가 선포되었다.

① 국민 방위군에 소집되는 청년
② 개성 공단 착공식에 참석하는 기업인
③ 미·소 공동 위원회의 재개를 요구하는 시민
④ 남북 기본 합의서 채택 소식을 보도하는 기자
⑤ 통일 주체 국민 회의 대의원 명단을 점검하는 공무원

46 -046 (가) 민주화 운동에 대한 설명으로 적절한 것은? [2점]

> 그때 고등학생이었던 저는 호헌 철폐가 무슨 뜻인지 잘 몰랐어요. 다만 1980년 5월의 경험과 전두환이라는 인물을 통해 당시 우리나라가 독재 국가라고 인식하고 있었습니다. 그래서 시위에 참여했어요.

> 당시 민주 헌법 쟁취 국민운동 본부가 지정했던 국민 평화 대행진 구호가 '동장에서 대통령까지 내 손으로'였어요. 이 구호가 담긴 현수막을 만들면 감옥에 갈 수도 있었지만, 스프레이와 천을 사다가 밤에 건물 옥상에서 이 글귀를 현수막에다가 적었어요.

① 굴욕적인 한·일 국교 정상화에 반대하였다.
② 5년 단임의 대통령 직선제 개헌을 이끌어 냈다.
③ 시위 과정에서 시민군이 자발적으로 조직되었다.
④ 3선 개헌 반대 범국민 투쟁 위원회를 결성하였다.
⑤ 대통령 중심제에서 의원 내각제로 바뀌는 계기가 되었다.

[47~48] 다음을 읽고 물음에 답하시오.

(가) ㉠ 왕은 5월에 교서를 내려 문무 관료들에게 토지를 차등 있게 주었다. …… 봄 정월에 중앙과 지방 관리들의 녹읍을 폐지하고 해마다 조를 차등 있게 주고 이를 일정한 법으로 삼았다.

(나) 처음으로 직관(職官)·산관(散官)의 각 품의 전시과를 제정하였는데, 관품의 높고 낮은 것은 논하지 않고 다만 인품만 가지고 전시과의 등급을 결정하였다.

(다) 도평의사사에서 글을 올려 과전을 지급하는 법을 정할 것을 청하니, 그 의견을 따랐다. 경기는 사방의 근본이므로 마땅히 과전을 설치하여 사대부를 우대하여야 한다. 무릇 수도에 거주하며 왕실을 지키는 자는 현직, 산직(散職)을 불문하고 각각 과(科)에 따라 받게 한다.

(라) 만약 그 자신이 죽고 그 아내에게 미치게 되면 수신전이라 일컬었고, 부부가 다 죽고 그 아들에게 전해지면 휼양전이라 일컬었으며, 만약 그 아들이 관직에 제수되더라도 그대로 그 전지를 주고는 과전이라 일컬었는데, …… ㉡ 왕께서 이를 없애고, 현직 관리에게 주어 직전(職田)이라 하였던 것입니다.

47 -047 (가)~(라)를 일어난 순서대로 옳게 나열한 것은? [3점]

① (가) - (나) - (다) - (라)
② (가) - (나) - (라) - (다)
③ (나) - (가) - (라) - (다)
④ (나) - (다) - (가) - (라)
⑤ (다) - (라) - (나) - (가)

48 -048 ㉠, ㉡ 왕에 대한 설명으로 옳은 것을 〈보기〉에서 고른 것은? [2점]

> **보기**
> ㄱ. ㉠ - 병부를 처음으로 설치하였다.
> ㄴ. ㉠ - 전국에 9주 5소경을 설치하였다.
> ㄷ. ㉡ - 6조 직계제를 시행하였다.
> ㄹ. ㉡ - 초계문신제를 실시하였다.

① ㄱ, ㄴ 　　　② ㄱ, ㄷ 　　　③ ㄴ, ㄷ
④ ㄴ, ㄹ 　　　⑤ ㄷ, ㄹ

49 -049 다음 뉴스가 보도된 정부 시기의 사실로 옳은 것은? [2점]

> 문교부가 중고등학생의 교복과 두발을 자율화하겠다고 발표한 데 이어, 오늘부터 야간 통행금지 해제가 본격 적용되었습니다. 시민들은 새벽 거리를 활보하며 37년 만에 되찾은 24시간의 자유를 만끽하게 되었습니다.

① 서울 올림픽 대회가 개최되었다.
② 보도 지침으로 언론이 통제되었다.
③ 삼풍 백화점 붕괴 사고가 일어났다.
④ 양성평등의 실현을 위해 호주제가 폐지되었다.
⑤ 사회 통합을 위한 다문화 가족 지원법이 시행되었다.

50 -050 (가) 지역을 지도에서 옳게 찾은 것은? [1점]

> (가)의 명소 　　　구독
> 천연 보호 구역 우포늪이 있는 (가) 의 자연과 역사를 소개하는 채널입니다.
> 홈　동영상　재생목록　커뮤니티　채널　정보
> 업로드한 동영상 ∨　　　정렬 기준
> 화왕산성 아래 교동과 송현동 고분군　조회수 1,209회
> 만옥정 공원에서 둘러본 신라 진흥왕 척경비　조회수 212회
> 술정리에서 바라본 동 삼층 석탑　조회수 721회

① ㉠ 　② ㉡ 　③ ㉢ 　④ ㉣ 　⑤ ㉤

1 -051 (가) 시대의 생활 모습으로 옳은 것은? [1점]

[체험 프로그램 기획안]

(가) 시대로 떠나는 시간 여행

■ 기획 의도

　뗀석기를 처음 사용한 (가) 시대 사람들의 생활을 다양한 활동을 통해 체험할 수 있는 기회를 마련하고자 함.

■ 체험 프로그램 예시

[주먹도끼로 고기 자르기]　[마찰식 점화법으로 불 피우기]

■ 장소 : 연천 전곡리 유적 체험 마당

① 주로 동굴이나 바위 그늘에서 살았다.
② 청동 방울 등을 의례 도구로 사용하였다.
③ 따비와 괭이로 땅을 갈아 농사를 지었다.
④ 거푸집을 이용하여 세형 동검을 제작하였다.
⑤ 빗살무늬 토기를 만들어 식량을 저장하였다.

2 -052 다음 검색창에 들어갈 나라에 대한 설명으로 옳은 것은? [2점]

로 보는
한국사　[　　　　　　▼]　[검색]

검색 결과 | ○○○건

1. 위치
장성의 북쪽에 있는데 현도군에서 천 리 떨어져 있다. 남쪽은 고구려와, 동쪽은 읍루와, 서쪽은 선비와 접해 있고, 북쪽에는 약수가 있다.

2. 형벌
형벌은 엄하고 각박하여 사람을 죽인 자는 사형에 처하고 그 집안사람은 적몰(籍沒)하여 노비로 삼았다. 도둑질을 하면 [도둑질한 물건의] 12배를 변상케 했다.

3. 풍습
전쟁을 하게 되면 그때도 하늘에 제사를 지내고, 소를 잡아서 그 발굽을 보아 길흉을 점치는데, 발굽이 갈라지면 흉하고 발굽이 붙으면 길하다고 생각했다.

① 신성 지역인 소도가 있었다.
② 혼인 풍습으로 민며느리제가 있었다.
③ 읍락 간의 경계를 중시하는 책화가 있었다.
④ 여러 가(加)들이 각각 사출도를 주관하였다.
⑤ 사회 질서를 유지하기 위해 범금 8조를 만들었다.

3 -053 (가) 나라에 대한 설명으로 옳은 것은? [1점]

특별 기획　큐레이터와의 대화

유물을 통해 본 (가) 의 대외 교류

　우리 박물관에서는 수로왕이 건국했다고 전해지는 (가) 의 유물을 큐레이터가 직접 설명하는 행사를 마련하였습니다. 이번 행사를 통해 (가) 의 활발했던 대외 교류에 대해서 알아보는 뜻깊은 시간을 가져 보시기 바랍니다.

■ 주요 해설 유물

중국과 교류를 보여 주는 금동허리띠	왜와 교류를 보여 주는 바람개비모양 동기	북방과 교류를 보여 주는 청동솥

■ 기간 : 2024년 ○○월 ○○일 ~ ○○월 ○○일
■ 장소 : △△ 박물관

① 법흥왕 때 신라에 복속되었다.
② 서옥제라는 혼인 풍습이 있었다.
③ 6좌평이 중요한 국사를 논의하였다.
④ 만장일치제로 운영된 화백 회의가 있었다.
⑤ 지방에 22담로를 두어 왕족을 파견하였다.

4 -054 (가) 인물에 대한 설명으로 옳은 것은? [3점]

　왕이 고구려가 자주 국경을 침략하는 것을 걱정하여 수에 군사를 요청해 고구려를 치고자 하였다. 이에 (가) 에게 명하여 걸사표를 짓도록 하였다. (가) 이/가 말하기를, "자기가 살고자 남을 멸하는 것은 출가한 승려로서 적합한 행동은 아니지만, 제가 대왕의 땅에서 살고 대왕의 물과 풀을 먹고 있으니 어찌 감히 명을 따르지 않겠습니까."라고 하면서 글을 써서 올렸다.

① 구법 순례기인 왕오천축국전을 남겼다.
② 황룡사 구층 목탑의 건립을 건의하였다.
③ 무애가를 지어 불교 대중화에 기여하였다.
④ 사군이충 등을 포함한 세속 5계를 제시하였다.
⑤ 풍수지리 사상이 반영된 송악명당기를 저술하였다.

5-055 (가)~(다) 학생이 발표한 내용을 일어난 순서대로 옳게 나열한 것은? [2점]

[한국사 주제 발표]
백제의 성장과 발전

도읍을 사비로 옮기고, 국호를 남부여라고 하였어요.

동진에서 온 마라난타를 통해 불교를 수용하였어요.

고구려의 평양성을 공격하고 황해도 일부 지역을 차지하였어요.

(가)　　　(나)　　　(다)

① (가) - (나) - (다)
② (가) - (다) - (나)
③ (나) - (가) - (다)
④ (나) - (다) - (가)
⑤ (다) - (나) - (가)

7-057 (가)에 해당하는 국가유산으로 옳은 것은? [2점]

국가유산 정보 서비스

종목별 [전체] [국보] [보물] [사적] [명승]

국가유산 검색 [　　　　　] [검색] [초기화] □ 결과 내 재검색

◈ 소재지 : 경상북도 경주시
◈ 지정(등록)일 : 1962. 12. 20.
◈ 설명

　　우리나라의 대표적인 석탑으로 무영탑이라고도 불린다. 8세기경에 제작된 것으로 추정되는 이 탑은 불국사 대웅전 앞뜰 서쪽에 세워져 있다. 탑 전체의 무게를 지탱할 수 있도록 2층의 기단이 튼실하게 짜여 있으며, 전체적인 균형이 알맞아 세련되고 안정된 느낌을 준다. 1966년 도굴로 탑이 손상되자, 이를 수리하다가 탑의 내부에서 무구정광대다라니경을 발견하였다.

①
②
③
④
⑤

6-056 밑줄 그은 '왕'에 대한 설명으로 옳은 것은? [2점]

여러 신하들이 국호를 신라로 확정하고 임금의 호칭을 신라 국왕으로 하자고 건의하니, 왕께서 이를 따르셨다고 하네.

나도 들었네. 작년에는 순장을 금지한다는 명을 내리셨지. 앞으로 우리나라의 발전이 기대되는구먼.

① 병부와 상대등을 설치하였다.
② 백제 비유왕과 동맹을 체결하였다.
③ 이사부를 보내 우산국을 복속시켰다.
④ 매소성 전투에서 당의 군대를 격파하였다.
⑤ 김흠돌의 난을 진압하고 귀족들을 숙청하였다.

8-058 다음 상황 이후에 전개된 사실로 옳은 것은? [3점]

　　12월에 황제가 함원전에서 포로를 받아들였다. [황제가] 왕은 정사를 자기가 한 것이 아니라 하였기에 용서하여 사평태상백 원외동정으로 삼았다. 천남산은 사재소경으로, 승려 신성은 은청광록대부로, 천남생은 우위대장군으로 삼았다. …… 천남건은 검주(黔州)로 유배를 보냈다. 5부, 176성, 69만여 호를 나누어 9도독부, 42주, 100현으로 만들고, 평양에 안동도호부를 두어 이를 통치하게 하였다.

－ "삼국사기" －

① 안승이 보덕국 왕으로 임명되었다.
② 을지문덕이 살수에서 대승을 거두었다.
③ 김춘추가 당과의 군사 동맹을 성사시켰다.
④ 의자왕이 윤충을 보내 대야성을 함락하였다.
⑤ 연개소문이 정변을 일으켜 영류왕을 시해하였다.

제71회 한국사능력검정시험 (심화)

9-059 다음 사건이 일어난 시기를 연표에서 옳게 고른 것은? [2점]

> 개원(開元) 20년에 발해가 천자의 조정을 원망하여 군사를 거느리고 등주(登州)를 습격하여 자사 위준을 살해하였습니다. 이에 황제께서 크게 노하여 하행성 등에게 군사를 징발하여 바다를 건너 공격해 토벌하도록 명하였습니다. 아울러 당에 숙위하고 있던 신라인 김사란을 귀국시켜 신라로 하여금 발해를 공격하도록 하였습니다. …… 겨울은 깊어 가고 눈이 많이 내려 신라와 당의 군대가 추위에 고생하므로 회군을 명령하였습니다.

	(가)	(나)	(다)	(라)	(마)	
발해 건국		무왕 즉위	문왕 상경 천도	선왕 즉위	고려 건국	발해 멸망

① (가)   ② (나)   ③ (다)   ④ (라)   ⑤ (마)

10-060 다음 자료에 나타난 시기의 경제 상황으로 옳은 것은? [1점]

> 왕이 제서(制書)를 내리기를, "백성을 부유하게 하고 국가를 이롭게 하는 것으로 전화(錢貨)만큼 중요한 것이 없다. 서북의 양조(兩朝)에서는 이를 행한 지 이미 오래되었으나 우리나라는 홀로 아직 행하지 않고 있다. 이제 처음으로 화폐를 주조하는 법을 제정하고, 이에 따라 주조한 동전 15,000관(貫)을 재추(宰樞)와 문무 양반 및 군인에게 나누어 하사하여 화폐 사용의 시작점으로 삼고자 한다. 전문(錢文)은 해동통보라고 한다."라고 하였다.

① 송상이 전국 각지에 송방을 두었다.
② 감자, 고구마 등의 구황 작물이 재배되었다.
③ 시장을 감독하는 관청인 동시전이 설치되었다.
④ 예성강 하구의 벽란도가 국제 무역항으로 번성하였다.
⑤ 설점수세제의 시행으로 민간의 광산 개발이 허용되었다.

11-061 (가), (나) 사이의 시기에 있었던 사실로 옳은 것은? [3점]

> (가) 처음으로 역분전을 정하였다. 통일할 때 조정의 관리들과 군사들에게 관계(官階)는 논하지 않고, 그 사람의 성품과 행동이 착하고 악함과 공로가 크고 작음을 참작하여 차등 있게 주었다.
>
> (나) 12월에 문무 양반 및 군인들의 전시과를 개정하였다. 제1과는 전지 100결, 시지 70결을 지급한다. …… 제18과는 전지 20결을 지급한다. 이 한(限)에 들지 못한 자에게는 모두 전지 17결을 주기로 하고 이것을 통상의 법식으로 한다.

① 경기에 한하여 과전법이 실시되었다.
② 쌍기의 건의로 과거제가 시행되었다.
③ 신돈이 전민변정도감의 책임자가 되었다.
④ 만적이 개경에서 노비를 모아 반란을 모의하였다.
⑤ 최충헌이 봉사 10조를 올려 시정 개혁을 건의하였다.

12-062 (가) 인물의 활동으로 옳은 것은? [2점]

> ○ 북원의 도적 우두머리인 양길은 [(가)]이/가 자신을 배신한 것을 미워하여 국원 등 10여 곳의 성주들과 그를 칠 것을 모의하고 비뇌성 아래로 진군하였다. 그러나 양길의 병사는 패배하여 흩어져 달아났다.
> — "삼국사기" —
>
> ○ [태조가] 수군을 거느리고 서해로부터 광주(光州) 부근에 이르러 금성군을 쳐서 함락하고 10여 군현을 공격하여 차지하였다. 이에 금성군을 고쳐서 나주라 하고 군사를 나누어서 지키게 한 뒤 돌아왔다. …… [(가)]이/가 변경의 일을 물었는데, 태조가 변방을 안정시키고 경계를 넓힐 전략을 보고하였다. 좌우의 신하가 모두 [태조를] 주목하게 되었다.
> — "고려사" —

① 일리천 전투에서 신검의 군대를 물리쳤다.
② 9산 선문 중 하나인 가지산문을 개창하였다.
③ 문무 관료전을 지급하고 녹읍을 폐지하였다.
④ 광평성을 비롯한 각종 정치 기구를 마련하였다.
⑤ 정계와 계백료서를 지어 관리의 규범을 제시하였다.

13-063 (가)에 들어갈 내용으로 가장 적절한 것은? [2점]

① 국자감에 전문 강좌인 7재를 개설하였어.
② 사액 서원에 서적과 노비 등을 지급하였어.
③ 독서삼품과를 실시하여 인재를 등용하였어.
④ 초계문신제를 시행하여 문신을 재교육하였어.
⑤ 흥왕사에 교장도감을 두고 속장경을 편찬하였어.

14-064 다음 서술형 평가의 답안에 들어갈 내용으로 가장 적절한 것은?

[1점]

서술형 평가
○학년 ○○반 이름 : ○○○

◎ 다음 상황들이 나타난 시기의 사회 모습을 서술하시오.

○ 이의방은 평소 자기를 핍박하는 이고를 미워하였는데, 이고가 난을 모의한다는 말을 듣고 그를 살해하였다.

○ 서경 유수 조위총이 반란을 일으켰는데, 두경승이 향산동 통로역에서 반란군을 패퇴시켰다.

○ 최우가 정방(政房)을 자기 집에 설치하고 문사를 선발하여 여기에 소속시켰다.

답안

① 서얼이 통청 운동을 전개하였다.
② 청해진을 거점으로 국제 무역이 이루어졌다.
③ 왕조 교체를 예언하는 정감록 등이 유포되었다.
④ 망이·망소이의 난 등 하층민의 봉기가 발생하였다.
⑤ 역관들이 시사(詩社)에 참여해 위항 문학 활동을 하였다.

16-066 (가) 국가의 국가유산으로 옳지 않은 것은?

[1점]

□□신문
제△△호   2024년 ○○월 ○○일

'국보 순회전 : 모두의 곁으로', 강진군에서 열려

▲ 청자 상감 모란무늬 항아리

국립 중앙 박물관이 지역 간의 문화 격차를 해소하기 위해 기획한 국보 순회전이 전남 강진군에서 '도자기에 핀 꽃, 상감 청자'를 주제로 개최된다. 이번 전시에서는 청자 상감 모란무늬 항아리, 청자 상감 물가풍경무늬 매병 등 (가) 의 대표적인 국가유산인 상감 청자가 공개된다. 특히 국보 '청자 상감 모란무늬 항아리'는 왕실 자기의 전형을 보여 주는 유물로 모란을 정교하고 화려하면서도 사실적으로 묘사하였다는 평가를 받는다. 전시회 관계자는 "상감 청자의 생산지였던 강진군에서 개최되어 더 큰 의미가 있다."라고 밝혔다.

①

②

③

④

⑤

15-065 (가)에 대한 고려의 대응으로 옳은 것은?

[2점]

○ 박서는 김중온의 군사로 성의 동서쪽을, 김경손의 군사로는 성의 남쪽을, 별초 250여 인은 나누어 3면을 지키게 하였다. (가) 의 군사들이 성을 여러 겹으로 포위하고 공격하자 성안의 군사들이 갑자기 나가 싸워 그들을 패주시켰다.

○ 송문주는 귀주에서 종군하였던 사람인데 그 공으로 낭장(郎將)으로 초수(超授)되었다. 이후 죽주 방호별감이 되었을 때, (가) 이/가 죽주성에 이르러 보름 동안이나 다방면으로 공격하였으나 성을 빼앗지 못하고 물러갔다.

① 강화도로 도읍을 옮겨 항전하였다.
② 광군을 창설하여 침입에 대비하였다.
③ 화통도감을 설치하여 군사력을 증강하였다.
④ 철령위 설치에 반발하여 요동 정벌을 추진하였다.
⑤ 신기군, 신보군, 항마군으로 구성된 별무반을 창설하였다.

17-067 다음 가상 인터뷰의 주인공에 대한 설명으로 옳은 것은? [3점]

최근에 역옹패설을 저술하셨는데 독자들이 관심 가질 만한 내용을 소개해 주세요.

고위 관리 유청신이 원의 사신과 몽골말로 직접 대화하자 홍자번이 역관을 심하게 꾸짖었고, 이에 유청신이 부끄러워 한 일화가 실려 있습니다.

① 불씨잡변을 지어 불교를 비판하였다.
② 정혜결사를 통해 불교 개혁에 앞장섰다.
③ 청방인문표를 지어 인질의 석방을 요구하였다.
④ 고구려 계승 의식을 강조한 동명왕편을 지었다.
⑤ 만권당에서 조맹부, 요수 등의 문인들과 교유하였다.

18 -068 (가) 지역에서 있었던 사실로 옳은 것은? [3점]

유네스코 세계 유산을 품은 도시 (가) 에 여러분을 초대합니다.

(가) 은/는 유네스코 세계 유산, 무형 문화유산, 세계 기록 유산 등을 보유한 유서 깊은 고장입니다. 홍건적의 침입 당시 공민왕과 노국 공주가 피란했던 역사가 있는 곳이기도 합니다. 이곳에 오셔서 다양한 전통문화를 느껴 보시기 바랍니다.

추천 방문 장소

🎭 하회 마을에서 하회 별신굿 탈놀이 관람하기

🏛 봉정사에서 우리나라에서 가장 오래된 목조 건물인 극락전 둘러보기

🏛 도산 서원에서 퇴계 이황의 학문과 일생 생각해 보기

① 왕건이 고창 전투에서 견훤에게 승리하였다.
② 묘청이 반란을 일으키고 국호를 대위라 하였다.
③ 흥덕사에서 금속 활자본인 직지심체요절이 간행되었다.
④ 정중부를 비롯한 무신들이 보현원에서 정변을 일으켰다.
⑤ 이성계를 중심으로 한 고려군이 황산에서 왜구를 격퇴하였다.

19 -069 밑줄 그은 '임금'의 재위 시기에 있었던 사실로 옳은 것은? [2점]

임금이 무악에 이르러서 도읍을 정할 땅을 물색하였다. 좌시중 조준, 우시중 김사형에게 말하였다. "고려 말에 서운관에서 송도의 지덕이 이미 쇠했다는 이유로 여러 번 글을 올려 한양으로 도읍을 옮기자고 하였다. 근래에는 계룡이 도읍할 만한 곳이라 하기에 백성을 공사에 동원하여 힘들게 하였다. 이제 또 여기가 도읍할 만한 곳이라 하여 와서 보니, 유한우 등이 도리어 무악보다는 송도가 더 명당이라고 고집한다. 그대들은 도읍할 만한 곳을 서운관 관리에게 다시 보고받도록 하라."

① 독창적 문자인 훈민정음이 반포되었다.
② 수도 방어를 위하여 금위영이 창설되었다.
③ 조선의 기본 법전인 경국대전이 완성되었다.
④ 왕위 계승을 둘러싸고 왕자의 난이 발생하였다.
⑤ 성삼문 등이 상왕의 복위를 꾀하다가 처형되었다.

20 -070 (가) 기구에 대한 설명으로 옳은 것은? [2점]

이것은 비국 또는 주사라고 불린 (가) 관원들의 모임을 그린 계회도입니다. 이 그림은 (가) 이/가 상설 기관으로 자리 잡기 이전, 변방의 국방 문제에 대해 논의하고 대비하기 위한 임시 기구이던 시기에 그려졌습니다. 그림의 오른쪽에는 관원들의 결의와 충절이 담긴 시가 쓰여 있습니다.

① 수도의 행정과 치안을 담당하였다.
② 흥선 대원군이 집권한 시기에 혁파되었다.
③ 국왕 직속 사법 기구로 반역죄 등을 다루었다.
④ 5품 이하의 관리 임명에 대한 서경권을 행사하였다.
⑤ 도승지를 수장으로 좌승지, 우승지 등의 관직을 두었다.

21 -071 밑줄 그은 '이 사건'에 대한 설명으로 옳은 것은? [2점]

이곳은 이언적의 위패를 모신 경주 옥산 서원입니다. 이언적은 이른바 대윤과 소윤이라는 정치 세력 간의 갈등으로 윤임 등 대윤 세력이 탄압받은 이 사건 당시 관련자들의 처리를 두고 갈등이 생기자 스스로 관직에서 물러났습니다. 이후 양재역 벽서 사건에 연루되어 유배되었습니다.

① 김종직의 조의제문이 발단이 되었다.
② 폐비 윤씨 사사 사건이 원인이 되었다.
③ 왕실 외척 간의 권력 다툼으로 일어났다.
④ 진성 대군이 왕으로 즉위하는 결과를 가져왔다.
⑤ 조광조 등이 반정 공신의 위훈 삭제를 주장하였다.

22 -072 (가), (나) 사이의 시기에 있었던 사실로 옳은 것은? [2점]

> (가) 임금이 여러 도(道)에 명을 내렸다. "나라의 운세가 매우 좋지 않아 역적 이괄이 군사를 일으켰는데, 여러 장수들이 좌시하여 수도가 함락되고 말았다. …… 예로부터 반역은 어느 시대에나 있었지만, 이처럼 극도로 흉악한 역적은 없었다. 종사와 자전*을 염려하여 남쪽으로 피란하기로 결정하였다."
>
> (나) 정명수가 심양에 있는 소현 세자의 관소에 와서 용골대의 뜻을 전하기를, "세자가 이곳에 들어온 지가 이미 5년이 되었으니, 어찌 스스로 먹고살 길을 마련하지 않는가. 세자와 인질들에게 어찌 먹고살 식량을 늘 지급해 줄 수가 있겠는가. 경작할 땅을 주어 내년부터 각자 농사를 지어 먹도록 함이 마땅하다."라고 하였다.
>
> *자전(慈殿): 임금의 어머니

① 정문부가 길주에서 의병을 이끌었다.
② 삼수병으로 구성된 훈련도감이 설치되었다.
③ 영창 대군이 사사되고 인목 대비가 유폐되었다.
④ 이덕형이 구원병 요청을 위해 명에 청원사로 파견되었다.
⑤ 김상헌 등이 남한산성에서 화의에 반대하여 항전을 주장하였다.

23 -073 다음 자료를 활용한 탐구 활동으로 가장 적절한 것은? [2점]

> 좌의정 채제공이 왕에게 아뢰었다. "빈둥거리는 무뢰배가 삼삼오오 떼를 지어 스스로 상점을 개설하고 일용품을 거래하는 일이 많아졌습니다. 그들은 큰 물건에서 작은 물건까지 싼값에 억지로 사들이기 일쑤입니다. 혹 물건 주인이 말을 듣지 않으면 난전(亂廛)으로 몰아서 결박하여 형조와 한성부로 끌고 가 혹독한 형벌을 당하도록 합니다. 이 때문에 물건 주인은 본전에서 밑지더라도 어쩔 수 없이 팔고 갑니다. 그리고 무뢰배들은 제각기 가게를 벌여놓고 배나 되는 값을 받습니다. 어쩔 수 없이 사야 하는 사람은 그 가게 외에서는 물건을 구할 수 없기 때문에, 물건 값이 날마다 치솟고 있습니다."

① 계해약조의 체결 과정을 확인한다.
② 오가작통법의 실시 목적을 파악한다.
③ 신해통공을 단행하게 된 배경을 조사한다.
④ 토지 소유자에게 결작을 부과한 이유를 살펴본다.
⑤ 풍흉에 따라 전세를 차등 부과하는 기준을 알아본다.

24 -074 밑줄 그은 '이 왕'의 재위 시기에 있었던 사실로 옳은 것은? [2점]

> 이것은 조선과 청 사이의 경계를 나타내고자 세운 비석의 탁본입니다. 비석에 대해 자세히 설명해 주시겠어요?

> 이 비석은 국경을 분명히 하기 위해 청에서 파견한 오라총관 목극등과 이 왕이 보낸 조선의 관리들이 현지를 답사하고 세웠습니다. 비석에는 서쪽은 압록강, 동쪽은 토문강을 경계로 한다는 내용이 새겨져 있습니다.

① 최제우가 혹세무민의 죄로 처형되었다.
② 변급, 신류 등이 나선 정벌에 참여하였다.
③ 국왕의 친위 부대인 장용영이 창설되었다.
④ 경신환국 등 여러 차례 환국이 발생하였다.
⑤ 정여립 모반 사건을 빌미로 기축옥사가 일어났다.

25 -075 밑줄 그은 '이 인물'에 대한 설명으로 옳은 것은? [2점]

> 이것은 이 인물이 제주도 유배지에서 부인에게 보낸 한글 편지입니다. 편지에는 유배 생활의 곤궁함과 함께 위독한 부인에 대한 걱정과 그리움이 담겨 있습니다. 독창적인 서체로 유명한 이 인물은 유배지에서 세한도를 그리기도 하였습니다.

① 기대승과 사단칠정 논쟁을 전개하였다.
② 북한산비가 진흥왕 순수비임을 고증하였다.
③ 양명학을 연구하여 강화학파를 형성하였다.
④ 청으로부터 시헌력을 도입하자고 건의하였다.
⑤ 열하일기에서 수레와 선박의 사용을 강조하였다.

26-076 다음 가상 대화가 이루어진 시기에 볼 수 있는 모습으로 적절하지 않은 것은? [2점]

말풍선: 며칠 전 주상께서 각 궁방과 중앙 관청에 소속된 노비를 모두 양민으로 삼고, 노비 문서를 거두어 불태우라고 명하셨다는군.

말풍선: 나도 들었네. 선왕께서 노비 추쇄관을 혁파하셨는데, 그 뜻을 이어받으신 것 아니겠는가.

① 담배 농사를 짓는 농민
② 염포 왜관에서 교역하는 상인
③ 세책가에서 춘향전을 빌리는 부녀자
④ 관청에 필요한 물품을 납품하는 공인
⑤ 송파장에서 산대놀이 공연을 벌이는 광대

27-077 밑줄 그은 '이 시기'에 있었던 사실로 옳은 것은? [2점]

말풍선: 이 우표 속 그림은 국왕의 혼인을 축하하기 위해 거행된 진하례 모습을 그린 궁중 행사도입니다. 그림에 보이는 왕실 행사의 화려함과는 달리 안동 김씨 등 외척 세력이 세 왕에 걸쳐 60여 년 동안 권력을 잡은 이 시기에는 국왕의 실권이 많이 위축되었습니다.

① 어영청을 중심으로 북벌이 추진되었다.
② 윤지충 등이 처형된 신해박해가 일어났다.
③ 이필제가 영해 지역을 중심으로 난을 일으켰다.
④ 경복궁 중건 비용 마련을 위해 당백전이 발행되었다.
⑤ 삼정의 문란을 해결하기 위해 삼정이정청이 설치되었다.

28-078 (가) 사건 이후에 일어난 사실로 옳은 것은? [1점]

말풍선: 3년 전 우리나라에서 전시한 어재연 장군의 수자기를 찍은 사진이야. 어재연 장군은 미군이 강화도를 침략한 (가) 당시 광성보에서 항전하였어.

말풍선: 맞아. 이 수자기는 그때 빼앗겼다가 많은 노력 끝에 대여 형식으로 들어와 실물을 볼 수 있었지. 안타깝게도 지금은 미국으로 다시 돌아가 언제 돌아올 수 있을지 모른다고 해.

게시물: ○○○님, 3년 전 올린 게시물에서 어떤 일이 있었는지 확인해 보세요.
帥
어재연 장군 수자기!! 조선 군인의 결의가 느껴진다.
#강화 역사 박물관

① 의궤를 비롯한 외규장각 도서가 약탈당하였다.
② 홍경래 등이 난을 일으켜 정주성을 점령하였다.
③ 종로를 비롯한 전국 각지에 척화비가 건립되었다.
④ 제너럴 셔먼호가 대동강 유역에서 통상을 요구하였다.
⑤ 황사영이 외국 군대의 출병을 요청하는 백서를 작성하였다.

29-079 (가), (나) 조약 사이의 시기에 볼 수 있는 모습으로 가장 적절한 것은? [3점]

(가) 부산항에서 일본국 인민이 통행할 수 있는 도로 이정(里程)은 부두로부터 기산하여 조선 이법(里法)으로 동서남북 직경 10리로 정한다. 동래부는 이정 밖에 있지만 특별히 왕래할 수 있다. 일본국 인민은 마음대로 통행하며 조선 토산물과 일본국 물품을 사고팔 수 있다.

(나) 통상 지역에서 조선 이법 100리 이내, 혹은 장래 양국 관원이 서로 의논하여 정하는 경계 안에서 영국 인민은 여행증명서 없이 마음대로 돌아다닐 수 있다. 여행증명서를 지닌 영국 인민은 조선 각지를 돌아다니며 통상하거나, 각종 화물을 들여와 팔거나(단, 조선 정부가 불허한 서적·인쇄물 등은 제외), 일체 토산물을 구매할 수 있다.

① 거문도를 불법으로 점거하는 영국 군인
② 남연군 묘의 도굴을 시도하는 독일 상인
③ 부산 절영도의 조차를 요구하는 러시아 공사
④ 조·청 상민 수륙 무역 장정을 체결하는 청 관리
⑤ 톈진 조약에 따라 조선에서 철수하는 일본 군인

30 -080 (가)에 대한 설명으로 옳은 것은? [2점]

한국의 무형 문화유산 – ___(가)___

史 한국사 알림이 채널　　　조회 수 202,408

궁중 무용 중 유일하게 사람 형상의 가면을 쓰고 추는 춤으로 5명이 중앙과 동서남북을 상징하는 5가지 색깔의 옷을 입고 춤을 춥니다. 가면의 팥죽색은 악귀를 물리치는 벽사의 의미를 담고 있습니다. 2009년 '유네스코 무형 문화유산'으로 등재되었습니다.

① 처용 설화를 바탕으로 하였다.
② 종묘에서 행하는 제향 의식이다.
③ 부처의 영취산 설법 모습을 재현하였다.
④ 창과 아니리, 너름새 등으로 구성되었다.
⑤ 양반, 파계승 등을 풍자하는 내용이 담겨 있다.

31 -081 밑줄 그은 '개혁'의 내용으로 옳은 것은? [2점]

어제 발행된 관보를 보았는가? 지난 8월 국모 시해 사건 이후 김홍집 내각에서 추진한 개혁의 일환으로 태양력을 시행한다더니, 그에 맞추어 연호를 새로 정하라는 조칙이 내려졌군.

그래서 내일부터 양력 1월 1일이 시작되고, 새로운 연호는 건양으로 정해졌다고 하네.

① 양전 사업을 실시하여 지계를 발급하였다.
② 지방 행정 구역을 8도에서 23부로 개편하였다.
③ 군제를 개편하여 친위대와 진위대를 설치하였다.
④ 공사 노비법을 혁파하고 과부의 재가를 허용하였다.
⑤ 교육의 기본 방향을 제시한 교육 입국 조서를 반포하였다.

32 -082 (가) 기구를 통해 추진된 정책으로 옳은 것은? [2점]

이곳은 기기창 건물 중 하나인 번사창입니다. 강화도 조약 체결 이후 정부는 국내외 정세에 대응하고 개화 정책을 총괄하기 위한 기구로 ___(가)___ 을/를 설치하였습니다. 이 기구의 건의로 청에 파견한 영선사 일행에 유학생을 포함시켜 근대 문물을 배워 오도록 하였습니다. 이러한 노력의 영향으로 설치된 근대적 무기 공장이 바로 기기창이었습니다.

① 별기군을 창설하였다.
② 원수부를 설치하였다.
③ 대전통편을 편찬하였다.
④ 신문지법을 공포하였다.
⑤ 서당 규칙을 제정하였다.

33 -083 (가) 신문에 대한 설명으로 옳은 것은? [1점]

근대 신문 박물관

소장품

국가등록문화유산 – 배설 만사집

"배설 만사집"은 ___(가)___ 의 발행인 배설(Ernest T. Bethell, 1872~1909)이 37세의 젊은 나이로 사망하자, 그를 추도하여 전국 각지에서 보내온 만사* 259편을 모아 책으로 엮은 것이다. 만사를 쓴 사람은 총 251명인데, 박은식과 양기탁 등 ___(가)___ 의 발간에 참여했던 인사를 비롯하여 언론인·교사·군인·유학자·종교인 등 다양하다.

* 만사(輓詞) : 죽은 사람을 애도하는 글

① 박문국에서 발행하였다.
② 브나로드 운동을 주도하였다.
③ 여권통문을 처음 게재하였다.
④ 국채 보상 운동을 지원하였다.
⑤ 순 한글판으로 발행된 최초의 신문이었다.

34 -084 (가) 단체의 활동으로 옳은 것은? [2점]

> 독립문 주춧돌 놓는 예식을 독립 공원 부지에서 열었다. …… 회장 안경수 씨가 연설하기를, " (가) 이/가 처음에 시작할 때 단지 회원이 네다섯 명이더니 오늘날 회원은 수천 명이다. 조선 인민들이 나라가 독립되는 것을 좋아하기에 심지어 궁벽한 시골에 사는 인민 중에서 독립문 세우는 데 돈을 보조하는 사람들이 있으며, 외국 사람 중에서도 돈 낸 사람들이 많이 있었다. 이것을 보면 조선 사람들도 오늘부터 조선에서 모든 일을 (가) 하듯이 시작하여 모두 합심하기를 바란다."라고 하였다.

① 고종 강제 퇴위 반대 운동을 전개하였다.
② 일제의 황무지 개간권 요구를 저지시켰다.
③ 중추원 개편을 통한 의회 설립을 추진하였다.
④ 대성 학교를 설립하여 민족 교육을 실시하였다.
⑤ 독립운동 자금 마련을 위해 독립 공채를 발행하였다.

35 -085 밑줄 그은 '사업'에 대한 탐구 활동으로 가장 적절한 것은? [2점]

화폐로 보는 한국사

백동화(白銅貨)는 전환국에서 발행한 액면가 2전 5푼의 동전이다. 당시 재정 궁핍으로 본위 화폐인 은화는 거의 주조되지 않았고, 보조 화폐인 백동화가 주로 제조되어 사용되었다. 러·일 전쟁 중에 재정 고문으로 임명된 메가타 다네타로의 주도하에 전환국을 폐지하고 백동화와 엽전을 일본 제일 은행권으로 교환하는 <u>사업</u>을 추진하면서, 백동화의 발행이 중단되었다.

① 군국기무처의 활동을 조사한다.
② 당오전이 발행된 배경을 파악한다.
③ 삼국 간섭이 발생한 원인을 분석한다.
④ 대한 광복회가 결성된 목적을 살펴본다.
⑤ 제1차 한·일 협약 체결의 영향을 알아본다.

36 -086 (가) 지역에서 일어난 민족 운동에 대한 설명으로 옳은 것은? [3점]

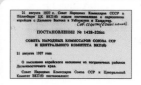

이 문서는 일제에 협력하는 것을 방지한다는 명분으로 (가) 의 한인들을 중앙아시아로 강제 이주시키라는 명령서이다.

1937년에 소련 공산당 서기장 스탈린이 승인한 이 명령의 시행으로 블라디보스토크를 포함한 (가) 의 한인 10만 명 이상이 우즈베키스탄, 카자흐스탄 등지로 강제 이주당하였다.

① 권업회를 조직하고 신문을 발행하였다.
② 한인 자치 기구인 경학사를 설립하였다.
③ 유학생을 중심으로 2·8 독립 선언서를 발표하였다.
④ 독립군 양성을 위해 대조선 국민군단을 결성하였다.
⑤ 서전서숙과 명동 학교를 설립하여 민족 교육을 실시하였다.

37 -087 (가) 인물의 활동으로 옳은 것은? [1점]

신간 도서 소개

동양 평화론

미완의 원고, 책으로 출간

"슬프도다! 천만 뜻밖에도 일본이 승리한 이후에 가장 가깝고 친하며 어질고 약한, 같은 인종인 한국을 억눌러 강제로 조약을 맺었다."

 (가) 은/는 뤼순 감옥에서 사형 집행을 눈앞에 두고 온 힘을 다해 동양 평화론을 집필하였다. 안타깝게도 그는 원고를 완성하지 못하고 형장의 이슬로 사라졌지만, 국가 간의 평등과 상호 협력으로 평화를 이룩하자는 그의 주장은 오늘날에도 시사점을 준다.

① 명동 성당 앞에서 이완용을 습격하였다.
② 하얼빈에서 이토 히로부미를 사살하였다.
③ 타이중에서 일본 육군 대장을 저격하였다.
④ 샌프란시스코에서 D.W. 스티븐스를 처단하였다.
⑤ 서울역에서 신임 총독의 마차에 폭탄을 투척하였다.

38 -088 밑줄 그은 '시기'의 사회 모습으로 가장 적절한 것은? [2점]

> 개성에서 청년 두 명이 웃통을 벗고 일하다가 순사에게 발견되어 태형에 처해졌다는 신문 기사입니다. 일제가 조선 태형령을 시행한 <u>시기</u>에는 기사의 내용처럼 사소한 사안에도 태형이라는 가혹한 형벌이 집행되었습니다.

① 육영 공원에서 외국인 교사를 초빙하였다.
② 애국반이 편성되어 일상생활이 통제되었다.
③ 조선 형평사가 창립되어 형평 운동을 전개하였다.
④ 나운규가 제작한 아리랑이 단성사에서 개봉되었다.
⑤ 경복궁에서 조선 물산 공진회가 최초로 개최되었다.

39 -089 (가), (나)가 공포된 시기의 사이에 있었던 사실로 옳은 것은?

[2점]

(가) 회사령 폐지에 관한 건
　　회사령은 폐지한다.
　　- 부칙
　　1. 이 영은 공포일로부터 시행한다.
　　2. 구령에 의하여 설립한 회사로 이 영 시행 당시 존재하는 것은
　　　조선 민사령에 의하여 설립한 것으로 본다.

(나) 조선 총독부 농촌 진흥 위원회 규정
　　제1조 조선의 농산어촌 진흥에 관한 방침, 시설 및 통제에 관한
　　　중요 사항을 심의하기 위하여 조선 총독부에 조선 총독부
　　　농촌 진흥 위원회를 둔다.
　　제3조 위원장은 조선 총독부 정무총감으로 한다.

① 함경도에서 방곡령이 선포되었다.
② 조선 물산 장려회가 평양에서 창립되었다.
③ 황국 중앙 총상회의 상권 수호 운동이 전개되었다.
④ 유상 매수, 유상 분배를 규정한 농지 개혁법이 제정되었다.
⑤ 국가 총동원법을 제정하여 인력과 물자를 강제 동원하였다.

41 -091 (가) 사건 이후에 전개된 사실로 옳은 것은?　[3점]

<탐구 활동 보고서>

○학년 ○○반 이름 : ○○○

◉ 주제 : ┌─(가)─┐ 에 대한 국외 반응
◉ 탐구 목적
　　라이징 선 석유 주식회사의 문평 공장에서 일본인 감독
　이 조선인 노동자를 구타한 일이 발단이 되어 일어난 일제
　강점기 최대 규모의 노동 운동에 대한 국외 반응을 당시
　자료를 통해 살펴본다.
◉ 자료 및 해설

　　　이것은 재일본 노총에서
　　　┌─(가)─┐ 을/를 조사하기
　　　위해 변호사를 파견한다는
　　　당시 신문 기사이다. 기사에
　　　보도된 일본의 조선인 노동
　　　단체뿐 아니라 중국 지역의
　여러 노동 단체도 격려와 후원을 하였다.

① 동양 척식 주식회사가 설립되었다.
② 강주룡이 을밀대 지붕에서 고공 농성을 벌였다.
③ 황실의 지원을 받아 대한 천일 은행이 창립되었다.
④ 전국 단위의 조직인 조선 노농 총동맹이 조직되었다.
⑤ 고율의 소작료에 반발하여 암태도 소작 쟁의가 발생하였다.

40 -090 다음 자료가 발표된 시기를 연표에서 옳게 고른 것은? [2점]

　　대학을 세운다는 일은 극히 거창하여 여간 몇 사람의 힘으로
는 도저히 성취할 바가 아니므로 금일까지 실지의 운동이 일어
나지 못하였던 것이라. 그러나 일이 거창하고 어렵다고 시작을
아니하면 언제까지든지 조선 사람의 대학이라는 것은 생겨볼
수가 없다. 그러므로 이번에 조선 전도의 다수한 유지를 망라하
여 민중적 운동으로 될 수 있는 대로 많은 사람의 힘을 합하여
민립 대학 한 곳을 세워 보고자 이상재, 이승훈 등의 주창으로
수일 전에 민립 대학 기성 준비회를 조직하고 집행 위원을 선정
하였는데, 장차 각 부·군에서 다수한 발기인의 참가를 구하여
경성에서 발기회를 열고 실행 방법을 결정할 터이다.

1895	1911	1919	1924	1938	1942
(가)	(나)	(다)	(라)	(마)
한성 사범 학교 설립	제1차 조선 교육령	3·1 운동	경성 제국 대학 개교	제3차 조선 교육령	조선어 학회 사건

① (가)　② (나)　③ (다)　④ (라)　⑤ (마)

42 -092 (가)에 들어갈 내용으로 가장 적절한 것은?　[1점]

■ 조별 과제 안내
　　일제 강점기 사회 및 문화의 변화를 일상생활의 변동과 연관
하여 보고서를 작성한 후 제목과 함께 게시판에 올려 주세요.

번호	제목
1	1조 - 소비문화의 정점, 백화점의 탄생
2	2조 - 수학여행을 통해 본 식민지 근대 관광
3	3조 - 문화 주택과 토막집
4	4조 - (가)

① 서양식 의료의 수용, 광혜원
② 근대적 우편 제도의 시작, 우정총국
③ 전시 통제 체제 속에서 강요된 여성복, 몸뻬
④ 근면, 자조, 협동을 기치로 내세운 새마을 운동
⑤ 상품 광고의 새로운 장을 연 컬러텔레비전 방송

43-093 (가) 부대에 대한 설명으로 옳은 것은? [2점]

사진으로 보는 독립운동사

[해설] 이 사진은 충칭에서 열린 대한민국 임시 정부의 ' (가) 총사령부 성립 전례식' 기념사진 중 하나이다. 사진에는 대한민국 임시 정부 주석 김구와 함께 이 부대의 총사령관인 지청천이 '광복 조국'이 쓰인 기를 들고 있는 모습이 보인다. (가) 은/는 영국군의 요청으로 인도, 미얀마 전선에서 작전을 펼치는 등 활발한 활동을 전개하였다.

① 자유시 참변으로 세력이 약화되었다.
② 영릉가에서 일본군에 승리를 거두었다.
③ 봉오동 전투에서 일본군을 크게 물리쳤다.
④ 미군과 연계하여 국내 진공 작전을 준비하였다.
⑤ 쌍성보 전투에서 한·중 연합 작전을 전개하였다.

44-094 밑줄 그은 '시기'에 볼 수 있는 모습으로 적절하지 않은 것은? [2점]

장행기

장행기는 지원병 형식으로 끌려가는 청년을 환송하기 위해 국민 총력 조선 연맹 지부에서 만들어 준 깃발이다. 이 장행기의 주인공은 일제가 중·일 전쟁을 일으키고 침략을 확대하던 시기에 지원병으로 끌려가 전사하였다. 장행기에는 창씨개명한 그의 일본식 이름이 적혀 있다.

① 국방헌금 모금에 적극 협력하는 부호
② 황국 신민 서사 암송을 강요받는 학생
③ 원각사에서 연극 은세계를 공연하는 배우
④ 내선일체에 협력하자는 논설을 쓰는 언론인
⑤ 국민 징용령에 의해 강제로 동원되는 노동자

45-095 다음 안내에 따라 학생이 발표한 내용으로 가장 적절한 것은? [3점]

학생 여러분, 이번 시간에는 우리 고장의 유적과 기념물을 조사해서 발표하는 활동을 하겠습니다. 우리 고장은 금강 중류에 위치한 유서 깊은 도시입니다. 남한에서 최초로 발굴된 구석기 유적이 있어 선사 시대부터 우리 고장에 사람이 살았던 것을 알 수 있습니다. 또한, 삼국이 상호 경쟁하던 시기에는 백제의 수도로서 백제 중흥을 위한 노력이 전개되었던 곳으로 백제 고분을 통해 당시의 문화를 엿볼 수 있습니다. 고려 시대에는 최승로의 건의에 따라 설치된 12목 중의 하나였고, 이후 조선 시대에도 감영이 있어 지역의 중심지 역할을 하였습니다. 그리고 근대에는 동학 농민군이 관군과 일본군에 맞서 치열한 전투를 전개하는 등 외세를 물리치기 위한 민족 운동이 펼쳐지기도 하였습니다.

그럼, 모둠별로 우리 고장의 다양한 유적과 기념물에 대해 조사한 후 알게 된 내용을 발표해 봅시다.

① 갑 - 수양개 유적을 조사하여 우리 고장에 살던 구석기인들이 다양한 기법으로 석기를 제작했음을 알 수 있었습니다.
② 을 - 송산리 고분군의 벽돌무덤을 조사하여 무령왕이 중국 남조, 왜 등과 활발하게 교류했음을 알 수 있었습니다.
③ 병 - 만인 의총을 조사하여 정유재란 당시 우리 고장의 백성들이 조·명 연합군과 함께 결사 항전했음을 알 수 있었습니다.
④ 정 - 만석보 유지비를 조사하여 우리 고장 농민들이 군수 조병갑의 수탈에 저항하여 봉기했음을 알 수 있었습니다.
⑤ 무 - 아우내 3·1 운동 독립 사적지를 조사하여 유관순이 우리 고장에서 만세 시위를 주도했음을 알 수 있었습니다.

46-096 (가) 전쟁 중에 있었던 사실로 옳은 것은? [2점]

저는 지금 부산의 재한 유엔 기념 공원 내에 있는 유엔군 전몰장병 추모명비 앞에 와 있습니다. (가) 에서 전사하거나 실종된 4만여 명의 이름을 새겨 넣어 추도와 기억의 공간으로 만든 이곳에서 평화의 가치를 생각해 보았으면 합니다.

① 애치슨 라인이 발표되었다.
② 한·일 기본 조약이 체결되었다.
③ 국가 보위 비상 대책 위원회가 설치되었다.
④ 김구, 김규식 등이 남북 협상에 참여하였다.
⑤ 비상계엄이 선포된 가운데 발췌 개헌안이 통과되었다.

47 -097 밑줄 그은 '총선거'에 대한 설명으로 옳은 것은? [1점]

공보물로 본 우리나라 선거의 역사

[해설] 이것은 유엔 한국 임시 위원단의 감시하에 우리 나라 최초로 실시된 총선거에 출마한 장면 후보자의 선 거 공보이다. 후보자의 사진, 약력, 선거 구호 등이 보이 고, 특히 자세한 투표 안내가 눈에 띈다.

① 5·16 군사 정변 이후에 실시되었다.
② 제헌 국회 의원을 선출하기 위해 시행되었다.
③ 통일 주체 국민 회의 대의원이 투표에 참여하였다.
④ 민의원, 참의원으로 구성된 양원제 국회가 탄생하였다.
⑤ 신한 민주당이 창당 한 달 만에 제1 야당이 되는 결과를 가져왔다.

48 -098 다음 기사가 보도된 정부 시기의 사실로 옳은 것은? [3점]

□□신문

제△△호 　　　　　○○○○년 ○○월 ○○일

제24회 서울 올림픽 개회식이 열리다

제24회 서울 올림픽 개회식이 어제 잠실 올림픽 주경기장에서 성공적으 로 열렸다. 개회식 마지막 행사에서는 주제곡 '손에 손잡고'가 울려 퍼지는 가운데 서울 올림픽 마스코트인 호돌 이를 비롯하여 이전 올림픽의 마스코트들이 함께 춤추는 장면이 연 출되어 동서 화합의 의미를 더했다.

12년 만에 동서 양 진영이 함께 모인 이번 대회에서는 160개국의 선수 8,000여 명이 참가하여 과거 어느 대회보다 수준 높은 경기가 펼쳐질 것으로 예상된다.

① 국민 교육 헌장이 발표되었다.
② 3당 합당으로 민주 자유당이 창당되었다.
③ 군 내부의 사조직인 하나회가 해체되었다.
④ 사회 정화를 명분으로 삼청 교육대가 설치되었다.
⑤ 외환 위기 극복을 위한 금 모으기 운동이 전개되었다.

49 -099 (가) 민주화 운동에 대한 설명으로 옳은 것은? [2점]

◆ 하계 답사 안내 ◆

우리 문화원에서는 부산과 마산 지역의 시민과 학생들이 일 으킨 　(가)　의 의미를 조명하는 답사를 준비하였습니다. YH 무역 사건, 야당 총재의 국회 의원직 제명 등 일련의 사건으 로 당시 정부에 대한 민심 이반이 가속화하는 가운데 일어난 　(가)　의 유적지를 둘러보면서 민주주의의 소중함을 되 새기는 기회가 되길 바랍니다.

◆ 기간 : 2024년 ○월 ○○일 ~ ○월 ○○일
◆ 답사 일정
 • 1일차 : 부산대 10·16 기념관 - 국제 시장 - 부산 양서 협동조합 터
 • 2일차 : 경남대 교내 기념석 - 서항 공원 - 창동 사거리
◆ 주요 답사지

| 10·16 기념관 | 서항 공원 내 기념물 |

◆ 주관 : △△ 문화원

① 유신 체제 붕괴의 배경이 되었다.
② 시민군을 조직하여 계엄군에 대항하였다.
③ 시위 도중 김주열이 최루탄을 맞고 사망하였다.
④ 직선제 개헌을 약속한 6·29 선언을 이끌어 냈다.
⑤ 대통령이 하야하여 미국으로 망명하는 결과를 가져왔다.

50 -100 다음 연설이 있었던 정부의 통일 노력으로 옳은 것은? [2점]

노벨 위원회가 긍정적으로 평가해 준 최근의 남북 관계에 대해 몇 말씀드리겠 습니다. 저는 지난 6월에 북한의 김정일 국방 위원장과 역사적인 남북 정상 회담 을 가졌습니다. …… 우리의 일관되고 성의 있는 자세와 노르웨이를 비롯한 전 세 계 모든 나라의 햇볕 정책에 대한 지지는 북한의 태도를 바꾸게 만들었습니다.

① 남북 기본 합의서를 교환하였다.
② 7·4 남북 공동 성명을 발표하였다.
③ 6·15 남북 공동 선언을 채택하였다.
④ 한반도 비핵화 공동 선언에 합의하였다.
⑤ 남북 이산가족 고향 방문단의 교환을 최초로 실현하였다.

1-101 (가) 시대의 생활 모습으로 가장 적절한 것은? [1점]

<오늘의 한국사 퀴즈>
매일 문제 풀고 한국사 박사 되자!
◆ 사유 재산과 계급이 발생한 (가) 시대의 대표적인 유물을 고르시오.

정답
다음 문제 ▶

① 철제 무기로 정복 활동을 벌였다.
② 오수전, 화천 등의 중국 화폐로 교역하였다.
③ 많은 인력을 동원하여 고인돌을 축조하였다.
④ 주로 동굴이나 강가에 막집을 짓고 거주하였다.
⑤ 가락바퀴와 뼈바늘을 사용하여 옷을 만들기 시작하였다.

2-102 (가) 나라에 대한 설명으로 옳은 것은? [2점]

학습 내용 정리

<철기 문화를 바탕으로 성장한 여러 나라>

1. 경제 활동

나라	사료에 나타난 특징
부여	관직명에 가축 이름 사용, 명마·담비 가죽 생산
(가)	삼베·명주 생산, 특산물 : 단궁·과하마·반어피
삼한	벼농사 발달, 철이 많아 낙랑·왜에 수출

① 신지, 읍차 등의 지배자가 있었다.
② 혼인 풍습으로 민며느리제가 있었다.
③ 10월에 무천이라는 제천 행사를 열었다.
④ 여러 가(加)들이 각각 사출도를 주관하였다.
⑤ 제가 회의에서 나라의 중대사를 결정하였다.

3-103 다음 자료에 나타난 사건의 영향으로 가장 적절한 것은? [3점]

왕이 문주에게 일러 말하기를, "내가 어리석고 밝지 못하여 간사한 사람[도림]의 말을 믿어 이 지경이 되었다. …… 나는 마땅히 사직에서 죽겠지만, 네가 이곳에서 함께 죽는 것은 이로울 게 없다. 어찌 난을 피하여 나라의 계통을 잇지 않겠는가?"라고 하였다. …… 고구려의 대로 제우·재증걸루·고이만년 등이 북성을 공격하여 7일 만에 빼앗았다. 이동하여 남성을 공격하니 성 안 사람들이 두려워하였다. 왕이 성을 나와 도망하자, 고구려 장수 재증걸루 등이 왕을 보고 말에서 내려 절한 다음에 그 얼굴을 향해 세 번 침을 뱉고는 죄를 나열한 다음 포박하여 아차성 아래로 보내 죽였다.

① 고구려가 평양으로 천도하였다.
② 동성왕이 나·제 동맹을 강화하였다.
③ 고국원왕이 근초고왕의 공격을 받아 전사하였다.
④ 백제가 고구려를 견제하고자 북위에 국서를 보냈다.
⑤ 신라가 왜를 격퇴하기 위해 고구려에 군사를 청하였다.

4-104 (가) 왕의 재위 시기에 있었던 사실로 옳은 것은? [2점]

스스로 탐구하는 역사 수업

고구려 제17대 왕으로 즉위하여 통치 체제를 정비한 (가) 에 대해 조사한 내용을 올려 주세요.

정치	외교	사회
율령을 반포하였어요.	전진에 사신을 파견하여 교류하였어요.	태학을 설립하여 인재를 양성하였어요.
+	+	+

① 승려 순도를 통해 불교를 수용하였다.
② 낙랑군을 축출하여 영토를 확장하였다.
③ 영락이라는 독자적인 연호를 사용하였다.
④ 을지문덕이 살수에서 수의 군대를 물리쳤다.
⑤ 이문진이 유기를 간추린 신집 5권을 편찬하였다.

5-105 강연자의 질문에 대한 청중의 답변으로 가장 적절한 것은? [2점]

> 화면에 보이는 고구려의 사신도와 백제 산수무늬 벽돌은 신선 사상을 기반으로 불로장생을 추구하는 이 종교의 내용이 잘 표현된 문화유산입니다. 이 종교와 관련된 역사적 사실은 무엇이 있을까요?

강서대묘 사신도 중 현무도   산수무늬 벽돌

① 간경도감에서 경전이 간행되었습니다.
② 연개소문이 당에 도사 파견을 요청하였습니다.
③ 과거 시험의 교재로 사서집주가 채택되었습니다.
④ 범일이 9산 선문 중 하나인 사굴산문을 개창하였습니다.
⑤ 주요 경전의 이름이 새겨진 임신서기석이 만들어졌습니다.

6-106 (가) 승려에 대한 설명으로 옳은 것은? [2점]

> **일체유심조**
> **모든 것은 마음먹기에 달려 있다!**
> 우리 역사상 불교 발전에 가장 크게 이바지한 승려를 가리는 이번 투표에서 여러분들의 현명한 선택을 기다립니다.
>
> ■ 주요 활동
> • "금강삼매경론", "대승기신론소" 등 저술
> • 일심 사상과 화쟁 사상 주장
>
> 기호 ○번   (가)

① 구법 순례기인 왕오천축국전을 남겼다.
② 황룡사 구층 목탑의 건립을 건의하였다.
③ 무애가를 지어 불교 대중화에 기여하였다.
④ 화랑도의 규범으로 세속 5계를 제시하였다.
⑤ 화엄일승법계도를 지어 화엄 사상을 정리하였다.

7-107 (가) 국가에 대한 설명으로 옳은 것은? [1점]

> 신라고기(新羅古記)에 이르기를 "고(구)려의 옛 장수 조영의 성은 대씨(大氏)니 남은 군사를 모아 태백산 남쪽에서 나라를 세우고 나라 이름을 [(가)](이)라고 하였다." …… 지장도(指掌圖)에 보면 "[(가)]은/는 만리장성 동북쪽 모서리 밖에 있다."라고 하였다.

① 군사 조직으로 9서당 10정을 편성하였다.
② 정사암에 모여 국가 중대사를 논의하였다.
③ 광평성을 비롯한 각종 정치 기구를 갖추었다.
④ 5경 15부 62주의 지방 행정 제도를 마련하였다.
⑤ 상수리 제도를 시행하여 지방 세력을 견제하였다.

8-108 (가) 인물에 대한 설명으로 옳은 것은? [2점]

> [역사 다큐멘터리 기획안]
>
> **도당 유학생, 서로 다른 길을 걷다**
>
> ■ 기획 의도
>   당에 건너가 유학했던 6두품들이 신라로 돌아온 이후의 행보를 알아본다.
>
> ■ 구성 내용
> 1. [(가)], 진성 여왕에게 시무책 10여 조를 올리다
> 2. 최승우, 견훤의 신하로 왕건에게 보내는 격문을 짓다
> 3. 최언위, 고려에 투항하여 문한관으로 문명을 떨치다

① 향가 모음집인 삼대목을 편찬하였다.
② 외교 문서인 청방인문표를 작성하였다.
③ 격황소서를 지어 문장가로서 이름을 떨쳤다.
④ 유식의 교의를 담은 해심밀경소를 저술하였다.
⑤ 국왕에게 조언하는 내용의 화왕계를 저술하였다.

9-109 다음 상황이 나타난 시기를 연표에서 옳게 고른 것은? [3점]

> 각간 김경신이 해몽을 청하자 아찬 여삼은 "복두를 벗은 것은 위에 다른 사람이 없다는 뜻이요, 소립을 쓴 것은 면류관을 쓸 징조이며, 12현금(絃琴)을 든 것은 12대손까지 왕위를 전한다는 조짐이며, 천관사 우물로 들어간 것은 궁궐로 들어갈 상서로운 조짐입니다."라고 하였다. "위에 주원이 있는데 어찌 내가 왕위에 오를 수 있겠소?"라고 경신이 묻자, 아찬이 대답하기를 "청컨대 은밀히 북천신에게 제사 지내면 될 것입니다."라고 하여 이에 따랐다. 얼마 지나지 않아 선덕왕이 죽자, 나라 사람들이 김주원을 왕으로 받들어 궁중으로 맞아들이려 했다. 주원의 집은 북천 북쪽에 있었는데 홀연히 냇물이 불어나 건널 수가 없었다. 이에 경신이 먼저 궁궐로 들어가 왕위에 올랐다.

654	681	722	780	828	889
	(가)	(나)	(다)	(라)	(마)	
무열왕 즉위	김흠돌의 난	정전 지급	혜공왕 피살	청해진 설치	원종과 애노의 난

① (가)   ② (나)   ③ (다)   ④ (라)   ⑤ (마)

10-110 (가)에 들어갈 내용으로 적절한 것은? [2점]

다시 하나로, 민족의 재통일을 이루다

○학년 ○반 ○모둠

■ 제작 의도

    고려의 후삼국 통일 과정과 역사적 의의를 주요 인물과 관련된 사건의 발생 순서에 따라 살펴본다.

■ 장면별 구성 내용

\#1. 신숭겸, 공산 전투에서 전사하다

\#2. 왕건, 고창 전투에서 후백제군을 물리치다

\#3. 견훤, 금산사에서 탈출하여 고려에 귀순하다

\#4.   (가)

\#5. 왕건, 일리천에서 신검의 군대에 승리하다

① 안승, 보덕국 왕으로 책봉되다

② 궁예, 국호를 태봉으로 바꾸다

③ 경순왕 김부, 경주의 사심관이 되다

④ 윤충, 대야성을 공격하여 함락시키다

⑤ 흑치상지, 임존성에서 부흥군을 이끌다

11-111 (가) 국가의 경제 상황으로 옳은 것은? [1점]

① 특산품으로 솔빈부의 말이 유명하였다.

② 풍흉에 따라 9등급으로 전세를 거두었다.

③ 감자, 고구마 등의 작물이 널리 재배되었다.

④ 경시서의 관리들이 시전의 상행위를 감독하였다.

⑤ 설점수세제를 시행하여 민간의 광산 개발을 허용하였다.

12-112 (가)~(마)에 들어갈 내용으로 적절한 것은? [3점]

〈한국사 학술 강좌〉

인물로 보는 고려 불교사

    우리 학회에서는 고려 승려들의 활동을 통해 불교사의 흐름을 파악하는 자리를 마련하였습니다. 관심 있는 분들의 많은 참여를 바랍니다.

■ 강좌 주제 ■

제1강 균여,	(가)
제2강 의천,	(나)
제3강 지눌,	(다)
제4강 요세,	(라)
제5강 혜심,	(마)

• 일시 : 2024년 ○○월 ○○일 09:00~17:00

• 장소 : □□ 박물관 대강당

• 주최 : △△ 학회

① (가) - 법화 신앙에 중점을 둔 백련 결사를 제창하다

② (나) - 심성의 도야를 강조한 유불 일치설을 주장하다

③ (다) - 권수정혜결사문을 작성하여 정혜쌍수를 강조하다

④ (라) - 이론과 수행을 함께 강조하는 교관겸수를 제시하다

⑤ (마) - 보현십원가를 지어 불교 교리를 대중에게 전파하다

13-113 (가) 왕에 대한 설명으로 옳은 것은? [2점]

① 여진 정벌을 위해 별무반을 창설하였다.

② 전국에 12목을 설치하고 관리를 파견하였다.

③ 광덕, 준풍 등의 독자적인 연호를 사용하였다.

④ 거란의 침입에 대비하여 개경에 나성을 축조하였다.

⑤ 정계와 계백료서를 지어 관리의 규범을 제시하였다.

14-114 (가) 사건에 대한 탐구 활동으로 가장 적절한 것은? [2점]

대한민국 방방곡곡 – 거제 둔덕기성 전경

史 한국사 채널　　　　　조회 수 140,525

　　거제의 둔덕기성은 신라 시대에 축조되었고, 고려 시대에 성벽이 개축되어 축성법의 변화를 연구하는 데 학술적 가치가 큰 사적입니다.
　　정중부 등이 일으킨 [(가)] (으)로 폐위된 의종이 이곳에서 머물렀다고 전해지고 있습니다. 이후 김보당은 의종을 경주로 피신시켜 복위를 시도하였습니다.

① 정동행성이 설치되는 배경을 살펴본다.
② 철령위 설치에 대한 최영의 대응을 검색한다.
③ 칭제건원과 금국 정벌을 주장한 인물을 찾아본다.
④ 서경 유수 조위총이 반란을 일으킨 이유를 알아본다.
⑤ 이성계 등 신흥 무인 세력이 성장하는 과정을 조사한다.

15-115 (가), (나) 사이의 시기에 있었던 사실로 옳은 것은? [2점]

(가) 최우가 녹전거(祿轉車) 100여 대를 빼앗아 집안의 재물을 강화도로 옮기니, 수도가 흉흉하였다. …… 또 사자(使者)를 여러 도에 나누어 보내어, 백성을 산성과 섬으로 옮겼다.

(나) 김방경과 흔도(忻都), 홍차구, 왕희, 왕옹 등이 3군을 거느리고 진도를 토벌하여 크게 격파하고, 승화후 왕온을 죽였다. 김통정이 남은 무리를 이끌고 탐라로 도망하여 들어갔다.

① 양규가 곽주성을 급습하여 탈환하였다.
② 최무선이 진포에서 왜구를 격퇴하였다.
③ 강조가 정변을 일으켜 국왕을 폐위하였다.
④ 김윤후가 처인성에서 살리타를 사살하였다.
⑤ 이자겸과 척준경이 반란을 일으켜 궁궐을 불태웠다.

16-116 다음 자료에 나타난 시기의 사회 모습으로 적절한 것은? [1점]

○ 당시 응방·겁령구 및 내수(內竪) 등의 천한 자들이 모두 사전(賜田)을 받았는데, 많은 경우는 수백 결에 이르렀다. 일반 백성을 유인하여 전호로 삼고, 가까운 곳에 있는 민전에서는 모두 수조하였으므로 주와 현에서는 부세가 들어올 바가 없게 되었다.

○ 공주가 장차 입조(入朝)할 예정이었으므로, 인후와 염승익에게 명하여 양가의 자녀로서 나이가 14~15세인 자들을 선발하였고, 순군(巡軍)과 홀적(忽赤) 등으로 하여금 인가를 수색하게 하였다. 혹 밤중에 침실에 돌입하거나 노비를 포박하여 심문하기도 하였으니, 비록 자녀가 없는 자라 할지라도 깜짝 놀라 동요하게 되었다. 원망하며 우는 소리가 온 거리에 가득하였다.

① 최충이 9재 학당을 설립하였다.
② 만적이 개경에서 반란을 모의하였다.
③ 지배층을 중심으로 변발과 호복이 유행하였다.
④ 국난 극복을 기원하며 초조대장경이 조판되었다.
⑤ 기근에 대비하기 위하여 구황촬요가 간행되었다.

17-117 (가) 왕에 대한 설명으로 옳은 것은? [2점]

① 경국대전을 완성하여 통치 체제를 정비하였다.
② 초계문신제를 시행하여 문신들을 재교육하였다.
③ 길주를 근거지로 일어난 이시애의 난을 진압하였다.
④ 문하부를 폐지하고 낭사를 사간원으로 독립시켰다.
⑤ 붕당의 폐해를 경계하기 위한 탕평비를 건립하였다.

18-118 (가) 인물에 대한 설명으로 옳은 것은? [2점]

이것은 (가) 이/가 함길도에 있을 때 화살이 날아왔는데도 놀라지 않고 태연히 연회를 계속 즐겼다는 고사를 담은 야연사준도입니다. 세종 대 함길도 병마도절제사로 활약했던 그는 문종 대 고려사절요 편찬을 총괄하였고, 단종 대 좌의정의 자리에 올랐으나 계유정난 때 살해되었습니다.

북관유적도첩 특별전

야연사준도

화면을 넘기면 다른 작품을 볼 수 있습니다.

① 두만강 일대에 6진을 개척하였다.
② 탄금대에서 배수의 진을 치고 싸웠다.
③ 조총 부대를 이끌고 나선 정벌에 나섰다.
④ 왜구의 근거지인 쓰시마섬을 정벌하였다.
⑤ 외교 담판을 통해 강동 6주를 획득하였다.

19-119 밑줄 그은 '전하'의 재위 시기에 있었던 사실로 옳은 것은? [2점]

며칠 전 전하께서 예문관에서 옛 집현전의 직제를 분리하여 홍문관으로 이관하는 것을 명하셨다고 하네. 이제 홍문관이 옛 집현전의 기능을 대신한다는 것이지.

홍문관원들이 경연관을 겸한다고 하니 앞으로 경연이 더욱 활성화되겠군.

① 국왕의 친위 부대인 장용영이 설치되었다.
② 백운동 서원이 사액을 받아 소수 서원이 되었다.
③ 국가의 의례를 정비한 국조오례의가 완성되었다.
④ 통치 체제를 정비하기 위해 속대전이 편찬되었다.
⑤ 수조권이 세습되던 수신전과 휼양전이 폐지되었다.

20-120 다음 자료에 대한 탐구 활동으로 가장 적절한 것은? [2점]

○ 조광조 등이 아뢰기를, "소격서가 요사하고 허탄함은 이미 경연에서 다 아뢰었고 전하께서도 그것이 허탄함을 환히 아시니 지금 다시 말할 것이 없습니다. ……"라고 하였다.

○ 신광한이 아뢰기를, "지난번에 조광조가 아뢰었던 천거로 인재를 뽑는 일은 여럿이 의논한 일입니다. 각별히 천거하는 것은 한(漢)에서 시행한 현량과와 효렴과를 따르는 것이 가합니다. 이것은 자주 할 수는 없으나 지금은 이를 시행할 만한 기회입니다. ……"라고 하였다.

① 호포제를 실시한 배경을 조사한다.
② 기해예송의 전개 과정과 결과를 파악한다.
③ 중종 때 사림과 언관들이 제기한 주장을 검색한다.
④ 정여립 모반 사건을 계기로 동인이 입은 피해를 찾아본다.
⑤ 인현 왕후가 폐위되고 남인이 권력을 차지한 사건을 알아본다.

21-121 (가) 전쟁 중에 있었던 사실로 옳은 것은? [2점]

문학으로 만나는 한국사

홍계남이 당초 의병을 일으켜 흉적을 쳐서 활을 쏘아 맞히고 벤 수급이 매우 많았고 가는 곳마다 공을 세우니, 적들이 홍장군이라고 부르며 감히 침범하지 못했다. 호서(충청도) 내지가 편안할 수 있었던 것은 모두 홍계남의 공이라고 한다. 가상한 일이다. 의병이 곳곳에서 봉기하였지만, …… 고경명과 조헌은 모두 나랏일에 몸을 바쳐 죽을 자리에서 죽었으니 가히 그 명성에 걸맞는다고 말할 수 있다.

— "쇄미록" —

[해설] 이 작품은 오희문이 (가) 중에 있었던 일을 적은 일기이다. 적군의 침입과 약탈, 의병장의 활동, 피란민의 참혹한 생활 등이 생생하게 담겨 있다.

① 삼수병으로 구성된 훈련도감이 설치되었다.
② 왕이 도성을 떠나 남한산성으로 피란하였다.
③ 송시열, 이완 등을 중심으로 북벌이 추진되었다.
④ 국방 문제를 논의하기 위해 비변사가 신설되었다.
⑤ 제한된 범위의 무역을 허용한 계해약조가 체결되었다.

22-122 (가)~(마)에 대한 설명으로 적절하지 <u>않은</u> 것은? [3점]

답사 계획서

- 주제 : 불교 문화유산이 숨 쉬는 곳, 산사(山寺)를 찾아서
  – 유네스코가 주목한 사찰을 중심으로
- 기간 : 2024년 ○○월 ○○일~○○일
- 경로 : 보은 법주사 → 영주 부석사 → 안동 봉정사 → 합천 해인사
  → 순천 선암사

(가) 보은 법주사
(나) 영주 부석사
(다) 안동 봉정사
(마) 순천 선암사
(라) 합천 해인사

① (가) - 오층 목조탑 내부에 부처의 일생을 그린 팔상도가 있다.
② (나) - 배흘림기둥에 주심포 양식으로 축조된 무량수전이 있다.
③ (다) - 현존하는 우리나라 최고(最古)의 목조 건물인 극락전이 있다.
④ (라) - 팔만대장경판을 보관하고 있는 장경판전이 있다.
⑤ (마) - 무구정광대다라니경이 발견된 삼층 석탑이 있다.

23-123 밑줄 그은 '제도'에 대한 설명으로 옳은 것을 〈보기〉에서 고른 것은? [2점]

이원익의 건의로 경기도에서 시행되는 수취 <u>제도</u>에 대해 설명해 주세요.

이번에 시행되는 제도는 지방의 특산물을 징수하면서 나타난 방납의 폐단을 막아 백성들의 부담을 줄여 주기 위한 것입니다. 공물을 현물 대신 토지의 결수에 따라 쌀로 납부합니다.

〈보기〉
ㄱ. 선혜청에서 관련 업무를 담당하였다.
ㄴ. 재정을 보충하기 위해 지주에게 결작을 부과하였다.
ㄷ. 관청에 물품을 조달하는 공인이 등장하는 배경이 되었다.
ㄹ. 어장세, 선박세 등이 국가 재정으로 귀속되는 결과를 가져왔다.

① ㄱ, ㄴ ② ㄱ, ㄷ ③ ㄴ, ㄷ
④ ㄴ, ㄹ ⑤ ㄷ, ㄹ

24-124 다음 시나리오에 등장하는 왕의 재위 시기에 있었던 사실로 옳은 것은? [2점]

#5. 궁궐 안
왕과 신하들이 대화하는 장면

신하1 : 전하, 우리나라의 습속은 예로부터 신분에 따라 등용하는 것이 원칙이었습니다. 서얼들을 적자와 똑같이 대우한다면, 서얼이 적자를 능멸하는 폐단이 열리게 될 것입니다.

왕 : 수많은 서얼들도 나의 신하인데 그들이 제자리를 얻지 못하고 포부도 펴지 못한다면 이 또한 과인의 허물일 것이오. 규장각에 검서관을 두어 이덕무, 박제가, 유득공, 서이수를 등용하려는 내 결심은 변함이 없을 것이니 그리 알고 물러들 가시오.
⋮

① 왕권 강화를 위해 6조 직계제가 시행되었다.
② 거중기 등을 활용하여 수원 화성이 축조되었다.
③ 청과 국경을 정하는 백두산정계비가 건립되었다.
④ 통치 체제를 정비하기 위해 대전회통이 편찬되었다.
⑤ 삼정의 문란을 시정하기 위한 삼정이정청이 설치되었다.

25-125 다음 상황이 나타난 시기에 볼 수 있는 모습으로 적절하지 <u>않은</u> 것은? [1점]

김화진 등이 아뢰기를, "…… 만상과 송상이 함께 수많은 가죽을 마음대로 밀무역을 합니다. 수달 가죽은 금지 품목 가운데 하나인데 변경을 지키는 관리들이 대수롭지 않게 여겨 1년, 2년이 되면 곧 일상적인 물건과 같아지니 …… 이후로는 한결같이 법전에 의거하여 금지 조항을 거듭 자세히 밝혀서 송상과 만상에게 법을 범해서는 안 되며, 범하는 사람이 있으면 일일이 적발하여 법에 따라 엄격하게 처벌한다는 것을 분명히 알게 해야 합니다. 아울러 살피지 못한 변방의 관리들도 드러나는 대로 무겁게 다스린다는 뜻을 분명히 알게 해야 합니다. ……"라고 하니, 임금이 그리하라 하였다.

① 채굴 노동자를 고용하는 덕대
② 벽란도에서 교역하는 송의 상인
③ 상평통보로 물건을 거래하는 보부상
④ 포구에서 물품의 매매를 중개하는 여각
⑤ 담배, 인삼 등 상품 작물을 재배하는 농민

26 -126 (가) 인물에 대한 설명으로 옳은 것은? [2점]

우리 모둠은 열하일기에서 상공업 진흥과 청의 문물 수용을 주장한 (가) 에 대해 발표하려고 합니다.

모둠별 주제 탐구

조선 후기 실학자의 활동

1모둠
지전설과 무한 우주론을 주장한 홍대용

2모둠
성호사설에서 개혁안을 제시한 이익

3모둠
화폐 유통의 필요성을 주장한 (가)

① 북한산비가 진흥왕 순수비임을 고증하였다.
② 청으로부터 시헌력을 도입하자고 건의하였다.
③ 우서에서 사농공상의 직업적 평등을 주장하였다.
④ 양반전을 지어 양반의 허례와 무능을 풍자하였다.
⑤ 10리마다 눈금을 표시한 대동여지도를 완성하였다.

27 -127 (가) 인물의 작품으로 옳은 것은? [1점]

이 작품은 조선 후기 대표적 풍속화가인 단원 (가) 이/가 나귀를 타고 유람하는 나그네의 시점으로 그린 행려풍속도병입니다. 8폭 병풍에는 계절에 따라 변해가는 산수와 대장간, 나루터 등 다양한 세상살이의 모습이 생동감 있게 표현되어 있습니다. 각 폭의 그림 위쪽에는 그의 스승인 강세황의 그림평이 적혀 있습니다.

① ② ③

④ ⑤

28 -128 (가), (나) 사이의 시기에 있었던 사실로 옳은 것은? [3점]

(가) 순무영에서 정족산성 수성장 양헌수가 보내온 보고에 의하면, "…… 우리 군사가 잠입한 사실을 적들이 알지 못하였습니다. 오늘 저들은 우리가 지키고 있는 성을 점령할 계책으로 그 우두머리가 말을 타고 나귀를 끌고 짐바리와 술과 음식을 가지고 동문과 남문으로 나누어 들어왔습니다. 이때 우리 군사들이 좌우에 매복하였다가 일제히 총탄을 퍼부었습니다. ……"라고 하였습니다.

(나) 4월 24일에 계속해서 올린 강화 진무사 정기원의 치계에, "미국 배가 다시 항구로 들어와서 광성진을 습격하여 함락하였는데, 중군 어재연이 힘껏 싸우다가 목숨을 바쳤고, 사망한 군사가 매우 많습니다. 적병은 초지포 부근에 주둔하였습니다. 장수 이렴이 밤을 이용하여 습격해서야 그들을 퇴각시켰습니다."라고 하였습니다.

① 일본 군함 운요호가 영종도를 공격하였다.
② 오페르트가 남연군 묘의 도굴을 시도하였다.
③ 마젠창과 묄렌도르프가 고문으로 파견되었다.
④ 영국군이 러시아를 견제하기 위해 거문도를 점령하였다.
⑤ 황사영이 외국 군대의 출병을 요청하는 백서를 작성하였다.

29 -129 (가) 조약에 대한 설명으로 옳은 것은? [2점]

한국사 아카이브 | 아카이브 소개 | 소장 자료 | 디지털 자료

통합 검색 | 보빙사 | 검색 초기화

설명: 미국에서 발행된 'Frank Leslies Illustrated Newspaper' 1883년 9월 29일자에 실린 보빙사의 사진이다. 전권대신 민영익과 부대신 홍영식 등으로 구성된 보빙사는 (가) 체결로 미국 공사가 부임하자 그에 대한 답례로 파견되었다. 미국에서 아서 대통령을 만나고 우체국, 신문사, 병원 등 각종 근대 시설을 시찰하고 돌아왔다.

① 최혜국 대우를 최초로 규정하였다.
② 통감부가 설치되는 계기가 되었다.
③ 천주교 포교 허용의 근거가 되었다.
④ 재정 고문을 두도록 하는 조항을 담고 있다.
⑤ 부산, 원산, 인천이 개항되는 결과를 가져왔다.

30-130 (가)에 대한 설명으로 옳은 것은? [2점]

우정총국 개국 축하연에서 일부 급진 개화파가 [가] 을/를 일으켰습니다.

1/3

권력을 장악한 그들은 청과의 사대 관계 청산 등을 담은 개혁 정강을 발표하였습니다.

2/3

청군의 개입으로 3일 만에 실패하여 김옥균 등 주요 인물은 일본으로 망명하였습니다.

3/3

① 전개 과정에서 집강소가 설치되었다.
② 수신사가 파견되는 데 영향을 주었다.
③ 한성 조약이 체결되는 결과를 가져왔다.
④ 사태 수습을 위해 박규수가 안핵사로 파견되었다.
⑤ 구식 군인에 대한 차별 대우가 발단이 되어 일어났다.

31-131 (가) 궁궐에 대한 설명으로 옳은 것은? [3점]

돈덕전으로의 초대

돈덕전이 재건되어 전시관으로 개관합니다. 많은 관람 부탁드립니다.

■ 주소 : 서울특별시 중구 세종대로 99
■ 개관일 : 2023년 ○○월 ○○일

◉ 소개
　돈덕전은 [가] 안에 지어진 유럽풍 외관의 건물로, 고종 즉위 40주년 기념행사를 열기 위해 건립되었다. 1층에는 폐하를 알현하는 폐현실, 2층에는 침실이 자리하여 각국 외교 사절의 폐현 및 연회장, 국빈급 외국인의 숙소로 사용되었다.
　러시아 공사관에서 [가] 으로 거처를 옮긴 뒤부터 고종은 중명전을 비롯한 서구식 건축물을 지어 근대 국가로서의 면모를 보여 주고자 하였다. 돈덕전 역시 이러한 의도가 투영된 건축물이다.

① 제1차 미·소 공동 위원회가 개최되었다.
② 도성 내 서쪽에 있어 서궐이라고 불렸다.
③ 일제에 의해 창경원으로 격하되기도 하였다.
④ 정도전이 궁궐과 주요 전각의 명칭을 정하였다.
⑤ 태종이 도읍을 한양으로 다시 옮기며 건립하였다.

32-132 (가) 의병에 대한 설명으로 옳은 것은? [2점]

이달의 독립운동가

최초의 여성 의병 지도자 윤희순(尹熙順)

• 생몰년 : 1860~1935
• 생애 및 활동
　경기도 구리 출신으로 명성 황후 시해 사건이 일어나자 '안사람 의병가'를 창작하여 여성의 의병 참여를 독려하는 데 앞장섰다. 고종의 강제 퇴위와 군대 해산에 반발하여 일어난 [가] 당시 30여 명의 여성으로 의병대를 조직하여 최초의 여성 의병장으로 활약하였다. 일제에 나라를 뺏긴 이후에는 만주로 망명하여 항일 인재 양성과 무장 투쟁을 이어 나갔다. 1990년 건국 훈장 애족장이 추서되었다.

① 최익현이 태인에서 궐기하였다.
② 고종의 해산 권고 조칙에 따라 해산하였다.
③ 민종식이 이끄는 부대가 홍주성을 점령하였다.
④ 일본에 국권 반환 요구서를 제출하고자 하였다.
⑤ 의병 부대가 연합하여 서울 진공 작전을 전개하였다.

33-133 ㉠ 시기에 볼 수 있는 모습으로 가장 적절한 것은? [2점]

이것은 경인선 철도의 노선 계획도입니다. 경인선은 미국인 모스로부터 부설권을 사들인 일본에 의해 서울에서 인천을 잇는 철도로 개통되었습니다. 완공 후 ㉠ 서대문 정거장에서 철도 개통식이 열렸습니다. 이후 경부선, 경의선 철도가 차례로 개통되었습니다. 그 과정에서 많은 토지가 철도 부지로 수용되고 농민들이 공사에 강제로 동원되면서 많은 저항이 있었습니다.

① 학도 지원병을 독려하는 지식인
② 금난전권 폐지에 반대하는 시전 상인
③ 근우회가 주최하는 강연에 참여하는 여성
④ 두모포에서 무력시위를 벌이는 일본 군인
⑤ 근대 학문을 가르치는 한성 사범 학교 교사

34-134 밑줄 그은 '이 지역'에서 있었던 민족 운동으로 옳은 것은?

[3점]

□□신문

제△△호 　　　　　　　　　　○○○○년 ○○월 ○○일

"원병상 회고록"으로 본 국외 민족 운동

한국 독립운동사의 일면을 살펴볼 수 있는 책이 발간되었다. 이 책은 신흥 무관 학교 졸업생이자 교관으로 독립군 양성에 헌신한 원병상의 회고록이다. 책에는 <u>이 지역</u>에 세워진 신흥 무관 학교의 변화 과정과 학생들의 생활상이 구체적으로 담겨 있을 뿐만 아니라, 국권 피탈 이후 망명해 온 독립지사들이 힘겹게 정착해 나가는 과정이 생생하게 기록되어 있어 독립운동사와 생활사 자료로서 가치가 크다.

① 한인 자치 기구인 경학사가 설립되었다.
② 권업회가 조직되어 기관지를 발행하였다.
③ 유학생들을 중심으로 2·8 독립 선언서가 발표되었다.
④ 대조선 국민군단이 결성되어 군사 훈련을 실시하였다.
⑤ 흥사단이 창립되어 교민들에게 민족의식을 심어 주고자 하였다.

35-135 밑줄 그은 '운동'에 대한 설명으로 옳은 것은?　　[1점]

이 자료는 고종의 인산일을 계기로 시작된 만세 운동에서 불렀던 독립가 전단입니다. 당시에 우리 민족은 독립 선언서를 발표하고 대한 독립 만세를 외치며 전국 각지와 해외 곳곳에서 시위를 이어 나갔습니다.

> 터졌구나 터졌구나
> 조선 독립성
> 십 년을 참고 참아
> 이제 터졌네
> 삼천리의 금수강산
> 이천만 민족
> 살았구나 살았구나
> 이 한 소리에

① 통감부의 방해와 탄압으로 중단되었다.
② 천도교 소년회가 창립된 후 본격화되었다.
③ 일제가 이른바 문화 통치를 실시하는 배경이 되었다.
④ 성진회와 각 학교 독서회에 의해 전국으로 확산되었다.
⑤ 시위를 준비하는 과정에서 사회주의자들이 대거 검거되었다.

36-136 밑줄 그은 '시기'에 시행된 일제의 정책으로 옳은 것은? [1점]

오늘 소개해 주실 자료는 무엇인가요?

이 자료는 토지 조사 사업이 실시되던 시기에 조선 총독부 임시 토지 조사국이 작성한 문서입니다. 여기에는 경상북도 상주, 칠곡, 울릉도 등 총 6개 지역에서 토지 소유자와 그 경계를 조사하여 확정하였다고 기록되어 있습니다.

① 애국반을 조직하였다.
② 신문지법을 제정하였다.
③ 조선 태형령을 시행하였다.
④ 산미 증식 계획을 실시하였다.
⑤ 황국 신민 서사의 암송을 강요하였다.

37-137 (가) 종교에 대한 설명으로 옳은 것은?　　[2점]

지난 개천절을 기회로 하여 독립운동을 계획했다는 이유로 (가) 간부 7명이 동대문 경찰서에 체포되었다는 기사가 실렸구나.

(가) 은/는 나철이 만주에서 단군 신앙을 기반으로 창시한 종교인데, 민족의식을 고취할 뿐만 아니라 독립운동도 전개하고 있네요.

① 개벽, 신여성 등의 잡지를 발간하였다.
② 한용운 등이 사찰령 폐지를 주장하였다.
③ 박중빈을 중심으로 새 생활 운동을 펼쳤다.
④ 김창숙의 주도로 파리 장서 운동을 전개하였다.
⑤ 무장 투쟁을 전개하기 위해 중광단을 조직하였다.

38-138 (가)~(다)를 일어난 순서대로 옳게 나열한 것은? [2점]

주제 : 1920년대 국외 민족 운동의 시련

> 일본군이 독립군에 대한 보복으로 간도 지역의 한인을 학살한 간도 참변이 발생하였어요.

> 독립군의 통합 과정에서 많은 희생자가 발생한 자유시 참변이 일어났어요.

> 만주에서 활동하는 독립군 색출을 위해 조선 총독부가 만주 군벌과 미쓰야 협정을 체결하였어요.

(가)   (나)   (다)

① (가) - (나) - (다)
② (가) - (다) - (나)
③ (나) - (가) - (다)
④ (나) - (다) - (가)
⑤ (다) - (가) - (나)

39-139 밑줄 그은 '시기'에 볼 수 있는 모습으로 가장 적절한 것은? [3점]

> 이 노래가 영화 음악으로도 쓰였다는 것을 알고 있었어?

> 아리랑 아리랑 아라리오 ~~ 아리랑 고개로 넘어간다 ~~ 나를 버리고 가시는 임은 ~~ 십 리도 못가서 발병 난다 ~~ ♬

> 나운규가 감독과 주연을 모두 맡았네.

> 이 영화가 처음 제작 발표된 시기의 민족적 애환을 잘 표현하였다는 평가를 받고 있어.

① 관민 공동회에서 연설하는 백정
② 교육 입국 조서를 발표하는 관리
③ 원각사에서 은세계 공연을 보는 관객
④ 전차 개통식에 참여하는 한성 전기 회사 직원
⑤ 카프(KAPF)를 형성하여 활동하는 신경향파 작가

40-140 밑줄 그은 '이 시기'에 시행된 일제의 정책으로 옳은 것은? [1점]

> 이 사진은 어느 국민학교의 수업 장면입니다. 중·일 전쟁 이후 일제가 침략 전쟁을 확대하던 이 시기에는 학생들도 '대동아 전쟁'이라는 주제로 일제의 침략 행위를 정당화하는 교육을 받아야 했습니다.

① 회사령을 공포하였다.
② 치안 유지법을 제정하였다.
③ 헌병 경찰제를 실시하였다.
④ 경성 제국 대학을 설립하였다.
⑤ 조선 사상범 예방 구금령을 시행하였다.

41-141 밑줄 그은 '나'에 대한 설명으로 옳은 것은? [3점]

> 나는 1913년 상하이 망명 후 동제사에 참여했소. 1917년에는 대동단결 선언을 작성했다오. 여기에서 나는 주권이 국민에게 있음을 밝혔는데, 이것이 공화정을 지향하는 정치사상으로 평가받고 있다오. 1930년에는 안창호 등과 함께 한국 독립당을 창당하였소. 이후 대한민국 임시 정부 건국 강령 초안도 작성하였다오.

대동단결의 선언

① 조선 혁명 선언을 작성하였다.
② 한국독립운동지혈사를 저술하였다.
③ 극동 인민 대표 대회에서 의장단으로 선출되었다.
④ 헤이그에서 열린 만국 평화 회의에 특사로 파견되었다.
⑤ 새로운 국가 건설을 위한 이념으로 삼균주의를 주장하였다.

42-142 다음 편지가 작성된 시기를 연표에서 옳게 고른 것은? [2점]

친애하는 메논 박사

남북 지도자 회담에 관하여 귀하와 귀 위원단에게 우리의 의견과 각서를 이미 제출한 바이어니와 우리는 가급적 우리 양인의 명의로 남에서 이에 찬동하는 제 정당의 대표 회담을 소집하여 이미 제출한 바에 제1차 보조를 하겠습니다. 이 회의에서 남쪽이 대표를 선출하면 북쪽에 연락할 인원과 방법에 대한 것을 결정하겠습니다. 귀 위원단이 이에 대하여 원만하고 적극적인 협조를 직접 간접으로 하여 주시면 대단히 감사하겠으며 우리 양방의 노력으로 하여금 우리가 공동으로 목적하는 바를 이루어지기를 믿습니다. 끝으로 우리의 심각한 경의를 표합니다.

김구, 김규식

8·15 광복	(가)	모스크바 3국 외상 회의	(나)	이승만 정읍 발언	(다)	좌우 합작 7원칙 발표	(라)	유엔 총회 남북한 총선거 결정	(마)	제헌 국회 구성

① (가)　　② (나)　　③ (다)　　④ (라)　　⑤ (마)

43-143 다음 연설문을 발표한 정부의 통일 노력으로 옳은 것은? [2점]

　　제5차 남북 고위급 회담에서 서명된 합의서는 남과 북이 오랜 단절과 대립을 청산하여 상호 신뢰를 바탕으로 이 땅에, 평화의 질서를 구축하고 교류 협력을 통해 민족의 화해와 공동 번영을 이루어가기 위해 필요한 조처들을 망라하고 있습니다. …… 석 달 전 남북한의 유엔 동시 가입과 이에 이은 이번 합의서의 서명은 한반도 문제 해결과 민족 통일을 향한 여정에 획기적인 이정표를 세운 것입니다. …… 나는 올해 안에 한반도의 비핵화를 실현하는 합의를 이루고 밝아오는 새해와 함께 남과 북이 평화와 협력, 평화와 공동 번영의 새로운 시대를 힘차게 열게 되기를 바랍니다.

① 판문점에서 남북 정상 회담을 개최하였다.
② 남북 이산가족의 고향 방문을 최초로 성사시켰다.
③ 민족자존과 통일 번영을 위한 7·7 선언을 발표하였다.
④ 7·4 남북 공동 성명을 실천하기 위해 남북 조절 위원회를 구성하였다.
⑤ 남북 관계 발전과 평화 번영을 위한 10·4 남북 정상 선언에 서명하였다.

44-144 다음 상황 이후에 일어난 사실로 옳은 것은? [2점]

오늘 미합중국 존 포스터 덜레스 국무 장관과 우리나라 변영태 외무 장관 사이에 상호 방위 조약이 체결되었습니다. 이로써 양국은 우호 관계를 바탕으로 한국에 대한 공산주의자들의 침공에 맞서 나란히 싸울 수 있도록 상호 이해와 공동의 이상을 나누게 되었습니다.

① 반민족 행위 특별 조사 위원회가 설치되었다.
② 평화 통일론을 주장한 진보당의 조봉암이 처형되었다.
③ 비상계엄이 선포된 가운데 발췌 개헌안이 통과되었다.
④ 미국의 극동 방위선을 규정한 애치슨 라인이 발표되었다.
⑤ 유상 매수, 유상 분배를 규정한 농지 개혁법이 제정되었다.

45-145 (가), (나) 헌법에 대한 설명으로 옳은 것은? [2점]

(가)	제39조　① 대통령은 통일 주체 국민 회의에서 토론 없이 무기명 투표로 선거한다. 제47조　대통령의 임기는 6년으로 한다. 제59조　① 대통령은 국회를 해산할 수 있다.

(나)	제39조　① 대통령은 대통령 선거인단에서 무기명 투표로 선거한다. 　　　　③ 대통령 선거인단에서 재적 대통령 선거인 과반수의 찬성을 얻은 자를 대통령 당선자로 한다. 제45조　대통령의 임기는 7년으로 하며, 중임할 수 없다.

① (가) - 6·25 전쟁 중 부산에서 공포되었다.
② (가) - 대통령의 국회 의원 1/3 추천 조항을 담고 있다.
③ (나) - 호헌 동지회 결성의 배경이 되었다.
④ (나) - 3·1 민주 구국 선언에 영향을 주었다.
⑤ (가), (나) - 6월 민주 항쟁 이후에 제정되었다.

46-146 (가) 시기에 있었던 사실로 옳은 것은? [1점]

오늘 내린 긴급 재정 경제 명령은 명실상부한 금융 실명제에 대한 국민의 열망을 반영하고 있습니다.

➡ (가) ➡

정부는 금융 외환 시장의 어려움을 극복하기 위해 국제 통화 기금에 유동성 조절 자금 지원을 요청하였습니다.

① 처음으로 수출액 100억 달러를 달성하였다.
② 미국과 자유 무역 협정(FTA)을 체결하였다.
③ 저유가·저금리·저달러의 3저 호황이 있었다.
④ 경제 협력 개발 기구(OECD) 회원국이 되었다.
⑤ 원조 물자를 가공하는 삼백 산업이 발달하였다.

47 -147 밑줄 그은 '정부' 시기에 있었던 사실로 옳은 것은? [3점]

① 평창 동계 올림픽이 개최되었다.
② 전국 민주 노동조합 총연맹이 창립되었다.
③ 헝가리와 상주 대표부 설치 협정을 체결하였다.
④ 진실·화해를 위한 과거사 정리 기본법이 제정되었다.
⑤ 중학교 입시 제도가 폐지되고 무시험 추첨제가 실시되었다.

48 -148 ㉠~㉤에 대한 설명으로 적절하지 <u>않은</u> 것은? [2점]

① ㉠ - 고국천왕이 시행하였다.
② ㉡ - 성종이 흑창을 확대 개편하여 설치하였다.
③ ㉢ - 기금을 모아 그 이자로 빈민을 구휼하였다.
④ ㉣ - 세도 정치기에 농민을 수탈하는 수단으로 변질되었다.
⑤ ㉤ - 구제도감을 두어 백성을 구호하였다.

49 -149 다음 기사가 보도된 정부 시기의 사실로 옳은 것은? [2점]

① 중앙정보부가 창설되었다.
② 국가 인권 위원회가 출범하였다.
③ 세계 무역 기구(WTO)에 가입하였다.
④ G20 정상 회의를 서울에서 개최하였다.
⑤ 37년 만에 야간 통행금지가 해제되었다.

50 -150 (가), (나) 지역에서 있었던 사실로 옳은 것을 <보기>에서 고른 것은? [2점]

보기
ㄱ. (가) - 김광제 등을 중심으로 국채 보상 운동이 시작되었다.
ㄴ. (가) - YH 무역 노동자들이 폐업에 항의하며 농성을 벌였다.
ㄷ. (나) - 한·일 학생 간의 충돌을 계기로 민족 운동이 일어났다.
ㄹ. (나) - 3·15 부정 선거를 규탄한 김주열의 시신이 발견되었다.

① ㄱ, ㄴ   ② ㄱ, ㄷ   ③ ㄴ, ㄷ
④ ㄴ, ㄹ   ⑤ ㄷ, ㄹ

1-151 (가) 시대의 생활 모습으로 가장 적절한 것은? [1점]

수장고에서 찾아낸 유물 이야기

우리 박물관은 수장고의 유물을 선정하여 분기별로 특별 전시회를 개최하고 있습니다. 이번 전시회에서는 [(가)] 시대를 주제로 한 유물들이 전시될 예정입니다.

■ 대표 전시 유물

동삼동 패총 유적에서 출토된 빗살무늬 토기로 짧은 사선 무늬, 생선뼈무늬 등이 잘 드러납니다. 농경과 목축이 시작된 [(가)] 시대에 식량의 저장과 조리를 위해 이와 같은 토기가 제작되었습니다.

■ 기간 : 2024. ○○. ○○. ~ ○○. ○○.
■ 장소 : △△ 박물관 특별 전시실

① 반달 돌칼을 이용하여 벼를 수확하였다.
② 주로 동굴이나 강가의 막집에 거주하였다.
③ 가락바퀴와 뼈바늘로 옷을 만들어 입었다.
④ 많은 인력을 동원하여 고인돌을 축조하였다.
⑤ 주먹도끼, 찍개 등의 뗀석기를 처음 제작하였다.

2-152 밑줄 그은 '이 왕'의 업적으로 옳은 것은? [2점]

이 비석은 원래 도선국사비, 무학대사비 등으로 알려져 있었지.

맞아. 그런데 조선 후기에 김정희가 금석과안록에서 이 왕이 건립한 순수비임을 고증하였어.

① 관료전을 지급하고 녹읍을 폐지하였다.
② 인재 등용을 위해 독서삼품과를 실시하였다.
③ 이차돈의 순교를 계기로 불교를 공인하였다.
④ 지방관을 감찰하기 위해 외사정을 파견하였다.
⑤ 대아찬 거칠부에게 명하여 국사를 편찬하였다.

3-153 (가), (나) 나라에 대한 설명으로 옳은 것을 <보기>에서 고른 것은? [3점]

(가) 대군장이 없고, 그 관직으로는 후(侯)와 읍군과 삼로가 있다. …… 해마다 10월이면 하늘에 제사를 지내는데, 밤낮으로 술 마시며 노래 부르고 춤추니, 이를 무천이라 한다. 또 호랑이를 신으로 여겨 제사 지낸다. - "후한서" 동이열전 -

(나) 해마다 5월이면 씨뿌리기를 마치고 귀신에게 제사를 지낸다. 떼를 지어 모여서 노래와 춤을 즐기며 술 마시고 노는데 밤낮으로 쉬지 않는다. …… 국읍에 각각 한 사람씩을 세워서 천신의 제사를 주관하게 하는데, 이를 천군이라 부른다. - "삼국지" 위서 동이전 -

<보기>
ㄱ. (가) - 혼인 풍습으로 민며느리제가 있었다.
ㄴ. (가) - 읍락 간의 경계를 중시하는 책화가 있었다.
ㄷ. (나) - 신지, 읍차 등의 지배자가 있었다.
ㄹ. (나) - 여러 가(加)들이 별도로 사출도를 주관하였다.

① ㄱ, ㄴ   ② ㄱ, ㄷ   ③ ㄴ, ㄷ
④ ㄴ, ㄹ   ⑤ ㄷ, ㄹ

4-154 (가)에 들어갈 내용으로 적절한 것은? [2점]

 한국사 교양 강좌

우리 학회는 백제 웅진기의 역사를 주제로 교양 강좌를 운영하고 있습니다. 이번 달에는 백제 중흥의 기틀을 마련한 왕에 대한 강좌를 준비하였습니다.

제1강 - 동성왕을 시해한 백가를 처단하다
제2강 - 지방의 22담로에 왕족을 파견하다
제3강 - [(가)]
제4강 - 공주 왕릉원에 안장되다

■ 주최 : □□학회
■ 일시 : 2024년 2월 매주 수요일 19:00~21:00
■ 장소 : ○○대학교 인문대학 대강의실

① 금마저에 미륵사를 창건하다
② 윤충을 보내 대야성을 함락하다
③ 평양성을 공격하여 고국원왕을 전사시키다
④ 진흥왕과 연합하여 한강 하류 지역을 수복하다
⑤ 사신을 보내 중국 남조의 양과 외교 관계를 강화하다

5 -155 (가), (나) 사이의 시기에 있었던 사실로 옳은 것은? [2점]

(가) 을지문덕이 우중문에게 시를 보내 이르기를, "신묘한 계책은 천문을 다 헤아렸고 기묘한 계획은 지리를 모두 통달하였도다. 싸움에 이겨 이미 공로가 드높으니 만족할 줄 알고 그치기를 바라노라."라고 하였다.

(나) 안시성 사람들이 황제의 깃발과 일산을 멀리서 바라보고, 곧장 성에 올라가 북을 치고 소리를 질렀다. 황제가 화를 내자, 이세적은 성을 함락하는 날에 남자를 모두 구덩이에 묻어 죽이자고 청하였다. 안시성 사람들이 이를 듣고 더욱 굳게 지키니, 오래도록 공격하여도 함락되지 않았다.

① 관구검이 환도성을 공격하여 함락하였다.
② 계백이 이끄는 군대가 황산벌에서 항전하였다.
③ 연개소문이 정변을 일으켜 권력을 장악하였다.
④ 광개토 대왕이 신라에 침입한 왜를 격퇴하였다.
⑤ 미천왕이 낙랑군을 축출하여 영토를 확장하였다.

7 -157 (가)~(다)를 일어난 순서대로 옳게 나열한 것은? [3점]

(가) 사찬 시득이 수군을 거느리고 소부리주 기벌포에서 설인귀와 싸웠으나 패배하였다. 다시 나아가 크고 작은 22번의 싸움에서 승리하고, 4천여 명의 목을 베었다.

(나) 흑치상지가 도망하여 흩어진 무리들을 모으니, 열흘 사이에 따르는 자가 3만여 명이었다. …… 흑치상지가 별부장 사타상여를 데리고 험준한 곳에 웅거하여 복신과 호응하였다.

(다) 검모잠이 국가를 다시 일으키기 위하여 당을 배반하고 보장왕의 외손 안승을 세워 임금으로 삼았다. 당 고종이 대장군 고간을 보내 행군총관으로 삼고 병력을 내어 그들을 토벌하니, 안승이 검모잠을 죽이고 신라로 달아났다.

① (가) - (나) - (다)
② (가) - (다) - (나)
③ (나) - (가) - (다)
④ (나) - (다) - (가)
⑤ (다) - (나) - (가)

6 -156 다음 설명에 해당하는 문화유산으로 옳은 것은? [2점]

문화유산 발표 대회

경상남도 의령군에서 출토되어 1964년에 국보로 지정되었어.

고구려 승려들이 만든 천불(千佛) 중 하나야.

광배 뒷면에 고구려의 연호로 추정되는 연가(延嘉)라는 글자가 새겨져 있어.

① ② ③ ④ ⑤

8 -158 (가) 국가의 경제 상황으로 옳은 것은? [2점]

이 문서는 일본의 도다이사 쇼소인에서 발견된 것으로, (가) 의 5소경 중 하나인 서원경 주변 촌락을 포함한 4개 촌락의 인구 현황, 토지의 종류와 면적 등이 상세히 기록되어 있습니다.

① 경성과 경원에 무역소를 두었다.
② 수도에 서시와 남시를 설치하였다.
③ 주전도감에서 해동통보를 발행하였다.
④ 독점적 도매상인인 도고가 출현하였다.
⑤ 감자, 고구마 등을 구황 작물로 재배하였다.

9-159 (가) 국가에 대한 설명으로 옳은 것은? [2점]

> 명문(名文)으로 만나는 한국사
>
> …… 신이 삼가 [(가)]의 원류를 살펴보건대, 고구려가 멸망하기 이전에는 본디 이름도 없는 조그마한 부락에 불과하였는데, …… 걸사[비]우와 대조영 등이 측천무후가 임조(臨朝)할 즈음에 이르러, 영주에서 반란이 일어나자 그곳에서 도주하여 황구(荒丘)를 차지하고 비로소 진국(振國)이라고 칭하였습니다. ……
>
> [해설] 이 글은 최치원이 작성한 사불허북국거상표(謝不許北國居上表)의 일부입니다. 이를 통해 북국으로 표현된 [(가)]의 건국 과정 등을 파악할 수 있습니다.

① 정사암 회의에서 나라의 중대사를 결정하였다.
② 지방의 여러 성에 욕살, 처려근지 등을 두었다.
③ 도병마사에서 변경의 군사 문제 등을 논의하였다.
④ 서적 관리, 주요 문서 작성 등을 위해 문적원을 두었다.
⑤ 골품에 따라 관등 승진, 일상생활 등을 엄격히 제한하였다.

10-160 (가) 왕에 대한 설명으로 옳은 것은? [1점]

> 이 불상은 충청남도 논산시에 있는 개태사지 석조 여래 삼존 입상으로, 큼직한 손과 신체의 굴곡이 거의 드러나지 않는 원통형의 형태가 특징입니다. 개태사는 후삼국을 통일한 [(가)]이/가 이를 기념하여 세운 사찰입니다.

① 관학 진흥을 위해 양현고를 설치하였다.
② 쌍기의 건의를 받아들여 과거제를 시행하였다.
③ 전국에 12목을 설치하고 지방관을 파견하였다.
④ 전시과 제도를 처음 마련하여 관리에게 토지를 지급하였다.
⑤ 후대 왕들이 지켜야 할 정책 방향을 담은 훈요 10조를 남겼다.

11-161 다음 검색창에 들어갈 지역에서 있었던 사실로 옳은 것은? [3점]

고려 시대 DATABASE   검색 [   ]

고려사		원문 국역
시기	내용	원문 이미지
광종 11년	서도라 고쳐 부르다	원문 이미지
목종 원년	호경으로 개칭하다	원문 이미지
명종 4년	유수 조위총이 반란을 일으키다	원문 이미지
원종 11년	동녕부가 설치되다	원문 이미지

① 정몽주가 이방원 세력에게 피살되었다.
② 묘청이 반란을 일으키고 국호를 대위라 하였다.
③ 몽골의 침략으로 황룡사 구층 목탑이 소실되었다.
④ 흥덕사에서 금속 활자로 직지심체요절이 간행되었다.
⑤ 정서가 유배 중에 정과정이라는 고려 가요를 지었다.

12-162 다음 자료에 나타난 국가의 경제 상황으로 옳은 것은? [2점]

> ○ 이때에 은병을 화폐로 쓰기 시작하였다. 그 제도는 은 한 근으로 만들며 본국의 지형을 본뜨도록 하였다. 속칭 활구라 하였다.
>
> ○ 도평의사사에서 방을 붙여 알리기를, "지금부터 은병 하나를 쌀로 환산하여 개경에서는 15~16석, 지방에서는 18~19석의 비율로 하되, 경시서에서 그 해의 풍흉을 살펴 그 값을 정할 것이다."라고 하였다.

① 솔빈부의 말을 특산물로 수출하였다.
② 서적점, 다점 등의 관영 상점을 운영하였다.
③ 청해진을 중심으로 해상 무역을 전개하였다.
④ 광산을 전문적으로 경영하는 덕대가 활동하였다.
⑤ 기유약조를 체결하여 일본과의 교역을 재개하였다.

13-163 (가)에 대한 고려의 대응으로 옳은 것은? [2점]

변방의 장수가 보고하기를, "__(가)__ 이/가 매우 사나워 변방의 성을 침입하고 있습니다."라고 하였다. …… 드디어 출병하기로 의논을 정하여 윤관을 원수로 삼고 지추밀원사 오연총을 부원수로 삼았다. 윤관이 아뢰기를, "신이 일찍이 선왕의 밀지를 받들었고 지금 또 엄명을 받았으니, 어찌 감히 삼군을 통솔하여 __(가)__ 의 보루를 깨뜨리고 우리의 강토를 개척하여 나라의 수치를 씻지 않겠습니까."라고 하였다.

① 광군을 창설하여 침입에 대비하였다.
② 박위를 파견하여 근거지를 토벌하였다.
③ 강화도로 도읍을 옮겨 장기 항전을 준비하였다.
④ 선물 받은 낙타를 만부교에서 굶어 죽게 하였다.
⑤ 동북 9성을 설치하고 경계를 알리는 비석을 세웠다.

14-164 다음 자료를 활용한 탐구 활동으로 가장 적절한 것은? [1점]

○ 남쪽에서 도적들이 봉기하였다. 가장 심한 자들은 운문을 거점으로 한 김사미와 초전을 거점으로 한 효심이었다. 이들은 유랑민을 불러 모아 주현을 습격하여 노략질하였다.

○ 원율 사람인 이연년이 백적도원수라 자칭하며 많은 사람을 불러 모아 여러 주군을 공격하여 노략질하니 최린이 지휘사 김경손과 함께 그들을 격파하였다.

① 노비안검법이 실시된 목적을 알아본다.
② 삼정이정청이 설치된 과정을 살펴본다.
③ 사심관 제도가 시행된 사례를 조사한다.
④ 집강소에서 추진한 개혁의 내용을 분석한다.
⑤ 무신 집권기 하층민의 반란이 발생한 배경을 파악한다.

15-165 다음 사건이 일어난 시기를 연표에서 옳게 고른 것은? [2점]

조일신이 전 찬성사 정천기 등과 함께 기철·기륜·기원·고용보 등을 제거할 것을 모의하고 그들을 체포하게 하였는데, 기원은 잡아서 목을 베고 나머지는 모두 도망갔다. 조일신이 그 무리를 거느리고 나아가서 왕이 있던 궁궐을 포위하고, 숙직하고 있던 판밀직사사 최덕림, 상호군 정환 등 여러 사람을 죽였다.

	918	1009	1126	1198	1270	1392
	(가)	(나)	(다)	(라)	(마)	
	고려 건국	강조의 정변	이자겸의 난	만적의 난	개경 환도	고려 멸망

① (가) ② (나) ③ (다) ④ (라) ⑤ (마)

16-166 밑줄 그은 '국가'의 문화유산으로 옳지 않은 것은? [2점]

이것은 왕실의 종친인 신안공 왕전이 몽골의 침략을 받던 시기에 국가의 태평을 기원하며 발원한 법화경서탑도(法華經書塔圖)입니다. 감색 종이에 금가루 등으로 법화경 수만 자를 한 자씩 써서 칠층 보탑을 형상화한 것이 특징입니다.

① ② ③
④ ⑤

17-167 (가), (나) 사이의 시기에 있었던 사실로 옳은 것은? [3점]

(가) 살리타가 이첩(移牒)하기를, "황제께서 고려가 사신 저고여를 죽인 이유 등 몇 가지 일을 묻게 하셨다."라고 하면서 말 2만 필, 어린 남녀 수천 명, 자주색 비단 1만 필, 수달피 1만 장과 군사의 의복을 요구하였다.

(나) 첨의부에서 아뢰기를, "제국 대장 공주의 겁령구*와 내료(內僚)들이 좋은 땅을 많이 차지하여 산천으로 경계를 정하고 사패(賜牌)**를 받아 조세를 납입하지 않으니, 청컨대 사패를 도로 거두소서."라고 하였다.

* 겁령구 : 시종인
** 사패 : 토지 등에 대한 권리를 인정해 주는 증서

① 신숭겸이 공산 전투에서 전사하였다.
② 최승로가 왕에게 시무 28조를 올렸다.
③ 김방경의 군대가 탐라에서 삼별초를 진압하였다.
④ 강감찬이 개경에 나성을 축조할 것을 건의하였다.
⑤ 경대승이 정중부 등을 제거하고 권력을 장악하였다.

18-168 (가) 인물의 활동으로 옳은 것은? [2점]

이것은 명의 철령위 설치에 반발하여 팔도도통사로서 요동 정벌을 추진하였던 (가) 의 초상입니다. 그는 요동 정벌에 반대한 이성계가 위화도 회군으로 정권을 장악하면서 죽임을 당하였습니다.

① 홍산 전투에서 왜구를 물리쳤다.
② 화통도감의 설치를 건의하였다.
③ 정변을 일으켜 목종을 폐위하였다.
④ 의종 복위를 도모하여 군사를 일으켰다.
⑤ 교정별감이 되어 국정 전반을 장악하였다.

19-169 밑줄 그은 '대책'에 대한 탐구 활동으로 가장 적절한 것은? [2점]

> 양역(良役)의 편중됨이 실로 양민의 뼈를 깎아 지탱하지 못하는 폐단이 됩니다. 전하께서 이를 불쌍하게 여겨 2필의 역을 특별히 1필로 감하였으니, 이는 천지와 같은 큰 은덕이요 죽은 사람을 살려 주는 은혜입니다. …… 그러나 이미 포를 감하였으니 마땅히 그 대신할 것을 보충해야 하나 나라의 재원은 한정이 있습니다. …… 이에 신들은 감히 눈앞의 한때 일을 다행으로 여기지 않고 좋은 대책을 찾아 반드시 오래도록 이어지게 하겠습니다.

① 공인이 등장하게 된 배경을 살펴본다.
② 당백전 발행이 끼친 영향을 파악한다.
③ 선무군관포를 징수한 목적을 찾아본다.
④ 토산물을 쌀, 동전 등으로 납부하게 한 원인을 조사한다.
⑤ 전세를 풍흉에 따라 9등급으로 차등 부과한 이유를 알아본다.

20-170 (가) 기구에 대한 설명으로 옳은 것은? [2점]

총마계회도(驄馬契會圖)

총마들의 모임을 기념하기 위해 그린 그림으로, 총마는 감찰의 별칭이다. 감찰은 대사헌을 수장으로 하는 (가) 의 관원으로, 관리의 위법 사항을 규찰하였다. 그림에는 계회 장소의 모습과 함께 왕이 내린 시문, 참석자 명단 등이 담겨 있다.

① 수도의 행정과 치안을 담당하였다.
② 왕명 출납을 맡은 왕의 비서 기관이었다.
③ 왕에게 경서 등을 강론하는 경연을 주관하였다.
④ 역사서를 편찬하고 사고에 보관하는 일을 맡았다.
⑤ 5품 이하 관리의 임명 과정에서 서경권을 행사하였다.

21-171 (가)에 들어갈 내용으로 가장 적절한 것은? [2점]

이곳은 경기도 용인시에 있는 심곡 서원입니다. 반정 공신의 위훈 삭제 등 개혁을 추진하다가 사사된 인물의 학문과 덕행을 추모하기 위해 세워졌습니다. 이 인물에 대해 알고 있는 내용을 대화창에 올려 주세요.

조선 시대 인물을 찾아서

ON 대화창

> 호는 정암으로, 소격서 폐지에 앞장섰어요.

(가)

글쓰기 |

① 성학집요를 지어서 임금에게 바쳤어요.
② 김종직의 조의제문을 사초에 포함시켰어요.
③ 최초의 서원인 백운동 서원을 건립하였어요.
④ 소학의 보급과 현량과 실시를 주장하였어요.
⑤ 재상 중심의 정치를 강조한 조선경국전을 저술하였어요.

22-172 밑줄 그은 '이 왕'이 추진한 정책으로 옳은 것은? [2점]

역사적 평가가 엇갈리는 이 왕에 대한 생각을 말해 보자.

동생 영창 대군을 죽이고 어머니 인목 대비를 폐위한 것은 비난받을 행동이었어.

후금과의 관계 악화를 피하려 한 외교 정책은 국가의 안정을 도모한 적절한 선택이었다고 생각해.

① 6조 직계제를 처음으로 실시하였다.
② 학문 연구 기관으로 집현전을 두었다.
③ 전란의 피해를 복구하고 동의보감을 간행하였다.
④ 역대 문물제도를 정리한 동국문헌비고를 편찬하였다.
⑤ 시전 상인의 특권을 축소하는 신해통공을 단행하였다.

23-173 밑줄 그은 '이 전쟁'의 영향으로 가장 적절한 것은? [2점]

사료로 만나는 한국사

신풍부원군 장유가 예조에 단자를 올리기를 "외아들이 있는데 강도(江都)의 변 때 그의 처가 잡혀갔다가 속환되어 지금은 친정 부모집에 가 있습니다. 그대로 배필로 삼아 함께 조상의 제사를 받들 수 없으니, 새로 장가들도록 허락해 주십시오."라고 하였다.

위 사료는 이 전쟁 중 강화도가 함락되면서 적국으로 끌려갔다 돌아온 며느리를 아들과 이혼하게 해달라는 내용의 글이다. 국왕이 삼전도에서 항복하며 종결된 이 전쟁으로 많은 사람들이 포로로 끌려갔다. 여성들은 살아 돌아오더라도 절개를 잃었다는 이유로 억울하게 이혼을 당하기도 하였다.

① 이완 등을 중심으로 북벌이 추진되었다.
② 김종서가 두만강 일대에 6진을 개척하였다.
③ 이종무가 적의 근거지인 쓰시마섬을 정벌하였다.
④ 강홍립이 이끄는 부대가 사르후 전투에 참전하였다.
⑤ 국방 문제를 논의하기 위해 비변사가 처음으로 설치되었다.

24-174 (가) 왕의 재위 시기에 있었던 사실로 옳은 것은? [2점]

만약 그 자신이 죽고 아내에게 전지가 전해지면 수신전이라 하였고, 부부가 모두 죽고 아들에게 전해지면 휼양전이라 일컬었으며, 만약 그 아들이 관직에 제수된다면 그대로 그 전지를 주고 과전이라 하였다. …… (가) 이/가 이 제도를 폐지하고 현직 관리에게 전지를 주고 직전이라 하였다.

① 불교 경전을 간행하는 간경도감이 설치되었다.
② 음악 이론 등을 집대성한 악학궤범이 완성되었다.
③ 세계 지도인 혼일강리역대국도지도가 제작되었다.
④ 신하를 재교육하기 위한 초계문신제가 실시되었다.
⑤ 삼남 지방의 농법을 소개한 농사직설이 편찬되었다.

25-175 (가) 지역에서 있었던 사실로 옳은 것은? [2점]

우리 모둠에서는 임진왜란 때 신립 장군이 결사 항전한 탄금대 전투에 대해 발표하려고 합니다.

모둠별 지역사 발표 주제

(가) 지역의 역사와 문화

1모둠 탑평리 칠층 석탑의 건립
2모둠 김윤후의 대몽 항쟁 전개
3모둠 다인철소와 완오리 제철 유적
4모둠 신립의 탄금대 전투

① 제1차 미·소 공동 위원회가 개최되었다.
② 명 신종을 기리는 만동묘가 건립되었다.
③ 강주룡이 을밀대 지붕에서 고공 농성을 벌였다.
④ 고구려비가 남한 지역에서 유일하게 발견되었다.
⑤ 박재혁이 경찰서에서 폭탄을 터뜨리는 의거를 일으켰다.

26-176 (가) 시기에 있었던 사실로 옳은 것은? [3점]

며칠 전 주상께서 희빈 장씨가 낳은 왕자를 원자로 삼으셨다고 하네.

중전께서 아직 젊으신데 너무 성급한 결정은 아닌지 우려스럽네.

장씨에게 내렸던 왕후의 지위를 거두고 옛 작호인 희빈을 내려 주도록 하라.

(가)

① 무신 이징옥이 반란을 일으켰다.
② 송시열이 유배된 후 사사되었다.
③ 자의 대비의 복상 문제로 예송이 일어났다.
④ 정여립 모반 사건을 빌미로 기축옥사가 발생하였다.
⑤ 붕당 정치의 폐해를 막기 위해 탕평비가 건립되었다.

27-177 (가) 인물에 대한 설명으로 옳은 것은? [2점]

이것은 청의 화가 나빙이 그린 (가) 의 초상으로, 이별의 아쉬움을 표현한 시가 함께 있습니다. (가) 은/는 연행사의 일원으로 여러 차례 청에 가서 그곳의 문인들과 폭넓게 교유하였습니다. 이 과정에서 북학의를 저술하여 청의 문물을 적극적으로 수용할 것을 주장하였습니다.

① 세계 지리서인 지구전요를 저술하였다.
② 의산문답에서 무한 우주론을 주장하였다.
③ 기기도설을 참고하여 거중기를 설계하였다.
④ 서자 출신으로 규장각 검서관에 기용되었다.
⑤ 양반전을 지어 양반의 허례와 무능을 풍자하였다.

28-178 다음 가상 대화가 이루어진 시기의 사회 모습으로 가장 적절한 것은? [1점]

자네 소식 들었나? 지난달 진주에서 백성들이 난을 일으켜 관아를 습격하고 아전의 집을 불태웠다더군.

나도 들었네. 경상 우병사 백낙신의 탐학과 향리들의 횡포에 맞서 유계춘이 주도하였다고 하더군.

① 빈민 구제를 위해 흑창이 설치되었다.
② 원종과 애노가 사벌주에서 봉기하였다.
③ 홍건적의 침입으로 개경이 함락되었다.
④ 지배층을 중심으로 변발과 호복이 유행하였다.
⑤ 안동 김씨 등의 세도 정치로 매관매직이 성행하였다.

29-179 (가) 사건에 대한 설명으로 옳은 것은? [1점]

대한민국 방방곡곡 – 전등사
ⓢ 한국사 채널   조회 수 82,461

전등사는 강화도 정족산성 안에 위치한 사찰로 대웅전, 약사전 등 많은 문화유산을 보유하고 있다. 사찰 내에는 조선왕조실록을 보관하였던 정족산 사고가 복원되어 있다. 뿐만 아니라 (가) 때 프랑스군을 물리친 양헌수 장군의 승전비도 있다.

① 운요호 사건을 빌미로 일어났다.
② 왕이 공산성으로 피란하는 계기가 되었다.
③ 전개 과정에서 외규장각 도서가 약탈당하였다.
④ 사태 수습을 위해 이용태가 안핵사로 파견되었다.
⑤ 황사영이 외국 군대의 출병을 요청하는 원인이 되었다.

30-180 다음 자료에 나타난 사건의 영향으로 가장 적절한 것은? [2점]

이때 세금을 부과하는 직책의 신하들이 재물을 거두어들여 자기 배만 채우면서 각영(各營)에 소속된 군인들의 봉급은 몇 달 동안 나누어 주지 않았다. 그리하여 훈국(訓局)의 군사가 맨 먼저 난을 일으키고, 각영의 군사가 잇달아 일어났다. 이들은 이최응, 민겸호, 김보현, 민창식을 죽였고 또 중전을 시해하려 하였다. 중전은 장호원으로 피하였다.

① 강화도 조약이 체결되었다.
② 김기수가 수신사로 일본에 파견되었다.
③ 종로와 전국 각지에 척화비가 세워졌다.
④ 일본 공사관 경비 명목으로 일본군이 주둔하였다.
⑤ 통리기무아문을 설치하고 그 아래에 12사를 두었다.

31 -181 (가)에 들어갈 내용으로 적절한 것은? [2점]

한국사 챗봇

오전 10:40   73%

Q 군국기무처에 대해 알려 줘.

A 군국기무처는 국정 전반에 걸친 개혁을 담당한 기구입니다. 총재는 김홍집이었으며, 유길준 등 개화파와 박준양 등 흥선 대원군 계열의 인사로 구성되었습니다. 개혁을 추진하면서 수개월 동안 200여 건의 안건을 의결하였습니다.

Q 이 기구에서 의결한 주요 개혁 내용을 알려 줘.

A （가）

① 공사 노비법을 혁파하였습니다.
② 5군영을 2영으로 통합하였습니다.
③ 건양이라는 연호를 제정하였습니다.
④ 한성 사범 학교 관제를 반포하였습니다.
⑤ 지계아문을 설치하여 지계를 발급하였습니다.

32 -182 (가) 단체에 대한 설명으로 옳은 것은? [2점]

신들은 나라가 나라일 수 있는 조건은 두 가지가 있다고 생각합니다. 첫째는 자립하여 다른 나라에 의지하지 않는 것이며, 둘째는 자수(自修)하여 나라 안에 정법(政法)을 행하는 것입니다. 이 두 가지는 하늘이 우리 폐하께 부여해 준 하나의 큰 권한으로서, 이 권한이 없으면 나라가 없는 것입니다. 그래서 신 등은 ___(가)___ 을/를 설립하여 독립문을 세우고 위로는 황상의 지위를 높이며, 아래로는 인민의 뜻을 확고히 함으로써 억만년 무궁한 기초를 확립하고자 하였던 것입니다.

① 만세보를 발행하여 민중 계몽에 힘썼다.
② 일본의 황무지 개간권 요구를 저지하였다.
③ 일제가 조작한 105인 사건으로 와해되었다.
④ 중추원 개편을 통해 의회 설립을 추진하였다.
⑤ 독립운동 자금 마련을 위해 독립 공채를 발행하였다.

33 -183 다음 자료에 나타난 민족 운동에 대한 설명으로 옳은 것은? [1점]

거액의 외채 1,300만 원을 해마다 미루다가 갚지 못할 지경에 이른다면 나라를 보존하기 어려울 것이니, 나라를 보존하지 못하면, 아! 우리 동포는 장차 무엇에 의지하겠습니까? …… 근래에 신문을 접하니, 영남에서 시작하여 서울에 이르기까지 담배를 끊어 나라의 빚을 갚자는 논의가 시작되었고, 발기한 지 며칠이 되지 않아 의연금을 내는 자들이 날마다 이른다 하니, 우리 백성들이 임금에게 충성하고 나라를 사랑하는 마음을 통쾌하게 볼 수 있습니다.

① 조선 총독부의 탄압과 방해로 실패하였다.
② 대한매일신보 등의 지원을 받아 확산되었다.
③ 대한민국 임시 정부가 수립되는 계기가 되었다.
④ 백정에 대한 사회적 차별 철폐를 목적으로 하였다.
⑤ 조선 민립 대학 기성회에서 모금 활동을 전개하였다.

34 -184 다음 대화에 나타난 사건 이후의 사실로 옳은 것은? [3점]

며칠 전 황제 폐하께서 황태자 전하께 대리를 명하는 조칙을 내리셨다는 소식을 들었는가?

들었네. 그 다음 날 일본 군대의 삼엄한 경계 속에서 양위식이 거행되어 대리가 아니라 사실상 황제께서 퇴위당하신 셈이지.

① 신식 군대인 별기군이 창설되었다.
② 묄렌도르프가 외교 고문으로 파견되었다.
③ 초대 통감으로 이토 히로부미가 부임하였다.
④ 기유각서가 체결되어 사법권을 박탈당하였다.
⑤ 관민 공동회가 개최되어 헌의 6조를 결의하였다.

35-185 밑줄 그은 '이 운동'에 대한 설명으로 옳은 것을 〈보기〉에서 고른 것은? [2점]

광고로 보는 역사

산각표 三角票
SUPERIOR SHEETINGS
광목
표성삼 ☆星票
SUPERIOR SHEETINGS
廣木

京城紡織株式會社

[해설] 이것은 경성 방직 주식회사의 광목 광고이다. 조선인 기업이 만든 상품의 사용을 장려하고자 전개된 이 운동 당시의 상황을 반영하여 '조선 사람의 자본과 기술로 된 광목'이라는 문구가 광고에 사용되었다.

보기
ㄱ. 회사령 폐지 등이 배경이 되었다.
ㄴ. 황국 중앙 총상회의 주도하에 전개되었다.
ㄷ. 평양에서 시작되어 전국적으로 확산되었다.
ㄹ. 대동 상회 등 근대적 상회사가 설립되는 계기가 되었다.

① ㄱ, ㄴ   ② ㄱ, ㄷ   ③ ㄴ, ㄷ
④ ㄴ, ㄹ   ⑤ ㄷ, ㄹ

36-186 (가) 단체에 대한 설명으로 옳은 것은? [2점]

이달의 독립운동가

황상규

경상남도 밀양 출생이다. 1918년 만주로 망명하였으며 김동삼, 김좌진, 안창호 등과 대한 독립 선언서를 발표하였다.
1919년 11월 김원봉 등과 (가) 을/를 조직하여 일제 기관의 파괴와 조선 총독 이하의 관리 및 매국노의 암살 등을 꾀하였다. 1920년에 국내로 폭탄을 들여와 의거를 준비하던 중 발각되어 7년의 징역형을 선고받았다. 1963년 건국 훈장 독립장이 추서되었다.

① 조선 혁명 선언을 활동 지침으로 삼았다.
② 삼균주의를 기초로 한 건국 강령을 발표하였다.
③ 잡지 개벽 등을 발행하여 민족의식을 고취하였다.
④ 홍커우 공원에서 일어난 윤봉길 의거를 계획하였다.
⑤ 조선 총독부에 국권 반환 요구서를 제출하려 하였다.

37-187 (가)~(다)를 발표된 순서대로 옳게 나열한 것은? [3점]

(가) 우리들 민중의 통곡과 복상이 결코 이척[순종]의 죽음에 있지 않다는 것을 민중 각자의 마음속에 그것을 명백히 말해 주고 있다. 우리들의 비애와 통렬한 애도는 경술년 8월 29일 이래 쌓이고 쌓인 슬픔이다. …… 금일의 통곡·복상의 충성과 의분을 돌려 우리들의 해방 투쟁에 바치자!

(나) 조선 민족의 정치적 의식이 발달함에 따라 민족적 중심 단결을 요구하는 시기를 맞이하여 민족주의를 표방한 신간회가 발기인의 연명으로 3개 조의 강령을 발표하였다. ……
1. 우리는 정치적·경제적 각성을 촉진함
1. 우리는 단결을 공고히 함
1. 우리는 기회주의를 일체 부인함

(다) 우리 2천만 생령(生靈)을 사랑하고 조국을 사랑하는 광주 학생 남녀 수십 명이 중상을 입었다. 고뇌하는 청년 학생 2백 명이 불법으로 철창 속에 갇혀 있다. …… 우리들은 광주 학생의 석방을 요구하는 동시에 참을 수 없는 피눈물로 시위 대열에 나가는 것이다.

① (가) - (나) - (다)   ② (가) - (다) - (나)
③ (나) - (가) - (다)   ④ (나) - (다) - (가)
⑤ (다) - (나) - (가)

38-188 밑줄 그은 '시기'에 볼 수 있는 모습으로 가장 적절한 것은? [1점]

이곳은 전라남도 여수시 거문도에 있는 해안 동굴 진지입니다. 국가 총동원법이 시행되던 시기에 일제는 이와 같은 군사 시설물을 거문도를 비롯한 각지에 구축하였습니다.

① 태형을 집행하는 헌병 경찰
② 원산 총파업에 참여하는 노동자
③ 황국 신민 서사를 암송하는 학생
④ 경성 제국 대학 설립을 추진하는 관리
⑤ 서울 진공 작전에 참여하는 13도 창의군 의병

39 -189 (가), (나) 법령이 발표된 사이의 시기에 있었던 사실로 옳은 것은? [3점]

> (가) 제1조 신한 공사를 조선 정부에서 독립한 기관으로써 창립함. 공사는 군정 장관 또는 그의 수임자가 후임자를 임명할 때까지 10명의 직무를 집행하는 취체역이 관리함.
> 제4조 …… 동양 척식 주식회사가 소유하던 조선 내 법인의 일본인 재산은 전부 신한 공사에 귀속됨.
>
> (나) 제4조 본법 시행에 관한 사무는 농림부 장관이 관장한다.
> 제12조 농지의 분배는 농지의 종목, 등급 및 농가의 능력 등에 기준한 점수제에 의거하되 1가당 총경영 면적 3정보를 초과하지 못한다.
> 제13조 분배받은 농지에 대한 상환액 및 상환 방법은 다음에 의한다.
> 1. 상환액은 해당 농지의 주생산물 생산량의 12할 5푼을 5년간 납입케 한다.

① 조선 건국 동맹이 결성되었다.
② 한·미 상호 방위 조약이 체결되었다.
③ 조선 사상범 예방 구금령이 공포되었다.
④ 5·10 총선거로 제헌 국회가 구성되었다.
⑤ 정부에 비판적인 경향신문이 폐간되었다.

40 -190 다음 가상 인터뷰의 주인공에 대한 설명으로 옳은 것은? [2점]

며칠 전 경성에서 조선사회경제사 출판 축하회가 있었습니다. 저자로서 책에 대한 소개를 부탁드립니다.

저는 우리 역사의 전개 과정을 세계사의 보편적인 발전 법칙에 따라 네 단계로 나누어 파악하였습니다. 이 책에서는 그 중 원시 씨족 사회와 삼국 정립기의 노예제 사회에 대해 서술하였습니다.

① 진단 학회를 조직하였다.
② 한국독립운동지혈사를 저술하였다.
③ 식민 사학의 정체성론을 반박하였다.
④ 우리말 큰사전 편찬 사업을 추진하였다.
⑤ 민족의 얼을 강조하고 조선학 운동을 주도하였다.

41 -191 (가) 부대에 대한 설명으로 옳은 것은? [2점]

> 한국 독립운동을 촉진하고 한국 혁명 역량을 집중하기 위해 이번 달 15일 중국 국민당 군사 위원회는 조선 의용대를 개편하여 (가) 에 편입할 것을 특별히 명령하였다. 제1지대는 총사령에게 직속되어 이(지)청천 장군이 통할한다. …… (가) 의 총사령부는 충칭에 설치하기로 결정하였다.

① 자유시 참변으로 세력이 약화되었다.
② 영릉가 전투에서 일본군에 승리하였다.
③ 쌍성보 전투에서 한·중 연합 작전을 전개하였다.
④ 국내 정진군을 편성하여 국내 진공 작전을 추진하였다.
⑤ 홍범도 부대와 연합하여 청산리에서 일본군을 격퇴하였다.

42 -192 밑줄 그은 '전쟁' 중에 있었던 사실로 옳은 것은? [1점]

이 비석은 북한군의 남침으로 시작된 전쟁 중 벌어진 장진호 전투를 기념하기 위해 미국 버지니아주에 세워진 것입니다. 장진호 전투는 북한을 돕기 위해 참전한 중국군을 상대로 유엔군 등이 벌인 주요 전투 중 하나였습니다.

① 애치슨 라인이 발표되었다.
② 가쓰라·태프트 밀약이 체결되었다.
③ 모스크바 3국 외상 회의가 개최되었다.
④ 흥남에서 대규모 철수 작전이 전개되었다.
⑤ 김구, 김규식 등이 남북 협상에 참여하였다.

43-193 다음 성명을 발표한 정부 시기에 볼 수 있는 모습으로 적절한 것은? [2점]

> 내각 책임제 속에서 행정부에 맡겨진 책무를 유감없이 수행하기 위해 무엇보다 먼저 행정부 내의 기강 확립에 주안점을 두지 않아서는 안 될 것입니다. …… 부정 선거 원흉의 처단은 이미 공소 제기와 구형을 한 터이므로 법원의 엄정한 판결이 있을 것을 기대하는 바입니다.

① 국민 교육 헌장을 읽고 있는 학생
② 서울 올림픽 대회에 참가하는 선수
③ 개성 공단 착공식을 취재하는 기자
④ 함평 고구마 피해 보상 투쟁에 참여하는 농민
⑤ 민의원에서 통과된 법안을 심의하는 참의원 의원

44-194 밑줄 그은 '개헌' 이후에 있었던 사실로 옳은 것은? [2점]

대한 변호사 협회장의 성명

이번 개헌 안건의 의결에 있어서 찬성표 수가 135이고 재적 의원 수가 203인 것은 변하지 않는 수이다. 그러면 재적인 수의 3분의 2는 135.333이니 이 선에 도달하려면 동일한 표수가 있어야 될 것이다. …… 찬성표가 재적인 수에 도달하거나 또는 정족수 이상 되어야 하거늘 0.333에 도달하지 못하니 그것을 사사오입이라는 구실로 떼어버리고 정족수인 3분의 2와 동일한 수라고 하는 것은 헌법 위반이 되는 것이므로 법조인으로서 이를 이해하기 곤란하다.

① 여수·순천 10·19 사건이 일어났다.
② 진보당의 당수였던 조봉암이 처형되었다.
③ 반민족 행위 특별 조사 위원회가 설치되었다.
④ 국회 프락치 사건으로 일부 국회 의원이 체포되었다.
⑤ 여운형 등의 주도로 좌우 합작 위원회가 구성되었다.

45-195 (가) 헌법이 시행된 시기의 사실로 옳은 것은? [2점]

> 사진은 인민 혁명당 재건위 사건 재판 당시의 모습입니다. 이 사건은 (가) 헌법에 의거하여 발동한 긴급 조치 제4호 등으로 정부에 비판적인 인물들을 반국가 세력으로 몰아 처벌한 것입니다. 당시 사형을 당한 8명은 2007년에 열린 재심 공판에서 무죄를 선고받았습니다.

① 김주열이 최루탄을 맞고 사망하였다.
② 부천 경찰서 성 고문 사건이 발생하였다.
③ 개헌 청원 백만 인 서명 운동이 전개되었다.
④ 국민 보도 연맹원에 대한 학살이 자행되었다.
⑤ 민주화 시위 도중 대학생 강경대가 희생되었다.

46-196 (가) 정부 시기의 경제 상황으로 옳은 것은? [1점]

사진으로 보는 (가) 정부

경부 고속 도로 개통 | 포항 제철소 1기 준공

① 제3차 경제 개발 5개년 계획을 추진하였다.
② 미국과 자유 무역 협정(FTA)을 체결하였다.
③ 대통령 긴급 명령으로 금융 실명제를 실시하였다.
④ 국제 통화 기금(IMF)의 구제 금융 지원금을 조기 상환하였다.
⑤ 저임금 노동자의 생활 안정을 위해 최저 임금법을 제정하였다.

[47~48] 다음을 읽고 물음에 답하시오.

> (가) 여덟째는 적금서당이다. 왕 6년에 보덕국 사람들로 당을 만들었다. 금장의 색은 적흑이다. 아홉째는 청금서당이다. …… 금장의 색은 청백이다.
>
> (나) 응양군, 1령(領)으로 군에는 정3품의 상장군 1인과 종3품의 대장군 1인을 두었으며, …… 정8품의 산원 3인, 정9품의 위 20인, 대정은 40인을 두었다.
>
> (다) 무위영, 절목계하본(節目啓下本)에 의하여 낭청 1명을 훈련도감의 예에 따라 문신으로 추천하여 군색종사관으로 칭하고 …… 중군은 포장·장어영 중군을 거친 자로 추천하여 금군별장이라 칭한다.
>
> (라) 별대와 정초군의 군병을 합하여 한 영(營)의 제도를 만들어 본영은 금위영이라 칭하고, 군병은 금위별대라 칭한다.

47 -197 (가)~(라) 군사 조직을 만들어진 순서대로 옳게 나열한 것은? [3점]

① (가) - (나) - (다) - (라)
② (가) - (나) - (라) - (다)
③ (나) - (가) - (라) - (다)
④ (나) - (다) - (가) - (라)
⑤ (다) - (라) - (나) - (가)

48 -198 밑줄 그은 '왕'의 업적으로 옳은 것은? [2점]

① 김흠돌의 난을 진압하였다.
② 병부와 상대등을 설치하였다.
③ 나선 정벌에 조총 부대를 파견하였다.
④ 정계와 계백료서를 지어 관리의 규범을 제시하였다.
⑤ 쌍성총관부를 공격하여 철령 이북의 땅을 수복하였다.

49 -199 (가) 민주화 운동에 대한 설명으로 옳은 것은? [1점]

이곳은 옛 전남 도청 본관으로 (가) 당시 시민군이 계엄군에 항쟁한 장소입니다. 정부는 본관을 포함한 옛 전남 도청을 복원하여 (가) 의 의미를 기억하고 추모하는 공간으로 되살리겠다고 하였습니다. 건물 내부에는 당시 상황을 알 수 있는 실물 또는 가상 콘텐츠 공간 등이 조성될 예정입니다.

① 3·1 민주 구국 선언을 발표하였다.
② 시위 도중 대학생 이한열이 희생되었다.
③ 호헌 철폐, 독재 타도 등의 구호를 외쳤다.
④ 허정 과도 정부가 출범하는 계기가 되었다.
⑤ 관련 기록물이 유네스코 세계 기록 유산으로 등재되었다.

50 -200 다음 뉴스가 보도된 정부 시기에 있었던 사실로 옳은 것은? [3점]

오늘 수방사령관과 특전사령관이 해임되었습니다. 지난달 육군참모총장과 기무사령관이 교체된 이후 불과 한 달여 만에 단행된 인사 조치입니다. 군 내부의 사조직을 해체하려는 문민정부의 의지가 반영된 것으로 보입니다.

① 굴욕적인 대일 외교에 반대하는 6·3 시위가 일어났다.
② 북방 외교를 추진하여 사회주의 국가인 소련과 수교하였다.
③ 통일 방안을 논의하기 위해 남북 조절 위원회를 설치하였다.
④ 경제적 취약 계층을 위한 국민 기초 생활 보장법을 시행하였다.
⑤ 역사 바로 세우기를 내세우며 옛 조선 총독부 건물을 철거하였다.

1-201 (가) 시대의 생활 모습에 대한 설명으로 옳은 것은? [1점]

사진으로 만나는 고창 고인돌 유적

우리 박물관에서는 2000년 유네스코 세계 유산으로 등재된 고창 고인돌 유적을 소개하는 특별전을 마련하였습니다. 고인돌은 계급이 발생한 (가) 시대를 대표하는 무덤입니다. 사진을 통해 다양한 고인돌의 형태를 살펴보시기 바랍니다.

■ 기간 : 2023년 ○○월 ○○일~○○월 ○○일
■ 장소 : ▲▲박물관 기획 전시실

① 반달 돌칼로 벼를 수확하였다.
② 소를 이용하여 깊이갈이를 하였다.
③ 주로 동굴이나 강가의 막집에서 살았다.
④ 오수전, 화천 등의 중국 화폐로 교역하였다.
⑤ 옷을 만들 때 가락바퀴와 뼈바늘을 이용하기 시작하였다.

2-202 (가)에 들어갈 내용으로 가장 적절한 것은? [2점]

#8. 궁궐 안

손자와 대화하며 과거를 회상하는 장면

손자 : 할아버지, 어떻게 왕이 되셨나요?
  왕 : 이 땅에 들어와서 처음에는 국경 수비를 맡았다가 준왕을 몰아내고 왕이 되었지.
손자 : 또 무슨 일을 하셨어요?
  왕 : 왕검성을 중심으로 기반을 정비하고 백성을 받아들여 나라의 내실을 다졌단다. 그리고 (가)

① 율령을 반포하여 체제를 정비하였단다.
② 화랑도를 국가적인 조직으로 개편하였단다.
③ 내신 좌평 등 여섯 명의 좌평을 거느렸단다.
④ 진번과 임둔을 복속하여 영토를 확대하였단다.
⑤ 지방의 여러 성에 욕살, 처려근지 등을 두었단다.

3-203 다음 자료에 해당하는 나라에 대한 설명으로 옳은 것은? [2점]

○ 산릉과 넓은 못[澤]이 많아서 동이 지역에서는 가장 넓고 평탄한 곳이다. …… 사람들은 체격이 크고 성품은 굳세고 용감하며, 근엄·후덕하여 다른 나라를 쳐들어가거나 노략질하지 않는다.

○ 은력(殷曆) 정월에 지내는 제천 행사는 국중 대회로 날마다 마시고 먹고 노래하고 춤추는데, 그 이름을 영고라 했다.

– "삼국지" 위서 동이전 –

① 신성 지역인 소도가 존재하였다.
② 혼인 풍습으로 민며느리제가 있었다.
③ 여러 가(加)들이 각각 사출도를 주관하였다.
④ 특산물로 단궁, 과하마, 반어피가 유명하였다.
⑤ 왕 아래 상가, 대로, 패자 등의 관직이 있었다.

4-204 (가)~(마) 문화유산에 대한 설명으로 적절하지 <u>않은</u> 것은? [2점]

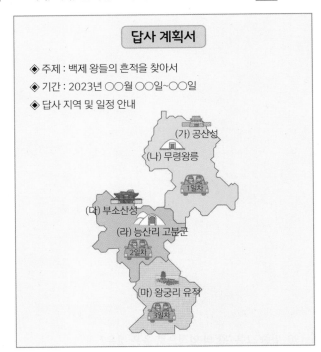

답사 계획서

◆ 주제 : 백제 왕들의 흔적을 찾아서
◆ 기간 : 2023년 ○○월 ○○일~○○일
◆ 답사 지역 및 일정 안내

(가) 공산성
(나) 무령왕릉
1일차
(다) 부소산성
(라) 능산리 고분군
2일차
(마) 왕궁리 유적
3일차

① (가) - 웅진성이라 불리기도 하였다.
② (나) - 중국 남조의 영향을 받았다.
③ (다) - 성왕이 전사한 곳이다.
④ (라) - 사신도 벽화가 남아 있는 무덤이 발견되었다.
⑤ (마) - 수부(首府)라는 글자가 새겨진 기와가 출토되었다.

5-205 (가), (나) 사이의 시기에 있었던 사실로 옳은 것은? [3점]

> (가) 겨울에 왕이 장차 백제를 쳐서 대야성에서의 싸움을 되갚으려고 이찬 김춘추를 고구려에 보내서 군사를 청하였다. 대야성 전투에서 패하였을 때 도독인 품석의 아내도 죽었는데, 바로 춘추의 딸이었다.
>
> (나) 춘추가 무릎을 꿇고 아뢰기를, "…… 만약 폐하께서 천조(天朝)의 군사를 빌려주시어 흉악한 무리를 없애주지 않으신다면 저희 백성은 모두 포로가 될 것이니, 그렇다면 산 넘고 바다 건너 행하는 술직(述職)*도 다시는 바랄 수 없을 것입니다."라고 하였다. 당 태종이 매우 옳다고 여겨서 군사의 출정을 허락하였다.
>
> * 술직 : 제후가 입조하여 천자에게 맡은 직무를 아뢰는 것
>
> – "삼국사기" –

① 문무왕이 안승을 보덕국 왕으로 봉하였다.
② 안시성의 군사와 백성들이 당군을 물리쳤다.
③ 복신과 도침이 부여풍을 왕으로 추대하였다.
④ 계백이 이끄는 군대가 황산벌에서 항전하였다.
⑤ 진흥왕이 대가야를 정복하여 영토를 확장하였다.

6-206 밑줄 그은 '시기'에 있었던 사실로 옳은 것은? [2점]

> 최치원이 지은 해인사 묘길상탑기에는 진성 여왕이 다스리던 시기의 혼란스러운 사회상이 묘사되어 있습니다. '전란과 흉년으로 악 중의 악이 없는 곳이 없고 도처에 굶어 죽거나 싸우다 죽은 시신이 널려 있다.'고 한탄하는 내용이 적혀 있습니다.

합천 해인사 길상탑과
그 안에서 나온 묘길상탑기(탁본)

① 원광이 세속 5계를 제시하였다.
② 이차돈의 순교로 불교가 공인되었다.
③ 원종과 애노가 사벌주에서 봉기하였다.
④ 거칠부가 왕명에 의해 국사를 편찬하였다.
⑤ 자장의 건의로 황룡사 구층 목탑이 건립되었다.

7-207 (가) 나라에 대한 설명으로 옳은 것은? [2점]

> (가) 의 대표적 생활 유적지인 봉황대가 회현리 패총과 합쳐져 김해 봉황동 유적으로 확대 지정되었습니다. 이 유적은 김수로왕에 의해 건국되었다고 전해진 (가) 의 초기 모습을 추정해 볼 수 있는 귀중한 문화유산입니다.

김해 봉황동 유적, 사적으로 확대 지정

① 집사부를 비롯한 14부를 두었다.
② 집집마다 부경이라는 창고가 있었다.
③ 대가들이 사자, 조의, 선인을 거느렸다.
④ 철이 많이 생산되어 낙랑, 왜 등에 수출하였다.
⑤ 왕족인 부여씨와 8성의 귀족이 지배층을 이루었다.

8-208 밑줄 그은 '왕'의 업적으로 옳은 것은? [1점]

> ○ 왕은 이름이 구부이고, 고국원왕의 아들이다. 신체가 장대하고, 웅대한 지략이 있었다.
>
> ○ 진(秦) 왕 부견이 사신과 승려 순도를 보내 불상과 경문을 주었다. 왕이 사신을 보내 답례로 방물(方物)을 바쳤다. – "삼국사기" –

① 태학을 설립하여 인재를 양성하였다.
② 도읍을 국내성에서 평양으로 옮겼다.
③ 서안평을 점령하여 영토를 확장하였다.
④ 영락이라는 독자적인 연호를 사용하였다.
⑤ 을파소를 등용하고 진대법을 시행하였다.

9-209 밑줄 그은 '교서'를 내린 왕의 재위 기간에 볼 수 있는 모습으로 가장 적절한 것은? [3점]

> 상평창을 양경(兩京)과 12목에 설치하고 교서를 내렸다. "한서 식화지에 '그해가 풍년인지 흉년인지에 따라 곡식을 풀거나 거두어들이는 것을 행한다.'라고 하였다. …… 경시서에 맡겨 곡식을 풀거나 거두어들이도록 하라."

① 서적포에서 책을 인쇄하는 관리
② 국자감 학생들을 가르치는 박사
③ 양현고의 재정을 관리하는 관원
④ 9재 학당에서 유교 경전을 읽는 학생
⑤ 청연각의 소장 도서를 분류하는 학사

10 -210 (가) 국가의 문화유산으로 옳은 것은? [2점]

□□신문

제△△호   ○○○○년 ○○월 ○○일

[특집] 우리 역사를 찾아서 – 영광탑

영광탑은 중국 지린성 창바이조선족자치현에 있으며, 벽돌로 쌓아 만든 누각 형태의 전탑이다. 지하에는 무덤으로 보이는 공간이 있는 것이 특징이다. 1980년대 중국 측의 조사에서 (가) 의 탑으로 확정하였다.

①   ②   ③

④   ⑤

11 -211 (가) 왕의 재위 시기에 있었던 사실로 옳은 것은? [1점]

공은 대송(大宋) 강남 천주 출신이다. …… 예빈성 낭중에 임명하고 집 한 채를 내려 주었다.

이것은 고려에 귀화한 채인범의 묘지명으로 현존하는 고려 시대 묘지명 중 가장 오래된 것입니다. 노비안검법을 실시한 (가) 은/는 채인범, 쌍기 등의 귀화인들을 적극 등용하였습니다.

① 최승로가 시무 28조를 건의하였다.
② 경기에 한하여 과전법이 실시되었다.
③ 신돈이 전민변정도감의 판사가 되었다.
④ 빈민 구제 기관인 흑창이 처음 설치되었다.
⑤ 광덕, 준풍 등의 독자적 연호가 사용되었다.

12 -212 (가) 시대의 지방 통치 체제에 대한 설명으로 옳은 것은? [2점]

개경으로 가는 주요 길목인 혜음령에 세워졌던 혜음원에는 행인의 안전한 통행을 위한 숙소와 사원이 있었습니다. 혜음원지를 통해 개경 외에 남경, 동경 등이 설치되었던 (가) 시대 원(院)의 모습을 유추할 수 있습니다.

고지도와 항공 사진을 통해 본 혜음원지

개경 / 혜음령 / 남경 / 파주 혜음원지

① 22담로에 왕족을 파견하였다.
② 전국에 9주 5소경을 설치하였다.
③ 특수 행정 구역으로 향, 부곡, 소가 있었다.
④ 지방관을 감찰하기 위하여 외사정을 두었다.
⑤ 지방 행정 구역을 8도에서 23부로 개편하였다.

13 -213 (가)~(다)를 일어난 순서대로 옳게 나열한 것은? [3점]

(가) 금의 군주 아구다가 국서를 보내 이르기를, "형인 금 황제가 아우인 고려 국왕에게 문서를 보낸다. …… 이제는 거란을 섬멸하였으니, 고려는 우리와 형제의 관계를 맺어 대대로 무궁한 우호 관계를 이루기 바란다."라고 하였다.

(나) 윤관이 여진인 포로 346명과 말, 소 등을 조정에 바치고 영주·복주·웅주·길주·함주 및 공험진에 성을 쌓았다. 공험진에 비(碑)를 세워 경계로 삼고 변경 남쪽의 백성을 옮겨 와 살게 하였다.

(다) 정지상 등이 왕에게 아뢰기를, "대동강에 상서로운 기운이 있으니 신령스러운 용이 침을 토하는 형국으로, 천 년에 한 번 만나기 어려운 일입니다. 천심에 응답하고 백성들의 뜻에 따르시어 금을 제압하소서."라고 하였다.

① (가) - (나) - (다)   ② (가) - (다) - (나)
③ (나) - (가) - (다)   ④ (나) - (다) - (가)
⑤ (다) - (나) - (가)

14-214 ㉠에 대한 답으로 옳지 <u>않은</u> 것은? [2점]

① 고구려 무용총에 별자리를 그린 벽화가 있어.
② 삼국사기에 일식, 월식에 관한 많은 관측 기록이 있어.
③ 충선왕은 서운관에서 천체 운행을 관측하도록 했어.
④ 선조 때는 날아가서 폭발하는 비격진천뢰가 개발되었어.
⑤ 홍대용이 의산문답을 통해 지전설과 무한 우주론을 주장했어.

15-215 (가) 군사 조직에 대한 설명으로 옳은 것은? [2점]

앞면 앞면 적외선 뒷면 뒷면 적외선

① 후금의 침입에 대비하고자 창설되었다.
② 원의 요청으로 일본 원정에 참여하였다.
③ 신기군, 신보군, 항마군으로 편성되었다.
④ 진도에서 용장성을 쌓고 몽골에 대항하였다.
⑤ 응양군과 용호군으로 구성된 국왕의 친위 부대였다.

16-216 다음 서술형 평가의 답안에 들어갈 내용으로 가장 적절한 것은? [2점]

서술형 평가　　　　　　　○학년 ○○반　이름 : ○○○

◎ 아래의 인물들이 활동한 시기에 볼 수 있는 사회 모습에 대해 서술하시오.

○ 윤수는 응방을 관리하였는데 권력을 믿고 악행을 행하여 사람들로부터 비난받았다.
○ 유청신은 몽골어를 익혀 여러 차례 원에 사신으로 가서 공을 세우고 충렬왕의 총애를 받아 장군이 되었다.
○ 기철과 형제들은 누이동생이 원 순제의 황후가 된 후 국법을 무시하고 횡포를 부렸다.

답안 [　　　　　　　　　　　　　　　]

① 왕조 교체를 예언하는 정감록이 유포되었습니다.
② 대각국사 의천이 해동 천태종을 개창하였습니다.
③ 지배층을 중심으로 변발과 호복이 유행하였습니다.
④ 가혹한 수탈에 저항하여 망이·망소이가 봉기하였습니다.
⑤ 상민층이 납속과 공명첩을 활용하여 신분 상승을 꾀하였습니다.

17-217 (가) 문화유산에 대한 설명으로 옳은 것은? [2점]

2023년 프랑스 국립 도서관에서 열린 '인쇄하다! 구텐베르크의 유럽' 전에서 (가) 이/가 공개되었습니다.

1973년 '동양의 보물'전 이후 50년 만에 대중에게 전시되었다는 점에서 의미가 있습니다.

승려 백운이 편찬한 불서로 제자들이 1377년 청주 흥덕사에서 인쇄하였습니다. 현재 하권만 프랑스에 남아 있습니다.

① 신미양요 때 미군이 탈취하였다.
② 현존하는 최고(最古)의 금속 활자본이다.
③ 거란의 침입을 물리치기 위해 제작하였다.
④ 장영실, 이천 등이 제작한 활자로 인쇄하였다.
⑤ 불국사 삼층 석탑을 보수하는 과정에서 발견되었다.

18-218 밑줄 그은 '인물'에 대한 설명으로 옳은 것은? [2점]

불씨잡변을 지어 불교를 비판하였던 인물에 대해 말해 보자.

도성의 축조 계획을 세우고 새 궁궐의 이름을 경복궁이라고 지었어.

제1차 왕자의 난 때 이방원에게 죽임을 당하였지.

① 최초의 서원인 백운동 서원을 건립하였다.
② 일본에 다녀와서 해동제국기를 편찬하였다.
③ 성학십도를 지어 군주의 도를 도식으로 설명하였다.
④ 조선경국전을 저술하여 통치 제도 정비에 기여하였다.
⑤ 경세유표를 집필하여 국가 제도의 개혁 방향을 제시하였다.

19-219 (가) 왕에 대한 설명으로 옳은 것은? [3점]

작품명 : 출기파적도(出奇破賊圖)

이 그림은 이시애가 일으킨 반란을 좌대장 어유소가 진압하는 상황을 표현한 것이다. 이시애는 ____(가)____의 호패법 재실시 등 중앙의 통제 강화에 반발하여 함길도에서 반란을 일으켰다.

① 주자소를 설치하여 계미자를 주조하였다.
② 현직 관리를 대상으로 직전법을 실시하였다.
③ 조선의 기본 법전인 경국대전을 완성하였다.
④ 기유약조를 체결하여 일본과의 무역을 재개하였다.
⑤ 폐비 윤씨 사사 사건을 빌미로 갑자사화를 일으켰다.

20-220 (가) 전쟁에 대한 탐구 활동으로 가장 적절한 것은? [1점]

오전 10:40   70%

전쟁과 귀화인

김충선   천만리

____(가)____ 당시 일본군 사야가는 조선에 항복한 후 조총 기술의 보급 등에 기여하였다. 이후 공을 인정받아 김충선이라는 이름을 하사받았다.

명의 장수로 ____(가)____에 참전한 천만리는 평양성, 울산성 등의 전투에서 공을 세우고 조선에 남았다. 전공이 인정되어 화산군에 봉해졌다.

① 나선 정벌의 전적지를 검색한다.
② 북학론이 끼친 영향을 파악한다.
③ 명량 해전의 승리 요인을 분석한다.
④ 삼정이정청의 활동 내용을 찾아본다.
⑤ 4군과 6진을 개척한 과정을 알아본다.

21-221 (가)의 활동으로 옳은 것은? [3점]

문학으로 만나는 역사 인물

請看千石鐘
非大扣無聲
爭似頭流山
天鳴猶不鳴

천 석 들어가는 큰 종을 보소서
크게 치지 않으면 소리가 없다오
어떻게 해야만 두류산*처럼
하늘이 울어도 울지 않을까

* 두류산 : 지리산의 별칭

[해설]

____(가)____ 이/가 만년에 지리산 기슭 산천재에서 학문을 연구하고 제자들을 가르치며 지은 시이다. 지리산에 빗대어 자신의 높은 기상을 표현하였다. 그의 호는 남명으로, 조선 중기 경상우도의 대표적인 성리학자로 알려져 있다. 평소 경(敬)과 의(義)를 강조하며 학문의 실천성을 강조하였다.

① 곽재우, 정인홍 등의 제자를 배출하였다.
② 기기도설을 참고하여 거중기를 설계하였다.
③ 위훈 삭제를 주장하여 훈구 세력의 반발을 샀다.
④ 북학의를 저술하여 수레와 배의 이용을 권장하였다.
⑤ 양명학을 체계적으로 연구하여 강화학파를 형성하였다.

22-222 밑줄 그은 '왕'의 재위 기간에 있었던 사실로 옳은 것은? [2점]

〈역사 다큐멘터리 제작 기획안〉

조선, 전국적인 규모의 여론 조사를 실시하다!

■ 기획 의도

　여론 조사를 통해 정책을 추진하려는 왕의 모습에서 '민본'의 의미를 생각해 본다.

■ 장면별 주요 내용

　#1. 왕은 관리와 백성을 대상으로 공법 시행에 대한 전국적인 찬반 조사를 명하다.

　#2. 호조에서 찬성 98,657명, 반대 74,149명이라는 결과를 보고하다.

　#3. 여러 차례 보완을 거쳐 토지의 비옥도와 풍흉에 따라 조세를 차등 징수하는 내용의 공법을 확정하다.

① 세계 지도인 혼일강리역대국도지도가 제작되었다.
② 각지의 농법을 작물별로 정리한 농사직설이 간행되었다.
③ 유능한 인재를 양성하기 위해 초계문신제가 시행되었다.
④ 우리나라와 중국의 의서를 망라한 동의보감이 완성되었다.
⑤ 전국의 지리, 풍속 등이 수록된 동국여지승람이 편찬되었다.

23-223 다음 상황이 나타난 시기에 볼 수 있는 모습으로 적절하지 <u>않은</u> 것은? [1점]

송파장에 왔으니 산대놀이 보고 가자.

송파장에 사람들도 많고 상평통보도 두둑이 챙겨서 좋네.

쌀 팔고 고추, 담배 사러 왔는데 이런 구경도 하게 되는군.

① 벽란도에서 인삼을 사는 송의 상인
② 호랑이를 소재로 민화를 그리는 화가
③ 광산 노동자에게 품삯을 나눠 주는 덕대
④ 여러 장시를 돌며 물품을 판매하는 보부상
⑤ 저잣거리에서 영웅 소설을 읽어 주는 전기수

24-224 다음 왕에 대한 설명으로 옳은 것은? [2점]

초상과 어진으로 만나는 조선의 왕

　왼편은 연잉군 시절인 20대의 초상이며 오른편은 50대의 어진이다. 그는 즉위 후 탕평 교서를 반포하고 탕평비를 건립하였다. 준천사를 신설하여 홍수에 대비하였으며, 신문고를 다시 설치하여 백성들의 억울함을 듣고자 하였다.

① 통치 체제를 정비하기 위해 대전회통을 편찬하였다.
② 왕권 강화를 위해 친위 부대인 장용영을 설치하였다.
③ 각 궁방과 중앙 관서의 공노비 6만여 명을 해방하였다.
④ 어영청을 중심으로 국방력을 강화하고 북벌을 추진하였다.
⑤ 균역법을 시행하여 백성들의 군역 부담을 줄여 주고자 하였다.

25-225 (가) 관서에 대한 설명으로 옳은 것은? [2점]

체험 활동 소감문

2023년 12월 2일 ○○○

　지난 토요일에 '승경도' 놀이를 체험했다. 승경도는 조선 시대 관직 이름을 적은 놀이판이다. 윷을 던져 말을 옮기는데, 승진을 할 수도 있지만 자칫하면 파직이 되거나 사약까지 받을 수 있어 흥미진진했다.

　놀이 규칙에 은대법이 있는데, 　(가)　을/를 총괄하는 도승지 자리에 도착한 사람은 당하관 자리에 있는 사람들이 던진 윷의 결괏값을 이용할 수 있는 규칙이다. 은대가 무엇인지 몰랐는데, 　(가)　을/를 뜻함을 알게 되었다.

① 수도의 행정과 치안을 맡아보았다.
② 재상들이 합의하여 국정을 총괄하였다.
③ 반역죄, 강상죄를 범한 중죄인을 다스렸다.
④ 왕의 비서 기관으로 왕명의 출납을 담당하였다.
⑤ 외적의 침입에 대비하기 위한 임시 기구로 설치되었다.

26-226 다음 상황이 나타난 시기를 연표에서 옳게 고른 것은? [3점]

○ 송준길이 아뢰었다. "적처(嫡妻) 소생이라도 둘째부터는 서자입니다. …… 둘째 아들은 비록 왕통을 계승하였더라도 (그를 위해서는) 3년복을 입어서는 안 됩니다."

○ 허목이 상소하였다. "장자를 위해 3년복을 입는다는 것은 위로 처서 정체(正體)이기 때문입니다. …… 첫째 아들이 죽어서 적처 소생의 둘째를 세우는 것도 역시 장자라고 부릅니다."

(가)	(나)	(다)	(라)	(마)
계유정난	중종반정	을사사화	인조반정	경신환국	이인좌의 난

① (가) ② (나) ③ (다) ④ (라) ⑤ (마)

27-227 (가) 문화유산에 대한 설명으로 옳은 것은? [1점]

이 건물은 (가) 의 정전입니다. (가) 은/는 태조 이성계가 개경에 처음 세웠는데, 도읍을 한양으로 옮긴 후 지금의 위치에 건립하였습니다. 사직과 더불어 왕조 국가를 표현하는 상징이었습니다.

① 경내에 조선 총독부 청사가 세워졌다.
② 역대 국왕과 왕비의 신주가 모셔져 있다.
③ 대성전과 명륜당을 중심으로 구성되어 있다.
④ 일제 강점기에 창경원으로 격하되기도 하였다.
⑤ 토지와 곡식의 신에게 제사를 지내는 공간이다.

28-228 (가)에 들어갈 대답으로 적절한 것은? [2점]

조선 시대 역관에 대해 알려 줘.

통역을 하는 사람으로 조선 후기에는 연행사를 수행하였어.

(가)

변승업처럼 교역으로 막대한 부를 축적한 이도 있어.

① 사간원에서 간쟁을 담당하였어.
② 매매, 상속, 증여의 대상이었어.
③ 수군, 봉수 등 천역에 종사하였어.
④ 수령을 보좌하면서 향촌 실무를 담당하였어.
⑤ 사역원에서 노걸대언해 같은 교재로 교육받았어.

29-229 다음 특별전에서 볼 수 있는 도시의 역사에 대한 설명으로 적절하지 않은 것은? [2점]

송악(松嶽)
개주(開州)

열린 성(城)의 도시
특별전

여지도 속 옛 궁장

① 고려 태조 왕건이 도읍으로 삼았다.
② 원의 영향을 받은 경천사지 십층 석탑이 축조되었다.
③ 조선 후기 송상이 근거지로 삼아 전국적으로 활동하였다.
④ 일제 강점기 강주룡이 을밀대 지붕 위에서 고공 농성을 하였다.
⑤ 북위 38도선 분할 이후 남한에 속했다가 정전 협정으로 북한 지역이 되었다.

30-230 다음 대화가 오갔던 회담 결과 체결된 조약에 대한 설명으로 옳은 것은? [2점]

운요호가 작년에 귀국 경내를 통과하다가 포격을 받았으니, 귀국이 교린의 우의를 저버린 것입니다.

일본 전권변리대신 구로다 기요타카

운요호는 국적과 이유를 밝히지 않고 곧장 우리가 수비하는 곳으로 진입해 왔으니, 변방 수비병의 발포는 부득이한 것이었소.

조선 접견대관 신헌

① 천주교 포교가 허용되었다.
② 갑신정변의 영향으로 체결되었다.
③ 일본 측의 해안 측량권이 인정되었다.
④ 통신사가 처음 파견되는 계기가 되었다.
⑤ 외국 상인의 내지 통상권을 최초로 규정하였다.

31 -231 (가)~(다)를 일어난 순서대로 옳게 나열한 것은? [2점]

(가) 고부에서 민란이 다시 일어났다는 소문이 자자합니다. …… 장흥 부사 이용태를 고부군 안핵사로 임명하여 밤새 달려가 엄격히 조사하여 등급을 나누고 구별하여 보고하게 하소서.

(나) 전봉준은 무주 집강소에 다음과 같은 통문을 보냈다. "최근 일본 이 경복궁을 침범하였다. 국왕이 욕을 당했으니, 우리들은 마땅 히 달려가 목숨을 걸고 의로써 싸워야 한다."

(다) 청국의 간섭을 끊어버리고 우리 대조선국의 고유한 독립 기초를 굳건히 하였는데, 이번에 마관(馬關, 시모노세키) 조약으로 말미 암아 세계에 드러나는 빛이 더욱 빛나게 되었다.

① (가) - (나) - (다)
② (가) - (다) - (나)
③ (나) - (가) - (다)
④ (나) - (다) - (가)
⑤ (다) - (나) - (가)

32 -232 해설사가 설명하는 사건이 발생한 시기를 연표에서 옳게 고른 것은? [3점]

조선 정부는 이곳에 해관을 설치하고 동래부 거류지의 일본 상인과 거래하는 조선 상인으로부터 세금을 징수하였습니다. 그러자 일본 상인이 조약 위반이라고 반발하였고, 결국 3개월 만에 수세가 중단되었습니다.

	(가)		(나)		(다)		(라)		(마)	
척화비 건립		제1차 수신사 파견		영국의 거문도 점령		함경도 방곡령 선포		청·일 전쟁 발발		러·일 전쟁 발발

① (가)　② (나)　③ (다)　④ (라)　⑤ (마)

33 -233 (가) 사절단에 대한 설명으로 옳은 것은? [2점]

미국 공사의 부임에 대한 답례로 (가) 이/가 파견되었습니다. 8명의 조선 관리로 구성된 이들은 40여 일 동안 미국에 체류하면서 뉴욕의 전등 시설과 우체국, 보스턴 박람회 등을 시찰하였습니다.

① 에도 막부의 요청으로 파견되었다.
② 별기군(교련병대) 창설을 건의하였다.
③ 조선책략을 들여와 국내에 소개하였다.
④ 기기국에서 무기 제조 기술을 습득하고 돌아왔다.
⑤ 전권대신 민영익과 홍영식, 서광범 등으로 구성되었다.

34 -234 (가)에 들어갈 내용으로 적절한 것은? [1점]

학술 발표회

우리 연구회에서는 중·일 전쟁 발발 이후 실시된 일제의 식민 통치 정책에 대한 학술 발표회를 마련하였습니다. 관심 있는 분들 의 많은 참석 바랍니다.

■ 주제 : (가)
■ 일시 : 2023년 ○○월 ○○일 14:00~17:00
■ 장소 : △△대학교 인문대학 소회의실
■ 주최 : □□ 연구회

① 치안 유지법의 제정 배경
② 조선 태형령의 적용 사례 분석
③ 제1차 조선 교육령의 제정 목적
④ 경성 제국 대학의 설립 의도와 과정
⑤ 국가 총동원법의 제정과 조선에서의 시행

35-235 다음 자료에 나타난 민족 운동에 대한 설명으로 옳지 <u>않은</u> 것은? [2점]

한국인들이 독립 선언을 하다
- 집회에 참가한 수천 명 체포 -

일본 당국은 고종의 장례식을 계기로 문제가 발생할 것으로 예상하고 많은 헌병을 서울로 집결시켰다. ······ 전국의 모든 도시와 마을에서 독립을 위한 행진과 시위가 일어났다. 일본 측은 당황했지만 곧 재정비하여 강력하고 신속한 진압에 나섰다. 그 결과 수천 명의 시위대가 체포되었지만 일본 측 보고서에는 수백 명으로 기록되어 있다.

① 중국의 5·4 운동에 영향을 주었다.
② 대한민국 임시 정부 수립의 계기가 되었다.
③ 신간회에서 진상 조사단을 파견하여 지원하였다.
④ 국외로도 확산되어 필라델피아에서 한인 자유 대회가 열렸다.
⑤ 평화적 만세 운동에서 무력 투쟁 사례가 늘어나기 시작하였다.

36-236 (가) 단체에 대한 설명으로 옳은 것은? [2점]

이 자료에 대해 말씀해 주시겠습니까?

이 자료는 (가) 의 활동 목적이 잘 드러나 있는 통용 장정의 일부입니다. (가) 은/는 안창호와 양기탁 등이 중심이 된 비밀 결사로 태극 서관을 설립하여 회원들의 연락 장소로 사용하였습니다.

본회의 목적은 ······
쇠퇴한 교육과 산업을 개량하고
사업을 유신시켜
유신된 국민이 통일 연합해서
유신이 된 자유 문명국을 성립시킨다.

① 복벽주의를 표방하였다.
② 13도 창의군을 결성하였다.
③ 일제의 황무지 개간권 요구를 저지하였다.
④ 근대 교육을 위해 배재 학당을 설립하였다.
⑤ 일제가 조작한 105인 사건으로 해체되었다.

37-237 밑줄 그은 '개혁'에 해당하는 내용으로 옳은 것을 〈보기〉에서 고른 것은? [2점]

[건축으로 보는 한국사] 석조전

고종은 황제로서의 권위와 근대 국가를 향한 의지를 보여 주기 위해 서양의 신고전주의 양식으로 설계된 석조전 착공을 명하였다. 그러나 황제권 강화를 표방하며 <u>개혁</u>을 추진하던 고종은 석조전이 완공되기 전에 강제로 퇴위당하였다.

보기

ㄱ. 박문국을 설치하여 한성순보를 발행하였다.
ㄴ. 통리기무아문을 설치하여 개화 정책을 추진하였다.
ㄷ. 관립 상공 학교를 설립하여 실업 교육을 실시하였다.
ㄹ. 지계아문을 설치하여 토지 소유자에게 지계를 발급하였다.

① ㄱ, ㄴ　　　　② ㄱ, ㄷ　　　　③ ㄴ, ㄷ
④ ㄴ, ㄹ　　　　⑤ ㄷ, ㄹ

38-238 밑줄 그은 '회의'에 대한 설명으로 옳은 것은? [3점]

본 회의는 2천만 민중의 공의(公意)를 지키는 국민적 대회합으로서, 최고의 권위에 의해 국민의 완전한 통일을 견고하게 하며 광복 대업의 근본 방침을 수립하고, 이로써 우리 민족의 자유를 만회하고 독립을 완성하기를 기도하며 이에 선언하노라. 삼일 운동으로써 우리 민족의 정신적 통일은 이미 표명되었다. ······ 본 대표들은 국민이 위탁한 사명을 받아 국민적 대단결을 힘써 도모하며, 독립 전도의 대방책을 확립하여 통일적 기관하에서 대업을 기성(期成)하려 한다.

① 창조파와 개조파가 대립하였다.
② 대일 선전 성명서를 공표하였다.
③ 삼균주의를 기초로 하는 건국 강령을 발표하였다.
④ 파리 강화 회의에 김규식을 파견할 것을 결정하였다.
⑤ 지청천을 사령관으로 하는 한국 광복군을 조직하였다.

39-239 밑줄 그은 '이 계획'에 대한 설명으로 옳은 것은? [1점]

이 계획 실시로 인하여 수리 조합비 부담이 커졌어. 가뜩이나 지세도 부담 되는데 개량 종자 구입비로 돈이 더 들어가네. 이래서 살겠나.

우리 마을 박서방은 소작농으로 전락하였다지. 우리 집은 쌀이 없어 만주에서 들여온 잡곡만 먹고 있다네.

① 독립 협회 결성의 계기가 되었다.
② 국채 보상 운동의 배경이 되었다.
③ 재정 고문 메가타의 주도로 시행되었다.
④ 토지 조사 사업이 시행되는 배경이 되었다.
⑤ 일본의 쌀 부족 현상을 해결하기 위해 시행되었다.

41-241 다음 가상 일기의 밑줄 그은 '운동'에 대한 설명으로 옳은 것은? [1점]

> 1925년 ○○월 ○○일
>
> 우리 백정들은 신분제가 폐지되었음에도 끊임없이 차별받았다. 다 같은 조선 민족인데 왜 우리를 핍박하는 걸까? 우리는 저울처럼 평등한 세상을 만들기 위해 몇 해 전부터 <u>운동</u>을 벌이고 있지만 사람들의 인식을 바꾸기는 쉽지 않은 것 같다. 얼마 전 예천에서는 '백정을 핍박하는 것은 죄가 아니다.'라고 말하는 사람도 있다고 하니 우리는 언제쯤 평등한 대우를 받을 수 있을까?

① 조선 형평사의 주도로 전개되었다.
② 대한매일신보의 지원을 받아 확대되었다.
③ 평양에서 시작하여 전국적으로 확산되었다.
④ 순종의 인산일을 기한 대규모 시위를 계획하였다.
⑤ 라이징 선 석유 회사의 한국인 구타 사건을 계기로 시작되었다.

40-240 (가) 부대에 대한 설명으로 옳은 것은? [2점]

○○박물관

박물관 소개
관람 안내 >
전시 >
소장품 >

■ (가) 훈련 교본

최해가 직접 쓴 독립군 교본으로 강령·총칙·도수·집총 등의 내용이 실려 있다. 최해는 1915년 신흥 강습소(신흥 무관 학교)를 졸업하였다. 그는 김좌진이 지휘하는 (가) 의 여단장이 되어 청산리 전투에 참가하였다.

① 대전자령에서 일본군을 기습하였다.
② 영릉가에서 일본군에 승리를 거두었다.
③ 동북 항일 연군으로 개편되어 유격전을 전개하였다.
④ 중광단을 중심으로 조직되어 항일 독립 전쟁에 참여하였다.
⑤ 인도·미얀마 전선에 파견되어 영국군과 연합 작전을 펼쳤다.

42-242 교사의 질문에 대한 학생의 답변으로 적절하지 않은 것은? [2점]

우표로 보는 현대사

이 우표는 6·25 전쟁이 발발하고 북한군에 점령당했던 서울을 되찾은 것을 기념해 만들어졌습니다. 9월 28일 서울 수복 이후에 벌어진 상황에 대해 말해 볼까요?

① 반공 포로가 석방되었어요.
② 한·미 상호 방위 조약이 체결되었어요.
③ 흥남에서 대규모 철수가 이루어졌어요.
④ 유엔군이 인천 상륙 작전을 전개하였어요.
⑤ 비상계엄이 선포된 가운데 발췌 개헌안이 통과되었어요.

43-243 (가) 정부의 통일 정책에 대한 설명으로 옳은 것은? [1점]

국가 인권 위원회 설립
최초의 남북 정상 회담 성사
한·일 문화 교류　　노벨 평화상 수상
2002 한·일
월드컵 4강 진출　기초 생활 보장 제도
인천 국제 공항 개항　**경의선 복원**
대우 자동차 최종 부도 처리　**사업 착공**
중학교 의무 교육 전국 확대
의문사 진상 규명 위원회 출범

저희 모둠은 우리 학교 학생들을 대상으로 (가) 정부의 연관 검색어를 조사해 보았습니다.

① 남북 기본 합의서에 서명하였다.
② 남북한이 유엔에 동시 가입하였다.
③ 7·4 남북 공동 성명을 발표하였다.
④ 6·15 남북 공동 선언을 채택하였다.
⑤ 남북 이산가족 고향 방문을 최초로 실현하였다.

44-244 (가) 민주화 운동에 대한 설명으로 옳은 것은? [2점]

이것은 1959년 이승만의 84세 생일을 기념하는 '대통령 탄신 경축식' 사진입니다. 이러한 행사는 1949년부터 진행되었습니다. 이승만 대통령의 장기 독재는 3·15 부정 선거에 항거하며 일어난 (가) (으)로 결국 종말을 고했습니다.

① 긴급 조치 철폐를 요구하였다.
② 장면 내각이 출범하는 배경이 되었다.
③ 전남 도청에서 시민군이 계엄군에 맞서 싸웠다.
④ 민주화를 위한 개헌 청원 100만 인 서명 운동이 전개되었다.
⑤ 5년 단임의 대통령 직선제 개헌이 이루어지는 계기가 되었다.

45-245 다음 사건이 있었던 정부 시기의 경제 상황으로 옳은 것은? [3점]

사진으로 보는 현대사

YH 무역 여성 노동자들은 일방적인 폐업에 항의하며 신민당 당사에서 농성 시위를 벌이다 경찰에 의해 강제 해산되었다. 그 과정에서 노동자 김경숙이 사망하였다. 이 사진은 현장에 남아 있던 머리띠와 신발들이다. 머리띠에는 '안 되면 죽음이다'라는 글귀가 쓰여 있다.

① 금융 실명제가 실시되었다.
② 연간 수출액 100억 달러가 달성되었다.
③ 개성 공단에서 의류 생산이 시작되었다.
④ 칠레와 자유 무역 협정(FTA)을 체결하였다.
⑤ 저금리, 저유가, 저달러의 3저 호황이 있었다.

46-246 밑줄 그은 '정부' 시기의 사회 모습으로 옳은 것은? [2점]

야간 통행금지를 해제했던 정부 시절 기억나는가?

프로 야구와 프로 축구가 출범되고 해외 여행도 갈 수 있게 되었지.

수많은 사람들이 불법적으로 삼청 교육대에 끌려 갔잖아.

① 금강산 관광이 시작되었다.
② 서울 올림픽 대회가 개최되었다.
③ 삼풍 백화점 붕괴 사고가 발생하였다.
④ 보도 지침을 통해 언론을 통제하였다.
⑤ 양성평등 실현을 위해 호주제가 폐지되었다.

47 -247 (가)에 들어갈 내용으로 옳은 것은? [2점]

한국사 대화형 인공 지능

Q 이 사진 속 인물에 대해 알려 줘.

A 사진 속 인물의 호는 몽양이며, 독립운동가입니다. 1918년에 상하이에서 신한 청년당을 조직하였으며, 대한민국 임시 정부에 참여하였습니다. 1945년 8월 조선 건국 준비 위원회를 결성하였습니다.

Q 그 이후의 행적에 대해 알려 줘.

A (가)

① 한국 민주당을 창당하였습니다.
② 5·10 총선거에 출마하였습니다.
③ 단독 정부 수립을 주장하였습니다.
④ 조선 혁명 선언을 작성하였습니다.
⑤ 좌우 합작 위원회를 조직하였습니다.

48 -248 교사의 질문에 대한 학생의 답으로 옳은 것은? [2점]

충남 부여 쌍북리에서 숫자들이 기록된 목간이 출토되었는데 놀랍게도 구구단이 쓰여 있었습니다. 삼국 시대에 살았던 사람들도 우리처럼 구구단을 공부했다는 것이 신기합니다. 삼국 시대 사람들의 학습 활동을 확인할 수 있는 또 다른 사례는 무엇이 있을까요?

① 울주 대곡리 반구대에 고래 사냥 모습을 새겼습니다.
② 이제현이 만권당에서 원의 학자들과 교류하였습니다.
③ 청소년들이 경당에서 책을 읽고 활쏘기를 배웠습니다.
④ 독특한 회계 정리 방식인 사개치부법을 사용하였습니다.
⑤ 정혜 공주 묘지석에는 유교 경전과 중국 역사서의 내용이 인용되어 있습니다.

49 -249 (가)~(마)의 설명과 사진을 연결한 것으로 옳지 않은 것은? [3점]

(가) 태토와 유약이 모두 백색이고 1,200도 이상에서 구워 만든 자기다. 영국 여왕 엘리자베스 2세가 이 자기 중 하나를 보면서 '세상에서 제일 아름다운 그릇'이라는 찬사를 보냈다.

(나) 철분이 약간 함유된 태토에 유약을 입혀 고온에서 구워 낸 자기다. 송 사신 서긍은 "푸른 빛깔을 고려인은 비색(翡色)이라 하는데 근래에 들어 빛깔이 더욱 좋아졌다."고 하였다.

(다) 회색 태토 위에 백토로 표면을 분장한 뒤에 유약을 입혀 구운 자기다. 고유섭이 회청색을 띠는 사기라는 의미로 '분장회청사기(분청사기)'라 하였다.

(라) 초벌구이한 백자 위에 코발트로 그림 그린 후 유약을 발라 구운 자기다. 코발트는 수입산 안료였기에 예종은 관찰사를 통해 백성들이 회회청(코발트)을 구해 오도록 독려할 정도였다.

(마) 표면에 무늬를 파고 백토와 자토를 그 자리에 넣어 초벌구이한 후 유약을 발라 구워 낸 자기다. 최순우는 "고려 사람들은 비색의 자기에 영롱한 수를 놓는 방법을 궁리해 냈다."고 하였다.

(가) (나) (다)
① ② ③
(라) (마)
④ ⑤

50 -250 다음 사건의 영향을 받아 발생한 사실로 옳은 것은? [2점]

근로 기준법을 준수하라!

나는 아주 작은 바늘 구멍이라도 내기 위해서 죽는 것입니다. 그 작은 구멍을 자꾸 키워 벽을 허물어야 합니다. 그래야 없는 사람도 살고 근로자도 살 수 있는 것입니다.

① 신한 공사가 설립되어 귀속 재산을 관리하였다.
② 부산에서 조선 방직의 총파업 사건이 발생하였다.
③ 경제 자립을 목표로 제1차 경제 개발 5개년 계획이 추진되었다.
④ 미국에서 들여온 원조 물자를 기반으로 삼백 산업이 발달하였다.
⑤ 평화 시장 노동자들을 중심으로 한 청계 피복 노동조합이 결성되었다.

1 -251 (가) 시대의 생활 모습으로 옳은 것은? [1점]

> 계급이 출현한 (가) 시대의 생활상을 엿볼 수 있는 환호, 고인돌, 민무늬 토기 등이 울주 검단리 유적에서 발굴되었습니다. 특히 마을의 방어 시설로 보이는 환호는 우리나라의 (가) 시대 유적에서 처음 확인된 것으로, 둘레가 약 300미터에 달합니다.

① 철제 무기로 정복 활동을 벌였다.
② 주로 동굴이나 막집에서 거주하였다.
③ 소를 이용한 깊이갈이가 일반화되었다.
④ 비파형 동검과 청동 거울 등을 제작하였다.
⑤ 빗살무늬 토기에 음식을 저장하기 시작하였다.

2 -252 (가)~(라)에 들어갈 내용으로 옳은 것을 <보기>에서 고른 것은? [2점]

<여러 나라의 제천 행사>

나라	내용
부여	(가)
고구려	(나)
동예	(다)
삼한	(라)

보기
ㄱ. (가) - 무천이라는 제천 행사에서 밤낮으로 음주가무를 즐겼다.
ㄴ. (나) - 10월에 지내는 제천 행사는 국중대회로 동맹이라 하였다.
ㄷ. (다) - 영고라는 제천 행사를 열고 죄수를 풀어 주기도 하였다.
ㄹ. (라) - 씨뿌리기가 끝난 5월과 농사를 마친 10월에 제사를 지냈다.

① ㄱ, ㄴ   ② ㄱ, ㄷ   ③ ㄴ, ㄷ
④ ㄴ, ㄹ   ⑤ ㄷ, ㄹ

3 -253 다음 자료에 해당하는 왕에 대한 설명으로 옳은 것은? [1점]

백제 제26대 왕 명농, 지혜와 식견이 뛰어나고 결단력이 있었다.

1/3

웅진에서 사비로 도읍을 옮기고 백제의 중흥을 꾀했다.

2/3

구천(관산성 부근)에서 신라의 복병에게 목숨을 잃었다.

3/3

① 국호를 남부여로 개칭하였다.
② 금마저에 미륵사를 창건하였다.
③ 고흥에게 서기를 편찬하게 하였다.
④ 윤충을 보내 대야성을 함락하였다.
⑤ 동진에서 온 마라난타를 통해 불교를 수용하였다.

4 -254 (가)에 해당하는 문화유산으로 옳은 것은? [3점]

> 국보로 지정된 (가) 은 현존하는 신라 탑 중에 가장 오래된 것으로 평가받습니다. 이 탑은 돌을 벽돌 모양으로 다듬어 쌓았다는 특징이 있으며, 선덕 여왕 3년에 건립된 것으로 추정됩니다.

①

②

③

④

⑤

5-255 (가)에 들어갈 내용으로 가장 적절한 것은? [3점]

한국사 동영상 제작 계획안

삼국이 하나 되다

○학년 ○반 ○모둠

■ 제작 의도
    삼국 통일 과정을 사건의 발생 순서대로 구성하여 그 의의와 한계를 살펴본다.

■ 장면별 구성 내용
#1. 김춘추가 당과의 군사 동맹을 성사시키다
#2. 백제의 결사대 5천 명이 황산벌에서 패하다
#3. 연개소문이 죽고 내분이 일어나다
#4.   (가)
#5. 신라 수군이 기벌포에서 승리하다

① 흑치상지가 당의 유인궤에게 항복하다
② 문무왕이 안승을 보덕국 왕으로 책봉하다
③ 을지문덕이 살수에서 수의 군대를 물리치다
④ 부여풍이 백강에서 왜군과 함께 당군에 맞서 싸우다
⑤ 개로왕이 북위에 사신을 보내 고구려 공격을 요청하다

6-256 밑줄 그은 '이 승려'에 대한 설명으로 옳은 것은? [2점]

POST CARD

○○에게
    나는 지금 영주 부석사에 와 있어. 이곳은 당에 가서 화엄학을 공부한 이 승려가 세운 절이야. 선묘각과 부석을 통해 그가 선묘 낭자의 도움을 받아 사찰을 건립했다는 설화를 떠올릴 수 있었어. 그리고 무량수전 배흘림기둥에 기대어 멀리 풍경을 보니, 너와 함께 다시 와보고 싶다는 생각이 들었어. 그럼 이만 줄일게. 안녕.

    우표

보내는 사람
_____

받는 사람
_____

△△가

① 황룡사 구층 목탑의 건립을 건의하였다.
② 무애가를 지어 불교 대중화에 노력하였다.
③ 유식의 교의를 담은 해심밀경소를 저술하였다.
④ 승려들의 전기를 정리한 해동고승전을 편찬하였다.
⑤ 현세의 고난에서 구제받고자 하는 관음 신앙을 강조하였다.

7-257 (가) 왕의 업적으로 옳은 것은? [2점]

대왕암이 내려다 보이는 이곳은 경주 이견대입니다. 선왕을 기리며 감은사를 완공한 (가) 은/는 이곳에서 용을 만나는 신묘한 일을 겪었고, 이를 통해 검은 옥대와 만파식적의 재료가 된 대나무를 얻었다고 합니다.

① 향가 모음집인 삼대목을 편찬하였다.
② 관료전을 지급하고 녹읍을 폐지하였다.
③ 인사를 담당하는 위화부를 창설하였다.
④ 건원이라는 독자적인 연호를 사용하였다.
⑤ 시장을 감독하기 위해 동시전을 설치하였다.

8-258 다음 상황 이후에 전개된 사실로 옳은 것은? [2점]

    이찬 김지정이 반역하여 무리를 모아 궁궐을 에워싸고 침범하였다. 여름 4월에 상대등 김양상이 이찬 경신과 함께 군사를 일으켜 김지정 등을 죽였으나, 왕과 왕비는 반란군에게 살해되었다. 양상 등이 왕의 시호를 혜공왕이라 하였다.

    - "삼국사기"

① 김흠돌이 반란을 도모하였다.
② 이사부가 우산국을 복속하였다.
③ 김대성이 불국사 조성을 주도하였다.
④ 장보고가 왕위 쟁탈전에 가담하였다.
⑤ 거칠부가 왕명에 의해 국사를 편찬하였다.

제67회 한국사능력검정시험 (심화)

9-259 (가) 국가에 대한 설명으로 옳은 것은? [2점]

> 이 글은 양태사가 지은 '밤에 다듬이 소리를 듣고'라는 한시로, 정효 공주 묘지(墓誌) 등과 함께 (가) 의 한문학 수준을 보여 주는 대표적인 사례입니다. 이 시에는 문왕 때 일본에 사신으로 파견된 그가 다듬이 소리를 듣고 고국을 그리워하는 마음이 잘 표현되어 있습니다.

> 서리 기운 가득한 하늘에 달빛 비치니 은하수도 밝은데
> 나그네 돌아갈 일 생각하니 감회가 새롭네
> 홀로 앉아 지새는 긴긴 밤 근심에 젖어 마음 아픈데
> 홀연히 들리누나 이웃집 아낙네 다듬이질 소리
> 바람결에 그 소리 끊기는 듯 이어지는 듯
> 밤 깊어 별빛 기우는데 잠시도 쉬지 않네
> 나라 떠나온 뒤로 아무 소리 듣지 못하더니
> 이제 타향에서 고향 소리 듣는구나
> ⋮

① 교육 기관으로 주자감을 설립하였다.
② 골품제라는 엄격한 신분제를 마련하였다.
③ 정사암에 모여 국가 중대사를 논의하였다.
④ 관리 선발을 위해 독서삼품과를 시행하였다.
⑤ 청연각과 보문각을 설치하여 학문 연구를 장려하였다.

10-260 다음 상황 이후에 있었던 사실로 옳은 것은? [3점]

> 파진찬 신덕, 영순 등이 신검에게 견훤을 금산사에 유폐하고 사람을 보내 금강을 죽이도록 권하였다. 신검이 대왕을 자칭하고 국내에 대사면령을 내렸다. 교서에 이르기를, "…… 왕위를 어리석은 아이에게 줄 뻔하였다. 다행스러운 것은 상제께서 진정한 마음을 내리시니 군자들이 허물을 고쳤고 맡아들인 나에게 명하여 이 한 나라를 다스리게 하셨다는 점이다. ……"라고 하였다.

① 궁예가 광평성을 설치하였다.
② 장문휴가 당의 등주를 공격하였다.
③ 신숭겸이 공산 전투에서 전사하였다.
④ 왕건이 일리천 전투에서 승리하였다.
⑤ 김헌창이 웅천주에서 반란을 일으켰다.

11-261 (가) 왕이 추진한 정책으로 옳은 것은? [1점]

> **한국사 묻고 답하기**   조회 수 : 123
>
> 질문 고려 시대 연호에 대하여 질문합니다.
> 고려는 중국의 연호를 주로 사용한 것으로 알고 있는데, 중국과 다른 연호를 쓴 사례가 있나요?
>
> ↳ 답변
> ↳ 태조가 고려를 건국한 후 천수라는 연호를 사용했습니다.
> ↳ (가) 이/가 왕권을 강화하기 위해 광덕, 준풍이라는 연호를 제정하고, 개경을 황도라 칭하기도 하였습니다.

① 과거제를 도입하였다.
② 흑창을 처음 설치하였다.
③ 전시과 제도를 시행하였다.
④ 삼국사기 편찬을 명령하였다.
⑤ 12목에 지방관을 파견하였다.

12-262 (가) 왕의 재위 기간에 있었던 사실로 옳은 것은? [3점]

> 〈역사 연극 시나리오 구상〉
>
> **제목 : (가) 의 험난한 피란길**
>
> ○학년 ○반 ○모둠
>
> 장면 1 : 강조의 정변을 구실로 침입한 거란군이 서경까지 이르자 강감찬이 왕에게 남쪽으로 피란할 것을 권유한다.
>
> 장면 2 : 왕이 개경을 떠나 전라도 삼례에 이르는 동안 호위군이 도망가는 등의 어려움을 겪는다.
>
> 장면 3 : 나주에 도착한 왕은 강화가 성립되어 거란군이 물러간다는 소식을 듣고 안도한다.

① 만부교 사건이 일어났다.
② 초조대장경 조판이 시작되었다.
③ 사신 저고여가 귀국길에 피살되었다.
④ 공주 명학소에서 망이·망소이가 봉기하였다.
⑤ 신돈을 중심으로 전민변정 사업이 추진되었다.

13-263 (가) 인물의 활동으로 옳은 것은? [2점]

이것은 이의민을 제거하고 정권을 장악한 (가) 의 묘지명 탁본입니다. 여기에는 그가 명종의 퇴위와 신종의 즉위에 관여한 사실 등이 기록되어 있습니다.

① 인사 행정을 담당하던 정방을 폐지하였다.
② 교정도감을 두어 국가의 중요한 사무를 처리하였다.
③ 삼별초를 이끌고 진도로 이동하여 대몽 항쟁을 펼쳤다.
④ 화약과 화포 제작을 위한 화통도감 설치를 건의하였다.
⑤ 후세의 정책 방향을 제시하기 위해 훈요 10조를 남겼다.

14-264 (가), (나) 사이의 시기에 있었던 사실로 옳은 것은? [2점]

(가) 윤관이 포로 346구와 말 96필, 소 300여 마리를 바쳤다. 의주와 통태진·평융진에 성을 쌓고, 함주·영주·웅주·길주·복주, 공험진과 함께 북계 9성이라 하였다.

(나) 그해 12월 16일에 처인부곡의 작은 성에서 적과 싸우던 중 화살로 적의 괴수인 살리타를 쏘아 죽였습니다. 사로잡은 자들이 많았으며 나머지 무리는 무너져 흩어졌습니다.

① 외침에 대비하여 광군을 조직하였다.
② 서희의 활약으로 강동 6주를 획득하였다.
③ 이제현이 만권당에서 유학자들과 교유하였다.
④ 묘청 등이 칭제건원과 금 정벌을 주장하였다.
⑤ 압록강에서 도련포까지 천리장성을 축조하였다.

15-265 다음 자료를 활용한 탐구 활동으로 가장 적절한 것은? [2점]

시중 김방경과 대장군 인공수를 [상국(上國)]에 파견하여 표문을 올렸다. "우리나라는 근래 역적을 소탕하는 대군에 군량을 공급하는 일로 이미 해마다 백성에게서 양식을 거두어들였습니다. 게다가 일본 정벌에 필요한 전함을 건조하는 데 장정들이 모두 징발되었고 노약자들만 겨우 밭 갈고 씨 뿌리는 일을 하고 있습니다."

① 삼전도비가 건립된 계기를 찾아본다.
② 정동행성이 설치되는 배경을 살펴본다.
③ 사심관 제도가 시행된 원인을 조사한다.
④ 조위총의 난이 전개되는 과정을 알아본다.
⑤ 권수정혜결사문이 작성된 목적을 파악한다.

16-266 밑줄 그은 '불상'에 해당하는 문화유산으로 옳은 것은? [2점]

이것은 이색의 목은집에 실린 시의 일부입니다. 그는 관촉사에서 열린 법회에 참여하고 그곳에서 보았던 불상을 떠올리며 이 시를 지었습니다.

한산의 동쪽으로 백여 리쯤 되는 곳에
은진현이라 그 안에 관족사*가 있다네
여기엔 크나큰 석상 미록존이 있으니
내 나간다 나간다며 땅속에서 솟았다네
　　　　⋮

*관족사 : 현재의 관촉사

① 　② 　③

④ 　⑤

17-267 (가) 교육 기관에 대한 설명으로 옳은 것은? [2점]

(가) **입학 자격 공고**

1. 국자학생은 문·무관 3품 이상인 자의 아들과 손자 및 훈관 2품으로 현공 이상을 지닌 자의 아들, 아울러 경관 4품으로 3품 이상의 훈봉을 지닌 자의 아들로 한다.
2. 태학생은 문·무관 5품 이상인 자의 아들과 손자, 정·종 3품관의 증손자 및 훈관 3품 이상의 봉작이 있는 자의 아들로 한다.
3. 사문학생은 훈관 3품 이상으로서 봉작이 없는 자의 아들, 4품으로서 봉작이 있는 자 및 문·무관 7품 이상인 자의 아들로 한다.

① 문헌공도로 불리기도 하였다.
② 중앙에서 교수나 훈도가 파견되었다.
③ 전국의 부·목·군·현에 하나씩 설치되었다.
④ 장학 기금 마련을 위해 양현고가 설립되었다.
⑤ 사가독서제를 시행하여 학문에 전념하게 하였다.

18-268 ㉠~㉣ 기구에 대한 설명으로 옳은 것을 〈보기〉에서 고른 것은? [2점]

> 🔍 **역사** 돋보기 **왕실과의 혼인을 통한 이자겸의 출세**
>
> 음서로 관직에 진출한 이자겸은 1108년 둘째 딸이 예종의 비가 되면서 빠른 속도로 출세하였다.
> 1109년 ㉠ 추밀원(중추원) 부사, 1111년 ㉡ 어사대의 대부가 된다. 1113년에는 ㉢ 상서성의 좌복야에 임명되었고, 1118년 재신으로서 판이부사를 맡았으며, 1122년 ㉣ 중서문하성 중서령에 오른다.

보기
ㄱ. ㉠ - 군사 기밀과 왕명 출납을 담당하였다.
ㄴ. ㉡ - 소속 관원이 낭사와 함께 서경권을 행사하였다.
ㄷ. ㉢ - 화폐·곡식의 출납과 회계를 담당하였다.
ㄹ. ㉣ - 원 간섭기에 도평의사사로 개편되었다.

① ㄱ, ㄴ ② ㄱ, ㄷ ③ ㄴ, ㄷ ④ ㄴ, ㄹ ⑤ ㄷ, ㄹ

20-270 밑줄 그은 '이 역사서'에 대한 설명으로 옳은 것은? [3점]

> 대개 이미 지나간 나라의 흥망은 장래의 교훈이 되기 때문에 이 역사서를 편찬하여 올리는 바입니다. …… 범례는 사마천의 "사기"를 따르고, 대의(大義)는 모두 왕께 아뢰어 재가를 얻었습니다. 본기(本紀)라는 이름을 피하고 세가(世家)라고 한 것은 명분의 중요성을 나타내기 위함이며, 가짜 왕인 신씨들[신우, 신창]을 세가에 넣지 않고 열전으로 내린 것은 그들이 왕위를 도둑질한 사실을 엄히 논죄하려는 것입니다.

① 발해사를 우리 역사로 체계화하였다.
② 고구려 시조의 일대기를 서사시로 표현하였다.
③ 불교사를 중심으로 고대의 민간 설화를 수록하였다.
④ 고조선부터 고려 말까지의 역사를 연대순으로 기록하였다.
⑤ 조선 건국을 정당화하는 입장에서 고려의 역사를 정리하였다.

19-269 다음 상황이 나타난 시기를 연표에서 옳게 고른 것은? [2점]

> 명 황제가 말하기를, "철령을 따라 이어진 북쪽과 동쪽과 서쪽은 원래 개원로(開元路)*가 관할하던 군민(軍民)이 속하던 곳이니, 한인·여진인·달달인·고려인을 그대로 요동에 소속시켜라."라고 하였다. …… 왕은 최영과 함께 요동을 공격하기로 계책을 결정하였으나, 감히 드러내어 말하지 못하고 사냥 간다는 핑계를 대고 서쪽으로 해주에 행차하였다.
>
> * 개원로(開元路) : 원이 설치한 행정 구역

1351	1359	1380	1391	1394	1400
(가)	(나)	(다)	(라)	(마)	
공민왕 즉위	홍건적 침입	황산 대첩	과전법 실시	한양 천도	태종 즉위

① (가) ② (나) ③ (다) ④ (라) ⑤ (마)

21-271 (가) 기구에 대한 설명으로 옳은 것은? [2점]

> 우부승지 김종직이 아뢰기를, "고려 태조는 여러 고을에 영을 내려 공변되고 청렴한 선비를 뽑아서 향리들의 불법을 규찰하게 하였으므로 간사한 향리가 저절로 없어져 5백 년간 풍화를 유지할 수 있었습니다. 우리 조정에서는 이시애의 난 이후 _____(가)_____이/가 혁파되자 간악한 향리들이 불의를 자행하여서 건국한 지 1백 년도 못 되어 풍속이 쇠퇴해졌습니다. …… 청컨대 _____(가)_____을/를 다시 설립하여 향풍(鄕風)을 규찰하게 하소서."라고 하였다. – "성종실록" –

① 조광조 일파의 건의로 폐지되었다.
② 좌수와 별감을 중심으로 운영되었다.
③ 풍기 군수 주세붕이 처음 설립하였다.
④ 대사성 이하 좨주, 직강 등의 관직을 두었다.
⑤ 매향(埋香) 활동 등 각종 불교 행사를 주관하였다.

22-272 다음 검색창에 들어갈 인물의 활동으로 옳은 것은? [2점]

한국사 인물 통합 검색

검색어 ▼

↵ 검색

| 검색 결과

○ 생몰 : 1383년~1453년
○ 호 : 절재(節齋)
○ 생애
　- 태종　5년　문과에 급제함
　- 세종　17년　함길도 병마도절제사에 임명됨
　- 문종　2년　고려사절요를 찬술함
　- 단종　1년　계유정난 때 살해됨

| 관련 이미지

고려사절요

① 여진을 정벌하고 6진을 개척하였다.
② 불씨잡변을 지어 불교를 비판하였다.
③ 반정 공신의 위훈 삭제를 주장하였다.
④ 왜구의 근거지인 쓰시마섬을 정벌하였다.
⑤ 충청도 지역까지 대동법의 확대 실시를 건의하였다.

24-274 다음 기사에 보도된 전투 이후의 사실로 옳은 것은? [2점]

역 사 신 문

제△△호　　　　　　　　　○○○○년 ○○월 ○○일

조·명 연합군, 평양성 탈환

평안도 도체찰사 류성룡, 도원수 김명원이 이끄는 관군이 명 제독 이여송 부대에 합세하여 평양성을 되찾았다. 이번 전투에서 아군의 불랑기포를 비롯한 화포가 위력을 발휘하여 일본군은 크게 패하고 남쪽으로 내려갔다. 이 전투의 승리는 향후 전쟁의 판도를 바꿀 것으로 기대된다.

① 송상현이 동래성에서 항전하였다.
② 권율이 행주산성에서 적군을 격퇴하였다.
③ 이순신이 한산도 앞바다에서 대승을 거두었다.
④ 신립이 탄금대 앞에서 배수의 진을 치고 싸웠다.
⑤ 최윤덕이 올라산성에서 이만주 부대를 정벌하였다.

23-273 다음 가상 대화가 이루어진 시기에 볼 수 있는 모습으로 적절하지 <u>않은</u> 것은? [1점]

만상 임상옥이 인삼 무역으로 큰 수익을 거두었다고 하네.

그러게. 중국 상인들이 연행사를 따라오는 상인들에게 인삼을 대량으로 구매하려고 인삼국을 차렸다는군.

① 담배 농사를 짓고 있는 농민
② 관청에 종이를 납품하는 공인
③ 시사(詩社)에서 시를 낭송하는 중인
④ 장시에서 판소리 공연을 하는 소리꾼
⑤ 솔빈부의 특산품인 말을 수입하는 상인

25-275 (가), (나) 인물에 대한 설명으로 옳은 것은? [2점]

북학의를 저술한 저는 청의 문물 도입과 소비 촉진을 통한 생산력 증대를 주장하였습니다.

오늘은 실학자 두 분을 모시고 어떤 활동을 하셨는지 들어 보겠습니다.

저는 경세유표를 저술하여 국가 제도의 개혁 방향을 제시하였습니다.

홀로그램으로 만나는 역사 인물

(가)　　　　　　　(나)

① (가) - 100리 척을 사용하여 동국지도를 제작하였다.
② (가) - 곽우록에서 토지 매매를 제한하는 한전론을 제시하였다.
③ (나) - 의산문답에서 중국 중심의 세계관을 비판하였다.
④ (나) - 여전론을 통해 마을 단위의 공동 경작을 주장하였다.
⑤ (가), (나) - 양명학을 연구하여 강화학파를 형성하였다.

26-276 (가)~(다)를 일어난 순서대로 옳게 나열한 것은? [2점]

조선 후기 군사 조직의 정비

(가)	(나)	(다)
이괄의 난 이후 수도 외곽의 방어를 위해 총융청을 설치하였다.	포수, 살수, 사수의 삼수병 체제로 구성된 훈련도감을 조직하였다.	국왕의 호위와 도성 수비 강화를 목적으로 금위영을 창설하였다.

① (가) - (나) - (다)
② (가) - (다) - (나)
③ (나) - (가) - (다)
④ (나) - (다) - (가)
⑤ (다) - (나) - (가)

27-277 (가) 왕의 재위 기간에 있었던 사실로 옳은 것은? [1점]

이 그림은 화성능행도 8폭 중 일부로, (가) 이/가 혜경궁 홍씨를 모시고 현릉원에 다녀오는 모습을 그린 것입니다. 위엄을 갖춘 행렬의 장대함과 구경꾼들의 생동감 넘치는 표정이 잘 드러나 있습니다.

① 자의 대비의 복상 문제로 예송이 전개되었다.
② 명의 신종을 제사 지내는 만동묘가 설치되었다.
③ 문신을 재교육하기 위한 초계문신제가 실시되었다.
④ 붕당의 폐해를 경계하는 탕평비가 성균관에 건립되었다.
⑤ 비변사의 혁파로 의정부와 삼군부의 기능이 정상화되었다.

28-278 다음 상황이 나타난 시기를 연표에서 옳게 고른 것은? [3점]

사학(邪學) 죄인 황사영은 사족으로서 사술(邪術)에 미혹됨이 가장 심한 자였다. [그는] 의금부에서 체포하려는 것을 미리 알고 피신하였는데, 상복을 입고 성명을 바꾸거나 토굴에 숨어서 종적을 감춘 지 반년이 지났다. 포청에서 은밀히 염탐하여 지금에야 제천 땅에서 붙잡았다. 그의 문서를 수색하던 중 백서를 찾았는데, 장차 북경의 천주당에 전하려고 한 것이었다.

1728		1746		1791		1811		1834		1862
	(가)		(나)		(다)		(라)		(마)	
이인좌의 난		속대전 편찬		신해 박해		홍경래의 난		헌종 즉위		임술 농민 봉기

① (가) ② (나) ③ (다) ④ (라) ⑤ (마)

29-279 (가) 사건에 대한 설명으로 옳은 것은? [1점]

이 척화비는 자연석에 비문을 새긴 것이 특징입니다. 척화비는 제너럴 셔먼호 사건을 구실로 일어난 (가) 이후 전국 각지에 세워졌습니다. 이를 통해 서양 세력과의 통상 수교를 거부한 역사의 한 장면을 엿볼 수 있습니다.

① 청군의 개입으로 종결되었다.
② 외규장각 도서가 약탈되는 결과를 가져왔다.
③ 에도 막부에 통신사가 파견되는 계기가 되었다.
④ 사태 수습을 위해 박규수가 안핵사로 파견되었다.
⑤ 전개 과정에서 어재연 부대가 광성보에서 항전하였다.

30-280 (가), (나) 조약에 대한 설명으로 옳은 것은? [3점]

(가) 제4조 …… 조선 상인이 북경에서 규정에 따라 교역하고, 중국 상인이 조선의 양화진과 서울에 들어가 영업소를 개설한 경우를 제외하고 각종 화물을 내지로 운반하여 상점을 차리고 파는 것을 허가하지 않는다. ……

(나) 제37관 조선국에서 가뭄과 홍수, 전쟁 등의 일로 국내에 양식이 부족할 것을 우려하여 일시 쌀 수출을 금지하려고 할 때에는 1개월 전에 지방관이 일본 영사관에 통지하고, 미리 그 기간을 항구에 있는 일본 상인들에게 전달하여 일률적으로 준수하는 데 편리하게 한다.

① (가) - 통감부가 설치되는 계기가 되었다.
② (가) - 조선의 관세 자주권을 최초로 인정하였다.
③ (나) - 최혜국 대우를 규정한 조항을 담고 있다.
④ (나) - 일본 공사관의 경비병 주둔을 명시하였다.
⑤ (가), (나) - 갑신정변의 영향으로 체결되었다.

31 -281 다음 검색창에 들어갈 신문에 대한 설명으로 옳은 것은? [2점]

① 여권통문을 처음 보도하였다.
② 국채 보상 운동의 확산에 기여하였다.
③ 의병 투쟁에 호의적인 기사를 게재하였다.
④ 외국인이 읽을 수 있도록 영문으로도 발행되었다.
⑤ 순 한문 신문으로 열흘마다 발행하는 것이 원칙이었다.

33 -283 다음 대화에 해당하는 교육 기관에 대한 설명으로 옳은 것은? [2점]

① 7재라는 전문 강좌가 개설되었다.
② 조선 총독부의 탄압으로 폐교되었다.
③ 교육 입국 조서에 근거하여 세워졌다.
④ 주요 건물로 대성전과 명륜당을 두었다.
⑤ 헐버트, 길모어 등이 교사로 초빙되었다.

32 -282 다음 가상 뉴스에서 보도하는 사건 이후에 전개된 사실로 옳은 것은? [1점]

① 남접과 북접이 논산에서 연합하였다.
② 농민군이 황룡촌 전투에서 관군에 승리하였다.
③ 교조 신원을 요구하는 보은 집회가 개최되었다.
④ 사태 수습을 위해 안핵사 이용태가 파견되었다.
⑤ 전봉준이 농민을 이끌고 고부 관아를 습격하였다.

34 -284 (가) 인물의 활동으로 옳은 것은? [3점]

① 샌프란시스코에서 흥사단을 창립하였다.
② 황준헌이 쓴 조선책략을 국내에 들여왔다.
③ 인재 양성을 위해 오산 학교를 설립하였다.
④ 국문 연구소를 설립하고 연구 위원으로 활동하였다.
⑤ 독립 협회의 제안을 받아들여 중추원 관제 개편을 추진하였다.

35 -285 (가)에 들어갈 내용으로 가장 적절한 것은? [2점]

한국사 특강

우리 학회에서는 고종이 황제로 즉위한 이후 구본신참에 입각하여 추진한 정책을 주제로 강좌를 마련하였습니다. 많은 관심과 참여 바랍니다.

■ 강좌 내용 ■

제1강 _____ (가) _____
제2강 대한국 국제 반포와 황제 중심 정치 구조
제3강 지계 발급과 근대적 토지 소유권

• 기간 : 2023년 10월 ○○일~○○일
• 일시 : 매주 토요일 14:00~16:00
• 장소 : △△ 연구원

① 통역관 양성을 위한 동문학 설립
② 개혁 방향을 제시한 홍범 14조 반포
③ 통리기무아문 설치와 개혁 정책 추진
④ 원수부 창설과 황제의 군 통수권 강화
⑤ 23부로의 지방 제도 개편과 지방관 권한 축소

36 -286 (가), (나) 사이의 시기에 있었던 사실로 옳은 것은? [2점]

(가)

두 달 전 체결된 협약에 따라 메가타가 탁지부의 재정 고문으로 온다는군.

일본이 우리 정부의 재정권을 침해하려는 의도인 것 같네.

(나)

지난달 군대를 해산한다는 조칙이 발표된 이후 군인들의 반발이 계속되고 있다는군.

들었네. 일부는 의병에 합류하여 일본에 저항하는 활동을 전개한다고 하네.

① 데라우치가 초대 총독으로 부임하였다.
② 13도 창의군이 서울 진공 작전을 전개하였다.
③ 기유각서를 통해 일제에 사법권을 박탈당하였다.
④ 상권 수호를 위해 황국 중앙 총상회가 조직되었다.
⑤ 헤이그에서 열린 만국 평화 회의에 특사가 파견되었다.

37 -287 (가) 단체에 대한 설명으로 옳은 것은? [2점]

판결문

피고 : 오복영 외 1인

주문 : 피고 두 명을 각 징역 7년에 처한다.

이유

제1. 피고 오복영은 이전부터 조선 독립을 희망하고 있었다.

1. 대정 11년(1922) 11월 중 김상옥, 안홍한 등이 조선 독립 자금 강탈을 목적으로 권총, 불온문서 등을 가지고 조선에 오는 것을 알고 천진에서 여비 40원을 조달함으로써 동인 등으로 하여금 조선으로 들어오게 하고

2. 대정 12년(1923) 8월 초순 [(가)] 단원으로 활약할 목적으로 피고 이영주의 권유에 의해 동 단에 가입하고

3. 이어서 피고 이영주와 함께 [(가)] 단장 김원봉 및 단원 유우근의 지휘하에 피고 두 명은 조선 내 관리를 암살하고 주요 관아, 공서를 폭파함으로 민심의 동요를 초래하고 ……

① 일제의 황무지 개간권 요구를 저지하였다.
② 일제가 조작한 105인 사건으로 큰 타격을 입었다.
③ 단원인 나석주가 동양 척식 주식회사에 폭탄을 던졌다.
④ 조선 총독부에 국권 반환 요구서를 제출하고자 하였다.
⑤ 이륭양행에 교통국을 설치하여 국내와 연락을 취하였다.

38 -288 밑줄 그은 '이 운동'에 대한 설명으로 옳은 것을 <보기>에서 고른 것은? [1점]

이것은 1929년 11월 한·일 학생 간의 충돌을 계기로 시작된 이 운동을 기념하는 탑입니다. 당시 민족 차별에 분노한 광주 지역 학생들이 대규모 시위를 전개하였고, 전국의 많은 학교가 동맹 휴학으로 동참하였습니다. 이 기념탑은 학생들의 단결된 의지를 타오르는 횃불로 형상화한 것입니다.

보기

ㄱ. 조선인 본위의 교육 제도 확립 등을 요구하였다.
ㄴ. 대한매일신보의 후원 속에 전국으로 확산하였다.
ㄷ. 신간회에서 진상 조사단을 파견하여 지원하였다.
ㄹ. 일제가 이른바 문화 통치를 실시하는 배경이 되었다.

① ㄱ, ㄴ   ② ㄱ, ㄷ   ③ ㄴ, ㄷ
④ ㄴ, ㄹ   ⑤ ㄷ, ㄹ

39-289 (가) 부대에 대한 설명으로 옳은 것은? [2점]

> 대전자령은 태평령이라고도 하는데, 일본군이 서남부의 왕청현 쪽으로 가려면 반드시 지나가야 하는 지점이었다. 대전자령의 양쪽은 험준한 절벽과 울창한 산림 지대로 되어 있어 적을 공격하기에 알맞은 곳이었다. 이 전투에 ___(가)___ 의 주력 부대 500여 명, 차이시잉 (柴世榮)이 거느리는 중국 의용군인 길림구국군 2,000여 명이 참가하였다. …… 한·중 연합군은 계곡 양편 산기슭에 구축되어 있는 참호 속에 미리 매복·대기하여 일본군 습격 준비를 마쳤다.
>
> - "청천장군의 혁명투쟁사" -

① 영국군의 요청으로 인도·미얀마 전선에 투입되었다.
② 간도 참변 이후 조직을 정비하고 자유시로 이동하였다.
③ 중국 관내(關內)에서 결성된 최초의 한인 무장 부대였다.
④ 홍범도 부대와 연합하여 청산리에서 일본군과 교전하였다.
⑤ 한국 독립당의 군사 조직으로 북만주 지역에서 활약하였다.

40-290 밑줄 그은 '이 시기'에 있었던 사실로 옳은 것은? [1점]

> ### 문학으로 만나는 한국사
>
> "이제 곧 창씨개명이 문제가 아닌 날이 닥칠 겁니다. 그때는 사느냐 죽느냐, 이 문제가 턱에 걸려서 아무것도 뵈지 않을걸요. 아 왜 거년(去年) 칠월에 국가 총동원법 제4조라고 허면서, 국민 징용령이 안 떨어졌습니까? 일본 본토는 그렇다 치고, 조선, 대만, 사할린, 남양 군도에까지 그 징용령이 시행되고 있는 판에, 징병령인들 떨어지지 않겠습니까? 지금 지원병 제도는 장차 징병 문제를 결정하려는 시험으로 해 보는 것이라고 허드구만요."
> 이기채는 가슴이 까닭 없이 덜컥, 내려앉는다.
>
> - "혼불" -
>
> [해설] 이 작품에는 일제가 국가 총동원법을 제정하고 노동력 수탈을 위해 국민 징용령 등을 시행하던 <u>이 시기</u> 우리 민족의 삶이 잘 표현되어 있다.

① 조선 태형령이 공포되었다.
② 헌병 경찰 제도가 실시되었다.
③ 경성 제국 대학이 설립되었다.
④ 조선 농민 총동맹이 조직되었다.
⑤ 황국 신민 서사 암송이 강요되었다.

41-291 (가) 종교에 대한 설명으로 옳은 것은? [2점]

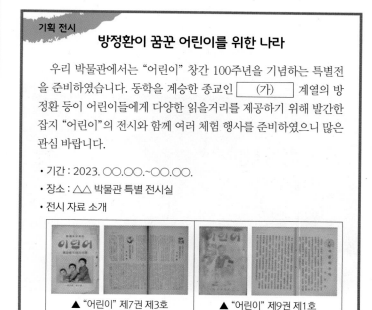

> **기획 전시**
> ## 방정환이 꿈꾼 어린이를 위한 나라
>
> 우리 박물관에서는 "어린이" 창간 100주년을 기념하는 특별전을 준비하였습니다. 동학을 계승한 종교인 ___(가)___ 계열의 방정환 등이 어린이들에게 다양한 읽을거리를 제공하기 위해 발간한 잡지 "어린이"의 전시와 함께 여러 체험 행사를 준비하였으니 많은 관심 바랍니다.
>
> • 기간: 2023. ○○.○○.~○○.○○.
> • 장소: △△ 박물관 특별 전시실
> • 전시 자료 소개
>
> ▲ "어린이" 제7권 제3호　　▲ "어린이" 제9권 제1호

① 한용운 등이 사찰령 폐지를 주장하였다.
② 만세보를 발행하여 민중 계몽에 앞장섰다.
③ 박중빈을 중심으로 새 생활 운동을 펼쳤다.
④ 배재 학당을 세워 신학문을 보급하고자 힘썼다.
⑤ 의민단을 조직하여 항일 무장 투쟁을 전개하였다.

42-292 (가)에 들어갈 내용으로 가장 적절한 것은? [3점]

> ○○○ 한국 근대사 강의실
>
> 전체 글보기 | 이미지 모아보기 | 카페 태그 보기 | 카페 캘린더 |
>
> 📋 전체 글보기(91)
> 📋 카페북 책꽂이
> 📋 공지사항
> 📋 카페 회칙
> 📋 강의 계획서
> 📋 과제 제출방
> 📋 Q&A 게시판
>
> ■ 조별 과제 안내
> 　일제 강점기에 민족 문화를 수호하고자 노력한 인물의 활동을 주제로 보고서를 작성한 후 제목과 함께 게시판에 올려 주세요.

번호	제목
1	1조 – 이윤재, 한글 맞춤법 통일안 제정에 참여하다
2	2조 – 최현배, 조선어 연구회 회원으로 한글을 연구하다
3	3조 – 신채호, 고대사 연구에 주력하여 조선사를 연재하다
4	4조 – ___(가)___

① 정인보, 민족의 얼을 강조하고 조선학 운동을 전개하다
② 장지연, 황성신문에 시일야방성대곡이라는 논설을 싣다
③ 유길준, 서유견문을 집필하여 서양 근대 문명을 소개하다
④ 최익현, 지부복궐척화의소를 올려 왜양일체론을 주장하다
⑤ 신헌, 강화도 조약 체결의 전말을 기록한 심행일기를 남기다

43-293 밑줄 그은 '이 지역'에서 있었던 민족 운동으로 옳은 것은?

[2점]

이것은 1923년 이 지역에서 발생한 지진 당시 희생된 조선인을 위로하기 위해 세운 추도비입니다. 지진이 일어나자 "조선인이 불을 질렀다", "조선인이 공격해 온다" 등의 유언비어가 퍼졌고, 이에 현혹된 사람들이 조직한 자경단 등에 의해 수많은 조선인이 학살되었습니다.

① 한인 자치 기구인 경학사를 설립하였다.
② 민족 교육을 위해 서전서숙을 건립하였다.
③ 유학생을 중심으로 2·8 독립 선언서를 발표하였다.
④ 대조선 국민군단을 결성하여 군사 훈련을 실시하였다.
⑤ 대한 광복군 정부를 세워 무장 독립 투쟁을 준비하였다.

44-294 (가) 인물에 대한 설명으로 옳은 것은?

[2점]

□□일보

제△△호   2023년 ○○월 ○○일

'몽양 (가) 장례식 만장' 117점 국가등록문화재 등록 예고

1918년 중국에서 신한 청년당을 조직하고 해방 후 좌우 합작 운동을 추진한 (가) 선생의 마지막 길에 내걸린 만장(輓章)이 국가등록문화재가 된다. 만장이란 망자를 추모하는 글을 비단이나 종이에 적어 만든 깃발로, 1947년 거행된 그의 장례식에는 각계각층이 애도하는 만장이 내걸렸다.

이 만장은 독립운동에 헌신하고 광복 후 좌우 대통합을 위해 노력했던 그에 대한 대중들의 인식과 평가를 담은 자료로서 중요한 역사적 가치가 있다.

① 조선 건국 동맹을 결성하였다.
② 한국독립운동지혈사를 저술하였다.
③ 권업회의 초대 회장으로 선출되었다.
④ 대한 광복회를 조직하여 친일파를 처단하였다.
⑤ 백산 상회를 설립하여 독립운동 자금을 마련하였다.

45-295 밑줄 그은 '개헌안'의 시행 결과로 옳은 것은?

[2점]

헌법 이야기

헌법 개정의 역사

제헌헌법 제1차개정 (제2차개정) 제3차개정 제4차개정 제5차개정 제6차개정 제7차개정 제8차개정 제9차개정

제2차 개정 배경

1954년 실시된 의원 선거에서 압도적으로 승리한 여당인 자유당은 대통령의 장기 집권을 위해 헌법 개정안을 제출하였다. …… 국회 표결에서 재적 의원 203명 중 135명이 찬성하여 부결이 선언되었다. 그러나 이틀 뒤 자유당은 야당 의원들이 총퇴장한 상황에서 사사오입의 논리를 내세워 부결 선언을 취소하고 의사록을 수정하여 개헌안 가결을 선포하였다.

① 통일 주체 국민 회의에서 대통령이 선출되었다.
② 5년 단임의 대통령이 직선제에 의해 선출되었다.
③ 대통령이 국회 의원의 3분의 1을 추천하게 되었다.
④ 국회에서 간접 선거 방식으로 대통령이 선출되었다.
⑤ 개헌 당시의 대통령에 한하여 중임 제한이 철폐되었다.

46-296 (가)~(마)에 들어갈 내용으로 적절하지 <u>않은</u> 것은?

[1점]

스스로 탐구하는 역사 수업

우리 역사에서 사용된 화폐를 주제로 보고서를 작성한 후 제목과 함께 올려 주세요.
※ 과제 마감일은 10월 21일입니다.

번호	제목	
1	1모둠 – 명도전,	(가)
2	2모둠 – 해동통보,	(나)
3	3모둠 – 은병,	(다)
4	4모둠 – 상평통보,	(라)
5	5모둠 – 백동화,	(마)

① (가) - 중국 연과의 교류 관계를 보여 주다
② (나) - 의천의 건의로 화폐가 주조되다
③ (다) - 경복궁 중건을 위해 제작되다
④ (라) - 법화로 발행되어 전국적으로 유통되다
⑤ (마) - 전환국에서 화폐가 발행되다

[47~48] 다음 자료를 읽고 물음에 답하시오.

(가) 만적 등 6명이 북산에서 나무하다가 공사 노비를 불러 모아 모의하기를, "국가에서 경인년·계사년 이후로 높은 벼슬이 천한 노비에게서 많이 나왔으니, 장수와 재상이 어찌 종자가 있으랴. …… 그 주인을 죽이고 노비 문서를 불태워 삼한에서 천인을 없애면 모두 공경 장상이 될 수 있을 것이다."라고 하였다.

(나) 왕 7년, 노비를 안검하여 그 시비를 분별하도록 명하자, 노비로 주인을 배반한 자가 매우 많아지고 윗사람을 능멸하는 풍조가 크게 행해졌다. 사람들이 모두 탄식하고 원망하였다. 대목 왕후가 이를 간절히 간언하였으나 왕은 받아들이지 않았다.

(다) 1. 문벌, 양반과 상인들의 등급을 없애고 귀천에 관계없이 인재를 선발하여 등용한다.
1. 과부가 재가하는 것은 귀천을 막론하고 자신의 의사대로 하게 한다.
1. 공노비와 사노비에 관한 법을 일체 혁파하고 사람을 사고파는 일을 금지한다.

(라) "임금이 백성을 대할 때는 귀천이 없고 내외 없이 고루 균등하게 적자(赤子)로 여겨야 하는데, 노(奴)와 비(婢)라고 하여 구분하는 것이 어찌 똑같이 동포로 여기는 뜻이겠는가. 내노비 36,974명과 시노비 29,093명을 모두 양민으로 삼도록 하라. 그리고 승정원으로 하여금 노비 문서를 거두어 돈화문 밖에서 불태우도록 하라."

47 -297 (가)~(라)를 일어난 순서대로 옳게 나열한 것은? [3점]

① (가) - (나) - (다) - (라)
② (가) - (나) - (라) - (다)
③ (나) - (가) - (라) - (다)
④ (나) - (다) - (가) - (라)
⑤ (다) - (라) - (나) - (가)

48 -298 (가)~(라)를 활용한 탐구 활동으로 적절한 것을 〈보기〉에서 고른 것은? [2점]

보기

ㄱ. (가) - 무신 집권기에 발생한 하층민의 봉기에 대해 알아본다.
ㄴ. (나) - 호족의 경제적 기반을 약화시킨 제도를 살펴본다.
ㄷ. (다) - 균역법이 시행되는 배경을 파악한다.
ㄹ. (라) - 삼정이정청이 설치된 계기를 조사한다.

① ㄱ, ㄴ
② ㄱ, ㄷ
③ ㄴ, ㄷ
④ ㄴ, ㄹ
⑤ ㄷ, ㄹ

49 -299 (가) 정부 시기에 있었던 사실로 옳은 것은? [2점]

(가) 정부의 민주화 운동 탄압 사례 중의 하나로 알려진 전국 민주 청년 학생 총연맹 사건의 관련 기록물이 세상에 나왔습니다. 국가 기록원은 사건이 발생한 지 40여 년 만에 관련 인물 180명의 재판 기록과 수사 기록을 공개했습니다.

'민청학련 사건' 기록물, 세상 밖으로

① 정부에 비판적인 경향신문이 폐간되었다.
② 국민의 요구에 굴복하여 대통령이 하야하였다.
③ 민주화 시위 도중 대학생 강경대가 희생되었다.
④ 장기 독재에 저항한 3·1 민주 구국 선언이 발표되었다.
⑤ 기존의 헌법을 유지하는 4·13 호헌 조치가 선언되었다.

50 -300 다음 연설이 있었던 정부의 통일 노력으로 옳은 것은? [2점]

진작부터 꼭 한 번 와 보고 싶었습니다. 참여 정부 와서 첫 삽을 떴기 때문에 …… 지금 개성 공단이 매출액의 증가 속도, 그리고 근로자의 증가 속도 같은 것이 눈부시지요. …… 경제적으로 공단이 성공하고, 그것이 남북 관계에서 평화에 대한 믿음을 우리가 가질 수 있게 만드는 것이거든요. 또 함께 번영해 갈 수 있는 가능성에 대해서 우리가 믿음을 갖게 되는 것이기 때문에, 이것이 선순환되면 앞으로 정말 좋은 결과가 있을 것입니다.

① 남북한이 국제 연합(UN)에 동시 가입하였다.
② 민족자존과 통일 번영을 위한 7·7 선언을 발표하였다.
③ 남북 이산가족 고향 방문단의 교환 방문을 최초로 성사시켰다.
④ 7·4 남북 공동 성명 실천을 위해 남북 조절 위원회를 구성하였다.
⑤ 남북 관계 발전과 평화 번영을 위한 10·4 남북 정상 선언을 발표하였다.

2023년도
제66회 한국사능력검정시험 문제지

1 -301 (가) 시대의 생활 모습으로 옳은 것은? [1점]

공주 석장리 (가) 축제

♥ 20개

내가 만든 주먹도끼 구경할 사람?
#공주_석장리_유적 #뗀석기_제작_체험

💬 댓글 2개

○○○ : 주먹도끼가 뭐야?

△△△ : (가) 시대의 대표적인 유물이야. 동물을 사냥하거나 가죽을 벗기는 등 다양한 용도로 사용했대.

① 반달 돌칼로 벼를 수확하였다.
② 주로 동굴이나 막집에서 살았다.
③ 반량전, 명도전 등 화폐를 사용하였다.
④ 빗살무늬 토기를 만들어 식량을 저장하였다.
⑤ 가락바퀴와 뼈바늘을 이용하여 옷을 만들었다.

2 -302 다음 자료에 해당하는 나라에 대한 설명으로 옳은 것은? [2점]

호의 수는 5천인데 대군왕은 없으며 읍락에는 각각 대를 잇는 우두머리가 있다. …… 여러 읍락의 거수(渠帥)들은 스스로를 삼로라 일컬었다. …… 장사를 지낼 때에는 큰 나무 곽을 만든다. 길이가 10여 장이나 되며 한쪽을 열어 놓아 문을 만든다. 사람이 죽으면 임시로 매장한다. 겨우 시체가 덮일 만큼 묻었다가 가죽과 살이 다 썩은 다음에 뼈만 추려 곽 속에 넣는다. 온 집 식구를 하나의 곽 속에 넣어 두는데, 죽은 사람의 숫자만큼 나무를 깎아 생전의 모습과 같이 만들었다.

- "삼국지" 동이전 -

① 신성 지역인 소도가 존재하였다.
② 혼인 풍습으로 민며느리제가 있었다.
③ 범금 8조를 통해 사회 질서를 유지하였다.
④ 여러 가(加)들이 각각 사출도를 주관하였다.
⑤ 정사암에 모여 국가의 중대사를 논의하였다.

3 -303 (가) 국가의 문화유산으로 옳은 것은? [2점]

천마총 발굴 50주년 특별전이 개최됩니다. 천마총은 (가) 의 대표적인 돌무지덧널무덤 중 하나로 발굴 당시 많은 유물이 출토되어 주목을 받았습니다. 그중에서도 가장 유명한 천마도의 실물이 9년 만에 세상에 공개됩니다.

4 -304 밑줄 그은 '왕'에 대한 설명으로 옳은 것은? [2점]

○ 기해년에 백제가 맹세를 어기고 왜와 화통하였다. 왕이 순행하여 평양으로 내려갔는데, 신라에서 사신을 보내어 아뢰기를, "왜인이 국경에 가득 차 성지(城池)를 파괴하고 있습니다. …… 귀부하여 명을 받고자 합니다."라고 하였다.

○ 경자년에 왕이 보병과 기병 5만 명을 보내서 신라를 구원하게 하였다. 군대가 남거성을 거쳐 신라성에 이르니 왜적이 많았다. 군대가 도착하자 왜적이 퇴각하였다.

① 대가야를 병합하였다.
② 평양으로 도읍을 옮겼다.
③ 22담로에 왕족을 파견하였다.
④ 영락이라는 연호를 사용하였다.
⑤ 낙랑군을 몰아내고 영토를 확장하였다.

5-305 (가) 왕의 재위 시기 삼국의 상황으로 옳은 것은? [3점]

이 사진은 익산 미륵사지 서탑 출토 사리장엄구의 발견 당시 모습입니다. 삼국유사에는 (가) 이/가 왕후인 신라 선화 공주의 발원으로 미륵사를 창건했다고 되어 있지만, 금제 사리봉영기에는 왕후가 백제 귀족 사택적덕의 딸로 기록되어 있습니다. 이로 인해 미륵사 창건 배경과 (가) 의 아들인 의자왕의 친모가 누구인지에 대한 논란이 벌어지기도 하였습니다.

금제 사리봉영기

① 고구려 - 을지문덕이 살수에서 수의 대군을 격파하였다.
② 백제 - 고흥이 서기를 편찬하였다.
③ 백제 - 계백이 황산벌에서 군대를 이끌고 결사 항전하였다.
④ 신라 - 이사부가 우산국을 정복하였다.
⑤ 신라 - 사찬 시득이 기벌포에서 당군에 승리하였다.

6-306 교사의 질문에 대한 학생의 답변으로 가장 적절한 것은? [2점]

지도는 이 국가의 교역로를 표시한 것입니다. 청해진을 설치하여 해상 교역을 활발하게 전개하였던 이 국가의 경제 상황에 대해 말해 볼까요?

① 삼한통보와 해동통보를 발행하였어요.
② 특산품으로 솔빈부의 말이 유명하였어요.
③ 고구마, 감자 등의 구황 작물을 재배하였어요.
④ 특수 행정 구역인 소에서 여러 물품을 생산하였어요.
⑤ 조세 수취를 위해 3년마다 촌락 문서를 작성하였어요.

7-307 (가), (나) 사이의 시기에 볼 수 있는 모습으로 가장 적절한 것은? [3점]

(가) 선덕왕이 죽었는데 아들이 없자, 여러 신하들이 회의를 한 후에 왕의 조카인 김주원을 옹립하고자 하였다. 주원의 집은 왕경에서 북쪽으로 20리 떨어진 곳에 있었는데, 마침 큰비가 와서 알천의 물이 넘쳐 주원이 건너 오지 못하였다. …… 여러 사람들의 뜻이 모아져 김경신이 왕위를 계승하도록 하였다. - "삼국사기" -

(나) 나라 안의 모든 주군에서 공물과 부세를 보내지 않아, 창고가 텅텅 비어 나라 재정이 궁핍해졌다. 왕이 사신을 보내 독촉하니 곳곳에서 도적이 벌 떼처럼 일어났다. 이때 원종과 애노 등이 사벌주에 근거하여 반란을 일으켰다. - "삼국사기" -

① 계백료서를 읽는 관리
② 녹읍 폐지를 명하는 국왕
③ 성균관에서 공부하는 학생
④ 초조대장경을 조판하는 장인
⑤ 김헌창의 난을 진압하는 군인

8-308 (가)에 들어갈 내용으로 가장 적절한 것은? [1점]

한국사 모둠별 탐구 활동 안내

◆ 주제 : (가)
◆ 방법 : 문헌 조사, 인터넷 검색 등을 활용하여 아래에 제시된 문화유산을 탐구한다.
◆ 모둠별 탐구 자료

1모둠	2모둠
▲ 크라스키노 성 유적 출토 연꽃무늬 수막새	▲ 콕샤로프카 평지성 온돌 유적

① 백제 문화의 국제성
② 신라와 서역의 교류
③ 가야 문화의 일본 전파
④ 고려에서 유행한 몽골풍
⑤ 발해와 고구려의 문화적 연관성

제66회 한국사능력검정시험 (심화)

9 -309 밑줄 그은 '인물'에 대한 설명으로 옳은 것은? [2점]

대한민국 방방곡곡 – 김제 금산사

史 한국사 채널   조회 수 230,213

금산사는 삼국 시대에 창건된 유서 깊은 사찰입니다. 완산주를 도읍으로 국가를 세운 <u>인물</u>이 아들 신검 등에 의해 유폐되었다가 탈출한 곳으로 잘 알려져 있습니다. 이 사찰은 국보인 미륵전을 비롯하여 여러 점의 국가 지정 문화재를 보유하고 있습니다.

① 독서삼품과를 실시하였다.
② 동진으로부터 불교를 수용하였다.
③ 후당과 오월에 사신을 파견하였다.
④ 광평성 등의 정치 기구를 마련하였다.
⑤ 화랑도를 국가적인 조직으로 개편하였다.

10 -310 다음 제도를 시행한 국가의 경제 상황으로 옳지 <u>않은</u> 것은? [2점]

문종 3년 5월 양반 공음전시법을 정하였다. 1품은 문하시랑평장사 이상으로 전지 25결, 시지 15결이다. 2품은 참정 이상으로 전지 22결, 시지 12결이다. 3품은 전지 20결, 시지 10결이다. 4품은 전지 17결, 시지 8결이다. 5품은 전지 15결, 시지 5결이다. 이를 모두 자손에게 전하여 주게 한다. …… 공음전을 받은 자의 자손이 사직을 위태롭게 할 것을 꾀하거나 모반이나 대역에 연좌되거나, 여러 공죄나 사죄를 범하여 제명된 것 이외에는 비록 그 아들에게 죄가 있더라도 그 손자에게 죄가 없다면 공음전시의 3분의 1을 지급한다.

① 활구라고 불리는 은병이 유통되었다.
② 벽란도가 국제 무역항으로 번성하였다.
③ 서적점, 다점 등의 관영 상점이 운영되었다.
④ 경시서의 관리들이 수도의 시전을 감독하였다.
⑤ 설점수세제의 시행으로 민간의 광산 개발이 허용되었다.

11 -311 (가)~(다) 학생이 발표한 내용을 일어난 순서대로 옳게 나열한 것은? [2점]

① (가) - (나) - (다)
② (가) - (다) - (나)
③ (나) - (가) - (다)
④ (나) - (다) - (가)
⑤ (다) - (나) - (가)

12 -312 (가) 기구에 대한 설명으로 옳은 것은? [2점]

① 무신 집권기 최고 권력 기구였다.
② 원 간섭기에 첨의부로 격하되었다.
③ 고려 말에 도평의사사로 개편되었다.
④ 관직 임명에 대한 서경권을 행사하였다.
⑤ 서얼 출신의 학자들이 검서관으로 기용되었다.

13-313 (가)의 침입에 대한 고려의 대응으로 옳은 것을 〈보기〉에서 고른 것은? [2점]

> 강화중성은 (가) 의 침략에 맞서 고려가 강화도로 천도한 이후 건립한 내성, 중성, 외성 중 하나입니다. 강화중성은 당시 수도를 둘러싼 토성(土城)으로, 이번 발굴 조사에서 방어를 위해 성벽의 바깥에 돌출시킨 대규모 치성(雉城)으로 확인되었습니다.

보기

ㄱ. 양규가 무로대에서 적군을 물리쳤다.
ㄴ. 김윤후가 충주성 전투에서 활약하였다.
ㄷ. 송문주가 죽주성에서 적군을 격퇴하였다.
ㄹ. 윤관이 별무반을 이끌고 동북 9성을 쌓았다.

① ㄱ, ㄴ   ② ㄱ, ㄷ   ③ ㄴ, ㄷ
④ ㄴ, ㄹ   ⑤ ㄷ, ㄹ

14-314 다음 자료에 나타난 상황 이후의 사실로 옳은 것은? [2점]

> 경대승이 정중부를 죽이자, 조정 신하들이 대궐에 나아가 축하하였다. 경대승이 말하기를, "임금을 죽인 사람이 아직 살아 있는데, 무슨 축하인가?"라고 하였다. 이의민은 이 말을 듣고 매우 두려워하여 날랜 사람들을 모아서 대비하였다. 또한, 경대승의 도방(都房)에서 자기들이 싫어하는 사람을 죽일 것을 모의한다는 말을 들었다. 이의민이 더욱 두려워하여 마을에 큰 문을 세워 밤마다 경계하였다.

① 묘청 등이 서경 천도를 주장하였다.
② 최충헌이 왕에게 봉사 10조를 올렸다.
③ 강조가 정변을 일으켜 왕을 폐위하였다.
④ 이자겸과 척준경이 반란을 일으켜 궁궐을 불태웠다.
⑤ 김보당이 폐위된 왕의 복위를 주장하며 군사를 일으켰다.

15-315 밑줄 그은 '왕'의 재위 기간에 볼 수 있는 모습으로 가장 적절한 것은? [1점]

> 이자춘이 쌍성 등지의 천호들을 거느리고 내조하니 왕이 맞이하며 말하기를, "어리석은 민(民)을 보살펴 편안하게 하느라 얼마나 노고가 많았는가?"라고 하였다. 그때 어떤 사람이 '기철이 쌍성의 반민(叛民)들과 몰래 내통하여 한패로 삼아 역모를 도모하려 한다.'고 밀고하였다. 왕이 이자춘에게 이르기를, "경은 마땅히 돌아가서 우리 민을 진정시키고, 만일 변란이 일어나면 마땅히 내 명령대로 하라."라고 하였다. …… 이자춘이 명령을 듣고 곧 행군하여 유인우와 합세한 후 쌍성총관부를 공격하여 격파하였다.

① 초량 왜관에서 교역하는 상인
② 내의원에서 동의보감을 읽는 의원
③ 주자감에서 유학을 공부하는 학생
④ 전민변정도감에 억울함을 호소하는 농민
⑤ 황룡사 구층 목탑의 건립에 참여하는 장인

16-316 (가) 인물에 대한 설명으로 옳은 것은? [3점]

> 이것은 전라남도 강진군 월남사지에 있는 (가) 의 비입니다. 비문에는 지눌의 제자인 그가 수선사의 제2대 사주가 된 일, 당시 집권자인 최우가 그에게 두 아들을 출가(出家)시킨 일 등이 기록되어 있습니다.

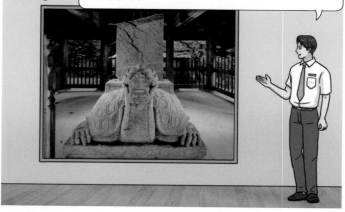

① 화엄일승법계도를 지어 화엄 사상을 정리하였다.
② 해동 천태종을 개창하여 불교 교단 통합에 힘썼다.
③ 선문염송집을 편찬하고 유불 일치설을 주장하였다.
④ 권수정혜결사문을 작성하여 정혜쌍수를 강조하였다.
⑤ 보현십원가를 지어 불교 교리를 대중에게 전파하였다.

17 -317 (가)에 해당하는 문화유산으로 옳은 것은? [3점]

문화유산 DB   문화유산 검색   교과서 속 문화유산   3D 문화유산

문화유산 검색   (가)   검색

☑ 문화재 종목별 검색
☐ 우리 지역 문화재
☐ 유형 분류

• 종목 : 국보
• 소재지 : 강원도 평창군
• 소개 : 고려 시대 다각 다층 석탑을 대표하는 작품이다. 탑의 꼭대기 머리 장식이 완벽하게 남아 있고 지붕돌의 귀퉁이마다 풍경을 달아 화려한 아름다움을 더한다. 2000년대 들어 실시된 조사 결과 석탑의 조성 연대가 고려 전기로 밝혀졌다.

① ② ③ ④ ⑤

18 -318 다음 시나리오의 상황 이후에 전개된 사실로 옳은 것은? [2점]

#12. 이성계의 집

이방원이 정몽주를 죽였다고 말하자 이성계가 크게 화를 낸다.

이성계 : 대신을 함부로 살해하였으니, 나라 사람들이 내가 몰랐다고 하겠느냐? 우리 가문은 평소 충효로 소문났는데, 네가 감히 불효를 저질러 이렇게 되었구나.

이방원 : 정몽주 등이 우리 가문을 무너뜨리려 하는데, 어찌 앉아서 망하기만을 기다리겠습니까? 이것이야말로 효입니다.

① 최승로가 시무 28조를 올렸다.
② 권근 등의 건의로 사병이 혁파되었다.
③ 안우, 이방실 등이 홍건적을 격파하였다.
④ 망이·망소이가 공주 명학소에서 봉기하였다.
⑤ 쌍기의 의견을 수용하여 과거제가 시행되었다.

19 -319 밑줄 그은 '왕'의 업적으로 옳은 것은? [2점]

이전에 주조한 활자가 크고 고르지 않았다. 이에 왕께서 경자년에 다시 주조하셨다. 그리하여 그 모양이 작고 바르게 되었으니, 이것으로 인쇄하지 않은 책이 없었다. 이를 경자자라고 하였다. 갑인년에 다시 "위선음즐(爲善陰騭)"의 글자 모양을 본떠 갑인자를 주조하니, 경자자에 비하여 조금 크고 활자 모양이 매우 좋았다.

① 조선의 기본 법전인 경국대전을 반포하였다.
② 역대 문물을 정리한 동국문헌비고를 간행하였다.
③ 삼남 지방의 농법을 소개한 농사직설을 편찬하였다.
④ 전세를 1결당 4~6두로 고정하는 영정법을 제정하였다.
⑤ 삼정의 문란을 시정하기 위해 삼정이정청을 설치하였다.

20 -320 (가), (나) 사이의 시기에 있었던 사실로 옳은 것은? [2점]

(가) 정문형, 한치례 등이 아뢰기를, "지금 김종직의 조의제문을 보니, 입으로만 읽지 못할 뿐 아니라 차마 눈으로도 볼 수 없습니다. …… 마땅히 대역의 죄로 논단하고 부관참시해서 그 죄를 분명히 밝혀 신하와 백성의 분을 씻는 것이 사리에 맞는 일입니다."라고 하였다. …… 왕이 정문형 등의 의견을 따랐다.

(나) 의금부에서 전지하기를, "조광조, 김정 등은 서로 사귀어 무리를 이루고 자기편은 천거하고 자기편이 아닌 자는 배척하면서, 위세를 높여 서로 의지하며 권세가 있는 요직을 차지하였다. …… 이 모든 일들을 조사하여 밝혀라."라고 하였다.

① 정여립 모반 사건으로 기축옥사가 일어났다.
② 외척 간의 권력 다툼으로 윤임이 제거되었다.
③ 자의 대비의 복상 문제로 예송이 전개되었다.
④ 희빈 장씨 소생의 원자 책봉 문제로 환국이 발생하였다.
⑤ 폐비 윤씨 사사 사건을 빌미로 김굉필 등이 처형되었다.

21 -321 다음 상황이 나타난 시기를 연표에서 옳게 고른 것은? [2점]

4월 누르하치의 군대가 무순을 함락하고, 7월에는 청하를 함락하였다. 이에 명에서 정벌을 결정하고 우리나라에 군사 징발을 요구하였다. 명의 총독 왕가수의 군문(軍門)에서 약 4만의 병사를 요구하였으나, 경략(經略) 양호가 조선의 병사와 군마가 적다고 하여 마침내 그 수를 줄여서 총수(銃手) 1만 명만 징발하였다. 7월 조정에서 강홍립을 도원수로, 김경서를 부원수로 삼았다. - "책중일록" -

	1453	1510	1597	1627	1728	1811
	(가)	(나)	(다)	(라)	(마)	
	계유정난	삼포왜란	정유재란	정묘호란	이인좌의 난	홍경래의 난

① (가)   ② (나)   ③ (다)   ④ (라)   ⑤ (마)

22-322 (가) 전쟁 중에 있었던 사실로 옳은 것은? [2점]

생생 한국사 교실

수행 과제 : [(가)]와/과 관련된 문화유산을 조사하여 사진과
설명을 올려 주세요.

○○○
동래부순절도
동래 부사 송상현과 관
민의 항전을 묘사한 그
림입니다.
♥ 2

□□□
금산 칠백의총
금산 전투에서 전사한
의병 7백여 명의 유해
를 모신 곳입니다.
♥ 1

△△△
징비록
당시 영의정을 지냈던
유성룡이 전쟁의 상황
등을 기록한 것입니다.
♥ 2

① 김상용이 강화도에서 순절하였다.
② 이괄이 이끈 반란군이 도성을 장악하였다.
③ 정봉수와 이립이 용골산성에서 항전하였다.
④ 김시민이 진주성에서 적군을 크게 물리쳤다.
⑤ 이종무가 적의 근거지인 쓰시마섬을 정벌하였다.

23-323 (가) 왕에 대한 설명으로 옳은 것은? [1점]

특별 전시회

탕평 군주 [(가)] 을/를 만나다

전시 유물 소개

수문상친림관역도
한성의 홍수 예방을 위해 실시한 청계
천 준설 공사 현장을 [(가)] 이/가 지켜
보는 모습을 담은 그림

"균역사실"
균역법의 제정 배경
및 과정, 균역청의 운
영 등을 담은 책

■ 기간 : 2023년 ○○월 ○○일 ~ ○○월 ○○일
■ 장소 : △△ 박물관 특별 전시실

① 학문 연구 기관으로 집현전을 두었다.
② 삼수병으로 구성된 훈련도감을 설치하였다.
③ 속대전을 편찬하여 통치 체제를 정비하였다.
④ 궁중 음악을 집대성한 악학궤범을 편찬하였다.
⑤ 시전 상인의 특권을 축소하는 신해통공을 단행하였다.

24-324 다음 인물에 대한 설명으로 옳은 것은? [3점]

오전 11:00

화제의 신간   경영·경제   예술   **역사**   과학

담헌 평전

시대를 앞선
조선의 실학자

목 차
• 1장 명문가의 자제로 태어나다
• 2장 농수각을 세우고 천문을 관측하다
• 3장 연행사의 일원으로 청에 가다
• 4장 "연기", "을병연행록"을 저술하다
펼치기 ⌄

Q 미리 보기   – 1 + ♡ 구매하기

① 지봉유설에서 천주실의를 소개하였다.
② 의산문답에서 무한 우주론을 주장하였다.
③ 양반전을 지어 양반의 허례와 무능을 풍자하였다.
④ 북학의를 저술하여 청의 문물 수용을 강조하였다.
⑤ 동의수세보원을 편찬하여 사상 의학을 정립하였다.

25-325 (가)에 들어갈 내용으로 가장 적절한 것은? [2점]

**2023년
한국사
교양
강좌**

우리 학회는 조선의 역대 왕들에
대해 알아보는 교양 강좌를
운영하고 있습니다.
8월에는 제17대 왕에 대한 강좌를
준비하였으니, 관심 있는 분들의
많은 참여 바랍니다.

■ 강의 주제
[제1강] 청에서의 볼모 생활과 귀국 후 즉위 과정
[제2강] 제주도에 표착한 외국인 하멜과의 만남
[제3강] [(가)]
[제4강] 나선 정벌과 조총 부대 파병

■ 일시 : 2023년 8월 매주 수요일 16시
■ 장소 : □□대학교 인문대학 대강의실
■ 주최 : △△ 학회

① 어영청의 개편과 북벌 추진
② 위화도 회군과 과전법의 시행
③ 문신 재교육을 위한 초계문신제의 운영
④ 백두산정계비 건립과 청과의 국경 획정
⑤ 기유약조 체결을 통한 일본과의 무역 재개

26-326 다음 일기가 작성된 시기의 경제 상황으로 적절하지 <u>않은</u> 것은? [1점]

5월 ○○일, 앞 밭에 담배를 파종했다.
5월 ○○일, 비록 비가 여러 날 내렸으나 큰비는 끝내 내리지
 않았다. 가물어서 고답(高畓)은 모두 이앙을 하지
 못하였다.
6월 ○○일, 목화 밭에 풀이 무성해서 노비 5명에게 김매기를
 하도록 시켰다.

① 상평통보가 화폐로 사용되었다.
② 시장을 관리하기 위한 동시전이 설치되었다.
③ 관청에 물품을 조달하는 공인이 활동하였다.
④ 보부상이 장시를 돌아다니며 상품을 판매하였다.
⑤ 국경 지대에서 개시 무역과 후시 무역이 이루어졌다.

27-327 (가) 궁궐에 대한 설명으로 옳은 것은? [3점]

(가) **복원 기공식 대통령 연설문**

임진왜란 때 (가) 은/는 불길 속에 휩싸여 흥선 대원
군이 그 당시의 국력을 기울여 중건할 때까지 270년의 오랜 세
월 동안 폐허로 남아 있었습니다. 일제는 1910년 우리나라를
병탄한 뒤 우리 역사의 맥을 끊기 위해 350여 채에 이르던 전각
대부분을 헐어 내고 옮겼습니다. 국권의 상징이던 근정전을 가
로막아 총독부 건물을 세웠습니다. 이제 우리가 궁을 복원하려
는 것은 남에 의해 훼손된 민족사에 대한 긍지를 회복하기 위한
것입니다.

① 일제에 의해 동물원 등이 설치되었다.
② 제1차 미·소 공동 위원회가 개최되었다.
③ 도성 내 서쪽에 있어 서궐이라고 불렸다.
④ 조선 물산 공진회 개최 장소로 이용되었다.
⑤ 태종이 도읍을 한양으로 다시 옮기며 건립하였다.

28-328 다음 장면에 나타난 사건이 끼친 영향으로 가장 적절한 것은? [2점]

평양부 방수성 앞 물가에 큰 이양선
한 척이 머무르다가 끝내 물러가지 않으
며 상선을 약탈하고 총을 쏴 백성들을
살상하였습니다. 이에 평안 감사 박규수
가 관민을 이끌고 공격하여 불태웠다고
합니다.

① 이용태가 안핵사로 파견되었다.
② 이원익이 대동법 시행을 건의하였다.
③ 정약종 등이 희생된 신유박해가 일어났다.
④ 로저스 제독이 이끄는 미군이 강화도에 침입하였다.
⑤ 황사영이 외국 군대의 출병을 요청하는 백서를 작성하였다.

29-329 다음 사건 이후에 전개된 사실로 옳은 것은? [2점]

홍영식이 우정국에서 개업식을 명목으로 연회를 열어 세인들이 독
립당이라고 칭하는 사람들과 각국 사관(使官) 등을 초대하였다. 연회
가 끝날 무렵에 우정국 옆에서 불이 일어났다. …… 마침내 어젯밤의
사변에 따라 독립당이 정권을 획득하였다. 조보(朝報)에서는 새롭게
관리를 임명하겠다는 취지를 포고하였다. 박영효, 김옥균, 서광범은
승지가 되었고, 김옥균은 혜상공국 당상을 겸하였다.

- "조난기사" -

① 한성 조약이 체결되었다.
② 신식 군대인 별기군이 창설되었다.
③ 김윤식이 청에 영선사로 파견되었다.
④ 일본 군함 운요호가 영종도를 공격하였다.
⑤ 개화 정책을 총괄하는 통리기무아문이 설치되었다.

[30~31] 다음 자료를 읽고 물음에 답하시오.

(가) 고대 여러 나라들도 역시 각각 사관(史官)을 두어 일을 기록하였습니다. 그러므로 맹자께서 이르시기를, "진(晉)의 승(乘)과 초(楚)의 도올(檮杌)과 노(魯)의 춘추(春秋)는 모두 한가지다."라고 하셨습니다. 생각건대 우리 해동(海東) 삼국도 역사가 길고 오래되어 마땅히 그 사실이 책으로 기록되어야 하므로 폐하께서 이 늙은 신하에게 명하시어 편집하도록 하셨습니다. …… 신의 학술이 이처럼 부족하고 얕으며, 옛말과 지나간 일은 그처럼 아득하고 희미합니다. 그러므로 온 정신과 힘을 다 쏟아 부어 겨우 ㉠ 책을 만들었습니다. 그러나 보잘것없기에 스스로 부끄러울 따름입니다.

(나) 고려가 끝내 발해사를 편찬하지 않아 토문강 북쪽과 압록강 서쪽이 누구의 땅인지 알 수 없게 되었다. 여진을 책망하려 하여도 할 말이 없고, 거란을 책망하려 하여도 할 말이 없다. 고려가 약한 나라가 된 것은 발해의 땅을 차지하지 못하였기 때문이니, 탄식할 수밖에 없다. …… 내가 내규장각 관리로 있으면서 비밀스런 책[秘書]을 꽤 많이 읽었으므로 발해에 관한 일을 차례로 편찬하여, 군고(君考)·신고(臣考)·지리고(地理考)·직관고(職官考)·의장고(儀章考)·물산고(物産考)·국어고(國語考)·국서고(國書考)·속국고(屬國考) 등 9편으로 구성된 ㉡ 책을 만들었다.

(다) 역사란 무엇인가? 인류 사회의 아(我)와 비아(非我)의 투쟁이 시간부터 발전하며 공간부터 확대하는 정신적 활동 상태의 기록이니, 세계사라 하면 세계 인류가 그리되어 온 상태의 기록이며, 조선 역사라 하면 조선 민족이 그리되어 온 상태의 기록인 것이다. 무엇을 '아'라 하며 무엇을 '비아'라 하는가? …… 무릇 주체적 위치에 선 자를 '아'라 하고, 그 외에는 '비아'라 하는데, 이를테면 조선 사람은 조선을 '아'라 하고, 영국·미국·프랑스·러시아 등을 '비아'라 하지만, 그들은 각기 제 나라를 '아'라 하고 조선은 '비아'라 하며, …… 그러므로 역사는 '아'와 '비아'의 투쟁의 기록인 것이다.

30 -330 (가)~(다)를 작성한 인물에 대해 탐구한 내용으로 가장 적절한 것은? [3점]

① (가) - 만권당에서 원의 학자들과 교유하였으며, 성리학의 보급에 기여하였다.
② (가) - 칠대실록의 편찬에 참여하였으며, 문헌공도를 만들어 사학을 진흥시켰다.
③ (나) - 금석학을 연구하여 북한산비가 진흥왕 순수비임을 고증하였다.
④ (다) - 한국통사를 저술하였고, 대한민국 임시 정부의 제2대 대통령을 역임하였다.
⑤ (다) - 대한매일신보의 주필로 활동하였으며, 폭력을 통한 민중의 직접 혁명을 주장하였다.

31 -331 밑줄 그은 ㉠, ㉡에 해당하는 역사서에 대한 설명으로 옳은 것은? [2점]

① ㉠ - 불교사를 중심으로 고대의 민간 설화를 수록하였다.
② ㉠ - 본기, 연표, 잡지, 열전 등으로 구성된 기전체 사서이다.
③ ㉡ - 사초와 시정기 등을 바탕으로 편찬하였다.
④ ㉡ - 고구려 건국 시조의 일대기를 서사시로 표현하였다.
⑤ ㉠, ㉡ - 우리 역사의 시작을 단군 조선으로 삼았다.

32 -332 (가) 종교에 대한 설명으로 옳은 것은? [1점]

🔍 **역사 돋보기** [(가)]의 교세를 확장한 해월 최시형

해월 선생은 제자들에게 '최보따리'라고도 불렸다. 포교를 위해 잠행을 하면서 보따리를 자주 쌌기 때문에 붙여진 별명이다. 교조 최제우의 처형으로 위축되었던 [(가)]의 교세는 2대 교주였던 그의 노력으로 크게 확장되었다. 그는 1897년 손병희에게 도통을 전수하였고 1898년 체포되어 재판을 받고 처형되었다. 그에게 사형을 선고한 판사 중에는 고부 학정의 원흉 조병갑이 있었다.

① 동경대전을 경전으로 삼았다.
② 항일 무장 단체인 중광단을 결성하였다.
③ 박중빈을 중심으로 새 생활 운동을 펼쳤다.
④ 배재 학당을 세워 신학문 보급에 앞장섰다.
⑤ 프랑스와의 조약을 통해 포교가 허용되었다.

33 -333 다음 자료를 활용한 탐구 활동으로 가장 적절한 것은? [2점]

각국 공관에 보내는 호소문

지금 일본 공사가 우리 외부(外部)에 공문을 보내어 산림, 천택(川澤), 들판, 황무지에 대한 권리를 청구하였습니다. 우리나라 사람들은 이를 이용해 2~3년 걸러 윤작을 해야만 먹고살 수 있습니다. 그런데 만일 이를 외국인에게 주어버린다면 전국의 강토를 모두 빼앗기게 되며 수많은 사람이 참혹한 빈곤에 빠져 구제할 수 없게 될 것입니다. 일본인들의 침략을 막고 우리 강토를 보전하도록 힘써 주십시오.

1904년 ○○월 ○○일

① 독립문의 건립 과정을 알아본다.
② 보안회의 활동 내용을 파악한다.
③ 조·일 통상 장정의 조항을 검토한다.
④ 화폐 정리 사업이 끼친 영향을 살펴본다.
⑤ 황국 중앙 총상회가 조직된 목적을 분석한다.

34-334 다음 상황의 배경으로 가장 적절한 것은? [2점]

> 근일에 의병을 일으킨 이들이 각처에 글을 보내어 말하기를, "정부에 변란이 자주 나고 각처에 도적이 일어나며 대군주 폐하께서 외국 공사관에 파천하여 환궁하실 기약이 없고 일본 사람들이 조선 인민을 어지럽게 하는 고로, 의병을 일으켜 서울에 올라와 궁궐을 지키고 대군주 폐하를 환궁하시게 한다."라고 하였다.

① 을미사변이 일어났다.
② 을사늑약이 체결되었다.
③ 용암포 사건이 발생하였다.
④ 헤이그에 특사가 파견되었다.
⑤ 대한 제국의 군대가 해산되었다.

35-335 다음 관제가 반포된 이후의 사실로 옳은 것은? [2점]

> **<원수부 관제>**
>
> 대황제 폐하는 대원수로서 군기(軍機)를 총람하고 육해군을 통령하며, 황태자 전하는 원수로서 육해군을 일률적으로 통솔한다. 이에 원수부를 설치한다.
>
> 제1조
> 원수부는 국방과 용병(用兵)과 군사에 관한 각 항의 명령을 관장하며 특별히 세운 권한을 가지고 군부와 경외(京外)의 각 부대를 지휘 감독한다.

① 지계아문이 설치되었다.
② 군국기무처가 창설되었다.
③ 5군영이 2영으로 통합되었다.
④ 한성 사범 학교가 설립되었다.
⑤ 건양이라는 연호가 제정되었다.

36-336 (가) 부대에 대한 설명으로 옳은 것은? [2점]

> 남대관, 권수정 등은 전 한족총연합회 간부였던 지청천, 신숙 등과 함께 아성현(阿城縣)에서 한국대독립당을 조직하고 지청천을 총사령, 남대관을 부사령으로 하는 ___(가)___ 을/를 편성하였다. …… ___(가)___ 은/는 딩차오(丁超)의 군으로부터 무기를 지급받고 대원을 모집하여 일본 측 기관의 파괴, 일본 요인의 암살 등을 기도하였다.

① 청산리에서 일본군을 크게 격파하였다.
② 미군과 연계하여 국내 진공 작전을 준비하였다.
③ 대전자령 전투에서 일본군을 상대로 승리를 거두었다.
④ 중국 관내(關內)에서 결성된 최초의 한인 무장 부대였다.
⑤ 대한 국민회군 등과 연합하여 봉오동 전투에서 승리하였다.

37-337 밑줄 그은 '법령'이 시행된 시기 일제의 정책으로 옳은 것은? [1점]

> **□□신문**
>
> 제△△호　　　　　　　　　　○○○○년 ○○월 ○○일
>
> **어려움에 빠진 한인 회사**
>
> 회사를 설립할 때 조선 총독의 허가를 받도록 하는 법령이 제정되었다. 이후 한인의 회사는 큰 영향을 받아 손해가 적지 않기에 실업계의 원성이 자자하다. 전국에 있는 회사를 헤아려 보니 한국에 본점을 두고 설립한 회사가 171개인데 자본 총액이 5,021만여 원이요, 외국에 본점을 두고 지점을 한국에 설립한 회사가 52개인데 자본 총액이 1억 1,230만여 원이다. 그중에 일본인의 회사가 3분의 2 이상이고, 몇 개 되지 않는 한인의 회사는 상업 경쟁에 밀리고 회사 세납에 몰려 도무지 유지하기가 어렵다고 한다.

① 신문지법을 제정하였다.
② 미쓰야 협정을 체결하였다.
③ 토지 조사 사업을 실시하였다.
④ 경성 제국 대학을 설립하였다.
⑤ 조선 사상범 예방 구금령을 시행하였다.

38-338 (가) 단체에 대한 설명으로 옳은 것은? [3점]

> **판결문**
>
> 피고인 : 박상진, 김한종
>
> 주　문 : 피고 박상진, 김한종을 사형에 처한다.
>
> 이　유
> 　피고 박상진, 김한종은 한·일 병합에 불평을 가지고 구한국의 국권 회복을 명분으로 ___(가)___ 을/를 조직하고 국권 회복을 위한 자금 조달을 위해 조선 각도의 자산가에게 공갈로 돈을 받아내기로 하고 …… 채기중 등을 교사하여 장승원의 집에 침입하여 자금을 강취하고 살해하도록 한 죄가 인정되므로 위와 같이 판결한다.

① 중·일 전쟁 발발 직후에 결성되었다.
② 군대식 조직을 갖춘 비밀 결사였다.
③ 파리 강화 회의에 대표를 파견하였다.
④ 일제가 꾸며 낸 105인 사건으로 와해되었다.
⑤ 만민 공동회를 열어 열강의 이권 침탈을 비판하였다.

39 -339 밑줄 그은 '시위운동'의 배경으로 가장 적절한 것은? [1점]

수신 : 육군 대신

발신 : 조선 헌병대 사령관

오늘 1일 새벽 경성에서 조선 독립에 관한 선언서를 발견함. 위 선언서에는 천도교, 기독교 신도들의 서명이 있었는데, 이면에는 일본 및 조선의 학생들과 비밀리에 연락했을 가능성이 있어 수사 중. 오후 2시에 이르러 중학(中學) 정도의 학생 약 1,000명이 모이자, 민중이 이에 어울려 시내를 행진하고 시위운동을 시작함. 지금 수배 중. 위 집단은 각 장소에서 한국 독립 만세를 외치나 난폭한 행동으로 나오지는 않아 매우 불온한 형세는 없음. 주모자를 체포하고 해산시킬 예정이고 선언서에 서명한 사람 대부분은 즉시 체포함.

① 간도 참변으로 민간인이 학살되었다.
② 상하이에서 국민 대표 회의가 개최되었다.
③ 언론사의 주도로 브나로드 운동이 전개되었다.
④ 조선 노동 총동맹과 조선 농민 총동맹이 결성되었다.
⑤ 도쿄 유학생들을 중심으로 2·8 독립 선언서가 발표되었다.

40 -340 (가) 인물에 대한 설명으로 옳은 것은? [3점]

문학으로 보는 한국사

내 고장 칠월은
청포도가 익어가는 시절

이 마을 전설이 주저리주저리 열리고
먼 데 하늘이 꿈꾸며 알알이 들어와 박혀

하늘 밑 푸른 바다가 가슴을 열고
흰 돛단배가 곱게 밀려서 오면

내가 바라는 손님은 고달픈 몸으로
청포(靑袍)를 입고 찾아온다고 했으니

내 그를 맞아 이 포도를 따 먹으면
두 손은 함뿍 적셔도 좋으련

아이야, 우리 식탁엔 은쟁반에
하이얀 모시 수건을 마련해 두렴

[해설]

이 시는 독립운동가이자 문학가인 (가) 의 '청포도'이다. 그는 이 시를 비롯한 다양한 작품에서 식민지 현실에 맞서 꺼지지 않는 민족의식을 표현하였다.

그의 본명은 이원록으로 안동에서 태어났고, 1927년 장진홍의 조선 은행 대구 지점 폭탄 의거에 연루되어 투옥되었다. 이후에도 그는 중국을 오가며 독립운동에 힘쓰다가 1943년 체포되어 이듬해 베이징의 일본 감옥에서 생을 마감하였다.

① 소설 상록수를 신문에 연재하였다.
② 광야, 절정 등의 저항시를 발표하였다.
③ 타이완에서 일본 육군 대장을 저격하였다.
④ 삼균주의를 바탕으로 한 건국 강령을 만들었다.
⑤ 여유당전서를 간행하고 조선학 운동을 전개하였다.

41 -341 (가) 단체에 대한 설명으로 옳은 것은? [2점]

□□신문

제△△호　　　　　　　1924년 ○○월 ○○일

이중교 폭탄 사건 주역은 (가) 의 김지섭
9월 1일 대지진 때 일어난 조선인 학살이 도화선

금년 1월 5일 오후 7시에 동경 궁성 이중교 앞에서 일어난 폭탄 투척 사건은 전 일본을 경악하게 만든 대사건이었다. 당국은 이 사건에 대한 신문 게재 일체를 금지하였고, 동경 지방 재판소의 검사와 예심 판사가 수사를 진행하였다. 이번에 예심이 결정되고 당국의 보도 금지가 해제되었기에, 피고 김지섭 외 4명은 전부 유죄로 공판에 회부되었음을 보도한다. 김지섭은 조선 독립을 위해 (가) 의 단장 김원봉과 함께 과격한 방법을 강구하였고, 이를 일본에서 실행하기로 하였다고 한다.

① 김구가 상하이에서 조직하였다.
② 비밀 행정 조직인 연통제를 운영하였다.
③ 조선 혁명 선언을 활동 지침으로 삼았다.
④ 신흥 무관 학교를 세워 무장 투쟁을 준비하였다.
⑤ 조선 총독부에 국권 반환 요구서를 제출하려 하였다.

42 -342 다음 자료에 나타난 민족 운동에 대한 설명으로 옳은 것은? [2점]

2천만 피압박 민중 제군이여!

우리 2천만 생령(生靈)을 사랑하고 조국을 사랑하는 광주 학생 남녀 수십 명이 빈사(瀕死)의 중상을 입었다. 고뇌하는 청년 학생 2백 명이 불법으로 철창 속에 갇혀 있다. 그들은 정의를 위하여 거리로 나가 시위를 했다. 그러나 지배 계급의 미친개의 이빨에 물리고 말았다. 우리들은 광주 학생의 석방을 요구하는 동시에 참을 수 없는 피눈물로 시위 대열에 나가는 것이다.

- 감금된 학생을 탈환하자
- 총독 폭압 정치 절대 반대
- 교육에 경찰 간섭 반대
- 치안 유지법을 철폐하라

① 순종의 장례일을 맞아 가두시위를 벌였다.
② 대한민국 임시 정부 수립에 영향을 주었다.
③ 조선 사람 조선 것이라는 구호를 내세웠다.
④ 신간회의 지원을 받으며 전국적으로 확산되었다.
⑤ 일본, 프랑스 등의 노동 단체로부터 격려 전문을 받았다.

43-343 교사의 질문에 대한 학생의 답변으로 가장 적절한 것은? [1점]

일제는 조선 민사령을 개정하여 일본식 씨명을 사용하도록 강요하였습니다. 이렇게 개정한 이후에 일제가 추진한 정책에 대해 말해 볼까요?

조선 민사령 중 개정의 건 (제령 제19호)

조선인 호주는 본령 시행 후 6개월 이내에 새로 씨(氏)를 정하고 이를 부윤 또는 읍면장에게 신고해야 한다. …… 신고를 하지 않을 때는 본령 시행 당시 호주의 성을 씨로 삼는다.

① 통감부를 설치하였습니다.
② 조선 태형령을 시행하였습니다.
③ 헌병 경찰제를 실시하였습니다.
④ 여자 정신 근로령을 공포하였습니다.
⑤ 동양 척식 주식회사를 설립하였습니다.

44-344 (가) 인물에 대한 설명으로 옳은 것은? [2점]

항복 전에 정무총감 엔도 등이 법과 질서를 유지하고 일본인들의 생명과 재산을 지키기 위하여 (가) 와/과 논의하였다. …… 일본인들은 그가 유혈 사태를 막아 줄 수 있다고 믿었던 것 같다. …… 그런데 (가) 은/는 조선 총독부가 생각했던 바를 따르지 않았다. 일본이 원했던 것은 연합군이 올 때까지 질서를 유지하기 위한 평화 유지 위원회 정도였다. 그러나 그는 실질적인 정부로 여겨질 수 있는 조선 건국 준비 위원회를 만들었다.

① 샌프란시스코에서 흥사단을 결성하였다.
② 조선어 학회 사건으로 구속되어 옥고를 치렀다.
③ 김규식과 함께 좌우 합작 위원회를 조직하였다.
④ 반민족 행위 특별 조사 위원회에서 활동하였다.
⑤ 미국에서 귀국하여 독립 촉성 중앙 협의회를 이끌었다.

45-345 (가) 전쟁 중에 있었던 사실로 옳은 것을 <보기>에서 고른 것은? [2점]

보기
ㄱ. 애치슨 라인이 발표되었다.
ㄴ. 인천 상륙 작전이 전개되었다.
ㄷ. 부산에서 발췌 개헌안이 통과되었다.
ㄹ. 모스크바 3국 외상 회의가 개최되었다.

① ㄱ, ㄴ　　② ㄱ, ㄷ　　③ ㄴ, ㄷ
④ ㄴ, ㄹ　　⑤ ㄷ, ㄹ

46-346 다음 뉴스가 보도된 정부 시기의 경제 상황으로 옳은 것은? [2점]

① 제2차 경제 개발 5개년 계획이 추진되었다.
② 미국의 경제 원조로 삼백 산업이 발달하였다.
③ 귀속 재산 처리를 위해 신한 공사가 설립되었다.
④ 대통령 긴급 명령으로 금융 실명제가 실시되었다.
⑤ 최저 임금 결정을 위한 최저 임금 위원회가 설치되었다.

47 -347 다음 발표가 있었던 시기를 연표에서 옳게 고른 것은? [2점]

> 정부는 최근 겪고 있는 금융·외환 시장의 어려움을 극복하기 위해 국제 통화 기금(IMF)에 유동성 조절 자금을 지원해 줄 것을 요청하기로 결정하였습니다. …… 유동성 부족 상태가 조속한 시일 안에 해결될 것으로 기대합니다. 정부는 국제 통화 기금과 참여국의 지원과 함께 우리 스스로도 원활한 외화 조달을 위한 다각적인 대책을 함께 적극 추진해 나갈 계획입니다.

1949	1965	1977	1988	1998	2007
(가)	(나)	(다)	(라)	(마)	
농지 개혁법 제정	한·일 기본 조약 체결	100억 달러 수출 달성	서울 올림픽 개최	노사정 위원회 구성	한·미 자유 무역 협정(FTA) 체결

① (가)　　② (나)　　③ (다)　　④ (라)　　⑤ (마)

48 -348 (가)에 들어갈 내용으로 가장 적절한 것은? [2점]

> 저는 지금 ○○시에 있는 경포대에 와 있습니다. 관동팔경 중 하나인 경포대 안에는 숙종이 직접 지은 시를 비롯하여 많은 명사의 글이 걸려 있습니다. 이 지역에서 가 볼 만한 곳을 대화창에 올려 주세요.

> **대화창**
> 양반의 주거 생활을 볼 수 있는 선교장을 추천해요.
> 보물로 지정된 승탑과 당간지주가 있는 굴산사지는 어때요?
> (가)
> 글쓰기

① 율곡 이이가 태어난 오죽헌을 추천해요.
② 무령왕릉이 있는 송산리 고분군을 추천해요.
③ 어재연 부대가 항전했던 광성보에 가 보세요.
④ 팔만대장경판이 보관된 해인사를 방문해 보세요.
⑤ 삼별초가 활동한 항파두리 항몽 유적에 가 보세요.

49 -349 다음 민주화 운동에 대한 설명으로 옳은 것은? [1점]

> ○○○○년 ○○월 ○○일
>
> 학생 대표의 연설이 끝나자 우리는 단단하게 스크럼을 짜고 교문 밖으로 행진했다. 3·15 부정 선거에 대한 분노와 얼마 전 마산에서 일어난 규탄 대회에서 김주열 군이 최루탄에 눈 부분을 맞고 마산 앞바다에 죽은 채 떠올랐다는 소문이 파다하게 퍼져 있던 터였다. …… 시위대의 물결이 경무대로 향했다. 그때 귀청을 뚫을 듯한 총소리가 연발로 들렸다. 얼마나 지났을까. 총소리가 멈춘 후 고개를 들고 주위를 둘러보다가 벌떡 일어나고 말았다. 같은 반 친구가 바지가 찢어진 채 피를 흘리며 쓰러져 있었다. 나는 정신없이 달려가 그를 안았다. 그러나 그는 이미 사지를 축 늘어뜨린 채 힘이 없었다.

① 시민군이 조직되어 계엄군에 저항하였다.
② 당시 대통령이 하야하는 결과를 가져왔다.
③ 호헌 철폐, 독재 타도 등의 구호를 내세웠다.
④ 3선 개헌 반대 범국민 투쟁 위원회가 주도하였다.
⑤ 장기 독재를 비판하는 3·1 민주 구국 선언이 발표되었다.

50 -350 (가), (나) 사이의 시기에 있었던 사실로 옳은 것은? [3점]

> (가) 남북 간의 제반 문제를 개선, 해결하며 나라의 통일 문제를 다루는 남북 조절 위원회가 정식으로 발족하였다. 남북 조절 위원회는 판문점에 공동 사무국을 두기로 하였으며, 회의는 서울과 평양에서 번갈아 진행하기로 하였다.

> (나) 서울에서 열린 제5차 남북 고위급 회담에서 남북 사이의 화해와 불가침 및 교류·협력 등을 주요 내용으로 하는 남북 기본 합의서를 채택하였다. 특히 이번 합의서에서는 분단 이후 처음으로 남북 양측의 국호를 사용하였다.

① 금강산 육로 관광이 시작되었다.
② 6·15 남북 공동 선언이 발표되었다.
③ 평창 동계 올림픽에 남북 단일팀이 참가하였다.
④ 남북 경제 협력을 위한 개성 공업 지구가 조성되었다.
⑤ 남북 이산가족 고향 방문단의 교환 방문이 최초로 성사되었다.

1 -351 밑줄 그은 '이 시대'의 생활 모습으로 옳은 것은? [1점]

부여 송국리
축제에 초대합니다.

2023. ○○. ○○. ~ ○○. ○○.
부여 송국리 유적 일원

모시는 글

사유 재산과 계급이 출현한 이 시대의 대표적 유적지인 부여 송국리 유적에서 축제를 개최합니다. 다양한 행사에 참여하여 당시 생활을 체험해 보시기 바랍니다.

◆ 주요 프로그램 ◆
• 비파형 동검 모형 만들기
• 민무늬 토기 조각 맞추기
• 증강 현실로 환호와 목책 보기

① 소를 이용한 깊이갈이가 일반화되었다.
② 많은 인력을 동원하여 고인돌을 축조하였다.
③ 실을 뽑기 위해 가락바퀴를 처음 사용하였다.
④ 쟁기, 쇠스랑 등의 철제 농기구가 이용되었다.
⑤ 주로 동굴이나 강가에 막집을 짓고 거주하였다.

2 -352 (가) 국가에 대한 설명으로 옳은 것은? [2점]

니계상 참이 사람을 시켜 (가) 의 왕 우거를 죽이고 와서 항복하였다. 그러나 왕검성은 끝내 함락되지 않았기에 우거왕의 대신(大臣) 성기가 한(漢)에 반기를 들고 공격하였다. 좌장군은 우거왕의 아들 장과 항복한 상 노인의 아들 최로 하여금 그 백성을 달래고 성기를 주살하도록 하였다. 드디어 (가) 을/를 평정하고 진번·임둔·낙랑·현도군을 설치하였다. - "한서" -

① 동맹이라는 제천 행사를 열었다.
② 신성 지역인 소도가 존재하였다.
③ 읍락 간의 경계를 중시하는 책화가 있었다.
④ 여러 가(加)들이 별도로 사출도를 다스렸다.
⑤ 사회 질서를 유지하기 위해 범금 8조를 두었다.

3 -353 (가) 지역에 대한 탐구 활동으로 가장 적절한 것은? [2점]

이달의 역사 인물

(가)에 백제의

새로운 터전을 잡다

문주왕
미상~477

고구려 장수왕의 공격으로 백제의 수도 한성이 파괴되고 개로왕이 전사하였다. 그에 이어 즉위한 문주왕은 위기를 수습하고자 (가) (으)로 도읍을 옮겼다.

① 무왕이 미륵사를 창건한 곳을 살펴본다.
② 무령왕과 왕비의 무덤이 발굴된 곳을 답사한다.
③ 성왕이 신라와의 전투에서 전사한 곳을 검색한다.
④ 윤충이 의자왕의 명을 받아 함락시킨 곳을 지도에 표시한다.
⑤ 계백이 이끄는 결사대가 신라군에 맞서 싸운 곳을 조사한다.

4 -354 (가)에 해당하는 문화유산으로 옳은 것은? [2점]

○○ 박물관 소장품 검색 관람 정보 박물관 소개

소장품 검색

소장품명 ▼ [ ] 검색

■ 종목 : 보물
■ 지정(등록)일 : 2015년 9월 2일
■ 소개
• 1946년 경주 호우총에서 출토됨
• '을묘년국강상광개토지호태왕호우십(乙卯年國罡上廣開土地好太王壺杅十)'이라는 명문이 있음
■ 의의 : 신라와 고구려 사이의 정치적 관계를 살펴볼 수 있는 유물로 평가됨

(가)

① ② ③

④ ⑤

5-355 다음 상황 이후에 있었던 사실로 옳은 것은? [2점]

> 10월에 백제 왕이 병력 3만 명을 거느리고 평양성을 공격해 왔다. 왕이 군대를 출정시켜 백제군을 막다가 날아온 화살에 맞아 이 달 23일에 세상을 떠났다.

① 유리왕이 졸본에서 국내성으로 천도하였다.
② 미천왕이 낙랑군을 축출하여 영토를 확장하였다.
③ 소수림왕이 불교를 공인하고 율령을 반포하였다.
④ 고국천왕이 을파소를 등용하고 진대법을 실시하였다.
⑤ 유주자사 관구검이 이끄는 군대가 환도성을 함락하였다.

6-356 (가), (나) 사이의 시기에 있었던 사실로 옳은 것은? [2점]

> (가) 당의 손인사, 유인원과 신라 왕 김법민은 육군을 거느려 나아가고, 유인궤 등은 수군과 군량을 실은 배를 거느리고 백강으로 가서 육군과 합세하여 주류성으로 갔다. 백강 어귀에서 왜의 군사를 만나 …… 그들의 배 4백 척을 불살랐다.
>
> (나) 이근행이 군사 20만 명을 이끌고 매소성에 머물렀다. 신라군이 공격하여 달아나게 하고 말 3만여 필을 얻었는데, 노획한 병장기의 수도 그 정도 되었다.

① 장문휴가 당의 등주를 공격하였다.
② 원광이 왕명으로 걸사표를 작성하였다.
③ 을지문덕이 살수에서 대승을 거두었다.
④ 김춘추가 당과의 군사 동맹을 성사시켰다.
⑤ 검모잠이 안승을 왕으로 세워 부흥 운동을 벌였다.

7-357 밑줄 그은 '이 나라'에 대한 설명으로 옳은 것은? [1점]

> ○ 조영이 죽으니, 이 나라에서는 고왕이라 하였다. 아들 무예가 왕위에 올라 영토를 크게 개척하니, 동북의 모든 오랑캐들이 겁을 먹고 그를 섬겼다.
>
> ○ 처음에 이 나라의 왕이 자주 학생들을 경사의 태학에 보내어 고금의 제도를 배우고 익혀 가더니, 드디어 해동성국이 되었다. 그 땅에는 5경 15부 62주가 있다.
> — "신당서" —

① 정사암 회의를 개최하였다.
② 9서당 10정의 군사 조직을 갖추었다.
③ 욕살, 처려근지 등의 지방관을 두었다.
④ 인안, 대흥 등 독자적인 연호를 사용하였다.
⑤ 광평성을 비롯한 각종 정치 기구를 마련하였다.

8-358 밑줄 그은 '이 인물'에 대한 설명으로 옳은 것은? [3점]

> 이곳은 이 인물을 제사하는 경주의 서악 서원. 그는 한자의 음과 훈을 빌려 우리말을 표기하는 이두를 체계적으로 정리함. 우리말로 유학 경전을 풀이하여 후학들을 가르침. 원효의 아들임.

① 향가 모음집인 삼대목을 편찬하였다.
② 진성 여왕에게 시무책 10여 조를 올렸다.
③ 화랑도의 규범으로 세속 5계를 제시하였다.
④ 외교 문서 작성에 능하여 청방인문표를 지었다.
⑤ 국왕에게 조언하는 내용인 화왕계를 집필하였다.

9-359 밑줄 그은 '시기'에 볼 수 있는 모습으로 적절한 것은? [2점]

> 이 유물에는 민애왕을 추모하는 명문이 있습니다. 그는 혜공왕 피살 이후 왕위 쟁탈전이 치열했던 시기에 희강왕을 축출하고 왕이 되었으나, 다른 진골 세력에 의해 1년 만에 제거되었습니다.

전(傳) 대구 동화사 비로암
삼층 석탑 납석사리호

① 의창에서 곡식을 빌리는 백성
② 만권당에서 대담을 나누는 학자
③ 혜민국에서 약을 받아 가는 환자
④ 화엄일승법계도를 저술하는 승려
⑤ 청해진을 거점으로 해적을 소탕하는 병사

10 -360 (가) 왕의 재위 시기에 있었던 사실로 옳은 것은? [2점]

<탐구 활동 보고서>

○학년 ○반 이름 : △△△

1. 주제 : [(가)], 안정과 통합을 꾀하다
2. 방법 : "고려사" 사료 검색 및 분석
3. 사료 내용과 분석

사료 내용	분석
명주의 순식이 투항하자 왕씨 성을 내리다.	지방 호족 포섭
"정계"와 "계백료서"를 지어 반포하다.	관리의 규범 제시
흑창을 두어 가난한 백성에게 곡식을 빌려주다.	민생 안정

① 개국 공신에게 역분전을 지급하였다.
② 외침에 대비하여 광군을 조직하였다.
③ 광덕, 준풍 등의 독자적 연호를 사용하였다.
④ 관학 진흥을 목적으로 양현고를 운영하였다.
⑤ 주전도감을 설치하여 해동통보를 발행하였다.

11 -361 다음 상황이 나타난 시기를 연표에서 옳게 고른 것은? [3점]

처음으로 12목을 설치하고 조서를 내려 말하기를, "부지런히 정사를 돌보면서 매번 신하들의 충고를 구하고 있다. 낮은 곳의 이야기를 듣고 멀리 보고자 어질고 현명한 이들의 힘을 빌리려고 한다. 이에 수령들의 공로에 의지해 백성들의 바람에 부합하고자 한다. '우서(虞書)'의 12목 제도를 본받아 시행하니, 주나라가 8백 년간 지속하였듯이 우리의 국운도 길이 이어질 것이다."라고 하였다.

918	945	1009	1196	1270	1351
(가)	(나)	(다)	(라)	(마)	
고려 건국	왕규의 난	강조의 정변	최충헌 집권	개경 환도	공민왕 즉위

① (가)　② (나)　③ (다)　④ (라)　⑤ (마)

12 -362 (가) 국가에 대한 고려의 대응으로 옳은 것은? [2점]

이곳은 전라남도 나주시에 있는 심향사입니다. [(가)]의 침입으로 나주로 피난한 고려 현종이 나라의 평안을 위해 이곳에서 기도를 올렸다고 전해집니다. 이 왕 때 부처의 힘으로 국난을 극복하고자 초조대장경의 조성이 시작되었습니다.

① 박위를 보내 근거지를 토벌하였다.
② 조총 부대를 나선 정벌에 파견하였다.
③ 개경을 방어하기 위해 나성을 축조하였다.
④ 압록강 상류 지역을 개척하여 4군을 설치하였다.
⑤ 국방 문제를 논의하기 위해 비변사를 신설하였다.

13 -363 (가)에 들어갈 내용으로 옳은 것은? [2점]

왕후(王煦), 왕자로 태어나 승려가 되다

문종의 아들로 불법(佛法)을 구하러 송에 유학하였다. 귀국 후 흥왕사에서 "신편제종교장총록"을 간행하였다. 이 책은 송·거란·일본 등 동아시아 각지의 불교 서적을 수집하여 정리한 것이다. 이후 [(가)]

① 국청사의 주지가 되어 해동 천태종을 개창하였다.
② 불교 개혁을 주장하며 수선사 결사를 조직하였다.
③ 선문염송집을 편찬하고 유불 일치설을 주장하였다.
④ 불교 관련 자료를 중심으로 삼국유사를 집필하였다.
⑤ 인도와 중앙아시아를 순례하고 왕오천축국전을 남겼다.

14 -364 (가)~(다)를 일어난 순서대로 옳게 나열한 것은? [3점]

(가) 왕이 보현원 문에 들어서자 …… 이고 등이 왕을 모시던 문관 및 대소 신료, 환관들을 모두 살해하였다. …… 정중부 등이 왕을 모시고 환궁하였다.

(나) 이자겸과 척준경이 왕을 위협하여 남궁(南宮)으로 거처를 옮기게 하고 안보린, 최탁 등 17인을 죽였다. 이 외에도 죽인 군사가 헤아릴 수 없을 정도였다.

(다) 묘청이 서경을 근거지로 삼고 반란을 일으켰다. …… 국호를 대위, 연호를 천개, 그 군대를 천견충의군이라 불렀다.

① (가) - (나) - (다)
② (가) - (다) - (나)
③ (나) - (가) - (다)
④ (나) - (다) - (가)
⑤ (다) - (가) - (나)

15 -365 다음 상황이 나타난 시기에 볼 수 있는 모습으로 적절한 것은? [2점]

기철의 친척 기삼만이 권세를 믿고 불법으로 남의 토지를 빼앗았기에 정치도감에서 그를 잡아 장(杖)을 치고 하옥하였는데 20여 일 만에 죽었다. …… 그러자 정동행성 이문소에서 정치도감 관리들을 잡아 가두었다.

① 농사직설을 편찬하는 학자
② 초량 왜관에서 교역하는 상인
③ 도평의사사에서 회의하는 관리
④ 규장각 검서관으로 근무하는 서얼
⑤ 빈공과 응시를 준비하는 6두품 유학생

16 -366 (가) 국가의 경제 상황으로 옳은 것은? [1점]

명주의 정해현에서 순풍을 만나 3일이면 큰 바다 가운데로 들어가고, 다시 5일이면 흑산도에 도달하여 그 경계에 들어간다. 흑산도에서 섬들을 지나 7일이면 예성강에 이른다. …… 거기서 3일이면 연안에 닿는데, 벽란정(碧瀾亭)이라는 객관이 있다. 사신은 여기에서부터 육지에 올라 험한 산길을 40여 리쯤 가면   (가) 의 수도에 도달한다.   - "송사" -

① 집집마다 부경이라는 창고가 있었다.
② 활구라고 불리는 은병이 주조되었다.
③ 동시전이 설치되어 시장을 감독하였다.
④ 계해약조가 체결되어 일본과 교역하였다.
⑤ 광산을 전문적으로 경영하는 덕대가 등장하였다.

17 -367 (가)에 해당하는 문화유산으로 옳은 것은? [2점]

충청남도 예산군에 있는 이 건물은 맞배지붕에 주심포 양식입니다. 건물 보수 중 묵서명이 발견되어 충렬왕 34년이라는 정확한 건립 연도를 알게 되었습니다.

② 화엄사 각황전

③ 부석사 무량수전

①
수덕사 대웅전

④ 봉정사 극락전

⑤ 법주사 팔상전

18 -368 다음 대화 이후에 전개된 사실로 옳은 것은? [2점]

이번에 왕이 최영에게 명하여 요동을 정벌한다고 하네.

명 황제가 철령 이북을 일방적으로 명의 영토로 귀속시키려 한 것이 원인이라더군.

① 윤관이 별무반을 이끌고 동북 9성을 축조하였다.
② 서희가 외교 담판을 벌여 강동 6주를 획득하였다.
③ 이성계가 위화도에서 회군하여 정권을 장악하였다.
④ 배중손이 이끄는 삼별초가 용장산성에서 항전하였다.
⑤ 최우가 강화도로 도읍을 옮겨 장기 항전을 준비하였다.

제65회 한국사능력검정시험 (심화)

19 -369 밑줄 그은 '이 왕'의 재위 시기에 있었던 사실로 옳은 것은? [2점]

> 경국대전에 대해 조사한 내용을 알려 줄래?
>
> 이·호·예·병·형·공전의 육전 체제로 구성되었어.
>
> 경제육전과 수교, 조례 등에서 영구히 준수해야 할 것들을 정리하여 엮었대.
>
> 세조 때 편찬이 시작되어 <u>이 왕</u> 때 완성하여 반포했지.

① 독립된 간쟁 기관으로 사간원이 설치되었다.
② 함길도 토착 세력인 이시애가 난을 일으켰다.
③ 직제가 개편된 홍문관에서 경연을 주관하였다.
④ 집현전 관리를 대상으로 사가독서제가 시행되었다.
⑤ 붕당의 폐해를 경계하기 위한 탕평비가 건립되었다.

20 -370 ㉠~㉤에 대한 탐구 활동으로 가장 적절한 것은? [3점]

> ㉠왕이 어려서 즉위하여 모후(母后)가 수렴청정을 하고, 사림 간에 큰 옥사가 연달아 일어난 데다가 ㉡요승(妖僧)을 높이고 사랑하여 불교를 숭상했으나 모두 왕의 뜻은 아니었다. …… ㉢부세는 무겁고 부역은 번거로웠으며 흉년으로 백성들이 고달프고 도적이 성행하여 국내의 재력이 고갈되었다. 그래서 왕이 비록 성덕(盛德)을 품었어도 끝내 하나도 펴지 못했으니 참으로 애석하다. 그러다가 ㉣문정 왕후가 돌아가신 후에 국정을 주관하게 되자 …… ㉤을사사화 때 화를 당한 사람들을 풀어 주고 먼 곳으로 쫓겨난 사람들을 모두 내지로 옮겼다.

① ㉠ - 1차 왕자의 난이 일어난 이유를 찾아본다.
② ㉡ - 황사영 백서 사건이 가져온 결과를 살펴본다.
③ ㉢ - 예송 논쟁의 발생 배경을 파악한다.
④ ㉣ - 갑술환국의 전개 양상을 정리한다.
⑤ ㉤ - 윤임 일파가 축출되는 과정을 조사한다.

21 -371 다음 상황이 전개된 배경으로 옳은 것은? [1점]

> 교지를 내려 이르기를, "전날 성삼문 등이 상왕(上王)도 그 모의에 참여하였다고 인정하자, 백관들이 상왕도 종사(宗社)에 죄를 지었으니 편안히 도성에 거주하는 것은 마땅치 않다고 하였다. …… 상왕을 노산군(魯山君)으로 낮추고, 궁에서 내보내 영월에 거주시키도록 하라."라고 하였다.

① 인조반정으로 북인 세력이 몰락하였다.
② 인현 왕후가 폐위되고 남인이 권력을 차지하였다.
③ 계유정난을 통해 수양 대군이 정권을 장악하였다.
④ 이인좌를 중심으로 한 소론 세력이 난을 일으켰다.
⑤ 폐비 윤씨 사사 사건으로 인해 김굉필 등이 처형되었다.

22 -372 (가)에 해당하는 작품으로 옳은 것은? [1점]

> 조선의 예술, 메타버스 회화 전시관
>
> 이 그림은 안견이 안평 대군의 꿈 이야기를 듣고 그린 것입니다. 현실 세계와 이상 세계가 대비를 이루면서도 전체적으로 통일된 분위기를 자아내고 있습니다.
>
> (가)
>
> 해설사
> 학생 1
> 학생 2
> 학생 3

①   ②

③   ④

⑤

23-373 밑줄 그은 '이 전쟁' 중에 있었던 사실로 옳은 것은? [2점]

> **이달의 책**
>
> 忠烈錄
>
> 이 책은 조선 후기 문인 김창협이 편찬한 "충렬록"이다. 이 전쟁에서 충의를 지키고자 죽은 김상용 등에 관한 기록과 그들을 기리기 위한 충렬사의 건립 경위를 담고 있다. 김상용은 세자빈과 봉림 대군 등 왕실 사람들을 호종하여 강화도로 피난하였다가 이듬해 강화성이 함락되자 순절하였다.

① 조·명 연합군이 평양성을 탈환하였다.
② 강홍립이 사르후 전투에 참전하였다.
③ 김준룡이 광교산 전투에서 승리하였다.
④ 김종서가 두만강 일대에 6진을 개척하였다.
⑤ 곽재우, 김천일 등이 의병장으로 활약하였다.

24-374 (가) 왕에 대한 설명으로 옳은 것은? [2점]

> 이 시는 (가) 이/가 현륭원을 참배하고 화성 행궁에 머물다가 환궁하는 길에 지은 것입니다. 아버지인 사도 세자에 대한 마음이 잘 표현되어 있습니다.

> 혼정신성*의 그리움 다할 길 없어
> 오늘 또 화성에 와 보니
> 궂은 비는 침원에 부슬부슬 내리고
> 이 마음은 재전**을 끝없이 배회하누나
> 어찌하여 사흘 밤을 잤던고
> 아버님 영정을 모셨기 때문일세
> 더디고 더딘 걸음에 고개 들어 바라보니
> 오운이 저 멀리서 일어나누나
>
> * 혼정신성 : 부모님께 효도하는 도리
> ** 재전 : 제사를 지내기 위하여 지은 집

① 청과 국경을 정하는 백두산정계비를 세웠다.
② 통치 체제를 정비하고자 속대전을 편찬하였다.
③ 왕실의 위엄을 높이기 위해 경복궁을 중건하였다.
④ 삼정의 문란을 시정하려고 삼정이정청을 설치하였다.
⑤ 시전 상인의 특권을 축소하는 신해통공을 단행하였다.

25-375 (가) 제도에 대한 설명으로 옳은 것은? [2점]

> 광해군 때 이원익이 방납의 폐단을 혁파하고자 선혜청을 두고 (가) 을/를 실시할 것을 청하였다. …… 맨 먼저 경기도 내에 시범적으로 실시하니 백성들은 대부분 편리하게 여겼다. 다만 권세가와 부호들은 방납의 이익을 잃기 때문에 온갖 방법으로 반대하였다.
>
> – "국조보감" –

① 양반에게도 군포를 부과하였다.
② 수신전과 휼양전을 폐지하였다.
③ 양전 사업을 실시하여 지계를 발급하였다.
④ 전세를 풍흉에 따라 9등급으로 차등 과세하였다.
⑤ 관청에 물품을 조달하는 공인이 등장하는 배경이 되었다.

26-376 (가)~(라)를 일어난 순서대로 옳게 나열한 것은? [3점]

> (가) 좌의정 박은이 상왕(上王)에게 아뢰기를, "이제 왜구가 중국에 들어가 도적질하고 본도로 돌아오는 것이 곧 이때이므로 마땅히 이 종무 등으로 대마도에 나가 적이 섬에 돌아오기를 기다렸다가 맞아서 치게 되면 적을 파함에 틀림없을 것이니, 진멸(殄滅)시킬 기회를 잃지 마소서."라고 하니, 상왕이 옳게 여겼다.
>
> (나) 김방경이 중군을 거느리게 하고 홀돈과 홍다구와 더불어 일본을 정벌하게 하였다. 일기도(一岐島)에 이르러 천여 명을 죽이고 길을 나누어 진격하였다. 왜인들이 달아나는데 쓰러진 시체가 마치 삼대와 같았다. 날이 저물어 이내 공격을 늦추었는데 마침 밤에 태풍이 크게 불어서 전함들이 많이 부서졌다.
>
> (다) 왜구가 배 5백 척을 이끌고 진포 입구에 들어와서는 큰 밧줄로 배를 서로 잡아매고 병사를 나누어 지키다가, 해안에 상륙하여 여러 고을로 흩어져 들어가 불을 지르고 노략질을 자행하였다. …… 나세, 심덕부, 최무선 등이 진포에 이르러, 최무선이 만든 화포를 처음으로 사용하여 그 배들을 불태웠다.
>
> (라) 왜장이 군사 수만 명을 모두 동원하여 진주성을 포위하였는데 성 안의 군사는 3천여 명이었다. 진주 목사 김시민이 여러 성첩을 나누어 지키게 하였다. …… 10여 일 동안 4~5차례 큰 전투를 벌이면서 안팎에서 힘껏 싸웠으므로 적이 먼저 도망하였다.

① (가) - (나) - (다) - (라)
② (가) - (다) - (나) - (라)
③ (나) - (가) - (라) - (다)
④ (나) - (다) - (가) - (라)
⑤ (다) - (라) - (나) - (가)

27 -377 다음 가상 인터뷰의 주인공에 대한 설명으로 옳은 것은? [2점]

성호사설에서 6가지 좀의 하나로 과업을 말씀하셨는데요, 어떤 점이 문제인가요?

요즈음 과거를 준비하는 유생들은 부모 형제와 생업도 팽개치고 종일토록 글공부만 하고 있으니, 이는 인간의 본성을 망치는 재주일 뿐입니다. 다행히 급제라도 하면 교만하고 사치스러워져, 끝없이 백성의 것을 빼앗아 그 욕심을 채웁니다. 때문에 나라를 좀먹는 존재로 표현했습니다.

① 마과회통에서 홍역에 대한 지식을 정리하였다.
② 의산문답에서 중국 중심의 세계관을 비판하였다.
③ 발해고에서 남북국이라는 용어를 처음 사용하였다.
④ 곽우록에서 토지 매매를 제한하는 한전론을 제시하였다.
⑤ 금석과안록에서 북한산비가 진흥왕 순수비임을 고증하였다.

28 -378 밑줄 그은 '이 시기'에 볼 수 있는 모습으로 적절하지 <u>않은</u> 것은? [1점]

내가 준비한 것은 판소리 수궁가에서 호랑이가 내려오는 장면이야.

범 나려온다 ♪ 범이 나려온다 ♪ 송림 깊은 골로 한김생이 내려온다 ♪ ♫

판소리는 신재효에 의해서 체계적으로 정리되었어.

한글 소설과 함께 판소리는 <u>이 시기</u>에 유행했지.

① 주자소에서 계미자를 만드는 장인
② 송파장에서 산대놀이를 공연하는 광대
③ 대규모 자본으로 물품을 구매하는 도고
④ 시사를 조직하여 작품 활동을 하는 중인
⑤ 인삼, 담배 등을 상품 작물로 재배하는 농민

29 -379 (가), (나) 사이의 시기에 있었던 사실로 옳은 것은? [2점]

(가) 대왕대비전이 전교하기를, "익성군이 이제 입궁하였으니, 흥선 대원군과 부대부인의 봉작을 내리는 것을 오늘 중으로 거행하도록 하라."라고 하였다.

(나) 종로에 비석을 세웠다. 그 비에서 이르기를, '서양 오랑캐가 침범하는데 싸우지 않으면 즉 화친하는 것이요, 화친을 주장함은 나라를 팔아먹는 것이다.'고 하였다.

① 영국이 거문도를 불법으로 점령하였다.
② 일본의 운요호가 영종도를 공격하였다.
③ 러시아가 용암포에 대한 조차를 요구하였다.
④ 독일 상인 오페르트가 남연군 묘 도굴을 시도하였다.
⑤ 미국이 조·미 수호 통상 조약 체결 후 푸트 공사를 파견하였다.

30 -380 (가)에 대한 설명으로 옳은 것은? [2점]

동대문 일대 재개발 당시 발견된 하도감 터 사진이군요. 이곳은 어떤 용도로 사용된 장소인가요?

여기는 훈련도감에 속한 하도감이 있었던 장소로 군사를 훈련시키고 무기를 제작했던 곳입니다. 1881년부터 이듬해 구식 군인들에 대한 차별 대우로 발생한 (가) 때까지 교련병대의 훈련 장소로 사용되었습니다.

TV 교양 한국사

하도감 터

① 입헌 군주제 수립을 목표로 하였다.
② 조선 총독부의 방해와 탄압으로 실패하였다.
③ 우정총국 개국 축하연을 이용하여 일어났다.
④ 홍범 14조를 기본 개혁 방향으로 제시하였다.
⑤ 일본 공사관에 경비병이 주둔하는 계기가 되었다.

31 -381 (가), (나) 사이의 시기에 있었던 사실로 옳은 것은? [2점]

> (가) 복합 상소 이후에도 "물러나면 원하는 바를 시행할 것이다." 라던 국왕의 약속과 달리 관리들의 침학이 날로 심해졌다. …… 최시형은 도탄에 빠진 교도들을 구하고 최제우의 억울함을 씻기 위해 보은 집회를 개최하였다.

> (나) 동학 농민군은 거짓으로 패한 것처럼 꾸며 황토현에 진을 쳤다. 관군은 밀고 들어가 그 아래에 진을 쳤다. …… 농민군이 삼면을 포위한 채 한쪽 모퉁이만 빼고 크게 함성을 지르며 압박하자 관군은 일시에 무너졌다.

① 논산으로 남접과 북접이 집결하였다.
② 개혁을 추진하기 위해 교정청이 설치되었다.
③ 일본이 군대를 동원하여 경복궁을 점령하였다.
④ 고부 농민들이 조병갑의 탐학에 맞서 만석보를 파괴하였다.
⑤ 공주 우금치에서 농민군이 관군과 일본군에게 패배하였다.

32 -382 다음 글이 작성된 시기를 연표에서 옳게 고른 것은? [2점]

> 전보 제○○○호
>
> 발신인 : 외무대신 하야시
>
> 수신인 : 통감 이토
>
> 네덜란드에 파견된 전권 대사 쓰즈키가 보낸 전보 내용임.
> 한국인 3명이 이곳에 머물면서 평화 회의의 위원 대우를 받고자 진력하고 있다고 함. 그들은 오늘 아침 러시아 수석 위원 넬리도프를 방문하려 했는데, 넬리도프는 네덜란드 정부로부터 평화 회의 위원으로 확인되지 않는 자는 만나지 않겠다고 함. 이들은 일본이 한국에 시행한 정책에 대해 항의서를 인쇄하여 각국 수석 위원(단, 영국 위원은 제외한 것으로 보임)에게도 보냈다고 함.

1866		1876		1884		1894		1904		1910
	(가)		(나)		(다)		(라)		(마)	
병인양요		강화도조약		한성조약		청·일전쟁		러·일전쟁		국권피탈

① (가)　　② (나)　　③ (다)　　④ (라)　　⑤ (마)

33 -383 다음 의병 부대에 대한 설명으로 옳은 것은? [2점]

> 이인영을 총대장으로 추대하고, 허위를 군사장으로 삼아 …… 각도에 격문을 전하니 전국에서 불철주야 달려온 지원자들이 만여 명이더라. 이에 서울로 진군하여 국권을 회복하고자 …… 먼저 이인영은 심복을 보내 각국 영사에게 진군의 이유를 상세히 알리며 도움을 요청하고, 각 도의 의병으로 하여금 일제히 진군하게 하였다.

① 조선 혁명 선언을 지침으로 삼았다.
② 이만손이 주도하여 영남 만인소를 올렸다.
③ 상덕태상회를 통하여 군자금을 모집하였다.
④ 일본에 국권 반환 요구서를 제출하고자 하였다.
⑤ 고종의 강제 퇴위와 군대 해산에 반발하여 결성되었다.

34 -384 다음 상소가 작성된 이후의 사실로 옳은 것은? [1점]

> 러시아 공사관으로 거처를 옮기시고 해가 바뀌었습니다. 그곳 유리창과 분칠한 담장은 화려하지만 그을음 나는 석탄을 때는 전돌(甎埃)은 옥체를 보호하기에 적합하지 않은 듯합니다. …… 온 나라 신하들의 심정을 염두에 두시어 간하는 말을 따라 바로 환궁하여 끓어오르는 여론에 부응하시고 영원히 누릴 태평의 터전을 공고히 만드소서.

① 영선사가 파견되었다.
② 군국기무처가 설치되었다.
③ 대한국 국제가 반포되었다.
④ 제너럴 셔먼호 사건이 일어났다.
⑤ 조·청 상민 수륙 무역 장정이 체결되었다.

35 -385 (가)~(다)를 일어난 순서대로 옳게 나열한 것은? [3점]

주제 : 일본의 경제 침탈에 대한 저항

상권을 수호하기 위해 황국 중앙 총상회가 창립되었어요.

일본의 황무지 개간권 요구를 저지하기 위해 보안회가 조직되었어요.

대구에서 서상돈을 중심으로 금주, 금연 등을 통한 국채 보상 운동이 시작되었어요.

(가)   (나)   (다)

① (가) - (나) - (다)
② (가) - (다) - (나)
③ (나) - (가) - (다)
④ (나) - (다) - (가)
⑤ (다) - (가) - (나)

36 -386 (가) 단체에 대한 설명으로 옳은 것은? [2점]

(가) 의 주요 간부인 이상재, 정교 등이 러시아의 요구에 대해 정부가 어떻게 대처할 건지를 밝히라는 글이군.

듣기에 절영도에 러시아 사람이 석탄고를 건축하려고 땅을 청구한다고 하니 …… 러시아 사람의 요청대로 빌려줄 건지, 잠깐만 빌려줄 건지, 영영 줄 건지, 빌려줄 때에는 정부 회의를 거치는지, 홀로 결정하여 도장을 찍는지 ……

① 정우회 선언의 영향으로 결성되었다.
② 만세보를 발행하여 민족의식을 고취하였다.
③ 중추원 개편을 통해 의회 설립을 추진하였다.
④ 어린이날을 제정하고 소년 운동을 전개하였다.
⑤ 태극 서관을 운영하여 계몽 서적 등을 보급하였다.

37 -387 (가)~(마)에 대한 설명으로 옳은 것은? [3점]

답사 계획서

■ 주제 : 근대 역사의 현장을 찾아서
■ 기간 : 2023년 ○○월 ○○일 10:00~16:00
■ 경로 : 기기창 → 제중원 터 → 박문국 터 → 중명전 → 원각사 터

(가) 기기창
(나) 제중원 터
(다) 박문국 터
(라) 중명전
(마) 원각사 터

창경궁 / 경복궁 / 사직단 / 창덕궁 / 운현궁 / 종묘 / 경희궁 / 청계천 / 덕수궁 / 숭례문

① (가) - 우리나라 최초의 근대 신문이 간행되었다.
② (나) - 고종의 황제 즉위식이 거행된 장소이다.
③ (다) - 백동화가 주조되었다.
④ (라) - 을사늑약이 체결되었다.
⑤ (마) - 나운규의 아리랑이 처음 상영된 곳이다.

38 -388 다음 판결이 내려진 시기에 있었던 사실로 옳은 것은? [1점]

판 결 문

피고인 : 박○○
주　문 : 피고인을 태 90에 처한다.
이　유
　피고 박○○은 이○○가 '구한국의 국권 회복을 도모한다.'고 각지를 돌아다니며 유세한 것에 찬동하였다. …… 법률에 비추어 보니 피고의 소행은 …… 태형에 처함이 타당하다고 인정하여 조선 태형령 제1조, 제4조에 준하여 처단해야 한다. 따라서 주문과 같이 판결한다.

① 원수부가 설치되었다.
② 신간회가 창립되었다.
③ 치안 유지법이 적용되었다.
④ 헌병 경찰제가 실시되었다.
⑤ 동양 척식 주식회사가 설립되었다.

39 -389 ㉠~㉤에 대한 탐구 활동으로 적절하지 <u>않은</u> 것은? [2점]

> 🔍 **역사** 돋보기   **한국 교육의 역사**
>
> 삼국 시대에는 ㉠<u>국가가 운영하는 기관</u>을 통해 제도적인 교육이 이루어졌다. 이때 교재는 유학 경전과 역사서가 중심이었다.
>
> 고려 시대에 와서 과거제가 실시되었다. 조상의 음덕을 입은 관직 진출도 있었지만, 과거에 합격하는 것을 영예롭게 여기기도 하였다. 이 과정에서 관학인 국자감 못지 않게 ㉡<u>사학 역시 중요한 역할</u>을 하였다.
>
> 조선 시대의 교육 기관은 ㉢<u>관학</u>으로 성균관·향교 등이 있었고, 사학으로 서원 등이 있었다. 국가는 교육을 통해 성리학의 이념을 확산시키고, 통치 질서를 유지하려고 하였다.
>
> 19세기 말 서구 문물을 접하면서 교육에도 상당한 변화가 일어났다. ㉣<u>정부는 새로운 변화에 대처하고 행정의 실무를 담당할 필요에서 학교를 설치하였다.</u>
>
> 갑오개혁 때 ㉤<u>교육 입국 조서가 반포</u>된 이후에는 각종 관립 학교가 세워져 교육을 담당하였다. 한편, 선교사들은 기독교를 전파하고 서양 문화를 보급하려고 학교 설립에 앞장섰다.

① ㉠ - 태학의 설립 취지를 찾아본다.
② ㉡ - 9재 학당의 수업 내용을 조사한다.
③ ㉢ - 명륜당과 대성전의 기능을 알아본다.
④ ㉣ - 동문학과 육영 공원의 운영 목적을 분석한다.
⑤ ㉤ - 배재 학당, 이화 학당의 설립 시기를 파악한다.

40 -390 다음 법령이 발표된 이후에 있었던 사실로 옳은 것은? [3점]

> 제1조 조선에서의 교육은 본령에 의한다.
> 제2조 국어[일본어]를 상용(常用)하는 자의 보통 교육은 소학교령, 중학교령 및 고등 여학교령에 의한다.
> 제3조 국어[일본어]를 상용하지 않는 자에게 보통 교육을 하는 학교는 보통학교, 고등 보통학교 및 여자 고등 보통학교로 한다.
> 제5조 보통학교의 수업 연한은 6년으로 한다. …… 보통학교에 입학할 수 있는 자는 연령 6세 이상으로 한다.

① 서당 규칙이 제정되었다.
② 2·8 독립 선언이 발표되었다.
③ 조선어 연구회가 결성되었다.
④ 조선 여자 교육회가 조직되었다.
⑤ 조선 민립 대학 설립 기성회가 창립되었다.

41 -391 (가) 정부의 활동에 대한 설명으로 옳은 것은? [2점]

> 도내 관공서의 조선인 관리·기타 조선인 부호 등에게 빈번하게 불온 문서를 배부하는 자가 있어서 수사한 결과 이○○의 소행으로 판명되어 그의 체포에 노력하고 있다. …… 그는   (가)   의 교통부 차장과 재무부 총장 등으로부터 여러 가지 명령을 받았다. 조선에 돌아가서 인쇄물을 뿌리는 등 인심을 교란하는 동시에   (가)   이/가 발행한 독립 공채를 판매하는 한편, 조선 내부와의 연락 및 기타 기관을 충분히 갖추게 하는 것 등이었다.
>
> – "고등 경찰 요사" –

① 무장 투쟁을 위해 중광단을 결성하였다.
② 민족 교육을 위해 서전서숙을 설립하였다.
③ 독립군 양성을 위해 신흥 강습소를 세웠다.
④ 외교 활동을 위해 구미 위원부를 설치하였다.
⑤ 농촌 계몽을 위해 브나로드 운동을 전개하였다.

42 -392 밑줄 그은 '시기'에 있었던 사실로 옳은 것은? [2점]

> 이곳 사할린에 있는 탄광으로 강제 동원되기 전 고향 생활 중 기억나는 것이 있으신가요?

> 그때는 중·일 전쟁이 시작된 뒤여서 황국 신민 서사를 외우지 못하면 기차표 사기도 어렵던 시기였어요. 기차표를 사려고 하면 일본 사람들이 나보고 황국 신민 서사를 외워 보라고 시켰었지요.

① 원산 총파업이 발생하였다.
② 미쓰야 협정이 체결되었다.
③ 조선 형평사가 결성되었다.
④ 국가 총동원법이 시행되었다.
⑤ 임시 토지 조사국이 설립되었다.

43 -393 (가)에 대한 설명으로 옳은 것은? [2점]

전자 사료관

○표시된 인물이 김원봉

자료는 　　(가)　　의 창립 1주년을 기념하며 계림에서 촬영된 사진이다. 중국 국민당 정부의 지원을 받아 김원봉 등을 중심으로 창설된 　　(가)　　은/는 중국 관내(關內)에서 만들어진 최초의 한인 무장 부대이다.

① 자유시 참변으로 시련을 겪었다.
② 대원 일부가 한국 광복군에 합류하였다.
③ 쌍성보 전투에서 한·중 연합 작전을 전개하였다.
④ 독립군 양성 기관인 한인 소년병 학교를 설립하였다.
⑤ 홍범도 부대와 연합하여 청산리에서 일본군과 교전하였다.

44 -394 (가)에 들어갈 내용으로 적절한 것은? [2점]

이달의 독립운동가

홈 > 나라사랑광장 > 이달의 독립운동가

최현배
ⓣ 훈격 : 독립장
ⓢ 서훈 연도 : 1962년

▷ 목차
• 주시경의 영향을 받아 국어 운동의 길로 들어서다
• 　　　　　(가)　　　　　
• 광복 이후 국어 교재 편찬과 교사 양성에 힘쓰다
• 각종 한글 교과서를 편찬하다

① 조선어 학회 사건으로 옥고를 치르다
② 파리 강화 회의에 독립 청원서를 제출하다
③ 복벽주의를 내세우며 독립 의군부를 조직하다
④ 국권 피탈 과정을 정리한 한국통사를 저술하다
⑤ 일제에 의해 조작된 105인 사건으로 재판을 받다

45 -395 다음 총선거에 대한 설명으로 옳은 것을 〈보기〉에서 고른 것은? [3점]

사진으로 보는
우리나라 첫 번째 총선거

회의 중인
유엔 한국 임시 위원단

투표하는 사람들

투표 용지를 세는
개표 종사원

보기
ㄱ. 좌우 합작 위원회가 주도하였다.
ㄴ. 장면 정부가 수립되는 계기가 되었다.
ㄷ. 제주도에서 무효 처리된 선거구가 있었다.
ㄹ. 제헌 국회 의원을 선출하기 위해 실시되었다.

① ㄱ, ㄴ   ② ㄱ, ㄷ   ③ ㄴ, ㄷ
④ ㄴ, ㄹ   ⑤ ㄷ, ㄹ

46 -396 밑줄 그은 '이 전쟁' 중에 있었던 사실로 옳은 것은? [1점]

사료로 보는 한국사

　　피하는 것은 죽는 것이요, 다 같이 일어나는 것은 사는 길이니 비록 중국군 2백만 명이 들어오기로서니 우리 2천만 명이 일어나면 한 놈도 살아갈 수 없이 만들 수 있을 것이다. …… 각 도시나 촌락에서 모든 인민들은 쌀을 타다가 밥을 지어 주먹밥이라도 만들면 실어다가 전선에서 싸우는 사람들을 먹여야 하며, 또 장년들은 참호라도 파며 한편으로 결사대를 조직하여 적의 진지를 뚫고 적군 속에 들어가 백방으로 싸워야만 될 것이다.

[해설] 중국군의 개입으로 이 전쟁의 전세가 불리해진 상황에서 국민의 항전 의지를 독려하는 대통령의 담화문이다.

① 애치슨 라인이 발표되었다.
② 부산이 임시 수도로 정해졌다.
③ 한·미 상호 방위 조약이 맺어졌다.
④ 푸에블로호 나포 사건이 발생하였다.
⑤ 국가 보위 비상 대책 위원회가 설치되었다.

47 -397 다음 상황이 나타난 시기를 연표에서 옳게 고른 것은? [3점]

□□신 문

제△△호 ○○○○년 ○○월 ○○일

희망에 찬 전진을

제1차 경제 개발 5개년 계획을 성공적으로 매듭지은 현 시점에서 우리에게는 진실로 기뻐하고 자랑스럽게 생각해야 할 일이 있다. 우리나라가 새롭고 희망에 찬 생활을 향하여 전진을 거듭하고 있다는 사실에 대한 자각이 더욱 높아가고 미래에 대한 자신이 날로 굳어져 가고 있다는 사실이다. …… 여러분이 아시다시피 올해는 제2차 경제 개발 5개년 계획에 착수하여 이미 도약 단계에 들어선 조국의 발전에 일대 박차를 가해야 할 중대한 새 출발의 해인 것이다. 앞으로 4~5년 후에는 아시아에 빛나는 공업 국가를 건설해 보자는 것이 이 계획의 목표인 것이다.

1949	1965	1977	1988	1996	2007
	(가)	(나)	(다)	(라)	(마)
농지 개혁법 제정	한·일 협정 체결	100억 달러 수출 달성	서울 올림픽 개최	경제 협력 개발 기구 (OECD) 가입	한·미 자유 무역 협정(FTA) 체결

① (가)　② (나)　③ (다)　④ (라)　⑤ (마)

48 -398 밑줄 그은 '정부' 시기에 있었던 사실로 옳은 것은? [2점]

이것은 부천 경찰서에서 자행된 여성 노동자에 대한 성 고문 사건을 축소, 은폐하기 위해 내린 정부의 보도 지침 내용입니다. 당시 정부는 언론의 보도 방향을 통제하고, 민주화 운동을 탄압하였습니다. 이후 박종철 고문치사 사건도 단순 쇼크사로 날조하였습니다.

부천서 성 고문 사건 지침
· 검찰 발표 결과만 보도할 것
· 사건 명칭을 성추행이 아닌 '성 모욕 행위'로 할 것
· 독자적 취재 보도 불가

① 야당 총재가 국회 의원직에서 제명되었다.
② 5년 단임의 대통령 직선제 개헌이 이루어졌다.
③ 국가 재건 최고 회의를 기반으로 군정이 실시되었다.
④ 평화 통일론을 내세우던 진보당의 조봉암이 처형되었다.
⑤ 긴급 조치 철폐 등을 포함한 3·1 민주 구국 선언이 발표되었다.

49 -399 다음 지역에 대한 탐구 활동으로 적절한 것은? [1점]

지도로 보는 우리 지역의 역사

1872년에 제작된 우리 지역 지도의 일부입니다. 조선 시대 전라도 일대를 총괄하는 전라 감영, 조선 왕실의 발상지라는 의미로 한(漢) 고조의 고사에서 이름을 딴 객사 풍패지관, 태조 이성계의 어진을 봉안하고 제사하는 경기전, 후백제의 왕성으로 알려진 동고산성 안에 있는 성황사 등이 표시되어 있습니다.

① 유형원이 반계수록을 저술한 장소를 답사한다.
② 견훤이 아들 신검에 의해 유폐된 장소를 알아본다.
③ 동학 농민군이 정부와 화약을 맺은 장소를 조사한다.
④ 기묘사화로 유배된 조광조가 사사된 장소를 검색한다.
⑤ 임병찬이 의병을 일으킨 무성 서원이 있는 장소를 찾아본다.

50 -400 다음 뉴스가 보도된 정부 시기의 통일 정책으로 옳은 것은? [2점]

대통령은 오늘 도쿄에서 오부치 일본 총리와 21세기 새로운 한·일 파트너십 공동 선언에 합의하였습니다. 이 공동 선언문에는 일본이 과거 한때 식민지 지배로 인하여 한국 국민에게 다대한 손해와 고통을 안겨 주었다는 역사적 사실을 겸허히 받아들이면서, 이에 대한 통절한 반성과 마음으로부터 사죄라는 표현이 명문화되어 있습니다.

대통령, 일본 국회 연설에서 일본 대중문화 단계적 개방 약속

① 남북 조절 위원회를 구성하였다.
② 6·15 남북 공동 선언을 채택하였다.
③ 한반도 비핵화 공동 선언에 합의하였다.
④ 판문점에서 남북 정상 회담을 개최하였다.
⑤ 남북 이산가족 고향 방문을 최초로 실현하였다.

1-401 밑줄 그은 '이 시대'의 생활 모습으로 옳은 것은? [1점]

> 화면 속 갈돌과 갈판, 빗살무늬 토기는 <u>이 시대</u>의 대표적인 유물로 알려져 있습니다.

> 농경과 정착 생활이 시작된 <u>이 시대</u>의 사람들은 토기를 만들어 곡식을 저장하고 음식을 조리하기도 하였습니다.

① 소를 이용하여 깊이갈이를 하였다.
② 반량전, 명도전 등의 화폐를 사용하였다.
③ 청동 방울 등을 의례 도구로 이용하였다.
④ 거푸집을 이용하여 세형 동검을 제작하였다.
⑤ 가락바퀴와 뼈바늘을 이용하여 옷을 만들었다.

2-402 (가) 나라에 대한 설명으로 옳은 것은? [2점]

> ○ [(가)]의 풍속에는 가뭄이나 장마가 계속되어 오곡이 영글지 않으면, 그 허물을 왕에게 돌려 "왕을 마땅히 바꾸어야 한다."라고 하거나 "죽여야 한다."라고 하였다. - "삼국지" 동이전 -
>
> ○ [(가)] 사람들은 …… 활·화살·칼·창으로 무기를 삼았다. 가축의 이름으로 관직명을 지으니 마가·우가·구가 등이 있었다. 그 나라의 읍락은 모두 여러 가(加)에 소속되었다. - "후한서" 동이열전 -

① 영고라는 제천 행사를 열었다.
② 한 무제의 공격으로 멸망하였다.
③ 정사암에 모여 재상을 선출하였다.
④ 읍락 간의 경계를 중시하는 책화가 있었다.
⑤ 제사장인 천군과 신성 지역인 소도가 존재하였다.

3-403 (가)에 들어갈 내용으로 가장 적절한 것은? [2점]

> 지금 보시는 자료는 안악 3호분 벽화 중 일부로, 무덤 주인공과 호위 군사 등의 행렬 모습을 자세히 보여 줍니다. 이 벽화를 남긴 나라에 대하여 알고 있는 내용을 대화창에 올려 주세요.

> **대화창**
> - 책을 읽고 활쏘기를 익히는 경당을 설치하였어요.
> - 제가 회의에서 국가 중대사를 결정하였어요.
> - (가)

① 연의 장수 진개의 공격을 받았어요.
② 골품에 따른 신분 차별이 엄격하였어요.
③ 빈민을 구제하기 위해 진대법을 실시하였어요.
④ 사회 질서를 유지하기 위한 범금 8조가 있었어요.
⑤ 왕족인 부여씨와 8성의 귀족이 지배층을 이루었어요.

4-404 (가)에 해당하는 문화유산으로 옳은 것은? [1점]

> **문화유산 DB**   문화유산 검색   교과서 속 문화유산   3D 문화유산
>
> **문화유산 검색**
> [(가)] 검색
>
> 문화재 종목별 검색
> ☑ 문화재 정보
> □ 우리 지역 문화재
> □ 유형 분류
>
> - 종목 : 국보
> - 지정일 : 1996년 5월 30일
> - 소개 : 부여 능산리 절터에서 출토되었다. 백제의 공예 기술 수준을 보여 주는 문화유산으로 불교와 도교 사상 등을 복합적으로 반영하고 있다.

① ② ③ ④ ⑤

5-405 (가) 인물에 대한 설명으로 옳은 것은? [3점]

이 전경은 　(가)　의 탄생지로 알려진 곳의 모습입니다. 금관가야 마지막 왕의 후손인 그는 진평왕부터 문무왕까지 다섯 임금을 섬기며 신라의 삼국 통일에 크게 기여하였습니다. 그는 사후에 '흥무대왕'에 봉해지며 신라의 왕이 아니면서도 대왕의 칭호를 갖게 된 인물로 기억되고 있습니다.

① 안승을 왕으로 추대하였다.
② 당의 등주를 선제공격하였다.
③ 비담과 염종의 난을 진압하였다.
④ 기벌포 전투를 승리로 이끌었다.
⑤ 일리천에서 신검의 군대를 물리쳤다.

6-406 밑줄 그은 '이 왕'에 대한 설명으로 옳은 것은? [2점]

무령왕의 뒤를 이어 즉위한 이 왕은 국호를 고치고 중앙 관청을 22부로 정비하였어.

신라와 연합하여 한강 유역을 되찾았지만, 신라에 다시 빼앗겼지.

결국 신라와 전쟁을 벌이다가 관산성 전투에서 전사하였어.

① 금마저에 미륵사를 창건하였다.
② 수도를 웅진에서 사비로 옮겼다.
③ 윤충을 보내 대야성을 함락하였다.
④ 고흥으로 하여금 서기를 편찬하게 하였다.
⑤ 북위에 사신을 보내 고구려 공격을 요청하였다.

7-407 (가) 시기에 있었던 사실로 옳은 것은? [3점]

며칠 전 우리 고구려군이 안시성 전투에서 당군을 격퇴했다는 소식을 들었는가?

요동성, 백암성이 함락되는 위기를 맞았지만 안시성에서 끝내 물리쳤다네.

고구려 집권층 내부에 분열이 생겨 연남건이 자신의 형 연남생을 몰아냈다고 하네.

결국 연남생은 고구려의 여러 성을 당에 바치며 투항했다더군.

① 소수림왕이 율령을 반포하였다.
② 진흥왕이 대가야를 병합하였다.
③ 을지문덕이 살수에서 대승을 거두었다.
④ 김춘추가 당과의 군사 동맹을 성사시켰다.
⑤ 근초고왕이 평양성을 공격하여 고국원왕을 전사시켰다.

8-408 (가) 국가의 경제 상황으로 옳은 것은? [2점]

이 지도는 　(가)　의 전성기 영역을 나타낸 것입니다. 이 국가에서는 각지에서 말이 사육되었는데, 그중에서도 솔빈부의 말은 당에 수출될 정도로 유명하였습니다. 특히 고구려 유민 출신으로 산둥반도 지역을 장악하였던 이 정기 세력에게 많은 말을 수출하였습니다.

① 벽란도를 통해 아라비아 상인과 무역하였다.
② 구황 작물로 감자, 고구마를 널리 재배하였다.
③ 해동통보를 발행하여 화폐 유통을 추진하였다.
④ 시장을 관리하는 관청인 동시전을 설치하였다.
⑤ 거란도, 영주도 등을 통해 주변국과 교역하였다.

9-409 다음 상황 이후에 전개된 사실로 옳은 것은? [2점]

> 청해진의 궁복은 왕이 딸을 [왕비로] 받아들이지 않은 것에 원한을 품고 반란을 일으켰다. 조정에서는 장차 그를 토벌하자니 예측하지 못할 환난이 생길까 두렵고, 그대로 두자니 그 죄를 용서할 수 없어서, 우려하면서도 어떻게 해야 할지를 몰랐다. 무주 사람 염장이란 자는 용맹하고 씩씩하기로 당시에 소문이 났는데, 와서 아뢰기를 "조정에서 다행히 신의 말을 들어주신다면 신은 한 명의 병졸도 번거롭게 하지 않고 맨주먹으로 궁복의 목을 베어 바치겠습니다."라고 하였다. 왕이 그의 말을 따랐다.
> – "삼국사기" –

① 혜공왕이 귀족 세력에게 피살되었다.
② 최치원이 시무책 10여 조를 건의하였다.
③ 왕의 장인인 김흠돌이 반란을 도모하였다.
④ 자장의 건의로 황룡사 구층 목탑이 건립되었다.
⑤ 원광이 화랑도의 규범으로 세속 5계를 제시하였다.

10-410 다음 검색창에 들어갈 인물에 대한 설명으로 옳은 것은? [2점]

① 후당, 오월에 사신을 파견하였다.
② 이사부를 보내 우산국을 복속하였다.
③ 폐정 개혁을 목표로 정치도감을 설치하였다.
④ 광평성을 비롯한 각종 정치 기구를 마련하였다.
⑤ 정계와 계백료서를 지어 관리가 지켜야 할 규범을 제시하였다.

11-411 (가), (나) 사이의 시기에 있었던 사실로 옳은 것은? [3점]

> (가) 거란에서 사신을 파견하여 낙타 50필을 보냈다. 왕은 거란이 일찍이 발해와 지속적으로 화목하다가 갑자기 의심하여 맹약을 어기고 멸망시켰으니, 이는 매우 무도하여 친선 관계를 맺어 이웃으로 삼을 수 없다고 생각하였다. 드디어 교빙을 끊고 사신 30인을 섬으로 유배 보냈으며, 낙타는 만부교 아래에 매어두니 모두 굶어 죽었다.
>
> (나) 양규가 흥화진으로부터 군사 7백여 명을 이끌고 통주까지 와서 군사 1천여 명을 수습하였다. 밤중에 곽주로 들어가서 지키고 있던 적들을 급습하여 모조리 죽인 후 성 안에 있던 남녀 7천여 명을 통주로 옮겼다.

① 외침에 대비하여 광군이 조직되었다.
② 강감찬이 귀주에서 대승을 거두었다.
③ 화통도감이 설치되어 화포를 제작하였다.
④ 김윤후가 처인성에서 살리타를 사살하였다.
⑤ 철령위 설치에 반발하여 요동 정벌이 추진되었다.

12-412 밑줄 그은 '반란'이 일어난 시기를 연표에서 옳게 고른 것은? [1점]

> 이것은 경원 이씨 가문의 이자연 묘지명으로, 딸 셋을 모두 문종의 왕비로 보냈다는 내용이 기록되어 있습니다. 훗날 이자연의 손자 또한 딸들을 왕비로 보내 최고 권력을 누렸는데, 이에 위협을 느낀 인종이 그를 제거하려 하자 척준경과 함께 반란을 일으켰습니다.

1104	1135	1170	1196	1270	1351
(가)	(나)	(다)	(라)	(마)	
별무반 조직	묘청의 난	무신 정변	최충헌의 집권	개경 환도	공민왕 즉위

① (가) ② (나) ③ (다) ④ (라) ⑤ (마)

13-413 교사의 질문에 대한 학생의 답변으로 가장 적절한 것은? [2점]

화폐 사용을 주장한 저는 여진을 정벌하여 동북 9성을 축조하였습니다.

두 분은 모두 화폐 유통의 필요성을 주장하였어요. 이 인물들이 활동한 국가의 경제 상황에 대해 말해 볼까요?

송에 다녀와 운반의 편리 등 화폐 사용의 장점을 강조한 저는 해동 천태종을 개창하였습니다.

홀로그램으로 만나는 역사 인물

① 집집마다 부경이라는 창고가 있었어요.
② 관료전이 폐지되고 녹읍이 지급되었어요.
③ 상평통보가 발행되어 법화로 사용되었어요.
④ 당항성, 영암이 국제 무역항으로 번성하였어요.
⑤ 경시서의 관리들이 시전의 상행위를 감독하였어요.

14-414 (가) 인물의 활동으로 옳은 것은? [2점]

고려 고종의 능인 홍릉이 강화도에 조성된 이유는 무엇일까?

몽골 침략 당시 실권자였던 (가) 이/가 항전을 위해 강화 천도를 강행한 후에 고종이 이곳에서 승하했기 때문이야.

① 인사 행정 담당 기구로 정방을 설치하였다.
② 봉사 10조를 올려 시정 개혁을 건의하였다.
③ 삼별초를 이끌고 진도 용장성에서 항전하였다.
④ 군사를 일으켜 정중부 등의 제거를 도모하였다.
⑤ 전민변정도감의 책임자로 임명되어 권문세족을 견제하였다.

15-415 다음 대화 이후에 전개된 사실로 옳은 것은? [2점]

원의 공주와 혼인한 태자께서 돌아와 왕이 되신 건 알고 있는가? 이전에 변발과 호복 차림으로 돌아오신 걸 보고 눈물을 흘렸다네.

나도 그랬다네. 그나저나 며칠 앞으로 다가온 일본 원정이 더 큰 걱정이군.

① 빈민 구제를 위한 흑창이 처음 설치되었다.
② 망이·망소이가 공주 명학소에서 봉기하였다.
③ 김부식 등이 왕명으로 삼국사기를 편찬하였다.
④ 김보당이 의종 복위를 주장하며 난을 일으켰다.
⑤ 유인우, 이자춘 등이 쌍성총관부를 수복하였다.

16-416 (가)에 들어갈 문화유산으로 적절하지 않은 것은? [1점]

특별 사진전

사진으로 보는 고려의 불교문화

우리 박물관에서는 고려 시대의 다양한 불교 문화유산을 보여주는 특별 사진전을 마련하였으니 많은 관심과 참여 바랍니다.

예산 수덕사 대웅전   수월관음도   (가)

• 기간 : 2023년 ○○월 ○○일~○○월 ○○일
• 장소 : △△박물관

①
평창 월정사 팔각 구층 석탑

②
논산 관촉사 석조 미륵보살 입상

③
원주 법천사지 지광국사 탑비

④
보은 법주사 팔상전

⑤
영주 부석사 무량수전

17 -417 밑줄 그은 '왕'의 재위 시기에 있었던 사실로 옳은 것은? [2점]

이달의 책

동국정운

이 책의 제목은 우리나라의 바른 음이라는 뜻으로, 집현전 학사인 신숙주, 최항, 박팽년 등이 왕의 명을 받아 편찬하였습니다. 우리나라 한자음을 바로잡아 통일된 표준음을 정하려는 목적으로 만들어진 이 책은 국어 연구 자료로서 높이 평가되고 있습니다.

① 금속 활자인 갑인자가 제작되었다.
② 수도 방어를 위해 금위영이 설치되었다.
③ 훈련 교범인 무예도보통지가 편찬되었다.
④ 국가의 기본 법전인 경국대전이 완성되었다.
⑤ 신진 인사를 등용하기 위해 현량과가 시행되었다.

18 -418 (가) 궁궐에 대한 설명으로 옳은 것은? [3점]

2023
달빛기행

유네스코 세계 유산에 등재된 조선의 궁궐 (가) 에 여러분을 초대합니다.
달빛과 별이 어우러진 밤하늘 아래 자연과 어우러진 고궁의 아름다움을 느껴 보시기 바랍니다.

◆ 관람 동선 ◆
돈화문 → 금천교 → 인정전 → 낙선재 →
부용지 → 연경당 → 후원 숲길 → 돈화문

• 일시 : 2023년 ○○월 ○○일 19:00~21:00
• 주관 : △△문화재단

① 일제에 의해 동물원 등이 설치되었다.
② 도성 내 서쪽에 있어 서궐이라고 불렸다.
③ 인목 대비가 광해군에 의해 유폐된 장소이다.
④ 정도전이 궁궐과 주요 전각의 명칭을 정하였다.
⑤ 태종이 도읍을 한양으로 다시 옮기며 건립하였다.

19 -419 (가)에 대한 설명으로 옳은 것은? [2점]

1. 처음 ___(가)___ 을/를 정할 때 약문(約文)을 동지에게 두루 보이고 그 마음을 바로잡고, 몸가짐을 단속하고, 착하게 살고, 허물을 고치기 위해 약계(約契)에 참례하기를 원하는 자 몇 사람을 가려 서원에 모아 놓고 약법(約法)을 의논하여 정한 다음 도약정(都約正), 부약정 및 직월(直月)·사화(司貨)를 선출한다. ……

1. 물건으로 부조할 때는 약원이 사망하였다면 초상 치를 때 사화가 약정에게 고하여 삼베 세 필을 보내고, 같은 약원들은 각각 쌀 다섯 되와 빈 거적때기 세 닢씩 내어서 상을 치르는 것을 돕는다. — "율곡전서" —

① 7재라는 전문 강좌를 두었다.
② 옥당이라고 불리며 경연을 담당하였다.
③ 중앙에서 파견된 교수나 훈도가 지도하였다.
④ 풍속 교화와 향촌 자치 등의 역할을 하였다.
⑤ 매향(埋香) 활동 등 각종 불교 행사를 주관하였다.

20 -420 다음 자료에 나타난 시기에 볼 수 있는 모습으로 적절한 것은? [2점]

비변사에서 아뢰기를 "…… 우리나라는 물력(物力)이 부족하여 요역이 매우 무겁습니다. 매번 나라의 힘으로 채굴한다면, 노동과 비용이 많이 들어갑니다. 채은관(採銀官)에게 명해 광산을 개발한 이후 백성을 모집하여 [채굴할 것을] 허락하고 그로 하여금 세를 거두도록 하되 그 세금의 많고 적음은 [채은관이] 적당히 헤아려 정하게 한다면 관에서 힘을 들이지 않아도 세입이 저절로 많아질 것입니다. ……"라고 하니, 왕이 아뢴 대로 하라고 답하였다.

① 주자감에서 공부하는 학생
② 초조대장경 조판을 지켜보는 승려
③ 빈공과를 준비하는 6두품 출신 유학생
④ 과전법에 따라 수조권을 지급받는 관리
⑤ 고추, 담배 등을 상품 작물로 재배하는 농민

21 -421 다음 상황이 전개된 배경으로 옳은 것은? [2점]

며칠 전 안핵사로 파견된 박규수가 전하께 특별 기구 설치를 상소하였다고 하네.

그렇다네. 전하께서 이를 받아들여 삼정이정청을 설치하고, 각 고을마다 대책을 모아 올려 보내라고 명하셨지.

① 이만손 등이 영남 만인소를 올렸다.
② 운요호가 강화도와 영종도를 공격하였다.
③ 동학교도가 교조 신원을 주장하며 삼례 집회를 개최하였다.
④ 황사영이 외국 군대의 출병을 요청하는 백서를 작성하였다.
⑤ 백낙신의 탐학이 발단이 되어 진주에서 농민들이 봉기하였다.

22-422 밑줄 그은 '전하'가 재위한 시기의 사실로 옳은 것은? [3점]

> 무술년 봄에 양성지가 팔도지리지를 바치고, 서거정 등이 동문선을 바쳤더니, <u>전하</u>께서 드디어 노사신, 양성지, 서거정 등에게 명하여 시문을 팔도지리지에 넣게 하셨습니다. ······ 연혁을 앞에 둔 것은 한 고을의 흥함과 망함을 먼저 알아야 하기 때문이며 ······ 경도(京都)의 첫머리에 팔도총도를 기록하고, 각 도의 앞에 도별 지도를 붙여서 양경(兩京) 8도로 50권을 편찬하여 바치나이다.

① 예학을 정리한 가례집람이 저술되었다.
② 외교 문서를 집대성한 동문휘고가 편찬되었다.
③ 국가의 의례를 정비한 국조오례의가 완성되었다.
④ 전통 한의학을 정리한 동의보감이 간행되었다.
⑤ 역대 문물제도를 정리한 동국문헌비고가 만들어졌다.

23-423 (가)에 들어갈 내용으로 가장 적절한 것은? [2점]

[역사 다큐멘터리 기획안]

○○, 정쟁과 혼란의 한가운데에 서다

■ 기획 의도
  ○○의 즉위와 집권 시기를 다큐멘터리로 제작하여 훈구와 사림의 대립 등 나라 안팎으로 혼란스러웠던 당시 상황을 살펴본다.

■ 구성 내용
#1. 반정(反正)으로 연산군이 폐위되고 ○○이/가 즉위하다
#2. 삼포에서 왜인들이 난을 일으키다
#3. _____(가)_____

① 이괄이 난을 일으켜 도성을 점령하다
② 허적과 윤휴 등 남인이 대거 축출되다
③ 정여립 모반 사건으로 기축옥사가 일어나다
④ 위훈 삭제를 주장한 조광조 일파가 제거되다
⑤ 조의제문이 발단이 되어 김일손 등이 화를 입다

24-424 (가) 전쟁 중에 있었던 사실로 옳은 것은? [2점]

① 이종무가 대마도를 정벌하였다.
② 송상현이 동래성에서 항전하였다.
③ 김상용이 강화도에서 순절하였다.
④ 최영이 홍산 전투에서 크게 승리하였다.
⑤ 강홍립 부대가 사르후 전투에 참전하였다.

25-425 밑줄 그은 '시기'의 문화에 대한 설명으로 옳지 <u>않은</u> 것은? [1점]

① 금강전도 등 진경 산수화가 그려졌다.
② 새로운 역법으로 수시력이 도입되었다.
③ 양반 사회를 풍자한 탈춤이 성행하였다.
④ 춘향가, 흥보가 등의 판소리가 유행하였다.
⑤ 홍길동전, 박씨전 등의 한글 소설이 널리 읽혔다.

26-426 밑줄 그은 '왕'의 재위 시기에 있었던 사실로 옳은 것은? [2점]

> 대전통편이 완성되었는데, 나라의 제도 및 법식에 관한 책이다. …
> … 왕이 말하기를, "속전(續典)은 갑자년에 이루어졌는데, 선왕의 명
> 령으로서 갑자년 이후에 이루어진 것도 많으니 어찌 감히 지금과 가
> 까운 것만을 내세우고 먼 것은 소홀히 할 수 있겠는가?"라고 하였다.
> 이에 김치인 등에게 명하여 원전(原典)과 속전 및 지금까지의 왕명을
> 모아 한 책으로 편찬한 것이었다.

① 인재 양성을 위해 초계문신제를 시행하였다.
② 홍경래 등이 봉기하여 정주성을 점령하였다.
③ 자의 대비의 복상 문제로 예송이 전개되었다.
④ 이인좌를 중심으로 소론 세력 등이 난을 일으켰다.
⑤ 신류가 조총 부대를 이끌고 흑룡강에서 전투를 벌였다.

27-427 (가) 인물에 대한 설명으로 옳은 것은? [1점]

답사 계획서

▶ 주제 : [(가)]의 강진 유배지를 찾아서
▶ 일자 : 2023년 ○○월 ○○일
▶ 답사 장소

- 혜장선사의 주선으로 거처한 곳 — 보은산방
- 읍내의 제자들을 교육하고 "아학편훈의"를 편찬한 곳 — 사의재
- 10여 년간 머무르며 "목민심서", "경세유표"를 집필한 곳 — 다산초당

① 일본에 다녀와 해동제국기를 편찬하였다.
② 최초의 서원인 백운동 서원을 건립하였다.
③ 북한산비가 진흥왕 순수비임을 고증하였다.
④ 양명학을 연구하여 강화학파를 형성하였다.
⑤ 기기도설을 참고하여 거중기를 설계하였다.

28-428 밑줄 그은 '이 사건'에 대한 설명으로 옳은 것은? [2점]

사료로 보는 한국사

> 온 성의 군민이 모두 울분을 품고, …… 총환과
> 화살을 어지러이 발사하였으며 사생을 잊고 위험
> 을 무릅쓰지 않는 자가 없었으니, 반드시 오랑캐를
> 도륙하고야 말 태세였습니다. 강 아래 위의 요해처
> 에서 막고, 마침내 화선(火船)으로 불길이 옮겨붙게
> 함으로써 모조리 죽여 살아남은 종자가 없게 된 것
> 은 모두 이들이 …… 용감하게 싸운 것에 기인한 것
> 이었습니다.
>
> [해설] 자료는 "환재집"의 일부로, 평양 군민들이 대동
> 강에서 이양선을 격침한 이 사건의 전말을 서술한 것
> 이다. 평안 감사가 여러 차례 조정에 올린 장계를 통해
> 당시의 생생한 상황을 파악할 수 있다.

① 신유박해가 원인이 되어 발생하였다.
② 신미양요가 일어나는 계기가 되었다.
③ 전개 과정에서 전주 화약이 체결되었다.
④ 외규장각 도서가 국외로 약탈되는 결과를 가져왔다.
⑤ 오페르트의 남연군 묘 도굴 사건을 배경으로 일어났다.

29-429 (가) 인물에 대한 설명으로 옳은 것은? [2점]

월간 역사 2023년 4월호

특집 [(가)]의 상소, 조선의 정치를 뒤흔들다!

- 흥선 대원군의 하야를 요구하는 상소를 올리다
- 지부복궐척화의소를 올려 왜양일체론을 주장하다
- 단발령에 반대하는 상소를 올리다

① 대한 광복회를 조직하여 친일파를 처단하였다.
② 국권 피탈 과정을 정리한 한국통사를 집필하였다.
③ 을사늑약 체결에 반대하여 태인에서 의병을 일으켰다.
④ 13도 창의군을 지휘하여 서울 진공 작전을 전개하였다.
⑤ 보국안민을 기치로 우금치에서 일본군 및 관군에 맞서 싸웠다.

30 -430 다음 사건이 일어난 시기를 연표에서 옳게 고른 것은? [3점]

심히 급박한 상황 중에 나는 적의 활동과 청국 군대의 내습을 우려하여 주상을 모시고 지키기 편리한 경우궁으로 옮기시게 한 후 일본 병사로 하여금 호위할 방침을 세웠다. 곧이어 주상께 일본군의 지원을 구하도록 요청하니, 주상은 곧 영숙문 앞 노상에서 연필로 "일본 공사는 와서 나를 보호하라."라는 글을 친히 쓰시어 주시는지라. …… 졸지에 변란을 만난 사대당의 거두들은 주상께서 경우궁에 계심을 듣고 입궐하다가 …… 민영목, 민태호 등은 용감한 우리 집행원의 손에 비참한 최후를 당하였다.

1866	1873	1882	1885	1894	1899
(가)	(나)	(다)	(라)	(마)	
병인박해	고종친정	임오군란	톈진조약	청·일 전쟁 발발	대한국 국제 반포

① (가) ② (나) ③ (다) ④ (라) ⑤ (마)

31 -431 밑줄 그은 '개혁안'의 내용으로 옳은 것을 <보기>에서 고른 것은? [2점]

파리의 외무부 장관 아노토 각하께

전임 일본 공사는 국왕에게서 사실상 거의 모든 권력을 빼앗고, 개혁 위원회[군국기무처]가 내린 결정을 확인하는 권한만 남겨 놓았습니다. …… 이후 개혁 위원회[군국기무처]는 매우 혁신적인 개혁안을 발표했습니다. 그런데 일부 위원들이 몇몇 조치에 대해 시의적절하지 않다고 판단하더니 이에 대해 동의하기를 거부했습니다. …… 게다가 조선인들은 이 기구가 왕권을 빼앗고 일본에 매수되었다고 비난하면서, …… 어떤 지방에서는 왕권 수호를 위해 봉기했다고 합니다.
주 조선 공사 르페브르 올림

보기
ㄱ. 건양이라는 연호를 제정하였다.
ㄴ. 탁지아문으로 재정을 일원화하였다.
ㄷ. 양전 사업을 실시하여 지계를 발급하였다.
ㄹ. 조혼을 금지하고 과부의 재가를 허용하였다.

① ㄱ, ㄴ   ② ㄱ, ㄷ   ③ ㄴ, ㄷ
④ ㄴ, ㄹ   ⑤ ㄷ, ㄹ

32 -432 (가) 단체에 대한 설명으로 옳은 것은? [2점]

(가) 은/는 독립관에서 경축 모임을 열었다. 회장은 모임을 여는 큰 뜻을 설명하였다. "오늘은 황제 폐하께서 대황제라는 존귀한 칭호를 갖게 되신 계천(繼天) 경축일이니, 대한의 신민은 이를 크게 경축드립니다. 우리는 관민 공동회에서 황실을 공고히 하고 인민을 문명개화시키며 영토를 보존하고자 여섯 개 조항의 의견안을 바쳤습니다."라고 말하였다. …… 이어 회원들은 조칙 5조와 헌의 6조 10만 장을 인쇄하여 온 나라에 널리 배포하고 학생들에게 그것을 배우고 익히도록 하였다. 경축연을 마친 회원들은 울긋불긋한 종이꽃을 머리에 꽂은 채 국기와 (가) 의 깃발을 세우고 경축가를 부르며 인화문 앞으로 가서 만세를 외치고 종로의 만민 공동회로 갔다.

① 일제의 황무지 개간권 요구를 저지시켰다.
② 러시아의 절영도 조차 요구에 반대하였다.
③ 태극 서관을 설립하여 계몽 서적을 보급하였다.
④ 민립 대학 설립을 위한 모금 운동을 전개하였다.
⑤ 조소앙의 삼균주의를 기초로 건국 강령을 발표하였다.

33 -433 다음 규칙이 발표된 이후의 사실로 옳은 것은? [3점]

한성 사범 학교 규칙

제1조 한성 사범 학교는 칙령 제79호에 의해 교원에 활용할 학생을 양성함
제2조 한성 사범 학교의 졸업생은 소학교 교원이 되는 자격이 있음
제3조 한성 사범 학교의 본과 학생이 수학할 학과목은 수신·교육·국문·한문·역사·지리·수학·물리·화학·박물·습자·작문·체조로 함
⋮

① 길모어 등이 육원 공원 교사로 초빙되었다.
② 정부가 동문학을 세워 통역관을 양성하였다.
③ 이승훈이 인재 양성을 위해 오산 학교를 세웠다.
④ 함경도 덕원 지방의 관민들이 원산 학사를 설립하였다.
⑤ 교육의 기본 방향을 제시한 교육 입국 조서가 반포되었다.

34 -434 (가) 신문에 대한 설명으로 옳은 것은? [1점]

경천사지 십층 석탑에 대한 일본인의 약탈 행위에 관해 보도한 (가) 기사를 읽어 보았는가? 보도 내용을 접한 헐버트가 사건 현장을 방문하여 사진을 촬영하고 목격자 의견을 청취했다더군.

일본인의 이런 행위가 알려진 것은 양기탁과 베델이 창간한 (가) 의 노력 덕분이라고 하네.

① 상업 광고를 처음으로 실었다.
② 천도교의 기관지로 발행되었다.
③ 국채 보상 운동의 확산에 기여하였다.
④ 일장기를 삭제한 손기정 사진을 게재하였다.
⑤ 순 한문 신문으로 열흘마다 발행하는 것이 원칙이었다.

35 -435 밑줄 그은 '전쟁' 중에 있었던 사실로 옳지 않은 것은? [3점]

당신은 무슨 이유로 이토 히로부미를 살해했는가?

일본은 전쟁 당시 우리나라의 독립을 보장해 주겠다고 약속했다. 그러나 포츠머스 조약으로 전쟁이 종결되자, 이토는 우리 군신을 위협해 주권을 뺏으려 하였다.

① 일본이 독도를 불법적으로 편입하였다.
② 일본과 미국이 가쓰라·태프트 밀약을 맺었다.
③ 일본인 메가타가 대한 제국의 재정 고문으로 초빙되었다.
④ 대한 제국이 기유각서를 통해 일제에 사법권을 박탈당하였다.
⑤ 군사 전략상 필요한 지역을 일본에 제공하는 한·일 의정서가 강요되었다.

36 -436 다음 규정이 시행된 시기에 있었던 사실로 옳은 것은? [1점]

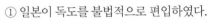

임시 토지 조사국 조사 규정

제1장 면과 동의 명칭 및 강계(疆界) 조사와 토지 신고서의 접수
제2장 지주 지목(地目) 및 강계 조사
제3장 분쟁지와 소유권에 부의(付疑)* 있는 토지 및 신고하지 않은 토지에 대한 재조사
제4장 지위(地位) 등급 조사
⋮
* 부의(付疑) : 이의를 제기함
－ 조선 총독부 관보 －

① 회사령이 실시되었다.
② 원산 총파업이 일어났다.
③ 국가 총동원법이 제정되었다.
④ 조선 노동 공제회가 조직되었다.
⑤ 조선 사상범 예방 구금령이 공포되었다.

37 -437 (가) 단체에 대한 설명으로 옳은 것은? [2점]

역 사 신 문

제△△호 ○○○○년 ○○월 ○○일

민중 대회 개최 모의로 지도부 대거 체포

허헌, 홍명희 등 (가) 의 지도부는 광주 학생 항일 운동을 전국적 시위운동으로 확산시키기 위한 민중 대회 개최를 추진하다가 경찰에 체포되었다. 이 단체는 사건 진상 조사 보고를 위한 유인물 배포 및 연설회 개최를 계획하고, 각 지회에 행동 지침을 내리는 등 시위 확산을 도모하였다.

① 암태도 소작 쟁의를 지원하였다.
② 민족 협동 전선으로 결성되었다.
③ 부민관 폭파 사건을 주도하였다.
④ 조선 혁명 선언을 활동 지침으로 하였다.
⑤ 어린이날을 제정하고 잡지 어린이를 간행하였다.

38 -438 밑줄 그은 '이 운동'에 대한 설명으로 옳은 것은? [2점]

이것은 평양에서 조만식 등의 주도로 시작된 이 운동의 선전 행렬을 보여 주는 사진이야.

이 운동은 '조선 사람 조선 것' 등의 구호를 내세웠지만, 자본가의 이익만을 추구하는 이기적인 운동이라고 비판받기도 했어.

① 통감부의 탄압과 방해로 중단되었다.
② 조선 관세령 폐지를 계기로 확산되었다.
③ 황국 중앙 총상회가 설립되는 결과를 가져왔다.
④ 한성 은행, 대한 천일 은행 설립에 영향을 끼쳤다.
⑤ 일본, 프랑스 등의 노동 단체로부터 격려 전문을 받았다.

39 -439 밑줄 그은 '시기'에 볼 수 있는 모습으로 적절한 것은? [2점]

이 자료는 태평양 전쟁 발발 후 일제의 전시 동원 체제가 강화된 시기의 판결문이다. 판결문에는 피고인 임○○이 이웃 주민과의 잡담에서 "자식이 징용되거나 근로 보국대에 가지 않도록 취직시킨다." 등의 발언을 하여 민심을 어지럽혔다는 이유로 징역형을 선고한다는 내용이 담겨 있다.

① 국가 보안법 철폐를 요구하는 학생
② 몸뻬 착용을 권장하는 애국반 반장
③ 경부선 철도 개통식을 구경하는 청년
④ 형평사 창립 대회 개최를 취재하는 기자
⑤ 헌병 경찰에게 끌려가 태형을 당하는 농민

40 -440 다음 인물의 활동으로 옳은 것은? [2점]

이달의 독립운동가

우리 말과 글을 지키는 데 앞장선 ○○○

- 생몰년 : 1888~1943
- 호 : 환산, 한뫼
- 주요 활동
  김해 출신으로 합성 학교 등에서 교사로 재직하며 교육 계몽 운동을 전개하였다. 1919년 영변에서 만세 운동을 주도하였으며, 중국의 베이징 대학에서 역사학을 공부하였다. 귀국 이후 조선어 연구회에 가입하여 한글의 연구 및 보급에 앞장섰으며, 1942년 조선어 학회 사건으로 가혹한 고문을 받고 이듬해 옥사하였다. 1962년 건국훈장 독립장이 추서되었다.

① 한글 맞춤법 통일안 제정에 참여하였다.
② 미국과 유럽을 여행한 뒤 서유견문을 집필하였다.
③ 국문 연구소를 설립하고 연구 위원으로 활동하였다.
④ 세계 지리 교과서인 사민필지를 한글로 저술하였다.
⑤ 민족을 역사 서술의 중심에 둔 독사신론을 발표하였다.

41 -441 (가) 부대에 대한 설명으로 옳은 것은? [1점]

1. 연내에 동북 방면에서 중국 관내로 들어와 화북 각지에 분포되어 있는 독립군 중에서 모집한다.
   ⋮
3. 한국 국내와 동북 지방 각지에 있는 장정들에게 비밀리에 군령을 전하여 그들로 하여금 응모하게 한다.
   ⋮
5. 포로로 잡힌 한인을 거두어 편성한다.

이것은 (가) 편련 계획 대강의 일부로 병력 모집에 대한 구체적인 계획이 담겨 있습니다. 이를 바탕으로 대한민국 임시 정부는 충칭에서 지청천을 총사령으로 하는 (가) 총사령부를 창설하였습니다.

① 미국과 연계하여 국내 진공 작전을 계획하였다.
② 쌍성보, 대전자령 전투에서 일본군을 격파하였다.
③ 조선 민족 전선 연맹의 무장 조직으로 결성되었다.
④ 중국 의용군과 연합하여 영릉가 전투에서 승리하였다.
⑤ 간도 참변 이후 조직을 정비하고 자유시로 이동하였다.

42 -442 (가) 시기에 있었던 사실로 옳은 것은? [2점]

신문을 보니 며칠 전 정읍에서 이승만이 단독 정부 수립을 시사하는 발언을 했다네.

한국 독립당에서는 단독 정부 수립은 안 된다고 했다더군.

➡ (가) ➡

우리 소련의 주장은 작년 제1차 미·소 공동 위원회 때와 같습니다.

우리 미국은 신탁 통치에 반대하는 단체를 제외하는 것은 부당하다고 생각합니다.

① 여수·순천 10·19 사건이 발생하였다.
② 유엔 한국 임시 위원단이 서울에 도착하였다.
③ 송진우, 김성수 등이 한국 민주당을 창당하였다.
④ 여운형 등의 주도로 좌우 합작 위원회가 발족되었다.
⑤ 조선 건국 준비 위원회에서 조선 인민 공화국을 선포하였다.

43-443 (가)~(라) 지방 통치 체제에 대한 설명으로 옳은 것을 〈보기〉에서 고른 것은? [3점]

(가) 완산주를 다시 설치하고 용원을 총관으로 삼았다. 거열주를 빼서 청주(菁州)를 두니 처음으로 9주가 되었다. 대아찬 복세를 총관으로 삼았다.

(나) 현종 초에 절도사를 폐지하고, 5도호와 75도 안무사를 두었으나, 얼마 후 안무사를 폐지하고, 4도호와 8목을 두었다. 그 이후로 5도·양계를 정하니, 양광·경상·전라·교주·서해·동계·북계가 그것이다.

(다) 각 도 각 고을의 이름을 고쳤다. …… 드디어 완산을 다시 '전주'라고 칭하고, 계림을 다시 '경주'라고 칭하고, 서북면을 '평안도'로 하고, 동북면을 '영길도'로 하였으니, 평양·안주·영흥·길주가 계수관이기 때문이다.

(라) 전국을 23부의 행정 구역으로 나누어 아래에 열거하는 각 부를 둔다. …… 앞 조항 외에는 종래의 목, 부, 군, 현의 명칭과 부윤, 목사, 부사, 군수, 서윤, 판관, 현령, 현감의 관명을 다 없애고 읍의 명칭을 군이라고 하며 읍 장관의 관명을 군수라고 한다.

> **보기**
> ㄱ. (가) - 신문왕 재위 시기에 정비되었다.
> ㄴ. (나) - 지방 장관으로 욕살, 처려근지 등이 있었다.
> ㄷ. (다) - 도에는 관찰사가 임명되어 수령을 감독하였다.
> ㄹ. (라) - 광무개혁의 일환으로 실시되었다.

① ㄱ, ㄴ   ② ㄱ, ㄷ   ③ ㄴ, ㄷ
④ ㄴ, ㄹ   ⑤ ㄷ, ㄹ

44-444 다음 상황 이후에 일어난 사실로 옳은 것은? [2점]

> 유엔군과 국군은 서울에서 퇴각하고 한강 이북의 부대를 철수시키기로 결정하였다. 이들은 한강에 설치된 임시 교량을 이용해 철수하였고, 오후 1시경에 마지막 부대가 통과한 후 임시 교량을 폭파시켰다. 이에 앞서 정부는 서울 시민들에게 피란을 지시하였고, 많은 서울 시민들이 보따리를 싸서 피란길에 나섰다.

① 한·미 상호 방위 조약이 체결되었다.
② 장진호 전투에서 중국군이 유엔군을 포위하였다.
③ 경찰이 반민족 행위 특별 조사 위원회를 습격하였다.
④ 미국의 극동 방위선이 조정된 애치슨 라인이 발표되었다.
⑤ 우리나라 최초의 보통 선거인 5·10 총선거가 실시되었다.

45-445 다음 뉴스의 사건이 일어난 정부 시기의 경제 상황으로 옳은 것은? [2점]

> 경기도 광주 대단지에서 주민들이 차량을 탈취하는 등 대규모 시위를 벌였습니다. 서울시가 도심 정비를 명목으로 10만여 명의 주민들을 광주로 이주시키는 과정에서 약속한 이주 조건을 지키지 않자 주민들이 대지 가격 인하 등을 요구하며 집단으로 반발하였습니다.

① 경부 고속 도로가 개통되었다.
② 경제 협력 개발 기구(OECD)에 가입하였다.
③ 원조 물자를 가공한 삼백 산업이 발달하였다.
④ 저유가, 저금리, 저달러의 3저 호황이 있었다.
⑤ 대통령 직속 자문 기구인 노사정 위원회가 구성되었다.

46-446 (가), (나) 민주화 운동에 대한 설명으로 옳은 것은? [1점]

사진으로 보는 민주화 운동

(가) 대학교수들이 3·15 부정 선거를 규탄하고 대통령의 퇴진을 요구하며 시위에 나섬

(나) 명동 성당에서 시민들이 호헌 철폐, 독재 타도를 외치며 시위를 전개함

① (가) - 굴욕적인 한·일 국교 정상화에 반대하였다.
② (가) - 군부 독재를 타도하려 한 민주화 운동이었다.
③ (나) - 대통령 직선제 개헌을 이끌어 냈다.
④ (나) - 전개 과정에서 시민군이 자발적으로 조직되었다.
⑤ (가), (나) - 대통령이 하야하는 결과를 가져왔다.

47 -447 다음 조치를 시행한 정부 시기에 있었던 사실로 옳은 것은?
[2점]

> **대통령 긴급 조치 제9호**
>
> ## 국가 안전과 공공질서의 수호를 위한 대통령 긴급 조치
>
> 1. 다음 각 호의 행위를 금한다.
>   가. 유언비어를 날조, 유포하거나 사실을 왜곡하여 전파하는 행위
>   나. 집회·시위 또는 신문·방송·통신 등 공중 전파 수단이나 문서·도서·음반 등 표현물에 의하여 대한민국 헌법을 부정·반대·왜곡 또는 비방하거나 그 개정 또는 폐지를 주장·청원·선동 또는 선전하는 행위
>   ⋮
> 8. 이 조치 또는 이에 의한 주무부 장관의 조치에 위반한 자는 법관의 영장 없이 체포·구금·압수 또는 수색할 수 있다.
>   ⋮
> 13. 이 조치에 의한 주무부 장관의 명령이나 조치는 사법적 심사의 대상이 되지 아니한다.

① 국민 방위군 설치법이 공포되었다.
② 내각 책임제를 골자로 하는 개헌이 이루어졌다.
③ 귀속 재산 처리를 위해 신한 공사가 설립되었다.
④ 평화 통일론을 주장한 진보당의 조봉암이 구속되었다.
⑤ 장기 독재에 저항하는 3·1 민주 구국 선언이 발표되었다.

48 -448 다음 연설문을 발표한 정부의 통일 노력으로 옳은 것은? [2점]

> 저는 김정일 국방 위원장과 분단 55년 만에 처음 정상 회담을 가졌습니다. 세 차례에 걸친 회담을 통해 우리 두 사람은 민족의 장래와 통일을 생각하는 마음과 열정에 큰 차이가 없으며, 이를 추진하는 방법에 공통점이 많다는 것을 확인했습니다. … … 남북이 열과 성을 모아, 이번의 정상 회담을 성공적으로 마쳐 온 세계를 깜짝 놀라게 했습니다. 남과 북의 화해와 협력을 향한 새 출발에 온 세계가 축복해 주고 있습니다. 불가능해 보였던 남북 정상 회담을 이뤄냈듯이 남과 북이 마음과 정성을 다한다면 통일의 날도 반드시 오리라 저는 확신합니다.

① 남북 교류 협력을 위한 개성 공업 지구 조성에 합의하였다.
② 평화 통일 외교 정책에 관한 6·23 특별 성명을 발표하였다.
③ 남북 사이의 화해와 불가침 및 교류·협력에 관한 합의서를 채택하였다.
④ 남북 관계 발전과 평화 번영을 위한 10·4 남북 정상 선언에 서명하였다.
⑤ 7·4 남북 공동 성명을 실천하기 위해 남북 조절 위원회를 구성하였다.

49 -449 (가)~(마)에 들어갈 내용으로 옳지 <u>않은</u> 것은?
[3점]

① (가) - 외교 문서 작성에 능하여 청방인문표를 짓다
② (나) - 외교 담판을 통해 강동 6주를 확보하다
③ (다) - 일본에 파견되어 계해약조 체결에 기여하다
④ (라) - 보빙사의 전권대신으로 미국에 파견되다
⑤ (마) - 파리 강화 회의에 독립 청원서를 제출하다

50 -450 (가) 지역에 대한 탐구 활동으로 가장 적절한 것은? [2점]

① 김헌창이 반란을 일으킨 근거지를 파악한다.
② 강주룡이 고공 시위를 전개한 장소를 알아본다.
③ 공민왕이 홍건적의 침입 때 피란한 지역을 찾아본다.
④ 신립이 배수의 진을 치고 전투를 벌인 위치를 검색한다.
⑤ 김사미가 가혹한 수탈에 저항하여 봉기한 곳을 조사한다.

1 -451 밑줄 그은 '이 시대'의 생활 모습으로 옳은 것은? [1점]

이 그림은 한 미군 병사가 경기도 연천군 전곡리에서 이 시대의 대표적인 유물인 주먹도끼 등을 발견하고 그린 것입니다. 그가 발견한 아슐리안형 주먹도끼는 이 시대 동아시아에는 찍개 문화만 존재하고 주먹도끼 문화는 없었다는 모비우스(H. Movius)의 학설을 뒤집는 증거가 되었습니다.

① 소를 이용하여 깊이갈이를 하였다.
② 빗살무늬 토기에 식량을 저장하였다.
③ 지배층의 무덤으로 고인돌을 만들었다.
④ 거푸집을 사용하여 세형 동검을 제작하였다.
⑤ 주로 동굴이나 강가의 막집에서 거주하였다.

2 -452 밑줄 그은 '이 나라'에 대한 탐구 활동으로 가장 적절한 것은? [2점]

스스로 탐구하는 역사 수업

철기 문화를 바탕으로 등장한 여러 나라 중 함경남도와 강원도의 해안 지역을 중심으로 성장하였던 이 나라에 대해 조사한 내용을 올려 주세요.

정치	경제	사회
읍군, 삼로라고 불린 지배자가 있었어요.	단궁, 과하마, 반어피 등이 특산물로 유명하였어요.	다른 읍락을 침범하면 소, 말 등으로 변상하게 하는 책화라는 풍습이 있었어요.

① 신성 지역인 소도의 역할을 알아본다.
② 포상 8국의 난 진압 과정을 찾아본다.
③ 삼국유사에 실린 김알지 신화를 분석한다.
④ 무천이라는 제천 행사를 개최한 이유를 파악한다.
⑤ 마가, 우가, 저가, 구가 등이 다스렸던 지역을 조사한다.

3 -453 (가), (나) 국가의 사회 모습에 대한 설명으로 옳은 것은? [2점]

(가) 왕의 성은 부여씨이고, [왕을] '어라하'라고 하며 백성들은 '건길지'라고 부른다. 모두 중국 말로 왕이라는 뜻이다. …… 도성에는 1만 가(家)가 거주하며 5부로 나뉘는데 상부·전부·중부·하부·후부라고 하며, 각각 5백 명의 군사를 거느린다. [지방의] 5방에는 각기 방령 1인을 두는데 달솔로 임명하고, 군에는 군장(郡將) 3인이 있으니 덕솔로 임명한다. - "주서"

(나) 60개의 주현이 있으며, 큰 성에는 녹살 1인을 두는데 도독과 비슷하다. 나머지 성에는 처려근지를 두는데 도사라고도 하며, 자사와 비슷하다. …… [수도는] 5부로 나뉘어 있다. - "신당서"

① (가) - 사회 질서를 유지하기 위해 범금 8조를 두었다.
② (가) - 거란도, 일본도 등을 통해 주변 국가와 교류하였다.
③ (나) - 태학과 경당을 두어 인재를 양성하였다.
④ (나) - 정사암 회의에서 국가 중대사를 논의하였다.
⑤ (가), (나) - 골품에 따라 관등 승진에 제한이 있었다.

4 -454 다음 상황이 나타난 시기를 연표에서 옳게 고른 것은? [2점]

[당의] 고종이 소정방을 신구도대총관(神丘道大摠管)으로 삼아 군사를 이끌고 바다를 건너 신라와 함께 백제를 정벌하도록 하였다. 계백은 장군이 되어 죽음을 각오한 군사 5천 명을 뽑아 이들을 막고자 하였다. …… 황산의 벌판에 이르러 세 개의 군영을 설치하였다. 신라군을 만나 전투를 시작하려고 하자, [계백은] 여러 사람 앞에서 맹세하며 "지난날 구천(句踐)은 5천 명으로 오(吳)의 70만 무리를 격파하였다. 오늘 마땅히 힘써 싸워 승리함으로써 나라의 은혜에 보답하자."라고 하였다. 드디어 격렬히 싸우니, 일당천(一當千)이 아닌 자가 없었다. - "삼국사기"

612	642	660	668	676	698
	(가)	(나)	(다)	(라)	(마)
살수대첩	대야성 전투	사비성 함락	안동도호부 설치	기벌포 전투	발해 건국

① (가)   ② (나)   ③ (다)   ④ (라)   ⑤ (마)

5-455 (가) 국가의 경제 상황으로 옳은 것은? [1점]

촌락 문서

○ 소장처 : 일본 도다이사 쇼소인
○ 소개
　　이 문서는 조세 수취와 노동력 동원에 활용할 목적으로 작성된 것이다. 여기에는 (가) 의 5소경 중 하나인 서원경 부근 4개 촌락의 인구 현황, 토지의 종류와 면적, 뽕나무와 잣나무 수, 소와 말의 수 등을 3년마다 조사한 내용이 상세히 기재되어 있다.

해외 소재 우리나라 문화유산 카드

① 낙랑군과 왜에 철을 수출하였다.
② 집집마다 부경이라는 창고가 있었다.
③ 활구라고 불리는 은병이 유통되었다.
④ 특산품으로 솔빈부의 말이 유명하였다.
⑤ 울산항, 당항성이 무역항으로 번성하였다.

6-456 (가)에 들어갈 내용으로 가장 적절한 것은? [2점]

〈다큐멘터리 기획안〉

○○○, 새로운 시대를 바라다

◆ 기획 의도
　　6두품 출신 학자인 ○○○의 생애를 다룬 다큐멘터리를 제작하여 혼란한 당시 상황과 그의 활동을 살펴본다.

◆ 구성
1부　당에 유학하여 빈공과에 급제하다
2부　격황소서를 써서 세상에 이름을 떨치다
3부　　　　　(가)
4부　관직에서 물러나 해인사에 은거하다

① 화왕계를 지어 국왕에게 조언하다
② 외교 문서인 청방인문표를 작성하다
③ 진성 여왕에게 시무책 10여 조를 올리다
④ 청해진을 중심으로 해상 무역을 전개하다
⑤ 인도와 중앙아시아를 순례하고 왕오천축국전을 남기다

7-457 밑줄 그은 '왕'의 업적으로 옳은 것은? [2점]

○ 담당 관청에 명하여 월성의 동쪽에 새 궁궐을 짓게 하였는데, 그곳에서 황룡이 나타났다. 왕이 이것을 기이하게 여기고는 [계획을] 바꾸어 사찰을 짓고, '황룡'이라는 이름을 내려 주었다.

○ [거칠부가] 왕의 명령을 받들어 여러 문사(文士)를 모아 국사를 편찬하였다.
　　　　　　　　　　　　　　　　　　　　　　－ "삼국사기" －

① 이사부를 보내 우산국을 복속시켰다.
② 예성강 이북에 패강진을 설치하였다.
③ 관료전을 지급하고 녹읍을 폐지하였다.
④ 국가적인 조직으로 화랑도를 개편하였다.
⑤ 이차돈의 순교를 계기로 불교를 공인하였다.

8-458 (가) 왕에 대한 설명으로 옳은 것은? [3점]

오전 11:00　　　　　　100%

한국사 역대 연호 소개

건원
⋮
대흥
⋮
천수

발해의 (가) 이/가 사용한 연호이다. (가) 의 딸인 정효 공주의 묘지석에 기록된 이 연호와 '황상(皇上)'이라는 칭호는 발해의 자주성을 보여 주는 사례이다.

① 북연의 왕을 신하로 봉하였다.
② 지린성 동모산에서 나라를 세웠다.
③ 신라에 군대를 파견하여 왜를 격퇴하였다.
④ 수도를 상경 용천부로 옮겨 체제를 정비하였다.
⑤ 5경 15부 62주의 지방 행정 조직을 확립하였다.

9-459 다음 상황 이후에 있었던 사실로 옳은 것은? [2점]

　　청교역(靑郊驛) 서리 3인이 최충헌 부자를 죽일 것을 모의하면서, 거짓 공첩(公牒)을 만들어 여러 사원의 승려들을 불러 모았다. 공첩을 받은 귀법사 승려들은 그 공첩을 가져온 사람을 잡아서 최충헌에게 고해바쳤다. [최충헌은] 즉시 영은관에 교정별감을 둔 후 성문을 폐쇄하고 대대적으로 그 무리를 색출하였다.

① 김부식이 묘청의 난을 진압하였다.
② 원종과 애노가 사벌주에서 봉기하였다.
③ 이자겸이 금의 사대 요구를 수용하였다.
④ 정중부 등이 정변을 일으켜 권력을 차지하였다.
⑤ 최우가 인사 행정 담당 기구로 정방을 설치하였다.

10 -460 밑줄 그은 '이 탑'으로 옳은 것은? [2점]

유물로 보는 한국사

[해설]

경주 불국사에 있는 이 탑의 해체 보수 과정에서 발견된 금동제 사리 외함이다. 2층 탑신부에 봉안되어 있던 이 유물 안에는 은제 사리 내·외합과 무구정광대다라니경 등이 함께 놓여 있었다. 이를 통해 당시의 뛰어난 공예 기술 및 사리장엄 방식과 특징을 알 수 있다.

①
②
③
④
⑤

11 -461 (가) 인물에 대한 설명으로 옳은 것은? [2점]

완산주를 도읍으로 삼아 나라를 세운 (가) 에 대해 말해 볼까요?

신라의 금성을 습격하여 경애왕을 죽게 하였어요.

금산사에 유폐되었다가 탈출하여 고려에 귀부하였어요.

① 공산 전투에서 전사하였다.
② 금마저에 미륵사를 창건하였다.
③ 후당과 오월에 사신을 파견하였다.
④ 김흠돌 등 진골 세력을 숙청하였다.
⑤ 국호를 마진으로 바꾸고 철원으로 천도하였다.

12 -462 (가) 왕의 재위 시기에 있었던 사실로 옳은 것은? [2점]

◆우리 고장의 유적◆

충주 숭선사지

유적 발굴 현장

숭선사는 (가) 이/가 어머니인 신명 순성 왕후의 명복을 빌기 위하여 세운 절로, 현재 그 터만 남아 있다. 이곳에서는 '숭선사(崇善寺)'라는 명문이 새겨진 기와 등 다양한 고려 시대 유물이 출토되었다. (가) 은/는 치열한 왕위 쟁탈전 속에서 외가인 충주 유씨 세력 등 여러 호족의 도움으로 왕위에 올랐다. 하지만 즉위 이후 노비안검법 등 호족을 견제하는 정책을 펼쳤다.

① 최승로가 시무 28조를 건의하였다.
② 광덕, 준풍 등의 연호가 사용되었다.
③ 관리의 규범을 제시한 계백료서가 반포되었다.
④ 쌍성총관부를 공격하여 철령 이북을 수복하였다.
⑤ 지방 세력 견제를 목적으로 한 상수리 제도가 실시되었다.

13 -463 (가)에 들어갈 내용으로 옳은 것은? [1점]

한국사 교실

최충의 9재 학당을 비롯한 사학이 융성하였던 시기에 위축된 관학을 진흥하기 위해 정부가 추진한 정책을 대화창에 올려 주세요.

ON 대화창

서적포를 두어 출판을 담당하게 하였어요.

국자감에 전문 강좌인 7재를 개설하였어요.

(가)

보내기

① 독서삼품과를 통해 인재를 등용하였어요.
② 사액 서원에 서적과 노비를 지급하였어요.
③ 중등 교육 기관으로 4부 학당을 설립하였어요.
④ 양현고를 설치하여 장학 기금을 마련하였어요.
⑤ 초계문신제를 시행하여 문신을 재교육하였어요.

14-464 (가) 국가에 대한 고려의 대응으로 옳은 것은? [2점]

○ (가) 의 임금이 개경으로 침입하여 궁궐을 불사르고 퇴각하였다. …… 양규는 (가) 의 군대를 무로대에서 습격하여 2,000여 급을 베고, 포로가 되었던 남녀 3,000여 명을 되찾았다. 다시 이수에서 전투를 벌이고 추격하여 석령까지 가서 2,500여 급을 베고, 포로가 되었던 1,000여 명을 되찾았다.

○ (가) 의 병사들이 귀주를 지나가자 강감찬 등이 동쪽 교외에서 전투를 벌였다. …… 적병이 북쪽으로 달아나자 아군이 그 뒤를 쫓아가서 공격하였는데, 석천을 건너 반령에 이르기까지 시신이 들에 가득하였다.

① 강화도로 도읍을 옮겨 항전하였다.
② 광군을 조직하여 침입에 대비하였다.
③ 박위를 파견하여 근거지를 토벌하였다.
④ 압록강 상류 지역을 개척하여 4군을 설치하였다.
⑤ 신기군, 신보군, 항마군으로 구성된 별무반을 편성하였다.

15-465 (가)에 들어갈 문화유산으로 옳은 것은? [1점]

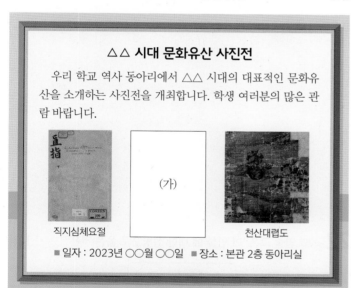

△△ 시대 문화유산 사진전

우리 학교 역사 동아리에서 △△ 시대의 대표적인 문화유산을 소개하는 사진전을 개최합니다. 학생 여러분의 많은 관람 바랍니다.

직지심체요절   (가)   천산대렵도

■ 일자 : 2023년 ○○월 ○○일   ■ 장소 : 본관 2층 동아리실

① 금동 대향로

② 호우총 청동 그릇

③ 청자 상감 모란문 표주박모양 주전자

④ 이불병좌상

⑤ 인왕제색도

16-466 (가) 인물에 대한 설명으로 옳은 것은? [2점]

한국사 인물 탐구 Q&A

| 고대 | 고려 | 조선 | 근대 | 현대 |

불교계 개혁에 앞장선 (가)

Q. 그는 어떤 인물인가요?
A. 8세에 승려가 되어 25세에 승과에 급제하였습니다. 선종의 승려였음에도 교종을 포용하였으며, 당시 불교계의 문제점을 비판하며 개혁에 앞장섰습니다. 시호는 '불일보조국사'입니다.

Q. 불교계 개혁을 위해 어떤 노력을 하였나요?
A. 전라남도 순천에 있는 송광사에서 신앙 결사 운동을 펼치며 승려 본연의 모습으로 돌아가 수행에 힘쓸 것을 주장하였습니다.

① 참선을 강조하고 돈오점수를 주장하였다.
② 불교 교단 통합을 위해 해동 천태종을 개창하였다.
③ 선문염송집을 편찬하고 유불 일치설을 제창하였다.
④ 승려들의 전기를 정리하여 해동고승전을 편찬하였다.
⑤ 보현십원가를 지어 불교 교리를 대중에게 전파하였다.

17-467 (가)~(다)를 일어난 순서대로 옳게 나열한 것은? [2점]

(가) 우왕이 요동을 공격하는 일을 최영과 은밀하게 의논하였다. …… 마침내 8도의 군사를 징발하고 최영이 동교에서 군사를 사열하였다.

(나) 대군이 압록강을 건너서 위화도에 머물렀다. …… 이성계가 회군한다는 소식을 듣고 앞다투어 모여든 사람이 천여 명이나 되었다.

(다) 도평의사사에서 글을 올려 과전을 지급하는 법을 정할 것을 청하니, 그 의견을 따랐다. …… 경기는 사방의 근본이므로 마땅히 과전을 설치하여 사대부를 우대하여야 한다. 무릇 수도에 거주하며 왕실을 지키는 자는 현직, 산직(散職)을 불문하고 각각 과(科)에 따라 받게 한다.

① (가) - (나) - (다)
② (가) - (다) - (나)
③ (나) - (가) - (다)
④ (나) - (다) - (가)
⑤ (다) - (나) - (가)

제 63 회

18-468 다음 상황이 나타난 시기의 경제 모습으로 옳은 것은? [2점]

> 도병마사가 아뢰기를, "안서도호부에서 바친 철은 예전에는 무기용으로 충당하였습니다. 근래에 흥왕사를 창건하면서 또다시 철을 더 바치라고 명령하셨으니 백성들이 고통을 감당하지 못하고 있습니다. 청컨대 염주, 해주, 안주 세 곳에서 2년 동안 바치는 철을 흥왕사 창건에 쓰게 하여 수고로운 폐단을 풀어 주십시오."라고 하니, 이를 따랐다.

① 관리에게 전지와 시지를 지급하였다.
② 시장을 감독하기 위해 동시전을 설치하였다.
③ 허적의 제안에 따라 상평통보를 발행하였다.
④ 일본과의 교역 규모를 규정한 계해약조를 체결하였다.
⑤ 상권 수호를 목적으로 황국 중앙 총상회를 조직하였다.

19-469 (가) 왕에 대한 설명으로 옳은 것은? [2점]

> 이것은 "어전준천제명첩"에 담긴 어제사언시(御製四言詩)로, (가) 이/가 홍봉한 등 청계천 준설 공사에 공이 있는 신하들의 노고를 치하하며 지은 것이다.
> 청계천 준설을 추진한 (가) 은/는 탕평, 균역 등도 자신의 치적으로 거론한 글을 남겼다.

① 나선 정벌에 조총 부대를 파견하였다.
② 경기도에 한해서 대동법을 실시하였다.
③ 삼수병으로 구성된 훈련도감을 창설하였다.
④ 통치 제도를 정비하고자 속대전을 편찬하였다.
⑤ 한양을 기준으로 한 역산서인 칠정산을 만들었다.

20-470 다음 상황이 나타난 시기를 연표에서 옳게 고른 것은? [2점]

> 왕이 전지하기를, "김종직은 보잘것없는 시골의 미천한 선비였는데, 선왕께서 발탁하여 경연에 두었으니 은혜와 총애가 더없이 컸다고 하겠다. 그런데 지금 그의 제자 김일손이 사초에 부도덕한 말로써 선왕 대의 일을 거짓으로 기록하고, 또 스승인 김종직의 조의제문을 싣고서 그 글을 찬양하였으니, 형명(刑名)을 의논하여 아뢰어라."라고 하였다.

1468	1494	1506	1518	1545	1589
(가)	(나)	(다)	(라)	(마)	
남이의 옥사	연산군 즉위	중종 반정	소격서 폐지	명종 즉위	기축 옥사

① (가)   ② (나)   ③ (다)   ④ (라)   ⑤ (마)

21-471 (가) 왕의 재위 시기에 있었던 사실로 옳은 것은? [2점]

□□신문

제△△호   ○○○○년 ○○월 ○○일

원각사 창건 당시 작성된 계문(契文) 공개

원각사의 낙성을 축하하는 경찬회 때 (가) 이/가 조정 신하와 백성에게 수륙재 참여를 권하는 내용이 담긴 원각사 계문이 공개되었다. 조선의 임금과 왕실이 불교 행사를 직접 후원하였다는 기록이 희소하기에 의미가 있다.
한명회, 권람 등의 조력으로 김종서, 황보인 등을 제거하고 왕위에 오른 (가) 은/는 간경도감을 설치하여 불경을 한글로 번역, 간행하고 원각사를 창건하는 등 불교를 후원하였다.

① 주자소에서 계미자를 주조하였다.
② 국가의 의례를 정비한 국조오례의를 완성하였다.
③ 삼남 지방의 농법을 소개한 농사직설을 편찬하였다.
④ 현직 관리에게만 수조지를 지급하는 직전법을 시행하였다.
⑤ 우리나라와 중국의 의서를 망라한 동의보감을 간행하였다.

22-472 밑줄 그은 '이 인물'에 대한 설명으로 옳은 것은? [3점]

① 명에 대한 의리를 내세운 기축봉사를 올렸다.
② 청으로부터 시헌력을 도입하자고 건의하였다.
③ 양반의 허례와 무능을 풍자한 양반전을 저술하였다.
④ 예학을 조선의 현실에 맞게 정리한 가례집람을 지었다.
⑤ 군주가 수양해야 할 덕목과 지식을 담은 성학집요를 집필하였다.

23 -473 (가), (나) 사이의 시기에 있었던 사실로 옳은 것은? [3점]

(가) 처음에 심의겸이 외척으로 권세를 부리니 당시 명망 있는 사람들이 섬겨 따랐다. 그런데 김효원이 전랑(銓郎)이 되어 그들을 배척하자 심의겸의 무리가 그를 미워하니, 점차 사림이 나뉘어 동인과 서인이라는 말이 나오게 되었다.

(나) 기해년에 왕이 승하하자 재신 송시열이 사종(四種)의 설을 인용하여 "대행 대왕은 왕대비에게 서자가 된다. 왕통을 이었으나 장자가 아닌 경우이니 기년복(朞年服)*을 입어야 마땅하다."라고 하였다. 이에 대해 허목 등 신하들은 전거를 들어 다투기를, "대행 대왕은 왕대비에게 서자가 아니라 장자가 된 둘째이니, 삼년복을 입어야 한다."라고 하였다.

* 기년복(朞年服) : 1년 동안 입는 상복

① 인조반정으로 북인 세력이 몰락하였다.
② 목호룡의 고변으로 옥사가 발생하였다.
③ 양재역 벽서 사건으로 이언적 등이 화를 입었다.
④ 인현 왕후가 폐위되고 남인이 권력을 차지하였다.
⑤ 이인좌를 중심으로 소론 세력 등이 난을 일으켰다.

24 -474 (가) 국가에 대한 조선의 정책으로 옳은 것은? [2점]

<답사 보고서>

◆ 주제 : 남한산성에서 삼학사의 충절을 만나다
◆ 날짜 : 2023년 ○○월 ○○일
◆ 내용 : 현절사(顯節祠)는 삼학사(홍익한, 윤집, 오달제)의 충절을 기려 남한산성에 세운 사당이다. 그들은 (가) 의 침입으로 발생한 전쟁에서 화의를 반대하며 결사 항전을 주장하였다. 항복 이후 그들은 (가) (으)로 압송되어 처형되었다. 그들과 함께 척화를 주장하였던 김상헌, 정온도 추가로 이곳에 모셔졌다.
◆ 사진

① 만권당을 세워 학문 교류를 장려하였다.
② 어영청을 강화하는 등 북벌을 추진하였다.
③ 화통도감을 설치하여 군사력을 증강하였다.
④ 사신 접대를 위해 한성에 동평관을 설치하였다.
⑤ 포로 송환을 목적으로 유정을 회답 겸 쇄환사로 파견하였다.

25 -475 밑줄 그은 '이 시기'의 경제 상황으로 옳은 것은? [1점]

시(詩)로 만나는 한국사

이현과 종루 그리고 칠패는
도성의 3대 시장이라네
온갖 장인들이 살고 일하니
사람들이 많아서 어깨를 부딪히네
온갖 재화가 이익을 좇아
수레가 끊임없네
봉성의 털모자, 연경의 비단실
함경도의 삼베, 한산의 모시
쌀, 콩, 벼, 기장, 조, 피, 보리
……

[해설] 이것은 한양의 모습을 그린 '성시전도'를 보고 박제가가 지은 시의 일부이다. 시의 내용을 통해 이 시기 생동감 있는 시장의 모습을 엿볼 수 있다.

① 백성에게 정전이 지급되었다.
② 서경에 관영 상점이 설치되었다.
③ 금속 화폐인 건원중보가 주조되었다.
④ 벽란도가 국제 무역항으로 번성하였다.
⑤ 인삼, 담배 등이 상품 작물로 재배되었다.

26 -476 (가) 기구에 대한 설명으로 옳은 것은? [1점]

오늘에 와서는 큰일이건 작은 일이건 중요한 것으로 취급되지 않는 것이 없어, 의정부는 한갓 헛이름만 지니고 6조는 모두 그 직임을 상실하였습니다. 명칭은 '변방의 방비를 담당하는 것'이라고 하면서 과거 시험에 대한 판하(判下)*나 비빈 간택 등의 일까지도 모두 (가) 을/를 경유하여 나옵니다. 명분이 바르지 못하고 말이 이치에 맞지 않음이 이보다 심할 수가 없습니다. 신의 어리석은 소견으로는 (가) 을/를 고쳐 정당(政堂)으로 칭하는 것이 상책이라 생각합니다.

* 판하(判下) : 안건을 임금이 허가하는 것

① 사헌부, 사간원과 함께 3사로 불렸다.
② 서얼 출신 학자들이 검서관에 등용되었다.
③ 흥선 대원군이 집권한 시기에 혁파되었다.
④ 서울과 수원에 설치되어 국왕의 호위를 맡았다.
⑤ 대사성을 수장으로 좨주, 직강 등의 관직을 두었다.

27 -477 (가) 인물에 대한 설명으로 옳은 것은? [2점]

> 이 작품은 (가) 의 세한도로, 완당이라는 그의 호가 도인(圖印)으로 찍혀 있습니다. 그는 제주도에서 유배 생활을 할 때 청에서 귀한 책을 구해다 준 제자 이상적에게 고마움의 표시로 이 그림을 그려 주었습니다.

특별전
제주에서
다시 만난
세한도

① 남북국이라는 용어를 처음 사용하였다.
② 기기도설을 참고하여 거중기를 설계하였다.
③ 북한산비가 진흥왕 순수비임을 고증하였다.
④ 양명학을 연구하여 강화학파를 형성하였다.
⑤ 안평 대군의 꿈을 소재로 몽유도원도를 그렸다.

28 -478 (가), (나) 사이의 시기에 있었던 사실로 옳은 것은? [3점]

> (가) 전라도 관찰사 정민시가 [진산의] 죄인 윤지충과 권상연에 대한 조사 결과를 아뢰었다. "…… 근래에 이들은 평소 살아 계신 부모나 조부모처럼 섬겨야 할 신주를 태워 없애면서도 이마에 진땀 하나 흘리지 않았으니 정말 흉악한 일입니다. 제사를 폐지한 일은 오히려 부차적입니다."
>
> (나) 의금부에서 아뢰었다. "얼마 전 죄인 남종삼은 명백한 근거도 없이 러시아에 변란이 있을 것이고, 프랑스와 조약을 맺을 계책이 있다는 요망한 말로 여러 사람을 현혹하였습니다. 감히 나라를 팔아먹고자 몰래 외적을 끌어들일 음모를 꾸몄으니, 즉시 참형에 처해야 합니다. …… [베르뇌를 비롯한] 서양인 4명을 군영에 넘겨 효수하여 본보기로 삼도록 하였습니다."

① 대종교 계열의 중광단이 결성되었다.
② 한용운이 조선불교유신론을 저술하였다.
③ 보은에서 교조 신원을 요구하는 집회가 열렸다.
④ 이수광이 지봉유설에서 천주실의를 소개하였다.
⑤ 황사영이 외국 군대의 출병을 요청하는 백서를 작성하였다.

29 -479 (가) 인물에 대한 설명으로 옳은 것은? [2점]

개화사상의 선구자

박지원의 손자이며, 진주에서 농민 봉기가 일어나자 안핵사로 파견되었다. 자신의 사랑방에서 양반 자제들에게 세계 정세를 전하였으며, 청에 다녀온 경험을 바탕으로 문호 개방을 주장하는 등 개화 사상 형성에 선구적인 역할을 하였다.

(가)

① 조선 중립화론을 건의하였다.
② 베델과 함께 대한매일신보를 창간하였다.
③ 대동강에 침입한 제너럴 셔먼호를 격침하였다.
④ 서양의 과학 기술을 정리한 지구전요를 저술하였다.
⑤ 강화도 조약 체결의 전말을 기록한 심행일기를 남겼다.

30 -480 밑줄 그은 '이 사건'에 대한 설명으로 옳은 것은? [2점]

> 그들이 개혁안에서 내세운 인민 평등권 확립 등은 이후의 근대적 개혁에 영향을 주었습니다.
>
> 이번 시간에는 근대 국가 수립을 위해 김옥균 등이 일으켰던 이 사건에 대한 의견을 들어보고자 합니다.
>
> 하지만 일부 급진 개화파를 중심으로 개혁을 추진하였고, 청과의 사대 관계 청산을 주장하면서도 일본의 힘에 의존하였다는 한계가 있습니다.

① 보국안민, 제폭구민을 기치로 내걸었다.
② 한성 조약이 체결되는 결과를 가져왔다.
③ 개혁 추진을 위해 교정청을 설치하였다.
④ 구식 군인에 대한 차별 대우가 발단이 되었다.
⑤ 민영익 등이 보빙사로 파견되는 계기가 되었다.

31 -481 (가) 운동에 대한 설명으로 옳은 것은? [1점]

국가 보훈처는 광복 73주년을 맞아 독립 유공자를 발굴하여 포상하기로 하였습니다. 이번 포상에는 (가) 의 1주년에 만세 운동을 전개하다가 체포되어 옥고를 치른 배화 여학교 학생 여섯 명이 포함되었습니다. 이들은 일제 강점기 최대 민족 운동인 (가) 의 영향을 받아 수립된 대한민국 임시 정부의 활동 소식을 접하면서 민족의식을 키웠다고 합니다.

김경화 등 6명의 독립운동가, 독립운동 유공 인정

① 김광제 등의 발의로 본격화되었다.
② 순종의 인산일을 기회로 삼아 추진되었다.
③ 제암리 학살 등 일제의 가혹한 탄압을 받았다.
④ 신간회에서 진상 조사단을 파견하여 지원하였다.
⑤ 성진회와 각 학교 독서회에 의해 전국적으로 확산되었다.

32 -482 밑줄 그은 '개혁'의 내용으로 옳은 것은? [3점]

이 그림은 군국기무처에서 회의하는 모습입니다. 그림의 아래쪽에는 총재 김홍집 등 회의에 참여한 관리들의 이름이 적혀 있습니다. 군국기무처는 개혁을 추진하면서 수개월 동안 200여 건의 안건을 의결하였습니다.

① 원수부를 두었다.
② 재판소를 설치하였다.
③ 은 본위제를 도입하였다.
④ 태양력을 공식 채택하였다.
⑤ 5군영을 2영으로 통합하였다.

33 -483 (가)에 들어갈 내용으로 가장 적절한 것은? [2점]

〈한국사 동영상 제작 계획안〉

○○○○, 공론의 장을 열다

△학년 △반 △모둠

■ 제작 의도
지식인뿐 아니라 농민, 상인, 노동자 등 다양한 계층이 참여한 집회 등을 통해 공론의 장을 마련한 ○○○○의 활동을 살펴본다.

■ 장면별 구성 내용
#1. 독립문 건립을 위해 성금을 모으다
#2. 러시아의 절영도 조차 요구를 규탄하는 집회를 열다
#3. (가)
#4. 황국 협회의 습격으로 사망한 구두 수선공의 장례를 치르다

① 평양에 대성 학교를 설립하다
② 고종 강제 퇴위 반대 운동을 주도하다
③ 집강소를 중심으로 폐정 개혁안을 실천하다
④ 관민 공동회를 개최하여 헌의 6조를 결의하다
⑤ 개혁의 기본 방향을 제시한 홍범 14조를 반포하다

34 -484 다음 기사를 활용한 탐구 활동으로 가장 적절한 것은? [3점]

해외 언론 보도로 본 민족 운동

오늘 나는 스티븐스를 쏘았다. 그는 대한 제국의 외교 고문에 임명되어 후한 대접을 받고 있음에도 일본의 이익을 위해 한국인에게 온갖 잔인한 일을 자행하였다. …… 나는 어떤 처벌에도 불만이 없으며, 조국의 자유를 위한 투쟁에 도움이 된다면 영광스럽게 죽을 것이다.

① 제1차 한·일 협약의 내용을 알아본다.
② 삼국 간섭이 발생한 원인을 분석한다.
③ 일제가 조작한 105인 사건의 영향을 파악한다.
④ 영국이 거문도를 불법 점령한 과정을 조사한다.
⑤ 고종이 러시아 공사관으로 피신한 이유를 찾아본다.

35 -485 (가) 인물의 활동으로 옳은 것은? [2점]

11:07

나는 지금 군산근대역사박물관 광장에 와 있어. 이곳에 (가) 의 동상이 있네.

그에 대해 설명해 줄래?

최익현과 함께 의병을 일으켰다가 일본에 의해 쓰시마섬으로 끌려가 고초를 겪었어. 이후에는 조선 총독에게 국권 반환 요구서를 발송하려다가 체포되어 순국하였지.

① 명동 성당 앞에서 이완용을 습격하였다.
② 고종의 밀지를 받아 독립 의군부를 조직하였다.
③ 국권 침탈 과정을 정리한 한국통사를 저술하였다.
④ 13도 창의군의 총대장으로 서울 진공 작전을 지휘하였다.
⑤ 논설 단연보국채를 써서 국채 보상 운동에 적극 참여하였다.

36 -486 (가) 부대에 대한 설명으로 옳은 것은? [2점]

주제 : (가) 의 무장 독립 투쟁

국민부 산하 군사 조직으로 편성되었다가 이후 여러 부대를 통합하며 재편되었습니다.

총사령에 양세봉, 참모장에 김학규가 임명되어 부대를 이끌었습니다.

만주 사변 이후 중국 의용군과 함께 남만주 일대에서 항일 투쟁을 벌였습니다.

① 간도 참변 이후 자유시로 이동하였다.
② 영릉가 전투에서 일본군과 싸워 크게 승리하였다.
③ 조선 독립 동맹 산하의 군사 조직으로 개편되었다.
④ 영국군의 요청으로 인도·미얀마 전선에 투입되었다.
⑤ 중국 국민당 정부의 지원을 받아 우한에서 창설되었다.

37 -487 (가) 운동에 대한 설명으로 옳은 것은? [1점]

이것은 (가) 을/를 주도한 단체의 제7회 전국 대회 포스터입니다. '모히라! 자유 평등의 기치하에로'라는 문구가 있으며, '경성 천도교 기념관'에서 개최된다고 알리고 있습니다. 진주에서 시작된 (가) 은/는 '공평은 사회의 근본이요, 애정은 인류의 본량(本良)'이라는 구호 아래 전개되었습니다.

① 통감부의 탄압으로 중단되었다.
② 중국의 5·4 운동에 영향을 주었다.
③ 대한 자강회가 결성되는 배경이 되었다.
④ 백정에 대한 사회적 차별 철폐를 주장하였다.
⑤ 여성 교육의 중요성을 강조한 여권통문을 발표하였다.

38 -488 밑줄 그은 '이 시기'에 볼 수 있는 모습으로 적절한 것은? [1점]

이 사진은 조선 물산 공진회가 열렸던 당시 일장기가 내걸린 근정전의 모습을 보여 줍니다. 조선 총독부는 토지 조사 사업이 진행되던 이 시기에 식민 통치를 미화하고, 그 성과를 선전하기 위해 이 행사를 개최하였습니다. 공진 회장 조성 과정에서 경복궁의 많은 건물이 헐렸습니다.

① 황국 신민 서사를 암송하는 학생
② 경성 제국 대학에서 강의하는 교수
③ 조선인에게 태형을 집행하는 헌병 경찰
④ 원산 총파업에 연대 지원금을 보내는 외국 노동자
⑤ 나운규가 감독한 아리랑의 첫 상영을 준비하는 단성사 직원

39 -489 다음 검색창에 들어갈 단체에 대한 설명으로 옳은 것은? [2점]

① 한글 신문인 제국신문을 간행하였다.
② 태극 서관을 설립하여 서적을 보급하였다.
③ 파리 강화 회의에 독립 청원서를 제출하였다.
④ 한글 맞춤법 통일안과 표준어 사정안을 제정하였다.
⑤ 국문 연구소를 두어 한글을 체계적으로 연구하였다.

40 -490 (가), (나) 인물에 대한 설명으로 옳은 것을 <보기>에서 고른 것은? [2점]

보기
ㄱ. (가) - 상하이에서 한인 애국단을 조직하였다.
ㄴ. (가) - 조선 혁명 간부 학교를 세워 독립군을 양성하였다.
ㄷ. (나) - 조선 건국 준비 위원회의 활동을 주도하였다.
ㄹ. (나) - 미국에서 귀국하여 독립 촉성 중앙 협의회를 이끌었다.

① ㄱ, ㄴ   ② ㄱ, ㄷ   ③ ㄴ, ㄷ
④ ㄴ, ㄹ   ⑤ ㄷ, ㄹ

41 -491 밑줄 그은 '국회'에 대한 설명으로 옳지 않은 것은? [3점]

① 반민족 행위 처벌법을 제정하였다.
② 의원들의 선거로 대통령을 선출하였다.
③ 민의원과 참의원의 양원제로 운영되었다.
④ 일부 지역의 국회 의원이 선출되지 못한 채 출범하였다.
⑤ 일제가 남긴 재산 처리를 위한 귀속 재산 처리법을 만들었다.

42 -492 (가) 전쟁 중에 볼 수 있는 모습으로 적절하지 않은 것은? [2점]

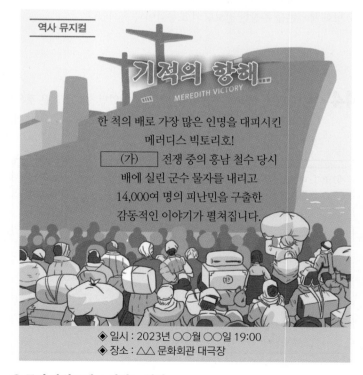

① 국민 방위군에 소집되는 청년
② 원조 물자 배급을 기다리는 시민
③ 지가 증권을 싼값에 매각하는 지주
④ 거제도 포로수용소에서 석방되는 반공 포로
⑤ 제2차 미·소 공동 위원회 개최 소식을 보도하는 기자

43-493 (가) 정부 시기에 있었던 사실로 옳은 것은? [2점]

국가 기념일에 담긴 역사 이야기

2·28 민주 운동 기념일
– 학생들, 불의에 저항하여 일어서다 –

경북도청으로 향하는 학생 시위대의 모습

2월 28일 일요일은 민주당 부통령 후보 장면의 대구 유세가 있는 날이었다. ⬜(가)⬜ 정부는 이 유세장에 학생들이 가지 못하도록 2월 28일에도 등교할 것을 대구 시내 고등학교에 지시하였다. 각 학교가 내세운 등교의 명분은 시험, 단체 영화 관람, 토끼 사냥 등이었다. 이에 분노한 학생들은 "학원의 자유를 보장하라!" 등의 구호를 외치며 시위에 나섰다. 이날의 시위는 3·15 의거 등 이후 전개된 민주화 운동에 영향을 주었다. 이 시위의 역사적 의의가 인정되어 2018년에 국가 기념일로 지정되었다.

① 프로 야구가 6개 구단으로 출범하였다.
② YH 무역 노동자들이 야당 당사에서 농성하였다.
③ 사회 정화를 명분으로 삼청 교육대가 설치되었다.
④ 인민 혁명당 재건위 사건으로 관련자가 탄압받았다.
⑤ 평화 통일론을 주장한 진보당의 조봉암이 구속되었다.

44-494 (가), (나) 헌법이 제정된 시기 사이에 있었던 사실로 옳은 것은? [3점]

(가)	(나)
제1조 ① 대한민국은 민주 공화국이다. ② 대한민국의 주권은 국민에게 있고, 모든 권력은 국민으로부터 나온다. 제64조 ① 대통령은 국민의 보통·평등·직접·비밀 선거에 의하여 선출한다. 제69조 ① 대통령의 임기는 4년으로 한다. ③ 대통령의 계속 재임은 3기에 한한다.	제1조 ① 대한민국은 민주 공화국이다. ② 대한민국의 주권은 국민에게 있고, 국민은 그 대표자나 국민 투표에 의하여 주권을 행사한다. 제39조 ① 대통령은 통일 주체 국민 회의에서 토론 없이 무기명 투표로 선거한다. 제47조 대통령의 임기는 6년으로 한다. 제59조 ① 대통령은 국회를 해산할 수 있다.

① 지방 자치제가 전면 시행되었다.
② 여수·순천 10·19 사건이 일어났다.
③ 일부 군인들이 5·16 군사 정변을 일으켰다.
④ 서울과 평양에서 7·4 남북 공동 성명이 발표되었다.
⑤ 한·일 국교 정상화에 반대하는 6·3 시위가 전개되었다.

45-495 다음 뉴스의 사건이 있었던 정부 시기의 사실로 옳은 것은? [3점]

오늘 오후 2시경 서울 평화 시장에서 있었던 노동자들의 시위 도중 재단사 전태일 씨가 분신하는 사건이 발생하였습니다. 전 씨는 "근로 기준법을 지켜라!", "우리는 기계가 아니다!"라고 절규하며 열악한 노동 환경 개선을 요구하였습니다.

① 함평 고구마 피해 보상 운동이 전개되었다.
② 저유가·저금리·저달러의 3저 호황이 있었다.
③ 미국과의 자유 무역 협정(FTA)이 체결되었다.
④ 경제 협력 개발 기구(OECD)의 회원국이 되었다.
⑤ 최저 임금 결정을 위한 최저 임금 위원회가 설치되었다.

46-496 (가)에 해당하는 문화유산으로 옳은 것은? [2점]

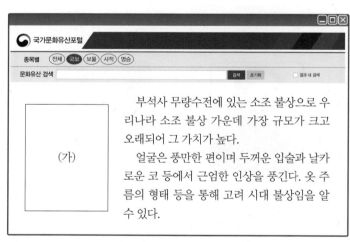

부석사 무량수전에 있는 소조 불상으로 우리나라 소조 불상 가운데 가장 규모가 크고 오래되어 그 가치가 높다.
얼굴은 풍만한 편이며 두꺼운 입술과 날카로운 코 등에서 근엄한 인상을 풍긴다. 옷 주름의 형태 등을 통해 고려 시대 불상임을 알 수 있다.

① ② ③

④ ⑤

[47~48] 다음 자료를 읽고 물음에 답하시오.

(가) 살리타이가 처인성을 공격하였다. 적을 피해 성에 와 있던 한 승려가 살리타이를 쏘아 죽였다. 국가에서 그 전공을 칭찬하여 상장군 벼슬을 주었다. 승려가 전공을 다른 사람에게 돌리며 말하기를, "전투할 때 나는 활과 화살이 없었으니, 어찌 감히 공 없이 무거운 상을 받겠습니까."라고 하고, 굳게 사양하며 받지 않았다.

(나) [우리 부대가] 대군(大軍)과 연합하여 평양을 포위하였다. 보장왕이 먼저 연남산 등을 보내 영공에게 항복을 청하였다. 이에 영공은 보장왕과 왕자 복남·덕남 및 대신 등 20여만 명을 끌고 본국으로 돌아갔다. 각간 김인문과 대아찬 조주는 영공을 따라 돌아갔다.

(다) 비국(備局)에서 아뢰기를, "적병이 두 차례나 용골산성을 공격해 왔지만 정봉수는 홀로 고립된 성을 지키면서 충성과 용맹을 더욱 떨쳤습니다. …… 죽음을 두려워하지 않는 용사를 더 모집하여 육로로 혹은 배편으로 달려가서 기세(氣勢)를 돕게 하소서. 용골산성이 비록 포위에서 풀렸으나 이 일은 그만둘 수 없을 듯합니다."라고 하니, 왕이 따랐다.

(라) 부사 송상현은 왜적이 바다를 건넜다는 소식을 듣고 지역 주민과 군사 그리고 이웃 고을의 군사를 모두 불러 모아 성에 들어가 지켰다. …… 성이 포위당하자 상현이 성의 남문에 올라가 전투를 독려하였으나 한나절 만에 성이 함락되었다. 상현은 갑옷 위에 조복(朝服)*을 입고 의자에 앉아 움직이지 않았다. …… 적이 모여들어 생포하려고 하자 상현이 발로 걷어차면서 항거하다가 마침내 해를 입었다.

*조복(朝服) : 관원이 조정에 나아가 하례할 때 입던 예복

47 -497 (가)~(라) 전투를 일어난 순서대로 옳게 나열한 것은? [2점]

① (가) - (나) - (다) - (라)
② (가) - (나) - (라) - (다)
③ (나) - (가) - (라) - (다)
④ (나) - (다) - (가) - (라)
⑤ (다) - (라) - (나) - (가)

48 -498 (라) 전투가 벌어진 지역에서 있었던 사실로 옳은 것은? [2점]

① 내상이 무역 활동을 전개하였다.
② 안승이 왕으로 봉해진 보덕국이 세워졌다.
③ 지역 차별에 반발하여 홍경래가 봉기하였다.
④ 만적을 비롯한 노비들이 신분 해방을 도모하였다.
⑤ 지주 문재철의 횡포에 맞서 소작 쟁의가 일어났다.

49 -499 (가) 민주화 운동에 대한 설명으로 옳은 것은? [1점]

> 박종철 군 고문 살인 은폐 조작과 호헌 조치를 규탄하는 국민 대회 당시의 모습이야. 정부의 원천 봉쇄 방침에도 각 지역에서 열렸어.

> 이 대회를 주최한 민주 헌법 쟁취 국민운동 본부는 4·13 호헌 조치가 무효라고 선언하였지. 이후 민주화를 요구하는 시민들의 시위가 전국 각지에서 더욱 거세졌어.

① 허정 과도 정부가 구성되는 계기가 되었다.
② 5년 단임의 대통령 직선제 개헌을 이끌어 냈다.
③ 야당 총재의 국회 의원직 제명으로 촉발되었다.
④ 관련 기록물이 세계 기록 유산으로 등재되었다.
⑤ 이승만이 대통령에서 물러나는 결과를 가져왔다.

50 -500 다음 선언을 발표한 정부의 통일 노력으로 옳은 것은? [3점]

나는 오늘 온 겨레의 염원인 조국의 평화적 통일을 실현해 나기기 위한 새 공화국의 정책을 밝히려 합니다. 우리 민족이 남북 분단의 고통을 겪어온 지 반세기가 가까워 옵니다. …… 민족자존과 통일 번영의 새 시대를 열어나갈 것임을 약속하면서 다음과 같은 정책을 추진해 나갈 것을 내외에 선언합니다.

……

셋째, 남북 간 교역의 문호를 개방하고 남북 간 교역을 민족 내부 교역으로 간주한다.

……

여섯째, 한반도의 평화를 정착시킬 여건을 조성하기 위하여 북한이 미국, 일본 등 우리 우방과의 관계를 개선하는 데 협조할 용의가 있으며 또한 우리는 소련, 중국을 비롯한 사회주의 국가들과의 관계 개선을 추구한다.

① 남북 조절 위원회를 구성하였다.
② 개성 공업 지구 건설에 합의하였다.
③ 10·4 남북 정상 선언을 발표하였다.
④ 남북한이 국제 연합(UN)에 동시 가입하였다.
⑤ 남북 이산가족 고향 방문을 최초로 실현하였다.

역사에 무임승차하지 말자

학생들이 시험에 자주 출제되지 않는 분들은 '중요하지 않은 사람', '몰라도 되는 사람' 이렇게 얘기하는 걸 들을 때가 있어요.

저도 강의하면서 '이건 중요하지 않습니다.'라고 이야기할 때가 있지만 이건 어디까지나 시험에 한해서이지 무엇이 중요하고 무엇이 중요하지 않다고 말할 수 있겠습니까?

이 분들은 지금 여러분이 살고 있는 이 대한민국을 만들어 주기 위해서 자신의 목숨을 내놓고 독립운동을 하신 분들입니다. 함부로 중요하다 중요하지 않다 이야기할 수 있는 그런 분들이 결코 아닙니다.

이 책을 덮으며 마지막으로 이분들에 대한 감사함을 가슴에 담길, 그리고 이분들이 만들어 놓은 역사에 무임승차 하지 않길 다짐했으면 합니다.

한국사능력검정시험, 접수부터 합격까지
"큰 ★ 별쌤의 라이브방송과 함께"

▶ 최태성1TV에서

한능검 D-28 (금, 22시)	
한능검 시작합시다!	

"한능검 접수와 함께 스타트~"
큰★별쌤의 합격 열차에 탑승하세요.

D-21 (금, 22시)	
한능검 아직도 구석기니?	

"열공 부스터를 달아 봅시다."
큰★별쌤과 함께 쭉쭉 진도를 빼 봅시다.

D-14 (금, 22시)	
한능검 이제 2주 남았다!	

"2주. 이제 총력전이다."
큰★별쌤의 특급 진단과 함께
중간 점검하는 시간을 가져보세요.

D-7 (금, 22시)	
한능검 7일의 기적!	

"포기하지마! 아직 7일이나 남았어."
큰★별쌤이 기적과 같은 일주일을 보내는
방법을 알려드립니다.

D-1 (20시)	
한능검 전야제	

"내일 시험지 보고 깜놀할 준비해."
큰★별쌤의 예언과도 같은 족집게 강의,
실시간 시청자가 3만이 넘었던 전설의 라방! 꼭 챙기세요.

D-DAY	
시험 당일 가답안 공개	

"두구두구~ 과연 나는 합격?"
시험이 끝난 직후, 큰★별쌤과 함께
바로 가답안을 채점해 보세요.

D+14 (금, 22시)	
한능검 합격자 발표 및 분석	

"시험 결과가 나오는 날, 모두 모여라."
다 같이 모여 큰★별쌤과 함께
의미 있는 마무리를 해요.

별★별 한국사 한국사능력검정시험 시리즈
이미 많은 분들이 합격으로 검증해 주셨습니다!

최*영(c****91)

학교 다닐 때보다 더 흥미를 갖게 해주는 강의

뒤늦게 한능검 준비하는데 최태성 선생님 덕분에 더욱 확실하고 비장하게 준비하고 있습니다.
차근차근 하다 보니 책장 한 칸이 선생님 이름으로 채워지고 있어요.ㅎㅎ
한국사 단순 암기에 질려버렸던 학생 시절이 아쉬울 정도로 흥미가 생겨요.
열심히 공부하는 분들은 다 아는 내용일 수 있지만 역사적 순서가 헷갈리거나 뭔가 건너뛴 느낌이 드는 부분을 채운다거나 단순 암기가
싫고 역사의 흐름이 중요한 사람들에게 완전 추천하는 강의입니다.

역사는 최태성! 너무너무 감사합니다.

김*진(50****631)

최태성 선생님 안녕하세요! 저는 중학교 3학년 별님입니다!
평소 한국사를 너무 어렵게만 생각해서 처음엔 막막했지만 선생님의 즐거운 수업과 깔끔한 판서 정리
덕분에 한능검 1급을 한 번에 합격하게 되었습니다~!
선생님과 공부하게 되면서 제 최애 과목이 한국사로 바뀌게 되었어요.ㅎㅎ
역사를 배우면서 많은 생각과 반성도 하게 되었습니다.

최*(ly****60)

심화 1급 받고 신나서 자발적으로 쓰는 후기
역시 '갓 태 성'

제목에는 1급 받고 신나서 쓴 후기라고 적었지만 사실 1급이 나왔다는 것보다 선생님과 함께 역사를 배우면서 재미없고 졸렸던
역사에서 즐겁고 교훈이 많은 우리의 역사를 알게 되었다는 것이 더 신납니다. 고딩 때 억지로 외우면서 시험 점수에 급급했던
과거가 생각나 부끄럽기도 하더라고요. 그땐 왜 그저 연도 외우고 이름 외우기만 했었는지… 심화 시험이어도 연도를 거의 외우지
않은 채 시험을 보았고 선생님께서 그렇게 이해시켜주셔서 더 좋았어요.

한국사에 관심이 없던 제가 1급을 취득했습니다!

김*범(500****89)

항상 한국사, 세계사 시간에 재미가 없어서 졸고 딴청 피웠던 학생입니다.
최태성 선생님 강의 집중도 너무 잘되고 좋았습니다!
물론 중간 중간 힘든 시간도 꽤나 많았지만, 판서를 그대로 옮겨 적어보는 것도 암기하는 데 많은 도움이 되었다고 생각합니다.
딱딱하게 수업만 하시는 게 아니라 선생님 이야기 그리고 역사 인물, 사건에 관한 추가 내용도 설명해 주시니 기억하는 능력이
쑥쑥 올라가는 느낌이었습니다.

권*성(50****642)

선생님 감사합니다!!!

수업을 재미있게 해주시고 중요한 개념 위주로 설명해 주셔서 큰 도움이 되었어요! 역사의 진정한 의미가 무엇인지, 역사를 배워서
도움이 되는 것이 어떤 부분인지 다시 생각해 볼 수 있어서 좋았어요. 나무보다 큰 숲을 보려는 마음가짐을 가지고 한국사 강의를
완강할 수 있어서 뜻깊은 시간이었습니다! 최태성 선생님 감사합니다!

4대 온라인 서점 1위

♛ 누적 **도서 판매 부수**	**380만**	2012. 01~2024. 09 저자 집필 한능검 시험 관련 서적 기준
♛ 누적 **수강생 수**	**700만**	2002. 03~2024. 10 EBS, 이투스 누적 수강생 데이터 기준
♛ 누적 **조회 수**	**1억 3천만**	2020. 04~2024. 10 유튜브 최태성1TV 조회 수 기준

정통파

큰별쌤의 아트 판서와 함께
1달 동안 흐름을 정리하는

한국사능력검정시험

`심화 I 기본`

문제풀이파

기출문제로 실전 감각을 키우는

회차별 구성	시대별, 주제별 구성
기출 500제	**시대별 기출문제집**
`심화 I 기본`	`심화 I 기본`

속성파

큰별쌤이 요약한 필수 개념으로
7일 만에 끝내는

7일의 기적

`심화 I 기본`

한국사 공부하면 기부되는 당신의 선한 영향력,

함께 선한 영향력을 나눈 별님들

강*	h**ko	vis**n	강*경	so*	문*복	역사는 ** **다
펜*	혜* 박	어제****사람	문*경	톨*	사*	장*영
전*욱	정*현	pir***no	키*곰	박*영	양*	권*
김*철	J	Jas** Kim	기*	ㅇ*	d7**j s**f	점*
효*	Cl**k	바*	H S*Y	감**빠(성**기)	이*기	IC***UE
김*수	태	멜**s	원*맨ONE*** MAN	이*우	키치**족	미*네
뽀*로	프* TV	Bra** Cho	PA**I GUE	동 *	이*훈	하**의 피**여행
루*	kc***28	주*욱	MI** min	임*정	롤라**랑	시*이(유*)
젠*아	오*b	애*	곽*영	그래**석	Wo***ung Park	ROK**IS5**
오*화	무*	웅*	Je***ue2	bo**ng	배*은	동*
마**친_mazy*****en	손원*.*하	쭈**네	발**두두	크*	암*타	제*
불*보						핑*
f**nsn s*j						ni***as
남*종						Te**e
우**9						주*
지*						Go**g
게임하는 **어	Hy** H	나* 박	p**p	서*선		ROK****535
니*정(니나***요정)	Ta**ya	luo**_hy	아*	쿨*트		조*미
S* L	한*풀	eb***oY	니*악	강*미		나*
서*솔	Wen**n Liu	김*선	재*	시* 생*이		안**줌
검찰***창살	Ver* ver*	김종* **준맘	PA*** GUE	윤*균		mi** days
팡*	ha**y	박*원	C*	ta***hx		뮬*
양*추	봄**담	mi** ti	B* J	이*은		냥*
댓글**사람	L.*..j	이*함	이*티			안**인
호*	이*욱	나**려고	안*식			정*원
하리**리	알*	Ph***ou	S*			
park****4	수*	강*진	카*나			
레*	이*주	택*네	고*니			
꼬*	유*	하**름	Ne***ory			
김*영	미*	밤*온	연*			
박*아	블*니	박지***사랑해	바*삭			
한*희 (*니)	Jet***e2	Ch**e	킴*이			
하*	K*P	호*랑 **커플	볼빨**카			
별**밤	엔*	yu** jung	정쓰**리			

따뜻한 책, 따뜻한 사람

나는 지금 따뜻한 책을 통해 누군가에게 도움을 주고 있습니다.
나는 따뜻한 사람입니다.

" 이 책을 통해 모인 수익금은 소외 계층 지원이나 한국사 알리기 사업에 쓰입니다."

기출 BOOK
빠른 정답 찾기

72회 한국사능력검정시험 정답

기출 BOOK 008~019쪽

1	2	3	4	5	6	7	8	9	10	11	12	13	14	15	16	17	18	19	20	21	22	23	24	25
②	③	②	④	①	⑤	②	③	④	⑤	⑤	③	②	④	①	③	③	②	④	②	④	⑤	④	③	⑤

26	27	28	29	30	31	32	33	34	35	36	37	38	39	40	41	42	43	44	45	46	47	48	49	50
①	①	④	①	①	④	⑤	③	①	⑤	④	⑤	②	⑤	②	①	①	⑤	①	⑤	②	①	③	②	③

71회 한국사능력검정시험 정답

기출 BOOK 020~031쪽

1	2	3	4	5	6	7	8	9	10	11	12	13	14	15	16	17	18	19	20	21	22	23	24	25
①	④	①	④	⑤	③	⑤	①	②	④	②	④	①	④	①	⑤	①	④	②	③	⑤	③	①	④	②

26	27	28	29	30	31	32	33	34	35	36	37	38	39	40	41	42	43	44	45	46	47	48	49	50
②	⑤	③	④	①	③	①	④	③	⑤	①	②	⑤	②	③	②	③	④	③	②	⑤	②	②	①	③

70회 한국사능력검정시험 정답

기출 BOOK 032~043쪽

1	2	3	4	5	6	7	8	9	10	11	12	13	14	15	16	17	18	19	20	21	22	23	24	25
③	③	②	①	②	⑤	④	③	④	④	④	③	①	④	④	③	④	①	③	①	⑤	②	②	②	②

26	27	28	29	30	31	32	33	34	35	36	37	38	39	40	41	42	43	44	45	46	47	48	49	50
④	①	②	①	③	①	⑤	⑤	①	②	③	⑤	①	⑤	⑤	⑤	③	②	②	④	④	⑤	②	②

69회 한국사능력검정시험 정답

기출 BOOK 044~055쪽

1	2	3	4	5	6	7	8	9	10	11	12	13	14	15	16	17	18	19	20	21	22	23	24	25
③	⑤	③	⑤	③	②	④	②	④	⑤	②	②	⑤	⑤	⑤	①	③	①	③	②	④	③	①	①	④

26	27	28	29	30	31	32	33	34	35	36	37	38	39	40	41	42	43	44	45	46	47	48	49	50
②	④	③	④	④	①	④	②	④	②	①	①	③	④	③	④	③	⑤	②	①	②	①	②	①	⑤

68회 한국사능력검정시험 정답

기출 BOOK 056~067쪽

1	2	3	4	5	6	7	8	9	10	11	12	13	14	15	16	17	18	19	20	21	22	23	24	25
①	④	③	③	②	③	④	①	②	④	⑤	①	③	④	④	②	④	②	③	①	②	①	⑤	④	

26	27	28	29	30	31	32	33	34	35	36	37	38	39	40	41	42	43	44	45	46	47	48	49	50
④	②	⑤	④	③	①	②	⑤	⑤	③	⑤	⑤	①	⑤	①	④	④	②	②	④	⑤	③	③	⑤	

67회 한국사능력검정시험 정답

기출 BOOK 068~079쪽

1	2	3	4	5	6	7	8	9	10	11	12	13	14	15	16	17	18	19	20	21	22	23	24	25
④	④	①	④	②	⑤	②	④	①	④	①	④	②	④	②	③	④	①	③	⑤	②	①	⑤	②	④

26	27	28	29	30	31	32	33	34	35	36	37	38	39	40	41	42	43	44	45	46	47	48	49	50
③	③	③	⑤	③	⑤	①	⑤	⑤	④	⑤	③	②	⑤	⑤	②	①	③	①	⑤	③	③	①	④	⑤

66회 한국사능력검정시험 정답

기출 BOOK 080~091쪽

1	2	3	4	5	6	7	8	9	10	11	12	13	14	15	16	17	18	19	20	21	22	23	24	25
②	②	③	④	①	⑤	⑤	⑤	③	⑤	②	④	③	②	④	③	①	②	③	⑤	③	④	③	②	①

26	27	28	29	30	31	32	33	34	35	36	37	38	39	40	41	42	43	44	45	46	47	48	49	50
②	④	④	①	⑤	②	①	②	①	①	③	⑤	②	⑤	②	③	④	④	③	③	①	④	①	②	⑤

65회 한국사능력검정시험 정답

기출 BOOK 092~103쪽

1	2	3	4	5	6	7	8	9	10	11	12	13	14	15	16	17	18	19	20	21	22	23	24	25
②	⑤	②	①	⑤	⑤	④	⑤	⑤	①	②	③	①	④	③	②	①	③	⑤	③	①	②	②	④	⑤

26	27	28	29	30	31	32	33	34	35	36	37	38	39	40	41	42	43	44	45	46	47	48	49	50
④	④	①	④	⑤	④	⑤	⑤	③	①	③	④	③	⑤	⑤	④	④	②	①	⑤	②	②	②	③	②

64회 한국사능력검정시험 정답

기출 BOOK 104~115쪽

1	2	3	4	5	6	7	8	9	10	11	12	13	14	15	16	17	18	19	20	21	22	23	24	25
⑤	①	③	⑤	⑤	②	④	⑤	②	④	①	①	⑤	①	⑤	④	①	⑤	④	⑤	⑤	③	④	②	②

26	27	28	29	30	31	32	33	34	35	36	37	38	39	40	41	42	43	44	45	46	47	48	49	50
①	⑤	②	③	④	②	②	③	④	①	②	②	②	①	①	④	②	①	①	③	①	⑤	①	④	③

63회 한국사능력검정시험 정답

※ 42번 문항은 오류로 판정되어 응시자 전원 정답 처리됨

기출 BOOK 116~127쪽

1	2	3	4	5	6	7	8	9	10	11	12	13	14	15	16	17	18	19	20	21	22	23	24	25
⑤	④	③	②	⑤	④	④	④	⑤	①	③	②	④	②	③	①	①	①	④	②	④	⑤	①	②	⑤

26	27	28	29	30	31	32	33	34	35	36	37	38	39	40	41	42	43	44	45	46	47	48	49	50
③	③	⑤	③	②	④	①	②	②	④	③	④	②	③		⑤	④	①	⑤	③	①	④

큰별쌤 최태성의

별★별한국사

기출 500제

한국사능력검정시험
심화 (1·2·3급)

최태성 지음

해설 BOOK

기출
BOOK

+

해설
BOOK

킬러 문항

난도 최상의 킬러 문항을 표시하였어요.

정답 잡는 키워드

정답을 찾을 수 있는 키워드를 한눈에 보여 줍니다. 핵심 키워드를 기억하세요.

자세한 선택지 해설

선택지 하나하나를 꼼꼼하고 자세하게 설명한 친절한 해설을 통해 아는 내용은 다시 확인하고, 부족한 부분은 채워 보세요.

기출 선택지 +α

한국사능력검정시험은 나온 선택지가 또 나옵니다. 나올 만한 기출 선택지를 O/X 문제로 제시하여 빈틈없이 대비할 수 있도록 하였어요.

연표로 흐름잡기

주요 사건의 흐름을 파악할 수 있도록 연표로 정리하였어요.

핵심 개념

반복해서 출제되는 핵심 개념을 정리하였어요. 다시 확인하면서 학습한 내용을 복습하세요.

킬러 문항

31 을미개혁 정답 ③

밑줄 그은 '개혁'의 내용으로 옳은 것은? [2점]

어제 발행된 관보를 보는가? 지난 8월 국모 시해 사건 이후 김홍집 내각에서 추진한 개혁의 일환으로 태양력을 시행한다더니, 그에 맞추어 연호를 새로 정하라는 조칙이 내려졌군.

그래서 내일부터 올해 1월 1일이 시작되고, 새 로운 연호는 '건양'으로 정해졌다고 하네.

을미사변 이후 수립된 김홍집 내각은 단발령 실시를 공식화하는 등 을미개혁을 주도했고, 1895년 11월 17일을 양력으로 환산하여 1896년 1월 1일로 삼는 등을 내용으로 하는 태양력

정답 잡는 키워드

❶ 국모 시해 사건 이후 김홍집 내각에서 추진, ❷ 태양력 시행, ❸ 새로운 연호를 '건양'으로 정함 → 을미개혁

국모 시해 사건 이후 김홍집 내각에서 추진하였으며, 태양력을 시행하고 '건양' 이라는 새로운 연호를 정하였다는 내용을 통해 밑줄 그은 '개혁'이 1895년에 추진된 을미개혁임을 알 수 있어요. 삼국 간섭 이후 조선 정부가 친러 정책을 펴자 위기감을 느낀 일본은 친러 정책의 배후 세력을 명성 황후라며 여겨 시해한 을미사변을 저질렀어요. 이어 구성된 친일 성향의 김홍집 내각은 을미개혁을 추진하여 태양력을 시행하고 '건양' 연호를 제정하였어요.

① 양전 사업을 실시하여 지계를 발급하였다.
↳ 광무개혁을 추진하는 과정에서 대한 제국 정부는 양전 사업을 실시하고 근대적 토지 소유 증명 문서인 지계를 발급하였어요.

② 지방 행정 구역을 8도에서 23부로 개편하였다.
↳ 제2차 갑오개혁 때 의정부를 내각으로, 8아문을 7부로 바꾸었으며, 지방 행정 구역을 8도에서 23부로 개편하였어요.

③ 군제를 개편하여 친위대와 진위대를 설치하였다.
↳ 을미개혁 때 군제를 개편하여 중앙에는 친위대, 지방에는 진위대를 설치하였어요.

④ 공사 노비법을 혁파하고 과부의 재가를 허용하였다.
↳ 제1차 갑오개혁 때 공사 노비법 혁파, 과부의 재가 허용, 조혼 금지 등의 개혁을 추진하였어요.

⑤ 교육의 기본 방향을 제시한 교육 입국 조서를 반포하였다.
↳ 제2차 갑오개혁 때 고종은 교육의 기본 방향을 제시한 교육 입국 조서를 반포하였어요.

기출 선택지 +α

❻ 재판소를 설치하였다. (O/X)
❼ 은 본위제를 도입하였다. (O/X)

핵심 개념	을미개혁
배경	삼국 간섭 후 조선 정부가 친러 정책 추진 → 일본이 친러 정책을 주도하던 명성 황후 시해(을미사변) → 친일적인 김홍집 내각이 구성되어 개혁 추진
내용	태양력 채택, '건양' 연호 사용, 군제 개편(중앙 - 친위대, 지방 - 진위대 설치), 단발령 실시, 종두법 시행, 우편 사무 재개
중단	아관 파천 직후 김홍집 내각 붕괴 → 개혁 중단

기출 선택지 +α 정답 ❻ X[제2차 갑오개혁] ❼ X[제1차 갑오개혁]

---

40 민립 대학 설립 운동 정답 ③

다음 자료가 발표된 시기를 연표에서 옳게 고른 것은? [2점]

대학을 세운다는 일은 극히 거창하여 여간 몇 사람의 힘으로는 도저히 성취할 바가 아니므로 금일까지 실지의 운동이 일어나지 못하였던 것이다. 그러나 일이 거창하고 어렵다고 시작을 아니하면 언제까지든지 저 대학이라는 것은 생겨날 수가 없다. 그러므로 이번에 조선 전도의 다수한 유지를 망라하여 민중적 운동으로 될 수 있는 대로 많은 사람의 힘을 합하여 민립 대학 한 곳을 세워 보고자 이상재, 이승훈 등의 주창으로 수일 전에 민립 대학 기성 준비회를 조직하고 집행 위원을 선정하였는데, 장차 각 부·군에서 다수한 발기인의 참가를 구하여 경성에서 발기회를 열고 실행 방법을 결정할 터이라.

1923년 이상재 등이 조선 민립 대학 기성 준비회를 결성·해산되고, 이어 이동해인 1923년에 발기 총회를 개최하여 정식으로 조선 민립 대학 기성회로 발족하였음

정답 잡는 키워드

❶ 이상재, 이승훈 등의 주장으로 민립 대학 기성 준비회를 조직함 → 1920년대 초반 민립 대학 설립 운동

이상재, 이승훈 등의 주창으로 민립 대학 기성 준비회가 조직되었다는 내용을 통해 민립 대학 설립 운동과 관련된 자료임을 알 수 있어요.

1895	1911	1919	1924	1938	1942
(가)	(나)	(다)	(라)	(마)	
한성 사범 학교 설립	제1차 조선 교육령	3·1 운동	경성 제국 대학 개교	제4차 조선 교육령	조선어 학회 사건

➡ 3·1 운동 이후 1920년대 들어 일제가 이른바 문화 통치를 내세우자 국내에서 민족주의 인사들이 중심이 되어 실력 양성 운동을 전개하였어요. 민립 대학 설립 운동은 우리 민족의 힘으로 고등 교육을 실시할 대학을 설립하자는 실력 양성 운동으로, 인재를 양성하여 민족의 역량을 강화하자는 목표로 추진되었어요. 1920년대 초반에 이상재 등이 조선 민립 대학 기성회를 조직하고 민립 대학 설립을 위한 모금 운동을 벌였어요. 그러나 일제의 방해와 모금 실적 저조로 우리 민족의 대학 설립 시도는 실패하였어요. 일제는 한국인의 고등 교육에 대한 열망을 잠재우기 위해 1924년에 경성 제국 대학을 설립하였어요.
따라서 민립 대학 설립 운동이 전개된 시기는 3·1 운동과 경성 제국 대학 개교 사이인 ③ (다)입니다.

① (가) ② (나) ❸ (다) ④ (라) ⑤ (마)

연표로 흐름잡기

1919	3·1 운동, 대한민국 임시 정부 수립
1920	봉오동 전투, 청산리 대첩, 산미 증식 계획 시작
1921	자유시 참변
1922	제2차 조선 교육령 공포, 조선 민립 대학 기성 준비회 조직
1923	국민 대표 회의 개최, '조선 혁명 선언' 작성(신채호), 조선 형평사 창립(진주), 조선 민립 대학 기성회 발기 총회 개최
1924	경성 제국 대학 개교

이 책의 차례

심화 제**72**회 한국사능력검정시험 해설 ·· 005

심화 제**71**회 한국사능력검정시험 해설 ·· 031

심화 제**70**회 한국사능력검정시험 해설 ·· 057

심화 제**69**회 한국사능력검정시험 해설 ·· 083

심화 제**68**회 한국사능력검정시험 해설 ·· 109

심화 제**67**회 한국사능력검정시험 해설 ·· 135

심화 제**66**회 한국사능력검정시험 해설 ·· 161

심화 제**65**회 한국사능력검정시험 해설 ·· 187

심화 제**64**회 한국사능력검정시험 해설 ·· 213

심화 제**63**회 한국사능력검정시험 해설 ·· 239

합격률
55.2%

응시 인원 : 65,786명
합격 인원 : 36,327명

시대별 출제 비중

선사 2문항
청동기 시대의 생활 모습, 고조선

고대 9문항
삼국의 경쟁, 백제의 도읍, 고구려,
통일 신라의 경제, 발해, 신라 말의 상황,
견훤의 활동, 신라의 탑, 창녕의 역사

전근대
29문항

고려 7문항
성종 재위 시기의 사실, 고려와 거란의 관계,
김부식의 활동, 무신 집권기의 사실,
원 간섭기의 사실, 고려의 경제, 고려의 탑

조선 11문항
태종의 정책, 집현전, 성종 재위 시기의 사실,
을사사화, 통신사, 고사관수도, 병자호란 중의 사실,
대동법, 송시열, 조선 후기의 경제, 정조의 정책

개항기 7문항
개항기 신문, 일본의 경제 침략,
제너럴 셔먼호 사건 이후의 사실,
제2차 갑오개혁 추진 시기의 사실,
동학 농민 운동, 정미의병, 광무개혁

일제 강점기 7문항
3·1 운동, 북로 군정서,
연해주 지역의 민족 운동,
심훈의 활동, 일제 강점기 도시,
1930년대 후반 이후의 사회 모습, 신채호

현대 5문항
제주 4·3 사건, 이승만 정부 시기의 사실,
유신 헌법, 6월 민주 항쟁,
전두환 정부 시기의 사실

근현대
21문항

시대 통합 2문항
역사 속 토지 제도의 변화,
신라 신문왕과 조선 세조의 정책

분류별 출제 비중 고대~조선

정치 18문항
경제 4문항
사회
문화 5문항

난이도별 출제 비중

상 2문항
중 36문항
하 12문항

0 5 10 15 20 25 30 35

큰별쌤의 한 줄 평
약간 어려운 자료가 나왔으나
기본 개념과 흐름으로
충분히 풀 수 있는
중간 난이도의 시험

1 청동기 시대의 생활 모습

정답 ②

(가) 시대의 생활 모습으로 옳은 것은? [1점]

여주 흔암리 선사 유적

유적 소개

개 관 >
출토 유물 >
체험 안내 >

■ 대표 유물

❶ 사유 재산과 계급이 발생한 _____(가)_____ 시대의 유적인 이곳에서 발견된 탄화된 쌀이다. 이를 통해 한반도에서 _____(가)_____ 시대에 벼농사가 이루어졌음을 알 수 있다.

청동기 시대에는 무늬가 없고 바닥이 평평한 민무늬 토기가 제작되었어요.

■ 함께 출토된 유물

❷ 민무늬 토기
❸ 반달 돌칼

청동기 시대의 대표적인 농기구로, 주로 곡물을 수확하는 데 사용되었어요.

정답 잡는 키워드

❶ 사유 재산과 계급 발생, ❷ 민무늬 토기, ❸ 반달 돌칼
→ 청동기 시대

사유 재산과 계급이 발생하였으며 민무늬 토기와 반달 돌칼이 함께 출토되었다는 내용을 통해 (가) 시대가 청동기 시대임을 알 수 있어요. 청동기 시대에는 농업 생산력이 향상되고 잉여 생산물이 생겨났어요. 이로 인해 사유 재산의 개념이 나타났고, 빈부의 차이가 생기면서 계급이 형성되어 권력을 가진 지배자가 등장하였어요. 청동기 시대에 들어와 금속을 다루기 시작하면서 비파형 동검, 청동 거울 등의 도구를 만들기 시작하였으나, 주로 의례용 또는 지배자의 무기나 장신구로 쓰였으며 일상생활에서는 여전히 반달 돌칼과 같은 석기가 사용되었어요.

① 주로 동굴이나 강가의 막집에서 살았다.
➡ 구석기 시대 사람들은 주로 동굴이나 강가의 막집에서 살면서 식량을 찾아 이동 생활을 하였어요.

②지배층의 무덤으로 고인돌을 축조하였다.
➡ 청동기 시대에 지배자가 등장하였으며, 많은 인력을 동원하여 지배층의 무덤으로 고인돌을 축조하였어요.

③ 농경과 목축을 시작하여 식량을 생산하였다.
➡ 신석기 시대부터 농경과 목축이 시작되어 식량을 생산하였고, 강가나 바닷가에 움집을 짓고 정착 생활을 하였어요.

④ 호미, 쇠스랑 등의 철제 농기구를 제작하였다.
➡ 철기 시대부터 호미, 쇠스랑 등의 철제 농기구가 제작되었어요.

⑤ 주먹도끼, 찍개 등의 뗀석기를 처음 제작하였다.
➡ 구석기 시대에 돌을 깨뜨리거나 다듬어서 만든 뗀석기를 만들기 시작하였어요.

기출 선택지 +α

❻ 소를 이용한 깊이갈이가 일반화되었다. (O / X)
❼ 비파형 동검과 청동 거울 등을 제작하였다. (O / X)
❽ 오수전, 화천 등의 중국 화폐로 교역하였다. (O / X)
❾ 빗살무늬 토기에 음식을 저장하기 시작하였다. (O / X)

---

2 고조선

정답 ③

밑줄 그은 '이 나라'에 대한 탐구 활동으로 가장 적절한 것은? [2점]

고조선은 우거왕 때 한 무제의 침략을 받아 약 1년여간 저항하였으나 기원전 108년에 왕검성이 함락되면서 멸망하였어요.

함께 성장하는 한국사 수업
❶한 무제의 침략에 맞서 싸운 이 나라에 대해 조사한 내용을 올려 주세요.

정치 | 경제 | 사회

❷왕 아래에 상, 대부, 장군 등의 관직을 두었어요. | 중국과 한반도 남부의 진국 사이에서 중계 무역을 하였어요. | 사회 질서를 유지하기 위한 범금 8조가 있었어요.

고조선은 기원전 3세기경에 부왕, 준왕 등 강력한 왕권을 가진 왕이 등장하여 왕위를 세습하였고, 왕 아래에 상, 대부, 장군 등의 관직을 두었어요.

현재 3개 조항이 전해져 이를 통해 고조선의 사회 모습을 유추할 수 있어요.

정답 잡는 키워드

❶ 한 무제의 침략에 맞서 싸움, ❷ 왕 아래에 상, 대부, 장군 등의 관직을 둠, ❸ 범금 8조가 있음 → 고조선

한 무제의 침략에 맞서 싸웠으며, 왕 아래에 상, 대부, 장군 등의 관직을 두었고, 사회 질서를 유지하기 위한 범금 8조가 있었다는 내용을 통해 밑줄 그은 '이 나라'가 고조선임을 알 수 있어요. 고조선은 우리 역사상 최초의 국가로 청동기 문화를 바탕으로 세워졌으며, 기원전 4~3세기경에는 중국의 연과 대립할 정도로 성장하였어요. 고조선은 기원전 2세기 위만이 집권한 이후 중국의 한과 한반도 남부의 진 사이에서 중계 무역을 하면서 많은 이익을 얻었어요.

① 임신서기석의 내용을 분석한다.
➡ 임신서기석은 신라의 두 청년이 유교 경전 공부에 힘쓸 것을 다짐하는 내용이 새겨진 비석이에요. 임신서기석을 통해 신라에서 유학 교육이 이루어졌음을 알 수 있어요.

② 칠지도에 새겨진 명문을 해석한다.
➡ 칠지도는 백제에서 만들어 일본에 전해진 것으로 알려져 있으며, 이를 통해 백제와 일본이 교류하였음을 알 수 있어요.

③수도 왕검성의 위치에 대한 자료를 검색한다.
➡ 고조선의 수도는 왕검성으로, 그 위치에 대해서는 여러 의견이 있어요.

④ 10월에 지냈던 제천 행사인 동맹을 살펴본다.
➡ 고구려는 10월에 동맹이라는 제천 행사를 지냈어요.

⑤ 국가의 중대사를 논의한 화백 회의에 대해 조사한다.
➡ 신라는 만장일치제로 운영된 화백 회의에서 국가의 중대사를 논의하였어요.

기출 선택지 +α

❻ 신성 지역인 소도의 역할을 알아본다. (O / X)
❼ 삼국유사에 실린 김알지 신화를 분석한다. (O / X)
❽ 위만 집권 이후 변화된 경제 상황을 조사한다. (O / X)
❾ 무천이라는 제천 행사를 개최한 이유를 파악한다. (O / X)
❿ 마가, 우가, 저가, 구가 등이 다스렸던 지역을 조사한다.
(O / X)

3 삼국의 경쟁 　　　　정답 ②

(가), (나) 사이의 시기에 있었던 사실로 옳은 것은?　[2점]

> (가) 겨울에 ❶백제 왕이 태자와 함께 정병 3만 명을 거느리고 고구려를 침입하여 평양성을 공격하였다. ❷고구려 왕 사유가 힘껏 싸우며 막다가 날아오는 화살을 맞고 죽었다.
>
> 고구려 왕 사유, 즉 고국원왕은 4세기 후반 백제 근초고왕의 공격으로 전사하였어요.
>
> (나) 정월에 백제는 고구려의 도살성을 쳐서 빼앗았다. 3월에는 고구려가 백제의 금현성을 함락시켰다. ❸신라 왕이 양국의 병사가 지친 틈을 타 이찬 이사부에게 명하여 병사를 내어 쳐서 두 성을 빼앗아 증축하고 갑사 1천 명을 두어 지키게 하였다.
>
> 신라는 6세기 중반 진흥왕 때 고구려와 백제가 충돌하는 틈을 타 영토를 확장하였어요.
>
> 이사부는 지증왕 때 우산국을 복속시킨 인물이에요. 진흥왕 때에는 도살성과 금현성을 함락시켰으며, 대가야 정복에도 앞장섰어요.

정답 잡는 키워드

❶, ❷ 백제 왕이 고구려의 평양성을 공격하여 고구려 왕 사유가 죽음 → (가) 4세기 후반

❸ 신라가 백제와 고구려의 병사가 지친 틈을 타 이사부를 보내 두 성을 빼앗음 → (나) 6세기 중반

(가)는 백제 왕이 고구려의 평양성을 공격하여 고구려 왕이 죽었다는 내용을 통해 백제 근초고왕이 고구려를 공격한 4세기 후반의 상황임을 알 수 있어요. 백제 근초고왕은 371년 평양성 전투에서 고국원왕을 전사시키고 황해도 일부 지역을 차지하였어요. (나)는 백제와 고구려가 서로 공격하는 틈을 타서 신라 왕이 이사부를 보내 두 성을 빼앗았다는 내용을 통해 6세기 중반 진흥왕 때의 상황임을 알 수 있어요. 진흥왕은 백제와 고구려가 상대의 도살성과 금현성을 점령하자, 양국의 군대가 지친 틈을 타 이사부를 보내 두 성을 빼앗았어요(550). 이후 백제 성왕과 연합하여 고구려를 공격해 한강 상류 지역을 차지한 진흥왕은 곧이어 백제를 공격해 한강 하류 지역까지 차지하였어요. 그 뒤 신라와 백제의 관계는 악화되었어요.

① 신라가 기벌포에서 당군을 격파하였다.
➡ 신라는 당과 연합하여 백제와 고구려를 차례로 정복하였어요. 그러나 당이 한반도 전체를 지배하려고 하자 나·당 전쟁을 벌였어요. 신라는 676년에 기벌포 전투에서 당군을 격퇴하면서 삼국 통일을 완수하였어요.

②고구려가 국내성에서 평양으로 천도하였다.
➡ 고구려 장수왕은 427년에 국내성에서 평양으로 천도하고 남진 정책을 본격화하였어요.

③ 계백이 이끈 결사대가 황산벌에서 패배하였다.
➡ 백제의 계백이 이끈 결사대는 660년에 황산벌에서 신라군에 맞서 싸웠으나 패배하였어요. 이후 백제는 나·당 연합군에 의해 사비성이 함락되면서 멸망하였어요.

④ 연개소문이 정변을 일으켜 권력을 장악하였다.
➡ 고구려의 연개소문은 642년에 정변을 일으켜 영류왕을 제거한 후 보장왕을 왕위에 올리고 권력을 장악하였어요.

⑤ 김춘추가 당으로 건너가 군사 동맹을 체결하였다.
➡ 신라의 김춘추는 642년 백제의 공격에 맞서기 위해 고구려에 동맹을 요청하였다가 거절당하였어요. 이후 648년에 당으로 건너가 군사 동맹을 체결하였어요.

기출 선택지 +α

❻ 법흥왕이 금관가야를 병합하였다. 　　　　(O / X)
❼ 의자왕이 윤충을 보내 대야성을 함락하였다. 　(O / X)
❽ 을지문덕이 살수에서 수의 군대를 물리쳤다. 　(O / X)
❾ 광개토 대왕이 신라에 침입한 왜를 물리쳤다. 　(O / X)

기출 선택지 +α　정답 ❻ O[532년] ❼ X[642년] ❽ X[612년] ❾ O[400년]

---

4 백제의 도읍 　　　　정답 ④

(가)~(다) 지역에 대한 설명으로 옳지 않은 것은?　[3점]

답사 계획서
◈ 주제 : 도읍지를 따라가는 ○○의 역사
◈ 기간 : 2024년 10월 △△일 ~ △△일
◈ 답사 지역 및 일정

한성(지금의 서울)은 백제 초기의 도읍지였어요.

1일차 : (가) — ❶풍납동 토성, ❷석촌동 고분군

웅진(지금의 공주)은 475년 문주왕이 천도한 때부터 538년 성왕이 사비로 천도할 때까지 백제의 두 번째 도읍지였어요.

2일차 : (나) — ❸공산성, ❹무령왕릉

3일차 : (다) — ❺부소산성, ❻왕릉원(능산리 고분군)

사비(지금의 부여)는 538년 성왕이 천도한 때부터 660년 백제가 멸망할 때까지 백제의 마지막 도읍지였어요.

정답 잡는 키워드

❶ 풍납동 토성, ❷ 석촌동 고분군 → (가) 서울
❸ 공산성, ❹ 무령왕릉 → (나) 공주
❺ 부소산성, ❻ 왕릉원(능산리 고분군) → (다) 부여

(가) 지역은 '풍납동 토성'과 '석촌동 고분군'을 통해 백제의 첫 번째 도읍지였던 한성(지금의 서울)임을 알 수 있어요. 풍납동 토성과 석촌동 고분군은 지금의 서울 송파구에 있는 백제의 유적이에요. 풍납동 토성은 판축 기법을 활용하여 성벽을 쌓은 백제 토성이며, 석촌동 고분군은 백제 초기의 계단식 돌무지무덤이 모여 있는 유적이에요.

(나) 지역은 '공산성'과 '무령왕릉'을 통해 백제가 고구려 장수왕의 공격으로 한성이 함락된 후 천도한 웅진(지금의 공주)임을 알 수 있어요. 공산성은 백제가 웅진으로 천도한 후 도읍을 방어하기 위해 쌓은 산성이에요. 무령왕릉은 공주의 송산리 고분군 안에 위치해 있으며, 무덤 안에서 무덤의 주인이 누구인지 알려 주는 묘지석이 발견되었어요.

(다) 지역은 '부소산성'과 '왕릉원(능산리 고분군)'을 통해 사비(지금의 부여)임을 알 수 있어요. 부소산성은 성왕 때 웅진에서 사비로 도읍을 옮기면서 축조한 것으로 추정되는 산성으로, 사비성이라고도 합니다. 부여 왕릉원(능산리 고분군)은 부여에 있는 백제 무덤군으로 모두 7기의 무덤이 있어요.

①(가) - 고구려에서 남하한 온조가 도읍으로 삼았다.
➡ 고구려에서 남하한 온조는 서울 한강 유역의 하남 위례성을 도읍으로 삼아 나라를 세웠어요.

②(나) - 문주왕 때 천도한 곳이다.
➡ 고구려 장수왕의 공격으로 한성이 함락되고 개로왕이 죽임을 당하자 개로왕의 뒤를 이은 문주왕 때 지금의 공주 지역인 웅진으로 천도하였어요.

③(나) - 중국 남조의 영향을 받은 벽돌무덤이 있다.
➡ 공주의 무령왕릉은 중국 남조의 영향을 받아 벽돌무덤으로 축조되었어요.

④(다) - 왕궁리 오층 석탑이 있다.
➡ 왕궁리 오층 석탑은 백제의 궁궐터 유적인 익산의 왕궁리 유적에 있어요.

⑤(다) - 백제 금동 대향로가 출토되었다.
➡ 백제 금동 대향로는 부여 능산리 절터에서 출토되었어요.

5 고구려 정답①

(가) 국가에 대한 설명으로 옳은 것은? [2점]

> 이것은 (가) 의 ❶쌍영총 벽화의 개마 무사 부분 모사도입니다. ❷안악 3호분 등 (가) 의 다른 고분 벽화에서도 개마 무사가 그려져 있어 이 국가의 군사, 무기 등의 모습을 알 수 있습니다.

— 안악 3호분 등 고구려의 굴식 돌방 무덤에는 벽화가 많이 남아 있어요.

정답 잡는 키워드

❶ 쌍영총, ❷ 안악 3호분 → 고구려

'쌍영총'과 '안악 3호분'을 통해 (가) 국가가 고구려임을 알 수 있어요. 쌍영총은 평안남도에 있는 고구려의 고분으로 내부에 인물 풍속도와 사신도가 그려져 있어요. 안악 3호분은 황해남도에 위치한 고구려의 고분으로 당시의 생활 모습을 짐작할 수 있는 벽화들이 발견되었어요.

①태학과 경당을 두어 인재를 양성하였다.
➡ 고구려는 교육 기관으로 중앙에 태학, 지방에 경당을 두어 인재를 양성하였어요.

② 골품에 따라 관등 승진에 제한이 있었다.
➡ 신라에는 골품제라는 신분 제도가 있어 골품에 따라 관등 승진에 제한이 있었어요.

③ 국경 지역인 양계에 병마사를 파견하였다.
➡ 고려는 5도 양계의 지방 행정 구역을 두었어요. 5도에는 안찰사를 파견하였으며, 양계에는 병마사를 파견하였어요.

④ 정사암에서 국가의 중대한 일을 결정하였다.
➡ 백제에서는 귀족들이 정사암에 모여 재상을 선출하거나 국가의 중대한 일을 결정하였어요.

⑤ 여러 가(加)들이 별도로 사출도를 주관하였다.
➡ 부여에서는 왕이 중앙을 다스리고 마가, 우가, 저가, 구가 등 여러 가(加)들이 별도로 사출도를 주관하였어요.

기출 선택지 +α

❻ 대가들이 사자, 조의, 선인을 거느렸다.	(O/X)
❼ 지방에 22담로를 두어 왕족을 파견하였다.	(O/X)
❽ 지방 장관으로 욕살, 처려근지 등이 있었다.	(O/X)
❾ 단궁, 과하마, 반어피 등의 특산물이 있었다.	(O/X)
❿ 박, 석, 김의 3성이 교대로 왕위를 계승하였다.	(O/X)

기출 선택지 +α 정답 ❻○ ❼×[백제] ❽○ ❾×[동예] ❿×[신라]

---

6 통일 신라의 경제 정답⑤

(가)에 들어갈 내용으로 가장 적절한 것은? [1점]

> 한국사 교양 강좌
> 통일 신라의 경제
>
> ◆ 강좌 주제 ◆
> 제1강 촌락 문서에 나타난 수취 체제의 특징
> 제2강 서시와 남시 설치를 통해 본 상업 발달
> 제3강 (가)
>
> ■ 일시 : 2024년 10월 △△일 △△시 ~ △△시
> ■ 장소 : ○○대학교 대강당

신라 촌락 문서는 일본 도다이사 쇼소인에서 발견된 통일 신라 시대의 문서로 서원경 인근 4개 촌락의 경제 상황이 기록되어 있어요. 신라 촌락 문서에는 인구수, 토지 종류와 면적, 소와 말의 수, 수목의 종류와 수 등이 기록되어 있어 조세 징수와 노동력 징발 등에 활용되었어요. 신라는 지증왕 때 수도 금성에 시장인 동시를 설치하였는데, 통일 이후 인구가 늘어나고 물자 유통이 활발해지면서 서시와 남시를 추가로 설치하였어요.

① 상평창과 물가 조절
➡ 상평창은 고려 시대에 설치된 물가 조절 기구로 조선 시대까지 이어졌어요.

② 은병이 화폐 유통에 미친 영향
➡ 은병은 고려 시대에 주조된 고액 화폐로 활구라고도 불렸어요.

③ 진대법으로 알아보는 빈민 구제
➡ 진대법은 고구려 고국천왕 때 마련된 춘대추납 방식의 빈민 구제 정책입니다.

④ 덩이쇠 수출을 통해 본 낙랑과의 교역
➡ 금관가야는 철이 풍부하게 생산되어 덩이쇠를 화폐처럼 사용하거나 낙랑, 왜 등에 수출하였어요.

⑤ 울산항을 통한 아라비아 상인들과의 교류
➡ 통일 신라 시기에 수도 금성과 가까운 울산항이 국제 무역항으로 번성하여 당, 일본 상인을 비롯하여 아라비아 상인도 왕래하였어요.

핵심 개념 | 통일 신라의 경제

토지 제도	• 신문왕 때 관료전을 지급하고 녹읍 폐지 → 경덕왕 때 귀족들의 반발로 녹읍 부활 • 성덕왕 때 백성에게 정전 지급
조세 제도	신라 촌락 문서(민정 문서) – 일본 도다이사 쇼소인에서 발견된 서원경(청주) 부근 4개 촌락에 대한 기록 문서 – 토지 종류와 면적, 인구수, 소와 말의 수, 나무의 종류와 수, 특산물 등을 파악하여 3년마다 작성 → 조세 징수와 노동력 징발에 활용
상업	수도 금성(경주)에 서시·남시를 추가로 설치, 시전(市典, 감독관청) 설치
대외 무역	• 당항성을 확보한 후 중국과 직접 교류 • 국제 무역항인 울산항에 아라비아 상인도 왕래 • 신라 말 장보고가 완도에 청해진 설치 → 신라, 당, 일본을 잇는 해상 무역권 장악

7 발해 　　　　　정답 ②

밑줄 그은 '이 국가'에 대한 설명으로 옳은 것은? [2점]

정혜 공주 무덤의 구조도

정혜 공주 묘지석

지린성 둔화에서 발견된 <u>이 국가</u>의 정혜 공주 무덤은 모줄임천장 구조의 굴식 돌방무덤으로 고구려 양식을 계승하고 있다. 또한, 내부에서 출토된 묘지석에 '황상'이라는 칭호가 사용된 점을 통해 이 국가의 자주성을 확인할 수 있다. ❶
　　　　　　　　　　　　　　　정혜 공주는 발해 제3대 문왕의 둘째 딸이에요.

정답 잡는 키워드

❶ 정혜 공주 무덤 → 발해

'정혜 공주 무덤'을 통해 밑줄 그은 '이 국가'가 발해임을 알 수 있어요. 발해는 대조영이 고구려 유민과 말갈인을 이끌고 지린성 동모산에서 세운 나라로 고구려 계승을 표방하였어요. '인안', '대흥' 등의 독자적인 연호를 사용하였으며 전성기에 중국으로부터 해동성국이라고 불리기도 하였어요.

① 서경을 북진 정책의 기지로 삼았다.
　➡ **고려**를 세운 태조 왕건은 평양을 서경으로 삼아 중시하였으며, 이를 북진 정책의 기지로 삼았어요.

②정당성의 대내상이 국정을 총괄하였다.
　➡ **발해**는 3성 6부의 중앙 정치 조직을 갖추었으며, 3성 가운데 행정을 담당하는 정당성의 장관인 대내상이 국정을 총괄하였어요.

③ 영락이라는 독자적인 연호를 사용하였다.
　➡ **고구려**의 광개토 태왕은 '영락'이라는 독자적인 연호를 사용하였어요.

④ 군사 조직으로 9서당 10정을 편성하였다.
　➡ **통일 신라**는 중앙군으로 9서당, 지방군으로 10정을 편성하였어요.

⑤ 관리 선발을 위해 독서삼품과를 시행하였다.
　➡ **통일 신라**의 원성왕은 유교적 소양을 갖춘 관리를 등용하기 위해 독서삼품과를 시행하였어요.

기출 선택지 +α

❻ 기인 제도를 실시하였다. 　　　　　　　　(O / X)
❼ 중정대를 두어 관리를 감찰하였다. 　　　　(O / X)
❽ 최고 행정 관서로 집사부를 두었다. 　　　　(O / X)
❾ 교육 기관으로 주자감을 설립하였다. 　　　(O / X)
❿ 개국, 태창이라는 연호를 사용하였다. 　　　(O / X)

핵심 개념　발해의 통치 체제

중앙	• 당의 3성 6부제 수용, 운영과 명칭에서 독자성 유지 　– 3성 : 정당성, 선조성, 중대성 → 정당성을 중심으로 운영(정당성의 장관인 대내상이 국정 총괄) 　– 6부 : 정당성이 6부를 둘로 나누어 관할(좌사정 – 충·인·의부, 우사정 – 지·예·신부), 6부의 명칭에 유교 이념 반영 • 중정대 : 감찰 기구, 관리 감찰
지방	5경 15부 62주
교육	주자감(유교 교육 담당), 당에 유학생 파견

기출 선택지 +α　정답 ❻ ×[고려] ❼ ○ ❽ ×[신라] ❾ ○ ❿ ×[신라]

---

8 신라 말의 상황 　　　　　정답 ③

교사의 질문에 대한 학생의 답변으로 옳은 것은? [2점]

화면에 표시된 부분은 **진성 여왕** 때 유포된 글로 당시 정치 상황을 비판하는 내용입니다. 삼국유사에 따르면 '찰니나제'는 여왕을, '소판니'와 '삼아간'은 위홍 등 간신들을 의미하는 것으로, 그들 때문에 나라가 망한다는 뜻입니다. 이 여왕의 재위 시기에 있었던 사실을 말해 볼까요?

나무망국 찰니나제
판니판니 소판니
우우삼아간 부이
　　　　사바하 ❶

신라 말의 혼란스러운 정치 상황을 바로잡고자 진성 여왕에게 최치원이 시무책 10여 조를 올렸으나 진골 귀족들의 반발로 실현하지 못하였어요.

정답 잡는 키워드

❶ 진성 여왕 → 신라 말

신라는 8세기 후반 혜공왕이 피살된 이후 진골 귀족 간의 왕위 다툼으로 왕권이 불안정하고 지방 통제력이 약화되었어요. 이로 인해 귀족의 농민 수탈이 심해져 곳곳에서 농민 봉기가 일어났는데, 특히 9세기 말 진성 여왕 시기에 극심하였어요.

① 김흠돌이 반란을 도모하였어요.
　➡ 신라 신문왕 때 왕의 장인인 김흠돌이 반란을 도모하였으나, 신문왕이 이를 진압하고 반란 모의에 가담한 진골 귀족을 숙청하였어요.

② 김사미와 효심이 난을 일으켰어요.
　➡ 고려 무신 집권기에 지배층의 수탈에 저항하여 경상도 지역에서 김사미와 효심이 난을 일으켰어요.

③원종과 애노가 사벌주에서 봉기하였어요.
　➡ 신라 진성 여왕 때 전국 각지에서 농민 봉기가 일어났는데 사벌주에서 일어난 원종과 애노의 난이 대표적이에요.

④ 김유신이 비담과 염종의 난을 진압하였어요.
　➡ 신라 선덕 여왕 때 상대등 비담이 염종 등과 함께 반란을 일으키자 김유신이 이를 진압하였어요.

⑤ 복신과 도침이 주류성에서 군사를 일으켰어요.
　➡ 백제 멸망 후 복신과 도침이 주류성에서 군사를 일으켜 백제 부흥 운동을 전개하였어요.

기출 선택지 +α

❻ 이사부가 우산국을 정복하였다. 　　　　　　(O / X)
❼ 최치원이 시무책 10여 조를 건의하였다. 　　(O / X)
❽ 거칠부가 왕명에 의해 국사를 편찬하였다. 　　(O / X)
❾ 자장의 건의로 황룡사 구층 목탑이 건립되었다. (O / X)
❿ 원광이 화랑도의 규범으로 세속 5계를 제시하였다. (O / X)

기출 선택지 +α　정답 ❻ ×[지증왕] ❼ ○ ❽ ×[진흥왕] ❾ ×[선덕 여왕] ❿ ×[진평왕]

(가) 인물에 대한 설명으로 옳은 것은?   [2점]

11:07

견훤은 신라의 금성을 습격하여 경애왕을 죽게 하고 경순왕 김부를 새 왕으로 세웠어요.

나는 지금 경주 포석정지에 와 있어. 삼국사기에 의하면 이곳은 경애왕이 연회를 벌이다가 (가) 의 습격을 받은 곳이야.

 (가) 에 대해 더 알려 줄래?

견훤은 지금의 대구 지역 에서 일어난 공산 전투에 서 왕건의 고려군을 상대 로 대승을 거두었어요. ❷ 그는 공산 전투에서 고려군에 대승을 거두기도 했어.

정답 잡는 키워드

❶ 경애왕을 습격함, ❷ 공산 전투에서 고려군에 대승을 거둠 → 견훤

경애왕을 습격하였으며, 공산 전투에서 고려군에 대승을 거두었다는 내용을 통해 (가) 인물이 견훤임을 알 수 있어요. 후백제를 세운 견훤은 경제력을 바탕으로 후삼국 간의 경쟁에서 우위를 차지하였어요. 신라가 고려와 연합하여 대항하려 하자 신라를 공격해 경애왕을 죽게 하였고, 신라를 도우러 온 고려군을 공산 전투에서 크게 물리쳤어요. 그러나 후백제는 고창 전투에서 고려군에 패배하여 세력이 약화되었고, 견훤이 넷째 아들에게 왕위를 물려주려 하면서 내부 갈등이 생겼어요. 견훤은 왕위 계승에 불만을 품은 큰아들 신검에 의해 금산사에 유폐되었다가 금산사를 탈출해 고려에 귀부하였어요.

① 훈요 10조를 남겼다.
➡ 고려를 세운 **태조 왕건**은 후대 왕에게 정책 방향을 제시하기 위해 훈요 10조를 남겼어요.

② 경주의 사심관으로 임명되었다.
➡ 신라의 마지막 왕인 **경순왕 김부**는 고려에 항복한 후 경주의 사심관으로 임명되었어요.

③ 금마저에 미륵사를 창건하였다.
➡ 백제 **무왕**은 지금의 익산 지역인 금마저에 미륵사를 창건하였어요.

④ 완산주를 도읍으로 삼아 나라를 세웠다.
➡ **견훤**은 지금의 전주 지역인 완산주를 도읍으로 후백제를 건국하였어요.

⑤ 광평성을 비롯한 정치 기구를 마련하였다.
➡ 후고구려를 세운 **궁예**는 국호를 '마진'으로 바꾼 후 광평성을 비롯한 정치 기구를 마련하였어요.

기출 선택지 +α

❻ 일리천 전투에서 고려군에게 패배하였다.   (O / X)
❼ 국호를 마진으로 바꾸고 철원으로 천도하였다.   (O / X)
❽ 오월에 사신을 보내고 검교태보의 직을 받았다.   (O / X)

기출 선택지 +α   정답   ❻ ×[신검]   ❼ ×[궁예]   ❽ ○

(가)~(다)에 대한 설명으로 옳은 것은?   [3점]

사진으로 보는 신라의 탑

(가) 경주 분황사 모전 석탑   (나) 경주 감은사지 동 삼층 석탑   (다) 화순 쌍봉사 철감선사탑

① (가) - 내부에서 무구정광대다라니경이 발견되었다.
➡ 내부에서 무구정광대다라니경이 발견된 탑은 **경주 불국사 3층 석탑**이에요. 무구정광대다라니경은 현존하는 세계에서 가장 오래된 목판 인쇄물이에요.

② (가) - 1층 탑신에 당의 장수 소정방의 명으로 새긴 글이 있다.
➡ 1층 탑신에 당의 장수 소정방의 명으로 새긴 글이 있는 탑은 백제의 **부여 정림사지 5층 석탑**이에요. 소정방이 새긴 글로 인해 '평제탑'이라고 불리기도 하였어요.

③ (나) - 자장의 건의로 건립되었다.
➡ 신라 선덕 여왕 때 자장의 건의로 건립된 **황룡사 9층 목탑**은 고려 시대 몽골의 침입으로 소실되었어요. 경주 감은사지 3층 석탑은 삼국을 통일한 문무왕의 유업을 이어받아 아들인 신문왕이 감은사를 짓고 세운 탑이에요.

④ (나) - 돌을 벽돌 모양으로 다듬어 쌓았다.
➡ 돌을 벽돌 모양으로 다듬어 쌓은 석탑을 모전 석탑이라고 합니다. 대표적인 모전 석탑으로 **경주 분황사 모전 석탑, 제천 장락동 7층 모전 석탑** 등을 들 수 있어요. 경주 감은사지 3층 석탑은 화강암을 깎아서 만든 탑으로, 동서 양편에 한 기씩 있어요.

⑤ (다) - 선종의 영향을 받아 만들어졌다.
➡ **화순 쌍봉사 철감선사탑**은 화강암으로 제작된 팔각원당형의 승탑이에요. 신라 말에 선종이 유행하면서 승려의 사리나 유골을 모신 승탑이 많이 제작되었어요.

핵심 개념 | **신라의 탑**

경주 분황사 모전 석탑	현존하는 신라 석탑 중에 가장 오래됨, 돌을 벽돌 모양으로 다듬어 쌓아 올린 탑
황룡사 9층 목탑	선덕 여왕 때 승려 자장의 건의로 건립됨, 몽골이 고려에 침입하였을 때 소실됨
경주 감은사지 3층 석탑	신문왕 때 세워진 탑, 이중 기단 위에 3층을 쌓는 통일 신라 석탑 양식의 전형을 보여 줌
경주 불국사 3층 석탑	석탑을 보수하는 과정에서 무구정광대다라니경이 발견됨, 석가탑·무영탑이라고도 함
경주 불국사 다보탑	경주 불국사 3층 석탑과 함께 통일 신라 시대에 건립됨
화순 쌍봉사 철감선사탑	선종의 영향을 받아 만들어진 승탑

11 성종 재위 시기의 사실
정답 ⑤

다음 검색창에 들어갈 왕의 재위 기간에 있었던 사실로 옳은 것은?
[2점]

시기	내용	원문 이미지
2년	❶ 처음으로 12목을 설치하다	🖼
5년	❷ 흑창을 의창으로 고치다	🖼
6년	면천된 노비가 주인을 욕하면 환천하게 하다	🖼
11년	❸ 개경에 국자감을 두다	🖼

성종은 빈민 구제를 위해 태조 때 설치된 흑창을 의창으로 개편하여 운영하였어요.

정답 잡는 키워드

❶ 처음으로 12목 설치, ❷ 흑창을 의창으로 고침,
❸ 개경에 국자감을 둠 → 고려 성종

처음으로 12목을 설치하고 흑창을 의창으로 고쳤으며, 개경에 국자감을 두었다는 내용을 통해 검색창에 들어갈 왕이 고려 성종임을 알 수 있어요. 성종은 유교 정치 이념을 바탕으로 중앙과 지방의 통치 체제를 정비하였어요. 2성 6부의 중앙 관제를 마련하고, 전국 주요 지역에 12목을 설치하여 지방관을 파견하였으며, 지방 세력을 통제하기 위해 향리 제도를 정비하였어요. 또한, 인재 양성을 위한 최고 교육 기관으로 개경에 국자감을 설치하여 유학 교육을 장려하였어요.

① 관학을 진흥하고자 양현고를 설치하였다.
 ➡ 예종은 사학의 융성으로 침체된 관학을 진흥하고자 장학 재단인 양현고를 설치하였어요.

② 광덕, 준풍 등의 독자적 연호를 사용하였다.
 ➡ 광종은 황제를 칭하고 '광덕', '준풍' 등의 독자적 연호를 사용하였어요.

③ 주전도감을 설치하여 해동통보를 발행하였다.
 ➡ 숙종은 화폐 주조 기관인 주전도감을 설치하여 해동통보 등을 발행하였어요.

④ 정계와 계백료서를 지어 관리의 규범을 제시하였다.
 ➡ 태조 왕건은 "정계"와 "계백료서"를 지어 관리들이 지켜야 할 규범을 제시하였어요.

⑤ 최승로의 시무 28조를 받아들여 통치 체제를 정비하였다.
 ➡ 성종은 최승로의 시무 28조를 받아들여 유교 이념에 입각한 정치 체제를 마련하였어요.

기출 선택지 +α

❻ 지방 세력 통제를 위해 향리제를 정비하였다. (O / X)
❼ 신돈을 등용하고 전민변정도감을 설치하였다. (O / X)
❽ 쌍기의 건의를 받아들여 과거제를 실시하였다. (O / X)
❾ 개경에 귀법사를 세우고 균여를 주지로 삼았다. (O / X)
❿ 청연각과 보문각을 두어 학문 연구를 장려하였다. (O / X)

12 고려와 거란의 관계
정답 ③

(가)에 대한 고려의 대응으로 옳은 것은?
[2점]

초조대장경 조판에는 거란의 침입을, 팔만대장경 조판에는 몽골의 침입을 격퇴하려는 염원이 담겼어요.

이 자료는 ❶ 초조대장경의 일부입니다. (가) 의 침입으로 ❷ 현종이 피란을 가고 개경이 함락되자 부처의 힘으로 나라를 지키려는 마음을 담아 조판하기 시작하였습니다.

정답 잡는 키워드

❶ 초조대장경 조판,
❷ 현종이 피란을 가고 개경이 함락됨 → 거란

초조대장경을 조판하기 시작하였으며, 현종이 피란을 가고 개경이 함락되었다는 내용을 통해 (가)가 거란임을 알 수 있어요. 고려 성종 때 거란의 1차 침입이 일어났어요. 서희는 거란 장수 소손녕과 외교 담판을 벌여 송과의 관계를 끊고 거란과 교류할 것을 약속하여 거란을 물러나게 하였어요. 그러나 고려가 계속 송과의 관계를 유지하자 거란은 강조의 정변을 구실로 다시 침입하였어요. 고려는 거란의 2차 침입으로 개경이 함락되고 현종이 나주로 피란을 가는 등 위기를 맞았지만, 국경 지역에서는 양규의 부대가 큰 활약을 펼치기도 하였어요. 이 시기에 고려는 부처의 힘으로 거란의 침입을 물리치고자 하는 마음을 담아 초조대장경을 조판하기 시작하였어요.

① 윤관을 보내 동북 9성을 개척하였다.
 ➡ 예종 때 윤관을 보내 여진을 정벌하고 동북 9성을 개척하였어요.

② 화통도감을 두어 화포를 제작하였다.
 ➡ 우왕 때 최무선의 건의로 화통도감이 설치되어 화포, 화약 무기 등을 제작하였어요. 최무선 등은 이를 이용하여 진포에서 왜구를 물리쳤어요.

③ 광군을 조직하여 침입에 대비하였다.
 ➡ 정종 때 거란의 침입에 대비하여 광군을 조직하였어요.

④ 박위를 파견하여 근거지를 토벌하였다.
 ➡ 창왕 때 박위를 파견하여 왜구의 근거지인 쓰시마섬을 토벌하였어요.

⑤ 철령위 설치에 반발해 요동 정벌을 추진하였다.
 ➡ 명이 철령위를 설치하고 철령 이북의 영토를 직접 통치하겠다고 통보하자 우왕과 최영은 요동 정벌을 추진하였어요.

기출 선택지 +α

❻ 양규가 무로대에서 적군을 물리쳤다. (O / X)
❼ 개경을 방어하기 위해 나성을 축조하였다. (O / X)
❽ 강화도로 도읍을 옮겨 장기 항전을 준비하였다. (O / X)
❾ 신기군, 신보군, 항마군으로 구성된 별무반을 창설하였다. (O / X)

13 김부식의 활동 정답 ②

(가)에 들어갈 내용으로 적절한 것은? [2점]

한국사 대화형 인공 지능

Q 그림 속 인물에 대해 알려 줘.

A 숙종 대 과거에 합격하여 의종 대까지 활동한 대표적인 고려 유학자입니다.

Q 그의 대표적인 활동에 대해 알려 줘.

A 유교 사관을 바탕으로 삼국의 역사를 기록한❶ 삼국사기의 편찬을 총괄하였습니다.

Q 다른 행적에 대해서도 알려 줘.

A   (가)

관직에서 물러난 김부식에게 인종은 "삼국사기"의 편찬을 명하고, 젊은 관리들을 보내 편찬을 돕게 하였어요.

정답 잡는 키워드

❶ "삼국사기"의 편찬 총괄 → 김부식

"삼국사기"의 편찬을 총괄하였다는 내용을 통해 자료의 인물이 김부식임을 알 수 있어요. 김부식은 묘청의 난 이후 고려 인종의 명을 받아 삼국의 역사를 기록한 "삼국사기"를 편찬하였어요. 유교 사관을 바탕으로 기전체 형식으로 서술된 "삼국사기"는 현존하는 우리나라에서 가장 오래된 역사서입니다.

① 봉사 10조를 국왕에게 올렸습니다.
➡ 최충헌은 이의민을 제거하고 권력을 장악한 후 명종에게 봉사 10조를 올려 시정 개혁을 건의하였어요.

②관군을 이끌고 묘청의 난을 진압하였습니다.
➡ 묘청 등 서경 세력이 서경 천도 실패 후 서경에서 난을 일으키자 김부식이 관군을 이끌고 이를 진압하였어요.

③ 만권당에서 원의 유학자들과 교유하였습니다.
➡ 만권당은 충선왕이 원의 연경에 머물면서 지은 독서당이에요. 이제현 등 고려의 학자들이 이곳에서 원의 유학자들과 교유하였어요.

④ 불씨잡변을 저술하여 불교를 비판하였습니다.
➡ 정도전은 유학의 입장에서 불교 교리를 비판한 "불씨잡변"을 저술하였어요.

⑤ 9재 학당을 설립하여 유학 교육에 힘썼습니다.
➡ 최충은 관직에서 물러난 뒤 사립 교육 기관인 9재 학당(문헌공도)을 설립하여 유학 교육에 힘썼어요.

기출 선택지 +α

❻ 역옹패설과 사략을 저술하였다. (O / X)
❼ 고려에 성리학을 최초로 소개하였다. (O / X)
❽ 고구려 계승 의식을 강조한 동명왕편을 지었다. (O / X)
❾ 불교 개혁을 주장하며 수선사 결사를 제창하였다. (O / X)

14 무신 집권기의 사실 정답 ④

(가)~(다)를 일어난 순서대로 옳게 나열한 것은? [3점]

(가) 왕이 먼저 나라 안의 신하들을 권유하여 개경으로 환도하게 하였다. 여러 신하들이 말하기를 "임금의 명령인데, 감히 따르지 않을 수 있겠는가?"라고 하였으므로, 임유무가 화가 나서 어떻게 해야 할지를 알지 못하였다.
└ 무신 정권 최후의 집권자로, 그를 마지막으로 무신 정권은 몰락하고 개경 환도가 이루어졌어요

(나) 조위총이 군사를 일으키자, 이의방이 이의민을 정동 대장군 지병마사로 임명하였다. 이의민이 군사를 거느리고 전투에 나섰다가 날아오는 화살에 눈을 맞았으나, 철령으로 진군하여 사방에서 북을 치고 고함을 지르면서 급습하여 크게 격파하였다.

(다) 백관이 최우의 집에 나아가 정년도목(政年都目)을 올렸다. 최우가 청사에 앉아 그것을 받았다. 6품 이하는 당하(堂下)에서 두 번 절하고 땅에 엎드려 감히 고개를 들고 보지 못하였다. 이때부터 최우는 정방을 그의 집에 두고 백관의 인사 행정을 처리하였다.

정답 잡는 키워드

❶ 왕이 개경 환도를 명함 → (가) 원종의 개경 환도 결정(1270)
❷ 조위총이 군사를 일으킴 → (나) 무신 정권 초기(1174)
❸ 최우가 정방을 설치함 → (다) 최씨 무신 정권 시기(1225)

(가) 왕이 개경으로 환도하게 하였다는 내용을 통해 1270년 원종이 강화도에서 개경으로 도읍을 다시 옮긴다고 결정한 상황임을 알 수 있어요. 오랜 전쟁에 지친 고려 정부가 몽골과 강화를 맺고 개경 환도를 결정하였고, 이에 반대하던 무신 집권자 임유무가 피살되면서 무신 정권은 막을 내렸어요.

(나) 조위총이 군사를 일으켰다는 내용을 통해 무신 정권 초기의 상황임을 알 수 있어요. 1170년 무신 정변이 일어나고 무신 정권이 들어섰어요. 이에 반발하여 동북면 병마사 김보당(1173), 서경 유수 조위총(1174) 등이 반란을 일으켰으나 실패하였어요.

(다) 최우가 정방을 설치하였다는 내용을 통해 최씨 무신 정권 시기임을 알 수 있어요. 무신 정권 초기에는 최고 집권자가 자주 교체되는 정치적 혼란이 계속되었어요. 이러한 혼란은 1196년 최충헌이 이의민을 제거하고 정권을 차지하면서 수습되었고, 이후 약 60여 년간 최씨 무신 정권이 이어졌어요. 최충헌의 뒤를 이어 집권한 최우는 1225년에 자기 집에 정방을 설치하고 인사 행정을 장악하였어요. 최우는 몽골이 침략하자 강화도로 도읍을 옮겨 장기 항전을 준비하였어요.

① (가) - (나) - (다)
② (가) - (다) - (나)
③ (나) - (가) - (다)
④ (나) - (다) - (가)
➡ (나) 조위총의 난(1174, 무신 정권 초기) → (다) 최우가 정방 설치(1225, 최씨 무신 정권 시기) → (가) 원종의 개경 환도 결정(1270, 무신 정권 붕괴)
⑤ (다) - (나) - (가)

기출 선택지 +α 정답 ❻ ×[이제현] ❼ ×[안향] ❽ ×[이규보] ❾ ×[지눌]

15 원 간섭기의 사실

정답 ①

밑줄 그은 '시기'의 사실로 옳은 것은? [2점]

이 그림은 공민왕과 그의 왕비인 노국 대장 공주의 초상화야. 고려에는 노국 대장 공주 외에도 제국 대장 공주, 계국 대장 공주 등 **①원 출신의 왕비들**이 여럿 있었어.

맞아. **②충렬왕부터 공민왕에 이르는 시기**의 왕들은 원의 공주들과 결혼했어.

제국 대장 공주는 충렬왕의 왕비, 계국 대장 공주는 충선 왕의 왕비입니다. 원 간섭기에 고려의 왕이 원의 공주와 결혼하면서 고려는 원의 부마국이 되었어요.

정답 잡는 키워드

❶ 원 출신의 왕비, ❷ 충렬왕부터 공민왕에 이르는 시기

→ 원 간섭기

충렬왕부터 공민왕에 이르는 시기에 고려의 왕이 원의 공주와 결혼하여 원 출신의 왕비들이 여럿 있었다는 내용을 통해 밑줄 그은 '시기'가 원 간섭기임을 알 수 있어요. 고려는 몽골과 강화를 맺고 개경으로 환도한 이후 원의 내정 간섭을 받았어요. 고려 왕실의 호칭과 관제가 격하되었으며, 고려 백성이 원의 일본 원정에 동원되고 일부 영토를 원에 빼앗겼어요. 이 시기 원은 고려의 젊은 여성을 공녀로 뽑아 데려가고 특산물을 징발하는 등 인적·물적 수탈을 자행하였어요.

① 권문세족이 도평의사사를 장악하였다.
➡ 원 간섭기에 원과 친밀한 관계를 맺은 이들이 권문세족으로 성장하여 도평의사사를 장악하고 고위 관직을 독점하였어요.

② 왕조 교체를 예언하는 정감록이 유포되었다.
➡ 조선 후기에 탐관오리의 횡포가 심해지고, 이양선이 출몰하는 등 사회 혼란이 커지면서 왕조 교체를 예언하는 "정감록"이 유포되었어요.

③ 강조가 정변을 일으켜 김치양을 제거하였다.
➡ 고려 전기 목종 때 강조가 정변을 일으켜 김치양을 제거하고 목종을 폐위시켰어요(1009).

④ 김보당이 의종 복위를 주장하며 난을 일으켰다.
➡ 무신 집권기에 동북면 병마사 김보당이 의종 복위를 주장하며 난을 일으켰으나 실패하였어요(1173).

⑤ 국정을 총괄하는 기구로 교정도감이 설치되었다.
➡ 무신 집권기에 최고 집권자가 된 최충헌은 교정도감을 설치하여 국정을 총괄하는 권력 기구로 삼았어요.

기출 선택지 +α

❻ 만적이 개경에서 반란을 모의하였다. (O/X)
❼ 중서문하성과 상서성이 첨의부로 개편되었다. (O/X)
❽ 지배층을 중심으로 변발과 호복이 유행하였다. (O/X)

기출 선택지 +α 정답 ❻ ×[무신 집권기, 1198년] ❼ ○ ❽ ○

---

16 고려의 경제

정답 ③

(가) 국가의 경제 상황으로 옳은 것은? [2점]

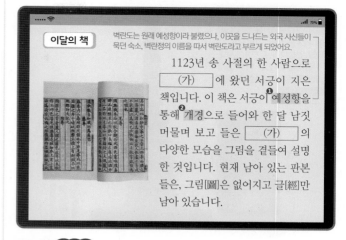

이달의 책

벽란도는 원래 예성항이라 불렸으나, 이곳을 드나드는 외국 사신들이 묵던 숙소, 벽란정의 이름을 따서 벽란도라고 부르게 되었어요.

1123년 송 사절의 한 사람으로 (가) 에 왔던 서긍이 지은 책입니다. 이 책은 서긍이 **①예성항**을 통해 **②개경**으로 들어와 한 달 남짓 머물며 보고 들은 (가) 의 다양한 모습을 그림을 곁들여 설명한 것입니다. 현재 남아 있는 판본들은, 그림[圖]은 없어지고 글[經]만 남아 있습니다.

정답 잡는 키워드

❶ 예성항, ❷ 개경 → 고려

송의 사절 서긍이 예성항을 통해 개경에 들어왔다는 내용을 통해 (가) 국가가 고려임을 알 수 있어요. 고려 시대에 예성강 하구의 벽란도가 국제 무역항으로 번성하였는데 송, 일본 등 주변국 상인들이 왕래하였어요. 특히 아라비아 상인도 들어와 무역하였으며, 이들에 의해 고려가 'COREA(코리아)'라는 이름으로 서방 세계에 알려지기도 하였어요.

① 솔빈부의 말이 특산품으로 유명하였다.
➡ 발해는 목축이 발달하였는데, 특히 솔빈부의 말이 특산품으로 유명하였어요.

② 송상이 전국 각지에 송방을 설치하였다.
➡ 조선 후기에 개성을 근거지로 활동한 송상이 전국 각지에 송방이라는 지점을 설치하였어요.

③ 서적점, 다점 등의 관영 상점을 운영하였다.
➡ 고려는 건국 초기부터 개경, 서경, 동경 등 대도시에 서적, 약, 술, 차 등을 판매하는 관영 상점을 운영하는 등 상업을 육성하였어요.

④ 집집마다 부경이라고 불리는 창고가 있었다.
➡ 고구려에는 집집마다 부경이라고 불리는 작은 창고가 있었어요.

⑤ 광산을 전문적으로 경영하는 덕대가 나타났다.
➡ 조선 후기에 민영 광산이 발달하면서 물주로부터 자금을 투자받아 광산을 전문적으로 경영하는 덕대가 등장하였어요.

기출 선택지 +α

❻ 벽란도가 국제 무역항으로 번성하였다. (O/X)
❼ 상평통보가 발행되어 법화로 사용되었다. (O/X)
❽ 감자, 고구마 등의 구황 작물이 재배되었다. (O/X)
❾ 시장을 감독하는 관청인 동시전이 설치되었다. (O/X)
❿ 경시서의 관리들이 시전의 상행위를 감독하였다. (O/X)

기출 선택지 +α 정답 ❻ ○ ❼ ×[조선 후기] ❽ ×[조선 후기] ❾ ×[신라] ❿ ○

17 고려의 탑　　　　　　　　정답 ③

(가) 국가의 탑으로 옳은 것은?　　　　[1점]

이 탑은 원래 개성에 있었는데 지금은 국립 중앙 박물관에 옮겨져 새로운 영상 기법으로 전시되고 있습니다. (가) 시대에 만들어진 이 탑은 이후 원각사지 십층 석탑에 영향을 주기도 하였습니다.

조선 전기에 축조된 서울 원각사지 10층 석탑은 대리석 석재를 비롯하여 전체적인 구조와 형태, 탑 표면에 장식된 화려한 조각 등이 개성 경천사지 10층 석탑과 유사합니다.

정답 잡는 키워드

❶ 원래 개성에 있었으나 지금은 국립 중앙 박물관에 옮겨져 있음,

❷ 원각사지 10층 석탑에 영향을 줌

→ 고려, 개성 경천사지 10층 석탑

원래 개성에 있었으나 지금은 국립 중앙 박물관에 옮겨져 있으며, 원각사지 10층 석탑에 영향을 주었다는 내용을 통해 제시된 탑이 고려 시대에 만들어진 개성 경천사지 10층 석탑임을 알 수 있어요. 개성 경천사지 10층 석탑은 원의 영향을 받아 대리석으로 만들어졌어요.

① 　② 　③

➡ 통일 신라 시기에 세워진 경주 불국사 3층 석탑이에요. 수리 과정에서 무구정광대다라니경이 발견되었어요.

➡ 백제의 부여 정림사지 5층 석탑이에요. 목탑 양식이 남아 있으며, '평제탑'이라고 불리기도 하였어요.

➡ 고려의 평창 월정사 8각 9층 석탑이에요. 고려 전기에 유행한 다각 다층 양식의 대표적인 탑이에요.

④ 　⑤

➡ 통일 신라 시기에 세워진 구례 화엄사 4사자 3층 석탑이에요. 신라의 사자 석탑으로는 유일하며, 수준 높은 조각 기술을 보여 줍니다.

➡ 백제의 익산 미륵사지 석탑이에요. 목탑 양식이 반영된 석탑으로, 복원 공사 중에 사리장엄구와 금제 사리봉영기가 발견되었어요.

---

18 태종의 정책　　　　　　　　정답 ②

밑줄 그은 '임금'에 대한 설명으로 옳은 것은?　　　　[2점]

자네 들었는가? 임금께서 민무구, 민무질에게 자결을 명하셨다더군. 몇 해 전 어린 세자를 이용해 권세를 잡으려 했다는 죄로 귀양을 보내셨었지.

태종의 외척으로 제1차 왕자의 난 때 공을 세워 공신이 되었으나, 왕권 강화를 위해 외척 세력을 경계하던 태종에 의해 사사되었어요.

나도 들었네. 중전마마의 동생으로 임금께서 정도전을 숙청할 때 공을 세웠던 사람들이었지.

태종이 왕위에 오르기 전 일으킨 제1차 왕자의 난 때 정도전이 숙청되었어요.

정답 잡는 키워드

❶ 정도전 숙청 → 태종

정도전을 숙청하였다는 내용을 통해 밑줄 그은 '임금'이 조선 태종(이방원)임을 알 수 있어요. 이방원은 태조 때 제1차 왕자의 난을 일으켜 정도전 등 반대파를 제거하고 정치적 실권을 장악하였어요. 이후 이방원의 형 이방과(영안군)가 세자로 책봉되었는데, 그가 태조의 뒤를 이어 즉위한 정종입니다. 이방원은 정종 때 일어난 제2차 왕자의 난을 진압하고 정종의 선양을 받아 왕위에 올랐어요(제3대 태종).

① 공신들에게 역분전을 지급하였다.
➡ 고려 태조 왕건은 후삼국 통일 과정에서 공을 세운 공신들에게 공로와 인품에 따라 역분전을 지급하였다.

②주자소를 두어 계미자를 주조하였다.
➡ 조선 태종은 활자 주조를 담당하는 주자소를 두어 금속 활자인 계미자를 주조하였어요.

③ 정치도감을 설치하여 개혁을 추진하였다.
➡ 고려 충목왕은 정치도감을 설치하여 폐정 개혁을 추진하였어요.

④ 구황촬요를 간행하여 기근에 대비하였다.
➡ 조선 명종은 기근에 대비하기 위해 "구황촬요"를 간행하였어요. "구황촬요"에는 나무껍질 등을 이용하여 먹을 것을 만드는 방법, 굶주림으로 인해 종기가 나거나 빈사 상태에 빠진 사람을 치료하는 방법 등이 실려 있어요.

⑤ 유자광의 고변을 계기로 남이를 처형하였다.
➡ 조선 예종은 남이가 모반을 꾀한다는 유자광의 고변이 있자 남이를 처형하였어요.

기출 선택지 +α

❻ 김종서를 보내 6진을 개척하였다.　　　　　(O / X)
❼ 과전을 혁파하고 직전을 설치하였다.　　　　(O / X)
❽ 어영청을 중심으로 북벌을 추진하였다.　　　(O / X)
❾ 문하부를 폐지하고 낭사를 사간원으로 독립시켰다.　(O / X)

핵심 개념	조선 태종의 정책
정치	• 두 차례 왕자의 난을 거쳐 즉위함 • 문하부 낭사(간쟁 담당)를 분리하여 사간원으로 독립시킴, 6조 직계제 실시(의정부의 역할 약화), 권근 등의 건의로 사병 혁파
경제, 사회	양전 사업과 호패법 실시, 창덕궁에 신문고를 처음 설치
문화	주자소 설치(계미자 주조), 혼일강리역대국도지도 제작

기출 선택지 +α 정답 ❻ ×[세종] ❼ ×[세조] ❽ ×[효종] ❾ ○

19 집현전
정답 ④

(가) 기구에 대한 설명으로 옳은 것은? [3점]

도로명으로 보는 역사 : 만리재로

이 도로명은 만리재에서 유래한 것이다. 만리재는 조선의 문신 최만리가 살았다고 하여 붙여진 지명이다. 세자의 스승이기도 하였던 최만리는 세종이 학문 연구, 편찬 사업 등을 수행하도록 설치한 [(가)]의 부제학으로 활약하였다. 그러나 훈민정음 창제를 반대하는 상소를 올려 세종과 갈등을 빚기도 하였다.

정답 잡는 키워드

❶ 세종이 학문 연구, 편찬 사업 등을 수행하도록 설치 → 집현전

세종이 학문 연구, 편찬 사업 등을 수행하도록 설치하였다는 내용을 통해 (가) 기구가 집현전임을 알 수 있어요. 세종은 조선 건국 초기부터 있었으나 유명무실한 집현전을 확대하여 학자 양성과 학문 연구, 편찬 사업 등을 수행하도록 하였어요. 세종은 집현전 학사들의 연구에 편의를 주기 위해 많은 서적을 구입하거나 인쇄하여 집현전에 보관하였으며, 소속 관리를 대상으로 독서와 연구에만 전념할 수 있도록 휴가를 주는 사가독서제를 시행하기도 하였어요.

① 은대(銀臺)라고도 불렸다.
➡ **승정원**은 왕명 출납을 맡은 왕의 비서 기관으로 은대라고도 불렸어요.

② 전문 강좌인 7재를 운영하였다.
➡ 고려 예종은 관학을 진흥하기 위해 **국자감**에 전문 강좌인 7재를 개설하였어요.

③ 고려의 삼사와 같은 기능을 수행하였다.
➡ 고려의 삼사는 화폐와 곡식의 출납과 회계를 담당하였는데, 조선 시대에는 **호조**에서 이러한 재정 업무를 수행하였어요.

④ 단종 복위 운동을 계기로 세조에 의해 폐지되었다.
➡ 집현전은 일부 집현전 학사와 그 출신자들이 주도하여 일으킨 단종 복위 운동을 계기로 세조에 의해 폐지되었어요.

⑤ 대사성을 수장으로 좨주, 직강 등의 관직을 두었다.
➡ 성균관은 조선 시대의 최고 교육 기관으로 대사성을 수장으로 좨주, 직강 등의 관직을 두었어요.

기출 선택지 +α

❻ 국왕 직속의 특별 사법 기구였다. (O/X)
❼ 수도의 치안과 행정을 주관하였다. (O/X)
❽ 업무 일지인 내각일력을 작성하였다. (O/X)
❾ 옥당이라고 불리며 경연을 담당하였다. (O/X)
❿ 왕의 비서 기관으로 왕명의 출납을 담당하였다. (O/X)

기출 선택지 +α
정답 ❻ ×[의금부] ❼ ×[한성부] ❽ ×[규장각] ❾ ×[홍문관] ❿ ×[승정원]

---

20 성종 재위 시기의 사실
정답 ②

밑줄 그은 '전하'의 재위 기간에 있었던 사실로 옳은 것은? [2점]

전하께서 성군을 이으셨으니, 예악(禮樂)으로 태평 시절을 일으키실 때가 바로 지금이다. 장악원 소장의 의궤와 악보가 오랜 세월이 지나서 끊어지고 문드러졌다. 다행히 보존된 것 역시 모두 엉성하고 오류가 있으며 빠진 것이 많다. 이에 성현 등에게 명하여 다시 교정하게 하였다. 책이 완성되자 악학궤범이라고 이름 지었다.
└ 성종 때 성현 등이 궁중 음악을 집대성한 "악학궤범"을 편찬하였어요.

정답 잡는 키워드

❶ "악학궤범" 완성 → 조선 성종

"악학궤범"이 완성되었다는 내용을 통해 밑줄 그은 '전하'가 조선 성종임을 알 수 있어요. 성종은 세조 때 폐지되었던 집현전을 계승한 홍문관을 설치하고 경연을 활성화하였어요. 성종 때에는 "국조오례의", "동문선", "동국여지승람", "동국통감", "악학궤범" 등이 편찬되는 등 다양한 분야에서 활발하게 편찬 사업이 추진되었어요.

① 예학을 정리한 가례집람이 저술되었다.
➡ **선조** 때 김장생이 조선의 현실에 맞게 예학을 정리한 "가례집람"을 저술하였어요. "가례집람"은 후학들의 노력으로 숙종 때 간행되었어요.

② 국가의 기본 법전인 경국대전이 완성되었다.
➡ **성종** 때 조선의 기본 법전인 "경국대전"이 완성되어 유교적 통치 체제가 확립되었어요.

③ 외교 문서를 집대성한 동문휘고가 편찬되었다.
➡ **정조** 때 청, 일본 등에 보낸 외교 문서를 집대성한 "동문휘고"가 편찬되었어요.

④ 붕당의 폐해를 경계하기 위한 탕평비가 건립되었다.
➡ **영조** 때 붕당의 폐해를 경계하기 위해 성균관 입구에 탕평비가 건립되었어요.

⑤ 이조 전랑 임명을 둘러싸고 김효원과 심의겸이 대립하였다.
➡ **선조** 때 척신 정치의 잔재 청산과 이조 전랑 임명을 둘러싸고 김효원과 심의겸이 대립하여 사림이 동인과 서인으로 나뉘었어요.

기출 선택지 +α

❻ 국왕의 친위 부대인 장용영이 설치되었다. (O/X)
❼ 전통 한의학을 정리한 동의보감이 간행되었다. (O/X)
❽ 국가의 의례를 정비한 국조오례의가 완성되었다. (O/X)
❾ 반정 공신의 위훈 삭제를 주장한 조광조가 사사되었다. (O/X)
❿ 전국의 지리, 풍속 등이 수록된 동국여지승람이 편찬되었다. (O/X)

기출 선택지 +α 정답 ❻ ×[정조] ❼ ×[광해군] ❽ ○ ❾ ×[중종] ❿ ○

21 을사사화

정답 ④

밑줄 그은 '이 사건'이 일어난 시기를 연표에서 옳게 고른 것은?

[2점]

이곳은 최근에 개방된 효릉입니다. 조선 국왕 인종과 그의 왕비 인성 왕후가 모셔져 있습니다. 인종은 즉위한 지 1년도 되지 않아 사망하였습니다. 인종의 죽음은 윤원형, 윤임 등 외척 간의 권력❶ 다툼으로 사림이 피해를 입은 이 사건의 계기가 되었습니다.

명종의 외척인 윤원형 일파(소윤)와 인종의 외척인 윤임 일파(대윤)의 권력 다툼으로 을 사사화가 일어나게 되었어요.

정답 잡는 키워드

❶ 윤원형, 윤임 등 외척 간의 권력 다툼으로
사림이 피해를 입음 → 을사사화

윤원형, 윤임 등 외척 간의 권력 다툼으로 사림이 피해를 입었다는 내용을 통해 밑줄 그은 '이 사건'이 명종 때 일어난 을사사화임을 알 수 있어요.

(가)	(나)	(다)	(라)	(마)
이시애의 난	연산군 즉위	중종 반정	기묘 사화	선조 즉위	이괄의 난

➡ 중종 때 조광조가 반정 공신의 위훈 삭제 등 개혁을 추진하자 훈구 세력이 반발하여 **기묘사화**가 일어나 조광조가 사사되고 많은 사림이 피해를 입었어요. 중종의 뒤를 이어 인종이 즉위하였으나 1년도 되지 않아 사망하였어요. 이후 명종이 어린 나이에 즉위하자 명종의 어머니인 문정 왕후가 수렴청정을 하였어요. 이 과정에서 문정 왕후의 동생인 윤원형 등이 권력을 장악하였고, 이들은 선왕 인종의 외척 세력이었던 윤임 등과 대립하였어요. 소윤으로 불린 윤원형 일파는 **을사사화**를 일으켜 대윤으로 불리던 윤임 일파를 축출하였어요. 이후 명종의 뒤를 이어 **선조가 즉위**하였어요.
따라서 을사사화가 일어난 시기는 중종 때 일어난 기묘사화와 선조 즉위 사이인 ④ (라)입니다.

① (가)　　② (나)　　③ (다)　　④(라)　　⑤ (마)

연표로 흐름잡기

1506	중종반정
1519	기묘사화
1544	인종 즉위
1545	명종 즉위, 을사사화
1547	양재역 벽서 사건
1567	선조 즉위

킬러 문항

22 통신사

정답 ⑤

(가) 사절단에 대한 설명으로 옳은 것은?

[2점]

그림으로 보는 조선 사절단의 여정

"사로승구도"는 1748년 에도 막부의 요청으로 조선이 일❶ 본에 파견한 [(가)] 이/가 부산에서 에도에 이르는 여정을 담은 작품입니다. 일본의 명승지나 사행 중 겪은 인상적인 광경을 30장면으로 표현하였는데, 위 그림은 사절단이 에도로 들어갈 때 보았던 모습을 그린 것입니다.

임진왜란 이후 에도 막부 시기에 12차례에 걸쳐 통신사가 파견되었어요.

정답 잡는 키워드

❶ 에도 막부의 요청으로 조선이 일본에 파견 → 통신사

에도 막부의 요청으로 조선이 일본에 파견하였다는 내용을 통해 (가) 사절단이 통신사임을 알 수 있어요. 임진왜란으로 단절되었던 조선과 일본의 외교는 전란이 끝난 지 10년도 되지 않아 재개되고, 조선은 일본의 요청에 따라 통신사를 파견하였어요. 일본의 막부는 실권자인 쇼군이 바뀔 때마다 그 권위를 인정받기 위해 조선에 사절단의 파견을 요청하였고, 이에 조선은 통신사를 파견하였어요. 통신사는 일본에서 국빈으로 대우받았으며, 조선의 문물을 전파하는 역할을 하였어요.

① 연행사라는 이름으로 보내졌다.
➡ 조선 시대 청에 파견한 사신을 연행사라고 하였어요. 연행사는 청의 수도인 '연경에 간 사신'이라는 뜻으로, 이들은 청에 다녀와 "연행록"을 남기기도 하였어요.

② 암행어사의 형태로 비밀리에 파견되었다.
➡ 조선 정부는 1881년에 일본의 근대 문물을 시찰하기 위해 조사 시찰단을 파견하였어요. 조사 시찰단은 당시의 개화 반대 여론을 의식하여 암행어사의 형태로 비밀리에 파견되었어요.

③ 민영익, 홍영식, 서광범 등이 참여하였다.
➡ 조선 정부는 1883년에 미국 공사 부임에 대한 답례로 보빙사를 미국에 파견하였어요. 보빙사의 전권대신에 민영익, 부대신에 홍영식, 종사관에 서광범 등이 임명되었어요.

④ 사행을 다녀온 여정을 조천록으로 남겼다.
➡ 조선 전기 명에 파견한 사신을 조천사라고 하였어요. 이들은 사행을 다녀온 여정을 기록한 "조천록"을 남겼어요.

⑤관련 기록물이 세계 기록 유산에 등재되었다.
➡ 통신사와 관련된 기록물은 '17~19세기 한·일 간 평화 구축과 문화 교류의 역사'라는 이름으로 세계 기록 유산에 등재되었어요.

23 고사관수도

정답 ④

(가)에 들어갈 작품으로 옳은 것은? [1점]

기획 전시

인재(仁齋) 강희안 특별전

대표 전시 작품

(가)

조선 전기 시·그림·글씨에 모두 뛰어난 것으로 유명했던 강희안의 대표작으로 간결하고 과감한 필치가 돋보인다.

- ■기간 : 2024년 ○○월 ○○일 ~ ○○월 ○○일
- ■장소 : △△박물관 특별 전시실

강희안은 조선 전기의 문신으로 화가, 서예가로도 이름을 널리 떨쳤어요. 강희안은 교두연수도, 산수인물도, 고사관수도 등의 그림을 남겼어요. 서예에도 뛰어나 강희안의 글씨를 본떠 금속 활자를 주조하기도 하였는데, 이를 을해자라고 합니다.

①
➡ 조선 후기의 화가 전기가 그린 매화초옥도입니다. 만개한 매화로 둘러싸인 초가집에 선비가 앉아 있는 모습을 그렸어요.

②
➡ 조선 후기에 신윤복이 그린 월하정인입니다. 한밤중에 담장 옆에서 남녀가 만나는 모습을 그렸어요.

③
➡ 조선 후기에 김홍도가 그린 송석원시사야연도입니다. 조선 후기에 중인들이 만든 시사 모임인 송석원 시사의 모습을 그렸어요.

④
➡ 조선 전기에 강희안이 그린 고사관수도입니다. 흐르는 물을 바라보며 생각에 빠진 선비의 모습을 표현하였어요.

⑤
➡ 조선 후기에 정선이 그린 대표적인 진경 산수화인 금강전도입니다. 금강산의 모습을 사실적으로 표현하였어요.

---

24 병자호란 중의 사실

정답 ③

밑줄 그은 '전란' 중에 있었던 사실로 옳은 것은? [2점]

초대합니다

창작 뮤지컬
비운의 의순 공주, 애숙

삼전도에서의 굴욕적인 항복으로 전란은 끝났습니다. 이후 조선의 공주를 부인으로 삼겠다는 청 섭정왕의 요구로 조선 국왕의 양녀가 되어 원치 않은 결혼을 해야 했던 의순 공주 이애숙. 그녀의 굴곡진 삶을 한 편의 뮤지컬로 선보입니다.

- 일시 : 2024년 ○○월 ○○일 ○○시
- 장소 : 의정부 △△ 문화 회관 대극장

병자호란 때 남한산성에서 45일 동안 항전하던 인조는 더 이상 버티지 못하고 삼전도에서 청 태종에게 항복하는 수모를 겪었어요.

정답 잡는 키워드

❶ 삼전도에서의 굴욕적인 항복으로 끝남 → 병자호란

삼전도에서의 굴욕적인 항복으로 전란이 끝났다는 내용을 통해 밑줄 그은 '전란'이 병자호란임을 알 수 있어요. 조선 인조 때 후금의 침입으로 정묘호란이 일어났어요. 정묘호란은 조선과 후금이 형제의 맹약을 맺고 끝이 났어요. 이후 강성해진 후금이 조선에 군신 관계를 요구하자 조선은 이를 거부하였어요. 후금은 국호를 '청'으로 바꾸었고, 청 태종이 자신들의 요구를 거부한 조선을 침략하여 병자호란이 일어났어요. 인조는 남한산성으로 피란하여 항전하였으나 결국 삼전도에서 항복 의식을 치렀어요.

① 이종무가 대마도를 정벌하였다.
➡ 세종 때 이종무가 왜구의 근거지인 대마도를 정벌하였어요.

② 강홍립이 사르후 전투에 참전하였다.
➡ 광해군 때 후금과 전쟁을 치르고 있던 명의 요청을 받아 지원군으로 파견된 강홍립 부대가 사르후 전투에 참전하였어요.

③ 김준룡이 광교산 전투에서 승리하였다.
➡ 병자호란 때 김준룡이 근왕병을 이끌고 지금의 경기도 용인 광교산 일대에서 벌어진 전투에서 청군에 승리하였어요.

④ 조헌이 금산에서 의병을 이끌고 활약하였다.
➡ 임진왜란 때 조헌이 이끄는 700여 명의 의병이 금산에서 일본군에 맞서 싸웠으나 모두 전사하였어요.

⑤ 신립이 탄금대에서 배수의 진을 치고 전투를 벌였다.
➡ 임진왜란 때 신립이 지금의 충주 지역의 탄금대에서 배수의 진을 치고 전투를 벌였으나 패배하였어요.

기출 선택지 +α

❻ 김상용이 강화도에서 순절하였다.	(O / X)
❼ 정봉수와 이립이 용골산성에서 항전하였다.	(O / X)
❽ 왕이 도성을 떠나 남한산성으로 피란하였다.	(O / X)
❾ 김시민이 진주성에서 적군을 크게 물리쳤다.	(O / X)
❿ 임경업이 백마산성에서 적의 침입에 대비하였다.	(O / X)

기출 선택지 +α 정답 ❻ O ❼ ×[정묘호란] ❽ O ❾ ×[임진왜란] ❿ O

밑줄 그은 '이 법'에 대한 설명으로 옳은 것은? [1점]

방납은 공납의 납부를 대신해 주고 중간 이윤을 취하는 행위를 말해요. 방납인의 횡포로 농민 부담이 가중되자 이를 시정하기 위해 대동법이 실시되었어요.

❶ 이원익은 방납의 폐단을 없애고자 선혜청을 두고 이 법을 실시할 것을 주장했습니다.

선혜청은 대동법 관련 업무를 담당한 관청이에요.

방납의 폐단을 개혁하고자 한 인물

이이   유성룡

이원익   김육

화면을 누르면 설명을 들을 수 있습니다.

정답 잡는 키워드

❶ 이원익이 방납의 폐단을 없애고자 선혜청을 두고 실시 주장 → 대동법

이원익이 방납의 폐단을 없애고자 선혜청을 두고 실시할 것을 주장하였다는 내용을 통해 밑줄 그은 '이 법'이 대동법임을 알 수 있어요. 방납의 폐단으로 농민들의 고통이 커지자 선조 때 이이, 유성룡 등이 공납을 쌀로 거두는 수미법을 제안하였어요. 광해군 때에는 이원익이 방납의 폐단을 바로잡기 위해 대동법 시행을 건의하여 경기도 지역에서 선혜법이라는 이름으로 대동법이 처음 실시되었어요. 이후 김육 등의 노력으로 대동법이 실시되는 지역이 점차 늘어났어요. 대동법은 각 호(戶)마다 토산물을 내던 공납을 소유한 토지 결수를 기준으로 부과하여 쌀이나 베, 동전 등으로 납부하게 한 제도입니다.

① 양반에게도 군포를 거두었다.
➡ 고종 때 흥선 대원군이 호포제를 실시하여 양반에게도 군포를 거두었어요.

② 토지 1결당 쌀 2두의 결작을 부과하였다.
➡ 영조 때 균역법이 실시되면서 줄어든 군포 수입을 보충하기 위해 지주에게 토지 1결당 쌀 2두의 결작을 부과하였어요.

③ 전세를 풍흉에 따라 9등급으로 차등 과세하였다.
➡ 세종 때 연분9등법이 시행되어 전세를 풍흉에 따라 9등급으로 차등 과세하였어요.

④ 부족한 재정 보충을 위해 선무군관포를 징수하였다.
➡ 영조 때 균역법이 실시된 후 부족한 재정 보충을 위해 일부 부유한 양민에게 선무군관이라는 명예직을 주고 선무군관포를 징수하였어요.

⑤ 관청에 물품을 조달하는 공인이 등장하는 배경이 되었다.
➡ 대동법이 실시되면서 선혜청 등에서 구입 비용을 받아 왕실이나 관청에 물품을 조달하는 공인이 등장하였어요.

기출 선택지 +α

❻ 수신전과 휼양전을 폐지하였다. (O / X)
❼ 1결당 쌀 4~6두로 납부액을 고정하였다. (O / X)
❽ 특산물 대신 쌀, 베, 동전 등으로 납부하게 하였다. (O / X)
❾ 어장세, 선박세 등이 국가 재정으로 귀속되는 결과를 가져왔다. (O / X)

기출 선택지 +α   정답 ❻×[직전법] ❼×[영정법] ❽○ ❾×[균역법]

(가) 인물에 대한 설명으로 옳은 것은? [2점]

메타버스로 만나는 조선의 인물

❶ 기축봉사를 올려 명에 대한 의리를 강조한 나는 희빈 장씨의 소생을 원자로 정한 데에 반대하다가 이곳 제주도로 유배되었습니다.

송시열은 효종 때 기축봉사를 올려 명에 대한 의리를 강조하고 청에 대한 복수를 주장하였어요.

굴림 서원

(가)

학생 1

학생 2

송시열은 희빈 장씨 소생을 원자로 정한 데에 반대하다가 기사환국이 일어나 제주도로 유배되었다가 서울로 압송되던 중 정읍에서 사사되었어요.

정답 잡는 키워드

❶ 기축봉사를 올려 명에 대한 의리를 강조함,
❷ 희빈 장씨의 소생을 원자로 정한 데에 반대함 → 송시열

기축봉사를 올렸으며, 희빈 장씨의 소생을 원자로 정한 데에 반대하다가 제주도로 유배되었다는 내용을 통해 (가) 인물이 송시열임을 알 수 있어요. 조선 후기의 문신 송시열은 서인의 우두머리였으며, 효종 때 북벌을 주장하였어요. 숙종 때 인현 왕후에게 후사가 생기지 않아 왕이 희빈 장씨의 소생을 원자로 삼으려고 하자 이에 반대하다가 관작을 삭탈당하고 제주도로 유배되었어요.

① 기해예송에서 기년설을 주장하였다.
➡ 현종 때 일어난 기해예송에서 송시열과 서인은 자의 대비가 1년 상복을 입어야 한다는 기년설을 주장하여 남인과 대립하였어요.

② 지전설을 주장한 의산문답을 집필하였다.
➡ 홍대용은 지전설을 주장한 "의산문답"을 집필하고 중국 중심의 세계관을 비판하였어요.

③ 양명학을 연구하여 강화학파를 형성하였다.
➡ 정제두는 양명학을 체계적으로 연구하였으며, 강화도에서 후진 양성에 힘을 기울여 강화학파를 형성하였어요.

④ 역대 명필을 연구하여 추사체를 창안하였다.
➡ 김정희는 역대 명필을 연구하여 자신만의 독창적인 서체인 추사체를 창안하였어요.

⑤ 양반의 허례와 무능을 풍자한 양반전을 지었다.
➡ 박지원은 "양반전", "허생전", "호질" 등 한문 소설을 지어 양반의 허례와 무능을 풍자하였어요.

기출 선택지 +α

❻ 노론의 영수로 북벌론을 주장하였다. (O / X)
❼ 무오사화의 발단이 된 조의제문을 작성하였다. (O / X)
❽ 반계수록에서 토지 제도 개혁론을 제시하였다. (O / X)
❾ 동호문답을 통해 다양한 개혁 방안을 제시하였다. (O / X)
❿ 유학 경전을 주자와 달리 해석한 사변록을 저술하였다. (O / X)

기출 선택지 +α   정답 ❻○ ❼×[김종직] ❽×[유형원] ❾×[이이] ❿×[박세당]

---

27 조선 후기의 경제
정답 ①

다음 자료에 나타난 시기의 경제 상황으로 옳지 <u>않은</u> 것은? [1점]

> 비변사의 계사에, "현재 시전의 병폐로 서울과 지방의 백성이 원망하는 바는 오로지 도고(都庫)에 있습니다. 시중 시세를 조종하여 홀로 이익을 취하니 그 폐단은 한이 없습니다. 한성부에서 엄히 금하도록 하되 그 가운데 매우 심하게 폐단을 빚는 3강(한강·용산강·서강)의 시목전(柴木廛)·염해전(鹽醢廛)과 같은 무리는 그 주모자를 색출하여 형조로 송치해서 엄한 형벌로 다스려 후일을 징계하도록 분부하는 것이 어떻겠습니까?" 하니 윤허한다고 답하였다.
>
> ─ 조선 후기에 상업이 발달하면서 상품의 매점매석을 통해 큰 이윤을 취하는 독점적 도매상인 도고가 등장하였어요.

정답 잡는 키워드

❶ 도고 → 조선 후기

도고가 시중 시세를 조종하여 홀로 이익을 취하는 폐단이 생겼다는 내용을 통해 자료에 나타난 시기가 조선 후기임을 알 수 있어요. 조선 후기에 상업이 발달하면서 사상의 활동이 활발하였어요. 의주의 만상, 평양의 유상, 개성의 송상, 한강을 기반으로 한 경강상인, 동래의 내상 등 지역을 근거지로 삼은 사상이 활발하게 활동하였으며, 사상 가운데 일부는 공인과 함께 독점적 도매상인인 도고로 성장하였어요. 대규모 자본을 앞세운 도고의 활동으로 소상인이 몰락하고 물가가 상승하는 등의 폐단이 발생하기도 하였어요.

①금속 화폐인 **건원중보**가 **주조**되었다.
　➡ 고려 성종 때 금속 화폐인 건원중보가 주조되었으나 널리 유통되지는 못하였어요.

② 담배와 면화 등의 상품 작물이 재배되었다.
　➡ 조선 후기에 담배와 면화 등이 시장에 내다 팔기 위한 상품 작물로 널리 재배되었어요.

③ 보부상이 장시를 돌아다니며 상업 활동을 하였다.
　➡ 조선 후기에 정기 시장인 장시가 전국 각지에서 열렸으며, 보부상이 여러 장시를 돌며 물품을 판매하였어요.

④ 모내기법의 확대로 벼와 보리의 이모작이 성행하였다.
　➡ 조선 후기에 모내기법이 전국으로 확대되어 벼와 보리의 이모작이 성행하였어요.

⑤ 설점수세제의 시행으로 민간의 광산 개발이 허용되었다.
　➡ 조선 후기에 민간의 광산 개발을 허용하고 그 대신 세금을 부과하는 설점수세제가 시행되었어요.

28 정조의 정책
정답 ④

(가) 왕에 대한 설명으로 옳은 것은? ─ 정조의 명으로 규장각 검서관인 이덕무와 박제가가 장용영 소속 장교 백동수 등과 함께 편찬한 무예 교본이에요. [2점]

> 가상 현실 버스에 오신 여러분 환영합니다. 지금 창문 스크린으로 보고 계신 것은 **무예도보통지**에 실린 무예 동작입니다. (가) 의 명으로 이덕무, 박제가, 백동수 등이 편찬한 무예도보통지에는 기존의 무예신보에 마상 무예가 추가되어 총 24개의 무예가 실려 있습니다. 이 책은 **장용영**의 훈련 교재로 사용되었습니다.

─ 정조가 창설한 장용영은 정조 사후 순조가 즉위한 이듬해에 해체되었어요.

정답 잡는 키워드

❶ "무예도보통지", ❷ 장용영 → 정조

"무예도보통지"가 편찬되어 장용영의 훈련 교재로 사용되었다는 내용을 통해 (가) 왕이 조선 정조임을 알 수 있어요. 정조는 탕평책을 추진하였으며 왕권 강화를 위해 노력하였어요. 국왕 친위 부대로 장용영을 창설하고 젊고 재능 있는 문신들을 재교육하는 초계문신제를 시행하여 자신의 정책을 뒷받침하게 하였어요. 또한, 자신의 정치적 이상을 실현할 신도시로 수원 화성을 건설하였어요.

① **백두산정계비**를 세워 청과의 국경을 정하였다.
　➡ 숙종은 관리를 파견하여 청의 관리와 함께 백두산 일대를 답사하게 한 뒤 청과의 국경을 정한 백두산정계비를 세웠어요.

② **삼군부**를 **부활**시켜 군사 업무를 담당하게 하였다.
　➡ 고종 때 흥선 대원군은 비변사를 혁파하고 삼군부를 부활시켜 군사 업무를 담당하게 하였어요.

③ 통치 체제를 정비하기 위해 **속대전**을 **편찬**하였다.
　➡ 영조는 "경국대전" 반포 이후에 공포된 법령 중에서 시행할 법령만을 추려 정리한 "속대전"을 편찬하였어요.

④규장각에 검서관을 두어 서얼 출신 학자들을 기용하였다.
　➡ 정조는 규장각에 검서관을 두어 박제가, 유득공, 이덕무 등 서얼 출신 학자들을 기용하였어요.

⑤ 한양을 기준으로 역법을 정리한 **칠정산 내편**을 **제작**하였다.
　➡ 세종 때 최초로 한양을 기준으로 한 역법서인 "칠정산 내편"을 제작하였어요.

기출 선택지 +α

❻ 집현전을 계승한 홍문관을 설치하였다. (O / X)
❼ 경기도에 한해서 대동법을 실시하였다. (O / X)
❽ 군역의 부담을 줄이고자 균역법을 제정하였다. (O / X)
❾ 대전통편을 편찬하여 통치 체제를 정비하였다. (O / X)
❿ 삼정의 문란을 시정하려고 삼정이정청을 설치하였다. (O / X)

29 개항기 신문
정답 ①

(가)~(라)에 들어갈 내용으로 옳은 것을 〈보기〉에서 고른 것은?

[2점]

ㄱ. (가) - 정부에서 발행한 순 한문 신문이었어요.
➡ 한성순보는 우리나라 최초의 근대 신문이에요. 정부에서 설립한 박문국에서 열흘에 한 번씩 순 한문으로 발행하였어요.

ㄴ. (나) - 서재필의 주도로 창간되었어요.
➡ 독립신문은 우리나라 최초의 민간 신문으로 서재필의 주도로 창간되었어요. 순 한글로 발행되었으며, 영문판도 발행되어 국내 정세를 외국에 알리는 역할도 하였어요.

ㄷ. (다) - 일장기를 삭제한 손기정 사진이 실렸어요.
➡ 1936년 조선중앙일보와 동아일보는 베를린 올림픽의 마라톤 우승자 손기정의 사진을 게재하면서 그의 운동복에 그려진 일장기를 삭제하였어요. 황성신문은 1898년에 국한문 혼용으로 발행된 신문으로, 을사늑약 체결을 규탄한 장지연의 논설 '시일야방성대곡'을 처음으로 게재하였어요. 국권 피탈 이후 곧 폐간되었어요.

ㄹ. (라) - 상업 광고가 처음으로 게재되었어요.
➡ 상업 광고가 처음으로 게재된 신문은 1886년에 창간된 한성주보입니다. 대한매일신보는 1904년에 양기탁과 베델이 함께 창간한 신문이에요. 영국인 베델이 발행인으로 참여하였기 때문에 일본의 검열에서 비교적 자유로울 수 있었어요. 대한매일신보는 국채 보상 운동을 적극적으로 후원하여 국채 보상 운동이 전국적으로 확산하는 데 기여하였어요.

① ㄱ, ㄴ　　　② ㄱ, ㄷ　　　③ ㄴ, ㄷ
④ ㄴ, ㄹ　　　⑤ ㄷ, ㄹ

핵심 개념	근대 언론의 발달
한성순보	우리나라 최초의 근대 신문, 박문국에서 인쇄, 순 한문 신문, 열흘마다 발행하는 것이 원칙
한성주보	최초로 상업 광고 게재
독립신문	서재필 창간, 우리나라 최초의 민간 신문, 순 한글 신문, 영문판 발행
제국신문	순 한글 신문, 주로 서민과 부녀자에게 호응을 얻음
황성신문	장지연의 논설 '시일야방성대곡'을 처음으로 게재
대한매일신보	양기탁이 영국인 베델과 함께 창간, 영문으로도 발행, 일제의 침략을 비판하는 기사 게재, 의병 운동을 호의적으로 보도, 국채 보상 운동의 확산에 기여

30 일본의 경제 침략
정답 ①

(가), (나) 체결 사이의 시기에 있었던 사실로 옳은 것은?　　[3점]

(가) 제6칙 이후 조선국 항구에 거주하는 ❶일본 인민은 양미(糧米)와 잡곡을 수출, 수입할 수 있다.
제7칙 ❷일본국 정부에 속한 모든 선박은 항세를 납부하지 않는다. 〔양곡의 수출입량에 대한 제한이 설정되지 않아 일본은 이 규정을 조선의 쌀을 대량으로 반출하는 근거로 삼았어요.〕

(나) 제9관 입항하거나 출항하는 각 화물이 해관을 통과할 때는 응당 본 조약에 첨부된 세칙(稅則)에 따라 ❸관세를 납부해야 한다.
제37관 조선국에서 가뭄과 홍수, 전쟁 등의 일로 인해 국내에 양식이 결핍할 것을 우려하여 일시 ❹쌀 수출을 금지하려고 할 때에는 1개월 전에 지방관이 일본 영사관에게 통지하여 미리 그 기간을 항구에 있는 일본 상인들에게 전달하여 일률적으로 준수하는 데 편리하게 한다. 〔조·일 통상 장정에서는 조·일 무역 규칙에서 다루어지지 않았던 관세 부과에 대한 규정이 마련되었어요.〕

정답 잡는 키워드

❶ 일본에 양미와 잡곡의 수출입 허용, ❷ 일본 정부에 속한 선박은 항세를 납부하지 않음 → (가) 조·일 무역 규칙(1876)
❸ 관세 납부, ❹ 쌀 수출을 금지할 때 1개월 전에 지방관이 일본 영사관에게 통지 → (나) 조·일 통상 장정(1883)

(가)는 일본에 양미와 잡곡의 수출입을 허용하며, 일본 정부 소속 선박은 항세를 납부하지 않는다는 내용을 통해 1876년에 체결된 조·일 무역 규칙임을 알 수 있어요. 강화도 조약의 후속 조치로 체결된 조·일 무역 규칙에서 조선 정부는 일본 상품에 대한 관세 규정을 두지 못하였어요. (나)는 관세가 부과되며, 쌀 수출을 금지하려고 할 때 1개월 전에 지방관이 일본 영사관에게 통지해야 한다는 내용을 통해 1883년에 체결된 조·일 통상 장정임을 알 수 있어요. 조·일 통상 장정으로 조선의 지방관은 천재지변이나 변란으로 식량 부족의 우려가 있을 때 방곡령을 선포할 수 있게 되었어요. 그러나 조선의 지방관이 방곡령을 선포하였을 때 일본은 1개월 전 통보 규정을 어겼다고 트집을 잡아 방곡령을 철회시키고 막대한 배상금을 요구하였어요.

① 조·미 수호 통상 조약이 체결되었다.
➡ 1882년에 청의 알선으로 조·미 수호 통상 조약이 체결되었어요. 조·미 수호 통상 조약은 서양 국가와 맺은 최초의 조약이었어요.

② 러시아가 용암포 조차를 요구하였다.
➡ 대한 제국에 영향력을 행사하던 러시아가 1903년에 용암포를 점령하고 조차를 요구하였어요.

③ 영국이 거문도를 불법적으로 점령하였다.
➡ 1885년에 영국이 러시아의 남하를 견제한다는 구실로 거문도를 불법적으로 점령하였어요(~1887).

④ 일본 군함 운요호가 영종도를 공격하였다.
➡ 1875년에 일본 군함 운요호가 영종도를 공격한 운요호 사건이 일어났어요. 운요호 사건을 계기로 강화도 조약이 체결되었어요.

⑤ 청과 대등한 입장에서 한·청 통상 조약이 맺어졌다.
➡ 대한 제국 수립 이후인 1899년에 대한 제국과 청이 대등한 입장에서 한·청 통상 조약을 체결하였어요.

31 제너럴 셔먼호 사건 이후의 사실   정답 ④

밑줄 그은 '사건' 이후에 전개된 사실로 옳은 것은?   [2점]

> 조선 왕 전하께
>
> …… 9월 말에 **❶평양의 대동강에서 좌초한 미국 상선에 승선한 사람들이 살해당했고 배가 불살라졌다는** 고통스럽고 놀랄 만한 사건이 있었다고 들었습니다. 본 총병은 본국 수사 제독의 위임으로 파견되어 상세히 조사하라는 명을 받았습니다. 과연 이러한 일이 있었는지, 사실인지 아닌지, 생존자가 몇 사람인지 등을 귀국에서 신속히 조사해 분명히 답해 주시길 부탁드립니다.
>
> – 미국 군함 와추세트(Wachusett) 수사 총병 슈펠트(Shufeldt) –

정답 잡는 키워드

❶ 평양의 대동강에서 좌초한 미국 상선에 승선한 사람들이 살해당했고 배가 불살라졌음 → 제너럴 셔먼호 사건(1866)

평양에서 미국 상선이 좌초되고 선원이 살해당하였다는 내용을 통해 밑줄 그은 '사건'이 제너럴 셔먼호 사건임을 알 수 있어요. 1866년에 미국 상선 제너럴 셔먼호가 대동강을 거슬러 평양까지 올라와 통상을 요구하며 살인과 약탈을 자행하자 평안 감사 박규수의 지휘 아래 평양 관민이 제너럴 셔먼호를 불태워 침몰시킨 제너럴 셔먼호 사건이 일어났어요. 이를 구실로 미국은 조선에 배상금 지불과 통상을 요구하였으나 흥선 대원군이 거부하였어요. 이에 로저스 제독이 이끄는 미국 함대가 1871년 강화도를 침략하여 신미양요가 일어났어요.

① 홍경래가 난을 일으켰다.
➡ 순조 때인 1811년에 홍경래 등은 서북인에 대한 차별과 지배층의 수탈에 항거하여 홍경래의 난을 일으켰어요.

② 임술 농민 봉기가 일어났다.
➡ 철종 때인 1862년에 경상 우병사 백낙신의 탐학에 항거하여 일어난 진주 농민 봉기를 시작으로 전국 각지에서 임술 농민 봉기가 일어났어요.

③ 황사영 백서 사건이 발생하였다.
➡ 순조 때인 1801년에 신유박해가 일어나자 천주교 신자였던 황사영이 중국 베이징 교구의 주교에게 군대 출병을 요청하는 편지를 보내려고 하였음이 발각된 황사영 백서 사건이 발생하였어요.

④ 어재연이 광성보 전투에서 전사하였다.
➡ 1871년 신미양요 당시 어재연이 광성보에서 미군에 항전하였으나 전사하였어요.

⑤ 청의 요청으로 나선 정벌에 조총 부대를 파견하였다.
➡ 효종은 청의 요청에 따라 나선 정벌을 위한 조총 부대를 1654년과 1658년, 두 차례에 걸쳐 파견하였어요.

핵심 개념 | 서양 열강의 침략적 접근

제너럴 셔먼호 사건 (1866)	미국 상선 제너럴 셔먼호가 대동강을 거슬러 평양까지 들어와 통상 요구 → 조선 정부의 통상 요구 거부 → 미국 선원들이 약탈 등 횡포를 부림 → 평안 감사 박규수의 지휘 아래 평양 관민이 제너럴 셔먼호를 불태워 침몰시킴
병인양요 (1866)	프랑스가 병인박해를 구실로 강화도 침공 → 문수산성(한성근 부대), 정족산성(양헌수 부대)에서 조선군 항전 → 프랑스군 철수(외규장각 도서 등 각종 문화유산 약탈)
오페르트 도굴 사건 (1868)	독일 상인 오페르트가 무장한 선원을 데리고 덕산에 있는 흥선 대원군의 아버지 남연군의 묘 도굴 시도 → 지역 주민의 항거로 도굴 실패 → 조선에서 서양 세력에 대한 반감이 더욱 커짐
신미양요 (1871)	제너럴 셔먼호 사건을 구실로 미군이 강화도 침공 → 미군이 초지진, 덕진진 점령 → 어재연이 이끄는 부대가 광성보에서 항전하였으나 패배 → 조선군의 계속된 항전, 미군 철수

---

32 제2차 갑오개혁 추진 시기의 사실   정답 ⑤

(가) 시기에 있었던 사실로 옳은 것은?   [3점]

정답 잡는 키워드

❶, ❷ 박영효가 귀국하여 총리대신 김홍집과 함께 새로운 정부를 주도함 → 김홍집·박영효 연립 내각 조직(1894)
❸ 단발령 공포 → 을미개혁(1895)

첫 번째 그림은 일본으로 망명했던 박영효가 돌아와 김홍집과 함께 새로운 정부를 주도한다는 내용을 통해 1894년 김홍집·박영효 연립 내각이 조직된 상황임을 알 수 있고, 두 번째 그림은 단발령이 공포되었다는 내용을 통해 1895년 을미개혁이 추진되는 상황임을 알 수 있어요. 김홍집과 박영효를 중심으로 구성된 내각은 군국기무처를 폐지하고 제2차 갑오개혁을 추진하여 의정부를 폐지하고 내각제를 도입하였으며 8아문을 7부로, 8도의 지방 행정 구역을 23부로 개편하였어요. 또한, 재판소를 설치하여 사법권을 독립시켰어요.

① 과거제가 폐지되었다.
➡ 제1차 갑오개혁 때 군국기무처는 과거제 폐지, 공사 노비법 혁파 등의 개혁을 추진하였어요.

② 호포제가 실시되었다.
➡ 고종 때 흥선 대원군의 개혁 정책 추진 과정에서 군정의 문란을 바로잡기 위해 양반에게도 군포를 징수하는 호포제가 실시되었어요.

③ 교정청이 설치되었다.
➡ 조선 정부는 동학 농민군과 전주 화약을 맺은 후 내정 개혁을 위해 임시 기구로 교정청을 설치하였어요.

④ 5군영이 2영으로 통합되었다.
➡ 1881년 개화 정책의 일환으로 구식 군대인 5군영이 무위영과 장어영의 2영으로 통합되었어요.

⑤ 교육 입국 조서가 반포되었다.
➡ 제2차 갑오개혁 과정에서 교육의 기본 방향을 제시한 교육 입국 조서가 반포되었어요.

기출 선택지 +α

❻ 원수부가 설치되었다.   (O / X)
❼ 재판소를 설치하여 사법권을 독립시켰다.   (O / X)
❽ 지방 행정 구역이 8도에서 23부로 개편되었다.   (O / X)

핵심 개념 | 제2차 갑오개혁

추진	• 김홍집·박영효 연립 내각(제2차 김홍집 내각) • 군국기무처 폐지, 고종이 홍범 14조 반포
정치	의정부를 내각으로 개편, 8아문을 7부로 개편, 전국 8도를 23부로 개편, 재판소 설치, 지방관의 권한 축소
사회	교육 입국 조서 반포 → 한성 사범 학교, 소학교, 외국어 학교 관제 마련

기출 선택지 +α   정답   ❻ ×[광무개혁, 1899년]   ❼ ○   ❽ ○

33 동학 농민 운동
정답 ③

(가)에 들어갈 내용으로 옳은 것은? [3점]

답사 계획서

- 주제 : 동학 농민군의 발자취를 따라서
- 기간 : 2024년 ○○월 ○○일 ~ ○○일
- 답사 장소

> 안핵사 이용태의 만행에 분노한 동학 농민군이 백산에 집결하여 총사령부 격인 호남 창의 대장소를 설치하고 전봉준을 총대장으로 추대하였어요.

지역	장소	설명
부안	백산	호남 창의 대장소(大將所)를 설치하고 4대 강령을 발표하였다.
❶장성	❷황룡 전적	(가)
공주	우금치 전적	농민군이 관군과 일본군을 상대로 격전을 벌이다 패배하였다.

> 동학 농민군의 2차 봉기 때 남접과 북접의 연합 부대가 서울을 향해 북상하며 일본군과 관군에 맞서 싸웠지만 공주 우금치에서 패배하였어요.

정답 잡는 키워드

❶ 장성, ❷ 황룡 전적 → 황룡촌 전투

동학 농민 운동 당시의 황룡 전적을 통해 (가)에 들어갈 내용이 전라도 장성군 일대에서 벌어진 황룡촌 전투에 관한 것임을 알 수 있어요. 조선 정부는 조병갑의 탐학과 수탈에 저항하여 일어난 고부 농민 봉기를 수습하기 위해 이용태를 안핵사로 파견하였어요. 그러나 이용태는 오히려 봉기에 참여한 농민들을 동학교도로 몰아 탄압하였고, 이에 분노한 농민들이 대규모 봉기를 일으켜 동학 농민 운동이 시작되었어요. 동학 농민군은 신무기 장태를 사용하여 정읍 지역에서 있었던 황토현 전투에 이어 장성 지역에서 벌어진 황룡촌 전투에서도 승리하였어요. 이후 전주성까지 점령하였으나 청과 일본의 개입을 우려하여 조선 정부와 전주 화약을 체결하고 자진 해산하였어요.

① 농민군이 정부와 화약을 맺었다.
➡ 전주성을 점령한 동학 농민군은 조선 정부와 전주 화약을 체결하였어요.

② 최제우가 혹세무민의 죄로 처형되었다.
➡ 동학을 창시한 최제우는 세상을 어지럽히고 백성을 속였다는 혹세무민의 죄로 대구 지역에서 처형되었어요.

③ 홍계훈의 관군을 상대로 농민군이 승리하였다.
➡ 지금의 전라남도 장성 지역에서 일어난 황룡촌 전투에서 동학 농민군이 홍계훈의 관군을 상대로 승리하였어요.

④ 피신해 있던 농민군의 지도자 전봉준이 체포되었다.
➡ 우금치 전투에서 패배한 이후 피신해 있던 동학 농민군의 지도자 전봉준이 순창에서 체포되었어요.

⑤ 농민들이 조병갑의 탐학에 맞서 만석보를 파괴하였다
➡ 고부 군수 조병갑의 탐학에 맞서 전봉준 등 고부 농민들이 고부 관아를 습격하고 수탈의 상징이었던 만석보를 파괴하였어요.

---

34 정미의병
정답 ①

밑줄 그은 '이 시기'의 의병 활동에 대한 설명으로 옳은 것은? [2점]

> 이곳 지리산 연곡사에는 의병장 고광순의 순절비가 있습니다. 그는 지리산을 중심으로 장기 항전을 계획하다가 일본군의 토벌 작전으로 순국하였습니다. ❶고종의 강제 퇴위와 군대의 강제 해산으로 의병 활동이 고조된 이 시기에는 고광순을 비롯하여 각계각층의 사람들이 국권 회복을 위해 활동했습니다.

정답 잡는 키워드

❶ 고종의 강제 퇴위와 군대의 강제 해산으로
의병 활동이 고조됨 → 정미의병

일제는 1907년에 헤이그 특사 파견을 구실로 고종을 강제 퇴위시키고 한·일 신협약(정미7조약)의 체결을 강요하였어요. 그리고 한·일 신협약의 부속 각서에 따라 대한 제국의 군대를 해산시켰어요. 고종의 강제 퇴위와 군대 해산이 계기가 되어 정미의병이 일어났으며, 해산된 군인 중 일부가 의병에 합류하여 활약하였어요.

① 13도 창의군을 결성하였다.
➡ 정미의병 당시 각지의 의병 부대가 연합하여 13도 창의군을 결성하고 서울 진공 작전을 전개하였으나 실패하였어요.

② 한·중 연합 전선을 형성하였다.
➡ 1930년대 전반에 만주 지역의 독립군 부대들은 항일 중국군과 한·중 연합 전선을 형성하였어요.

③ 최익현이 태인에서 궐기하였다.
➡ 1905년 을사늑약 체결에 항거하여 일어난 을사의병 당시 최익현이 태인에서 궐기하였어요.

④ 고경명 등이 의병장으로 활약하였다.
➡ 임진왜란 중에 곽재우, 고경명 등이 의병장으로 활약하였어요.

⑤ 봉오동 전투에서 일본군을 격퇴하였다.
➡ 1920년에 홍범도가 이끄는 대한 독립군을 비롯한 독립군 연합 부대는 봉오동 전투에서 일본군을 격퇴하였어요.

기출 선택지 +α

❻ 고종의 해산 권고 조칙에 따라 해산하였다.	(O / X)
❼ 민종식이 이끄는 부대가 홍주성을 점령하였다.	(O / X)
❽ 의병 부대가 연합하여 서울 진공 작전을 전개하였다.	(O / X)

핵심 개념 | 정미의병

원인	고종 황제의 강제 퇴위, 대한 제국의 군대 해산
특징	일부 해산 군인의 합류로 의병의 조직력과 전투력 강화, 다양한 계층 참여 → 항일 의병 전쟁으로 발전
활동	13도 창의군 결성(총대장 이인영·군사장 허위, 각국 영사관에 통문을 보내 의병을 국제법상 교전 단체로 인정할 것을 요구), 서울 진공 작전(1908)

기출 선택지 +α 정답 ❻ ×[을미의병] ❼ ×[을사의병] ❽ ○

35 광무개혁

정답 ⑤

밑줄 그은 '개혁'의 내용으로 옳은 것은? [2점]

덕수궁 내에 있는 정관헌은 전통 건축 양식에 근대적 요소를 결합한 것으로 평가받고 있습니다. ❶ 고종이 황제로 즉위한 후 구본신참을 바탕으로 개혁을 추진할 때 건립되었습니다.

구본신참은 '옛것을 근본으로 하여 새로운 것을 참조한다'는 뜻이요. 고유의 전통과 사상을 유지하면서 점진적으로 서구 문물을 받아들이자는 광무개혁의 기본 원칙이었어요.

정답 잡는 키워드

❶ 고종이 황제로 즉위한 후 구본신참을 바탕으로 추진함
→ 광무개혁

고종이 황제로 즉위한 후 구본신참을 바탕으로 추진하였다는 내용을 통해 밑줄 그은 '개혁'이 광무개혁임을 알 수 있어요. 1897년에 러시아 공사관에서 경운궁(덕수궁)으로 돌아온 고종은 연호를 '광무'로 정하고 환구단에서 황제의 자리에 올라 대한 제국의 수립을 선포하였어요. 이후 구본신참의 원칙 아래 광무개혁을 추진하였어요.

① 홍범 14조를 반포하였다.
➡ 제2차 갑오개혁 당시 고종은 개혁의 기본 방향을 제시한 홍범 14조를 반포하였어요.

② 공사 노비법을 혁파하였다.
➡ 제1차 갑오개혁 때 공사 노비법을 혁파하였어요.

③ 신식 군대인 별기군을 창설하였다.
➡ 1881년에 조선 정부는 개화 정책에 따라 신식 군대인 별기군을 창설하였어요.

④ 근대 교육 기관인 육영 공원을 설립하였다.
➡ 1886년에 조선 정부는 근대 교육 기관인 육영 공원을 설립하고 헐버트, 길모어 등을 교사로 초빙하였어요.

⑤ 지계아문을 설치하여 토지 소유자에게 지계를 발급하였다.
➡ 대한 제국은 광무개혁을 추진하면서 지계아문을 설치하여 토지 소유자에게 근대적 토지 소유 증명서인 지계를 발급하였어요.

기출 선택지 +α

❻ 관립 의학교와 광제원을 설립하였다. (O/X)
❼ 건양이라는 독자적인 연호를 사용하였다. (O/X)
❽ 조혼을 금지하고 과부의 재가를 허용하였다. (O/X)
❾ 행정 기구를 6조에서 8아문으로 개편하였다. (O/X)
❿ 관립 상공 학교를 설립하여 실업 교육을 실시하였다. (O/X)

기출 선택지 +α
정답 ❻ O ❼ X[을미개혁] ❽ X[제1차 갑오개혁] ❾ X[제1차 갑오개혁] ❿ O

36 3·1 운동

정답 ④

(가) 운동에 대한 설명으로 옳은 것은? [1점]

언론 보도로 본 만세 기념일

❶ 3월 1일에 배화 여학교 학생 일동은 학교 동산에 올라가서 우리 독립 선언 기념을 경축하기 위하여 만세를 부르고, 배재 학교 생도 일동은 3월 1일에 일제히 결석하고 3월 2일에 등교하여 갑자기 그 학교 마당에서 만세를 불렀으니 …… 저와 같은 끌미한 행동을 허락한 까닭으로 그 학교 교장들은 파직하고 심하면 그 학교를 폐쇄할 지경에 이르겠다더라.

[해설] 이 자료는 신한민보 1920년 4월 20일자에 실린 기사이다. ❷ 민족 최대의 독립운동이었던 ____(가)____ 의 1주년 무렵 배화 여학교와 배재 학교 학생들이 만세 운동을 전개하여 학교가 폐쇄될 위기에 처했다는 내용이 담겨 있다.

정답 잡는 키워드

❶ 3월 1일에 학생들이 독립 선언 기념을 경축하기 위해 만세를 부름, ❷ 민족 최대의 독립운동 → 3·1 운동

독립 선언 기념을 경축하여 1주년 무렵인 1920년 3월 1일에 만세 운동이 전개되었으며, 민족 최대의 독립운동이었다는 내용을 통해 (가) 운동이 3·1 운동임을 알 수 있어요. 미국 대통령 윌슨의 민족 자결주의와 국외에서 이어진 독립 선언의 영향을 받아 국내에서도 독립 선언의 움직임이 일어났어요. 그러던 중 고종이 승하하자 종교계 지도자와 학생들이 중심이 되어 고종의 인산일에 즈음하여 대대적인 만세 시위를 벌이기로 계획하였어요. 1919년 3월 1일 민족 대표들은 시위가 격화될 것을 우려해 태화관에서 독립 선언서를 낭독하고 일제에 자진하여 체포되었어요. 탑골 공원에 모여 있던 학생과 시민들은 민족 대표들이 나타나지 않자 독립 선언서를 가져와 낭독하고 만세 시위를 전개하였어요. 만세 시위는 전국으로 확산되었고 일제는 헌병과 군대를 동원하여 탄압하였어요.

① 통감부의 방해와 탄압으로 중단되었다.
➡ 1910년에 일제가 대한 제국의 국권을 강탈하고 조선 총독부를 설치하면서 통감부는 폐지되었어요. 통감부의 방해와 탄압으로 중단된 대표적인 운동으로는 일본에 진 나랏빚을 국민이 갚아 국권을 회복하자는 취지로 전개된 국채 보상 운동이 있어요.

② 러시아의 절영도 조차 요구를 저지하였다.
➡ 독립 협회는 만민 공동회를 개최하고 러시아를 비롯한 열강의 이권 침탈을 규탄하는 이권 수호 운동을 전개하여 러시아의 절영도 조차 요구를 저지하였어요.

③ 순종의 인산일을 기회로 삼아 추진되었다.
➡ 1926년에 순종의 인산일을 기회로 삼아 6·10 만세 운동이 추진되었어요.

④ 대한민국 임시 정부 수립의 계기가 되었다.
➡ 3·1 운동을 계기로 독립운동을 이끌어 갈 통일된 지도부의 필요성이 제기되어 중국 상하이에서 대한민국 임시 정부가 수립되었어요.

⑤ 성진회와 각 학교 독서회에 의해 전국적으로 확산되었다.
➡ 광주 학생 항일 운동은 광주 지역 학생들이 결성한 비밀 결사인 성진회와 각 학교 독서회에 의해 전국적으로 확산되었어요.

37 북로 군정서
정답 ⑤

(가) 부대에 대한 설명으로 옳은 것은? [3점]

이달의 독립운동가

노은(蘆隱) 김규식

- 생몰년 : 1882~1931
- 생애 및 활동

경기도 구리에서 태어났다. 대한 제국 군인 출신으로 의병 활동에 참여하다가 일본군에게 체포되어 복역하였다. ❶1920년 청산리 전투에서 김좌진, 이범석 등이 이끈 [(가)] 의 지도부로 활약하였다. 이후 러시아, 만주 일대에서 독립운동을 계속하다가 1931년에 순국하였다. 1963년 건국 훈장 독립장이 추서되었다.

1920년 10월 백운평, 어랑촌 등지에서 일본군에 맞서 싸운 청산리 전투 당시 김좌진, 이범석 등이 이끈 북로 군정서가 활약하였어요.

정답 잡는 키워드

❶ 1920년 청산리 전투에서 김좌진, 이범석 등이 이끎
→ 북로 군정서

1920년 청산리 전투에서 김좌진, 이범석 등이 이끌었다는 내용을 통해 (가) 부대가 북로 군정서임을 알 수 있어요. 김좌진이 지휘한 북로 군정서는 홍범도의 대한 독립군 등과 연합하여 청산리 일대에서 일본군에 대승을 거두었어요.

① 영릉가에서 일본군에 승리를 거두었다.
➡ 양세봉이 이끄는 조선 혁명군은 항일 중국군과 연합하여 영릉가 전투에서 일본군에 승리를 거두었어요.

② 미국과 연계하여 국내 진공 작전을 계획하였다.
➡ 한국 광복군은 미국과 연계하여 국내 진공 작전을 계획하였으나 일제가 갑작스럽게 항복하여 실행에 옮기지 못하였어요.

③ 중국 팔로군과 함께 호가장 전투에서 활약하였다.
➡ 조선 의용대 일부 대원이 화북으로 이동하여 구성한 조선 의용대 화북 지대는 중국 공산당의 팔로군과 함께 호가장 전투에서 활약하였어요.

④ 동북 항일 연군으로 개편되어 유격전을 전개하였다.
➡ 만주 지역에서 중국 공산당의 주도로 조직된 동북 인민 혁명군은 민족이나 이념에 관계없이 항일 연합 전선을 만들기 위해 동북 항일 연군으로 개편되어 유격전을 전개하였어요.

⑤ 중광단을 중심으로 조직되어 항일 독립 전쟁에 참여하였다.
➡ 북로 군정서는 대종교 계열의 중광단을 중심으로 조직되어 항일 독립 전쟁에 참여하였어요.

기출 선택지 +α

❻ 대전자령에서 일본군을 기습하였다. (O/X)
❼ 중국 의용군과 연합하여 흥경성에서 승리하였다. (O/X)
❽ 조선 민족 전선 연맹의 무장 조직으로 결성되었다. (O/X)
❾ 홍범도 부대와 연합하여 청산리에서 일본군을 격퇴하였다. (O/X)
❿ 인도·미얀마 전선에 파견되어 영국군과 연합 작전을 펼쳤다. (O/X)

기출 선택지 +α
정답 ❻ ✕[한국 독립군] ❼ ✕[조선 혁명군] ❽ ✕[조선 의용대] ❾ ○
❿ ✕[한국 광복군]

---

38 연해주 지역의 민족 운동
정답 ②

밑줄 그은 '이 지역'을 지도에서 옳게 찾은 것은? [1점]

여기 눈에 띄는 주소 표지판이 하나 있습니다. '세울스카야 2A'. 그 뜻은 '서울 거리 2A 번지'입니다. 왜 이런 주소가 있을까요? 1/3

사실 ❷이 지역에는 신한촌 등 한인 집단 거주지가 있었습니다. 그러나 이곳에 살던 한인들은 1937년에 중앙아시아로 강제 이주를 당하였습니다. 2/3

세월이 흘러 현재는 신한촌의 역사를 기억하기 위한 조형물이 세워져 있습니다. 점차 잊히는 이들의 역사, 우리의 관심이 필요한 때입니다. 3/3

1937년 소련 공산당 서기장 스탈린은 일제에 협력하는 것을 방지한다는 명분으로 연해주의 한인들을 중앙아시아로 강제 이주시켰어요.

(가) 남만주
(나) 연해주
(라) 하와이
(마) 멕시코
(다) 일본

정답 잡는 키워드

❶ 신한촌 등 한인 집단 거주지가 있었음,
❷ 1937년에 거주 한인들이 중앙아시아로 강제 이주를 당함
→ 연해주

신한촌 등 한인 집단 거주지가 있었으며, 이곳에 살던 한인들이 1937년에 중앙아시아로 강제 이주를 당하였다는 내용을 통해 밑줄 그은 '이 지역'이 연해주임을 알 수 있어요. 두만강 건너에 있는 연해주는 국내와 가까워 1860년대부터 우리 민족이 이주하였어요. 주로 농업 이민자였고, 일제 강점기에 독립운동을 위해 이주한 사람도 많았습니다. 한인 집단 거주지인 신한촌은 항일 애국지사들의 집결지였으며 국외 독립운동의 근거지 중 한 곳이었어요. 1937년 소련 당국에 의해 연해주에 살고 있던 많은 한인이 중앙아시아 지역으로 강제 이주를 당하여 우즈베키스탄과 카자흐스탄 등지에 머물게 되었어요.

① (가)
➡ 신민회 회원들은 남만주(서간도)에 삼원보를 개척하여 독립운동 기지로 삼고 독립군 양성을 위해 신흥 강습소를 설립하였어요.

② (나)
➡ 연해주 지역에서는 권업회가 조직되고 이상설, 이동휘를 정·부통령으로 하는 대한 광복군 정부가 수립되었어요.

③ (다)
➡ 일본에 유학 중이던 한국인 학생들은 미국 대통령 윌슨이 제창한 민족 자결주의에 자극을 받아 1919년 2월 8일 도쿄에서 독립 선언서를 발표하였어요 (2·8 독립 선언).

④ (라)
➡ 미국 하와이에서 박용만 등이 독립군 사관을 양성할 목적으로 대조선 국민군단을 창설하였어요.

⑤ (마)
➡ 멕시코로 이주한 한인들은 독립군 양성 기관으로 숭무 학교를 설립하여 무장 투쟁을 준비하였어요.

39 심훈의 활동

정답 ⑤

(가)에 들어갈 내용으로 적절한 것은? [2점]

자료로 보는 **한국 영화** 🎥

이 자료는 일제 강점기에 발행된 극장 홍보지로, 심훈이 감독한 무성 영화 '먼동이 틀 때'를 소개한 것이다. 이 영화는 나운규의 '아리랑'에 이어 한국 영화 초기 명작으로 평가받기도 한다. 이외에도 심훈은 다수의 시나리오와 영화 평론을 집필하였으며, (가)

심훈은 일제 강점기에 활동한 문인이자 영화인이에요. 3·1 운동에 참여하였다가 투옥되었으며, 동아일보사에 입사하여 기자 생활을 하다가 일본으로 건너가 영화를 공부하였어요. 귀국 후 영화 '먼동이 틀 때'의 원작을 쓰고 각색, 감독까지 맡아 제작하였어요. 또한, 저항시 '그날이 오면'을 발표하였어요.

① **별 헤는 밤**, **참회록** 등의 시를 남겼다.
　➡ 윤동주는 '서시'를 비롯하여 '별 헤는 밤', '참회록' 등의 시를 남겼어요. 사후에 유고 시집 "하늘과 바람과 별과 시"가 발간되었어요.

② **국문 연구소**의 **연구 위원**으로 활동하였다.
　➡ 주시경, 지석영 등은 대한 제국 정부가 학부 아래 설립한 국문 연구소에서 연구 위원으로 활동하였어요.

③ 근대극 형식을 도입한 **토월회**를 **조직**하였다.
　➡ 1923년에 일본 도쿄에서 박승희 등 한국인 유학생들이 중심이 되어 토월회라는 극단을 조직하였어요.

④ 실천적인 유교 정신을 강조하는 **유교 구신론**을 **저술**하였다.
　➡ 박은식은 시대의 흐름을 따라가지 못하는 유교를 비판하며 실천적 유교 정신을 강조하는 '유교 구신론'을 저술하였어요.

⑤ 브나로드 운동을 소재로 한 소설 상록수를 신문에 연재하였다.
　➡ 심훈은 브나로드 운동을 소재로 한 소설 "상록수"를 동아일보에 연재하여 민중의 큰 호응을 얻었어요.

기출 선택지 +α

⑥ 저항시 그날이 오면을 발표하였다. (O / X)
⑦ 광야, 절정 등의 저항시를 발표하였다. (O / X)
⑧ 미국과 유럽을 여행한 뒤 서유견문을 집필하였다. (O / X)
⑨ 세계 지리 교과서인 사민필지를 한글로 저술하였다. (O / X)
⑩ 민족을 역사 서술의 중심에 둔 독사신론을 발표하였다. (O / X)

기출 선택지 +α

정답 ⑥ ○ ⑦ ×[이육사] ⑧ ×[유길준] ⑨ ×[헐버트] ⑩ ×[신채호]

40 일제 강점기 도시

정답 ②

(가)에 들어갈 내용으로 가장 적절한 것은? [1점]

탐구 활동 계획서

1. 주제 : (가)
2. 조사 방법 : 문헌 조사, 인터넷 검색 등
3. 참고 자료

• 자료 1

미쓰코시 백화점 경성 지점

경성 우편국을 끼고 돌아서면 요지경 같은 진고개다. …… 미쓰코시에 들어가니 아래층은 음식과 과자를 팔고, 2층으로 가니 거기는 일본 옷감뿐이더라.
　　　　　　　　 - "별건곤" -

• 자료 2

토막집과 토막민

경성부 내의 토막민 수가 1,583호이고 인구가 5,000여 명에 달한다고 한다. …… 토막민 자체에 대한 사회적 책임으로 보아 중대한 사회 문제라고 아니 할 수 없는 것이다.
　　　　　　　 - 동아일보 -

일제는 대한 제국의 국권을 침탈한 이후 한성부를 경성부로 고치고 식민 지배의 행정 중심지로 삼았어요. 일제 강점기 경성은 청계천을 경계로 한국인이 사는 북촌과 일본인이 주로 사는 남촌으로 나뉘어 도시화가 진행되었어요. 일제는 다수의 일본인이 거주하는 남촌 지역을 위주로 근대적인 도시 개발을 추진하였어요. 백화점과 은행 같은 상업 시설뿐만 아니라 도로, 상하수도, 전기와 같은 기반 시설도 북촌보다 남촌에 집중되었어요. 한편, 청계천이나 도시 외곽에는 농촌을 떠나 도시로 몰려든 사람들이 터를 잡았어요. 이들은 땅을 파고 위에 거적 등을 얹어 비바람만 겨우 가릴 수 있는 토막집을 짓고 생활하였기 때문에 토막민이라 불렸어요.

① 개화 정책의 추진과 한계
　➡ 조선 정부는 개항 이후 근대화를 위해 개화 정책을 추진하였으나 개화 반대 세력의 반발과 외세의 침탈 등으로 어려움을 겪었어요.

② 식민지 근대 도시의 이중성
　➡ 일제 강점기 경성에 들어선 백화점과 도시 변두리 빈민층이 사는 토막집의 대비되는 모습은 식민지 근대 도시의 이중성을 잘 드러냅니다.

③ 형평 운동의 전개 과정과 반발
　➡ 1920년대 백정들이 조선 형평사를 조직하고 백정에 대한 사회적 차별 철폐를 주장하며 형평 운동을 전개하였어요. 그러나 형평 운동에 반대하는 시위가 발생하기도 하였어요.

④ 경제 개발 5개년 계획의 시행 결과
　➡ 박정희 정부 시기인 1962년부터 경제 개발 5개년 계획이 시행되었어요.

⑤ 상품 화폐 경제의 발달과 신분제의 동요
　➡ 조선 후기에 상품 화폐 경제가 발달하면서 부유한 상민층이 등장하고 이들 중 일부는 납속과 공명첩을 이용하여 신분이 상승하기도 하였어요. 이로 인해 신분제가 동요하였어요.

41 1930년대 후반 이후의 사회 모습

정답 ①

밑줄 그은 '시기'에 볼 수 있는 사회 모습으로 가장 적절한 것은?

[2점]

> 1938년 일제 제정·공포한 국가 총동원법은 일본 본토 외에 한국을 비롯한 식민지에도 적용되었어요.

> 이것은 한 제과 업체의 캐러멜 광고로 탱크와 전투기 그림을 활용하여 "캐러멜도 싸우고 있다!"라는 문구를 담고 있습니다. 중·일 전쟁 이후 일제가 국가 총동원법을 시행한 시기에 제작된 이 광고는 당시 군국주의 문화가 일상에까지 스며들어 있었음을 잘 보여 줍니다.

정답 잡는 키워드

❶ 중·일 전쟁 이후 일제가 국가 총동원법을 시행함

→ 1930년대 후반 이후

중·일 전쟁 이후 일제가 국가 총동원법을 시행하였다는 내용을 통해 밑줄 그은 '시기'가 1930년대 후반 이후임을 알 수 있어요. 일제는 1937년 중·일 전쟁을 일으키고 침략 전쟁을 확대하면서 1938년 국가 총동원법을 제정하여 이를 근거로 전쟁에 필요한 자원을 본격적으로 수탈하였어요. 공출제와 식량 배급 제도 등을 통해 전쟁에 필요한 물자를 강제 동원하였으며 지원병제, 학도 지원병제, 징병제를 실시하여 한국인 청년들을 전쟁터로 끌고 갔어요.

① 몸뻬 착용을 권장하는 애국반 반장
➡ 일제는 한국인의 일상생활을 감시하고 통제하기 위해 1938년부터 애국반을 조직하고, 전시 동원 체제를 강화하면서 애국반을 통해 남성에게는 국민복을, 여성에게는 몸뻬를 착용하도록 강요하였어요.

② 경성 제국 대학 설립을 추진하는 관리
➡ 일제는 1924년에 경성 제국 대학을 설립하여 한국인의 고등 교육에 대한 열망을 무마하려 하였어요.

③ 헌병 경찰에게 끌려가 태형을 당하는 농민
➡ 일제는 1910년대에 헌병 경찰 제도를 실시하였으며, 한국인에게만 태형을 적용하는 조선 태형령을 시행하였어요. 헌병 경찰 제도와 조선 태형령은 이른바 문화 통치가 시작되면서 폐지되었어요.

④ 원산 총파업에 연대 지원금을 보내는 외국 노동자
➡ 1929년에 원산 인근의 라이징 선 석유 회사에서 일본인 감독관이 한국인 노동자를 구타한 사건이 발단이 되어 원산 총파업이 일어났어요.

⑤ 안창남의 고국 방문 비행을 환영하기 위해 상경하는 청년
➡ 일본에서 비행술을 배운 안창남은 1922년에 동아일보사 후원으로 고국 방문 비행을 하여 성황리에 마쳤어요.

기출 선택지 +α

❻ 암태도 소작 쟁의에 참여하는 농민   (O / X)
❼ 국방헌금 모금에 적극 협력하는 부호   (O / X)
❽ 내선일체에 협력하자는 논설을 쓰는 언론인   (O / X)

기출 선택지 +α 정답 ❻ ✕[1923~1924년] ❼ O ❽ O

42 신채호

정답 ①

㉠~㉤에 대한 설명으로 옳지 않은 것은?

[2점]

단재 신채호 연보

1880년 충청도 회덕에서 출생
1898년 성균관에 입학
1907년 ㉠ 신민회 활동에 참여하고 대한매일 신보 필진으로 근무
1919년 상하이로 가서 ㉡ 대한민국 임시 정부 수립에 참여
1923년 ㉢ '조선 혁명 선언' 작성
1927년 무정부주의 동방 연맹 창립 대회에 참가
1928년 타이완 지룽에서 체포됨
1931년 ㉣ "조선상고사"가 조선일보에 연재됨
1936년 ㉤ 뤼순 감옥에서 사망

① ㉠ - 광주 학생 항일 운동에 진상 조사단을 파견하였다.
➡ 신간회는 광주 학생 항일 운동의 진상 규명을 위한 진상 조사단을 파견하였어요. 신민회는 비밀 결사 형태로 조직된 애국 계몽 운동 단체로 안창호, 신채호, 양기탁 등이 참여하였지만, 1910년대 초에 와해되었어요.

② ㉡ - 이륭양행에 교통국을 설치하여 국내와 연락을 취하였다.
➡ 대한민국 임시 정부는 이륭양행에 통신 연락 상설 기구로 교통국을 설치하여 국내와 연락을 취하였어요.

③ ㉢ - 의열단이 활동 지침으로 삼았다.
➡ 신채호는 의열단장 김원봉의 요청을 받아 민중의 직접 혁명을 주장한 '조선 혁명 선언'을 작성하였어요. '조선 혁명 선언'은 의열단의 활동 지침이 되었어요.

④ ㉣ - 역사를 아와 비아의 투쟁으로 정의하였다.
➡ 신채호는 "조선상고사"에서 역사를 아(我)와 비아(非我)의 투쟁으로 정의하였어요.

⑤ ㉤ - 안중근 의사가 순국한 곳이다.
➡ 안중근은 만주 하얼빈에서 을사늑약 체결에 핵심적 역할을 한 이토 히로부미를 처단하였으나 현장에서 체포되어 뤼순 감옥에서 순국하였어요.

43 제주 4·3 사건　　　　　　　　　정답 ⑤

(가) 사건에 대한 설명으로 가장 적절한 것은?　　[3점]

> 이것은 냉전과 분단의 상징물인 독일 베를린 장벽의 일부로, (가) 을/를 기념하는 이 공원에 기증되었습니다. 이곳 제주도에서 일어난 (가) 은/는 **남한만의 단독 선거에 반대하는 무장대와 이를 진압하는 토벌대 간의 무력 충돌, 그 뒤 토벌대의 진압 과정에서 수많은 제주도민이 희생된 사건**으로, 6·25 전쟁이 끝나고 나서야 종결되었습니다.

정답 잡는 키워드

❶ 남한만의 단독 선거에 반대하는 무장대를 진압하는 과정에서 수많은 제주도민이 희생됨 → 제주 4·3 사건

남한만의 단독 선거에 반대하는 무장대와 이를 진압하는 토벌대 간의 무력 충돌, 그 뒤 토벌대의 진압 과정에서 수많은 제주도민이 희생되었다는 내용을 통해 (가) 사건이 제주 4·3 사건임을 알 수 있어요. 제2차 미·소 공동 위원회가 결렬된 후 유엔 총회에서 남북한 총선거를 의결하고 유엔 한국 임시 위원단을 파견하였으나, 소련이 유엔 한국 임시 위원단의 입북을 거부하자 유엔 소총회에서 남한만의 단독 총선거가 결의되었어요. 이에 남한만의 단독 선거에 반대하여 일어난 움직임이 제주 4·3 사건으로 이어졌어요. 이러한 상황으로 제주도 지역에서 5·10 총선거가 정상적으로 치러지지 못하였어요.

① 허정 과도 정부가 구성되는 결과를 가져왔다.
➡ 4·19 혁명으로 이승만 정부가 무너지고 허정을 수반으로 하는 과도 정부가 구성되었어요.

② 국가 보위 비상 대책 위원회가 설치되는 배경이 되었다.
➡ 12·12 사태로 군권을 장악한 전두환 등 신군부 세력은 1980년에 5·18 민주화 운동을 무력으로 진압한 직후 국가 보위 비상 대책 위원회를 설치하였어요.

③ 장기 독재를 비판하는 3·1 민주 구국 선언을 발표하였다.
➡ 박정희 정부 시기에 유신 체제에 반대하여 장기 독재를 비판하는 3·1 민주 구국 선언이 발표되었어요.

④ 민주화를 위한 개헌 청원 100만 인 서명 운동을 전개하였다.
➡ 박정희 정부 시기에 장준하, 백기완 등 재야인사들이 유신 헌법 철폐를 요구하며 민주 회복을 위한 개헌 청원 100만 인 서명 운동을 전개하였어요.

⑤ 정부 차원에서 진상 조사 보고서를 발간하고 공식 사과하였다.
➡ 제주 4·3 사건으로 많은 제주도민이 희생되거나 억울하게 옥살이를 하였어요. 이에 김대중 정부 시기인 2000년에 제주 4·3 사건 진상 규명 및 희생자 명예 회복에 관한 특별법이 제정되었고, 이어 노무현 정부 시기인 2003년에는 정부 차원에서 진상 조사 보고서를 발간하고 공식 사과하였어요.

기출 선택지 +α

❻ 4·13 호헌 조치에 저항하며 일어났다.　　　　(O / X)
❼ 장면의 민주당 정권이 들어서는 계기가 되었다.　(O / X)
❽ 희생자들의 명예 회복을 위한 특별법이 제정되었다.　(O / X)

기출 선택지 +α　정답　❻ ×[6월 민주 항쟁]　❼ ×[4·19 혁명]　❽ ○

---

44 이승만 정부 시기의 사실　　　　정답 ①

교사의 질문에 대한 학생의 대답으로 적절하지 <u>않은</u> 것은?　[2점]

> 이것은 그의 84세 생일을 위해 기획된 LP 음반의 재킷으로, '제84회 탄신 기념' 이라고 적혀 있습니다. 음반에는 '애국가', '만수무강하시리', '우남 행진곡' 등이 수록되어 있습니다. 그러나 그는 다음 해에 일어난 **4·19 혁명으로 하야**했습니다. 그가 대통령으로 재임하던 시기에 있었던 사실을 말해 볼까요?

이승만은 수많은 학생과 시민들이 시위에 나서서 퇴진을 요구하자 1960년 4월 26일, 대통령직 사임과 정·부통령 선거 재실시 등을 담고 있는 성명을 발표하고 대통령직에서 물러났어요.

정답 잡는 키워드

❶ 4·19 혁명으로 하야 → 이승만

4·19 혁명으로 하야하였다는 내용을 통해 자료에서 설명하는 대통령이 이승만임을 알 수 있어요. 이승만은 제헌 국회에서 제정한 헌법에 따라 대한민국 초대 대통령으로 선출되었어요. 이후 두 차례의 개헌을 통해 집권을 연장한 이승만 정부는 정권 유지를 위해 1960년에 있었던 제4대 대통령 및 제5대 부통령 선거에서는 부정행위를 저질렀어요(3·15 부정 선거). 이에 학생과 시민들이 저항하여 4·19 혁명이 일어나 이승만이 대통령직에서 하야하고 자유당 정권은 무너졌어요.

① 경부 고속 도로가 개통되었어요.
➡ 박정희 정부 시기인 1970년에 경부 고속 도로가 개통되었어요.

② 한·미 상호 방위 조약이 체결되었어요.
➡ 이승만 정부 시기인 1953년 10월에 한·미 상호 방위 조약이 체결되었어요.

③ 진보당의 당수였던 조봉암이 처형되었어요.
➡ 이승만 정부 시기인 1959년에 간첩 혐의가 씌워진 진보당의 당수 조봉암이 처형되었어요.

④ 반민족 행위 특별 조사 위원회가 해체되었어요.
➡ 제헌 국회 직속으로 설치된 반민족 행위 특별 조사 위원회가 정부의 비협조와 방해로 그 역할을 다하지 못한 채 이승만 정부 시기인 1949년 10월에 해체되었어요.

⑤ 유상 매수, 유상 분배 원칙의 농지 개혁법이 제정되었어요.
➡ 이승만 정부 시기인 1949년에 제헌 국회가 유상 매수, 유상 분배 원칙의 농지 개혁법을 제정하였어요.

밑줄 그은 '당시 헌법'이 시행된 시기에 볼 수 있는 모습으로 가장 적절한 것은?   [2점]

자료는 당시 헌법의 유지 여부를 묻는 국민 투표를 앞두고 찬성을 독려하는 홍보문의 일부이다. 이 투표의 실시 결과 당시 헌법을 유지하는 것으로 결정되었다. 3개월 뒤 이 헌법을 부정, 반대하는 주장이나 보도를 일체 금지하고 위반자는 영장 없이 체포한다는 내용을 핵심으로 한 대통령 긴급 조치 제9호가 선포되었다.

└ 유신 헌법에 따라 대통령은 국민의 기본권을 포괄적으로 제한할 수 있는 긴급 조치권을 행사할 수 있었어요.

정답 잡는 키워드

❶ 대통령 긴급 조치 제9호 선포 → 유신 헌법

대통령 긴급 조치 제9호가 선포되었다는 내용을 통해 밑줄 그은 '당시 헌법'이 유신 헌법임을 알 수 있어요. 1969년에 편법을 동원하여 3선 개헌을 통과시킨 박정희는 1971년에 치러진 제7대 대통령 선거에서 야당의 김대중 후보를 힘겹게 누르고 3선에 성공하였어요. 이후 1972년에 안보와 통일 등을 내세워 10월 유신을 단행하고 유신 헌법을 제정하였어요. 유신 헌법은 대통령의 중임 제한 규정을 두지 않아 사실상 박정희의 영구 집권을 가능하게 만들었고, 대통령에게 국회 의원 3분의 1 추천권, 긴급 조치권 등의 막강한 권한을 부여하였어요. 유신 헌법은 1980년 10월 제8차 개헌이 단행될 때까지 적용되었습니다.

① 국민 방위군에 소집되는 청년
➡ 1950년 이승만 정부 시기에 국민 방위군 설치법이 공포되었어요. 6·25 전쟁 당시 중국군의 개입으로 전세가 불리해지자 이를 타개하기 위해 17세에서 40세 미만의 장정이 국민 방위군으로 소집되었으나, 1951년에 일어난 국민 방위군 사건으로 해체되었어요.

② 개성 공단 착공식에 참석하는 기업인
➡ 김대중 정부 시기에 6·15 남북 공동 선언에 따라 남북한 교류 협력의 하나로 개성 공업 지구 건설에 대한 남북 합의가 이루어졌고, 노무현 정부 시기인 2003년부터 개성 공업 지구 건설 공사가 시작되었어요.

③ 미·소 공동 위원회의 재개를 요구하는 시민
➡ 대한민국 정부 수립 이전인 1946년과 1947년, 두 차례에 걸쳐 미·소 공동 위원회가 개최되었으나 임시 민주 정부 구성에 참여할 단체를 두고 일어난 미국과 소련 간의 의견 대립으로 성과를 거두지 못하였어요.

④ 남북 기본 합의서 채택 소식을 보도하는 기자
➡ 노태우 정부는 1991년에 남북 사이의 화해와 불가침 및 교류·협력에 관한 합의서인 남북 기본 합의서를 채택하였어요.

⑤ 통일 주체 국민 회의 대의원 명단을 점검하는 공무원
➡ 1972년에 공포된 유신 헌법에 따라 설치된 통일 주체 국민 회의에서 대통령이 선출되었어요. 통일 주체 국민 회의는 제8차 개헌으로 폐지되었어요.

(가) 민주화 운동에 대한 설명으로 적절한 것은?   [2점]

그때 고등학생이었던 저는 호헌 철폐가 무슨 뜻인지 잘 몰랐어요. 다만 1980년 5월의 경험과 전두환이라는 인물을 통해 당시 우리나라가 독재 국가라고 인식하고 있었습니다. 그래서 시위에 참여했어요.

당시 민주 헌법 쟁취 국민운동 본부가 지정했던 국민 평화 대행진 구호가 '동장에서 대통령까지 내 손으로'였어요. 이 구호가 담긴 현수막을 만들면 감옥에 갈 수도 있었지만, 스프레이와 천을 사다가 밤에 건물 옥상에서 이 글귀를 현수막에다가 적었어요.

참여자의 구술로 살펴보는 지역별 (가)

전라도 / 경상도 / 수도권 / 강원도 / 충청도

└ '호헌'이란 '헌법을 보호하여 지킨다'는 뜻이에요. 전두환 정부가 대통령 간선제인 현행 헌법을 유지하겠다는 4·13 호헌 조치를 발표하자 '호헌 철폐'를 외치는 시위가 확산되었어요.

정답 잡는 키워드

❶ 호헌 철폐, ❷ 민주 헌법 쟁취 국민운동 본부 → 6월 민주 항쟁

'호헌 철폐'와 민주 헌법 쟁취 국민운동 본부가 활동하였다는 내용을 통해 (가) 민주화 운동이 6월 민주 항쟁임을 알 수 있어요. 전두환 정부는 시민들의 직선제 개헌 요구를 무시하고 기존 헌법에 따라 선거를 치르겠다는 4·13 호헌 조치를 발표하였어요. 이러한 상황에서 박종철 고문치사 사건에 대한 진실이 폭로되어 폭압적인 정부를 규탄하는 시위가 확산되었어요. 이때 시위에 참가한 대학생 이한열이 경찰이 쏜 최루탄에 피격되는 사건이 일어났어요. 이를 계기로 수많은 시민이 민주 헌법 쟁취 국민운동 본부가 개최한 6·10 국민 대회에 참여하여 '호헌 철폐', '독재 타도' 등을 외치며 시위를 벌였어요.

① 굴욕적인 한·일 국교 정상화에 반대하였다.
➡ 박정희 정부의 굴욕적인 한·일 국교 정상화에 반대하여 6·3 시위가 일어났어요.

②5년 단임의 대통령 직선제 개헌을 이끌어 냈다.
➡ 6월 민주 항쟁의 결과 5년 단임의 대통령 직선제 개헌이 이루어졌어요.

③ 시위 과정에서 시민군이 자발적으로 조직되었다.
➡ 5·18 민주화 운동 과정에서 광주의 학생과 시민들은 계엄군의 발포 등 무력 진압에 대항하여 자발적으로 시민군을 조직하였어요.

④ 3선 개헌 반대 범국민 투쟁 위원회를 결성하였다.
➡ 박정희 정부가 대통령 3회 연임을 허용하는 개헌을 추진하자 3선 개헌 반대 범국민 투쟁 위원회가 결성되어 3선 개헌 반대 운동을 주도하였어요.

⑤ 대통령 중심제에서 의원 내각제로 바뀌는 계기가 되었다.
➡ 4·19 혁명을 통해 이승만 정부가 무너지고 허정 과도 정부가 수립되어 의원 내각제와 양원제 국회 구성을 골자로 한 개헌이 이루어졌어요.

기출 선택지 +α

❻ 시위 도중 대학생 이한열이 희생되었다.   (O / X)
❼ 야당 총재의 국회 의원직 제명으로 촉발되었다.   (O / X)
❽ 신군부의 비상계엄 확대와 무력 진압에 저항하였다.   (O / X)
❾ 대통령이 하야하여 미국으로 망명하는 결과를 가져왔다.   (O / X)

기출 선택지 +α

정답 ❻ ○ ❼ ×[부·마 민주 항쟁] ❽ ×[5·18 민주화 운동] ❾ ×[4·19 혁명]

[47~48] 다음을 읽고 물음에 답하시오.

(가) ⊙ 왕은 5월에 교서를 내려 ❶문무 관료들에게 토지를 차등 있게 주었다. ⋯⋯ 봄 정월에 중앙과 지방 관리들의 ❷녹읍을 폐지하고 해마다 조를 차등 있게 주고 이를 일정한 법으로 삼았다.

(나) ❸처음으로 직관(職官)·산관(散官)의 각 품의 전시과를 제정하였는데, 관품의 높고 낮은 것은 논하지 않고 다만 인품만 가지고 전시과의 등급을 결정하였다. 고려 경종 때 처음으로 마련된 시정 전시과는 관등과 인품을 기준으로 전·현직 관리에게 수조권을 지급한 제도였어요.

(다) 도평의사사에서 글을 올려 과전을 지급하는 법을 정할 것을 청하니, 그 의견을 따랐다. ❹경기는 사방의 근본이므로 마땅히 과전을 설치하여 사대부를 우대하여야 한다. 무릇 수도에 거주하며 왕실을 지키는 자는 ❺현직, 산직(散職)을 불문하고 각각 과(科)에 따라 받게 한다. 과전법에서는 관리에게 지급하는 수조지, 즉 지급 대상 토지를 원칙적으로 경기 지역에 한정하였어요.

(라) 만약 그 자신이 죽고 그 아내에게 미치게 되면 ❻수신전이라 일컬었고, 부부가 다 죽고 그 아들에게 전해지면 ❼휼양전이라 일컬었으며, 만약 그 아들이 관직에 제수되더라도 그대로 그 전지를 주고는 과전이라 일컬었는데, ⋯⋯ ⓛ 왕께서 ❽이를 없애고, 현직 관리에게 주어 직전(職田)이라 하였던 것입니다.

47 역사 속 토지 제도의 변화   정답 ①

(가)~(라)를 일어난 순서대로 옳게 나열한 것은?   [3점]

정답 잡는 키워드

❶ 문무 관료들에게 토지를 줌, ❷ 녹읍 폐지
→ (가) 신라 신문왕 시기 토지 개혁

❸ 처음으로 전시과 제정 → (나) 시정 전시과(고려 경종)

❹, ❺ 경기에 과전을 설치하여 현직, 산직의 과에 따라 토지 지급
→ (다) 과전법(고려 말 공양왕)

❻, ❼, ❽ 수신전과 휼양전을 없애고 현직 관리에게 토지 지급
→ (라) 직전법(조선 세조)

(가) 신라 신문왕은 조세만 거둘 수 있는 관료전을 지급하고 조세를 거두고 백성의 노동력까지 징발할 수 있는 녹읍을 폐지하여 귀족 세력의 경제 기반을 약화하였어요.

(나) 고려 경종은 관리에게 관직 복무에 대한 대가로 전지와 시지를 지급하는 전시과 제도를 처음 마련하였어요(시정 전시과).

(다) 위화도 회군으로 정권을 장악한 이성계와 신진 사대부는 과전법을 마련하여 토지 개혁을 추진하였어요. 과전법은 관직 복무에 대한 대가로 전·현직 관리에게 수조지를 지급하는 제도로, 고려 말 공양왕 때 제정되어 조선 초기까지 시행되었어요.

(라) 조선 세조는 수신전, 휼양전 등의 명목으로 토지가 세습되어 신진 관리에게 지급할 과전이 부족해지자 직전법을 제정하여 현직 관리에게만 수조권을 지급하였어요.

①(가) - (나) - (다) - (라)
➡ (가) 관료전 지급, 녹읍 폐지(신라 신문왕) → (나) 시정 전시과(고려 경종) → (다) 과전법(고려 말 공양왕) → (라) 직전법(조선 세조)

② (가) - (나) - (라) - (다)

③ (나) - (가) - (라) - (다)

④ (나) - (다) - (가) - (라)

⑤ (다) - (라) - (나) - (가)

48 신라 신문왕과 조선 세조의 정책   정답 ③

⊙, ⓛ 왕에 대한 설명으로 옳은 것을 〈보기〉에서 고른 것은? [2점]

ㄱ. ⊙ - 병부를 처음으로 설치하였다.
➡ 신라 법흥왕은 군사와 관련된 업무를 담당하는 병부를 처음으로 설치하였어요.

ㄴ. ⊙ - 전국에 9주 5소경을 설치하였다.
➡ 신라 신문왕은 전국에 9주 5소경을 설치하여 지방 행정 제도를 정비하였어요.

ㄷ. ⓛ - 6조 직계제를 시행하였다.
➡ 조선 세조는 계유정난을 통해 즉위한 이후 왕권 강화를 위해 6조 직계제를 시행하였어요.

ㄹ. ⓛ - 초계문신제를 실시하였다.
➡ 조선 정조는 젊은 문신 중에서 재능 있는 자를 선발하여 규장각에 소속시켜 재교육하는 초계문신제를 실시하였어요.

① ㄱ, ㄴ   ② ㄱ, ㄷ   ③ ㄴ, ㄷ
④ ㄴ, ㄹ   ⑤ ㄷ, ㄹ

기출 선택지 +α

ㅁ. ⊙ - 화랑도를 국가 조직으로 개편하였다.   (O / X)

ㅂ. ⊙ - 유학 교육을 위하여 국학을 설립하였다.   (O / X)

ㅅ. ⓛ - 동국문헌비고를 편찬하여 역대 문물을 정리하였다.   (O / X)

ㅇ. ⓛ - 길주를 근거지로 일어난 이시애의 난을 진압하였다.   (O / X)

기출 선택지 +α 정답 ㅁ. X[신라 진흥왕] ㅂ. O ㅅ. X[조선 영조] ㅇ. O

49 전두환 정부 시기의 사실

정답 ②

다음 뉴스가 보도된 정부 시기의 사실로 옳은 것은? [2점]

> 문교부가 중고등학생의 **①교복과 두발을 자율화**하겠다고 발표한 데 이어, 오늘부터 **②야간 통행금지 해제**가 본격 적용되었습니다. 시민들은 새벽 거리를 활보하며 37년 만에 되찾은 24시간의 자유를 만끽하게 되었습니다.

└ 야간 통행금지 제도는 광복 직후 미군정 시기에 시작되어 1982년 전두환 정부 때 폐지되었어요.

정답 잡는 키워드

① 교복과 두발의 자율화, ② 야간 통행금지 해제 → 전두환 정부

교복과 두발을 자율화하고, 야간 통행금지 해제가 본격 적용되었다는 내용을 통해 전두환 정부 시기에 보도된 뉴스임을 알 수 있어요. 전두환 정부는 민주화 운동과 노동 운동을 탄압하고 언론 통제를 강화하는 등 강압적인 정책을 폈어요. 한편으로는 중고등학생의 교복과 두발 자율화, 야간 통행금지 해제, 해외여행 자유화, 프로 야구단과 프로 축구단 창단과 같은 유화 정책을 추진하여 국민의 불신과 불만을 무마하려고 하였어요.

① 서울 올림픽 대회가 개최되었다.
➡ 노태우 정부 시기인 1988년에 서울 올림픽 대회가 개최되었어요.

②보도 지침으로 언론이 통제되었다.
➡ 전두환 정부는 언론 통제를 위해 거의 매일 각 언론사에 기사 보도를 제한하는 보도 지침을 내려보냈어요.

③ 삼풍 백화점 붕괴 사고가 일어났다.
➡ 김영삼 정부 시기에 삼풍 백화점 붕괴 사고가 일어나 많은 인명 피해가 발생하였어요.

④ 양성평등의 실현을 위해 호주제가 폐지되었다.
➡ 노무현 정부 시기에 양성평등의 실현과 평등한 가족 관계 형성을 위해 호주제가 폐지되었어요.

⑤ 사회 통합을 위한 다문화 가족 지원법이 시행되었다.
➡ 이명박 정부 시기에 다문화 가족의 삶의 질 향상과 사회 통합을 위한 다문화 가족 지원법이 시행되었어요.

기출 선택지 +α

⑥ 최저 임금법이 제정되었다.	(O / X)
⑦ 프로 야구가 6개 구단으로 출범하였다.	(O / X)
⑧ 군 내부의 사조직인 하나회가 해체되었다.	(O / X)

기출 선택지 +α 정답 ⑥○ ⑦○ ⑧ ×[김영삼 정부]

---

50 창녕의 역사

정답 ③

(가) 지역을 지도에서 옳게 찾은 것은? [1점]

(가) 의 명소 [구독]

천연 보호 구역 우포늪이 있는 (가) 의 자연과 역사를 소개하는 채널입니다.

홈 | 동영상 | 재생목록 | 커뮤니티 | 채널 | 정보 >

업로드한 동영상 ∨ 정렬 기준

화왕산성 아래 교동과 송현동 고분군
조회수 1,209회

만옥정 공원에서 둘러본 신라 진흥왕 척경비
조회수 212회

술정리에서 바라본 동 삼층 석탑
조회수 721회

정답 잡는 키워드

① 신라 진흥왕 척경비 → 경상남도 창녕

'신라 진흥왕 척경비'를 통해 (가) 지역이 경상남도 창녕임을 알 수 있어요. 창녕에는 인위적인 훼손이 거의 없어 멸종 위기종을 포함한 다양한 생물들이 서식하고 있는 국내 최대 규모의 천연 늪인 우포늪이 있어요. 또한, 삼국 시대 무덤군인 교동과 송현동 고분군, 통일 신라의 전형적인 석조 불탑인 술정리 동 3층 석탑 등이 남아 있어요.

① ㉠
➡ 충주에는 고구려 장수왕이 영토 확장을 기념하여 세운 충주 고구려비가 있어요. 고려 시대에는 몽골의 침략에 대항하여 김윤후가 충주성 관민과 함께 몽골군을 격퇴하였어요.

② ㉡
➡ 안동에서는 후백제와 고려 간의 고창 전투가 일어났으며, 고려 시대에 홍건적의 침입을 피해 공민왕이 이곳으로 피란하였어요.

③㉢
➡ 창녕에는 신라 진흥왕이 가야 지역으로 영토를 확장하고 세운 신라 진흥왕 척경비가 남아 있어요. 진흥왕은 영토 확장을 기념하여 단양 신라 적성비와 4개의 순수비(북한산 순수비, 창녕 척경비, 황초령 순수비, 마운령 순수비)를 세웠어요.

④ ㉣
➡ 전주는 견훤이 도읍으로 삼아 후백제를 건국한 곳이에요. 조선을 세운 태조의 어진을 모신 경기전이 이곳에 건립되었으며, 동학 농민 운동 당시 농민군과 정부가 이곳에서 화약을 체결하였어요.

⑤ ㉤
➡ 강화도에서는 병인양요와 신미양요가 일어났으며, 운요호 사건을 계기로 강화도 조약이 체결되었어요.

심화

2024년 8월 10일(토) 시행

제71회

해설 강의 바로 보기

시대별 출제 비중

전근대 29문항

선사 2문항
구석기 시대의 생활 모습, 부여

고대 9문항
금관가야, 원광의 활동, 백제의 성장과 발전,
신라 지증왕, 경주 불국사 3층 석탑,
고구려 멸망 이후의 사실, 발해 무왕 시기의 사실,
궁예의 활동, 공주의 역사

고려 8문항
고려의 경제, 고려 전기의 사실, 고려의 관학 진흥책,
무신 집권기의 사실, 고려의 대몽 항쟁,
고려의 국가유산, 이제현의 활동, 안동의 역사

조선 10문항
태조 재위 시기의 사실, 비변사, 을사사화,
조선 후기의 대외 관계, 조선 후기의 경제,
숙종 재위 시기의 사실, 김정희의 활동,
조선 후기의 사회 모습, 세도 정치 시기의 사실, 처용무

근현대 21문항

개항기 8문항
신미양요 이후의 사실,
조·일 수호 조규 부록과 조·영 수호 통상 조약,
을미개혁, 통리기무아문, 대한매일신보,
독립 협회의 활동, 화폐 정리 사업,
안중근의 활동

일제 강점기 8문항
연해주 지역의 민족 운동,
1910년대의 사회 모습, .
회사령 폐지와 농촌 진흥 운동 사이의 사실,
민립 대학 설립 운동, 원산 총파업 이후의 사실,
일제 강점기 사회 및 문화의 변화, 한국 광복군,
1930년대 후반 이후의 사실

현대 5문항
6·25 전쟁, 5·10 총선거, 노태우 정부 시기의 사실,
부·마 민주 항쟁, 김대중 정부의 통일 노력

분류별 출제 비중 고대~조선

정치	경제	사회	문화
14문항	2문항	1문항	10문항

난이도별 출제 비중

	문항 수
상	5 문항
중	33 문항
하	12 문항

(0 5 10 15 20 25 30 35)

큰별쌤의 한 줄 평

까다로운 자료가 나오고
신중한 자료 해석이 필요한
약간 어려운 시험

1 구석기 시대의 생활 모습   정답 ①

(가) 시대의 생활 모습으로 옳은 것은?   [1점]

[체험 프로그램 기획안]

(가) 시대로 떠나는 시간 여행

■ 기획 의도   구석기 시대 사람들은 돌을 떼어 내거나 깨뜨려 만든 뗀석기를 처음 사용하였어요.

❶ 뗀석기를 처음 사용한 (가) 시대 사람들의 생활을 다양한 활동을 통해 체험할 수 있는 기회를 마련하고자 함.

■ 체험 프로그램 예시

주먹도끼는 구석기 시대의 대표적인 뗀석기로 찍고, 자르고, 동물의 가죽을 벗기는 등 다양한 용도로 썼어요.

❷[주먹도끼로 고기 자르기]   [마찰식 점화법으로 불 피우기]

■ 장소 : ❸연천 전곡리 유적 체험 마당

정답 잡는 키워드

❶ 뗀석기를 처음 사용, ❷ 주먹도끼, ❸ 연천 전곡리 유적
→ 구석기 시대

뗀석기를 처음 사용하였다는 내용과 '주먹도끼', '연천 전곡리 유적' 등을 통해 (가) 시대가 구석기 시대임을 알 수 있어요. 구석기 시대 사람들은 주먹도끼, 찍개 등의 뗀석기를 만들어 사용하였으며, 사냥과 채집 등을 통해 식량을 구하였어요. 연천 전곡리 유적은 공주 석장리 유적, 단양 수양개 유적과 함께 우리나라의 대표적인 구석기 시대 유적입니다.

① 주로 동굴이나 바위 그늘에서 살았다.
➡ 구석기 시대 사람들은 식량을 찾아 이동 생활을 하면서 주로 동굴이나 바위 그늘, 강가의 막집에서 살았어요.

② 청동 방울 등을 의례 도구로 사용하였다.
➡ 청동기 시대에 청동 방울, 비파형 동검, 거친무늬 거울 등 청동기가 만들어졌어요. 청동은 주로 지배자의 무기나 장신구 또는 의례 도구를 만드는 데 사용되었어요.

③ 따비와 괭이로 땅을 갈아 농사를 지었다.
➡ 신석기 시대부터 농경이 시작되었어요. 따비와 괭이는 땅을 갈 때 사용하던 농기구입니다.

④ 거푸집을 이용하여 세형 동검을 제작하였다.
➡ 초기 철기 시대에 거푸집을 이용하여 세형 동검을 제작하였어요. 세형 동검은 한반도 지역에서 발견되어 한국식 동검이라고도 불립니다.

⑤ 빗살무늬 토기를 만들어 식량을 저장하였다.
➡ 신석기 시대 사람들은 빗살무늬 토기를 만들어 음식을 조리하거나 식량을 저장하는 데 사용하였어요.

기출 선택지 +α

❻ 반량전, 명도전 등의 화폐를 사용하였다.   (O / X)
❼ 지배층의 무덤으로 고인돌을 축조하였다.   (O / X)
❽ 실을 뽑기 위해 가락바퀴를 처음 사용하였다.   (O / X)
❾ 주로 동굴이나 강가에 막집을 짓고 거주하였다.   (O / X)

기출 선택지 +α 정답 ❻ ✕[철기 시대] ❼ ✕[청동기 시대] ❽ ✕[신석기 시대] ❾ ○

---

2 부여   정답 ④

다음 검색창에 들어갈 나라에 대한 설명으로 옳은 것은?   [2점]

사료로 보는 **한국사**   [▼] 검색

검색 결과 | ○○○건

부여에는 남의 물건을 훔치면 훔친 물건의 12배로 갚게 하는 1책 12법이 있었어요.

1. 위치
장성의 북쪽에 있는데 현도군에서 천 리 떨어져 있다. 남쪽은 고구려와, 동쪽은 읍루와, 서쪽은 선비와 접하고 있고, 북쪽에는 약수가 있다.

2. 형벌
형벌은 엄하고 각박하여 사람을 죽인 자는 사형에 처하고 그 집안사람은 적몰(籍沒)하여 노비로 삼았다. 도둑질을 하면 [도둑질한 물건의] 12배를 변상케 했다.

3. 풍습
전쟁을 하게 되면 그때도 하늘에 제사를 지내고, 소를 잡아서 그 발굽을 보아 길흉을 점치는데, 발굽이 갈라지면 흉하고 발굽이 붙으면 길하다고 생각한다.

부여에는 전쟁 시 소를 잡아 그 발굽 모양으로 길흉을 점치는 우제점법이라는 풍습이 있었어요.

정답 잡는 키워드

❶ 남쪽은 고구려와 접해 있음, ❷ 도둑질을 하면 12배를 변상케 함,
❸ 소를 잡아서 그 발굽으로 길흉을 점침 → 부여

남쪽은 고구려와 접해 있으며, 1책 12법과 우제점법의 풍습이 있었다는 내용을 통해 검색창에 들어갈 나라가 부여임을 알 수 있어요. 만주 쑹화강 유역에서 성장한 부여는 철기 문화를 배경으로 등장한 여러 나라 가운데 가장 북쪽에 위치하였으며, 남쪽으로는 고구려와 접해 있었어요. 부여에는 지배자나 높은 계급의 사람이 죽으면 순장을 하는 풍습이 있었으며, 형이 죽으면 동생이 형수를 아내로 삼는 형사취수제의 풍습도 있었어요.

① 신성 지역인 소도가 있었다.
➡ 삼한에는 신성 지역인 소도가 있었어요. 제사장인 천군이 소도에서 제사를 주관하였는데, 이곳에는 정치적 지배자의 영향력이 미치지 못하였어요.

② 혼인 풍습으로 민며느리제가 있었다.
➡ 옥저에는 남자 집에서 혼인을 약속한 여자아이를 데리고 와 키운 뒤 성인이 되면 남자가 여자 집에 예물을 주고 정식으로 혼인하는 민며느리제라는 혼인 풍습이 있었어요.

③ 읍락 간의 경계를 중시하는 책화가 있었다.
➡ 동예에는 읍락 간의 경계를 중시하여 이를 침범하면 노비나 가축 등으로 변상하게 하는 책화가 있었어요.

④ 여러 가(加)들이 각각 사출도를 주관하였다.
➡ 부여에서는 왕이 중앙을 다스리고 마가, 우가, 저가, 구가 등의 여러 가(加)들이 각각 사출도를 다스렸어요.

⑤ 사회 질서를 유지하기 위해 범금 8조를 만들었다.
➡ 고조선은 사회 질서를 유지하기 위해 범금 8조를 만들었어요. 현재 3개 조항이 전해져 당시의 사회 모습을 짐작할 수 있게 해줍니다.

기출 선택지 +α

❻ 영고라는 제천 행사를 열었다.   (O / X)
❼ 정사암에 모여 재상을 선출하였다.   (O / X)
❽ 신지, 읍차라고 불린 지배자가 있었다.   (O / X)
❾ 왕 아래 상가, 대로, 패자 등의 관직이 있었다.   (O / X)
❿ 특산물로 단궁, 과하마, 반어피가 유명하였다.   (O / X)

기출 선택지 +α 정답 ❻ ○ ❼ ✕[백제] ❽ ✕[삼한] ❾ ✕[고구려] ❿ ✕[동예]

3 금관가야
정답 ①

(가) 나라에 대한 설명으로 옳은 것은? [1점]

특별 기획   큐레이터와의 대화

유물을 통해 본 (가) 의 대외 교류

우리 박물관에서는 ❶수로왕이 건국했다고 전해지는 (가) 의 유물을 큐레이터가 직접 설명하는 행사를 마련하였습니다. 이번 행사를 통해 (가) 의 활발했던 대외 교류에 대해서 알아보는 뜻깊은 시간을 가져 보시기 바랍니다.

"삼국유사"에는 알에서 나온 김수로가 금관가야를 건국하였다는 이야기가 전해집니다.

■ 주요 해설 유물

중국과 교류를 보여 주는 금동허리띠	왜와 교류를 보여 주는 바람개비모양 동기	북방과 교류를 보여 주는 청동솥

■ 기간 : 2024년 ○○월 ○○일 ~ ○○월 ○○일
■ 장소 : △△ 박물관

정답 잡는 키워드

❶ 수로왕이 건국 → 금관가야

수로왕이 건국하였다는 내용을 통해 (가) 나라가 금관가야임을 알 수 있어요. 금관가야는 지금의 김해 지역을 중심으로 발전하였어요. 철이 풍부하게 생산되어 낙랑과 왜에 철을 수출하였으며, 해상 활동에 유리한 입지 조건을 바탕으로 낙랑과 왜를 연결하는 중계 무역으로 번성하였어요. 금관가야는 전기 가야 연맹을 주도하였으나, 400년에 고구려 광개토 태왕이 신라에 침입한 왜를 격퇴하는 과정에서 고구려군의 공격을 받아 쇠퇴하였어요. 이후 가야 연맹은 고령 지역의 대가야가 주도하였어요.

① 법흥왕 때 신라에 복속되었다.
➡ 금관가야는 법흥왕 때인 532년에 신라에 복속되었어요.

② 서옥제라는 혼인 풍습이 있었다.
➡ 고구려에는 혼인 후 신랑이 신부의 집 뒤편에 서옥이라는 집을 짓고 살다가 자식이 장성하면 가족과 함께 자신의 집으로 돌아가는 서옥제라는 혼인 풍습이 있었어요.

③ 6좌평이 중요한 국사를 논의하였다.
➡ 백제는 내신 좌평, 위사 좌평 등 6좌평의 관제를 정비하였는데 이들이 국가의 중대사를 논의하였어요.

④ 만장일치제로 운영된 화백 회의가 있었다.
➡ 신라에는 귀족들이 모여 만장일치로 중요한 정책을 결정하는 화백 회의가 있었어요.

⑤ 지방에 22담로를 두어 왕족을 파견하였다.
➡ 백제의 무령왕은 지방 통제를 강화하기 위해 22담로에 왕족을 파견하였어요.

기출 선택지 +α

❻ 덩이쇠를 화폐처럼 사용하였다.   (O / X)
❼ 집사부를 비롯한 14부를 두었다.   (O / X)
❽ 빈민을 구제하기 위해 진대법을 시행하였다.   (O / X)
❾ 철이 많이 생산되어 낙랑과 왜 등에 수출하였다.   (O / X)
❿ 왕족인 부여씨와 8성의 귀족이 지배층을 이루었다.   (O / X)

기출 선택지 +α 정답 ❻○ ❼×[신라] ❽×[고구려] ❾○ ❿×[백제]

---

4 원광의 활동
정답 ④

(가) 인물에 대한 설명으로 옳은 것은? [3점]

왕이 고구려가 자주 국경을 침략하는 것을 걱정하여 ❷수에 군사를 요청하여 고구려를 치고자 하였다. 이에 (가) 에게 명하여 ❷걸사 표를 짓도록 하였다. (가) 이/가 말하기를, "자기가 살고자 남을 멸하는 것은 ❸출가한 승려로서 적합한 행동은 아니지만, 제가 대왕의 땅에서 살고 대왕의 물과 풀을 먹고 있으니 어찌 감히 명을 따르지 않겠습니까."라고 하면서 글을 써서 올렸다.

신라 진평왕은 원광에게 걸사표를 짓게 하여 수에 보냈는데, 이는 612년 수 양제의 고구려 공격에 영향을 주었어요.

정답 잡는 키워드

❶, ❷, ❸ 왕이 승려에게 수에 군사를 요청하는 걸사표를 짓도록 명함
→ 원광

왕이 출가한 승려에게 수에 군사를 요청하는 걸사표를 짓도록 명하였다는 내용을 통해 (가) 인물이 신라의 승려 원광임을 알 수 있어요. 신라 진평왕은 고구려가 여러 차례 영토를 침범해 오자 수에 군사를 요청하여 고구려를 공격하고자 원광에게 걸사표를 짓게 하였어요. 원광은 승려로서 남을 멸하는 것은 적합한 행동이 아니지만 왕의 백성으로 살고 있으므로 명을 따르겠다면서 걸사표를 지어 올렸어요.

① 구법 순례기인 왕오천축국전을 남겼다.
➡ 혜초는 인도와 중앙아시아 지역을 다녀온 후 구법 순례기인 "왕오천축국전"을 남겼어요.

② 황룡사 구층 목탑의 건립을 건의하였다.
➡ 자장은 선덕 여왕에게 황룡사 9층 목탑의 건립을 건의하였어요.

③ 무애가를 지어 불교 대중화에 기여하였다.
➡ 원효는 대중이 쉽게 불교를 받아들일 수 있도록 무애가를 지어 불교 대중화에 기여하였어요.

④ 사군이충 등을 포함한 세속 5계를 제시하였다.
➡ 원광은 화랑도가 지켜야 할 규범으로 사군이충, 사친이효, 교우이신, 임전무퇴, 살생유택의 세속 5계를 제시하였어요.

⑤ 풍수지리 사상이 반영된 송악명당기를 저술하였다.
➡ 도선은 풍수지리 사상을 반영하여 송악, 즉 지금의 개성을 명당으로 제시한 도참서인 "송악명당기"를 저술하였어요.

기출 선택지 +α

❻ 향가 모음집인 삼대목을 편찬하였다.   (O / X)
❼ 유식의 교의를 담은 해심밀경소를 저술하였다.   (O / X)
❽ 화엄일승법계도를 지어 화엄 사상을 정리하였다.   (O / X)
❾ 종파 간의 사상적 대립을 해소하기 위해 십문화쟁론을 지었다. (O / X)

기출 선택지 +α 정답 ❻×[위홍, 대구화상] ❼×[원측] ❽×[의상] ❾×[원효]

5 백제의 성장과 발전　　　　　　　　정답 ⑤

(가)~(다) 학생이 발표한 내용을 일어난 순서대로 옳게 나열한 것은?　　　[2점]

[한국사 주제 발표]

백제의 성장과 발전

① 도읍을 사비로 옮기고, ② 국호를 남부여라고 하였어요.

③ 동진에서 온 마라난타를 통해 불교를 수용하였어요.

④ 고구려의 평양성을 공격하고 황해도 일부 지역을 차지하였어요.

(가)　　(나)　　(다)

정답 잡는 키워드

❶ 도읍을 사비로 옮김, ❷ 국호를 '남부여'라고 함 → (가) 성왕(538)

❸ 동진에서 온 마라난타를 통해 불교 수용 → (나) 침류왕(384)

❹ 고구려의 평양성을 공격함 → (다) 근초고왕(371)

(가) 성왕은 538년에 백제의 중흥을 도모하기 위해 웅진에서 사비로 도읍을 옮기고, 부여 계승 의식을 내세우며 국호를 '남부여'로 바꾸었어요.

(나) 침류왕은 384년에 중국 동진에서 온 승려 마라난타를 통해 불교를 수용하여 사상적 통합을 꾀하였어요.

(다) 근초고왕은 371년에 고구려의 평양성을 공격하여 고국원왕을 전사시켰어요.

① (가) - (나) - (다)

② (가) - (다) - (나)

③ (나) - (가) - (다)

④ (나) - (다) - (가)

⑤ (다) - (나) - (가)

➡ (다) 근초고왕의 고구려 평양성 공격(371) → (나) 침류왕의 불교 수용(384) → (가) 성왕의 사비 천도 및 국호 '남부여' 변경(538)

핵심 개념　백제 주요 왕 재위 시기의 사실

근초고왕	고구려 평양성 공격(황해도 일대 차지, 고국원왕 전사), 고흥에게 "서기"를 편찬하게 함
침류왕	중국 동진에서 온 마라난타를 통해 불교 수용
비유왕	고구려 장수왕의 남진 정책에 대항하여 신라와 동맹 결성(나·제 동맹)
개로왕	북위에 사신을 보내 고구려 협공을 요청, 고구려 장수왕의 공격으로 한성을 빼앗기고 전사
문주왕	웅진(공주)으로 천도
동성왕	신라와 결혼 동맹 결성(→ 나·제 동맹 강화)
무령왕	전국 22담로에 왕족 파견, 중국 남조의 양과 교류
성왕	사비(부여)로 천도, 국호를 '남부여'로 개칭, 신라 진흥왕과 연합하여 한강 하류 지역 회복(→ 신라에 빼앗김), 관산성 전투에서 전사
무왕	금마저(익산)에 미륵사 창건
의자왕	대야성 등 신라의 40여 성 함락, 계백의 결사대를 보내 신라군에 맞서 싸움(황산벌 전투), 나·당 연합군의 공격으로 백제 멸망(660)

6 신라 지증왕　　　　　　　　정답 ③

밑줄 그은 '왕'에 대한 설명으로 옳은 것은?　　　[2점]

여러 신하들이 ❶국호를 신라로 확정하고 ❷임금의 호칭을 신라 국왕으로 하자고 건의하니, 왕께서 이를 따르셨다고 하네.

신라에서 임금의 호칭은 거서간, 차차웅, 이사금, 마립간을 거쳐 지증왕 때부터 '왕'이라고 부르기 시작하였어요.

순장은 왕이나 지배층이 죽었을 때 신하나 노비 등을 함께 묻는 장례 풍습이에요. 지증왕은 순장을 금지함으로써 노동력을 확보하고자 하였어요.

나도 들었네. 작년에는 ❸순장을 금지한다는 명을 내리셨지. 앞으로 우리나라의 발전이 기대되는구먼.

정답 잡는 키워드

❶ 국호를 '신라'로 확정, ❷ 임금의 호칭을 신라 국왕으로 함, ❸ 순장 금지 → 지증왕

국호를 '신라'로 확정하고 임금의 호칭을 신라 국왕으로 하였으며, 순장을 금지한다는 명을 내렸다는 내용을 통해 밑줄 그은 '왕'이 신라 지증왕임을 알 수 있어요. 지증왕은 순장을 금지하고 우경을 장려하는 등 농업 생산력을 높이기 위해 힘썼어요. 정치 개혁에도 나서 국호를 '신라'로 확정하고 최고 지배자, 즉 임금의 칭호를 '마립간'에서 '왕'으로 바꾸었어요. 또한, 수도 금성(경주)에 시장인 동시와 시장을 감독하는 관청인 동시전을 설치하였어요.

① 병부와 상대등을 설치하였다.

➡ 법흥왕은 병부와 상대등을 설치하였어요. 병부는 군사와 관련된 업무를 담당하는 관청이고, 상대등은 귀족 세력을 대표하는 신라의 최고 관직으로 화백 회의를 이끌었어요.

② 백제 비유왕과 동맹을 체결하였다.

➡ 눌지 마립간은 고구려 장수왕이 수도를 평양으로 옮기고 남진 정책을 본격화하자 이에 대응하여 백제 비유왕과 나·제 동맹을 체결하였어요.

③ 이사부를 보내 우산국을 복속시켰다.

➡ 지증왕은 이사부를 보내 지금의 울릉도 일대인 우산국을 복속시켰어요.

④ 매소성 전투에서 당의 군대를 격파하였다.

➡ 문무왕은 매소성 전투와 기벌포 전투에서 당의 군대를 격파하고 삼국 통일을 완성하였어요.

⑤ 김흠돌의 난을 진압하고 귀족들을 숙청하였다.

➡ 신문왕은 즉위 직후 김흠돌이 도모한 반란을 진압하고 진골 귀족 세력을 숙청하여 왕권을 강화하였어요.

기출 선택지 +α

❻ 마운령, 황초령 등에 순수비를 세웠다.　　　　(O / X)

❼ 대가야를 정복하여 영토를 확장하였다.　　　　(O / X)

❽ 국학을 설립하여 유학 교육을 진흥시켰다.　　　(O / X)

❾ 시장을 감독하기 위해 동시전을 설치하였다.　　(O / X)

❿ 이차돈의 순교를 계기로 불교를 공인하였다.　　(O / X)

기출 선택지 +α

정답　❻ ×[진흥왕]　❼ ×[진흥왕]　❽ ×[신문왕]　❾ ○　❿ ×[법흥왕]

7 경주 불국사 3층 석탑
정답 ⑤

(가)에 해당하는 국가유산으로 옳은 것은? [2점]

국가유산 정보 서비스

종목별 (전체)(국보)(보물)(사적)(명승)

국가유산 검색 〔　　　　　　　　〕 검색 초기화 □결과 내 재검색

◆ 소재지 : 경상북도 경주시
◆ 지정(등록)일 : 1962. 12. 20.
◆ 설명
　　(경주 불국사 3층 석탑은 그림자가 비치지 않는 탑이라는 뜻으로 무영탑이라고도 불립니다.)
우리나라의 대표적인 석탑으로 무영탑이라고도 불린다. 8세기경에 제작된 것으로 추정되는 이 탑은 ❶불국사 대웅전 앞뜰 서쪽에 세워져 있다. 탑 전체의 무게를 지탱할 수 있도록 2층의 기단이 튼실하게 짜여 있으며, 전체적인 균형이 알맞게 세련되고 안정된 느낌을 준다. 1966년 도굴로 탑이 손상되자, 이를 수리하다가 ❷탑의 내부에서 무구정광대다라니경을 발견하였다.

정답 잡는 키워드

❶ 불국사 대웅전 앞뜰 서쪽에 세워져 있음,
❷ 탑의 내부에서 무구정광대다라니경을 발견함
→ 경주 불국사 3층 석탑

불국사 대웅전 앞뜰 서쪽에 세워져 있으며, 탑을 수리하다가 내부에서 무구정광대다라니경을 발견하였다는 내용을 통해 (가)에 해당하는 국가유산이 경주 불국사 3층 석탑임을 알 수 있어요. 경주 불국사 3층 석탑은 석가탑, 무영탑이라고도 불리며 신라 석탑의 수준 높은 조형미를 보여 줍니다. 불국사 3층 석탑을 보수하는 과정에서 현존하는 세계에서 가장 오래된 목판 인쇄물인 무구정광대다라니경이 발견되었어요.

①
➡ 신라의 구례 화엄사 4사자 3층 석탑이에요.

②
➡ 백제의 부여 정림사지 5층 석탑이에요.

③
➡ 신라의 경주 분황사 모전 석탑이에요.

④
➡ 발해의 전탑인 영광탑이에요.

⑤

➡ 신라의 경주 불국사 3층 석탑이에요.

---

8 고구려 멸망 이후의 사실
정답 ①

다음 상황 이후에 전개된 사실로 옳은 것은? [3점]

┌ 당 고조의 이름인 이연의 '연'자를 피하여 같은 뜻을 가진 '천'으로 성을 고쳐 연개소문의 아들 연남생, 연남건, 연남산의 이름을 '천'씨로 기록하였어요.

12월에 황제가 함원전에서 포로를 받아들였다. [황제가] 왕은 정사를 자기가 한 것이 아니라 하였기에 용서하여 사평태상백 원외동정으로 삼았다. 천남산은 사재소경으로, 승려 신성은 은청광록대부로, 천남생은 우위대장군으로 삼았다. …… 천남건은 검주(黔州)로 유배를 보냈다. 5부, 176성, 69만여 호를 나누어 9도독부, 42주, 100현으로 만들고, ❶평양에 안동도호부를 두어 이를 통치하게 하였다.
└ 고구려 멸망 후 당은 고구려의 옛 땅을 다스리기 위해 평양에 안동도호부를 설치하고 설인귀를 책임자로 삼아 관리하도록 하였어요. – "삼국사기" –

정답 잡는 키워드

❶ 평양에 안동도호부 설치 → 고구려 멸망(668) 직후

평양에 안동도호부를 두어 통치하게 하였다는 내용을 통해 자료의 상황이 고구려 멸망 직후임을 알 수 있어요. 고구려는 668년에 나·당 연합군의 공격으로 평양성이 함락되면서 멸망하였어요. 당은 고구려 멸망 직후 고구려의 영토를 9도독부 42주 100현으로 나누고 이를 통치하기 위한 최고 군정 기관으로 안동도호부를 설치하였어요.

① 안승이 보덕국 왕으로 임명되었다.
　➡ 고구려 멸망 이후 고구려 부흥 운동을 전개하던 안승이 신라에 귀순하자 문무왕은 안승을 금마저(익산)에 머물게 하고 674년에 보덕국 왕으로 임명하였어요.

② 을지문덕이 살수에서 대승을 거두었다.
　➡ 을지문덕이 이끈 고구려군은 612년에 고구려를 침공한 수의 군대에 맞서 살수에서 대승을 거두었어요(살수 대첩).

③ 김춘추가 당과의 군사 동맹을 성사시켰다.
　➡ 신라의 김춘추는 고구려와 동맹 교섭을 하다가 결렬되자 648년에 당으로 건너가 당과의 군사 동맹을 성사시켰어요.

④ 의자왕이 윤충을 보내 대야성을 함락하였다.
　➡ 백제의 의자왕은 642년에 윤충을 보내 신라를 공격하여 대야성을 함락하였어요.

⑤ 연개소문이 정변을 일으켜 영류왕을 시해하였다.
　➡ 고구려의 연개소문은 642년에 정변을 일으켜 영류왕을 시해하고 보장왕을 왕위에 앉힌 뒤 스스로 대막리지가 되어 권력을 장악하였어요.

기출 선택지 +α

❻ 흑치상지가 임존성에서 군사를 일으켰다. (O/X)
❼ 사찬 시득이 기벌포에서 당군을 격파하였다. (O/X)
❽ 김유신이 비담과 염종의 반란을 진압하였다. (O/X)
❾ 계백이 이끄는 군대가 황산벌에서 항전하였다. (O/X)
❿ 부여풍이 백강에서 왜군과 함께 당군에 맞서 싸웠다. (O/X)

기출 선택지 +α
정답　❻ ×[660년]　❼ ○[676년]　❽ ×[647년]　❾ ×[660년]　❿ ×[663년]

9 발해 무왕 시기의 사실

정답 ②

다음 사건이 일어난 시기를 연표에서 옳게 고른 것은? [2점]

732년 발해 무왕의 명에 따라 장문휴가 군대를 이끌고
당의 등주를 습격하여 전과를 올렸어요.

개원(開元) 20년에 발해가 천자의 조정을 원망하여 군사를 거느리고 ❷등주(登州)를 습격하여 자사 위준을 살해하였습니다. 이에 황제께서 크게 노하여 하행성 등에게 군사를 징발하여 바다를 건너 공격해 토벌하도록 명하였습니다. 아울러 당에 숙위하고 있던 신라인 김사란을 귀국시켜 신라로 하여금 발해를 공격하도록 하였습니다. …… 겨울은 깊어 가고 눈이 많이 내려 신라와 당의 군대가 추위에 고생하므로 회군을 명령하였습니다.

정답 잡는 키워드

❶, ❷ 발해가 당의 등주를 습격하여 자사 위준을 살해함
→ 발해 무왕 시기

발해가 당의 등주를 습격하여 자사 위준을 살해하였다는 내용을 통해 자료의 사건이 일어난 시기가 발해 무왕 때임을 알 수 있어요.

	(가)		(나)		(다)		(라)		(마)	
발해 건국		무왕 즉위		문왕 상경 천도		선왕 즉위		고려 건국		발해 멸망

➡ 발해를 세운 대조영의 뒤를 이어 **무왕이 즉위**하였어요. 무왕은 '인안'이라는 독자적인 연호를 사용하였고, 당과 무력으로 대결하면서 영토 확장에 나섰어요. 자신의 동생 대문예로 하여금 당과 손잡은 흑수 말갈을 정벌하게 하였으며, 장문휴가 이끄는 군대를 보내 **당의 산둥반도 등주를 공격**하였어요. 무왕의 뒤를 이은 문왕은 당에 대해 강경한 정책을 폈던 무왕과 달리 대외 관계를 개선하여 당과 친선 관계를 맺고 당의 제도와 문물을 수용하여 중앙 정치 체제를 3성 6부로 정비하였어요. 또한 '대흥', '보력'이라는 독자적인 연호를 사용하였으며, 중경 현덕부에서 **상경 용천부로 천도**하였어요.
따라서 발해가 당의 등주를 습격한 시기는 무왕 즉위와 문왕 상경 천도 사이인 ② (나)입니다.

① (가) ② (나) ③ (다) ④ (라) ⑤ (마)

---

10 고려의 경제

정답 ④

다음 자료에 나타난 시기의 경제 상황으로 옳은 것은? [1점]

고려 시대 고위 관료인 중서문하성의 재신과
중추원의 추밀을 아울러 일컫는 말이에요.

왕이 제서(制書)를 내리기를, "백성을 부유하게 하고 국가를 이롭게 하는 것으로 전화(錢貨)만큼 중요한 것이 없다. 서북의 양조(兩朝)에서는 이를 행한 지 이미 오래되었으나 우리나라는 홀로 아직 행하지 않고 있다. 이제 처음으로 화폐를 주조하는 법을 제정하고, 이에 따라 주조한 동전 15,000관(貫)을 재추(宰樞)와 문무 양반 및 군인에게 나누어 하사하여 화폐 사용의 시작점으로 삼고자 한다. 전문(錢文)은 ❶해동통보라고 한다."라고 하였다.

고려 성종 때 우리나라 최초의 화폐인 건원중보가 발행되었고, 숙종 때 은병(활구), 삼한통보, 해동통보, 해동중보 등이 발행되었어요.

정답 잡는 키워드

❶ 해동통보 → 고려 시대

해동통보를 주조하였다는 내용을 통해 자료에 나타난 시기가 고려 시대임을 알 수 있어요. 고려 숙종 때 의천의 건의에 따라 화폐 주조 기관인 주전도감이 설치되어 은병(활구), 해동통보 등의 화폐가 발행되었어요. 하지만 고려 시대에 화폐의 유통이 활발하지는 않았어요.

① 송상이 전국 각지에 송방을 두었다.
➡ 조선 후기에 개성을 근거지로 활동한 사상인 송상이 전국 각지에 송방이라는 지점을 두었어요.

② 감자, 고구마 등의 구황 작물이 재배되었다.
➡ 조선 후기에 감자, 고구마 등이 전래되어 구황 작물로 재배되었어요.

③ 시장을 감독하는 관청인 동시전이 설치되었다.
➡ 신라 지증왕 때 수도 금성(경주)에 설치된 시장인 동시를 감독하는 관청으로 동시전이 설치되었어요.

④ 예성강 하구의 벽란도가 국제 무역항으로 번성하였다.
➡ 고려 시대에 예성강 하구의 벽란도가 국제 무역항으로 번성하였어요. 벽란도에는 송, 일본 상인을 비롯해 멀리 아라비아 상인도 왕래하였어요.

⑤ 설점수세제의 시행으로 민간의 광산 개발이 허용되었다.
➡ 조선 후기에 민간의 광산 개발을 허용하고 그 대신 세금을 내게 하는 설점수세제가 시행되었어요.

기출 선택지 +α

❻ 솔빈부의 말이 특산물로 수출되었다.	(O/X)
❼ 서적점, 다점 등의 관영 상점이 운영되었다.	(O/X)
❽ 경시서의 관리들이 수도의 시전을 감독하였다.	(O/X)
❾ 내상과 만상이 국제 무역을 통해 부를 축적하였다.	(O/X)
❿ 모내기법의 확대로 벼와 보리의 이모작이 성행하였다.	(O/X)

연표로 흐름잡기

대조영	지린성 동모산에서 발해 건국
무왕	당의 산둥반도 등주 공격(장문휴), '인안' 연호 사용
문왕	당과 친선 관계 형성, 당의 제도와 문물 수용, 3성 6부의 중앙 관제 정비, '대흥'·'보력' 연호 사용, 상경으로 천도
선왕	지방 행정 체제 확립(5경 15부 62주), '건흥' 연호 사용, 전성기를 누림(→ 당으로부터 '해동성국'이라 불림)

기출 선택지 +α 정답 ❻ ×[발해] ❼ O ❽ O ❾ ×[조선 후기] ❿ ×[조선 후기]

11 고려 전기의 사실　　　　정답 ②

(가), (나) 사이의 시기에 있었던 사실로 옳은 것은?　[3점]

> ┌─ 고려 태조 때 지급된 역분전은 논공행상의 성격을 띤 토지 제도였어요.
>
> (가) 처음으로 역분전을 정하였다. 통일할 때 조정의 관리들과 군사들에게 관계(官階)는 논하지 않고, 그 사람의 성품과 행동이 착하고 악함과 공로가 크고 작음을 참작하여 차등 있게 주었다.
>
> (나) 12월에 문무 양반 및 군인들의 전시과를 개정하였다. 제1과는 전지 100결, 시지 70결을 지급한다. …… 제18과는 전지 20결을 지급한다. 이 한(限)에 들지 못한 자에게는 모두 전지 17결을 주기로 하고 이것을 통상의 법식으로 한다.
> └─ 고려의 기본적인 토지 제도인 전시과는 경종 때 처음 마련되어 이후 목종 때 개정되어 문종 때 최종적으로 정비되었어요.

정답 잡는 키워드

❶ 처음으로 역분전을 정함 → (가) 고려 태조

❷ 문무 양반 및 군인들의 전시과를 개정함 → (나) 고려 목종

(가)는 처음으로 역분전을 정하였다는 내용을 통해 고려 태조가 재위한 시기의 사실임을 알 수 있어요. 태조는 개국 공신에게 인품과 공로를 기준으로 역분전을 차등 지급하였어요. (나)는 문무 양반 및 군인들의 전시과를 개정하였다는 내용을 통해 고려 목종이 재위한 시기의 사실임을 알 수 있어요. 전시과는 관직 복무에 대한 대가로 전지와 시지를 지급하는 토지 제도로 경종 때 처음 만들어졌어요. 처음 제정된 전시과에서는 전·현직 관리에게 관품과 인품을 기준으로 수조권을 주었어요(시정 전시과). 이후 목종 때 전시과가 개정되어 관등만을 기준으로 18등급으로 나누어 전지와 시지를 지급하였어요(개정 전시과).

① 경기에 한하여 과전법이 실시되었다.
　➡ 공양왕 때 조준 등의 건의로 경기에 한하여 과전법이 실시되었어요. (나) 이후의 사실이에요.

②(⃝) 쌍기의 건의로 과거제가 시행되었다.
　➡ 광종 때 후주에서 귀화한 쌍기의 건의로 과거제가 시행되었어요. 광종의 뒤를 이은 경종 때 전시과가 처음 마련되었어요.

③ 신돈이 전민변정도감의 책임자가 되었다.
　➡ 공민왕 때 신돈이 전민변정도감의 책임자가 되어 개혁을 추진하였어요. (나) 이후의 사실이에요.

④ 만적이 개경에서 노비를 모아 반란을 모의하였다.
　➡ 무신 집권기에 만적이 개경에서 노비를 모아 반란을 모의하였으나 사전에 계획이 발각되어 실패하였어요. (나) 이후의 사실이에요.

⑤ 최충헌이 봉사 10조를 올려 시정 개혁을 건의하였다.
　➡ 무신 집권기에 최충헌이 명종에게 봉사 10조를 올려 시정 개혁을 건의하였어요. (나) 이후의 사실이에요.

기출 선택지 +α

❻ 최승로가 시무 28조를 건의하였다.　(O/X)
❼ 외침에 대비하여 광군을 조직하였다.　(O/X)
❽ 왕실의 외척인 이자겸이 난을 일으켰다.　(O/X)
❾ 김부식 등이 왕명으로 삼국사기를 편찬하였다.　(O/X)
❿ 노비안검법의 실시로 국가 재정이 확충되었다.　(O/X)

---

12 궁예의 활동　　　　정답 ④

(가) 인물의 활동으로 옳은 것은?　[2점]

> ┌─ 궁예는 양길로부터 얻은 병력을 기반으로 독자적인 세력을 형성하였어요. 이에 양길은 자신을 배신한 궁예를 제거하려 하였으나 실패하였어요.
>
> ○ 북원의 도적 우두머리인 양길은 　(가)　 이/가 자신을 배신한 것을 미워하여 국원 등 10여 곳의 성주들과 그를 칠 것을 모의하고 비뇌성 아래로 진군하였다. 그러나 양길의 병사는 패배하여 흩어져 달아났다.
> ─ 『삼국사기』 ─
>
> ○ [태조가] 수군을 거느리고 서해로부터 광주(光州) 부근에 이르러 금성군을 쳐서 함락하고 10여 군현을 공격하여 차지하였다. 이에 금성군을 고쳐서 나주라 하고 군사를 나누어서 지키게 한 뒤 돌아왔다. …… 　(가)　 이/가 변경의 일을 물었는데, 태조가 변방을 안정시키고 경계를 넓힐 전략을 보고하였다. 좌우의 신하가 모두 [태조를] 주목하게 되었다.
> ─ 『고려사』 ─
> └─ 궁예는 휘하에 있던 왕건을 보내 금성군을 차지함으로써 후백제의 배후에 군사적 거점을 마련하는 한편, 후백제가 중국의 오월과 왕래하는 것을 견제할 수 있었어요.

정답 잡는 키워드

❶ 양길을 배신함, ❷, ❸ 태조(왕건)가 금성군을 함락, 나주로 고쳐 부름, ❹ 변경의 일을 묻자 태조(왕건)가 전략을 보고함 → 후고구려의 궁예

양길을 배신하였으며, 변경의 일을 묻자 태조(왕건)가 변방을 안정시키고 경계를 넓힐 전략을 보고하였다는 내용을 통해 (가) 인물이 후고구려를 세운 궁예임을 알 수 있어요. 궁예는 북원 지역의 호족인 양길의 휘하에서 세력을 키운 후 호족들의 지원을 받아 송악을 도읍으로 후고구려를 건국하였어요. 궁예는 후백제를 배후에서 견제하기 위해 왕건으로 하여금 전략적으로 중요한 금성군을 공격하게 하여 함락하고, 금성군을 나주라고 바꾸어 불렀어요.

① 일리천 전투에서 신검의 군대를 물리쳤다.
　➡ 고려의 태조 왕건은 일리천 전투에서 신검의 후백제군을 물리치고 이후 후삼국을 통일하였어요.

② 9산 선문 중 하나인 가지산문을 개창하였다.
　➡ 신라 말에 승려 체징은 전라남도 장흥의 가지산에서 9산 선문 중 하나인 가지산문을 개창하였어요.

③ 문무 관료전을 지급하고 녹읍을 폐지하였다.
　➡ 신라의 신문왕은 문무 관료전을 지급하고 녹읍을 폐지하여 귀족 세력의 경제 기반을 약화하였어요.

④(⃝) 광평성을 비롯한 각종 정치 기구를 마련하였다.
　➡ 궁예는 국호를 '마진'으로 바꾼 뒤 최고 중앙 관서인 광평성을 비롯한 각종 정치 기구를 마련하였어요.

⑤ 정계와 계백료서를 지어 관리의 규범을 제시하였다.
　➡ 고려의 태조 왕건은 "정계"와 "계백료서"를 지어 관리들이 지켜야 할 규범을 제시하였어요.

기출 선택지 +α

❻ 금마저에 미륵사를 창건하였다.　(O/X)
❼ 후당과 오월에 사신을 파견하였다.　(O/X)
❽ 금산사에 유폐된 후 왕건에게 귀부하였다.　(O/X)
❾ 폐정 개혁을 목표로 정치도감을 설치하였다.　(O/X)
❿ 국호를 마진으로 바꾸고 철원으로 천도하였다.　(O/X)

---

13 고려의 관학 진흥책   정답 ①

(가)에 들어갈 내용으로 가장 적절한 것은?   [2점]

❶ 문헌공도 등 사학의 발달로 관학이 위축된 시기에 관학 진흥을 위하여 시행한 정책에 대해 말해 보자.

❷ 서적포를 두어 출판을 담당하게 하였어.

고려 숙종 때 관학 진흥을 위해 국자감에 서적포를 두었어요.

(가)

문헌공도는 고려 문종 때 최충이 세운 사립 교육 기관인 9재 학당의 다른 이름이에요. 최충의 시호를 따서 문헌공도라고 불렀어요.

정답 잡는 키워드

❶ 문헌공도 등 사학의 발달로 관학이 위축됨,

❷ 서적포를 두어 출판을 담당하게 함 → 고려 정부의 관학 진흥책

문헌공도 등 사학의 발달로 관학이 위축되었으며 서적포를 두어 출판을 담당하게 하였다는 내용을 통해 (가)에는 관학 진흥을 위해 고려 정부가 시행한 정책이 들어가야 함을 알 수 있어요. 고려 시대에 사학이 발달하면서 최충이 설립한 9재 학당을 비롯한 사학 12도가 크게 융성하였어요. 고려 정부는 사학에 비해 관학이 위축되자 국자감에 출판을 담당하는 서적포와 장학 재단인 양현고를 설치하는 등 관학 진흥을 위해 노력하였어요.

①국자감에 전문 강좌인 7재를 개설하였어.

➡ 고려 예종은 관학 진흥책의 하나로 국자감에 전문 강좌인 7재를 개설하였어요.

② 사액 서원에 서적과 노비 등을 지급하였어.

➡ 서원은 조선 시대에 설립된 사립 교육 기관이에요. 국왕으로부터 현판을 하사받은 사액 서원에는 서적과 노비 등이 지급되었어요.

③ 독서삼품과를 실시하여 인재를 등용하였어.

➡ 신라 원성왕은 유교 경전의 이해 수준을 시험하여 관리 선발에 이용하는 독서삼품과를 실시하였어요.

④ 초계문신제를 시행하여 문신을 재교육하였어.

➡ 조선 정조는 자신의 정책을 뒷받침할 인재를 양성하기 위해 젊은 문신을 재교육하는 초계문신제를 시행하였어요.

⑤ 흥왕사에 교장도감을 두고 속장경을 편찬하였어.

➡ 고려의 승려 의천은 "속장경(교장)"의 판각과 간행을 위해 흥왕사에 교장도감을 설치하고 불교 경전에 대한 주석서를 모아 "속장경(교장)"을 편찬하였어요.

14 무신 집권기의 사실   정답 ④

다음 서술형 평가의 답안에 들어갈 내용으로 가장 적절한 것은?   [1점]

서술형 평가   ○학년 ○○반 이름 : ○○○

◎ 다음 상황들이 나타난 시기의 사회 모습을 서술하시오.

❶ 이의방은 평소 자기를 핍박하는 이고를 미워하였는데, 이고가 난을 모의한다는 말을 듣고 그를 살해하였다.

❷ 서경 유수 조위총이 반란을 일으켰는데, 두경승이 향산동 통로역에서 반란군을 패퇴시켰다.

❸ 최우가 정방(政房)을 자기 집에 설치하고 문사를 선발하여 여기에 소속시켰다.

답안

정답 잡는 키워드

❶ 이의방이 이고를 살해함, ❷ 서경 유수 조위총이 반란을 일으킴,

❸ 최우가 자기 집에 정방을 설치함 → 무신 집권기

이의방은 1170년에 정중부, 이고 등과 함께 무신 정변을 일으켰는데, 이고가 정권을 마음대로 하려고 하자 그를 제거하고 정권을 장악하였어요. 무신 정권에 반발하여 서경 유수 조위총이 1174년에 군사를 일으켜 정중부와 이의방 등의 제거를 도모하였으나 실패하였어요. 한편, 무신 정변 이후 무신 간 권력 다툼으로 최고 권력자가 여러 차례 바뀌는 가운데 최충헌이 1196년에 이의민을 제거하고 정권을 장악하였어요. 최충헌의 뒤를 이어 집권한 최우는 1225년에 자신의 집에 인사 행정을 담당하는 정방을 설치하여 인사권을 장악하였어요. 따라서 자료의 답안에는 고려 무신 집권기의 사회 모습이 들어가야 합니다.

① 서얼이 통청 운동을 전개하였다.

➡ 조선 후기에 서얼이 관직 진출의 제한을 철폐하고자 통청 운동을 전개하였어요.

② 청해진을 거점으로 국제 무역이 이루어졌다.

➡ 통일 신라 시기에 장보고가 설치한 청해진을 거점으로 국제 무역이 이루어졌어요.

③ 왕조 교체를 예언하는 정감록 등이 유포되었다.

➡ 조선 후기에 사회 불안감이 고조되면서 왕조 교체를 예언하는 "정감록" 등이 유포되었어요.

④망이·망소이의 난 등 하층민의 봉기가 발생하였다.

➡ 고려 무신 집권기에 정치 혼란과 지배층의 가혹한 수탈로 인해 망이·망소이의 난, 전주 관노비의 난, 김사미·효심의 난, 만적의 난 등 하층민의 봉기가 각지에서 일어났어요.

⑤ 역관들이 시사(詩社)에 참여해 위항 문학 활동을 하였다.

➡ 조선 후기에 역관, 의관 등 중인들이 종래 양반을 중심으로 이루어진 문예 활동에 참여하여 시사를 조직하고 위항 문학 활동을 하였어요.

기출 선택지 +α

❻ 원종과 애노가 사벌주에서 봉기하였다.   (O / X)

❼ 웅천주 도독 김헌창이 반란을 일으켰다.   (O / X)

❽ 김보당이 의종 복위를 주장하며 난을 일으켰다.   (O / X)

❾ 기근에 대비하기 위하여 구황촬요가 간행되었다.   (O / X)

기출 선택지 +α

정답 ❻ ×[신라 진성 여왕] ❼ ×[신라 헌덕왕] ❽ ○ ❾ ×[조선 명종]

15 고려의 대몽 항쟁

정답 ①

(가)에 대한 고려의 대응으로 옳은 것은? [2점]

> ❶박서는 김중온의 군사로 성의 동서쪽을, 김경손의 군사로는 성의 남
> 쪽을, 별초 250여 인은 나누어 3면을 지키게 하였다. [(가)]의
> 군사들이 성을 여러 겹으로 포위하고 공격하자 ❷성안의 군사들이 갑
> 자기 나가 싸워 그들을 패주시켰다.
>
> 박서는 살리타가 이끄는 몽골군이 귀주성을 포위하고 공격해 오자
> 김중온, 김경손 등과 함께 끝까지 방어하여 몽골군을 물리쳤어요.
>
> ❸송문주는 귀주에서 종군하였던 사람인데 그 공으로 낭장(郎將)으로
> 초수(超授)되었다. 이후 죽주 방호별감이 되었을 때, [(가)]이/
> 가 죽주성에 이르러 보름 동안이나 다방면으로 공격하였으나 성을
> ❹빼앗지 못하고 물러갔다.
>
> 송문주는 귀주성에서 몽골군을 물리치는 데 공을 세웠고
> 이후 다시 침입한 몽골군을 죽주성에서 격퇴하였어요.

정답 잡는 키워드

❶, ❷ 박서가 군사들을 이끌고 물리침,
❸, ❹ 송문주가 죽주성에서 물리침 → 몽골

박서와 송문주가 격퇴하였다는 내용을 통해 (가)가 몽골임을 알 수 있어요. 몽골은 사신 저고여의 피살을 빌미로 1231년에 고려를 침략한 이후 여러 차례에 걸쳐 고려를 공격하였어요. 박서의 귀주성 전투는 몽골의 1차 침입 때, 송문주의 죽주성 전투는 몽골의 3차 침입 때 있었던 전투입니다.

① 강화도로 도읍을 옮겨 항전하였다.
➡ 몽골이 침략하자 당시 최고 집권자였던 최우는 일단 강화를 맺어 몽골군을 철수하게 한 후 강화도로 도읍을 옮겨 항전하였어요.

② 광군을 창설하여 침입에 대비하였다.
➡ 고려 정종 때 거란의 침입에 맞서기 위해 광군을 창설하였어요.

③ 화통도감을 설치하여 군사력을 증강하였다.
➡ 고려 우왕 때 왜구의 침입으로 인한 피해가 커지자 최무선의 건의에 따라 화통도감을 설치하여 화약과 화포를 제작해 군사력을 증강하였어요.

④ 철령위 설치에 반발하여 요동 정벌을 추진하였다.
➡ 고려 우왕 때 명이 철령위를 설치하려고 하자 우왕과 최영이 이에 반발하여 요동 정벌을 추진하였어요.

⑤ 신기군, 신보군, 항마군으로 구성된 별무반을 창설하였다.
➡ 고려 숙종 때 윤관의 건의에 따라 여진을 정벌하기 위해 신기군, 신보군, 항마군으로 구성된 별무반을 창설하였어요.

기출 선택지 +α

❻ 윤관을 보내 동북 9성을 축조하였다. (O / X)
❼ 김윤후가 충주성 전투에서 활약하였다. (O / X)
❽ 서희를 보내 소손녕과 외교 담판을 벌였다. (O / X)
❾ 박위로 하여금 쓰시마섬을 정벌하게 하였다. (O / X)
❿ 대장도감을 설치하여 팔만대장경을 간행하였다. (O / X)

핵심 개념 고려와 몽골의 관계

몽골의 침략	고려에 파견한 사신 저고여가 피살된 사건을 구실로 침략 시작(1231), 이후 여러 차례 침략
고려의 대항	귀주성 전투(박서), 강화 천도(1232), 처인성 전투·충주성 전투(김윤후), 죽주성 전투(송문주), 충주 다인철소 주민의 항전, 팔만대장경 조판
삼별초의 항쟁	고려 정부의 개경 환도에 반발하여 강화도(배중손 지휘) → 진도(용장성) → 제주도(항파두리, 김통정 지휘)로 근거지를 옮기며 항전

기출 선택지 +α 정답 ❻ ×[여진] ❼ ○ ❽ ×[거란] ❾ ×[왜구] ❿ ○

---

16 고려의 국가유산

정답 ⑤

(가) 국가의 국가유산으로 옳지 않은 것은? [1점]

□□신문

제△△호   2024년 ○○월 ○○일

'국보 순회전 : 모두의 곁으로', 강진군에서 열려

▲ 청자 상감 모란무늬 항아리

국립 중앙 박물관이 지역 간의 문화 격차를 해소하기 위해 기획한 국보 순회전이 전남 강진군에서 '도자기에 핀 꽃, ❶상감 청자'를 주제로 개최된다. 이번 전시에서는 청자 상감 모란무늬 항아리, 청자 상감 물가풍경무늬 매병 등 [(가)]의 대표적인 국가유산인 상감 청자가 공개된다. 특히 국보 '청자 상감 모란무늬 항아리'는 왕실 자기의 전형을 보여 주는 유물로 모란을 정교하고 화려하면서도 사실적으로 묘사하였다는 평가를 받는다. 전시회 관계자는 "상감 청자의 생산지였던 강진군에서 개최되어 더 큰 의미가 있다."라고 밝혔다.

상감 청자는 나전 칠기 등에 활용되던 상감 기법을 도자기에 적용한 고려의 독창적인 청자입니다.

정답 잡는 키워드

❶ 상감 청자 → 고려

상감 청자가 대표적인 국가유산이라는 내용을 통해 (가) 국가가 고려임을 알 수 있어요. 상감 청자는 표면에 무늬를 새기고 그 안을 백토나 흑토 등으로 채우는 상감 기법을 이용하여 만든 청자로, 12세기 후반에 많이 만들어졌어요.

①

➡ 고려 시대에 만들어진 대형 석불인 논산 관촉사 석조 미륵보살 입상이에요.

②

➡ 고려 시대에 만들어진 나전 국화 넝쿨무늬 합이에요. 나전 칠기는 옻칠을 한 표면에 조개껍데기를 정교하게 오려 붙여 장식한 공예품이에요.

③

➡ 고려 시대에 제작된 수월관음도입니다. 물에 비친 달빛을 관음보살이 내려다보는 모습을 그린 불화입니다.

④

➡ 고려 후기에 만들어진 개성 경천사지 10층 석탑이에요. 원의 영향을 받아 대리석으로 만들어졌어요.

⑤

➡ 조선 후기에 김득신이 그린 파적도입니다.

다음 가상 인터뷰의 주인공에 대한 설명으로 옳은 것은?   [3점]

최근에 **❶역옹패설을 저술**하셨는데 독자들이 관심 가질 만한 내용을 소개해 주세요.

고위 관리 유청신이 원의 사신과 몽골말로 직접 대화하자 홍자번이 역관을 심하게 꾸짖었고, 이에 유청신이 부끄러워 한 일화가 실려 있습니다.

정답 잡는 키워드

❶ "역옹패설" 저술 → 이제현

"역옹패설"을 저술하였다는 내용을 통해 가상 인터뷰의 주인공이 이제현임을 알 수 있어요. 이제현은 고려 후기의 문신이자 학자로, 중서문하성의 수장인 문하시중 등의 관직을 역임하였어요. 대표적인 저술로 "역옹패설"과 함께 성리학적 유교 사관을 반영한 역사서인 "사략" 등이 있어요.

① 불씨잡변을 지어 불교를 비판하였다.
➡ 조선 초기에 **정도전**은 유학의 입장에서 불교 교리를 비판한 "불씨잡변"을 저술하였어요.

② 정혜결사를 통해 불교 개혁에 앞장섰다.
➡ 고려 후기에 **지눌**은 참선, 노동 등 승려 본연의 수행에 힘써야 한다고 주장하며 정혜결사를 결성하고 이를 통해 불교 개혁에 앞장섰어요.

③ 청방인문표를 지어 인질의 석방을 요구하였다.
➡ 신라 문무왕 때 **강수**는 당에 잡혀 있던 태종 무열왕의 아들 김인문을 석방해 줄 것을 청하는 외교 문서인 '청방인문표'를 지었어요.

④ 고구려 계승 의식을 강조한 동명왕편을 지었다.
➡ 고려 후기에 **이규보**는 고구려 건국 시조인 동명왕(주몽)의 일대기를 서사시로 표현한 '동명왕편'을 지었어요. '동명왕편'에는 고구려 계승 의식이 반영되었어요.

⑤ 만권당에서 조맹부, 요수 등의 문인들과 교유하였다.
➡ 고려 후기에 **이제현**은 왕위에서 물러난 충선왕의 부름을 받아 원의 연경으로 가서 만권당에 머무르며 조맹부, 요수 등 원의 문인들과 교유하였어요.

기출 선택지 +α

❻ 역사서인 사략을 저술하였다.   (O / X)
❼ 문헌공도를 설립하여 유학 교육에 힘썼다.   (O / X)
❽ 불교 관련 자료를 중심으로 삼국유사를 집필하였다.   (O / X)
❾ 성학십도를 지어 군주의 도를 도식으로 설명하였다.   (O / X)
❿ 조선경국전을 저술하여 통치 제도 정비에 기여하였다. (O / X)

(가) 지역에서 있었던 사실로 옳은 것은?   [3점]

유네스코 세계 유산을 품은 도시
(가) 에 여러분을 초대합니다.

(가) 은/는 유네스코 세계 유산, 무형 문화유산, 세계 기록 유산 등을 보유한 유서 깊은 고장입니다. **❶**홍건적의 침입 당시 공민왕과 노국 공주가 피란했던 역사가 있는 곳이기도 합니다. 이곳에 오셔서 다양한 전통문화를 느껴 보시기 바랍니다.

안동은 유네스코 세계 유산(하회 마을, 봉정사, 도산 서원, 병산 서원), 무형 문화유산(하회 별신굿 탈놀이), 세계 기록 유산(유교 책판)을 보유한 고장이에요.

추천 방문 장소

🎭 하회 마을에서 하회 별신굿 탈놀이 관람하기
🏯 **❷**봉정사에서 우리나라에서 가장 오래된 목조 건물인 극락전 둘러보기
🏯 **❸**도산 서원에서 퇴계 이황의 학문과 일생 생각해 보기

정답 잡는 키워드

❶ 홍건적의 침입 당시 공민왕과 노국 공주가 피란함,
❷ 봉정사, ❸ 도산 서원 → 안동

고려 공민왕 때 홍건적이 고려에 침입하여 개경을 향해 내려오자 공민왕과 왕비인 노국 대장 공주가 안동으로 피란하였어요. 안동 봉정사에는 현존하는 우리나라에서 가장 오래된 목조 건물인 극락전이 있어요. 안동 봉정사 극락전은 고려 시대에 지어진 주심포 양식의 건물이에요. 도산 서원은 조선의 성리학자 퇴계 이황이 고향 안동에서 제자들을 가르쳤던 서당 자리에 세워진 서원에요. 따라서 (가) 지역은 안동입니다.

① 왕건이 고창 전투에서 견훤에게 승리하였다.
➡ 왕건은 930년에 지금의 안동 지역에서 벌어진 고창 전투에서 견훤에게 승리하면서 후백제와의 경쟁에서 우위를 차지하였어요.

② 묘청이 반란을 일으키고 국호를 대위라 하였다.
➡ 고려 인종 때 묘청 등 서경 세력은 국호를 '대위', 연호를 '천개'로 정하고 지금의 평양인 서경에서 반란을 일으켰어요.

③ 흥덕사에서 금속 활자본인 직지심체요절이 간행되었다.
➡ 고려 우왕 때인 1377년에 청주 흥덕사에서 현존하는 세계에서 가장 오래된 금속 활자본인 "직지심체요절"이 간행되었어요.

④ 정중부를 비롯한 무신들이 보현원에서 정변을 일으켰다.
➡ 1170년 지금의 개성 인근의 보현원에서 정중부를 비롯한 무신들이 정변을 일으켜 정권을 장악하였어요.

⑤ 이성계를 중심으로 한 고려군이 황산에서 왜구를 격퇴하였다.
➡ 고려 말에 이성계를 중심으로 한 고려군이 황산, 지금의 전라도 남원 지역 지리산 부근에서 왜구를 격퇴하였어요.

기출 선택지 +α   정답   ❻ O   ❼ ×[최충]   ❽ ×[일연]   ❾ ×[이황]   ❿ ×[정도전]

19 태조 재위 시기의 사실
정답 ④

밑줄 그은 '임금'의 재위 시기에 있었던 사실로 옳은 것은? [2점]

조선 건국 후 천도를 준비하는 과정에서 무악(지금의 신촌 지역), 한양(지금의 종로 지역), 계룡(지금의 계룡시) 등이 후보지로 거론되었어요.

임금이❶ 무악에 이르러서 도읍을 정할 땅을 물색하였다. 좌시중 조준, 우시중 김사형에게 말하였다. "고려 말에 서운관에서 송도의 지덕❷이 이미 쇠했다는 이유로 여러 번 글을 올려 한양으로 도읍을 옮기자고 하였다. 근래에는 계룡이 도읍할 만한 곳이라 하기에 백성을 공사에 동원하여 힘들게 하였다. 이제 또 여기가 도읍할 만한 곳이라 하여 와서 보니, 유한우 등이 도리어 무악보다는 송도가 더 명당이라고 고집한다. 그대들은 도읍할 만한 곳을 서운관 관리에게 다시 보고받도록 하라."

고려의 도읍이었던 개경은 송도 또는 송경으로도 불렸어요.

정답 잡는 키워드

❶ 무악에 이르러 도읍을 정할 땅을 물색함, ❷ 서운관에서 글을 올려 한양으로 도읍을 옮기자고 함 → 태조 이성계

임금이 도읍을 정할 땅을 물색하면서 무악을 둘러보았으며 한양으로 도읍을 옮기자는 주장이 제기되고 계룡을 도읍으로 삼기 위해 백성을 공사에 동원하였다는 내용을 통해 조선 건국 직후의 상황임을 알 수 있어요. 따라서 조선 태조 재위 시기의 사실을 찾으면 됩니다. 태조 이성계는 조선 건국 직후 천도를 추진하였어요. 당시 새 왕조의 도읍으로 무악, 한양, 계룡 등이 거론되었고 최종적으로 한양이 새 도읍으로 결정되었어요. 이후 태조는 한양에 종묘와 사직단, 경복궁 등을 건설하였어요.

① 독창적 문자인 **훈민정음**이 반포되었다.
➡ 세종 때 우리 고유의 독창적 문자인 훈민정음이 반포되었어요.

② 수도 방어를 위하여 **금위영**이 창설되었다.
➡ 숙종 때 국왕 호위와 수도 방어를 위한 금위영이 창설되었어요. 이로써 훈련도감, 어영청, 총융청, 수어청, 금위영의 5군영 체제가 완성되었어요.

③ 조선의 기본 법전인 **경국대전**이 완성되었다.
➡ 세조 때 만들기 시작한 "경국대전"은 성종 때 완성되었어요.

④ 왕위 계승을 둘러싸고 왕자의 난이 발생하였다.
➡ 태조와 정종 때 왕위 계승을 둘러싸고 왕자의 난이 일어났어요. 태조 때 제1차 왕자의 난을 일으켜 정권을 차지한 이방원은 정종 때 일어난 제2차 왕자의 난을 진압하고 세자로 책봉되었어요.

⑤ **성삼문** 등이 **상왕의 복위**를 꾀하다가 **처형**되었다.
➡ 세조 때 성삼문 등이 왕위를 빼앗기고 상왕이 된 단종의 복위를 꾀하다가 처형되었어요.

기출 선택지 +α

❻ 학문 연구 기관인 집현전이 설치되었다. (O/X)
❼ 정도전 등이 요동 정벌 계획을 추진하였다. (O/X)
❽ 함길도 토착 세력인 이시애가 난을 일으켰다. (O/X)
❾ 국가의 의례를 정비한 국조오례의가 완성되었다. (O/X)
❿ 세계 지도인 혼일강리역대국도지도가 제작되었다. (O/X)

---

20 비변사
정답 ②

(가) 기구에 대한 설명으로 옳은 것은? [2점]

이것은❶ 비국 또는 주사라고 불린 (가) 관원들의 모임을 그린 계획도입니다. 이 그림은 (가) 이/가 상설 기관으로 자리 잡기 이전, 변방의 국방 문제에 대해 논의하고 대비하기 위한 임시 기구이던 시기에 그려졌습니다. 그림의 오른쪽에는 관원들의 결의와 충절이 담긴 시가 쓰여 있습니다.

처음에 비변사는 외적의 침입 등 변방의 국방 문제에 대비하기 위해 필요에 따라 설치, 운영되는 임시 기구였어요.

정답 잡는 키워드

❶ 비국 또는 주사라고 불림, ❷ 변방의 국방 문제에 대해 논의하고 대비하기 위한 임시 기구 → 비변사

비국 또는 주사라고 불렸으며 본래 변방의 국방 문제에 대해 논의하고 대비하기 위한 임시 기구였다는 내용을 통해 (가) 기구가 비변사임을 알 수 있어요. 비변사는 조선 중종 때 삼포 왜란을 계기로 국방 문제를 논의하기 위해 임시로 설치되었어요. 이후 명종 때 을묘왜변을 겪으면서 상설 기구화되었고, 양 난을 거치며 조직이 확대되어 조선 후기에는 국방뿐 아니라 국정 전반을 총괄하는 최고 기구로 발전하였어요.

① 수도의 행정과 치안을 담당하였다.
➡ 한성부는 수도 한성의 행정과 치안을 담당하였어요.

② 흥선 대원군이 집권한 시기에 혁파되었다.
➡ 비변사는 세도 정치 시기에 소수의 특정 가문이 요직을 장악하면서 세도 가문의 세력 기반이 되었어요. 고종 즉위 후 흥선 대원군이 집권하면서 비변사를 혁파하고 의정부와 삼군부의 기능을 부활하였어요.

③ 국왕 직속 사법 기구로 반역죄 등을 다루었다.
➡ 의금부는 국왕 직속 사법 기구로 반역죄, 강상죄 등의 중죄를 다스렸어요.

④ 5품 이하의 관리 임명에 대한 서경권을 행사하였다.
➡ 사헌부와 사간원의 관리는 대간이라 불리며 5품 이하의 관리 임명에 대한 서경권을 행사하였어요.

⑤ 도승지를 수장으로 좌승지, 우승지 등의 관직을 두었다.
➡ 승정원은 왕명의 출납을 담당한 왕의 비서 기관으로 도승지를 비롯해 좌승지, 우승지 등의 관직을 두었어요.

기출 선택지 +α

❻ 사헌부, 사간원과 함께 3사로 불렸다. (O/X)
❼ 임진왜란 이후 조직과 기능이 확대되었다. (O/X)
❽ 대사성 이하 좨주, 직강 등의 관직을 두었다. (O/X)
❾ 세도 정치 시기에 외척의 세력 기반이 되었다. (O/X)
❿ 왕의 비서 기관으로 왕명의 출납을 담당하였다. (O/X)

기출 선택지 +α 정답 ❻ ×[세종] ❼ ○ ❽ ×[세조] ❾ ×[성종] ❿ ×[태종]

기출 선택지 +α 정답 ❻ ×[홍문관] ❼ ○ ❽ ×[성균관] ❾ ○ ❿ ×[승정원]

밑줄 그은 '이 사건'에 대한 설명으로 옳은 것은?   [2점]

> ❶ 이곳은 이언적의 위패를 모신 경주 옥산 서원입니다. 이언적은 이른바 대윤과 소윤이라는 정치 세력 간의 갈등으로 윤임 등 대윤 세력이 탄압받은 이 사건 당시 관련자들의 처리를 두고 갈등이 생기자 스스로 관직에서 물러났습니다. 이후 양재역 벽서 사건에 연루되어 유배되었습니다.

> 을사사화 이후 양재역에 문정 왕후를 비난하는 내용의 벽서가 붙었어요. 문정 왕후와 윤원형 일파는 이 벽서를 빌미로 윤임 일파의 남은 무리까지 숙청하였는데 이 사건을 정미사화라고도 합니다.

정답 잡는 키워드

❶ 대윤과 소윤이라는 정치 세력 간의 갈등으로 윤임 등 대윤 세력이 탄압받음 → 을사사화

대윤과 소윤의 갈등으로 대윤 세력이 탄압받았다는 내용을 통해 밑줄 그은 '이 사건'이 을사사화임을 알 수 있어요. 조선 명종 때 외척 간의 대립으로 을사사화가 일어났어요. 인종이 일찍 사망하면서 그 아우인 명종이 어린 나이로 즉위하였어요. 어린 왕을 대신해 어머니인 문정 왕후가 수렴청정을 하였고 문정 왕후의 동생인 윤원형 일파(소윤)가 권력을 장악하였어요. 윤원형 일파는 인종의 외척이었던 윤임 일파(대윤)를 제거하기 위해 을사사화를 일으켰어요.

① 김종직의 조의제문이 발단이 되었다.
➡ 연산군 때 김종직이 세조의 왕위 찬탈을 풍자한 '조의제문'을 지었는데, 이는 무오사화의 발단이 되었어요.

② 폐비 윤씨 사사 사건이 원인이 되었다.
➡ 연산군 때 왕의 생모인 폐비 윤씨 사사 사건의 전말이 알려지면서 이에 연루된 김굉필을 비롯한 사림 세력과 훈구 세력이 피해를 입은 갑자사화가 일어났어요.

③ 왕실 외척 간의 권력 다툼으로 일어났다.
➡ 명종 때 인종의 외척인 대윤과 명종의 외척인 소윤 간의 권력 다툼으로 을사사화가 일어났어요.

④ 진성 대군이 왕으로 즉위하는 결과를 가져왔다.
➡ 무오사화, 갑자사화를 일으킨 이후에도 연산군의 폭정이 계속되자 성희안 일파가 중종반정을 일으켜 연산군을 몰아내고 성종의 둘째 아들인 진성 대군을 왕(중종)으로 추대하였어요.

⑤ 조광조 등이 반정 공신의 위훈 삭제를 주장하였다.
➡ 중종 때 조광조 등이 반정 공신의 위훈 삭제를 주장하자 훈구 세력이 반발하면서 기묘사화가 일어났어요.

기출 선택지 +α

❻ 윤임 일파가 제거되는 결과를 가져왔다.   (O / X)
❼ 서인과 남인 사이에 발생한 전례 문제이다.   (O / X)
❽ 상왕의 복위를 목적으로 성삼문 등이 일으켰다.   (O / X)

기출 선택지 +α 정답 ❻ ○ ❼ ×[예송] ❽ ×[단종 복위 운동]

(가), (나) 사이의 시기에 있었던 사실로 옳은 것은?   [2점]

> 이괄이 난을 일으켜 수도를 함락하자, 인조는 공산성으로 피란하였어요.

> (가) 임금이 여러 도(道)에 명을 내렸다. "나라의 운세가 매우 좋지 않아 역적 이괄이 군사를 일으켰는데, 여러 장수들이 좌시하여 수도가 함락되고 말았다. …… 예로부터 반역은 어느 시대에나 있었지만, 이처럼 극도로 흉악한 역적은 없었다. 종사와 자전*을 염려하여 남쪽으로 피란하기로 결정하였다."

> (나) 정명수가 ❷ 심양에 있는 소현 세자의 관소에 와서 용골대의 뜻을 전하기를, "세자가 이곳에 들어온 지가 이미 5년이 되었으니, 어찌 스스로 먹고살 길을 마련하지 않는가. 세자와 인질들에게 어찌 먹고살 식량을 늘 지급해 줄 수가 있겠는가. 경작할 땅을 주어 내년부터 각자 농사를 지어 먹도록 함이 마땅하다."라고 하였다.

> *자전(慈殿) : 임금의 어머니

> 병자호란에 패한 이후 청의 심양에 끌려간 소현 세자는 8년 동안 인질 생활을 하였어요.

정답 잡는 키워드

❶ 이괄이 군사를 일으켜 수도를 함락함 → (가) 이괄의 난
❷ 소현 세자가 심양에 머물고 있음 → (나) 병자호란 이후

(가)는 이괄이 군사를 일으켜 수도를 함락하였다는 내용을 통해 이괄의 난과 관련된 자료임을 알 수 있어요. (나)는 소현 세자가 심양에 머물고 있는 것으로 보아 병자호란 이후의 상황을 보여 주는 자료임을 알 수 있어요. 조선 인조 즉위 후 인조반정의 공신이었던 이괄이 자신의 공로가 낮게 평가된 것에 불만을 품고 반란을 일으켰어요. 반란은 진압되었으나 이괄의 잔당이 후금에 넘어가 인조가 부당하게 왕이 되었다고 전하였고, 조선의 친명 정책을 못마땅하게 여기던 후금이 광해군의 원수를 갚는다는 명분을 내세워 조선을 침략해 정묘호란이 일어났어요. 정묘호란은 조선이 후금과 화의를 맺으면서 끝이 났어요. 이후 세력을 키운 후금은 국호를 '청'으로 바꾸고 조선에 군신 관계를 요구하였어요. 조선 정부 내에서 주화파와 척화파가 대립하였고, 척화의 분위기가 우세하여 청의 요구를 거부하였어요. 이에 청이 조선을 침략하면서 병자호란이 일어났어요. 인조는 남한산성으로 피란하여 항전하였으나 결국 삼전도에서 항복하고 청과 강화를 맺었어요. 이후 소현 세자와 봉림 대군을 비롯하여 수많은 사람이 청에 볼모로 끌려갔어요.

① 정문부가 길주에서 의병을 이끌었다.
➡ 임진왜란 당시 정문부는 길주 등지에서 의병을 이끌고 일본군을 격파하여 함경도 북부 지역을 되찾았어요.

② 삼수병으로 구성된 훈련도감이 설치되었다.
➡ 임진왜란 중에 포수, 사수, 살수의 삼수병으로 구성된 훈련도감이 설치되었어요.

③ 영창 대군이 사사되고 인목 대비가 유폐되었다.
➡ 광해군 때 영창 대군이 사사되고 인목 대비가 유폐되었어요. 이는 서인이 인조반정을 일으키는 원인이 되었어요.

④ 이덕형이 구원병 요청을 위해 명에 청원사로 파견되었다.
➡ 임진왜란 당시 이덕형은 명에 청원사로 건너가 구원병을 요청하여 명군의 참전을 성사시켰어요.

⑤ 김상헌 등이 남한산성에서 화의에 반대하여 항전을 주장하였다.
➡ 병자호란 당시 인조가 남한산성으로 피란하였어요. 이곳에서 김상헌 등의 척화파는 청과의 화의에 반대하여 항전을 주장하였고, 최명길 등의 주화파는 청과 화의를 맺을 것을 주장하였어요.

23 조선 후기의 경제   정답 ③

다음 자료를 활용한 탐구 활동으로 가장 적절한 것은?   [2점]

> 좌의정 채제공이 왕에게 아뢰었다. "빈둥거리는 무뢰배가 삼삼오오 떼를 지어 스스로 상점을 개설하고 일용품을 거래하는 일이 많아졌습니다. 그들은 큰 물건에서 작은 물건까지 싼값에 억지로 사들이기 일쑤입니다. 혹 물건 주인이 말을 듣지 않으면 **난전(亂廛)**❶으로 몰아서 결박하여 형조와 한성부로 끌고 가 혹독한 형벌을 당하도록 합니다. 이 때문에 물건 주인은 본전에서 밑지더라도 어쩔 수 없이 팔고 갑니다. 그리고 무뢰배들은 제각기 가게를 벌여놓고 배나 되는 값을 받습니다. 어쩔 수 없이 사야 하는 사람은 그 가게 외에서는 물건을 구할 수 없기 때문에, 물건 값이 날마다 치솟고 있습니다."

└─ 전란으로 시전 상업 체계가 무너지자 육의전을 비롯한 시전 상인에게 국역을 부담하는 대신 난전을 단속할 수 있는 금난전권을 부여하였어요.

정답 잡는 키워드

❶ 난전으로 몰아서 형벌을 당하게 함 → 금난전권의 폐해

난전으로 몰아서 형벌을 당하도록 하였다는 내용을 통해 금난전권의 폐해를 지적하는 자료임을 알 수 있어요. 조선 후기에 상업의 발달로 허가받지 않은 상인의 상업 활동이 활발해지면서 난전이 성행하였어요. 시전 상인은 금난전권을 행사하여 난전의 상업 활동을 규제하였는데, 이를 남용하면서 소상인의 성장이 억제되고 상품 거래의 독점으로 물가가 크게 오르는 등 폐해가 발생하였어요. 이에 정조 때 채제공의 건의로 시전 상인의 특권을 축소하는 통공 정책이 추진되었어요. 통공 정책으로 사상의 상업 활동이 활기를 띠게 되었어요.

① 계해약조의 체결 과정을 확인한다.
➡ 세종 때 일본과의 교역 규모를 규정한 계해약조가 체결되었어요.

② 오가작통법의 실시 목적을 파악한다.
➡ 조선 시대에 향촌 주민을 효율적으로 지배하고 농민이 토지에서 이탈하는 것을 막기 위해 이웃하고 있는 다섯 집을 하나의 통으로 묶어 관리하는 오가작통법이 실시되었어요.

③ 신해통공을 단행하게 된 배경을 조사한다.
➡ 정조 때 시전 상인이 금난전권을 통해 상권을 독점하여 폐해가 발생하자 육의전을 제외한 시전 상인의 금난전권을 폐지하는 신해통공이 단행되었어요.

④ 토지 소유자에게 결작을 부과한 이유를 살펴본다.
➡ 영조 때 균역법의 실시로 군포 수입이 줄어들자 부족한 재정을 보충하기 위해 토지 소유자에게 결작이 부과되었어요.

⑤ 풍흉에 따라 전세를 차등 부과하는 기준을 알아본다.
➡ 세종 때 전세를 효율적으로 수취하기 위해 풍흉에 따라 9등급으로 나누어 토지 1결당 최고 20두에서 최하 4두를 부과하는 연분9등법이 실시되었어요.

24 숙종 재위 시기의 사실   정답 ④

밑줄 그은 '이 왕'의 재위 시기에 있었던 사실로 옳은 것은?   [2점]

정답 잡는 키워드

❶ 조선과 청 사이의 경계를 나타내고자 비석을 세움,
❷ 비석에 서쪽은 압록강, 동쪽은 토문강을 경계로 한다는
내용을 새김 → 숙종 때 백두산정계비 건립

조선과 청 사이의 경계를 나타내고자 비석을 세웠으며, 비석에 서쪽은 압록강, 동쪽은 토문강을 경계로 한다는 내용이 새겨져 있다는 점을 통해 밑줄 그은 '이 왕'이 조선 숙종임을 알 수 있어요. 숙종 때 만주 일대를 둘러싸고 조선과 청 사이에 국경 분쟁이 일어나자 양국은 관리를 파견하여 백두산 일대를 답사하고 국경을 확정한 뒤 백두산정계비를 세웠어요.

① 최제우가 혹세무민의 죄로 처형되었다.
➡ 고종 때 동학 교조 최제우가 세상을 어지럽히고 백성을 속인다는 혹세무민의 죄로 처형되었어요.

② 변급, 신류 등이 나선 정벌에 참여하였다.
➡ 효종 때 청의 요청에 따라 변급, 신류 등이 조총 부대를 이끌고 나선(러시아) 정벌에 참여하였어요.

③ 국왕의 친위 부대인 장용영이 창설되었다.
➡ 정조 때 왕권을 뒷받침할 군사적 기반으로 국왕의 친위 부대인 장용영이 창설되었어요.

④ 경신환국 등 여러 차례 환국이 발생하였다.
➡ 숙종 때 경신환국, 기사환국, 갑술환국 등 정국을 주도하는 붕당과 견제하는 붕당이 급격하게 바뀌는 환국이 여러 차례 발생하였어요.

⑤ 정여립 모반 사건을 빌미로 기축옥사가 일어났다.
➡ 선조 때 정여립 모반 사건을 빌미로 기축옥사가 일어나 동인이 큰 피해를 입고 서인이 정국을 주도하게 되었어요.

기출 선택지 +α

❻ 양재역 벽서 사건이 발생하였다.   (O/X)
❼ 경기도에 한해서 대동법이 실시되었다.   (O/X)
❽ 자의 대비의 복상 문제로 예송이 전개되었다.   (O/X)
❾ 인현 왕후가 폐위되고 남인이 권력을 차지하였다.   (O/X)
❿ 붕당의 폐해를 경계하기 위한 탕평비가 건립되었다.   (O/X)

기출 선택지 +α   정답 ❻ ×[명종] ❼ ×[광해군] ❽ ×[현종] ❾ ○ ❿ ×[영조]

25 김정희의 활동　　정답 ②

밑줄 그은 '이 인물'에 대한 설명으로 옳은 것은?　　[2점]

이것은 이 인물이 제주도 유배지에서 부인에게 보낸 한글 편지입니다. 편지에는 유배 생활의 곤궁함과 함께 위독한 부인에 대한 걱정과 그리움이 담겨 있습니다. 독창적인 서체로 유명한 이 인물은 유배지에서 세한도를 그리기도 하였습니다.

세한도는 '한겨울 추운 날씨가 된 다음에야 소나무, 잣나무가 시들지 않음을 알게 된다.'는 "논어"의 구절을 소재로 한 그림으로, 시련 속에서도 변치 않는 심의를 표현한 작품으로 알려져 있어요.

정답 잡는 키워드

❶ 제주도에서 유배 생활을 함, ❷ 독창적인 서체로 유명함,
❸ 세한도를 그림 → 김정희

제주도에서 유배 생활을 하였으며, 독창적인 서체로 유명하고 세한도를 그렸다는 내용을 통해 밑줄 그은 '이 인물'이 김정희임을 알 수 있어요. 김정희는 고증학의 영향을 받아 금석학에 조예가 깊었으며, 예술적 능력도 뛰어나 세한도, 모질도 등의 그림을 남겼어요. 특히 세한도는 제주도에 유배를 가 있던 자신을 잊지 않고 귀한 책을 보내 준 제자 이상적에게 답례로 그려 준 그림으로 김정희의 대표적인 작품이에요. 또한, 김정희는 역대 명필을 연구하여 자신만의 독창적 서체인 추사체를 창안하였어요. '추사'는 김정희의 호입니다.

① 기대승과 사단칠정 논쟁을 전개하였다.
➡ 유학에서 '사단(四端)'은 인간의 본성에서 우러나오는 마음을 말하며, '칠정(七情)'은 인간의 일곱 가지 감정을 말해요. 이황은 기대승과 사단칠정에 대한 논쟁을 벌였으며 기대승의 의견을 받아들여 자신의 견해를 수정하기도 하였어요.

②북한산비가 진흥왕 순수비임을 고증하였다.
➡ 김정희는 "금석과안록"에서 북한산비가 진흥왕 순수비임을 처음으로 고증하였어요.

③ 양명학을 연구하여 강화학파를 형성하였다.
➡ 정제두는 양명학을 체계적으로 연구하였으며, 강화도에서 후진 양성에 힘을 기울여 강화학파를 형성하였어요.

④ 청으로부터 시헌력을 도입하자고 건의하였다.
➡ 김육은 청에서 사용하는 시헌력의 도입을 효종에게 건의하였어요.

⑤ 열하일기에서 수레와 선박의 사용을 강조하였다.
➡ 박지원은 청에 다녀온 후 청에서 보고 들은 내용을 기록한 "열하일기"에서 수레와 선박의 사용을 강조하였어요.

기출 선택지 +α

❻ 기기도설을 참고하여 거중기를 설계하였다.	(O/X)
❼ 역대 명필을 연구하여 추사체를 창안하였다.	(O/X)
❽ 100리 척을 사용하여 동국지도를 제작하였다.	(O/X)
❾ 안평 대군의 꿈을 소재로 몽유도원도를 그렸다.	(O/X)
❿ 10리마다 눈금을 표시한 대동여지도를 완성하였다.	(O/X)

기출 선택지 +α
정답　❻ ×[정약용]　❼ ○　❽ ×[정상기]　❾ × [안견]　❿ ×[김정호]

---

26 조선 후기의 사회 모습　　정답 ②

다음 가상 대화가 이루어진 시기에 볼 수 있는 모습으로 적절하지 않은 것은?　　[2점]

며칠 전 주상께서 각 궁방과 중앙 관청에 소속된 노비를 모두 양민으로 삼고, 노비 문서를 거두어 불태우라고 명하셨다는군.

나도 들었네. 선왕께서 노비 추쇄법을 혁파하셨는데, 그 뜻을 이어받으신 것 아니겠는가.

정조는 도망한 노비를 붙잡으러 다니는 노비 추쇄관을 혁파하여 공노비 해방의 토대를 마련하였어요.

정답 잡는 키워드

❶ 각 궁방과 중앙 관청에 소속된 노비를 모두 양민으로 삼음,
❷ 노비 문서를 불태움 → 순조, 공노비 해방(1801)

각 궁방과 중앙 관청에 소속된 노비, 즉 공노비를 모두 양민으로 삼고 노비 문서를 불태우라는 명을 내렸다는 내용을 통해 가상 대화가 이루어진 시기가 조선 순조 때인 1801년임을 알 수 있어요. 순조는 군역 대상자를 확보하고 국가 재정을 확충하기 위해 각 궁방과 중앙 관서의 공노비를 해방하였어요.

① 담배 농사를 짓는 농민
➡ 조선 후기에 담배, 인삼, 고추 등이 시장에 내다 팔기 위한 상품 작물로 재배되었어요.

②염포 왜관에서 교역하는 상인
➡ 염포는 조선 전기인 세종 때 일본인에게 교역을 허락한 3포 가운데 하나였어요. 부산포, 제포와 함께 개항되었으나 중종 때 일어난 삼포 왜란으로 폐쇄되었어요.

③ 세책가에서 춘향전을 빌리는 부녀자
➡ 조선 후기에 "춘향전", "홍길동전" 등 한글 소설이 유행하면서 돈을 받고 책을 빌려주는 세책가가 성행하였어요.

④ 관청에 필요한 물품을 납품하는 공인
➡ 조선 후기에 대동법이 실시되면서 관청에 필요한 물품을 납품하는 공인이 등장하였어요.

⑤ 송파장에서 산대놀이 공연을 벌이는 광대
➡ 조선 후기에 송파장, 강경장, 원산장 등 전국적으로 장시가 발달하고 사람이 많이 모이는 곳에서 탈놀이 등의 공연이 벌어졌어요. 송파 산대놀이는 서울과 경기 지방에서 성행한 탈놀이입니다.

27 세도 정치 시기의 사실 정답 ⑤

밑줄 그은 '이 시기'에 있었던 사실로 옳은 것은? [2점]

순조 때에는 안동 김씨, 헌종 때에는 풍양 조씨, 철종 때에는 다시 안동 김씨가 왕실의 외척으로 권력을 독점하였어요.

> 이 우표 속 그림은 국왕의 혼인을 축하하기 위해 거행된 진하례 모습을 그린 궁중 행사도입니다. 그림에 보이는 왕실 행사의 화려함과는 달리 안동 김씨 등 외척 세력이 세 왕에 걸쳐 60여 년 동안 권력을 잡은 이 시기에는 국왕의 실권이 많이 위축되었습니다.

정답 잡는 키워드

❶ 안동 김씨 등 외척 세력이 세 왕에 걸쳐 60여 년 동안 권력을 잡음,

❷ 국왕의 실권이 많이 위축됨 → 세도 정치 시기

안동 김씨 등 외척 세력이 세 왕에 걸쳐 60여 년 동안 권력을 잡았으며, 국왕의 실권이 많이 위축되었다는 내용을 통해 밑줄 그은 '이 시기'가 19세기 세도 정치 시기임을 알 수 있어요. 정조의 뒤를 이어 순조가 어린 나이로 즉위하면서 안동 김씨 등 왕실 외척을 비롯한 소수 특정 가문이 비변사를 중심으로 권력을 독점하여 왕권이 위축되었어요. 이러한 상황은 순조, 헌종, 철종에 걸쳐 60여 년간 이어졌습니다. 이 시기에 정치 기강이 해이해져 매관매직 등 부정부패가 만연하였고, 탐관오리의 수탈과 삼정의 문란이 극에 달하였어요.

① 어영청을 중심으로 북벌이 추진되었다.
➡ 효종 때 어영청을 중심으로 청에 당한 치욕을 씻기 위해 청을 정벌하자는 북벌이 추진되었으나 실현되지는 못하였어요.

② 윤지충 등이 처형된 신해박해가 일어났다.
➡ 정조 때 천주교도 윤지충과 권상연이 유교식 제사를 지내지 않고 신주를 불태워 관에 고발되었어요. 이들은 혹독한 고문을 당하며 배교를 강요받았으나 신앙을 고수하다가 처형되었어요. 이를 신해박해(1791)라고 합니다.

③ 이필제가 영해 지역을 중심으로 난을 일으켰다.
➡ 고종 때 동학교도 이필제가 동학의 제2대 교주 최시형과 함께 교조 최제우의 원한을 풀기 위해 지금의 경상북도 영덕 지역인 영해에서 난을 일으켰어요.

④ 경복궁 중건 비용 마련을 위해 당백전이 발행되었다.
➡ 고종 때 집권한 흥선 대원군은 왕권 강화를 위해 경복궁을 중건하였어요. 이 과정에서 중건 비용을 마련하기 위해 당백전이 발행되었어요.

⑤ 삼정의 문란을 해결하기 위해 삼정이정청이 설치되었다.
➡ 철종 때 진주 농민 봉기의 수습을 위해 파견된 안핵사 박규수의 건의에 따라 삼정의 문란을 해결하기 위한 삼정이정청이 설치되었어요.

기출 선택지 +α

❻ 왕이 도성을 떠나 공산성으로 피란하였다. (O / X)
❼ 외교 문서를 집대성한 동문휘고가 편찬되었다. (O / X)
❽ 홍경래 등이 난을 일으켜 정주성을 점령하였다. (O / X)
❾ 이인좌를 중심으로 한 소론 세력이 난을 일으켰다. (O / X)

28 신미양요 이후의 사실 정답 ③

(가) 사건 이후에 일어난 사실로 옳은 것은? [1점]

> 3년 전 우리나라에서 전시한 어재연 장군의 수자기를 찍은 사진이야. 어재연 장군은 미군이 강화도를 침략한 (가) 당시 광성보에서 항전하였어.

> 맞아. 이 수자기는 그때 빼앗겼다가 많은 노력 끝에 대여 형식으로 들어와 실물을 볼 수 있었어. 안타깝게도 지금은 미국으로 다시 돌아가 언제 돌아올 수 있을지 모른다고 해.

수자기는 장군이 군대를 지휘할 때 사용하는 깃발이에요. 신미양요 당시 미군은 어재연 장군의 수자기를 탈취해 갔어요.

○○○님, 3년 전 올린 게시물에서 어떤 일이 있었는지 확인해 보세요.
#3년 전
어재연 장군 수자기! 조선 군인의 결의가 느껴진다.
#강화 역사 박물관

정답 잡는 키워드

❶ 어재연 장군이 강화도를 침략한 미군에 맞서 광성보에서 항전함

→ 신미양요

어재연 장군이 강화도를 침략한 미군에 맞서 광성보에서 항전하였다는 내용을 통해 (가) 사건이 신미양요임을 알 수 있어요. 제너럴 셔먼호 사건을 구실로 1871년에 미군이 강화도를 침략하여 신미양요가 일어났어요. 신미양요 당시 미군이 초지진, 덕진진을 함락하고 광성보를 공격해 오자 어재연이 이끄는 조선 수비대가 맞서 싸웠으나 전력의 열세로 패배하였어요.

① 의궤를 비롯한 외규장각 도서가 약탈당하였다.
➡ 1866년 병인양요 당시 프랑스군이 철수하면서 의궤를 비롯한 외규장각 도서를 약탈해 갔어요.

② 홍경래 등이 난을 일으켜 정주성을 점령하였다.
➡ 순조 때인 1811년에 지배층의 수탈과 서북 지역에 대한 차별에 반발하여 홍경래 등이 난을 일으켜 정주성을 점령하였으나 관군에 의해 진압되었어요.

③ 종로를 비롯한 전국 각지에 척화비가 건립되었다.
➡ 신미양요 이후 흥선 대원군은 서양 세력과의 통상 수교 거부 의지를 널리 알리기 위해 종로를 비롯한 전국 각지에 척화비를 건립하였어요.

④ 제너럴 셔먼호가 대동강 유역에서 통상을 요구하였다.
➡ 1866년에 미국 상선 제너럴 셔먼호가 대동강을 거슬러 올라와 통상을 요구하며 횡포를 부리자 평안 감사 박규수의 지휘 아래 평양 관민이 제너럴 셔먼호를 불태워 침몰시켰어요.

⑤ 황사영이 외국 군대의 출병을 요청하는 백서를 작성하였다.
➡ 순조 때인 1801년에 신유박해가 일어나자 천주교도 황사영이 신앙의 자유를 얻기 위해 중국 베이징 교구의 주교에게 군대의 출병을 요청하는 백서를 작성하여 비밀리에 보내려다가 발각되었어요.

기출 선택지 +α

❻ 한성근 부대가 문수산성에서 항전하였다. (O / X)
❼ 신유박해로 많은 천주교도가 처형되었다. (O / X)
❽ 일본 군함 운요호가 영종도를 공격하였다. (O / X)
❾ 오페르트가 남연군 묘 도굴을 시도하였다. (O / X)
❿ 로즈 제독의 함대가 양화진을 침입하였다. (O / X)

29 조·일 수호 조규 부록과 조·영 수호 통상 조약   정답 ④

(가), (나) 조약 사이의 시기에 볼 수 있는 모습으로 가장 적절한 것은?   [3점]

> (가) ❶부산항에서 일본국 인민이 통행할 수 있는 도로 이정(里程)은 부두로부터 기산하여 조선 이법(里法)으로 동서남북 직경 10리로 정한다. 동래부는 이정 밖에 있지만 특별히 왕래할 수 있다. 일본국 인민은 마음대로 통행하며 조선 토산물과 일본국 물품을 사고팔 수 있다. _{개항장 내 일본인이 자유롭게 통행하거나 무역을 할 수 있는 지역의 범위를 사방 10리로 규정하였어요.}
>
> (나) 통상 지역에서 조선 이법 100리 이내, 혹은 장래 양국 관원이 서로 의논하여 정하는 경계 안에서 영국 인민은 여행증명서 없이 마음대로 돌아다닐 수 있다. ❷여행증명서를 지닌 영국 인민은 조선 각지를 돌아다니며 통상하거나, 각종 화물을 들여와 팔거나 (단, 조선 정부가 불허한 서적·인쇄물 등은 제외), 일체 토산물을 구매할 수 있다.

정답 잡는 키워드

❶ 부산항에서 일본국 인민이 통행할 수 있는 범위를 동서남북 직경 10리로 정함 → (가) 조·일 수호 조규 부록(1876)

❷ 영국 인민의 내지 통상 허용 → (나) 조·영 수호 통상 조약(1883)

(가) 조약은 일본국 인민이 통행할 수 있는 범위를 부산항에서 동서남북 직경 10리로 정한다는 내용을 통해 1876년 강화도 조약(조·일 수호 조규)을 보완하기 위해 체결된 조·일 수호 조규 부록임을 알 수 있어요. 조·일 수호 조규 부록에서는 일본인의 활동 범위를 설정하고 개항장에서 일본 화폐의 유통을 허용하였어요. (나) 조약은 영국 인민의 통행과 통상에 관한 내용을 정한 것으로 보아 1883년에 체결된 조·영 수호 통상 조약임을 알 수 있어요. 조선은 1882년에 서양 국가들 가운데 처음으로 미국과 수호 통상 조약을 체결하였어요. 뒤이어 1883년에는 영국·독일, 1884년에는 러시아, 1886년에는 프랑스와도 수호 통상 조약을 체결하였어요. 조·영 수호 통상 조약에서 조선은 영국 상인의 내륙 진출을 허용하고, 최혜국 대우와 치외 법권을 인정하였어요.

① 거문도를 불법으로 점거하는 영국 군인
➡ 갑신정변 후 조선을 둘러싸고 주변국이 각축을 벌이는 상황에서 영국이 러시아를 견제한다는 명분으로 거문도를 불법으로 점거하였어요(1885~1887).

② 남연군 묘의 도굴을 시도하는 독일 상인
➡ 1868년에 독일 상인 오페르트가 조선 정부에 통상을 요구하는 데 이용하고자 흥선 대원군의 아버지인 남연군의 묘를 도굴하려다가 실패하였어요.

③ 부산 절영도의 조차를 요구하는 러시아 공사
➡ 1897년에 러시아가 저탄소(석탄 저장고) 설치를 위해 부산 절영도의 조차를 요구하였어요.

④ 조·청 상민 수륙 무역 장정을 체결하는 청 관리
➡ 1882년 청군의 개입으로 임오군란이 진압된 뒤에 청의 강요로 조·청 상민 수륙 무역 장정이 체결되었어요.

⑤ 톈진 조약에 따라 조선에서 철수하는 일본 군인
➡ 갑신정변 후 청과 일본은 조선에서 양국 군대를 공동 철수하고, 향후에 조선에 파병할 경우에는 사전에 서로 통보할 것을 약속한 톈진 조약을 체결하였어요(1885).

기출 선택지 +α

❻ 우정총국 개국 축하연에 참석하는 외교관   (O/X)

❼ 조사 시찰단으로 일본에 파견되는 통역관   (O/X)

기출 선택지 +α   정답 ❻ ×[1884년] ❼ ○[1881년]

---

30 처용무   정답 ①

(가)에 대한 설명으로 옳은 것은?   [2점]

> 한국의 무형 문화유산 - (가)
> 史 한국사 알림이 채널   조회 수 202,408
>
> ❶궁중 무용 중 유일하게 사람 형상의 가면을 쓰고 추는 춤으로 5명이 중앙과 동서남북을 상징하는 5가지 색깔의 옷을 입고 춤을 춥니다. 가면의 팥죽색은 악귀를 물리치는 벽사의 의미를 담고 있습니다. ❷2009년 '유네스코 무형 문화유산'으로 등재되었습니다.

정답 잡는 키워드

❶ 궁중 무용 중 유일하게 사람 형상의 가면을 쓰고 추는 춤,

❷ 유네스코 무형 문화유산 → 처용무

궁중 무용 중 유일하게 사람 형상의 가면을 쓰고 추는 춤이며, 유네스코 무형 문화유산으로 등재되었다는 내용을 통해 (가)는 처용무임을 알 수 있어요. 처용무는 '오방 처용무'라고도 해요. 5명의 무용수가 각각 동서남북과 중앙의 5방향, 즉 오방(五方)을 상징하는 색깔의 옷을 입고 악귀를 물리치는 의미가 담긴 춤을 추는 궁중 무용입니다.

① 처용 설화를 바탕으로 하였다.
➡ 처용무는 동해 용왕의 아들로 사람 형상을 한 처용이 춤을 추어 천연두를 옮기는 역신으로부터 인간 아내를 구해 냈다는 처용 설화를 바탕으로 하였어요.

② 종묘에서 행하는 제향 의식이다.
➡ 종묘 제례에 대한 설명이에요. 종묘 제례 및 종묘 제례악은 2001년에 유네스코 무형 문화유산으로 등재되었어요.

③ 부처의 영취산 설법 모습을 재현하였다.
➡ 영산재에 대한 설명이에요. 영산재는 불교에서 행하는 49재(사람이 죽은 지 49일째 되는 날에 지내는 제사 의례)의 한 형태입니다. 2009년에 유네스코 무형 문화유산으로 등재되었어요.

④ 창과 아니리, 너름새 등으로 구성되었다.
➡ 판소리에 대한 설명이에요. 판소리는 고수(북치는 사람)의 장단에 맞추어 소리꾼이 창과 아니리(말), 너름새(몸짓)로 구연하는 공연이에요. 2003년에 유네스코 무형 문화유산으로 등재되었어요.

⑤ 양반, 파계승 등을 풍자하는 내용이 담겨 있다.
➡ 탈놀이에 대한 설명이에요. 양주 별산대놀이, 하회 별신굿 탈놀이 등 '한국의 탈춤' 18개 종목이 2022년에 유네스코 무형 문화유산으로 등재되었어요.

31 을미개혁   정답 ③

밑줄 그은 '개혁'의 내용으로 옳은 것은?   [2점]

어제 발행된 관보를 보았는가? 지난 8월 **❶국모 시해 사건** 이후 김홍집 내각에서 추진한 개혁의 일환으로 태양력을 시행한다더니, 그에 맞추어 연호를 새로 정하라는 조칙이 내려졌군.

그래서 내일부터 양력 1월 1일이 시작되고, 새로운 연호는 건양으로 정해졌다고 하네.

─ 을미사변 이후 수립된 김홍집 내각은 태양력 사용을 공식적으로 채택하고, 1895년 11월 17일을 양력으로 환산하여 1896년 1월 1일로 삼는다는 조칙을 내렸어요.

정답 잡는 키워드

❶ 국모 시해 사건 이후 김홍집 내각에서 추진, ❷ 태양력 시행,

❸ 새로운 연호를 '건양'으로 정함 → 을미개혁

국모 시해 사건 이후 김홍집 내각에서 추진하였으며, 태양력을 시행하고 '건양'이라는 새로운 연호를 정하였다는 내용을 통해 밑줄 그은 '개혁'이 1895년에 추진된 을미개혁임을 알 수 있어요. 삼국 간섭 이후 조선 정부가 친러 정책을 펴자 위기감을 느낀 일본은 친러 정책의 배후 세력을 명성 황후라고 여겨 시해한 을미사변을 저질렀어요. 이어 구성된 친일 성향의 김홍집 내각은 을미개혁을 추진하여 태양력을 시행하고 '건양' 연호를 제정하였어요.

① 양전 사업을 실시하여 지계를 발급하였다.
➡ 광무개혁을 추진하는 과정에서 대한 제국 정부는 양전 사업을 실시하고 근대적 토지 소유 증명 문서인 지계를 발급하였어요.

② 지방 행정 구역을 8도에서 23부로 개편하였다.
➡ 제2차 갑오개혁 때 의정부를 내각으로, 8아문을 7부로 바꾸었으며, 지방 행정 구역을 8도에서 23부로 개편하였어요.

③ 군제를 개편하여 친위대와 진위대를 설치하였다.
➡ 을미개혁 때 군제를 개편하여 중앙에는 친위대, 지방에는 진위대를 설치하였어요.

④ 공사 노비법을 혁파하고 과부의 재가를 허용하였다.
➡ 제1차 갑오개혁 때 공사 노비법 혁파, 과부의 재가 허용, 조혼 금지 등의 개혁을 추진하였어요.

⑤ 교육의 기본 방향을 제시한 교육 입국 조서를 반포하였다.
➡ 제2차 갑오개혁 때 고종은 교육의 기본 방향을 제시한 교육 입국 조서를 반포하였어요.

기출 선택지 +α

❻ 재판소를 설치하였다.	(O / X)
❼ 은 본위제를 도입하였다.	(O / X)

핵심 개념 | 을미개혁

배경	삼국 간섭 후 조선 정부가 친러 정책 추진 → 일본이 친러 정책을 주도하던 명성 황후 시해(을미사변) → 친일적인 김홍집 내각이 구성되어 개혁 추진
내용	태양력 채택, '건양' 연호 사용, 군제 개편(중앙 – 친위대, 지방 – 진위대 설치), 단발령 실시, 종두법 시행, 우편 사무 재개
중단	아관 파천 직후 김홍집 내각 붕괴 → 개혁 중단

기출 선택지 +α   정답 ❻ ×[제2차 갑오개혁] ❼ ×[제1차 갑오개혁]

---

32 통리기무아문   정답 ①

(가) 기구를 통해 추진된 정책으로 옳은 것은?   [2점]

이곳은 기기창 건물 중 하나인 번사창입니다. **❶강화도 조약 체결 이후 정부는 국내외 정세에 대응하고 개화 정책을 총괄하기 위한 기구로** (가) 을/를 설치하였습니다. 이 기구의 건의로 청에 파견한 영선사 일행에 유학생을 포함시켜 근대 문물을 배워 오도록 하였습니다. 이러한 노력의 영향으로 설치된 근대적 무기 공장이 바로 기기창이었습니다.

통리기무아문의 건의로 1881년에 조선 정부는 청의 기기국에 영선사 김윤식을 대표로 하는 유학생과 기술자들을 파견하였어요. 이들은 무기 제조 기술을 습득하고 돌아와 근대적 무기 제조 공장인 기기창 설립을 주도하였어요.

정답 잡는 키워드

❶ 강화도 조약 체결 이후에 설치된 개화 정책 총괄 기구

→ 통리기무아문

강화도 조약 체결 이후 개화 정책을 총괄하기 위해 설치되었다는 내용을 통해 (가) 기구가 통리기무아문임을 알 수 있어요. 개항 후 조선 정부는 변화하는 국내외 정세에 대응하고 개화 정책을 총괄하기 위해 1880년에 통리기무아문을 설치하고 소속 부서로 외교 업무를 담당하는 교린사, 군사에 관한 일을 관장하는 군무사, 외국과의 통상에 관한 일을 맡은 통상사 등의 12사를 두었어요. 통리기무아문은 일본과 청에 사절단을 파견하는 등의 개화 정책을 추진하였어요.

① 별기군을 창설하였다.
➡ 통리기무아문은 기존 5군영의 군사 조직을 무위영과 장어영의 2영으로 축소하고, 신식 군대인 별기군을 창설하였어요.

② 원수부를 설치하였다.
➡ 대한 제국 정부는 황제 직속의 군 통수 기관인 원수부를 설치하여 황제권을 강화하였어요.

③ 대전통편을 편찬하였다.
➡ 조선 정조는 통치 체제를 정비하기 위해 "경국대전"과 "속대전" 등을 통합·보완하여 "대전통편"을 편찬하였어요.

④ 신문지법을 공포하였다.
➡ 대한 제국 정부는 신문의 창간과 발행 등을 관리하여 한국의 언론을 탄압·통제하고자 한 통감부의 강요로 1907년에 신문지법을 공포하였어요.

⑤ 서당 규칙을 제정하였다.
➡ 조선 총독부는 근대적 교육을 추가한 개량 서당이 확산되자 1918년에 서당 규칙을 제정하여 이를 탄압하였어요.

기출 선택지 +α

❻ 과거제를 폐지하였다.	(O / X)
❼ 대한국 국제를 반포하였다.	(O / X)
❽ 5군영을 2영으로 통합하였다.	(O / X)

기출 선택지 +α   정답 ❻ ×[군국기무처(제1차 갑오개혁)] ❼ ×[대한 제국 정부(광무개혁)] ❽ ○

33 대한매일신보

정답 ④

(가) 신문에 대한 설명으로 옳은 것은?   [1점]

근대 신문 박물관

소장품

국가등록문화유산 – 배설 만사집

배설은 영국인 베델의 한국식 이름이에요.

"배설 만사집"은 ❶ (가) 의 발행인 배설(Ernest T. Bethell, 1872~1909)이 37세의 젊은 나이로 사망하자, 그를 추도하여 전국 각지에서 보내온 만사* 259편을 모아 책으로 엮은 것이다. 만사를 쓴 사람은 총 251명인데, ❷박은식과 양기탁 등 (가) 의 발간에 참여했던 인사를 비롯하여 언론인·교사·군인·유학자·종교인 등 다양하다.

* 만사(輓詞) : 죽은 사람을 애도하는 글

정답 잡는 키워드

❶ 발행인 배설, ❷ 박은식과 양기탁 등이 발간에 참여함

→ 대한매일신보

배설이 발행인이며, 박은식과 양기탁 등이 발간에 참여하였다는 내용을 통해 (가) 신문이 대한매일신보임을 알 수 있어요. 베델은 양기탁 등과 함께 1904년에 대한매일신보를 창간하였어요. 영국인 베델이 발행인으로 참여하였기 때문에 일제의 간섭에서 비교적 자유로워 박은식, 신채호 등이 쓴 항일 논설을 게재하고, 의병 투쟁에 호의적인 기사를 실을 수 있었어요.

① 박문국에서 발행하였다.
→ 박문국은 조선 정부가 인쇄·출판 업무를 위해 설치한 관청입니다. 박문국에서 한성순보, 한성주보 등이 발행되었어요.

② 브나로드 운동을 주도하였다.
→ 동아일보는 1930년대에 '배우자 가르치자 다 함께 브나로드'라는 구호를 내세우며 농촌 계몽 운동인 브나로드 운동을 주도하였어요.

③ 여권통문을 처음 게재하였다.
→ 여권통문은 서울 북촌의 양반 여성들이 발표한 우리나라 최초의 여성 권리 선언문으로, 황성신문이 여권통문을 처음 게재하였어요.

④ 국채 보상 운동을 지원하였다.
→ 대한매일신보는 국채 보상 운동을 적극적으로 지원하여 운동이 전국적으로 확산하는 데 기여하였어요.

⑤ 순 한글판으로 발행된 최초의 신문이었다.
→ 독립신문은 순 한글판으로 발행된 최초의 신문이었어요. 국내 상황을 외국인에게 알리기 위해 영문판도 함께 발행되었어요.

기출 선택지 +α

❻ 상업 광고를 처음으로 실었다.   (O / X)
❼ 의병 투쟁에 호의적인 기사를 게재하였다.   (O / X)
❽ 일장기를 삭제한 손기정 사진을 게재하였다.   (O / X)
❾ 순 한문 신문으로 열흘마다 발행하는 것이 원칙이었다.(O / X)

기출 선택지 +α
정답 ❻ ×[한성주보] ❼ ○ ❽ ×[조선중앙일보, 동아일보] ❾ ×[한성순보]

---

34 독립 협회의 활동

정답 ③

(가) 단체의 활동으로 옳은 것은?   [2점]

❶독립문 주춧돌 놓는 예식을 독립 공원 부지에서 열었다. …… 회장 안경수 씨가 연설하기를, " (가) 이/가 처음에 시작할 때 단지 회원이 네다섯 명이더니 오늘날 회원은 수천 명이다. 조선 인민들이 나라가 독립되는 것을 좋아하기에 심지어 궁벽한 시골에 사는 인민 중에서 ❷독립문 세우는 데 돈을 보조하는 사람들이 있으며, 외국 사람 중에서도 돈 낸 사람들이 많이 있었다. 이것을 보면 조선 사람들도 오늘부터 조선에서 모든 일을 (가) 하듯이 시작하여 모두 합심하기를 바란다."라고 하였다.

독립 협회는 청의 사신을 맞이하던 영은문이 있던 자리 부근에 전 국민을 상대로 모금 운동을 벌여 독립문을 세웠어요.

정답 잡는 키워드

❶ 독립문 주춧돌 놓는 예식을 엶, ❷ 독립문을 세우고자 함

→ 독립 협회

독립 공원 부지에서 독립문 주춧돌 놓는 예식을 열었으며, 독립문을 세우고자 하였다는 내용을 통해 (가) 단체가 독립 협회임을 알 수 있어요. 독립 협회는 서재필 등이 중심이 되어 창립한 단체로, 민중 계몽을 통한 근대화와 자주독립 수호를 위한 활동을 전개하였어요. 독립문과 독립관을 세워 자주독립의 의지를 드러냈으며, 토론회와 강연회 등을 개최하여 민중 계몽에 힘썼어요. 또한, 만민 공동회를 열어 러시아의 절영도 조차 요구를 저지하고, 한·러 은행 폐쇄를 이끌어 내는 등 열강의 이권 침탈을 저지하는 데 앞장섰어요.

① 고종 강제 퇴위 반대 운동을 전개하였다.
→ 대한 자강회는 헤이그 특사 파견을 구실로 고종이 강제 퇴위를 당하자 고종 강제 퇴위 반대 운동을 전개하였어요.

② 일제의 황무지 개간권 요구를 저지시켰다.
→ 보안회는 황무지 개간권 요구에 반대하는 운동을 전개하여 일제의 요구를 저지하였어요.

③ 중추원 개편을 통한 의회 설립을 추진하였다.
→ 독립 협회는 중추원 개편을 통한 의회 설립 운동을 전개하여 관민 공동회에서 헌의 6조를 채택하고 고종의 재가를 받았어요.

④ 대성 학교를 설립하여 민족 교육을 실시하였다.
→ 신민회는 인재 양성을 위해 오산 학교와 대성 학교를 설립하여 민족 교육을 실시하였어요.

⑤ 독립운동 자금 마련을 위해 독립 공채를 발행하였다.
→ 대한민국 임시 정부는 독립운동 자금을 마련하기 위해 독립 공채를 발행하고 의연금을 거두었어요.

기출 선택지 +α

❻ 어린이날을 제정하고 소년 운동을 전개하였다.   (O / X)
❼ 태극 서관을 설립하여 계몽 서적을 보급하였다.   (O / X)
❽ 외교 활동을 펼치기 위해 구미 위원부를 설치하였다.   (O / X)
❾ 만민 공동회를 열어 열강의 이권 침탈을 저지하였다.   (O / X)

기출 선택지 +α
정답 ❻ ×[천도교 소년회] ❼ ×[신민회] ❽ ×[대한민국 임시 정부] ❾ ○

---

35 화폐 정리 사업   정답 ⑤

밑줄 그은 '사업'에 대한 탐구 활동으로 가장 적절한 것은? [2점]

화폐로 보는 한국사

백동화(白銅貨)는 전환국에서 발행한 액면가 2전 5푼의 동전이다. 당시 재정 궁핍으로 본위 화폐인 은화는 거의 주조되지 않았고, 보조 화폐인 백동화가 주로 제조되어 사용되었다. 러·일 전쟁 중에 **재정 고문으로 임명된 메가타 다네타로의 주도하에 전환국을 폐지하고 백동화와 엽전을 일본 제일 은행권으로 교환하는 사업을** 추진하면서, 백동화의 발행이 중단되었다.

└ 백동화는 상태에 따라 갑·을·병종으로 구분하여 교환되었는데, 본래 가치보다 낮게 평가되는 경우가 많았고 병종은 아예 교환에서 제외되었어요.

정답 잡는 키워드

❶ 재정 고문으로 임명된 메가타가 주도함, ❷ 백동화와 엽전을 일본 제일 은행권으로 교환 → 화폐 정리 사업

재정 고문으로 임명된 메가타가 주도하였으며, 백동화와 엽전을 일본 제일 은행권으로 교환한다는 내용을 통해 밑줄 그은 '사업'이 화폐 정리 사업임을 알 수 있어요. 제1차 한·일 협약 체결(1904) 후 재정 고문으로 파견된 메가타의 주도로 화폐 정리 사업이 실시되었어요. 이는 대한 제국의 화폐를 일본 제일 은행권으로 교환하는 사업으로, 백동화의 가치를 제대로 평가하지 않고 화폐의 상태로 등급을 나누어 교환해 주는 규정에 따라 진행되었어요. 이로 인해 국내 자본가뿐 아니라 상인, 농민이 큰 피해를 입었어요.

① 군국기무처의 활동을 조사한다.
➡ 군국기무처는 초정부적인 정책 의결 기구로 **제1차 갑오개혁**을 추진하였어요.

② 당오전이 발행된 배경을 파악한다.
➡ 당오전은 명목상 상평통보의 5배 가치를 가진 화폐로 **개항 이후 조선 정부의 재정난을 해결**하기 위해 발행하였어요.

③ 삼국 간섭이 발생한 원인을 분석한다.
➡ 청·일 전쟁에서 **승리한 일본**은 청과 시모노세키 조약을 체결하여 **랴오둥반도와 타이완 등을 차지**하고 막대한 배상금을 받았어요. 그러자 한반도와 만주 지역에서 세력 확대를 노리던 러시아가 프랑스와 독일을 끌어들여 랴오둥반도를 청에 반환하도록 일본을 압박하는 삼국 간섭이 일어났어요.

④ 대한 광복회가 결성된 목적을 살펴본다.
➡ 1915년에 대구에서 박상진 등이 비밀 결사인 대한 광복회를 조직하였어요. 대한 광복회는 **공화 정체의 근대 국가 수립을 목표**로 친일 부호 처단, 군자금 모금 등의 활동을 전개하였으며 독립군 양성을 위해 만주에 무관 학교를 세우고자 하였어요.

⑤ **제1차 한·일 협약 체결의 영향을 알아본다.**
➡ 제1차 한·일 협약에 따라 재정 고문으로 일본인 메가타, 외교 고문으로 미국인 스티븐스가 부임하였고, 이후 메가타의 주도로 **화폐 정리 사업**이 추진되었어요.

핵심 개념 | 화폐 정리 사업

시행	제1차 한·일 협약에 따라 일본이 파견한 재정 고문 메가타가 주도
시행 내용	• 상평통보, 백동화 등을 제일 은행권으로 교체 • 백동화를 상태에 따라 갑·을·병종으로 구분하여 교환 → 본래 가치보다 평가 절하, 교환이 거부되기도 함 • 전환국 폐지, 금 본위제 실시
영향	국내 자본가뿐만 아니라 상인, 농민의 피해가 컸음

---

36 연해주 지역의 민족 운동   정답 ①

(가) 지역에서 일어난 민족 운동에 대한 설명으로 옳은 것은? [3점]

이 문서는 일제에 협력하는 것을 방지한다는 명분으로 **(가)** 의 한인들을 중앙아시아로 강제 이주시키라는 명령서이다. 1937년에 소련 공산당 서기장 스탈린이 승인한 이 명령의 시행으로 블라디보스토크를 포함한 **(가)** 의 한인 10만 명 이상이 우즈베키스탄, 카자흐스탄 등지로 강제 이주당하였다.

└ 중·일 전쟁 발발 이후 스탈린은 일제에 협력하는 것을 방지한다는 명분으로 연해주에 거주하던 한인들을 황무지나 다름없는 중앙아시아로 강제 이주시켰어요.

정답 잡는 키워드

❶, ❷ 소련 공산당 서기장 스탈린의 승인하에 한인들을 중앙아시아로 강제 이주시킴 → 연해주

스탈린의 명령으로 (가) 지역의 한인들을 중앙아시아로 강제 이주시켰다는 내용을 통해 (가) 지역이 연해주임을 알 수 있어요. 연해주는 한반도와 접해 있어 19세기 말부터 우리 민족이 많이 이주한 지역이에요. 국권 피탈 이후 일제가 독립운동을 탄압하자 많은 애국지사가 만주와 연해주 등지로 이동하여 정착하였어요. 연해주 지역에서는 신한촌이라는 한인 집단촌이 형성되었으며, 1914년에는 이상설, 이동휘 등의 주도로 대한 광복군 정부가 수립되었어요. 또한, 3·1 운동을 계기로 연해주에서는 임시 정부 성격의 단체인 대한 국민 의회가 결성되었어요.

① **권업회를 조직하고 신문을 발행하였다.**
➡ **연해주** 지역의 한인들은 독립운동 단체인 권업회를 조직하고 기관지로 권업신문을 발행하였어요.

② 한인 자치 기구인 경학사를 설립하였다.
➡ **서간도**로 이주한 신민회 회원들은 한인 자치 기구인 경학사를 설립하고 신흥 강습소를 세웠어요.

③ 유학생을 중심으로 2·8 독립 선언서를 발표하였다.
➡ 민족 자결주의의 영향을 받은 **일본**의 한국인 유학생들이 도쿄에서 2·8 독립 선언서를 발표하였어요.

④ 독립군 양성을 위해 대조선 국민군단을 결성하였다.
➡ 박용만은 **하와이**에서 독립군 양성을 위해 대조선 국민군단을 결성하여 군사 훈련을 실시하였어요.

⑤ 서전서숙과 명동 학교를 설립하여 민족 교육을 실시하였다.
➡ **북간도** 지역의 한인들은 서전서숙과 명동 학교를 설립하여 민족 교육을 실시하였어요.

기출 선택지 +α

❻ 해조신문을 발간하여 국권 회복에 힘썼다.   (O/X)
❼ 독립군 양성을 위해 신흥 강습소를 세웠다.   (O/X)
❽ 숭무 학교를 설립하여 독립군을 양성하였다.   (O/X)
❾ 북로 군정서가 조직되어 독립 전쟁을 전개하였다.   (O/X)
❿ 대한 광복군 정부를 세워 무장 독립 투쟁을 준비하였다.   (O/X)

기출 선택지 +α 정답 ❻ O ❼ X[서간도] ❽ X[멕시코] ❾ X[북간도] ❿ O

37 안중근의 활동
정답 ②

(가) 인물의 활동으로 옳은 것은? [1점]

신간 도서 소개

동양 평화론
미완의 원고, 책으로 출간

"슬프도다! 천만 뜻밖에도 일본이 승리한 이후에 가장 가깝고 친하며 어질고 약한, 같은 인종인 한국을 억눌러 강제로 조약을 맺었다."

　(가)　은/는 ❶뤼순 감옥에서 사형 집행을 눈앞에 두고 온 힘을 다해 동양 평화론을 집필하였다. 안타깝게도 그는 원고를 완성하지 못하고 형장의 이슬로 사라졌지만, 국가 간의 평등과 상호 협력으로 평화를 이룩하자는 그의 주장은 오늘날에도 시사점을 준다.

정답 잡는 키워드

❶ 뤼순 감옥에서 "동양 평화론" 집필 → 안중근

뤼순 감옥에서 사형 집행을 눈앞에 두고 "동양 평화론"을 집필하였다는 내용을 통해 (가) 인물이 안중근임을 알 수 있어요. 안중근은 연해주에서 의병장으로 활약하였으며, 1909년에 만주 하얼빈에서 이토 히로부미를 처단하는 의거를 일으켜 일제에 체포되었어요. 뤼순 감옥에 수감된 안중근은 "동양 평화론"을 집필하는 데 힘썼으나 사형 집행이 앞당겨져 완성하지는 못하였어요. 그는 "동양 평화론"에서 일제의 침략성을 비판하며 한·중·일이 대등한 위치에서 상호 협력할 때 진정한 동양의 평화를 지킬 수 있다고 주장하였어요.

① 명동 성당 앞에서 이완용을 습격하였다.
➡ 이재명은 명동 성당 앞에서 을사오적 중 한 명인 이완용을 습격하여 중상을 입혔어요.

②하얼빈에서 이토 히로부미를 사살하였다.
➡ 안중근은 하얼빈에서 초대 통감이자 을사늑약 체결에 앞장선 이토 히로부미를 사살하였어요.

③ 타이중에서 일본 육군 대장을 저격하였다.
➡ 조명하는 타이완의 타이중에서 일왕의 장인이자 일본 육군 대장인 구니노미야를 저격하여 치명상을 입혔어요.

④ 샌프란시스코에서 D.W. 스티븐스를 처단하였다.
➡ 장인환과 전명운은 미국 샌프란시스코에서 일제의 한국 침략이 정당하다고 선전한 친일 미국인 스티븐스를 처단하였어요.

⑤ 서울역에서 신임 총독의 마차에 폭탄을 투척하였다.
➡ 강우규는 지금의 서울역에서 신임 총독으로 부임하는 사이토 마코토가 탄 마차에 폭탄을 투척하였어요.

기출 선택지 +α

❻ 동양 척식 주식회사에 폭탄을 투척하였다. (O/X)
❼ 고종의 밀지를 받아 독립 의군부를 조직하였다. (O/X)
❽ 한인 애국단을 결성하여 의거 활동을 전개하였다. (O/X)
❾ 조선 혁명 간부 학교를 세워 독립군을 양성하였다. (O/X)

---

38 1910년대의 사회 모습
정답 ⑤

밑줄 그은 '시기'의 사회 모습으로 가장 적절한 것은? [2점]

1912년에 제정된 조선 태형령에 근거하여 헌병 경찰은 일상생활 전반에서 일어나는 경범죄에 대해 태형으로 즉결 처분을 내릴 수 있어요. 조선 태형령은 3·1 운동 이후 폐지되었어요.

개성에서 청년 두 명이 웃통을 벗고 일하다가 순사에게 발견되어 태형에 처해졌다는 신문 기사입니다. 일제가 조선 태형령을 시행한 시기에는 기사의 내용처럼 사소한 사안에도 태형이라는 가혹한 형벌이 집행되었습니다.

정답 잡는 키워드

❶ 조선 태형령 시행 → 1910년대

조선 태형령을 시행하였다는 내용을 통해 밑줄 그은 '시기'가 일제가 무단 통치를 실시한 1910년대임을 알 수 있어요. 일제는 우리의 국권을 강탈한 후 헌병 경찰제를 실시하여 강압적인 무단 통치를 하였어요. 관리와 교사에게 제복을 입고 칼을 차게 하여 사회적으로 공포 분위기를 조성하였으며, 한국인에게만 적용하는 조선 태형령을 제정하여 시행하였어요. 1919년에 3·1 운동이 일어나자 일제는 무단 통치의 한계를 느끼고 이른바 문화 통치로 통치 방식을 바꾸었어요.

① 육영 공원에서 외국인 교사를 초빙하였다.
➡ 조선 정부는 1886년에 근대 교육 기관인 육영 공원을 설립하고 헐버트, 길모어 등 외국인 교사를 초빙하여 근대 학문을 교육하였어요. 육영 공원은 국권 피탈 이전인 1894년에 폐교되었습니다.

② 애국반이 편성되어 일상생활이 통제되었다.
➡ 일제는 1938년에 국민 정신 총동원 조선 연맹을 조직하고, 그 말단 조직으로 애국반을 만들어 한국인의 일상생활을 통제하였어요.

③ 조선 형평사가 창립되어 형평 운동을 전개하였다.
➡ 1923년에 진주에서 조선 형평사가 창립되어 백정에 대한 사회적 차별 철폐 운동인 형평 운동을 전개하였어요.

④ 나운규가 제작한 아리랑이 단성사에서 개봉되었다.
➡ 1926년에 나운규가 제작한 영화 '아리랑'이 단성사에서 처음 개봉되었어요.

⑤경복궁에서 조선 물산 공진회가 최초로 개최되었다.
➡ 일제는 1915년에 경복궁의 일부 건물을 훼손하거나 고쳐 지은 후 전국의 물품을 수집·전시한 박람회인 조선 물산 공진회를 개최하였어요.

기출 선택지 +α

❻ 강압적 통치를 목적으로 헌병 경찰제가 실시되었다. (O/X)
❼ 조선 노동 총동맹과 조선 농민 총동맹이 창립되었다. (O/X)
❽ 여자 정신 근로령으로 한국인 여성이 강제 동원되었다. (O/X)
❾ 사회주의 세력의 활동 방향을 밝힌 정우회 선언이 발표되었다. (O/X)

기출 선택지 +α 정답 ❻ ×[나석주] ❼ ×[임병찬] ❽ ×[김구] ❾ ×[김원봉]

기출 선택지 +α 정답 ❻ ○ ❼ ×[1927년] ❽ ×[1944년] ❾ ×[1926년]

39 회사령 폐지와 농촌 진흥 운동 사이의 사실 정답②

(가), (나)가 공포된 시기의 사이에 있었던 사실로 옳은 것은? [2점]

> (가) 회사령 폐지에 관한 건
> ❶ 회사령은 폐지한다. — 1920년 일제는 회사 설립 시 조선 총독의 허가를 받도록
> 하는 회사령을 폐지하고 신고제로 전환하였어요.
> - 부칙
> 1. 이 영은 공포일로부터 시행한다.
> 2. 구령에 의하여 설립한 회사로 이 영 시행 당시 존재하는 것은
>   조선 민사령에 의하여 설립한 것으로 본다.
>
> (나) 조선 총독부 농촌 진흥 위원회 규정
> 제1조 조선의 농산어촌 진흥에 관한 방침, 시설 및 통제에 관한
>   중요 사항을 심의하기 위하여 조선 총독부에 ❷ 조선 총독부
>   농촌 진흥 위원회를 둔다.
> 제3조 위원장은 조선 총독부 정무총감으로 한다.

정답 잡는 키워드

❶ 회사령을 폐지함 → (가) 1920년
❷ 조선 총독부 농촌 진흥 위원회를 둠 → (나) 1932년

(가)는 회사령을 폐지한다는 내용을 통해 공포된 시기가 1920년임을 알 수 있어요. 일제는 1920년에 일본 기업의 한국 진출을 쉽게 만들기 위해 회사령을 폐지하고 회사 설립을 신고제로 바꾸었어요. (나)는 조선 총독부 농촌 진흥 위원회를 설치한다는 내용을 통해 공포된 시기가 1932년임을 알 수 있어요. 1930년대 초 대공황의 여파로 농촌 경제가 몰락하고 소작 쟁의가 격렬해졌어요. 일제는 농촌을 통제하고 소작 쟁의를 억제하여 식민 지배 체제를 안정시키려는 목적에서 1932년 조선 총독부 농촌 진흥 위원회 설치를 위한 규정을 공포하고 농촌 진흥 운동을 시작하였어요.

① 함경도에서 방곡령이 선포되었다.
➡ 1889년 함경도 관찰사 조병식이 방곡령을 선포하였어요.

②조선 물산 장려회가 평양에서 창립되었다.
➡ 1920년에 평양에서 조만식 등을 중심으로 조선 물산 장려회가 창립되어 물산 장려 운동이 시작되었어요.

③ 황국 중앙 총상회의 상권 수호 운동이 전개되었다.
➡ 외국 상인의 상권 침탈에 맞서 시전 상인들은 1898년에 황국 중앙 총상회를 조직하여 상권 수호 운동을 전개하였어요.

④ 유상 매수, 유상 분배를 규정한 농지 개혁법이 제정되었다.
➡ 1949년 제헌 국회에서 유상 매수, 유상 분배를 규정한 농지 개혁법이 제정되었어요.

⑤ 국가 총동원법을 제정하여 인력과 물자를 강제 동원하였다.
➡ 일제는 1938년에 국가 총동원법을 제정하여 전쟁에 필요한 인력과 물자를 강제 동원하였어요.

기출 선택지 +α

❻ 무기 제조 공장인 기기창이 설립되었다. (O / X)
❼ 근대적 상회사인 대동 상회가 설립되었다. (O / X)
❽ 만주 군벌과 일제 사이에 미쓰야 협정이 체결되었다. (O / X)
❾ 기한 내에 토지를 신고하게 하는 토지 조사령이 제정되었다. (O / X)

기출 선택지 +α 정답 ❻ ×[1883년] ❼ ×[1883년] ❽ ○[1925년] ❾ ×[1912년]

---

40 민립 대학 설립 운동 정답③

다음 자료가 발표된 시기를 연표에서 옳게 고른 것은? [2점]

> 대학을 세운다는 일은 극히 거창하여 여간 몇 사람의 힘으로는 도저히 성취할 바가 아니므로 금일까지 실지의 운동이 일어나지 못하였던 것이라. 그러나 일이 거창하고 어렵다고 시작을 아니하면 언제까지든지 조선 사람의 대학이라는 것은 생겨볼 수가 없다. 그러므로 이번에 조선 전도의 다수한 유지를 망라하여 민중적 운동으로 될 수 있는 대로 많은 사람의 힘을 합하여 민립 대학 한 곳을 세워 보고자 ❶ 이상재, 이승훈 등의 주창으로 수일 전에 민립 대학 기성 준비회를 조직하고 집행 위원을 선정하였는데, 장차 각 부·군에서 다수한 발기인의 참가를 구하여 경성에서 발기회를 열고 실행 방법을 결정할 터이다.

1922년 이상재 등이 조선 민립 대학 기성 준비회를 결성하였고, 이어 이듬해인 1923년에 발기 총회를 개최하여 정식으로 조선 민립 대학 기성회가 조직되었어요.

정답 잡는 키워드

❶ 이상재, 이승훈 등의 주창으로 민립 대학 기성 준비회를 조직함
→ 1920년대 초반 민립 대학 설립 운동

이상재, 이승훈 등의 주창으로 민립 대학 기성 준비회가 조직되었다는 내용을 통해 민립 대학 설립 운동과 관련된 자료임을 알 수 있어요.

	1895	1911	1919	1924	1938	1942	
	(가)	(나)	(다)	(라)	(마)		
	한성 사범 학교 설립	제1차 조선 교육령	3·1 운동	경성 제국 대학 개교	제3차 조선 교육령	조선어 학회 사건	

➡ 3·1 운동 이후 1920년대 들어 일제가 이른바 문화 통치를 내세우자 국내에서 민족주의계 인사들이 중심이 되어 실력 양성 운동을 전개하였어요. 민립 대학 설립 운동은 우리 민족의 힘으로 고등 교육을 실시할 대학을 설립하자는 실력 양성 운동으로, 인재를 양성하여 민족의 역량을 강화하자는 목표로 추진되었어요. 1920년대 초반에 이상재 등이 조선 민립 대학 기성회를 조직하고 민립 대학 설립을 위한 모금 운동을 벌였어요. 그러나 일제의 방해와 모금 실적 저조로 우리 민족의 대학 설립 시도는 실패하였어요. 일제는 한국인의 고등 교육에 대한 열망을 잠재우기 위해 1924년에 **경성 제국 대학**을 설립하였어요.

따라서 민립 대학 설립 운동이 전개된 시기는 3·1 운동과 경성 제국 대학 개교 사이인 ③ (다)입니다.

① (가)   ② (나)   ③ (다)   ④ (라)   ⑤ (마)

연표로 흐름잡기

1919	3·1 운동, 대한민국 임시 정부 수립
1920	봉오동 전투, 청산리 대첩, 산미 증식 계획 시작
1921	자유시 참변
1922	제2차 조선 교육령 공포, 조선 민립 대학 기성 준비회 조직
1923	국민 대표 회의 개최, '조선 혁명 선언' 작성(신채호), 조선 형평사 창립(진주), 조선 민립 대학 기성회 발기 총회 개최
1924	경성 제국 대학 개교

41 원산 총파업 이후의 사실 정답 ②

(가) 사건 이후에 전개된 사실로 옳은 것은? [3점]

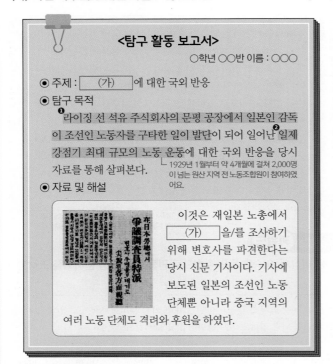

＜탐구 활동 보고서＞
○학년 ○○반 이름 : ○○○

● 주제 : ＿(가)＿에 대한 국외 반응
● 탐구 목적
  ❶라이징 선 석유 주식회사의 문평 공장에서 일본인 감독이 조선인 노동자를 구타한 일이 발단이 되어 일어난**❷**일제 강점기 최대 규모의 노동 운동에 대한 국외 반응을 당시 자료를 통해 살펴본다.
  └ 1929년 1월부터 약 4개월에 걸쳐 2,000명 이상 넘는 원산지역 전 노동조합원이 참여하였어요.
● 자료 및 해설

  이것은 재일본 노총에서 ＿(가)＿을/를 조사하기 위해 변호사를 파견한다는 당시 신문 기사이다. 기사에 보도된 일본의 조선인 노동 단체뿐 아니라 중국 지역의 여러 노동 단체도 격려와 후원을 하였다.

정답 잡는 키워드

❶ 라이징 선 석유 주식회사에서 일본인 감독이 조선인 노동자를 구타한 일이 발단이 됨, **❷** 일제 강점기 최대 규모의 노동 운동
→ 원산 총파업(1929)

라이징 선 석유 주식회사의 일본인 감독이 조선인 노동자를 구타한 일이 발단이 되어 일어났으며, 일제 강점기 최대 규모의 노동 운동이라는 내용을 통해 (가) 사건이 원산 총파업임을 알 수 있어요. 1920년대에 사회주의 사상이 국내로 유입되면서 농민 운동과 노동 운동이 활발하게 일어났어요. 1929년 라이징 선 석유 주식회사의 노동자들은 폭행 사건을 일으킨 일본인 감독의 파면과 노동 조건의 개선을 요구하였어요. 그러나 회사 측에서 요구를 수용하겠다는 약속을 어기고 노동자들을 탄압하자 원산 지역 노동자 대부분이 대규모 총파업에 돌입하였어요.

① 동양 척식 주식회사가 설립되었다.
➡ 일제는 1908년에 한국의 토지와 자원을 수탈할 목적으로 동양 척식 주식회사를 설립하였어요.

②강주룡이 을밀대 지붕에서 고공 농성을 벌였다.
➡ 1931년에 평양에 있는 고무 공장의 노동자 강주룡이 임금 삭감에 저항하여 을밀대 지붕에서 고공 농성을 벌였어요.

③ 황실의 지원을 받아 대한 천일 은행이 창립되었다.
➡ 1899년에 일본 금융 기관의 침투에 대응하여 황실의 지원을 받아 대한 천일 은행이 창립되었어요.

④ 전국 단위의 조직인 조선 노농 총동맹이 조직되었다.
➡ 1924년에 전국 단위의 노동자·농민 조직인 조선 노농 총동맹이 조직되었어요. 조선 노농 총동맹은 1927년에 조선 노동 총동맹과 조선 농민 총동맹으로 분화되었어요.

⑤ 고율의 소작료에 반발하여 암태도 소작 쟁의가 발생하였다.
➡ 1923년에 암태도의 소작 농민들이 고율의 소작료를 징수하는 지주 문재철의 횡포에 맞서 암태도 소작 쟁의를 일으켰어요.

42 일제 강점기 사회 및 문화의 변화 정답 ③

(가)에 들어갈 내용으로 가장 적절한 것은? [1점]

○○고 한국사 교실

게시판 수업 과제 사용자 성적

🏠 홈
📅 캘린더
▶👥 수업
🗑 보관처리된 수업
⚙ 설정

■ 조별 과제 안내
  일제 강점기 사회 및 문화의 변화를 일상생활의 변동과 연관하여 보고서를 작성한 후 제목과 함께 게시판에 올려 주세요.

번호	제목
1	1조 - 소비문화의 정점, 백화점의 탄생
2	2조 - 수학여행을 통해 본 식민지 근대 관광
3	3조 - 문화 주택과 토막집
4	4조 - ＿(가)＿

문화 주택은 일제 강점기에 지어진 서양식 주택을 말하고, 토막집은 도시 빈민의 움막집을 말해요.

① 서양식 의료의 수용, 광혜원
➡ 광혜원은 우리나라 최초의 서양식 병원으로 1885년에 설립되었어요. 광혜원은 설립 직후 제중원으로 이름이 바뀌었어요.

② 근대적 우편 제도의 시작, 우정총국
➡ 우정총국은 1884년에 설립되었으나 개국 축하연에서 갑신정변이 일어나면서 폐지되었어요.

③전시 통제 체제 속에서 강요된 여성복, 몸뻬
➡ 중·일 전쟁을 일으키고 침략 전쟁을 확대한 일제는 전시 통제 체제를 본격화하였어요. 1940년대 초반에 여성들의 전시 의복으로 몸뻬를 장려하기 시작해 1944년경에는 '몸뻬 필착 운동'이라는 명목 아래 몸뻬 착용을 강요하였어요.

④ 근면, 자조, 협동을 기치로 내세운 새마을 운동
➡ 박정희 정부 시기인 1970년에 농촌 환경 개선과 소득 증대를 목표로 새마을 운동이 시작되었어요.

⑤ 상품 광고의 새로운 장을 연 컬러텔레비전 방송
➡ 1980년에 우리나라 최초로 컬러텔레비전 방송이 시작되었어요.

43 한국 광복군

정답 ④

(가) 부대에 대한 설명으로 옳은 것은? [2점]

사진으로 보는 독립운동사

1940년 충칭에서 대한민국 임시 정부의 정규군으로 한국 광복군이 창설되었어요.

[해설] 이 사진은 충칭에서 열린 **대한민국 임시 정부**의 '（ (가) ） 총사령부 성립 전례식' 기념사진 중 하나이다. 사진에는 대한민국 임시 정부 주석 김구와 함께 이 부대의**총사령관인 지청천**이 '광복 조국'이 쓰인 기를 들고 있는 모습이 보인다.（ (가) ）은/는**영국군의 요청으로 인도, 미얀마 전선에서 작전을 펼치는 등 활발한 활동을 전개하였다.**

한국 광복군은 미얀마를 점령하고 있던 일본군을 축출하기 위해 연합군의 일원으로 인도, 미얀마 전선에 파견되었어요.

정답 잡는 키워드

❶ 대한민국 임시 정부, ❷ 총사령관 지청천, ❸ 영국군의 요청으로 인도, 미얀마 전선에서 작전을 펼침 → 한국 광복군

충칭에서 대한민국 임시 정부가 총사령부 성립 전례식을 열었으며, 총사령관이 지청천이고 영국군의 요청으로 인도, 미얀마 전선에서 작전을 펼쳤다는 내용을 통해 (가) 부대가 한국 광복군임을 알 수 있어요. 대한민국 임시 정부의 대일 선전 성명서 발표 이후 한국 광복군은 영국군의 요청에 따라 병력 일부가 인도, 미얀마 전선에 파견되어 주로 일본군을 상대로 한 포로 신문, 정보 수집, 선전 활동 등을 수행하였어요.

① **자유시 참변**으로 **세력**이 **약화**되었다.
➡ 간도 참변 이후 **만주 지역의 독립군 부대**들이 러시아 혁명군의 지원 약속을 믿고 자유시로 이동하였다가 자유시 참변을 당하여 세력이 약화되었어요.

② **영릉가**에서 **일본군에 승리**를 거두었다.
➡ **조선 혁명군**은 중국 의용군과 연합하여 영릉가 전투에서 일본군에 승리를 거두었어요.

③ **봉오동 전투**에서 일본군을 크게 물리쳤다.
➡ 홍범도가 이끄는 **대한 독립군 등 독립군 연합 부대**가 봉오동 전투에서 일본군을 크게 물리쳤어요.

④ 미군과 연계하여 국내 진공 작전을 준비하였다.
➡ **한국 광복군**은 미군과 연계하여 국내 진공 작전을 준비하였으나 일제가 갑작스럽게 항복하여 실행에 옮기지 못하였어요.

⑤ **쌍성보 전투**에서 한·중 연합 작전을 전개하였다.
➡ **한국 독립군**은 쌍성보 전투에서 중국 호로군과 한·중 연합 작전을 전개하여 일본군을 격퇴하였어요.

기출 선택지 +α

❻ 중국 관내에서 결성된 최초의 한인 무장 부대였다. (O/X)
❼ 대전자령 전투에서 일본군을 상대로 승리를 거두었다. (O/X)

기출 선택지 +α   정답   ❻ ×[조선 의용대]   ❼ ×[한국 독립군]

---

44 1930년대 후반 이후의 사실

정답 ③

밑줄 그은 '시기'에 볼 수 있는 모습으로 적절하지 않은 것은? [2점]

일제는 1938년 육군 특별 지원병령을 공포하여 한국인을 전쟁에 반강제로 동원하였어요.

장행기

장행기는 **지원병** 형식으로 끌려가는 청년을 환송하기 위해 국민 총력 조선 연맹 지부에서 만들어 준 깃발이다. 이 장행기의 주인공은 **일제가 중·일 전쟁을 일으키고 침략을 확대하던 시기**에 지원병으로 끌려가 전사하였다. 장행기에는 창씨개명한 그의 일본식 이름이 적혀 있다.

일제는 1940년부터 한국인의 성명을 일본식으로 바꾸게 하는 창씨개명을 강요하였어요.

정답 잡는 키워드

❶ 일제가 중·일 전쟁을 일으키고 침략을 확대함
→ 1930년대 후반 이후

일제가 중·일 전쟁을 일으키고 침략을 확대하였다는 내용을 통해 밑줄 그은 '시기'가 1930년대 후반 이후임을 알 수 있어요. 일제는 1929년에 시작된 대공황의 경제 위기를 대외 침략으로 극복하려고 하였어요. 1931년에 만주 사변을 일으키고, 1937년에 중·일 전쟁을 일으켜 침략 전쟁을 확대하였지요. 또한, 일제는 전쟁 확대에 필요한 더 많은 인적·물적 자원을 수탈하기 위해 한국인의 민족의식을 말살하고 한반도를 전쟁 물자 보급을 위한 병참 기지로 이용하는 정책을 추진하였어요.

① 국방헌금 모금에 적극 협력하는 부호
➡ 일제는 **1930년대 후반 이후** 전쟁에 필요한 자금을 마련하기 위해 국방헌금 모금을 강요하였고, 친일 부호들은 이에 적극 협력하였어요.

② 황국 신민 서사 암송을 강요받는 학생
➡ 일제는 **1937년** 일왕에 대한 충성 맹세문인 황국 신민 서사를 제정하고 암송을 강요하였어요.

③ 원각사에서 연극 은세계를 공연하는 배우
➡ 원각사는 **1908년**에 세워진 우리나라 최초의 서양식 극장이에요. 은세계, 치악산 등의 신극이 공연되었으나 1914년 화재로 소실되었어요.

④ 내선일체에 협력하자는 논설을 쓰는 언론인
➡ 일제는 **1930년대 후반 이후** 한국인의 민족의식을 말살하기 위해 일본과 조선이 한 몸과 같다는 내선일체를 내세웠어요.

⑤ 국민 징용령에 의해 강제로 동원되는 노동자
➡ 일제는 **1939년**에 국민 징용령을 시행하여 전쟁에 필요한 노동력을 강제로 동원하였어요.

45 공주의 역사
정답 ②

다음 안내에 따라 학생이 발표한 내용으로 가장 적절한 것은? [3점]

> 감영은 조선 시대 각 도의 관찰사가 거처하던 관청으로 8도에 설치되었는데, 본래 청주 지역에 있던 충청 감영이 임진왜란 이후 공주 지역으로 옮겨졌어요. →

학생 여러분, 이번 시간에는 우리 고장의 유적과 기념물을 조사해서 발표하는 활동을 하겠습니다. 우리 고장은 금강 중류에 위치한 유서 깊은 도시입니다. **❶ 남한에서 최초로 발굴된 구석기 유적**이 있어 선사 시대부터 우리 고장에 사람이 살았던 것을 알 수 있습니다. 또한, 삼국이 상호 경쟁하던 시기에는 **❷ 백제의 수도**로서 백제 중흥을 위한 노력이 전개되었던 곳으로 백제 고분을 통해 당시의 문화를 엿볼 수 있습니다. 고려 시대에는 최승로의 건의에 따라 설치된 12목 중의 하나였고, 이후 조선 시대에도 감영이 있어 지역의 중심지 역할을 하였습니다. 그리고 근대에는 **❸ 동학 농민군이 관군과 일본군에 맞서 치열한 전투를 전개**하는 등 외세를 물리치기 위한 민족 운동이 펼쳐지기도 하였습니다.

그럼, 모둠별로 우리 고장의 다양한 유적과 기념물에 대해 조사한 후 알게 된 내용을 발표해 봅시다.

└ 고려 성종 때 설치된 12목 중 공주목을 말해요.

정답 잡는 키워드

❶ 남한에서 최초로 발굴된 구석기 유적이 있음, ❷ 백제의 수도, ❸ 동학 농민군이 관군과 일본군에 맞서 치열한 전투를 벌임 → 공주

남한에서 최초로 발굴된 구석기 시대 유적은 공주 석장리 유적이에요. 백제는 고구려 장수왕의 공격을 받아 한성이 함락된 후 지금의 공주 지역인 웅진으로 수도를 옮겼어요. 동학 농민 운동 당시 공주 우금치에서 동학 농민군이 관군과 일본군에 맞서 치열하게 싸웠으나 전력과 무기의 열세로 패배하였어요.

① 갑 - **수양개 유적**을 조사하여 우리 고장에 살던 구석기인들이 다양한 기법으로 석기를 제작했음을 알 수 있었습니다.
➡ 수양개 유적은 **단양**에 있는 선사 시대 유적이에요. 다양한 유물이 출토되어 한반도 구석기 문화의 실재를 확인할 수 있어요. 수양개 유적에는 구석기 시대뿐만 아니라 신석기, 청동기 시대의 흔적도 남아 있어요.

②을 - **송산리 고분군**의 벽돌무덤을 조사하여 무령왕이 중국 남조, 왜 등과 활발하게 교류했음을 알 수 있었습니다.
➡ **공주** 송산리 고분군에서 발견된 무령왕릉은 중국 남조의 영향을 받아 벽돌무덤으로 축조되었어요. 또한, 무덤 내부에서 일본에서만 나는 소나무로 만든 관이 발견되어 일본과도 활발하게 교류하였음을 알 수 있어요.

③ 병 - **만인 의총**을 조사하여 정유재란 당시 우리 고장의 백성들이 조·명 연합군과 함께 결사 항전했음을 알 수 있었습니다.
➡ 정유재란 당시 일본군은 곡창 지대인 전라도 지방을 먼저 점령하고 북진할 계획을 세웠어요. 일본군은 전략적 요충지인 **남원**을 공격하였고 조·명 연합군과 남원성의 백성들이 힘을 합쳐 치열하게 싸웠으나 수적 열세로 결국 함락되었어요. 만인 의총은 이때 전사한 사람들의 시신을 한데 모아 묻은 무덤이에요.

④ 정 - **만석보 유지비**를 조사하여 우리 고장 농민들이 군수 조병갑의 수탈에 저항하여 봉기했음을 알 수 있었습니다.
➡ 19세기 말에 지금의 **정읍** 지역인 고부의 군수 조병갑이 만석보를 짓고 강제로 사용하게 한 후 비싼 사용료를 징수하는 등 횡포를 부리자 이에 저항하여 농민들이 봉기하였어요(고부 농민 봉기).

⑤ 무 - **아우내 3·1 운동 독립 사적지**를 조사하여 유관순이 우리 고장에서 만세 시위를 주도했음을 알 수 있었습니다.
➡ 3·1 운동 당시 유관순이 고향인 **천안**으로 내려가 아우내 장터에서 만세 시위를 주도하였어요.

46 6·25 전쟁
정답 ⑤

(가) 전쟁 중에 있었던 사실로 옳은 것은?

> 6·25 전쟁 당시 미국을 비롯한 16개국이 유엔군으로 참전하였어요. [2점]

> 저는 지금 **부산**의 재한 유엔 기념 공원 내에 있는 **유엔군 전몰장병 추모명비** 앞에 와 있습니다. (가) 에서 전사하거나 실종된 4만여 명의 이름을 새겨 넣어 추도와 기억의 공간으로 만든 이곳에서 평화의 가치를 생각해 보았으면 합니다.

정답 잡는 키워드

❶, ❷ 부산에 유엔군 전몰장병 추모명비가 있음 → 6·25 전쟁

부산에 전쟁에서 전사하거나 실종된 유엔군을 추모하는 공간이 있다는 내용을 통해 (가) 전쟁이 6·25 전쟁임을 알 수 있어요. 1950년 6월 25일에 북한의 남침으로 6·25 전쟁이 발발하였어요. 북한의 남침을 침략 행위로 규정한 유엔 안전 보장 이사회에서는 유엔군의 파병을 결정하였어요. 6·25 전쟁은 발발 3년여 만인 1953년 7월 27일에 판문점에서 정전 협정이 체결되면서 중단되었어요. 한편, 전쟁 중이던 1952년에 임시 수도 부산에서 정부가 이승만의 재선을 목적으로 대통령 직선제 개헌을 시도하였다가 국회의 반대에 부딪혔어요. 이에 이승만 정부가 부산 일대에 계엄령을 선포하고 개헌안에 반대하는 국회 의원들을 공산주의자로 몰아 구속하는 등 공포 분위기를 조성하여 정국은 혼란에 빠졌어요(부산 정치 파동). 이러한 가운데 대통령 직선제를 주요 내용으로 하는 발췌 개헌안이 국회에서 통과되었고, 개정된 헌법에 따라 치러진 대통령 선거에서 이승만이 당선되어 재선에 성공하였어요.

① **애치슨 라인**이 **발표**되었다.
➡ 6·25 전쟁 발발 이전인 1950년 1월에 미국의 태평양 지역 방위선에서 한국과 타이완을 제외한 애치슨 라인이 발표되었어요.

② **한·일 기본 조약**이 **체결**되었다.
➡ 박정희 정부는 경제 개발 자금을 마련하기 위해 일본과 국교 정상화를 추진하여 1965년에 한·일 기본 조약을 체결하였어요.

③ **국가 보위 비상 대책 위원회**가 **설치**되었다.
➡ 12·12 사태로 정권을 장악한 전두환 등 신군부 세력은 1980년에 5·18 민주화 운동을 무력으로 진압한 직후 국가 보위 비상 대책 위원회를 설치하였어요.

④ **김구, 김규식** 등이 **남북 협상**에 **참여**하였다.
➡ 6·25 전쟁 발발 이전인 1948년 4월에 김구와 김규식 등은 통일 정부 수립을 위해 평양에서 열린 남북 협상에 참여하였으나 성과를 거두지 못하였어요.

⑤ **비상계엄**이 선포된 가운데 **발췌 개헌안**이 **통과**되었다.
➡ 6·25 전쟁 중인 1952년 7월에 당시 임시 수도였던 부산에 비상계엄이 선포된 가운데 국회에서 기립 표결로 발췌 개헌안이 통과되었어요.

기출 선택지 +α

❻ 부산이 임시 수도로 정해졌다.	(O / X)
❼ 한·미 상호 방위 조약이 맺어졌다.	(O / X)
❽ 국회에서 국민 방위군 사건이 폭로되었다.	(O / X)

기출 선택지 +α 정답 ❻ O ❼ X[1953년 10월] ❽ O

47 5·10 총선거   정답 ②

밑줄 그은 '총선거'에 대한 설명으로 옳은 것은?   [1점]

공보물로 본 우리나라 선거의 역사

유엔 총회의 결정에 따라 5·10 총선거의 공정한 감시 및 관리를 위해 파견된 임시 기구였어요.

[해설] 이것은 ❶ 유엔 한국 임시 위원단의 감시하에 우리나라 최초로 실시된 총선거에 출마한 장면 후보자의 선거 공보이다. 후보자의 사진, 약력, 선거 구호 등이 보이고, 특히 자세한 투표 안내가 눈에 띈다.

정답 잡는 키워드

❶ 유엔 한국 임시 위원단의 감시하에
우리나라 최초로 실시된 총선거 → 5·10 총선거

유엔 한국 임시 위원단의 감시하에 우리나라 최초로 실시된 총선거는 1948년에 치러진 5·10 총선거입니다. 1947년에 제2차 미·소 공동 위원회가 결렬된 후 유엔 총회에서 인구 비례에 따른 남북한 총선거를 결의하고 선거 관리를 위해 유엔 한국 임시 위원단을 파견하였지만, 소련이 유엔 한국 임시 위원단의 입북을 거부하였어요. 이에 유엔 소총회가 개최되어 선거가 가능한 지역에서의 총선거, 즉 남한만의 총선거를 결의하였어요. 이에 따라 1948년 5월 10일, 유엔 한국 임시 위원단의 감시 아래 우리나라 최초의 보통 선거인 5·10 총선거가 실시되었어요.

① 5·16 군사 정변 이후에 실시되었다.
➡ 박정희를 비롯한 일부 군인들이 1961년에 5·16 군사 정변을 일으켰고, 이들에 의해 헌법이 개정되어 1963년 11월에 제6대 국회 의원 총선거가 실시되었어요.

②제헌 국회 의원을 선출하기 위해 시행되었다.
➡ 1948년에 5·10 총선거가 시행되어 임기 2년의 제헌 국회 의원이 선출되고 제헌 국회가 구성되었어요.

③ 통일 주체 국민 회의 대의원이 투표에 참여하였다.
➡ 1972년에 유신 헌법에 따라 설치된 통일 주체 국민 회의 대의원은 제8대~제11대 대통령 선거에 참여하여 간선제로 대통령을 선출하였어요. 통일 주체 국민 회의는 1980년에 이루어진 제8차 개헌에 따라 폐지되었어요.

④ 민의원, 참의원으로 구성된 양원제 국회가 탄생하였다.
➡ 1960년 4·19 혁명 후 내각 책임제를 골자로 한 제3차 개헌이 이루어졌고, 개정된 헌법에 따라 치러진 제5대 국회 의원 총선거로 민의원과 참의원으로 구성된 양원제 국회가 탄생하였어요.

⑤ 신한 민주당이 창당 한 달 만에 제1 야당이 되는 결과를 가져왔다.
➡ 1985년 1월에 창당한 신한 민주당은 창당 한 달 만에 치러진 제12대 국회 의원 총선거에서 제1 야당이 되었어요.

킬러 문항

48 노태우 정부 시기의 사실   정답 ②

다음 기사가 보도된 정부 시기의 사실로 옳은 것은?   [3점]

□□ 신문

제△△호   ○○○○년 ○○월 ○○일

❶ 제24회 서울 올림픽 개회식이 열리다

제24회 서울 올림픽 개회식이 어제 잠실 올림픽 주경기장에서 성공적으로 열렸다. 개회식 마지막 행사에서는 주제곡 '손에 손잡고'가 울려 퍼지는 가운데 서울 올림픽 마스코트인 호돌이를 비롯하여 이전 올림픽의 마스코트들이 함께 춤추는 장면이 연출되어 동서 화합의 의미를 더했다.

12년 만에 동서 양 진영이 함께 모인 이번 대회에서는 160개국의 선수 8,000여 명이 참가하여 과거 어느 대회보다 수준 높은 경기가 펼쳐질 것으로 예상된다.

정답 잡는 키워드

❶ 제24회 서울 올림픽 개회식이 열림 → 노태우 정부

제24회 서울 올림픽 개회식이 열렸다는 내용을 통해 자료가 노태우 정부 시기에 보도된 신문 기사임을 알 수 있어요. 노태우 정부는 1988년에 제24회 서울 올림픽 대회를 성공적으로 개최하고 북방 외교를 추진하여 소련, 중국 등의 사회주의 국가와 수교를 맺었어요.

① 국민 교육 헌장이 발표되었다.
➡ 박정희 정부는 1968년에 우리나라 교육이 지향해야 할 이념과 근본 목표를 담은 국민 교육 헌장을 발표하였어요. 국민 교육 헌장에는 개인보다 국가의 발전을 우선시하는 국가주의적 입장이 반영되었어요.

②3당 합당으로 민주 자유당이 창당되었다.
➡ 노태우 정부 시기에 치러진 제13대 국회 의원 총선거에서 여당인 민주 정의당이 원내 과반수 의석 확보에 실패하면서 여소야대 정국이 형성되어 야당 주도하에 여러 현안들이 처리되었어요. 이에 여당인 민주 정의당은 당시의 정치 국면을 극복하기 위해 야당인 통일 민주당, 신민주 공화당과 합당하여 1990년에 민주 자유당을 창당하였어요.

③ 군 내부의 사조직인 하나회가 해체되었다.
➡ 김영삼 정부는 1993년에 군 개혁을 통해 군 내부의 사조직인 하나회를 해체하였어요.

④ 사회 정화를 명분으로 삼청 교육대가 설치되었다.
➡ 전두환 등 신군부 세력이 신설한 국가 보위 비상 대책 위원회(국보위)가 1980년 5월에 사회 정화를 명분으로 삼청 교육대를 설치하였어요.

⑤ 외환 위기 극복을 위한 금 모으기 운동이 전개되었다.
➡ 우리나라는 김영삼 정부 시기인 1997년 말에 외환 보유액 부족으로 경제 위기를 맞아 국제 통화 기금(IMF)에 구제 금융을 요청하였어요. 이후 민간 차원에서 금 모으기 운동이 추진되었고 1998년 1월에 한국방송공사(KBS)의 '금 모으기 캠페인' 방송을 통해 전국으로 확산되었어요. 김대중 정부 시기까지 이어진 금 모으기 운동은 국제 통화 기금(IMF)에서 지원받은 자금을 조기에 상환하는 원동력이 되었습니다.

기출 선택지 +α

❻ 국가 인권 위원회가 출범하였다.   (O / X)
❼ 중화 인민 공화국과 국교를 수립하였다.   (O / X)

기출 선택지 +α   정답 ❻ ×[김대중 정부] ❼ O

(가) 민주화 운동에 대한 설명으로 옳은 것은?   [2점]

· 하계 답사 안내 ·

우리 문화원에서는 ❶ 부산과 마산 지역의 시민과 학생들이 일으킨 [(가)]의 의미를 조명하는 답사를 준비하였습니다. ❷ YH 무역 사건, 야당 총재의 국회 의원직 제명 등 일련의 사건으로 당시 정부에 대한 민심 이반이 가속화하는 가운데 일어난 [(가)]의 유적지를 둘러보면서 민주주의의 소중함을 되새기는 기회가 되길 바랍니다.

> 야당 총재 김영삼의 국회 의원직 제명은 김영삼의 정치적 본거지인 부산·경남 지역의 여론을 크게 악화시켜 부산·마산 일대에서 유신 정권 퇴진을 외치는 시위가 확산되었어요.

◆ 기간 : 2024년 ○월 ○○일 ~ ○월 ○○일
◆ 답사 일정
 • 1일차 : 부산대 10·16 기념관 – 국제 시장 – 부산 양서 협동조합 터
 • 2일차 : 경남대 교내 기념석 – 서항 공원 – 창동 사거리
◆ 주요 답사지

10·16 기념관

서항 공원 내 기념물

◆ 주관 : △△ 문화원

정답 잡는 **키워드**

❶ 부산과 마산 지역의 시민과 학생들이 일으킴,
❷ YH 무역 사건, 야당 총재의 국회 의원직 제명 이후에 일어남
→ 부·마 민주 항쟁

부산과 마산 지역에서 일어났으며, YH 무역 사건과 야당 총재의 국회 의원직 제명 등이 계기가 되었다는 내용을 통해 (가) 민주화 운동이 부·마 민주 항쟁임을 알 수 있어요. 박정희 정부 시기에 국내 최대 가발 업체 중 하나였던 YH 무역이 일방적으로 폐업을 공고하자 노동자들이 야당인 신민당 당사에서 시위를 벌이다 강제 해산되었어요. 이를 계기로 유신 독재 체제를 거세게 비판하던 야당 총재 김영삼이 국회 의원직에서 제명되자 1979년 10월에 부산과 마산 일대에서 유신 체제에 저항하는 부·마 민주 항쟁이 일어났어요.

① 유신 체제 붕괴의 배경이 되었다.
➡ 부·마 민주 항쟁에 대처할 방안을 두고 정권 내 갈등이 커지는 가운데 대통령 박정희가 측근에 의해 총에 맞아 사망한 10·26 사태가 일어나 유신 체제는 사실상 붕괴되었어요.

② 시민군을 조직하여 계엄군에 대항하였다.
➡ 5·18 민주화 운동 과정에서 광주의 학생과 시민은 계엄군의 발포 등 무력 진압에 대항하여 자발적으로 시민군을 조직하여 계엄군에 대항하였어요.

③ 시위 도중 김주열이 최루탄을 맞고 사망하였다.
➡ 3·15 부정 선거를 규탄하는 마산 시위에 참여하였다가 실종된 김주열이 최루탄에 맞아 숨진 채 마산 앞바다에서 발견되었어요. 이에 분노한 시민과 학생들의 시위가 전국으로 확산되며 4·19 혁명으로 이어졌습니다.

④ 직선제 개헌을 약속한 6·29 선언을 이끌어 냈다.
➡ 6월 민주 항쟁의 결과 대통령 직선제 개헌을 약속한 6·29 선언이 발표되었어요.

⑤ 대통령이 하야하여 미국으로 망명하는 결과를 가져왔다.
➡ 3·15 부정 선거가 발단이 되어 일어난 4·19 혁명으로 이승만이 대통령직에서 물러나 미국으로 망명하였어요.

다음 연설이 있었던 정부의 통일 노력으로 옳은 것은?   [2점]

> 노벨 위원회가 긍정적으로 평가해 준 최근의 남북 관계에 대해 몇 말씀드리겠습니다. 저는 지난 6월에 ❶ 북한의 김정일 국방 위원장과 역사적인 남북 정상 회담을 가졌습니다. …… 우리의 일관되고 성의 있는 자세와 노르웨이를 비롯한 전 세계 모든 나라의 ❷ 햇볕 정책에 대한 지지는 북한의 태도를 바꾸게 만들었습니다.

> 겨울에 나그네의 외투를 벗게 만드는 것은 '강한 바람(강경 정책)'이 아니라, '따뜻한 햇볕(유화 정책)'이라는 이솝 우화에서 인용한 말로, 김대중 정부의 대북 화해 협력 정책을 뜻해요.

정답 잡는 **키워드**

❶ 북한의 김정일 국방 위원장과 남북 정상 회담을 가짐,
❷ '햇볕 정책' → 김대중 정부

북한의 김정일 국방 위원장과 남북 정상 회담을 가졌으며 '햇볕 정책'이 언급된 것으로 보아 김대중 대통령의 연설임을 알 수 있어요. 김대중 정부는 '햇볕 정책'이라고도 불린 대북 화해 협력 정책을 추진하여 남북 간 화해 분위기를 조성하였어요. 그리고 분단 이후 최초로 남북 정상 회담을 성사시켰어요.

① 남북 기본 합의서를 교환하였다.
➡ 노태우 정부는 남북 사이의 화해와 불가침 및 교류·협력에 관한 합의서인 남북 기본 합의서를 교환하였어요.

② 7·4 남북 공동 성명을 발표하였다.
➡ 박정희 정부는 '자주, 평화, 민족 대단결'이라는 평화 통일의 3대 원칙에 합의한 7·4 남북 공동 성명을 발표하였어요.

③ 6·15 남북 공동 선언을 채택하였다.
➡ 김대중 정부는 2000년에 평양에서 남북 정상 회담을 개최하고 6·15 남북 공동 선언을 채택하였어요.

④ 한반도 비핵화 공동 선언에 합의하였다.
➡ 노태우 정부는 남북 고위급 회담에서 한반도 비핵화 공동 선언에 합의하였어요.

⑤ 남북 이산가족 고향 방문단의 교환을 최초로 실현하였다.
➡ 전두환 정부는 북한의 수해 지원을 계기로 남북 이산가족 고향 방문단의 교환 방문을 최초로 실현하였어요.

기출 선택지 **+α**

❻ 남북 조절 위원회를 구성하였다.   (O / X)
❼ 개성 공업 지구 건설에 합의하였다.   (O / X)
❽ 남북한이 국제 연합(UN)에 동시 가입하였다.   (O / X)
❾ 민족자존과 통일 번영을 위한 7·7 선언을 발표하였다. (O / X)
❿ 평화 통일 외교 정책에 관한 6·23 특별 성명을 발표하였다.   (O / X)

기출 선택지 **+α**

정답 ❻ ×[박정희 정부] ❼ ○ ❽ ×[노태우 정부] ❾ ×[노태우 정부]
 ❿ ×[박정희 정부]

심화

2024년 5월 25일(토) 시행

제70회

해설 강의 바로 보기

합격률

46.8%

응시 인원 : 57,108명
합격 인원 : 26,705명

시대별 출제 비중

선사 2문항
청동기 시대의 생활 모습, 동예

고려 6문항
고려의 경제 상황, 고려 승려들의 활동,
숙종의 정책, 무신 정변,
몽골 침입기의 사실, 원 간섭기의 사실

전근대
26문항

고대 8문항
삼국의 경쟁, 소수림왕 재위 시기의 사실,
삼국 시대 도교, 원효의 활동, 발해,
최치원의 활동, 신라 말의 상황, 후삼국 통일 과정

조선 10문항
태종의 정책, 김종서의 활동,
성종 재위 시기의 사실, 중종 재위 시기 사림의 활동,
임진왜란, 대동법, 정조 재위 시기의 사실,
조선 후기의 경제, 박지원의 활동, 김홍도의 작품

개항기 6문항
서구 열강의 침략적 접근, 조·미 수호 통상 조약,
갑신정변, 덕수궁, 정미의병, 1900년의 사회 모습

일제 강점기 8문항
서간도 지역의 민족 운동, 3·1 운동,
1910년대 일제 식민 통치, 대종교,
1920년대 국외 무장 투쟁,
1920년대 중반의 사실,
1930년대 후반 이후 일제 식민 통치,
조소앙의 활동

근현대
24문항

현대 8문항
남북 협상, 노태우 정부의 통일 노력,
한·미 상호 방위 조약 체결 이후의 사실, 개헌의 역사,
김영삼 정부 시기의 사실, 노무현 정부 시기의 사실,
김대중 정부 시기의 사실, 대구와 광주의 역사

시대 통합 2문항
한국의 산지 승원,
기록으로 만나는 사회 보장 제도

분류별 출제 비중 고대~조선

- 정치 15문항
- 경제 3문항
- 사회 1문항
- 문화 6문항

난이도별 출제 비중

- 상 5문항
- 중 34문항
- 하 11문항

큰별쌤의 한 줄 평

까다로운 자료와
낯선 선지가 출제된
어려운 시험

1 청동기 시대의 생활 모습   정답 ③

(가) 시대의 생활 모습으로 가장 적절한 것은?   [1점]

＜오늘의 한국사 퀴즈＞
매일 문제 풀고 한국사 박사 되자!

◆ ❶ 사유 재산과 계급이 발생한 ｜ (가) ｜
시대의 대표적인 유물을 고르시오.

☑ ❷
└ 비파형 동검은 청동기 시대의
대표적인 유물로, 악기 비파와
모양이 유사하여 비파형 동검
이라는 이름이 붙여졌어요.

정답

다음 문제 ▶

정답 잡는 키워드

❶ 사유 재산과 계급 발생, ❷ 비파형 동검 → 청동기 시대

사유 재산과 계급이 발생하였으며, 비파형 동검이 대표적인 유물인 것으로 보아 (가) 시대가 청동기 시대임을 알 수 있어요. 청동기 시대에는 농업 생산력이 향상되고 잉여 생산물이 생겨났어요. 이에 따라 사유 재산의 개념이 나타나고 빈부의 차이가 생기면서 계급이 형성되었어요. 또한, 정복 활동이 활발해지면서 계급 분화가 뚜렷해지고, 강력한 권력을 가진 지배자가 등장하였어요. 청동기 시대에 제작된 비파형 동검, 청동 거울 등의 청동기는 주로 지배자의 무기나 장신구 또는 의례용으로 쓰였으며, 일상생활에서는 여전히 석기가 사용되었어요.

① 철제 무기로 정복 활동을 벌였다.
➡ 철기 시대부터 철제 무기가 사용되었어요.

② 오수전, 화천 등의 중국 화폐로 교역하였다.
➡ 오수전과 화천은 철기 시대 유적에서 발견되는 중국 화폐입니다. 이를 통해 중국과 교역이 이루어졌음을 알 수 있어요.

③ 많은 인력을 동원하여 고인돌을 축조하였다.
➡ 고인돌은 청동기 시대부터 만들어지기 시작한 지배층의 무덤이에요. 거대한 규모의 고인돌을 통해 당시에 많은 인력을 동원할 수 있는 지배자가 존재하였음을 알 수 있어요.

④ 주로 동굴이나 강가에 막집을 짓고 거주하였다.
➡ 구석기 시대에는 식량을 찾아 이동 생활을 하였으며 주로 동굴이나 강가에 막집을 짓고 거주하였어요.

⑤ 가락바퀴와 뼈바늘을 사용하여 옷을 만들기 시작하였다.
➡ 신석기 시대에 가락바퀴를 이용하여 실을 뽑고 뼈바늘로 옷이나 그물 등을 만들기 시작하였어요.

기출 선택지 +α

❻ 반달 돌칼을 사용하여 곡식을 수확하였다.   (O / X)
❼ 빗살무늬 토기에 음식을 저장하기 시작하였다.   (O / X)

기출 선택지 +α 정답 ❻○ ❼×[신석기 시대]

2 동예   정답 ③

(가) 나라에 대한 설명으로 옳은 것은?   [2점]

학습 내용 정리

＜철기 문화를 바탕으로 성장한 여러 나라＞

1. 경제 활동
단궁은 박달나무로 만든 활, 과하마는 키가 작은 말, 반어피는 바다표범의 가죽을 말해요.

나라	사료에 나타난 특징
부여	관직명에 가축 이름 사용, 명마·담비 가죽 생산
(가)	삼베·명주 생산, 특산물 : ❶ 단궁·과하마·반어피
삼한	벼농사 발달, 철이 많아 낙랑·왜에 수출

정답 잡는 키워드

❶ 단궁, 과하마, 반어피 → 동예

철기 문화를 바탕으로 성장하였으며, 단궁과 과하마, 반어피가 특산물이라는 내용을 통해 (가) 나라가 동예임을 알 수 있어요. 고조선 멸망 이후 만주와 한반도에서는 철기 문화를 바탕으로 부여, 고구려, 옥저, 동예, 삼한 등 여러 나라가 성장하였어요. 동예는 지금의 강원도 북부 동해안 지역에 위치한 나라로, 고구려의 압박을 받아 크게 성장하지 못하고 고구려에 통합되었어요.

① 신지, 읍차 등의 지배자가 있었다.
➡ 삼한에는 왕이 없고 세력 크기에 따라 신지, 읍차라고 불린 지배자가 있었어요.

② 혼인 풍습으로 민며느리제가 있었다.
➡ 옥저에는 혼인을 약속한 여자아이를 남자 집에서 데려와 키운 후 성인이 되면 여자 집에 예물을 주고 혼인하는 민며느리제라는 혼인 풍습이 있었어요.

③ 10월에 무천이라는 제천 행사를 열었다.
➡ 동예는 매년 10월에 무천이라는 제천 행사를 열었어요.

④ 여러 가(加)들이 각각 사출도를 주관하였다.
➡ 부여는 왕이 중앙을 다스리고 마가, 우가, 저가, 구가 등의 가(加)들이 별도로 사출도를 주관하였어요.

⑤ 제가 회의에서 나라의 중대사를 결정하였다.
➡ 고구려는 제가 회의라는 귀족 회의에서 나라의 중대사를 결정하였어요.

기출 선택지 +α

❻ 서옥제라는 혼인 풍습이 있었다.   (O / X)
❼ 신성 지역인 소도가 존재하였다.   (O / X)
❽ 읍군이나 삼로라는 지배자가 있었다.   (O / X)
❾ 범금 8조를 통해 사회 질서를 유지하였다.   (O / X)
❿ 읍락 간의 경계를 중시하는 책화가 있었다.   (O / X)

기출 선택지 +α
정답 ❻×[고구려] ❼×[삼한] ❽○[옥저, 동예] ❾×[고조선] ❿○

3 삼국의 경쟁
정답 ②

다음 자료에 나타난 사건의 영향으로 가장 적절한 것은? [3점]

> "삼국사기"에는 백제 개로왕이 장수왕이 보낸 고구려 첩자 도림에게 속아 대대적인 토목 공사를 벌여 국력을 소진하였다는 이야기가 전해집니다.

> ❶왕이 문주에게 일러 말하기를, "내가 어리석고 밝지 못하여 간사한 사람[도림]의 말을 믿어 이 지경이 되었다. …… 나는 마땅히 사직에서 죽겠지만, 네가 이곳에서 함께 죽는 것은 이로울 게 없다. ❷어찌 난을 피하여 나라의 계통을 잇지 않겠는가?"라고 하였다. …… 고구려의 대로 제우·재증걸루·고이만년 등이 북성을 공격하여 7일 만에 빼앗았다. 이동하여 남성을 공격하니 성 안 사람들이 두려워하였다. 왕이 성을 나와 도망하자, ❸고구려 장수 재증걸루 등이 왕을 보고 말에서 내려 절한 다음에 그 얼굴을 향해 세 번 침을 뱉고는 죄를 나열한 다음 포박하여 아차성 아래로 보내 죽였다.

> 백제는 475년에 고구려의 공격을 받아 도읍 한성이 함락되고 개로왕이 죽임을 당하였어요. 이후 즉위한 문주왕이 같은 해 웅진으로 천도하며 백제 웅진기가 시작되었어요.

정답 잡는 키워드

❶, ❷ 왕(개로왕)이 문주에게 나라의 계통을 잇게 함,
❸ 고구려 장수 재증걸루 등이 왕(개로왕)을 죽임
→ 고구려의 공격으로 백제의 도읍 한성 함락(475)

왕(개로왕)이 문주에게 나라의 계통을 이을 것을 당부하였으며, 고구려의 공격으로 성이 함락되고 왕이 죽임을 당하였다는 내용을 통해 고구려 장수왕 때 백제의 도읍 한성을 함락한 상황임을 알 수 있어요. 장수왕은 427년에 도읍을 평양으로 옮기고 남진 정책을 본격화하였어요. 이에 대항하여 백제는 신라와 동맹을 맺었어요(나·제 동맹). 고구려의 공격으로 475년에 백제의 도읍 한성이 함락되고 개로왕이 전사하였어요. 개로왕의 뒤를 이어 왕위에 오른 문주왕은 위기를 수습하고자 웅진으로 도읍을 옮겼어요.

① 고구려가 평양으로 천도하였다.
 ➡ 고구려 장수왕은 국내성을 기반으로 한 귀족 세력을 약화하고 왕권을 강화하기 위해 427년에 국내성에서 평양으로 천도하였어요.

②동성왕이 나·제 동맹을 강화하였다.
 ➡ 백제 문주왕이 웅진으로 천도한 이후 정치적 혼란 속에서 즉위한 동성왕은 493년에 신라 이벌찬 비지의 딸과 혼인하면서 신라와의 동맹을 강화하였어요.

③ 고국원왕이 근초고왕의 공격을 받아 전사하였다.
 ➡ 고구려 고국원왕은 백제와 세력 다툼을 벌이던 중 371년 백제 근초고왕의 공격을 받아 평양성에서 전사하였어요.

④ 백제가 고구려를 견제하고자 북위에 국서를 보냈다.
 ➡ 고구려 장수왕이 평양으로 천도하고 본격적으로 남진 정책을 추진하자, 백제 개로왕은 고구려를 견제하기 위해 472년 북위에 고구려를 협공하자는 내용의 국서를 보냈어요.

⑤ 신라가 왜를 격퇴하기 위해 고구려에 군사를 청하였다.
 ➡ 신라의 내물 마립간은 왜를 격퇴하기 위해 399년에 고구려에 군사를 청하였고 이듬해 고구려 광개토 태왕은 신라에 군대를 파견하였어요.

기출 선택지 +α

❻ 백제의 문주왕이 웅진으로 천도하였다. (O/X)
❼ 고구려의 태조왕이 옥저를 복속시켰다. (O/X)
❽ 고구려가 후연을 공격하고 요동 땅을 차지하였다. (O/X)
❾ 관구검이 이끄는 위의 군대가 고구려를 침략하였다. (O/X)

4 소수림왕 재위 시기의 사실
정답 ①

(가) 왕의 재위 시기에 있었던 사실로 옳은 것은? [2점]

> 4세기 후반 백제 근초고왕의 평양성 공격으로 전사한 고국원왕의 뒤를 이어 고구려 제17대 왕으로 소수림왕이 즉위하였어요.

스스로 탐구하는 역사 수업

❶고구려 제17대 왕으로 즉위하여 통치 체제를 정비한 (가) 에 대해 조사한 내용을 올려 주세요.

정치	외교	사회
❷율령을 반포하였어요.	전진에 사신을 파견하여 교류하였어요.	❸태학을 설립하여 인재를 양성하였어요.

> 소수림왕은 국립 교육 기관으로 태학을 설립하였어요. 태학에서는 주로 귀족 자제를 대상으로 유학을 교육하였어요.

정답 잡는 키워드

❶ 고구려 제17대 왕, ❷ 율령 반포, ❸ 태학 설립 → 소수림왕

고구려 제17대 왕이며, 율령을 반포하고 태학을 설립하였다는 내용을 통해 (가) 왕이 고구려 소수림왕임을 알 수 있어요. 소수림왕은 고국원왕이 전사한 위기 상황 속에서 즉위하였으며, 국가의 위기를 극복하기 위한 여러 정책을 추진하였어요. 율령을 반포하여 통치 체제를 정비하였으며, 인재 양성을 위해 태학을 설립하였어요. 또한, 당시 중국의 패권을 차지한 전진에 사신을 파견하고 우호적인 관계를 맺는 등 대외 관계를 안정시키기 위해 노력하였어요.

①승려 순도를 통해 불교를 수용하였다.
 ➡ 소수림왕은 전진에서 온 승려 순도를 통해 불교를 수용하였어요.

② 낙랑군을 축출하여 영토를 확장하였다.
 ➡ 미천왕은 낙랑군과 대방군을 축출하여 영토를 확장하였어요.

③ 영락이라는 독자적인 연호를 사용하였다.
 ➡ 광개토 태왕은 '영락'이라는 독자적인 연호를 사용하였어요.

④ 을지문덕이 살수에서 수의 군대를 물리쳤다.
 ➡ 영양왕 때 을지문덕이 이끄는 고구려군이 살수에서 우중문이 이끄는 수의 별동대를 크게 물리쳤어요.

⑤ 이문진이 유기를 간추린 신집 5권을 편찬하였다.
 ➡ 영양왕 때 이문진이 왕명을 받아 역사서 "유기"를 간추린 "신집" 5권을 편찬하였어요.

기출 선택지 +α

❻ 도읍을 국내성에서 평양으로 옮겼다. (O/X)
❼ 서안평을 점령하여 영토를 확장하였다. (O/X)
❽ 을파소를 등용하고 진대법을 실시하였다. (O/X)
❾ 당의 침입에 대비하여 천리장성을 축조하였다. (O/X)

5 삼국 시대 도교   정답 ②

강연자의 질문에 대한 청중의 답변으로 가장 적절한 것은? [2점]

삼국 시대에 전래된 도교는 산천 숭배, 신선 사상과 결합하여 불로장생과 현세 구복을 추구하였어요.

화면에 보이는 ❶ 고구려의 사신도와 백제 산수무늬 벽돌은 신선 사상을 기반으로 불로장생을 추구하는 이 종교의 내용이 잘 표현된 문화유산입니다. 이 종교와 관련된 역사적 사실은 무엇이 있을까요?

강서대묘 사신도 중 현무도   산수무늬 벽돌

도교에서 말하는 이상향, 즉 신선들이 사는 세계를 표현하였어요.

도교의 방위신, 즉 동서 남북을 다스리는 신을 그린 그림이에요.

정답 잡는 키워드

❶ 고구려의 사신도, 백제 산수무늬 벽돌,
❷ 신선 사상을 기반으로 불로장생을 추구함 → 도교

고구려의 사신도와 백제 산수무늬 벽돌에 이 종교의 내용이 잘 표현되어 있으며, 신선 사상을 기반으로 불로장생을 추구한다는 것으로 보아 자료에서 말하는 종교가 도교임을 알 수 있어요. 도교는 중국에서 신선 사상을 기반으로 유교, 불교와 여러 신앙 요소들을 받아들여 형성된 종교입니다. 삼국 시대에 한반도에 전래되어 귀족 사회를 중심으로 유행하였으며 사상, 문학, 예술과 일상생활 등 여러 방면에 영향을 끼쳤어요.

① 간경도감에서 경전이 간행되었습니다.
　➡ 조선 세조는 간경도감을 설치하여 불교 경전을 한글로 번역하고 간행하였어요.

②연개소문이 당에 도사 파견을 요청하였습니다.
　➡ 도사는 도교를 믿고 수행하는 사람으로, 도교에서의 승려를 말해요. 고구려 보장왕 때 연개소문은 당에 도사 파견을 요청하였어요. 이때 고구려에 건너온 도사들의 활동으로 왕실 및 지배층에 도교 사상이 퍼졌어요.

③ 과거 시험의 교재로 사서집주가 채택되었습니다.
　➡ 사서는 성리학의 기본 경전인 "논어", "맹자", "대학", "중용"을 말하며 "사서집주"는 사서를 주석한 책이에요. 고려 후기부터 과거 시험의 교재로 "사서집주"가 채택되어 조선 시대까지 이어졌어요.

④ 범일이 9산 선문 중 하나인 사굴산문을 개창하였습니다.
　➡ 신라 말에 참선 수행을 통해 깨달음을 얻으려는 불교 종파인 선종이 유행하면서 9산 선문이 형성되었어요.

⑤ 주요 경전의 이름이 새겨진 임신서기석이 만들어졌습니다.
　➡ 임신서기석은 신라의 두 청년이 유교 경전을 공부할 것을 맹세한 내용을 새긴 비석이에요.

핵심 개념 | 도교의 발달

특징	산천 숭배, 신선 사상과 결합 → 귀족 사회를 중심으로 발달
고구려	사신도 : 도교의 방위를 나타내는 상징적 동물인 청룡(동), 백호(서), 주작(남), 현무(북)의 사신을 그린 그림
백제	백제 금동 대향로(부여 능산리 절터에서 출토), 산수무늬 벽돌
신라	화랑도 → 낭가 사상(신채호)

---

6 원효의 활동   정답 ③

(가) 승려에 대한 설명으로 옳은 것은? [2점]

일체유심조
모든 것은 마음먹기에 달려 있다!

우리 역사상 불교 발전에 가장 크게 이바지한 승려를 가리키는 이번 투표에서 여러분들의 현명한 선택을 기다립니다.

■ 주요 활동
　❶ "금강삼매경론", "대승기신론소" 등 저술
　❷ 일심 사상과 화쟁 사상 주장

기호 ○번   (가)

원효의 화쟁 사상은 불교 종파 간에 서로 대립하는 다양한 이론들을 개개의 주제로 나누어 정리한 그의 저서 "십문화쟁론"에 잘 드러나 있어요.

정답 잡는 키워드

❶ "금강삼매경론", "대승기신론소" 저술,
❷ 일심 사상과 화쟁 사상 주장 → 원효

"금강삼매경론"과 "대승기신론소"를 저술하였으며, 일심 사상과 화쟁 사상을 주장하였다는 내용을 통해 (가) 승려가 신라의 원효임을 알 수 있어요. 원효는 "금강삼매경론", "대승기신론소" 등을 저술하여 불교 교리 연구에 힘썼으며, 모든 진리는 한마음에서 나온다는 일심 사상과 화쟁 사상을 주장하며 종파 간의 사상적 대립을 극복하기 위해 노력하였어요. 또한, '나무아미타불'만 외우면 누구나 극락에 갈 수 있다고 주장하며 일반 백성에게 불교를 알렸어요.

① 구법 순례기인 왕오천축국전을 남겼다.
　➡ 혜초는 인도와 중앙아시아 지역을 순례하고 돌아와 구법 순례기인 "왕오천축국전"을 남겼어요.

② 황룡사 구층 목탑의 건립을 건의하였다.
　➡ 자장은 선덕 여왕에게 부처의 힘으로 주변국을 복속시키기 위한 염원을 담은 황룡사 9층 목탑의 건립을 건의하였어요.

③무애가를 지어 불교 대중화에 기여하였다.
　➡ 원효는 백성들이 쉽게 불교 교리를 받아들일 수 있도록 무애가라는 노래를 지어 불교 대중화에 기여하였어요.

④ 화랑도의 규범으로 세속 5계를 제시하였다.
　➡ 원광은 화랑이 지켜야 할 행동 규범으로 세속 5계를 제시하였어요.

⑤ 화엄일승법계도를 지어 화엄 사상을 정리하였다.
　➡ 의상은 당에서 화엄 사상을 연구하고 돌아와 화엄 사상의 요지를 정리한 '화엄일승법계도'를 지었어요.

핵심 개념 | 통일 신라 불교의 발전

원효	• 일심 사상과 화쟁 사상을 통해 종파 간의 사상적 대립을 조화롭게 승화시키려고 함(원융회통) • 아미타 신앙(정토 신앙) : '나무아미타불'만 외우면 누구나 극락에 갈 수 있다고 주장, '무애가'를 지어 전파 → 불교 대중화에 기여 • "대승기신론소", "십문화쟁론", "금강삼매경론" 등 저술
의상	화엄종 개창, 화엄 사상 정립, 부석사 등 많은 사찰 건립, 관음 신앙(관세음보살을 믿어 현세의 고난을 구제받고자 하는 신앙) 전파, '화엄일승법계도' 저술
혜초	인도와 중앙아시아를 순례한 뒤 "왕오천축국전" 저술
선종의 유행	실천 수행을 통한 깨달음 추구 → 지방 호족의 사상적 배경이 됨, 9산 선문 성립, 승탑과 탑비 유행

7 발해 정답 ④

(가) 국가에 대한 설명으로 옳은 것은? [1점]

> 신라고기(新羅古記)에 이르기를 "**❶고(구)려**의 옛 장수 조영의 성은 대씨(大氏)니 남은 군사를 모아 태백산 남쪽에서 나라를 세우고 나라 이름을 (가) (이)라고 하였다." …… 지장도(指掌圖)에 보면 "(가) 은/는 만리장성 동북쪽 모서리 밖에 있다."라고 하였다.

정답 잡는 키워드

❶ 고구려의 옛 장수 대조영이 나라를 세움 → 발해

고구려의 옛 장수 대조영이 나라를 세웠다는 내용을 통해 (가) 국가가 발해임을 알 수 있어요. 발해는 고구려 출신 대조영이 고구려 유민과 말갈인을 이끌고 지린성 동모산에서 세운 나라로 고구려 계승 의식을 표방하였어요. 9세기 선왕 때 옛 고구려의 영토를 대부분 회복하고 전성기를 맞았으며, 이 무렵 중국으로부터 '해동성국'이라고 불리기도 하였어요. 발해는 당의 제도를 받아들여 3성 6부의 중앙 정치 조직을 갖추었으나 그 명칭과 운영에서는 독자성을 유지하였어요.

① 군사 조직으로 9서당 10정을 편성하였다.
➡ 신라는 통일 이후 9서당의 중앙군과 10정의 지방군을 편성하여 군사 조직을 정비하였어요.

② 정사암에 모여 국가 중대사를 논의하였다.
➡ 백제에서는 귀족들이 정사암에 모여 재상을 선출하거나 국가 중대사를 논의하였어요.

③ 광평성을 비롯한 각종 정치 기구를 갖추었다.
➡ 후고구려를 세운 궁예는 국호를 '마진'으로 바꾸고 광평성을 비롯한 각종 정치 기구를 두었어요. 이어 철원으로 수도를 옮기고 국호를 다시 '태봉'으로 바꾸었어요.

④ 5경 15부 62주의 지방 행정 제도를 마련하였다.
➡ 발해는 주요 지역에 5경을 설치하였으며, 지방을 15부로 나누고 그 아래 62주를 두는 지방 행정 제도를 마련하였어요.

⑤ 상수리 제도를 시행하여 지방 세력을 견제하였다.
➡ 신라는 지방 세력이나 그 자제를 일정 기간 수도에 머무르게 하는 상수리 제도를 시행하여 지방 세력을 견제하였어요.

기출 선택지 +α

❻ 중정대를 두어 관리를 감찰하였다. (O/X)
❼ 교육 기관으로 주자감을 설립하였다. (O/X)
❽ 지방관을 감찰하기 위해 외사정을 파견하였다. (O/X)
❾ 내신 좌평, 위사 좌평 등 6좌평의 관제를 마련하였다. (O/X)
❿ 청연각과 보문각을 설치하여 학문 연구를 장려하였다. (O/X)

8 최치원의 활동 정답 ③

(가) 인물에 대한 설명으로 옳은 것은? [2점]

[역사 다큐멘터리 기획안]

도당 유학생, 서로 다른 길을 걷다

■ 기획 의도
신라 말 골품제의 한계에 부딪힌 6두품의 당 유학이 늘어났어요. '신라 3최'라고도 불리는 ❶최치원, 최승우, 최언위는 모두 6두품 출신으로, 당에 유학하여 빈공과에 급제하였어요.

당에 건너가 유학했던 6두품들이 신라로 돌아온 이후의 행보를 알아본다.

■ 구성 내용
최치원은 당에서 귀국한 후 진성 여왕에게 개혁안 10여 조를 올렸으나 진골 귀족들의 반대로 받아들여지지 않자 이후 은둔 생활을 하였다고 해요.
1. (가) , ❷진성 여왕에게 시무책 10여 조를 올리다
2. 최승우, 견훤의 신하로 왕건에게 보내는 격문을 짓다
3. 최언위, 고려에 투항하여 문한관으로 문명을 떨치다

정답 잡는 키워드

❶ 6두품 출신의 도당 유학생,
❷ 진성 여왕에게 시무책 10여 조를 올림 → 최치원

당에 건너가 유학했던 6두품이며, 신라로 돌아온 후에 진성 여왕에게 시무책 10여 조를 올렸다는 내용을 통해 (가) 인물이 최치원임을 알 수 있어요. 최치원은 당에 건너가 외국인을 대상으로 한 과거 시험인 빈공과에 급제하여 당의 관리로서 관직 생활을 하였어요. 신라에 돌아온 후 정치를 바로잡고 혼란스러운 사회를 안정시키기 위해 진성 여왕에게 시무책 10여 조를 건의하였으나, 진골 귀족들의 반대에 부딪혀 실현하지 못하였어요.

① 향가 모음집인 삼대목을 편찬하였다.
➡ 위홍과 대구화상은 진성 여왕의 명을 받아 향가 모음집인 "삼대목"을 편찬하였어요.

② 외교 문서인 청방인문표를 작성하였다.
➡ 강수는 외교 문서 작성에 능하여 당에 잡혀 있던 태종 무열왕의 아들 김인문을 석방해 줄 것을 당의 고종에게 청하는 '청방인문표'를 작성하였어요.

③ 격황소서를 지어 문장가로서 이름을 떨쳤다.
➡ 최치원은 당에서 반란을 일으킨 황소에게 항복을 권하는 격문인 '격황소서'를 지어 문장가로 이름을 널리 알렸어요.

④ 유식의 교의를 담은 해심밀경소를 저술하였다.
➡ 원측은 유식의 교의를 담은 "해심밀경"의 주석서인 "해심밀경소"를 저술하였어요.

⑤ 국왕에게 조언하는 내용의 화왕계를 저술하였다.
➡ 설총은 국왕에게 충신을 가까이할 것을 조언하는 내용의 '화왕계'를 저술하였어요.

기출 선택지 +α

❻ 한자의 음과 훈을 차용한 이두를 체계적으로 정리하였다. (O/X)
❼ 신라 말의 사회상을 보여 주는 해인사 묘길상탑기를 남겼다. (O/X)

9 신라 말의 상황

정답 ④

다음 상황이 나타난 시기를 연표에서 옳게 고른 것은? [3점]

> 각간 김경신이 해몽을 청하자 아찬 여삼은 "복두를 벗은 것은 위에 다른 사람이 없다는 뜻이요, 소립을 쓴 것은 면류관을 쓸 징조이며, 12현금(絃琴)을 든 것은 12대손까지 왕위를 전한다는 조짐이며, 천관사 우물로 들어간 것은 궁궐로 들어갈 상서로운 조짐입니다."라고 하였다. "위에 주원이 있는데 어찌 내가 왕위에 오를 수 있겠소?"라고 경신이 묻자, 아찬이 대답하기를 "청컨대 은밀히 북천신에게 제사 지내면 될 것입니다."라고 하여 이에 따랐다. 얼마 지나지 않아 **선덕왕**❶ 이 죽자, 나라 사람들이 김주원을 왕으로 받들어 궁중으로 맞아들이려 했다.❷ 주원의 집은 북천 북쪽에 있었는데 홀연히 냇물이 불어나 건널 수가 없었다. 이에 경신이 먼저 궁궐로 들어가 왕위에 올랐다.

8세기 후반 혜공왕의 뒤를 이은 선덕왕이 죽은 후에 왕위 다툼이 일어났으며, 이때 김경신(원성왕)이 김주원을 물리치고 왕위에 올랐어요.

정답 잡는 키워드

❶, ❷ 선덕왕이 죽은 후 김주원 대신 김경신이 왕위에 오름
→ 8세기 후반 원성왕 즉위

선덕왕이 죽은 이후 나라 사람들이 김주원을 왕으로 맞으려 하였으나 냇물이 불어나 건너지 못하고 김경신이 먼저 궁궐에 들어가 왕위에 올랐다는 내용을 통해 8세기 후반에 신라 원성왕이 즉위하는 상황임을 알 수 있어요.

654	681	722	780	828	889
(가)	(나)	(다)	(라)	(마)	
무열왕 즉위	김흠돌의 난	정전 지급	혜공왕 피살	청해진 설치	원종과 애노의 난

➡ 780년 **혜공왕이 피살**된 이후 왕위 쟁탈전이 치열해져 150여 년간 20여 명의 왕이 교체되면서 신라의 중앙 정치가 혼란에 빠졌어요. 혜공왕의 뒤를 이어 김경신과 김주원 등의 추대로 선덕왕이 왕위에 올랐어요. 선덕왕이 후사 없이 죽자 내물 마립간의 후손인 김경신과 무열왕계인 김주원 사이에 왕위 다툼이 벌어졌고 결국 김경신(**원성왕**)이 왕위를 차지하였어요(785). 이후 김주원의 아들 김헌창은 헌덕왕 때인 822년에 아버지가 왕위에 오르지 못한 것에 원한을 품고 웅천주(지금의 공주)에서 반란을 일으켰으나 실패하였어요. 헌덕왕의 뒤를 이어 흥덕왕이 즉위하였고 흥덕왕 때인 828년에 장보고가 완도에 해상 기지인 **청해진**을 설치하여 해적을 소탕하고 해상 무역을 전개하였어요.

따라서 원성왕이 즉위한 시기는 혜공왕 피살과 청해진 설치 사이인 ④ (라)입니다.

① (가) ② (나) ③ (다) ④ (라) ⑤ (마)

연표로 흐름잡기

780	혜공왕 피살
785	선덕왕 사망, 원성왕 즉위(김경신이 김주원과의 왕위 다툼에서 승리)
788	원성왕 때 독서삼품과 설치
822	헌덕왕 때 김헌창의 난 발생
828	흥덕왕 때 장보고가 완도에 청해진 설치

---

10 후삼국 통일 과정

정답 ③

(가)에 들어갈 내용으로 적절한 것은? [2점]

> **한국사 동영상 제작 계획안**
>
> ### 다시 하나로, 민족의 재통일을 이루다
> ○학년 ○반 ○모둠
>
> ■ 제작 의도
> 고려의 후삼국 통일 과정과 역사적 의의를 주요 인물과 관련된 사건의 발생 순서에 따라 살펴본다.
>
> 후백제의 견훤은 신라의 금성을 습격하여 경애왕을 죽게 하고 경순왕(김부)을 새 왕으로 세웠어요. 귀환길에 신라를 도우러 온 고려군을 공산 전투에서 크게 무찔렀어요.
>
> ■ 장면별 구성 내용
> #1. 신숭겸, 공산 전투에서 전사하다
> #2. 왕건, 고창 전투에서 후백제군을 물리치다
> #3. 견훤, 금산사에서 탈출하여 고려에 귀순하다
> #4. ___(가)___
> #5. 왕건, 일리천에서 신검의 군대에 승리하다
>
> 935년 견훤이 나주로 도망쳐 와 귀순하기를 청하자 왕건은 그를 받아들이고 존칭하며 대우하였어요.
>
> 936년 왕건은 일리천 전투 승리 후 후백제를 멸망시키고 후삼국을 통일하여 민족의 재통일을 이루었어요.

후삼국 통일 과정에서 견훤의 고려 귀순(935)과 일리천 전투(936) 사이의 시기에 있었던 사실을 찾으면 됩니다. 고려는 공산 전투(927)에서 후백제군에 크게 패하였고 이때 고려의 장수 신숭겸이 위기에 빠진 왕건을 구하기 위해 싸우다가 전사하였어요. 그 뒤 고려는 고창 전투(930)에서 후백제군을 물리치면서 후삼국 통일의 주도권을 장악하였어요. 이때 타격을 입은 후백제의 세력이 약화하는 가운데 견훤이 막내아들 금강에게 왕위를 물려주려 하자 이에 불만을 품은 큰아들 신검이 견훤을 금산사에 유폐하는 일이 일어났어요. 견훤은 금산사를 탈출하여 고려에 귀순하였고, 이어 신라의 경순왕도 더 이상 나라를 유지하기 어렵다고 판단하여 고려에 항복하였어요. 이후 고려 태조 왕건은 견훤과 함께 일리천 전투에서 신검이 이끄는 후백제군을 격퇴하고 곧이어 후삼국을 통일하였어요.

① 안승, 보덕국 왕으로 책봉되다
➡ 고구려 멸망 후 검모잠이 안승을 왕으로 추대하고 고구려 부흥 운동을 전개하였어요. 안승은 검모잠과 의견 대립이 생기자 그를 죽이고 신라에 투항하여 보덕국 왕으로 책봉되었어요(674).

② 궁예, 국호를 태봉으로 바꾸다
➡ 궁예는 고구려 계승을 내세우며 송악을 도읍으로 삼아 후고구려를 건국하였어요. 이후 국호를 '마진'으로 바꾸었고, 이어 철원으로 천도한 후 다시 국호를 '태봉'으로 바꾸었어요(911).

③ 경순왕 김부, 경주의 사심관이 되다
➡ 경순왕 김부가 항복해 오자 고려 태조는 신라국을 없애고 금성을 경주로 삼은 후 김부를 경주의 사심관으로 임명하였어요(935).

④ 윤충, 대야성을 공격하여 함락시키다
➡ 백제 의자왕은 윤충을 보내 전략적 요충지인 신라의 대야성을 공격하여 함락시켰어요(642).

⑤ 흑치상지, 임존성에서 부흥군을 이끌다
➡ 백제 멸망 후 흑치상지는 임존성에서 백제 부흥 운동을 일으켜 부흥군을 이끌었어요(660).

11 고려의 경제 상황 정답 ④

(가) 국가의 경제 상황으로 옳은 것은? [1점]

❶ 이것은 (가) 시대에 다인철소에서 생산된 유물들입니다. 특수 행정 구역이었던 소에 대해 검색한 것을 말해 볼까요?

고려에는 향, 부곡, 소라는 특수 행정 구역이 있었는데, 이곳에 사는 사람들은 법적으로는 양인이지만 일반 군현민보다 과중한 세금을 부담하는 등 차별을 받았어요.

(가) 시대에는 ❷ 가혹한 수탈에 맞서 공주 명학소에서 봉기가 일어나기도 하였어요.

국가가 지정한 특정 물품을 생산하여 공급하였던 소의 주민들은 일반 군현민에 비해 차별을 받았어요.

정답 잡는 키워드

❶ 특수 행정 구역인 소가 있음,
❷ 공주 명학소에서 봉기가 일어남 → 고려

특수 행정 구역인 소가 있었으며, 공주 명학소에서 봉기가 일어났다는 내용을 통해 (가) 국가가 고려임을 알 수 있어요. 고려에는 특수 행정 구역으로 향·부곡·소가 있었어요. 향과 부곡에 사는 사람들은 주로 농사를 지었고, 소에 사는 사람들은 주로 국가에서 필요로 하는 수공업품을 생산하였어요. 이곳의 주민들은 거주 이전의 자유가 제한되고 일반 군현민에 비해 더 많은 세금을 내는 등 차별을 받았어요. 무신 집권기인 1176년에 공주 명학소에서 망이·망소이가 소 거주민에 대한 차별과 지배층의 가혹한 수탈에 저항하여 봉기하였어요.

① 특산품으로 솔빈부의 말이 유명하였다.
➡ 발해는 목축이 발달하여 특산품으로 솔빈부의 말이 유명하였어요.

② 풍흉에 따라 9등급으로 전세를 거두었다.
➡ 조선은 세종 때 연분9등법을 시행하여 풍흉에 따라 9등급으로 전세를 거두었어요.

③ 감자, 고구마 등의 작물이 널리 재배되었다.
➡ 조선 후기에 감자, 고구마 등이 전래되어 구황 작물로 널리 재배되었어요.

④ 경시서의 관리들이 시전의 상행위를 감독하였다.
➡ 고려 시대에 경시서의 관리들이 수도 개경에 설치된 시전의 상행위를 감독하였어요.

⑤ 설점수세제를 시행하여 민간의 광산 개발을 허용하였다.
➡ 조선 후기에 설점수세제를 시행하여 민간의 광산 개발을 허용하는 대신에 세금을 내게 하였어요.

기출 선택지 +α

❻ 삼한통보, 해동통보 등이 발행되었다. (O/X)
❼ 만상이 대청 무역으로 부를 축적하였다. (O/X)
❽ 서적점, 다점 등의 관영 상점이 운영되었다. (O/X)
❾ 당항성, 영암이 국제 무역항으로 번성하였다. (O/X)
❿ 시장을 감독하는 관청인 동시전이 설치되었다. (O/X)

기출 선택지 +α 정답 ❻ O ❼ ×[조선 후기] ❽ O ❾ ×[신라] ❿ ×[신라]

12 고려 승려들의 활동 정답 ③

(가)~(마)에 들어갈 내용으로 적절한 것은? [3점]

〈한국사 학술 강좌〉

인물로 보는 고려 불교사

우리 학회에서는 고려 승려들의 활동을 통해 불교사의 흐름을 파악하는 자리를 마련하였습니다. 관심 있는 분들의 많은 참여를 바랍니다.

■ 강좌 주제 ■
제1강 균여, (가)
제2강 의천, (나)
제3강 지눌, (다)
제4강 요세, (라)
제5강 혜심, (마)

• 일시 : 2024년 ○○월 ○○일 09:00~17:00
• 장소 : □□ 박물관 대강당
• 주최 : △△ 학회

① (가) - 법화 신앙에 중점을 둔 백련 결사를 제창하다
➡ 백련 결사를 제창한 인물은 요세입니다. 균여는 광종이 그를 위해 지은 귀법사의 주지가 되어 민중을 교화하고 불법을 널리 펴기 위해 노력하였어요. 또한, '보현십원가' 등 화엄 사상을 담은 향가를 지어 대중에게 불교 교리를 전파하는 데 힘썼어요.

② (나) - 심성의 도야를 강조한 유불 일치설을 주장하다
➡ 유불 일치설을 주장한 인물은 혜심이에요. 의천은 문종의 아들로 국청사를 중심으로 해동 천태종을 개창하였어요. 송에 유학한 후 돌아와 동아시아 각지의 불교 서적을 수집하여 그 목록을 정리한 "신편제종교장총록"을 펴냈으며, 불교 경전에 대한 주석서를 모아 "교장"을 편찬하였어요. 교종을 중심으로 불교 교단을 통합하고자 하였으며, 수행 방법으로 이론의 연마와 수행을 함께 강조하는 교관겸수를 제시하였어요.

③ (다) - 권수정혜결사문을 작성하여 정혜쌍수를 강조하다
➡ 지눌은 선종을 중심으로 불교 교단을 통합하고자 하였고, 불교 개혁 운동을 벌여 수선사 결사를 조직하였어요. 또한, "권수정혜결사문"을 지어 수행 방법으로 참선과 교리 공부를 함께하는 정혜쌍수를 강조하였어요.

④ (라) - 이론과 수행을 함께 강조하는 교관겸수를 제시하다
➡ 교관겸수를 제시한 인물은 의천이에요. 요세는 법화 신앙을 강조하며 백련사에서 백련 결사를 결성하여 불교 정화 운동을 전개하였어요.

⑤ (마) - 보현십원가를 지어 불교 교리를 대중에게 전파하다
➡ '보현십원가'를 지은 인물은 균여입니다. 혜심은 지눌의 제자로 "선문염송집"을 편찬하고 유불 일치설을 주장하였어요. 혜심의 유불 일치설은 장차 성리학을 받아들일 수 있는 사상적 토대가 되었어요.

핵심 개념 고려 승려들의 활동

균여	향가 '보현십원가'를 지어 불교 교리 전파
의천	해동 천태종 개창, 교장도감 설치 및 "교장" 편찬, 화폐 사용 건의, 교관겸수 제시(이론 연마 + 실천, 교종 중심의 선종 통합 추구)
지눌	조계종 정립, 송광사에서 수선사 결사 조직, "권수정혜결사문" 작성, 정혜쌍수와 돈오점수를 바탕으로 선종 위주의 교종 통합 추구
요세	강진 만덕사(백련사)에서 백련 결사 조직, 자신의 행동을 진정으로 참회하는 법화 신앙 강조
혜심	유불 일치설을 주장하며 심성의 도야 강조 → 성리학 수용의 사상적 토대 마련, "선문염송집" 편찬

13 숙종의 정책
정답 ①

(가) 왕에 대한 설명으로 옳은 것은? [2점]

이것은 조카 헌종을 몰아내고 즉위한 (가) 의 넷째 딸인 복령 궁주 왕씨 묘지명입니다. 여기에서는 복령 궁주를 '천자의 딸'이라고 표현하여 국왕의 권위를 드러내고자 하였습니다. (가) 은/는 개경 세력을 견제하고자 남경에 궁궐을 짓고, 재정을 확보하기 위해 **주전도감을 설치하여 해동통보를 발행**하는 등 왕권 강화를 꾀하였습니다.

고려 숙종은 송에 다녀온 동생 의천이 금속 화폐 사용을 강력히 주장하자 이를 받아들여 주전도감을 설치하고 은병(활구), 해동통보 등의 화폐를 발행하였어요.

정답 잡는 키워드
❶ 주전도감을 설치하여 해동통보를 발행함 → 숙종

주전도감을 설치하여 해동통보를 발행하였다는 내용을 통해 (가) 왕이 고려 숙종임을 알 수 있어요. 문종의 셋째 아들인 숙종은 조카인 헌종이 어린 나이로 즉위하자 헌종을 몰아내고 왕위에 올랐어요. 개경 세력을 견제하기 위해 남경 개창도감을 설치하여 남경(지금의 서울)에 궁궐을 지었어요. 또한, 의천의 건의를 받아들여 화폐 주조 기관인 주전도감을 설치하였어요.

① 여진 정벌을 위해 별무반을 창설하였다.
➡ 숙종은 윤관의 건의를 받아들여 기병 위주의 여진을 정벌할 부대로 별무반을 창설하였어요. 별무반은 기병 부대인 신기군, 보병 부대인 신보군, 승병인 항마군으로 구성되었어요.

② 전국에 12목을 설치하고 관리를 파견하였다.
➡ 성종은 최승로의 시무 28조를 받아들여 전국의 주요 지역에 12목을 설치하고 지방관을 파견하였어요.

③ 광덕, 준풍 등의 독자적인 연호를 사용하였다.
➡ 광종은 황제를 칭하고 '광덕', '준풍' 등의 독자적인 연호를 사용하였어요.

④ 거란의 침입에 대비하여 개경에 나성을 축조하였다.
➡ 현종은 강감찬의 건의에 따라 거란의 침입에 대비하여 개경에 나성을 축조하였어요.

⑤ 정계와 계백료서를 지어 관리의 규범을 제시하였다.
➡ 태조 왕건은 후백제를 정벌하여 후삼국 통일을 이룬 직후 "정계"와 "계백료서"를 지어 관리들이 지켜야 할 규범을 제시하였어요.

기출 선택지 +α
❻ 국자감에 서적포를 설치하였다. (O/X)
❼ 관학을 진흥하고자 양현고를 설치하였다. (O/X)
❽ 흑창을 처음 설치하여 민생을 안정시켰다. (O/X)
❾ 최승로의 시무 28조를 받아들여 통치 체제를 정비하였다. (O/X)
❿ 전시과 제도를 처음 마련하여 관리에게 토지를 지급하였다. (O/X)

기출 선택지 +α
정답 ❻ ○ ❼ ×[예종] ❽ ×[태조 왕건] ❾ ×[성종] ❿ ×[경종]

---

14 무신 정변
정답 ④

(가) 사건에 대한 탐구 활동으로 가장 적절한 것은? [2점]

오전 10:50

대한민국 방방곡곡 – 거제 둔덕기성 전경

史 한국사 채널 조회 수 140,525

거제의 둔덕기성은 신라 시대에 축조되었고, 고려 시대에 성벽이 개축되어 축성법의 변화를 연구하는 데 학술적 가치가 큰 사적입니다. ❶정중부 등이 일으킨 (가) (으)로 폐위된 의종이 이곳에서 머물렀다고 전해지고 있습니다. 이후 김보당은 의종을 경주로 피신시켜 복위를 시도하였습니다.

무신 집권기에 동북면 병마사 김보당이 동계에서 군사를 일으켜 무신 정변으로 폐위된 의종의 복위를 시도하였으나 실패하였어요.

정답 잡는 키워드
❶ 정중부 등이 일으킴, ❷ 의종 폐위 → 무신 정변

정중부 등이 일으킨 사건이며, 이 사건으로 의종이 폐위되었다는 내용을 통해 (가) 사건이 1170년에 일어난 무신 정변임을 알 수 있어요. 무신에 대한 차별 대우와 의종의 실정이 원인이 되어 정중부, 이의방 등 무신들이 정변을 일으켜 정권을 장악하였어요. 이후 100여 년 동안 무신 집권기가 이어졌습니다.

① 정동행성이 설치되는 배경을 살펴본다.
➡ 원 간섭기에 원은 일본 원정을 위해 고려에 정동행성을 설치하였어요. 일본 원정이 실패한 후에도 정동행성을 그대로 두어 고려의 내정을 간섭하는 기구로 이용하였어요.

② 철령위 설치에 대한 최영의 대응을 검색한다.
➡ 14세기 후반 명이 쌍성총관부 지역이 원래 원의 영토라는 이유를 들어 고려에 철령위 설치를 통보하자 우왕과 최영은 요동 정벌을 추진하여 이성계에게 군대를 이끌고 출정할 것을 명하였어요.

③ 칭제건원과 금국 정벌을 주장한 인물을 찾아본다.
➡ 고려 인종 때 묘청을 비롯한 서경 세력은 칭제건원과 금국 정벌을 주장하였어요. 그러나 개경 세력의 반대로 서경 천도가 좌절되자 서경에서 반란을 일으켰어요(묘청의 난).

④ 서경 유수 조위총이 반란을 일으킨 이유를 알아본다.
➡ 무신 정변으로 무신들이 정권을 장악하자 이에 반발하여 서경 유수 조위총이 군사를 일으켜 정중부 등의 제거를 도모하였으나 실패하였어요.

⑤ 이성계 등 신흥 무인 세력이 성장하는 과정을 조사한다.
➡ 고려 말에 홍건적과 왜구를 격퇴하는 과정에서 최영, 이성계 등 신흥 무인 세력이 성장하였어요.

15 몽골 침입기의 사실

정답 ④

(가), (나) 사이의 시기에 있었던 사실로 옳은 것은? [2점]

> 몽골의 1차 침입 이후 최우는 강화 천도를 강행했어요. 본토에 남겨진 백성들은 몽골군에 대항하여 끝까지 싸웠는데, 처인성 전투와 충주성 전투가 대표적이에요.
>
> (가) ❶최우가 녹전거(祿轉車) 100여 대를 빼앗아 ❷집안의 재물을 강화도로 옮기니, 수도가 흉흉하였다. …… 또 사자(使者)를 여러 도에 나누어 보내어, 백성을 산성과 섬으로 옮겼다.
>
> (나) ❸김방경과 흔도(忻都), 홍차구, 왕희, 왕용 등이 3군을 거느리고 진도를 토벌하여 크게 격파하고, 승화후 왕온을 죽였다. ❹김통정이 남은 무리를 이끌고 탐라로 도망하여 들어갔다.

> 고려와 몽골 연합군의 공격으로 배중손이 이끌던 삼별초가 진도에서 무너지자, 김통정이 남은 삼별초를 통솔하여 제주도(탐라)로 들어가 항쟁을 계속하였어요.

정답 잡는 키워드

❶, ❷ 최우가 집안의 재물을 강화도로 옮김
→ (가) 강화 천도(1232)

❸ 김방경과 흔도 등이 진도를 토벌하여 크게 격파함,

❹ 김통정이 남은 무리를 이끌고 탐라로 들어감
→ (나) 삼별초의 제주도(탐라) 이동(1271)

(가)는 최우가 집안의 재물을 강화도로 옮긴다는 내용을 통해 고려 정부가 강화도로 천도하는 상황임을 알 수 있어요. (나)는 김방경과 흔도 등이 진도를 토벌하자 김통정이 남은 무리를 이끌고 탐라로 들어갔다는 내용을 통해 삼별초가 제주도(탐라)로 이동하여 대몽 항쟁을 이어 가는 상황임을 알 수 있어요. 따라서 몽골의 침입으로 고려 정부가 강화도로 천도한 이후부터 개경 환도에 반대하여 진도에서 대몽 항쟁을 벌이고 있던 삼별초가 제주도로 이동한 사이의 시기에 있었던 사실을 찾으면 됩니다. 몽골이 고려를 침략하자 당시 실권자였던 최우는 일단 강화를 맺어 몽골을 물러가게 한 후 강화도로 천도하여 장기 항전을 준비하였어요. 이후 몽골은 여러 차례 고려를 침략하였는데 오랜 기간 몽골과 전쟁을 치르면서 국토가 황폐해지고 많은 백성이 죽거나 포로로 끌려갔어요. 고려 정부가 몽골과 강화를 맺고 개경 환도를 결정하자, 삼별초는 이에 반발하여 강화도에서 진도, 제주도로 근거지를 옮겨 가며 대몽 항쟁을 이어 갔으나 고려와 몽골 연합군에 의해 진압되었어요.

① 양규가 곽주성을 급습하여 탈환하였다.
➡ 거란의 2차 침입 당시 양규가 거란군에 맞서 흥화진을 지켜낸 후 곽주성을 급습하여 성을 탈환하였어요(1010).

② 최무선이 진포에서 왜구를 격퇴하였다.
➡ 우왕 때 최무선이 화약과 화포를 이용하여 진포에서 왜구를 격퇴하였어요(1380).

③ 강조가 정변을 일으켜 국왕을 폐위하였다.
➡ 목종 때 강조가 정변을 일으켜 목종을 폐위하고 현종을 새로운 왕으로 세웠어요(1009). 이후 거란이 강조의 정변을 구실로 고려에 다시 침입하였어요(거란의 2차 침입).

④ 김윤후가 처인성에서 살리타를 사살하였다.
➡ 몽골의 2차 침입 당시 김윤후가 처인성에서 몽골 장수 살리타를 사살하였어요(1232).

⑤ 이자겸과 척준경이 반란을 일으켜 궁궐을 불태웠다.
➡ 인종 때 왕실의 외척이었던 이자겸이 척준경과 함께 반란을 일으켜 궁궐을 불태우고 자신을 제거하려고 한 무리를 죽이거나 유배 보냈어요(1126).

기출 선택지 +α

❻ 최영이 홍산 전투에서 크게 승리하였다. (O / X)
❼ 다인철소의 주민들이 충주에서 항전하였다. (O / X)
❽ 유인우, 이자춘 등이 쌍성총관부를 수복하였다. (O / X)

기출 선택지 +α 정답 ❻ ×[1376년] ❼ O[1254년] ❽ ×[1356년]

---

16 원 간섭기의 사실

정답 ③

다음 자료에 나타난 시기의 사회 모습으로 적절한 것은? [1점]

> 응방은 원 간섭기에 원에 조공으로 보낼 매를 잡아 기르기 위해 설치한 관청이며, 겁령구는 원의 공주를 따라온 시종을 말해요.
>
> ○ 당시 ❶응방·겁령구 및 내수(內竪) 등의 천한 자들이 모두 사전(賜田)을 받았는데, 많은 경우는 수백 결에 이르렀다. 일반 백성을 유인하여 전호로 삼고, 가까운 곳에 있는 민전에서는 모두 수조하였으므로 주와 현에서는 부세가 들어올 바가 없게 되었다.
>
> ○ 공주가 장차 입조(入朝)할 예정이었으므로, 인후와 염승익에게 명하여 ❷양가의 자녀로서 나이가 14~15세인 자들을 선발하였고, 순군(巡軍)과 홀적(忽赤) 등으로 하여금 인가를 수색하게 하였다. 혹 밤중에 침실에 돌입하거나 노비를 포박하여 심문하기도 하였으니, 비록 자녀가 없는 자라 할지라도 깜짝 놀라 동요하게 되었다. 원망하며 우는 소리가 온 거리에 가득하였다.

> 순군과 홀적은 원 간섭기 충렬왕 때 설치된 군사 조직이에요.

> 원의 지속적인 공녀 요구로 원에 보낼 공녀를 강제 선발하였으며, 이로 인해 고려에는 조혼의 풍습이 생겨나기도 했어요.

정답 잡는 키워드

❶ 응방, 겁령구 등이 사전을 받음,
❷ 나이 어린 양가의 자녀를 선발함 → 원 간섭기

응방·겁령구 등의 천한 자들이 모두 사전을 받았으며, 나이가 14~15세인 양가의 자녀를 선발하였다는 내용을 통해 자료에 나타난 시기가 원 간섭기임을 알 수 있어요. 고려 정부가 몽골과 강화를 맺고 개경으로 환도하면서 고려는 본격적으로 몽골이 세운 원의 간섭을 받게 되었어요. 고려 국왕이 원의 공주와 결혼하여 원의 부마국이 되었으며, 이에 따라 왕실의 호칭과 관제가 격하되었어요. 또한, 원이 공녀와 환관을 뽑아 강제로 데려가고 특산물(금, 은, 인삼 등)과 매 등을 강요하는 등 인적·물적 수탈에 시달렸어요. 한편, 이 시기에 원의 세력에 기대어 성장한 권문세족이 권력을 장악하고 부를 축적하였어요.

① 최충이 9재 학당을 설립하였다.
➡ 고려 문종 때 관직에서 물러난 최충은 사립 교육 기관인 9재 학당을 세워 유학을 교육하였어요.

② 만적이 개경에서 반란을 모의하였다.
➡ 무신 집권기에 만적이 개경에서 노비를 모아 신분 해방을 도모하는 반란을 모의하였으나 사전에 발각되어 실패하였어요.

③ 지배층을 중심으로 변발과 호복이 유행하였다.
➡ 원 간섭기에 지배층을 중심으로 변발과 호복 같은 몽골 풍습이 유행하였어요. 이 시기 고려의 풍속도 몽골에 전해져 유행하였어요.

④ 국난 극복을 기원하며 초조대장경이 조판되었다.
➡ 고려 현종 때 부처의 힘으로 거란을 물리치고자 하는 염원을 담아 초조대장경 조판이 시작되었어요.

⑤ 기근에 대비하기 위하여 구황촬요가 간행되었다.
➡ 조선 명종 때 기근에 대비하는 방법이 담긴 "구황촬요"가 간행되었어요.

기출 선택지 +α

❻ 서얼이 통청 운동을 전개하였다. (O / X)
❼ 도병마사가 도평의사사로 개편되었다. (O / X)
❽ 원종과 애노가 사벌주에서 봉기하였다. (O / X)
❾ 상민층이 납속과 공명첩을 활용하여 신분 상승을 꾀하였다. (O / X)

기출 선택지 +α 정답 ❻ ×[조선 후기] ❼ O ❽ ×[신라 진성 여왕] ❾ ×[조선 후기]

17 태종의 정책

정답 ④

(가) 왕에 대한 설명으로 옳은 것은? [2점]

오늘 말씀해 주실 삼공신회맹문에는 어떤 내용이 담겨 있나요?

이 문서에는 **두 차례에 걸친 왕자의 난으로 즉위한** (가) 이/가 삼공신들과 함께 종묘사직 및 산천에 제를 올려 충의와 신의를 맹세한 내용이 기록되어 있습니다. 삼공신은 개국 공신, 제1차 왕자의 난에서 공을 세운 정사공신, 제2차 왕자의 난을 평정하는 데 도움을 준 좌명공신을 말합니다.

조선 태조 때 제1차 왕자의 난을 일으켜 정권을 차지한 이방원은 정종 때 일어난 제2차 왕자의 난을 평정하고 이후 제3대 국왕(태종)으로 즉위하였어요.

개국정사좌명삼공신회맹문

정답 잡는 키워드

❶ 두 차례에 걸친 왕자의 난으로 즉위 → 태종

두 차례에 걸친 왕자의 난으로 즉위하였다는 내용을 통해 (가) 왕이 조선 태종임을 알 수 있어요. 국왕 중심의 정치를 추구한 태종은 두 차례 왕자의 난을 통해 재상 중심의 정치를 강조한 정도전 등 자신의 반대 세력을 제거한 뒤 정종의 양위로 즉위하였어요. 태종은 왕권 강화를 위해 6조 직계제를 실시하여 6조가 의정부를 거치지 않고 국왕에게 업무를 직접 보고하고 재가를 받도록 하였어요. 또한, 전국의 인구 동태를 파악하여 조세 징수와 군역 부과에 활용하기 위해 호패법을 실시하였어요.

① 경국대전을 완성하여 통치 체제를 정비하였다.
➡ 성종은 세조 때부터 만들기 시작한 "경국대전"을 완성하여 통치 체제를 정비하였어요.

② 초계문신제를 시행하여 문신들을 재교육하였다.
➡ 정조는 젊은 문신들 가운데 유능한 인재를 선발하여 재교육하는 초계문신제를 시행하였어요.

③ 길주를 근거지로 일어난 이시애의 난을 진압하였다.
➡ 세조 때 중앙 집권 체제를 강화하기 위해 북도 출신 수령의 임명을 줄이고 중앙에서 직접 관리를 파견하였어요. 이에 불만을 품은 함길도 토착 세력인 이시애가 길주를 근거지로 난을 일으켰으나 진압되었어요.

④ 문하부를 폐지하고 낭사를 사간원으로 독립시켰다.
➡ 태종은 문하부를 폐지하고 문하부 낭사를 사간원으로 독립시켜 간쟁과 논박을 관장하게 하였어요.

⑤ 붕당의 폐해를 경계하기 위한 탕평비를 건립하였다.
➡ 영조는 붕당 정치의 폐단이 심해지자 붕당의 폐해를 경계하기 위해 성균관 입구에 탕평비를 건립하였어요.

기출 선택지 +α

❻ 주자소를 설치하여 계미자를 주조하였다. (O / X)
❼ 현직 관리를 대상으로 직전법을 실시하였다. (O / X)
❽ 궁중 음악을 집대성한 악학궤범을 편찬하였다. (O / X)
❾ 기유약조를 체결하여 일본과의 무역을 재개하였다. (O / X)
❿ 신해통공을 실시하여 시전 상인의 특권을 축소하였다. (O / X)

기출 선택지 +α 정답 ❻ O ❼ ×[세조] ❽ ×[성종] ❾ ×[광해군] ❿ ×[정조]

---

18 김종서의 활동

정답 ①

(가) 인물에 대한 설명으로 옳은 것은? [2점]

이것은 (가) 이/가 함길도에 있을 때 화살이 날아왔는데도 놀라지 않고 태연히 연회를 계속 즐겼다는 고사를 담은 야연사준도입니다. **세종 대 함길도 병마도절제사로 활약**했던 그는 **문종 대 고려사절요 편찬을 총괄**하였고, 단종 대 좌의정의 자리에 올랐으나 **계유정난 때 살해되었습니다.**

북관유적도첩 특별전

야연사준도

화면을 넘기면 다른 작품을 볼 수 있습니다.

김종서는 수양 대군, 한명회 등이 주도한 계유정난 때 살해되었어요. 이후 정권을 장악한 수양 대군(세조)은 단종의 양위로 왕위에 올랐어요.

정답 잡는 키워드

❶ 세종 대 함길도 병마도절제사로 활약,
❷ 문종 대 "고려사절요" 편찬 총괄, ❸ 계유정난 때 살해됨 → 김종서

세종 대 함길도 병마도절제사로 활약하였으며, 문종 대 "고려사절요" 편찬을 총괄하고 계유정난 때 살해되었다는 내용을 통해 (가) 인물이 김종서임을 알 수 있어요. 김종서는 세종 때 북방 지역에서 군사 지휘관으로서 큰 공로를 세웠으며, 문종 때 "고려사"를 완성하고 이어서 "고려사절요" 편찬을 총괄하였어요. 문종이 재위 2년 만에 사망하자 당시 황보인 등과 함께 문종의 유언을 받아 어린 단종을 보필하였어요. 그러나 왕위를 노리던 수양 대군(세조)이 일으킨 계유정난 때 살해되었어요.

① 두만강 일대에 6진을 개척하였다.
➡ 조선 세종 때 김종서는 여진을 정벌하고 두만강 일대에 6진을 개척하였어요.

② 탄금대에서 배수의 진을 치고 싸웠다.
➡ 임진왜란 때 신립이 충주 탄금대에서 배수의 진을 치고 일본군에 맞서 싸웠으나 패배하였어요.

③ 조총 부대를 이끌고 나선 정벌에 나섰다.
➡ 조선 효종 때 청의 요청에 따라 변급, 신류 등이 조총 부대를 이끌고 나선 정벌에 나섰어요.

④ 왜구의 근거지인 쓰시마섬을 정벌하였다.
➡ 고려 창왕 때 박위, 조선 세종 때 이종무가 왜구의 근거지인 쓰시마섬(대마도)을 정벌하였어요.

⑤ 외교 담판을 통해 강동 6주를 획득하였다.
➡ 고려의 서희가 거란의 1차 침입 당시 거란 장수 소손녕과 외교 담판을 벌여 강동 6주를 획득하였어요.

기출 선택지 +α

❻ 불씨잡변을 지어 불교를 비판하였다. (O / X)
❼ 반정 공신의 위훈 삭제를 주장하였다. (O / X)
❽ 사화의 발단이 된 조의제문을 작성하였다. (O / X)
❾ 일본에 다녀와서 해동제국기를 편찬하였다. (O / X)
❿ 충청도 지역까지 대동법의 확대 실시를 건의하였다. (O / X)

기출 선택지 +α 정답 ❻ ×[정도전] ❼ ×[조광조] ❽ ×[김종직] ❾ ×[신숙주] ❿ ×[김육]

19 성종 재위 시기의 사실
정답 ③

밑줄 그은 '전하'의 재위 시기에 있었던 사실로 옳은 것은? [2점]

며칠 전 전하께서 예문관에서 옛 집현전의 직제를 분리하여 홍문관으로 이관하는 것을 명하셨다고 하네. 이제 홍문관이 옛 집현전의 기능을 대신한다는 것이지.

홍문관원들이 경연관을 겸한다고 하니 앞으로 경연이 더욱 활성화되겠군.

조선 성종은 세조 때 폐지된 집현전을 계승한 홍문관을 설치하였어요.

경연은 국왕과 신하가 함께 유교 경전과 역사에 대해 연구하며 학문과 정책을 토론하던 일을 말해요. 성종 때부터 홍문관에서 경연을 담당하였어요.

정답 잡는 키워드

❶ 홍문관이 옛 집현전의 기능을 대신함 → 성종

홍문관이 옛 집현전의 기능을 대신한다는 내용을 통해 밑줄 그은 '전하'가 조선 성종임을 알 수 있어요. 성종은 도서와 문서의 보관 및 관리 역할을 하던 홍문관에 집현전의 직제와 역할을 이관하여 경연을 주관하고 왕의 자문에 응하는 일을 맡도록 하였어요.

① 국왕의 친위 부대인 장용영이 설치되었다.
➡ 정조 때 왕권을 뒷받침할 군사적 기반으로 국왕의 친위 부대인 장용영이 설치되었어요.

② 백운동 서원이 사액을 받아 소수 서원이 되었다.
➡ 명종 때 우리나라 최초의 서원인 백운동 서원이 이황의 건의로 사액을 받아 소수 서원이 되었어요.

③ 국가의 의례를 정비한 국조오례의가 완성되었다.
➡ 성종 때 나라에서 지내는 다섯 가지 의례(오례)의 예법과 절차 등을 그림을 곁들여 정리한 "국조오례의"가 완성되었어요.

④ 통치 체제를 정비하기 위해 속대전이 편찬되었다.
➡ 영조 때 "경국대전" 반포 이후에 공포된 법령 가운데 시행할 법령만을 추려 "속대전"이 편찬되었어요.

⑤ 수조권이 세습되던 수신전과 휼양전이 폐지되었다.
➡ 세조 때 현직 관리에게만 수조권을 지급하는 직전법이 시행되면서 수조권이 세습되던 수신전과 휼양전이 폐지되었어요.

기출 선택지 +α

❻ 수도 방어를 위해 금위영이 설치되었다. (O/X)
❼ 집현전 관리를 대상으로 사가독서제가 시행되었다. (O/X)
❽ 전국의 지리, 풍속 등이 수록된 동국여지승람이 편찬되었다. (O/X)

핵심 개념 | 조선 성종 재위 시기의 사실

정치	집현전을 계승한 홍문관 설치, 경연 확대 실시, 사림 등용(김종직 등 사림을 홍문관과 대간에 임명), "경국대전" 완성·반포
경제	수조권 남용으로 농민의 불만 증대 → 관수관급제 실시(지방 관청이 수조권 대행) → 국가의 토지 지배력 강화
문화	"해동제국기"(신숙주), "국조오례의", "동문선"(서거정), "동국여지승람", "동국통감"(서거정), "악학궤범"(성현) 등 편찬

기출 선택지 +α 정답 ❻ ×[숙종] ❼ ×[세종] ❽ ○

20 중종 재위 시기 사림의 활동
정답 ③

다음 자료에 대한 탐구 활동으로 가장 적절한 것은? [2점]

중종 때 조광조를 비롯한 사림의 건의로 도교 의식을 담당하던 소격서가 폐지되었어요.

○조광조 등이 아뢰기를, "소격서가 요사하고 허탄함은 이미 경연에서 다 아뢰었고 전하께서도 그것이 허탄함을 환히 아시니 지금 다시 말할 것이 없습니다. ……"라고 하였다.

○신광한이 아뢰기를, "지난번에 조광조가 아뢰었던 천거로 인재를 뽑는 일은 여럿이 의논한 일입니다. 각별히 천거하는 것은 한(漢)에서 시행한 현량과와 효렴과를 따르는 것이 가합니다. 이것은 자주 할 수는 없으나 지금은 이를 시행할 만한 기회입니다. ……"라고 하였다.

조광조는 학문과 덕행이 뛰어난 인재를 천거하여 관리로 임용하는 현량과 실시를 건의하였어요.

정답 잡는 키워드

❶, ❷ 조광조가 소격서의 폐단을 말함, ❸ 조광조가 천거로 인재를 뽑자고 건의함 → 중종 때 조광조의 개혁

조광조가 소격서 폐지와 천거로 인재를 뽑는 현량과 실시를 건의하였다는 내용을 통해 조선 중종 재위 시기의 상황을 기록한 자료임을 알 수 있어요. 연산군의 폭정으로 반정이 일어나 연산군이 폐위되고 중종이 즉위하였어요. 이후 중종은 반정에 공을 세운 훈구 대신들이 정권을 장악하자 이들을 견제하기 위해 조광조를 비롯한 사림 세력을 등용하였어요.

① 호포제를 실시한 배경을 조사한다.
➡ 고종 때 흥선 대원군은 군정의 문란을 바로잡기 위해 군포를 집집마다 부과하는 호포제를 실시하여 양반에게도 군포를 징수하였어요.

② 기해예송의 전개 과정과 결과를 파악한다.
➡ 현종 때 효종이 사망하면서 서인과 남인이 인조의 계비인 자의 대비가 얼마 동안 상복을 입어야 하는지를 두고 논쟁을 벌였는데, 이를 기해예송(1차 예송)이라고 합니다. 기해예송에서는 1년복을 주장한 서인의 의견이 받아들여졌어요.

③ 중종 때 사림과 언관들이 제기한 주장을 검색한다.
➡ 사림은 성종 때부터 중앙 정계에 진출하였어요. 연산군 때 두 차례 사화를 겪으며 세력이 꺾였던 사림은 중종 때 다시 영향력을 가졌어요. 중종 때 등용된 조광조 등 사림은 주로 언관직에 진출하여 훈구 세력의 잘못을 비판하고 유교적 이상 정치인 도학 정치를 이루고자 하였어요.

④ 정여립 모반 사건을 계기로 동인이 입은 피해를 찾아본다.
➡ 선조 때 정여립 모반 사건을 계기로 기축옥사가 일어나 동인이 큰 피해를 입었어요.

⑤ 인현 왕후가 폐위되고 남인이 권력을 차지한 사건을 알아본다.
➡ 숙종 때 희빈 장씨 소생의 원자 책봉 문제로 기사환국이 일어나 인현 왕후가 폐위되고 남인이 권력을 차지하게 되었어요.

(가) 전쟁 중에 있었던 사실로 옳은 것은? 　[2점]

> 홍계남은 임진왜란이 일어나자 안성에서 의병을 일으켰으며,
> 전라도와 경상도로 진출하여 활동하기도 하였어요.
>
> **문학으로 만나는 한국사**
>
> ❶ 홍계남이 당초 의병을 일으켜 흉적을 쳐서 활을 쏘아 맞히고 벤 수급이 매우 많았고 가는 곳마다 공을 세우니, 적들이 홍장군이라고 부르며 감히 침범하지 못했다. 호서(충청도) 내지가 편안할 수 있었던 것은 모두 홍계남의 공이라고 한다. 가상한 일이다. 의병이 곳곳에서 봉기하였지만, …… ❷ 고경명과 조헌은 모두 나랏일에 몸을 바쳐 죽을 자리에서 죽었으니 가히 그 명성에 걸맞는다고 말할 수 있다.
> ― "쇄미록" ―
> └ 임진왜란 당시 금산에서 의병장 고경명과 조헌이 일본군과 치열한 전투를 벌였으나 모두 전사하였어요.
>
> [해설] 이 작품은 오희문이 [(가)] 중에 있었던 일을 적은 일기이다. 적군의 침입과 약탈, 의병장의 활동, 피란민의 참혹한 생활 등이 생생하게 담겨 있다.

정답 잡는 키워드

❶ 홍계남이 의병을 일으킴,
❷ 고경명과 조헌이 나랏일에 몸을 바쳐 죽음 → 임진왜란

홍계남이 의병을 일으켰으며, 고경명과 조헌이 나랏일에 몸을 바쳐 죽었다는 내용을 통해 (가) 전쟁이 임진왜란임을 알 수 있어요. 임진왜란 당시 전국 각지에서 의병이 일어나 활동하였어요. 이들은 향토 지리에 밝아 이에 알맞은 유격전을 전개하여 일본군에 큰 피해를 입혔어요. 홍계남, 고경명, 조헌 외에도 김천일, 정문부, 곽재우, 사명 대사(유정) 등이 임진왜란 당시 의병장으로 활약하였어요.

① 삼수병으로 구성된 훈련도감이 설치되었다.
➡ 임진왜란 중에 포수, 사수, 살수의 삼수병으로 구성된 훈련도감이 설치되었어요. 훈련도감은 급료를 받는 상비군이 주축을 이루었어요.

② 왕이 도성을 떠나 남한산성으로 피란하였다.
➡ 병자호란 당시 인조가 남한산성으로 피란하여 항전하였으나 결국 삼전도에서 항복하였어요.

③ 송시열, 이완 등을 중심으로 북벌이 추진되었다.
➡ 병자호란 이후 효종은 송시열, 이완 등과 함께 청에 당한 치욕을 갚기 위해 어영청을 중심으로 북벌을 추진하였어요.

④ 국방 문제를 논의하기 위해 비변사가 신설되었다.
➡ 중종 때 삼포 왜란이 일어나자 국방 문제를 논의하기 위한 임시 기구로 비변사가 처음 설치되었어요.

⑤ 제한된 범위의 무역을 허용한 계해약조가 체결되었다.
➡ 세종 때 세견선의 입항 규모 등에 관한 규정을 정하여 일본과 제한된 범위의 무역을 허용한 계해약조가 체결되었어요.

기출 선택지 +α

❻ 김상용이 강화도에서 순절하였다. 　(O/X)
❼ 정봉수와 이립이 용골산성에서 항전하였다. 　(O/X)
❽ 김시민이 진주성에서 적군을 크게 물리쳤다. 　(O/X)
❾ 조·명 연합군이 평양성 전투에서 승리하였다. 　(O/X)

기출 선택지 +α 　정답 ❻ ×[병자호란] ❼ ×[정묘호란] ❽ ○ ❾ ○

(가)~(마)에 대한 설명으로 적절하지 않은 것은? 　[3점]

> **답사 계획서**
> • 주제 : 불교 문화유산이 숨 쉬는 곳, 산사(山寺)를 찾아서
> 　 – 유네스코가 주목한 사찰을 중심으로
> • 기간 : 2024년 ○○월 ○○일~○○일
> • 경로 : 보은 법주사 → 영주 부석사 → 안동 봉정사 → 합천 해인사
> 　 → 순천 선암사
>
> (가) 보은 법주사
> (나) 영주 부석사
> (다) 안동 봉정사
> (라) 합천 해인사
> (마) 순천 선암사

양산 통도사, 영주 부석사, 안동 봉정사, 보은 법주사, 공주 마곡사, 순천 선암사, 해남 대흥사 등 7개 사찰이 '산사, 한국의 산지 승원'이라는 이름으로 유네스코 세계 유산으로 등재되었어요. 한국 불교문화의 전통을 보존하고 계승하였다는 역사성과 주변 경관과의 조화를 이루는 예술성 등을 인정받은 사찰들이에요.

① (가) - 오층 목조탑 내부에 부처의 일생을 그린 팔상도가 있다.
➡ 보은 법주사에 있는 팔상전 내부에는 부처의 일생을 여덟 장면으로 그린 팔상도가 있어요. 보은 법주사 팔상전은 우리나라에 남아 있는 유일한 목조탑이에요.

② (나) - 배흘림기둥에 주심포 양식으로 축조된 무량수전이 있다.
➡ 영주 부석사에 있는 무량수전은 고려 시대에 지어진 목조 건물로 배흘림기둥에 주심포 양식으로 축조되었어요. 건물 내부에는 소조 여래 좌상이 봉안되어 있어요.

③ (다) - 현존하는 우리나라 최고(最古)의 목조 건물인 극락전이 있다.
➡ 안동 봉정사에 있는 극락전은 고려 시대에 지어진 주심포 양식의 건물로 현존하는 우리나라에서 가장 오래된 목조 건축물이에요.

④ (라) - 팔만대장경판을 보관하고 있는 장경판전이 있다.
➡ 합천 해인사에는 유네스코 세계 기록 유산인 팔만대장경판을 보관하고 있는 장경판전이 있어요. 장경판전은 환기, 온도, 습도 조절이 가능하도록 설계된 과학적인 건축물로 유네스코 세계 유산으로 등재되어 있어요.

⑤ (마) - 무구정광대다라니경이 발견된 삼층 석탑이 있다.
➡ 경주 불국사에 있는 3층 석탑을 해체, 보수하는 과정에서 세계에서 가장 오래된 목판 인쇄본인 무구정광대다라니경이 발견되었어요. 순천 선암사는 신라 시대에 지어진 사찰로 고려 시대에 의천이 중건하였어요. 선암사에는 동·서 3층 석탑, 대웅전 등 다양한 문화유산이 남아 있어요.

23 대동법
정답 ②

밑줄 그은 '제도'에 대한 설명으로 옳은 것을 〈보기〉에서 고른 것은? [2점]

방납은 공물을 아전이나 상인 등이 대신 납부하고 중간 이익을 얻는 일을 말해요. 그 대가를 터무니없이 비싸게 거두어들이는 등 폐단이 커져 백성들의 부담이 가중되었어요.

이원익의 건의로 경기도에서 시행되는 수취 제도에 대해 설명해 주세요.

이번에 시행되는 제도는 지방의 특산물을 징수하면서 나타난 **❶방납의 폐단을 막아** 백성들의 부담을 줄여 주기 위한 것입니다. ❷공물을 현물 대신 토지의 결수에 따라 쌀로 납부합니다.

대동법은 소유한 토지 결수를 기준으로 세금 납부액이 정해졌기 때문에 양반 지주들의 반발이 커서 전국적으로 확대되는 데 오랜 시간이 걸렸어요.

정답 잡는 키워드

**❶ 방납의 폐단을 막음, ❷ 공물을 현물 대신
토지의 결수에 따라 쌀로 납부 → 대동법**

방납의 폐단을 막기 위한 것이며, 공물을 현물 대신 토지의 결수에 따라 쌀로 납부한다는 내용을 통해 밑줄 그은 '제도'가 대동법임을 알 수 있어요. 조선 후기에 방납의 폐단이 심화되자 이를 바로잡기 위해 대동법이 시행되었어요. 대동법은 집집마다 부과되던 공납을 토지에 부과하여 현물 대신 소유한 토지 결수에 따라 쌀이나 동전, 베 등으로 납부하게 한 제도입니다. 광해군 때 이원익의 건의로 경기도에서 처음 시행된 대동법은 이후 김육 등의 노력으로 확대 시행되어 숙종 때에는 일부 지역을 제외한 전국에서 실시되었어요.

ㄱ. 선혜청에서 관련 업무를 담당하였다.
　➡ **대동법**은 처음에 선혜법이라는 이름으로 시행되었으며, 관련 업무를 처리할 관청으로 선혜청이 설치되었어요. 선혜청에서는 대동법 시행으로 거둔 쌀과 동전, 베 등의 출납을 관장하였어요.

ㄴ. 재정을 보충하기 위해 지주에게 결작을 부과하였다.
　➡ **균역법**의 시행으로 부족해진 재정을 보충하기 위해 지주에게 토지 1결당 쌀 2두의 결작을 부과하였어요.

ㄷ. 관청에 물품을 조달하는 공인이 등장하는 배경이 되었다.
　➡ **대동법**이 시행되면서 왕실이나 관청에 필요한 물품을 조달하는 공인이 등장하였어요. 공인의 활동은 상품 화폐 경제의 발달에 영향을 끼쳤어요.

ㄹ. 어장세, 선박세 등이 국가 재정으로 귀속되는 결과를 가져왔다.
　➡ **균역법**의 시행으로 부족해진 재정을 보충하기 위해 어장세, 선박세 등 왕실의 수입이었던 세금을 국가 재정으로 귀속하였어요.

① ㄱ, ㄴ　　② ㄱ, ㄷ　　③ ㄴ, ㄷ
④ ㄴ, ㄹ　　⑤ ㄷ, ㄹ

기출 선택지 +α

ㅁ. 양반에게도 군포를 부과하였다.　　　　　　（O/X）
ㅂ. 비옥도에 따라 토지를 6등급으로 나누었다.　（O/X）
ㅅ. 풍흉에 관계없이 전세 부담액을 고정하였다.　（O/X）
ㅇ. 특산물 대신 쌀, 베, 동전 등으로 납부하게 하였다.（O/X）

기출 선택지 +α 정답　ㅁ. X[호포제]　ㅂ. X[전분6등법]　ㅅ. X[영정법]　ㅇ. ○

---

24 정조 재위 시기의 사실
정답 ②

다음 시나리오에 등장하는 왕의 재위 시기에 있었던 사실로 옳은 것은? [2점]

#5. 궁궐 안

왕과 신하들이 대화하는 장면　　서얼은 양반의 자손 가운데 첩의 소생을 일컫는 말이에요.

신하1 : 전하, 우리나라의 습속은 예로부터 신분에 따라 등용하는 것이 원칙이었습니다. 서얼들을 적자와 똑같이 대우한다면, 서얼이 적자를 능멸하는 폐단이 열리게 될 것입니다.

왕 : 수많은 서얼들도 나의 신하인데 그들이 제자리를 얻지 못하고 포부도 펴지 못한다면 이 또한 과인의 허물일 것이오. ❶규장각에 검서관을 두어 이덕무, 박제가, 유득공, 서이수를 등용하려는 내 결심은 변함이 없을 것이니 그리 알고 물러들 가시오. :

검서관은 규장각 안에서 실무를 담당하는 관원으로, 기본 임무는 규장각 관료들을 보좌하고 문서를 필사하는 것이었어요. 초대 검서관으로 이덕무 등 서얼 출신 학자 4인이 등용되었어요.

정답 잡는 키워드

**❶ 규장각에 검서관을 두어 이덕무, 박제가, 유득공 등을 등용함
→ 정조**

규장각에 검서관을 두어 이덕무, 박제가, 유득공 등을 등용한다는 내용을 통해 시나리오에 등장하는 왕이 조선 정조임을 알 수 있어요. 조선 시대에 서얼은 양반의 자제임에도 문과 응시에 제한을 받는 등 차별을 당하였어요. 서얼 차별은 임진왜란 이후 완화되기 시작하였으며, 서얼은 여러 차례 집단 상소 운동을 벌여 관직 진출의 제한을 없애 달라고 요구하였어요. 이러한 노력의 결과 정조 때 이덕무, 박제가, 유득공 등 서얼 출신 학자들이 규장각 검서관에 등용되기도 하였어요.

① 왕권 강화를 위해 6조 직계제가 시행되었다.
　➡ 태종과 세조 때 왕권 강화를 위해 6조에서 직접 왕에게 업무를 보고하고 지시를 받는 6조 직계제가 시행되었어요.

②거중기 등을 활용하여 수원 화성이 축조되었다.
　➡ 정조 때 정약용이 고안한 거중기 등을 활용하여 수원 화성이 축조되었어요.

③ 청과 국경을 정하는 백두산정계비가 건립되었다.
　➡ 숙종 때 조선과 청의 관리가 함께 백두산 일대를 답사한 뒤 양국 간 국경을 정하는 백두산정계비를 세웠어요.

④ 통치 체제를 정비하기 위해 대전회통이 편찬되었다.
　➡ 고종 때 흥선 대원군의 주도로 통치 체제를 정비하기 위해 "대전회통"이 편찬되었어요. "대전회통"은 조선 시대 마지막 통일 법전이에요.

⑤ 삼정의 문란을 시정하기 위한 삼정이정청이 설치되었다.
　➡ 철종 때 진주 농민 봉기의 수습을 위해 진주에 파견되었던 안핵사 박규수의 건의로 삼정의 문란을 시정하기 위한 삼정이정청이 설치되었어요.

기출 선택지 +α

❻ 대외 관계를 정리한 동문휘고가 간행되었다.　　　（O/X）
❼ 신유박해로 수많은 천주교도들이 처형되었다.　　　（O/X）
❽ 명의 신종을 제사 지내는 만동묘가 설치되었다.　　（O/X）
❾ 이인좌를 중심으로 한 소론 세력이 난을 일으켰다.（O/X）
❿ 왕조의 통치 규범을 재정비한 대전통편이 편찬되었다.（O/X）

기출 선택지 +α 정답　❻ ○　❼ X[순조]　❽ X[숙종]　❾ X[영조]　❿ ○

다음 상황이 나타난 시기에 볼 수 있는 모습으로 적절하지 않은 것은?

> 조선 후기 국경 지대에서 사상들의 밀무역,
> 즉 후시 무역이 성행하였어요. 특히 청과의
> 무역을 만상, 송상이 주도하였어요. [1점]

김화진 등이 아뢰기를, "…… ❶만상과 송상이 함께 수많은 가죽을 마음대로 밀무역을 합니다. 수달 가죽은 금지 품목 가운데 하나인데 변경을 지키는 관리들이 대수롭지 않게 여겨 1년, 2년이 되면 곧 일상적인 물건과 같아지니 …… 이후로는 한결같이 법전에 의거하여 금지 조항을 거듭 자세히 밝혀서 송상과 만상에게 법을 범해서는 안 되며, 범하는 사람이 있으면 일일이 적발하여 법에 따라 엄격하게 처벌한다는 것을 분명히 알게 해야 합니다. 아울러 살피지 못한 변방의 관리들도 드러나는 대로 무겁게 다스린다는 뜻을 분명히 알게 해야 합니다. ……"라고 하니, 임금이 그리하라 하였다.

정답 잡는 키워드

❶ 만상과 송상이 활동함 → 조선 후기

조선 후기에 상업이 발달하면서 사상이 활발하게 활동하였어요. 사상 중에는 특정 지역을 기반으로 활동하는 상인이 있었는데 대표적으로 의주의 만상, 개성의 송상, 평양의 유상, 동래의 내상 등이 있었어요. 이 시기에 대외 무역도 활발하게 이루어져 국경 지역에서 사무역인 후시가 성행하였어요. 만상과 송상은 주로 대청 무역에 종사하여 부를 축적하였어요.

① 채굴 노동자를 고용하는 덕대
➡ 조선 후기에 민간의 광산 개발이 활발해지면서 물주에게서 자금을 받아 광산을 전문적으로 경영하는 덕대가 등장하였어요.

②(②) 벽란도에서 교역하는 송의 상인
➡ 고려 시대에 예성강 하구의 벽란도가 국제 무역항으로 번성하여 송, 거란, 여진, 일본뿐 아니라 아라비아의 상인도 왕래하였어요.

③ 상평통보로 물건을 거래하는 보부상
➡ 조선 후기에 상업이 발달하면서 화폐 유통이 확대되어 상평통보가 널리 사용되었어요. 이 시기에 여러 장시를 돌며 물품을 판매하는 보부상이 상평통보로 물건을 거래하였어요.

④ 포구에서 물품의 매매를 중개하는 여각
➡ 조선 후기에 포구에서 객주, 여각 등이 물품 매매 중개·금융·숙박 등의 영업을 하였어요.

⑤ 담배, 인삼 등 상품 작물을 재배하는 농민
➡ 조선 후기에 담배, 인삼, 면화, 고추 등이 시장에 내다 팔기 위한 상품 작물로 재배되었어요.

핵심 개념 | 조선 후기의 경제

농업	• 모내기법(이앙법)의 확대 → 벼와 보리의 이모작 확산 • 광작 확산, 구황 작물 전래(고구마, 감자 등), 상품 작물 재배(담배, 인삼, 면화, 고추 등)
상업	• 공인의 활약 → 도고로 성장 • 경강상인(한강), 송상(개성), 만상(의주), 유상(평양), 내상(동래) 등 사상의 성장 • 장시 발달 → 보부상이 여러 장시를 돌며 물품 판매 • 포구를 중심으로 상업 발달(객주, 여각의 활동) • 대외 무역 활발(개시 무역, 후시 무역)
수공업	민영 수공업 발달, 선대제 성행
광업	설점수세제 시행으로 민영 광산 증가, 덕대 등장

(가) 인물에 대한 설명으로 옳은 것은? [2점]

> 박지원은 청에 파견된 사절단을 수행하면서 보고 들은 내용을 기록한 "열하일기"를 남겼어요.

> 우리 모둠은 ❶열하일기에서 상공업 진흥과 청의 문물 수용을 주장한 (가) 에 대해 발표하려고 합니다.

모둠별 주제 탐구

조선 후기 실학자의 활동

1모둠 지전설과 무한 우주론을 주장한 홍대용	2모둠 성호사설에서 개혁안을 제시한 이익

3모둠 화폐 유통의 필요성을 주장한 (가)

홍대용은 "의산문답"에서 지전설과 무한 우주론을 주장하며 중국 중심의 세계관을 비판하였어요.

이익은 "성호사설"에서 당시 사회가 가진 폐단을 여섯 가지 좀으로 규정하였어요.

정답 잡는 키워드

❶ "열하일기"에서 상공업 진흥과 청의 문물 수용 주장 → 박지원

"열하일기"에서 상공업 진흥과 청의 문물 수용을 주장하였다는 내용을 통해 (가) 인물이 박지원임을 알 수 있어요. 박지원은 조선 후기에 상공업 중심의 개혁을 주장한 실학자로, 청의 선진적인 문물을 보고 돌아와 "열하일기"를 집필하였어요. 여기에서 박지원은 수레와 선박의 이용 등을 강조하였어요.

① 북한산비가 진흥왕 순수비임을 고증하였다.
➡ 김정희는 "금석과안록"에서 북한산비가 진흥왕 순수비임을 고증하였어요.

② 청으로부터 시헌력을 도입하자고 건의하였다.
➡ 김육은 청에서 사용하는 시헌력의 도입을 효종에게 건의하였어요.

③ 우서에서 사농공상의 직업적 평등을 주장하였다.
➡ 유수원은 "우서"에서 상공업 진흥을 위한 사농공상의 직업적 평등과 전문화를 주장하였어요.

④(④) 양반전을 지어 양반의 허례와 무능을 풍자하였다.
➡ 박지원은 "양반전", "허생전", "호질" 등의 한문 소설을 지어 양반의 허례와 무능을 풍자하였어요.

⑤ 10리마다 눈금을 표시한 대동여지도를 완성하였다.
➡ 김정호는 10리마다 눈금을 표시한 대동여지도를 제작하였어요. 대동여지도는 목판으로 만들어져 대량 인쇄가 가능하였어요.

기출 선택지 +α

❻ 북학의에서 절약보다 소비를 권장하였다.   (O/X)
❼ 의산문답에서 무한 우주론을 주장하였다.   (O/X)
❽ 경세유표에서 국가 제도의 개혁 방향을 제시하였다.   (O/X)

핵심 개념 | 상공업 중심의 개혁론

유수원	"우서" 저술, 상공업의 진흥과 기술 혁신 강조, 사농공상의 직업적 평등과 전문화 주장
홍대용	"임하경륜"·"의산문답"·"담헌서"·"을병연행록" 저술, 지전설과 무한 우주론을 주장하여 중국 중심의 세계관 극복, 혼천의 제작
박지원	"열하일기"·"양반전"·"허생전"·"호질" 등 저술, 수레와 선박 이용 강조, 화폐 유통의 필요성 주장, 양반의 위선과 무능 비판
박제가	• "북학의" 저술(재물을 우물에 비유, 생산력 증대를 위해 소비 권장) • 청 문물의 수용, 수레와 선박 이용 등 주장

기출 선택지 +α   정답 ❻ ×[박제가] ❼ ×[홍대용] ❽ ×[정약용]

27 김홍도의 작품

정답 ①

(가) 인물의 작품으로 옳은 것은? [1점]

❶ 이 작품은 조선 후기 대표적 풍속화가인 단원 ❷ (가) 이/가 나귀를 타고 유람하는 나그네의 시점으로 그린 행려풍속도병입니다. 8폭 병풍에는 계절에 따라 변해가는 산수와 대장간, 나루터 등 다양한 세상살이의 모습이 생동감 있게 표현되어 있습니다. 각 폭의 그림 위쪽에는 그의 스승인 강세황의 그림평이 적혀 있습니다.

조선 후기에는 당시 사람들의 생활 모습을 생생하게 담은 풍속화가 유행하였어요. 대표적 풍속화가인 김홍도는 서당, 씨름, 타작, 무동 등의 작품을 남겼어요.

정답 잡는 키워드

❶ 조선 후기 대표적 풍속화가, ❷ 단원 → 김홍도

조선 후기의 대표적인 풍속화가이며 '단원'이라는 호를 사용한 것으로 보아 (가) 인물이 김홍도임을 알 수 있어요. 김홍도는 강세황으로부터 그림을 배웠으며, 도화서의 화원으로 활동하였어요. 서민의 일상생활을 소탈하고 익살스럽게 표현한 풍속화를 비롯하여 산수화, 인물화 등 다양한 분야에서 뛰어난 작품을 남겼어요.

①
➡ 김홍도가 그린 씨름입니다.

②
➡ 정선이 그린 금강전도입니다.

③
➡ 김득신이 그린 파적도입니다.

④
➡ 신윤복이 그린 월하정인입니다.

⑤
➡ 강세황이 그린 영통동구도입니다.

기출 선택지 +α

❻ (O / X)
❼ (O / X)
❽ (O / X)
❾ (O / X)

기출 선택지 +α

정답 ❻ O[타작] ❼ X[신윤복, 단오풍정] ❽ O[무동] ❾ X[김정희, 세한도]

28 서구 열강의 침략적 접근

정답 ②

(가), (나) 사이의 시기에 있었던 사실로 옳은 것은? [3점]

┌ 병인양요 당시 프랑스 로즈 제독의 함대가 강화도를 침략해 오자 정족산성에서 양헌수 부대가 프랑스군을 물리쳤어요.

(가) 순무영에서 ❶ 정족산성 수성장 ❷ 양헌수가 보내온 보고에 의하면, "…… 우리 군사가 잠입한 사실을 적들이 알지 못하였습니다. 오늘 적들은 우리가 지키고 있는 성을 점령할 계책으로 그 우두머리가 말을 타고 나귀를 끌고 짐바리와 술과 음식을 가지고 동문과 남문으로 나누어 들어왔습니다. 이때 우리 군사들이 좌우에 매복하였다가 일제히 총탄을 퍼부었습니다. ……"라고 하였습니다.

(나) 4월 24일에 계속해서 올린 강화 진무사 정기원의 치계에, ❸ 미국 배가 다시 항구로 들어와서 광성진을 습격하여 함락하였는데, 중군 ❹ 어재연이 힘껏 싸우다가 목숨을 바쳤고, 사망한 군사가 매우 많습니다. 적병은 초지포 부근에 주둔하였습니다. 장수 이렴이 밤을 이용하여 습격해서야 그들을 퇴각시켰습니다."라고 하였습니다.

└ 신미양요 당시 미군이 초지진과 덕진진을 함락하고 광성보를 공격해 오자 어재연 부대가 끝까지 항전하였으나 결국 패하였어요.

정답 잡는 키워드

❶ 정족산성, ❷ 양헌수 → (가) 병인양요(1866)
❸ 미국이 광성진 함락, ❹ 어재연 → (나) 신미양요(1871)

(가)는 양헌수가 정족산성에서 적을 공격하였다는 내용을 통해 1866년에 일어난 병인양요와 관련된 자료임을 알 수 있어요. 1866년에 일어난 병인박해를 구실로 같은 해에 프랑스군이 강화도를 침략하여 병인양요가 일어났어요. 병인양요 당시 양헌수 부대가 정족산성에서, 한성근 부대가 문수산성에서 항전하였어요. 마침내 프랑스군은 퇴각하였으나, 그 과정에서 강화도 외규장각에 보관되어 있던 도서와 의궤를 약탈해 갔어요. (나)는 미국 배가 광성진을 습격하여 함락하고 어재연이 전사하였다는 내용을 통해 1871년에 일어난 신미양요와 관련된 자료임을 알 수 있어요. 1866년에 평양에서 일어난 제너럴 셔먼호 사건을 빌미로 1871년에 미군이 강화도를 침략하여 신미양요가 일어났어요. 신미양요 당시 어재연 부대가 결사 항전하였으나 전력의 열세로 패배하고 광성보가 함락되었어요.

① 일본 군함 운요호가 영종도를 공격하였다.
➡ 1875년에 일본 군함 운요호가 허가 없이 강화도에 접근하자 조선 수비대가 경고 포격을 가하였어요. 그러자 운요호는 초지진을 포격하고 이어 영종도를 공격하였어요.

② 오페르트가 남연군 묘의 도굴을 시도하였다.
➡ 1868년에 독일 상인 오페르트가 통상 협상에 이용하기 위해 흥선 대원군의 아버지인 남연군의 묘를 도굴하려다가 실패하였어요.

③ 마젠창과 묄렌도르프가 고문으로 파견되었다.
➡ 1882년 임오군란 이후 청은 마젠창(마건상)과 묄렌도르프를 고문으로 파견하여 조선에 대한 내정 간섭을 본격화하였어요.

④ 영국군이 러시아를 견제하기 위해 거문도를 점령하였다.
➡ 영국군은 러시아의 남하를 견제한다는 명분을 내세워 1885년부터 약 2년간 조선의 거문도를 불법 점령하였어요.

⑤ 황사영이 외국 군대의 출병을 요청하는 백서를 작성하였다.
➡ 1801년에 신유박해가 일어나자 황사영이 신앙의 자유를 얻기 위해 외국 군대의 출병을 요청하는 백서를 작성하여 중국 베이징 교구의 주교에게 전달하려고 하다가 발각되었어요.

(가) 조약에 대한 설명으로 옳은 것은? [2점]

한국사 아카이브   아카이브 소개   소장 자료   디지털 자료

통합 검색   보빙사   검색   초기화

설명	미국에서 발행된 'Frank Leslies Illustrated Newspaper' 1883년 9월 29일자에 실린 보빙사의 사진이다. ❶전권대신 민영익과 부대신 홍영식 등으로 구성된 보빙사는 (가) 체결로 ❷미국 공사가 부임하자 그에 대한 답례로 파견되었다. 미국에서 아서 대통령을 만나고 우체국, 신문사, 병원 등 각종 근대 시설을 시찰하고 돌아왔다.

8명의 조선 관리로 구성된 보빙사 일행은 1883년 40여 일 동안 미국에 체류하면서 각종 근대 시설을 시찰하였어요.

정답 잡는 키워드

❶, ❷ 미국 공사가 부임하자 그에 대한 답례로 민영익, 홍영식 등으로 구성된 보빙사 파견 → 조·미 수호 통상 조약

조약의 체결로 미국 공사가 부임하였고 그에 대한 답례로 민영익과 홍영식 등으로 구성된 보빙사가 파견되었다는 내용을 통해 (가) 조약이 1882년에 체결된 조·미 수호 통상 조약임을 알 수 있어요. 조·미 수호 통상 조약은 조선이 서양 국가와 맺은 최초의 조약이며, "조선책략" 유포와 미국과의 수교론이 제기된 상황에서 청의 알선으로 체결되었어요. 조·미 수호 통상 조약 체결 이후 1883년에 조선 정부는 전권대신 민영익을 비롯해 홍영식, 서광범, 유길준 등으로 구성된 보빙사를 미국에 파견하였어요.

①최혜국 대우를 최초로 규정하였다.
➡ 조·미 수호 통상 조약은 한 나라가 제3국에 부여하고 있는 가장 유리한 조건을 조약 상대국에도 부여하는 최혜국 대우를 최초로 규정하였으며, 거중 조정 조항과 관세 부과 조항을 포함하였어요.

② 통감부가 설치되는 계기가 되었다.
➡ 을사늑약(제2차 한·일 협약)의 강제 체결로 대한 제국의 외교권이 박탈되었고, 이어 통감부가 설치되어 이토 히로부미가 초대 통감으로 부임하였어요.

③ 천주교 포교 허용의 근거가 되었다.
➡ 조·프 수호 통상 조약에 천주교 포교를 허용하는 조항이 포함되었어요.

④ 재정 고문을 두도록 하는 조항을 담고 있다.
➡ 제1차 한·일 협약이 체결된 후 일본인 메가타가 재정 고문으로, 미국인 스티븐스가 외교 고문으로 부임하였어요.

⑤ 부산, 원산, 인천이 개항되는 결과를 가져왔다.
➡ 강화도 조약에 따라 부산, 원산, 인천이 차례로 개항되었어요.

기출 선택지 +α

❻ 거중 조정에 대한 내용이 포함되었다.   (O/X)
❼ 방곡령 시행에 대한 규정을 명시하였다.   (O/X)
❽ 청의 알선으로 서양 국가와 맺은 최초의 조약이다.   (O/X)

기출 선택지 +α 정답 ❻O ❼×[조·일 통상 장정] ❽O

(가)에 대한 설명으로 옳은 것은? [2점]

❶ 우정총국 개국 축하연에서 일부 급진 개화파가 (가) 을/를 일으켰습니다.   1/3

❷ 권력을 장악한 그들은 청과의 사대 관계 청산 등을 담은 개혁 정강을 발표하였습니다.   2/3

❸ 청군의 개입으로 3일 만에 실패하여 김옥균 등 주요 인물은 일본으로 망명하였습니다.   3/3

정답 잡는 키워드

❶ 우정총국 개국 축하연에서 일부 급진 개화파가 일으킴,
❷ 개혁 정강을 발표함, ❸ 청군의 개입으로 3일 만에 실패함
→ 갑신정변

우정총국 개국 축하연에서 일부 급진 개화파가 정변을 일으켜 권력을 장악하고 개혁 정강을 발표하였으나 결국 청군의 개입으로 3일 만에 실패하였다는 내용을 통해 (가)가 갑신정변임을 알 수 있어요. 김옥균, 서광범, 박영효, 서재필 등 급진 개화파는 우정총국 개국 축하연을 이용하여 정변을 일으키고 개화당 정부를 구성하였어요. 개화당 정부는 청과의 사대 관계 청산, 호조로의 재정 일원화, 지조법 개혁, 문벌 폐지, 인민 평등권 확립, 능력에 따른 인재 등용 등의 내용을 담은 개혁 정강을 발표하고 개혁을 추진하려 하였어요. 그러나 청군이 개입하면서 정변은 3일 만에 실패하였어요.

① 전개 과정에서 집강소가 설치되었다.
➡ 동학 농민 운동 당시 동학 농민군은 조선 정부와 전주 화약을 체결한 후 전라도 각지에 집강소를 설치하고 폐정 개혁안을 실천하였어요.

② 수신사가 파견되는 데 영향을 주었다.
➡ 강화도 조약 체결 이후 조선 정부는 일본의 근대 시설을 시찰하기 위해 수신사를 파견하였어요.

③한성 조약이 체결되는 결과를 가져왔다.
➡ 갑신정변 이후 일본은 갑신정변의 책임을 조선에 떠넘기고 배상금 지불과 일본 공사관 신축 비용 부담 등을 요구한 한성 조약의 체결을 강요하였어요.

④ 사태 수습을 위해 박규수가 안핵사로 파견되었다.
➡ 진주 농민 봉기가 일어나자 조선 정부는 사태 수습을 위해 박규수를 안핵사로 파견하였어요.

⑤ 구식 군인에 대한 차별 대우가 발단이 되어 일어났다.
➡ 1882년에 구식 군인들이 신식 군대인 별기군과의 차별 대우에 반발하여 임오군란을 일으켰어요.

기출 선택지 +α

❻ 보국안민, 제폭구민을 기치로 내걸었다.   (O/X)
❼ 청·일 간 톈진 조약 체결의 계기가 되었다.   (O/X)
❽ 일본 공사관에 경비병이 주둔하는 계기가 되었다.   (O/X)

핵심 개념 | 갑신정변의 결과

한성 조약	• 조선과 일본 간에 체결 • 조선이 일본 공사관의 신축 비용 부담, 일본에 배상금 지불 약속
톈진 조약	• 청과 일본 간에 체결 • 조선에서 양국 군대의 공동 철수, 향후 조선에 군대 파병 시 상대국에 미리 통보할 것을 약속함

기출 선택지 +α 정답 ❻×[동학 농민 운동] ❼O ❽×[임오군란]

---

31 덕수궁 정답 ①

(가) 궁궐에 대한 설명으로 옳은 것은? [3점]

돈덕전으로의 초대

돈덕전이 재건되어 전시관으로 개관합니다. 많은 관람 부탁드립니다.

■ 주소 : 서울특별시 중구 세종대로 99
■ 개관일 : 2023년 ○○월 ○○일

○ 소개

돈덕전은 **(가)** 안에 지어진 유럽풍 외관의 건물로, 고종 즉위 40주년 기념행사를 열기 위해 건립되었다. 1층에는 폐하를 알현하는 폐현실, 2층에는 침실이 자리하여 각국 외교 사절의 폐현 및 연회장, 국빈급 외국인의 숙소로 사용되었다.

❷ 러시아 공사관에서 **(가)** 으로 거처를 옮긴 뒤부터 고종은 중명전을 비롯한 서구식 건축물을 지어 근대 국가로서의 면모를 보여 주고자 하였다. 돈덕전 역시 이러한 의도가 투영된 건축물이다.

을미사변 이후 1896년에 러시아 공사관으로 거처를 옮겼던 고종은 이듬해 경운궁 (지금의 덕수궁)으로 환궁하였어요.

정답 잡는 키워드

❶ 고종이 러시아 공사관에서 거처를 옮겨 옴,
❷ 고종이 중명전을 비롯한 서구식 건축물을 지음 → 덕수궁

고종이 러시아 공사관에서 환궁한 곳이며, 중명전을 비롯한 서구식 건축물을 지었다는 내용을 통해 (가) 궁궐이 덕수궁임을 알 수 있어요. 덕수궁의 원래 이름은 경운궁이었으나 고종이 퇴위 후 이곳에 머무르게 되면서 고종의 장수를 빈다는 의미가 담긴 덕수궁으로 바뀌었어요. 고종이 러시아 공사관에서 경운궁(덕수궁)으로 거처를 옮긴 이후부터 정관헌, 중명전, 돈덕전, 석조전 등 서양식 건축물이 지어졌어요. 이 가운데 중명전은 1905년에 을사늑약이 체결된 곳이기도 합니다.

① 제1차 미·소 공동 위원회가 개최되었다.
　➡ 1946년 3월, 덕수궁 석조전에서 제1차 미·소 공동 위원회가 개최되었어요.

② 도성 내 서쪽에 있어 서궐이라고 불렸다.
　➡ 경희궁은 도성 내 서쪽에 있어 서궐이라고 불렸고, 창덕궁과 창경궁은 동궐이라고 불렸어요.

③ 일제에 의해 창경원으로 격하되기도 하였다.
　➡ 일제는 창경궁에 동물원과 식물원을 설치하는 등 창경궁을 훼손하고, 이름마저 창경원으로 격하시켰어요.

④ 정도전이 궁궐과 주요 전각의 명칭을 정하였다.
　➡ 경복궁은 조선 건국 이후 가장 먼저 건립된 궁궐로, 궁궐과 주요 전각의 명칭은 건국을 주도한 정도전이 정하였어요.

⑤ 태종이 도읍을 한양으로 다시 옮기며 건립하였다.
　➡ 태종은 개경에서 한양으로 다시 도읍을 옮기면서 기존에 있던 경복궁은 그대로 두고 창덕궁을 새로 건립하였어요.

기출 선택지 +α

❻ 근정전을 정전으로 하였다.　(O/X)
❼ 일제에 의해 동물원 등이 설치되었다.　(O/X)
❽ 왕실 도서관인 규장각이 설치된 곳이다.　(O/X)
❾ 조선 물산 공진회 개최 장소로 이용되었다.　(O/X)
❿ 인목 대비가 광해군에 의해 유폐된 장소이다.　(O/X)

기출 선택지 +α
정답 ❻ ×[경복궁] ❼ ×[창경궁] ❽ ×[창덕궁] ❾ ×[경복궁] ❿ ○

---

32 정미의병 정답 ⑤

(가) 의병에 대한 설명으로 옳은 것은? [2점]

이달의 독립운동가

최초의 여성 의병 지도자 윤희순(尹熙順)

· 생몰년 : 1860~1935
· 생애 및 활동
　경기도 구리 출신으로 명성 황후 시해 사건이 일어나자 '안사람 의병가'를 창작하여 여성의 의병 참여를 독려하는 데 앞장섰다. ❶ 고종의 강제 퇴위와 군대 해산에 반발하여 일어난 **(가)** 당시 30여 명의 여성으로 의병대를 조직하여 최초의 여성 의병장으로 활약하였다. 일제에 나라를 뺏긴 이후에는 만주로 망명하여 항일 인재 양성과 무장 투쟁을 이어 나갔다. 1990년 건국 훈장 애족장이 추서되었다.

정답 잡는 키워드

❶ 고종의 강제 퇴위와 군대 해산에 반발하여 일어남
→ 정미의병(1907)

고종의 강제 퇴위와 군대 해산에 반발하여 일어났다는 내용을 통해 (가) 의병이 1907년에 일어난 정미의병임을 알 수 있어요. 일제가 헤이그 특사 파견을 빌미로 고종을 강제로 퇴위시키고 한·일 신협약(정미7조약)을 체결한 이후 부속 각서에 따라 대한 제국의 군대를 해산하자 이에 반발하여 정미의병이 일어났어요. 이때 해산 군인 중 일부가 정미의병에 합류하여 의병의 전투력이 강화되었어요.

① 최익현이 태인에서 궐기하였다.
　➡ 최익현은 을사늑약 체결에 항거하여 전라도 태인에서 의병을 일으켰어요(을사의병).

② 고종의 해산 권고 조칙에 따라 해산하였다.
　➡ 1895년에 을미사변과 단발령 시행에 반발하여 을미의병이 일어났어요. 을미의병은 아관 파천 후 고종이 단발령을 철회하고 의병 해산을 권고하자 대부분 해산하였어요.

③ 민종식이 이끄는 부대가 홍주성을 점령하였다.
　➡ 을사늑약 체결에 반발하여 일어난 을사의병 때 민종식이 이끄는 부대가 홍주성을 점령하였어요.

④ 일본에 국권 반환 요구서를 제출하고자 하였다.
　➡ 국권 피탈 이후 임병찬의 주도로 조직된 독립 의군부가 일본에 국권 반환 요구서를 보내려고 하였어요.

⑤ 의병 부대가 연합하여 서울 진공 작전을 전개하였다.
　➡ 정미의병 당시 각지의 의병 부대가 연합하여 이인영을 총대장으로 하는 13도 창의군을 결성하고 서울 진공 작전을 전개하였어요.

기출 선택지 +α

❻ 13도 창의군을 결성하였다.　(O/X)
❼ 최익현, 민종식 등이 주도하였다.　(O/X)
❽ 단발령 시행에 반발하여 봉기하였다.　(O/X)
❾ 유생 출신 유인석이 이끄는 의병이 충주성을 점령하였다.　(O/X)

기출 선택지 +α 정답 ❻ ○ ❼ ×[을사의병] ❽ ×[을미의병] ❾ ×[을미의병]

33 1900년의 사회 모습

⑤ 시기에 볼 수 있는 모습으로 가장 적절한 것은? [2점]

이것은 **경인선** 철도의 노선 계획도입니다. 경인선은 미국인 모스로부터 부설권을 사들인 일본에 의해 서울에서 인천을 잇는 철도로 개통되었습니다. 완공 후 ⑤**서대문 정거장에서 철도 개통식이 열렸습니다.** 이후 경부선, 경의선 철도가 차례로 개통되었습니다. 그 과정에서 많은 토지가 철도 부지로 수용되고 농민들이 공사에 강제로 동원되면서 많은 저항이 있었습니다.

일본은 한반도에서 철도 부설권을 독점하였는데, 일본에 의해 1899년 노량진-제물포 구간의 경인선이 개통된 이후 1905년 경부선, 1906년 경의선이 차례로 개통되었어요.

정답 잡는 키워드

❶, ❷ 서대문 정거장에서 경인선 철도 개통식이 열림 → 1900년

서대문 정거장에서 경인선 철도 개통식이 열렸다는 내용을 통해 1900년의 상황임을 알 수 있어요. 경인선은 우리나라 최초의 철도로 1899년에 서울 노량진과 인천 제물포 구간이 개통되었으며, 이듬해 한강 철교가 준공되면서 서울에서 인천을 잇는 경인선 전 구간이 개통되었어요. 서대문 정거장은 개통 당시 서울에서 열차가 출발하던 역으로 경성역으로 불렸으며, 지금의 이화 여고 자리에 있었어요. 따라서 1900년에 볼 수 있는 모습을 찾으면 됩니다.

① **학도 지원병**을 독려하는 지식인
➡ 일제는 중·일 전쟁 이후 침략 전쟁을 확대하면서 부족한 병력을 보충하기 위해 **1943년**에 학도 지원병 제도를 실시하였어요.

② **금난전권 폐지에 반대**하는 시전 상인
➡ 조선 정조는 **1791년**에 신해통공을 단행하여 육의전을 제외한 시전 상인의 금난전권을 폐지하였어요.

③ **근우회**가 주최하는 강연에 참여하는 여성
➡ **1927년**에 신간회 결성을 계기로 민족주의 계열과 사회주의 계열로 나뉘어 있던 여성 단체들이 연대하여 근우회를 조직하였어요.

④ **두모포**에서 **무력시위**를 벌이는 **일본 군인**
➡ **1878년**에 일본 군인이 관세 문제로 부산의 두모포에서 무력시위를 벌였어요.

⑤**근대 학문**을 가르치는 **한성 사범 학교** 교사
➡ **1895년** 제2차 갑오개혁 추진 과정에서 교육 입국 조서가 반포되고 이에 따라 교원 양성을 위해 한성 사범 학교가 설립되었어요. 한성 사범 학교는 1911년에 일제가 제1차 조선 교육령을 발표하면서 경성 고등 보통학교의 사범과 또는 교원 속성과로 개편되었어요.

기출 선택지 +α

❻ 원수부에서 업무를 처리하는 관리 (O / X)
❼ 황토현 전투에서 승리하는 농민군 (O / X)
❽ 조사 시찰단으로 일본에 파견되는 통역관 (O / X)

---

34 서간도 지역의 민족 운동

밑줄 그은 '이 지역'에서 있었던 민족 운동으로 옳은 것은? [3점]

□□신문
제△△호　　　　　　　　　　○○○○년 ○○월 ○○일

"원병상 회고록"으로 본 국외 민족 운동

한국 독립운동사의 일면을 살펴볼 수 있는 책이 발간되었다. 이 책은 신흥 무관 학교 졸업생이자 교관으로 독립군 양성에 헌신한 원병상의 회고록이다. 책에는 ❶이 지역에 세워진 신흥 무관 학교의 변화 과정과 학생들의 생활상이 구체적으로 담겨 있을 뿐만 아니라, ❷국권 피탈 이후 망명해 온 독립지사들이 힘겹게 정착해 나가는 과정이 생생하게 기록되어 있어 독립운동사와 생활사 자료로서 가치가 크다.

1911년 서간도에 설립된 신흥 강습소로 출발한 신흥 무관 학교는 1920년 폐교될 때까지 수많은 졸업생을 배출하였는데, 이들은 항일 무장 독립군의 중추적 역할을 수행하였어요.

정답 잡는 키워드

❶ 신흥 무관 학교가 세워짐, ❷ 국권 피탈 이후 망명해 온 독립지사들이 정착함 → 서간도(남만주)

국권 피탈 이후 망명해 온 독립지사들이 정착하였으며 신흥 무관 학교가 세워졌다는 내용을 통해 밑줄 그은 '이 지역'이 서간도(남만주) 지역임을 알 수 있어요. 국권 피탈 이후 일제의 무단 통치로 국내에서의 민족 운동이 어려워지자 독립지사들은 만주, 연해주 등지로 이동하여 독립운동 기지를 건설하였어요. 서간도(남만주) 삼원보 지역으로 이주한 이회영, 이상룡 등은 독립군 양성을 위해 신흥 강습소를 세웠어요. 신흥 강습소는 이후 신흥 무관 학교로 발전하였어요.

①한인 자치 기구인 **경학사**가 설립되었다.
➡ **서간도(남만주)** 지역에서 신민회 회원들이 중심이 되어 한인 자치 기구인 경학사를 설립하였어요. 경학사는 이후 부민단을 거쳐 한족회로 발전하였어요.

② **권업회**가 **조직**되어 기관지를 발행하였다.
➡ **연해주** 지역에서 이상설, 최재형 등이 독립운동 단체인 권업회를 조직하였어요. 권업회는 기관지로 권업신문을 발행하였어요.

③ 유학생들을 중심으로 **2·8 독립 선언서**가 발표되었다.
➡ 일본 **도쿄**에서 민족 자결주의에 영향을 받은 한국인 유학생들을 중심으로 2·8 독립 선언서가 발표되었어요.

④ **대조선 국민군단**이 **결성**되어 군사 훈련을 실시하였다.
➡ 미국 **하와이**에서 박용만 등이 대조선 국민군단을 결성하여 군사 훈련을 실시하였어요.

⑤ **흥사단**이 **창립**되어 교민들에게 민족의식을 심어 주고자 하였다.
➡ 미국 샌프란시스코에서 안창호의 주도로 흥사단이 창립되어 교민들에게 민족의식을 심어 주고자 하였어요.

기출 선택지 +α

❻ 숭무 학교를 세워 독립군을 양성하였다. (O / X)
❼ 독립군 양성을 위해 신흥 강습소를 세웠다. (O / X)
❽ 이봉창이 일왕의 행렬에 폭탄을 투척하였다. (O / X)
❾ 대한인 국민회를 조직하여 외교 활동을 펼쳤다. (O / X)
❿ 대한 광복군 정부가 세워져 무장 독립 투쟁을 준비하였다. (O / X)

기출 선택지 +α 정답 ❻ ×[멕시코] ❼ ○ ❽ ×[일본 도쿄] ❾ ×[미국] ❿ ×[연해주]

기출 선택지 +α 정답 ❻ ○[1899~1904년] ❼ ×[1894년] ❽ ×[1881년]

35 3·1 운동
정답 ③

밑줄 그은 '운동'에 대한 설명으로 옳은 것은? [1점]

인산일은 왕이나 황제의 장례일을 말해요. 3·1 운동은 고종의 인산일, 6·10 만세 운동은 순종의 인산일을 계기로 시작되었어요.

이 자료는 ❶고종의 인산일을 계기로 시작된 만세 운동에서 불렸던 독립가 전단입니다. 당시에 우리 민족은 ❷독립 선언서를 발표하고 대한 독립 만세를 외치며 전국 각지와 해외 곳곳에서 시위를 이어 나갔습니다.

터졌구나 터졌구나
조선 독립성
십 년을 참고 참아
이제 터졌네
삼천리의 금수강산
이천만 민족
살았구나 살았구나
이 한 소리에

3·1 운동 당시 손병희, 이승훈, 한용운 등 민족 대표 33인의 성명이 기재된 독립 선언서가 발표되었어요.

정답 잡는 키워드

❶ 고종의 인산일을 계기로 시작됨, ❷ 독립 선언서 발표 → 3·1 운동

고종의 인산일을 계기로 시작된 만세 운동으로 당시에 독립 선언서가 발표되었다는 내용을 통해 밑줄 그은 '운동'이 1919년에 일어난 3·1 운동임을 알 수 있어요. 제1차 세계 대전이 끝나갈 무렵 미국 대통령 윌슨이 민족 자결주의를 발표하였어요. 이에 식민 지배를 받던 약소민족은 독립에 대한 희망을 갖게 되었고 국내외의 민족 운동가들도 영향을 받았어요. 일본 도쿄에서 한국인 유학생들이 2·8 독립 선언서를 발표하였고, 국내에서도 독립 선언의 움직임이 일어났어요. 그러던 중 고종이 갑자기 승하하였고, 종교계 지도자와 학생 대표들은 고종의 인산일에 즈음하여 대규모 만세 시위를 벌이기로 계획하였어요. 3월 1일 민족 대표는 탑골 공원에서 독립 선언서를 낭독하고 시위를 전개할 계획이었으나, 시위가 과격해질 것을 우려하여 태화관이라는 음식점에 모여 독립 선언서를 낭독하고 일제에 스스로 체포되었어요. 비슷한 시각 탑골 공원에 모여 있던 학생과 시민들은 민족 대표들이 나타나지 않자 스스로 독립 선언서를 낭독하고 만세 운동을 시작하였고, 이후 만세 운동은 전국 각지와 해외로 확산되었어요.

① 통감부의 방해와 탄압으로 중단되었다.
➡ 을사늑약 체결로 설치된 통감부는 1910년에 조선 총독부가 설치되면서 폐지되었어요. 국채 보상 운동 등이 통감부의 방해와 탄압으로 중단되었어요.

② 천도교 소년회가 창립된 후 본격화되었다.
➡ 1921년 천도교 소년회가 창립된 후 방정환, 김기전 등이 중심이 된 소년 운동이 본격화되었어요.

③ 일제가 이른바 문화 통치를 실시하는 배경이 되었다.
➡ 3·1 운동을 계기로 일제는 한국인에 대한 무단 통치의 한계를 느끼고 이른바 문화 통치를 실시하였어요.

④ 성진회와 각 학교 독서회에 의해 전국으로 확산되었다.
➡ 광주 학생 항일 운동은 광주 지역 학생들이 결성한 비밀 결사인 성진회와 각 학교 독서회에 의해 전국으로 확산되었어요.

⑤ 시위를 준비하는 과정에서 사회주의자들이 대거 검거되었다.
➡ 6·10 만세 운동을 준비하는 과정에서 사전에 계획이 발각되어 시위를 준비하던 사회주의자들이 대거 검거되었어요.

---

36 1910년대 일제 식민 통치
정답 ③

밑줄 그은 '시기'에 시행된 일제의 정책으로 옳은 것은? [1점]

일제는 1910년에 임시 토지 조사국을 설치하고 1912년에 토지 조사령을 공포하여 1918년까지 토지 조사 사업을 실시하였어요.

오늘 소개해 주실 자료는 무엇인가요?

이 자료는 ❶토지 조사 사업이 실시되던 시기에 조선 총독부 임시 토지 조사국이 작성한 문서입니다. 여기에는 경상북도 상주, 칠곡, 울릉도 등 총 6개 지역에서 토지 소유자와 그 경계를 조사하여 확정하였다고 기록되어 있습니다.

정답 잡는 키워드

❶ 토지 조사 사업 실시 → 1910~1918년

토지 조사 사업이 실시되었다는 내용을 통해 밑줄 그은 '시기'가 1910~1918년임을 알 수 있어요. 일제는 1910년대에 한국인의 저항을 억누르기 위해 강압적인 무단 통치를 실시하였어요. 군사 경찰인 헌병이 일반 경찰 업무까지 담당하게 하였으며, 교사와 관리에게 제복을 입고 칼을 차게 하여 일상생활에서도 강압적인 분위기를 조성하였어요. 경제적으로는 식민 지배에 필요한 재정을 확보하고 일본인의 토지 소유를 쉽게 하기 위해 토지 조사 사업을 추진하였어요. 또한, 회사령, 어업령, 삼림령, 조선 광업령 등을 제정하여 한국인의 자본 축적과 산업 발전을 억제하였어요.

① 애국반을 조직하였다.
➡ 일제는 한국인의 일상생활을 감시하고 통제하기 위해 1938년부터 애국반을 조직하였어요.

② 신문지법을 제정하였다.
➡ 일제는 우리나라의 신문을 통제·탄압하기 위해 대한 제국 정부를 압박하여 1907년에 신문지법을 제정하게 하였어요.

③ 조선 태형령을 시행하였다.
➡ 일제는 1912년에 한국인에게만 태형을 적용하는 조선 태형령을 시행하였어요. 조선 태형령은 3·1 운동 이후인 1920년에 폐지되었어요.

④ 산미 증식 계획을 실시하였다.
➡ 일제는 자국의 식량 부족 문제를 해결하기 위해 1920년부터 한국에서 산미 증식 계획을 실시하였어요.

⑤ 황국 신민 서사의 암송을 강요하였다.
➡ 일제는 중·일 전쟁을 일으키고 침략 전쟁을 확대하면서 한국인의 민족의식을 말살하기 위해 1937년 일왕에 대한 충성을 맹세하는 황국 신민 서사를 제정하여 암송을 강요하였어요.

기출 선택지 +α

❻ 회사령을 시행하였다. (O/X)
❼ 치안 유지법을 공포하였다. (O/X)
❽ 국민 징용령이 제정되었다. (O/X)
❾ 국가 총동원법을 제정하였다. (O/X)

기출 선택지 +α 정답 ❻ O ❼ ×[1925년] ❽ ×[1939년] ❾ ×[1938년]

(가) 종교에 대한 설명으로 옳은 것은?   [2점]

지난 개천절을 기회로 하여 독립운동을 계획했다는 이유로 (가) 간부 7명이 동대문 경찰서에 체포되었다는 기사가 실렸구나.

(가) 은/는 ❶나철이 만주에서 단군 신앙을 기반으로 창시한 종교인데, 민족의식을 고취할 뿐만 아니라 독립운동도 전개하고 있네.

단군왕검이 우리 역사상 최초의 국가인 고조선을 건국한 것을 기리는 뜻으로 제정된 국경일로, 1909년에 대종교에서 개천일로 이름 짓고 기념한 것에서 유래하였어요.

정답 잡는 키워드

❶ 나철이 만주에서 단군 신앙을 기반으로 창시 → 대종교

나철이 만주에서 단군 신앙을 기반으로 창시하였다는 내용을 통해 (가) 종교가 대종교임을 알 수 있어요. 대종교는 나철이 오기호와 함께 1909년에 창시한 민족 종교로, 단군 숭배 사상을 통해 민족의식을 고취하였어요.

① 개벽, 신여성 등의 잡지를 발간하였다.
➡ 천도교는 민중 계몽을 위해 "개벽", "신여성" 등의 잡지를 발간하였어요.

② 한용운 등이 사찰령 폐지를 주장하였다.
➡ 불교계에서는 한용운 등이 주축이 되어 1920년대에 사찰령 폐지 운동을 전개하였어요.

③ 박중빈을 중심으로 새 생활 운동을 펼쳤다.
➡ 박중빈이 창시한 원불교는 허례 폐지, 근검절약 등을 강조한 새 생활 운동을 펼쳤어요.

④ 김창숙의 주도로 파리 장서 운동을 전개하였다.
➡ 유교계는 김창숙의 주도로 유림 대표 137명 명의의 독립 청원서를 파리 강화 회의에 보내는 파리 장서 운동을 전개하였어요.

⑤ 무장 투쟁을 전개하기 위해 중광단을 조직하였다.
➡ 대종교는 1911년 북간도 지역에서 항일 무장 단체인 중광단을 조직하였어요. 중광단은 후에 북로 군정서로 발전하였어요.

기출 선택지 +α

❻ 만세보를 발행하여 민중 계몽에 앞장섰다.   (O / X)
❼ 단군 숭배 사상을 통해 민족의식을 높였다.   (O / X)
❽ 배재 학당을 세워 신학문 보급에 기여하였다.   (O / X)
❾ 의민단을 조직하여 항일 무장 투쟁을 전개하였다.   (O / X)
❿ 경향신문을 발행하여 민중 계몽을 위해 노력하였다.   (O / X)

기출 선택지 +α
정답   ❻×[천도교]   ❼○   ❽×[개신교]   ❾×[천주교]   ❿×[천주교]

(가)~(다)를 일어난 순서대로 옳게 나열한 것은?   [2점]

주제 : 1920년대 국외 민족 운동의 시련

일본군이 독립군에 대한 보복으로 간도 지역의 한인을 학살한 ❶간도 참변이 발생하였어요.

독립군의 통합 과정에서 많은 희생자가 발생한 ❷자유시 참변이 일어났어요.

만주에서 활동하는 독립군 색출을 위해 조선 총독부가 만주 군벌과 ❸미쓰야 협정을 체결하였어요.

간도 참변 이후 러시아령 자유시로 이동한 독립군 내부에서 지휘권을 두고 갈등이 일어났고, 이 과정에서 일제와의 마찰을 우려한 러시아 혁명군이 독립군에 무장 해제를 요구하며 이를 거부하는 독립군 부대를 공격하였어요. 이로 인해 많은 독립군이 희생되었습니다.

(가)   (나)   (다)

정답 잡는 키워드

❶ 간도 참변 발생 → (가) 1920년
❷ 자유시 참변이 일어남 → (나) 1921년
❸ 미쓰야 협정 체결 → (다) 1925년

(가) 1920년 봉오동 전투와 청산리 전투에서 패배한 일본군은 이에 대한 보복으로 간도의 한인 마을을 습격하여 무차별 학살을 자행하였어요(간도 참변). 이후 만주 지역의 독립군 부대들이 밀산에 모여 대한 독립군단을 조직하고, 약소민족의 민족 운동을 지원하겠다는 러시아 혁명군(적군)의 약속을 믿고 러시아령 자유시로 이동하였어요. 하지만 (나) 독립군의 통합 과정에서 1921년에 자유시 참변이 일어나 큰 타격을 입었어요. 이후 다시 만주 지역으로 돌아온 독립군은 전열을 정비하고 독립 전쟁을 효율적으로 수행하기 위해 노력하였어요. 그 결과 1920년대 중반에 참의부, 정의부, 신민부의 3부가 성립되었어요. 한편, (다) 일제는 1925년 독립군의 활동을 탄압하기 위해 만주 지역의 중국 군벌과 미쓰야 협정을 체결하였어요. 이로 인해 만주 지역에서의 독립군 활동은 크게 위축되었어요.

① (가) - (나) - (다)
➡ (가) 간도 참변(1920) → (나) 자유시 참변(1921) → (다) 미쓰야 협정 체결(1925)

② (가) - (다) - (나)
③ (나) - (가) - (다)
④ (나) - (다) - (가)
⑤ (다) - (가) - (나)

핵심 개념 | 1920년대 국외 무장 독립 전쟁

봉오동 전투	대한 독립군(홍범도) 등 독립군 연합 부대가 봉오동에서 일본군을 크게 격퇴(1920. 6.)
청산리 전투	북로 군정서(김좌진), 대한 독립군(홍범도) 등의 독립군 연합 부대가 백운평, 어랑촌 등지에서 일본군을 크게 격퇴(1920. 10.)
독립군의 시련	• 간도 참변(1920) : 봉오동 전투와 청산리 전투에서 패한 일본군이 간도의 한인 마을을 습격하고 무차별 학살 자행 • 독립군 부대들이 밀산으로 이동 → 대한 독립군단 조직(총재 서일) → 러시아령 자유시로 이동 • 자유시 참변(1921) : 러시아 혁명군이 무장 해제 요구를 거부한 독립군 공격 → 많은 수의 독립군이 희생됨
독립군 재정비	• 3부 결성 : 독립군의 만주 귀환 → 참의부, 정의부, 신민부 결성 • 일제가 독립군 탄압을 위해 만주 군벌과 미쓰야 협정 체결(1925) → 독립군의 활동 위축 • 3부 통합 운동 : 국민부(남만주), 혁신 의회(북만주)로 재편

39 1920년대 중반의 사실

정답 ⑤

밑줄 그은 '시기'에 볼 수 있는 모습으로 가장 적절한 것은? [3점]

정답 잡는 키워드

❶, ❷ '아리랑'이 영화 음악으로 쓰임,

❸, ❹ 나운규가 감독과 주연을 맡은 영화가 처음 제작 발표됨

→ 영화 '아리랑' 개봉(1926)

나운규가 감독과 주연을 맡은 영화 '아리랑'은 1926년에 서울 종로의 단성사에서 처음 개봉되었어요. 따라서 1926년, 즉 1920년대 중반에 볼 수 있는 모습을 찾으면 됩니다.

① 관민 공동회에서 연설하는 백정
➡ 1898년에 개혁 성향의 정부 대신과 학생, 시민들이 함께 참여한 관민 공동회가 열렸어요. 이 자리에서 사회적으로 천대받던 백정 출신 박성춘이 연설을 하였어요.

② 교육 입국 조서를 발표하는 관리
➡ 1895년 제2차 갑오개혁 추진 과정에서 교육의 기본 방향을 제시한 교육 입국 조서가 발표되었어요.

③ 원각사에서 은세계 공연을 보는 관객
➡ 우리나라 최초의 서양식 극장인 원각사에서 1908년에 신소설 "은세계"가 연극으로 상연되었어요. 원각사는 1914년 화재로 소실되었어요.

④ 전차 개통식에 참여하는 한성 전기 회사 직원
➡ 1899년에 서대문에서 청량리를 오가는 최초의 전차가 개통되었어요. 한성 전기 회사는 대한 제국 황실과 미국인이 공동 출자하여 1898년에 설립한 전기 회사입니다.

⑤ 카프(KAPF)를 형성하여 활동하는 신경향파 작가
➡ 사회주의 혁명을 목적으로 한 신경향파 문인들이 1920년대 중반에 카프(KAPF)를 형성하여 활동하였어요.

기출 선택지 +α

❻ 태형을 집행하는 헌병 경찰	(O/X)
❼ 경성 제국 대학에서 강의하는 교수	(O/X)
❽ 경부선 철도 개통식을 구경하는 청년	(O/X)

---

40 1930년대 후반 이후 일제 식민 통치

정답 ⑤

밑줄 그은 '이 시기'에 시행된 일제의 정책으로 옳은 것은? [1점]

정답 잡는 키워드

❶ 국민학교, ❷ 중·일 전쟁 이후 일제가 침략 전쟁을 확대함

→ 1930년대 후반 이후

'국민학교'라는 명칭과 중·일 전쟁 이후 일제가 침략 전쟁을 확대하던 시기라는 내용을 통해 밑줄 그은 '이 시기'가 1930년대 후반 이후임을 알 수 있어요. 일제는 1937년 중·일 전쟁을 일으킨 이후 침략 전쟁을 확대하였고, 1941년에는 태평양 전쟁을 일으켰어요. 이 시기에 일제는 침략 전쟁에 한국인을 쉽게 동원하기 위해 한국인의 민족의식을 말살하는 정책을 본격적으로 추진하였으며, 전쟁 수행에 필요한 인적·물적 자원을 수탈하였어요.

① 회사령을 공포하였다.
➡ 일제는 1910년에 민족 자본의 성장을 억제하기 위해 회사 설립 시 총독의 허가를 받도록 하는 회사령을 공포하였어요. 회사령은 1920년에 폐지되었어요.

② 치안 유지법을 제정하였다.
➡ 일제는 1925년에 치안 유지법을 제정하여 사회주의 운동과 독립운동가를 탄압하는 데 이용하였어요.

③ 헌병 경찰제를 실시하였다.
➡ 일제는 1910년대에 강압적 통치를 목적으로 헌병 경찰제를 실시하였어요. 3·1 운동 이후 일제는 헌병 경찰제를 폐지하고 보통 경찰제를 실시하였어요.

④ 경성 제국 대학을 설립하였다.
➡ 일제는 한국인의 고등 교육에 대한 열망을 무마하기 위해 1924년에 경성 제국 대학을 설립하였어요.

⑤ 조선 사상범 예방 구금령을 시행하였다.
➡ 일제는 1941년에 실제 행위가 없더라도 범죄를 일으킬 우려가 있다는 판단만으로 사상범을 미리 체포하거나 구금할 수 있다는 내용을 담은 조선 사상범 예방 구금령을 시행하여 독립운동에 대한 탄압을 강화하였어요.

기출 선택지 +α

❻ 토지 조사령을 제정하였다.	(O/X)
❼ 여자 정신 근로령을 공포하였다.	(O/X)
❽ 보통학교의 수업 연한을 4년으로 정하였다.	(O/X)

41 조소앙의 활동

정답 ⑤

밑줄 그은 '나'에 대한 설명으로 옳은 것은? [3점]

1917년 상하이에서 신규식, 신채호, 조소앙 등이 주권 재민 사상을 담은 대동단결 선언을 발표하였어요.

나는 1913년 상하이 망명 후 동제사에 참여하였소. 1917년에는 대동단결 선언을 작성했다오. 여기에서 나는 주권이 국민에게 있음을 밝혔는데, 이것이 공화정을 지향하는 정치사상으로 평가받고 있다오. 1930년에는 안창호 등과 함께 한국 독립당을 창당하였소. 이후 대한민국 임시 정부 건국 강령 초안도 작성하였다오.

대동단결의 선언

조소앙은 1930년에 김구, 이동녕, 이시영, 안창호 등과 함께 상하이에서 한국 독립당을 결성하였어요.

정답 잡는 키워드

❶ 대동단결 선언 작성,
❷ 대한민국 임시 정부 건국 강령 초안 작성 → 조소앙

대동단결 선언과 대한민국 임시 정부 건국 강령 초안을 작성하였다는 내용을 통해 밑줄 그은 '나'가 조소앙임을 알 수 있어요. 조소앙은 대한민국 임시 정부 수립에 참여하였으며 임시 정부에서 외교 문제를 전담하였어요. 또한, 삼균주의를 바탕으로 광복 이후 국가 건설의 계획을 담은 대한민국 임시 정부 건국 강령 초안을 작성하였어요.

① 조선 혁명 선언을 작성하였다.
➡ 신채호는 의열단장 김원봉의 요청으로 '조선 혁명 선언'을 작성하였어요. '조선 혁명 선언'은 의열단의 활동 지침이 되었어요.

② 한국독립운동지혈사를 저술하였다.
➡ 박은식은 "한국독립운동지혈사"를 저술하여 우리 민족의 독립 투쟁 과정을 정리하였어요.

③ 극동 인민 대표 대회에서 의장단으로 선출되었다.
➡ 1922년 러시아 모스크바에서 동아시아 각국의 공산당 및 민족 혁명 단체 대표자들이 참여한 극동 인민 대표 대회가 열렸어요. 이 대회에서 김규식과 여운형이 의장단으로 선출되었어요.

④ 헤이그에서 열린 만국 평화 회의에 특사로 파견되었다.
➡ 고종은 을사늑약의 부당성을 국제 사회에 알리기 위해 헤이그에서 열린 만국 평화 회의에 이상설, 이준, 이위종을 특사로 파견하였어요.

⑤ 새로운 국가 건설을 위한 이념으로 삼균주의를 주장하였다.
➡ 조소앙은 개인과 개인, 민족과 민족, 국가와 국가 간의 완전한 균등을 표방하고 이의 실현을 위한 정치·경제·교육의 균등을 강조한 삼균주의를 주장하였어요.

기출 선택지 +α

❻ 대한민국 임시 의정원의 초대 의장을 맡았다. (O/X)
❼ 조선 혁명 간부 학교를 세워 독립군을 양성하였다. (O/X)
❽ 조선학 운동을 주도하여 여유당전서를 간행하였다. (O/X)
❾ 일제의 패망과 건국에 대비하여 조선 건국 동맹을 결성하였다. (O/X)

기출 선택지 +α
정답 ❻ ×[이동녕] ❼ ×[김원봉] ❽ ×[정인보, 안재홍 등] ❾ ×[여운형]

---

42 남북 협상

정답 ⑤

다음 편지가 작성된 시기를 연표에서 옳게 고른 것은? [2점]

친애하는 메논 박사

유엔 한국 임시 위원단의 의장이자 인도 대표 자격으로 한국에 온 메논은 남북 지도자 회담에 큰 관심을 보였어요.

❶ 남북 지도자 회담에 관하여 귀하와 귀 위원단에게 우리의 의견과 각서를 이미 제출한 바이어니와 우리는 가급적 우리 양인의 명의로 남에서 이에 찬동하는 제 정당의 대표 회담을 소집하여 이미 제출한 바에 제1차 보조를 하겠습니다. 이 회의에서 남쪽이 대표를 선출하면 북쪽에 연락할 인원과 방법에 대한 것을 결정하겠습니다. 귀 위원단이 이에 대하여 원만하고 적극적인 협조를 직접 간접으로 하여 주시면 대단히 감사하겠으며 우리 양방의 노력으로 하여금 우리가 공동으로 목적하는 바를 이루어지기를 믿습니다. 끝으로 우리의 심각한 경의를 표합니다.

남북 협상이 별다른 성과 없이 끝난 이후 서울로 돌아온 김구와 김규식 등이 불참한 가운데 남한에서는 예정대로 5·10 총선거가 치러졌어요.

❷ 김구, 김규식

정답 잡는 키워드

❶ 남북 지도자 회담, ❷ 김구, 김규식 → 남북 협상

김구와 김규식이 남북 지도자 회담에 관해 작성한 편지로, 1948년에 추진된 남북 협상과 관련된 자료임을 알 수 있어요.

(가)	(나)	(다)	(라)	(마)	
8·15 광복	모스크바 3국 외상 회의	이승만 정읍 발언	좌우 합작 7원칙 발표	유엔 총회 남북한 총선거 결정	제헌 국회 구성

➡ 두 차례의 미·소 공동 위원회가 성과 없이 끝나면서 미국은 한반도 문제를 유엔으로 이관하였어요. 유엔 총회에서 남북한 총선거를 결정하고 유엔 한국 임시 위원단을 파견하였으나, 소련이 유엔 한국 임시 위원단의 입북을 거부하면서 남북한 총선거 실시는 불가능하게 되었어요. 이에 유엔 소총회에서 선거가 가능한 지역, 즉 남한만의 단독 선거를 결의하였어요. 한반도가 분단될 위기에 놓이자 김구와 김규식 등이 통일 정부 수립을 위한 남북한 정치 지도자 회담을 북측에 제안하여 평양에서 남북 협상이 이루어졌어요. 하지만 성과를 거두지 못하였고, 통일 정부 수립은 좌절되었어요. 이후 남한 지역에서 우리나라 최초의 보통 선거인 5·10 총선거가 실시되었고 그 결과로 제헌 국회가 구성되었어요.
따라서 남북 협상이 이루어진 시기는 유엔 총회 남북한 총선거 결정과 제헌 국회 구성 사이인 ⑤ (마)입니다.

① (가)   ② (나)   ③ (다)   ④ (라)   ⑤ (마)

연표로 흐름잡기

1947 — 제2차 미·소 공동 위원회 결렬
유엔 총회에서 인구 비례에 의한 남북한 총선거 결정

1948 — 유엔 한국 임시 위원단 파견 → 소련의 입북 거부
유엔 소총회에서 남한만의 단독 총선거 결의
남북 협상 추진(김구, 김규식), 제주 4·3 사건
5·10 총선거(제헌 국회 의원 선출), 제헌 국회 구성, 제헌 헌법 공포
대한민국 정부 수립

43 노태우 정부의 통일 노력
정답 ③

다음 연설문을 발표한 정부의 통일 노력으로 옳은 것은? [2점]

> ❶노태우 정부 시기인 1991년 12월 서울에서 열린 제5차 남북 고위급 회담에서 남북 기본 합의서가 채택·서명되었어요.
>
> 제5차 남북 고위급 회담에서 서명된 합의서는 남과 북이 오랜 단절과 대립을 청산하여 상호 신뢰를 바탕으로 이 땅에, 평화의 질서를 구축하고 교류 협력을 통해 민족의 화해와 공동 번영을 이루어가기 위해 필요한 조처들을 망라하고 있습니다. …… 석 달 전 남북한의 유엔 동시 가입과 이에 이은 이번 합의서의 서명은 한반도 문제 해결과 민족 통일을 향한 여정에 획기적인 이정표를 세운 것입니다. …… 나는 올해 안에 한반도의 비핵화를 실현하는 합의를 이루고 밝아오는 새해와 함께 남과 북이 평화와 협력, 평화와 공동 번영의 새로운 시대를 힘차게 열게 되기를 바랍니다.
>
> ❷노태우 정부 시기인 1991년 9월에 남북한이 유엔에 동시 가입하였어요.

정답 잡는 키워드

❶ 제5차 남북 고위급 회담에서 서명된 합의서,
❷ 남북한의 유엔 동시 가입 → 노태우 정부

제5차 남북 고위급 회담에서 합의서가 서명되었으며, 석달 전 남북한이 유엔에 동시 가입하였다는 내용을 통해 연설문을 발표한 정부가 노태우 정부임을 알 수 있어요. 노태우 정부는 냉전이 해체되는 국제 정세의 변화 속에서 북방 외교를 추진하여 소련, 중국 및 동유럽 사회주의 국가와 외교 관계를 맺고 교류를 확대하였어요. 또한, 남북 대화에도 적극적으로 나서 여러 차례 남북 고위급 회담을 개최하여 남북한이 유엔에 동시 가입하는 성과를 이루어 냈어요. 이어 노태우 정부는 남북 기본 합의서(남북 사이의 화해와 불가침 및 교류·협력에 관한 합의서)를 채택하고 한반도 비핵화 공동 선언에도 합의하였어요.

① 판문점에서 남북 정상 회담을 개최하였다.
➡ 문재인 정부는 판문점에서 남북 정상 회담을 개최하고 한반도의 평화와 번영, 통일을 위한 4·27 판문점 선언을 발표하였어요.

② 남북 이산가족의 고향 방문을 최초로 성사시켰다.
➡ 전두환 정부는 남북 이산가족의 고향 방문과 예술 공연단의 교환 방문을 최초로 성사시켰어요.

③ 민족자존과 통일 번영을 위한 7·7 선언을 발표하였다.
➡ 노태우 정부는 민족자존과 통일 번영을 위한 7·7 선언을 발표하고 북방 정책을 추진하였어요.

④ 7·4 남북 공동 성명을 실천하기 위해 남북 조절 위원회를 구성하였다.
➡ 박정희 정부는 7·4 남북 공동 성명의 합의 사항을 이행하기 위해 남북 조절 위원회를 구성하였어요.

⑤ 남북 관계 발전과 평화 번영을 위한 10·4 남북 정상 선언에 서명하였다.
➡ 노무현 정부는 제2차 남북 정상 회담을 성사시키고 남북 관계 발전과 평화 번영을 위한 10·4 남북 정상 선언에 서명하였어요.

기출 선택지 +α

❻ 남북 기본 합의서를 채택하였다. (O/X)
❼ 개성 공업 지구 건설에 합의하였다. (O/X)
❽ 금강산 해로 관광 사업을 시작하였다. (O/X)
❾ 한반도 비핵화 공동 선언에 서명하였다. (O/X)
❿ 평화 통일 외교 정책에 관한 6·23 특별 성명을 발표하였다. (O/X)

기출 선택지 +α
정답 ❻ O ❼ ×[김대중 정부] ❽ ×[김대중 정부] ❾ O ❿ ×[박정희 정부]

44 한·미 상호 방위 조약 체결 이후의 사실
정답 ②

다음 상황 이후에 일어난 사실로 옳은 것은? [2점]

> 오늘 미합중국 존 포스터 덜레스 국무 장관과 우리나라 변영태 외무 장관 사이에 상호 방위 조약이 체결되었습니다. 이로써 양국은 우호 관계를 바탕으로 한국에 대한 공산주의자들의 침공에 맞서 나란히 싸울 수 있도록 상호 이해와 공동의 이상을 나누게 되었습니다.
>
> 정전 협정 체결 이후인 1953년 10월에 이승만 정부는 방위를 목적으로 미군을 한국에 주둔시킨다는 내용을 담은 한·미 상호 방위 조약을 체결하였어요.

정답 잡는 키워드

❶ 한국과 미국이 상호 방위 조약 체결 → 1953년

이승만 정부의 반공 포로 석방으로 정전 회담이 결렬될 위기에 놓이자 미국은 한국에 한·미 상호 방위 조약의 체결과 경제 원조를 약속하고 1953년 7월에 정전 협정을 체결하였어요. 이후 1953년 10월에 미국 워싱턴에서 존 포스터 덜레스 미국 국무 장관과 변영태 외무 장관 사이에 한·미 상호 방위 조약이 체결되어 1954년 11월에 발효되었어요.

① 반민족 행위 특별 조사 위원회가 설치되었다.
➡ 1948년에 제헌 국회에서 반민족 행위 처벌법이 제정되고 이에 따라 반민족 행위 특별 조사 위원회가 설치되었어요.

② 평화 통일론을 주장한 진보당의 조봉암이 처형되었다.
➡ 1959년에 이승만 정부는 평화 통일론을 주장한 진보당의 조봉암에게 간첩 혐의를 씌워 사형에 처하였어요.

③ 비상계엄이 선포된 가운데 발췌 개헌안이 통과되었다.
➡ 6·25 전쟁 중이던 1952년에 비상계엄이 선포된 가운데 임시 수도인 부산에서 발췌 개헌안이 통과되었어요.

④ 미국의 극동 방위선을 규정한 애치슨 라인이 발표되었다.
➡ 1950년 1월에 미국이 태평양 지역 방위선에서 한국과 타이완을 제외한다는 애치슨 라인을 발표하였어요.

⑤ 유상 매수, 유상 분배를 규정한 농지 개혁법이 제정되었다.
➡ 이승만 정부 시기인 1949년에 농가 경제의 자립과 국민 경제의 균형 발전을 위해 유상 매수, 유상 분배를 규정한 농지 개혁법이 제정되었어요.

기출 선택지 +α

❻ 정부 형태가 내각 책임제로 바뀌었다. (O/X)
❼ 국회에서 국민 방위군 사건이 폭로되었다. (O/X)
❽ 국회 프락치 사건으로 일부 국회 의원이 체포되었다. (O/X)
❾ 국가 보안법 개정안을 통과시킨 이른바 보안법 파동이 일어났다. (O/X)
❿ 일제가 남긴 재산 처리를 위하여 귀속 재산 처리법이 제정되었다. (O/X)

기출 선택지 +α
정답 ❻ O[1960년] ❼ ×[1951년] ❽ ×[1949년] ❾ O[1958년] ❿ ×[1949년]

45 개헌의 역사
정답 ②

(가), (나) 헌법에 대한 설명으로 옳은 것은? [2점]

— 1972년에 단행된 제7차 개헌(유신 헌법)에 따라 대통령이 통일 주체 국민 회의에서 간선제로 선출되었어요.

(가)
제39조 ❶ ① 대통령은 통일 주체 국민 회의에서 토론 없이 무기명 투표로 선거한다.
제47조 ❷ 대통령의 임기는 6년으로 한다.
제59조 ❷ ① 대통령은 국회를 해산할 수 있다.

— 대통령의 임기를 기존 4년에서 6년으로 늘리고, 중임이나 연임 제한에 관한 규정을 두지 않았어요.

— 1980년에 단행된 제8차 개헌에서 대통령 선거인단에 의한 대통령 간선제와 7년 단임제가 규정되었어요.

(나)
제39조 ❸ ① 대통령은 대통령 선거인단에서 무기명 투표로 선거한다.
③ 대통령 선거인단에서 재적 대통령 선거인 과반수의 찬성을 얻은 자를 대통령 당선자로 한다.
제45조 ❹ 대통령의 임기는 7년으로 하며, 중임할 수 없다.

정답 잡는 키워드

❶ 통일 주체 국민 회의에서 대통령 선출, ❷ 대통령이 국회 해산 가능
→ (가) 제7차 개헌(유신 헌법)
❸ 대통령 선거인단에서 대통령 선출,
❹ 대통령의 임기 7년, 중임할 수 없음 → (나) 제8차 개헌

(가) 헌법은 통일 주체 국민 회의에서 토론 없이 무기명 투표로 대통령을 선출하며, 대통령이 국회를 해산할 수 있다는 내용을 통해 제7차 개헌, 이른바 유신 헌법임을 알 수 있어요. 박정희 정부는 1972년에 유신 헌법을 제정하여 영구적인 독재 체제의 기반을 구축하였어요. 유신 헌법은 대통령에게 국회 해산권 등의 초헌법적인 권한을 부여하였으며, 긴급 조치를 통해 국민의 기본권까지도 통제할 수 있게 하였어요. (나) 헌법은 대통령 선거인단에서 무기명 투표로 대통령을 뽑고, 대통령의 임기는 7년으로 중임할 수 없다는 내용을 통해 1980년에 이루어진 제8차 개헌임을 알 수 있어요. 12·12 사태로 정권을 잡은 신군부 세력의 전두환은 당시 대통령직을 수행하고 있던 최규하를 물러나게 하고 유신 헌법에 따라 제11대 대통령에 선출되었어요. 이후 대통령 선거인단에 의한 간선제와 7년 단임의 임기를 내용으로 하는 제8차 개헌을 단행한 후 개정된 새 헌법에 따라 1981년에 제12대 대통령에 당선되었어요.

① (가) - 6·25 전쟁 중 부산에서 공포되었다.
➡ 6·25 전쟁 중 부산에서 공포된 것은 발췌 개헌, 즉 제1차 개헌이에요. 제7차 개헌은 1972년 박정희 정부 시기에 이루어졌어요.

②(가) - 대통령의 국회 의원 1/3 추천 조항을 담고 있다.
➡ 제7차 개헌(유신 헌법)은 대통령의 국회 의원 1/3 추천 조항을 담고 있어요. 대통령이 국회 의원 1/3을 추천하면 통일 주체 국민 회의에서 승인·선출하는 방식으로 이루어졌어요.

③ (나) - 호헌 동지회 결성의 배경이 되었다.
➡ 사사오입 개헌, 즉 제2차 개헌에 반대하는 야당의 국회 의원들이 모여 호헌 동지회를 결성하였어요.

④ (나) - 3·1 민주 구국 선언에 영향을 주었다.
➡ 제7차 개헌(유신 헌법) 이후 박정희 정부의 유신 체제에 반대하여 1976년에 함석헌, 김대중 등 재야인사들이 3·1 민주 구국 선언을 발표하였어요.

⑤ (가), (나) - 6월 민주 항쟁 이후에 제정되었다.
➡ 1987년 6월 민주 항쟁 이후에 제9차 개헌이 단행되면서 5년 단임의 대통령 직선제가 실시되었어요.

---

46 김영삼 정부 시기의 사실
정답 ④

(가) 시기에 있었던 사실로 옳은 것은? [1점]

오늘 내릴 긴급 재정 경제 명령은 명실상부한 금융 실명제에 대한 국민의 열망을 반영하고 있습니다.

→ (가) →

정부는 금융·외환 시장의 어려움을 극복하기 위해 국제 통화 기금에 유동성 조절 자금 지원을 요청하였습니다.

— 가명이나 차명이 아닌 본인의 실제 이름으로 만 금융 거래를 하도록 한 제도로, 김영삼 정부가 들어선 해에 전격 실시되었어요.

정답 잡는 키워드

❶ 금융 실명제 실시,
❷ 국제 통화 기금에 유동성 조절 자금 지원 요청 → 김영삼 정부

금융 실명제를 실시하고 국제 통화 기금에 유동성 조절 자금 지원을 요청하였다는 내용을 통해 (가) 시기가 김영삼 정부 시기임을 알 수 있어요. 김영삼 정부는 출범 직후인 1993년에 투명한 금융 거래를 위해 대통령 긴급 명령으로 금융 실명제를 실시하였어요. 이후 집권 말기인 1997년 말에 외환 보유액 부족으로 경제 위기를 맞게 되자 국제 통화 기금(IMF)에 구제 금융을 요청하여 국제 통화 기금(IMF)의 관리를 받게 되었어요.

① 처음으로 수출액 100억 달러를 달성하였다.
➡ 박정희 정부 시기인 1977년에 처음으로 연간 수출액 100억 달러를 달성하였어요.

② 미국과 자유 무역 협정(FTA)을 체결하였다.
➡ 노무현 정부 시기에 미국과 자유 무역 협정(FTA)을 체결하고, 이명박 정부 시기에 국회에서 이를 비준하였어요.

③ 저유가·저금리·저달러의 3저 호황이 있었다.
➡ 전두환 정부 시기에 저유가·저금리·저달러의 3저 호황으로 물가가 안정되고 수출이 증가하였어요.

④경제 협력 개발 기구(OECD) 회원국이 되었다.
➡ 김영삼 정부 시기에 자유 무역 추세가 확대되자 시장 개방 정책을 추진하고 경제 협력 개발 기구(OECD)에 가입하였어요.

⑤ 원조 물자를 가공하는 삼백 산업이 발달하였다.
➡ 이승만 정부 시기에 원조 물자를 가공하여 밀가루, 설탕, 면직물을 생산하는 삼백 산업이 발달하였어요.

기출 선택지 +α

❻ 최저 임금법이 제정되었다. (O / X)
❼ 포항 제철소 1기 설비가 준공되었다. (O / X)
❽ 제1차 경제 개발 5개년 계획이 추진되었다. (O / X)

핵심 개념 김영삼 정부

민주주의의 발전	공직자 윤리법 개정(재산 등록 의무화), 지방 자치제 전면 실시, '역사 바로 세우기'를 내세워 전두환·노태우 두 전직 대통령 구속
경제 정책	• 공기업 민영화, 시장 개방 확대, 금융 실명제 실시, 전국 민주 노동조합 총연맹 창립, 경제 협력 개발 기구(OECD)에 가입 • 국제 단기 자본 이탈, 국가 신임도 하락(외환 위기) → 국제 통화 기금(IMF)의 구제 금융을 지원받음

기출 선택지 +α 정답 ❻ ×[전두환 정부] ❼ ×[박정희 정부] ❽ ×[박정희 정부]

47 노무현 정부 시기의 사실
정답 ④

밑줄 그은 '정부' 시기에 있었던 사실로 옳은 것은? [3점]

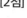

> 사사 토크
>
> 지난 3월 정부는 호주제 폐지를 내용으로 하는 법률을 공포하였습니다. 어떤 변화가 예상되나요?
>
> 여성 가족부와 여성 단체들은 환영의 뜻을 밝히고 있지만, 유림의 반대도 있어 갈등이 심화될 것 같습니다.
>
> 그럼에도 다양한 가족 형태를 반영하여 사회적 차별이 줄어들 것으로 보입니다.

— 호주제란 호주(남성 가장)를 중심으로 가족의 관계를 등록하는 제도로 노무현 정부가 양성평등 실현을 위해 호주제를 폐지하였어요.

정답 잡는 키워드

❶ 호주제 폐지 → 노무현 정부

호주제가 폐지되었다는 내용을 통해 밑줄 그은 '정부'가 노무현 정부임을 알 수 있어요. 노무현 정부는 국토 균형 발전을 위해 행정 중심 복합 도시 건설을 추진하였으며, 각종 질병의 통합 관리를 위해 질병 관리 본부를 설치하였어요. 남북 관계에서는 김대중 정부의 대북 화해 협력 정책을 계승하여 제2차 남북 정상 회담을 개최하였으며 남북 간의 경제 교류 확대에도 힘썼어요.

① 평창 동계 올림픽이 개최되었다.
➡ **문재인 정부** 시기인 2018년에 평창 동계 올림픽이 개최되었어요.

② 전국 민주 노동조합 총연맹이 창립되었다.
➡ **김영삼 정부** 시기인 1995년에 전국 민주 노동조합 총연맹(민주노총)이 창립되었어요.

③ 헝가리와 상주 대표부 설치 협정을 체결하였다.
➡ **노태우 정부** 시기인 1988년에 헝가리와 상주 대표부 설치 협정을 체결하였어요.

④ 진실·화해를 위한 과거사 정리 기본법이 제정되었다.
➡ **노무현 정부** 시기인 2005년에 과거사 진상 규명을 목적으로 진실·화해를 위한 과거사 정리 기본법이 제정되었어요.

⑤ 중학교 입시 제도가 폐지되고 무시험 추첨제가 실시되었다.
➡ **박정희 정부** 시기인 1969년에 과도한 입시 경쟁을 해소하고자 서울을 시작으로 중학교 입시 제도가 폐지되고 무시험 추첨제가 실시되었어요.

기출 선택지 +α

❻ 프로 야구가 6개 구단으로 출범하였다. (O / X)
❼ 함평 고구마 피해 보상 운동이 전개되었다. (O / X)
❽ 친일 반민족 행위 진상 규명 위원회가 출범하였다. (O / X)

핵심 개념 | 노무현 정부

민주주의의 발전	행정 중심 복합 도시 추진, 질병 관리 본부 설치, 진실·화해를 위한 과거사 정리 위원회 구성, 친일 반민족 행위 진상 규명 위원회 출범, 노인 장기 요양 보험법 제정, 호주제 폐지
경제 정책	한·칠레 자유 무역 협정 발효, 한·미 자유 무역 협정 서명(→ 2012년 발효)
통일 노력	제2차 남북 정상 회담 개최(2007), 10·4 남북 정상 선언 발표, 개성 공단 건설 실현, 금강산 육로 관광 시작

기출 선택지 +α 정답 ❻ ×[전두환 정부] ❼ ×[박정희 정부] ❽ ○

48 기록으로 만나는 사회 보장 제도
정답 ⑤

①~⑩에 대한 설명으로 적절하지 않은 것은? [2점]

> **기록으로 만나는 사회 보장 제도**
>
> 개요 | 일반 문서류 | 사진 기록물 | 동영상 기록물
>
> 국민 기초 생활 보장법
> 주요 경과 >
> 관련 기록 >
>
> **국민의 생활을 보장하다**
>
> 1999년 제정된 국민 기초 생활 보장법은 국민 생활 보호 제도를 대체하여 2000년 10월 1일부터 본격 시행되었다. 이는 저소득층에 대한 국가의 책임을 강화하는 사회 보장 제도로의 전환을 의미한다. 오늘날 사회 보장 제도는 민생 안정을 위한 역사 속 사회 시책에서도 그 뿌리를 찾아볼 수 있다. 삼국 시대 고구려에서 실시한 ① 진대법, 고려 시대 ⓒ 의창과 ⓒ 제위보의 설치, 조선 시대 ⓔ 환곡제와 ⓜ 사창제의 운영은 오늘날 사회 보장 제도의 범주에 해당한다.

① ① - 고국천왕이 시행하였다.
➡ 고구려 고국천왕은 재상 을파소의 건의를 받아들여 빈민 구제를 위해 진대법을 시행하였어요.

② ⓒ - 성종이 흑창을 확대 개편하여 설치하였다.
➡ 고려 성종은 태조 때 설치된 빈민 구제 기구인 흑창을 의창으로 확대 개편하였어요. 의창은 조선 시대에도 이어졌어요.

③ ⓒ - 기금을 모아 그 이자로 빈민을 구휼하였다.
➡ 고려 시대에는 기금을 모아 그 이자로 빈민을 구휼하는 일종의 재단인 제위보가 운영되었어요.

④ ⓔ - 세도 정치기에 농민을 수탈하는 수단으로 변질되었다.
➡ 환곡제는 식량이 모자라는 봄에 곡식을 빌려주고 추수한 뒤에 이자를 붙여 갚도록 하는 구휼 제도입니다. 그러나 세도 정치기에는 규정 이상으로 환곡의 수량을 늘리거나 강제로 곡식을 빌려주고 이자를 받아가는 등 농민을 수탈하는 수단으로 변질되었어요.

⑤ ⓜ - 구제도감을 두어 백성을 구호하였다.
➡ 구제도감은 **고려 시대**에 전염병 등 재해가 발생하였을 때 환자의 질병 치료 및 병사자의 매장을 담당한 임시 관청이에요. 사창제는 조선 고종 때 흥선 대원군이 환곡의 폐단을 바로잡기 위해 환곡을 향촌에서 덕망이 있는 사람에게 맡겨 자치적으로 운영하도록 한 제도입니다.

킬러 문항

49 김대중 정부 시기의 사실 정답 ②

다음 기사가 보도된 정부 시기의 사실로 옳은 것은? [2점]

□□신문

제△△호 ○○○○년 ○○월 ○○일

제17회 FIFA❶한·일 월드컵 개막식이 열리다

제17회 FIFA 한·일 월드컵 개막식이 어제 저녁 서울 월드컵 경기장에서 성공적으로 열렸다. 오후 7시 25분부터 취타대 등을 앞세운 32개 참가국 입장이 끝난 뒤 진행된 개막 행사는 환영·소통·어울림·나눔으로 구성되었다. 이후 세계 평화와 인류 화합의 새 시대가 열리고 한·일 양국 간 우호 친선의 21세기가 열리기를 기원하는 대통령의 개막 선언으로 화려하게 마무리되었다.

김대중 정부 시기인 2002년에 한·일 월드컵 대회가 개최되었어요. 한·일 월드컵 대회는 월드컵 축구 대회 최초로 두 개의 나라가 공동 개최한 대회였어요.

정답 잡는 키워드

❶ 한·일 월드컵 개막식이 열림 → 김대중 정부

한·일 월드컵 개막식이 열렸다는 내용을 통해 김대중 정부 시기에 보도된 기사임을 알 수 있어요. 김대중 정부 시기인 2002년에 한·일 공동으로 월드컵 축구 대회가 개최되었고, 부산에서는 제14회 아시아 경기 대회가 개최되었어요. 김대중 정부는 외환 위기를 계기로 경제적 취약 계층을 위한 국민 기초 생활 보장법을 제정하여 생활이 어려운 사람들에게 생계비, 주거비, 의료비 등을 보조하였어요. 또한, 금융 기관과 대기업에 대한 강도 높은 구조 조정과 국민의 자발적인 금 모으기 운동 등을 통해 국제 통화 기금(IMF)으로부터 받았던 구제 금융 지원금을 조기에 상환하였어요.

① 중앙정보부가 창설되었다.
➡ 박정희 정부 시기인 1961년에 국가 재건 최고 회의 산하의 국가 정보·수사 기관으로 중앙정보부가 창설되었어요.

②국가 인권 위원회가 출범하였다.
➡ 김대중 정부 시기인 2001년에 국가 공권력과 사회적 차별 행위에 의한 인권 침해를 구제할 목적으로 국가 인권 위원회가 출범하였어요.

③ 세계 무역 기구(WTO)에 가입하였다.
➡ 김영삼 정부 시기인 1995년에 우리나라는 세계 무역 기구(WTO)의 출범과 함께 회원국으로 가입하였어요.

④ G20 정상 회의를 서울에서 개최하였다.
➡ 이명박 정부 시기인 2010년에 세계 주요 20개국을 회원으로 하는 국제 기구인 G20 정상 회의를 서울에서 개최하였어요.

⑤ 37년 만에 야간 통행금지가 해제되었다.
➡ 전두환 정부 시기인 1982년에 일부 지역을 제외한 전국의 야간 통행금지가 해제되었어요.

기출 선택지 +α

❻ 지방 자치제가 전면 시행되었다. (O/X)
❼ 국민 기초 생활 보장법이 실시되었다. (O/X)
❽ 중화 인민 공화국과 국교를 수립하였다. (O/X)
❾ 개성 공단에서 의류 생산이 시작되었다. (O/X)

기출 선택지 +α 정답 ❻×[김영삼 정부] ❼○ ❽×[노태우 정부] ❾×[노무현 정부]

50 대구와 광주의 역사 정답 ②

(가), (나) 지역에서 있었던 사실로 옳은 것을 〈보기〉에서 고른 것은? [2점]

❷ 2·28 민주 운동은 3·15 의거와 4·19 혁명 등 이후 전개된 민주화 운동에 영향을 주었어요.

달구벌 (가) 의 2·28 민주 운동을 기념하는 의미를 담은 228번 버스가 ❷5·18 민주화 운동이 일어난 빛고을 (나) 에서 5월 18일부터 운행됩니다. 대한민국 민주주의의 역사를 공유하는 달구벌과 빛고을 두 도시가 열어갈 화합과 협력의 새로운 장이 주목됩니다.

달빛 동맹의 두 도시, 화합과 협력의 새 장을 열다

정답 잡는 키워드

❶ 2·28 민주 운동 → (가) 대구
❷ 5·18 민주화 운동 → (나) 광주

(가) 지역은 2·28 민주 운동이 일어났다는 내용을 통해 대구임을 알 수 있어요. 1960년에 이승만 정부와 자유당이 민주당의 대구 지역 선거 유세장에 학생들이 가지 못하도록 일요일에도 등교할 것을 지시하자 이에 항거하는 2·28 민주 운동이 일어났어요. (나) 지역은 5·18 민주화 운동이 일어났다는 내용을 통해 광주임을 알 수 있어요. 1980년 광주에서 전두환, 노태우 등 신군부의 불법적 정권 탈취와 비상계엄 확대에 저항하여 5·18 민주화 운동이 전개되었어요. 이 과정에서 신군부가 공수 부대를 계엄군으로 앞세워 시위대를 무력 진압하여 수많은 광주 시민이 희생되었어요.

ㄱ. (가) - 김광제 등을 중심으로 국채 보상 운동이 시작되었다.
➡ 1907년 대구에서 김광제 등을 중심으로 나랏빚을 갚아 국권을 회복하자는 국채 보상 운동이 시작되었어요.

ㄴ. (가) - YH 무역 노동자들이 폐업에 항의하며 농성을 벌였다.
➡ 1979년 가발 제조 업체인 YH 무역이 일방적으로 폐업 조치를 취하자 여성 노동자들이 이에 항의하며 서울에 있는 신민당사에서 농성을 벌였어요.

ㄷ. (나) - 한·일 학생 간의 충돌을 계기로 민족 운동이 일어났다.
➡ 1929년 통학 열차에서 일어난 한·일 학생 간의 충돌을 계기로 광주 학생 항일 운동이 일어났어요. 당시 민족 차별에 분노한 광주 지역의 학생들이 대규모 시위를 전개하였어요.

ㄹ. (나) - 3·15 부정 선거를 규탄한 김주열의 시신이 발견되었다.
➡ 1960년 4월 11일 마산 앞바다에서 3·15 부정 선거에 항의하는 시위에 참여하였던 학생 김주열의 시신이 발견되었어요. 이를 계기로 시민들의 시위가 전국으로 확산되어 4·19 혁명으로 이어졌어요.

① ㄱ, ㄴ ② ㄱ, ㄷ ③ ㄴ, ㄷ
④ ㄴ, ㄹ ⑤ ㄷ, ㄹ

기출 선택지 +α

ㅁ. (가) - 4·3 사건으로 많은 주민이 희생되었다. (O/X)
ㅂ. (가) - 제1차 미·소 공동 위원회가 개최되었다. (O/X)
ㅅ. (나) - 강우규가 사이토 총독에게 폭탄을 투척하였다. (O/X)
ㅇ. (나) - 강주룡이 을밀대 지붕에서 고공 농성을 벌였다. (O/X)

기출 선택지 +α 정답 ㅁ.×[제주도] ㅂ.×[서울] ㅅ.×[서울] ㅇ.×[평양]

심화 2024년 2월 17일(토) 시행 제69회

해설 강의 바로 보기

합격률 54.6%

응시 인원 : 65,616명
합격 인원 : 35,819명

시대별 출제 비중

전근대 29문항

선사 2문항
신석기 시대의 생활 모습, 동예와 삼한

고대 8문항
진흥왕의 업적, 무령왕의 정책,
수·당의 침략과 고구려의 항쟁,
금동 연가 7년명 여래 입상, 삼국 통일 과정,
통일 신라의 경제, 발해, 신문왕의 업적

고려 9문항
태조 왕건의 정책, 평양의 역사, 고려의 경제,
고려와 여진의 관계, 무신 집권기 사회 동요,
원 간섭기의 사실, 고려의 문화유산,
몽골 침입기의 사실, 최영의 활동

조선 10문항
균역법, 사헌부, 조광조의 활동, 광해군의 정책,
병자호란의 영향, 세조 재위 시기의 사실, 충주 지역의 역사,
환국의 전개, 박제가, 세도 정치기의 사회 모습

근현대 21문항

개항기 6문항
병인양요, 임오군란의 영향,
제1차 갑오개혁, 독립 협회, 국채 보상 운동,
고종 강제 퇴위 이후의 사실

일제 강점기 6문항
물산 장려 운동, 의열단,
1920년대 국내 민족 운동,
1930년대 후반 이후의 사실,
백남운의 활동, 한국 광복군

현대 8문항
대한민국 정부 수립 과정, 6·25 전쟁,
장면 내각 시기의 사실, 사사오입 개헌 이후의 상황,
박정희 정부 시기의 사실, 박정희 정부 시기의 경제 상황,
5·18 민주화 운동, 김영삼 정부 시기의 사실

시대 통합 1문항
시대별 군사 조직

분류별 출제 비중 고대~조선

정치	경제	사회	문화
20문항	3문항	1문항	3문항

난이도별 출제 비중

난이도	문항
상	2문항
중	34문항
하	14문항

큰별쌤의 한 줄 평

기본 개념과 흐름으로
충분히 풀 수 있는
무난한 시험

1 신석기 시대의 생활 모습 정답 ③

(가) 시대의 생활 모습으로 가장 적절한 것은? [1점]

수장고에서 찾아낸 유물 이야기

우리 박물관은 수장고의 유물을 선정하여 분기별로 특별 전시회를 개최하고 있습니다. 이번 전시회에서는 _____(가)_____ 시대를 주제로 한 유물들이 전시될 예정입니다.

> 부산 동삼동 유적은 서울 암사동 유적, 제주 고산리 유적과 함께 대표적인 신석기 시대의 유적입니다.

■ 대표 전시 유물

동삼동 패총 유적에서 출토된 빗살❶ 무늬 토기로 짧은 사선 무늬, 생선뼈무늬 등이 잘 드러납니다. ❷농경과 목축이 시작된 _____(가)_____ 시대에 식량의 저장과 조리를 위해 이와 같은 토기가 제작되었습니다.

> 신석기 시대의 대표적인 토기로 밑면이 뾰족하여 모래나 진흙에 고정시켜 사용하였어요.

■ 기간 : 2024. ○○. ○○. ~ ○○. ○○.
■ 장소 : △△ 박물관 특별 전시실

정답 잡는 키워드

❶ 빗살무늬 토기, ❷ 농경과 목축 시작 → 신석기 시대

빗살무늬 토기가 출토되었으며, 농경과 목축이 시작되었다는 내용을 통해 (가) 시대가 신석기 시대임을 알 수 있어요. 신석기 시대에는 빗살무늬 토기를 만들어 식량을 저장하거나 음식을 조리하였으며, 갈돌과 갈판 등 간석기를 만들어 사용하였어요. 또한, 농경과 목축을 시작하였으며, 강가나 바닷가에 마을을 이루어 정착 생활을 하였어요.

① 반달 돌칼을 이용하여 벼를 수확하였다.
➡ 청동기 시대에 반달 돌칼을 이용하여 벼 등 곡식을 수확하였어요.

② 주로 동굴이나 강가의 막집에 거주하였다.
➡ 구석기 시대 사람들은 식량을 찾아 이동 생활을 하였으며, 주로 동굴이나 강가의 막집에 거주하였어요.

③ 가락바퀴와 뼈바늘로 옷을 만들어 입었다.
➡ 신석기 시대에는 가락바퀴로 실을 뽑아 뼈바늘을 이용하여 옷을 만들어 입었어요.

④ 많은 인력을 동원하여 고인돌을 축조하였다.
➡ 청동기 시대에 계급이 발생하였으며, 지배자가 많은 인력을 동원하여 고인돌을 축조하였어요.

⑤ 주먹도끼, 찍개 등의 뗀석기를 처음 제작하였다.
➡ 구석기 시대에 주먹도끼, 찍개 등의 뗀석기를 처음 제작하였어요.

기출 선택지 +α

❻ 소를 이용한 깊이갈이가 일반화되었다. (O / X)
❼ 명도전을 이용하여 중국과 교역하였다. (O / X)
❽ 청동 방울 등을 의례 도구로 이용하였다. (O / X)
❾ 농경과 목축을 통하여 식량을 생산하였다. (O / X)
❿ 빗살무늬 토기에 음식을 저장하기 시작하였다. (O / X)

기출 선택지 +α
정답 ❻ ×[고려 시대] ❼ ×[철기 시대] ❽ ×[청동기 시대] ❾ ○ ❿ ○

2 진흥왕의 업적 정답 ⑤

밑줄 그은 '이 왕'의 업적으로 옳은 것은? [2점]

> 이 비석은 원래 도선국사비, 무학대사비 등으로 알려져 있었지.

> 맞아. 그런데 ❶조선 후기에 김정희가 금석과안록에서 이 왕이 건립한 순수비임을 고증하였어.

> 조선 후기에 김정희는 자신의 저서인 "금석과안록"에서 도선국사비, 무학대사비 등으로 알려져 있던 북한산비가 진흥왕 순수비임을 고증하였어요.

정답 잡는 키워드

❶ 조선 후기에 김정희가 "금석과안록"에서 순수비임을 고증함
→ 진흥왕

김정희가 "금석과안록"에서 순수비임을 고증하였다는 내용을 통해 밑줄 그은 '이 왕'이 신라 진흥왕임을 알 수 있어요. 진흥왕은 백제 성왕과 연합하여 고구려를 공격해 한강 상류 지역을 차지한 후 백제가 되찾은 한강 하류의 땅마저 빼앗아 한강 유역 전체를 장악하였어요. 이어서 대가야를 정복하여 낙동강 유역을 차지하고, 북쪽으로 함흥평야까지 진출하였어요. 진흥왕은 영토 확장을 기념하여 단양 적성비를 비롯해 4개의 순수비(북한산 순수비, 창녕 척경비, 황초령 순수비, 마운령 순수비)를 건립하였어요.

① 관료전을 지급하고 녹읍을 폐지하였다.
➡ 신문왕은 관료전을 지급하고 녹읍을 폐지하여 귀족들의 경제 기반을 약화하였어요.

② 인재 등용을 위해 독서삼품과를 실시하였다.
➡ 원성왕은 유교적 소양을 갖춘 인재를 등용하기 위해 독서삼품과를 실시하였어요.

③ 이차돈의 순교를 계기로 불교를 공인하였다.
➡ 법흥왕은 불교를 공인하고 진흥시키고자 하였으나 귀족들의 반대로 뜻을 이루지 못하다가 이차돈의 순교를 계기로 불교를 공인하였어요.

④ 지방관을 감찰하기 위해 외사정을 파견하였다.
➡ 문무왕은 지방관을 감찰하기 위해 감찰 관리인 외사정을 파견하였어요.

⑤ 대아찬 거칠부에게 명하여 국사를 편찬하였다.
➡ 진흥왕은 거칠부에게 명하여 역사서인 "국사"를 편찬하였으나, 현재 전하지 않습니다.

기출 선택지 +α

❻ 대가야를 정복하여 영토를 확장하였다. (O / X)
❼ 국가적인 조직으로 화랑도를 개편하였다. (O / X)
❽ 건원이라는 독자적인 연호를 제정하였다. (O / X)
❾ 국학을 설립하여 유학 교육을 실시하였다. (O / X)
❿ 국호를 신라로 확정하고 왕이라는 칭호를 사용하였다. (O / X)

기출 선택지 +α
정답 ❻ ○ ❼ ○ ❽ ×[법흥왕] ❾ ×[신문왕] ❿ ×[지증왕]

3 동예와 삼한

정답 ③

(가), (나) 나라에 대한 설명으로 옳은 것을 <보기>에서 고른 것은?

[3점]

> 읍군·삼로는 동예와 옥저, 신지·읍차는 삼한의 ─┐
> 정치 지배자를 가리키는 말이에요.
>
> (가) 대군장이 없고, 그 관직으로는 후(侯)와 **읍군**과 삼로가 있다. ……
> 해마다 10월이면 하늘에 제사를 지내는데, 밤낮으로 술 마시며
> 노래 부르고 춤추니, 이를 **❷무천**이라 한다. 또 호랑이를 신으로 여
> 겨 제사 지낸다. — "후한서" 동이열전 —
>
> (나) 해마다 **❸5월**이면 씨뿌리기를 마치고 귀신에게 제사를 지낸다. 떼를
> 지어 모여서 노래와 춤을 즐기며 술 마시고 노는데 밤낮으로 쉬지
> 않는다. …… 국읍에 각각 한 사람씩을 세워서 천신의 제사를 주관
> 하게 하는데, 이를 **❹천군**이라 부른다. — "삼국지" 위서 동이전 —

> └─ 삼한에서는 씨뿌리기가 끝난 5월과 추수를
> 마친 10월에 제천 행사를 열었어요.

정답 잡는 키워드

❶ 읍군과 삼로, **❷** 무천 → (가) 동예
❸ 5월에 제사를 지냄, **❹** 천군 → (나) 삼한

읍군과 삼로라는 지배자가 있었으며, 10월에 무천이라는 제천 행사를 열었다는 내용을 통해 (가) 나라가 동예임을 알 수 있어요. 동예는 지금의 강원도 북부 동해안 지역에 위치한 나라로 왕이 없고 읍군, 삼로라고 불리는 지배자가 부족을 다스렸어요. 동예는 고구려의 압박을 받아 크게 성장하지 못하고 고구려에 통합되었어요. 5월에 씨뿌리기를 마치고 제사를 지내며, 천신의 제사를 주관하는 천군이 있었다는 내용을 통해 (나) 나라가 삼한임을 알 수 있어요. 철기가 보급되면서 한반도 중남부에는 수십 개의 소국으로 이루어진 마한, 진한, 변한의 삼한이 성립하였어요. 삼한 중에 세력이 컸던 마한의 소국 가운데 하나인 목지국의 지배자가 삼한 전체를 주도하였어요. 삼한에는 제사장인 천군과 신성 지역인 소도가 있었는데, 소도에는 정치적 지배자의 힘이 미치지 못하였어요.

ㄱ. (가) - 혼인 풍습으로 **민며느리제**가 있었다.
➡ **옥저**에는 혼인 풍습으로 민며느리제가 있었어요. 민며느리제는 신랑 집에서 신부가 될 여자아이를 데려와 키우다가 어른이 되면 돌려보낸 뒤 신부 집에 예물을 보내고 정식으로 혼인하는 풍습이에요.

ㄴ. (가) - 읍락 간의 경계를 중시하는 **책화**가 있었다.
➡ **동예**에는 읍락 간의 경계를 중시하여 다른 읍락의 영역을 함부로 침범하면 소나 말, 노비 등으로 변상하게 하는 책화 풍습이 있었어요.

ㄷ. (나) - 신지, 읍차 등의 지배자가 있었다.
➡ **삼한**의 여러 소국에는 세력 크기에 따라 신지, 읍차라고 불린 정치적 지배자가 있었어요.

ㄹ. (나) - 여러 가(加)들이 별도로 **사출도**를 주관하였다.
➡ **부여**에서는 왕이 중앙을 다스리고, 마가·우가·저가·구가 등의 여러 가(加)들이 별도로 사출도를 주관하였어요.

① ㄱ, ㄴ ② ㄱ, ㄷ ③ ㄴ, ㄷ
④ ㄴ, ㄹ ⑤ ㄷ, ㄹ

기출 선택지 +α

ㅁ. (가) - 목지국 등 많은 소국들로 이루어졌다. (O / X)
ㅂ. (가) - 12월에 영고라는 제천 행사를 열었다. (O / X)
ㅅ. (나) - 신성 지역인 소도가 존재하였다. (O / X)
ㅇ. (나) - 단궁, 과하마, 반어피 등이 특산물로 유명하였다. (O / X)

기출 선택지 +α 정답 ㅁ. ×[삼한 중에 마한] ㅂ. ×[부여] ㅅ. ○ ㅇ. ×[동예]

---

4 무령왕의 정책

정답 ⑤

(가)에 들어갈 내용으로 적절한 것은?

[2점]

> ### ✦ 한국사 교양 강좌 ✦
>
> 우리 학회는 **❶백제 웅진기**의 역사를 주제로 교양 강좌를 운영하
> 고 있습니다. 이번 달에는 백제 중흥의 기틀을 마련한 왕에 대한
> 강좌를 준비하였습니다.
>
> └─ 백제는 고구려 장수왕의 공격을 받아 한성이 함락된 후
> 웅진으로 천도하였어요. 무령왕은 웅진에 도읍한 시기에 즉위하여 중흥의 기틀을 마련하였어요.
>
> 제1강 - 동성왕을 시해한 백가를 처단하다
> 제2강 - **❷지방의 22담로에 왕족을 파견하다**
> 제3강 - [(가)   ]
> 제4강 - 공주 왕릉원에 안장되다
>
> ■ 주최 : □□학회 └─ 무령왕은 지방의 22담로에 왕족을 파견하여
> 지방 통제를 강화하였어요.
> ■ 일시 : 2024년 2월 매주 수요일 19:00~21:00
> ■ 장소 : ○○대학교 인문대학 대강의실

정답 잡는 키워드

❶ 백제 웅진기, **❷** 지방의 22담로에 왕족 파견 → 무령왕

백제 웅진기의 왕으로 지방의 22담로에 왕족을 파견하였다는 내용을 통해 제시된 자료가 백제 무령왕에 관한 것임을 알 수 있어요. 동성왕이 위사 좌평 백가가 보낸 자객에 의해 시해되자 무령왕이 왕위를 이어받았어요. 무령왕은 백가를 처단한 후 고구려의 남하에 맞서 국방 체제를 정비하고 고구려의 침입을 물리쳤어요. 또한, 흉년이 들자 나라의 창고를 열어 백성을 구제하고 하천을 정비하는 등 백성의 삶을 안정시키기 위해 노력하였어요. 무령왕은 죽은 후에 공주 왕릉원에 안장되었습니다. 무령왕릉은 무덤의 주인이 밝혀진 유일한 백제 왕릉이에요.

① 금마저에 미륵사를 창건하다
➡ **무왕**은 지금의 익산 지역인 금마저에 미륵사를 창건하였어요.

② 윤충을 보내 대야성을 함락하다
➡ **의자왕**은 642년에 윤충을 보내 전략적 요충지인 신라의 대야성을 함락하였어요.

③ 평양성을 공격하여 고국원왕을 전사시키다
➡ **근초고왕**은 371년에 고구려의 평양성을 공격하여 고국원왕을 전사시켰어요.

④ 진흥왕과 연합하여 한강 하류 지역을 수복하다
➡ **성왕**은 진흥왕과 연합하여 고구려를 공격해 한강 하류 지역을 수복하였어요. 그러나 신라의 공격을 받아 이 지역을 다시 빼앗겼어요.

⑤ 사신을 보내 중국 남조의 양과 외교 관계를 강화하다
➡ **무령왕**은 사신을 보내 중국 남조의 양과 외교 관계를 강화하였어요. 무령왕릉은 중국 남조의 영향을 받아 벽돌무덤으로 축조되었어요.

기출 선택지 +α

❻ 고흥으로 하여금 서기를 편찬하게 하였다. (O / X)
❼ 사비로 천도하고 국호를 남부여로 고쳤다. (O / X)
❽ 북위에 사신을 보내 고구려 공격을 요청하였다. (O / X)
❾ 동진에서 온 마라난타를 통해 불교를 수용하였다. (O / X)

기출 선택지 +α 정답 ❻ ×[근초고왕] ❼ ×[성왕] ❽ ×[개로왕] ❾ ×[침류왕]

(가), (나) 사이의 시기에 있었던 사실로 옳은 것은?　　　[2점]

> 을지문덕은 수의 장군 우중문에게 철수를 권하는 시를 보내고, 퇴각하는 수의 군대를 살수(지금의 청천강)에서 공격하여 대승을 거두었어요.

(가) 을지문덕이 우중문에게 시를 보내 이르기를, "신묘한 계책은 천문을 다 헤아렸고 기묘한 계획은 지리를 모두 통달하였도다. 싸움에 이겨 이미 공로가 드높으니 만족할 줄 알고 그치기를 바라노라."라고 하였다.

(나) 안시성 사람들이 황제의 깃발과 일산을 멀리서 바라보고, 곧장 성에 올라가 북을 치고 소리를 질렀다. 황제가 화를 내자, 이세적은 성을 함락하는 날에 남자를 모두 구덩이에 묻어 죽이자고 청하였다. 안시성 사람들이 이를 듣고 더욱 굳게 지키니, 오래도록 공격하여도 함락되지 않았다.

> 당 태종은 안시성 공격이 뜻대로 되지 않자 안시성보다 높은 토산을 쌓아 공격하였지만 함락하지 못하였어요.

정답 잡는 키워드

❶ 을지문덕이 우중문에게 시를 보냄 → (가) 살수 대첩(612)

❷ 안시성이 함락되지 않음 → (나) 안시성 전투(645)

(가)는 을지문덕이 우중문에게 시를 보낸 것으로 보아 612년에 있었던 살수 대첩과 관련된 자료임을 알 수 있어요. 중국을 통일한 수는 대군을 동원하여 고구려를 공격하였어요. 고구려의 항전에 막혀 별다른 성과를 내지 못하는 상황에서 수는 우중문과 우문술이 지휘하는 별동대를 구성하여 평양성을 바로 공격하려 하였어요. 을지문덕은 유도 작전을 펴 수의 군대를 유인하였고, 마침내 살수에서 크게 물리쳤어요. (나)는 안시성 사람들이 항전하여 함락되지 않았다는 내용을 통해 645년에 일어난 안시성 전투 상황임을 알 수 있어요. 수가 멸망한 후 들어선 당은 연개소문의 정변을 빌미로 고구려를 침공하였어요. 당 태종은 직접 군대를 이끌고 고구려의 요동성, 백암성을 차례로 무너뜨렸지만, 안시성 전투에서 고구려 군민의 거센 저항에 부딪혀 함락에 실패하고 물러났어요.

① 관구검이 환도성을 공격하여 함락하였다.
　➡ 3세기 동천왕 때 고구려는 위의 장수 관구검의 공격을 받아 환도성이 함락되었어요.

② 계백이 이끄는 군대가 황산벌에서 항전하였다.
　➡ 660년 백제의 계백이 이끄는 군대가 황산벌에서 신라군에 항전하였으나 패배하였어요. 이후 나·당 연합군의 공격으로 사비성이 함락되면서 백제가 멸망하였어요.

③ 연개소문이 정변을 일으켜 권력을 장악하였다.
　➡ 642년 연개소문은 영류왕을 제거하고 보장왕을 왕위에 올리는 정변을 일으켜 권력을 장악하였어요.

④ 광개토 대왕이 신라에 침입한 왜를 격퇴하였다.
　➡ 400년에 광개토 태왕은 신라의 요청을 받아 군대를 파견하여 신라에 침입한 왜를 격퇴하였어요.

⑤ 미천왕이 낙랑군을 축출하여 영토를 확장하였다.
　➡ 4세기 초에 미천왕은 낙랑군과 대방군을 축출하여 영토를 확장하였어요.

기출 선택지 +α

❻ 소수림왕이 율령을 반포하였다.　　　　　　(O / X)
❼ 장수왕이 백제를 공격하여 한성을 함락하였다.　(O / X)
❽ 안승이 신라에 의해 보덕국 왕으로 책봉되었다.　(O / X)
❾ 고국천왕이 을파소를 등용하고 진대법을 실시하였다.　(O / X)

기출 선택지 +α　정답　❻ ✕[373년]　❼ ✕[475년]　❽ ✕[674년]　❾ ✕[2세기 후반]

다음 설명에 해당하는 문화유산으로 옳은 것은?　　　[2점]

문화유산 발표 대회

경상남도 의령군에서 출토되어 1964년에 국보로 지정되었어.

❶ 고구려 승려들이 만든 천불(千佛) 중 하나야.

❷ 광배 뒷면에 고구려의 연호로 추정되는 연가(延嘉)라는 글자가 새겨져 있어.

정답 잡는 키워드

❶ 고구려 승려들이 만듦, ❷ 광배 뒷면에 고구려의 연호로 추정되는 연가라는 글자가 새겨져 있음

→ 금동 연가 7년명 여래 입상

고구려의 승려들이 만들었으며, '연가'라는 글자가 새겨져 있는 문화유산은 금동 연가 7년명 여래 입상이에요. 광배 뒷면에 새겨진 '연가 7년'이라는 글자를 통해 불상의 제작 연대를 추정할 수 있어요.

①
➡ 고려의 불상인 영주 부석사 소조 여래 좌상이에요.

②
➡ 고구려의 불상인 금동 연가 7년명 여래 입상이에요.

③
➡ 통일 신라 시대에 만들어진 것으로 보이는 경주 구황동 금제 여래 좌상이에요.

④
➡ 익산 왕궁리 5층 석탑의 해체 보수 과정에서 출토된 금동불 입상이에요. 통일 신라 시대에 만들어진 것으로 추정하지만, 제작 시기에 대해 다양한 가설이 제기되고 있어요.

⑤
➡ 고구려 불상 양식의 영향을 받은 발해의 이불병좌상이에요.

7 삼국 통일 과정
정답 ④

(가)~(다)를 일어난 순서대로 옳게 나열한 것은? [3점]

─ 나당 전쟁 당시 신라의 사찬 시득은 기벌포 전투에서
　설인귀가 이끄는 당군을 격파하였어요.

(가) ❶ 사찬 시득이 수군을 거느리고 소부리주 ❷ 기벌포에서 설인귀와 싸웠으나 패배하였다. 다시 나아가 ❸ 크고 작은 22번의 싸움에서 승리하고, 4천여 명의 목을 베었다.

─ 사비성이 함락되자 흑치상지는 임존성에서 병력을 수습하여 백제 부흥 운동을 벌였어요.

(나) ❹ 흑치상지가 도망하여 흩어진 무리들을 모으니, 열흘 사이에 따르는 자가 3만여 명이었다. …… 흑치상지가 별부장 사타상여를 데리고 험준한 곳에 웅거하여 ❺ 복신과 호응하였다.

(다) ❻ 검모잠이 국가를 다시 일으키기 위하여 당을 배반하고 보장왕의 외손 안승을 세워 임금으로 삼았다. 당 고종이 대장군 고간을 보내 행군총관으로 삼고 병력을 내어 그들을 토벌하니, 안승이 검모잠을 죽이고 신라로 달아났다.

─ 검모잠은 왕족인 안승을 왕으로 추대하여 고구려 부흥 운동을 벌였어요.

정답 잡는 키워드

❶, ❷, ❸ 사찬 시득이 기벌포에서 승리함 → (가) 기벌포 전투(676)

❹, ❺ 흑치상지가 복신과 호응함

→ (나) 백제 부흥 운동(660년 백제 멸망 이후)

❻ 검모잠이 안승을 임금으로 삼음

→ (다) 고구려 부흥 운동(668년 고구려 멸망 이후)

(가) 사찬 시득이 기벌포에서 설인귀와 싸워 패배하였으나 다시 나아가 승리하였다는 내용을 통해 나·당 전쟁 중 676년에 일어난 기벌포 전투 상황임을 알 수 있어요. 신라는 당과 연합하여 백제와 고구려를 차례로 멸망시켰어요. 이후 당이 한반도 전체를 지배하려고 하자 신라는 당과의 전쟁에 나서서 매소성 전투, 기벌포 전투에서 승리하고 삼국 통일을 완성하였어요.

(나) 흑치상지가 무리를 모아 복신과 호응하였다는 내용을 통해 660년 백제 멸망 이후 전개된 백제 부흥 운동 상황임을 알 수 있어요. 백제 멸망 이후 흑치상지는 임존성, 복신과 도침은 주류성을 거점으로 하여 백제 부흥 운동을 전개하였어요. 백제 부흥 운동 세력은 한때 당군을 격퇴하고 세력을 넓히기도 하였으나, 왜의 지원을 받은 백강 전투에서 나·당 연합군에 패하면서 백제 부흥 운동은 실패로 끝났어요.

(다) 검모잠이 안승을 임금으로 삼았다는 내용을 통해 668년 고구려 멸망 이후 전개된 고구려 부흥 운동 상황임을 알 수 있어요. 고구려 멸망 이후 검모잠은 고구려의 유민을 모으고 안승을 왕으로 세워 한성(지금의 황해도 재령)을 중심으로 고구려 부흥 운동을 전개하였어요. 그러나 안승이 검모잠을 죽이는 등 지배층의 내분으로 고구려 부흥 운동은 실패하였고, 안승은 무리를 이끌고 신라에 투항하였어요.

① (가) - (나) - (다)
② (가) - (다) - (나)
③ (나) - (가) - (다)
④ (나) - (다) - (가)
➡ (나) 백제 부흥 운동(660년 백제 멸망 이후) → (다) 고구려 부흥 운동(668년 고구려 멸망 이후) → (가) 기벌포 전투(676)
⑤ (다) - (나) - (가)

---

8 통일 신라의 경제
정답 ②

(가) 국가의 경제 상황으로 옳은 것은? [2점]

❶ 이 문서는 일본의 도다이사 쇼소인에서 발견된 것으로, (가) 의 5소경 중 하나인 ❷ 서원경 주변 촌락을 포함한 4개 촌락의 인구 현황, 토지의 종류와 면적 등이 상세히 기록되어 있습니다.

서원경은 통일 신라의 5소경 가운데 하나로 지금의 청주 지역에 설치되었어요.

정답 잡는 키워드

❶ 일본의 도다이사 쇼소인에서 발견됨,

❷ 서원경 주변 4개 촌락의 정보 기록 → 신라 촌락 문서

일본 도다이사 쇼소인에서 발견된 문서로 서원경 주변 촌락의 여러 경제적 정보를 기록하였다는 내용을 통해 제시된 문서가 신라 촌락 문서(민정 문서)임을 알 수 있어요. 따라서 (가) 국가는 신라입니다. 신라 촌락 문서는 각 촌락의 인구수, 토지 종류와 면적, 소와 말의 수, 수목의 종류와 수 등을 조사하여 3년에 한 번씩 기록한 것입니다. 신라 촌락 문서를 통해 당시의 경제 상황과 세무 행정에 대해 짐작할 수 있어요.

① 경성과 경원에 무역소를 두었다.
➡ 조선은 여진의 요청에 따라 국경 지역인 경성과 경원에 무역소를 설치하여 교역을 허용하였어요.

②수도에 서시와 남시를 설치하였다.
➡ 신라는 지증왕 때 수도에 동시라는 시장을 설치하였고, 통일 이후 서시와 남시를 추가로 설치하였어요.

③ 주전도감에서 해동통보를 발행하였다.
➡ 고려 숙종 때 화폐 주조 기관인 주전도감을 설치하여 해동통보를 발행하였어요.

④ 독점적 도매상인인 도고가 출현하였다.
➡ 조선 후기에 상업이 발달하면서 공인과 사상의 활동이 활발하였어요. 이들 가운데 일부는 독점적 도매상인인 도고로 성장하였어요.

⑤ 감자, 고구마 등을 구황 작물로 재배하였다.
➡ 조선 후기에 감자, 고구마 등이 전래되어 구황 작물로 재배되었어요.

기출 선택지 +α

❻ 활구라고 불리는 은병이 주조되었다. (O/X)
❼ 집집마다 부경이라는 창고가 있었다. (O/X)
❽ 울산항, 당항성이 무역항으로 번성하였다. (O/X)
❾ 국경 지대에서 개시 무역과 후시 무역이 이루어졌다. (O/X)
❿ 설점수세제의 시행으로 민간의 광산 개발이 허용되었다. (O/X)

기출 선택지 +α
정답 ❻ ×[고려] ❼ ×[고구려] ❽ ○ ❾ ×[조선 후기] ❿ ×[조선 후기]

9 발해 정답 ④

(가) 국가에 대한 설명으로 옳은 것은? [2점]

명문(名文)으로 만나는 한국사

대조영은 698년에 지린성 동모산에서 발해를 건국하였어요.

…… 신이 삼가 (가) 의 원류를 살펴보건대, 고구려가 멸망하기 이전에는 본디 이름도 없는 조그마한 부락에 불과하였는데, …… 걸사[비]우와 ❶대조영 등이 측천무후가 임조(臨朝)할 즈음에 이르러, 영주에서 반란이 일어나자 그곳에서 도주하여 황구(荒丘)를 차지하고 비로소 ❷진국(振國)이라고 칭하였습니다. ……

대조영이 나라를 세웠을 때 그 이름을 진국이라 하였어요. 점차 세력이 커져 당에서 대조영을 발해 군왕이라 하면서 발해가 나라 이름으로 널리 사용되었어요.

[해설] 이 글은 ❸최치원이 작성한 사불허북국거상표(謝不許北國居上表)의 일부입니다. 이를 통해 ❹북국으로 표현된 (가) 의 건국 과정 등을 파악할 수 있습니다.

정답 잡는 키워드

❶, ❷ 대조영이 진국이라고 칭함,
❸, ❹ 최치원이 북국으로 표현 → 발해

대조영이 진국이라고 칭하였으며, 신라의 최치원이 북국으로 표현하였다는 내용을 통해 (가) 국가가 발해임을 알 수 있어요. 발해는 고구려 출신 대조영이 고구려 유민과 말갈인을 기반으로 세운 나라로, 고구려 계승 의식을 표방하였어요. 9세기 선왕 때 옛 고구려 영토의 대부분을 차지하는 등 전성기를 이루었고, 이 무렵부터 중국에서 발해를 해동성국이라고 부르기도 하였어요. 발해는 당의 제도를 본떠 3성 6부의 중앙 정치 조직을 정비하였는데 그 명칭과 운영에서는 독자성을 유지하였어요. 지방 행정 조직은 5경 15부 62주 체제로 정비하였어요.

① 정사암 회의에서 나라의 중대사를 결정하였다.
➡ 백제는 정사암 회의에서 재상을 선출하고 나라의 중대사를 결정하였어요.

② 지방의 여러 성에 욕살, 처려근지 등을 두었다.
➡ 고구려는 지방의 여러 성에 욕살, 처려근지 등의 관리를 두어 다스렸어요.

③ 도병마사에서 변경의 군사 문제 등을 논의하였다.
➡ 도병마사는 고려 시대에 고위 관리들이 모여 국방과 군사 문제 등을 논의하던 회의 기구입니다.

④ 서적 관리, 주요 문서 작성 등을 위해 문적원을 두었다.
➡ 발해는 3성 6부의 중앙 정치 조직을 중심으로 관리 감찰 기구인 중정대, 서적 관리와 주요 문서 작성 등을 담당한 문적원, 국립 교육 기관인 주자감 등을 두었어요.

⑤ 골품에 따라 관등 승진, 일상생활 등을 엄격히 제한하였다.
➡ 신라는 엄격한 신분제인 골품제를 마련하여 골품에 따라 관등 승진, 일상생활 등을 엄격히 제한하였어요.

기출 선택지 +α

❻ 중정대를 두어 관리를 감찰하였다. (O/X)
❼ 9서당 10정의 군사 조직을 갖추었다. (O/X)
❽ 광평성 등의 정치 기구를 마련하였다. (O/X)
❾ 정당성의 대내상이 국정을 총괄하였다. (O/X)
❿ 내신 좌평 등 6좌평의 관제를 정비하였다. (O/X)

기출 선택지 +α 정답 ❻○ ❼×[통일 신라] ❽×[후고구려(마진)] ❾○ ❿×[백제]

---

10 태조 왕건의 정책 정답 ⑤

(가) 왕에 대한 설명으로 옳은 것은? [1점]

이 불상은 충청남도 논산시에 있는 개태사지 석조 여래 삼존 입상으로, 큼직한 손과 신체의 굴곡이 거의 드러나지 않는 원통형의 형태가 특징입니다. 개태사는 후삼국을 통일한 (가) 이/가 이를 기념하여 세운 사찰입니다.

개태사는 왕건이 일리천 전투에서 승리하고 지금의 논산 지역인 황산에서 신검의 항복을 받으며 후삼국을 통일한 것을 기념하여 세운 사찰이에요.

정답 잡는 키워드

❶ 후삼국을 통일함 → 태조 왕건

후삼국을 통일하였다는 내용을 통해 (가) 왕이 고려 태조 왕건임을 알 수 있어요. 고려는 930년 고창 전투에서 후백제군을 물리치면서 후삼국 통일의 주도권을 잡았어요. 이후 후백제의 견훤이 고려에 귀부하였고 신라 경순왕도 고려에 스스로 항복하였어요. 이어 태조 왕건이 신검의 후백제를 정벌하여 후삼국 통일을 이루었어요. 태조 왕건은 자신의 세력 기반이었던 호족 세력을 통합하고 민생을 안정시키기 위해 노력하였어요. 또한, 서경(평양)을 전진 기지로 삼아 북진 정책을 추진하였어요.

① 관학 진흥을 위해 양현고를 설치하였다.
➡ 예종은 사학의 융성으로 침체된 관학을 진흥하기 위해 장학 재단인 양현고를 설치하였어요.

② 쌍기의 건의를 받아들여 과거제를 시행하였다.
➡ 광종은 후주에서 귀화한 쌍기의 건의를 받아들여 과거제를 시행하였어요.

③ 전국에 12목을 설치하고 지방관을 파견하였다.
➡ 성종은 최승로의 건의에 따라 전국 주요 지역에 12목을 설치하고 지방관을 파견하였어요.

④ 전시과 제도를 처음 마련하여 관리에게 토지를 지급하였다.
➡ 경종은 전시과 제도를 처음 마련하여 관리에게 전지와 시지를 지급하였어요.

⑤ 후대 왕들이 지켜야 할 정책 방향을 담은 훈요 10조를 남겼다.
➡ 태조 왕건은 후대 왕들이 지켜야 할 정책 방향을 담은 훈요 10조를 남겼어요.

기출 선택지 +α

❻ 평양을 서경으로 삼아 중시하였다. (O/X)
❼ 빈민 구제 기관인 흑창을 설치하였다. (O/X)
❽ 신돈을 등용하고 전민변정도감을 두었다. (O/X)
❾ 국자감에 7재라는 전문 강좌를 개설하였다. (O/X)
❿ 광덕, 준풍 등의 독자적 연호를 사용하였다. (O/X)

기출 선택지 +α 정답 ❻○ ❼○ ❽×[공민왕] ❾×[예종] ❿×[광종]

11 평양의 역사 정답 ②

다음 검색창에 들어갈 지역에서 있었던 사실로 옳은 것은? [3점]

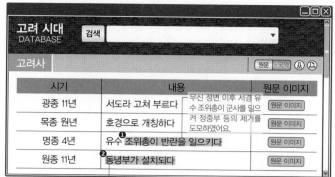

시기	내용	원문 이미지
광종 11년	서도라 고쳐 부르다	무신 정변 이후 서경 유수 조위총이 군사를 일으 켜 정중부 등의 제거를 도모하였어요.
목종 원년	호경으로 개칭하다	원문 이미지
명종 4년	❶ 유수 조위총이 반란을 일으키다	원문 이미지
원종 11년	❷ 동녕부가 설치되다	원문 이미지

└ 원 간섭기에 원은 서경에 동녕부, 화주에 쌍성총관부, 제주도에 탐라총관부를 설치하였어요.

정답 잡는 키워드

❶ 조위총이 반란을 일으킴, ❷ 동녕부가 설치됨 → 서경(평양)

조위총이 반란을 일으켰으며, 동녕부가 설치되었다는 내용을 통해 검색창에 들어갈 지역이 서경(평양)임을 알 수 있어요. 고려를 세운 태조 왕건은 건국 초에 평양을 서경으로 삼아 중시하였으며, 훈요 10조에서도 서경을 중시할 것을 강조하였어요.

① 정몽주가 이방원 세력에게 피살되었다.
➡ 고려 말에 정몽주는 새로운 나라를 세우는 데 반대하다가 개경(개성)에서 이방원 세력에게 피살되었어요.

②묘청이 반란을 일으키고 국호를 대위라 하였다.
➡ 고려 인종 때 묘청을 비롯한 서경 세력은 서경 천도를 추진하다가 개경 세력의 반대로 실패하자 서경(평양)에서 반란을 일으켰어요.

③ 몽골의 침략으로 황룡사 구층 목탑이 소실되었다.
➡ 고려 시대에 몽골의 침략으로 경주에 있던 황룡사 9층 목탑이 소실되었어요.

④ 흥덕사에서 금속 활자로 직지심체요절이 간행되었다.
➡ 고려 말에 청주 흥덕사에서 금속 활자로 "직지심체요절"이 간행되었어요. "직지심체요절"은 현존하는 세계에서 가장 오래된 금속 활자 인쇄본이에요.

⑤ 정서가 유배 중에 정과정이라는 고려 가요를 지었다.
➡ 고려 의종 때 정서가 동래(부산)에서 유배 중에 정과정이라는 고려 가요를 지었어요.

기출 선택지 +α

❻ 우리나라 최초의 근대 교육 기관이 설립되었다. (O/X)
❼ 원의 영향을 받은 경천사지 십층 석탑이 축조되었다. (O/X)
❽ 김광제 등을 중심으로 국채 보상 운동이 시작되었다. (O/X)
❾ 안창호가 민족 교육을 위해 대성 학교를 설립하였다. (O/X)
❿ 조만식 등을 중심으로 조선 물산 장려회가 결성되었다.(O/X)

12 고려의 경제 정답 ②

다음 자료에 나타난 국가의 경제 상황으로 옳은 것은? [2점]

┌ 고려는 은병이라는 고액 화폐를 발행하였는데, 은병 윗부분의 입구가 넓어 활구라고 불리기도 하였어요.
○ 이때에 ❶은병을 화폐로 쓰기 시작하였다. 그 제도는 은 한 근으로 만들며 본국의 지형을 본뜨도록 하였다. 속칭 활구라 하였다.
○ 도평의사사에서 방을 붙여 알리기를, "지금부터 은병 하나를 쌀로 환산하여 개경에서는 15~16석, 지방에서는 18~19석의 비율로 하되, 경시서에서 그 해의 풍흉을 살펴 그 값을 정할 것이다."라고 하였다.
└ 고려는 수도 개경의 시전을 감독할 관청으로 경시서를 설치하였어요. 경시서는 조선 시대에도 이어졌습니다.

정답 잡는 키워드

❶ 은병, ❷ 경시서 → 고려

은병을 화폐로 쓰기 시작하였으며, 경시서에서 풍흉을 살펴 값을 정한다는 내용을 통해 자료에 나타난 국가가 고려임을 알 수 있어요. 고려 성종 때 화폐로 건원중보가 발행되었고, 숙종 때에는 의천의 건의에 따라 주전도감이 설치되어 은병(활구), 해동통보 등이 발행되었어요. 그러나 이러한 화폐는 널리 유통되지 못하였고, 일상적인 거래에서는 여전히 베와 곡식 등이 화폐를 대신하였어요.

① 솔빈부의 말을 특산물로 수출하였다.
➡ 발해는 목축이 발달하였으며, 솔빈부의 말이 특산물로 유명하였어요.

②서적점, 다점 등의 관영 상점을 운영하였다.
➡ 고려는 상업을 적극 육성하여 대도시에 서적점, 다점, 주식점 등의 관영 상점을 두어 운영하였어요.

③ 청해진을 중심으로 해상 무역을 전개하였다.
➡ 신라 흥덕왕 때 장보고는 완도에 청해진을 설치하여 해적을 소탕하고 이곳을 중심으로 해상 무역을 전개하였어요.

④ 광산을 전문적으로 경영하는 덕대가 활동하였다.
➡ 조선 후기에 자본을 투자받아 광산을 전문적으로 경영하는 덕대가 활동하였어요.

⑤ 기유약조를 체결하여 일본과의 교역을 재개하였다.
➡ 조선 광해군 때 기유약조를 체결하여 임진왜란으로 중단되었던 일본과의 교역을 재개하였어요.

기출 선택지 +α

❻ 모내기법이 전국적으로 확산되었다. (O/X)
❼ 송상이 전국 각지에 송방을 설치하였다. (O/X)
❽ 거란도, 영주도 등을 통해 주변국과 교역하였다. (O/X)
❾ 경시서의 관리들이 시전의 상행위를 감독하였다. (O/X)
❿ 예성강 하구의 벽란도가 국제 무역항으로 번성하였다. (O/X)

기출 선택지 +α 정답 ❻×[원산] ❼×[개성] ❽×[대구] ❾○ ❿○

기출 선택지 +α 정답 ❻×[조선 후기] ❼×[조선 후기] ❽×[발해] ❾○ ❿○

(가)에 대한 고려의 대응으로 옳은 것은? [2점]

> 변방의 장수가 보고하기를, " (가) 이/가 매우 사나워 변방의 성을 침입하고 있습니다."라고 하였다. …… ❶드디어 출병하기로 의논을 정하여 윤관을 원수로 삼고 지추밀원사 오연총을 부원수로 삼았다. 윤관이 아뢰기를, "신이 일찍이 선왕의 밀지를 받들었고 지금 또 엄명을 받았으니, 어찌 감히 삼군을 통솔하여   (가) 의 보루를 깨뜨리고 우리의 강토를 개척하여 나라의 수치를 씻지 않겠습니까."라고 하였다.
>
> 기병 위주의 여진에 대항하기 위해 별무반 편성을 건의하였던 윤관이 예종 때 여진 정벌군의 원수가 되어 별무반을 이끌고 여진 정벌에 나섰어요.

정답 잡는 키워드

❶ 윤관을 원수로 삼아 출병함 → 여진 정벌

출병하기로 의논을 정하여 윤관을 원수로 삼았다는 내용을 통해 (가)가 여진임을 알 수 있어요. 12세기 초 부족을 통일한 여진은 고려의 국경을 자주 침범하였어요. 이에 고려는 숙종 때 윤관의 건의를 받아들여 신기군, 신보군, 항마군으로 구성된 별무반을 설치하고 예종 때 여진을 정벌하였어요.

① 광군을 창설하여 침입에 대비하였다.
➡ 정종 때 거란의 침입에 대비하여 광군을 창설하였어요.

② 박위를 파견하여 근거지를 토벌하였다.
➡ 창왕 때 박위가 왜구의 근거지인 대마도(쓰시마섬)를 토벌하였어요.

③ 강화도로 도읍을 옮겨 장기 항전을 준비하였다.
➡ 고종 때 몽골이 고려를 침략하자 당시 최고 권력자였던 최우는 강화도로 도읍을 옮겨 장기 항전을 준비하였어요.

④ 선물 받은 낙타를 만부교에서 굶어 죽게 하였다.
➡ 태조 왕건은 발해를 멸망시킨 거란을 적대시하였어요. 이에 거란에서 선물로 보내온 낙타를 만부교 아래에 묶어 두고 굶어 죽게 하였어요.

⑤ 동북 9성을 설치하고 경계를 알리는 비석을 세웠다.
➡ 윤관은 예종 때 여진을 정벌하여 동북 9성을 설치하고 경계를 알리는 비석을 세웠어요. 그러나 여진이 계속해서 돌려줄 것을 요청하자 9성 지역을 1년여 만에 여진에 반환하였어요.

기출 선택지 +α

❻ 서희를 보내 소손녕과 외교 담판을 벌였다. (O/X)
❼ 대장도감을 설치하여 팔만대장경을 간행하였다. (O/X)
❽ 화통도감을 설치하여 화약과 화포를 제작하였다. (O/X)
❾ 최영이 철령위 설치에 반발하여 요동 정벌을 추진하였다. (O/X)
❿ 신기군, 신보군, 항마군 등으로 구성된 별무반을 조직하였다. (O/X)

기출 선택지 +α 정답 ❻ ×[거란] ❼ ×[몽골] ❽ ×[왜구] ❾ ×[명] ❿ ○

다음 자료를 활용한 탐구 활동으로 가장 적절한 것은? [1점]

> 무신 집권기인 1193년에 김사미가 운문(지금의 청도)에서, 효심이 초전(지금의 울산)에서 반란을 일으켰어요. 이들은 세력을 합쳐 관군에 대항하며 경상도의 여러 지역에서 기세를 올렸어요.
>
> ○ 남쪽에서 도적들이 봉기하였다. 가장 심한 자들은 운문을 점거로 한 ❶김사미와 초전을 거점으로 한 ❷효심이었다. 이들은 유랑민을 불러 모아 주현을 습격하여 노략질하였다.
>
> ○ 원율 사람인 ❸이연년이 백적도원수라 자칭하며 많은 사람을 불러 모아 여러 주군을 공격하여 노략질하니 최린이 지휘사 김경손과 함께 그들을 격파하였다.
>
> 무신 집권기인 1237년에 지금의 담양 일대에서 이연년이 백제 부흥을 내세우며 반란을 일으켰어요.

정답 잡는 키워드

❶, ❷ 김사미·효심의 난, ❸ 이연년의 난

→ 고려 무신 집권기 사회 동요

김사미·효심의 난, 이연년의 난은 고려 무신 집권기에 일어났어요. 무신 정변으로 무신 정권이 수립된 이후에도 농민에 대한 지배층의 수탈이 계속되고 더욱 심해졌어요. 이에 불만을 품은 농민과 천민의 봉기가 전국 곳곳에서 일어났어요. 대표적으로 공주 명학소에서 일어난 망이·망소이의 난과 함께 김사미·효심의 난 등을 들 수 있어요. 이 시기에 고려 왕조를 부정하고 신라, 고구려, 백제의 부흥을 내세운 봉기가 일어나기도 하였는데, 이비·패좌, 최광수, 이연년의 난이 대표적이에요.

① 노비안검법이 실시된 목적을 알아본다.
➡ 고려 광종은 왕권을 강화하고 국가 재정을 확충하기 위해 노비안검법을 실시하였어요.

② 삼정이정청이 설치된 과정을 살펴본다.
➡ 조선 철종 때 진주에서 시작된 농민 봉기를 계기로 삼정의 문란을 바로잡기 위한 삼정이정청이 설치되었어요.

③ 사심관 제도가 시행된 사례를 조사한다.
➡ 고려 태조 왕건은 호족 세력을 견제하기 위해 사심관 제도를 실시하였어요. 고려에 투항한 신라의 마지막 왕인 경순왕 김부를 경주 지역의 사심관으로 임명한 것이 시초예요.

④ 집강소에서 추진한 개혁의 내용을 분석한다.
➡ 동학 농민 운동 당시 동학 농민군은 전주에서 조선 정부와 화약을 체결한 후 전라도 각지에 집강소를 설치하여 폐정 개혁안을 실천하였어요.

⑤ 무신 집권기 하층민의 반란이 발생한 배경을 파악한다.
➡ 무신 집권기 정치 혼란이 이어지는 가운데 지배층의 수탈이 심해지면서 김사미·효심의 난, 이연년의 난 등 하층민의 반란이 전국 각지에서 일어났어요.

핵심 개념 | 무신 집권기 사회 동요

배경	무신들 간의 권력 다툼으로 중앙 정부의 지방 통제력 약화, 하층민에게 과도한 세금 부과
반무신 난	동북면 병마사 김보당의 난, 서경 유수 조위총의 난
하층민의 저항	• 망이·망소이의 난(공주 명학소) : 정부가 명학소를 충순현으로 승격시켜 회유 시도 → 무력 진압됨 • 김사미(운문)·효심(초전)의 난 • 만적의 난(사노비 만적이 개경에서 봉기 계획, 신분 해방 운동의 성격), 전주 관노비의 난
삼국 부흥 운동	경주에서 이비·패좌가 신라 부흥 표방, 서경에서 최광수가 고구려 부흥 표방, 담양에서 이연년 형제가 백제 부흥 표방

15　원 간섭기의 사실　정답 ⑤

다음 사건이 일어난 시기를 연표에서 옳게 고른 것은?　[2점]

원 간섭기에 원 황실과 혼인 관계를 맺은 기철의 가문은 국왕을 압도하는 권력을 누렸어요. 기륜, 기원은 기철의 동생이에요.

❶ 조일신이 전 찬성사 정천기 등과 함께 기철·기륜·기원·고용보 등을 제거할 것을 모의하고 그들을 체포하게 하였는데, 기원은 잡 아서 목을 베고 나머지는 모두 도망갔다. 조일신이 그 무리를 거느 리고 나아가서 ❷왕이 있던 궁궐을 포위하고, 숙직하고 있던 판밀직 사사 최덕림, 상호군 정환 등 여러 사람을 죽였다.

원 간섭기 고려의 관제가 격하되어 중추원이 밀직사로 개편되었어요. 판밀직사사는 밀직사의 최고 관직이에요.

정답 잡는 키워드

❶ 조일신 등이 기철 등을 제거할 것을 모의함,
❷ 왕이 있던 궁궐을 포위하고 판밀직사사 등 여러 사람을 죽임
　　　→ 조일신의 난(공민왕 재위 시기)

조일신 등이 기철과 그 일파를 제거할 것을 모의하였으며 궁궐을 포위하고 판 밀직사사 등 여러 사람을 죽였다는 내용을 통해 사건이 일어난 시기가 원 간섭 기임을 알 수 있어요.

918　　1009　　1126　　1198　　1270　　1392

　　(가)　　(나)　　(다)　　(라)　　(마)

고려　　강조의　　이자겸의　　만적의　　개경　　고려
건국　　정변　　난　　난　　환도　　멸망

➡ 몽골과의 전쟁이 끝난 뒤 고려 정부는 개경으로 환도하였고, 이후 몽골은 국호를 '원'으로 바꾸고 고려의 내정에 간섭하였어요. 이 시기에 고려의 국왕은 원의 공 주와 혼인하여 원 황실의 사위가 되었고, 왕자들은 원에서 성장하며 교육을 받았 어요. 공민왕이 원에 있던 시절에 공민왕을 수행한 조일신은 공민왕이 왕위에 오 르자 높은 벼슬에 올라 권세를 휘두르고 부당한 행위를 자행하여 여러 사람의 원 성을 샀어요. 또한, 기철 등 친원 세력과도 갈등을 빚었어요. 비판의 목소리가 커 지자 위기를 느낀 조일신은 반란을 일으켜 친원파를 제거하기로 하고 이들을 공 격하였어요. 이때 기철 일파 가운데 기원만이 살해되고 나머지는 모두 도망가서 화를 면했어요. 조일신은 공민왕이 있던 궁궐까지 포위한 후 왕을 위협하여 스스 로 우정승에 오르고 자신의 수하들에게도 벼슬을 내리게 하였어요. 조일신이 전 횡을 일삼자 공민왕은 측근 및 대신들과 논의하여 조일신을 제거하였어요. 한편, 공민왕의 개혁 과정에서 신진 사대부가 크게 성장하였고, 고려에 침입한 홍건적 과 왜구를 격퇴하면서 신흥 무인 세력도 백성의 신망을 얻어 정치 세력을 형성하 였어요. 대표적인 신흥 무인 세력인 이성계와 급진 개혁파 신진 사대부가 새 왕 조를 세우는 데 뜻을 같이하여 고려가 멸망하였어요.
따라서 자료의 사건이 일어난 시기는 원 간섭기가 본격적으로 시작된 개경 환도 이후와 고려 멸망 사이인 ⑤ (마)입니다.

① (가)　　② (나)　　③ (다)　　④ (라)　　⑤ (마)

연표로 흐름잡기

1270	개경 환도, 삼별초의 대몽 항쟁(~1273)
1280	정동행성 설치
1351	공민왕 즉위
1352	조일신의 난
1356	기철 등 친원 세력 숙청, 정동행성 이문소 폐지, 쌍성총관부 공격(철령 이북의 영토 회복)
1388	위화도 회군
1391	과전법 제정
1392	고려 멸망, 조선 건국

16　고려의 문화유산　정답 ①

밑줄 그은 '국가'의 문화유산으로 옳지 않은 것은?　[2점]

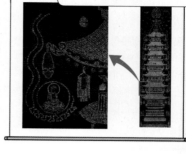

이것은 왕실의 종친인 신안공 왕전이 ❶몽골의 침략을 받던 시기에 국가의 태평을 기원하며 발원한 법화경서탑도(法華經書塔圖)입니다. 감색 종이에 금가루 등으로 법화경 수만 자를 한 자씩 써서 칠층 보탑 을 형상화한 것이 특징입니다.

고려는 거란(10~11세기), 여진(12세기), 몽골(13세기), 홍건적과 왜구(14세기) 등 끊임없이 외적의 침략을 받았어요.

정답 잡는 키워드

❶ 몽골의 침략을 받음 → 고려

몽골의 침략을 받았다는 내용을 통해 밑줄 그은 '국가'가 고려임을 알 수 있어 요. 법화경서탑도는 7층 탑 모양의 그림처럼 보이지만 수만 자에 달하는 법화 경의 내용을 한 글자씩 탑 모양을 따라 사경(경전을 베껴 쓰는 불교 의식)을 해 서 만든 것이에요.

①
②
③

➡ 금동 대향로는 백제의 문화유산으로 불교와 도교의 요소가 복합적으로 반영되어 있어요.
➡ 고려 시대에 만들어진 대형 석불인 논산 관촉사 석조 미륵보살 입상 이에요.
➡ 고려 시대에 만들어진 순청자인 청자 투각 칠 보무늬 향로입니다.

④
⑤

➡ 고려 시대에 만들어진 다각 다층탑인 평창 월 정사 8각 9층 석탑이 에요.
➡ 고려 시대에 만들어진 청동 은입사 포류수금 문 정병이에요.

17 몽골 침입기의 사실
정답 ③

(가), (나) 사이의 시기에 있었던 사실로 옳은 것은? [3점]

> (가) 살리타가 이첩(移牒)하기를, ❶"황제께서 고려가 사신 저고여를 죽인 이유 등 몇 가지 일을 묻게 하셨다."라고 하면서 말 2만 필, 어린 남녀 수천 명, 자주색 비단 1만 필, 수달피 1만 장과 군사의 의복을 요구하였다.
>
> (나) ❷첨의부에서 아뢰기를, ❸"제국 대장 공주의 겁령구*와 내료(內僚)들이 좋은 땅을 많이 차지하여 산천으로 경계를 정하고 사패(賜牌)**를 받아 조세를 납입하지 않으니, 청컨대 사패를 도로 거두소서."라고 하였다.
>
> 제국 대장 공주는 충렬왕의 왕비입니다. 충렬왕이 세자 시절 원에 머물고 있을 때 혼인하였고, 충렬왕이 즉위하면서 고려에 들어왔어요.
>
> * 겁령구 : 시종인
> ** 사패 : 토지 등에 대한 권리를 인정해 주는 증서

원 간섭기에 중서문하성과 상서성이 합쳐져 첨의부로 격하되었어요.

정답 잡는 키워드

❶ 몽골이 사신 저고여의 피살을 빌미로 공물 요구
→ (가) 몽골의 1차 침입

❷ 첨의부, ❸ 제국 대장 공주의 겁령구가 좋은 땅을 많이 차지함
→ (나) 원 간섭기

(가)는 살리타가 사신 저고여를 죽인 이유를 물으면서 고려에 공물을 요구하였다는 내용을 통해 몽골의 1차 침입과 관련된 상황임을 알 수 있어요. (나)는 첨의부라는 기구의 명칭과 제국 대장 공주를 따라온 겁령구가 좋은 땅을 많이 차지하였다는 내용을 통해 원 간섭기의 상황임을 알 수 있어요. 1225년에 고려에 왔던 사신 저고여가 몽골로 돌아가던 중 피살되는 사건이 벌어졌어요. 몽골은 이를 빌미로 1231년에 고려를 침략하였어요. 고려는 귀주성, 충주성 전투 등에서 승리하였으나 몽골군의 공격으로 수도 개경이 포위되자 몽골 장수 살리타와 강화를 맺었어요. 몽골군이 철수하자 고려 정부는 강화도로 도읍을 옮기고 장기 항전을 준비하였어요. 이후 몽골은 여러 차례 고려를 침략하였어요. 오랜 전쟁으로 국토가 황폐해지고 많은 백성이 죽거나 포로로 끌려갔어요. 결국 고려 정부는 몽골과 강화를 맺고 개경 환도를 결정하였으나 삼별초는 이에 반발하여 대몽 항쟁을 이어 갔어요. 한편, 고려 정부가 개경으로 환도한 이후 몽골은 국호를 '원'으로 바꾸고 본격적으로 고려의 내정에 간섭하였어요. 고려는 원의 공주와 결혼하여 원의 부마국이 되었으며, 왕실 호칭과 관제는 격하되었어요.

① 신숭겸이 공산 전투에서 전사하였다.
➡ 후삼국 통일 이전인 927년에 일어난 공산 전투에서 고려의 장수 신숭겸이 위기에 빠진 왕건을 구하기 위해 싸우다가 전사하였어요.

② 최승로가 왕에게 시무 28조를 올렸다.
➡ 고려 성종 때 최승로가 시무 28조를 올려 국가 운영 방안을 제시하였어요(982).

③ 김방경의 군대가 탐라에서 삼별초를 진압하였다.
➡ 고려 정부가 개경 환도를 결정하자 삼별초는 강화도에서 진도, 진도에서 제주도(탐라)로 근거지를 옮겨 가며 대몽 항쟁을 전개하였어요. 그러나 제주도에서 김방경이 이끄는 여·원 연합군의 공격을 받아 진압되었어요(1273).

④ 강감찬이 개경에 나성을 축조할 것을 건의하였다.
➡ 11세기 초 거란의 침입이 이어지는 가운데 강감찬의 건의로 개경을 방어하기 위해 나성이 축조되었어요.

⑤ 경대승이 정중부 등을 제거하고 권력을 장악하였다.
➡ 무신 정변으로 들어선 무신 정권 초기에 무신 간의 권력 다툼으로 여러 차례 최고 집권자가 교체되었는데, 1179년에 경대승이 최고 집권자였던 정중부 등을 제거하고 권력을 장악하였어요.

---

18 최영의 활동
정답 ①

(가) 인물의 활동으로 옳은 것은? [2점]

> 이것은 ❶명의 철령위 설치에 반발하여 팔도도통사로서 ❷요동 정벌을 추진하였던 (가) 의 초상입니다. 그는 요동 정벌에 반대한 이성계가 위화도 회군으로 정권을 장악하면서 ❸죽임을 당하였습니다.

정답 잡는 키워드

❶, ❷ 명의 철령위 설치에 반발하여 요동 정벌 추진,
❸ 이성계가 위화도 회군으로 정권을 장악하면서 죽임을 당함
→ 최영

명의 철령위 설치에 반발하여 요동 정벌을 추진하였으며, 위화도 회군으로 정권을 장악한 이성계에 의해 죽임을 당하였다는 내용을 통해 (가) 인물이 고려의 최영임을 알 수 있어요. 원을 몰아내고 중국 대륙을 장악한 명이 철령위를 설치하여 철령 이북의 영토를 직접 다스리겠다고 통고하자 고려 우왕과 최영은 이성계에게 출병을 명령하여 요동 정벌을 단행하였어요. 4불가론을 내세우며 요동 정벌에 반대한 이성계는 위화도에서 군대를 멈추고 우왕에게 회군 명령을 요청하였지만 받아들여지지 않자 위화도에서 군대를 돌려 개경으로 돌아와 우왕과 최영을 몰아내고 권력을 장악하였어요.

① 홍산 전투에서 왜구를 물리쳤다.
➡ 고려 말에 최영, 이성계 등 신흥 무인 세력이 외적의 침입을 격퇴하는 과정에서 정치 세력으로 성장하였어요. 최영은 1376년에 지금의 부여 지역인 홍산에서 왜구를 크게 물리쳤어요.

② 화통도감의 설치를 건의하였다.
➡ 고려 말 우왕 때 최무선은 화약과 화포를 제작하기 위한 화통도감의 설치를 건의하였어요.

③ 정변을 일으켜 목종을 폐위하였다.
➡ 고려 목종 때인 1009년에 강조가 정변을 일으켜 목종을 폐위하고 현종을 왕위에 올렸어요.

④ 의종 복위를 도모하여 군사를 일으켰다.
➡ 무신 집권기인 1173년에 동북면 병마사 김보당이 의종 복위를 주장하며 군사를 일으켰어요.

⑤ 교정별감이 되어 국정 전반을 장악하였다.
➡ 무신 집권기 이의민을 제거하고 권력을 잡은 최충헌은 교정도감을 설치하고 그 책임자인 교정별감이 되어 국정 전반을 장악하였어요.

기출 선택지 +α

❻ 처인성에서 몽골군을 물리쳤다. (O / X)
❼ 인사 행정 담당 기구로 정방을 설치하였다. (O / X)
❽ 봉사 10조를 올려 시정 개혁을 제안하였다. (O / X)

기출 선택지 +α 정답 ❻ ×[김윤후] ❼ ×[최우] ❽ ×[최충헌]

19 균역법   정답 ③

밑줄 그은 '대책'에 대한 탐구 활동으로 가장 적절한 것은?   [2점]

> 양역(良役)의 편중됨이 실로 양민의 뼈를 깎아 지탱하지 못하는 폐단이 됩니다. 전하께서 이를 불쌍하게 여겨 2필의 역을 특별히 1필로 감하였으니, 이는 천지와 같은 큰 은덕이요 죽은 사람을 살려 주는 은혜입니다. …… 그러나 이미 포를 감하였으니 마땅히 그 대신할 것을 보충해야 하나 나라의 재원은 한정이 있습니다. …… 이에 신들은 감히 눈앞의 한때 일을 다행으로 여기지 않고 좋은 대책을 찾아 반드시 오래도록 이어지게 하겠습니다.
>
> *영조는 백성의 군역 부담을 덜어 주기 위해 1년에 2필씩 내던 군포를 절반으로 줄이는 균역법을 실시하였어요.*

정답 잡는 키워드

❶ 2필의 역을 1필로 감함 → 균역법

2필의 역을 1필로 감하였다는 내용을 통해 조선 영조 때 시행된 균역법과 관련된 자료임을 알 수 있어요. 따라서 밑줄 그은 '대책'은 균역법 실시로 인해 줄어든 국가 재정을 보충하기 위한 것입니다. 영조는 균역법 실시로 줄어든 재정을 보충하기 위해 지주에게 토지 1결당 쌀 2두의 결작을 부과하고, 어염세, 선박세 등 왕실 재정으로 사용되던 세금을 국가 재정에 귀속시켰어요.

① 공인이 등장하게 된 배경을 살펴본다.
➡ 대동법이 실시되면서 관청에서 필요로 하는 물품을 조달하는 공인이 등장하였어요.

② 당백전 발행이 끼친 영향을 파악한다.
➡ 고종 때 흥선 대원군이 경복궁을 중건하면서 필요한 재정을 마련하기 위해 고액 화폐인 당백전을 발행하였어요. 짧은 기간에 고액 화폐가 남발되어 **화폐 가치가 떨어지고 물가가 폭등**하는 등 경제 혼란이 나타났어요.

③ 선무군관포를 징수한 목적을 찾아본다.
➡ 영조는 **균역법 실시**로 줄어든 재정을 **보충**하기 위해 일부 부유한 상민에게 선무군관이라는 명예직을 주어 1년에 1필씩 군포를 거두었어요.

④ 토산물을 쌀, 동전 등으로 납부하게 한 원인을 조사한다.
➡ 광해군 때 **방납의 폐단을 바로잡기 위해** 공납을 토산물 대신 토지 결수에 따라 쌀, 동전 등으로 납부하게 하는 대동법을 처음 실시하였어요.

⑤ 전세를 풍흉에 따라 9등급으로 차등 부과한 이유를 알아본다.
➡ 세종은 **전세를 효율적으로 수취**하기 위해 풍흉에 따라 전세를 9등급으로 차등 부과하는 연분9등법을 실시하였어요.

핵심 개념   균역법 시행

시행	농민의 군포 부담이 증가하자 영조 때 1년에 군포 2필을 납부하던 것을 1필로 줄여 줌
줄어든 국가 재정 보충 방법	• 결작(지주에게 토지 1결당 쌀 2두 징수), 선무군관포(일부 부유한 상민에게 선무군관의 칭호를 주고 1년에 군포 1필 징수) 등으로 충당 • 어장세, 염세, 선박세를 국가 재정으로 귀속

---

20 사헌부   정답 ⑤

(가) 기구에 대한 설명으로 옳은 것은?   [2점]

대사헌은 조선 시대 사헌부의 수장이에요.

총마계회도(驄馬契會圖)

총마들의 모임을 기념하기 위해 그린 그림으로, 총마는 감찰의 별칭이다. 감찰은 대사헌을 수장으로 하는 ___(가)___의 관원으로, 관리의 위법 사항을 규찰하였다. 그림에는 계회 장소의 모습과 함께 왕이 내린 시문, 참석자 명단 등이 담겨 있다.

사헌부는 백관에 대한 규찰과 탄핵 풍속 교정 등을 관장하였어요.

정답 잡는 키워드

❶ 대사헌, ❷ 관리의 위법 사항 규찰 → 사헌부

수장이 대사헌이며, 관리의 위법 사항을 규찰하였다는 내용을 통해 (가) 기구가 사헌부임을 알 수 있어요. 사헌부는 조선 시대에 관리 감찰을 관장하던 기구로 상대, 오대라고도 불렸어요. 사헌부는 사간원, 홍문관과 함께 3사로 불리며 권력의 독점을 견제하는 언론 기능을 담당하였어요.

① 수도의 행정과 치안을 담당하였다.
➡ 한성부는 수도의 행정과 치안을 담당하였어요.

② 왕명 출납을 맡은 왕의 비서 기관이었다.
➡ 승정원은 왕의 비서 기관으로 왕명의 출납을 담당하였어요.

③ 왕에게 경서 등을 강론하는 경연을 주관하였다.
➡ 홍문관은 왕에게 경서 등을 강론하는 경연을 주관하였으며 왕의 자문에 응하는 일을 맡았어요.

④ 역사서를 편찬하고 사고에 보관하는 일을 맡았다.
➡ 춘추관은 역사서를 편찬하고 사고에 보관하는 역할을 맡았어요.

⑤ 5품 이하 관리의 임명 과정에서 서경권을 행사하였다.
➡ **사헌부**의 관리는 사간원의 관리와 함께 대간으로 불렸으며 5품 이하 관리의 임명 과정에서 서경권을 행사하였어요.

기출 선택지 +α

❻ 소속 관원을 대간이라고도 불렀다.	(O / X)
❼ 사림의 건의로 중종 때 폐지되었다.	(O / X)
❽ 사간원, 홍문관과 함께 삼사로 불렸다.	(O / X)
❾ 은대(銀臺), 후원(喉院)이라고도 불리었다.	(O / X)
❿ 반역죄, 강상죄 등을 범한 중죄인을 다스렸다.	(O / X)

핵심 개념   조선의 3사(언론 기구)

사헌부 (대사헌)	관리들의 비리 감찰, 풍속 교화	대간 (서경·간쟁·봉박권)
사간원 (대사간)	정책에 대한 간쟁·논박 담당	
홍문관 (대제학)	• 집현전을 계승하여 성종 때 설치 • 국왕 자문 담당, 경연 주관	

기출 선택지 +α   정답   ❻ O   ❼ X[소격서]   ❽ O   ❾ X[승정원]   ❿ X[의금부]

21 조광조의 활동 정답 ④

(가)에 들어갈 내용으로 가장 적절한 것은? [2점]

이곳은 경기도 용인시에 있는 심곡 서원입니다. 반정 공신의 위훈 삭제 등 개혁을 추진하다가 사사된 인물의 학문과 덕행을 추모하기 위해 세워졌습니다. 이 인물에 대해 알고 있는 내용을 대화창에 올려 주세요.

조광조는 위훈 삭제를 통해 공신이 된 사람들의 거짓 공훈을 삭제해야 한다고 주장하여 훈구 세력의 반발을 샀어요.

조선 시대 인물을 찾아서 〈생방송 중〉

ON 대화창

조광조는 도교식 제사를 주관하던 소격서의 폐지를 주장하였어요.

호는 정암으로, **①**소격서 폐지에 앞장섰어요.

(가)

글쓰기

정답 잡는 키워드

① 반정 공신의 위훈 삭제 등 개혁 추진,
② 소격서 폐지에 앞장섬 → 조광조

반정 공신의 위훈 삭제 등 개혁을 추진하였으며, 소격서 폐지에 앞장섰다는 내용을 통해 조광조와 관련된 자료임을 알 수 있어요. 조선 중종은 훈구 세력을 견제하기 위해 조광조를 비롯한 사림 세력을 등용하였어요. 조광조는 성리학적 가치를 강조하며 소격서 폐지, 현량과 실시, 일부 반정 공신의 위훈 삭제 등 급진적인 개혁을 추진하였어요. 이에 훈구 세력이 반발하면서 일어난 기묘사화로 사사되었어요.

① 성학집요를 지어서 임금에게 바쳤어요.
➡ 이이는 군주가 수양해야 할 덕목과 지식을 담은 "성학집요"를 지어서 선조에게 바쳤어요.

② 김종직의 조의제문을 사초에 포함시켰어요.
➡ 김일손은 김종직이 쓴 '조의제문'을 사초에 포함시켰어요. 이로 인해 무오사화가 일어났어요.

③ 최초의 서원인 백운동 서원을 건립하였어요.
➡ 주세붕은 최초의 서원인 백운동 서원을 건립하였어요. 후에 백운동 서원은 사액 서원이 되면서 소수 서원으로 개칭되었어요.

④ 소학의 보급과 현량과 실시를 주장하였어요.
➡ 조광조는 성리학적 질서에 바탕을 둔 사회 운영을 위해 향약과 "소학" 보급에 노력하였어요. 또한, 신진 인사 등용을 위해 학문과 덕행이 뛰어난 인재를 추천하여 관리로 임용하는 현량과의 실시를 주장하였어요.

⑤ 재상 중심의 정치를 강조한 조선경국전을 저술하였어요.
➡ 정도전은 나라를 다스리는 기준을 종합적으로 서술한 "조선경국전"에서 재상 중심의 정치를 강조하였어요.

기출 선택지 +α

⑥ 불씨잡변을 지어 불교를 비판하였다. (O / X)
⑦ 일본에 다녀와서 해동제국기를 편찬하였다. (O / X)
⑧ 군주의 도를 도식으로 설명한 성학십도를 지었다. (O / X)
⑨ 예안 향약을 시행하여 향촌 교화를 위해 노력하였다. (O / X)

기출 선택지 +α 정답 **⑥** ×[정도전] **⑦** ×[신숙주] **⑧** ×[이황] **⑨** ×[이황]

---

22 광해군의 정책 정답 ③

밑줄 그은 '이 왕'이 추진한 정책으로 옳은 것은? [2점]

광해군은 폐모살제(어머니를 폐하고 동생을 살해함)를 이유로 서인 세력이 일으킨 반정으로 폐위되었어요.

역사적 평가가 엇갈리는 이 왕에 대한 생각을 말해 보자.

① 동생 영창 대군을 죽이고 어머니 인목 대비를 폐위한 것은 비난받을 행동이었어.

② 후금과의 관계 악화를 피하려 한 외교 정책은 국가의 안정을 도모한 적절한 선택이었다고 생각해.

후금과의 관계 악화를 피하려 한 광해군의 중립 외교는 명에 대한 의리와 명분을 중시한 서인의 반발을 불러일으켰어요.

정답 잡는 키워드

① 영창 대군을 죽이고 인목 대비를 폐위함,
② 후금과의 관계 악화를 피하려 한 외교 정책을 선택함 → 광해군

동생 영창 대군을 죽이고 어머니 인목 대비를 폐위시켰으며, 후금과의 관계 악화를 피하려 한 외교 정책을 폈다는 내용을 통해 밑줄 그은 '이 왕'이 조선 광해군임을 알 수 있어요. 광해군은 임진왜란 중에 세자로 책봉되어 민심을 수습하고 군량과 병기를 조달하면서 위기를 극복하기 위해 노력하였어요. 전쟁이 끝난 후 선조가 나중에 태어난 적자 영창 대군을 세자로 삼으려고 하였으나 뜻을 이루지 못한 채 죽어 광해군이 북인 세력의 지지를 받아 왕위에 오를 수 있었어요. 광해군은 국력이 강성해진 후금과 쇠퇴한 명 사이에서 중립 외교를 펴 후금과의 전쟁을 피하였어요. 또한, 왕위 계승 과정에서 갈등을 빚은 영창 대군을 제거하고 영창 대군의 생모인 인목 대비를 폐위하였어요. 서인 세력은 이를 빌미로 반정을 일으켜 광해군을 폐위하고 인조를 왕위에 올렸어요.

① 6조 직계제를 처음으로 실시하였다.
➡ 태종은 왕권을 강화하기 위해 6조가 왕에게 직접 업무를 보고하고 왕의 재가를 받아 업무를 추진하는 6조 직계제를 처음으로 실시하였어요.

② 학문 연구 기관으로 집현전을 두었다.
➡ 세종은 집현전을 설치하여 학문과 정책 연구를 담당하게 하였어요.

③ 전란의 피해를 복구하고 동의보감을 간행하였다.
➡ 광해군은 임진왜란 이후의 피해를 복구하고 허준으로 하여금 의학 서적인 "동의보감"을 간행하게 하였어요.

④ 역대 문물제도를 정리한 동국문헌비고를 편찬하였다.
➡ 영조는 문물제도를 분류, 정리하여 백과사전식으로 구성한 "동국문헌비고"를 편찬하였어요.

⑤ 시전 상인의 특권을 축소하는 신해통공을 단행하였다.
➡ 정조는 육의전을 제외한 시전 상인의 금난전권을 폐지하는 신해통공을 단행하였어요.

기출 선택지 +α

⑥ 경기도에 한해서 대동법을 실시하였다. (O / X)
⑦ 속대전을 편찬하여 통치 체제를 정비하였다. (O / X)
⑧ 문하부 낭사를 분리하여 사간원으로 독립시켰다. (O / X)
⑨ 일본과의 교역 규모를 규정한 계해약조를 체결하였다. (O / X)
⑩ 현직 관리에게만 수조지를 지급하는 직전법을 시행하였다. (O / X)

기출 선택지 +α 정답 **⑥** ○ **⑦** ×[영조] **⑧** ×[태종] **⑨** ×[세종] **⑩** ×[세조]

23 병자호란의 영향   정답 ①

밑줄 그은 '이 전쟁'의 영향으로 가장 적절한 것은?   [2점]

> ### 사료로 만나는 한국사
>
> 신풍부원군 장유가 예조에 단자를 올리기를 "외아들이 있는데 강도(江都)의 변 때 그의 처가 잡혀갔다가 속환되어 지금은 친정 부모집에 가 있습니다. 그대로 배필로 삼아 함께 조상의 제사를 받들 수 없으니, 새로 장가들도록 허락해 주십시오."라고 하였다.
>
> 위 사료는 이 전쟁 중 강화도가 함락되면서 적국으로 끌려 갔다 돌아온 며느리를 아들과 이혼하게 해달라는 내용의 글이다. **국왕이 삼전도에서 항복하며 종결된 이 전쟁으로 많은 사람들이 포로로 끌려갔다.** 여성들은 살아 돌아오더라도 절개를 잃었다는 이유로 억울하게 이혼을 당하기도 하였다.
>
> — 병자호란 당시 인조는 삼전도에서 굴욕적인 항복 의식을 치르고 청과 군신 관계를 맺었어요.

정답 잡는 키워드

❶ 국왕이 삼전도에서 항복하며 종결됨 → 병자호란

국왕이 삼전도에서 항복하며 종결되었다는 내용을 통해 밑줄 그은 '이 전쟁'이 병자호란임을 알 수 있어요. 후금이 정묘호란 이후 '청'으로 국호를 바꾸고 군신 관계를 요구하며 조선을 침략해 병자호란이 일어났어요.(1636). 인조는 남한산성으로 피란하여 청에 항전하였으나 결국 항복하였어요. 전쟁에서 패한 후 소현 세자와 봉림 대군을 비롯하여 여러 신하가 청에 인질로 끌려갔고, 수많은 백성이 청에 포로로 끌려가 고통을 겪었어요.

① 이완 등을 중심으로 북벌이 추진되었다.
➡ **병자호란 이후** 효종 때 이완 등을 중심으로 청에 대한 치욕을 씻기 위해 청을 정벌하자는 북벌이 추진되었어요.

② 김종서가 두만강 일대에 6진을 개척하였다.
➡ 세종 때 김종서가 여진을 정벌하고 두만강 일대에 6진을 개척하였어요.

③ 이종무가 적의 근거지인 쓰시마섬을 정벌하였다.
➡ 세종 때 이종무가 왜구의 근거지인 쓰시마섬(대마도)을 정벌하였어요.

④ 강홍립이 이끄는 부대가 사르후 전투에 참전하였다.
➡ 광해군 때 후금과 대립하고 있던 명의 요청으로 강홍립이 이끄는 부대가 파견되어 사르후 전투에 참전하였어요.

⑤ 국방 문제를 논의하기 위해 비변사가 처음으로 설치되었다.
➡ 중종 때 삼포 왜란을 계기로 외적의 침입에 대비하고 국방 문제를 논의하기 위한 임시 기구로 비변사가 처음 설치되었어요.

핵심 개념   병자호란(1636)

배경	후금의 성장 → 후금의 군신 관계 요구 → 조선 정부 내에서 주화파와 척화파의 대립 → 조선이 '청'으로 국호를 바꾼 후금의 요구 거부
경과	청 태종의 침략, 임경업의 백마산성 항전 → 청군이 한성으로 진격 → 인조가 남한산성으로 피신하여 45일간 항전
결과·영향	삼전도에서 강화 체결(청과 군신 관계를 맺음) → 이후 북벌 운동 대두

---

24 세조 재위 시기의 사실   정답 ①

(가) 왕의 재위 시기에 있었던 사실로 옳은 것은?   [2점]

> 과전을 받던 관리가 죽은 뒤 그 부인에게 지급된 토지입니다.
>
> 만약 그 자신이 죽고 아내에게 전지가 전해지면 **수신전**이라 하였고, 부부가 모두 죽고 아들에게 전해지면 **휼양전**이라 일컬었으며, 만약 그 아들이 관직에 제수된다면 그대로 그 전지를 주고 과전이라 하였다. …… [(가)] 이/가 이 제도를 폐지하고 현직 관리에게 전지를 주고 **직전**이라 하였다.
>
> 과전을 받던 부모가 모두 죽고 그 자식이 어린 경우 부모의 과전을 휼양전이라는 이름으로 물려받게 하였어요.

정답 잡는 키워드

❶, ❷, ❸ 수신전과 휼양전을 폐지하고, 현직 관리에게 전지를 주고 직전이라 함 → 세조 때 직전법 실시

수신전과 휼양전을 폐지하였으며, 현직 관리에게 전지를 주고 직전이라 하였다는 내용을 통해 (가) 왕이 조선 세조임을 알 수 있어요. 과전법 체제하에서 지급된 과전은 원칙적으로 세습되지 않지만 수신전, 휼양전 등의 명목으로 세습되는 경우가 있었어요. 이로 인해 새로 임명된 관리에게 지급할 토지가 부족해지자 세조 때 수신전과 휼양전을 폐지하고 현직 관리에게만 수조권을 지급하는 직전법이 시행되었어요.

① 불교 경전을 간행하는 간경도감이 설치되었다.
➡ 세조는 불교를 숭상하여 불교 경전을 간행하는 관청인 간경도감을 설치하였어요. 간경도감에서는 불경을 한글로 번역하여 편찬하기도 하였어요.

② 음악 이론 등을 집대성한 악학궤범이 완성되었다.
➡ 성종 때 성현 등에 의해 음악 이론 등을 집대성한 "악학궤범"이 완성되었어요.

③ 세계 지도인 혼일강리역대국도지도가 제작되었다.
➡ 태종 때 현존하는 동양에서 가장 오래된 세계 지도인 혼일강리역대국도지도가 제작되었어요.

④ 신하를 재교육하기 위한 초계문신제가 실시되었다.
➡ 정조 때 젊은 문신들을 뽑아 재교육하는 초계문신제가 실시되었어요.

⑤ 삼남 지방의 농법을 소개한 농사직설이 편찬되었다.
➡ 세종 때 정초, 변효문 등이 각지 농민들의 경험을 수집하여 이를 바탕으로 우리 풍토에 맞는 농법을 정리한 "농사직설"이 편찬되었어요.

기출 선택지 +α

❻ 주자소가 설치되어 계미자가 주조되었다.	(O/X)
❼ 국가의 기본 법전인 경국대전이 완성되었다.	(O/X)
❽ 청과의 경계를 정한 백두산정계비가 세워졌다.	(O/X)
❾ 성삼문 등이 상왕의 복위를 꾀하다가 처형되었다.	(O/X)
❿ 한양을 기준으로 한 역법서인 칠정산이 간행되었다.	(O/X)

핵심 개념   세조 재위 시기의 사실

정치	6조 직계제 부활, 집현전과 경연 폐지, "경국대전" 편찬 시작, 이시애의 난을 진압한 후 유향소 폐지, 성삼문 등이 단종의 복위를 꾀하다가 처형됨
경제	현직 관리에게만 수조권을 지급하는 직전법 실시
문화	간경도감 설치(→ 불교 경전 간행), 서울 원각사지 10층 석탑 건립

기출 선택지 +α   정답   ⑥ ✕[태종]   ⑦ ✕[성종]   ⑧ ✕[숙종]   ⑨ ◯   ⑩ ✕[세종]

(가) 지역에서 있었던 사실로 옳은 것은?   [2점]

정답 잡는 키워드

❶ 김윤후의 대몽 항쟁 전개, ❷ 신립의 탄금대 전투 → 충주

김윤후가 대몽 항쟁을 벌였으며, 임진왜란 때 신립 장군이 탄금대 전투에서 결사 항전하였다는 내용을 통해 (가) 지역이 충주임을 알 수 있어요. 탑평리 7층 석탑은 통일 신라 시대에 축조된 석탑으로, 한반도의 중앙부에 위치하여 중앙 탑이라고도 불립니다. 다인철소는 충주 지역에 있었던 고려 시대의 특수 행정 구역인 소 가운데 하나로, 철을 생산하여 고려 정부에 바쳤어요. 몽골의 침입을 받았을 때 다인철소 주민들이 항전하여 몽골군을 물리치자 고려 조정에서 그 공을 인정하여 다인철소를 일반 군현으로 승격시켜 주었어요.

① 제1차 미·소 공동 위원회가 개최되었다.
➡ 1946년에 서울 덕수궁 석조전에서 제1차 미·소 공동 위원회가 개최되었어요.

② 명 신종을 기리는 만동묘가 건립되었다.
➡ 조선 숙종 때 임진왜란 당시 조선을 도와준 명의 신종을 기리는 만동묘가 충청북도 괴산에 세워졌어요.

③ 강주룡이 을밀대 지붕에서 고공 농성을 벌였다.
➡ 일제 강점기에 고무 공장의 노동자 강주룡이 평양 을밀대 지붕에서 임금 삭감 반대 및 노동 조건 개선을 주장하며 고공 농성을 벌였어요.

④ 고구려비가 남한 지역에서 유일하게 발견되었다.
➡ 충주 지역에 있는 충주 고구려비는 국내에 남아 있는 유일한 고구려 비석으로, 이를 통해 고구려가 한강 이남 지역까지 진출하였음을 알 수 있어요.

⑤ 박재혁이 경찰서에서 폭탄을 터뜨리는 의거를 일으켰다.
➡ 일제 강점기에 의열단원 박재혁은 부산 경찰서에 폭탄을 투척하는 의거를 일으켰어요.

기출 선택지 +α

❻ 망이·망소이가 난을 일으켰다.   (O / X)
❼ 유생 출신 유인석이 의병을 일으켰다.   (O / X)
❽ 오페르트가 남연군 묘 도굴을 시도하였다.   (O / X)
❾ 만적을 비롯한 노비들이 신분 해방을 도모하였다.   (O / X)
❿ 미국 상선 제너럴 셔먼호가 관민들에 의해 불태워졌다. (O / X)

기출 선택지 +α
정답 ❻ ×[공주] ❼ ×[제천] ❽ ×[예산] ❾ ×[개성] ❿ ×[평양]

(가) 시기에 있었던 사실로 옳은 것은?   [3점]

희빈 장씨 소생의 원자 책봉 문제로 기사환국이 일어나 경신환국 이후 집권해 온 서인이 축출되고 남인이 권력을 차지하였어요.

정답 잡는 키워드

❶ 희빈 장씨가 낳은 왕자를 원자로 삼음 → 기사환국(1689)
❷ 장씨에게 내렸던 왕후의 지위를 거두고 옛 작호인 희빈을 내려 줌
   → 갑술환국(1694)

조선 숙종은 집권 붕당을 급격하게 교체하는 환국을 통해 왕권을 강화하였어요. 첫 번째 그림은 희빈 장씨가 낳은 왕자를 원자로 삼았다는 내용을 통해 기사환국과 관련된 상황임을 알 수 있어요. 숙종은 서인 세력이 원자 책봉을 반대하자 서인을 몰아내고 남인을 중용하였어요(기사환국). 또한, 인현 왕후를 폐위하고 희빈 장씨를 왕후로 삼았어요. 두 번째 그림은 장씨에게 내렸던 왕후의 지위를 거두고 옛 작호인 희빈을 내린다는 내용을 통해 갑술환국과 관련된 상황임을 알 수 있어요. 갑술환국으로 남인이 몰락하고 다시 서인이 집권하게 되었으며 인현 왕후가 복위되었어요.

① 무신 이징옥이 반란을 일으켰다.
➡ 단종 때 일어난 계유정난 직후 함길도 도절제사 이징옥이 수양 대군에 맞서 반란을 일으켰으나 실패하였어요.

② 송시열이 유배된 후 사사되었다.
➡ 서인 세력의 영수였던 송시열은 희빈 장씨가 낳은 왕자의 원자 책봉에 반대하다가 기사환국 때 유배된 후 사사되었어요. 갑술환국 이후 서인이 다시 집권하면서 송시열의 관작이 회복되었어요.

③ 자의 대비의 복상 문제로 예송이 일어났다.
➡ 현종 때 효종과 효종 비의 국상 과정에서 자의 대비의 복상 문제를 두고 남인과 서인이 대립한 예송이 일어났어요.

④ 정여립 모반 사건을 빌미로 기축옥사가 발생하였다.
➡ 선조 때 정여립 모반 사건을 빌미로 기축옥사가 일어나 동인이 피해를 입었어요.

⑤ 붕당 정치의 폐해를 막기 위해 탕평비가 건립되었다.
➡ 영조 때 붕당 정치의 폐해를 막기 위해 성균관 입구에 탕평비가 건립되었어요.

기출 선택지 +α

❻ 양재역 벽서 사건이 발생하였다.   (O / X)
❼ 목호룡의 고변으로 옥사가 발생하였다.   (O / X)
❽ 공신 책봉에 불만을 품고 이괄이 반란을 일으켰다.   (O / X)
❾ 남인이 축출되고 노론과 소론이 정국을 주도하였다.   (O / X)
❿ 인현 왕후가 폐위되고 희빈 장씨가 왕비로 책봉되었다. (O / X)

기출 선택지 +α
정답 ❻ ×[명종] ❼ ×[경종] ❽ ×[인조] ❾ ×[갑술환국 이후] ❿ ○

27 박제가
정답 ④

(가) 인물에 대한 설명으로 옳은 것은? [2점]

이것은 청의 화가 나빙이 그린 (가) 의 초상으로, 이별의 아쉬움을 표현한 시가 함께 있습니다. (가) 은/는 연행사의 일원으로 여러 차례 청에 가서 그곳의 문인들과 폭넓게 교유하였습니다. 이 과정에서 북학의를 저술하여 청의 문물을 적극적으로 수용할 것을 주장하였습니다.

박제가는 청의 제도와 풍속을 살펴보고 돌아와 그곳에서 보고 들은 내용을 담은 "북학의"를 저술하였어요.

정답 잡는 키워드

❶ "북학의" 저술 → 박제가

"북학의"를 저술하였다는 내용을 통해 (가) 인물이 박제가임을 알 수 있어요. 박제가는 조선 후기에 상공업 중심의 개혁론을 주장한 북학파 실학자로 소비를 통한 생산력 증대와 청과의 통상 확대 등을 주장하였어요.

① 세계 지리서인 <u>지구전요</u>를 <u>저술</u>하였다.
➡ **최한기**는 서양의 과학 기술과 천문·지구 등에 관한 내용을 정리한 "지구전요"를 저술하였어요.

② <u>의산문답</u>에서 <u>무한 우주론</u>을 <u>주장</u>하였다.
➡ **홍대용**은 "의산문답"에서 무한 우주론을 주장하며 중국 중심의 세계관을 비판하였어요.

③ 기기도설을 참고하여 <u>거중기</u>를 <u>설계</u>하였다.
➡ **정약용**은 "기기도설"을 참고하여 거중기를 제작해 이를 수원 화성 축조에 활용하였어요.

④ 서자 출신으로 <u>규장각 검서관</u>에 기용되었다.
➡ **박제가**는 서자 출신으로 정조 때 유득공, 이덕무 등과 함께 규장각 검서관에 기용되었어요.

⑤ <u>양반전</u>을 지어 양반의 허례와 무능을 풍자하였다.
➡ **박지원**은 "양반전", "호질" 등의 소설을 지어 양반의 허례와 무능을 풍자하였어요.

핵심 개념 | 조선 후기 실학자

유형원	"반계수록" 저술, 균전론 주장
이익	• "성호사설", "곽우록" 등 저술 • 한전론 주장, 사회 폐단을 '여섯 가지 좀'으로 규정
정약용	• "마과회통", "경세유표", "목민심서", "흠흠신서" 등 저술 • '전론'에서 여전론 제안 → 후에 현실성을 고려한 정전제 제시
유수원	"우서" 저술, 사농공상의 직업적 평등과 전문화 주장
홍대용	• "의산문답", "담헌서", "을병연행록" 등 저술 • 지전설, 무한 우주론 주장 → 중국 중심의 세계관 극복
박지원	• "열하일기" 저술, "양반전"·"허생전"·"호질" 등 한문 소설 저술 • 수레와 선박 이용 강조, 화폐 유통의 필요성 주장
박제가	"북학의" 저술(재물을 우물에 비유, 생산력 증대를 위해 절약보다 소비 권장), 청 문물의 수용, 수레와 선박 이용 등 주장

---

28 세도 정치기의 사회 모습
정답 ⑤

다음 가상 대화가 이루어진 시기의 사회 모습으로 가장 적절한 것은? [1점]

1862년 진주에서 일어난 농민 봉기를 시작으로 전국 각지에서 농민 봉기가 이어졌어요. 1862년이 임술년이기 때문에 당시에 일어난 농민 봉기를 임술 농민 봉기라고 합니다.

자네 소식 들었나? 지난달 진주에서 백성들이 난을 일으켜 관아를 습격하고 아전의 집을 불태웠다더군.

나도 들었네. 경상 우병사 백낙신의 탐학과 향리들의 횡포에 맞서 유계춘이 주도하였다고 하더군.

정답 잡는 키워드

❶ 진주에서 백성들이 난을 일으킴,
❷ 유계춘이 경상 우병사 백낙신의 탐학 등에 맞서 주도함
→ 세도 정치 시기에 일어난 진주 농민 봉기(1862)

경상 우병사 백낙신의 탐학과 향리들의 횡포에 맞서 유계춘의 주도로 진주에서 백성들이 난을 일으켰다는 내용을 통해 진주 농민 봉기에 관한 가상 대화임을 알 수 있어요. 진주 농민 봉기는 세도 정치 시기인 1862년에 일어났어요. 정조가 죽은 이후 소수의 외척 가문이 권력을 독점한 세도 정치가 전개되었어요. 세도 정치는 순조에서 철종 때까지 이어져 국가 기강이 해이해지면서 탐관오리의 수탈과 삼정의 문란이 극에 달하였어요. 이에 농민들이 사회 개혁을 요구하며 봉기하였어요. 순조 때 일어난 홍경래의 난과 철종 때 일어난 진주 농민 봉기가 대표적이에요.

① 빈민 구제를 위해 <u>흑창</u>이 <u>설치</u>되었다.
➡ **고려 태조 왕건**은 민생 안정을 위해 빈민 구제 기관인 흑창을 설치하였어요.

② <u>원종과 애노</u>가 사벌주에서 <u>봉기</u>하였다.
➡ **신라 말 진성 여왕** 때 귀족들의 농민 수탈이 극에 달하여 사벌주에서 일어난 원종과 애노의 난을 시작으로 농민 봉기가 전국 각지에서 일어났어요.

③ <u>홍건적의 침입</u>으로 개경이 <u>함락</u>되었다.
➡ **고려 공민왕** 때 홍건적의 침입으로 개경이 함락되고 공민왕이 안동까지 피란하였어요.

④ 지배층을 중심으로 <u>변발</u>과 <u>호복</u>이 <u>유행</u>하였다.
➡ **고려 원 간섭기**에 지배층을 중심으로 변발과 호복 등 몽골식 복장이 유행하였어요.

⑤ 안동 김씨 등의 세도 정치로 매관매직이 성행하였다.
➡ **세도 정치 시기**에 안동 김씨, 풍양 조씨 등 몇몇 외척 세력이 권력을 독점하면서 정치 질서가 무너져 매관매직이 성행하였어요.

기출 선택지 +α

❻ 왕실의 외척인 이자겸이 난을 일으켰다. (O / X)
❼ 기근에 대비하기 위해 구황촬요가 간행되었다. (O / X)
❽ 지방에서 호족들이 반독립적인 세력으로 성장하였다. (O / X)
❾ 김사미와 효심이 가혹한 수탈에 저항하여 봉기하였다. (O / X)

기출 선택지 +α

정답 ❻ ×[고려 인종] ❼ ×[조선 명종] ❽ ×[신라 말] ❾ ×[고려 무신 집권기]

29 병인양요　　　　　　　　　　　　　　정답 ③

(가) 사건에 대한 설명으로 옳은 것은?　　　　　　[1점]

대한민국 방방곡곡 – 전등사
ⓗ 한국사 채널　　　　　　　　　　조회 수 82,461

전등사는 ❶**강화도 정족산성** 안에 위치한 사찰로 대웅전, 약사전 등 많은 문화유산을 보유하고 있다. 사찰 내에는 조선왕조실록을 보관하였던 정족산 사고가 복원되어 있다. 뿐만 아니라 | (가) | 때 ❷**프랑스군을 물리친 양헌수 장군의 승전비**도 있다.

정답 잡는 🔑키워드

❶ 강화도 정족산성, ❷ 양헌수 장군이 프랑스군을 물리침
→ 병인양요

강화도 정족산성 안의 사찰에 프랑스군을 물리친 양헌수 장군의 승전비가 있다는 내용을 통해 (가) 사건이 병인양요임을 알 수 있어요. 1866년에 일어난 병인박해 때 프랑스 선교사가 처형된 것을 빌미로, 같은 해에 프랑스군이 강화도를 침략하여 병인양요가 일어났어요. 병인양요 당시 한성근 부대가 문수산성에서, 양헌수 부대가 정족산성에서 프랑스군에 맞서 싸웠어요.

① 운요호 사건을 빌미로 일어났다.
➡ 일본이 일으킨 운요호 사건을 계기로 조선은 일본과 강화도 조약을 체결하였어요.

② 왕이 공산성으로 피란하는 계기가 되었다.
➡ 이괄의 난이 일어나자 인조는 한성을 떠나 공산성으로 피란하였어요.

③ 전개 과정에서 외규장각 도서가 약탈당하였다.
➡ 병인양요 당시 프랑스군이 퇴각하면서 강화도 외규장각에 보관되어 있던 도서와 각종 문화유산을 약탈해 갔어요.

④ 사태 수습을 위해 이용태가 안핵사로 파견되었다.
➡ 고부 농민 봉기가 일어나자 조선 정부가 사태 수습에 나서 이용태를 안핵사로 파견하였어요.

⑤ 황사영이 외국 군대의 출병을 요청하는 원인이 되었다.
➡ 순조 때 신유박해가 일어나자 피신해 있던 천주교도 황사영이 신앙의 자유를 얻기 위해 외국 군대의 출병을 요청하는 편지를 작성하여 중국 베이징 교구의 주교에게 전달하려고 하였어요.

기출 선택지 +α

❻ 흥선 대원군이 톈진으로 압송되는 결과를 가져왔다. （ O / X ）
❼ 전개 과정에서 어재연 부대가 광성보에서 항전하였다. （ O / X ）
❽ 조선 정부의 프랑스 선교사 처형이 구실이 되어 일어났다. （ O / X ）

기출 선택지 +α 정답 ❻ ✕[임오군란] ❼ ✕[신미양요] ❽ ○

30 임오군란의 영향　　　　　　　　　　정답 ④

다음 자료에 나타난 사건의 영향으로 가장 적절한 것은?　[2점]

＞무위영 소속의 구 훈련도감 군인들을 말해요.

이때 세금을 부과하는 직책의 신하들이 재물을 거두어들여 자기 배만 채우면서 각영(各營)에 소속된 ❶**군인들의 봉급은 몇 달 동안 나누어 주지 않았다.** 그리하여 훈국(訓局)의 군사가 맨 먼저 난을 일으키고, 각영의 군사가 잇달아 일어났다. 이들은 이최응, 민겸호, 김보현, 민창식을 죽였고 또 중전을 시해하려 하였다. ❷**중전은 장호원으로 피하였다.**

＞별기군에 비해 열악한 조건에서 버티던 구식 군인들은 13개월 만에 봉급으로 지급된 쌀에 모래와 겨 등이 섞여 있자 분노하여 난을 일으켰어요.

정답 잡는 🔑키워드

❶ 군인들의 봉급이 몇 달 동안 지급되지 않아 훈국의 군사가 난을 일으킴, ❷ 중전이 장호원으로 피신함 → 임오군란(1882)

몇 달 동안 봉급이 지급되지 않아 군인들이 난을 일으켰으며, 중전이 장호원으로 피신하였다는 내용을 통해 자료에 나타난 사건이 1882년에 일어난 임오군란임을 알 수 있어요. 신식 군대인 별기군이 창설된 이후 별기군에 비해 차별 대우를 받던 구식 군인들은 군란을 일으켜 선혜청을 공격하고 일본인 교관을 살해하였어요. 또한, 정부 고관의 집과 일본 공사관 등도 습격하였어요. 이에 당시 민씨 정권의 최고 권력자로 원성을 산 명성 황후가 군란을 피해 궁궐을 빠져나와 장호원으로 피신하였어요. 고종이 흥선 대원군에게 사태 수습을 맡기면서 흥선 대원군이 재집권하여 별기군을 없애고 개화 정책을 중단하였어요. 한편, 민씨 정권은 청에 파병을 요청하였고, 청군에 의해 군란이 진압되었어요. 이후 청이 내정에 간섭하였고, 일본은 임오군란 과정에서 일어난 피해에 대한 배상을 요구하며 조선과 제물포 조약을 체결하였어요.

① 강화도 조약이 체결되었다.
➡ 운요호 사건을 계기로 강화도 조약이 체결되었어요.

② 김기수가 수신사로 일본에 파견되었다.
➡ 강화도 조약 체결 이후 김기수가 수신사로 일본에 파견되었어요.

③ 종로와 전국 각지에 척화비가 세워졌다.
➡ 신미양요 이후 흥선 대원군은 종로와 전국 각지에 서양 세력과의 통상 수교 거부 의지를 담은 척화비를 세웠어요.

④ 일본 공사관 경비 명목으로 일본군이 주둔하였다.
➡ 임오군란 이후 조선은 일본과 제물포 조약을 체결하여 일본에 배상금을 지불하고, 일본 공사관 경비를 위한 일본군의 주둔을 허용하였어요.

⑤ 통리기무아문을 설치하고 그 아래에 12사를 두었다.
➡ 1880년에 조선 정부는 개화 정책의 총괄 기구로 통리기무아문을 설치하고 그 아래에 12사를 두었어요.

기출 선택지 +α

❻ 제물포 조약의 체결로 이어졌다.　　　　　　　（ O / X ）
❼ 김윤식이 청에 영선사로 파견되었다.　　　　　（ O / X ）
❽ 조·청 상민 수륙 무역 장정이 체결되었다.　　　（ O / X ）
❾ 로저스 제독이 이끄는 미군이 강화도에 침입하였다. （ O / X ）

기출 선택지 +α 정답 ❻ ○ ❼ ✕[1881년] ❽ ○ ❾ ✕[1871년]

31 제1차 갑오개혁

정답 ①

(가)에 들어갈 내용으로 적절한 것은? [2점]

> **🤖 한국사 챗봇**
>
> **Q** 군국기무처에 대해 알려 줘.
>
> **A❶** 군국기무처는 국정 전반에 걸친 개혁을 담당한 기구입니다. 총재는 김홍집이었으며, 유길준 등 개화파와 박준양 등 흥선 대원군 계열의 인사로 구성되었습니다. 개혁을 추진하면서 수개월 동안 200여 건의 안건을 의결하였습니다.
>
> 군국기무처는 초정부적인 정책 의결 기구로 제1차 갑오개혁의 중추적 역할을 하였으며, 제2차 갑오개혁에 앞서 폐지되었어요.
>
> **Q** 이 기구에서 의결한 주요 개혁 내용을 알려 줘.
>
> **A** (가)

정답 잡는 키워드

❶ 군국기무처에서 국정 전반에 걸친 개혁 담당 → 제1차 갑오개혁

군국기무처에서 국정 전반에 걸친 개혁을 담당하였다는 내용을 통해 (가)에 들어갈 내용이 제1차 갑오개혁 당시의 개혁안임을 알 수 있어요. 1894년 일본의 강요로 구성된 김홍집 내각은 개혁을 추진할 최고 정책 결정 기구로 군국기무처를 설치하고 제1차 갑오개혁을 추진하였어요. 군국기무처는 수개월 동안 200여 건의 안건을 의결하였어요. 그러나 청·일 전쟁에서 승기를 잡은 일본이 적극적으로 조선의 내정에 간섭하면서 군국기무처가 폐지되고 새로 구성된 김홍집·박영효 연립 내각이 제2차 갑오개혁을 추진하였어요.

①공사 노비법을 혁파하였습니다.
➡ 제1차 갑오개혁 때 양반과 상민의 신분 차별을 법적으로 폐지하고 공사 노비법을 혁파하였어요.

② 5군영을 2영으로 통합하였습니다.
➡ 개항 이후 조선 정부는 개화 정책을 총괄하는 통리기무아문을 설치하고 기존 5군영의 군사 조직을 무위영과 장어영의 2영으로 개편하는 등의 개혁을 추진하였어요.

③ 건양이라는 연호를 제정하였습니다.
➡ 을미개혁 때 태양력을 채택하고 '건양'이라는 연호를 제정하였어요.

④ 한성 사범 학교 관제를 반포하였습니다.
➡ 제2차 갑오개혁 때 교육의 기본 방향을 제시한 교육 입국 조서가 반포되었고, 이에 따라 한성 사범 학교 관제를 마련·반포하였어요.

⑤ 지계아문을 설치하여 지계를 발급하였습니다.
➡ 대한 제국 시기 광무개혁을 추진하는 과정에서 지계아문을 설치하고 근대적 토지 소유 증명서인 지계를 발급하였어요.

기출 선택지 +α

❻ 과거제를 폐지하였다.	(O/X)
❼ 재판소를 설치하였다.	(O/X)
❽ 은 본위제를 도입하였다.	(O/X)
❾ 태양력을 공식 채택하였다.	(O/X)
❿ 행정 기구를 6조에서 8아문으로 개편하였다.	(O/X)

기출 선택지 +α 정답 ❻○ ❼×[제2차 갑오개혁] ❽○ ❾×[을미개혁] ❿○

---

32 독립 협회

정답 ④

(가) 단체에 대한 설명으로 옳은 것은? [2점]

> 신들은 나라가 나라일 수 있는 조건은 두 가지가 있다고 생각합니다. 첫째는 자립하여 다른 나라에 의지하지 않는 것이며, 둘째는 자수(自修)하여 나라 안에 정법(政法)을 행하는 것입니다. 이 두 가지는 하늘이 우리 폐하께 부여해 준 하나의 큰 권한으로서, 이 권한이 없으면 나라가 없는 것입니다. 그래서 신 등은 [(가)]을/를 설립하여 독립문을 세우고 위로는 황상의 지위를 높이며, 아래로는 인민의 뜻을 확고히 함으로써 억만년 무궁한 기초를 확립하고자 하였던 것입니다.
>
> 독립 협회는 우리 민족의 독립 의지를 널리 알리기 위해 청의 사신을 맞이하던 영은문이 있던 자리 부근에 독립문을 건립하였어요.

정답 잡는 키워드

❶ 독립문을 세움 → 독립 협회

독립문을 세웠다는 내용을 통해 (가) 단체가 독립 협회임을 알 수 있어요. 미국에서 돌아온 서재필은 독립신문 발간을 계기로 독립 협회를 창립하였어요. 독립 협회는 독립문을 세워 자주독립의 의지를 드러냈고, 강연회와 토론회를 열어 민중 계몽에 앞장섰어요. 만민 공동회를 개최하여 러시아의 내정 간섭과 이권 침탈을 규탄하여 이를 저지하기도 하였어요. 또한, 정부 대신이 참여한 관민 공동회에서 헌의 6조를 채택하여 고종의 재가를 받았어요. 그러나 독립 협회의 활동에 위기감을 느낀 보수 세력이 독립 협회가 공화정을 실시하려 한다고 모함하였어요. 이에 고종은 독립 협회의 해산을 명령하고 간부들을 체포하는 등 독립 협회를 탄압하였어요.

① 만세보를 발행하여 민중 계몽에 힘썼다.
➡ 천도교는 기관지로 만세보를 발행하여 민중 계몽에 힘썼어요.

② 일본의 황무지 개간권 요구를 저지하였다.
➡ 보안회는 일본의 황무지 개간권 요구에 반대하는 운동을 전개하여 일본의 요구를 저지하였어요.

③ 일제가 조작한 105인 사건으로 와해되었다.
➡ 비밀 결사로 조직된 신민회는 일제가 조작한 105인 사건으로 조직이 드러나 해체되었어요.

④중추원 개편을 통해 의회 설립을 추진하였다.
➡ 독립 협회는 대한 제국 정부와 협상하여 새로운 중추원 관제를 반포하도록 하고, 중추원 개편을 통한 의회 설립을 추진하였어요.

⑤ 독립운동 자금 마련을 위해 독립 공채를 발행하였다.
➡ 대한민국 임시 정부는 독립운동 자금을 마련하기 위해 독립 공채를 발행하였어요.

기출 선택지 +α

❻ 정우회 선언의 영향으로 결성되었다.	(O/X)
❼ 고종 강제 퇴위 반대 운동을 주도하였다.	(O/X)
❽ 러시아의 절영도 조차 요구에 반대하였다.	(O/X)
❾ 태극 서관을 설립하여 계몽 서적을 보급하였다.	(O/X)
❿ 관민 공동회를 개최하여 헌의 6조를 결의하였다.	(O/X)

기출 선택지 +α 정답 ❻×[신간회] ❼×[대한 자강회] ❽○ ❾×[신민회] ❿○

33 국채 보상 운동
정답 ②

다음 자료에 나타난 민족 운동에 대한 설명으로 옳은 것은? [1점]

일제는 화폐 정리 사업에 드는 비용과 일본인을 위한 여러 시설을 만드는 데 필요한 재정을 일본에서 강제로 빌리게 하였어요. 그 결과 대한 제국은 정부의 1년 예산에 달하는 1,300만 원의 빚을 지게 되었어요.

거액의 **외채 1,300만 원**을 해마다 미루다가 갚지 못할 지경에 이른 다면 나라를 보존하기 어려울 것이니, 나라를 보존하지 못하면, 아! 우리 동포는 장차 무엇에 의지하겠습니까? …… 근래에 신문을 접하니, **영남에서 시작하여 서울에 이르기까지 담배를 끊어 나라의 빚을 갚자**는 논의가 시작되었고, 발기한 지 며칠이 되지 않아 의연금을 내는 자들이 날마다 이른다 하니, 우리 백성들이 임금에게 충성하고 나라를 사랑하는 마음을 통쾌하게 볼 수 있습니다.

정답 잡는 키워드

❶ 외채 1,300만 원, ❷ 영남에서 시작하여 서울에 이르기까지 담배를 끊어 나라의 빚을 갚자는 논의가 시작됨 → 국채 보상 운동

외채가 1,300만 원에 달하며, 영남에서 시작하여 서울에 이르기까지 담배를 끊어 나라의 빚을 갚자는 논의가 시작되었다는 내용을 통해 자료에 나타난 민족 운동이 국채 보상 운동임을 알 수 있어요. 1907년에 국민이 성금을 모아 일본에 진 나랏빚을 갚고 국권을 회복하자는 국채 보상 운동이 전개되었어요. 국채 보상 운동은 김광제, 서상돈 등의 발의로 대구에서 시작되었으며, 국민들은 금주, 금연 등을 통해 성금을 모으고 비녀와 반지 등을 내놓기도 하였어요. 국채 보상 운동은 전국적으로 확산되었으나 통감부의 탄압과 방해로 중단되었어요.

① 조선 총독부의 탄압과 방해로 실패하였다.
➡ 조선 총독부는 국권 피탈 이후 설치된 식민 통치 기관이에요. 1920년대 민립 대학 설립 운동 등이 조선 총독부의 탄압과 방해로 실패하였어요.

②대한매일신보 등의 지원을 받아 확산되었다.
➡ 국채 보상 운동은 대구에서 시작되어 대한매일신보 등의 지원을 받아 전국으로 확산되었어요.

③ 대한민국 임시 정부가 수립되는 계기가 되었다.
➡ 1919년에 일어난 3·1 운동을 계기로 독립운동을 체계적으로 이끌어 갈 지도부의 필요성이 제기되어 대한민국 임시 정부가 수립되었어요.

④ 백정에 대한 사회적 차별 철폐를 목적으로 하였다.
➡ 1923년에 조선 형평사가 조직되어 백정에 대한 사회적 차별 철폐를 목표로 형평 운동을 전개하였어요.

⑤ 조선 민립 대학 기성회에서 모금 활동을 전개하였다.
➡ 1920년대 초에 창립된 조선 민립 대학 기성회가 민립 대학 설립 운동을 벌이며 모금 활동을 전개하였어요.

기출 선택지 +α

❻ 통감부의 탄압으로 중단되었다. (O / X)
❼ 신간회에서 진상 조사단을 파견하여 지원하였다. (O / X)
❽ 일본, 프랑스 등지의 노동 단체로부터 격려 전문을 받았다. (O / X)
❾ 국외로도 확산되어 필라델피아에서 한인 자유 대회가 열렸다. (O / X)

34 고종 강제 퇴위 이후의 사실
정답 ④

다음 대화에 나타난 사건 이후의 사실로 옳은 것은? [3점]

며칠 전 황제 폐하께서 황태자 전하께 대리를 명하는 조칙을 내리셨다는 소식을 들었는가?

들었네. 그 다음 날 **일본 군대의 삼엄한 경계 속에서 양위식이 거행되어 대리가 아니라 사실상 황제께서 퇴위당하신 셈이지.**

일제는 이완용 등 내각 대신들을 동원하여 고종을 압박해 황태자에게 국사를 대리시킨다는 조칙을 내리게 하였어요. 고종은 단지 황태자 대리를 승인한 것이었지만 일제는 바로 다음 날 양위식을 거행하여 고종의 퇴위를 기정사실화하였어요.

정답 잡는 키워드

❶ 일본 군대의 삼엄한 경계 속에서 양위식이 거행되어 사실상 황제가 퇴위당함 → 고종의 강제 퇴위(1907)

일본 군대의 삼엄한 경계 속에서 양위식이 거행되어 사실상 황제가 퇴위당하였다는 내용을 통해 대화에 나타난 사건이 1907년 고종의 강제 퇴위에 관한 것임을 알 수 있어요. 을사늑약 체결 이후 고종은 을사늑약의 부당함을 국제 사회에 알리기 위해 네덜란드 헤이그에서 열린 만국 평화 회의에 이상설, 이준, 이위종을 특사로 파견하였어요. 그러나 헤이그에 파견된 특사 일행은 일본의 방해와 열강의 무관심으로 성과를 거두지 못하였어요. 일본은 헤이그 특사 파견을 빌미로 고종을 강제 퇴위시킨 이후 한·일 신협약을 체결하여 내정 간섭을 강화하고 부속 각서를 통해 대한 제국의 군대를 해산시켰어요.

① 신식 군대인 별기군이 창설되었다.
➡ 조선 정부가 개화 정책을 추진하면서 1881년에 신식 군대인 별기군이 창설되었어요.

② 묄렌도르프가 외교 고문으로 파견되었다.
➡ 1882년 임오군란 이후 청이 묄렌도르프를 외교 고문으로 파견하였어요.

③ 초대 통감으로 이토 히로부미가 부임하였다.
➡ 을사늑약이 체결되고 이듬해인 1906년에 통감부가 설치되어 이토 히로부미가 초대 통감으로 부임하였어요.

④기유각서가 체결되어 사법권을 박탈당하였다.
➡ 1909년에 일제는 강압적으로 기유각서를 체결하여 대한 제국의 사법권과 감옥 사무 처리권을 박탈하였어요.

⑤ 관민 공동회가 개최되어 헌의 6조를 결의하였다.
➡ 1898년에 독립 협회의 주관으로 정부 대신들도 참석한 관민 공동회가 개최되어 국정 개혁안인 헌의 6조를 결의하였어요.

기출 선택지 +α

❻ 대한국 국제가 반포되었다. (O / X)
❼ 이만손 등이 영남 만인소를 올렸다. (O / X)
❽ 데라우치가 초대 총독으로 부임하였다. (O / X)
❾ 우정총국 개국 축하연에서 정변이 일어났다. (O / X)
❿ 13도 창의군이 서울 진공 작전을 전개하였다. (O / X)

35 물산 장려 운동
정답 ②

밑줄 그은 '이 운동'에 대한 설명으로 옳은 것을 <보기>에서 고른 것은? [2점]

광고로 보는 역사

三角票 京城紡織株式會社
삼성표 장려산품
SUPERIOR SHEETINGS
KYUNGSUNGJIC
HOISA
廣木

[해설] 이것은 경성 방직 주식회사의 광목 광고이다. 조선인 기업이 만든 상품의 사용을 장려하고자 전개된 이 운동 당시의 상황을 반영하여 '조선 사람의 자본과 기술로 된 광목'이라는 문구가 광고에 사용되었다.

물산 장려 운동 당시 '내 살림 내 것으로', '조선 사람 조선 것' 등의 구호를 앞세워 일본 상품을 배격하고 조선인 기업이 만든 상품을 애용할 것을 장려하였어요.

정답 잡는 키워드

❶ 조선인 기업이 만든 상품의 사용 장려 → 물산 장려 운동

조선인 기업이 만든 상품의 사용을 장려하고자 전개되었다는 내용을 통해 밑줄 그은 '이 운동'이 물산 장려 운동임을 알 수 있어요. 1920년 회사령이 폐지되고 일본 상품에 대한 관세가 철폐된다는 소식이 국내에 전해지면서 일본 기업에 비해 그 수나 자본금이 적고 기술력이 뒤처지는 한국 기업과 자본가들의 위기의식이 높아졌어요. 이러한 가운데 민족 산업을 보호·육성하여 민족 경제의 자립을 이루자는 물산 장려 운동이 전개되었어요. 물산 장려 운동은 자작회, 토산 애용 부인회 등의 단체들이 활발하게 참여하여 전국적으로 확산되었어요.

ㄱ. 회사령 폐지 등이 배경이 되었다.
➡ 1920년에 일제가 일본 기업과 자본의 한국 침투를 쉽게 만들기 위해 회사령을 폐지하였어요. 이에 한국인 기업의 위기감이 높아지는 가운데 물산 장려 운동이 일어났어요.

ㄴ. 황국 중앙 총상회의 주도하에 전개되었다.
➡ 외국 상인들의 상권 침탈에 대응하여 1898년 서울의 시전 상인들이 황국 중앙 총상회를 조직하고 상권 수호 운동을 전개하였어요.

ㄷ. 평양에서 시작되어 전국적으로 확산되었다.
➡ 물산 장려 운동은 평양에서 조만식 등의 주도로 시작되어 전국적으로 확산되었어요.

ㄹ. 대동 상회 등 근대적 상회사가 설립되는 계기가 되었다.
➡ 개항 이후 외국 상인들이 국내에 진출하면서 국내 상인들의 상권이 침해되자 이에 맞서기 위한 방안으로 대동 상회 등 근대적 상회사가 설립되었어요.

① ㄱ, ㄴ   ② ㄱ, ㄷ   ③ ㄴ, ㄷ
④ ㄴ, ㄹ   ⑤ ㄷ, ㄹ

기출 선택지 +α

ㅁ. 조선 관세령 폐지를 계기로 확산되었다. (O/X)
ㅂ. 자작회, 토산 애용 부인회 등의 단체가 활동하였다. (O/X)

기출 선택지 +α 정답 ㅁ. ○ ㅂ. ○

---

36 의열단
정답 ①

(가) 단체에 대한 설명으로 옳은 것은? [2점]

이달의 독립운동가

황상규

경상남도 밀양 출생이다. 1918년 만주로 망명하였으며 김동삼, 김좌진, 안창호 등과 대한 독립 선언서를 발표하였다. 1919년 11월 ❶김원봉 등과 [(가)]을/를 조직하여 ❷일제 기관의 파괴와 조선 총독 이하의 관리 및 매국노의 암살 등을 꾀하였다. 1920년에 국내로 폭탄을 들여와 의거를 준비하던 중 발각되어 7년의 징역형을 선고받았다. 1963년 건국 훈장 독립장이 추서되었다.

의열단은 조선 총독부, 종로 경찰서, 동양 척식 주식회사 등 일제의 주요 식민 통치 기관을 파괴 대상으로 삼았어요.

정답 잡는 키워드

❶ 김원봉 등과 조직, ❷ 일제 기관의 파괴와 조선 총독 이하의 관리 및 매국노의 암살 등을 꾀함 → 의열단

김원봉 등이 조직하였으며, 일제 기관의 파괴와 조선 총독 이하의 관리 및 매국노의 암살 등을 꾀하였다는 내용을 통해 (가) 단체가 의열단임을 알 수 있어요. 의열단은 1919년에 김원봉의 주도로 만주에서 조직되었어요. 박재혁, 김익상, 김상옥, 김지섭, 나석주 등이 단원으로 활동하며 식민 통치 기관에 폭탄을 투척하는 등의 의거를 일으켰어요. 1920년대 후반에 의열단은 개인 폭력 투쟁 방식에 한계를 느끼고 조직적인 무장 투쟁 노선으로 전환하였어요. 김원봉을 비롯한 일부 단원들은 중국의 황푸 군관 학교에 입학해 체계적인 군사 훈련을 받았고, 1932년에는 조선 혁명 간부 학교를 세워 군사 교육을 실시하고 독립군 간부를 양성하였어요.

① 조선 혁명 선언을 활동 지침으로 삼았다.
➡ 의열단은 신채호가 쓴 '조선 혁명 선언'을 활동 지침으로 삼았어요. '조선 혁명 선언'에서 신채호는 민중의 직접 혁명을 주장하였어요.

② 삼균주의를 기초로 한 건국 강령을 발표하였다.
➡ 대한민국 임시 정부는 충칭에서 조소앙의 삼균주의를 기초로 한 건국 강령을 발표하였어요.

③ 잡지 개벽 등을 발행하여 민족의식을 고취하였다.
➡ 천도교는 잡지 "개벽", "신여성" 등을 발행하여 민족의식을 고취하였어요.

④ 홍커우 공원에서 일어난 윤봉길 의거를 계획하였다.
➡ 김구가 조직한 한인 애국단은 상하이 훙커우 공원에서 일어난 윤봉길의 의거를 계획하였어요.

⑤ 조선 총독부에 국권 반환 요구서를 제출하려 하였다.
➡ 고종의 밀지를 받아 임병찬이 조직한 독립 의군부는 조선 총독부에 국권 반환 요구서를 보내려고 하였으나 실현하지 못하였어요.

기출 선택지 +α

❻ 비밀 행정 조직인 연통제를 운영하였다. (O/X)
❼ 도쿄에서 일어난 이봉창 의거를 계획하였다. (O/X)
❽ 단원인 나석주가 동양 척식 주식회사에 폭탄을 던졌다. (O/X)
❾ 단원 일부가 황푸 군관 학교에 입학해 군사 훈련을 받았다. (O/X)

기출 선택지 +α 정답 ❻ ✕[대한민국 임시 정부] ❼ ✕[한인 애국단] ❽ ○ ❾ ○

37 1920년대 국내 민족 운동

정답 ①

(가)~(다)를 발표된 순서대로 옳게 나열한 것은? [3점]

6·10 만세 운동은 순종의 인산일 당일에 일어났어요.

(가) 우리들 민중의 통곡과 복상이 결코 이척[순종]의 죽음에 있지 않다는 것을 민중 각자의 마음속에 그것을 명백히 말해 주고 있다. 우리들의 비애와 통렬한 애도는 경술년 8월 29일 이래 쌓이고 쌓인 슬픔이다. …… 금일의 통곡·복상의 충성과 의분을 돌려 우리들의 해방 투쟁에 바치자!

(나) 조선 민족의 정치적 의식이 발달함에 따라 민족적 중심 단결을 요구하는 시기를 맞이하여 민족주의를 표방한 신간회가 발기인의 연명으로 3개 조의 강령을 발표하였다. ……
   1. 우리는 정치적·경제적 각성을 촉진함
   1. 우리는 단결을 공고히 함
   1. 우리는 기회주의를 일체 부인함

> 6·10 만세 운동 이후 자치론에 반대하는 비타협적 민족주의 세력과 사회주의 세력의 민족 협동 전선으로 신간회가 창립되었어요.

(다) 우리 2천만 생령(生靈)을 사랑하고 조국을 사랑하는 광주 학생 남녀 수십 명이 중상을 입었다. 고뇌하는 청년 학생 2백 명이 불법으로 철창 속에 갇혀 있다. …… 우리들은 광주 학생의 석방을 요구하는 동시에 참을 수 없는 피눈물로 시위 대열에 나가는 것이다.

> 광주 학생 항일 운동 당시 학생들은 검거된 한국인 학생들의 즉시 석방을 요구하였어요. 신간회는 진상 조사단을 파견하여 광주 학생 항일 운동을 지원하였어요.

정답 잡는 키워드

❶ 순종의 죽음 → (가) 6·10 만세 운동(1926)
❷ 신간회가 3개 조의 강령 발표 → (나) 신간회 창립(1927)
❸ 광주 학생들이 중상을 입고 철창 속에 갇혀 있음
   → (다) 광주 학생 항일 운동(1929)

(가) 순종의 죽음이 언급된 것을 통해 1926년에 일어난 6·10 만세 운동과 관련된 자료임을 알 수 있어요. 1926년 순종의 인산일(장례일)을 기회로 삼아 사회주의 세력과 천도교계 민족주의 세력 그리고 학생 단체들이 대규모 만세 운동을 계획하였어요. 그러나 사전에 계획이 발각되면서 사회주의 세력과 민족주의 세력은 참여하지 못한 채 학생들의 주도로 만세 운동이 전개되었어요. 6·10 만세 운동은 일제의 탄압으로 전국으로 확산되지는 못하였지만, 국내에서 민족 유일당 운동이 전개되는 계기가 되었어요.

(나) 신간회가 3개 조의 강령을 발표하였다는 내용을 통해 신간회 창립과 관련된 자료임을 알 수 있어요. 6·10 만세 운동을 통해 민족주의 세력과 사회주의 세력 간 연대의 공감대가 형성되었어요. 사회주의 세력이 발표한 정우회 선언을 계기로 비타협적 민족주의 세력과 사회주의 세력이 연합하여 1927년에 신간회를 창립하였어요. 신간회는 일제 강점기 최대 규모의 민족 운동 단체로 성장하였으며, 각지에 지회를 설치하고 강연회를 개최하여 민족의식을 고취하는 등 활발하게 활동하였어요.

(다) 광주 학생 수십 명이 중상을 입고 불법으로 철창 속에 갇혀 있다는 내용을 통해 1929년에 일어난 광주 학생 항일 운동 당시에 발표된 자료임을 알 수 있어요. 광주 학생 항일 운동은 통학 열차에서 일어난 한·일 학생 간의 충돌을 계기로 일어났어요. 이를 수습하는 과정에서 일제 경찰이 한·일 학생을 차별하자 이에 분노한 광주 지역의 학생들이 민족 차별 중지, 식민지 교육 제도 철폐 등을 주장하며 대규모 시위를 전개하였고, 항일 시위는 점차 전국으로 확산되었어요.

① (가) - (나) - (다)
➡ (가) 6·10 만세 운동(1926) → (나) 신간회 창립(1927) → (다) 광주 학생 항일 운동(1929)

② (가) - (다) - (나)

③ (나) - (가) - (다)

④ (나) - (다) - (가)

⑤ (다) - (나) - (가)

---

38 1930년대 후반 이후의 사실

정답 ③

밑줄 그은 '시기'에 볼 수 있는 모습으로 가장 적절한 것은? [1점]

> 이곳은 전라남도 여수시 거문도에 있는 해안 동굴 진지입니다. 국가 총동원법이 시행되던 시기에 일제는 이와 같은 군사 시설물을 거문도를 비롯한 각지에 구축하였습니다.

> 1938년에 제정·공포된 국가 총동원법은 인적·물적 자원에 대한 광범위한 통제권과 동원권을 국가에 부여한 것으로, 일제의 식민지인 한반도의 모든 한국인과 물적 자원 역시 국가 총동원법의 적용 대상이 되었어요.

정답 잡는 키워드

❶ 국가 총동원법 시행 → 1938년 이후

국가 총동원법이 시행되었다는 내용을 통해 밑줄 그은 '시기'가 1938년 이후임을 알 수 있어요. 일제는 중·일 전쟁을 일으키고 침략 전쟁을 확대하면서 전쟁에 필요한 자원을 수탈하기 위해 국가 총동원법을 제정하였어요. 공출제와 식량 배급 제도 등을 통해 전쟁에 필요한 물자를 강제 동원하였으며, 지원병제, 학도 지원병제, 징병제 등을 통해 한국인 청년들을 전쟁터로 끌고 갔어요. 또한, 국민 징용령을 실시하여 군수 공장이나 전쟁 시설에 한국인 청장년을 강제 동원해 노동력을 착취하였어요. 한국인을 전쟁에 쉽게 동원하기 위해 민족의식을 말살하는 정책을 본격적으로 추진하여 신사 참배와 궁성 요배를 강요하고 성과 이름을 일본식으로 바꾸게 하였어요.

① 태형을 집행하는 헌병 경찰
➡ 1910년대에 일제는 헌병 경찰 제도를 실시하고 조선 태형령을 제정하여 한국인에게만 태형을 집행하였어요. 헌병 경찰 제도와 조선 태형령은 3·1 운동 이후 폐지되었어요.

② 원산 총파업에 참여하는 노동자
➡ 1929년에 원산 인근의 석유 회사에서 일본인 감독이 한국인 노동자를 폭행한 사건이 계기가 되어 원산 총파업이 일어났어요.

③ 황국 신민 서사를 암송하는 학생
➡ 1937년 이후 일제는 일왕에 대한 충성 맹세문인 황국 신민 서사를 학교, 관공서, 회사 등에서 암송하도록 강요하였어요.

④ 경성 제국 대학 설립을 추진하는 관리
➡ 1924년에 일제는 경성 제국 대학을 설립하여 고등 교육에 대한 한국인의 불만을 무마하려고 하였어요.

⑤ 서울 진공 작전에 참여하는 13도 창의군 의병
➡ 정미의병 당시 이인영을 총대장, 허위를 군사장으로 하는 13도 창의군이 조직되었어요. 13도 창의군은 1908년에 서울 진공 작전을 전개하였어요.

기출 선택지 +α

❻ 회사령을 공포하는 총독부 관리	(O/X)
❼ 신사 참배에 강제로 동원되는 학생	(O/X)
❽ 암태도 소작 쟁의에 참여하는 농민	(O/X)
❾ 몸뻬 착용을 권장하는 애국반 반장	(O/X)
❿ 근우회의 창립 기사를 작성하는 기자	(O/X)

기출 선택지 +α

정답 ❻ ×[1910년] ❼ ○ ❽ ×[1923~1924년] ❾ ○ ❿ ×[1927년]

39 대한민국 정부 수립 과정   정답 ④

(가), (나) 법령이 발표된 사이의 시기에 있었던 사실로 옳은 것은?
[3점]

> (가) 제1조 ❶ 신한 공사를 조선 정부에서 독립한 기관으로써 창립함.
> 공사는 군정 장관 또는 그의 수임자가 후임자를 임명할
> 때까지 10명의 직무를 집행하는 취체역이 관리함.
> 제4조 …… 동양 척식 주식회사가 소유하던 조선 내 법인의 일
> 본인 재산은 전부 신한 공사에 귀속됨.
>
> (나) 제4조 본법 시행에 관한 사무는 농림부 장관이 관장한다.
> 제12조 ❷ 농지의 분배는 농지의 종목, 등급 및 농가의 능력 등에
> 기준한 점수제에 의거하되 1가당 총경영 면적 3정보를
> 초과하지 못한다.
> 제13조 분배받은 농지에 대한 상환액 및 상환 방법은 다음에 의
> 한다.
> 1. 상환액은 해당 농지의 주생산물 생산량의 12할 5푼을
> 5년간 납입케 한다.
> └─ 1949년에 지주에게 농지를 유상 매수하여 경작 농민에게 유상 분배하는 방식의 농지 개혁법이
> 제정되었어요. 농지 개혁법에서는 1가구당 농지 소유 상한을 3정보로 제한하였어요.

정답 잡는 키워드

❶ 신한 공사를 창립함 → (가) 신한 공사 설립(1946)
❷, ❸ 농지의 분배는 1가당 총경영 면적 3정보를 초과하지 못함
→ (나) 농지 개혁법 제정(1949)

(가)는 신한 공사를 창립한다는 내용을 통해 1946년에 발표된 것을 알 수 있어요. 일제의 패망 이후 남한 지역에 들어온 미군정은 한국 내 있던 동양 척식 주식회사와 일본인 소유의 토지 등 귀속 재산의 처리를 위해 신한 공사를 설립하였어요. (나)는 농지를 분배하며 1가구당 3정보를 초과하지 못하게 한다는 내용을 통해 1949년에 제정된 농지 개혁법임을 알 수 있어요. 제헌 국회는 농가 경제의 자립과 경제의 균형 발전을 위해 유상 매수와 유상 분배를 원칙으로 하는 농지 개혁법을 제정하였어요.

① 조선 건국 동맹이 결성되었다.
➡ 여운형은 1944년에 일제의 패망과 광복에 대비하여 국내에서 조선 건국 동맹을 결성하였어요.

② 한·미 상호 방위 조약이 체결되었다.
➡ 한·미 상호 방위 조약은 1953년 10월에 체결되었어요.

③ 조선 사상범 예방 구금령이 공포되었다.
➡ 일제는 1941년에 조선 사상범 예방 구금령을 공포하여 범법 행위의 우려가 있다는 이유만으로 구금을 가능하게 하여 독립운동을 탄압하였어요.

④ 5·10 총선거로 제헌 국회가 구성되었다.
➡ 1948년에 치러진 5·10 총선거로 제헌 국회가 구성되어 헌법이 제정되었어요.

⑤ 정부에 비판적인 경향신문이 폐간되었다.
➡ 이승만 정부는 1959년 정부에 비판적인 기사를 게재하는 경향신문을 폐간시켰어요.

기출 선택지 +α

❻ 여수·순천 10·19 사건이 일어났다.   (O / X)
❼ 조선 건국 준비 위원회가 결성되었다.   (O / X)
❽ 반민족 행위 특별 조사 위원회가 설치되었다.   (O / X)

기출 선택지 +α 정답 ❻ O[1948년] ❼ X[1945년] ❽ O[1948년]

---

40 백남운의 활동   정답 ③

다음 가상 인터뷰의 주인공에 대한 설명으로 옳은 것은?   [2점]

> 며칠 전 경성에서 ❶ 조선사회경제사 출판 축하회가 있었습니다. 저자로서 책에 대한 소개를 부탁드립니다.

> 저는 ❷ 우리 역사의 전개 과정을 세계사의 보편적인 발전 법칙에 따라 네 단계로 나누어 파악하였습니다. 이 책에서는 그 중 원시 씨족 사회와 삼국 정립기의 노예제 사회에 대해 서술하였습니다.

정답 잡는 키워드

❶ "조선사회경제사" 저술, ❷ 우리 역사의 전개 과정을 세계사의 보편적인 발전 법칙에 따라 네 단계로 나누어 파악 → 백남운

"조선사회경제사"를 저술하였으며, 우리 역사의 전개 과정을 세계사의 보편적인 발전 법칙에 따라 네 단계로 나누어 파악하였다는 내용을 통해 가상 인터뷰의 주인공이 백남운임을 알 수 있어요. 백남운은 유물 사관을 토대로 세계사의 보편성 위에서 우리 역사를 체계화하였어요.

① 진단 학회를 조직하였다.
➡ 이병도 등은 진단 학회를 조직하고 실증주의 사학을 발전시켰어요.

② 한국독립운동지혈사를 저술하였다.
➡ 박은식은 "한국독립운동지혈사"를 저술하여 우리 민족의 독립 투쟁 과정을 정리하였어요.

③ 식민 사학의 정체성론을 반박하였다.
➡ 백남운은 한국사도 세계사의 보편적인 발전 법칙에 따라 발전하였다고 주장하며 식민 사학의 정체성론을 반박하였어요.

④ 우리말 큰사전 편찬 사업을 추진하였다.
➡ 이윤재, 최현배 등은 조선어 학회를 조직하고 "우리말(조선말) 큰사전" 편찬 사업을 추진하였어요.

⑤ 민족의 얼을 강조하고 조선학 운동을 주도하였다.
➡ 민족주의 사학을 계승한 정인보는 민족의 얼을 강조하고 "여유당전서" 간행을 계기로 조선학 운동을 주도하였어요.

기출 선택지 +α

❻ 조선상고사를 저술하였다.   (O / X)
❼ 국문 연구소의 연구 위원으로 활동하였다.   (O / X)
❽ 국권 피탈 과정을 정리한 한국통사를 집필하였다.   (O / X)
❾ 민족을 역사 서술의 중심에 둔 독사신론을 발표하였다.(O / X)
❿ 식민 사학을 반박하는 조선봉건사회경제사를 저술하였다.   (O / X)

기출 선택지 +α 정답 ❻ X[신채호] ❼ X[주시경, 지석영 등] ❽ X[박은식] ❾ X[신채호] ❿ O

41 한국 광복군
정답 ④

(가) 부대에 대한 설명으로 옳은 것은? [2점]

> 조선 의용대의 일부 대원은 적극적인 항일 투쟁을 위해 화북 지역으로 이동하였고, 김원봉 등 일부 대원은 한국 광복군에 합류하였어요.

> 한국 독립운동을 촉진하고 한국 혁명 역량을 집중하기 위해 이번 달 15일 중국 국민당 군사 위원회는 **조선 의용대를 개편하여** ❶ **(가)** 에 편입할 것을 특별히 명령하였다. 제1지대는 **총사령** ❷ 에게 직속되어 이(지)청천 장군이 통할한다. …… **(가)** 의 ❸ **총사령부는 충칭에 설치**하기로 결정하였다.

정답 잡는 키워드

❶ 조선 의용대를 개편하여 편입함, ❷ 총사령 지청천,

❸ 충칭에 총사령부 설치 → 한국 광복군

조선 의용대가 편입되었으며, 총사령이 지청천이고 총사령부가 충칭에 설치되었다는 내용을 통해 (가) 부대가 한국 광복군임을 알 수 있어요. 대한민국 임시 정부는 윤봉길의 상하이 홍커우 공원 의거 이후 상하이를 떠나 여러 지역을 거쳐 1940년 충칭에 정착하였어요. 이곳에서 대한민국 임시 정부는 중국 국민당 정부의 지원을 받아 지청천을 총사령으로 하는 한국 광복군을 창설하였어요. 1942년에는 조선 의용대의 일부 대원들이 합류하면서 전력이 강화되었어요.

① 자유시 참변으로 세력이 약화되었다.
➡ 간도 참변 이후 만주 지역의 독립군 부대들이 러시아 혁명군의 지원 약속을 믿고 자유시로 이동하였다가 참변을 당하여 세력이 약화되었어요.

② 영릉가 전투에서 일본군에 승리하였다.
➡ 조선 혁명군은 중국 의용군과 함께 영릉가 전투, 흥경성 전투 등에서 일본군에 승리하였어요.

③ 쌍성보 전투에서 한·중 연합 작전을 전개하였다.
➡ 한국 독립군은 쌍성보 전투, 대전자령 전투 등에서 중국 호로군과 연합 작전을 전개하였어요.

④ 국내 정진군을 편성하여 국내 진공 작전을 추진하였다.
➡ 한국 광복군은 미국 전략 정보국(OSS)과 협력하여 국내 정진군을 편성하고 국내 진공 작전을 추진하였어요. 그러나 일본의 갑작스러운 항복으로 작전을 실행하지는 못하였어요.

⑤ 홍범도 부대와 연합하여 청산리에서 일본군을 격퇴하였다.
➡ 김좌진이 이끄는 북로 군정서는 홍범도의 대한 독립군 등과 연합하여 청산리에서 일본군을 격퇴하였어요.

기출 선택지 +α

❻ 미국 전략 정보국(OSS)의 지원을 받았다. (O/X)
❼ 중국 의용군과 연합하여 흥경성에서 승리하였다. (O/X)
❽ 조선 혁명 간부 학교를 세워 군사력을 강화하였다. (O/X)
❾ 조선 민족 전선 연맹의 무장 조직으로 결성되었다. (O/X)
❿ 인도·미얀마 전선에 파견되어 영국군과 연합 작전을 펼쳤다. (O/X)

기출 선택지 +α 정답 ❻ ○ ❼ ×[조선 혁명군] ❽ ×[의열단] ❾ ×[조선 의용대] ❿ ○

---

42 6·25 전쟁
정답 ④

밑줄 그은 '전쟁' 중에 있었던 사실로 옳은 것은? [1점]

> 이 비석은 **북한군의 남침으로 시작된 전쟁** 중 벌어진 장진호 ❶ 전투를 기념하기 위해 미국 버지니아주에 세워진 것입니다. 장진호 전투는 북한을 돕기 위해 참전한 중국군을 상대로 유엔군 등이 벌인 주요 전투 중 하나였습니다.

> 1950년 11월 말부터 12월 초까지 함경남도 장진 일대에서 중국군에 포위된 유엔군이 치열하게 벌인 전투입니다.

정답 잡는 키워드

❶ 북한군의 남침으로 시작된 전쟁 → 6·25 전쟁

북한군의 남침으로 시작되었다는 내용을 통해 밑줄 그은 '전쟁'이 1950년 6월에 시작된 6·25 전쟁임을 알 수 있어요. 1950년 6·25 전쟁 발발 이후 낙동강 전선까지 물러났던 국군과 유엔군은 인천 상륙 작전을 전개하여 서울을 수복하고 압록강 일대까지 진격하였어요. 그러나 중국군이 참전하면서 벌인 대대적인 공세에 밀려 1951년 1월에 서울을 다시 북한군에 넘겨주었어요(1·4 후퇴). 국군과 유엔군은 반격에 나서 3월에 서울을 재탈환하고 38도선 일대까지 진출하였어요. 이후 1953년 7월 정전 협정이 체결될 때까지 38도선 부근에서 전선이 교착 상태에 빠졌어요.

① 애치슨 라인이 발표되었다.
➡ 1950년 1월에 미국의 태평양 지역 방위선에서 한국과 타이완을 제외한다는 애치슨 선언이 발표되었어요.

② 가쓰라·태프트 밀약이 체결되었다.
➡ 러·일 전쟁 중이던 1905년에 일본과 미국은 대한 제국과 필리핀에 대한 서로의 지배를 인정한 가쓰라·태프트 밀약을 체결하였어요.

③ 모스크바 3국 외상 회의가 개최되었다.
➡ 1945년 12월에 모스크바에서 미국, 영국, 소련의 외무 장관이 모여 한반도 처리 문제를 논의한 모스크바 3국 외상 회의가 개최되었어요.

④ 흥남에서 대규모 철수 작전이 전개되었다.
➡ 중국군이 6·25 전쟁에 개입하면서 국군과 유엔군이 북한 지역에서 밀려나 1950년 12월에 흥남에서 대규모 철수 작전이 전개되었어요.

⑤ 김구, 김규식 등이 남북 협상에 참여하였다.
➡ 1948년 4월에 김구와 김규식 등이 남한만의 단독 선거에 반대하며 통일 정부 수립을 위한 남북 협상에 참여하였어요.

기출 선택지 +α

❻ 브라운 각서가 체결되었다. (O/X)
❼ 부산이 임시 수도로 정해졌다. (O/X)
❽ 푸에블로호 나포 사건이 발생하였다. (O/X)
❾ 국회에서 국민 방위군 사건이 폭로되었다. (O/X)

기출 선택지 +α 정답 ❻ ×[1966년] ❼ ○ ❽ ×[1968년] ❾ ○

43 장면 내각 시기의 사실
정답 ⑤

다음 성명을 발표한 정부 시기에 볼 수 있는 모습으로 적절한 것은?
[2점]

- 4·19 혁명 이후 내각 책임제를 골자로 하는 개헌(제3차 개헌)이 이루어졌어요.

❶ 내각 책임제 속에서 행정부에 맡겨진 책무를 유감없이 수행하기 위해 무엇보다 먼저 행정부 내의 기강 확립에 주안점을 두지 않아서는 안 될 것입니다. ······ ❷ 부정 선거 원흉의 처단은 이미 공소 제기와 구형을 한 터이므로 법원의 엄정한 판결이 있을 것을 기대하는 바입니다.

- 3·15 부정 선거가 원인이 되어 일어난 4·19 혁명으로 이승만 정부가 무너지고 허정 과도 정부의 헌법 개정(제3차 개헌)을 거쳐 장면 내각이 수립되었어요.

정답 잡는 키워드

❶ 내각 책임제, ❷ 부정 선거의 원흉 처단 → 장면 내각

내각 책임제 정부이며, 부정 선거에 대한 처벌을 추진한다는 내용을 통해 성명을 발표한 정부가 장면 내각임을 알 수 있어요. 4·19 혁명으로 이승만이 대통령직에서 하야하고 허정 과도 정부가 수립되었어요. 이후 개헌이 추진되어 내각 책임제가 채택되었고, 새 헌법에 따라 치러진 총선거에서 민주당이 압승하여 국회 다수당이 되었어요. 새로 구성된 국회는 윤보선을 대통령으로 선출하였고, 윤보선이 지명한 장면이 국회의 동의를 얻어 국무총리에 취임하여 내각을 이끌었어요.

① 국민 교육 헌장을 읽고 있는 학생
➡ 박정희 정부 시기인 1968년에 국민 교육 헌장이 공포되었어요.

② 서울 올림픽 대회에 참가하는 선수
➡ 노태우 정부 시기인 1988년에 서울 올림픽 대회가 개최되었어요.

③ 개성 공단 착공식을 취재하는 기자
➡ 노무현 정부 시기인 2003년에 개성 공단 공사가 시작되었어요.

④ 함평 고구마 피해 보상 투쟁에 참여하는 농민
➡ 박정희 정부 시기인 1976년에 함평군 농협이 고구마 전량 수매를 약속하고 이행하지 않아 농민들이 피해를 입었어요. 이에 농민들은 고구마 피해 보상을 요구하며 투쟁을 전개하였어요. 농민들은 1978년까지 투쟁을 전개하여 보상을 약속받았어요.

⑤ 민의원에서 통과된 법안을 심의하는 참의원 의원
➡ 제3차 개헌으로 내각 책임제와 함께 국회 양원제가 채택되었어요. 이에 따라 장면 내각 시기에 국회가 민의원과 참의원의 양원제로 운영되었어요.

기출 선택지 +α

❻ 경기장에서 프로 축구를 관람하는 회사원	(O/X)
❼ 금융 실명제에 따라 신분증 제시를 요구하는 은행원	(O/X)
❽ 정부의 도시 정책에 반발해 시위를 하는 광주 대단지 이주민	(O/X)

44 사사오입 개헌 이후의 상황
정답 ②

밑줄 그은 '개헌' 이후에 있었던 사실로 옳은 것은?
[2점]

대한 변호사 협회장의 성명

이번 개헌 안건의 의결에 있어서 찬성표 수가 135이고 재적 의원 수가 203인 것은 변하지 않는 수이다. 그러면 재적인 수의 3분의 2는 135.333이니 이 선에 도달하려면 동일한 표수가 있어야 될 것이다. ······ 찬성표가 재적인 수에 도달하거나 또는 정족수 이상 되어야 하거늘 0.333에 도달하지 못하니 그것을 사사오입이라는 구실로 떼어버리고 정족수인 3분의 2와 동일한 수라고 하는 것은 헌법 위반이 되는 것이므로 법조인으로서 이를 이해하기 곤란하다.

- 사사오입 개헌(1954)이 통과되어 초대 대통령인 이승만의 중임 제한이 철폐된 가운데 치러진 제3대 대통령 선거(1956)에서 자유당 후보로 나선 이승만이 다시 당선되었어요.

정답 잡는 키워드

❶ 사사오입 → 사사오입 개헌(제2차 개헌, 1954)

1954년에 국회의 여당인 자유당이 억지 논리를 앞세워 이른바 사사오입 개헌을 통과시킴으로써 다시 대통령 선거에 나선 이승만이 제3대 대통령 선거에서 승리하여 자유당은 정권을 유지하였어요. 그런데 선거 과정에서 무소속 대통령 후보로 출마한 조봉암이 예상보다 많은 득표를 하였어요. 이러한 지지를 바탕으로 조봉암이 선거 뒤에 혁신 세력을 규합하여 진보당을 창당하자 이승만과 자유당 정부는 위기를 느꼈어요. 이에 이승만 정부는 평화 통일론을 주장한 조봉암을 비롯한 진보당 간부들을 국가 변란 혐의로 체포하였어요(진보당 사건, 1958).

① 여수·순천 10·19 사건이 일어났다.
➡ 1948년에 제주 4·3 사건 진압을 위해 이승만 정부가 여수와 순천에 주둔한 군대에 출동 명령을 내렸지만 군대 내 일부 세력이 명령을 거부하고 무장봉기하였어요. 이를 여수·순천 10·19 사건이라고 합니다.

②진보당의 당수였던 조봉암이 처형되었다.
➡ 이승만 정부는 1959년에 평화 통일을 주장한 진보당의 당수 조봉암에게 간첩 혐의를 씌워 사형에 처하였어요.

③ 반민족 행위 특별 조사 위원회가 설치되었다.
➡ 제헌 국회에서 제정된 반민족 행위 처벌법에 따라 1948년 10월에 반민족 행위 특별 조사 위원회가 설치되었어요.

④ 국회 프락치 사건으로 일부 국회 의원이 체포되었다.
➡ 1949년 공산당과 내통하였다는 혐의로 현역 국회 의원 10여 명이 검거·기소된 국회 프락치 사건으로 정부에 비판적인 의원들이 제거되어 반민족 행위 처벌법의 공소 시효를 단축시키는 개정안이 통과되었어요.

⑤ 여운형 등의 주도로 좌우 합작 위원회가 구성되었다.
➡ 1946년 여운형, 김규식 등이 통일 정부 수립을 위해 좌우 합작 위원회를 조직하고 좌우 합작 7원칙을 발표하였어요.

기출 선택지 +α

❻ 부산에서 발췌 개헌안이 통과되었다.	(O/X)
❼ 일부 군인들이 5·16 군사 정변을 일으켰다.	(O/X)
❽ 3·15 부정 선거로 여당 부통령 후보가 당선되었다.	(O/X)
❾ 경찰이 반민족 행위 특별 조사 위원회를 습격하였다.	(O/X)

(가) 헌법이 시행된 시기의 사실로 옳은 것은? 　　[2점]

사진은 인민 혁명당 재건위 사건 재판 당시의 모습입니다. 이 사건은 (가) 헌법에 의거하여 발동한 긴급 조치 제4호 등으로 정부에 비판적인 인물들을 반국가 세력으로 몰아 처벌한 것입니다. 당시 사형을 당한 8명은 2007년에 열린 재심 공판에서 무죄를 선고받았습니다.

1974년 박정희 정부가 전국 민주 청년 학생 총연맹(민청학련) 사건의 배후 세력으로 인민 혁명당을 지목하고, 국가 변란을 기도했다는 혐의로 국가 보안법 및 긴급 조치 제4호에 따라 관련자들에게 사형 및 무기 징역을 선고한 사건이에요.

정답 잡는 키워드

❶ 인민 혁명당 재건위 사건, ❷ 긴급 조치 제4호
→ 유신 헌법(박정희 정부)

인민 혁명당 재건위 사건 당시 긴급 조치 제4호 등에 의거하여 처벌되었다는 내용을 통해 (가) 헌법이 박정희 정부가 제정한 유신 헌법임을 알 수 있어요. 박정희 정부는 1972년에 안보와 통일 등을 내세워 10월 유신을 단행하고 유신 헌법을 제정하였어요. 유신 헌법은 대통령의 중임 제한 규정을 두지 않아 사실상 박정희의 영구 집권을 가능하게 만들었고, 대통령에게 국회 의원 3분의 1 추천권, 긴급 조치권 등의 권한을 부여하였어요. 박정희 정부는 유신 체제에 반대하는 세력을 억압하기 위해 인민 혁명당 재건위 사건(제2차 인혁당 사건)을 조작하여 관련자를 탄압하였어요.

① 김주열이 최루탄을 맞고 사망하였다.
➡ 1960년에 이승만 정부가 자행한 3·15 부정 선거에 항의하는 시위가 전국 각지에서 일어났고, 마산에서 시위에 참여하였다가 실종된 김주열의 시신이 발견되면서 시위는 격화되었어요.

② 부천 경찰서 성 고문 사건이 발생하였다.
➡ 전두환 정부 시기인 1986년에 부천 경찰서에서 여성 노동자에 대한 조사 과정에서 성 고문 사건이 일어났어요.

③ 개헌 청원 백만 인 서명 운동이 전개되었다.
➡ 박정희 정부 시기인 1973년에 장준하, 백기완 등 재야인사들을 중심으로 유신 헌법 개정을 요구하는 개헌 청원 100만 인 서명 운동이 전개되었어요.

④ 국민 보도 연맹원에 대한 학살이 자행되었다.
➡ 국민 보도 연맹은 1949년에 좌익 운동을 하다 전향한 사람들로 조직된 반공 단체였어요. 하지만 이승만 정부 시기인 6·25 전쟁 초기에 북한군에 밀려 정부와 경찰이 후퇴하는 과정에서 국민 보도 연맹원에 대한 학살이 자행되었어요.

⑤ 민주화 시위 도중 대학생 강경대가 희생되었다.
➡ 노태우 정부 시기인 1991년에 대학생 강경대가 노태우 정부의 반민주적 통치에 반대하는 시위를 벌이다가 경찰의 과잉 진압으로 사망하였어요.

기출 선택지 +α

❻ 박종철 고문치사 사건이 발생하였다. 　　(O/X)
❼ 신민당사에서 YH 무역 노동자들이 농성을 하였다. 　(O/X)
❽ 장기 독재에 저항한 3·1 민주 구국 선언이 발표되었다.(O/X)

기출 선택지 +α 　정답 ❻ ×[전두환 정부] ❼○ ❽○

(가) 정부 시기의 경제 상황으로 옳은 것은? 　　[1점]

사진으로 보는 (가) 정부

경부 고속 도로 개통 ｜ 포항 제철소 1기 준공

박정희 정부는 서울 – 부산 간 고속 도로(경부 고속 도로)를 1968년에 착공하여 1970년에 완공하였어요. ｜ 1970년에 시작된 포항 종합 제철소 1기 건설 공사가 1973년에 마무리되었어요.

정답 잡는 키워드

❶ 경부 고속 도로 개통, ❷ 포항 제철소 1기 준공 → 박정희 정부

경부 고속 도로가 개통되고 포항 제철소 1기가 준공되었다는 자료를 통해 (가) 정부가 박정희 정부임을 알 수 있어요. 박정희 정부는 1962년부터 1971년까지 제1, 2차 경제 개발 5개년 계획을 추진하여 신발·의류·가발 등 노동 집약적 경공업 제품의 수출에 집중하였어요. 이 시기에 서울과 부산을 잇는 경부 고속 도로가 개통되었어요. 1970년대에는 제3, 4차 경제 개발 5개년 계획을 추진하여 중화학 공업 중심의 경제 발전을 추구하였어요. 이 시기에 포항 종합 제철소가 준공되고 연간 수출액 100억 달러가 달성되었어요.

① 제3차 경제 개발 5개년 계획을 추진하였다.
➡ 박정희 정부는 1972년부터 고도성장 및 중화학 공업화를 목표로 제3차 경제 개발 5개년 계획을 추진하였어요.

② 미국과 자유 무역 협정(FTA)을 체결하였다.
➡ 노무현 정부 시기에 체결된 미국과의 자유 무역 협정(FTA)이 이명박 정부 시기에 국회에서 비준되었어요.

③ 대통령 긴급 명령으로 금융 실명제를 실시하였다.
➡ 김영삼 정부 출범 직후인 1993년에 대통령 긴급 명령으로 금융 실명제가 실시되었어요.

④ 국제 통화 기금(IMF)의 구제 금융 지원금을 조기 상환하였다.
➡ 김대중 정부는 기업에 대한 강도 높은 구조 조정과 국민의 자발적인 금 모으기 운동 등에 힘입어 국제 통화 기금(IMF)에서 지원받은 자금을 조기에 상환하였어요.

⑤ 저임금 노동자의 생활 안정을 위해 최저 임금법을 제정하였다.
➡ 전두환 정부 시기인 1986년에 낮은 임금의 노동자를 보호하기 위한 취지로 최저 임금법이 제정되었어요.

기출 선택지 +α

❻ 연간 수출액 100억 달러가 달성되었다. 　　(O/X)
❼ 경제 협력 개발 기구(OECD)에 가입하였다. 　(O/X)
❽ 저유가·저금리·저달러의 3저 호황이 있었다. 　(O/X)
❾ 원조 물자를 가공하는 삼백 산업이 발달하였다. 　(O/X)
❿ 농촌의 근대화를 표방한 새마을 운동이 전개되었다. (O/X)

기출 선택지 +α 　정답 ❻○ ❼ ×[김영삼 정부] ❽ ×[전두환 정부] ❾ ×[이승만 정부] ❿○

[47~48] 다음을 읽고 물음에 답하시오.

> (가)❶여덟째는 적금서당이다. 왕 6년에 보덕국 사람들로 당을 만들었다. 금장의 색은 적흑이다. 아홉째는 청금서당이다. …… 금장의❷색은 청백이다.
>
> 통일 신라의 중앙군인 9서당의 각 부대는 옷깃의 색으로 구분하였는데, 이 중 적금서당은 보덕국의 고구려 유민, 청금서당은 백제인으로 편성된 부대였어요.
>
> (나)❸응양군, 1령(領)으로 군에는 정3품의 상장군 1인과 종3품의 대장군 1인을 두었으며, …… 정8품의 산원 3인, 정9품의 위 20인, 대정은 40인을 두었다.
>
> (다)❹무위영, 절목계하본(節目啓下本)에 의하여 낭청 1명을 훈련도감의 예에 따라 문신으로 추천하여 군색종사관으로 칭하고 …… 중군은 포장·장어영 중군을 거친 자로 추천하여 금군별장이라 칭한다.
>
> (라)별대와 정초군의 군병을 합하여 한 영(營)의 제도를 만들어 본영❺은금위영이라 칭하고, 군병은 금위별대라 칭한다.

킬러 문항

47 시대별 군사 조직 정답 ②

(가)~(라) 군사 조직을 만들어진 순서대로 옳게 나열한 것은? [3점]

정답 잡는 키워드

❶ 여덟째는 적금서당, ❷ 아홉째는 청금서당
→ (가) 9서당(통일 신라 신문왕)

❸ 응양군 → (나) 2군(고려)

❹ 무위영 → (다) 2영(조선 고종)

❺ 금위영 → (라) 5군영(조선 숙종)

(가) 신라는 통일 이후 신문왕 때 9서당의 중앙군과 10정의 지방군 체제를 갖추었어요. 신라인 외에 고구려인, 백제인, 말갈인까지 포함하여 9서당을 편성하고 이를 통해 민족 융합을 꾀하였어요.

(나) 고려의 중앙군인 2군은 국왕의 친위 부대로, 응양군과 용호군으로 구성되었어요.

(다) 조선 고종 때 개화 정책의 일환으로 훈련도감 등 종래의 5군영을 무위영과 장어영의 2영으로 통합하였어요.

(라) 조선 숙종 때 국왕 호위와 수도 방어를 위한 금위영이 설치되어 5군영 체제가 완성되었어요. 임진왜란 중에 훈련도감이 설치된 것을 시작으로 인조 때 어영청, 총융청, 수어청이 차례로 설치되고, 숙종 때 5군영 가운데 가장 마지막으로 금위영이 창설되었어요.

① (가) - (나) - (다) - (라)

② (가) - (나) - (라) - (다)

➡ (가) 9서당(통일 신라 신문왕) → (나) 2군(고려) → (라) 5군영(조선 숙종) → (다) 2영(조선 고종)

③ (나) - (가) - (라) - (다)

④ (나) - (다) - (가) - (라)

⑤ (다) - (라) - (나) - (가)

48 신문왕의 업적 정답 ①

밑줄 그은 '왕'의 업적으로 옳은 것은? [2점]

삼국 통일을 완수한 문무왕의 뒤를 이어 즉위한 신라 신문왕은 진골 귀족 세력을 숙청하고 왕권을 강화하였어요. 이를 바탕으로 통치 체제를 정비하여 9주 5소경의 지방 행정 조직을 마련하고 9서당 10정의 군사 조직을 갖추었습니다. 또한, 국학을 설치하여 유학을 교육하고 왕권을 뒷받침할 인재를 양성하였어요.

① 김흠돌의 난을 진압하였다.

➡ 신라 신문왕은 즉위 초에 일어난 김흠돌의 난을 진압하고 진골 귀족 세력을 숙청하여 왕권을 강화하였어요.

② 병부와 상대등을 설치하였다.

➡ 신라 법흥왕은 병부와 상대등을 설치하여 정치 조직을 정비하였어요.

③ 나선 정벌에 조총 부대를 파견하였다.

➡ 조선 효종은 청의 요청에 따라 나선 정벌을 위해 변급, 신류 등이 이끄는 조총 부대를 파견하였어요.

④ 정계와 계백료서를 지어 관리의 규범을 제시하였다.

➡ 고려 태조 왕건은 "정계"와 "계백료서"를 지어 관리들이 지켜야 할 규범을 제시하였어요.

⑤ 쌍성총관부를 공격하여 철령 이북의 땅을 수복하였다.

➡ 고려 공민왕은 유인우, 이자춘 등을 보내 원이 설치한 쌍성총관부를 공격하여 철령 이북의 영토를 수복하였어요.

기출 선택지 +α

❻ 백성에게 정전을 지급하였다.	(O/X)
❼ 친위 부대로 장용영을 설치하였다.	(O/X)
❽ 이사부를 보내 우산국을 복속시켰다.	(O/X)
❾ 백두산정계비를 세워 국경을 정하였다.	(O/X)
❿ 지방 행정 제도를 9주 5소경으로 정비하였다.	(O/X)

핵심 개념 | 신문왕의 왕권 강화와 체제 정비

왕권 강화	• 김흠돌의 난 진압 → 진골 귀족 숙청 • 관료전 지급, 녹읍 폐지 → 진골 귀족의 경제 기반 약화
체제 정비	• 중앙 정치 기구(집사부, 병부, 위화부 등 14개 중앙 부서 정비), 지방 행정 조직(9주 5소경 설치), 군사 조직(9서당 10정 설치) • 국학 설치(유학 교육 → 왕권을 보좌할 실무 관료 양성)

기출 선택지 +α

정답 ❻ ×[신라 성덕왕] ❼ ×[조선 정조] ❽ ×[신라 지증왕] ❾ ×[조선 숙종] ❿ ○

49 5·18 민주화 운동   정답 ⑤

(가) 민주화 운동에 대한 설명으로 옳은 것은?   [1점]

이곳은 옛 전남 도청 본관으로 (가) 당시 시민군이 계엄군에 항쟁한 장소입니다. 정부는 본관을 포함한 옛 전남 도청을 복원하여 (가) 의 의미를 기억하고 추모하는 공간으로 되살리겠다고 하였습니다. 건물 내부에는 당시 상황을 알 수 있는 실물 또는 가상 콘텐츠 공간 등이 조성될 예정입니다.

5·18 민주화 운동 당시 시민을 향해 발포하는 계엄군의 폭력적 진압에 맞서 광주의 시민들도 무장하여 대응하였어요.

정답 잡는 키워드

❶ 전남 도청 본관, ❷ 시민군이 계엄군에 항쟁 → 5·18 민주화 운동

전남 도청 본관에서 시민군이 계엄군에 항쟁하였다는 내용을 통해 (가) 민주화 운동이 5·18 민주화 운동임을 알 수 있어요. 1980년 광주에서 일어난 5·18 민주화 운동은 전두환 등 신군부의 불법적 정권 탈취와 비상계엄 확대에 대한 저항이었어요. 당시 시위에 나선 광주의 학생과 시민들은 계엄 철폐와 신군부 퇴진을 요구하였고, 이 과정에서 신군부가 계엄군과 공수 부대를 앞세워 무자비하게 진압하자 시민들은 자발적으로 시민군을 조직하여 대항하였어요. 그러나 계엄군이 시민들을 무력 진압하면서 수많은 광주의 시민들이 희생되었어요.

① 3·1 민주 구국 선언을 발표하였다.
➡ 1976년에 김대중, 함석헌 등 재야인사들이 3·1 민주 구국 선언을 통해 긴급 조치 철폐 등을 주장하며 유신 반대 운동을 전개하였어요.

② 시위 도중 대학생 이한열이 희생되었다.
➡ 1987년 박종철 고문치사 사건에 대한 진실이 폭로되어 폭압적인 전두환 정부를 규탄하는 시위가 확산되는 가운데 대학생 이한열이 경찰이 쏜 최루탄에 피격된 사건이 일어났어요. 이에 분노한 많은 시민과 학생들이 6·10 국민 대회에 참여하고 대규모 시위를 전개하였어요(6월 민주 항쟁).

③ 호헌 철폐, 독재 타도 등의 구호를 외쳤다.
➡ 6월 민주 항쟁 당시 시민들은 '호헌 철폐', '독재 타도' 등의 구호를 외치며 시위에 참여하였어요.

④ 허정 과도 정부가 출범하는 계기가 되었다.
➡ 4·19 혁명으로 이승만이 대통령직에서 물러나고 허정 과도 정부가 출범하였어요.

⑤ 관련 기록물이 유네스코 세계 기록 유산으로 등재되었다.
➡ 5·18 민주화 운동의 발생과 탄압에서부터 진상 조사 활동과 보상에 이르기까지의 관련 기록물이 유네스코 세계 기록 유산으로 등재되었어요.

기출 선택지 +α

❻ 5년 단임의 대통령 직선제 개헌을 이끌어 냈다.   (O / X)
❼ 전개 과정에서 시민군이 자발적으로 조직되었다.   (O / X)
❽ 신군부의 비상계엄 확대가 원인이 되어 일어났다.   (O / X)
❾ 경무대로 향하던 시위대가 경찰의 총격을 받았다.   (O / X)
❿ 대통령 하야를 요구하며 대학교수단이 시위행진을 벌였다.
   (O / X)

기출 선택지 +α
정답 ❻ ×[6월 민주 항쟁] ❼ ○ ❽ ○ ❾ ×[4·19 혁명] ❿ ×[4·19 혁명]

---

50 김영삼 정부 시기의 사실   정답 ⑤

다음 뉴스가 보도된 정부 시기에 있었던 사실로 옳은 것은?   [3점]

오늘 수방사령관과 특전사령관이 해임되었습니다. 지난달 육군참모총장과 기무사령관이 교체된 이후 불과 한 달여 만에 단행된 인사 조치입니다. 군 내부의 사조직을 해체하려는 문민정부의 의지가 반영된 것으로 보입니다.

1992년 제14대 대통령 선거에서 김영삼 후보가 당선되어 1961년 5·16 군사 정변 이후 30여 년만에 민간인 출신의 대통령이 이끄는 문민정부가 출범하였어요.

정답 잡는 키워드

❶ 군 내부의 사조직 해체, ❷ 문민정부 → 김영삼 정부

군 내부의 사조직을 해체하려는 문민정부라는 내용을 통해 김영삼 정부 시기에 있었던 뉴스 보도임을 알 수 있어요. 김영삼 대통령은 당선 이후 새 정부의 명칭을 군부 출신이 아니라는 점을 부각시켜 문민정부로 정하였어요. 김영삼 정부는 군대 내의 사조직이었던 하나회를 중심으로 하는 신군부 세력을 해체하기 위해 대대적인 군 개혁에 착수하여 하나회를 척결하였어요. 또 '역사 바로 세우기'를 내세워 전두환, 노태우 두 전직 대통령을 비롯한 신군부 핵심 인물들을 12·12 사태와 5·18 민주화 운동 당시 무력 진압과 부정부패 등의 혐의로 재판정에 세웠어요.

① 굴욕적인 대일 외교에 반대하는 6·3 시위가 일어났다.
➡ 박정희 정부 시기에 굴욕적인 대일 국교 정상화에 반대하여 6·3 시위가 일어났어요.

② 북방 외교를 추진하여 사회주의 국가인 소련과 수교하였다.
➡ 노태우 정부 시기에 냉전이 해체되는 국제 정세의 변화 속에서 북방 외교를 추진하여 소련, 중국 등 사회주의 국가들과 수교를 맺었어요.

③ 통일 방안을 논의하기 위해 남북 조절 위원회를 설치하였다.
➡ 박정희 정부 시기에 남북한은 7·4 남북 공동 성명에 따라 남북 조절 위원회를 설치하여 통일 방안을 논의하였어요.

④ 경제적 취약 계층을 위한 국민 기초 생활 보장법을 시행하였다.
➡ 김대중 정부 시기에 경제적 취약 계층을 위해 국가가 생계비, 주거비, 의료비 등을 보조하는 국민 기초 생활 보장법을 시행하였어요.

⑤ 역사 바로 세우기를 내세우며 옛 조선 총독부 건물을 철거하였다.
➡ 김영삼 정부 시기에 '역사 바로 세우기' 운동의 일환으로 일제 잔재 청산을 추진하여 옛 조선 총독부 건물을 철거하였어요.

기출 선택지 +α

❻ 남북 기본 합의서가 채택되었다.   (O / X)
❼ 지방 자치제가 전면 시행되었다.   (O / X)
❽ 한·일 월드컵 축구 대회가 개최되었다.   (O / X)
❾ 국민학교라는 명칭을 초등학교로 변경하였다.   (O / X)
❿ 남북 이산가족 고향 방문이 최초로 이루어졌다.   (O / X)

기출 선택지 +α
정답 ❻ ×[노태우 정부] ❼ ○ ❽ ×[김대중 정부] ❾ ○ ❿ ×[전두환 정부]

심화 제68회

2023년 12월 2일(토) 시행

해설 강의 바로 보기

합격률 59.4%

응시 인원 : 31,210명
합격 인원 : 18,524명

시대별 출제 비중

전근대 28문항

선사 3문항
청동기 시대의 생활 모습, 고조선, 부여

고려 7문항
성종 재위 시기의 사실, 광종 재위 시기의 사실, 고려의 지방 통치 체제, 고려와 여진의 관계, 삼별초, 원 간섭기의 사실, 직지심체요절

고대 7문항
백제의 문화유산, 삼국 통일 과정, 신라 말의 상황, 금관가야, 소수림왕의 업적, 발해의 문화유산, 삼국 시대 사람들의 학습 활동

조선 11문항
정도전의 활동, 세조의 정책, 임진왜란, 조식의 활동, 세종 재위 시기의 사실, 조선 후기의 사회 모습, 영조의 정책, 승정원, 예송, 종묘, 조선 시대 역관

근현대 22문항

개항기 6문항
강화도 조약, 동학 농민 운동, 부산 두모포 수세 사건, 보빙사, 신민회의 활동, 광무개혁

일제 강점기 6문항
1930년대 후반 이후 일제 식민 통치, 3·1 운동, 국민 대표 회의, 산미 증식 계획, 북로 군정서, 형평 운동

현대 7문항
6·25 전쟁, 김대중 정부의 통일 정책, 4·19 혁명, 박정희 정부 시기의 경제 상황, 전두환 정부 시기의 사회 모습, 여운형의 활동, 전태일 분신 투쟁의 영향

시대 통합 3문항
역사 속 천문 관련 사례, 개성의 역사, 여러 가지 자기의 특징

분류별 출제 비중 고대~조선

정치 16문항 / 경제 / 사회 1문항 / 문화 8문항

난이도별 출제 비중

상 4문항
중 33문항
하 13문항

큰별쌤의 한줄평

낯선 자료가 출제되었으나 기본 개념만 충실히 익히면 충분히 합격할 수 있는 평이한 시험

(가) 시대의 생활 모습에 대한 설명으로 옳은 것은? [1점]

사진으로 만나는❶고창 고인돌 유적

고창 고인돌 유적과 함께 화순, 강화의 고인돌 유적은 보존 상태가 좋고 형태가 다양하여 2000년에 유네스코 세계 유산으로 등재되었어요.

우리 박물관에서는 2000년 유네스코 세계 유산으로 등재된 고창 고인돌 유적을 소개하는 특별전을 마련하였습니다. 고인돌은 ❷계급이 발생한 (가) 시대를 대표하는 무덤입니다. 사진을 통해 다양한 고인돌의 형태를 살펴보시기 바랍니다.

■ 기간 : 2023년 ○○월 ○○일-○○월 ○○일
■ 장소 : ▲▲ 박물관 기획 전시실

정답 잡는 키워드

❶ 고창 고인돌 유적, ❷ 계급 발생 → 청동기 시대

'고창 고인돌 유적'과 계급이 발생하였다는 내용을 통해 (가) 시대가 청동기 시대임을 알 수 있어요. 청동기 시대에는 지배층의 무덤으로 고인돌을 만들었어요. 거대한 규모의 고인돌을 통해 많은 인력을 동원할 수 있는 힘을 가진 지배자가 존재하였음을 알 수 있어요. 청동기 시대에 농경이 발달하고 생산력이 향상되어 잉여 생산물이 생기면서 토지나 생산물에 대한 사유 개념이 나타났고, 빈부의 차이가 발생하여 계급이 형성되었어요.

① 반달 돌칼로 벼를 수확하였다.
➡ 청동기 시대에 반달 돌칼을 사용하여 벼, 보리 등의 곡식을 수확하였어요. 청동기 시대에도 농기구는 주로 돌로 만들어졌어요.

② 소를 이용하여 깊이갈이를 하였다.
➡ 고려 시대에 들어와 소를 이용한 깊이갈이가 일반화되었어요.

③ 주로 동굴이나 강가의 막집에서 살았다.
➡ 구석기 시대에 사람들은 이동 생활을 하며 주로 동굴이나 강가의 막집에서 살았어요.

④ 오수전, 화천 등의 중국 화폐로 교역하였다.
➡ 철기 시대 유적에서 발견되는 오수전, 화천 등의 중국 화폐를 통해 중국과 교역이 이루어졌음을 알 수 있어요.

⑤ 옷을 만들 때 가락바퀴와 뼈바늘을 이용하기 시작하였다.
➡ 신석기 시대에 가락바퀴로 실을 뽑고 뼈바늘로 옷이나 그물 등을 만들기 시작하였어요.

기출 선택지 +α

❻ 반량전, 명도전 등 화폐를 사용하였다. (O / X)
❼ 비파형 동검과 청동 거울 등을 제작하였다. (O / X)
❽ 쟁기, 쇠스랑 등의 철제 농기구를 사용하였다. (O / X)
❾ 빗살무늬 토기에 음식을 저장하기 시작하였다. (O / X)
❿ 정착 생활을 하게 되면서 움집이 처음 만들어졌다. (O / X)

기출 선택지 +α
정답 ❻ ×[철기 시대] ❼ ○ ❽ ×[철기 시대] ❾ ×[신석기 시대] ❿ ×[신석기 시대]

(가)에 들어갈 내용으로 가장 적절한 것은? [2점]

#8. 궁궐 안

손자와 대화하며 과거를 회상하는 장면

손자 : 할아버지, 어떻게 왕이 되셨나요?
왕 : 이 땅에 들어와서❶처음에는 국경 수비를 맡았다가 준왕을 몰아내고 왕이 되었지.
손자 : 또 무슨 일을 하셨어요?
왕 : 왕검성을 중심으로 기반을 정비하고 백성을 받아들여 나라의 내실을 다졌단다. 그리고 (가)

왕검성은 고조선의 도읍이에요. 고조선은 기원전 108년 한 무제의 공격으로 왕검성이 함락되면서 멸망하였어요.

정답 잡는 키워드

❶ 처음에는 국경 수비를 맡았다가 준왕을 몰아내고 왕이 됨 → 위만

처음에는 국경 수비를 맡았다가 준왕을 몰아내고 왕이 되었다는 내용을 통해 자료의 왕이 고조선의 위만임을 알 수 있어요. 위만은 기원전 2세기경 중국의 진·한 교체기에 연에서 무리를 이끌고 고조선으로 들어왔어요. 준왕의 신임을 얻은 위만은 서쪽 변경의 수비를 담당하면서 세력을 키운 후 준왕을 몰아내고 왕위에 올랐어요. 위만의 집권 이후 고조선은 본격적으로 철기 문화를 수용하고 중국의 한과 한반도 남부 사이에서 중계 무역을 하여 많은 이익을 얻었어요.

① 율령을 반포하여 체제를 정비하였단다.
➡ 율령은 고대 국가의 법률로 '율'은 형법, '령'은 행정 법규를 말해요. 고구려, 백제, 신라는 고대 국가로 성장하는 과정에서 율령을 반포하고 체제를 정비하였어요.

② 화랑도를 국가적인 조직으로 개편하였단다.
➡ 신라는 진흥왕 때 인재 양성을 위해 화랑도를 국가적인 조직으로 개편하였어요.

③ 내신 좌평 등 여섯 명의 좌평을 거느렸단다.
➡ 백제는 내신 좌평, 위사 좌평 등 6좌평의 관제를 마련하였어요.

④ 진번과 임둔을 복속하여 영토를 확대하였단다.
➡ 위만은 고조선 주변 지역의 진번과 임둔을 복속하여 영토를 확대하였어요.

⑤ 지방의 여러 성에 욕살, 처려근지 등을 두었단다.
➡ 고구려는 지방의 여러 성에 욕살, 처려근지 등의 관리를 두어 다스렸어요.

기출 선택지 +α

❻ 한 무제가 파견한 군대에 맞서 싸웠다. (O / X)
❼ 옥저를 정복하고 동해안으로 진출하였다. (O / X)
❽ 연의 장수 진개의 공격을 받아 영토를 빼앗겼다. (O / X)

핵심 개념 고조선

위만의 집권	위만이 고조선에 들어와 준왕을 몰아내고 왕위 차지
발전	• 철기 문화를 본격적으로 수용 • 진번과 임둔을 복속시켜 세력 확장 • 중국의 한과 한반도 남부의 진 사이에서 중계 무역으로 큰 이익을 얻음 → 한과 대립
멸망	한 무제의 침입 → 기원전 108년 우거왕 때 왕검성이 함락되면서 멸망 → 한이 고조선의 일부 지역에 군현 설치

기출 선택지 +α
정답 ❻ ×[고조선 우거왕] ❼ ×[고구려 태조왕] ❽ ×[기원전 3세기, 위만 집권 이전]

3 부여
정답 ③

다음 자료에 해당하는 나라에 대한 설명으로 옳은 것은? [2점]

> ○ 산릉과 넓은 못[澤]이 많아서 동이 지역에서는 가장 넓고 평탄한 곳
> 이다. …… 사람들은 체격이 크고 성품은 굳세고 용감하며, 근엄·후
> 덕하여 다른 나라를 쳐들어가거나 노략질하지 않는다.
> ○ 은력(殷曆) 정월에 지내는 제천 행사는 국중 대회로 날마다 마시고
> 먹고 노래하고 춤추는데, 그 이름을❶영고라 했다.
>
> ─ 고구려의 동맹, 동예의 무천, 삼한의 10월제는 모두 추수가 끝나는
> 10월에 행해졌으나, 부여의 영고는 은력 정월, 곧 12월에 행해졌
> 어요. 본격적인 사냥철이 시작되는 12월에 제천 행사를 연 것으로
> 보아 수렵 사회의 전통을 계승한 것으로 짐작됩니다.
>
> ─ "삼국지" 위서 동이전 ─

정답 잡는 키워드

❶ 영고 → 부여

영고라는 제천 행사를 열었다는 내용을 통해 자료에 해당하는 나라가 부여임을 알 수 있어요. 부여는 만주 쑹화강 일대 평야 지역에서 성장하였어요. 부여에는 순장, 형사취수제 등의 풍습이 있었으며, 남의 물건을 훔칠 경우 12배로 갚게 하였어요. 또 12월에 영고라는 제천 행사를 열고 죄수를 풀어 주기도 하였어요.

① 신성 지역인 **소도**가 존재하였다.
➡ **삼한**에는 제사장인 천군과 신성 지역인 소도가 있었어요.

② 혼인 풍습으로 **민며느리제**가 있었다.
➡ **옥저**에는 여자가 어렸을 때 남자 집에서 데려다 키운 후 성인이 되면 남자가 여자 집에 예물을 주고 혼인하는 민며느리제라는 혼인 풍습이 있었어요.

③ 여러 가(加)들이 각각 사출도를 주관하였다.
➡ 부여는 5부족 연맹체로 왕이 중앙을 다스렸고, 마가, 우가, 저가, 구가 등의 가(加)들이 각각 사출도를 주관하였어요.

④ 특산물로 **단궁**, **과하마**, **반어피**가 유명하였다.
➡ **동예**는 특산물로 단궁, 과하마, 반어피가 유명하였어요.

⑤ 왕 아래 **상가**, **대로**, **패자** 등의 관직이 있었다.
➡ **고구려**에는 왕 아래 상가, 대로, 패자 등의 관직이 있었고, 여러 대가들이 각기 사자, 조의, 선인 등의 관리를 거느렸어요.

기출 선택지 +α

❻ 정사암에 모여 재상을 선출하였다. (O / X)
❼ 도둑질한 자에게 12배로 배상하게 하였다. (O / X)
❽ 읍락 간의 경계를 중시하는 책화가 있었다. (O / X)
❾ 박, 석, 김의 3성이 교대로 왕위를 계승하였다. (O / X)
❿ 사회 질서를 유지하기 위해 범금 8조를 만들었다. (O / X)

핵심 개념 | 부여

위치	쑹화강 유역의 평야 지대에서 성장
정치	5부족 연맹체 : 중앙(왕이 통치) + 사출도(마가·우가·저가·구가 등 여러 가들이 통치) → 왕권 미약
경제	농경과 목축 발달
법률	엄격한 법률 : 살인자는 사형, 도둑질을 하면 12배로 배상(1책 12법) 등
풍속	• 순장, 형사취수제(형이 죽으면 형수를 아내로 삼음) • 제천 행사 : 영고(12월, 수렵 사회의 전통 계승)

기출 선택지 +α 정답 ❻ ×[백제] ❼ ○ ❽ ×[동예] ❾ ×[신라] ❿ ×[고조선]

---

4 백제의 문화유산
정답 ③

(가)~(마) 문화유산에 대한 설명으로 적절하지 않은 것은? [2점]

① (가) - 웅진성이라 불리기도 하였다.
➡ **공산성**은 백제의 두 번째 수도인 웅진(지금의 공주)을 방어하기 위해 축조된 산성이에요. 백제 시대에는 웅진성으로 불렸다가 고려 시대부터 공산성이라고 불렸어요.

② (나) - 중국 남조의 영향을 받았다.
➡ **무령왕릉**은 중국 남조의 영향을 받아 벽돌무덤으로 조성되었어요.

③ (다) - **성왕이 전사한 곳이다.**
➡ 백제 성왕은 554년에 지금의 충청북도 옥천에 있었던 **관산성**에서 신라군과 싸우다 전사하였어요. 부소산성은 백제의 수도였던 사비(지금의 부여) 방어를 위해 축조된 산성이에요.

④ (라) - 사신도 벽화가 남아 있는 무덤이 발견되었다.
➡ **능산리 고분군**(부여 왕릉원)은 부여에 있는 백제의 무덤군으로 모두 7기의 무덤이 있어요. 이 가운데 제1호 고분에서 사신도 벽화가 발견되었어요.

⑤ (마) - 수부(首府)라는 글자가 새겨진 기와가 출토되었다.
➡ **왕궁리 유적**은 익산에 있는 백제의 궁궐터로, 백제 무왕 때 조성된 것으로 추정됩니다. 이곳에서 왕의 거처와 중앙 행정 기구가 있는 곳을 뜻하는 '수부(首府)'라는 글자가 새겨진 기와가 출토되었어요.

5 삼국 통일 과정   정답 ②

(가), (나) 사이의 시기에 있었던 사실로 옳은 것은?   [3점]

> (가) 겨울에 왕이 장차 백제를 쳐서 대야성에서의 싸움을 되갚으려고 **❶** 이찬 김춘추를 고구려에 보내서 군사를 청하였다. 대야성 전투에서 패하였을 때 도독인 품석의 아내도 죽었는데, 바로 춘추의 딸이었다.
> └ 대야성 함락과 백제군에 의한 딸 부부의 죽음에 충격을 받은 김춘추가 원한을 갚기 위해 고구려에 원병을 청하러 갔어요.
>
> (나) **❷** 춘추가 무릎을 꿇고 아뢰기를, "…… 만약 폐하께서 천조(天朝)의 군사를 빌려주시어 흉악한 무리를 없애주지 않으신다면 저희 백성은 모두 포로가 될 것이니, 그렇다면 산 넘고 바다 건너 행하는 술직(述職)*도 다시는 바랄 수 없을 것입니다."라고 하였다. **❸** 당 태종이 매우 옳다고 여겨서 군사의 출정을 허락하였다.
>
> * 술직 : 제후가 입조하여 천자에게 맡은 직무를 아뢰는 것
> └ 고구려 침략에 거듭 실패한 당 태종이 신라의 제안을 받아들여 나·당 동맹이 이루어졌어요.
> — "삼국사기" —

정답 잡는 키워드

❶ 김춘추가 고구려에 가서 군사를 청함
→ (가) 김춘추, 고구려에 군사 요청(642)

❷, ❸ 김춘추의 군사 요청을 당 태종이 수락함
→ (나) 김춘추, 당과 동맹 체결(648)

(가)는 김춘추를 고구려에 보내 군사를 청하였다는 내용을 통해 642년 김춘추가 고구려에 건너가 군사 지원을 요청하는 상황임을 알 수 있어요. (나)는 김춘추가 당에 가서 군사를 요청하고 당 태종이 군사의 출정을 허락하는 것으로 보아 나·당 동맹이 체결되는 상황임을 알 수 있어요. 신라는 642년에 백제 의자왕의 공격을 받아 40여 개의 성을 빼앗기고 전략적 요충지인 대야성이 함락되는 위기를 맞았어요. 이에 김춘추를 보내 고구려에 군사 지원을 요청하였으나 고구려는 신라에 빼앗긴 죽령 이북의 영토를 요구하고 김춘추를 억류하였어요. 군사 요청에 실패하고 신라로 돌아온 김춘추는 648년에 당으로 건너가 나·당 동맹을 성사시켰어요. 이후 나·당 연합군은 백제와 고구려를 차례로 멸망시켰어요.

① 문무왕이 안승을 보덕국 왕으로 봉하였다.
➡ 고구려 멸망 이후 신라 문무왕은 당의 군대를 몰아내기 위해 고구려 부흥 운동을 지원하였으며, 674년 안승을 금마저(지금의 익산)에 머물게 하고 보덕국 왕으로 봉하였어요.

②안시성의 군사와 백성들이 당군을 물리쳤다.
➡ 고구려는 645년에 당 태종의 공격을 받아 요동성과 백암성이 차례로 함락되었지만, 안시성 전투에서 당군을 물리쳤어요.

③ 복신과 도침이 부여풍을 왕으로 추대하였다.
➡ 백제 멸망(660) 이후 복신과 도침은 부여풍을 왕으로 추대하고 백제 부흥 운동을 전개하였어요.

④ 계백이 이끄는 군대가 황산벌에서 항전하였다.
➡ 계백이 이끄는 백제군이 660년에 황산벌에서 신라군에 맞서 싸웠으나 패배하였어요. 이후 나·당 연합군에 사비성이 함락되면서 백제는 멸망하였어요.

⑤ 진흥왕이 대가야를 정복하여 영토를 확장하였다.
➡ 신라 진흥왕은 562년에 대가야를 정복하여 영토를 확장하였어요.

기출 선택지 +α

❻ 흑치상지가 임존성에서 군사를 일으켰다.   (O / X)
❼ 사찬 시득이 기벌포에서 당군을 격파하였다.   (O / X)
❽ 을지문덕이 살수에서 수의 군대를 크게 물리쳤다.   (O / X)

기출 선택지 +α   정답   ❻ ×[660년]   ❼ ×[676년]   ❽ ×[612년]

---

6 신라 말의 상황   정답 ③

밑줄 그은 '시기'에 있었던 사실로 옳은 것은?   [2점]

> **❶** 최치원이 지은 해인사 묘길상탑기에는 **❷** 진성 여왕이 다스리던 시기의 혼란스러운 사회상이 묘사되어 있습니다. '전란과 흉년으로 악 중의 악이 없는 곳이 없고 도처에 굶어 죽거나 싸우다 죽은 시신이 널려 있다.'고 한탄하는 내용이 적혀 있습니다.

합천 해인사 길상탑과
그 안에서 나온 묘길상탑기(탁본)

└ 최치원은 진성 여왕 때 해인사 부근에 있었던 전란으로 사망한 사람들의 넋을 위로하기 위해 세운 길상탑의 탑지인 해인사 묘길상탑기를 남겼어요. 이를 통해 신라 말의 혼란한 사회상을 짐작할 수 있어요.

정답 잡는 키워드

❶ 최치원, **❷** 진성 여왕이 다스리던 시기 → 신라 말(9세기 말)

최치원이 해인사 묘길상탑기를 지었으며 진성 여왕이 다스리던 시기라는 내용을 통해 밑줄 그은 '시기'가 신라 말임을 알 수 있어요. 신라 말에 최치원은 당으로 건너가 빈공과에 급제한 후 당에서 관직 생활을 하였어요. 신라로 귀국한 후 진성 여왕에게 사회 개혁을 위한 시무 10여 조를 건의하였으나 진골 귀족들의 반발로 받아들여지지 않자 은둔 생활을 하였어요.

① 원광이 세속 5계를 제시하였다.
➡ 원광은 6세기 말 진평왕 때 화랑도의 규범으로 세속 5계를 제시하였어요.

② 이차돈의 순교로 불교가 공인되었다.
➡ 6세기 법흥왕 때 이차돈의 순교를 계기로 불교가 공인되었어요.

③원종과 애노가 사벌주에서 봉기하였다.
➡ 9세기 말 진성 여왕 때 사벌주에서 일어난 원종과 애노의 봉기를 계기로 농민 봉기가 잇달아 일어났어요.

④ 거칠부가 왕명에 의해 국사를 편찬하였다.
➡ 6세기 진흥왕 때 거칠부가 왕명을 받아 역사서인 "국사"를 편찬하였어요.

⑤ 자장의 건의로 황룡사 구층 목탑이 건립되었다.
➡ 7세기 전반 선덕 여왕 때 자장의 건의로 황룡사 9층 목탑이 건립되었어요.

기출 선택지 +α

❻ 이사부가 우산국을 정복하였다.   (O / X)
❼ 왕의 장인인 김흠돌이 반란을 도모하였다.   (O / X)
❽ 최치원이 왕에게 시무 10여 조를 건의하였다.   (O / X)

핵심 개념   신라 말의 동요

정치 혼란	• 진골 귀족의 왕위 쟁탈전 심화(혜공왕 피살 이후 150여 년간 20여 명의 왕 교체) → 지방 세력의 반란(김헌창의 난, 장보고의 난) • 왕권 약화, 상대등의 권한 강화
새로운 세력의 성장	• 호족 : 스스로 성주·장군이라 칭하며 지방의 행정권과 군사권 장악, 독자적인 세력 형성 - 1세대 : 장보고(법화원, 청해진) - 2세대 : 견훤, 궁예 • 6두품 : 골품제의 모순 비판, 최치원의 시무 10여 조 건의 등 개혁 주장 → 호족 세력과 연계, 반신라적 경향
농민 봉기	진성 여왕 시기에 절정 → 원종과 애노의 난(889), 적고적의 난(896) 등

기출 선택지 +α   정답   ❻ ×[6세기 지증왕]   ❼ ×[7세기 후반 신문왕]   ❽ ○

7 금관가야
정답 ④

(가) 나라에 대한 설명으로 옳은 것은? [2점]

> (가) 의 대표적 생활 유적지인 봉황대가 회현리 패총과 합쳐져 김해 봉황동 유적으로 확대 지정되었습니다. 이 유적은 김수로왕에 의해 건국되었다고 전해진 (가) 의 초기 모습을 추정해 볼 수 있는 귀중한 문화유산입니다.

"삼국유사"에 김수로왕의 건국 이야기가 전해지는데, 김해 지역 구지봉에서 발견된 6개의 알 중 하나에서 나온 김수로가 금관가야를 세웠다고 합니다.

김해 봉황동 유적, 사적으로 확대 지정

김해 지역을 중심으로 성장한 금관가야의 유적지로 봉황동 유적과 대성동 고분군, 양동리 고분군 등이 있어요.

정답 잡는 키워드

❶ 김수로왕에 의해 건국됨, ❷ 김해 봉황동 유적 → 금관가야

김수로왕에 의해 건국되었다고 전해지며 김해 지역에 유적이 있는 것을 통해 (가) 나라가 금관가야임을 알 수 있어요. 전기 가야 연맹의 맹주였던 금관가야는 지금의 김해 지역에서 성장하였으며, 우수한 제철 기술과 해상 활동에 유리한 입지 조건을 바탕으로 낙랑과 왜를 연결하는 중계 무역으로 번성하였어요. 그러나 4세기 말에 고구려 광개토 태왕이 보낸 고구려군의 공격을 받아 쇠퇴하였어요. 이후 가야 연맹은 대가야를 중심으로 재편되었고, 금관가야는 532년 법흥왕 때 신라에 복속되었어요.

① 집사부를 비롯한 14부를 두었다.
➡ 신라는 집사부, 위화부, 병부 등 14부의 중앙 부서를 운영하였어요.

② 집집마다 부경이라는 창고가 있었다.
➡ 고구려에는 집집마다 부경이라는 작은 창고가 있었어요.

③ 대가들이 사자, 조의, 선인을 거느렸다.
➡ 고구려에서는 대가들이 사자, 조의, 선인 등의 관리를 거느렸어요.

④ 철이 많이 생산되어 낙랑, 왜 등에 수출하였다.
➡ 금관가야는 철이 풍부하게 생산되어 낙랑, 왜 등에 수출하였으며, 덩이쇠를 화폐처럼 사용하였어요.

⑤ 왕족인 부여씨와 8성의 귀족이 지배층을 이루었다.
➡ 백제에서는 왕족인 부여씨와 8성의 귀족이 지배층을 이루었어요.

기출 선택지 +α

❻ 법흥왕 때 신라에 복속되었다. (O / X)
❼ 덩이쇠를 화폐처럼 사용하였다. (O / X)
❽ 골품에 따라 관등 승진에 제한이 있었다. (O / X)
❾ 만장일치제로 운영된 화백 회의가 있었다. (O / X)
❿ 오경박사, 의박사, 역박사 등을 일본에 파견하였다. (O / X)

---

8 소수림왕의 업적
정답 ①

밑줄 그은 '왕'의 업적으로 옳은 것은? [1점]

> ○ 왕은 이름이 구부이고, 고국원왕의 아들이다. 신체가 장대하고, 웅대한 지략이 있었다.
> 소수림왕은 백제 근초고왕의 평양성 공격으로 전사한 아버지 고국원왕의 뒤를 이어 즉위하였어요.
> ○ 진(秦) 왕 부견이 사신과 승려 순도를 보내 불상과 경문을 주었다. 왕이 사신을 보내 답례로 방물(方物)을 바쳤다. - "삼국사기" -
> 소수림왕은 전진에서 온 승려 순도를 통해 불교를 받아들였어요.

정답 잡는 키워드

❶ 고국원왕의 아들, ❷ 진 왕이 승려 순도를 보내 불상과 경문을 줌
→ 소수림왕

고국원왕의 아들이며, 진 왕 부견이 승려 순도를 통해 불상과 경문을 보내오자 답례로 방물을 바쳤다는 내용을 통해 밑줄 그은 '왕'이 고구려 소수림왕임을 알 수 있어요. 4세기 후반 백제와의 전쟁에서 고국원왕이 전사하는 등 국가적 위기 상황에서 즉위한 소수림왕은 불교 수용, 태학 설립, 율령 반포 등을 통해 체제를 정비하고 위기 극복을 위해 노력하였어요. 소수림왕 때의 체제 정비를 바탕으로 고구려는 광개토 태왕과 그 아들 장수왕 시기에 전성기를 이루었어요.

① 태학을 설립하여 인재를 양성하였다.
➡ 소수림왕은 인재 양성을 위해 국립 교육 기관으로 태학을 설립하였어요.

② 도읍을 국내성에서 평양으로 옮겼다.
➡ 장수왕은 국내성에서 평양으로 도읍을 옮기고 남진 정책을 본격화하였어요.

③ 서안평을 점령하여 영토를 확장하였다.
➡ 미천왕은 서안평을 점령하여 영토를 확장하고, 낙랑군과 대방군을 축출하였어요.

④ 영락이라는 독자적인 연호를 사용하였다.
➡ 광개토 태왕은 '영락'이라는 독자적인 연호를 사용하였어요.

⑤ 을파소를 등용하고 진대법을 시행하였다.
➡ 고국천왕은 을파소를 등용하고 빈민 구제를 위해 진대법을 시행하였어요.

기출 선택지 +α

❻ 병부와 상대등을 설치하였다. (O / X)
❼ 고흥에게 서기를 편찬하게 하였다. (O / X)
❽ 낙랑군을 축출하여 영토를 확장하였다. (O / X)
❾ 율령을 반포하여 통치 체제를 정비하였다. (O / X)
❿ 백제의 한성을 공격하여 개로왕을 전사시켰다. (O / X)

핵심 개념 | 4~5세기 고구려

미천왕	서안평 점령, 낙랑군과 대방군 축출
고국원왕	전연(선비족)의 침입을 받음, 백제 근초고왕의 공격으로 전사(평양성 전투)
소수림왕	불교 수용(전진의 승려 순도가 전함), 태학 설립, 율령 반포 → 중앙 집권적 체제 정비
광개토 태왕	백제 공격(한강 이북 차지), 신라에 침입한 왜 격퇴, 거란과 후연을 격파하여 요동과 만주 일대 장악, '영락' 연호 사용
장수왕	평양 천도(427), 백제의 한성 함락(→ 백제 개로왕 전사, 백제의 웅진 천도), 한반도 중부 지역까지 영토 확장

기출 선택지 +α
정답 ❻ ×[신라 법흥왕] ❼ ×[백제 근초고왕] ❽ ×[고구려 미천왕] ❾ ○
❿ ×[고구려 장수왕]

---

9 성종 재위 시기의 사실   정답 ②

밑줄 그은 '교서'를 내린 왕의 재위 기간에 볼 수 있는 모습으로 가장 적절한 것은?   [3점]

> ❶ 상평창을 양경(兩京)과 12목에 설치하고 교서를 내렸다. "한서 식화지에 '그해가 풍년인지 흉년인지에 따라 곡식을 풀거나 거두어들이는 것을 행한다.'라고 하였다. …… 경시서에 맡겨 곡식을 풀거나 거두어들이도록 하라."
>
> — 고려의 수도인 개경과 서경을 말해요.

정답 잡는 키워드

❶ 양경과 12목에 상평창 설치 → 성종

양경과 12목에 상평창을 설치하였다는 내용을 통해 밑줄 그은 '교서'를 내린 왕이 고려 성종임을 알 수 있어요. 성종은 물가 조절을 위해 상평창을 설치하였어요. 상평창은 풍년일 때 곡식의 가격이 떨어지면 값을 올려 사들였다가 흉년이 들어 곡식의 가격이 올라가면 싼값에 곡식을 내놓아 가격이 내려가게 하여 물가를 조절하였어요.

① 서적포에서 책을 인쇄하는 관리
➡ 숙종 때 관학 진흥을 위해 국자감에 출판을 담당하는 서적포를 설치하였어요.

②국자감 학생들을 가르치는 박사
➡ 성종은 개경에 국립 교육 기관으로 국자감을 설립하여 유학 교육을 실시하였어요.

③ 양현고의 재정을 관리하는 관원
➡ 예종 때 관학 진흥을 위해 국자감에 장학 재단인 양현고를 설치하였어요.

④ 9재 학당에서 유교 경전을 읽는 학생
➡ 문종 때 최충은 벼슬에서 물러난 후 사립 교육 기관인 9재 학당을 세웠어요. 9재 학당은 최충의 시호를 따서 문헌공도라고 불리기도 하였어요.

⑤ 청연각의 소장 도서를 분류하는 학사
➡ 예종 때 궁궐 내에 일종의 도서관인 청연각을 설치하였어요.

기출 선택지 +α

❻ 초조대장경을 조판하는 장인		(O / X)
❼ 의창에서 곡식을 빌리는 백성		(O / X)
❽ 도평의사사에서 회의하는 관리		(O / X)
❾ 화통도감에서 화약 무기를 시험하는 군인		(O / X)

---

10 발해의 문화유산   정답 ①

(가) 국가의 문화유산으로 옳은 것은?   [2점]

□□ 신문

제△△호   ○○○○년 ○○월 ○○일

[특집] 우리 역사를 찾아서 - ❶영광탑

영광탑은 중국 지린성 창바이조선족자치현에 있으며, 벽돌로 쌓아 만든 누각 형태의 전탑이다. 지하에는 무덤으로 보이는 공간이 있는 것이 특징이다. 1980년대 중국 측의 조사에서 [(가)]의 탑으로 확정하였다.

5층 벽돌탑으로, 탑의 높이가 약 13미터에 이릅니다. 현재 온전히 남아 있는 유일한 발해의 탑이에요.

정답 잡는 키워드

❶ 영광탑 → 발해

중국 지린성에 있는 영광탑이 자료로 제시된 것을 통해 (가) 국가가 발해임을 알 수 있어요. 발해는 고구려 출신 대조영이 고구려 유민과 말갈인을 이끌고 동모산에서 건국한 나라로 고구려 계승 의식을 표방하였어요. 발해의 왕이 일본에 보낸 국서에서 '고려', '고려 국왕'이라는 호칭을 사용하였고, 일본도 발해를 '고려'라고 불렀어요. 또한, 발해 유적지에서 발견된 온돌 유적이나 문화유산이 고구려 양식과 유사한 점으로 볼 때 발해가 고구려 계승 의식을 가졌음을 짐작할 수 있어요.

①
➡ **발해**의 불상인 이불병좌상이에요. 고구려 불상 양식의 영향을 받았어요.

②
➡ **고려**의 불상인 영주 부석사 소조 여래 좌상이에요. 신라 양식을 계승하였어요.

③
➡ **고구려**의 불상인 금동 연가 7년명 여래 입상이에요.

④
➡ **신라**의 불상인 경주 석굴암 본존불상이에요. 신라의 뛰어난 석공 기술을 보여 줍니다.

⑤
➡ **고려 말~조선 초**에 만들어진 것으로 보이는 금동 관음보살 좌상이에요.

기출 선택지 +α

❻   ❼   ❽

(O / X)   (O / X)   (O / X)

기출 선택지 +α

정답 ❻ O[발해, 치미]   ❼ X[신라, 천마도]   ❽ X[백제, 무령왕릉 석수]

---

11 광종 재위 시기의 사실   정답 ⑤

(가) 왕의 재위 시기에 있었던 사실로 옳은 것은?   [1점]

공은 대송(大宋) 강남 천주 출신이다. …… 예빈성 낭중에 임명하고 집 한 채를 내려 주었다.

이것은 고려에 귀화한 채인범의 묘지명으로 현존하는 고려 시대 묘지명 중 가장 오래된 것입니다. ❶ 노비안검법을 실시한 (가) 은/는 채인범, 쌍기 등의 귀화인들을 적극 등용하였습니다.

후주에서 귀화한 쌍기는 광종에게 과거제 설치를 건의하였으며, 958년 처음으로 실시된 과거에서 지공거가 되어 과거 시험을 주관하였어요.

정답 잡는 키워드

❶ 노비안검법 실시, ❷ 쌍기 등용 → 광종

노비안검법을 실시하였으며, 쌍기 등의 귀화인을 적극 등용하였다는 내용을 통해 (가) 왕이 고려 광종임을 알 수 있어요. 왕위 계승을 둘러싼 외척 간의 다툼이 이어지는 가운데 즉위한 광종은 왕권 강화를 위해 노력하였어요. 먼저 본래 양인이었다가 억울하게 노비가 된 사람을 조사하여 양인 신분으로 되돌려 주는 노비안검법을 실시하여 공신과 호족 세력을 약화하고 국가 재정을 확충하고자 하였어요. 또한, 쌍기의 건의를 받아들여 과거제를 도입하였으며, 관리의 등급에 따라 복복색을 구분하는 공복을 제정하여 관리의 위계질서를 세웠어요.

① 최승로가 시무 28조를 건의하였다.
➡ 성종 때 최승로가 시정 개혁안인 시무 28조를 건의하였어요. 성종은 이를 수용하여 유교 정치 이념을 바탕으로 통치 체제를 정비하였어요.

② 경기에 한하여 과전법이 실시되었다.
➡ 공양왕 때 조준 등의 건의로 경기 지역에 한하여 과전법이 처음 실시되었어요. 과전법은 조선 시대로 이어져 시행되었어요.

③ 신돈이 전민변정도감의 판사가 되었다.
➡ 공민왕 때 신돈이 전민변정도감의 설치를 건의하였어요. 전민변정도감이 설치되자 신돈은 스스로 판사가 되어 권문세족이 부당하게 빼앗은 토지와 노비를 원래 주인에게 되돌려 주는 개혁을 추진하였어요.

④ 빈민 구제 기관인 흑창이 처음 설치되었다.
➡ 태조 때 빈민 구제 기관인 흑창이 처음 설치되었어요. 흑창은 이후 성종 때 의창으로 개칭되었으며 조선 시대까지 이어졌어요.

⑤ 광덕, 준풍 등의 독자적 연호가 사용되었다.
➡ 광종 때 '광덕', '준풍' 등의 독자적 연호가 사용되었어요.

기출 선택지 +α

❻ 국가 주도로 해동통보가 발행되었다.   (O / X)
❼ 쌍기의 건의로 과거제가 시행되었다.   (O / X)
❽ 관리의 규범을 제시한 계백료서가 반포되었다.   (O / X)
❾ 경순왕 김부가 경주의 사심관으로 임명되었다.   (O / X)
❿ 처음으로 직관·산관 각 품의 전시과가 제정되었다.   (O / X)

기출 선택지 +α
정답 ❻ ×[숙종] ❼ ○ ❽ ×[태조 왕건] ❾ ×[태조 왕건] ❿ ×[경종]

---

12 고려의 지방 통치 체제   정답 ③

(가) 시대의 지방 통치 체제에 대한 설명으로 옳은 것은?   [2점]

❶ 개경으로 가는 주요 길목인 혜음령에 세워졌던 혜음원에는 행인의 안전한 통행을 위한 숙소와 사원이 있었습니다. 혜음원지를 통해 개경 외에 ❷ 남경, 동경 등이 설치되었던 (가) 시대 원(院)의 모습을 유추할 수 있습니다.

고지도와 항공 사진을 통해 본 혜음원지

개경 / 혜음령 / 남경 / 파주 혜음원지

정답 잡는 키워드

❶ 개경, ❷ 남경, 동경 등 설치 → 고려 시대

개경 외에 남경, 동경 등이 설치되었다는 내용을 통해 (가) 시대가 고려 시대임을 알 수 있어요. 고려는 수도 개경 외에 몇몇 도시에 수도와 비슷한 기능과 역할을 담당하게 하였어요. 건국 초에 평양을 서경으로 삼아 중시하였으며, 이후 옛 신라의 수도였던 경주를 동경으로 승격시켰어요. 문종 때에는 풍수지리의 영향으로 남경 길지설이 대두되면서 한양을 남경으로 삼았어요. 고려는 여러 차례 지방 행정 제도의 개편을 거쳐 5도 양계의 행정 조직을 정비하고 그 아래 주, 군, 현을 두었어요.

① 22담로에 왕족을 파견하였다.
➡ 담로는 백제의 지방 행정 구역이에요. 무령왕은 지방 통제를 강화하기 위해 22담로에 왕족을 파견하였어요.

② 전국에 9주 5소경을 설치하였다.
➡ 신라는 통일 이후 전국에 9주 5소경을 설치하여 지방 행정 제도를 정비하였어요.

③ 특수 행정 구역으로 향, 부곡, 소가 있었다.
➡ 고려에는 향·부곡·소라는 특수 행정 구역이 있었는데, 이곳의 주민은 거주 이전의 자유가 제한되고 일반 군현민에 비해 더 많은 세금을 내는 등 차별 대우를 받았어요.

④ 지방관을 감찰하기 위하여 외사정을 두었다.
➡ 신라는 지방관을 감찰하기 위해 외사정을 파견하였어요.

⑤ 지방 행정 구역을 8도에서 23부로 개편하였다.
➡ 조선은 제2차 갑오개혁을 추진하면서 지방 행정 구역을 8도에서 23부로 개편하였어요.

기출 선택지 +α

❻ 전국을 5경 15부 62주로 나누었다.   (O / X)
❼ 경재소를 두어 유향소를 통제하였다.   (O / X)
❽ 국경 지역인 양계에 병마사를 파견하였다.   (O / X)
❾ 상수리 제도를 실시하여 지방 세력을 견제하였다.   (O / X)

기출 선택지 +α
정답 ❻ ×[발해] ❼ ×[조선] ❽ ○ ❾ ×[신라]

13 고려와 여진의 관계
정답 ③

(가)~(다)를 일어난 순서대로 옳게 나열한 것은? [3점]

> (가)❶금의 군주 아구다가 국서를 보내 이르기를, "형인 금 황제가 아우인 고려 국왕에게 문서를 보낸다. …… 이제는 거란을 섬멸하였으니, ❷고려는 우리와 형제의 관계를 맺어 대대로 무궁한 우호 관계를 이루기 바란다."라고 하였다.
>
> (나)❸윤관이 여진인 포로 346명과 말, 소 등을 조정에 바치고 영주·복주·웅주·길주·함주 및 공험진에 성을 쌓았다. 공험진에 비(碑)를 세워 경계로 삼고 변경 남쪽의 백성을 옮겨 와 살게 하였다.
>
> (다)❹정지상 등이 왕에게 아뢰기를, "대동강에 상서로운 기운이 있으니 신령스러운 용이 침을 토하는 형국으로, 천 년에 한 번 만나기 어려운 일입니다. 천심에 응답하고 백성들의 뜻에 따르시어 ❺금을 제압하소서."라고 하였다.

윤관은 기병이 강한 여진에 대항할 별무반을 창설하고 여진을 정벌한 뒤 동북 지방에 9개의 성을 쌓아 남쪽의 사람들을 옮겨 와 살게 하였어요.

정답 잡는 키워드

❶, ❷ 금이 고려에 형제 관계를 맺을 것을 요구
→ (가) 금의 형제 관계 요구

❸ 윤관이 여진을 정벌하고 영주, 복주 등에 성을 쌓음
→ (나) 윤관의 여진 정벌, 동북 9성 축조

❹, ❺ 정지상 등이 금 제압 주장 → (다) 정지상 등의 금국 정벌 주장

12세기 초 여진이 성장하면서 고려는 국경 지역에서 여진과 자주 충돌하였어요. 숙종 때 윤관의 건의로 여진 정벌을 위한 별무반이 편성되었고, (나) 예종 때 윤관이 별무반을 이끌고 여진을 정벌한 후 동북 9성을 축조하였어요. 그러나 여진이 계속해서 반환을 요청하고 고려에 조공을 바칠 것을 약속하여 1년 만에 여진에 9성 지역을 돌려주었어요. 이후 세력이 강성해진 여진이 (가) 금을 세우고 고려에 형제 관계를 요구하였으며 거란(요)을 멸망시킨 뒤에는 군신 관계까지 요구하였어요. 인종의 외척으로 당시 권력을 장악하고 있던 이자겸은 정권을 유지하고 전쟁을 피하기 위해 금의 요구를 수용하였어요. 이후 이자겸은 반란을 일으켰다가 실패한 후 축출되었어요. 고려는 대내적으로는 왕권이 약화되고 대외적으로는 금의 압박으로 불안정한 상황을 맞았어요. 이때 (다) 정지상, 묘청 등이 인종에게 서경 길지설을 내세워 서경 천도를 건의하고 칭제건원과 금국 정벌 등을 주장하였어요. 서경 세력은 개경 세력의 반발로 서경 천도가 좌절되자 서경에서 반란을 일으켰으나 김부식이 이끄는 관군에 의해 진압되었어요.

① (가) - (나) - (다)
② (가) - (다) - (나)
③ (나) - (가) - (다)
➡ (나) 윤관의 여진 정벌, 동북 9성 축조 → (가) 금의 형제 관계 요구 → (다) 정지상 등의 금국 정벌 주장
④ (나) - (다) - (가)
⑤ (다) - (나) - (가)

핵심 개념 | 고려와 여진의 관계(12세기)

여진 정벌	여진의 성장, 국경 부근에서 자주 충돌 → 윤관의 건의로 신기군(기병), 신보군(보병), 항마군(승병)으로 구성된 별무반 편성(1104) → 윤관이 별무반을 이끌고 여진 정벌 → 동북 지방에 9성 축조(1107) → 여진의 계속적인 침입과 동북 9성 반환 요청, 여진이 조공을 바치겠다고 약속하여 1년여 만에 여진에 9성 지역을 돌려줌
사대 요구 수용	여진이 금을 세운 뒤 고려에 형제 관계 요구 → 고려가 거절함 → 금이 거란(요)을 멸망시킨 뒤 고려에 군신 관계 요구 → 당시 권력을 장악하고 있던 이자겸이 정권 유지를 위해 금의 사대 요구 수용 → 묘청, 정지상 등의 서경 세력이 금에 대한 사대 비판, 금 정벌 주장

14 역사 속 천문 관련 사례
정답 ④

㉠에 대한 답으로 옳지 않은 것은? [2점]

① 고구려 무용총에 별자리를 그린 벽화가 있어.
➡ 무용총을 비롯한 고구려의 여러 고분에는 별자리를 그린 벽화가 그려져 있어요. 고구려는 높은 수준의 천문 과학 기술을 가진 것으로 보입니다. 조선 태조 때 제작된 천상열차분야지도는 고구려의 천문도를 바탕으로 하였어요.

② 삼국사기에 일식, 월식에 관한 많은 관측 기록이 있어.
➡ 고려 인종 때 김부식 등이 편찬한 "삼국사기"에는 일식, 월식을 포함한 많은 천문 관측 기록이 수록되어 있어요.

③ 충선왕은 서운관에서 천체 운행을 관측하도록 했어.
➡ 고려 충선왕은 천문, 기상 관측, 역법 등을 담당한 사천감과 태사국을 통합하여 서운관이라 하고, 천체 운행 등 천문 현상을 관측하도록 하였어요.

④ 선조 때는 날아가서 폭발하는 비격진천뢰가 개발되었어.
➡ 조선 선조 때 이장손이 날아가서 폭발하는 병기인 비격진천뢰를 개발하였어요. 비격진천뢰는 임진왜란 때 사용되어 성과를 거두기도 하였어요.

⑤ 홍대용이 의산문답을 통해 지전설과 무한 우주론을 주장했어.
➡ 조선 후기에 홍대용은 "의산문답"에서 천문에 대한 지식을 바탕으로 지구가 스스로 돈다는 지전설과 지구가 우주의 중심이 아닌 무수한 별 가운데 하나라는 무한 우주론을 주장하며 중국 중심의 세계관을 비판하였어요.

15 삼별초   정답 ④

(가) 군사 조직에 대한 설명으로 옳은 것은?   [2점]

최우가 집권하면서 설치한 야별초에 속된 군인이 늘어나자 이를 좌·우별초로 나누었어요.

이것은 태안 마도 3호선에서 발굴된 죽찰입니다. 적외선 촬영 기법을 통해 상어를 담은 상자를 우□□별초도령시랑 집에 보낸다는 문장이 확인되었습니다. 우□□별초는 우별초로 해석되는데, **❶우별초**는 **❷최씨 무신 정권이 조직한** (가) 의 하나로 시랑은 장군 격인 정4품이었습니다.

삼별초는 최씨 무신 정권의 군사적 기반이었어요.

앞면 / 앞면 적외선 / 뒷면 / 뒷면 적외선

정답 잡는 키워드

❶ 우별초, ❷ 최씨 무신 정권이 조직 → 삼별초

우별초가 최씨 무신 정권이 조직한 군사 조직의 하나라는 내용을 통해 (가) 군사 조직이 삼별초임을 알 수 있어요. 삼별초는 최씨 무신 정권의 최우가 개경의 치안 유지를 위해 설치한 야별초에서 비롯된 군사 조직이에요. 야별초는 좌별초와 우별초로 분리되었고, 여기에 몽골군에게 포로로 잡혀갔다가 탈출해 온 병사들로 구성된 신의군이 더해져 삼별초가 편성되었어요.

① 후금의 침입에 대비하고자 창설되었다.
➡ 조선 인조는 후금과의 관계가 악화되자 후금의 침입에 대비하기 위해 **어영청, 총융청, 수어청**을 설치하였어요.

② 원의 요청으로 일본 원정에 참여하였다.
➡ **삼별초의 대몽 항쟁이 진압된 이후** 고려 충렬왕 때 원의 요청으로 고려군이 일본 원정에 참여하였어요. 여·원 연합군은 두 차례 일본 원정에 나섰으나 실패하였어요.

③ 신기군, 신보군, 항마군으로 편성되었다.
➡ 고려 숙종 때 윤관의 건의로 여진을 정벌하기 위한 **별무반**이 조직되었어요. 별무반은 기병인 신기군, 보병인 신보군, 승병인 항마군으로 편성되었어요.

④ 진도에서 용장성을 쌓고 몽골에 대항하였다.
➡ 고려 정부가 몽골과 강화를 맺고 개경 환도를 결정하자, **삼별초**는 이에 반발하여 강화도에서 진도로 근거지를 옮겨 용장성을 쌓고 몽골에 대항하였어요. 이후 진도가 함락되자 다시 제주도로 근거지를 옮겨 대몽 항쟁을 이어 갔으나 고려와 몽골 연합군에 의해 진압되었어요.

⑤ 응양군과 용호군으로 구성된 국왕의 친위 부대였다.
➡ 고려의 중앙군인 **2군**은 국왕의 친위 부대로, 응양군과 용호군으로 구성되었어요.

기출 선택지 +α

❻ 거란의 침입에 대비하여 창설되었다.	(O / X)
❼ 최씨 무신 정권의 군사적 기반이었다.	(O / X)
❽ 국경 지역인 북계와 동계에 배치되었다.	(O / X)
❾ 옷깃 색을 기준으로 9개의 부대로 편성되었다.	(O / X)

---

16 원 간섭기의 사실   정답 ③

다음 서술형 평가의 답안에 들어갈 내용으로 가장 적절한 것은?   [2점]

> **서술형 평가**   ○학년 ○○반 이름 : ○○○
>
> ◎ 아래의 인물들이 활동한 시기에 볼 수 있는 사회 모습에 대해 서술하시오.
>
> ○ 윤수는 **응방**을 관리하였는데 권력을 믿고 악행을 행하여 사람들로부터 비난받았다.
 원 간섭기에 원에 조공으로 보낼 매를 잡아 기르기 위해 응방이 설치되었어요.
>
> ○ 유청신은 몽골어를 익혀 여러 차례 원에 사신으로 가서 공을 세우고 **충렬왕**의 총애를 받아 장군이 되었다.
>
> ○ **기철**과 형제들은 누이동생이 원 순제의 황후가 된 후 국법을 무시하고 횡포를 부렸다.
>
> **답안**   *기철은 원 간섭기에 공녀로 원에 끌려갔다가 원 순제의 황후가 된 기황후의 친오빠로, 기황후와 원의 세력을 배경으로 권력을 독점하고 횡포를 부렸어요.*

정답 잡는 키워드

❶ 응방, ❷ 충렬왕, ❸ 기철 → 원 간섭기

'응방', '충렬왕', '기철' 등을 통해 자료의 인물들이 활동한 시기가 고려가 원의 간섭을 받은 원 간섭기임을 알 수 있어요. 몽골은 고려와 강화를 맺은 이후 국호를 '원'으로 바꾸고 고려의 내정에 간섭하였어요. 원은 쌍성총관부, 동녕부, 탐라총관부를 설치하여 고려의 영토 일부를 직접 지배하기도 하였어요. 또한, 일본 원정을 위해 설치한 정동행성을 일본 원정 이후에도 그대로 두어 내정 간섭 기구로 이용하였어요. 이 시기에 고려의 왕이 원의 공주와 혼인하여 고려는 원의 부마국이 되었으며, 왕실 호칭과 관제도 격하되었어요. 원의 요구로 많은 공물을 보내야 하였으며, 많은 고려의 여성이 공녀로 끌려갔어요.

① 왕조 교체를 예언하는 정감록이 유포되었습니다.
➡ 조선 후기에 사회 혼란이 커지면서 왕조 교체를 예언하는 "정감록"이 유포되었어요.

② 대각국사 의천이 해동 천태종을 개창하였습니다.
➡ 고려 전기 숙종 때 대각국사 의천이 해동 천태종을 개창하여 교종을 중심으로 선종을 통합하고자 하였어요.

③ 지배층을 중심으로 변발과 호복이 유행하였습니다.
➡ **원 간섭기**에 변발, 호복 등 몽골의 풍습(몽골풍)이 고려의 지배층을 중심으로 유행하였어요.

④ 가혹한 수탈에 저항하여 망이·망소이가 봉기하였습니다.
➡ 무신 집권기인 명종 때 지배층의 가혹한 수탈에 저항하여 공주의 명학소에서 망이·망소이가 봉기하였어요.

⑤ 상민층이 납속과 공명첩을 활용하여 신분 상승을 꾀하였습니다.
➡ 조선 후기에 상민층이 납속과 공명첩을 활용하여 신분 상승을 꾀하였어요. 그 결과 양반의 수가 증가하고 상민의 수가 감소하여 양반 중심의 신분 질서가 동요하였어요.

기출 선택지 +α

❻ 권문세족이 도평의사사를 장악하였다.	(O / X)
❼ 일본 원정을 위해 정동행성이 설치되었다.	(O / X)
❽ 기근에 대비하기 위해 구황촬요가 간행되었다.	(O / X)
❾ 이자겸이 왕실의 외척이 되어 권력을 독점하였다.	(O / X)

17 직지심체요절　　　　　　정답 ②

(가) 문화유산에 대한 설명으로 옳은 것은?　　　[2점]

2023년 프랑스 국립 도서관에서 열린 '인쇄하다! 구텐베르크의 유럽' 전에서 (가) 이/가 공개되었습니다.

1/3

1973년 '동양의 보물' 전 이후 50년 만에 대중에게 전시되었다는 점에서 의미가 있습니다.

2/3

❶ 승려 백운이 편찬한 불서로 제자들이 1377년 청주 흥덕사에서 인쇄하였습니다. 현재 하권만 프랑스에 남아 있습니다.

3/3

"직지심체요절"의 정식 명칭은 "백운화상초록불조직지심체요절"로, 고려 말의 승려 백운 화상이 부처와 고승들의 어록에서 중요한 내용을 뽑아서 만든 책이에요.

정답 잡는 키워드

❶ 승려 백운이 편찬, ❷ 1377년 청주 흥덕사에서 인쇄
→ "직지심체요절"

승려 백운이 편찬하였으며 1377년에 청주 흥덕사에서 인쇄하였다는 내용을 통해 (가) 문화유산이 "직지심체요절"임을 알 수 있어요. "직지심체요절"은 고려 말인 1377년에 청주 흥덕사에서 금속 활자로 간행되었어요. 19세기에 주한 프랑스 대리 공사였던 콜랭 드 플랑시가 수집하여 프랑스에 가지고 갔으며, 현재 프랑스 국립 도서관에 보관되어 있어요. 프랑스 국립 도서관에서 근무하던 박병선 박사가 "직지심체요절"을 발견하고 연구하여 지금까지 남아 있는 금속 활자본 가운데 세계에서 가장 오래된 것이라는 사실을 밝혀냈어요.

① 신미양요 때 미군이 탈취하였다.
➡ 신미양요 때 미군은 어재연 장군의 장군기인 **수자기**를 탈취해 갔어요.

②현존하는 최고(最古)의 금속 활자본이다.
➡ **"직지심체요절"**은 현존하는 세계에서 가장 오래된 금속 활자본으로, 그 가치를 인정받아 유네스코 세계 기록 유산으로 등재되었어요.

③ 거란의 침입을 물리치기 위해 제작하였다.
➡ 고려 현종 때 부처의 힘을 빌려 거란의 침입을 물리치고자 하는 염원을 담아 **초조대장경**이 만들어졌어요.

④ 장영실, 이천 등이 제작한 활자로 인쇄하였다.
➡ 조선 세종 때 장영실, 이천 등이 왕명으로 금속 활자인 갑인자를 주조하였어요. 이후 **자치통감** 등의 다양한 책이 갑인자로 인쇄되었어요.

⑤ 불국사 삼층 석탑을 보수하는 과정에서 발견되었다.
➡ 불국사 3층 석탑을 보수하는 과정에서 **무구정광대다라니경**이 발견되었어요. 무구정광대다라니경은 현존하는 세계에서 가장 오래된 목판 인쇄물이에요.

기출 선택지 +α

❻ 세금 수취를 위해 3년마다 작성되었다.　　　(O / X)
❼ 유네스코 세계 기록 유산으로 등재되었다.　　(O / X)
❽ 현재 프랑스 국립 도서관에 보관되어 있다.　　(O / X)
❾ 왕의 열람을 위한 어람용이 따로 제작되었다.　(O / X)

---

18 정도전의 활동　　　　　　정답 ④

밑줄 그은 '인물'에 대한 설명으로 옳은 것은?　　　[2점]

정도전은 성리학자의 입장에서 불교 교리를 비판한 "불씨잡변"을 지었어요.

"불씨잡변"을 지어 불교를 비판하였던 인물에 대해 말해 보자.

도성의 축조 계획을 세우고 새 궁궐의 이름을 경복궁이라고 지었어.

❸ 제1차 왕자의 난 때 이방원에게 죽임을 당하였지.

정도전은 한양 도성 축조 계획을 세우고, 법궁으로 지은 경복궁과 경복궁 내 주요 전각에 이름을 붙였어요.

정답 잡는 키워드

❶ "불씨잡변"을 지어 불교 비판, ❷ 경복궁의 이름을 지음,
❸ 제1차 왕자의 난 때 죽임을 당함 → 정도전

"불씨잡변"을 짓고 경복궁의 이름을 지었으며, 제1차 왕자의 난 때 이방원에게 죽임을 당하였다는 내용을 통해 밑줄 그은 '인물'이 정도전임을 알 수 있어요. 정도전은 이성계를 도와 조선 건국을 주도하였으며, 건국 이후에는 한양 도성의 기본 계획을 세우고 제도를 정비하는 등 국정 운영의 기틀을 마련하였어요. 정도전은 재상 중심의 정치를 강조하였는데, 국왕 중심의 정치를 추구한 이방원이 일으킨 제1차 왕자의 난 때 죽임을 당하였어요.

① 최초의 서원인 백운동 서원을 건립하였다.
➡ 중종 때 풍기 군수 **주세붕**이 우리나라 최초의 서원인 백운동 서원을 건립하였어요.

② 일본에 다녀와서 해동제국기를 편찬하였다.
➡ 신숙주는 일본에 다녀와서 일본의 정치, 외교, 사회 등을 종합적으로 정리한 "해동제국기"를 편찬하였어요.

③ 성학십도를 지어 군주의 도를 도식으로 설명하였다.
➡ 이황은 선조가 성군이 되기를 바라는 마음으로 군주의 도를 도식으로 설명한 "성학십도"를 지어 바쳤어요.

④조선경국전을 저술하여 통치 제도 정비에 기여하였다.
➡ **정도전**은 나라를 다스리는 기준을 종합적으로 서술한 "조선경국전"을 지어 태조에게 바쳤어요.

⑤ 경세유표를 집필하여 국가 제도의 개혁 방향을 제시하였다.
➡ **정약용**은 유배 생활을 하면서 "경세유표"를 집필하여 국가 제도의 개혁 방향을 제시하였고, "목민심서"를 저술하여 수령이 지켜야 할 지침을 밝혔어요.

기출 선택지 +α

❻ 지공거 출신으로 9재 학당을 설립하였다.　　　(O / X)
❼ 인재 등용을 위해 현량과 실시를 건의하였다.　(O / X)
❽ 기축봉사를 올려 명에 대한 의리를 내세웠다.　(O / X)
❾ 경제문감을 저술하고 재상 중심의 정치를 주장하였다. (O / X)

핵심 개념 | 정도전의 활동

활동	• 이성계를 도와 조선 건국을 주도함, 재상 중심의 정치 강조, 조선 초 문물제도 정비에 크게 기여함 • 한양 도성의 기본 계획을 세움, 새 궁궐의 이름을 경복궁이라 지음
저서	"조선경국전"(태조 이성계에게 지어 바친 법전), "경제문감"(정치 철학서), "불씨잡변"(불교 이론 비판) 등 저술

19 세조의 정책
정답 ②

(가) 왕에 대한 설명으로 옳은 것은? [3점]

작품명 : 출기파적도(出奇破賊圖)

이 그림은 **이시애가 일으킨 반란**을 좌대장 어유소가 진 압하는 상황을 표현한 것이다. 이시애는 (가) 의 호 패법 재실시 등 중앙의 통제 강화에 반발하여 함길도에서 반란을 일으켰다.

이시애의 난 과정에서 유향소를 중심으로 현지의 토착 세력이 결집하여 중앙의 통제에 반발하자 세조는 난을 진압한 후 유향소를 폐지하였어요.

정답 잡는 키워드

❶ 이시애가 반란을 일으킴 → 세조 때

이시애가 반란을 일으켰다는 내용을 통해 (가) 왕이 조선 세조임을 알 수 있어 요. 조선은 중앙에서 지방관을 파견하였으나 함길도 지역은 국경 지역에 접해 있는 특수한 사정을 고려하여 명망 있는 토착 세력을 지방관으로 임명하였어 요. 그러나 세조가 중앙 집권 체제를 강화하면서 현지 출신 수령을 점차 줄이 고 중앙에서 직접 관리를 파견하였어요. 이에 불만을 품은 함길도 토착 세력 이시애가 길주를 근거지로 반란을 일으켰어요. 세조는 이시애의 반란을 진압 하고 유향소를 폐지하였어요.

① 주자소를 설치하여 계미자를 주조하였다.
➡ 태종은 활자 주조 관청인 주자소를 설치하여 계미자를 주조하였어요.

②현직 관리를 대상으로 직전법을 실시하였다.
➡ 세조는 수신전, 휼양전 등의 명목으로 토지가 세습되어 새 관리에게 지급할 토 지가 부족해지자 현직 관리에게만 수조권을 지급하는 직전법을 실시하였어요.

③ 조선의 기본 법전인 경국대전을 완성하였다.
➡ 성종은 세조 때부터 편찬을 시작한 "경국대전"을 완성하여 통치 체제를 정비 하였어요.

④ 기유약조를 체결하여 일본과의 무역을 재개하였다.
➡ 광해군은 기유약조를 체결하여 임진왜란으로 중단되었던 일본과의 무역을 재개하였어요.

⑤ 폐비 윤씨 사사 사건을 빌미로 갑자사화를 일으켰다.
➡ 연산군은 폐비 윤씨 사사 사건을 빌미로 갑자사화를 일으켜 생모 윤씨의 폐 위와 죽음에 관여한 훈구와 사림 세력을 탄압하였어요.

기출 선택지 +α

❻ 준천사를 신설하여 홍수에 대비하였다. (O/X)
❼ 대전통편을 편찬하여 통치 체제를 정비하였다. (O/X)
❽ 단종 복위 운동을 계기로 집현전을 폐지하였다. (O/X)
❾ 문하부 낭사를 분리하여 사간원으로 독립시켰다. (O/X)

기출 선택지 +α 정답 ❻ ×[영조] ❼ ×[정조] ❽ ○ ❾ ×[태종]

---

20 임진왜란
정답 ③

(가) 전쟁에 대한 탐구 활동으로 가장 적절한 것은? [1점]

오전 10:40   70%

전쟁과 귀화인

김충선   천만리

(가) 당시 일본군 사야가는 조선에 항복한 후 조총 기술의 보 급 등에 기여하였다. 이후 공을 인정받아 김충선이라는 이름을 하사받았다.

명의 장수로 (가) 에 참전한 천만리는 평양성, 울산성 등의 전 투에서 공을 세우고 조선에 남았 다. 전공이 인정되어 화산군에 봉 해졌다.

임진왜란 당시 조총의 위력을 실감했던 조선 정부는 투항한 일본인들을 통하여 조총 제작 기술을 알아내고, 노획한 조총을 분석하는 등 조총의 제작에 힘을 기울였어요.

정답 잡는 키워드

❶, ❷ 일본군 사야가가 항복 후 조총 기술의 보급에 기여함,
❸, ❹ 명의 장수로 평양성, 울산성 등의 전투에서 공을 세움
→ 임진왜란

일본군 김충선과 명의 장수 천만리가 조선에 귀화하였다는 내용을 통해 (가) 전쟁이 임진왜란임을 알 수 있어요. 1592년에 일본군이 조선을 침략하면서 임 진왜란이 발발하였어요. 전쟁 초기에 조선은 수도 한성이 함락되고 선조가 의 주로 피란하는 등 위기를 맞았어요. 그러나 이순신이 이끄는 수군과 각지에서 일어난 의병의 활약, 그리고 명의 지원으로 전세를 역전시킬 수 있었어요. 일 본은 조·명 연합군의 반격으로 전세가 불리해지자 명과 휴전 협상을 진행하였 어요. 휴전 협상은 3년여에 걸쳐 진행되었으나 결렬되었어요. 이에 일본군이 다시 조선을 침략하여 정유재란이 일어났어요. 정유재란 중 도요토미 히데요 시가 사망하자 일본군은 본국으로 철수하였고, 이순신이 노량 해전에서 크게 승리하면서 7년여에 걸친 전쟁이 끝이 났어요.

① 나선 정벌의 전적지를 검색한다.
➡ 효종 때 청과 러시아(나선) 사이에 국경 분쟁이 일어나 청이 조선에 지원군을 요청하였어요. 이에 효종은 두 차례에 걸쳐 조총 부대를 파견하였어요. 나선 정벌에 나섰던 조총 부대는 청군과 연합하여 흑룡강 일대에서 러시아군을 격 퇴하였어요.

② 북학론이 끼친 영향을 파악한다.
➡ 조선 후기에 홍대용, 박제가 등은 청의 앞선 문물을 받아들여 조선을 발전시 키자는 북학론을 제기하였어요.

③명량 해전의 승리 요인을 분석한다.
➡ 정유재란 당시 이순신이 이끄는 수군이 불리한 전황에도 불구하고 명량에서 일본 수군을 크게 격파하였어요.

④ 삼정이정청의 활동 내용을 찾아본다.
➡ 철종 때 진주 농민 봉기를 시작으로 임술 농민 봉기가 일어났어요. 조선 정부 는 사태 수습을 위해 파견한 안핵사 박규수의 건의에 따라 삼정이정청을 설 치하여 봉기의 주요 원인이었던 삼정의 문란을 시정하고자 하였어요.

⑤ 4군과 6진을 개척한 과정을 알아본다.
➡ 세종 때 최윤덕과 김종서가 여진을 정벌하고 4군 6진을 개척하였어요.

21 조식의 활동
정답 ①

(가)의 활동으로 옳은 것은? [3점]

> 문학으로 만나는 역사 인물
>
> 請看千石鐘
> 非大扣無聲
> 爭似頭流山
> 天鳴猶不鳴
>
> 천 석 들어가는 큰 종을 보소서
> 크게 치지 않으면 소리가 없다오
> 어떻게 해야만 두류산*처럼
> 하늘이 울어도 울지 않을까
>
> * 두류산 : 지리산의 별칭

> [해설]
>
> ☐(가)☐ 이/가 만년에 지리산 기슭 산천재에서 학문을 연구하고 제자들을 가르치며 지은 시이다. 지리산에 빗대어 자신의 높은 기상을 표현하였다. 그의 ❶호는 남명으로, ❷조선 중기 경상우도의 대표적인 성리학자로 알려져 있다. 평소 경(敬)과 의(義)를 강조하며 ❸학문의 실천성을 강조하였다.

붕당 형성 과정에서 조식과 이황의 학문을 따르는 영남 지역의 사림이 주로 동인을 이루었어요.

정답 잡는 키워드

❶ 호 '남명', ❷ 조선 중기 경상우도의 대표적인 성리학자, ❸ 학문의 실천성 강조 → 조식

호가 '남명'이며, 조선 중기 경상우도의 대표적인 성리학자로 학문의 실천성을 강조하였다는 내용을 통해 (가) 인물이 조식임을 알 수 있어요. 조선 중기의 성리학자 조식은 관직에 나아가지 않고 평생을 학문 연구와 후진 양성에 힘썼어요. 조식은 '경(敬)'으로 마음을 곧게 하고 '의(義)'로서 실천할 것을 강조하면서 아는 데에서 그치지 않고 실행에 옮기는 것을 중시하였어요. 조식의 사상은 지리산을 중심으로 경상우도의 특징적인 학풍을 이루었으며, 안동을 중심으로 한 경상좌도의 대표적 성리학자인 이황과 함께 영남 유학을 대표하였어요.

① 곽재우, 정인홍 등의 제자를 배출하였다.
➡ 조식의 실천을 강조하는 가르침은 곽재우, 정인홍 등의 제자들에게 영향을 주었어요. 이들은 임진왜란 당시 의병을 일으켜 활약하였어요.

② 기기도설을 참고하여 거중기를 설계하였다.
➡ 정약용은 "기기도설"을 참고하여 거중기를 설계하였어요. 정약용이 설계한 거중기는 수원 화성 축조에 사용되기도 하였어요.

③ 위훈 삭제를 주장하여 훈구 세력의 반발을 샀다.
➡ 조광조는 위훈 삭제를 주장하여 훈구 세력의 반발을 샀어요. 이로 인해 일어난 기묘사화로 조광조 일파가 제거되었어요.

④ 북학의를 저술하여 수레와 배의 이용을 권장하였다.
➡ 박제가는 "북학의"를 저술하여 수레와 배의 이용을 권장하고 청 문물의 수용을 강조하였어요.

⑤ 양명학을 체계적으로 연구하여 강화학파를 형성하였다.
➡ 조선 후기에 정제두는 양명학을 체계적으로 연구하여 강화학파를 형성하였어요.

기출 선택지 +α

❻ 반계수록에서 토지 제도 개혁론을 제시하였다. (O/X)
❼ 우서에서 사농공상의 직업적 평등을 주장하였다. (O/X)
❽ 동호문답에서 수취 제도의 개혁 등을 제안하였다. (O/X)
❾ 예안 향약을 시행하여 향촌 교화를 위해 노력하였다. (O/X)

기출 선택지 +α 정답 ❻ ×[유형원] ❼ ×[유수원] ❽ ×[이이] ❾ ×[이황]

---

22 세종 재위 시기의 사실
정답 ②

밑줄 그은 '왕'의 재위 기간에 있었던 사실로 옳은 것은? [2점]

> 〈역사 다큐멘터리 제작 기획안〉
>
> ### 조선, 전국적인 규모의 여론 조사를 실시하다!
>
> ■ 기획 의도
> 여론 조사를 통해 정책을 추진하려는 왕의 모습에서 '민본'의 의미를 생각해 본다.
>
> ■ 장면별 주요 내용
> #1. ❶왕은 관리와 백성을 대상으로 공법 시행에 대한 전국적인 찬반 조사를 명하다.
> #2. 호조에서 찬성 98,657명, 반대 74,149명이라는 결과를 보고하다.
> #3. 여러 차례 보완을 거쳐 ❷토지의 비옥도와 풍흉에 따라 조세를 차등 징수하는 내용의 공법을 확정하다.

세종은 토지의 비옥도에 따라 6등급으로 나누고(전분6등법), 풍흉에 따라 9등급으로 나누어(연분9등법) 조세를 부과하는 공법을 시행하였어요.

정답 잡는 키워드

❶ 공법 시행에 대한 여론 조사 실시, ❷ 토지의 비옥도와 풍흉에 따라 조세를 차등 징수하는 공법 확정 → 세종

공법 시행에 대한 여론 조사를 실시하였으며, 토지의 비옥도와 풍흉에 따라 조세를 차등 징수하는 내용의 공법을 확정하였다는 내용을 통해 밑줄 그은 '왕'이 조선 세종임을 알 수 있어요. 세종은 전세의 효율적인 수취를 위해 공법을 제정하였어요.

① 세계 지도인 혼일강리역대국도지도가 제작되었다.
➡ 태종 때 세계 지도인 혼일강리역대국도지도가 제작되었어요. 혼일강리역대국도지도는 현존하는 동양에서 가장 오래된 세계 지도입니다.

② 각지의 농법을 작물별로 정리한 농사직설이 간행되었다.
➡ 세종 때 각지 농민의 경험을 바탕으로 우리 풍토에 맞는 농법을 정리한 "농사직설"이 간행되었어요.

③ 유능한 인재를 양성하기 위해 초계문신제가 시행되었다.
➡ 정조 때 인재 양성을 위해 젊은 문신들을 뽑아 재교육하는 초계문신제가 시행되었어요.

④ 우리나라와 중국의 의서를 망라한 동의보감이 완성되었다.
➡ 광해군 때 우리나라와 중국의 의서를 망라하여 전통 한의학을 집대성한 "동의보감"이 완성되었어요.

⑤ 전국의 지리, 풍속 등이 수록된 동국여지승람이 편찬되었다.
➡ 성종 때 각 지역의 역사와 산물, 풍속 등을 기록한 "동국여지승람"이 편찬되었어요.

기출 선택지 +α

❻ 금속 활자인 갑인자가 제작되었다. (O/X)
❼ 국가의 의례를 정비한 국조오례의가 완성되었다. (O/X)
❽ 한양을 기준으로 천체 운동을 계산한 칠정산이 편찬되었다. (O/X)

기출 선택지 +α 정답 ❻ ○ ❼ ×[성종] ❽ ○

23 조선 후기의 사회 모습　정답 ①

다음 상황이 나타난 시기에 볼 수 있는 모습으로 적절하지 않은 것은? [1점]

송파 산대놀이는 서울과 경기 지방에서 성행한 탈놀이입니다.

송파장에 왔으니 **①산대놀이** 보고 가자.

송파장에 사람들도 많고 **②상평통보**도 두둑이 챙겨서 좋네.

쌀 팔고 **③고추, 담배** 사러 왔는데 이런 구경도 하게 되는군.

조선 후기에 고추, 담배 등이 상품 작물로 재배되어 벼농사에 비해 높은 소득을 올리는 소득원이 되었어요. 상품 작물 재배로 일부 농민이 부농층으로 성장하기도 하였어요.

정답 잡는 키워드

❶ 산대놀이, ❷ 상평통보, ❸ 고추, 담배 → 조선 후기

송파장에서 산대놀이를 하고 있으며, 상평통보가 유통되고 사람들이 고추와 담배를 사러 왔다고 말하는 내용을 통해 자료의 상황이 나타난 시기가 조선 후기임을 알 수 있어요. 조선 후기에 상품 유통이 활발해지면서 전국 곳곳에서 장시가 열렸고, 일부 장시는 상설 시장으로 발전하였어요. 특히 송파장, 강경장, 원산장 등은 몇 개의 군현을 연결하는 상업의 중심지로 성장하였어요. 또한, 상업이 발달하면서 화폐 사용이 활발해져 상평통보가 전국적으로 유통되었어요. 농업에서는 시장에 내다 팔기 위한 고추, 담배, 면화 등이 상품 작물로 재배되었어요.

① 벽란도에서 인삼을 사는 송의 상인
➡ **고려 시대**에 예성강 하구의 벽란도가 국제 무역항으로 번성하여 송과 일본 상인뿐 아니라 아라비아 상인도 왕래하였어요.

② 호랑이를 소재로 **민화**를 그리는 화가
➡ **조선 후기**에 건강과 장수 등을 바라는 민중의 소박한 기원을 담은 호랑이, 까치 등을 소재로 한 민화가 유행하였어요.

③ 광산 노동자에게 품삯을 나눠 주는 **덕대**
➡ **조선 후기**에 물주로부터 자본을 받아 광산을 전문적으로 경영하는 덕대가 등장하였어요.

④ 여러 장시를 돌며 물품을 판매하는 **보부상**
➡ **조선 후기**에 여러 장시를 돌며 물품을 판매하는 보부상이 전국의 장시를 하나의 유통망으로 연결하는 역할을 하였어요.

⑤ 저잣거리에서 영웅 소설을 읽어 주는 **전기수**
➡ **조선 후기**에 한글 소설이 유행하면서 사람들이 많이 모이는 곳에는 돈을 받고 전문적으로 책을 읽어 주는 직업인 전기수가 있었어요.

---

24 영조의 정책　정답 ⑤

다음 왕에 대한 설명으로 옳은 것은? [2점]

초상과 어진으로 만나는 조선의 왕

왼편은 연잉군 시절인 20대의 초상이며 오른편은 50대의 어진이다. 그는 즉위 후 탕평 교서를 반포하고 **❶탕평비를 건립**하였다. **❷준천사를 신설**하여 홍수에 대비하였으며, **❸신문고를 다시 설치**하여 백성들의 억울함을 듣고자 하였다.

신문고는 백성들의 억울한 일을 해결해 줄 목적으로 창덕궁 밖에 달았던 북이에요. 조선 태종 때 처음 설치되었어요.

정답 잡는 키워드

❶ 탕평비 건립, ❷ 준천사 신설, ❸ 신문고 재설치 → 영조

탕평비를 건립하였으며, 준천사를 신설하고 신문고를 다시 설치하였다는 내용을 통해 자료의 왕이 조선 영조임을 알 수 있어요. 연잉군 시절 왕세제로 책봉되어 노론과 소론 사이의 갈등 속에 붕당 정치의 폐단을 직접 겪은 영조는 즉위 후 붕당을 없애려는 자신의 뜻에 동의하는 탕평파를 중심으로 정국을 운영하였어요. 탕평 정치에 대한 자신의 의지를 보이기 위해 탕평비를 세우기도 하였습니다. 영조는 각 붕당의 사상적 지주였던 산림의 존재를 부정하고 서원을 정리하였어요. 또한, 준천사를 신설하고 홍수에 대비하기 위해 청계천을 준설하였으며, 신문고를 다시 설치하고 지나친 형벌을 금지하였어요.

① 통치 체제를 정비하기 위해 **대전회통**을 **편찬**하였다.
➡ **고종** 때 흥선 대원군은 "대전통편" 편찬 이후 추가된 각종 법규를 보완하여 "대전회통"을 편찬하였어요.

② 왕권 강화를 위해 친위 부대인 **장용영**을 **설치**하였다.
➡ **정조**는 왕권 강화를 위해 친위 부대인 장용영을 설치하고 수원 화성에 장용영 외영을 두었어요.

③ 각 궁방과 중앙 관서의 **공노비 6만여 명**을 **해방**하였다.
➡ **순조**는 국가 재정을 확충하기 위해 각 궁방과 중앙 관서의 공노비 6만여 명을 해방하였어요.

④ 어영청을 중심으로 국방력을 강화하고 **북벌**을 **추진**하였다.
➡ **효종**은 어영청을 중심으로 국방력을 강화하고 청에 당한 치욕을 씻기 위한 북벌을 추진하였으나 실현하지는 못하였어요.

⑤ **균역법**을 시행하여 백성들의 군역 부담을 줄여 주고자 하였다.
➡ **영조**는 백성들의 군역 부담을 줄여 주기 위해 군포를 1년에 1필만 납부하게 하는 균역법을 시행하였어요.

기출 선택지 +α

❻ 청과의 경계를 정한 백두산정계비를 세웠다. (O / X)
❼ 속대전을 편찬하여 통치 제도를 정비하였다. (O / X)
❽ 신해통공으로 시전 상인의 특권을 축소하였다. (O / X)
❾ 역대 문물을 정리한 동국문헌비고를 편찬하였다. (O / X)
❿ 전세를 1결당 4~6두로 고정하는 영정법을 제정하였다. (O / X)

기출 선택지 +α 정답 ❻ ×[숙종] ❼ ○ ❽ ×[정조] ❾ ○ ❿ ×[인조]

25 승정원
정답 ④

(가) 관서에 대한 설명으로 옳은 것은? [2점]

> **체험 활동 소감문**
>
> 2023년 12월 2일 ○○○
>
> 지난 토요일에 '승경도' 놀이를 체험했다. 승경도는 조선 시대 관직 이름을 적은 놀이판이다. 윷을 던져 말을 옮기는데, 승진을 할 수도 있지만 자칫하면 파직이 되거나 사약까지 받을 수 있어 흥미진진했다.
>
> 놀이 규칙에 은대법이 있는데, <u>(가)</u>을/를 총괄하는 도승지 자리에 도착한 사람은 당하관 자리에 있는 사람들이 던진 윷의 결괏값을 이용할 수 있는 규칙이다. 은대가 무엇인지 몰랐는데, <u>(가)</u>을/를 뜻함을 알게 되었다.
>
> 승정원에는 도승지, 좌승지, 우승지, 좌부승지, 우부승지, 동부승지 모두 6인의 승지가 있었어요.

정답 잡는 키워드

① 도승지가 총괄, ② 은대 → 승정원

도승지가 총괄하는 관서라는 내용과 '은대'를 통해 (가) 관서가 조선의 중앙 정치 기구인 승정원임을 알 수 있어요. 은대는 승정원의 별칭이었습니다. 이 때문에 승정원의 소속 관원을 은대 학사라고도 불렀어요. 승정원에는 도승지를 비롯하여 6명의 승지가 있어 각각 6조의 일을 나누어 맡았는데, 왕명으로 각 승지의 업무는 수시로 변경되기도 하였어요.

① 수도의 행정과 치안을 맡아보았다.
➡ 한성부는 수도의 행정과 치안을 맡아보았어요.

② 재상들이 합의하여 국정을 총괄하였다.
➡ 의정부는 재상들의 합의로 국정을 총괄하는 최고 관서였어요.

③ 반역죄, 강상죄를 범한 중죄인을 다스렸다.
➡ 의금부는 국왕 직속 사법 기구로 반역죄, 강상죄를 범한 중죄인을 다스렸어요.

④ 왕의 비서 기관으로 왕명의 출납을 담당하였다.
➡ 승정원은 왕의 비서 기관으로 왕명의 출납을 담당하였으며, 은대, 정원, 후원, 대언사 등으로 불리기도 하였어요.

⑤ 외적의 침입에 대비하기 위한 임시 기구로 설치되었다.
➡ 비변사는 중종 때 외적의 침입에 대비하기 위한 임시 기구로 설치되었으나 임진왜란을 겪으면서 국정을 총괄하는 기구로 변화하였어요.

기출 선택지 +α

❻ 업무 일지인 내각일력을 작성하였다. (O/X)
❼ 소속 관원을 은대 학사라고도 칭하였다. (O/X)
❽ 외국으로 가는 사신의 통역을 전담하였다. (O/X)

---

26 예송
정답 ④

다음 상황이 나타난 시기를 연표에서 옳게 고른 것은? [3점]

> ○ 송준길이 아뢰었다. "적처(嫡妻) 소생이라도 둘째부터는 서자입니다. …… ❶둘째 아들은 비록 왕통을 계승하였더라도 (그를 위해서는) 3년복을 입어서는 안 됩니다."
> └ "주자가례"에 따르면 장남이 죽으면 그 어머니는 3년복을 입고, 차남 이하 아들이 죽으면 1년복(기년복)을 입어야 하였어요.
> ○ 허목이 상소하였다. "장자를 위해 3년복을 입는다는 것은 위로 처서 정체(正體)이기 때문입니다. …… ❷첫째 아들이 죽어서 적처 소생의 둘째를 세우는 것도 역시 장자라고 부릅니다."

정답 잡는 키워드

❶ 둘째 아들은 왕통을 계승하였더라도 3년복을 입어서는 안 됨,
❷ 첫째 아들이 죽어서 적처 소생의 둘째를 세우는 것도
역시 장자라고 부름 → 1차 예송(현종 때)

왕통을 계승하였더라도 장자가 아니라 둘째 아들이기 때문에 3년복을 입어서는 안 된다는 주장과 첫째 아들이 죽어서 적처 소생의 둘째를 세우는 것도 역시 장자라고 부른다는 주장이 제기된 것으로 보아 조선 현종 때 일어난 1차 예송(기해예송)과 관련된 상황임을 알 수 있어요.

(가)	(나)	(다)	(라)	(마)
계유정난	중종반정	을사사화	인조반정	경신환국 ｜ 이인좌의 난

➡ 예송은 서인과 남인 사이에서 벌어진 왕실 의례에 대한 논쟁이었으나, **인조**의 뒤를 이어 차남으로 왕위를 계승한 효종의 정통성과 관련된 정치적 논쟁이기도 하였어요. 예송은 현종 때 효종과 효종 비의 장례를 두고 두 차례 일어났는데 서인은 왕실도 사대부의 예에 따라 효종을 차남으로 대우하여야 한다고 주장하였으며, 남인은 왕실과 사대부의 예는 다르므로 효종에게 장자의 예를 적용해야 한다고 주장하였어요. 이에 따라 효종이 사망하였을 때 일어난 **1차 예송**(기해예송) 당시 인조의 계비였던 자의 대비의 상복 입는 기간을 두고 서인은 1년복(기년복)을, 남인은 3년복을 주장하였어요. 이때에는 서인의 주장이 받아들여져 서인이 정치 주도권을 잡게 되었어요. 이후 효종 비가 사망하였을 때 일어난 2차 예송(갑인예송)에서는 남인의 주장이 받아들여졌어요. 현종의 뒤를 이어 즉위한 숙종 때 **경신환국**이 일어나 서인이 허적과 윤휴 등 남인을 대거 몰아내고 정권을 장악하였습니다.

따라서 예송이 나타난 시기는 인조반정과 경신환국 사이인 ④ (라)입니다.

① (가)   ② (나)   ③ (다)   ④ (라)   ⑤ (마)

연표로 흐름잡기

1623	인조반정 → 광해군 축출, 인조 즉위
1627	정묘호란 발발
1636	병자호란 발발(~1637)
1649	효종 즉위
1659	현종 즉위, 1차 예송(기해예송)
1674	2차 예송(갑인예송), 숙종 즉위
1680	경신환국(서인 집권)

27 종묘

(가) 문화유산에 대한 설명으로 옳은 것은? [1점]

이 건물은 (가) 의 정전입니다. (가) 은/는 태조 이성계가 개경에 처음 세웠는데, 도읍을 한양으로 옮긴 후 지금의 위치에 건립하였습니다. 사직과 더불어 왕조 국가를 표현하는 상징이었습니다.

종묘는 사직과 함께 왕조 국가를 표현하는 상징으로, 종묘사직은 곧 국가 자체를 의미합니다. 경복궁을 중심으로 왼쪽에 종묘, 오른쪽에 사직단을 세웠어요(좌묘우사).

정답 잡는 키워드

❶ 정전, ❷ 사직과 더불어 왕조 국가를 표현하는 상징 → 종묘

정전이 있으며, 사직과 더불어 왕조 국가를 표현하는 상징이라는 내용을 통해 (가) 문화유산이 종묘임을 알 수 있어요. 조선을 건국한 태조 이성계는 왕실의 정통성을 확립하고 효를 실천하기 위해 한양으로 천도하면서 가장 먼저 종묘를 세웠어요. 종묘의 정전은 가로로 길게 이어져 있는 구조로, 총 19칸으로 구성되어 있는데 우리나라에서 가장 긴 목조 건물입니다. 종묘는 역사적 가치와 건축적 예술성을 인정받아 유네스코 세계 유산으로 등재되었어요.

① 경내에 조선 총독부 청사가 세워졌다.
➡ 국권 피탈 이후 일제에 의해 **경복궁**의 경내에 조선 총독부 청사가 세워졌어요.

②역대 국왕과 왕비의 신주가 모셔져 있다.
➡ **종묘**는 조선 시대 역대 국왕과 왕비의 신주를 모시고 제사를 지내던 공간이에요. 정전과 영녕전에 연산군과 광해군을 제외한 왕과 왕비의 신주가 모셔져 있어요.

③ 대성전과 명륜당을 중심으로 구성되어 있다.
➡ 조선 시대의 교육 기관인 **성균관**과 **향교**는 공자를 비롯한 성현의 위패를 모신 대성전과 학생들을 가르치는 강당인 명륜당, 그리고 부속 건물로 구성되었어요.

④ 일제 강점기에 창경원으로 격하되기도 하였다.
➡ 일제는 **창경궁**을 훼손하고 내부에 동물원과 식물원을 설치하였어요. 또한, 궁궐의 이름을 창경원으로 격하시켰어요.

⑤ 토지와 곡식의 신에게 제사를 지내는 공간이다.
➡ **사직단**은 토지의 신인 사(社)와 곡식의 신인 직(稷)에게 제사를 지내는 공간이에요.

기출 선택지 +α

❻ 후원에 왕실 도서관인 규장각이 있었다. (O/X)
❼ 조선 물산 공진회 개최 장소로 이용되었다. (O/X)
❽ 신농씨와 후직씨에게 풍년을 기원하는 곳이다. (O/X)

---

28 조선 시대 역관

(가)에 들어갈 대답으로 적절한 것은? [2점]

조선 시대 역관에 대해 알려 줘.

통역을 하는 사람으로 조선 후기에는 연행사를 수행하였어.

(가)

변승업처럼 교역으로 막대한 부를 축적한 이도 있어.
변승업은 조선 후기 사역원 소속 일본어 역관으로, 중국과 일본을 연결하는 교역을 통해 큰돈을 벌었어요.

조선 시대의 역관은 중인 계층으로 주로 사신을 수행하면서 통역을 담당하였어요. 이들 중에는 대외 무역으로 큰 이익을 얻은 사람도 있었어요. 조선 시대의 역관, 의관, 천문관, 율관 등 전문적 기술을 갖춘 관리들은 중인 계급에 속하였어요. 조선 후기에 기술직 중인들은 관직 진출 제한을 없애 달라는 소청 운동을 전개하였으나 받아들여지지 않았어요.

① 사간원에서 간쟁을 담당하였어.
➡ 사간원의 관리들은 **간관**이라고 불리며 왕의 잘못을 비판하는 간쟁을 담당하였어요.

② 매매, 상속, 증여의 대상이었어.
➡ 조선 시대 천민의 대다수를 차지하던 **노비**는 재산으로 취급되어 매매, 상속, 증여의 대상이었어요.

③ 수군, 봉수 등 천역에 종사하였어.
➡ 조선 시대에 신분은 양인이지만 천역에 종사하는 이들을 **신량역천**이라고 하였는데, 수군, 봉수, 역졸 등이 이에 해당하였어요.

④ 수령을 보좌하면서 향촌 실무를 담당하였어.
➡ 조선 시대의 **향리**는 지방 관아의 6방(이·호·예·병·형·공방)에 소속되어 수령을 보좌하고 향촌의 행정 실무를 담당하였어요.

⑤사역원에서 노걸대언해 같은 교재로 교육받았어.
➡ 사역원은 **역관**을 양성하고 통역과 번역을 담당한 기구로, 역관들은 이곳에서 외국어 교육을 받았어요. "노걸대언해"는 중국어 학습 교재입니다.

핵심 개념	조선 시대의 신분제
양반	문무 관리와 그 자손, 토지와 노비 소유, 과거 등을 통해 고위 관직 차지, 각종 국역 면제, 유학 교육
중인	• 역관·의관·화원 등 기술관과 중앙 관청의 하급 관리, 향리, 서얼 등 • 직역 세습, 같은 신분끼리 혼인, 전문 기술이나 행정 실무 담당
상민	• 농민·상인·수공업자 : 법적으로 과거 응시 자격 부여 • 신량역천 : 양인 중에 천역을 담당하는 계층 → 수군, 봉수, 역졸 등 육체적으로 힘든 일에 종사
천민	• 노비 : 천민 중 대다수 차지, 공노비와 사노비, 재산으로 취급, 매매·상속·양도·증여의 대상, 일천즉천, 장례원에서 노비의 호적과 소송 관리 • 백정, 광대, 무당 등

29 개성의 역사
정답 ④

다음 특별전에서 볼 수 있는 도시의 역사에 대한 설명으로 적절하지 않은 것은? [2점]

열 개(開), 성 성(城). 개성은 '열린 성'이라는 의미를 가지고 있어요.

정답 잡는 키워드

❶ 송악, ❷ 개주 → 개성

송악, 개주라고 불린 도시는 개성이에요. 개성(개경)은 고려가 몽골의 침입을 받아 강화도로 도읍을 옮겼던 시기를 제외하고는 고려가 멸망할 때까지 고려 왕조의 수도로서 정치, 경제, 문화의 중심지 역할을 하였어요. 고려를 건국한 태조가 철원에서 송악으로 도읍을 옮겨 개주라고 칭하였으며, 후에 개경으로 명칭이 바뀌었어요.

① 고려 태조 왕건이 도읍으로 삼았다.
➡ 고려 태조 왕건은 자신의 세력 근거지인 **개성(개경)**을 도읍으로 삼았어요.

② 원의 영향을 받은 경천사지 십층 석탑이 축조되었다.
➡ **개성** 경천사에 원의 영향을 받아 축조된 경천사지 10층 석탑이 있었어요. 경천사 10층 석탑은 대한 제국 시기에 일본으로 불법 반출되었다가 반환되어 경복궁에 자리 잡았다가 현재는 국립 중앙 박물관 내부에 전시되어 있어요.

③ 조선 후기 송상이 근거지로 삼아 전국적으로 활동하였다.
➡ 조선 후기에 활동한 송상은 **개성**을 근거지로 삼았으며, 전국에 송방이라는 지점을 설치하기도 하였어요.

④ 일제 강점기 강주룡이 을밀대 지붕 위에서 고공 농성을 하였다.
➡ 일제 강점기에 고무 공장 노동자 강주룡은 회사의 임금 삭감 결정에 반발하여 **평양** 을밀대 지붕 위에서 고공 농성을 하였어요.

⑤ 북위 38도선 분할 이후 남한에 속했다가 정전 협정으로 북한 지역이 되었다.
➡ **개성**은 광복 이후 북위 38도선을 기준으로 남북 지역으로 나뉠 때 남한에 속하여 개성시로 편성되었으나, 6·25 전쟁이 일어나고 정전 협정이 체결되면서 북한 지역이 되었어요.

30 강화도 조약
정답 ③

다음 대화가 오갔던 회담 결과 체결된 조약에 대한 설명으로 옳은 것은? [2점]

일본은 운요호 사건을 빌미로 조선에 개항을 요구하였어요.

❶ 운요호가 작년에 귀국 경내를 통과하다가 포격을 받았으니, 귀국이 교린의 우의를 저버린 것입니다.

일본 전권변리대신 구로다 기요타카

운요호는 국적과 이유를 밝히지 않고 곧장 우리가 수비하는 곳으로 진입해 왔으니, 변방 수비병의 발포는 부득이한 것이었소.

조선 접견대관 신헌

신헌은 조선 측 대표로 강화도 조약을 체결하고 그 전말을 기록한 "심행일기"를 남겼어요.

정답 잡는 키워드

❶ 운요호, ❷ 신헌 → 강화도 조약

일본의 구로다 기요타카와 조선의 신헌이 운요호 문제를 두고 대화를 하고 있는 것으로 보아 운요호 사건에 관한 대화임을 알 수 있어요. 1875년에 일본의 군함 운요호가 허락 없이 강화도로 접근하자 경고 포격을 가한 조선군과 일본군 사이에 충돌이 일어났고, 운요호는 보복에 나서 영종도를 공격하였어요(운요호 사건). 이 사건을 계기로 조선은 일본과 강화도 조약을 체결하였어요. 강화도 조약의 정식 명칭은 조·일 수호 조규로, 1876년에 강화도 연무당에서 체결되었습니다. 강화도 조약으로 조선은 부산 외 2곳의 항구를 개항하게 되었어요.

① 천주교 포교가 허용되었다.
➡ 1886년에 **조·프 수호 통상 조약**이 체결되면서 천주교 포교가 허용되었어요.

② 갑신정변의 영향으로 체결되었다.
➡ 갑신정변의 영향으로 조선과 일본은 **한성 조약**을 체결하였어요. 그 결과 조선은 일본에 공사관 공사 비용과 배상금을 지불하였어요.

③ 일본 측의 해안 측량권이 인정되었다.
➡ **강화도 조약**은 우리나라 최초의 근대적 조약이었으나, 일본에 해안 측량권, 영사 재판권 등을 인정한 불평등 조약이었어요.

④ 통신사가 처음 파견되는 계기가 되었다.
➡ 통신사는 조선 전기부터 일본에 보낸 공식 사절단이에요. **강화도 조약 체결 이후** 조선은 일본의 근대 문물을 시찰하기 위해 **수신사를 파견**하였어요.

⑤ 외국 상인의 내지 통상권을 최초로 규정하였다.
➡ 임오군란 이후 체결된 **조·청 상민 수륙 무역 장정**에서 최초로 외국 상인의 내지 통상권을 규정하였어요.

기출 선택지 +α

❻ 최혜국 대우를 최초로 규정하였다. (O/X)
❼ 일본 경비병의 공사관 주둔을 명시하였다. (O/X)
❽ 조약 체결에 반대하여 민영환이 자결하였다. (O/X)
❾ 메가타가 재정 고문으로 부임하는 근거가 되었다. (O/X)
❿ 부산 외 2곳에 개항장이 설치되는 결과를 가져왔다. (O/X)

기출 선택지 +α
정답 ❻ ×[조·미 수호 통상 조약] ❼ ×[제물포 조약] ❽ ×[을사늑약]
❾ ×[제1차 한·일 협약] ❿ ○

31 동학 농민 운동

정답 ①

(가)~(다)를 일어난 순서대로 옳게 나열한 것은? [2점]

> (가) 고부에서 민란이 다시 일어났다는 소문이 자자합니다. …… 장흥 부사 **❶**이용태를 고부군 안핵사로 임명하여 밤새 달려가 엄격히 조사하여 등급을 나누고 구별하여 보고하게 하소서.
>
> (나) 전봉준은 무주 집강소에 다음과 같은 통문을 보냈다. "최근 **❷**일본이 경복궁을 침범하였다. 국왕이 욕을 당했으니, 우리들은 마땅히 달려가 목숨을 걸고 의로써 싸워야 한다."
>
> (다) 청국의 간섭을 끊어버리고 우리 대조선국의 고유한 독립 기초를 굳건히 하였는데, 이번에 **❸**마관(馬關, 시모노세키) 조약으로 말미암아 세계에 드러나는 빛이 더욱 빛나게 되었다.

조선 정부의 철병 요구를 거부하고 일본군이 1894년 6월 기습적으로 경복궁을 침범하고 조선 정부를 장악하였어요. 이에 동학 농민군이 재봉기하였어요.

정답 잡는 키워드

❶ 이용태를 고부군 안핵사로 임명 → (가) 고부 농민 봉기(1894. 1.)

❷ 일본이 경복궁 침범 → (나) 동학 농민군의 제2차 봉기(1894. 9.)

❸ 시모노세키 조약 → (다) 청·일 전쟁에서 일본 승리(1895. 4.)

(가) 조선 정부는 고부 군수 조병갑의 탐학과 수탈에 저항하여 일어난 고부 농민 봉기를 수습하기 위해 이용태를 안핵사로 파견하였어요. 그러나 이용태는 오히려 봉기에 참여한 농민들을 동학교도로 몰아 탄압하였고, 이에 분노한 농민들이 대규모 봉기를 일으켜 동학 농민 운동이 시작되었어요. 동학 농민군은 황토현 전투, 황룡촌 전투에서 관군을 격파하고 전주성까지 점령하였으나 청과 일본의 개입을 우려하여 정부와 전주 화약을 체결하고 자진 해산하였어요.

(나) 전주 화약 체결 이후 일본군이 경복궁을 무력으로 점령하고 청·일 전쟁을 일으키자 동학 농민군은 일본군 타도를 외치며 다시 봉기하였어요(동학 농민군의 제2차 봉기). 전봉준 중심의 남접과 손병희 중심의 북접이 논산에 집결하여 서울을 향해 진격하던 중에 공주 우금치에서 일본군과 관군에 맞서 싸웠으나 패배하였어요.

(다) 청·일 전쟁에서 승리한 일본은 청과 시모노세키 조약을 체결하였어요. 시모노세키 조약에서 조선이 자주독립국임을 청이 인정함으로써 일본은 조선에 대한 청의 간섭을 배제할 수 있었어요.

① (가) - (나) - (다)

➡ (가) 고부 농민 봉기(1894. 1.) → (나) 동학 농민군의 제2차 봉기(1894. 9.) → (다) 시모노세키 조약 체결(1895. 4.)

② (가) - (다) - (나)

③ (나) - (가) - (다)

④ (나) - (다) - (가)

⑤ (다) - (나) - (가)

핵심 개념 | 동학 농민 운동

고부 농민 봉기 (1894. 1.)	고부 군수 조병갑의 탐학과 수탈(만석보를 강제로 사용하게 하고 세금 징수) → 전봉준 주도로 봉기, 고부 관아 점령 → 정부의 중재로 농민들이 자진 해산
1차 봉기 (1894. 3.)	• 안핵사 이용태가 봉기 참여자를 동학교도로 몰아 탄압 → 동학 농민군이 보국안민(반외세)과 제폭구민(반봉건)을 내걸고 백산에서 봉기 → 황토현 전투, 황룡촌 전투 승리 → 전주성 점령 • 정부가 청에 파병 요청 → 청군의 조선 상륙 → 일본인 거류민 보호를 구실로 일본군도 조선 상륙 → 전주 화약 체결 → 동학 농민군의 자진 해산, 집강소 설치(폐정 개혁안 실천), 정부는 교정청을 설치하여 개혁 착수, 청·일 양국에 철병 요구
2차 봉기 (1894. 9.)	일본군의 경복궁 무력 점령과 내정 간섭, 청·일 전쟁 발발 → 동학 농민군이 일본군 타도를 외치며 재봉기 → 동학의 남접(전봉준 중심)과 북접(손병희 중심)이 연합, 서울로 북상 → 공주 우금치 전투 패배

32 부산 두모포 수세 사건

정답 ②

해설사가 설명하는 사건이 발생한 시기를 연표에서 옳게 고른 것은? [3점]

> 조선 정부는 이곳에 해관을 설치하고 **❶**동래부 거류지의 일본 상인과 거래하는 조선 상인으로부터 세금을 징수하였습니다. 그러자 일본 상인이 조약 위반이라고 반발하였고, 결국 3개월 만에 수세가 중단되었습니다.

1878년 9월 28일 우리나라 최초의 세관인 두모진 해관이 설치되었으나, 일본 군함이 관세 문제로 두모포에서 무력시위를 벌여 3개월 만에 폐관되었어요.

정답 잡는 키워드

❶ 동래부 거류지의 일본 상인과 거래하는 조선 상인으로부터 세금 징수, ❷ 두모진 해관 → 부산 두모포 수세 사건(1878)

동래부 거류지의 일본 상인과 거래하는 조선 상인으로부터 세금을 징수하였다가 일본 상인의 반발로 중단되었다는 내용과 '두모진 해관'을 통해 해설사가 설명하는 사건이 부산 두모포 수세 사건(1878)임을 알 수 있어요.

(가)	(나)	(다)	(라)	(마)
척화비 건립	제1차 수신사 파견	영국의 거문도 점령	함경도 방곡령 선포	청·일 전쟁 발발	러·일 전쟁 발발

➡ 강화도 조약 체결 직후 조선 정부는 일본의 근대 시설을 살펴보기 위해 김기수를 **제1차 수신사**로 파견하였어요. 강화도 조약의 부속 조약이 체결되면서 부산에 최초로 거류지가 설정되고 일본인의 거주와 교역이 허용되었어요. 개항 이후 교역량이 늘어나자 교역 과정에서의 세금 문제에 관심을 갖게 된 조선 정부는 부산의 두모포 내에 해관을 설치하여 세금을 거두게 하였어요. 하지만 강화도 조약의 후속 조치로 체결된 조·일 무역 규칙에서 일본 상품에 대한 관세 규정을 두지 못하였기 때문에 일본 상인에게 직접적으로 관세를 징수할 수 없어 일본 상인과 거래하는 조선 상인을 상대로 상품세를 내게 하였어요. 이로 인해 무역 거래 물품의 가격이 급등하는 한편, 조선 상인들의 일본 상품 구매가 줄어들자 부산의 일본 상인들이 이러한 징세는 곧 관세라면서 항의하였고, 급기야 일본이 군함까지 동원하여 부산 앞바다에서 무력시위를 벌여 결국 조선 정부가 징세를 철회하는 상황이 일어났어요(**부산 두모포 수세 사건**, 1878). 한편, 한반도를 둘러싼 열강의 각축이 심해지는 가운데 1885년 러시아의 남하를 견제한다는 구실로 **영국이 거문도를 불법 점령**하였어요.

따라서 부산 두모포 수세 사건이 일어난 시기는 제1차 수신사 파견(1876)과 영국의 거문도 점령(1885) 사이인 ② (나)입니다.

① (가) **②** (나) ③ (다) ④ (라) ⑤ (마)

연표로 흐름잡기

1876	강화도 조약 체결, 제1차 수신사 파견(김기수)
1878	부산 두모포 수세 사건
1880	제2차 수신사 파견(김홍집), "조선책략" 유포
1882	조·미 수호 통상 조약 체결, 임오군란
1884	우정총국 설치, 갑신정변
1885	영국의 거문도 불법 점령(~1887)

33 보빙사
정답 ⑤

(가) 사절단에 대한 설명으로 옳은 것은? [2점]

> ❶미국 공사의 부임에 대한 답례로 (가) 이/가 파견되었습니다. 8명의 조선 관리로 구성된 이들은 40여 일 동안 ❷미국에 체류하면서 뉴욕의 전등 시설과 우체국, 보스턴 박람회 등을 시찰하였습니다.
>
> 보빙사 일행은 뉴욕에서 미국 대통령 아서를 접견하고 국서와 신임장을 제출하였어요.

요코하마 / 샌프란시스코 / 보스턴 / 뉴욕 / 워싱턴 D.C. / 제물포(인천)

(가) 일행

정답 잡는 키워드

❶, ❷ 미국 공사 부임에 대한 답례로 파견되어 미국에 체류
→ 보빙사

미국 공사의 부임에 대한 답례로 파견되어 미국에 체류하였다는 내용을 통해 (가) 사절단이 보빙사임을 알 수 있어요. 조·미 수호 통상 조약 체결 후 푸트 미국 공사의 조선 부임에 대한 답례로 1883년에 보빙사가 미국에 파견되었어요. 이들은 40여 일간 미국에 머물며 근대 시설을 둘러보고 돌아왔어요.

① 에도 막부의 요청으로 파견되었다.
➡ 임진왜란 이후 조선은 일본과 외교 관계를 단절하였으나 에도 막부가 국교 재개를 여러 차례 요청하자 1609년에 기유약조를 체결하고 이후 통신사를 파견하여 조선의 문물을 전파하였어요.

② 별기군(교련병대) 창설을 건의하였다.
➡ 조선 정부는 일본 공사의 건의를 받아들여 신식 군대인 별기군을 창설하였어요.

③ 조선책략을 들여와 국내에 소개하였다.
➡ 제2차 수신사로 일본에 파견되었던 김홍집이 "조선책략"을 국내로 들여왔어요. "조선책략"은 조·미 수호 통상 조약 체결에 영향을 끼쳤어요.

④ 기기국에서 무기 제조 기술을 습득하고 돌아왔다.
➡ 1881년에 조선 정부는 청에 영선사와 유학생들을 파견하였어요. 이들은 청의 기기국에서 무기 제조 기술을 습득하고 돌아와 근대식 무기 제조 공장인 기기창 설립을 주도하였어요.

⑤ 전권대신 민영익과 홍영식, 서광범 등으로 구성되었다.
➡ 미국에 파견된 보빙사는 전권대신 민영익을 비롯하여 홍영식, 서광범, 유길준 등으로 구성되었어요.

기출 선택지 +α

❻ 기기창 설립의 계기가 되었다. (O/X)
❼ 해국도지, 영환지략을 들여와 국내에 소개하였다. (O/X)
❽ 개화 반대 여론을 의식하여 비밀리에 파견되었다. (O/X)

기출 선택지 +α 정답 ❻ ×[영선사] ❼ ×[오경석] ❽ ×[조사 시찰단]

---

34 1930년대 후반 이후 일제 식민 통치
정답 ⑤

(가)에 들어갈 내용으로 적절한 것은? [1점]

> **학술 발표회**
>
> 우리 연구회에서는 ❶중·일 전쟁 발발 이후 실시된 일제의 식민 통치 정책에 대한 학술 발표회를 마련하였습니다. 관심 있는 분들의 많은 참석 바랍니다.
>
> 중·일 전쟁을 도발하여 본격적인 대륙 침략에 나선 일제는 곧 이어 국가 총동원법을 제정하여 전시 동원 체제를 확립하고, 식민 통치의 방향을 전쟁에 필요한 자원 동원에 두었어요.
>
> ■ 주제 : (가)
> ■ 일시 : 2023년 ○○월 ○○일 14:00~17:00
> ■ 장소 : △△대학교 인문대학 소회의실
> ■ 주최 : □□ 연구회

정답 잡는 키워드

❶ 중·일 전쟁 발발 이후 실시된 일제의 식민 통치 정책
→ 1937년 이후 일제의 국가 총동원 체제

일제는 중·일 전쟁을 일으키고 침략 전쟁을 확대하면서 국가 총동원법을 제정하여 이를 근거로 전쟁에 필요한 자원을 본격적으로 수탈하였어요. 공출제와 식량 배급 제도 등을 통해 전쟁에 필요한 물자를 강제 동원하였으며, 지원병제, 학도 지원병제, 징병제를 실시하여 한국인 청년들을 전쟁터로 끌고 갔어요. 또 국민 징용령을 실시하여 광산이나 군수 공장 또는 전쟁 시설 건설 공사 등에 한국인 청장년을 끌고 가 노예처럼 일하게 하였어요. 전쟁 막바지에는 여자 정신 근로령을 만들어 여성들도 군수 공장에서 강제로 일하게 하였습니다.

① 치안 유지법의 제정 배경
➡ 일제는 1925년에 천황제나 사유 재산 제도를 부정하는 사회주의 운동을 단속하기 위해 치안 유지법을 제정하여 독립운동을 탄압하는 데에도 적용하였어요.

② 조선 태형령의 적용 사례 분석
➡ 일제는 1910년대에 헌병 경찰 제도를 실시하였으며, 한국인에게만 태형을 적용하는 조선 태형령을 시행하였어요. 헌병 경찰 제도와 조선 태형령은 1920년대에 들어오면서 폐지되었어요.

③ 제1차 조선 교육령의 제정 목적
➡ 일제는 1911년에 제1차 조선 교육령을 제정하여 보통학교의 수업 연한을 4년으로 정하고 농업, 상업 등의 실업 교육 위주의 과목만 개설하였어요.

④ 경성 제국 대학의 설립 의도와 과정
➡ 일제는 1924년에 경성 제국 대학을 설립하여 한국인의 고등 교육에 대한 열망을 무마하려 하였어요.

⑤ 국가 총동원법의 제정과 조선에서의 시행
➡ 중·일 전쟁을 도발한 일제는 1938년에 국가 총동원법을 제정하여 인력과 물자를 강제 동원하였어요.

핵심 개념 | 1930년대 후반 이후 일제의 국가 총동원 체제

물자 수탈	• 전쟁 물자 확보 목적(농기구·식기 등 금속 공출, 지하자원 약탈) • 미곡 공출과 식량 배급제, 금속 공출(금속류 회수령 공포, 1941) 실시 등
인력 수탈	• 병력 동원 : 지원병제(1938), 학도 지원병제(1943), 징병제(1944) 실시 • 노동력 동원 : 국민 징용령(1939) → 광산, 군수 공장, 전쟁 시설 건설 공사 등에 강제 동원 • 여성 동원 : 여자 정신 근로령(1944) → 군수 공장에 동원, 일본군 '위안부'로 강제 동원

35 3·1 운동

정답 ③

다음 자료에 나타난 민족 운동에 대한 설명으로 옳지 <u>않은</u> 것은?
[2점]

❶ 한국인들이 독립 선언을 하다
- 집회에 참가한 수천 명 체포 -

일본 당국은 **❷ 고종의 장례식**을 계기로 문제가 발생할 것으로 예상하고 많은 헌병을 서울로 집결시켰다. …… 전국의 모든 도시와 마을에서 독립을 위한 행진과 시위가 일어났다. 일본 측은 당황했지만 곧 재정비하여 강력하고 신속한 진압에 나섰다. 그 결과 수천 명의 시위대가 체포되었지만 일본 측 보고서에는 수백 명으로 기록되어 있다.

종교계와 민족 지도자들은 고종의 장례식에 많은 사람이 모일 것으로 보고 3·1 운동을 계획하였어요.

정답 잡는 키워드

❶ 한국인들의 독립 선언, ❷ 고종의 장례식을 계기 → 3·1 운동

한국인들이 독립 선언을 하였으며 고종의 장례식이 계기가 되었다는 내용을 통해 자료에 나타난 민족 운동이 3·1 운동임을 알 수 있어요. 미국 대통령 윌슨의 민족 자결주의가 국내에 전해지고 국외에서 독립 선언이 이어지는 가운데 국내에서도 독립 선언의 움직임이 일어났어요. 그러던 중에 고종이 갑자기 승하하자 종교계 지도자와 학생 대표들이 모임을 갖고 고종의 장례식을 즈음하여 대대적인 만세 시위를 계획하였어요. 1919년 3월 1일, 민족 대표는 탑골 공원에 나아가 독립 선언서를 낭독하고 시위를 전개할 계획이었으나, 시위가 과격해질 것을 우려하여 태화관이라는 음식점에 모여 독립 선언서를 낭독하고 일제에 스스로 체포되었어요. 비슷한 시각 탑골 공원에 모여 있던 학생과 시민들은 민족 대표들이 나타나지 않자 독립 선언서를 가져와 낭독하고 만세 운동을 시작하였어요. 이후 만세 운동은 전국은 물론 국외로도 확산되었어요.

① 중국의 5·4 운동에 영향을 주었다.
➡ **3·1 운동**은 중국의 5·4 운동, 인도의 비폭력·불복종 운동 등 외국의 민족 운동에 영향을 주었어요.

② 대한민국 임시 정부 수립의 계기가 되었다.
➡ **3·1 운동** 이후 독립운동을 이끌어 갈 통일된 지도부의 필요성이 대두되어 상하이에 대한민국 임시 정부가 수립되었어요.

③ 신간회에서 진상 조사단을 파견하여 지원하였다.
➡ **광주 학생 항일 운동**이 일어나자 신간회에서 진상 조사단을 파견하여 지원하였어요.

④ 국외로도 확산되어 필라델피아에서 한인 자유 대회가 열렸다.
➡ **3·1 운동**은 국외로도 확산되어 만주, 연해주 지역에서 만세 시위가 이어졌고, 미국의 필라델피아에서 미주 지역 동포가 한인 자유 대회를 개최하기도 하였어요.

⑤ 평화적 만세 운동에서 무력 투쟁 사례가 늘어나기 시작하였다.
➡ 일제가 경찰, 군대 등을 동원하여 총칼을 휘두르며 **3·1 운동**을 무력으로 진압하자 평화적 만세 시위는 점차 적극적인 무력 투쟁의 양상을 띠게 되었어요.

---

36 신민회의 활동

정답 ⑤

(가) 단체에 대한 설명으로 옳은 것은?
[2점]

이 자료에 대해 말씀해 주시겠습니까?

이 자료는 (가) 의 활동 목적이 잘 드러나 있는 통용 장정의 일부입니다. (가) 은/는 **❶ 안창호와 양기탁 등이 중심이 된 비밀 결사**로 **❷ 태극 서관을 설립**하여 회원들의 연락 장소로 사용하였습니다.

본회의 목적은……
쇠퇴한 교육과 산업을 개량하고 사업을 유신시켜 유신된 국민이 통일 연합해서 유신이 된 자유 문명국을 성립시킨다.

신민회는 계몽 서적의 출판·보급을 위해 태극 서관을 운영하였어요.

정답 잡는 키워드

❶ 안창호와 양기탁 등이 중심이 된 비밀 결사, ❷ 태극 서관 설립 → 신민회

안창호와 양기탁 등이 중심이 된 비밀 결사이고 태극 서관을 설립하였다는 내용을 통해 (가) 단체가 신민회임을 알 수 있어요. 신민회는 국권 회복과 공화 정체의 근대 국민 국가 수립을 목표로 활동한 비밀 결사로, 태극 서관과 자기 회사를 운영하는 등 민족 산업 육성에 힘썼어요. 또한, 오산 학교와 대성 학교를 설립하여 민족 교육을 실시하였으며, 장기적인 독립운동의 기반을 마련하기 위해 국외 독립운동 기지 건설에 적극적으로 나섰어요.

① 복벽주의를 표방하였다.
➡ **독립 의군부**는 임병찬이 고종의 밀지를 받아 조직한 독립운동 단체로, 복벽주의를 내걸고 대한 제국의 회복과 고종의 복위를 도모하였어요.

② 13도 창의군을 결성하였다.
➡ **정미의병** 때 각지의 의병 부대가 연합하여 13도 창의군을 결성하고 서울 진공 작전을 전개하였어요.

③ 일제의 황무지 개간권 요구를 저지하였다.
➡ **보안회**는 일본의 황무지 개간권 요구에 반대하는 운동을 전개하여 일본의 요구를 저지하였어요.

④ 근대 교육을 위해 배재 학당을 설립하였다.
➡ 개신교 선교사 **아펜젤러**는 배재 학당을 세워 신학문 보급에 기여하였어요.

⑤ 일제가 조작한 105인 사건으로 해체되었다.
➡ **신민회**는 일제가 조작한 105인 사건으로 조직이 드러나 해체되었어요.

기출 선택지 +α

❻ 중추원 개편을 통해 의회 설립을 추진하였다. (O/X)
❼ 남만주 삼원보에 독립운동 기지를 건설하였다. (O/X)
❽ 대성 학교를 설립하여 민족 교육을 실시하였다. (O/X)
❾ 조선 총독부에 국권 반환 요구서를 발송하려 하였다. (O/X)
❿ 독립운동 자금을 마련하기 위해 독립 공채를 발행하였다. (O/X)

기출 선택지 +α

정답 ❻ ×[독립 협회] ❼ ○ ❽ ○ ❾ ×[독립 의군부] ❿ ×[대한민국 임시 정부]

37 광무개혁 정답 ⑤

밑줄 그은 '개혁'에 해당하는 내용으로 옳은 것을 〈보기〉에서 고른 것은? [2점]

[건축으로 보는 한국사] 석조전

고종은 황제로서의 권위와 근대 국가를 향한 의지를 보여 주기 위해 서양의 신고전주의 양식으로 설계된 석조전 착공을 명하였다. 그러나 ❶ 황제권 강화를 표방하며 개혁을 추진하던 고종은 석조전이 완성되기 전에 강제로 퇴위당하였다.

> 대한 제국은 황제권 강화를 통해 나라의 국권을 수호하고 자강 개혁을 이루고자 광무개혁을 추진하였어요.

정답 잡는 **키워드**

❶ 고종이 황제권 강화를 표방하며 개혁 추진 → 광무개혁

고종이 황제권 강화를 표방하며 개혁을 추진하였다는 내용을 통해 밑줄 그은 '개혁'이 대한 제국 시기에 추진된 광무개혁임을 알 수 있어요. 1897년에 러시아 공사관에서 경운궁(덕수궁)으로 돌아온 고종은 연호를 '광무'로 정하고 환구단을 세워 황제의 자리에 올라 대한 제국의 수립을 선포하였어요. 대한 제국 정부는 구본신참의 원칙 아래 광무개혁을 추진하였습니다.

ㄱ. 박문국을 설치하여 한성순보를 발행하였다.
➡ 조선 정부는 1883년에 박문국을 설치하여 우리나라 최초의 근대 신문인 한성순보를 발행하였어요.

ㄴ. 통리기무아문을 설치하여 개화 정책을 추진하였다.
➡ 조선 정부는 1880년에 개화 정책을 총괄하는 기구로 통리기무아문을 설치하여 개혁을 추진하였어요.

ㄷ. 관립 상공 학교를 설립하여 실업 교육을 실시하였다.
➡ 대한 제국은 광무개혁의 일환으로 관립 상공 학교와 각종 기술 교육 기관을 설립하였어요.

ㄹ. 지계아문을 설치하여 토지 소유자에게 지계를 발급하였다.
➡ 대한 제국은 광무개혁을 추진하는 과정에서 양전 사업을 실시하여 근대적 토지 소유 증명 문서인 지계를 발급하였어요.

① ㄱ, ㄴ   ② ㄱ, ㄷ   ③ ㄴ, ㄷ
④ ㄴ, ㄹ   ⑤ ㄷ, ㄹ

기출 선택지 +α

ㅁ. 관립 의학교와 광제원을 설립하였다.	(O / X)
ㅂ. 행정 기구를 6조에서 8아문으로 개편하였다.	(O / X)
ㅅ. 군 통수권 장악을 위하여 원수부를 설치하였다.	(O / X)
ㅇ. 서양식 근대 교육 기관인 육영 공원을 설립하였다.	(O / X)

기출 선택지 +α 정답 ㅁ. ○ ㅂ. ×[제1차 갑오개혁] ㅅ. ○ ㅇ. ×[1886년]

38 국민 대표 회의 정답 ①

밑줄 그은 '회의'에 대한 설명으로 옳은 것은? [3점]

본 회의는 2천만 민중의 공의(公意)를 지키는 국민적 대회합으로서, 최고의 권위에 의해 국민의 완전한 통일을 견고하게 하며 광복 대업의 근본 방침을 수립하고, 이로써 우리 민족의 자유를 만회하고 독립을 완성하기를 기도하며 이에 선언하노라. ❶ 삼일 운동으로써 우리 민족의 정신적 통일은 이미 표명되었다. …… ❷ 본 대표들은 국민이 위탁한 사명을 받아 국민적 대단결을 힘써 도모하며, 독립 전도의 대방책을 확립하여 통일적 기관하에서 대업을 기성(期成)하려 한다.

> 국내외 각지에서 온 대표들은 임시 정부의 노선 갈등을 극복하고 위기에 처한 대한민국 임시 정부의 활로를 모색하기 위해 국민 대표 회의를 소집하였어요.

정답 잡는 **키워드**

❶ 삼일 운동으로써 우리 민족의 정신적 통일은 이미 표명,
❷ 본 대표들은 국민이 위탁한 사명을 받아 국민적 대단결을 도모,
독립 전도의 대방책 확립 → 국민 대표 회의

'삼일 운동으로써 우리 민족의 정신적 통일은 이미 표명', '본 대표들은 국민이 위탁한 사명을 받아 국민적 대단결을 힘써 도모하며, 독립 전도의 대방책을 확립' 등을 통해 밑줄 그은 '회의'가 대한민국 임시 정부가 개최한 국민 대표 회의임을 알 수 있어요. 대한민국 임시 정부는 일제의 탄압으로 연통제와 교통국 조직이 와해되어 독립운동 자금을 모으기 어렵게 되고, 외교 활동도 큰 성과를 거두지 못하는 상황에 처하였어요. 또한, 독립운동의 노선을 둘러싸고 독립운동 세력이 외교 독립론, 무장 투쟁론, 실력 양성론 등으로 나뉘어 갈등이 심화되었어요. 이에 대한민국 임시 정부는 독립운동의 새로운 방향을 모색하고자 1923년에 상하이에서 국민 대표 회의를 개최하였어요. 하지만 회의는 창조파와 개조파의 대립으로 결렬되었어요. 이후 많은 독립운동가가 임시 정부에서 이탈하였고, 일제의 감시와 탄압이 심해져 대한민국 임시 정부의 활동이 크게 위축되었어요.

① 창조파와 개조파가 대립하였다.
➡ 1923년에 개최된 국민 대표 회의는 임시 정부를 해체하고 새로운 조직을 만들자는 창조파와 임시 정부의 조직만 개선하자는 개조파의 대립으로 성과 없이 끝이 났어요.

② 대일 선전 성명서를 공표하였다.
➡ 1941년에 태평양 전쟁이 일어나자 대한민국 임시 정부는 대일 선전 성명서를 발표하고 한국 광복군을 연합군의 일원으로 참전시켰어요.

③ 삼균주의를 기초로 하는 건국 강령을 발표하였다.
➡ 대한민국 임시 정부는 1941년에 충칭에서 조소앙의 삼균주의를 기초로 한 건국 강령을 발표하였어요.

④ 파리 강화 회의에 김규식을 파견할 것을 결정하였다.
➡ 신한 청년당은 파리 강화 회의에 김규식을 한국 대표로 파견하여 한국의 독립을 주장하였어요. 이어 대한민국 임시 정부가 1919년에 프랑스 파리에서 활동하고 있던 김규식을 전권 대사로 임명하여 파리 강화 회의에 독립 청원서를 제출하였어요.

⑤ 지청천을 사령관으로 하는 한국 광복군을 조직하였다.
➡ 1940년 충칭에 정착한 대한민국 임시 정부는 정규군으로 지청천을 총사령관으로 하는 한국 광복군을 창설하였어요.

39 산미 증식 계획　　　　정답 ⑤

밑줄 그은 '이 계획'에 대한 설명으로 옳은 것은? [1점]

이 계획 실시로 인하여 **❶수리 조합비 부담**이 커졌어. 가뜩이나 지세도 부담되는데 개량 종자 구입비로 돈이 더 들어가네. 이래서 살겠나.

우리 마을 박서방은 **❷소작농**으로 전락하였다지. 우리 집은 **❸쌀이 없어 만주에서 들여온 잡곡**만 먹고 있다네.

산미 증식 계획 기간에 논의 관개 시설 개선을 위해 수리 시설이 확충되면서 많은 수리 조합이 생겨났어요. 수리 시설의 혜택을 받는 토지의 소유자는 모두 수리 조합비를 부담해야 하였어요.

일제는 산미 증식 계획을 실행하면서 일본으로 쌀을 반출하고 한국 내에는 만주의 값싼 잡곡을 들여와 부족한 식량을 보충하였어요.

정답 잡는 키워드

❶ 수리 조합비 부담이 커짐, ❷ 소작농으로 전락,
❸ 쌀이 없어 만주에서 잡곡을 들여옴 → 산미 증식 계획

이 계획 실시로 수리 조합비 부담이 커졌으며, 소작농으로 전락한 농민이 생기고 쌀이 없어 만주에서 들여온 잡곡만 먹고 있다는 내용을 통해 밑줄 그은 '이 계획'이 산미 증식 계획임을 알 수 있어요. 일제는 자국의 식량 부족 문제를 해결하기 위해 1920년부터 한국에서 산미 증식 계획을 추진하였어요. 그 결과 쌀 생산량은 조금 늘어났지만 일본으로 더 많은 양의 쌀이 반출되어 한국의 식량 사정이 악화되었어요. 또한, 농민들은 수리 조합비, 종자 개량비, 비료 대금 등 쌀 증산 비용마저 떠안게 되어 생활이 더욱 어려워졌어요. 이에 소작농으로 전락한 농민들이 생겨났으며 화전민이 되거나 만주, 연해주 등지로 이주하는 농민도 늘어났어요.

① 독립 협회 결성의 계기가 되었다.
➡ 미국에서 귀국한 서재필은 1896년 독립신문 발간을 계기로 민중 계몽을 통한 근대화와 자주독립 수호를 위한 단체로 독립 협회를 조직하였어요.

② 국채 보상 운동의 배경이 되었다.
➡ 1907년에 국민의 성금으로 일본에 진 국채를 갚아 경제적 예속에서 벗어나 국권을 회복하자는 국채 보상 운동이 대구에서 김광제, 서상돈 등의 발의로 시작되었어요.

③ 재정 고문 메가타의 주도로 시행되었다.
➡ 제1차 한·일 협약에 따라 대한 제국 재정 고문으로 파견된 메가타가 화폐 정리 사업을 주도하였어요.

④ 토지 조사 사업이 시행되는 배경이 되었다.
➡ 일제는 1910년부터 1918년까지 식민 통치의 경제적 토대를 마련하기 위해 토지 조사 사업을 실시하였어요.

⑤ 일본의 쌀 부족 현상을 해결하기 위해 시행되었다.
➡ 일제는 일본 내 부족한 식량을 한국에서 확보하기 위해 1920년부터 산미 증식 계획을 추진하였어요.

기출 선택지 +α

❻ 은 본위제가 본격적으로 실시되는 배경이 되었다. (O / X)
❼ 황국 중앙 총상회가 중심이 되어 반대 운동을 전개하였다. (O / X)
❽ 함경도 관찰사 조병식이 방곡령을 선포하는 계기가 되었다. (O / X)

기출 선택지 +α

정답 ❻ ×[1894년, 제1차 갑오개혁] ❼ ×[1898년, 상권 수호 운동]
❽ ×[1889년, 일본으로의 곡물 유출 방지]

---

40 북로 군정서　　　　정답 ④

(가) 부대에 대한 설명으로 옳은 것은? [2점]

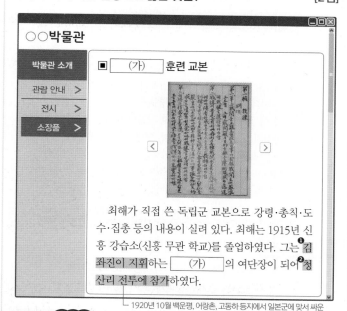

○○박물관

박물관 소개
관람 안내 >
전시 >
소장품 >

■ (가) 훈련 교본

최해가 직접 쓴 독립군 교본으로 강령·총칙·도수·집총 등의 내용이 실려 있다. 최해는 1915년 신흥 강습소(신흥 무관 학교)를 졸업하였다. 그는 **❶김좌진이 지휘**하는 (가) 의 여단장이 되어 **❷청산리 전투에 참가**하였다.

1920년 10월 백운평, 어랑촌, 고동하 등지에서 일본군에 맞서 싸운 청산리 전투 당시 북로 군정서가 활약하였어요.

정답 잡는 키워드

❶ 김좌진이 지휘, ❷ 청산리 전투에 참가 → 북로 군정서

김좌진이 지휘하는 부대로 청산리 전투에 참가하였다는 내용을 통해 (가) 부대가 북로 군정서임을 알 수 있어요. 김좌진이 지휘한 북로 군정서는 홍범도의 대한 독립군 등과 연합하여 청산리 일대에서 일본군에 대승을 거두었어요.

① 대전자령에서 일본군을 기습하였다.
➡ 지청천이 이끄는 한국 독립군은 항일 중국군과 연합하여 대전자령 전투 등에서 일본군에 대승을 거두었어요.

② 영릉가에서 일본군에 승리를 거두었다.
➡ 양세봉이 이끄는 조선 혁명군은 항일 중국군과 연합하여 영릉가 전투 등에서 일본군에 승리를 거두었어요.

③ 동북 항일 연군으로 개편되어 유격전을 전개하였다.
➡ 만주 지역에서 중국 공산당의 주도로 조직된 동북 인민 혁명군은 민족이나 이념에 관계없이 항일 연합 전선을 만들기 위해 동북 항일 연군으로 개편되어 유격전을 펼쳤어요.

④ 중광단을 중심으로 조직되어 항일 독립 전쟁에 참여하였다.
➡ 1911년에 북간도에서 대종교도가 중심이 된 중광단이 결성되었어요. 이후 중광단은 북로 군정서로 발전하여 항일 무장 투쟁을 전개하였어요.

⑤ 인도·미얀마 전선에 파견되어 영국군과 연합 작전을 펼쳤다.
➡ 한국 광복군의 일부 대원은 영국군의 요청으로 인도·미얀마 전선에 파견되어 연합군의 일원으로 활동하였어요.

기출 선택지 +α

❻ 홍경성에서 일본군을 격퇴하였다. (O / X)
❼ 쌍성보 전투에서 한·중 연합 작전을 전개하였다. (O / X)
❽ 중국 관내에서 결성된 최초의 한인 무장 부대였다. (O / X)
❾ 홍범도 부대와 연합하여 청산리에서 일본군과 교전하였다. (O / X)

기출 선택지 +α

정답 ❻ ×[조선 혁명군] ❼ ×[한국 독립군] ❽ ×[조선 의용대] ❾ ○

다음 가상 일기의 밑줄 그은 '운동'에 대한 설명으로 옳은 것은? [1점]

> 1925년 ○○월 ○○일
>
> 우리 **①백정들은 신분제가 폐지되었음에도 끊임없이 차별받았다.** 다 같은 조선 민족인데 왜 우리를 핍박하는 걸까? 우리는 **②저울처럼 평등한 세상을 만들기 위해** 몇 해 전부터 운동을 벌이고 있지만 사람들의 인식을 바꾸기는 쉽지 않은 것 같다. 얼마 전 예천에서는 '백정을 핍박하는 것은 죄가 아니다.'라고 말하는 사람도 있다고 하니 우리는 언제쯤 평등한 대우를 받을 수 있을까?
>
> 저울 형(衡), 평등할 평(平), 즉, 형평 운동은 백정들이 사용하는 저울처럼 평등한 세상을 만들겠다는 목표 아래 전개되었어요.

정답 잡는 키워드

❶ 백정들은 신분제가 폐지되었음에도 차별받음,
❷ 저울처럼 평등한 세상을 만들고자 함 → 형평 운동

신분제가 폐지되었음에도 백정들이 끊임없이 차별받았으며, 저울처럼 평등한 세상을 만들기 위해 운동을 벌이고 있다는 내용을 통해 밑줄 그은 '운동'이 형평 운동임을 알 수 있어요. 1894년 갑오개혁 때 법적으로 신분제가 폐지되었지만 백정에 대한 차별은 여전히 남아 있었어요. 이들에 대한 사회적 편견과 차별은 일제 강점기에도 계속되었습니다. 이에 백정들은 1923년에 경상남도 진주에서 조선 형평사를 조직하고 백정에 대한 사회적 차별 철폐를 주장하는 형평 운동을 전개하였어요.

①조선 형평사의 주도로 전개되었다.
➡ **형평 운동**을 주도한 조선 형평사는 백정에 대한 모욕적인 칭호를 폐지하는 등 사회적 차별 철폐를 목표로 활동하였어요.

② 대한매일신보의 지원을 받아 확대되었다.
➡ 대한매일신보는 **국채 보상 운동**을 적극적으로 후원하여 운동이 전국으로 확산하는 데 기여하였어요.

③ 평양에서 시작하여 전국적으로 확산되었다.
➡ **물산 장려 운동**은 조만식 등의 주도로 평양에서 시작하여 전국적으로 확산되었어요.

④ 순종의 인산일을 기한 대규모 시위를 계획하였다.
➡ 천도교계 민족주의 세력과 사회주의 세력, 그리고 학생들이 순종의 인산일을 기회로 삼아 **6·10 만세 운동**을 준비하였어요.

⑤ 라이징 선 석유 회사의 한국인 구타 사건을 계기로 시작되었다.
➡ 1929년에 원산 인근의 라이징 선 석유 회사에서 일본인 감독관이 한국인 노동자를 구타한 사건이 발단이 되어 **원산 총파업**이 일어났어요.

기출 선택지 +α

❻ 김광제 등의 발의로 시작되었다.   (O / X)
❼ 백정에 대한 사회적 차별 철폐를 주장하였다.   (O / X)
❽ 자작회, 토산 애용 부인회 등의 단체가 활동하였다.   (O / X)
❾ 배우자 가르치자 다함께 브나로드를 구호로 내세웠다. (O / X)
❿ 일제가 이른바 문화 통치를 실시하는 결과를 가져왔다.(O / X)

기출 선택지 +α

정답 ❻ ×[국채 보상 운동] ❼ ○ ❽ ×[물산 장려 운동] ❾ ×[브나로드 운동]
❿ ×[3·1 운동]

교사의 질문에 대한 학생의 답변으로 적절하지 **않은** 것은? [2점]

> 이 우표는 6·25 전쟁이 발발하고 북한군에 점령당했던 서울을 되찾은 것을 기념해 만들어졌습니다. 9월 28일 서울 수복 이후에 벌어진 상황에 대해 말해 볼까요?

1950년 6월 25일에 북한의 기습 남침으로 6·25 전쟁이 발발하였어요. 북한의 남침을 침략 행위로 규정한 유엔 안전 보장 이사회에서 유엔군을 파병하였고, 낙동강 지역까지 밀렸던 국군과 유엔군은 반격을 시도하였어요. 1950년 9월에 국군과 유엔군은 인천 상륙 작전을 전개하여 북한군에 점령당했던 서울을 수복하는 데 성공하고, 여세를 몰아 38도선을 돌파하여 압록강 일대까지 진격하였어요.

① 반공 포로가 석방되었어요.
➡ 1953년 6·25 전쟁의 정전 회담이 진행되는 가운데 이승만 정부가 반공 포로를 일방적으로 석방하였어요.

② 한·미 상호 방위 조약이 체결되었어요.
➡ 이승만 정부의 반공 포로 석방으로 정전 회담이 결렬될 위기에 놓이자 미국은 한국에 한·미 상호 방위 조약의 체결과 경제 원조를 약속하고 1953년 7월에 정전 협정을 조인하였어요. 한·미 상호 방위 조약은 정전 후 **1953년 10월**에 체결되었어요.

③ 흥남에서 대규모 철수가 이루어졌어요.
➡ 중국군이 6·25 전쟁에 개입하면서 국군과 유엔군이 북한 지역에서 밀려나 **1950년 12월**에 흥남 철수 작전이 전개되었어요.

④유엔군이 인천 상륙 작전을 전개하였어요.
➡ 1950년 9월 15일에 국군과 유엔군은 인천 상륙 작전에 성공하여 9월 28일 서울을 수복하였어요.

⑤ 비상계엄이 선포된 가운데 발췌 개헌안이 통과되었어요.
➡ 6·25 전쟁 중인 **1952년 7월** 임시 수도였던 부산에 비상계엄이 선포된 가운데 대통령 직선제를 주요 내용으로 하는 발췌 개헌안이 통과되었어요.

핵심 개념 | 6·25 전쟁

배경	미군과 소련군이 한반도에서 철수, 중국의 공산화, 남북의 대립과 군사적 충돌, 미국의 애치슨 선언 발표
전개	북한군의 기습 남침(1950. 6. 25.) → 북한군이 3일 만에 서울 점령 → 유엔군의 참전, 낙동강 방어선 구축, 다부동 전투 → 국군과 유엔군의 인천 상륙 작전(1950. 9. 15.) → 서울 수복(1950. 9. 28.), 38도선 돌파 → 평양 점령, 압록강 일대까지 진격 → 중국군 참전 → 국군과 유엔군 후퇴, 흥남 철수 작전(1950. 12.) → 서울 함락(1·4 후퇴, 1951), 국민 방위군 사건 발생 → 70여 일 만에 서울 재탈환 → 38도선 부근에서 공방전, 정전 회담 진행(포로 교환 방식 등을 둘러싸고 갈등) → 이승만 정부가 포로수용소에 있던 반공 포로 석방(1953. 6.) → 판문점에서 정전 협정 체결(1953. 7. 27.)
피해와 영향	• 막대한 인명·재산 피해, 전쟁고아와 이산가족 발생, 남북 간의 이념 대립과 적대감 심화 • 한·미 상호 방위 조약 체결(1953. 10.), 반공 교육 강화 등

43 김대중 정부의 통일 정책   정답 ④

(가) 정부의 통일 정책에 대한 설명으로 옳은 것은? [1점]

> 저희 모둠은 우리 학교 학생들을 대상으로 (가) 정부의 연관 검색어를 조사해 보았습니다.

국가 인권 위원회 설립
❶ **최초의 남북 정상 회담 성사**
한·일 문화 교류
2002 한·일
월드컵 4강 진출
노벨 평화상 수상
기초 생활 보장 제도
인천 국제 공항 개항
경의선 복원
사업 착공
대우 자동차 최종 부도 처리
중학교 의무 교육 전국 확대
의문사 진상 규명 위원회 출범

> 김대중 대통령은 2000년에 민주주의 및 인권 신장, 한반도 긴장 완화에 기여한 공로를 인정받아 노벨 평화상을 수상하였어요.

└ 김대중 정부 시기에 남북 경제 교류 증진을 위한 경의선 복원 공사가 시작되었어요.

정답 잡는 키워드

❶ 최초의 남북 정상 회담 성사 → 김대중 정부

최초의 남북 정상 회담이 성사되었다는 내용을 통해 (가) 정부가 김대중 정부임을 알 수 있어요. 김대중 정부는 '햇볕 정책'이라고도 불린 대북 화해 협력 정책을 추진하여 남북 간 화해 분위기를 조성하였어요. 이런 가운데 기업인 정주영이 소 떼를 이끌고 북한을 방문하면서 남북 간 교류와 협력을 위한 논의가 본격적으로 진행되어 해로를 통한 금강산 관광 사업이 시작되었어요. 그리고 2000년에는 평양에서 분단 이후 최초로 남북 정상 회담이 개최되었습니다.

① 남북 기본 합의서에 서명하였다.
➡ 노태우 정부는 남북 사이의 화해와 불가침 및 교류·협력에 관한 합의서인 남북 기본 합의서에 서명하였어요.

② 남북한이 유엔에 동시 가입하였다.
➡ 노태우 정부는 북한과 함께 유엔에 동시 가입하였어요.

③ 7·4 남북 공동 성명을 발표하였다.
➡ 박정희 정부는 '자주, 평화, 민족 대단결'이라는 평화 통일의 3대 원칙에 합의한 7·4 남북 공동 성명을 발표하였어요.

④ 6·15 남북 공동 선언을 채택하였다.
➡ 김대중 정부는 분단 이후 최초로 남북 정상 회담을 개최하고 6·15 남북 공동 선언을 채택하였어요.

⑤ 남북 이산가족 고향 방문을 최초로 실현하였다.
➡ 전두환 정부는 남북 이산가족 고향 방문과 예술 공연단 교환 방문을 최초로 실현하였어요.

기출 선택지 +α

❻ 남북 조절 위원회를 구성하였다. (O/X)
❼ 한반도 비핵화 공동 선언에 합의하였다. (O/X)
❽ 남북한이 개성 공단 조성에 합의하였다. (O/X)
❾ 판문점에서 남북 정상 회담을 개최하였다. (O/X)
❿ 민족자존과 통일 번영을 위한 7·7 선언을 발표하였다. (O/X)

기출 선택지 +α

정답 ❻ ×[박정희 정부] ❼ ×[노태우 정부] ❽ O ❾ ×[문재인 정부]
❿ ×[노태우 정부]

---

44 4·19 혁명   정답 ②

(가) 민주화 운동에 대한 설명으로 옳은 것은? [2점]

> 1960년 3월 15일의 정·부통령 선거를 앞두고 민주당의 대통령 후보 조병옥이 사망하여 자유당의 이승만이 단일 대통령 후보가 된 가운데, 자유당은 대통령 승계권을 가진 부통령에 이기붕을 당선시키기 위해 대대적인 부정 선거를 자행하였어요.

> 이것은 1959년 이승만의 84세 생일을 기념하는 '대통령 탄신 경축식' 사진입니다. 이러한 행사는 1949년부터 진행되었습니다. 이승만 대통령의 장기 독재는 3·15 부정 선거에 항거하며 일어난 (가) (으)로 결국 종말을 고했습니다.

정답 잡는 키워드

❶ 3·15 부정 선거에 항거 → 4·19 혁명

3·15 부정 선거에 항거하며 일어났다는 내용을 통해 (가) 민주화 운동이 4·19 혁명임을 알 수 있어요. 이승만 정부가 정권 유지를 위해 1960년에 3·15 부정 선거를 일으키자 이에 항의하여 전국에서 시위가 일어났어요. 당시 정부는 비상계엄을 선포하고 군대를 동원하여 시위를 강경 진압하였어요. 하지만 분노한 시위대는 부정 선거를 규탄하고 대통령의 퇴진을 요구하는 시위를 이어 갔습니다. 결국 국민적 요구에 굴복한 이승만 대통령이 하야 성명을 발표하였어요.

① 긴급 조치 철폐를 요구하였다.
➡ 박정희 정부가 1972년에 유신 헌법을 제정한 이후 유신 헌법 및 긴급 조치 철폐를 요구하는 유신 반대 운동이 전개되었어요.

② 장면 내각이 출범하는 배경이 되었다.
➡ 4·19 혁명 이후 구성된 허정 과도 정부가 개헌을 추진하였고, 새 헌법에 따라 총선을 거쳐 장면 내각이 출범하였어요.

③ 전남 도청에서 시민군이 계엄군에 맞서 싸웠다.
➡ 5·18 민주화 운동 과정에서 광주의 학생과 시민들은 계엄군의 발포 등 무력 진압에 대항하여 자발적으로 시민군을 조직하였어요.

④ 민주화를 위한 개헌 청원 100만 인 서명 운동이 전개되었다.
➡ 1973년에 장준하, 백기완 등 재야인사들을 중심으로 유신 헌법 개정을 요구하는 개헌 청원 100만 인 서명 운동이 전개되었어요.

⑤ 5년 단임의 대통령 직선제 개헌이 이루어지는 계기가 되었다.
➡ 6월 민주 항쟁의 결과 5년 단임의 대통령 직선제를 주요 내용으로 하는 개헌이 이루어졌어요.

기출 선택지 +α

❻ 시위 도중 대학생 이한열이 희생되었다. (O/X)
❼ 호헌 철폐와 독재 타도 등의 구호를 내세웠다. (O/X)
❽ 이승만이 대통령직에서 물러나는 결과를 가져왔다. (O/X)
❾ 신군부의 비상계엄 확대와 무력 진압에 저항하였다. (O/X)
❿ 대학교수단이 대통령 퇴진을 요구하며 시위행진을 벌였다. (O/X)

기출 선택지 +α

정답 ❻ ×[6월 민주 항쟁] ❼ ×[6월 민주 항쟁] ❽ O ❾ ×[5·18 민주화 운동]
❿ O

제 68 회

45 박정희 정부 시기의 경제 상황 ｜ 정답 ②

다음 사건이 있었던 정부 시기의 경제 상황으로 옳은 것은? [3점]

❶ YH 무역 여성 노동자들은 일방적인 폐업에 항의하며 ❷ 신민당 당사에서 농성 시위를 벌이다 경찰에 의해 강제 해산되었다. 그 과정에서 노동자 김경숙이 사망하였다. 이 사진은 현장에 남아 있던 머리띠와 신발들이다. 머리띠에는 '안 되면 죽음이다'라는 글귀가 쓰여 있다.

국내 최대 가발 업체중 하나였던 YH 무역이 일방적으로 폐업을 공고하자 여성 노동자들이 야당인 신민당 당사에서 시위를 벌이다 강제 해산되었어요

정답 잡는 키워드
❶, ❷ YH 무역 여성 노동자들이 신민당 당사에서 농성 시위를 벌이다 경찰에 의해 강제 해산됨 → 박정희 정부

YH 무역 여성 노동자들이 신민당 당사에서 농성 시위를 벌이다 경찰에 의해 강제 해산되었다는 내용을 통해 제시된 사건이 박정희 정부 시기에 있었던 YH 무역 사건임을 알 수 있어요. 따라서 박정희 정부 시기의 경제 상황을 찾으면 됩니다. YH 무역 사건을 계기로 유신 독재 체제를 거세게 비판하던 야당 총재 김영삼이 국회 의원직에서 제명되자 1979년 10월에 부산과 마산 일대에서 유신 체제에 저항하는 부·마 민주 항쟁이 일어나기도 하였어요.

① 금융 실명제가 실시되었다.
➡ 김영삼 정부 시기에 금융 거래의 투명성을 확보하고자 대통령 긴급 명령으로 금융 실명제가 실시되었어요.

②연간 수출액 100억 달러가 달성되었다.
➡ 박정희 정부 시기인 1977년에 처음으로 연간 수출액 100억 달러가 달성되었어요.

③ 개성 공단에서 의류 생산이 시작되었다.
➡ 김대중 정부 시기에 남북한이 합의한 개성 공단 건설 사업이 노무현 정부 시기에 실현되어 이를 통해 남북 간 경제 교류가 이루어졌어요.

④ 칠레와 자유 무역 협정(FTA)을 체결하였다.
➡ 칠레와의 자유 무역 협정(FTA)은 2003년 김대중 정부 시기에 정식 서명이 이루어졌고, 노무현 정부 시기인 2004년에 국회에서 비준되었어요.

⑤ 저금리, 저유가, 저달러의 3저 호황이 있었다.
➡ 전두환 정부 시기에 저금리, 저유가, 저달러의 3저 호황으로 물가가 안정되고 수출이 증가하였어요.

기출 선택지 +α
❻ 최저 임금법이 제정되었다. (O / X)
❼ 경부 고속 도로가 개통되었다. (O / X)
❽ 포항 제철소 1기 설비가 준공되었다. (O / X)
❾ 경제 협력 개발 기구(OECD)에 가입하였다. (O / X)

기출선택지 +α 정답 ❻ ×[전두환 정부] ❼ ○ ❽ ○ ❾ ×[김영삼 정부]

46 전두환 정부 시기의 사회 모습 ｜ 정답 ④

밑줄 그은 '정부' 시기의 사회 모습으로 옳은 것은? [2점]

정답 잡는 키워드
❶ 야간 통행금지 해제, ❷ 프로 야구와 프로 축구 출범, ❸ 삼청 교육대 → 전두환 정부

야간 통행금지 해제, 프로 야구와 프로 축구 출범, 삼청 교육대 등의 내용을 통해 밑줄 그은 '정부'가 전두환 정부임을 알 수 있어요. 12·12 군사 반란(12·12 사태)을 통해 권력을 잡은 전두환 등 신군부 세력은 1980년 5월 국가 보위 비상 대책 위원회를 구성하고 사회 정화를 명분으로 군부대 내에 삼청 교육대를 설치하였어요. 이후 전두환이 유신 헌법에 따라 제11대 대통령에 선출되었고, 곧이어 유신 헌법을 일부 수정한 제8차 개헌에 따라 제12대 대통령에 취임하였어요. 전두환 정부는 언론 통제, 민주화 운동 탄압 등의 강압 정책을 추진하는 한편, 강압 정책에 대한 불만을 무마하기 위해 야간 통행금지 해제, 중·고등학생 두발과 교복 자율화, 해외여행 자유화, 프로 야구와 프로 축구단 창단 등 유화 정책을 추진하기도 하였어요.

① 금강산 관광이 시작되었다.
➡ 정주영의 소 떼 방북을 계기로 남북한의 교류와 협력이 본격화되면서 금강산 관광 사업이 시작되어 해로 관광은 김대중 정부 시기, 육로 관광은 노무현 정부 시기에 이루어졌어요.

② 서울 올림픽 대회가 개최되었다.
➡ 노태우 정부 시기인 1988년에 서울 올림픽 대회가 개최되었어요.

③ 삼풍 백화점 붕괴 사고가 발생하였다.
➡ 김영삼 정부 시기에 삼풍 백화점 붕괴 사고가 발생하여 많은 인명 피해가 발생하였어요.

④ 보도 지침을 통해 언론을 통제하였다.
➡ 전두환 정부 시기에 언론의 기사 통제를 위해 보도 지침이 작성되어 각 언론사에 내려졌어요.

⑤ 양성평등 실현을 위해 호주제가 폐지되었다.
➡ 노무현 정부 시기에 양성평등의 실현과 평등한 가족 관계 형성을 위해 호주제가 폐지되었어요.

기출 선택지 +α
❻ 국가 인권 위원회가 설립되었다. (O / X)
❼ 박종철 고문치사 사건이 발생하였다. (O / X)
❽ 야당 총재가 국회 의원직에서 제명되었다. (O / X)
❾ 전국 민주 노동조합 총연맹이 창립되었다. (O / X)
❿ 친일 반민족 행위 진상 규명 위원회가 출범하였다. (O / X)

기출선택지 +α 정답 ❻ ×[김대중 정부] ❼ ○ ❽ ×[박정희 정부] ❾ ×[김영삼 정부] ❿ ×[노무현 정부]

47 여운형의 활동

정답 ⑤

(가)에 들어갈 내용으로 옳은 것은? [2점]

한국사 대화형 인공 지능

Q 이 사진 속 인물에 대해 알려 줘.

A 사진 속 인물의 호는 몽양이며, 독❶립운동가입니다. 1918년에 상하이에서❷신한 청년당을 조직하였으며, 대한민국 임시 정부에 참여하였습니다. 1945년 8월 조선 건국 준❸비 위원회를 결성하였습니다.

여운형은 광복 직후 안재홍 등과 함께 조선 건국 준비 위원회를 결성하고, 위원장을 맡았어요.

Q 그 이후의 행적에 대해 알려 줘.

A ⎡   (가)   ⎤

정답 잡는 키워드

❶ 호 '몽양', ❷ 신한 청년당 조직, ❸ 조선 건국 준비 위원회 결성
→ 여운형

'몽양'이라는 호를 썼으며, 신한 청년당을 조직하고 조선 건국 준비 위원회를 결성하였다는 내용을 통해 사진 속 인물이 여운형임을 알 수 있어요. 여운형은 상하이에서 신한 청년당 조직에 참여하고 김규식을 파리 강화 회의에 한국 대표로 파견할 것을 결정하였어요. 이후 상하이 임시 정부 수립에 힘썼으며 정부 요인으로 활동하였어요. 1933년에 조선중앙일보사 사장직에 취임하였으나 베를린 올림픽 마라톤 우승자 손기정의 사진을 게재하면서 그의 운동복에 그려진 일장기를 삭제한 일로 신문이 폐간되어 사장직에서 물러났어요. 광복 직후에는 조선 건국 동맹을 기반으로 조선 건국 준비 위원회를 결성하여 새로운 국가 건설을 위해 노력하였어요.

① 한국 민주당을 창당하였습니다.
➡ 1945년 9월에 송진우, 김성수 등 우익 인사들이 중심이 되어 한국 민주당을 창당하였어요.

② 5·10 총선거에 출마하였습니다.
➡ 1948년 5월에 실시된 5·10 총선거에서 제헌 국회 의원이 선출되었어요. 여운형은 1947년 7월에 서울 혜화동에서 피살되었어요.

③ 단독 정부 수립을 주장하였습니다.
➡ 이승만은 제1차 미·소 공동 위원회가 무기한 휴회되자 정읍에서 남한만의 단독 정부 수립을 주장하였어요.

④ 조선 혁명 선언을 작성하였습니다.
➡ 신채호는 의열단장 김원봉의 요청을 받아 민중의 직접 혁명을 주장한 '조선 혁명 선언'을 작성하였어요. '조선 혁명 선언'은 의열단의 활동 지침이 되었어요.

⑤ 좌우 합작 위원회를 조직하였습니다.
➡ 광복 이후 여운형, 김규식 등이 통일 정부 수립을 위해 좌우 합작 위원회를 조직하고 좌우 합작 7원칙을 발표하였어요.

기출 선택지 +α

❻ 조선 건국 동맹을 결성하였다. (O / X)
❼ 샌프란시스코에서 흥사단을 결성하였다. (O / X)
❽ 미국에서 귀국하여 독립 촉성 중앙 협의회를 이끌었다. (O / X)

기출 선택지 +α 정답 ❻ ○ ❼ ×[안창호] ❽ ×[이승만]

48 삼국 시대 사람들의 학습 활동

정답 ③

교사의 질문에 대한 학생의 답으로 옳은 것은? [2점]

충남 부여 쌍북리에서 숫자들이 기록된 목간이 출토되었는데 놀랍게도 구구단이 쓰여 있었습니다. 삼국 시대에 살았던 사람들도 우리처럼 구구단을 공부했다는 것이 신기합니다. 삼국 시대 사람들의 학습 활동을 확인할 수 있는 또 다른 사례는 무엇이 있을까요?

자료에서 교사는 삼국 시대 사람들의 학습 활동에 대해 이야기하고 있어요. 고구려는 수도에 태학을, 지방에는 경당을 두어 인재를 양성하였어요. 백제에는 유교 경전을 교육하기 위한 오경박사가 있었고, 신라에서는 임신서기석을 통해 유학 교육이 행해졌음을 알 수 있어요.

① 울주 대곡리 반구대에 고래 사냥 모습을 새겼습니다.
➡ 선사 시대 문화유산인 울주 대곡리 반구대에는 풍요와 사냥 성공을 바라는 고래 사냥 모습이 새겨져 있어요.

② 이제현이 만권당에서 원의 학자들과 교류하였습니다.
➡ 고려 후기 학자인 이제현은 충선왕이 원의 연경에 세운 만권당에서 원의 학자들과 교류하였어요.

③ 청소년들이 경당에서 책을 읽고 활쏘기를 배웠습니다.
➡ 고구려는 지방에 경당을 설치하여 청소년들에게 학문과 무예를 가르쳤어요.

④ 독특한 회계 정리 방식인 사개치부법을 사용하였습니다.
➡ 개성상인은 고려 시대부터 독특한 회계 정리 방식인 사개치부법을 사용하였어요. 사개치부법은 개성 부기라고도 불렸어요.

⑤ 정혜 공주 묘지석에는 유교 경전과 중국 역사서의 내용이 인용되어 있습니다.
➡ 발해 문왕의 딸인 정혜 공주의 묘지석에는 유교 경전과 중국 역사서의 내용이 인용되어 새겨져 있어요.

49 여러 가지 자기의 특징   정답 ③

(가)~(마)의 설명과 사진을 연결한 것으로 옳지 않은 것은? [3점]

> (가) 태토와 유약이 모두 백색이고 1,200도 이상에서 구워 만든 자기다. 영국 여왕 엘리자베스 2세가 이 자기 중 하나를 보면서 '세상에서 제일 아름다운 그릇'이라는 찬사를 보냈다.
>
> (나) 철분이 약간 함유된 태토에 유약을 입혀 고온에서 구워 낸 자기다. 송 사신 서긍은 "푸른 빛깔을 고려인은 비색(翡色)이라 하는데 근래에 들어 빛깔이 더욱 좋아졌다."고 하였다.
>
> (다) 회색 태토 위에 백토로 표면을 분장한 뒤에 유약을 입혀 구운 자기다. 고유섭이 회청색을 띠는 사기라는 의미로 '분장회청사기(분청사기)'라 하였다. ┌ 도자기에 사용하는 청색 물감을 말해요. 회회청이라 불리기도 하였어요.
>
> (라) 초벌구이한 백자 위에 코발트로 그림 그린 후 유약을 발라 구운 자기다. 코발트는 수입산 안료였기에 예종은 관찰사를 통해 백성들이 회회청(코발트)을 구해 오도록 독려할 정도였다. ┌ 음각한 부분에 다른 색의 흙을 메워 무늬를 표현하는 상감 기법을 말해요.
>
> (마) 표면에 무늬를 파고 백토와 자토를 그 자리에 넣어 초벌구이한 후 유약을 발라 구워 낸 자기다. 최순우는 "고려 사람들은 비색의 자기에 영롱한 수를 놓는 방법을 궁리해 냈다."고 하였다.

(가) 태토와 유약이 모두 백색이고 고온에서 구워 만든 자기는 백자입니다. 백자는 조선 시대에 들어와 많이 만들어졌으며, 깨끗하고 검소한 아름다움을 가져 사대부가 선호하였어요.

(나) 고려의 청자는 철분이 조금 섞인 백토 위에 미량의 철분이 함유된 유약을 발라 고온에서 구운 자기입니다. 비색이라고 불리는 신비한 푸른빛의 아름다움으로 유명하였어요. 고려 전기에는 무늬가 없는 순청자가 많이 제작되었습니다.

(다) 회색 태토 위에 맑게 거른 백토로 표면을 분장한 뒤 유약을 입혀 구운 자기는 분청사기입니다. 조선 전기에 많이 제작되었으며, 자유롭고 실용적인 형태와 다양한 무늬를 가진 것이 특징이에요.

(라) 조선 시대에 백자 위에 코발트 안료를 사용해 푸른색으로 그림을 그려 넣고 유약을 발라 구워 낸 청화 백자가 만들어졌어요. 청화 백자는 조선 후기에 유행하였습니다.

(마) 고려 시대에 그릇 표면에 무늬를 새기고 그 안을 백토나 자토 등으로 채우는 상감 기법을 이용한 상감 청자가 제작되었어요. 상감 청자는 고려의 독창적인 공예품이었어요.

(가)	(나)	(다)
①	②	③
➡ 조선 시대에 만들어진 **백자 달항아리**입니다.	➡ 고려 시대에 만들어진 **청자 오리 모양 연적**이에요.	➡ 청동기 시대의 민무늬 토기 형식인 **가지무늬 토기**입니다.

(라)	(마)
④	⑤
➡ 조선 후기에 만들어진 **백자 청화 매죽문 항아리**입니다.	➡ 고려 시대에 만들어진 상감 청자인 **청자 상감 운학문 매병**이에요.

50 전태일 분신 투쟁의 영향   정답 ⑤

다음 사건의 영향을 받아 발생한 사실로 옳은 것은? [2점]

❶ 근로 기준법을 준수하라!

나는 아주 작은 바늘 구멍이라도 내기 위해서 죽는 것입니다. 그 작은 구멍을 자꾸 키워 벽을 허물어야 합니다. 그래야 없는 사람도 살고 근로자도 살 수 있는 것입니다.

정답 잡는 키워드

❶ 근로 기준법 준수를 요구하며 분신 → 전태일 분신 투쟁(1970)

근로 기준법 준수를 요구하며 분신한 내용을 통해 자료의 사건이 전태일 분신 투쟁임을 알 수 있어요. 박정희 정부는 1960년대에 값싼 노동력을 이용한 경공업을 중심으로 경제 성장을 추진하였는데, 이 과정에서 노동자들은 낮은 임금과 열악한 환경 속에서 장시간 노동에 시달렸습니다. 근로 기준법 준수와 열악한 노동 환경 개선을 요구하는 시위가 전개되었지만, 정부는 수출 경쟁력 확보를 위해 저임금 정책을 고수하였어요. 이에 서울 평화 시장에서 재단사로 일하며 노동 운동을 하던 전태일은 1970년에 근로 기준법 준수를 요구하며 분신 투쟁을 벌였어요.

① 신한 공사가 설립되어 귀속 재산을 관리하였다.
➡ 일제의 패망 뒤 남한 지역에 들어온 미군정은 1946년 일본인이 남긴 귀속 재산 처리를 위해 신한 공사를 설립하였어요.

② 부산에서 조선 방직의 총파업 사건이 발생하였다.
➡ 조선 방직은 국내 최초의 방직 공장이었으나 열악한 노동 조건 때문에 노동 쟁의가 끊이지 않았어요. 1930년 조선 방직 노동자들이 **노동 조건 개선과 민족 차별 철폐**를 요구하며 총파업을 벌였으나 일제 경찰과 회사 측 관리자들의 강력한 탄압으로 실패하였어요.

③ 경제 자립을 목표로 제1차 경제 개발 5개년 계획이 추진되었다.
➡ 박정희 정부는 장면 내각의 경제 개발 계획을 수정하여 1962년부터 1966년까지 제1차 경제 개발 5개년 계획을 추진하였어요. 제1차 경제 개발 계획 시기에는 신발, 의류 등 노동 집약적 경공업 제품의 수출에 집중하였어요.

④ 미국에서 들여온 원조 물자를 기반으로 삼백 산업이 발달하였다.
➡ 제2차 세계 대전이 끝난 후 **미국은 공산주의 확산을 방지하고자 여러 국가에 원조를 제공하였어요**. 이승만 정부 시기에 미국에서 들여온 원조 물자를 가공하여 밀가루, 설탕, 면직물을 생산하는 삼백 산업이 발달하였어요.

⑤ 평화 시장 노동자들을 중심으로 한 청계 피복 노동조합이 결성되었다.
➡ 전태일 분신 투쟁을 계기로 많은 사람들이 노동 문제에 관심을 기울이면서 노동 운동이 본격화되었어요. 이에 전태일의 뜻을 이어받은 평화 시장 노동자들을 중심으로 한 청계 피복 노동조합이 결성되었습니다.

합격률
49.2%
응시 인원 : 31,985명
합격 인원 : 15,723명

시대별 출제 비중

선사 2문항
청동기 시대의 생활 모습,
여러 나라의 제천 행사

고대 8문항
성왕의 정책, 경주 분황사 모전 석탑,
삼국 통일 과정, 의상의 활동, 신문왕의 정책,
신라 말의 상황, 발해, 후삼국 통일 과정

전근대
28문항

고려 9문항
광종의 정책, 현종 재위 시기의 사실,
최충헌의 활동, 고려 중기의 사실, 원 간섭기의 사실,
논산 관촉사 석조 미륵보살 입상, 국자감,
고려의 정치 기구, 고려 말 요동 정벌

조선 9문항
고려사, 유향소, 김종서의 활동,
조선 후기의 모습, 임진왜란, 조선 후기 실학의 발달,
조선 후기 군사 조직의 정비, 정조 재위 시기의 사실,
신유박해

개항기 8문항
신미양요, 개항 이후 체결된 조약, 한성순보,
전주 화약 체결 이후의 사실, 육영 공원,
박정양의 활동, 광무개혁, 일제의 국권 침탈 과정

일제 강점기 7문항
의열단, 광주 학생 항일 운동, 한국 독립군,
1930년대 후반 이후 일제 식민 통치,
천도교의 활동, 민족 문화 수호 운동,
일본에서의 민족 운동

현대 4문항
여운형의 활동, 사사오입 개헌의 결과,
박정희 정부 시기의 사실,
노무현 정부의 통일 노력

근현대
22문항

시대 통합 3문항
역사 속 화폐, 역사 속 노비 처우의 변화,
역사 속 노비 관련 사건

분류별 출제 비중 고대~조선

- 정치: **17** 문항
- 경제: **1** 문항
- 사회: **2** 문항
- 문화: **6** 문항

난이도별 출제 비중

- 상: **4** 문항
- 중: **33** 문항
- 하: **13** 문항

큰별쌤의 한 줄 평

낯선 자료와 선지가
다소 등장한
약간 어려운 시험

1 청동기 시대의 생활 모습

정답 ④

(가) 시대의 생활 모습으로 옳은 것은? [1점]

> ❶계급이 출현한 (가) 시대의 생활상을 엿볼 수 있는 환호, ❷고인돌, ❸민무늬 토기 등이 울주 검단리 유적에서 발굴되었습니다. 특히 마을의 방어 시설로 보이는 환호는 우리나라의 (가) 시대 유적에서 처음 확인된 것으로, 둘레가 약 300미터에 달합니다.

> 청동기시대에는 무늬가 없고 바닥이 평평한 민무늬 토기가 제작되었어요.

> 고인돌은 청동기 시대에 등장한 지배층의 무덤이에요. 거대한 규모의 고인돌을 통해 많은 사람을 동원할 수 있는 힘을 가진 지배자가 존재하였음을 짐작할 수 있어요.

정답 잡는 키워드

❶ 계급 출현, ❷ 고인돌, ❸ 민무늬 토기 → 청동기 시대

계급이 출현하였으며 고인돌, 민무늬 토기 등이 발굴되었다는 내용을 통해 (가) 시대가 청동기 시대임을 알 수 있어요. 청동기 시대에 처음으로 금속 도구가 제작되었어요. 청동은 재료를 구하기가 어렵고 다루기도 까다로운 금속이었기 때문에 주로 지배자의 무기나 의례 도구, 장식품 제작에 사용되었어요. 청동기 시대에 농업의 발달로 생산력이 향상되어 잉여 생산물이 생기면서 토지나 생산물에 대한 사유 개념이 나타났고, 빈부의 차이가 발생하여 계급이 출현하였어요.

① 철제 무기로 정복 활동을 벌였다.
➡ 철제 무기는 철기 시대부터 제작되었어요.

② 주로 동굴이나 막집에서 거주하였다.
➡ 구석기 시대에 사람들은 식량을 찾아 이동 생활을 하였으며, 주로 동굴이나 강가의 막집에서 거주하였어요.

③ 소를 이용한 깊이갈이가 일반화되었다.
➡ 고려 시대에 들어와 소를 이용한 깊이갈이가 일반화되었어요.

④ 비파형 동검과 청동 거울 등을 제작하였다.
➡ 청동기 시대에 비파형 동검과 청동 거울 등 청동 도구를 제작하였어요.

⑤ 빗살무늬 토기에 음식을 저장하기 시작하였다.
➡ 빗살무늬 토기는 우리나라 신석기 시대의 대표적인 토기로, 식량을 저장하거나 음식을 조리하는 데 사용되었어요.

기출 선택지 +α

❻ 거푸집을 이용하여 도구를 제작하였다. (O/X)
❼ 반달 돌칼을 사용하여 곡물을 수확하였다. (O/X)
❽ 계급이 없는 평등한 공동체 생활을 하였다. (O/X)
❾ 호미, 쇠스랑 등의 철제 농기구를 제작하였다. (O/X)
❿ 옷을 만들 때 가락바퀴와 뼈바늘을 이용하기 시작하였다. (O/X)

기출 선택지 +α

정답 ❻○ ❼○ ❽×[구석기 시대, 신석기 시대] ❾×[철기 시대]
❿×[신석기 시대]

---

2 여러 나라의 제천 행사

정답 ④

(가)~(라)에 들어갈 내용으로 옳은 것을 〈보기〉에서 고른 것은? [2점]

<여러 나라의 제천 행사>

나라	내용
부여	(가)
고구려	(나)
동예	(다)
삼한	(라)

ㄱ. (가) - 무천이라는 제천 행사에서 밤낮으로 음주가무를 즐겼다.
➡ 무천은 동예의 제천 행사입니다. 부여는 만주 쑹화강 유역에서 성장한 연맹 왕국으로 왕권이 강하지 않았어요. 왕이 중앙을 다스리고 왕 아래 마가, 우가, 저가, 구가 등 여러 가(加)들이 별도로 사출도를 주관하였지요. 부여는 매년 영고라는 제천 행사를 열었는데, 이때 하늘에 제사를 지내고 노래와 춤을 즐기며 죄수를 풀어 주기도 하였어요.

ㄴ. (나) - 10월에 지내는 제천 행사는 국중대회로 동맹이라 하였다.
➡ 고구려는 부여에서 내려온 주몽이 졸본을 도읍으로 삼아 건국한 나라입니다. 고구려에서는 대가들이 사자, 조의, 선인 등의 관리를 독자적으로 거느렸으며, 제가 회의를 통해 국가의 중대사를 결정하였어요. 고구려는 매년 10월에 동맹이라는 제천 행사를 열었어요.

ㄷ. (다) - 영고라는 제천 행사를 열고 죄수를 풀어 주기도 하였다.
➡ 영고는 부여의 제천 행사입니다. 동예는 강원도 북부 동해안 지역에 위치하였던 나라로, 왕이 없고 읍군, 삼로라고 불린 지배자가 부족을 다스렸어요. 동예에는 읍락의 경계를 중시하여 다른 부족의 영역을 함부로 침범하면 소나 말, 노비 등으로 변상하게 하는 책화라는 풍습이 있었어요. 또 단궁, 과하마, 반어피가 특산물로 유명하였으며, 매년 10월에 무천이라는 제천 행사를 열어 밤낮으로 음주가무를 즐겼어요.

ㄹ. (라) - 씨뿌리기가 끝난 5월과 농사를 마친 10월에 제사를 지냈다.
➡ 철기 시대에 한반도 중남부에 마한, 진한, 변한의 삼한이 성립되었어요. 삼한은 목지국, 사로국, 구야국 등 여러 소국으로 이루어졌어요. 삼한에는 왕이 없고 신지, 읍차라고 불린 지배자가 있었으며, 천군이라는 제사장이 제사를 주관하였어요. 삼한은 씨뿌리기가 끝난 5월과 농사를 마친 10월에 제천 행사를 지냈습니다.

① ㄱ, ㄴ ② ㄱ, ㄷ ③ ㄴ, ㄷ
④ ㄴ, ㄹ ⑤ ㄷ, ㄹ

3 성왕의 정책

정답 ①

다음 자료에 해당하는 왕에 대한 설명으로 옳은 것은? [1점]

백제 제26대 왕 명 농, 지혜와 식견이 뛰 어나고 결단력이 있 었다.

1/3

❶ 웅진에서 사비로 도읍을 옮기고 백제 의 중흥을 꾀했다.

2/3

❷ 구천(관산성 부근) 에서 신라의 복병에 게 목숨을 잃었다.
ㄴ 성왕은 신라와 전쟁을 벌이다가 554년 관산 성 전투에서 목숨을 잃 었어요.

3/3

└ 고구려 장수왕의 공격으로 수도 한성이 함락되어 웅진으로 천도한 백제는 성왕 때 다시 대외 진출에 유리한 사비로 도읍을 옮겼어요.

정답 잡는 키워드

❶ 웅진에서 사비로 도읍을 옮김,

❷ 관산성 부근에서 신라의 복병에게 목숨을 잃음 → 성왕

웅진에서 사비로 도읍을 옮겼으며, 관산성 부근에서 신라의 복병에게 목숨을 잃었다는 내용을 통해 자료에 해당하는 왕이 백제 성왕임을 알 수 있어요. 6세 기 중반 백제 성왕은 신라 진흥왕과 연합하여 고구려를 공격해 한강 유역을 되 찾았어요. 양국은 한강 유역을 나누어 차지하였으나, 곧이어 신라군이 백제를 기습 공격하여 한강 유역 전체를 차지하였어요. 이에 분노한 성왕이 신라 공격 에 나섰다가 관산성 전투에서 전사하였어요.

① 국호를 남부여로 개칭하였다.
　➡ 성왕은 웅진에서 사비로 천도하고 부여 계승 의식을 내세우며 국호를 '남부 여'로 개칭하였어요.

② 금마저에 미륵사를 창건하였다.
　➡ 무왕은 지금의 익산 지역인 금마저에 미륵사를 창건하였어요.

③ 고흥에게 서기를 편찬하게 하였다.
　➡ 근초고왕은 고흥에게 역사서인 "서기"를 편찬하게 하였어요.

④ 윤충을 보내 대야성을 함락하였다.
　➡ 의자왕은 윤충을 보내 신라를 공격하여 전략적 요충지인 대야성을 함락하였 어요.

⑤ 동진에서 온 마라난타를 통해 불교를 수용하였다.
　➡ 침류왕은 동진에서 온 마라난타를 통해 불교를 수용하여 사상적 통합을 꾀하 였어요.

기출 선택지 +α

❻ 평양성 전투에서 고국원왕을 전사시켰다.　　　　(O/X)
❼ 계백의 결사대를 보내 신라군에 맞서 싸웠다.　　(O/X)
❽ 북위에 사신을 보내 고구려 공격을 요청하였다.　(O/X)
❾ 진흥왕과 연합하여 한강 하류 지역을 되찾았다.　(O/X)

핵심 개념 | 백제의 중흥

무령왕	전국 22담로에 왕족 파견(→ 지방 통제 강화), 중국 남조의 양과 교류, 무령왕릉(→ 중국 남조 및 왜와의 교류를 보여 줌)
성왕	• 사비(지금의 부여) 천도, 국호를 '남부여'로 고침(538) • 중앙 관청을 22부로 확대, 중앙과 지방 행정 조직 정비(5부 5방) • 신라 진흥왕과 연합하여 고구려로부터 한강 하류 지역을 회복하였으나 신라에 빼앗김 → 신라 공격에 나섰다가 관산성 전투에서 전사(554)
무왕	백제 부흥을 위해 노력 → 금마저(지금의 익산)에 미륵사 창건

기출 선택지 +α 정답　❻ ×[근초고왕]　❼ ×[의자왕]　❽ ×[개로왕]　❾ ○

---

4 경주 분황사 모전 석탑

정답 ④

(가)에 해당하는 문화유산으로 옳은 것은? [3점]

국보로 지정된　(가)　은 현존하는 신라 탑 중에 가장 오래된 것으 로 평가받습니다. 이 탑은 돌을 벽돌 모양으로 다듬어 쌓았다는 특징 이 있으며, 선덕 여왕 3년에 건립된 것으로 추정됩니다.

〈가람 배치도〉
금동 약사 여래 입상
(가)
당간지주

정답 잡는 키워드

❶ 현존하는 신라 탑 중에 가장 오래된 것,

❷ 돌을 벽돌 모양으로 다듬어 쌓음 → 경주 분황사 모전 석탑

현존하는 신라의 탑 가운데 가장 오래되었으며, 돌을 벽돌 모양으로 다듬어 쌓 았다는 내용을 통해 (가)에 해당하는 문화유산이 경주 분황사 모전 석탑임을 알 수 있어요. 경주 분황사 모전 석탑은 선덕 여왕 때 분황사를 창건하면서 동 시에 건립된 것으로 추정됩니다.

①
　②
　③

➡ 통일 신라의 경주 불 국사 3층 석탑이에요. 탑을 보수하던 중 무 구정광대다라니경이 발견되었어요.

➡ 백제의 부여 정림사지 5층 석탑이에요. 목탑 양식을 띠고 있어요.

➡ 발해의 영광탑이에요. 벽돌로 쌓아 만든 전 탑입니다.

④
　⑤

➡ 신라의 경주 분황사 모전 석탑이에요. 기 단 위 모퉁이에 화강 암으로 조각한 사자상 이 놓여 있어요.

➡ 백제의 익산 미륵사지 석탑이에요. 복원 공 사 중에 금제 사리봉 영기가 발견되어 석탑 의 건립 연도 등이 밝 혀졌어요.

(가)에 들어갈 내용으로 가장 적절한 것은?   [3점]

한국사 동영상 제작 계획안

삼국이 하나 되다

○학년 ○반 ○모둠

■ 제작 의도
    삼국 통일 과정을 사건의 발생 순서대로 구성하여 그 의의
와 한계를 살펴본다.

■ 장면별 구성 내용
  #1. 김춘추가 당과의 군사 동맹을 성사시키다
  #2. 백제의 결사대 5천 명이 황산벌에서 패하다
  #3. ❶ 연개소문이 죽고 내분이 일어나다
  #4.   (가)
  #5. ❷ 신라 수군이 기벌포에서 승리하다

> 연개소문 사후 아들들 사이에 권력 다툼이 발생하여 맏아들 연남생이 당에 항복하고, 연개소문의 아우 연정토가 신라로 투항하는 등 내분이 일어났어요.

> 신라의 사찬 시득이 기벌포에서 설인귀가 이끄는 당의 수군을 격파하였어요.

정답 잡는 키워드

❶ 고구려, 연개소문 사후 지배층의 분열 → 665년

❷ 신라, 기벌포 전투에서 승리 → 676년

백제 의자왕의 공격으로 위기에 빠진 신라가 김춘추를 고구려로 보내 동맹을 시도하였으나 실패하였어요. 이후 김춘추는 당으로 건너가 군사 지원을 요청하였고, 당이 이를 받아들이면서 나·당 연합군이 결성되었어요. 백제는 660년에 계백이 이끄는 결사대가 황산벌 전투에서 신라군에 패한 후 나·당 연합군에 의해 사비성이 함락되면서 멸망하였어요. 백제 멸망 이후 흑치상지, 복신, 도침 등이 백제 부흥 운동을 전개하였으나 실패하였어요. 고구려는 연개소문이 죽은 이후 지배층 내부에 분열이 생겨 혼란에 빠졌고, 668년에 나·당 연합군의 공격을 받아 멸망하였어요. 고구려 멸망 이후 고연무, 검모잠, 안승 등이 고구려 부흥 운동을 전개하였어요. 한편, 고구려 멸망 이후 당은 한반도 전체를 지배하려는 야욕을 노골적으로 드러냈어요. 이에 신라는 당과 전쟁을 벌여 675년 매소성 전투, 676년 기벌포 전투에서 당군을 격퇴하면서 삼국 통일을 완수하였어요. 따라서 (가)에는 연개소문 사후 고구려에서 내분이 일어난 665년과 신라가 당과의 기벌포 전투에서 승리한 676년 사이 시기에 있었던 사실이 들어가면 됩니다.

① 흑치상지가 당의 유인궤에게 항복하다
➡ 백제 부흥 운동을 전개하던 흑치상지는 663년에 당의 유인궤에게 항복하였어요. #2와 #3 사이에 들어갈 내용이에요.

②문무왕이 안승을 보덕국 왕으로 책봉하다
➡ 신라 문무왕은 안승이 신라에 항복해 오자 금마저에 머물게 하고 674년에 안승을 보덕국 왕으로 책봉하였어요.

③ 을지문덕이 살수에서 수의 군대를 물리치다
➡ 을지문덕이 이끈 고구려군은 612년에 살수에서 수의 군대를 크게 물리쳤어요. #1 이전에 해당하는 내용이에요.

④ 부여풍이 백강에서 왜군과 함께 당군에 맞서 싸우다
➡ 부여풍 등 백제 부흥 세력이 663년에 왜의 지원군과 함께 백강에서 당군에 맞서 싸웠으나 패배하였어요. #2와 #3 사이에 들어갈 내용이에요.

⑤ 개로왕이 북위에 사신을 보내 고구려 공격을 요청하다
➡ 백제 개로왕은 472년에 북위에 사신을 보내 함께 고구려 공격에 나설 것을 요청하였으나 북위는 백제의 요청을 거절하였어요. #1 이전에 해당하는 내용이에요.

밑줄 그은 '이 승려'에 대한 설명으로 옳은 것은?   [2점]

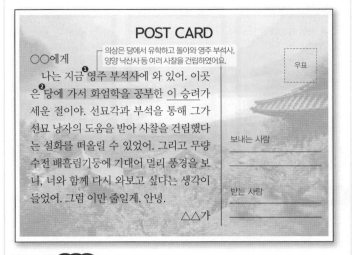

POST CARD

○○에게
  나는 지금 ❶영주 부석사에 와 있어. 이곳은 ❷당에 가서 화엄학을 공부한 이 승려가 세운 절이야. 선묘각과 부석을 통해 그가 선묘 낭자의 도움을 받아 사찰을 건립했다는 설화를 떠올릴 수 있었어. 그리고 무량수전 배흘림기둥에 기대어 멀리 풍경을 보니, 너와 함께 다시 와보고 싶다는 생각이 들었어. 그럼 이만 줄일게. 안녕.
         △△가

> 의상은 당에서 유학하고 돌아와 영주 부석사, 양양 낙산사 등 여러 사찰을 건립하였어요.

우표

보내는 사람

받는 사람

정답 잡는 키워드

❶ 영주 부석사 창건, ❷ 당에 가서 화엄학 공부 → 의상

영주 부석사를 세웠으며 당에 가서 화엄학을 공부하였다는 내용을 통해 밑줄 그은 '이 승려'가 신라의 의상임을 알 수 있어요. 의상은 당에서 화엄종을 공부하고 돌아와 '모든 존재는 서로 의존하여 조화를 이룬다'는 화엄 사상을 설파하고 신라 화엄종을 개창하였어요. 또한, 화엄 사상의 요지를 축약한 '화엄일승법계도'를 지어 화엄 사상을 정리하였어요.

① 황룡사 구층 목탑의 건립을 건의하였다.
➡ 자장은 선덕 여왕에게 황룡사 9층 목탑의 건립을 건의하였어요.

② 무애가를 지어 불교 대중화에 노력하였다.
➡ 원효는 백성들이 쉽게 불교를 받아들일 수 있도록 무애가를 지어 부르며 불교 대중화에 노력하였어요.

③ 유식의 교의를 담은 해심밀경소를 저술하였다.
➡ 원측은 유식의 교의를 담은 "해심밀경"을 풀이한 주석서인 "해심밀경소"를 저술하였어요.

④ 승려들의 전기를 정리한 해동고승전을 편찬하였다.
➡ 고려의 승려 각훈은 왕명을 받아 고승들의 전기를 정리한 "해동고승전"을 편찬하였어요.

⑤현세의 고난에서 구제받고자 하는 관음 신앙을 강조하였다.
➡ 의상은 관세음보살에 의지하여 현세의 고난에서 구제받고자 하는 관음 신앙을 강조하였어요.

핵심 개념   신라의 승려

원광	화랑도의 규범으로 세속 5계 제시, 왕명으로 수에 군사를 청하는 걸사표 작성
원측	"해심밀경소" 저술
원효	일심 사상과 화쟁 사상 주장, 무애가를 지어 불교 대중화에 기여, "대승기신론소"·"십문화쟁론"·"금강삼매경론" 등 저술
의상	화엄종 개창, 화엄 사상 정립, 부석사 등 많은 사찰 건립, 관음 신앙 전파, '화엄일승법계도' 저술
자장	선덕 여왕에게 황룡사 9층 목탑의 건립 건의
혜초	인도와 중앙아시아를 순례한 뒤 "왕오천축국전" 저술
도선	"송악명당기" 저술

(가) 왕의 업적으로 옳은 것은? [2점]

대왕암이 내려다 보이는 이곳은 경주 이견대입니다. 선왕을 기리며 **❶ 감은사**를 완공한 (가) 은/는 이곳에서 용을 만나는 신묘한 일을 겪었고, 이를 통해 검은 옥대와 **만파식적**의 재료가 된 대나무를 얻었다고 합니다.

경주 감은사는 신문왕이 아버지 문무왕의 유업을 이어받아 완공한 사찰이에요. 선왕의 은혜에 감사하는 마음을 담아 감은사라 이름 붙였다고 합니다.

신문왕이 용에게서 받은 대나무로 피리(만파식적)를 만들었는데 이 피리를 불면 나라의 모든 근심 걱정이 사라졌다는 이야기가 "삼국유사"에 실려 있어요. 만파식적 설화는 신문왕 때 강력한 왕권을 구축하였음을 보여 줍니다.

정답 잡는 키워드

❶ 감은사 완공, ❷ 만파식적 → 신문왕

감은사를 완공하였으며, 만파식적 설화와 관련된 (가) 왕은 통일 신라의 신문왕이에요. 삼국 통일을 완수한 문무왕의 뒤를 이어 즉위한 신문왕은 즉위 초에 일어난 김흠돌의 난을 진압하면서 진골 귀족 세력을 숙청하고 왕권을 강화하였어요. 이를 바탕으로 통치 체제를 정비하여 9주 5소경의 지방 행정 조직을 마련하고 9서당 10정의 군사 조직을 갖추었습니다. 또한, 국학을 설치하여 유학을 교육하고 왕권을 뒷받침할 인재를 양성하였어요.

① 향가 모음집인 삼대목을 편찬하였다.
➡ **진성 여왕**은 위홍과 대구 화상에게 명하여 향가 모음집인 "삼대목"을 편찬하게 하였어요.

②관료전을 지급하고 녹읍을 폐지하였다.
➡ **신문왕**은 관리에게 해당 지역에서 조세만 거둘 수 있는 관료전을 지급하고, 노동력까지 징발할 수 있는 녹읍을 폐지하여 귀족의 경제적 기반을 약화하였어요.

③ 인사를 담당하는 위화부를 창설하였다.
➡ **진평왕**은 위화부를 창설하여 관리 인사에 관한 업무를 담당하게 하였어요.

④ 건원이라는 독자적인 연호를 사용하였다.
➡ **법흥왕**은 '건원'이라는 독자적인 연호를 사용하였어요.

⑤ 시장을 감독하기 위해 동시전을 설치하였다.
➡ **지증왕**은 수도 금성에 시장인 동시를 설치하고, 동시를 감독하기 위한 관청으로 동시전을 두었어요.

기출 선택지 +α

❻ 백성에게 정전을 지급하였다.	(O / X)
❼ 화랑도를 국가적 조직으로 개편하였다.	(O / X)
❽ 마립간이라는 칭호를 처음 사용하였다.	(O / X)
❾ 관리 선발을 위해 독서삼품과를 실시하였다.	(O / X)
❿ 지방 행정 제도를 9주 5소경으로 정비하였다.	(O / X)

기출 선택지 +α

정답 ❻ ×[성덕왕] ❼ ×[진흥왕] ❽ ×[내물 마립간] ❾ ×[원성왕] ❿ ○

다음 상황 이후에 전개된 사실로 옳은 것은? [2점]

이찬 김지정이 반역하여 무리를 모아 궁궐을 에워싸고 침범하였다. 여름 4월에 상대등 김양상이 이찬 경신과 함께 군사를 일으켜 김지정 등을 죽였으나, **❶ 왕과 왕비는 반란군에게 살해**되었다. 양상 등이 왕의 시호를 **❷ 혜공왕**이라 하였다.
－ "삼국사기" －

780년 김지정이 일으킨 난으로 혜공왕이 살해된 이후 진압을 주도한 김양상(선덕왕)이 즉위하면서 "삼국사기"의 시기 구분상 신라 중대가 끝나고 하대가 시작되었어요.

정답 잡는 키워드

❶, ❷ 혜공왕과 왕비가 반란군에게 살해됨
→ 8세기 후반, 진골 귀족 간의 왕위 쟁탈전 전개

혜공왕과 왕비가 반란군에게 살해되었다는 내용을 통해 혜공왕 피살 이후, 즉 신라 말에 전개된 사실을 찾으면 됩니다. 8세기 후반 혜공왕이 피살된 이후 진골 귀족 간의 왕위 쟁탈전이 치열하게 전개되어 신라는 150여 년 동안 20명의 왕이 교체되는 혼란에 빠졌어요. 이로 인해 나라의 통치 질서가 흔들리고 지방 통제력이 약화되어 호족이 성장하였어요. 또한, 귀족의 농민 수탈이 더욱 심해져 원종과 애노의 난을 비롯한 농민 봉기가 전국 각지에서 일어났어요.

① 김흠돌이 반란을 도모하였다.
➡ **7세기 후반** 신문왕 때 왕의 장인인 김흠돌이 반란을 일으켰으나 진압되었어요(681).

② 이사부가 우산국을 복속하였다.
➡ **6세기** 지증왕 때 이사부가 지금의 울릉도 일대인 우산국을 복속하였어요(512).

③ 김대성이 불국사 조성을 주도하였다.
➡ **8세기 중반** 경덕왕 때 김대성이 불국사 조성을 주도하였어요.

④장보고가 왕위 쟁탈전에 가담하였다.
➡ 장보고는 신라 말의 대표적인 호족이에요. **9세기 중반** 중앙의 왕위 쟁탈전에 관여하였고, 청해진을 거점으로 반란을 도모하다가 조정에서 보낸 자객에 의해 살해되었어요.

⑤ 거칠부가 왕명에 의해 국사를 편찬하였다.
➡ **6세기 중반** 진흥왕 때 거칠부가 왕명을 받아 역사서인 "국사"를 편찬하였어요(545).

기출 선택지 +α

❻ 원종과 애노가 사벌주에서 봉기하였다.	(O / X)
❼ 최치원이 시무책 10여 조를 건의하였다.	(O / X)
❽ 김춘추가 진골 출신 최초로 왕위에 올랐다.	(O / X)
❾ 이차돈의 순교를 계기로 불교가 공인되었다.	(O / X)
❿ 복신과 도침이 부여풍을 왕으로 추대하였다.	(O / X)

기출 선택지 +α

정답 ❻ ○[9세기 진성 여왕] ❼ ○[9세기 진성 여왕] ❽ ×[7세기 태종 무열왕]
❾ ×[6세기 법흥왕] ❿ ×[7세기 백제 부흥 운동]

제 67 회

9 발해

정답 ①

(가) 국가에 대한 설명으로 옳은 것은? [2점]

> 정효 공주는 발해 문왕의 넷째 딸이에요. 정효 공주의 무덤은 고구려와 당의 양식이 혼합된 벽돌무덤으로 만들어졌어요.

이 글은 양태사가 지은 '밤에 다듬이 소리를 듣고'라는 한시로, **❶ 정효 공주 묘지(墓誌)** 등과 함께 (가) 의 한문학 수준을 보여 주는 대표적인 사례입니다. 이 시에는 **❷ 문왕** 때 일본에 사신으로 파견된 그가 다듬이 소리를 듣고 고국을 그리워하는 마음이 잘 표현되어 있습니다.

> 문왕은 발해의 제 3대 왕으로 당과 친선 관계를 맺고 당의 제도와 문물 을 수용하였어요.

서리 기운 가득한 하늘에 달빛 비치니 은하수도 밝은데
나그네 돌아갈 일 생각하니 감회가 새롭네
홀로 앉아 지새는 긴긴 밤 근심에 젖어 마음 아픈데
홀연히 들리누나 이웃집 아낙네 다듬이질 소리
바람결에 그 소리 끊기는 듯 이어지는 듯
밤 깊어 별빛 기우는데 잠시도 쉬지 않네
나라 떠나온 뒤로 아무 소리 듣지 못하더니
이제 타향에서 고향 소리 듣는구나
　　　　:

정답 잡는 키워드

❶ 정효 공주, ❷ 문왕 → 발해

'정효 공주'와 '문왕'을 통해 (가) 국가가 발해임을 알 수 있어요. 발해는 대조영이 고구려 유민과 말갈인을 이끌고 동모산에서 세운 나라로 고구려 계승을 표방하였어요. 9세기 선왕 때 옛 고구려 영토의 대부분을 차지하며 전성기를 이루었으며, 이 무렵에 중국으로부터 해동성국이라고 불리기도 하였어요. 발해는 당의 제도와 문물을 받아들여 3성 6부의 중앙 정치 체제를 정비하였으며, 5경 15부 62주의 지방 행정 제도를 갖추었어요.

① 교육 기관으로 **주자감**을 설립하였다.
➡ 발해는 최고 교육 기관으로 주자감을 두어 인재를 양성하였어요.

② **골품제**라는 엄격한 신분제를 마련하였다.
➡ 신라는 엄격한 신분제인 골품제를 운영하여 골품에 따라 관등 승진에 제한을 두고 집의 규모, 수레의 크기, 옷의 색깔 등 일생생활까지 규제하였어요.

③ **정사암**에 모여 국가 중대사를 논의하였다.
➡ 백제에서는 귀족들이 정사암에 모여 재상을 선출하거나 국가 중대사를 논의하였어요.

④ 관리 선발을 위해 **독서삼품과**를 시행하였다.
➡ 신라 원성왕은 국학의 학생들을 대상으로 유교 경전에 대한 이해도를 평가하여 관리로 등용하는 독서삼품과를 시행하였어요.

⑤ **청연각**과 **보문각**을 설치하여 학문 연구를 장려하였다.
➡ 고려 예종은 청연각과 보문각을 설치하여 학문 연구를 장려하였어요. 청연각은 궐내에 설치한 도서관이며, 보문각은 청연각이 궐내에 있어 학자들이 출입에 어려움을 겪자 따로 설치한 기관입니다.

기출 선택지 +α

❻ 정당성의 대내상이 국정을 총괄하였다.	(O / X)
❼ 태학과 경당을 두어 인재를 양성하였다.	(O / X)
❽ 군사 조직을 9서당 10정으로 편성하였다.	(O / X)
❾ 5경 15부 62주의 지방 행정 제도를 마련하였다.	(O / X)

---

10 후삼국 통일 과정

정답 ④

다음 상황 이후에 있었던 사실로 옳은 것은? [3점]

> 파진찬 신덕, 영순 등이 ❶ 신검에게 ❷ 견훤을 금산사에 유폐하고 사람을 보내 금강을 죽이도록 권하였다. 신검이 대왕을 자칭하고 국내에 대사면령을 내렸다. 교서에 이르기를, "…… 왕위를 어리석은 아이에게 줄 뻔하였다. 다행스러운 것은 상제께서 진정한 마음을 내리시니 군자들이 허물을 고쳤고 맏아들인 나에게 명하여 이 한 나라를 다스리게 하셨다는 점이다. ……"라고 하였다.

> 견훤의 큰아들 신검은 견훤이 자신의 이복동생인 금강에게 왕위를 물려주려고 하자 불만을 품고 견훤을 금산사에 가두고 금강을 살해한 후 즉위하였어요.

정답 잡는 키워드

❶, ❷ 신검이 견훤을 금산사에 유폐 → 신검이 후백제 왕위 차지

신검이 견훤을 금산사에 유폐하였다는 내용을 통해 후백제에서 신검이 왕위를 차지하는 상황임을 알 수 있어요. 후백제를 세운 견훤의 세력이 점점 강성해지자 신라는 고려와 연합하여 대항하고자 하였어요. 이에 927년 견훤의 후백제군은 신라의 금성을 습격하여 경애왕을 죽게 하고 신라를 도우러 온 고려군을 공산 전투에서 격퇴하였습니다. 이후 일어난 고창 전투에서 후백제는 호족들의 지원을 받은 고려군에 패하면서 큰 타격을 입었어요(930). 고창 전투 패배 이후 세력이 위축된 상황에서 후백제에서는 왕위 계승을 둘러싸고 다툼이 일어나 신검이 아버지 견훤을 금산사에 유폐하고 왕위에 올랐어요(935).

① **궁예**가 **광평성**을 **설치**하였다.
➡ 후고구려를 세운 궁예는 국호를 '마진'으로 바꾼 후 최고 중앙 관서인 광평성을 설치하였어요(904).

② **장문휴**가 **당**의 **등주**를 공격하였다.
➡ 8세기 전반 발해 무왕 때 장문휴가 당의 등주를 선제공격하여 당군을 격파하였어요(732).

③ **신숭겸**이 **공산 전투**에서 **전사**하였다.
➡ 후백제와 고려의 공산 전투 당시 신숭겸은 후백제군에게 포위되어 위기에 빠진 왕건을 구하기 위해 싸우다가 전사하였어요(927).

④ **왕건**이 **일리천 전투**에서 **승리**하였다.
➡ 견훤은 금산사에 유폐되었다가 탈출하여 고려의 왕건에게 귀부하였어요. 이후 왕건과 견훤이 함께 일리천 전투에서 신검이 이끄는 후백제군을 격퇴하였어요(936).

⑤ **김헌창**이 웅천주에서 **반란**을 일으켰다.
➡ 9세기 전반 신라 헌덕왕 때 웅천주 도독 김헌창은 자신의 아버지 김주원이 왕이 되지 못한 것에 불만을 품고 반란을 일으켰어요(822).

기출 선택지 +α

❻ 장보고가 청해진을 설치하였다.	(O / X)
❼ 궁예가 정변으로 왕위에서 축출되었다.	(O / X)
❽ 경순왕 김부가 경주의 사심관으로 임명되었다.	(O / X)
❾ 견훤이 경주를 습격하여 경애왕을 죽게 하였다.	(O / X)
❿ 왕건이 고창 전투에서 후백제군을 상대로 승리하였다.	(O / X)

11 광종의 정책　　　　　　　　　　　　　정답 ①

(가) 왕이 추진한 정책으로 옳은 것은?　　　　[1점]

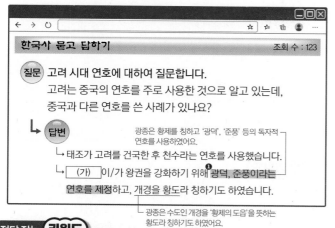

〈정답 잡는 **키워드**〉

❶ '광덕', '준풍'이라는 연호 제정 → 광종

'광덕', '준풍'이라는 연호를 제정하였다는 내용을 통해 (가) 왕이 고려 광종임을 알 수 있어요. 태조 왕건이 죽은 후 왕위를 둘러싼 외척 간의 다툼이 이어지는 가운데 왕위에 오른 광종은 불안정한 왕권을 강화하기 위한 정책들을 추진하였어요. 먼저 노비안검법을 실시하여 공신과 호족의 세력 기반을 약화하고 국가 재정을 확충하였어요. 또한, 쌍기의 건의에 따라 과거제를 도입하여 유교적 소양을 갖춘 신진 세력을 등용하였으며, 공복을 제정하여 관리의 기강을 확립하였어요.

①과거제를 도입하였다.
➡ 광종은 후주에서 귀화한 쌍기의 건의를 받아들여 과거제를 도입하였어요.

② 흑창을 처음 설치하였다.
➡ 태조 왕건은 빈민을 구제하기 위한 기구로 흑창을 처음 설치하였어요. 흑창은 성종 때 의창으로 개칭되었으며 조선 시대까지 이어졌어요.

③ 전시과 제도를 시행하였다.
➡ 경종은 관리에게 관직 복무에 대한 대가로 전지와 시지를 지급하는 전시과 제도를 처음 시행하였어요.

④ 삼국사기 편찬을 명령하였다.
➡ 인종은 김부식 등에게 명하여 역사서인 "삼국사기"를 편찬하게 하였어요.

⑤ 12목에 지방관을 파견하였다.
➡ 성종은 최승로의 시무 28조를 수용하여 전국의 주요 지역에 12목을 설치하고 지방관을 파견하였어요.

〈기출 선택지 **+α**〉

❻ 국자감에 서적포를 설치하였다.　　　　　(O / X)
❼ 노비안검법을 시행하여 재정을 확충하였다.　(O / X)
❽ 국자감을 성균관으로 개칭하고 유학 교육을 강화하였다.
　　　　　　　　　　　　　　　　　　(O / X)
❾ 정계와 계백료서를 지어 관리가 지켜야 할 규범을 제시하였다.
　　　　　　　　　　　　　　　　　　(O / X)

---

12 현종 재위 시기의 사실　　　　　　　정답 ②

(가) 왕의 재위 기간에 있었던 사실로 옳은 것은?　[3점]

〈역사 연극 시나리오 구상〉

제목 : 　(가)　의 험난한 피란길

　○학년 ○반 ○모둠

┌ 고려의 서북면을 지키던 강조가 목종을 폐위시킨 뒤 현종을 왕위에 올렸어요. 거란은 강조의 죄를 묻는다는 구실로 고려에 침입하였어요.

장면 1 : **강조의 정변을 구실로 침입한 거란군**이 서경까지 이르자 강감찬이 왕에게 남쪽으로 피란할 것을 권유한다.

장면 2 : 왕이 개경을 떠나 전라도 삼례에 이르는 동안 호위군이 도망가는 등의 어려움을 겪는다.

장면 3 : **나주에 도착한 왕**은 강화가 성립되어 거란군이 물러간다는 소식을 듣고 안도한다.

〈정답 잡는 **키워드**〉

❶, ❷ 강조의 정변을 구실로 거란군이 침입하자 왕이 나주로 피란함 → 현종

강조의 정변을 구실로 거란군이 침입하자 왕이 나주로 피란하였다는 내용을 통해 (가) 왕이 고려 현종임을 알 수 있어요. 현종이 재위한 시기에 거란의 2차, 3차 침입이 일어났어요. 거란의 2차 침입 당시 개경이 함락되어 현종이 나주까지 피란하였으나 강화가 성립되어 거란군이 물러났어요. 이 과정에서 양규는 철수하는 거란군을 여러 차례 공격하여 끌려가고 있던 많은 고려인 포로를 구출하였어요. 거란의 3차 침입 때에는 강감찬이 이끄는 고려군이 귀주에서 거란군을 크게 물리쳤어요. 고려 정부는 거란의 침입이 이어지는 가운데 강감찬의 건의로 수도 개경을 방어하기 위해 나성을 쌓기도 하였어요.

① 만부교 사건이 일어났다.
➡ 태조 때 거란의 사신을 귀양 보내고 선물로 받은 낙타 50마리를 만부교 아래 묶어 두어 굶겨 죽인 만부교 사건이 일어났어요.

②초조대장경 조판이 시작되었다.
➡ 현종 때 부처의 힘으로 거란의 침입을 물리치고자 하는 염원을 담아 초조대장경 조판 작업이 시작되었어요.

③ 사신 저고여가 귀국길에 피살되었다.
➡ 고종 때 고려에 온 몽골 사신 저고여가 귀국길에 피살되었어요. 몽골은 이 사건을 구실로 고려에 침입하였어요.

④ 공주 명학소에서 망이·망소이가 봉기하였다.
➡ 무신 집권기인 명종 때 공주 명학소에서 망이·망소이가 소 거주민에 대한 차별과 지배층의 가혹한 수탈에 저항하여 난을 일으켰어요.

⑤ 신돈을 중심으로 전민변정 사업이 추진되었다.
➡ 공민왕 때 권문세족의 폐해가 극심하였던 토지와 노비 문제를 해결하기 위해 신돈을 중심으로 전민변정 사업이 추진되었어요.

〈기출 선택지 **+α**〉

❻ 최승로가 시무 28조를 건의하였다.　　　(O / X)
❼ 강감찬이 귀주에서 대승을 거두었다.　　　(O / X)
❽ 안우, 이방실 등이 홍건적을 격파하였다.　(O / X)
❾ 신기군, 신보군, 항마군 등으로 구성된 별무반이 조직되었다.
　　　　　　　　　　　　　　　　　　(O / X)

13 최충헌의 활동 정답 ②

(가) 인물의 활동으로 옳은 것은? [2점]

최충헌이 1196년에 이의민을 제거하고 정권을 장악하였어요.

이것은 **이의민을 제거하고 정권을 장악한** (가) 의 묘지명 탁본입니다. 여기에는 그가 명종의 퇴위와 신종의 즉위에 관여한 사실 등이 기록되어 있습니다.

정답 잡는 키워드

❶ 이의민을 제거하고 정권 장악 → 최충헌

이의민을 제거하고 정권을 장악하였다는 내용을 통해 (가) 인물이 최충헌임을 알 수 있어요. 무신 정변 이후 무신 간의 권력 다툼이 심화되어 최고 집권자가 여러 차례 바뀌면서 정권이 불안정하였어요. 최충헌은 정권을 잡고 명종에게 봉사 10조를 올려 시정 개혁을 건의하였지만 제대로 시행되지는 않았어요.

① 인사 행정을 담당하던 정방을 폐지하였다.
➡ **공민왕**은 인사권을 장악하기 위해 인사 행정을 담당하던 정방을 폐지하였어요.

②교정도감을 두어 국가의 중요한 사무를 처리하였다.
➡ **최충헌**은 권력을 장악한 이후 교정도감을 설치하여 국정을 총괄하는 최고 권력 기구로 삼고, 스스로 교정도감의 수장인 교정별감이 되어 국정 전반을 장악하였어요.

③ 삼별초를 이끌고 진도로 이동하여 대몽 항쟁을 펼쳤다.
➡ 고려 정부가 몽골과 강화를 맺고 개경 환도를 결정하자 **배중손**은 삼별초를 이끌고 강화도에서 진도로 이동하여 대몽 항쟁을 펼쳤어요.

④ 화약과 화포 제작을 위한 화통도감 설치를 건의하였다.
➡ 우왕 때 **최무선**은 화약과 화포 제작을 위한 화통도감 설치를 건의하였어요. 화통도감에서 제작된 화약과 화포는 왜구를 물리치는 데 사용되었어요.

⑤ 후세의 정책 방향을 제시하기 위해 훈요 10조를 남겼다.
➡ **태조 왕건**은 후대 왕에게 훈요 10조를 남겨 고려 왕조가 나아갈 방향을 제시하였어요.

기출 선택지 +α

❻ 봉사 10조를 올려 시정 개혁을 건의하였다. (O / X)
❼ 보현원에서 정변을 일으켜 정권을 장악하였다. (O / X)
❽ 강화도로 도읍을 옮겨 몽골의 침략에 대비하였다. (O / X)

핵심 개념 | 무신 집권기의 권력 기구

교정도감	최충헌이 설치함, 국정을 총괄하는 최고 권력 기구, 우두머리인 교정별감이 최고 권력 행사(교정별감은 최씨 정권의 집권자가 세습)
정방	최우가 설치함, 인사 행정 기구(인사권 장악) → 공민왕의 개혁 정치 과정에서 폐지됨
서방	최우가 설치함, 국정 논의, 문인 등용
도방	경대승이 신변 경호 등을 목적으로 설치한 사병 조직 → 이의민 때 해체됨 → 최충헌 때 다시 설치되어 강화됨
삼별초	야별초에서 시작, 개경의 치안 유지를 위해 설치 → 좌별초·우별초·신의군으로 구성되어 정권 유지에 활용됨

---

14 고려 중기의 사실 정답 ④

(가), (나) 사이의 시기에 있었던 사실로 옳은 것은? [2점]

(가)❶윤관이 포로 346구와 말 96필, 소 300여 마리를 바쳤다. 의주와 통태진·평융진에 성을 쌓고, 함주·영주·웅주·길주·복주, 공험진과 함께 북계 ❷9성이라 하였다.

처인성 전투에서 승리한 처인부곡은 몽골의 침입을 막아낸 공이 인정되어 처인현으로 승격되었어요.

(나) 그해 12월 16일에 ❸처인부곡의 작은 성에서 적과 싸우던 중 화살로 적의 괴수인 ❹살리타를 쏘아 죽였습니다. 사로잡은 자들이 많았으며 나머지 무리는 무너져 흩어졌습니다.

정답 잡는 키워드

❶ 윤관, ❷ 9성 → (가) 예종, 윤관의 동북 9성 설치(1107)
❸, ❹ 처인부곡의 성에서 살리타 사살
→ (나) 고종, 김윤후의 처인성 전투(1232)

(가)는 윤관이 9성을 축조하였다는 내용을 통해 12세기 초 고려 예종 때 있었던 여진 정벌과 관련된 상황임을 알 수 있어요. 숙종 때 윤관이 여진을 정벌하기 위한 별무반 창설을 건의하여 신기군, 신보군, 항마군으로 구성된 별무반이 조직되었어요. 이후 예종 때 윤관이 별무반을 이끌고 여진을 정벌한 후 동북 9성을 쌓았어요. (나)는 처인성에서 살리타를 사살하였다는 내용을 통해 몽골의 침입 당시 김윤후가 활약한 처인성 전투 상황임을 알 수 있어요. 13세기에 몽골은 사신 저고여의 피살 사건을 구실 삼아 고려를 공격한 이후 여러 차례 침략하였어요. 김윤후는 1232년에 처인성 전투에서 부곡민을 이끌고 싸움에 나서서 몽골 장수 살리타를 사살하고 몽골군을 물리쳤어요.

① 외침에 대비하여 광군을 조직하였다.
➡ **10세기 중반** 고려 정종 때 거란의 침입에 대비하여 예비군 성격의 광군이 조직되었어요.

② 서희의 활약으로 강동 6주를 획득하였다.
➡ **10세기 말** 고려 성종 때 일어난 거란의 1차 침입 당시 서희가 거란 장수 소손녕과 외교 담판을 벌여 강동 6주를 획득하였어요.

③ 이제현이 만권당에서 유학자들과 교유하였다.
➡ 원 간섭기인 **14세기 초**에 충선왕이 왕위에서 물러난 후 원의 연경에 있는 자신의 집에 독서당인 만권당을 설립하였어요. 만권당에서 이제현 등 고려의 학자들이 원의 유학자들과 교유하였어요.

④묘청 등이 칭제건원과 금 정벌을 주장하였다.
➡ **12세기** 고려 인종 때 묘청, 정지상 등이 서경 천도를 추진하고 칭제건원과 금 정벌을 주장하였으나 김부식 등 개경 세력의 반발에 부딪혀 실패하였어요.

⑤ 압록강에서 도련포까지 천리장성을 축조하였다.
➡ 고려는 거란의 세 차례 침입을 막아 낸 후 **11세기 중반**에 압록강에서 도련포에 이르는 천리장성을 축조하여 국경의 경비를 강화하였어요. 덕종 때 축조를 시작하여 정종 때 완성하였어요.

기출 선택지 +α

❻ 이자겸이 금의 사대 요구를 수용하였다. (O / X)
❼ 일본 원정을 위해 정동행성이 설치되었다. (O / X)
❽ 강조가 정변을 일으켜 김치양을 제거하였다. (O / X)
❾ 유인우, 이자춘 등이 쌍성총관부를 수복하였다. (O / X)

15 원 간섭기의 사실　　　　정답 ②

다음 자료를 활용한 탐구 활동으로 가장 적절한 것은? [2점]

> ─ 고려 후기의 무신으로, 몽골군과 연합하여 진도와 제주도에서 삼별초를 진압하는 데 앞장섰으며, 여·원 연합군의 두 차례 일본 원정에도 참여하였어요.
>
> 시중 ❶김방경과 대장군 인공수를 [상국(上國)에] 파견하여 표문을 올렸다. "우리나라는 근래 역적을 소탕하는 대군에 군량을 공급하는 일로 이미 해마다 백성에게서 양식을 거두어들였습니다. 게다가 ❷일본 정벌에 필요한 전함을 건조하는 데 장정들이 모두 징발되었고 노약자들만 겨우 밭 갈고 씨 뿌리는 일을 하고 있습니다."

정답 잡는 키워드

❶ 김방경, ❷ 일본 정벌에 필요한 전함 건조에 장정들이 징발됨
→ 원 간섭기

김방경을 파견하였으며, 일본 정벌에 필요한 전함을 건조하는 데 장정들이 징발되었다는 내용을 통해 제시된 자료가 원 간섭기의 상황임을 알 수 있어요. 몽골과 강화를 맺고 개경으로 환도한 이후 본격적으로 원의 간섭 아래 놓인 고려는 원의 일본 원정에 동원되었어요. 원은 일본 정벌을 위한 중심 기구로 정동행성을 고려에 설치하고 전쟁 물자뿐만 아니라 백성까지 강제로 동원하여 두 차례 일본 원정을 추진하였으나 실패하였어요.

① 삼전도비가 건립된 계기를 찾아본다.
➡ 병자호란 당시 조선 인조는 삼전도에서 굴욕적인 항복 의식을 치르고 청과 군신 관계를 맺었어요. 이후 청은 삼전도에 청 태종의 공적을 칭송하는 내용을 새긴 비석을 세우도록 하였어요.

②정동행성이 설치되는 배경을 살펴본다.
➡ 원은 일본 원정을 준비하기 위해 정동행성을 설치하여 고려의 인적·물적 자원을 동원하였어요. 또한, 일본 원정이 실패한 이후에도 정동행성을 그대로 두어 고려의 내정 간섭에 이용하였어요.

③ 사심관 제도가 시행된 원인을 조사한다.
➡ 고려 태조 왕건은 후삼국 통일 이후 지방 통치를 보완하고 호족을 견제하기 위해 사심관 제도를 실시하였어요. 사심관 제도는 지방 출신 고위 관리를 사심관으로 임명하여 출신 지역을 통제하도록 한 제도입니다.

④ 조위총의 난이 전개되는 과정을 알아본다.
➡ 무신 정변 이후 서경 유수 조위총이 무신 정변을 주도한 정중부와 이의방을 제거하기 위해 난을 일으켰으나 실패하였어요.

⑤ 권수정혜결사문이 작성된 목적을 파악한다.
➡ 고려의 승려 지눌은 "권수정혜결사문"을 작성하여 수행 방법으로 참선과 교리 공부를 함께하는 정혜쌍수를 강조하였어요.

---

16 논산 관촉사 석조 미륵보살 입상　　　　정답 ③

밑줄 그은 '불상'에 해당하는 문화유산으로 옳은 것은? [2점]

> 이것은 이색의 목은집에 실린 시의 일부입니다. 그는 ❶관촉사에서 열린 법회에 참여하고 그곳에서 보았던 불상을 떠올리며 이 시를 지었습니다.

> 한산의 동쪽으로 백여 리쯤 되는 곳에
> 은진현이라 그 안에 관촉사*가 있다네
> 여기엔 크나큰 ❷석상 미륵존이 있으니
> 내 나간다 나간다며 땅속에서 솟았다네
> ⋮
>
> * 관촉사 : 현재의 관촉사

정답 잡는 키워드

❶ 관촉사, ❷ 미륵존 → 논산 관촉사 석조 미륵보살 입상

관촉사에 크나큰 석상 미륵존이 있다는 내용을 통해 밑줄 그은 '불상'이 논산 관촉사 석조 미륵보살 입상임을 알 수 있어요. 고려 초기에 지방 호족의 영향으로 개성 있는 모습의 거대 불상이 만들어졌어요. 논산 관촉사 석조 미륵보살 입상은 우리나라 석조 불상 중 가장 큰 불상이에요.

①　　　　　　②　　　　　　③

➡ 고려의 파주 용미리 마애 이불 입상이에요.　➡ 통일 신라의 경산 팔공산 관봉 석조 여래 좌상이에요.　➡ 고려의 논산 관촉사 석조 미륵보살 입상이에요. '은진 미륵'이라고 불리기도 해요.

④　　　　　　⑤

➡ 백제의 서산 용현리 마애 여래 삼존상이에요.　➡ 고려의 안동 이천동 마애 여래 입상이에요.

핵심 개념　원 간섭기의 모습

내정 간섭	• 원이 화주에 쌍성총관부, 서경에 동녕부, 제주에 탐라총관부 설치 → 고려 영토의 일부를 직접 지배함 • 원이 일본 정벌을 위해 개경에 정동행성 설치 → 일본 원정 실패 후에도 정동행성을 그대로 두어 고려의 내정을 간섭하는 데 이용함
인적·물적 수탈	• 결혼도감 설치, 공녀 강제 선발(→ 조혼 풍습 유행) • 특산물 징발(금, 은, 베, 인삼, 약재 등), 응방 설치(매 징발)
권문세족의 성장	도평의사사(도당)와 정방 장악, 음서를 통해 관직 진출, 대농장 소유
문화 교류	• 몽골풍(몽골 → 고려) : 변발, 호복, 족두리, 연지 등 몽골의 풍습과 소주, 만두 등 몽골 음식이 고려에 전래됨 • 고려양(고려 → 몽골) : 떡, 두루마기 등 고려의 풍속이 몽골에 전래됨

17 국자감
정답 ④

(가) 교육 기관에 대한 설명으로 옳은 것은? [2점]

국자감에는 국자학, 태학, 사문학의 유학부가 있었으며, 입학 자격은 신분에 따라 결정되었어요.

(가) 입학 자격 공고

1. **국자학생**은 문·무관 3품 이상인 자의 아들과 손자 및 훈관 2품으로 현공 이상을 지닌 자의 아들, 아울러 경관 4품으로 3품 이상의 훈봉을 지닌 자의 아들로 한다.

2. **태학생**은 문·무관 5품 이상인 자의 아들과 손자, 정·종 3품관의 증손자 및 훈관 3품 이상의 봉작이 있는 자의 아들로 한다.

3. **사문학생**은 훈관 3품 이상으로서 봉작이 없는 자의 아들, 4품으로서 봉작이 있는 자 및 문·무관 7품 이상인 자의 아들로 한다.

정답 잡는 키워드

❶ 국자학생, ❷ 태학생, ❸ 사문학생 → 국자감

국자학생과 태학생, 사문학생이 있으며 신분에 따라 입학 자격이 다른 것으로 보아 (가)가 고려의 최고 교육 기관인 국자감임을 알 수 있어요. 고려 성종은 인재를 양성하기 위해 교육 기관으로 국자감을 정비하였어요. 국자감은 크게 유학부와 기술학부로 나뉘었어요. 유학부는 다시 국자학, 태학, 사문학의 세 분야로 나뉘었는데 국자학은 문·무관 3품 이상, 태학은 5품 이상, 사문학은 7품 이상의 자제가 입학할 수 있었어요. 율학, 서학, 산학을 교육하는 기술학부에는 8품 이하 관리의 자제나 향리·서민의 자제가 입학할 수 있었어요.

① 문헌공도로 불리기도 하였다.
➡ 고려 문종 때 최충은 사립 교육 기관인 **9재 학당**을 설립하였는데, 최충의 시호를 따 문헌공도라고 불리기도 하였어요.

② 중앙에서 교수나 훈도가 파견되었다.
➡ 조선 시대 지방에 설치된 **향교**에서는 중앙에서 파견된 교수나 훈도가 학생들을 교육하였어요.

③ 전국의 부·목·군·현에 하나씩 설치되었다.
➡ 조선 시대에 전국의 부·목·군·현에 **향교**가 하나씩 설치되었어요.

④ 장학 기금 마련을 위해 양현고가 설립되었다.
➡ 고려 예종은 관학 진흥을 위해 **국자감**에 양현고를 설립하여 장학 기금을 마련하였어요.

⑤ 사가독서제를 시행하여 학문에 전념하게 하였다.
➡ 조선 세종은 **집현전**의 학사 가운데 유능한 사람을 선발하여 독서 및 연구를 위한 휴가를 주는 사가독서제를 실시하였어요.

핵심 개념 | 고려의 교육 기관

관학	• 중앙 : 국자감(유학부, 기술학부로 구성)
	  – 유학부 : 국자학·태학·사문학 교육, 과거에서 명경과·제술과에 응시
	    (7품 이상 관리의 자제가 입학)
	  – 기술학부 : 율학·서학·산학 교육, 과거에서 잡과에 응시(8품 이하
	    관리·향리·서민의 자제가 입학)
	• 지방 : 향교(지방 관리와 서민의 자제 교육)

사학	최충의 9재 학당(문헌공도)을 비롯한 사학 12도 융성

18 고려의 정치 기구
정답 ①

㉠~㉣ 기구에 대한 설명으로 옳은 것을 <보기>에서 고른 것은? [2점]

🔍 **역사 돋보기** | **왕실과의 혼인을 통한 이자겸의 출세**

음서로 관직에 진출한 이자겸은 1108년 둘째 딸이 예종의 비가 되면서 빠른 속도로 출세하였다.
1109년 ㉠ 추밀원(중추원) 부사, 1111년 ㉡ 어사대의 대부가 된다. 1113년에는 ㉢ 상서성의 좌복야에 임명되었고, 1118년 재신으로서 판이부사를 맡았으며, 1122년 ㉣ 중서문하성 중서령에 오른다.

➡ 중추원은 11세기 말에 추밀원으로 개칭되었으나 업무에는 큰 변동이 없었고, 원 간섭기에 밀직사로 바뀌며 관제가 격하되었어요.

ㄱ. ㉠ - 군사 기밀과 왕명 출납을 담당하였다.
➡ 추밀원(중추원)은 군사 기밀과 왕명 출납을 담당하였어요. 추밀원(중추원)의 추밀은 중서문하성의 재신과 함께 국가 중대사를 결정하는 회의 기구인 도병마사와 식목도감에 참여하였어요.

ㄴ. ㉡ - 소속 관원이 낭사와 함께 서경권을 행사하였다.
➡ 어사대는 감찰 기구로 관리의 비리를 감찰하고 풍기를 단속하였어요. 어사대의 관원은 중서문하성의 낭사와 함께 대간이라고 불리며 서경권을 행사하였어요.

ㄷ. ㉢ - 화폐·곡식의 출납과 회계를 담당하였다.
➡ 고려 시대에 화폐·곡식의 출납과 회계를 담당한 기구는 삼사입니다. 상서성은 이·병·호·형·예·공부의 6부를 통솔하며 정책을 집행하였어요.

ㄹ. ㉣ - 원 간섭기에 도평의사사로 개편되었다.
➡ 원 간섭기에 도병마사가 도평의사사로 개편되었어요. 도병마사는 국방과 군사 문제를 담당한 회의 기구입니다. 중서문하성은 정책을 심의하고 국정을 총괄하는 최고 중앙 관서였어요.

①ㄱ, ㄴ   ②ㄱ, ㄷ   ③ㄴ, ㄷ
④ㄴ, ㄹ   ⑤ㄷ, ㄹ

핵심 개념 | 고려의 중앙 통치 조직

19 고려 말 요동 정벌

정답 ③

다음 상황이 나타난 시기를 연표에서 옳게 고른 것은? [2점]

> 명 황제가 말하기를, "철령을 따라 이어진 북쪽과 동쪽과 서쪽은 원래 개원로(開元路)*가 관할하던 군민(軍民)이 속하던 곳이니, 한인·여진인·달달인·고려인을 그대로 요동에 소속시켜라."라고 하였다. …… ❶ 왕은 최영과 함께 요동을 공격하기로 계책을 결정하였으나, 감히 드러내어 말하지 못하고 사냥 간다는 핑계를 대고 서쪽으로 해주에 행차하였다.
> └ 명 황제가 철령 이북 지역을 일방적으로 명의 영토로 귀속시키려 하자 우왕과 최영은 요동 정벌을 결정하였어요.
>
> * 개원로(開元路) : 원이 설치한 행정 구역

정답 잡는 키워드

❶ 왕이 최영과 함께 요동을 공격하기로 함
→ 우왕 때 요동 정벌 추진

명 황제가 철령 이북의 땅을 요구하자 왕이 최영과 함께 요동을 공격하기로 결정하였다는 내용을 통해 자료의 상황이 고려 말 우왕 때의 요동 정벌 단행과 관련 있음을 알 수 있어요.

1351	1359	1380	1391	1394	1400
(가)	(나)	(다)	(라)	(마)	
공민왕 즉위	홍건적 침입	황산 대첩	과전법 실시	한양 천도	태종 즉위

→ 고려 말에 왜구의 침입이 잦아 해안 지방의 피해가 커지는 가운데 최영이 홍산, **이성계가 황산 등지에서 왜구를 격퇴**하여 큰 승리를 거두었어요. 이를 통해 최영, 이성계 등은 백성의 신망을 얻었고, 최영은 정치적 실권까지 장악하였어요. 한편, 원을 몰아내고 중국 대륙을 차지한 명은 공민왕이 수복한 쌍성총관부 지역이 원래 원의 영토였다는 이유를 들어 이 지역에 철령위를 설치하여 직접 다스리겠다고 고려 조정에 통고하였어요. 이에 **우왕과 최영은 요동 정벌을 추진**하여 이성계와 군대를 파견하였어요. 이성계는 4불가론을 내세우며 요동 정벌을 멈출 것을 요청하였으나 받아들여지지 않자 위화도에서 군사를 돌려 개경으로 돌아와 우왕과 최영을 몰아내고 권력을 장악하였어요. 이후 이성계와 정도전, 조준 등 일부 신진 사대부가 **과전법을 실시**하는 등 개혁을 추진하였어요.
따라서 자료의 상황이 나타난 시기는 황산 대첩과 과전법 실시 사이인 ③ (다)입니다.

① (가) ② (나) ③ (다) ④ (라) ⑤ (마)

연표로 흐름잡기

1376	최영의 홍산 대첩
1377	최무선의 건의로 화통도감 설치(화약, 화포 제작)
1380	최무선의 진포 대첩, 이성계의 황산 대첩
1388	명의 철령위 설치에 반발하여 요동 정벌 추진, 위화도 회군
1391	과전법 실시
1392	고려 멸망, 조선 건국

킬러 문항

20 고려사

정답 ⑤

밑줄 그은 '이 역사서'에 대한 설명으로 옳은 것은? [3점]

> ┌ 본기, 열전, 지, 표 등으로 구성하여 역사를 서술하는 기전체는 사마천의 "사기"에서 비롯되었어요.
> 대개 이미 지나간 나라의 흥망은 장래의 교훈이 되기 때문에 이 역사서를 편찬하여 올리는 바입니다. …… ❶범례는 사마천의 "사기"를 따르고, 대의(大義)는 모두 왕께 아뢰어 재가를 얻었습니다. 본기(本紀)라는 이름을 피하고 세가(世家)라고 한 것은 명분의 중요성을 나타내기 위함이며, 가짜 왕인 ❷신씨들[신우, 신창]을 세가에 넣지 않고 열전으로 내린 것은 그들이 왕위를 도둑질한 사실을 엄히 논죄하려는 것입니다.

정답 잡는 키워드

❶ "사기"의 범례를 따름, ❷ 신씨들(신우, 신창)을 세가에 넣지 않고 열전으로 내림 → "고려사"

"사기"의 범례를 따른 역사서로 '신씨들(신우, 신창)'을 세가에 넣지 않고 열전으로 내렸다는 내용을 통해 밑줄 그은 '이 역사서'가 "고려사"임을 알 수 있어요. 고려의 역사를 세가, 열전, 지, 연표 등의 기전체 형식으로 서술한 "고려사"는 조선 초부터 편찬하기 시작하여 문종 때 완성되었어요. "고려사"에서는 우왕과 창왕의 재위 기간에 있었던 일을 왕의 역사를 다루는 세가가 아닌 인물의 역사를 다루는 열전에 신우, 신창이라는 이름으로 실었어요. 우왕과 창왕을 고려 왕조의 성씨인 왕씨가 아닌 신씨라 하여 이성계 등의 공양왕 옹립이나 조선 건국을 정당화하려는 입장을 반영한 것으로 보입니다.

① 발해사를 우리 역사로 체계화하였다.
➡ 조선 후기에 유득공은 "발해고"를 저술하여 발해의 역사를 우리 역사로 체계화하였어요.

② 고구려 시조의 일대기를 서사시로 표현하였다.
➡ 고려 후기에 이규보는 고구려 건국 시조의 일대기를 서사시로 표현한 '동명왕편'을 저술하였어요.

③ 불교사를 중심으로 고대의 민간 설화를 수록하였다.
➡ 고려 후기에 승려 일연은 불교사를 중심으로 고대의 민간 설화를 수록한 "삼국유사"를 저술하였어요.

④ 고조선부터 고려 말까지의 역사를 연대순으로 기록하였다.
➡ 조선 성종 때 서거정 등이 왕명을 받아 고조선부터 고려 말까지의 역사를 연대순으로 정리한 "동국통감"을 간행하였어요.

⑤ 조선 건국을 정당화하는 입장에서 고려의 역사를 정리하였다.
➡ "고려사"는 조선 건국의 정당성을 강조하는 입장에서 고려의 역사를 정리하였어요.

기출 선택지 +α

❻ 국왕의 비서 기관에서 작성하였다. (O/X)
❼ 우리나라 최고(最古)의 역사서이다. (O/X)
❽ 남북국이라는 용어를 처음 사용하였다. (O/X)
❾ 세가, 열전, 지, 연표 등의 체제로 구성되었다. (O/X)

기출 선택지 +α

정답 ❻ ×["승정원일기"] ❼ ×["삼국사기"] ❽ ×["발해고"] ❾ ○

제 67 회

21 유향소

정답 ②

(가) 기구에 대한 설명으로 옳은 것은? [2점]

> 우부승지 김종직이 아뢰기를, "고려 태조는 여러 고을에 영을 내려 공변되고 청렴한 선비를 뽑아서 향리들의 불법을 규찰하게 하였으므로 간사한 향리가 저절로 없어져 5백 년간 풍화를 유지할 수 있었습니다. 우리 조정에서는 **①**이시애의 난 이후 ____(가)____ 이/가 혁파되자 간악한 향리들이 불의를 자행하여서 건국한 지 1백 년도 못 되어 풍속이 쇠퇴해졌습니다. ……**②**청컨대 ____(가)____ 을/를 다시 설립하여 향풍(鄕風)을 규찰하게 하소서."라고 하였다. - "성종실록" -

세조는 이시애의 난을 진압한 후 유향소를 폐지하였어요. 유향소는 성종 때 다시 설치되었어요.

정답 잡는 키워드

❶ 이시애의 난 이후 혁파되자 향리들이 불의를 자행,

❷ 다시 설립하여 향풍을 규찰하게 할 것을 청함 → 유향소

이시애의 난 이후 혁파되자 간악한 향리들이 불의를 자행하여 풍속이 쇠퇴하였으며, 다시 설립하여 향풍을 규찰하게 할 것을 청하는 내용을 통해 (가) 기구가 유향소임을 알 수 있어요. 조선 시대 각 군현에서는 지방 사족들이 향촌 자치 기구로 유향소를 구성하였어요. 유향소는 지방 사족의 여론을 모아 수령을 보좌하거나 견제하였으며, 향리의 부정과 비리를 감시하고 풍속을 교화하는 등의 역할을 하였어요.

① 조광조 일파의 건의로 폐지되었다.
➡ 조광조를 비롯한 사림의 건의로 도교 의식을 담당한 소격서가 폐지되었어요.

②좌수와 별감을 중심으로 운영되었다.
➡ 좌수와 별감은 유향소의 주요 직책으로, 지방 사족 중에서 선발되었어요.

③ 풍기 군수 주세붕이 처음 설립하였다.
➡ 주세붕은 최초의 서원인 백운동 서원을 설립하였어요. 백운동 서원은 이후 이황의 건의에 따라 국왕으로부터 '소수 서원'이라는 현판을 받아 사액 서원이 되었어요.

④ 대사성 이하 좨주, 직강 등의 관직을 두었다.
➡ 조선의 최고 교육 기관인 성균관은 수장으로 대사성을 두고 그 아래 좨주, 직강 등의 관직을 두었어요.

⑤ 매향(埋香) 활동 등 각종 불교 행사를 주관하였다.
➡ 고려 시대에 향도는 매향 활동 등 각종 불교 행사를 주관하였어요. 향도는 불교 신앙 조직에서 점차 활동 범위를 넓혀 고려 후기에는 공동체 생활을 주도하는 마을 공동 조직으로 성격이 바뀌었어요.

기출 선택지 +α

❻ 대성전을 세워 성현에 제사를 지냈다. (O / X)
❼ 옥당이라고 불리며 경연을 담당하였다. (O / X)
❽ 흥선 대원군에 의해 대부분 철폐되었다. (O / X)

핵심 개념 | 유향소와 경재소

유향소	지방 사족들이 구성, 수령 자문 및 향리의 비리 감시, 풍속 교화, 좌수와 별감을 선발하여 운영
경재소	해당 지방 출신의 중앙 고위 관리를 책임자로 임명, 유향소와 정부 사이의 연락 담당, 유향소 통제

기출 선택지 +α 정답 ❻×[성균관, 향교] ❼×[홍문관] ❽×[서원]

킬러 문항

22 김종서의 활동

정답 ①

다음 검색창에 들어갈 인물의 활동으로 옳은 것은? [2점]

한국사 인물 통합 검색

검색어 ▼ [   ] ↵검색

검색 결과

○ 생몰 : 1383년~1453년
○ 호 : 절재(節齋)
○ 생애
　- 태종　5년 문과에 급제함
　①- 세종 17년 함길도 병마도절제사에 임명됨
　- 문종　2년 고려사절요를 찬술함
　③- 단종　1년 계유정난 때 살해됨

관련 이미지

고려사절요

김종서는 수양 대군, 한명회 등이 주도한 계유정난으로 죽임을 당하였어요. 이후 정권을 장악한 수양 대군(세조)이 단종의 양위로 왕위에 올랐어요.

김종서 등이 고려 시대의 역사를 편년체로 정리하였어요.

정답 잡는 키워드

❶ 세종 때 함길도 병마도절제사에 임명됨,

❷ "고려사절요"를 찬술함, ❸ 계유정난 때 살해됨 → 김종서

세종 때 함길도 병마도절제사를 역임하고, "고려사절요"를 찬술하였으며, 계유정난 때 살해되었다는 내용을 통해 검색창에 들어갈 인물이 김종서임을 알 수 있어요. 김종서는 조선 태종 때 관직에 진출한 이후 세종과 문종, 단종을 모신 충신으로 알려져 있어요. 세종 때 북방에서 군사 지휘관으로서 큰 공로를 세웠으며, 문종 때에는 "고려사"를 완성하고 "고려사절요"를 찬술하는 등 역사서 편찬에도 참여하였어요. 문종이 재위 2년 만에 사망하자 문종의 유언을 받아 황보인 등과 함께 어린 단종을 보필하다가 왕위를 노리던 수양 대군(세조)이 일으킨 계유정난 때 살해되었어요.

①여진을 정벌하고 6진을 개척하였다.
➡ 김종서는 세종 때 여진을 정벌하고 두만강 유역에 6진을 개척하였어요.

② 불씨잡변을 지어 불교를 비판하였다.
➡ 정도전은 태조 때 "불씨잡변"을 지어 당시 폐단이 심하였던 불교를 비판하였어요.

③ 반정 공신의 위훈 삭제를 주장하였다.
➡ 조광조는 중종 때 반정 공신의 위훈 삭제를 주장하다가 훈구 세력의 반발로 일어난 기묘사화로 사사되었어요.

④ 왜구의 근거지인 쓰시마섬을 정벌하였다.
➡ 이종무는 세종 때 군사를 이끌고 가 왜구의 근거지인 쓰시마섬(대마도)을 정벌하였어요. 고려 말 창왕 때 박위가 쓰시마섬을 토벌하기도 하였어요.

⑤ 충청도 지역까지 대동법의 확대 실시를 건의하였다.
➡ 김육은 효종 때 충청도 지역까지 대동법을 확대 실시할 것을 건의하였어요.

기출 선택지 +α

❻ 일본에 다녀와서 해동제국기를 편찬하였다. (O / X)
❼ 명에 대한 의리를 내세워 기축봉사를 올렸다. (O / X)
❽ 향촌의 풍속 교화를 위해 예안 향약을 시행하였다. (O / X)
❾ 재상 중심의 정치를 강조한 조선경국전을 편찬하였다. (O / X)

기출 선택지 +α 정답 ❻×[신숙주] ❼×[송시열] ❽×[이황] ❾×[정도전]

23 조선 후기의 모습

정답 ⑤

다음 가상 대화가 이루어진 시기에 볼 수 있는 모습으로 적절하지 않은 것은?

[1점]

❶만상 임상옥이 인삼 무역으로 큰 수익을 거두었다고 하네.

연행사는 청의 도읍인 '연경에 간 사신'이라는 뜻이에요.

그러게. 중국 상인들이 ❷연행사를 따라오는 상인들에게 인삼을 대량으로 구매하려고 인삼국을 차렸다는군.

만상은 조선 후기에 의주를 근거지로 주로 중국과 무역 활동을 한 상인이에요. 대청 무역으로 부를 축적하였어요.

정답 잡는 키워드

❶ 만상, ❷ 연행사 → 조선 후기

'만상', '연행사' 등을 통해 가상 대화가 이루어진 시기가 조선 후기임을 알 수 있어요. 조선 후기에 농업 생산량이 증가하고 상품 화폐 경제가 발달하면서 상업 활동이 활발하게 이루어졌어요. 만상, 송상, 내상 등 지역을 근거지로 삼은 사상이 활발하게 활동하였으며, 일부 사상은 전국의 장시를 연결하는 유통망을 가지고 거대한 자본을 축적하였어요. 또한, 조선 후기에 청에 파견된 사신인 연행사의 행렬이 오가는 과정에서 양국의 무역이 활발히 이루어졌어요.

① 담배 농사를 짓고 있는 농민
➡ 조선 후기에 담배, 면화 등 상품 작물의 재배가 활발하게 이루어졌어요.

② 관청에 종이를 납품하는 공인
➡ 조선 후기에 대동법이 실시되면서 관청에서 필요로 하는 물품을 납품하는 공인이 등장하였어요.

③ 시사(詩社)에서 시를 낭송하는 중인
➡ 조선 후기에 중인도 양반의 전유물로 여겨졌던 시사를 조직하여 시를 짓고 즐기는 문학 활동을 하였어요.

④ 장시에서 판소리 공연을 하는 소리꾼
➡ 조선 후기에 사람들이 많이 모이는 장시에서 노래와 사설로 이야기하는 판소리 공연이 성행하였어요.

⑤ 솔빈부의 특산품인 말을 수입하는 상인
➡ 발해에서는 목축이 발달하여 말이 특산품이자 주요 수출품이었는데, 특히 솔빈부의 말이 유명하였어요.

24 임진왜란

정답 ②

다음 기사에 보도된 전투 이후의 사실로 옳은 것은?

[2점]

1593년 1월 류성룡 등이 이끄는 조선군과 이여송이 이끄는 명의 지원군이 함께 일본군을 공격하여 평양성을 탈환하였어요.

역 사 신 문

제△△호   ○○○○년 ○○월 ○○일

❶조·명 연합군, 평양성 탈환

평안도 도체찰사 류성룡, 도원수 김명원이 이끄는 관군이 명 제독 이여송 부대에 합세하여 평양성을 되찾았다. 이번 전투에서 아군의 불랑기포를 비롯한 화포가 위력을 발휘하여 일본군은 크게 패하고 남쪽으로 내려갔다. 이 전투의 승리는 향후 전쟁의 판도를 바꿀 것으로 기대된다.

정답 잡는 키워드

❶ 조·명 연합군, 평양성 탈환
→ 임진왜란 당시 평양성 전투(1593. 1.)

조·명 연합군이 일본군으로부터 평양성을 탈환하였다는 내용을 통해 기사에 보도된 전투가 임진왜란 때 있었던 평양성 전투임을 알 수 있어요. 따라서 임진왜란 당시 조·명 연합군이 평양성을 탈환한 이후의 사실을 찾으면 됩니다. 임진왜란 초기에 열세였던 조선은 한성에 이어 평양성이 함락되고 선조가 의주로 피란하는 등 위기를 맞았으나, 수군과 의병의 활약으로 전세를 뒤집을 수 있는 발판을 마련할 수 있었어요. 이후 명의 지원군이 도착하면서 조·명 연합군은 평양성을 탈환하고 일본군을 몰아내기 시작하였어요. 일본이 휴전을 제의하고 명과 일본군 사이에 휴전 협상이 진행되었으나 3년여에 걸친 협상은 결렬되었고 일본이 다시 조선을 침략하여 정유재란이 일어났어요(1597). 조선 관군은 명의 지원군과 함께 일본군의 북진을 막았고, 이순신이 명량에서 일본 수군을 대파하여 일본군의 서해 진출을 차단하였습니다. 전세가 불리해진 일본군은 도요토미 히데요시가 사망하자 본국으로 철수하기 시작하였고, 이순신이 이끄는 수군은 노량 해전에서 퇴각하는 일본군을 격파하였어요.

① 송상현이 동래성에서 항전하였다.
➡ 1592년 4월 임진왜란 발발 직후 일본군이 침략 2일 만에 부산진과 동래성을 무너뜨렸어요. 이때 동래성의 부사 송상현이 항전하였지만 패배하고 죽음을 맞았어요.

②권율이 행주산성에서 적군을 격퇴하였다.
➡ 1593년 2월 권율이 행주산성에서 일본군을 크게 격퇴하였어요. 행주 대첩은 한산도 대첩, 진주 대첩과 함께 임진왜란 3대첩으로 꼽힙니다.

③ 이순신이 한산도 앞바다에서 대승을 거두었다.
➡ 1592년 7월 이순신이 이끄는 수군이 한산도 앞바다에서 일본의 수군을 크게 격파하였어요.

④ 신립이 탄금대 앞에서 배수의 진을 치고 싸웠다.
➡ 1592년 4월 신립이 탄금대에서 배수의 진을 치고 빠른 속도로 북상하는 일본군에 항전하였으나 패배하였어요.

⑤ 최윤덕이 올라산성에서 이만주 부대를 정벌하였다.
➡ 세종 때 최윤덕이 올라산성에서 여진의 부족장인 이만주의 부대를 정벌하였어요.

기출 선택지 +α

❻ 김시민이 진주에서 적군을 크게 물리쳤다.   (O / X)
❼ 휴전 회담의 결렬로 정유재란이 시작되었다.   (O / X)
❽ 이순신이 명량에서 왜의 수군을 대파하였다.   (O / X)

기출 선택지 +α 정답 ❻ X[진주 대첩(1592. 10.)] ❼ O[1597년] ❽ O

(가), (나) 인물에 대한 설명으로 옳은 것은?   [2점]

❶ 북학의를 저술한 저는 청의 문물 도입과 ❷ 소비 촉진을 통한 생산력 증대를 주장하였습니다.

오늘은 실학자 두 분을 모시고 어떤 활동을 하셨는지 들어 보겠습니다.

저는 ❸ 경세유표를 저술하여 국가 제도의 개혁 방향을 제시하였습니다.

홀로그램으로 만나는 역사 인물

박제가는 우물의 물을 쓰면 다시 차고, 안 쓰면 말라 버리듯 재물을 적극적으로 소비해야 생산력이 증대된다고 주장하였어요.

(가)   (나)

정답 잡는 키워드

❶ "북학의" 저술, ❷ 소비 촉진을 통한 생산력 증대 주장
→ (가) 박제가
❸ "경세유표" 저술 → (나) 정약용

"북학의"를 저술하고 소비 촉진을 통한 생산력 증대를 주장한 (가) 인물은 박제가이며, "경세유표"를 저술한 (나) 인물은 정약용이에요. 박제가는 조선 후기의 실학자로 상공업 중심의 개혁론을 강조하였어요. 서얼 출신으로 규장각 검서관에 발탁되었으며, 청에 다녀와 그곳에서 보고 들은 내용을 담은 "북학의"를 저술하였어요. 정약용은 조선 후기에 농업 중심의 개혁론을 주장한 실학자입니다. 정조가 죽은 후 오랫동안 유배 생활을 하면서 "경세유표", "목민심서", "흠흠신서" 등 500여 권의 책을 저술하였어요.

① (가) - 100리 척을 사용하여 동국지도를 제작하였다.
➡ 정상기는 최초로 100리 척을 사용하여 동국지도를 제작하였어요.

② (가) - 곽우록에서 토지 매매를 제한하는 한전론을 제시하였다.
➡ 이익은 "곽우록"에서 한 가구당 생계에 필요한 최소한의 토지인 영업전을 지급하고, 이 토지의 매매를 제한하는 방식의 한전론을 제시하였어요.

③ (나) - 의산문답에서 중국 중심의 세계관을 비판하였다.
➡ 홍대용은 "의산문답"에서 무한 우주론과 지전설을 주장하며 중국 중심의 세계관을 비판하였어요.

④ (나) - 여전론을 통해 마을 단위의 공동 경작을 주장하였다.
➡ 정약용은 토지의 공동 소유 및 공동 경작과 노동량에 따른 수확물의 분배를 주장한 여전론을 제안하였으며 후에 현실성을 고려하여 정전제를 주장하였어요.

⑤ (가), (나) - 양명학을 연구하여 강화학파를 형성하였다.
➡ 정제두는 양명학을 체계적으로 연구하였으며, 강화도에서 후진 양성에 힘을 기울여 강화학파를 형성하였어요.

기출 선택지 +α

❻ (가) - 지봉유설에서 천주실의를 소개하였다.   (O / X)
❼ (가) - 서얼 출신으로 규장각 검서관에 기용되었다.   (O / X)
❽ (나) - 마과회통에서 홍역에 대한 지식을 정리하였다.   (O / X)
❾ (나) - 우서에서 사농공상의 직업적 평등을 주장하였다.   (O / X)

기출 선택지 +α 정답 ❻ ×[이수광] ❼ ○ ❽ ○ ❾ ×[유수원]

(가)~(다)를 일어난 순서대로 옳게 나열한 것은?   [2점]

임진왜란 중에 훈련도감이 설치된 것을 시작으로 인조 때 어영청, 총융청, 수어청이 차례로 설치되고, 숙종 때 5군영 가운데 가장 마지막으로 금위영이 창설되었어요.

조선 후기 군사 조직의 정비

(가)	(나)	(다)
이괄의 난 이후 수도 외곽의 방어를 위해 ❶ 총융청을 설치하였다.	포수, 살수, 사수의 삼수병 체제로 구성된 훈련도감을 조직하였다.	국왕의 호위와 도성 수비 강화를 목적으로 ❸ 금위영을 창설하였다.

정답 잡는 키워드

❶ 총융청 설치 → (가) 인조
❷ 훈련도감 조직 → (나) 선조
❸ 금위영 창설 → (다) 숙종

(가) 인조 때 이괄의 난을 겪은 이후 도성 방비를 강화하기 위해 총융청이 설치되었어요(1624).
(나) 선조 때 일어난 임진왜란 중에 포수, 사수, 살수의 삼수병 체제로 구성된 훈련도감이 조직되었어요(1593). 훈련도감은 급료를 받는 상비군이 주축을 이루었어요.
(다) 숙종 때 국왕 호위와 도성 수비 강화를 목적으로 금위영이 창설되었어요(1682). 금위영이 창설되면서 5군영 체제가 완성되었어요.

① (가) - (나) - (다)
② (가) - (다) - (나)
③ (나) - (가) - (다)
➡ (나) 훈련도감 조직(선조) → (가) 총융청 설치(인조) → (다) 금위영 창설(숙종)
④ (나) - (다) - (가)
⑤ (다) - (나) - (가)

핵심 개념 조선 후기 군사 조직의 정비

중앙군	• 훈련도감 : 임진왜란 중에 설치, 포수·사수·살수의 삼수병으로 구성, 급료를 받는 상비군이 주축, 직업 군인의 성격 • 어영청 : 인조 때 설치, 한성 수비 • 총융청 : 인조 때 설치, 경기 서북 지역 수비 • 수어청 : 인조 때 설치, 남한산성 수비 • 금위영 : 숙종 때 설치, 국왕 호위·수도 방어 → 5군영 체제 완성
지방군	속오군 : 양반에서 노비에 이르는 모든 신분 계층으로 편성, 평소에는 생업에 종사하고 농한기에 훈련, 전쟁 시 동원

27 정조 재위 시기의 사실   정답 ③

(가) 왕의 재위 기간에 있었던 사실로 옳은 것은? [1점]

❶ 이 그림은 **화성능행도** 8폭 중 일부로, (가) 이/가 ❷ 혜경궁 홍씨를 모시고 현릉원에 다녀오는 모습을 그린 것입니다. 위엄을 갖춘 행렬의 장대함과 구경꾼들의 생동감 넘치는 표정이 잘 드러나 있습니다.

정조는 즉위 후 아버지 사도 세자의 무덤을 수원 화성으로 옮기고 현릉원이라 하였어요.

정답 잡는 키워드

❶, ❷ 혜경궁 홍씨를 모시고 현릉원에 다녀오는 모습을 그린 화성능행도 → 정조

혜경궁 홍씨를 모시고 현릉원에 다녀오는 모습을 그린 화성능행도라는 설명을 통해 (가) 왕이 조선 정조임을 알 수 있어요. 정조는 자신의 정치적 이상을 실현할 신도시로 수원 화성을 건설하였어요. 자료의 그림은 정조가 어머니 혜경궁 홍씨를 모시고 아버지 사도 세자의 무덤인 현릉원에 다녀와 화성 행궁에서 아버지와 어머니의 회갑을 기념하여 성대한 연회를 베푼 뒤 한양으로 돌아오는 모습을 그린 그림이에요.

① 자의 대비의 복상 문제로 예송이 전개되었다.
➡ 현종 때 자의 대비의 복상 문제로 서인과 남인 사이에 두 차례 예송이 전개되었어요. 효종이 죽은 뒤 벌어진 1차 예송에서는 서인의 주장이, 효종 비가 죽은 뒤 벌어진 2차 예송에서는 남인의 주장이 받아들여졌어요.

② 명의 신종을 제사 지내는 만동묘가 설치되었다.
➡ 숙종 때 임진왜란 당시 조선을 도와준 명의 신종을 제사 지내는 만동묘가 설치되었어요.

③ 문신을 재교육하기 위한 초계문신제가 실시되었다.
➡ 정조 때 재능 있는 젊은 문신을 선발하여 재교육하는 초계문신제가 실시되었어요.

④ 붕당의 폐해를 경계하는 탕평비가 성균관에 건립되었다.
➡ 영조 때 국왕의 탕평 의지를 널리 알리고 붕당의 폐해를 경계하는 탕평비가 성균관에 건립되었어요.

⑤ 비변사의 혁파로 의정부와 삼군부의 기능이 정상화되었다.
➡ 고종 때 흥선 대원군의 주도로 비변사가 혁파되어 의정부와 삼군부의 기능이 정상화되었어요.

기출 선택지 +α

❻ 국왕 친위 부대인 장용영이 설치되었다.   (O / X)
❼ 홍경래 등의 봉기로 정주성이 점령되었다.   (O / X)
❽ 허적과 윤휴 등 남인들이 대거 축출되었다.   (O / X)
❾ 대외 관계를 정리한 동문휘고가 간행되었다.   (O / X)
❿ 왕조의 통치 규범을 재정비한 대전통편이 편찬되었다. (O / X)

기출 선택지 +α 정답 ❻O ❼×[순조] ❽×[숙종] ❾O ❿O

---

28 신유박해   정답 ③

다음 상황이 나타난 시기를 연표에서 옳게 고른 것은? [3점]

사학(邪學) 죄인 **황사영**은 사족으로서 사술(邪術)에 미혹됨이 가장 심한 자였다. [그는] 의금부에서 체포하려는 것을 미리 알고 피신하였는데, 상복을 입고 성명을 바꾸거나 토굴에 숨어서 종적을 감춘 지 반년이 지났다. 포청에서 은밀히 염탐하여 지금에야 제천 땅에서 붙잡았다. 그의 문서를 수색하던 중 ❷백서를 찾았는데, 장차 북경의 천주당에 전하려고 한 것이었다.

천주교도 황사영은 신유박해의 전말과 이에 대한 대응 전략을 흰 비단에 적어 중국 베이징 교구의 주교에게 비밀리에 보내려고 하였으나 발각되었어요.

정답 잡는 키워드

❶, ❷ 황사영의 문서를 수색하던 중 북경의 천주당에 전하려고 한 백서를 찾음 → 황사영 백서 사건(1801)

황사영의 백서를 찾았는데 북경(베이징)의 천주당에 전하려 한 것이었다는 내용을 통해 자료의 상황이 신유박해 때 발생한 황사영 백서 사건과 관련 있음을 알 수 있어요.

1728	1746	1791	1811	1834	1862
	(가)	(나)	(다)	(라)	(마)
이인좌의 난	속대전 편찬	신해 박해	홍경래의 난	헌종 즉위	임술 농민 봉기

➡ 조선 정조 때 전라도 진산의 천주교도 윤지충이 어머니가 임종하자 자신의 신앙을 지키기 위해 신주를 불사르고 천주교식으로 장례를 치러 관에 고발되었어요. 관에 끌려온 윤지충은 혹독한 고문으로 배교를 강요받았지만 끝까지 신앙을 고수하여 결국 처형되었어요. 이는 우리나라 최초의 천주교도 박해 사건으로 **신해박해** 또는 진산 사건이라고도 불립니다. 정조가 죽고 순조가 즉위한 직후에는 권력을 잡은 노론 강경파가 천주교 신자를 처형하는 신유박해를 일으켰어요. 이때 피신해 있던 황사영이 신앙의 자유를 얻기 위해 중국 베이징에 있는 주교에게 군대를 출병해 줄 것을 요청하는 편지를 보내려다가 발각되었어요(**황사영 백서 사건**, 1801). 이로 인해 조선 정부의 천주교 탄압이 더욱 강화되었어요. 한편, 나이 어린 순조가 즉위하면서 왕실의 외척을 비롯한 소수의 특정 가문이 정치권력을 독점한 세도 정치가 전개되었어요. 이 시기에 홍경래, 우군칙 등이 평안도 지역에 대한 차별과 세도 가문을 비롯한 지배층의 수탈에 항거하여 반란을 일으켰어요(**홍경래의 난**).
따라서 황사영 백서 사건이 일어난 시기는 신해박해와 홍경래의 난 사이인 ③ (다)입니다.

① (가)   ② (나)   ③ (다)   ④ (라)   ⑤ (마)

연표로 흐름잡기

1791	신해박해, 신해통공
1800	순조 즉위
1801	공노비 해방, 신유박해, 황사영 백서 사건
1811	홍경래의 난(~1812)
1846	김대건 신부(우리나라 최초의 천주교 신부) 순교
1866	병인박해

제67회

29 신미양요 정답 ⑤

(가) 사건에 대한 설명으로 옳은 것은? [1점]

이 척화비는 자연석에 비문을 새긴 것이 특징입니다. 척화비는 **제너럴 셔먼호 사건**을 구실로 일어난 [(가)] 이후 전국 각지에 세워졌습니다. 이를 통해 서양 세력과의 통상 수교를 거부한 역사의 한 장면을 엿볼 수 있습니다.

정답 잡는 키워드

❶ 제너럴 셔먼호 사건을 구실로 일어남 → 신미양요

제너럴 셔먼호 사건을 구실로 일어났다는 내용을 통해 (가) 사건이 신미양요임을 알 수 있어요. 1866년에 미국 상선 제너럴 셔먼호가 대동강을 거슬러 올라와 통상을 요구하며 살인과 약탈을 자행하자 평안 감사 박규수의 지휘 아래 평양 관민이 제너럴 셔먼호를 불태워 침몰시켰어요. 이를 구실로 로저스 제독이 이끄는 미국 함대가 1871년 강화도를 침략하여 신미양요가 일어났어요. 신미양요 직후 흥선 대원군은 서양과의 통상 수교 거부 의지를 널리 알리기 위해 전국 각지에 척화비를 세웠어요.

① 청군의 개입으로 종결되었다.
➡ 청군의 개입으로 종결된 사건으로 임오군란, 갑신정변 등이 있어요.

② 외규장각 도서가 약탈되는 결과를 가져왔다.
➡ 병인양요 당시 프랑스군이 퇴각하면서 강화도 외규장각에 보관되어 있던 도서와 의궤를 약탈해 갔어요.

③ 에도 막부에 통신사가 파견되는 계기가 되었다.
➡ 임진왜란으로 조선과 일본의 국교가 단절되었으나 광해군 때 기유약조를 체결하고 교역을 재개하였어요. 이후 에도 막부의 요청으로 통신사도 파견되었어요.

④ 사태 수습을 위해 박규수가 안핵사로 파견되었다.
➡ 1862년에 진주 농민 봉기가 일어나자 조선 정부는 사태 수습을 위해 박규수를 안핵사로 파견하였어요.

⑤ 전개 과정에서 어재연 부대가 광성보에서 항전하였다.
➡ 신미양요 당시 어재연이 이끄는 부대가 광성보에서 미군에 항전하였으나 패배하였어요.

기출 선택지 +α

❻ 제물포 조약의 체결로 이어졌다.	(O / X)
❼ 톈진 조약이 체결되는 배경이 되었다.	(O / X)
❽ 운요호가 강화도와 영종도를 공격하였다.	(O / X)
❾ 로즈 제독의 함대가 양화진을 침입하였다.	(O / X)
❿ 양헌수 부대가 정족산성에서 적군을 물리쳤다.	(O / X)

기출 선택지 +α
정답   ❻ ×[임오군란]   ❼ ×[갑신정변]   ❽ ×[운요호 사건]   ❾ ×[병인양요]
        ❿ ×[병인양요]

---

30 개항 이후 체결된 조약 정답 ③

(가), (나) 조약에 대한 설명으로 옳은 것은? [3점]

(가) 제4조 …… 조선 상인이 북경에서 규정에 따라 교역하고, 중국 상인이 조선의 양화진과 서울에 들어가 영업소를 개설한 경우를 제외하고 각종 화물을 내지로 운반하여 상점을 차리고 파는 것을 허가하지 않는다. ……

(나) 제37관 조선국에서 가뭄과 홍수, 전쟁 등의 일로 국내에 양식이 부족할 것을 우려하여 일시 쌀 수출을 금지하려고 할 때에는 1개월 전에 지방관이 일본 영사관에 통지하고, 미리 그 기간을 항구에 있는 일본 상인들에게 전달하여 일률적으로 준수하는 데 편리하게 한다.

조·일 통상 장정을 근거로 함경도, 황해도 등 각지의 지방관이 방곡령을 선포하여 일본으로의 과도한 곡물 유출을 막고자 하였어요.

정답 잡는 키워드

❶ 중국 상인이 조선의 양화진과 서울에 영업소 개설
→ (가) 조·청 상민 수륙 무역 장정(1882)

❷ 쌀 수출을 금지하려고 할 때 1개월 전에 지방관이
일본 영사관에 통지할 것 → (나) 조·일 통상 장정(1883)

(가) 조약은 중국 상인이 조선의 양화진과 서울에 영업소를 개설한 경우를 제외하면 내지로 화물을 운반하지 않는다는 내용을 통해 조·청 상민 수륙 무역 장정임을 알 수 있어요. 조선은 임오군란 이후 청과 조·청 상민 수륙 무역 장정을 체결하여 치외 법권을 인정하고, 양화진과 한성에 청 상인이 점포를 개설할 수 있는 권리와 허가받은 청 상인의 내지 통상을 허용하였어요. (나) 조약은 쌀 수출을 금지하려고 할 때에는 1개월 전에 지방관이 일본 영사관에 통보해야 한다는 내용을 통해 1883년에 체결된 조·일 통상 장정임을 알 수 있어요. 조·일 통상 장정의 체결로 일본 상품에 대한 관세가 규정되었고, 천재지변과 변란으로 인한 식량 부족의 우려가 있을 때 방곡령을 선포할 수 있게 되었어요. 그러나 조선의 지방관이 방곡령을 선포하였을 때 일본은 1개월 전 통보 규정을 어겼다고 트집을 잡아 방곡령을 철회시키고 막대한 배상금을 요구하였어요.

① (가) - 통감부가 설치되는 계기가 되었다.
➡ 1905년에 을사늑약이 체결되면서 이듬해 통감부가 설치되고 이토 히로부미가 초대 통감으로 부임하였어요.

② (가) - 조선의 관세 자주권을 최초로 인정하였다.
➡ 1882년에 체결된 조·미 수호 통상 조약에서 조선의 관세 자주권을 최초로 인정하였어요.

③ (나) - 최혜국 대우를 규정한 조항을 담고 있다.
➡ 조·일 통상 장정을 체결하면서 조선 정부는 일본에 최혜국 대우를 부여하였어요. 이로써 조·청 상민 수륙 무역 장정으로 청 상인에게 허용한 내지 통상권을 일본 상인에게도 허용하게 되었어요.

④ (나) - 일본 공사관의 경비병 주둔을 명시하였다.
➡ 임오군란 이후 조선과 일본이 체결한 제물포 조약에서 일본 공사관 경비를 위한 경비병 주둔을 허용하였어요.

⑤ (가), (나) - 갑신정변의 영향으로 체결되었다.
➡ 갑신정변 이후 조선은 일본과 한성 조약을 체결하여 배상금을 지불하고 일본 공사관 공사 비용을 부담하기로 하였어요.

기출 선택지 +α

❻ (가) - 최혜국 대우를 최초로 규정하였다.	(O / X)
❼ (나) - 방곡령 시행에 대한 규정을 명시하였다.	(O / X)

기출 선택지 +α   정답   ❻ ×[조·미 수호 통상 조약]   ❼ ○

31 한성순보 정답 ⑤

다음 검색창에 들어갈 신문에 대한 설명으로 옳은 것은? [2점]

문화유산 DB　　문화유산 검색　교과서 속 문화유산　3D 문화유산

문화유산 검색

［　　　　　　　　　　　　　　　］ 검색

문화재 종목별 검색
- ☑ 문화재 정보
- ☐ 우리 지역 문화재
- ☐ 유형 분류

- 분류 : 국가등록문화재
- 소개 : **❶1883년 박문국에서 창간된 근대 신문**으로, 세계정세를 폭넓게 전하고 정부의 개화 정책을 홍보하였다.

정답 잡는 키워드

❶ 1883년 박문국에서 창간된 근대 신문 → 한성순보

1883년 박문국에서 창간된 근대 신문은 한성순보입니다. 개항 이후 조선 정부는 개화 정책을 추진하면서 신문, 잡지 등의 편찬과 인쇄 업무를 담당하는 출판 기관으로 박문국을 설치하였어요. 박문국에서는 우리나라 최초의 근대 신문인 한성순보를 발행하였어요. 한성순보는 정부의 정책을 알리는 관보의 성격을 띠고 있었어요.

① 여권통문을 처음 보도하였다.
➡ 여권통문은 서울 북촌의 양반 여성들이 발표한 우리나라 최초의 여성 권리 선언문이에요. 황성신문은 여권통문을 처음으로 보도하였어요.

② 국채 보상 운동의 확산에 기여하였다.
➡ 국채 보상 운동은 대한매일신보, 황성신문 등 언론의 지지를 받으며 전국적으로 확산되었어요.

③ 의병 투쟁에 호의적인 기사를 게재하였다.
➡ 대한매일신보는 영국인 베델이 발행인으로 참여하였기에 일본의 간섭에서 비교적 자유로워 의병의 활약상이나 항일 논조의 기사를 많이 실었어요.

④ 외국인이 읽을 수 있도록 영문으로도 발행되었다.
➡ 독립신문과 대한매일신보는 외국인이 읽을 수 있도록 영문으로도 발행되었어요.

⑤ 순 한문 신문으로 열흘마다 발행하는 것이 원칙이었다.
➡ 한성순보는 순 한문 신문으로 열흘마다 발행하는 것이 원칙이었어요. 한성순보의 '순'은 열흘을 의미합니다.

32 전주 화약 체결 이후의 사실 정답 ①

다음 가상 뉴스에서 보도하는 사건 이후에 전개된 사실로 옳은 것은? [1점]

지난달 전주성을 점령한 동학 농민군이 마침내 정부와 화약을 체결하였습니다. 농민군은 곧 집강소를 중심으로 폐정 개혁에 착수할 것으로 예상됩니다.

전주 화약 체결 이후 조선 정부는 청과 일본에 군대의 철수를 요구하였으나 일본은 조선의 철병 요구를 무시하고 경복궁을 무력으로 침범하여 조선의 내정에 개입하는 한편 청·일 전쟁을 도발하였어요.

속보　　전주 화약 체결

동학 농민 운동 당시 전주 화약 체결 이후의 사실을 찾는 문제입니다. 동학 농민군이 전주성을 함락하자 조선 정부는 청에 파병을 요청하였어요. 이에 따라 청이 군대를 파견하였고, 이 소식을 들은 일본도 조선에 있는 자국민을 보호한다는 구실을 내세워 파병하였어요. 동학 농민군은 청과 일본의 개입을 막기 위해 서둘러 정부와 전주 화약을 맺고 해산한 후 전라도 각지에 자치 기구인 집강소를 설치하여 치안을 유지하고 폐정 개혁안을 실천해 나갔어요.

① 남접과 북접이 논산에서 연합하였다.
➡ 전주 화약 체결 이후 일본군이 경복궁을 점령하자 동학 농민군은 다시 봉기하였어요. 전봉준 중심의 남접과 손병희 중심의 북접이 논산에서 연합하여 서울로 진격하였으나 우금치 전투에서 일본군과 관군에 크게 패하였어요.

② 농민군이 황룡촌 전투에서 관군에 승리하였다.
➡ 황룡촌 전투는 전주 화약 체결 이전에 있었어요. 동학 농민군은 황토현 전투와 황룡촌 전투 승리 이후 전주성을 점령하였어요.

③ 교조 신원을 요구하는 보은 집회가 개최되었다.
➡ 보은 집회는 동학 농민군이 봉기하기 이전인 1893년에 개최되었어요. 보은 집회에서 동학교도는 정부의 탄압으로 처형된 교조 최제우의 억울한 누명을 풀어 줄 것을 요구하였어요.

④ 사태 수습을 위해 안핵사 이용태가 파견되었다.
➡ 동학 농민군의 고부 봉기 이후 사태 수습을 위해 이용태가 안핵사로 파견되었으나 오히려 봉기에 참여한 농민군을 동학교도로 몰아 탄압하였어요. 이에 분노한 전봉준을 비롯한 농민들과 동학교도가 백산에서 다시 봉기하면서 동학 농민 운동이 본격적으로 전개되었어요. 전주 화약 체결 이전의 사실이에요.

⑤ 전봉준이 농민을 이끌고 고부 관아를 습격하였다.
➡ 고부 군수 조병갑의 횡포에 맞서 전봉준이 농민을 이끌고 고부 관아를 습격하는 고부 농민 봉기를 일으켰어요. 전주 화약 체결 이전의 사실이에요.

기출 선택지 +α

❻ 농민군이 백산에서 4대 강령을 발표하였다. 　(O/X)
❼ 일본이 군대를 동원하여 경복궁을 점령하였다. 　(O/X)
❽ 우금치에서 농민군과 일본군이 격전을 벌였다. 　(O/X)
❾ 농민군이 황토현 전투에서 관군에게 승리하였다. 　(O/X)

기출 선택지 +α
정답 ❻ ×[전주 화약 체결 이전] ❼○ ❽○ ❾ ×[전주 화약 체결 이전]

33 육영 공원

정답 ⑤

다음 대화에 해당하는 교육 기관에 대한 설명으로 옳은 것은? [2점]

정답 잡는 키워드

❶ 신학문을 가르치는 관립 교육 기관,

❷, ❸ 젊은 관리와 명문가의 자제 교육 → 육영 공원

신학문을 가르치는 관립 교육 기관으로 젊은 관리가 소속된 좌원과 명문가의 자제를 선발한 우원으로 구성되었다는 내용을 통해 대화에 해당하는 교육 기관이 육영 공원임을 알 수 있어요. 조선 정부는 1886년에 근대적 관립 학교인 육영 공원을 설립하였어요. 육영 공원은 주로 젊은 관리와 고관의 자제들에게 근대 학문을 교육하였어요.

① 7재라는 전문 강좌가 개설되었다.
➡ 고려 예종은 관학을 진흥시키기 위해 **국자감**에 7재라는 전문 강좌를 개설하였어요.

② 조선 총독부의 탄압으로 폐교되었다.
➡ 조선 총독부는 일제가 대한 제국의 국권을 강탈한 후 세운 식민 통치 기관이에요. 조선 총독부의 탄압으로 **대성 학교** 등이 폐교되었어요. 육영 공원은 국권 피탈 이전인 1894년에 폐교되었습니다.

③ 교육 입국 조서에 근거하여 세워졌다.
➡ 교육 입국 조서는 제2차 갑오개혁 과정에서 발표되었고, 이를 계기로 **한성 사범 학교**, **외국어 학교** 등이 세워졌어요. 교육 입국 조서는 육영 공원이 폐교된 이후인 1895년에 발표되었어요.

④ 주요 건물로 대성전과 명륜당을 두었다.
➡ 조선 시대의 국립 교육 기관인 **성균관**과 **향교**에는 성현의 제사를 모시는 대성전과 유학 교육이 이루어지는 명륜당이 있었어요.

⑤ 헐버트, 길모어 등이 교사로 초빙되었다.
➡ **육영 공원**은 미국인 헐버트, 길모어 등을 교사로 초빙하여 영어, 수학, 지리 등 근대 학문을 교육하였어요.

핵심 개념	근대 교육의 발달
1880년대	• 동문학(1883) : 정부가 세운 통역관 양성소 • 원산 학사(1883) : 함경도 덕원 지방의 관민이 세운 우리나라 최초의 근대식 학교 • 육영 공원(1886) : 정부가 세운 관립 학교, 헐버트와 길모어 등 미국인 교사 초빙, 젊은 관리와 고관 자제 입학 • 개신교 선교사들이 배재 학당, 이화 학당 등 설립
1890년대	• 갑오개혁으로 학무아문 설치, 교육 입국 조서 반포(1895) → 근대 학교 법규 제정 • 소학교, 한성 사범 학교, 외국어 학교 등 각종 관립 학교 설립
1900년대	• 을사늑약 이후 애국 계몽 운동가들이 학교를 설립하여 교육 구국 운동 전개 → 오산 학교(이승훈, 정주), 대성 학교(안창호, 평양) • 만주 지역에 용정촌, 명동촌 등 한인 집단촌이 형성됨 → 서전서숙(이상설), 명동 학교(김약연)가 설립되어 민족 교육 실시

34 박정양의 활동

정답 ⑤

(가) 인물의 활동으로 옳은 것은? [3점]

정답 잡는 키워드

❶ 초대 주미 공사 → 박정양

초대 주미 공사로 임명된 (가) 인물은 박정양이에요. 조·미 수호 통상 조약 체결 이후 미국이 조선에 공사를 파견하자 이에 대한 답례로 조선 정부는 1883년에 민영익, 홍영식, 유길준 등으로 구성된 보빙사를 미국에 파견하였어요. 1887년에는 청의 내정 간섭을 견제하고 자주 외교를 펴기 위해 박정양을 초대 주미 공사로 파견하였습니다.

① 샌프란시스코에서 흥사단을 창립하였다.
➡ **안창호**는 미국 샌프란시스코에서 재미 한인을 중심으로 흥사단을 창립하였어요.

② 황준헌이 쓴 조선책략을 국내에 들여왔다.
➡ 제2차 수신사로 일본에 파견되었던 **김홍집**은 황준헌이 쓴 "조선책략"을 국내에 들여왔어요.

③ 인재 양성을 위해 오산 학교를 설립하였다.
➡ 신민회의 **이승훈**은 정주에 오산 학교를 설립하여 민족 교육을 실시하였어요.

④ 국문 연구소를 설립하고 연구 위원으로 활동하였다.
➡ 국문 연구소는 대한 제국 정부가 한글 연구를 위해 학부 아래 설치한 기관이에요. **주시경**과 **지석영** 등은 국문 연구소에서 국문 정리와 맞춤법 연구를 하였어요.

⑤ 독립 협회의 제안을 받아들여 중추원 관제 개편을 추진하였다.
➡ 독립 협회가 의회 설립 운동을 추진하면서 보수적인 대신들을 퇴진시키고 개혁적 성향을 가진 **박정양** 중심의 내각을 수립하는 데 성공하였어요. 박정양 내각은 독립 협회의 제안을 받아들여 중추원 관제 개편을 추진하였어요.

기출 선택지 +α

❻ 민족 교육을 위해 대성 학교를 설립하였다. (O / X)

❼ 영국인 베델과 함께 대한매일신보를 창간하였다. (O / X)

❽ 조선 광문회를 조직하여 민족 고전을 간행하였다. (O / X)

❾ 미국과 유럽을 여행한 뒤 서유견문을 집필하였다. (O / X)

❿ 헤이그에서 열린 만국 평화 회의에 특사로 파견되었다. (O / X)

기출 선택지 +α
정답 ❻ ×[안창호] ❼ ×[양기탁] ❽ ×[박은식, 최남선 등] ❾ ×[유길준]
❿ ×[이상설, 이준, 이위종]

35 광무개혁

정답 ④

(가)에 들어갈 내용으로 가장 적절한 것은? [2점]

한국사 특강

우리 학회에서는 고종이 황제로 즉위한 이후 ❶구본신참에 입각하여 추진한 정책을 주제로 강좌를 마련하였습니다. 많은 관심과 참여 바랍니다.

> 대한 제국은 옛것을 근본으로 하여 새로운 것을 참조한다는 구본신참에 입각하여 광무개혁을 추진하였어요.

■ 강좌 내용 ■

제1강 _____(가)_____
제2강 ❷대한국 국제 반포와 황제 중심 정치 구조
제3강 ❸지계 발급과 근대적 토지 소유권

• 기간 : 2023년 10월 ○○일~○○일
• 일시 : 매주 토요일 14:00~16:00
• 장소 : △△ 연구원

정답 잡는 키워드

❶ 구본신참에 입각하여 추진, ❷ 대한국 국제 반포, ❸ 지계 발급
→ 광무개혁

고종이 황제로 즉위한 이후 구본신참에 입각하여 정책을 추진하였으며, 대한국 국제를 반포하고 지계를 발급하였다는 내용을 통해 (가)에는 광무개혁과 관련된 내용이 들어가야 함을 알 수 있어요. 대한 제국은 광무개혁을 추진하면서 1899년에 대한국 국제를 반포하여 황제의 절대 권한을 규정하였고, 양전 사업을 실시하여 근대적 토지 소유 증명 문서인 지계를 발급하였어요.

① 통역관 양성을 위한 **동문학 설립**
➡ 대한 제국 수립 이전인 1883년에 조선 정부는 통역관 양성을 목적으로 외국어 교육 기관인 동문학을 설립하였어요.

② 개혁 방향을 제시한 **홍범 14조 반포**
➡ 대한 제국 수립 이전인 1895년에 조선 정부는 제2차 갑오개혁을 추진하면서 개혁의 기본 방향을 제시한 홍범 14조를 반포하였어요.

③ **통리기무아문 설치**와 개화 정책 추진
➡ 조선 정부는 1880년에 개화 정책을 총괄하는 기구로 통리기무아문을 설치하여 개화 정책을 추진하였어요.

④ 원수부 창설과 황제의 군 통수권 강화
➡ 대한 제국은 1899년에 황제의 군 통수권 장악을 위해 황제 직속의 원수부를 창설하였어요.

⑤ 23부로의 지방 제도 개편과 지방관 권한 축소
➡ 대한 제국 수립 이전인 1895년에 조선 정부는 제2차 갑오개혁을 추진하는 과정에서 지방 제도를 23부로 개편하고 지방관의 권한을 축소하였어요.

핵심 개념 대한 제국의 수립과 광무개혁

대한 제국의 수립	아관 파천 이후 열강의 침탈 심화, 고종의 환궁을 요구하는 여론 고조 → 고종의 경운궁(덕수궁) 환궁 → 연호를 '광무'로 바꾸고 환구단에서 황제 즉위식 거행, 대한 제국 선포(1897)
광무개혁	• 정치 : 대한국 국제 제정(1899) → 황제권의 절대화 추구 • 군사 : 원수부 설치(황제가 군 통수권 장악), 무관 학교 설립, 친위대와 진위대의 군사 수 증강 • 경제 : 양지아문·지계아문 설치(→ 양전 사업 실시, 지계 발급), 상공업 진흥 정책(→ 근대적 공장과 회사 설립) • 사회 : 관립 실업 학교(상공 학교)와 기술 교육 기관 설립, 근대 시설 확충(전화 가설, 전차·경인선 개통 등)

36 일제의 국권 침탈 과정

정답 ⑤

(가), (나) 사이의 시기에 있었던 사실로 옳은 것은? [2점]

(가): 두 달 전 체결된 협약에 따라 ❶메가타가 탁지부의 재정 고문으로 온다는군.
일본이 우리 정부의 재정권을 침해하려는 의도인 것 같네.

> 재정 고문으로 부임한 메가타는 대한 제국의 재정을 일본에 예속시키기 위해 화폐 정리 사업을 주도하였어요.

(나): 지난달 ❷군대를 해산한다는 조칙이 발표된 이후 군인들의 반발이 계속되고 있다는군.
해산 군인 중 일부가 정미의병에 합류하여 의병 부대의 전력이 향상되었어요.
들었네. 일부는 의병에 합류하여 일본에 저항하는 활동을 전개한다고 하네.

정답 잡는 키워드

❶ 메가타가 재정 고문으로 부임
→ (가) 1904년 제1차 한·일 협약 체결 이후

❷ 군대 해산 → (나) 1907년 한·일 신협약 체결 이후

(가)는 메가타가 탁지부의 재정 고문으로 온다는 내용을 통해 1904년 제1차 한·일 협약(한·일 외국인 고문 용빙에 관한 협정서)이 체결된 이후의 상황임을 알 수 있어요. 러·일 전쟁에서 승기를 잡은 일본은 대한 제국에 제1차 한·일 협약의 체결을 강요하였어요. 이에 따라 재정 고문으로 일본인 메가타, 외교 고문으로 미국인 스티븐스가 파견되었어요. (나)는 군대를 해산한다는 조칙이 발표되었다는 내용을 통해 1907년 한·일 신협약(정미7조약)이 체결된 이후의 상황임을 알 수 있어요. 일제는 헤이그 특사 파견을 구실로 고종을 강제 퇴위시킨 후에 한·일 신협약을 체결하여 통감의 내정 간섭 권한을 강화하고 대한 제국의 행정 각 부에 일본인 차관을 임명하였으며, 부속 각서를 통해 대한 제국의 군대를 해산하였어요.

① 데라우치가 **초대 총독**으로 **부임**하였다.
➡ 1910년에 병합 조약이 체결되어 대한 제국은 일본에 국권을 빼앗겼고, 이어 조선 총독부가 설치되어 초대 총독으로 데라우치가 부임하였어요. (나) 이후의 사실이에요.

② **13도 창의군**이 **서울 진공 작전**을 **전개**하였다.
➡ 고종의 강제 퇴위와 대한 제국의 군대 해산이 계기가 되어 1907년에 정미의병이 일어났어요. 정미의병 당시 각지의 의병 부대가 연합하여 13도 창의군을 결성하고 서울 진공 작전을 전개하였어요(1908). (나) 이후의 사실이에요.

③ **기유각서**를 통해 일제에 사법권을 박탈당하였다.
➡ 일제는 1909년에 체결한 기유각서를 통해 대한 제국의 사법권과 감옥 사무 처리권을 박탈하였어요. (나) 이후의 사실이에요.

④ 상권 수호를 위해 **황국 중앙 총상회가 조직**되었다.
➡ 1898년에 서울의 시전 상인들이 외국 상인의 상권 침탈에 맞서기 위해 황국 중앙 총상회를 조직하였어요. (가) 이전의 사실이에요.

⑤ **헤이그**에서 열린 만국 평화 회의에 **특사가 파견**되었다.
➡ 고종은 을사늑약의 부당성을 국제 사회에 알리기 위해 1907년에 이상설, 이준, 이위종을 만국 평화 회의가 열리는 네덜란드 헤이그에 특사로 파견하였어요. 일제는 이를 빌미로 고종을 강제 퇴위시키고 한·일 신협약(정미7조약) 체결을 강요하였어요.

37 의열단

정답 ③

(가) 단체에 대한 설명으로 옳은 것은? [2점]

판결문

피고 : 오복영 외 1인

주문 : 피고 두 명을 각 징역 7년에 처한다.

이유

제1. 피고 오복영은 이전부터 조선 독립을 희망하고 있었다.

1. 대정 11년(1922) 11월 중 **김상옥**, 안홍한 등이 조선 독립 자금 강탈을 목적으로 권총, 불온문서 등을 가지고 조선에 오는 것을 알고 천진에서 여비 40원을 조달함으로써 동인 등으로 하여금 조선으로 들어오게 하고

2. 대정 12년(1923) 8월 초순 ___(가)___ 단원으로 활약할 목적으로 피고 이영주의 권유에 의해 동 단에 가입하고

3. 이어서 피고 이영주와 함께 ___(가)___ **단장 김원봉** 및 단원 유우근의 지휘하에 피고 두 명은 **조선 내 관리를 암살하고 주요 관아, 공서를 폭파함**으로 민심의 동요를 초래하고 ⋯⋯

> 의열단원 김상옥은 1923년 종로 경찰서에 폭탄을 투척하는 의거를 일으켰어요.

> 김원봉은 1919년 만주에서 일제 요인 암살, 식민 통치 기관 파괴 등 무력 투쟁을 전개할 단체로 의열단을 조직하였어요.

정답 잡는 키워드

❶ 단원 김상옥, ❷ 단장 김원봉, ❸ 조선 내 관리를 암살하고 주요 관아와 공서를 폭파함 → 의열단

판결문에 김상옥이 언급되고 있으며, 단장 김원봉의 지휘하에 조선 내 관리를 암살하고 주요 관아와 공서를 폭파하였다는 내용을 통해 (가) 단체가 의열단임을 알 수 있어요. 의열단은 신채호가 작성한 '조선 혁명 선언'을 활동 지침으로 삼아 일제에 맞서 개인별로 무력 투쟁을 전개한 의거 단체로 박재혁, 김익상, 김상옥, 김지섭, 나석주 등이 단원으로 활동하였어요.

① 일제의 **황무지 개간권 요구**를 **저지**하였다.
➡ 보안회는 일제의 황무지 개간권 요구에 반대하는 운동을 전개하여 일본의 요구를 철회시켰어요.

② 일제가 조작한 **105인 사건**으로 큰 타격을 입었다.
➡ 비밀 결사로 조직된 신민회는 일제가 조작한 105인 사건으로 조직이 드러나 해체되었어요.

③ 단원인 나석주가 동양 척식 주식회사에 폭탄을 던졌다.
➡ 의열단 소속의 나석주는 조선 식산 은행과 동양 척식 주식회사에 폭탄을 투척하는 의거를 일으켰어요.

④ **조선 총독부**에 **국권 반환 요구서**를 **제출**하고자 하였다.
➡ 국권 피탈 이후 임병찬의 주도로 국내에서 조직된 독립 의군부는 조선 총독부에 국권 반환 요구서를 제출하고자 하였으나 사전에 조직이 발각되어 실현하지 못하였어요.

⑤ **이륭양행**에 **교통국**을 설치하여 국내와 연락을 취하였다.
➡ 대한민국 임시 정부는 이륭양행에 통신 기관인 교통국을 설치하여 국내와 연락을 취하였어요.

기출 선택지 +α

❻ 조선 혁명 선언을 활동 지침으로 삼았다. (O/X)
❼ 윤봉길, 이봉창 등이 단원으로 활동하였다. (O/X)
❽ 고종의 밀지를 받아 결성된 비밀 단체였다. (O/X)
❾ 삼균주의를 기초로 하는 건국 강령을 발표하였다. (O/X)

기출 선택지 +α

정답 ❻○ ❼×[한인 애국단] ❽×[독립 의군부] ❾×[대한민국 임시 정부]

---

38 광주 학생 항일 운동

정답 ②

밑줄 그은 '이 운동'에 대한 설명으로 옳은 것을 <보기>에서 고른 것은? [1점]

> 이것은 1929년 11월 **한·일 학생 간의 충돌**을 계기로 시작된 **이 운동**을 기념하는 탑입니다. 당시 민족 차별에 분노한 **광주 지역 학생들이 대규모 시위**를 전개하였고, 전국의 많은 학교가 동맹 휴학으로 동참하였습니다. 이 기념탑은 학생들의 단결된 의지를 타오르는 횃불로 형상화한 것입니다.

> 광주와 나주를 오가는 통학 열차 안에서 일본 남학생이 한국 여학생을 희롱한 일이 발단이 되어 양국 학생 사이에 싸움이 일어났어요.

정답 잡는 키워드

❶ 한·일 학생 간의 충돌을 계기로 시작,
❷ 광주 지역 학생들이 대규모 시위 전개 → 광주 학생 항일 운동

1929년 11월 한·일 학생 간의 충돌을 계기로 시작되었으며, 광주 지역 학생들이 대규모 시위를 전개하였다는 내용을 통해 밑줄 그은 '이 운동'이 광주 학생 항일 운동임을 알 수 있어요. 한·일 학생 간 충돌 사건을 수습하는 과정에서 일제 경찰이 일방적으로 일본 학생만 두둔하자, 민족 차별에 분노한 광주 지역의 학생들이 민족 차별 중지, 식민지 교육 철폐 등을 주장하며 대규모 시위를 전개하였고, 이후 항일 시위는 전국으로 확산되었습니다.

ㄱ. 조선인 본위의 교육 제도 확립 등을 요구하였다.
➡ 광주 학생 항일 운동 당시 학생들은 조선인 본위의 교육 제도 확립 등을 요구하였어요.

ㄴ. 대한매일신보의 후원 속에 전국으로 확산하였다.
➡ 국권 피탈 이전에 전개된 국채 보상 운동은 대한매일신보 등의 후원 속에 전국으로 확산되었어요.

ㄷ. 신간회에서 진상 조사단을 파견하여 지원하였다.
➡ 신간회는 광주 학생 항일 운동의 진상 규명을 위한 진상 조사단을 파견하였으며, 민중 대회를 개최하려고 하였으나 사전에 발각되었어요.

ㄹ. 일제가 이른바 문화 통치를 실시하는 배경이 되었다.
➡ 3·1 운동을 계기로 일제는 무단 통치의 한계를 느끼고 이른바 문화 통치를 실시하였어요.

① ㄱ, ㄴ　　② ㄱ, ㄷ　　③ ㄴ, ㄷ
④ ㄴ, ㄹ　　⑤ ㄷ, ㄹ

기출 선택지 +α

ㅁ. 순종의 인산일을 기회로 삼아 추진되었다. (O/X)
ㅂ. 대한민국 임시 정부 수립에 영향을 주었다. (O/X)
ㅅ. 일본, 프랑스 등의 노동 단체로부터 격려 전문을 받았다. (O/X)
ㅇ. 성진회와 각 학교 독서회에 의해 전국적으로 확산하였다. (O/X)

기출 선택지 +α

정답 ㅁ.×[6·10 만세 운동] ㅂ.×[3·1 운동] ㅅ.×[원산 총파업] ㅇ.○

39 한국 독립군　　　　정답 ⑤

(가) 부대에 대한 설명으로 옳은 것은?　　　[2점]

> ❶<u>대전자령</u>은 태평령이라고도 하는데, 일본군이 서남부의 왕칭현 쪽으로 가려면 반드시 지나가야 하는 지점이었다. 대전자령의 양쪽은 험준한 절벽과 울창한 산림 지대로 되어 있어 적을 공격하기에 알맞은 곳이었다. 이 전투에 ___(가)___ 의 주력 부대 500여 명, 차이시잉(柴世榮)이 거느리는 중국 의용군인 길림구국군 2,000여 명이 참가하였다. …… ❷<u>한·중 연합군</u>은 계곡 양편 산기슭에 구축되어 있는 참호 속에 미리 매복·대기하여 일본군 습격 준비를 마쳤다.
> — "청천장군의 혁명투쟁사" —

지청천은 1930년대 전반 한국 독립군 총사령관으로 항일 투쟁을 전개하였어요. 이후 대한민국 임시 정부가 창설한 한국 광복군 총사령관에 취임하여 광복 때까지 항일전을 수행하였어요.

정답 잡는 키워드

❶, ❷ 대전자령 전투에 한·중 연합군으로 참가함 → 한국 독립군

대전자령 전투에 한·중 연합군으로 참가하여 일본군 습격을 준비하였다는 내용을 통해 (가) 부대가 한국 독립군임을 알 수 있어요. 한국 독립군은 총사령관 지청천의 지휘 아래 항일 중국군과 함께 일본군에 맞서 싸웠어요. 한국 독립군은 쌍성보 전투, 사도하자 전투, 대전자령 전투 등에서 한·중 연합 작전을 전개하여 승리를 거두었어요.

① 영국군의 요청으로 인도·미얀마 전선에 투입되었다.
➡ 한국 광복군의 일부 대원은 영국군의 요청으로 인도·미얀마 전선에 투입되어 활동하였어요.

② 간도 참변 이후 조직을 정비하고 자유시로 이동하였다.
➡ 간도 참변 이후 만주 지역의 독립군 부대들은 밀산에 집결하여 조직을 정비하고 자유시로 이동하였어요.

③ 중국 관내(關內)에서 결성된 최초의 한인 무장 부대였다.
➡ 김원봉은 중국 국민당 정부의 지원을 받아 우한에서 조선 의용대를 결성하였어요. 조선 의용대는 중국 관내에서 결성된 최초의 한인 무장 부대였어요.

④ 홍범도 부대와 연합하여 청산리에서 일본군과 교전하였다.
➡ 김좌진이 이끄는 북로 군정서는 홍범도의 대한 독립군 등과 연합하여 청산리 일대에서 일본군을 크게 무찔렀어요.

⑤ 한국 독립당의 군사 조직으로 북만주 지역에서 활약하였다.
➡ 한국 독립군은 북만주 지역의 혁신 의회가 해체된 후 결성된 한국 독립당의 군사 조직이에요.

기출 선택지 +α

❻ 미군과 연계하여 국내 진공 작전을 계획하였다.　（O / X）
❼ 쌍성보 전투에서 한·중 연합 작전을 전개하였다.　（O / X）
❽ 영릉가 전투에서 일본군과 싸워 크게 승리하였다.　（O / X）
❾ 중국 팔로군에 편제되어 항일 전선에 참여하였다.　（O / X）
❿ 중국 국민당 정부의 지원을 받아 우한에서 창설되었다.（O / X）

기출 선택지 +α
정답 ❻ ×[한국 광복군] ❼ ○ ❽ ×[조선 혁명군] ❾ ×[조선 의용군]
❿ ×[조선 의용대]

40 1930년대 후반 이후 일제 식민 통치　　　정답 ⑤

밑줄 그은 '이 시기'에 있었던 사실로 옳은 것은?　　　[1점]

> 문학으로 만나는 한국사
>
> "이제 곧 창씨개명이 문제가 아닌 날이 닥칠 겁니다. 그때는 사느냐 죽느냐, 이 문제가 턱에 걸려서 아무것도 뵈지 않을걸요. 아 왜 거년(去年) 칠월에 국가 총동원법 제4조라고 허면서, 국민 징용령이 안 떨어졌습니까? 일본 본토는 그렇다 치고, 조선, 대만, 사할린, 남양 군도에까지 그 징용령이 시행되고 있는 판에, 징병령인들 떨어지지 않겠습니까? 지금 지원병 제도는 장차 징병 문제를 결정하려는 시험으로 해 보는 것이라고 허드구만요."
> 이기채는 가슴이 까닭 없이 덜컥, 내려앉는다.
> — "혼불" —

[해설] 이 작품에는 일제가 ❶<u>국가 총동원법을 제정</u>하고 노동력 수탈을 위해 ❷<u>국민 징용령 등을 시행</u>하던 이 시기 우리 민족의 삶이 잘 표현되어 있다.

일제는 1939년에 국민 징용령을 공포·시행하여 한국인 청장년들을 군수 공장, 탄광, 건설 공사 현장 등으로 끌고 갔어요.

정답 잡는 키워드

❶ 국가 총동원법 제정, ❷ 국민 징용령 시행 → 1930년대 후반

국가 총동원법을 제정하고 국민 징용령을 시행하였다는 내용을 통해 밑줄 그은 '이 시기'가 1930년대 후반 이후에 해당함을 알 수 있어요. 일제는 중·일 전쟁을 일으키고 침략 전쟁을 확대하면서 1938년에 국가 총동원법을 제정하여 전쟁에 필요한 인적·물적 자원을 본격적으로 빼앗아 갔어요. 국가 총동원법 제4조에서 일본 정부는 전시에 국가 총동원상 필요할 때에는 제국 신민을 징용하여 총동원 업무에 종사할 수 있도록 하였고, 이에 근거하여 국민 징용령을 제정하여 전쟁에 필요한 노동력을 강제로 동원하였어요. 일제는 공출제와 식량 배급 제도 등을 통해 전쟁에 필요한 물자를 강제 동원하였으며, 지원병제, 학도 지원병제, 징병제를 실시하여 한국인 청년들을 전쟁터로 끌고 갔어요. 또한, 한국인을 전쟁에 쉽게 동원하기 위해 내선일체, 일선동조론 등을 내세워 민족 말살 정책을 본격화하였어요.

① 조선 태형령이 공포되었다.
➡ 일제는 1912년에 한국인에게만 태형을 적용하는 조선 태형령을 제정하였어요. 조선 태형령은 1920년에 폐지되었어요.

② 헌병 경찰 제도가 실시되었다.
➡ 일제는 1910년대에 군사 경찰인 헌병이 일반 경찰 업무까지 맡는 헌병 경찰 제도를 실시하였어요. 헌병 경찰 제도는 3·1 운동 이후 보통 경찰 제도로 바뀌었어요.

③ 경성 제국 대학이 설립되었다.
➡ 일제는 1920년대에 민립 대학 설립 운동이 전개되자 이를 방해하고, 한국인의 불만을 무마하기 위해 1924년에 경성 제국 대학을 설립하였어요.

④ 조선 농민 총동맹이 조직되었다.
➡ 전국적인 노동자·농민 조직으로 결성된 조선 노농 총동맹이 1927년에 조선 노동 총동맹과 조선 농민 총동맹으로 분화되었어요.

⑤ 황국 신민 서사 암송이 강요되었다.
➡ 일제는 1930년대 후반에 일왕에 대한 충성 맹세문인 황국 신민 서사를 제정한 뒤 암송을 강요하였어요.

41 천도교의 활동 · 정답 ②

(가) 종교에 대한 설명으로 옳은 것은? [2점]

기획 전시

방정환이 꿈꾼 어린이를 위한 나라

우리 박물관에서는 "어린이" 창간 100주년을 기념하는 특별전을 준비하였습니다. ❶**동학을 계승한 종교**인 [(가)] 계열의 ❷**방정환** 등이 어린이들에게 다양한 읽을거리를 제공하기 위해 발간한 ❸**잡지 "어린이"**의 전시와 함께 여러 체험 행사를 준비하였으니 많은 관심 바랍니다.

└ 동학의 제3대 교주 손병희는 동학을 천도교로 개칭하였어요.
방정환은 천도교 신자로, 손병희의 사위였어요.

• 기간 : 2023. ○○.○○.~ ○○.○○.
• 장소 : △△ 박물관 특별 전시실
• 전시 자료 소개

▲ "어린이" 제7권 제3호　　▲ "어린이" 제9권 제1호

정답 잡는 키워드

❶ 동학을 계승한 종교, ❷, ❸ 방정환 등이 잡지 "어린이"를 발간함
→ 천도교

동학을 계승한 종교이며, 방정환 등이 잡지 "어린이"를 발간하였다는 내용을 통해 (가) 종교가 소년 운동을 주도한 천도교임을 알 수 있어요. 천도교 세력은 어린아이를 한울님처럼 대하라는 제2대 교주 최시형의 뜻을 이어받아 소년 운동을 적극적으로 전개하였어요. 특히 방정환의 주도로 창립된 천도교 소년회는 어린이날을 제정하고 잡지 "어린이"를 간행하였어요.

① 한용운 등이 사찰령 폐지를 주장하였다.
➡ 일제가 제정한 사찰령에 맞서 사찰령 폐지 운동을 펼친 종교는 불교입니다. 1920년대에 한용운 등이 주축이 된 조선 불교 유신회가 사찰령 폐지를 주장하였어요.

②만세보를 발행하여 민중 계몽에 앞장섰다.
➡ 천도교는 만세보라는 기관지를 발행하여 민중 계몽에 앞장섰어요.

③ 박중빈을 중심으로 새 생활 운동을 펼쳤다.
➡ 박중빈이 창시한 원불교는 간척 사업을 추진하고 허례 폐지, 근검절약 등을 강조한 새 생활 운동을 전개하였어요.

④ 배재 학당을 세워 신학문을 보급하고자 힘썼다.
➡ 배재 학당은 개신교 선교사 아펜젤러가 세운 근대 교육 기관으로 신학문 보급에 기여하였어요.

⑤ 의민단을 조직하여 항일 무장 투쟁을 전개하였다.
➡ 천주교는 만주에서 의민단을 조직하여 항일 무장 투쟁을 전개하였어요.

기출 선택지 +α

❻ 여성 교육을 위해 이화 학당을 설립하였다. (O/X)
❼ 중광단을 조직하여 무장 투쟁을 전개하였다. (O/X)
❽ 잡지 개벽을 발행하여 민족의식을 고취하였다. (O/X)
❾ 경향신문을 발행하여 민중 계몽을 위해 노력하였다. (O/X)

기출 선택지 +α 정답 ❻×[개신교] ❼×[대종교] ❽○ ❾×[천주교]

---

42 민족 문화 수호 운동 · 정답 ①

(가)에 들어갈 내용으로 가장 적절한 것은? [3점]

○○○ 한국 근대사 강의실 ×

전체 글보기 | 이미지 모아보기 | 카페 태그 보기 | 카페 캘린더 |

📋 전체 글보기(91)
📋 카페북 책꽂이

📋 공지사항
📋 카페 회칙

📋 강의 계획서
📋 과제 제출방
📋 Q&A 게시판

■ 조별 과제 안내

　일제 강점기에 민족 문화를 수호하고자 노력한 인물의 활동을 주제로 보고서를 작성한 후 제목과 함께 게시판에 올려 주세요.

번호	제목
1	1조 – 이윤재, 한글 맞춤법 통일안 제정에 참여하다
2	2조 – 최현배, 조선어 연구회 회원으로 한글을 연구하다
3	3조 – 신채호, 고대사 연구에 주력하여 조선사를 연재하다
4	4조 – [(가)]

①정인보, 민족의 얼을 강조하고 조선학 운동을 전개하다
➡ 정인보는 1930년대에 민족의 얼을 강조하고, 정약용의 저서를 모은 "여유당전서" 간행을 계기로 조선학 운동을 전개하였어요.

② 장지연, 황성신문에 시일야방성대곡이라는 논설을 싣다
➡ 장지연은 1905년 을사늑약이 체결되자 황성신문에 '시일야방성대곡'을 실어 을사늑약의 부당성을 비판하였어요.

③ 유길준, 서유견문을 집필하여 서양 근대 문명을 소개하다
➡ 유길준은 1889년에 미국과 유럽 등을 다닌 경험을 바탕으로 "서유견문"을 완성하여 1895년에 간행하였어요.

④ 최익현, 지부복궐척화의소를 올려 왜양일체론을 주장하다
➡ 최익현은 1876년 개항에 반대하며 지부복궐척화의소를 올려 일본과 서양의 실체는 똑같다는 왜양일체론을 주장하였어요.

⑤ 신헌, 강화도 조약 체결의 전말을 기록한 심행일기를 남기다
➡ 신헌은 1876년에 조선 측 대표로 강화도 조약을 체결하고 그 전말을 기록한 "심행일기"를 남겼어요.

핵심 개념 | 1930년대 민족 문화 수호 운동

국어	• 조선어 학회 : 조선어 연구회의 개편 → 한글 강습회 개최, 한글 맞춤법 통일안과 표준어 제정, "우리말 큰사전" 편찬 추진 → 조선어 학회 사건(1942)으로 회원들이 검거·투옥됨, 강제 해산 • 저항 시인 활동 : 이육사('광야', '절정' 등), 윤동주('서시', '별 헤는 밤', "하늘과 바람과 별과 시" 등) • 문맹 퇴치 운동 : 동아일보 주도로 브나로드 운동 전개
국사	• 민족주의 사학 : 우리 역사의 자주적 발전과 우수성 강조 → 정인보("조선사연구", '얼' 강조), 안재홍 등의 조선학 운동("여유당전서" 간행 사업을 계기로 본격화) • 실증주의 사학 : 객관적 사실에 근거하는 문헌 고증과 학술 활동 전개(랑케 사학) → 이병도 등이 진단 학회 조직(1934), 진단 학보 발간 • 사회 경제 사학 : 유물 사관을 바탕으로 세계사의 보편적 발전 법칙 위에 한국사를 체계화함 → 일제 식민 사관의 정체성론 비판, 백남운이 "조선사회경제사"·"조선봉건사회경제사" 저술

43 일본에서의 민족 운동   정답 ③

밑줄 그은 '이 지역'에서 있었던 민족 운동으로 옳은 것은?   [2점]

> ❶ 이것은 1923년 이 지역에서 발생한 지진 당시 희생된 조선인을 위로하기 위해 세운 추도비입니다. 지진이 일어나 "조선인이 불을 질렀다", "조선인이 공격해 온다" ❷ 등의 유언비어가 퍼졌고, 이에 현혹된 사람들이 조직한 자경단 등에 의해 수많은 조선인이 학살되었습니다.

정답 잡는 키워드

❶ 1923년에 발생한 지진, ❷ 수많은 조선인이 학살됨 → 일본

1923년에 지진이 발생하였으며, 이후 유언비어가 퍼져 수많은 조선인이 학살되었다는 내용을 통해 밑줄 그은 '이 지역'이 일본임을 알 수 있어요. 1923년 9월에 일본 도쿄를 중심으로 한 관동 지역에 큰 지진이 일어났어요. 수많은 이재민과 사상자가 발생하여 일본 내 민심이 크게 동요된 상황에서 조선인이 폭동을 일으켰다는 유언비어가 퍼졌어요. 이에 현혹된 사람들이 자경단을 조직하여 수많은 조선인을 학살하였고 일본 정부는 사실상 이를 묵인하였어요.

① 한인 자치 기구인 **경학사**를 **설립**하였다.
➡ **서간도(남만주)**로 이주한 신민회의 이회영, 이상룡 등은 삼원보에 한인 자치 기구인 경학사를 설립하였어요.

② 민족 교육을 위해 **서전서숙**을 **건립**하였다.
➡ 이상설, 이동녕 등은 **북간도**의 용정촌에 서전서숙을 건립하여 민족 교육을 실시하였어요.

③ 유학생을 중심으로 **2·8 독립 선언서**를 발표하였다.
➡ 민족 자결주의에 영향을 받은 **일본** 도쿄의 한국인 유학생들이 2·8 독립 선언서를 발표하였어요.

④ **대조선 국민군단**을 **결성**하여 군사 훈련을 실시하였다.
➡ 박용만은 **하와이**에서 대조선 국민군단을 결성하여 군사 훈련을 실시하는 등 무장 투쟁을 준비하였어요.

⑤ **대한 광복군 정부**를 세워 무장 독립 투쟁을 준비하였다.
➡ **연해주**에서 이상설, 이동휘 등이 권업회를 토대로 대한 광복군 정부를 수립하여 무장 독립 투쟁을 준비하였어요.

기출 선택지 +α

❻ 해조신문을 발간하여 국권 회복에 힘썼다. (O/X)
❼ 이봉창이 일왕의 행렬에 폭탄을 투척하였다. (O/X)
❽ 신흥 강습소를 설립하여 독립군을 양성하였다. (O/X)
❾ 숭무 학교를 설립하여 무장 투쟁을 준비하였다. (O/X)
❿ 대한인 국민회를 중심으로 외교 활동을 전개하였다. (O/X)

기출 선택지 +α
정답 ❻ ×[연해주] ❼ ○ ❽ ×[서간도] ❾ ×[멕시코] ❿ ×[미국]

---

44 여운형의 활동   정답 ①

(가) 인물에 대한 설명으로 옳은 것은?   [2점]

□□일보
제△△호   2023년 ○○월 ○○일

❶'몽양 (가) 장례식 만장' 117점 국가등록문화재 등록 예고

1918년 중국에서 ❷신한 청년당을 조직하고 해방 후 ❸좌우 합작 운동을 추진한 (가) 선생의 마지막 길에 내걸린 만장(輓章)이 국가등록문화재가 된다. 만장이란 망자를 추모하는 글을 비단이나 종이에 적어 만든 깃발로, 1947년 거행된 그의 장례식에는 각계각층이 애도하는 만장이 내걸렸다.

이 만장은 독립운동에 헌신하고 광복 후 좌우 대통합을 위해 노력했던 그에 대한 대중들의 인식과 평가를 담은 자료로서 중요한 역사적 가치가 있다.

정답 잡는 키워드

❶ 몽양, ❷ 신한 청년당 조직, ❸ 좌우 합작 운동 추진 → 여운형

'몽양'이라는 호를 썼으며, 신한 청년당을 조직하고 해방 후 좌우 합작 운동을 추진하였다는 내용을 통해 (가) 인물이 여운형임을 알 수 있어요. 여운형은 김규식 등과 함께 중국 상하이에서 신한 청년당을 조직하여 파리 강화 회의에 김규식을 한국 대표로 파견하는 등 한국의 독립을 위해 힘썼어요. 광복 이후에 제1차 미·소 공동 위원회가 성과 없이 무기 휴회되고 이승만이 단독 정부 수립을 주장하는 상황에서 여운형은 김규식과 함께 좌우 합작 위원회를 구성하여 좌우 합작 운동을 전개하였어요. 이들은 좌우 합작 7원칙을 발표하는 등 통일 정부 수립을 위해 노력하였으나 좌우익 세력의 외면 속에 미군정이 지지를 철회하고 여운형이 암살되면서 좌우 합작 운동은 실패하였어요.

① 조선 건국 동맹을 결성하였다.
➡ **여운형**은 1944년에 조선 건국 동맹을 결성하여 광복에 대비하였으며, 광복 직후 조선 건국 동맹을 기반으로 조선 건국 준비 위원회를 조직하였어요.

② 한국독립운동지혈사를 저술하였다.
➡ **박은식**은 독립 투쟁 과정을 정리한 "한국독립운동지혈사"를 저술하였어요.

③ 권업회의 초대 회장으로 선출되었다.
➡ **최재형**은 연해주에서 조직된 권업회의 초대 회장으로 선출되었으며, 권업회의 기관지 역할을 한 권업신문 발간에도 참여하였어요.

④ 대한 광복회를 조직하여 친일파를 처단하였다.
➡ **박상진** 등은 대구에서 비밀 결사 형태로 대한 광복회를 조직하여 군자금 모금과 친일파 처단 등의 활동을 벌였어요.

⑤ 백산 상회를 설립하여 독립운동 자금을 마련하였다.
➡ **안희제**는 독립운동 자금을 마련하기 위해 부산에 백산 상회를 설립하고 대한민국 임시 정부에 독립운동 자금을 지원하였어요.

기출 선택지 +α

❻ 상하이에서 한인 애국단을 조직하였다. (O/X)
❼ 조선 건국 준비 위원회의 활동을 주도하였다. (O/X)
❽ 극동 인민 대표 대회에서 의장단으로 선출되었다. (O/X)

기출 선택지 +α
정답 ❻ ×[김구] ❼ ○ ❽ ○

45 사사오입 개헌의 결과　　　　정답 ⑤

밑줄 그은 '개헌안'의 시행 결과로 옳은 것은?　　[2점]

정답 잡는 **키워드**

❶ 제2차 개정, ❷ 사사오입의 논리 → 사사오입 개헌(제2차 개헌)

제2차 개정이며 사사오입의 논리를 내세워 부결 선언을 취소하였다는 내용을 통해 밑줄 그은 '개헌안'이 이승만 정부 시기에 이루어진 이른바 사사오입 개헌임을 알 수 있어요. 이승만 정부와 자유당은 장기 집권을 위해 개헌 당시 대통령, 즉 초대 대통령에 한하여 중임 제한을 철폐한다는 부칙을 추가한 개헌안을 발의하고 헌법 개정을 추진하였어요. 국회에서 개헌안 통과를 위해서는 재적 의원 203명 중 3분의 2에 해당하는 136명의 동의가 필요하였는데, 투표 결과 1명이 부족한 135명이 동의하여 부결이 선언되었어요. 그러나 이틀 뒤 자유당은 사사오입 논리를 억지로 적용하여 부결 선언을 취소하고 개헌안이 통과되었다고 다시 선포하였습니다.

① 통일 주체 국민 회의에서 대통령이 선출되었다.
➡ 박정희 정부는 제7차 개헌에 따른 유신 헌법을 제정하고 통일 주체 국민 회의에서 대통령을 선출하도록 하였어요. 통일 주체 국민 회의는 1980년에 이루어진 제8차 개헌에 따라 폐지되었어요.

② 5년 단임의 대통령이 직선제에 의해 선출되었다.
➡ 전두환 정부 시기에 6월 민주 항쟁의 결과로 5년 단임의 대통령 직선제 개헌안(제9차 개헌)이 통과되었어요.

③ 대통령이 국회 의원의 3분의 1을 추천하게 되었다.
➡ 제7차 개헌에 따른 유신 헌법에 의해 대통령은 중임 제한 없이 영구 집권이 가능하였고, 국회 의원의 3분의 1을 추천하게 되었어요.

④ 국회에서 간접 선거 방식으로 대통령이 선출되었다.
➡ 제헌 헌법에 따라 국회에서 간접 선거 방식으로 초대 대통령이 선출되었으며, 이후 제3차 개헌에 따라 4대 대통령이 국회에서 선출되었어요. 제7차 개헌인 유신 헌법에 따라 8~11대 대통령이 통일 주체 국민 회의에서, 제8차 개헌에 따라 12대 대통령이 대통령 선거인단에서 간접 선거 방식으로 선출되었어요.

⑤ 개헌 당시의 대통령에 한하여 중임 제한이 철폐되었다.
➡ 사사오입 개헌(제2차 개헌)으로 개헌 당시의 대통령, 즉 이승만 대통령에 한하여 중임 제한이 철폐되었어요.

기출 선택지 +α

❻ 대통령 중심제가 의원 내각제로 바뀌었다.　　(O/X)
❼ 선거인단이 선출하는 7년 단임의 대통령제가 실시되었다.　　(O/X)

기출 선택지 +α　정답 ❻ ✕[제3차 개헌]　❼ ✕[제8차 개헌]

---

46 역사 속 화폐　　　　정답 ③

(가)~(마)에 들어갈 내용으로 적절하지 <u>않은</u> 것은?　　[1점]

① (가) - 중국 연과의 교류 관계를 보여 주다
➡ 명도전은 우리나라 철기 시대 유적에서 발견되는 중국 화폐로, 이를 통해 당시 중국의 연과 교류하였음을 짐작할 수 있어요.

② (나) - 의천의 건의로 화폐가 주조되다
➡ 고려 숙종은 아우 의천의 건의를 받아들여 주전도감을 설치하고 해동통보 등 화폐를 발행하였어요.

③ (다) - 경복궁 중건을 위해 제작되다
➡ 경복궁 중건을 위해 제작된 화폐는 당백전이에요. 은병은 은 1근으로 제작된 고려의 화폐로 활구라고도 불렸어요.

④ (라) - 법화로 발행되어 전국적으로 유통되다
➡ 조선 숙종 때 허적 등의 건의에 따라 상평통보가 발행되어 법화로 사용되었어요.

⑤ (마) - 전환국에서 화폐가 발행되다
➡ 1883년에 화폐 주조 기관인 전환국이 설치되었어요. 전환국에서는 1892년부터 백동화를 발행하였어요.

[47~48] 다음 자료를 읽고 물음에 답하시오.

(가)❶만적 등 6명이 북산에서 나무하다가 공사 노비를 불러 모아 모의 하기를, "국가에서 경인년·계사년 이후로 높은 벼슬이 천한 노비 에게서 많이 나왔으니, 장수와 재상이 어찌 종자가 있으랴. ……❷그 주인을 죽이고 노비 문서를 불태워 삼한에서 천인을 없애면 모 두 공경 장상이 될 수 있을 것이다."라고 하였다.

(나) 왕 7년,❸노비를 안검하여 그 시비를 분별하도록 명하자, 노비로 주인을 배반한 자가 매우 많아지고 윗사람을 능멸하는 풍조가 크 게 행해졌다. 사람들이 모두 탄식하고 원망하였다. 대목 왕후가 이를 간절히 간언하였으나 왕은 받아들이지 않았다.

(다) 1. 문벌, 양반과 상인들의 등급을 없애고 귀천에 관계없이 인재를 선발하여 등용한다.
❹1. 과부가 재가하는 것은 귀천을 막론하고 자신의 의사대로 하게 한다.
❺1. 공노비와 사노비에 관한 법을 일체 혁파하고 사람을 사고파는 일을 금지한다.

(라) "임금이 백성을 대할 때는 귀천이 없고 내외 없이 고루 균등하게 적자(赤子)로 여겨야 하는데, 노(奴)와 비(婢)라고 하여 구분하는 것이 어찌 똑같이 동포로 여기는 뜻이겠는가. 내노비 36,974명과 시노비 29,093명을 모두 양민으로 삼도록 하라. 그리고 승정원으 로 하여금❻노비 문서를 거두어 돈화문 밖에서 불태우도록 하라."
⟶ 조선 후기에 상민의 수가 감소하면서 군역 대상자가 줄어들어 국가 재정이 부족해지자 순조는 공노비 해방을 통해 상민의 수를 늘려 재정을 보완하고자 하였어요.

---

47 역사 속 노비 처우의 변화   정답 ③

(가)~(라)를 일어난 순서대로 옳게 나열한 것은?   [3점]

정답 잡는 키워드

❶, ❷ 만적 등이 공사 노비를 불러 모아 노비 문서를 불태울 것 등을 모의함 → (가) 만적의 난(고려 무신 집권기, 1198)

❸ 노비를 안검하여 그 시비를 분별하도록 명함
→ (나) 노비안검법 실시(고려 광종, 956)

❹ 과부의 재가 허용, ❺ 공사 노비법 혁파
→ (다) 제1차 갑오개혁(조선 고종, 1894)

❻ 내노비와 시노비를 모두 양민으로 삼도록 명함
→ (라) 공노비 해방(조선 순조, 1801)

(가) 만적 등이 공사 노비를 불러 모아 노비 문서를 불태울 것 등을 모의하였다 는 내용을 통해 고려 무신 집권기에 일어난 만적의 난에 관한 자료임을 알 수 있어요. 무신 집권기에 개경에서 노비 만적이 신분 해방을 도모하는 반 란을 모의하였으나 사전에 계획이 발각되어 실패하였어요.

(나) 왕이 노비를 안검하여 그 시비를 분별하도록 명하였다는 내용을 통해 고 려 광종 때의 노비안검법 실시에 관한 자료임을 알 수 있어요. 광종은 공 신과 호족의 세력 기반을 약화하고 국가 재정을 확충하기 위해 노비안검 법을 실시하여 본래 양인이었으나 억울하게 노비가 된 사람의 신분을 되 돌려 주었어요.

(다) 과부의 재가를 허용하고, 공사 노비법을 혁파한다는 내용을 통해 조선 고 종 때 추진된 제1차 갑오개혁에 관한 자료임을 알 수 있어요. 제1차 갑오 개혁으로 신분제와 노비제가 혁파되었어요.

(라) 내노비와 시노비 6만여 명을 모두 양민으로 삼도록 하라는 내용을 통해 조선 순조 때의 공노비 해방에 관한 자료임을 알 수 있어요. 순조는 군역 대상자를 확보하고 국가 재정을 확충하기 위해 각 궁방과 중앙 관서의 공 노비를 해방하였어요.

---

① (가) - (나) - (다) - (라)
② (가) - (나) - (라) - (다)
③ (나) - (가) - (라) - (다)
⟶ (나) 노비안검법 실시(고려 광종, 956) → (가) 만적의 난(고려 무신 집권기, 1198) → (라) 공노비 해방(조선 순조, 1801) → (다) 제1차 갑오개혁(조선 고종, 1894)
④ (나) - (다) - (가) - (라)
⑤ (다) - (라) - (나) - (가)

---

48 역사 속 노비 관련 사건   정답 ①

(가)~(라)를 활용한 탐구 활동으로 적절한 것을 <보기>에서 고른 것은?   [2점]

ㄱ. (가) - 무신 집권기에 발생한 하층민의 봉기에 대해 알아본다.
⟶ 만적의 난은 고려 무신 정권 당시 최충헌이 집권한 시기에 일어났어요. 무신 집권기의 정치 혼란 가운데 지배층의 수탈이 심해지면서 망이·망소이의 난, 김사미와 효심의 난, 만적의 난 등 하층민의 봉기가 각지에서 일어났어요.

ㄴ. (나) - 호족의 경제적 기반을 약화시킨 제도를 살펴본다.
⟶ 노비는 호족의 경제·군사적 기반이었기 때문에 노비안검법의 시행은 호족 세력 약화를 가져왔어요.

ㄷ. (다) - 균역법이 시행되는 배경을 파악한다.
⟶ 조선 영조는 군포 징수와 관련하여 여러 가지 폐단이 발생하고 백성의 부담 이 커지자 군역 부담을 줄이기 위해 균역법을 시행하였어요.

ㄹ. (라) - 삼정이정청이 설치된 계기를 조사한다.
⟶ 1862년에 진주에서 농민 봉기가 일어나자 조선 정부는 사태 수습을 위해 박 규수를 안핵사로 파견하였어요. 이후 박규수의 건의로 삼정의 문란을 바로잡 기 위해 삼정이정청이 설치되었어요.

① ㄱ, ㄴ   ② ㄱ, ㄷ   ③ ㄴ, ㄷ
④ ㄴ, ㄹ   ⑤ ㄷ, ㄹ

49 박정희 정부 시기의 사실   정답 ④

(가) 정부 시기에 있었던 사실로 옳은 것은?   [2점]

❶ (가) 정부의 민주화 운동 탄압 사례 중의 하나로 알려진 전국 민주 청년 학생 총연맹 사건의 관련 기록물이 세상에 나왔습니다. 국가 기록원은 사건이 발생한 지 40여 년 만에 관련 인물 180명의 재판 기록과 수사 기록을 공개했습니다.

1974년 박정희 정부가 유신 반대 투쟁을 벌인 전국 민주 청년 학생 총연맹(민청학련) 관련자들을 대통령 긴급 조치 위반 및 내란 음모 등의 혐의로 구속·기소한 사건이에요.

'민청학련 사건' 기록물, 세상 밖으로

정답 잡는 키워드

❶ 전국 민주 청년 학생 총연맹 사건 → 박정희 정부

전국 민주 청년 학생 총연맹 사건(민청학련 사건)이 일어났다는 내용을 통해 (가) 정부가 박정희 정부임을 알 수 있어요. 박정희 정부는 유신 체제에 반대하는 시위가 이어지자 전국 민주 청년 학생 총연맹 사건(민청학련 사건)과 인민 혁명당 재건위 사건(제2차 인민 혁명당 사건) 등을 조작하여 관련자를 잡아들이고 유신 반대 운동을 탄압하였어요.

① 정부에 비판적인 경향신문이 폐간되었다.
➡ 이승만 정부는 정부에 비판적인 기사를 게재하는 경향신문을 폐간하는 등 언론을 통제하였어요.

② 국민의 요구에 굴복하여 대통령이 하야하였다.
➡ 이승만 정부 시기 3·15 부정 선거가 발단이 되어 일어난 4·19 혁명으로 이승만이 대통령직에서 물러났어요.

③ 민주화 시위 도중 대학생 강경대가 희생되었다.
➡ 노태우 정부 시기인 1991년에 대학생 강경대가 노태우 정부의 반민주적 통치에 항거하는 시위를 벌이다가 경찰의 과잉 진압으로 사망하였어요.

④ 장기 독재에 저항한 3·1 민주 구국 선언이 발표되었다.
➡ 박정희 정부 시기인 1976년에 유신 체제에 반대하여 긴급 조치 철폐 등을 요구하는 3·1 민주 구국 선언이 발표되었어요.

⑤ 기존의 헌법을 유지하는 4·13 호헌 조치가 선언되었다.
➡ 전두환 정부는 국민의 대통령 직선제 개헌 요구를 거부하고 기존의 헌법을 유지하겠다는 4·13 호헌 조치를 발표하였어요.

기출 선택지 +α

❻ 박종철 고문치사 사건이 발생하였다.   (O/X)
❼ 군 내부의 사조직인 하나회가 해체되었다.   (O/X)
❽ 인민 혁명당 재건위 사건으로 관련자가 탄압받았다.   (O/X)
❾ 평화 통일론을 주장한 진보당의 조봉암이 구속되었다. (O/X)
❿ 민주 회복을 위한 개헌 청원 백만 인 서명 운동이 전개되었다.   (O/X)

---

50 노무현 정부의 통일 노력   정답 ⑤

다음 연설이 있었던 정부의 통일 노력으로 옳은 것은?   [2점]

진작부터 꼭 한 번 와 보고 싶었습니다. ❶ 참여 정부 와서 첫 삽을 떴기 때문에 …… 지금 개성 공단이 매출액의 증가 속도, 그리고 근로자의 증가 속도 같은 것이 눈부시지요. …… 경제적으로 공단이 성공하고, 그것이 남북 관계에서 평화에 대한 믿음을 우리가 가질 수 있게 만드는 것이거든요. 또 함께 번영해 갈 수 있는 가능성에 대해서 우리가 믿음을 갖게 되는 것이기 때문에, 이것이 선순환되면 앞으로 정말 좋은 결과가 있을 것입니다.

노무현 대통령은 2007년 평양에서 제2차 남북 정상 회담 일정을 마치고 서울로 돌아오는 길에 개성 공단을 방문하였어요.

노무현 대통령은 대통령 당선 이후 새 정부의 명칭을 참여 정부로 정하였어요.

환 개성 공단 방문 영

정답 잡는 키워드

❶ 참여 정부, ❷ 개성 공단 → 노무현 정부

참여 정부에서 공사를 시작한 개성 공단에 와 보고 싶었다는 방문 소감을 통해 개성 공단을 건설하여 운영을 본격화한 노무현 정부 시기의 연설임을 알 수 있어요. 노무현 정부는 김대중 정부의 대북 화해 협력 정책을 계승·발전시켜 개성 공단 사업을 시작하고, 경의선과 동해선 철도를 연결하는 등 남북 간 경제 교류를 확대하였어요.

① 남북한이 국제 연합(UN)에 동시 가입하였다.
➡ 노태우 정부는 북한과 함께 유엔에 동시 가입하였어요.

② 민족자존과 통일 번영을 위한 7·7 선언을 발표하였다.
➡ 노태우 정부는 민족자존과 통일 번영을 위한 7·7 선언을 발표하고 북방 정책을 추진하였어요.

③ 남북 이산가족 고향 방문단의 교환 방문을 최초로 성사시켰다.
➡ 전두환 정부는 남북 이산가족 고향 방문단과 예술 공연단의 교환 방문을 최초로 성사시켰어요.

④ 7·4 남북 공동 성명 실천을 위해 남북 조절 위원회를 구성하였다.
➡ 박정희 정부는 7·4 남북 공동 성명의 합의 사항을 이행하기 위해 남북 조절 위원회를 구성하였어요.

⑤ 남북 관계 발전과 평화 번영을 위한 10·4 남북 정상 선언을 발표하였다.
➡ 노무현 정부는 제2차 남북 정상 회담을 개최하고 10·4 남북 정상 선언을 발표하였어요.

기출 선택지 +α

❻ 제2차 남북 정상 회담을 개최하였다.   (O/X)
❼ 남북한이 한반도 비핵화 공동 선언을 채택하였다.   (O/X)
❽ 평화 통일 외교 정책에 관한 6·23 특별 성명을 발표하였다.   (O/X)
❾ 남북 사이의 화해와 불가침 및 교류·협력에 관한 합의서를 교환하였다.   (O/X)

기출 선택지 +α
정답 ❻ ×[전두환 정부] ❼ ×[김영삼 정부] ❽ O ❾ ×[이승만 정부] ❿ O

기출 선택지 +α
정답 ❻ O ❼ ×[노태우 정부] ❽ ×[박정희 정부] ❾ ×[노태우 정부]

심화 2023년 8월 13일(일) 시행 **제66회**

해설 강의 바로 보기

합격률 59.0%

응시 인원 : 49,182명
합격 인원 : 29,001명

시대별 출제 비중

선사 2문항
구석기 시대의 생활 모습, 옥저의 사회 모습

고려 8문항
고려의 경제 상황, 고려와 거란의 관계, 어사대, 고려의 대몽 항쟁, 무신 집권기의 사실, 공민왕 재위 시기의 사실, 혜심의 활동, 평창 월정사 8각 9층 석탑

전근대 29문항

고대 7문항
신라의 문화유산, 광개토 태왕의 업적, 무왕 재위 시기의 사실, 통일 신라의 경제, 신라 말의 상황, 발해의 문화, 견훤의 활동

조선 12문항
정몽주 피살 이후의 사실, 세종의 업적, 사화의 발생, 광해군의 중립 외교, 임진왜란, 영조의 정책, 홍대용의 활동, 효종의 정책, 조선 후기의 경제 상황, 경복궁, 동학, 강릉의 역사

개항기 5문항
제너럴 셔먼호 사건의 영향, 갑신정변 이후의 사실, 보안회의 활동, 아관 파천의 배경, 대한 제국 시기의 사실

일제 강점기 8문항
한국 독립군의 활동, 1910년대 일제 식민 통치, 대한 광복회의 활동, 3·1 운동, 이육사의 활동, 의열단, 광주 학생 항일 운동, 일제의 민족 말살 통치

근현대 21문항

현대 6문항
여운형의 활동, 6·25 전쟁, 박정희 정부 시기의 경제 상황, 국제 통화 기금(IMF) 구제 금융 요청, 4·19 혁명, 통일을 위한 노력

시대 통합 2문항
역사서 편찬 인물, 역사서 편찬

분류별 출제 비중 고대~조선

- 정치 **16문항**
- 경제 **3문항**
- 사회 **1문항**
- 문화 **7문항**

난이도별 출제 비중

- 상 **2문항**
- 중 **36문항**
- 하 **12문항**

큰별쌤의 한 줄 평

기본 개념과 흐름 파악으로
충분히 풀 수 있는
무난한 시험

1 구석기 시대의 생활 모습　　　정답 ②

(가) 시대의 생활 모습으로 옳은 것은?　　　[1점]

정답 잡는 키워드

❶ 주먹도끼, ❷ 공주 석장리 유적, ❸ 뗀석기 → 구석기 시대

'주먹도끼', '공주 석장리 유적', '뗀석기' 등을 통해 (가) 시대가 구석기 시대임을 알 수 있어요. 주먹도끼는 구석기 시대에 자르기, 긁기, 찍기 등의 여러 작업을 수행하는 데 사용된 뗀석기이며, 공주 석장리 유적은 우리나라 구석기 시대의 대표적인 유적 중 하나입니다. 구석기 시대 사람들은 주먹도끼, 찍개 등 뗀석기를 사용하였으며, 무리를 지어 이동하면서 사냥과 채집 등을 통해 식량을 구하였어요.

① 반달 돌칼로 벼를 수확하였다.
　➡ 반달 돌칼은 청동기 시대에 주로 사용된 농기구로, 벼와 보리 등 곡식을 수확하는 데 사용되었어요.

②주로 동굴이나 막집에서 살았다.
　➡ 구석기 시대 사람들은 먹을 것을 찾아 이동 생활을 하며 주로 동굴이나 강가의 막집에서 살았어요.

③ 반량전, 명도전 등 화폐를 사용하였다.
　➡ 반량전과 명도전 등은 우리나라 철기 시대 유적에서 발견되는 중국 화폐입니다. 이를 통해 당시 한반도와 중국이 교류하였음을 짐작할 수 있어요.

④ 빗살무늬 토기를 만들어 식량을 저장하였다.
　➡ 신석기 시대 사람들은 빗살무늬 토기를 만들어 음식을 조리하거나 식량을 저장하는 데 사용하였어요.

⑤ 가락바퀴와 뼈바늘을 이용하여 옷을 만들었다.
　➡ 신석기 시대부터 가락바퀴와 뼈바늘을 이용하여 옷을 만들기 시작하였어요.

기출 선택지 +α

❻ 계급이 없는 평등한 공동체 생활을 하였다.　　　(O / X)
❼ 농경과 목축을 시작하여 식량을 생산하였다.　　　(O / X)
❽ 많은 인력을 동원하여 고인돌을 축조하였다.　　　(O / X)

기출 선택지 +α

정답 ❻ ○[구석기 시대, 신석기 시대]　❼ ×[신석기 시대]　❽ ×[청동기 시대]

---

2 옥저의 사회 모습　　　정답 ②

다음 자료에 해당하는 나라에 대한 설명으로 옳은 것은?　　　[2점]

> 호의 수는 5천인데 대군왕은 없으며 읍락에는 각각 대를 잇는 우두머리가 있다. …… 여러 읍락의 거수(渠帥)들은 스스로를 삼로라 일컬었다. …… 장사를 지낼 때에는 큰 나무 곽을 만든다. 길이가 10여 장이나 되며 한쪽을 열어 놓아 문을 만든다. 사람이 죽으면 임시로 매장한다. 겨우 시체가 덮일 만큼 묻었다가 가죽과 살이 다 썩은 다음에 뼈만 추려 곽 속에 넣는다. 온 집 식구를 하나의 곽 속에 넣어 두는데, 죽은 사람의 숫자만큼 나무를 깎아 생전의 모습과 같이 만들었다.
> 옥저에는 가족이 죽으면 시신을 임시로 매장하였다가 나중에 그 유골을 추려 가족 공동 무덤에 안치하는 장례 풍습이 있었어요.
> 　　　　　　　　　　　　　　　　　　- "삼국지" 동이전 -

정답 잡는 키워드

❶ 삼로, ❷ 뼈만 추려 온 집 식구를 하나의 곽 속에 넣어 둠 → 옥저

삼로가 읍락을 다스렸으며, 사람이 죽으면 뼈만 추려서 온 집 식구를 하나의 곽 속에 넣어 둔다는 내용을 통해 자료에 해당하는 나라가 옥저임을 알 수 있어요. 옥저는 지금의 함경도 지역에서 성장한 작은 나라였어요. 왕이 없고 세력 크기에 따라 읍군, 삼로라고 불린 지배자가 읍락을 다스렸으며, 가족 공동 무덤을 만드는 장례 풍습이 있었어요. 읍락 단위의 사회 질서를 유지한 옥저는 고대 국가로 성장하지 못하고 고구려에 복속되었어요.

① 신성 지역인 소도가 존재하였다.
　➡ 삼한에는 신성 지역인 소도가 있었는데, 여기에는 군장의 세력이 미치지 못하였어요.

②혼인 풍습으로 민며느리제가 있었다.
　➡ 옥저에는 신랑 집에서 신부가 될 여자아이를 데려와 키우고 성인이 되면 돌려보낸 뒤 신부 집에 예물을 치르고 정식으로 혼인하는 민며느리제라는 혼인 풍습이 있었어요.

③ 범금 8조를 통해 사회 질서를 유지하였다.
　➡ 고조선에는 사회 질서를 유지하기 위한 범금 8조가 있었어요. 현재 3개 조항이 전해져 당시 사회 모습을 유추할 수 있어요.

④ 여러 가(加)들이 각각 사출도를 주관하였다.
　➡ 부여에서는 마가, 우가, 저가, 구가 등 여러 가(加)들이 각각 사출도를 주관하였어요.

⑤ 정사암에 모여 국가의 중대사를 논의하였다.
　➡ 백제에서는 귀족들이 정사암에 모여 재상을 선출하거나 국가의 중대사를 논의하였어요.

기출 선택지 +α

❻ 읍군, 삼로 등의 군장이 있었다.　　　(O / X)
❼ 동맹이라는 제천 행사를 열었다.　　　(O / X)
❽ 한 무제의 공격으로 멸망하였다.　　　(O / X)
❾ 읍락 간의 경계를 중시하는 책화가 있었다.　　　(O / X)
❿ 남의 물건을 훔쳤을 때에는 12배로 갚게 하였다.　　　(O / X)

기출 선택지 +α

정답 ❻ ○[옥저, 동예]　❼ ×[고구려]　❽ ×[고조선]　❾ ×[동예]　❿ ×[부여]

3 신라의 문화유산

정답 ③

(가) 국가의 문화유산으로 옳은 것은? [2점]

❶천마총 발굴 50주년 특별전이 개최됩니다. 천마총은 (가) 의 대표적인 ❷돌무지덧널무덤 중 하나로 발굴 당시 많은 유물이 출토되어 주목을 받았습니다. 그중에서도 가장 유명한 천마도의 실물이 9년 만에 세상에 공개됩니다.

돌무지덧널무덤은 나무로 덧널을 만들어 그 안에 시신을 모신 관을 넣은 후 나무덧널 위에 돌무지를 쌓는 신라의 대표적인 무덤 양식이에요.

정답 잡는 키워드

❶ 천마총, ❷ 돌무지덧널무덤 → 신라

'천마총', '돌무지덧널무덤' 등을 통해 (가) 국가가 신라임을 알 수 있어요. 천마총은 신라의 대표적인 돌무지덧널무덤으로, 내부에서 말다래에 천마의 모습이 그려진 천마도가 발견되어 천마총이라는 이름이 붙여졌어요.

①

➡ 고려 시대에 만들어진 청동 은입사 포류수금문 정병이에요.

②

➡ 고구려의 불상인 금동 연가 7년명 여래 입상이에요.

③

➡ 신라의 천마총에서 출토된 천마총 금관이에요.

④

➡ 발해의 대표적인 불상인 이불병좌상이에요.

⑤

➡ 부여 능산리 절터에서 출토된 백제의 금동 대향로입니다.

---

4 광개토 태왕의 업적

정답 ④

밑줄 그은 '왕'에 대한 설명으로 옳은 것은? [2점]

○ 기해년에 백제가 맹세를 어기고 왜와 화통하였다. 왕이 순행하여 평양으로 내려갔는데, 신라에서 사신을 보내어 아뢰기를, "왜인이 국경에 가득 차 성지(城池)를 파괴하고 있습니다. …… 귀부하여 명을 받고자 합니다."라고 하였다.

○ 경자년에 왕이 ❷보병과 기병 5만 명을 보내서 신라를 구원하게 하였다. 군대가 남거성을 거쳐 신라성에 이르니 왜적이 많았다. 군대가 도착하자 왜적이 퇴각하였다. 고구려군이 신라를 도와 왜를 물리치는 과정에서 가야 지역까지 공격하여 금관가야가 큰 타격을 입기도 하였어요.

정답 잡는 키워드

❶ 왜의 침입으로 위기에 빠진 신라가 도움을 요청함,

❷ 군대를 보내 신라를 구원하게 함 → 광개토 태왕

신라에서 사신을 보내 국경에 왜인이 가득 차 있다고 하였으며, 왕이 보병과 기병 5만 명을 보내서 신라를 구원하게 하였다는 내용을 통해 밑줄 그은 '왕'이 고구려 광개토 태왕임을 알 수 있어요. 신라 내물 마립간은 왜의 침입으로 어려움에 처하자 고구려 광개토 태왕에게 군사 지원을 요청하였어요. 이에 광개토 태왕은 군사를 보내 신라에 침입한 왜를 격퇴하고 한반도 남부 지역까지 영향력을 확대하였어요.

① 대가야를 병합하였다.
➡ 신라 진흥왕은 고령의 대가야를 병합하여 영토를 확장하였어요.

② 평양으로 도읍을 옮겼다.
➡ 고구려 장수왕은 국내성에서 평양으로 도읍을 옮기고 적극적으로 남진 정책을 추진하였어요.

③ 22담로에 왕족을 파견하였다.
➡ 백제 무령왕은 지방 통제를 강화하기 위해 22담로에 왕족을 파견하였어요.

④ 영락이라는 연호를 사용하였다.
➡ 고구려 광개토 태왕은 '영락'이라는 독자적인 연호를 사용하였어요.

⑤ 낙랑군을 몰아내고 영토를 확장하였다.
➡ 고구려 미천왕은 낙랑군과 대방군을 몰아내고 영토를 확장하였어요.

기출 선택지 +α

❻ 후연을 격파하고 백제를 공격하였다.	(O / X)
❼ 서안평을 공격하여 영토를 확장하였다.	(O / X)
❽ 전진의 순도를 통해 불교를 수용하였다.	(O / X)
❾ 백제의 한성을 공격하여 개로왕을 전사시켰다.	(O / X)

핵심 개념 | 광개토 태왕의 업적

영토 확장	• 백제를 공격하여 한강 이북 지역 차지 • 신라의 요청으로 군대를 보내 신라에 침입한 왜 격퇴, 이 과정에서 가야 연맹을 공격하여 낙동강 하류까지 진출 • 거란과 후연을 격파하여 요동과 만주 지역 대부분 차지
기타	'영락'이라는 독자적인 연호 사용

기출 선택지 +α 정답 ❻ ○ ❼ ×[미천왕] ❽ ×[소수림왕] ❾ ×[장수왕]

(가) 왕의 재위 시기 삼국의 상황으로 옳은 것은? 　　[3점]

이 사진은 익산 미륵사지 서탑 출토 사리장엄구의 발견 당시 모습입니다. 삼국유사에는 (가) 이/가 왕후인 신라 선화 공주의 발원으로 미륵사를 창건했다고 되어 있지만, 금제 사리봉영기에는 왕후가 백제 귀족 사택적덕의 딸로 기록되어 있습니다. 이로 인해 미륵사 창건 배경과 (가) 의 아들인 의자왕의 친모가 누구인지에 대한 논란이 벌어지기도 하였습니다.

백제 무왕은 지금의 전라북도 익산 지역인 금마저에 미륵사를 창건하였어요.

백제의 마지막 왕인 의자왕은 무왕의 아들로, 신라를 공격하여 40여 개의 성을 빼앗고 대야성을 함락하기도 하였어요.

금제 사리봉영기

정답 잡는 키워드

❶ 미륵사 창건 → 무왕

익산 미륵사를 창건하였다는 내용을 통해 (가) 왕이 백제 무왕임을 알 수 있어요. 600년에 즉위한 무왕은 수, 당, 일본과 외교 관계를 유지하는 한편 신라와의 국경 지역에 여러 성을 쌓으며 국방을 강화하기 위해 노력하였어요. 641년에 무왕의 뒤를 이어 아들 의자왕이 즉위하였고, 의자왕 때 백제는 나·당 연합군의 공격을 받아 멸망하였어요(660). 따라서 무왕의 재위 시기인 7세기 전반(600~641)에 있었던 사실을 찾으면 됩니다.

① 고구려 - 을지문덕이 살수에서 수의 대군을 격파하였다.
➡ 7세기 초 영양왕 때 을지문덕이 살수에서 우중문이 이끄는 수의 별동대를 크게 격파하였어요(살수 대첩, 612).

② 백제 - 고흥이 서기를 편찬하였다.
➡ 4세기 근초고왕은 고흥으로 하여금 역사서인 "서기"를 편찬하게 하였어요.

③ 백제 - 계백이 황산벌에서 군대를 이끌고 결사 항전하였다.
➡ 7세기 중반 의자왕 때 계백이 황산벌에서 군대를 이끌고 신라군에 맞서 싸웠으나 패배하였어요(황산벌 전투, 660). 이후 사비성이 함락되면서 백제는 멸망하였어요.

④ 신라 - 이사부가 우산국을 정복하였다.
➡ 6세기 지증왕 때 이사부가 지금의 울릉도 일대인 우산국을 정복하였어요.

⑤ 신라 - 사찬 시득이 기벌포에서 당군에 승리하였다.
➡ 7세기 후반 문무왕 때 사찬 시득이 기벌포에서 당군에 승리하였어요(기벌포 전투, 676).

교사의 질문에 대한 학생의 답변으로 가장 적절한 것은? 　　[2점]

장보고가 당에 머물렀던 신라인을 위해 지은 사찰이에요.

지도는 이 국가의 교역로를 표시한 것입니다. 청해진을 설치하여 해상 교역을 활발하게 전개하였던 이 국가의 경제 상황에 대해 말해 볼까요?

법화원

동해

황해

청해진

9세기 당에서 돌아온 장보고는 완도에 청해진을 설치하여 해적을 소탕하고 해상 무역을 장악하였어요.

정답 잡는 키워드

❶ 청해진 설치 → 통일 신라

청해진을 설치하여 해상 교역을 활발하게 전개하였다는 내용을 통해 제시된 지도가 통일 신라의 교역로를 표시한 것임을 알 수 있어요. 통일 신라 시기에 수도 금성(경주)과 가까운 울산항과 한강 유역의 당항성이 국제 무역항으로 번성하였어요. 신라는 당, 일본을 비롯해 아라비아 등 서역과도 활발히 교류하였어요.

① 삼한통보와 해동통보를 발행하였어요.
➡ 고려 시대에 삼한통보, 해동통보 등의 화폐가 발행되었으나 널리 사용되지는 못하였어요.

② 특산품으로 솔빈부의 말이 유명하였어요.
➡ 발해에서는 목축이 발달하였는데, 말이 특산품이자 주요 수출품이었어요. 특히 솔빈부의 말이 특산품으로 유명하였어요.

③ 고구마, 감자 등의 구황 작물을 재배하였어요.
➡ 조선 후기에 고구마, 감자 등이 전래되어 구황 작물로 널리 재배되었어요.

④ 특수 행정 구역인 소에서 여러 물품을 생산하였어요.
➡ 고려에는 향, 부곡, 소라는 특수 행정 구역이 있었는데, 특히 소에서는 주로 수공업품을 생산하였어요.

⑤ 조세 수취를 위해 3년마다 촌락 문서를 작성하였어요.
➡ 통일 신라에서는 조세 수취와 노동력 동원에 활용할 목적으로 각 촌락의 인구수, 토지 종류와 면적, 소와 말의 수, 수목의 종류와 수 등을 조사하여 촌락 문서를 작성하였어요. 이 문서는 3년에 한 번씩 촌주가 기록하였어요.

기출 선택지 +α

⑥ 모내기법이 전국적으로 확산되었다. 　　(O/X)
⑦ 빈민 구제를 위한 진대법이 실시되었다. 　　(O/X)
⑧ 울산항, 당항성이 무역항으로 번성하였다. 　　(O/X)
⑨ 현직 관리를 대상으로 직전법이 실시되었다. 　　(O/X)
⑩ 거란도, 영주도 등을 통해 주변국과 교역하였다. 　　(O/X)

기출 선택지 +α

정답 ⑥ ×[조선 후기] ⑦ ×[고구려] ⑧ ○ ⑨ ×[조선 세조] ⑩ ×[발해]

(가), (나) 사이의 시기에 볼 수 있는 모습으로 가장 적절한 것은?

[3점]

─ 내물 마립간의 후손인 김경신(원성왕)이 무열왕계인 김주원과의 왕위 계승 다툼에서 승리하여 즉위하였어요.

(가) 선덕왕이 죽었는데 아들이 없자, 여러 신하들이 회의를 한 후에 왕의 조카인 **①김주원**을 옹립하고자 하였다. 주원의 집은 왕경에서 북쪽으로 20리 떨어진 곳에 있었는데, 마침 큰비가 와서 알천의 물이 넘쳐 주원이 건너 오지 못하였다. …… 여러 사람들의 뜻이 모아져 **②김경신**이 왕위를 계승하도록 하였다. - "삼국사기" -

(나) 나라 안의 모든 주군에서 공물과 부세를 보내지 않아, 창고가 텅 텅 비어 나라 재정이 궁핍해졌다. 왕이 사신을 보내 독촉하니 곳 곳에서 도적이 벌 떼처럼 일어났다. 이때 **③원종과 애노** 등이 사벌 주에 근거하여 반란을 일으켰다. - "삼국사기" -

─ 신라 말 진성 여왕 때 중앙 정부가 관리를 보내 세금을 독촉하자 농민의 분노가 폭발하여 원종과 애노의 난을 비롯한 농민 봉기가 전국 각지에서 일어났어요.

정답 잡는 키워드

①, ② 김주원을 옹립하려 하였으나 김경신이 왕위를 계승함
→ (가) 원성왕 즉위(785)

③ 원종과 애노 등이 반란을 일으킴 → (나) 원종과 애노의 난(889)

8세기 후반 혜공왕이 피살된 이후 신라에서는 왕위 계승을 둘러싼 진골 귀족 간의 다툼이 심화되었어요. 이로 인해 중앙 정치가 혼란해지고 지방 세력이 왕 위 쟁탈전에 가담하기도 하였어요. (가)는 8세기 후반 원성왕이 즉위하는 상황 을 보여 주고 있으며, (나)는 9세기 후반 진성 여왕 때 원종과 애노가 반란을 일 으킨 상황을 보여 주고 있어요. 따라서 8세기 후반 원성왕 즉위와 9세기 후반 원종과 애노의 난 사이 시기, 즉 신라 말에 볼 수 있는 모습을 찾으면 됩니다.

① 계백료서를 읽는 관리
➡ **고려** 태조 왕건은 "계백료서"를 지어 관리가 지켜야 할 규범을 제시하였어요.

② 녹읍 폐지를 명하는 국왕
➡ 삼국 통일을 완성한 신라 문무왕의 뒤를 이은 신문왕은 관료전을 지급하고 녹 읍을 폐지하여 귀족 세력의 경제 기반을 약화하였어요(**7세기 말**).

③ 성균관에서 공부하는 학생
➡ 성균관은 **고려** 말부터 **조선** 시대까지 국립 교육 기관의 역할을 담당하였어요.

④ 초조대장경을 조판하는 장인
➡ **고려** 현종 때 부처의 힘을 빌려 거란의 침입을 물리치고자 하는 염원을 담아 초조대장경을 만들었어요.

⑤ 김헌창의 난을 진압하는 군인
➡ **신라** 말인 9세기 헌덕왕 때 웅천주 도독 김헌창이 자신의 아버지 김주원이 왕위에 오르지 못한 것에 불만을 품고 반란을 일으켰어요(822).

기출 선택지 +α

⑥ 백강 전투에 참전하는 왜의 수군	(O / X)
⑦ 매소성 전투에서 당군과 싸우는 군인	(O / X)
⑧ 빈공과를 준비하는 6두품 출신 유학생	(O / X)
⑨ 청해진을 거점으로 해적을 소탕하는 병사	(O / X)

(가)에 들어갈 내용으로 가장 적절한 것은?

[1점]

한국사 모둠별 탐구 활동 안내

◈ 주제 : (가)

◈ 방법 : 문헌 조사, 인터넷 검색 등을 활용하여 아래에 제시 된 문화유산을 탐구한다.

◈ 모둠별 탐구 자료

1모둠	2모둠
▲**①**크라스키노 성 유적 출토 연꽃무늬 수막새	▲**②**콕샤로프카 평지성 온돌 유적

수막새는 목조 건물의 처마 끝을 장식하는 기와를 말해요. 발해의 연꽃무늬 수막새는 제작 방식, 무 늬 등이 고구려의 것과 유사합니다.

온돌은 우리나라 고유의 난방 방식으로, 발해 유적에서 고구려의 온돌 구조와 그 형태가 거 의 유사한 온돌 유적이 발견되었어요.

정답 잡는 키워드

① 연꽃무늬 수막새, ② 온돌 유적 → 발해의 문화유산

크라스키노 성과 콕샤로프카 평지성은 러시아 연해주 지역에 위치한 발해 유 적으로, 이곳에서 발견된 연꽃무늬 수막새와 온돌 유적은 발해의 대표적인 문 화유산이에요. 발해는 고구려 출신 대조영이 고구려 유민과 말갈인을 이끌고 동모산에서 세운 나라로 고구려 계승 의식을 표방하였어요. 9세기 선왕 때 요 동과 연해주 지역까지 진출하며 옛 고구려 영토의 대부분을 차지하는 등 전성 기를 이루었습니다.

① 백제 문화의 국제성
➡ 중국 남조의 영향을 받아 축조된 벽돌무덤인 **무령왕릉**을 통해 백제 문화의 국제성을 확인할 수 있어요.

② 신라와 서역의 교류
➡ 신라 고분에서 발견된 **유리 공예품**과 **금제 장식 보검**, 서역인의 형상을 한 **원 성왕릉의 무인석** 등을 통해 신라와 서역이 교류하였음을 알 수 있어요.

③ 가야 문화의 일본 전파
➡ 일본 토기인 **스에키**를 통해 가야의 토기 제작 기술이 일본으로 건너가 영향 을 주었음을 알 수 있어요.

④ 고려에서 유행한 몽골풍
➡ 고려에서는 원 간섭기에 지배층을 중심으로 **변발**과 **호복** 등 몽골풍이 유행하 였어요.

⑤ 발해와 고구려의 문화적 연관성
➡ 고구려와 유사한 모양의 **연꽃무늬 수막새**와 고구려 계통의 **온돌 유적**을 통해 발해가 고구려의 문화를 계승하였음을 알 수 있어요.

기출 선택지 +α 정답 ⑥ ×[663년] ⑦ ×[675년] ⑧ ○ ⑨ ○

9 견훤의 활동
정답 ③

밑줄 그은 '인물'에 대한 설명으로 옳은 것은? [2점]

대한민국 방방곡곡 – 김제 금산사

ⓗ 한국사 채널   조회 수 230,213

금산사는 삼국 시대에 창건된 유서 깊은 사찰입니다. 완산주를 도읍으로 국가를 세운 **인물**이 **②아들 신검** 등에 의해 유폐되었다가 탈출한 곳으로 잘 알려져 있습니다. 이 사찰은 국보인 미륵전을 비롯하여 여러 점의 국가 지정 문화재를 보유하고 있습니다.

견훤이 넷째 아들 금강에게 왕위를 물려주려고 하자 큰아들 신검이 반발하여 견훤을 금산사에 가두었어요.

견훤은 백제의 원한을 풀겠다고 선언하며 완산주에서 후백제를 세웠어요.

정답 잡는 키워드

❶ 완산주를 도읍으로 국가를 세움,

❷ 아들 신검 등에 의해 금산사에 유폐되었다가 탈출함 → 견훤

완산주를 도읍으로 국가를 세웠으며, 아들 신검 등에 의해 금산사에 유폐되었다가 탈출하였다는 내용을 통해 밑줄 그은 '인물'이 견훤임을 알 수 있어요. 견훤은 신라 말에 반독립적인 세력으로 성장한 대표적인 호족으로, 900년에 완산주를 도읍으로 후백제를 건국하였어요. 후백제는 지금의 충청도와 전라도 일대를 차지하여 그 지역의 우세한 경제력을 바탕으로 세력을 키워 갔어요. 신라를 공격해 경애왕을 죽게 하고 공산 전투에서 고려군에 승리하는 등 우위를 점하였던 후백제는 930년에 고려군과 벌인 고창 전투에서 패하면서 세력이 약화되었어요. 이후 견훤이 왕위 계승에 불만을 가진 큰아들 신검에 의해 금산사에 유폐되었다가 탈출하여 고려로 귀부하였고, 고려군이 일리천 전투에서 신검의 후백제군에 승리하면서 후백제는 멸망하였어요.

① 독서삼품과를 실시하였다.
➡ 신라 **원성왕**은 국학의 학생들을 대상으로 유교 경전의 이해 수준을 평가하여 관리로 임용하는 독서삼품과를 실시하였어요.

② 동진으로부터 불교를 수용하였다.
➡ 백제 **침류왕**은 중국 동진에서 온 마라난타를 통해 불교를 수용하여 사상적 통합을 꾀하였어요.

③ 후당과 오월에 사신을 파견하였다.
➡ **견훤**은 중국의 후당과 오월에 사신을 파견하여 외교 관계를 맺었어요.

④ 광평성 등의 정치 기구를 마련하였다.
➡ 후고구려를 세운 **궁예**는 국정을 총괄하는 광평성 등 각종 정치 기구를 마련하였어요.

⑤ 화랑도를 국가적인 조직으로 개편하였다.
➡ 신라 **진흥왕**은 인재 양성을 위해 화랑도를 국가적인 조직으로 개편하였어요.

10 고려의 경제 상황
정답 ⑤

다음 제도를 시행한 국가의 경제 상황으로 옳지 <u>않은</u> 것은? [2점]

문종 3년 5월 양반 공음전시법을 정하였다. 1품은 문하시랑평장사 이상으로 **①전지 25결, 시지 15결이다. 2품은 참정 이상으로 전지 22결, 시지 12결이다. 3품은 전지 20결, 시지 10결이다. 4품은 전지 17결, 시지 8결이다. 5품은 전지 15결, 시지 5결이다. **이를 모두 자손에게 전하여 주게 한다. …… **②공음전**을 받은 자의 자손이 사직을 위태롭게 할 것을 꾀하거나 모반이나 대역에 연좌되거나, 여러 공죄나 사죄를 범하여 제명된 것 이외에는 비록 그 아들에게 죄가 있더라도 그 손자에게 죄가 없다면 공음전시의 3분의 1을 지급한다.

고려의 전시과는 원칙적으로 관리가 관직에 있는 동안에만 지급되었으나 공음전은 세습이 가능하였어요.

정답 잡는 키워드

❶ 전지와 시지 지급, ❷ 공음전 지급 → 고려

1품부터 5품까지의 관리에게 전지와 시지를 지급하고, 자손에게 물려줄 수 있는 공음전을 지급하는 것으로 보아 자료의 제도를 시행한 국가가 고려임을 알 수 있어요. 공음전은 고려 시대에 5품 이상의 고위 관료에게 지급한 토지로 자손에게 물려줄 수 있어 문벌 성장의 경제적 기반이 되었어요.

① 활구라고 불리는 은병이 유통되었다.
➡ 고려 시대에는 고액 화폐인 은병이 주조되어 유통되었어요. 은병은 주둥이 부분이 넓어서 활구라고도 불렸어요.

② 벽란도가 국제 무역항으로 번성하였다.
➡ 고려 시대에는 수도 개경과 가까웠던 예성강 하구의 벽란도가 국제 무역항으로 번성하였어요. 벽란도에는 송과 일본 상인뿐만 아니라 멀리 아라비아 상인까지도 왕래하였어요.

③ 서적점, 다점 등의 관영 상점이 운영되었다.
➡ 고려 시대에는 대도시에 서적점, 다점 등 관영 상점이 개설되어 운영되었어요.

④ 경시서의 관리들이 수도의 시전을 감독하였다.
➡ 고려 시대에는 수도의 시전을 감독하는 관청으로 경시서가 설치되었어요.

⑤ 설점수세제의 시행으로 민간의 광산 개발이 허용되었다.
➡ 조선 후기에 민간의 광산 개발을 허용하고 대신 세금을 내게 하는 설점수세제가 시행되어 민간의 광산 개발이 활기를 띠었어요.

핵심 개념 | 고려의 경제

농업	• 논 : 남부 지방 일부에서 이앙법(모내기법) 실시 • 밭 : 윤작법 실시(조·보리·콩의 2년 3작), 문익점이 원에서 목화씨를 들여와 목화 재배 시작 • 소를 이용한 깊이갈이 일반화, 이암이 원에서 농서 "농상집요"를 들여옴
무역	벽란도가 국제 무역항으로 번성 → 아라비아 상인에 의해 고려가 '코리아(COREA)'라는 이름으로 서역에 알려짐
상업	• 화폐 : 건원중보(성종, 우리나라 최초의 금속 화폐), 은병과 해동통보(숙종) → 널리 유통되지는 못함 • 관청 : 경시서(시전의 상행위 감독), 주전도감(숙종, 화폐 주조) • 관영 상점 : 서적점, 다점 등을 운영

11 고려와 거란의 관계
정답 ②

(가)~(다) 학생이 발표한 내용을 일어난 순서대로 옳게 나열한 것은? [2점]

[한국사 주제 발표]
주제 : 거란에 대한 고려의 대응

❶ 광군을 창설하여 거란의 침입에 대비하였습니다.

❷ 강감찬이 귀주에서 거란군을 크게 물리쳤습니다.

❸ 서희가 소손녕과 외교 담판을 벌여 강동 6주 지역을 확보하였습니다.

(가)　　　(나)　　　(다)

정답 잡는 키워드

❶ 광군 창설 → (가) 정종 때(947)

❷ 강감찬이 귀주에서 거란군 격퇴 → (나) 현종 때(1019)

❸ 서희가 소손녕과 외교 담판을 벌여 강동 6주 지역 확보
→ (다) 성종 때(993)

(가) 고려 정종 때 거란의 침입에 대비하기 위해 예비군 성격의 광군이 창설되었어요(947).

(나) 고려 현종 때 일어난 거란의 3차 침입 당시 강감찬이 귀주에서 거란군을 크게 격퇴하였어요(귀주 대첩, 1019).

(다) 고려 성종 때 일어난 거란의 1차 침입 당시 서희가 거란 장수 소손녕과 외교 담판을 벌여 송과의 관계를 끊기로 약속하고 그 대가로 강동 6주 지역을 확보하였어요(993).

① (가) - (나) - (다)

② (가) - (다) - (나)
➡ (가) 광군 창설(947) → (다) 서희의 외교 담판(993) → (나) 귀주 대첩(1019)

③ (나) - (가) - (다)

④ (나) - (다) - (가)

⑤ (다) - (나) - (가)

핵심 개념 | 거란의 침입과 격퇴

고려의 대비	정종 때 광군과 광군사 설치
1차 침입	성종 때 소손녕이 이끄는 군대의 침입(993) → 서희의 외교 담판, 강동 6주 확보
2차 침입	현종 때 강조의 정변을 구실로 침입(1010) → 개경 함락, 현종이 나주까지 피란, 흥화진에서 양규의 활약
3차 침입	현종 때 강동 6주의 반환을 요구하며 소배압이 군대를 이끌고 침입(1018) → 강감찬의 귀주 대첩(1019)
영향	고려·송·거란 사이에 세력 균형 유지, 초조대장경 제작, 개경에 나성 축조, 천리장성 축조(압록강 유역에서 동해안의 도련포에 이르는 국경 지대에 축조)

12 어사대
정답 ④

(가) 기구에 대한 설명으로 옳은 것은? [2점]

역사 용어 해설

(가)

1. 개요

❶고려의 관청으로 ❷정치의 잘잘못을 가리고 풍속을 교정하며, 관리들의 부정을 감찰하고 탄핵하는 일을 담당함.
└ 고려의 어사대는 신라의 사정부, 발해의 중정대, 조선의 사헌부에 해당하는 관리 감찰 기구입니다.

2. 관련 사료

유사(有司)에서 아뢰기를, "중광사 조성도감의 책임자 정장이 관리 감독하는 물품을 이서(吏胥) 승적과 함께 도둑질하였으니, 법에 따라 장형에 처하고 유배 보내길 청합니다."라고 하자, 왕이 가벼운 형벌을 적용하라고 명령하였다. 하지만 (가) 에서 논박하기를, "법에 의거하여 판결하기를 청합니다."라고 하자, 이를 윤허하였다.
– "고려사" –

정답 잡는 키워드

❶ 고려의 관청, ❷ 정치의 잘잘못을 가리고 풍속을 교정하며 관리들의 부정을 감찰하고 탄핵함 → 어사대

고려 시대에 풍속 교정과 관리 감찰을 담당한 기구는 어사대입니다. 어사대의 관원은 중서문하성의 낭사와 함께 대간으로 불리면서 간쟁·봉박·서경의 권한을 행사하여 왕권을 견제하고 관리를 감시하는 역할을 하였어요.

① 무신 집권기 최고 권력 기구였다.
➡ 무신 정변 직후에는 무신들의 합의 기구인 **중방**이 최고 권력 기구의 역할을 하였으며, 최충헌이 집권한 이후에는 **교정도감**이 최고 권력 기구가 되었어요.

② 원 간섭기에 첨의부로 격하되었다.
➡ 원 간섭기에 중서문하성과 상서성이 합쳐져 첨의부로 격하되었어요.

③ 고려 말에 도평의사사로 개편되었다.
➡ 중서문하성과 중추원의 고위 관리들이 모여 군사 문제를 의논하는 회의 기구인 **도병마사**는 원 간섭기에 도평의사사로 개편되었어요.

④ 관직 임명에 대한 서경권을 행사하였다.
➡ 어사대의 관원은 중서문하성의 낭사와 함께 대간이라 불리면서 관직 임명에 대한 서경권을 행사하였어요.

⑤ 서얼 출신의 학자들이 검서관으로 기용되었다.
➡ 조선 정조 때 박제가, 유득공, 이덕무 등 서얼 출신의 학자들이 **규장각** 검서관으로 기용되었어요.

기출 선택지 +α

❻ 화폐, 곡식의 출납과 회계를 맡았다.	(O/X)
❼ 국정을 총괄하는 최고 중앙 관서였다.	(O/X)
❽ 사간원, 홍문관과 함께 삼사로 불렸다.	(O/X)
❾ 소속 관원이 낭사와 함께 대간으로 불렸다.	(O/X)

기출 선택지 +α 정답 ❻ ×[삼사] ❼ ×[중서문하성] ❽ ×[조선, 사헌부] ❾ ○

13 고려의 대몽 항쟁 정답 ③

(가)의 침입에 대한 고려의 대응으로 옳은 것을 〈보기〉에서 고른 것은? [2점]

> 몽골의 침략에 맞서 고려가 개경에서 강화도로 천도한 이후 강화도는 40여 년간 고려의 임시 수도 역할을 하였어요.

강화중성은 (가) 의 ❶침략에 맞서 고려가 강화도로 천도한 이후 건립한 내성, 중성, 외성 중 하나입니다. 강화중성은 당시 수도를 둘러싼 토성(土城)으로, 이번 발굴 조사에서 방어를 위해 성벽의 바깥에 돌출시킨 대규모 치성(雉城)으로 확인되었습니다.

성벽 바깥 / 치성 / 성벽 / 성벽 안

정답 잡는 키워드

❶ 고려가 침략에 맞서 강화도로 천도함 → 몽골

고려가 침략에 맞서 강화도로 천도하였다는 내용을 통해 (가)가 몽골임을 알 수 있어요. 몽골은 사신 저고여의 피살 사건을 빌미로 1231년에 고려를 침략하였어요. 당시 최고 집권자였던 최우는 일단 강화를 요청하여 몽골군을 물러나게 하고, 강화도로 도읍을 옮겨 장기 항전을 준비하였어요. 이후 몽골은 여러 차례 고려를 침략하였고 백성들을 중심으로 대몽 항쟁이 전개되었어요. 고려는 부처의 힘을 빌려 몽골의 침입을 격퇴하고자 하는 염원을 담아 팔만대장경을 간행하기도 하였어요.

ㄱ. 양규가 무로대에서 적군을 물리쳤다.
➡ 현종 때 일어난 거란의 2차 침입 당시 양규가 무로대에서 거란군을 물리쳤어요.

ㄴ. 김윤후가 충주성 전투에서 활약하였다.
➡ 몽골이 고려에 쳐들어왔을 때 김윤후가 노비 등 주민들과 함께 충주성 전투에서 몽골군을 물리쳤어요. 이때 김윤후는 신분과 무관하게 전공에 따라 보상할 것을 약속하며 노비 문서를 불태워 사기를 높였어요.

ㄷ. 송문주가 죽주성에서 적군을 격퇴하였다.
➡ 송문주는 귀주성에서 몽골군을 물리치는 데 공을 세웠고, 이후 다시 침입한 몽골군을 죽주성(지금의 경기도 안성)에서 격퇴하였어요.

ㄹ. 윤관이 별무반을 이끌고 동북 9성을 쌓았다.
➡ 예종 때 윤관은 별무반을 이끌고 여진을 정벌한 후 동북 9성을 쌓았어요.

① ㄱ, ㄴ ② ㄱ, ㄷ ③ ㄴ, ㄷ
④ ㄴ, ㄹ ⑤ ㄷ, ㄹ

기출 선택지 +α

ㅁ. 박위를 파견하여 근거지를 토벌하였다. (O / X)
ㅂ. 개경을 방어하기 위해 나성을 축조하였다. (O / X)
ㅅ. 대장도감을 설치하여 팔만대장경을 간행하였다. (O / X)
ㅇ. 화통도감을 설치하여 화약과 화포를 제작하였다. (O / X)

---

14 무신 집권기의 사실 정답 ②

다음 자료에 나타난 상황 이후의 사실로 옳은 것은? [2점]

> ❶ 1179년 경대승이 정중부를 죽이고 정권을 장악하였어요.

❶경대승이 정중부를 죽이자, 조정 신하들이 대궐에 나아가 축하하였다. 경대승이 말하기를, "임금을 죽인 사람이 아직 살아 있는데, 무슨 축하인가?"라고 하였다. 이의민은 이 말을 듣고 매우 두려워하여 날랜 사람들을 모아서 대비하였다. 또한, 경대승의 도방(都房)에서 자기들이 싫어하는 사람을 죽일 것을 모의한다는 말을 들었다. 이의민이 더욱 두려워하여 마을에 큰 문을 세워 밤마다 경계하였다.

> 경대승은 의종을 살해한 이의민에 대해 적대감을 드러냈어요. 이에 이의민은 고향으로 몸을 피했으며 후에 경대승이 병사하자 개경으로 돌아와 정권을 장악하였어요.

정답 잡는 키워드

❶ 경대승이 정중부를 죽이고 권력 장악 → 무신 정권 초기

경대승이 정중부를 죽였다는 내용을 통해 자료에 나타난 상황이 무신 정권 초기임을 알 수 있어요. 1170년에 정중부, 이의방 등 무신들이 보현원에서 정변을 일으켜 문신들을 제거하고 권력을 장악하였어요(무신 정변). 이후 무신 사이에 권력 다툼이 일어나 이의방 → 정중부 → 경대승 → 이의민으로 최고 집권자가 여러 차례 바뀌면서 정치적 혼란이 이어졌어요. 이러한 혼란은 1196년에 최충헌이 이의민을 제거하고 권력을 잡으면서 수습되었고, 이후 최씨 무신 정권이 4대 60여 년 동안 계속되었어요.

① 묘청 등이 서경 천도를 주장하였다.
➡ 이자겸의 난 이후 묘청 등 서경 세력이 서경 천도를 주장하였다가 받아들여지지 않자 1135년에 서경에서 반란을 일으켰어요. 반란은 김부식이 이끄는 관군에 의해 진압되었어요.

②최충헌이 왕에게 봉사 10조를 올렸다.
➡ 1196년에 이의민을 제거하고 최고 집권자가 된 최충헌은 당시 국왕인 명종에게 봉사 10조를 올려 시정 개혁을 건의하였어요.

③ 강조가 정변을 일으켜 왕을 폐위하였다.
➡ 1009년에 강조가 정변을 일으켜 목종을 폐위하고 현종을 새로운 왕으로 세웠어요.

④ 이자겸과 척준경이 반란을 일으켜 궁궐을 불태웠다.
➡ 1126년에 이자겸과 척준경이 반란을 일으켜 궁궐을 불태웠어요. 인종은 이자겸의 부하인 척준경을 회유하여 이자겸을 붙잡고 반란을 진압하였어요.

⑤ 김보당이 폐위된 왕의 복위를 주장하며 군사를 일으켰다.
➡ 1173년에 동북면 병마사 김보당이 무신 정변으로 폐위된 의종의 복위를 주장하며 동계에서 군사를 일으켰으나 실패하였어요.

기출 선택지 +α

❻ 정중부 등이 정변을 일으켜 권력을 차지하였다. (O / X)
❼ 만적이 개경에서 노비를 모아 반란을 모의하였다. (O / X)
❽ 최우가 인사 행정 담당 기구로 정방을 설치하였다. (O / X)
❾ 조위총이 군사를 일으켜 정중부 등의 제거를 도모하였다. (O / X)

---

15 공민왕 재위 시기의 사실   정답 ④

밑줄 그은 '왕'의 재위 기간에 볼 수 있는 모습으로 가장 적절한 것은?   [1점]

이자춘이 쌍성 등지의 천호들을 거느리고 내조하니 왕이 맞이하며 말하기를, "어리석은 민(民)을 보살펴 편안하게 하느라 얼마나 노고가 많았는가?"라고 하였다. 그때 어떤 사람이 **❶ 기철이 쌍성의 반민(叛民)들과 몰래 내통하여 한패로 삼아 역모를 도모하려 한다.**고 밀고하였다. 왕이 이자춘에게 이르기를, "경은 마땅히 돌아가서 우리 민을 진정시키고, 만일 변란이 일어나면 마땅히 내 명령대로 하라."라고 하였다. …… **❷ 이자춘이 명령을 듣고 곧 행군하여 유인우와 합세한 후 쌍성총관부를 공격하여 격파하였다.**

> 공민왕 때 유인우, 이자춘 등이 쌍성총관부를 공격하여 원에 빼앗겼던 철령 이북의 영토를 되찾았어요.

정답 잡는 키워드

❶ 기철이 역모를 도모하려 함,
❷ 이자춘, 유인우가 쌍성총관부를 공격하여 격파함 → 공민왕

기철이 역모를 도모하려 하였으며, 이자춘과 유인우가 합세한 후 쌍성총관부를 공격하여 격파하였다는 내용을 통해 밑줄 그은 '왕'이 고려 공민왕임을 알 수 있어요. 14세기 중반 왕위에 오른 공민왕은 원의 세력이 약해지자 반원 자주 정책을 추진하였어요. 변발과 호복 등 몽골 풍습(몽골풍)을 금지하였고, 원이 내정 간섭 기구로 활용한 정동행성 이문소를 폐지하였어요. 또 기철을 비롯한 친원 세력을 숙청하였으며, 쌍성총관부를 공격하여 철령 이북의 땅을 수복하였어요.

① 초량 왜관에서 교역하는 상인
→ 조선 후기에 부산의 초량 왜관에서 일본과 교역이 이루어졌어요.

② 내의원에서 동의보감을 읽는 의원
→ 조선 광해군 때 허준이 우리의 전통 한의학을 체계적으로 정리한 "동의보감"을 완성하였어요.

③ 주자감에서 유학을 공부하는 학생
→ 발해는 최고 교육 기관으로 주자감을 설치하여 유학을 교육하였어요.

④ 전민변정도감에 억울함을 호소하는 농민
→ 공민왕은 권문세족이 불법적으로 차지한 토지와 노비 문제를 해결하기 위해 전민변정도감을 설치하여 개혁을 추진하였어요.

⑤ 황룡사 구층 목탑의 건립에 참여하는 장인
→ 신라 선덕 여왕은 승려 자장의 건의를 받아들여 황룡사 9층 목탑을 건립하였어요.

기출 선택지 +α

❻ 삼강행실도를 읽고 있는 양반   (O / X)
❼ 임꺽정 무리를 토벌하는 관군   (O / X)
❽ 백운동 서원에서 공부하는 유생   (O / X)
❾ 계해약조의 초안을 작성하는 관리   (O / X)

기출 선택지 +α
정답 ❻ ×[조선 세종 이후] ❼ ×[조선 명종] ❽ ×[조선 중종 이후] ❾ ×[조선 세종]

---

16 혜심의 활동   정답 ③

(가) 인물에 대한 설명으로 옳은 것은?   [3점]

이것은 전라남도 강진군 월남사지에 있는 (가) 의 비입니다. 비문에는 지눌의 제자인 그가 수선사의 제2대 사주가 된 일, 당시 집권자인 최우가 그에게 두 아들을 출가(出家)시킨 일 등이 기록되어 있습니다.

수선사는 지눌의 결사 운동을 전개한 곳이에요. 혜심은 스승인 지눌의 뒤를 이어 수선사의 제2대 사주가 되어 수선사의 교세를 확장하였어요.

정답 잡는 키워드

❶ 지눌의 제자, ❷ 수선사 제2대 사주 → 혜심

지눌의 제자로서 수선사의 제2대 사주가 되었다는 내용을 통해 (가) 인물이 고려의 승려 혜심임을 알 수 있어요. 혜심은 원래 유학을 공부하였으나 불교에 귀의한 후 수선사에 들어가 지눌의 제자가 되었고, 이후 지눌의 뒤를 이어 수선사 제2대 사주가 되었어요. 당시 최고 집권자였던 최우는 자신의 두 아들을 혜심에게 출가시켰으며 경제적 지원도 아낌없이 해주었어요.

① 화엄일승법계도를 지어 화엄 사상을 정리하였다.
→ 신라의 승려 의상은 화엄 사상의 요지를 축약한 '화엄일승법계도'를 지어 화엄 사상을 정리하였어요.

② 해동 천태종을 개창하여 불교 교단 통합에 힘썼다.
→ 의천은 해동 천태종을 개창하여 교종을 중심으로 불교 교단을 통합하기 위해 힘썼어요.

③ 선문염송집을 편찬하고 유불 일치설을 주장하였다.
→ 혜심은 심성의 도야를 강조한 유불 일치설을 주장하였어요. 이는 장차 성리학을 받아들일 수 있는 사상적 토대가 되었어요.

④ 권수정혜결사문을 작성하여 정혜쌍수를 강조하였다.
→ 지눌은 "권수정혜결사문"을 지어 수행 방법으로 참선과 교리 공부를 함께하는 정혜쌍수를 강조하였어요.

⑤ 보현십원가를 지어 불교 교리를 대중에게 전파하였다.
→ 균여는 '보현십원가' 등 불교 교리를 담은 향가를 지어 대중에게 불교 교리를 전파하는 데 힘썼어요.

기출 선택지 +α

❻ 무애가를 지어 불교 대중화에 힘썼다.   (O / X)
❼ 법화 신앙을 바탕으로 백련 결사를 이끌었다.   (O / X)
❽ 불교 경전에 대한 주석서를 모아 교장을 편찬하였다.   (O / X)
❾ 인도와 중앙아시아를 순례하고 왕오천축국전을 남겼다.   (O / X)

기출 선택지 +α   정답 ❻ ×[원효] ❼ ×[요세] ❽ ×[의천] ❾ ×[혜초]

17 평창 월정사 8각 9층 석탑
정답 ①

(가)에 해당하는 문화유산으로 옳은 것은? [3점]

문화유산 DB　문화유산 검색　교과서 속 문화유산　3D 문화유산

문화유산 검색　(가)　검색

☑ 문화재 종목별 검색
☐ 우리 지역 문화재
☐ 유형 분류

• 종목 : 국보
• 소재지 : ❶ 강원도 평창군
• 소개 : ❷ 고려 시대 다각 다층 석탑을 대표하는 작품이다. 탑의 꼭대기 머리 장식이 완벽하게 남아 있고 지붕돌의 귀퉁이마다 풍경을 달아 화려한 아름다움을 더한다. 2000년대 들어 실시된 조사 결과 석탑의 조성 연대가 고려 전기로 밝혀졌다.

통일 신라 시대에는 사각형의 3층으로 된 석탑이 주로 만들어졌지만, 고려 시대에 들어서는 다각형으로 3층보다 높이 쌓은 다각 다층 석탑이 많이 만들어졌어요.

정답 잡는 키워드

❶ 강원도 평창군 소재, ❷ 고려 시대 다각 다층 석탑을 대표하는 작품 → 평창 월정사 8각 9층 석탑

강원도 평창군에 있으며 고려 시대 다각 다층 석탑을 대표하는 작품이라는 내용을 통해 (가)에 해당하는 문화유산이 평창 월정사 8각 9층 석탑임을 알 수 있어요. 평창 월정사 8각 9층 석탑은 고려 전기에 건립된 석탑으로 당시 불교 문화 특유의 화려하고 귀족적인 면모를 잘 보여 줍니다.

①
→ 고려 전기에 세워진 평창 월정사 8각 9층 석탑이에요.

②
→ 통일 신라 시대에 세워진 경주 정혜사지 13층 석탑이에요.

③
→ 고려 후기에 원의 영향을 받아 세워진 개성 경천사지 10층 석탑이에요.

④
→ 발해의 전탑인 영광탑이에요.

⑤
→ 고려 시대에 모전 석탑 형식으로 조성된 정선 정암사 수마노탑이에요.

18 정몽주 피살 이후의 사실
정답 ②

다음 시나리오의 상황 이후에 전개된 사실로 옳은 것은? [2점]

#12. 이성계의 집

정몽주는 고려 말의 문신으로, 혁명 세력에 맞서 고려 왕조를 지키고자 하였으나 이방원 세력에 의해 피살되었어요.

❶ 이방원이 정몽주를 죽였다고 말하자 이성계가 크게 화를 낸다.

이성계 : 대신을 함부로 살해하였으니, 나라 사람들이 내가 몰랐다고 하겠느냐? 우리 가문은 평소 충효로 소문났는데, 네가 감히 불효를 저질러 이렇게 되었구나.

이방원 : 정몽주 등이 우리 가문을 무너뜨리려 하는데, 어찌 앉아서 망하기만을 기다리겠습니까? 이것이야말로 효입니다.

태조 이성계의 다섯째 아들이에요. 조선 건국 후 왕위 계승을 둘러싸고 발생한 두 차례 왕자의 난을 통해 반대파를 제거하고 제3대 국왕(태종)으로 즉위하였어요.

정답 잡는 키워드

❶ 이방원이 정몽주를 죽임 → 조선 건국(1392) 직전

이방원이 정몽주를 죽였다는 내용을 통해 조선 건국(1392) 직전의 상황임을 알 수 있어요. 고려 말 위화도 회군으로 개경에 돌아온 이성계는 우왕과 최영을 제거하고 정치적 실권을 장악하였어요. 정권을 잡은 이성계는 급진 개혁파 신진 사대부와 함께 토지 개혁을 단행하여 권문세족이 불법적으로 소유한 토지를 몰수하고 신진 관료에게 토지를 지급하는 과전법을 실시하였어요. 이후 고려 왕조를 유지하고자 하는 정몽주 등 일부 온건 개혁파 신진 사대부를 제거하고 조선을 건국하였어요.

① 최승로가 시무 28조를 올렸다.
➡ 고려 성종 때 최승로가 시무 28조를 올려 지방관 파견, 불교 행사 축소, 유교 정치 이념 확립 등을 건의하였어요.

②권근 등의 건의로 사병이 혁파되었다.
➡ 조선 태종 때 권근 등의 건의로 공신과 왕족들이 소유한 사병이 혁파되었어요.

③ 안우, 이방실 등이 홍건적을 격파하였다.
➡ 고려 공민왕 때 안우, 이방실 등이 고려에 침입한 홍건적을 격퇴하였어요.

④ 망이·망소이가 공주 명학소에서 봉기하였다.
➡ 고려 명종 때 공주 명학소에서 망이·망소이가 지배층의 가혹한 수탈과 소 주민에 대한 차별에 저항하여 봉기하였어요.

⑤ 쌍기의 의견을 수용하여 과거제가 시행되었다.
➡ 고려 광종 때 쌍기의 의견을 수용하여 시험을 통해 관리를 선발하는 과거제가 시행되었어요.

기출 선택지 +α

❻ 대표적 친원 세력인 기철이 숙청되었다. (O/X)
❼ 왕권 강화를 위해 6조 직계제가 실시되었다. (O/X)
❽ 관리의 규범을 제시한 계백료서가 반포되었다. (O/X)
❾ 왕위 계승을 둘러싸고 왕자의 난이 발생하였다. (O/X)
❿ 관학 진흥을 위해 전문 강좌인 7재가 개설되었다. (O/X)

기출 선택지 +α

정답 ❻ ×[고려 공민왕] ❼ ○[조선 태종, 조선 세조] ❽ ×[고려 태조]
❾ ○[1차 - 1398년, 2차 - 1400년] ❿ × [고려 예종]

19 세종의 업적 정답 ③

밑줄 그은 '왕'의 업적으로 옳은 것은? [2점]

> ┌ 조선 태종 때 주조된 계미자를 말해요.
> 이전에 주조한 활자가 크고 고르지 않았다. 이에 왕께서 경자년에 다시 주조하셨다. 그리하여 그 모양이 작고 바르게 되었으니, 이것으로 인쇄하지 않은 책이 없었다. 이를 경자자라고 하였다. 갑인년에 다시 "위선음즐(爲善陰騭)"의 글자 모양을 본떠 **❶갑인자를 주조**하니, 경자자에 비하여 조금 크고 활자 모양이 매우 좋았다.
> └ 세종 때 기존 활자를 개량한 갑인자가 주조되었어요. 갑인자는 계미자, 경자자에 이어 조선 시대에 세 번째로 주조된 금속 활자입니다.

정답 잡는 키워드

❶ 갑인자 주조 → 세종

갑인자를 주조하였다는 내용을 통해 밑줄 그은 '왕'이 조선 세종임을 알 수 있어요. 세종 재위 시기에 민생 안정과 부국강병을 위한 실용적인 학문과 자주적인 민족 문화가 발전하였어요. 한양을 기준으로 한 역법서인 "칠정산"이 편찬되었으며, 국산 약재와 치료법을 소개한 "향약집성방"이 간행되었습니다. 또한, 우리 고유의 문자인 훈민정음이 창제되기도 하였어요.

① 조선의 기본 법전인 경국대전을 반포하였다.
➡ 성종은 세조 때부터 만들기 시작한 "경국대전"을 완성하여 반포하였어요.

② 역대 문물을 정리한 동국문헌비고를 간행하였다.
➡ 영조는 역대 문물을 분류, 정리하여 백과사전식으로 구성한 "동국문헌비고"를 간행하였어요.

③ 삼남 지방의 농법을 소개한 농사직설을 편찬하였다.
➡ 세종 때 정초, 변효문 등이 우리나라 삼남 지방의 농법을 소개한 "농사직설"을 편찬하였어요.

④ 전세를 1결당 4~6두로 고정하는 영정법을 제정하였다.
➡ 인조는 풍흉에 관계없이 전세를 1결당 4~6두로 고정하는 영정법을 제정하였어요.

⑤ 삼정의 문란을 시정하기 위해 삼정이정청을 설치하였다.
➡ 철종은 진주에서 일어난 농민 봉기의 수습을 위해 파견된 안핵사 박규수의 건의로 삼정이정청을 설치하였어요.

기출선택지 +α

❻ 창덕궁에 신문고를 처음 설치하였다. (O / X)
❼ 독창적인 문자인 훈민정음을 창제하였다. (O / X)
❽ 한양을 기준으로 한 역법서인 칠정산을 만들었다. (O / X)
❾ 문하부를 폐지하고 낭사를 사간원으로 독립시켰다. (O / X)
❿ 함길도 토착 세력이 일으킨 이시애의 난을 진압하였다. (O / X)

핵심 개념 | 세종 시기 학문과 기술의 발달

과학 기구 제작	측우기(강우량 측정), 앙부일구(해시계), 자격루(물시계), 혼천의·간의(천체 현상 관측) 등
금속 활자	경자자, 갑인자 주조
역법서	"칠정산"(우리 역사상 최초로 한양을 기준으로 천체 운동 계산)
의학·의약서	"향약집성방"(국산 약재와 이를 이용한 치료법 정리), "의방유취"(한방 의서를 종류별로 모아 집대성한 의학 백과사전)
농서	"농사직설"(우리나라 풍토에 맞는 씨앗의 저장법, 토질의 개량법, 모내기법 등을 정리하여 만든 농서)

기출선택지 +α 정답 ❻ ×[태종] ❼ ○ ❽ ○ ❾ ×[태종] ❿ ×[세조]

---

20 사화의 발생 정답 ⑤

(가), (나) 사이의 시기에 있었던 사실로 옳은 것은? [2점]

> ┌ 항우에게 죽임을 당한 중국 초나라 의제를 애도한 글이지만,
> │ 수양 대군(세조)의 왕위 찬탈을 풍자한 글이었어요.
> (가) 정문형, 한치례 등이 아뢰기를, "지금 김종직의 조의제문을 보니, 입으로만 읽지 못할 뿐 아니라 차마 눈으로도 볼 수 없습니다. … ❷마땅히 대역의 죄로 논단하고 부관참시해서 그 죄를 분명히 밝혀 신하와 백성의 분을 씻는 것이 사리에 맞는 일입니다."라고 하였다. …… 왕이 정문형 등의 의견을 따랐다.
>
> (나) 의금부에서 전지하기를, "❸조광조, 김정 등은 서로 사귀어 무리를 이루고 자기편은 천거하고 자기편이 아닌 자는 배척하면서, 위세를 높여 서로 의지하며 권세가 있는 요직을 차지하였다. ……❹이 모든 일들을 조사하여 밝혀라."라고 하였다.
> └ 조광조의 건의로 천거를 통해 관리를 선발하는 현량과가 시행되었는데, 이를 통해 많은 신진 사림이 3사를 비롯한 요직에 등용되었어요.

정답 잡는 키워드

❶, ❷ '조의제문'을 작성한 김종직의 처벌 요구를 왕이 받아들임 → (가) 무오사화(1498)

❸, ❹ 조광조 일파가 저지른 일을 조사함 → (나) 기묘사화(1519)

(가)는 '조의제문'을 작성한 김종직을 대역의 죄로 처벌하라는 의견을 왕이 따르는 것으로 보아 연산군 때 일어난 무오사화와 관련된 자료임을 알 수 있어요. 훈구 세력은 김종직이 지은 '조의제문'이 세조의 왕위 찬탈을 비판하는 것이라고 주장하며 사림을 공격하였어요. 이로 인해 사림이 크게 피해를 입은 무오사화가 일어났어요. (나)는 조광조의 무리를 조사하여 그들이 저지른 일을 밝히라는 내용을 통해 중종 때 일어난 기묘사화와 관련된 자료임을 알 수 있어요. 중종은 반정에서 공을 세운 훈구 세력이 권력을 독점하자 조광조를 비롯한 사림을 등용하여 이들을 견제하려고 하였어요. 조광조가 현량과 실시, 소격서 폐지, 위훈 삭제 등의 개혁을 추진하자 훈구 세력이 반발하여 기묘사화가 일어났어요.

① 정여립 모반 사건으로 기축옥사가 일어났다.
➡ 선조 때 정여립 모반 사건으로 기축옥사가 일어나 동인이 피해를 입었어요.

② 외척 간의 권력 다툼으로 윤임이 제거되었다.
➡ 명종 때 외척인 대윤 윤임과 소윤 윤원형의 권력 다툼으로 을사사화가 일어나 윤임이 제거되었어요.

③ 자의 대비의 복상 문제로 예송이 전개되었다.
➡ 현종 때 자의 대비의 복상 문제로 서인과 남인 사이에 두 차례 예송이 전개되었어요.

④ 희빈 장씨 소생의 원자 책봉 문제로 환국이 발생하였다.
➡ 숙종 때 희빈 장씨 소생의 원자 책봉 문제로 기사환국이 일어나 서인이 축출되고 남인이 집권하였어요.

⑤ 폐비 윤씨 사사 사건을 빌미로 김굉필 등이 처형되었다.
➡ 연산군 때 폐비 윤씨 사사 사건을 빌미로 갑자사화(1504)가 일어나 김굉필 등이 처형되었어요.

핵심 개념 | 사화의 발생

무오사화 (연산군)	훈구 세력이 김종직의 '조의제문'을 문제 삼아 사림 공격 → 김일손 등 사림 제거, 영남 사림 몰락
갑자사화 (연산군)	연산군이 생모 윤씨의 폐위 및 사사 사건과 관련된 훈구와 사림 세력 제거 → 성종 때 등용된 사림 대부분이 몰락
기묘사화 (중종)	조광조의 개혁 정치(위훈 삭제, 현량과 실시, 소격서 폐지 등) → 훈구 공신들의 반발 → 조광조 사사, 많은 사림이 피해를 입음
을사사화 (명종)	왕의 외척인 대윤 윤임과 소윤 윤원형의 권력 다툼 → 윤임과 연결된 신진 사림이 피해를 입음

제 66 회

다음 상황이 나타난 시기를 연표에서 옳게 고른 것은?   [2점]

> ❶ 여진을 통일하고 후금을 세운 누르하치가 1618년 명에 대한 대규모 공격을 단행하였어요
>
> 4월 누르하치의 군대가 무순을 함락하고, 7월에는 청하를 함락하였다. 이에 ❷명에서 정벌을 결정하고 우리나라에 군사 징발을 요구하였다. 명의 총독 왕가수의 군문(軍門)에서 약 4만의 병사를 요구하였으나, 경략(經略) 양호가 조선의 병사와 군마가 적다고 하여 마침내 그 수를 줄여서 총수(銃手) 1만 명만 징발하였다. 7월 조정에서 ❸강홍립을 도원수로, 김경서를 부원수로 삼았다.
>   – 『책중일록』 –

정답 잡는 키워드

❶, ❷ 명이 누르하치 군대를 정벌하기 위해 조선에 군사 징발을 요구함, ❸ 강홍립을 도원수로 삼음 → 광해군 재위 시기

명에서 누르하치 군대를 정벌하기 위해 조선에 군사 징발을 요구하였으며, 강홍립을 도원수로 삼았다는 내용을 통해 광해군 재위 시기의 상황임을 알 수 있어요.

1453	1510	1597	1627	1728	1811
(가)	(나)	(다)	(라)	(마)	
계유 정난	삼포 왜란	정유 재란	정묘 호란	이인좌의 난	홍경래의 난

➡ **정유재란** 이후 중국 대륙에서는 명의 국력이 쇠퇴하고 여진의 누르하치가 부족을 통합해 후금을 세우고 세력을 키워 갔어요. 명과 후금이 대립하는 상황에서 광해군은 명과 후금 사이에서 중립 외교 정책을 펼쳤어요. 명이 후금과의 전투에 군사 지원을 요청하자 **광해군은 강홍립을 도원수로 삼아 군대를 파병**하면서 강홍립에게 상황에 따라 적절히 대처하라고 지시하였어요. 강홍립은 조·명 연합군이 사르후 전투에서 패배하자 후금군에 투항하였어요. 광해군의 중립 외교 정책은 서인 세력의 반발을 샀고 이후 서인은 인목 대비 유폐와 영창 대군 사사를 빌미로 반정을 일으켜 광해군을 축출하였어요. 인조반정 이후 인조와 서인은 대외적으로 친명배금 정책을 내세워 후금과의 관계를 단절하였어요. 이에 기회를 노리던 후금이 조선을 침략하여 **정묘호란**이 일어났어요.

따라서 자료의 상황이 나타난 시기는 정유재란과 정묘호란 사이인 ③ (다)입니다.

① (가)   ② (나)   ③ (다)   ④ (라)   ⑤ (마)

연표로 흐름잡기

1597	명과 일본의 휴전 회담 결렬 → 정유재란 발발
1608	광해군 즉위
1618	명의 요청으로 군대 파견(강홍립)
1623	인조반정 → 광해군 축출, 인조 즉위
1627	정묘호란 발발

---

22 임진왜란   정답 ④

(가) 전쟁 중에 있었던 사실로 옳은 것은?   [2점]

생생 한국사 교실
수행 과제 : ＿＿(가)＿＿와/과 관련된 문화유산을 조사하여 사진과 설명을 올려 주세요.

❶ 동래부순절도 — 동래 부사 송상현과 관민의 항전을 묘사한 그림입니다. — 임진왜란이 일어나 일본군이 부산에 침입하자 동래 부사였던 송상현이 동래성에서 항전하였으나 패배하였어요.

❷ 금산 칠백의총 — 금산 전투에서 전사한 의병 7백여 명의 유해를 모신 곳입니다. — 임진왜란 때 조헌이 이끄는 7백여 명의 의병이 금산에서 일본군과 맞서 싸우다 모두 전사하였어요.

❸ 징비록 — 당시 영의정을 지냈던 유성룡이 전쟁의 상황 등을 기록한 것입니다. — 유성룡은 임진왜란에서 드러난 문제점을 반성하고 훗날을 대비하기 위해 『징비록』을 저술하였어요.

정답 잡는 키워드

❶ 동래 부사 송상현과 관민의 항전, ❷ 금산 칠백의총, ❸ 『징비록』
→ 임진왜란

'동래부순절도', '금산 칠백의총', 『징비록』은 임진왜란과 관련된 문화유산이에요. 조선은 임진왜란 초기에 일본군이 빠르게 북상하면서 한성이 함락되고 선조가 의주로 피란하는 등 열세에 몰렸으나, 이순신이 이끄는 수군과 각지에서 일어난 의병의 활약으로 전세를 뒤집는 발판을 마련할 수 있었어요. 이러한 가운데 명의 지원군이 도착하면서 조·명 연합군은 평양성을 탈환하고 일본군을 몰아내기 시작하였어요. 이후 일본이 휴전을 제의하고 명과 일본 사이에 휴전 협상이 진행되었으나 3년여에 걸친 협상은 결렬되었고 일본이 다시 조선을 침략하여 정유재란이 일어났어요. 이때에 이순신이 명량, 노량 등지에서 활약하면서 일본의 수군을 격파하였고 마침내 전쟁은 끝이 났어요.

① 김상용이 강화도에서 순절하였다.
➡ 병자호란 때 김상용은 왕실 가족을 이끌고 강화도로 피란하였다가 강화성이 함락되자 순절하였어요.

② 이괄이 이끈 반란군이 도성을 장악하였다.
➡ 인조 때 이괄이 인조반정의 공신으로서 자신의 공로가 낮게 평가된 것에 불만을 품고 반란을 일으켜 한때 도성을 장악하였어요.

③ 정봉수와 이립이 용골산성에서 항전하였다.
➡ 정묘호란 때 정봉수와 이립이 용골산성에서 후금군에 항전하였어요.

④ 김시민이 진주성에서 적군을 크게 물리쳤다.
➡ 임진왜란 때 김시민이 이끄는 관군이 의병의 지원을 받아 진주성에서 일본군을 크게 물리쳤어요.

⑤ 이종무가 적의 근거지인 쓰시마섬을 정벌하였다.
➡ 세종 때 이종무가 왜구의 근거지인 쓰시마섬(대마도)을 정벌하였어요.

기출 선택지 +α

❻ 임경업이 백마산성에서 항전하였다.		(O / X)
❼ 이순신이 한산도에서 대승을 거두었다.		(O / X)
❽ 최영이 홍산 전투에서 크게 승리하였다.		(O / X)
❾ 권율이 행주산성에서 적군을 격퇴하였다.		(O / X)
❿ 곽재우가 의병장이 되어 의령 등에서 활약하였다.		(O / X)

기출 선택지 +α   정답   ❻ X[병자호란]   ❼ O   ❽ X[고려 말]   ❾ O   ❿ O

23 영조의 정책

(가) 왕에 대한 설명으로 옳은 것은? [1점]

특별 전시회

① 탕평 군주 (가) 을/를 만나다

전시 유물 소개

수문상친림관역도
한성의 홍수 예방을 위해 실시한 청계천 준설 공사 현장 (가) 이/가 지켜보는 모습을 담은 그림

❸ "균역사실"
균역법의 제정 배경 및 과정, 균역청의 운영 등을 담은 책

■ 기간 : 2023년 ○○월 ○○일 ~ ○○월 ○○일
■ 장소 : △△박물관 특별 전시실

영조는 청계천 바닥에 퇴적물이 쌓여 홍수 피해가 나자 늘 청계천을 준설하였어요.

영조는 백성의 균역 부담을 줄여 주기 위해 군포를 1년에 1필만 납부하게 하는 균역법을 실시하였어요.

정답 잡는 키워드

❶ 탕평 군주, ❷ 청계천 준설 공사, ❸ 균역법 → 영조

탕평 군주이며, 청계천을 준설하고 균역법을 제정하였다는 내용을 통해 (가) 왕이 조선 영조임을 알 수 있어요. 붕당 간 대립이 격렬한 가운데 즉위한 영조는 붕당 정치의 폐해를 바로잡기 위해 붕당 간의 세력 균형을 도모하는 탕평책을 실시하였는데, 탕평의 의지를 널리 알리기 위해 성균관에 탕평비를 세우기도 하였어요. 또한, 민생 안정을 위해 균역법을 실시하였으며, 문물제도 정비에도 힘써 역대 문물을 정리한 "동국문헌비고"를 편찬하였어요.

① 학문 연구 기관으로 집현전을 두었다.
➡ 세종은 궁궐 안에 학문 연구 기관으로 집현전을 두어 인재를 육성하고 편찬 사업을 추진하였어요.

② 삼수병으로 구성된 훈련도감을 설치하였다.
➡ 선조는 임진왜란 중에 포수, 사수, 살수의 삼수병으로 구성된 훈련도감을 설치하였어요.

③ 속대전을 편찬하여 통치 체제를 정비하였다.
➡ 영조는 "경국대전" 반포 이후에 공포된 법령 중에서 시행할 법령만을 추려서 "속대전"을 편찬하여 통치 체제를 정비하였어요.

④ 궁중 음악을 집대성한 악학궤범을 편찬하였다.
➡ 성종 때 성현 등이 궁중 음악을 집대성한 "악학궤범"을 편찬하였어요.

⑤ 시전 상인의 특권을 축소하는 신해통공을 단행하였다.
➡ 정조는 육의전을 제외한 시전 상인의 금난전권을 철폐하는 신해통공을 단행하였어요.

기출 선택지 +α

❻ 집현전을 계승한 홍문관을 설치하였다. (O/X)
❼ 준천사를 신설하여 홍수에 대비하였다. (O/X)
❽ 수도 방위를 위하여 금위영을 창설하였다. (O/X)
❾ 대외 관계를 정리한 동문휘고를 간행하였다. (O/X)
❿ 각 궁방과 중앙 관서의 공노비 6만여 명을 해방하였다. (O/X)

---

24 홍대용의 활동

다음 인물에 대한 설명으로 옳은 것은? [3점]

오전 11:00 100%

화제의 신간 | 경영·경제 | 예술 | 역사 | 과학

① 담헌 평전

❷
시대를 앞선 조선의 실학자

목 차
- 1장 명문가의 자제로 태어나다
- 2장 농수각을 세우고 천문을 관측하다
- 3장 연행사의 일원으로 청에 가다
- 4장 "연기", "을병연행록"을 저술하다

홍대용은 연행사의 서장관으로 임명된 숙부를 따라 청에 다녀와서 보고 듣고 느낀 바를 기록한 "을병연행록"을 남겼어요.

펼치기 ⌄

Q 미리 보기 | − 1 + | ♡ | 구매하기

정답 잡는 키워드

❶ 담헌, ❷ 혼천의, ❸ "을병연행록" 저술 → 홍대용

'담헌'이라는 호와 '혼천의' 그림, "을병연행록"을 저술하였다는 내용을 통해 자료의 인물이 홍대용임을 알 수 있어요. '담헌'이라는 당호로 널리 알려진 홍대용은 조선 후기에 상공업 중심의 개혁론을 주장한 실학자로, 연행사의 일행으로 청에 머무르면서 서양 문물을 접하고 서양 과학의 영향을 많이 받았어요. 홍대용은 기술 혁신과 문벌제도의 폐지를 강조하였으며, 천체 운동을 관측하는 기구인 혼천의를 제작하기도 하였어요.

① 지봉유설에서 천주실의를 소개하였다.
➡ 이수광은 일종의 백과사전인 "지봉유설"을 저술하여 천주교 교리서인 "천주실의"를 소개하였어요.

② 의산문답에서 무한 우주론을 주장하였다.
➡ 홍대용은 "의산문답"에서 무한 우주론을 주장하고 중국 중심의 세계관에서 탈피하고자 하였어요.

③ 양반전을 지어 양반의 허례와 무능을 풍자하였다.
➡ 박지원은 "양반전", "허생전" 등을 저술하여 양반의 허례와 무능을 풍자하였어요.

④ 북학의를 저술하여 청의 문물 수용을 강조하였다.
➡ 박제가는 "북학의"를 저술하여 청의 문물 수용을 강조하였으며 절약보다 적절한 소비를 권장하였어요.

⑤ 동의수세보원을 편찬하여 사상 의학을 정립하였다.
➡ 이제마는 "동의수세보원"을 편찬하여 같은 병이라도 사람의 체질에 맞게 처방해야 한다는 사상 의학을 정립하였어요.

기출 선택지 +α

❻ 성호사설에서 한전론을 주장하였다. (O/X)
❼ 기기도설을 참고하여 거중기를 설계하였다. (O/X)
❽ 지전설을 주장하여 중국 중심의 세계관을 비판하였다. (O/X)
❾ 우서에서 사농공상의 직업적 평등과 전문화를 주장하였다. (O/X)
❿ 색경에서 담배, 수박 등의 상품 작물 재배법을 소개하였다. (O/X)

25 효종의 정책
정답 ①

(가)에 들어갈 내용으로 가장 적절한 것은? [2점]

효종 때 일본으로 향하던 네덜란드 상인 하멜과 그 일행이 배가 난파되어 표류하다가 제주도에 도착하였어요. 이들은 13년 동안 조선에 억류되었다가 귀국하였는데, 이후 하멜은 조선에서의 억류 생활상을 기록한 "하멜 표류기"를 남겼어요.

정답 잡는 키워드

❶ 청에서의 볼모 생활과 귀국 후 즉위,
❷ 나선 정벌과 조총 부대 파병 → 효종

청에서 볼모 생활을 하고 귀국 후 즉위하였으며 나선 정벌에 조총 부대를 파병하였다는 내용을 통해 조선 제17대 왕인 효종과 관련된 교양 강좌임을 알 수 있어요. 병자호란에서 패한 이후 소현 세자와 봉림 대군이 함께 청에 볼모로 끌려갔어요. 청에서 볼모 생활을 하던 중 먼저 귀국한 소현 세자가 갑자기 사망하자 봉림 대군도 조선으로 돌아왔고 이후 인조의 뒤를 이어 봉림 대군(효종)이 왕위에 올랐어요. 효종은 청에 당한 치욕을 갚고자 송시열, 이완 등과 함께 군대를 양성하고 성곽을 수리하는 등 북벌을 준비하였어요. 하지만 청의 국력이 커져 실행에 옮기지는 못하였어요. 한편, 북벌을 준비하는 상황에서 청이 국경 문제로 러시아 공격에 나서며 조선에 군사 지원을 요청하자 효종은 두 차례에 걸쳐 조총 부대를 파견하였어요.

①어영청의 개편과 북벌 추진
➡ 효종은 청에 당한 치욕을 갚기 위해 어영청을 중심으로 북벌을 추진하였으나 실현하지는 못하였어요.

② 위화도 회군과 과전법의 시행
➡ 고려 말에 위화도 회군으로 정권을 장악한 이성계와 일부 신진 사대부는 과전법을 시행하여 신진 관료의 경제적 기반을 마련하고 재정을 확충하였어요.

③ 문신 재교육을 위한 초계문신제의 운영
➡ 정조는 젊은 문신을 재교육하는 초계문신제를 운영하여 자신의 정책을 뒷받침할 인재를 양성하였어요.

④ 백두산정계비 건립과 청과의 국경 획정
➡ 숙종 때 조선과 청의 관리가 함께 백두산 일대를 답사하여 압록강과 토문강을 경계로 국경을 정하고 백두산정계비를 건립하였어요.

⑤ 기유약조 체결을 통한 일본과의 무역 재개
➡ 광해군은 일본과 기유약조를 체결하여 임진왜란으로 중단된 무역을 재개하였어요.

26 조선 후기의 경제 상황
정답 ②

다음 일기가 작성된 시기의 경제 상황으로 적절하지 않은 것은?
[1점]

이앙법(모내기법)을 시행하면 노동력이 절감될 뿐만 아니라 수확량도 증가하므로 조선 후기에 이앙법이 전국적으로 확산되었어요. 그러나 이앙법은 가물어서 물이 부족할 경우에는 위험 부담이 큰 농법이었기 때문에 물을 대기 어려운 높은 곳에 있는 논에는 이앙을 하지 못하였어요.

정답 잡는 키워드

❶ 담배 파종, ❷ 이앙, ❸ 목화 밭 → 조선 후기

담배와 목화 등을 재배하고, 이앙이 언급된 것으로 보아 일기가 작성된 시기가 조선 후기임을 알 수 있어요. 조선 후기에 담배, 목화, 고추, 인삼 등이 시장에 내다 팔기 위한 상품 작물로 널리 재배되었어요. 또한, 이앙법(모내기법)이 전국적으로 확대되어 농업 생산량이 늘고 벼와 보리의 이모작이 성행하였어요.

① 상평통보가 화폐로 사용되었다.
➡ 조선 후기에 상품 화폐 경제가 발달하면서 상평통보가 화폐로 널리 사용되었어요.

②시장을 관리하기 위한 동시전이 설치되었다.
➡ 신라 지증왕 때 수도 금성에 시장인 동시와 이를 관리하는 관청인 동시전이 설치되었어요.

③ 관청에 물품을 조달하는 공인이 활동하였다.
➡ 조선 후기에 대동법이 시행되면서 관청에서 필요로 하는 물품을 조달하는 공인이 활동하였어요. 공인의 활동은 상공업 발달을 촉진하였어요.

④ 보부상이 장시를 돌아다니며 상품을 판매하였다.
➡ 조선 후기에 정기 시장인 장시가 전국 각지에서 열렸으며, 보부상이 장시를 돌아다니면서 상품을 판매하였어요.

⑤ 국경 지대에서 개시 무역과 후시 무역이 이루어졌다.
➡ 조선 후기에 상업이 발달하면서 대외 무역도 활발해져 국경 지대에서 공무역인 개시 무역과 사무역인 후시 무역이 이루어졌어요.

27 경복궁
정답 ④

(가) 궁궐에 대한 설명으로 옳은 것은? [3점]

> (가) **복원 기공식 대통령 연설문**
>
> 임진왜란 때 (가) 은/는 불길 속에 휩싸여 ❶흥선 대원군이 그 당시의 국력을 기울여 중건할 때까지 270년의 오랜 세월 동안 폐허로 남아 있었습니다. 일제는 1910년 우리나라를 병탄한 뒤 우리 역사의 맥을 끊기 위해 350여 채에 이르던 전각 대부분을 헐어 내고 옮겼습니다. 국권의 상징이던 ❷근정전을 가로막아 총독부 건물을 세웠습니다. 이제 우리가 궁을 복원하려는 것은 남에 의해 훼손된 민족사에 대한 긍지를 회복하기 위한 것입니다.
>
> 경복궁의 중심 건물로, 왕의 즉위식등 국가 의식을 거행하고 외국 사신을 맞이하던 곳이에요.

정답 잡는 키워드

❶ 흥선 대원군이 중건함, ❷ 근정전 → 경복궁

임진왜란으로 소실된 후 흥선 대원군이 중건할 때까지 폐허로 남아 있었으며, 일제가 총독부 건물을 세워 근정전을 가로막았다는 내용을 통해 (가) 궁궐이 경복궁임을 알 수 있어요. 경복궁은 조선을 세운 태조 이성계가 개경에서 한양으로 천도하면서 지은 궁궐로 조선의 궁궐 가운데 가장 먼저 지어졌어요. 경복궁과 주요 전각의 명칭은 조선 건국에 큰 공을 세운 정도전이 정하였어요. 임진왜란 때 불타 버린 뒤 오랫동안 방치되어 있다가 고종 때 흥선 대원군의 주도로 중건되었어요. 일제 강점기에 일제가 경복궁 근정전 앞에 조선 총독부 건물을 세우면서 궁궐이 훼손되기도 하였어요. 조선 총독부 건물은 김영삼 정부 때 역사 바로 세우기 운동의 일환으로 일제 잔재 청산에 나서면서 철거되었어요.

① 일제에 의해 동물원 등이 설치되었다.
➡ 일제는 창경궁을 훼손하고 동물원과 식물원 등을 설치하였어요. 또한, 궁궐의 이름도 창경궁에서 창경원으로 격하시켰어요.

② 제1차 미·소 공동 위원회가 개최되었다.
➡ 1946년 3월, 덕수궁 석조전에서 제1차 미·소 공동 위원회가 개최되었어요.

③ 도성 내 서쪽에 있어 서궐이라고 불렸다.
➡ 경희궁은 도성 내 서쪽에 있어 서궐이라 불렸어요. 광해군 때 창건된 경희궁은 본래 경덕궁이라고 불리다가 영조 때 경희궁으로 이름이 바뀌었어요.

④ 조선 물산 공진회 개최 장소로 이용되었다.
➡ 일제는 1915년에 경복궁의 일부 건물을 헐어 내고 전국의 물품을 수집·전시한 박람회인 조선 물산 공진회를 개최하였어요.

⑤ 태종이 도읍을 한양으로 다시 옮기며 건립하였다.
➡ 태종은 개경에서 한양으로 다시 도읍을 옮기면서 기존에 있던 경복궁은 그대로 두고 창덕궁을 새로 건립하였어요.

기출 선택지 +α

❻ 후원에 왕실 도서관인 규장각이 있었다. (O/X)
❼ 고종이 아관 파천 이후 환궁한 곳이었다. (O/X)
❽ 인목 대비가 광해군에 의해 유폐된 장소이다. (O/X)
❾ 정도전이 궁궐과 주요 전각의 명칭을 정하였다. (O/X)
❿ 명성 황후가 일본 낭인들에 의해 시해된 장소이다. (O/X)

기출 선택지 +α
정답 ❻ ×[창덕궁] ❼ ×[덕수궁(경운궁)] ❽ ×[덕수궁(경운궁)] ❾ ○ ❿ ○

28 제너럴 셔먼호 사건의 영향
정답 ④

다음 장면에 나타난 사건이 끼친 영향으로 가장 적절한 것은? [2점]

> 평양부 방수성 앞 물가에 큰 ❶이양선 한 척이 머무르다가 끝내 물러가지 않으며 상선을 약탈하고 총을 쏴 백성들을 살상하였습니다. 이에 ❷평안 감사 박규수가 관민을 이끌고 공격하여 불태웠다고 합니다.

정답 잡는 키워드

❶ 이양선이 상선을 약탈하고 백성들을 살상함,
❷ 평안 감사 박규수가 관민을 이끌고 공격하여 불태움
→ 제너럴 셔먼호 사건

평안 감사 박규수가 관민을 이끌고 살인과 약탈을 자행하는 이양선을 공격하여 불태웠다는 내용을 통해 장면에 나타난 사건이 제너럴 셔먼호 사건임을 알 수 있어요. 1866년에 미국 상선 제너럴 셔먼호가 대동강을 거슬러 평양까지 들어와 조선 정부에 통상을 요구하였어요. 통상 요구가 받아들여지지 않자 제너럴 셔먼호의 선원들은 관리를 납치하고 민간인을 살해하는 등 만행을 저질렀어요. 이에 평안 감사 박규수의 지휘 아래 평양 관민이 제너럴 셔먼호를 공격하여 불태워 침몰시켰어요.

① 이용태가 안핵사로 파견되었다.
➡ 고부 농민 봉기가 일어나자 조선 정부는 사태 수습을 위해 이용태를 안핵사로 파견하였어요.

② 이원익이 대동법 시행을 건의하였다.
➡ 광해군 때 방납의 폐단을 바로잡기 위해 이원익이 대동법 시행을 건의하였어요. 이원익의 건의로 경기도 지역에서 대동법이 처음 실시되었어요.

③ 정약종 등이 희생된 신유박해가 일어났다.
➡ 순조가 즉위하면서 권력을 잡은 노론 강경파가 반대 세력을 탄압하기 위해 신유박해를 일으켜 정약종 등 수많은 천주교 신자를 처형하였어요.

④ 로저스 제독이 이끄는 미군이 강화도에 침입하였다.
➡ 1871년에 로저스 제독이 이끄는 미군이 제너럴 셔먼호 사건을 빌미로 강화도에 침입한 신미양요가 일어났어요.

⑤ 황사영이 외국 군대의 출병을 요청하는 백서를 작성하였다.
➡ 신유박해가 일어나자 천주교 신자인 황사영이 신앙의 자유를 얻기 위해 중국 베이징 교구의 주교에게 외국 군대의 출병을 요청하는 백서를 보내려고 하다가 발각되었어요.

29 갑신정변 이후의 사실

다음 사건 이후에 전개된 사실로 옳은 것은? [2점]

> **①**홍영식이 우정국에서 개업식을 명목으로 연회를 열어 세인들이 독립당이라고 칭하는 사람들과 각국 사관(使官) 등을 초대하였다. 연회가 끝날 무렵에 우정국 옆에서 불이 일어났다. …… 마침내 어젯밤의 사변에 따라 **②**독립당이 정권을 획득하였다. 조보(朝報)에서는 새롭게 관리를 임명하겠다는 취지를 포고하였다. **③**박영효, 김옥균, 서광범은 승지가 되었고, 김옥균은 혜상공국 당상을 겸하였다.
> ㄴ 1884년에 설치된 우정총국의 책임자로 홍영식이 임명되었어요. 홍영식을
> 비롯한 급진 개화파는 우정총국의 개국 축하연을 이용해 정변을 일으키기로
> 계획하였어요.
> - "조난기사" -

정답 잡는 키워드

① 홍영식이 우정국에서 개업식 명목으로 연회 개최, **②** 독립당이 정권 획득, **③** 박영효, 김옥균, 서광범 → 갑신정변(1884)

홍영식이 우정국 개업식을 명목으로 연회를 열었으며, 독립당이 정권을 획득하고 박영효, 김옥균, 서광범이 관직을 받았다는 내용을 통해 제시된 사건이 갑신정변임을 알 수 있어요. 김옥균, 박영효, 홍영식 등 급진 개화파는 우정총국 개국 축하연을 기회로 삼아 정변을 일으켜 개화당 정부를 구성하고 청과의 사대 관계 청산, 지조법 개혁, 호조로 국가 재정 일원화, 문벌 폐지 등을 담은 개혁 정강을 발표하였어요. 그러나 청군이 개입하면서 정변은 3일 만에 실패하고 정변을 주도한 김옥균, 박영효 등 일부 인사들은 일본으로 망명하였어요.

①한성 조약이 체결되었다.
➡ 갑신정변 이후 조선과 일본 사이에 조선의 일본 공사관 공사 비용 부담과 배상금 지불 등을 규정한 한성 조약이 체결되었어요.

② 신식 군대인 **별기군**이 **창설**되었다.
➡ 신식 군대인 별기군은 조선 정부의 개화 정책에 따라 1881년에 창설되었어요.

③ 김윤식이 청에 **영선사**로 **파견**되었다.
➡ 영선사 일행은 1881년에 청에 파견되어 근대식 무기 제조 기술과 군사 훈련법 등을 습득하고 돌아왔어요.

④ 일본 군함 **운요호**가 영종도를 **공격**하였다.
➡ 1875년에 허가 없이 강화도에 접근하는 일본 군함 운요호에 강화도의 조선 수비대가 경고 포격을 가하자 이를 구실로 운요호가 초지진에 포격하고 이어 영종도를 공격하였어요.

⑤ 개화 정책을 총괄하는 **통리기무아문**이 **설치**되었다.
➡ 통리기무아문은 1880년에 개화 정책을 총괄하기 위해 설치되었다가 1882년에 일어난 임오군란을 계기로 폐지되었어요.

기출 선택지 +α

⑥ 김기수가 일본에 수신사로 파견되었다. (O / X)
⑦ 청과 일본 사이에 톈진 조약이 체결되었다. (O / X)
⑧ 왕비가 궁궐을 빠져 나와 장호원으로 피신하였다. (O / X)
⑨ 일본 공사관 경비병의 주둔을 인정한 제물포 조약이 체결되었다. (O / X)

[30~31] 다음 자료를 읽고 물음에 답하시오.

> (가) 고대 여러 나라들도 역시 각각 사관(史官)을 두어 일을 기록하였습니다. 그러므로 맹자께서 이르시기를, "진(晉)의 승(乘)과 초(楚)의 도올(檮杌)과 노(魯)의 춘추(春秋)는 모두 한가지다."라고 하셨습니다. 생각건대 **①**우리 해동(海東) 삼국도 역사가 길고 오래되어 마땅히 그 사실이 책으로 기록되어야 하므로 폐하께서 이 늙은 신하에게 명하시어 편집하도록 하셨습니다. …… 신의 학술이 이처럼 부족하고 얕으며, 옛말과 지나간 일은 그처럼 아득하고 희미합니다. 그러므로 온 정신과 힘을 다 쏟아 부어 겨우 ㉠ 책을 만들었습니다. 그러나 보잘것 없기에 스스로 부끄러울 따름입니다.
>
> (나) **②**고려가 끝내 발해사를 편찬하지 않아 토문강 북쪽과 압록강 서쪽이 누구의 땅인지 알 수 없게 되었다. 여진을 책망하려 하여도 할 말이 없고, 거란을 책망하려 하여도 할 말이 없다. 고려가 약한 나라가 된 것은 발해의 땅을 차지하지 못하였기 때문이니, 탄식할 수밖에 없다. …… **③**내가 내규장각 관리로 있으면서 비밀스런 책[秘書]을 꽤 많이 읽었으므로 발해에 관한 일을 차례로 편찬하여, 군고(君考)·신고(臣考)·지리고(地理考)·직관고(職官考)·의장고(儀章考)·물산고(物産考)·국어고(國語考)·국서고(國書考)·속국고(屬國考) 등 9편으로 구성된 ㉡ 책을 만들었다. ㄴ 유득공은 서얼 출신으로 정조 때 규장각 검서관으로 등용되었어요.
>
> (다) 역사란 무엇인가? 인류 사회의 아(我)와 비아(非我)의 투쟁이 시간부터 발전하며 공간부터 확대하는 정신적 활동 상태의 기록이니, 세계사라 하면 세계 인류가 그리되어 온 상태의 기록이며, 조선 역사라 하면 조선 민족이 그리되어 온 상태의 기록인 것이다. 무엇을 '아'라 하며 무엇을 '비아'라 하는가? …… 무릇 주체적 위치에 선 자를 '아'라 하고, 그 외에는 '비아'라 하는데, 이를테면 조선 사람은 조선을 '아'라 하고, 영국·미국·프랑스·러시아 등을 '비아'라 하지만, 그들은 각기 제 나라를 '아'라 하고 조선을 '비아'라 하며, …… **④**그러므로 역사는 '아'와 '비아'의 투쟁의 기록인 것이다.

30 역사서 편찬 인물

(가)~(다)를 작성한 인물에 대해 탐구한 내용으로 가장 적절한 것은? [3점]

정답 잡는 키워드

① 왕명을 받아 해동 삼국의 역사를 책으로 펴냄 → (가) 김부식, "삼국사기"

② 고려가 발해사를 편찬하지 않음을 지적함, **③** 내규장각 관리로 있으면서 발해에 관한 일을 편찬함 → (나) 유득공, "발해고"

④ 역사를 '아'와 '비아'의 투쟁을 기록한 것으로 정의 → (다) 신채호, "조선상고사"

(가) 왕명을 받아 해동 삼국의 역사를 책으로 펴냈다는 내용을 통해 고려 인종 때 김부식이 편찬한 "삼국사기"와 관련된 자료임을 알 수 있어요. 인종의 명을 받은 김부식은 유교적 합리주의 사관에 입각하여 "삼국사기"를 저술하였어요. "삼국사기"는 현존하는 우리나라에서 가장 오래된 역사서입니다.

(나) 고려가 발해사를 편찬하지 않은 것은 잘못이라고 말하고 있으며, 내규장각 관리로 있으면서 발해에 관한 일을 차례로 편찬하였다는 내용을 통해 조선 후기에 유득공이 저술한 "발해고"와 관련된 자료임을 알 수 있어요. 유득공은 "발해고"에서 발해의 역사를 다루면서 신라와 발해를 지칭하여 '남북국'이라는 용어를 처음 사용하였어요.

(다) 역사를 '아(我)'와 '비아(非我)'의 투쟁을 기록한 것이라고 정의하는 내용으로 보아 일제 강점기에 신채호가 저술한 "조선상고사"와 관련된 자료임을 알 수 있어요. 신채호는 '독사신론'을 발표하여 민족주의 사학의 연구 방향을 제시하였으며, 고대사 연구에 주력하여 "조선상고사" 등을 저술하였어요. '역사는 아와 비아의 투쟁'은 신채호의 자주적 민족 사관을 보여주는 문구입니다.

① (가) - 만권당에서 원의 학자들과 교유하였으며, 성리학의 보급에 기여하였다.
➡ 만권당은 고려 후기에 충선왕이 원의 연경에 있는 자신의 거처에 만든 독서당이에요. 이제현 등 고려의 학자들은 만권당에서 원의 학자들과 교유하며 성리학을 연구하였어요.

② (가) - 칠대실록의 편찬에 참여하였으며, 문헌공도를 만들어 사학을 진흥시켰다.
➡ 고려 문종 때 최충은 9재 학당을 세워 유학 교육을 실시하고 후진을 양성하였어요. 9재 학당은 최충의 시호를 따 '문헌공도'라고도 불렸어요.

③ (나) - 금석학을 연구하여 북한산비가 진흥왕 순수비임을 고증하였다.
➡ 조선 후기에 김정희는 금석학을 연구하고 저술한 "금석과안록"에서 북한산비가 진흥왕 순수비임을 고증하였어요.

④ (다) - 한국통사를 저술하였고, 대한민국 임시 정부의 제2대 대통령을 역임하였다.
➡ 박은식은 일제의 침략 과정을 담은 "한국통사"를 저술하였어요. 또한, 1925년에 임시 의정원에서 이승만이 탄핵된 뒤 추대를 받아 대한민국 임시 정부의 제2대 대통령을 역임하였어요.

⑤ (다) - 대한매일신보의 주필로 활동하였으며, 폭력을 통한 민중의 직접 혁명을 주장하였다.
➡ 신채호는 의열단장 김원봉의 요청을 받아 폭력을 통한 민중의 직접 혁명을 주장한 '조선 혁명 선언'을 작성하였어요.

---

31 역사서 편찬
정답 ②

밑줄 그은 ㉠, ㉡에 해당하는 역사서에 대한 설명으로 옳은 것은?
[2점]

① ㉠ - 불교사를 중심으로 고대의 민간 설화를 수록하였다.
➡ 고려 후기에 일연이 불교사를 중심으로 고대의 민간 설화 등을 수록한 "삼국유사"를 저술하였어요.

② ㉠ - 본기, 연표, 잡지, 열전 등으로 구성된 기전체 사서이다.
➡ "삼국사기"는 본기, 연표, 잡지, 열전 등으로 나누어 역사를 기록하는 기전체 형식으로 서술되었어요.

③ ㉡ - 사초와 시정기 등을 바탕으로 편찬하였다.
➡ 조선 시대에 왕이 사망한 뒤 사초와 시정기 등을 바탕으로 실록청에서 "조선왕조실록"을 편찬하였어요.

④ ㉡ - 고구려 건국 시조의 일대기를 서사시로 표현하였다.
➡ 고려 후기에 이규보는 고구려 건국 시조인 동명왕(주몽)의 일대기를 장편 서사시로 표현한 '동명왕편'을 지었어요.

⑤ ㉠, ㉡ - 우리 역사의 시작을 단군 조선으로 삼았다.
➡ 우리 역사의 시작을 단군 조선으로 본 대표적인 역사서로는 "삼국유사", "제왕운기" 등이 있어요. "삼국사기"는 유교적인 입장에서 역사를 서술하였기 때문에 신화나 전설을 다루지 않아 단군 조선은 빠져 있어요. "발해고"는 발해의 역사를 다루었기 때문에 단군 조선은 포함되지 않았어요.

---

32 동학
정답 ①

(가) 종교에 대한 설명으로 옳은 것은?
[1점]

🔍 역사 돋보기 ___(가)___ 의 교세를 확장한 해월 최시형

해월 선생은 제자들에게 '최보따리'라고도 불렸다. 포교를 위해 잠행을 하면서 보따리를 자주 쌌기 때문에 붙여진 별명이다. ❶교조 최제우의 처형으로 위축되었던 ___(가)___ 의❷교세는 2대 교주였던 그의 노력으로 크게 확장되었다. 그는 1897년 손병희에게 도통을 전수하였고 1898년 체포되어 재판을 받고 처형되었다. 그에게 사형을 선고한 판사 중에는 고부 학정의 원흉 조병갑이 있었다.

최시형의 뒤를 이어 동학의 3대 교주가 된 손병희는 후에 동학을 천도교로 개칭하였어요.

최제우는 서학에 반대하여 유교·불교·도교와 민간 신앙의 요소가 융합된 동학을 창시하였어요.

정답 잡는 키워드

❶ 교조 최제우의 처형으로 교세가 위축됨,
❷ 2대 교주 최시형의 노력으로 교세가 확장됨 → 동학

교조 최제우의 처형으로 위축되었던 교세가 2대 교주 최시형의 노력으로 크게 확장되었다는 내용을 통해 (가) 종교가 동학임을 알 수 있어요. 동학은 최제우가 서학에 맞서 창시한 종교로, 마음속에 한울님을 모시는 시천주와 '사람이 곧 한울(하늘)'이라는 인내천을 강조하였어요. 조선 정부는 동학이 사회 질서를 어지럽힌다는 이유를 들어 교조 최제우를 처형하였어요. 최제우의 뒤를 이어 최시형이 교주가 되었고, 최시형의 노력으로 동학의 교세는 크게 확장되었어요. 최시형은 교조 최제우의 억울함을 풀어 달라는 교조 신원 운동을 전개하기도 하였어요.

① 동경대전을 경전으로 삼았다.
➡ 동학은 최제우가 짓고 최시형이 펴낸 "동경대전"과 "용담유사"를 기본 경전으로 삼았어요.

② 항일 무장 단체인 중광단을 결성하였다.
➡ 대종교는 만주에서 항일 무장 단체인 중광단을 결성하였어요. 이후 중광단은 북로 군정서로 발전하였어요.

③ 박중빈을 중심으로 새 생활 운동을 펼쳤다.
➡ 박중빈이 창시한 원불교는 허례 폐지, 저축 장려 등의 새 생활 운동을 전개하였어요.

④ 배재 학당을 세워 신학문 보급에 앞장섰다.
➡ 개신교 선교사인 아펜젤러는 배재 학당을 세워 신학문 보급에 앞장섰어요.

⑤ 프랑스와의 조약을 통해 포교가 허용되었다.
➡ 1886년에 조·프 수호 통상 조약이 체결되면서 천주교 포교가 허용되었어요.

기출 선택지 +α

❻ 단군 숭배 사상을 통해 민족의식을 고취하였다.   (O/X)
❼ 마음속에 한울님을 모시는 시천주를 강조하였다.   (O/X)
❽ 제사와 신주를 모시는 문제로 정부의 탄압을 받았다.   (O/X)
❾ 만주에서 의민단을 조직하여 독립 전쟁을 전개하였다. (O/X)

기출 선택지 +α 정답 ❻ ×[대종교] ❼ ○ ❽ ×[천주교] ❾ ×[천주교]

33 보안회의 활동

정답 ②

다음 자료를 활용한 탐구 활동으로 가장 적절한 것은? [2점]

각국 공관에 보내는 호소문

지금 **①**일본 공사가 우리 외부(外部)에 공문을 보내어 산림, 천택(川澤), 들판, 황무지에 대한 권리를 청구하였습니다. 우리나라 사람들은 이를 이용해 2~3년 걸러 윤작을 해야만 먹고살 수 있습니다. 그런데 만일 이를 외국인에게 주어버린다면 전국의 강토를 모두 빼앗기게 되며 수많은 사람이 참혹한 빈곤에 빠져 구제할 수 없게 될 것입니다. 일본인들의 침략을 막고 우리 강토를 보전하도록 힘써 주십시오.

1904년 ○○월 ○○일

정답 잡는 키워드

❶ 일본 공사가 산림, 천택, 들판, 황무지에 대한 권리 청구
→ 일본의 황무지 개간권 요구

일본이 산림, 천택, 들판, 황무지에 대한 권리를 청구하였다는 내용을 통해 일본이 황무지 개간권을 요구하는 상황임을 알 수 있어요. 일본은 러·일 전쟁을 도발한 직후 자신들이 대한 제국에서 전략적 요충지를 마음대로 사용할 수 있도록 하는 내용의 한·일 의정서 체결을 강요하였어요. 이후 전세가 유리해지면서 일본은 대한 제국 전 국토의 약 4분의 1에 해당하는 황무지 개간권을 50년 기한으로 일본인에게 위임하라고 요구하였어요. 이에 반발하여 전직 관료와 유생들이 중심이 되어 서울 종로의 백목전에서 보안회를 결성하고 이를 중심으로 연일 집회를 열어 반대 운동을 전개하였어요.

① 독립문의 건립 과정을 알아본다.
➡ 독립 협회는 조선의 독립 의지를 드러내기 위해 1897년에 청의 사신을 맞이하던 영은문 자리 부근에 독립문을 건립하였어요.

②보안회의 활동 내용을 파악한다.
➡ 1904년에 결성된 보안회는 일제의 황무지 개간권 요구에 반대하는 운동을 전개하여 일제의 요구를 저지하는 데 성공하였어요.

③ 조·일 통상 장정의 조항을 검토한다.
➡ 1883년에 조·일 통상 장정이 체결되면서 일본 상품에 관세가 부과되었고, 조선 정부는 방곡령을 선포할 수 있게 되었어요. 하지만 일본에 최혜국 대우를 인정하는 조항도 추가되었어요.

④ 화폐 정리 사업이 끼친 영향을 살펴본다.
➡ 제1차 한·일 협약 체결 후 대한 제국의 재정 고문으로 파견된 메가타의 주도로 화폐 정리 사업이 시행되었어요. 화폐 정리 사업으로 인해 한국인이 설립한 은행과 한국 상인들이 큰 타격을 입었어요.

⑤ 황국 중앙 총상회가 조직된 목적을 분석한다.
➡ 외국 상인의 상권 침탈이 심화되자 시전 상인들은 1898년에 황국 중앙 총상회를 조직하여 상권 수호 운동을 전개하였어요.

34 아관 파천의 배경

정답 ①

다음 상황의 배경으로 가장 적절한 것은? [2점]

을미사변과 단발령 시행에 반발하여 을미의병이 일어났어요.

근일에 의병을 일으킨 이들이 각처에 글을 보내어 말하기를, "정부에 변란이 자주 나고 각처에 도적이 일어나며 **①**대군주 폐하께서 외국 공사관에 파천하여 환궁하실 기약이 없고 일본 사람들이 조선 인민을 어지럽게 하는 고로, 의병을 일으켜 서울에 올라가 궁궐을 지키고 대군주 폐하를 환궁하시게 한다."라고 하였다.

정답 잡는 키워드

❶ 대군주 폐하께서 외국 공사관에 파천 → 아관 파천

대군주 폐하께서 외국 공사관에 파천하였다는 내용을 통해 을미사변 이후 고종이 러시아 공사관으로 피신한 상황임을 알 수 있어요. 삼국 간섭의 영향으로 조선에서 친러 정책이 추진되자 위기감을 느낀 일본은 일본군과 일본 낭인을 경복궁에 난입시켜 명성 황후를 시해한 을미사변을 일으켰어요. 이에 고종은 일본의 위협에서 벗어나기 위해 1896년에 왕세자와 함께 러시아 공사관으로 피신하는 아관 파천을 단행하였어요.

①을미사변이 일어났다.
➡ 을미사변으로 신변에 위협을 느낀 고종은 러시아 공사관으로 거처를 옮기는 아관 파천을 단행하였어요.

② 을사늑약이 체결되었다.
➡ 일제는 1905년에 강제로 을사늑약을 체결하여 대한 제국의 외교권을 빼앗았어요. 이후 고종은 을사늑약의 부당함을 세계에 알리기 위해 이상설, 이준, 이위종을 만국 평화 회의가 열리는 네덜란드 헤이그에 특사로 파견하였으나 일본의 방해로 성과를 거두지 못하였어요.

③ 용암포 사건이 발생하였다.
➡ 아관 파천 이후 대한 제국에서 영향력을 확대한 러시아는 1903년에 용암포를 점령하고 조차를 요구하였어요. 이후 용암포를 둘러싸고 러시아와 일본의 대립이 격화되었고, 이 사건은 러·일 전쟁이 발발하는 데 한 요인으로 작용하였어요.

④ 헤이그에 특사가 파견되었다.
➡ 일제는 1907년에 헤이그 특사 파견을 빌미로 고종을 강제 퇴위시켰어요.

⑤ 대한 제국의 군대가 해산되었다.
➡ 일제는 1907년에 강제로 체결한 정미7조약(한·일 신협약)의 부속 각서에 따라 대한 제국의 군대를 해산하였어요. 이때 해산된 군인 중 일부가 정미의병에 합류하여 활약하였어요.

35 대한 제국 시기의 사실 　　　정답 ①

다음 관제가 반포된 이후의 사실로 옳은 것은? 　　[2점]

<원수부 관제>

대황제 폐하는 대원수로서 군기(軍機)를 총람하고 육해군을 통령하며, 황태자 전하는 원수로서 육해군을 일률적으로 통솔한다. 이에 원수부를 설치한다.

제1조
　┗ 대한 제국 시기 광무개혁을 추진하면서 황제의
　　군 통수권 장악을 위해 원수부를 설치하였어요.

원수부는 국방과 용병(用兵)과 군사에 관한 각 항의 명령을 관장하며 특별히 세운 권한을 가지고 군부와 경외(京外)의 각 부대를 지휘 감독한다.

정답 잡는 키워드

❶ 원수부 설치 → 1899년

아관 파천 이후 열강의 이권 침탈이 심화되는 가운데 경운궁으로 돌아온 고종은 연호를 '광무'로 정하였으며, 환구단을 세워 황제 즉위식을 거행하고 대한 제국의 수립을 선포하였어요. 대한 제국은 옛것을 근본으로 하여 새것을 참조한다는 구본신참의 원칙 아래 점진적인 개혁을 시행하였는데, 이를 광무개혁이라고 합니다. 고종 황제는 1899년에 대한국 국제를 반포하여 황제에게 무한한 권한이 있음을 규정하고 원수부를 설치하여 황제가 대원수로서 군대를 통솔하게 하였어요.

① 지계아문이 설치되었다.
➡ 1901년 광무개혁 과정에서 근대적 토지 소유 문서인 지계를 발급할 목적으로 지계아문이 설치되었어요.

② 군국기무처가 창설되었다.
➡ 1894년에 개혁 추진 기구로 군국기무처가 창설되어 제1차 갑오개혁이 추진되었어요.

③ 5군영이 2영으로 통합되었다.
➡ 1881년에 개화 정책의 일환으로 구식 군대인 5군영이 무위영과 장어영의 2영으로 통합되었어요.

④ 한성 사범 학교가 설립되었다.
➡ 1895년 제2차 갑오개혁 과정에서 교육 입국 조서가 반포되었고, 이에 따라 교원 양성을 위한 한성 사범 학교 관제가 마련되어 한성 사범 학교가 설립되었어요.

⑤ 건양이라는 연호가 제정되었다.
➡ 1895년 을미개혁이 추진되어 태양력 채택과 함께 '건양'이라는 연호가 제정되었어요.

기출 선택지 +α

❻ 전환국이 설치되었다. 　　　　　　(O / X)
❼ 한성순보가 발행되었다. 　　　　　(O / X)
❽ 용암포 사건이 발생하였다. 　　　　(O / X)
❾ 보빙사가 미국에 파견되었다. 　　　(O / X)

36 한국 독립군의 활동 　　　정답 ③

(가) 부대에 대한 설명으로 옳은 것은? 　　[2점]

남대관, 권수정 등은 전 한족총연합회 간부였던 지청천, 신숙 등과 함께 아성현(阿城縣)에서 ❶한국대독립당을 조직하고 ❷지청천을 총사령, 남대관을 부사령으로 하는 　(가)　을/를 편성하였다. …… 　(가)　은/는 딩차오(丁超)의 군으로부터 무기를 지급받고 대원을 모집하여 일본측 기관의 파괴, 일본 요인의 암살 등을 기도하였다.
　　┗ 중국 호로군의 총사령관이에요. 한국 독립군은 중국 호로
　　　군과 연합 작전을 전개하며 한국군에 필요한 군수품을
　　　중국군으로부터 지급받기로 합의하였어요.

정답 잡는 키워드

❶ 한국대독립당 조직, ❷ 지청천을 총사령으로 함 → 한국 독립군

한국대독립당(한국 독립당)이 조직되었으며, 지청천이 총사령이라는 내용을 통해 (가) 부대가 한국 독립군임을 알 수 있어요. 자유시 참변 이후 만주로 돌아온 독립군은 참의부, 정의부, 신민부의 3부를 결성하였어요. 이후 3부 통합 운동이 전개되어 남만주의 국민부와 북만주의 혁신 의회로 재편되었어요. 얼마 지나지 않아 북만주에서는 혁신 의회가 해체되고 이후 한국 독립당이 조직되어 산하의 군사 조직으로 한국 독립군이 창설되었어요. 한국 독립군은 지청천을 총사령으로 하였으며, 중국 호로군과 연합하여 쌍성보 전투, 대전자령 전투 등에서 일본군을 격퇴하였어요.

① 청산리에서 일본군을 크게 격파하였다.
➡ 북로 군정서와 대한 독립군 등 독립군 연합 부대가 청산리 일대에서 일본군을 크게 격파하였어요.

② 미군과 연계하여 국내 진공 작전을 준비하였다.
➡ 대한민국 임시 정부가 창설한 한국 광복군은 미군과 연계하여 국내 진공 작전을 준비하였으나 일본이 패망하면서 실행에 옮기지는 못하였어요.

③ 대전자령 전투에서 일본군을 상대로 승리를 거두었다.
➡ 한국 독립군은 중국 호로군과 함께 대전자령 전투에서 일본군을 상대로 승리를 거두었어요.

④ 중국 관내(關內)에서 결성된 최초의 한인 무장 부대였다.
➡ 조선 의용대는 김원봉 등이 중국 국민당 정부의 지원을 받아 우한에서 조직한 군사 조직으로, 중국 관내에서 결성된 최초의 한인 무장 부대였어요.

⑤ 대한 국민회군 등과 연합하여 봉오동 전투에서 승리하였다.
➡ 홍범도가 이끄는 대한 독립군은 대한 국민회군 등과 연합하여 봉오동 전투에서 승리하였어요.

기출 선택지 +α

❻ 호가장 전투에서 크게 활약하였다. 　　　　　　　　(O / X)
❼ 영릉가 전투에서 일본군을 격퇴하였다. 　　　　　　(O / X)
❽ 쌍성보 전투에서 한·중 연합 작전을 전개하였다. 　　(O / X)
❾ 영국군의 요청으로 인도·미얀마 전선에 투입되었다. 　(O / X)
❿ 남만주 지역에서 결성된 조선 혁명당의 군사 조직이었다.
　　　　　　　　　　　　　　　　　　　　　　　　　　(O / X)

제66회

밑줄 그은 '법령'이 시행된 시기 일제의 정책으로 옳은 것은? [1점]

일제는 1910년에 회사령을 제정하여 회사를 설립할 때 조선 총독의 허가를 받도록 하였으며, 허가 조건을 어기면 총독이 회사의 해산을 명할 수 있도록 하였어요.

□□신문

제△△호   ○○○○년 ○○월 ○○일

어려움에 빠진 한인 회사

❶회사를 설립할 때 조선 총독의 허가를 받도록 하는 법령이 제정되었다. 이후 한인의 회사는 큰 영향을 받아 손해가 적지 않기에 실업계의 원성이 자자하다. 전국에 있는 회사를 헤아려 보니 한국에 본점을 두고 설립한 회사가 171개인데 자본 총액이 5,021만여 원이요, 외국에 본점을 두고 지점을 한국에 설립한 회사가 52개인데 자본 총액이 1억 1,230만여 원이다. 그중에 일본인의 회사가 3분의 2 이상이고, 몇 개 되지 않는 한인의 회사는 상업 경쟁에 밀리고 회사 세납에 몰려 도무지 유지하기가 어렵다고 한다.

정답 잡는 키워드

❶ 회사를 설립할 때 조선 총독의 허가를 받도록 하는 법령
→ 회사령(1910년 제정, 1920년 폐지)

회사를 설립할 때 조선 총독의 허가를 받도록 하였다는 내용을 통해 밑줄 그은 '법령'이 회사령임을 알 수 있어요. 일제는 1910년에 민족 자본의 성장을 억제하고 한국인의 기업 활동을 제한하기 위해 회사령을 제정하였어요. 이후 제1차 세계 대전을 거치며 산업화가 진전되어 일본 내 자본 축적이 확대되자 한국으로 투자를 유도하기 위해 1920년에 회사령을 폐지하였어요.

① 신문지법을 제정하였다.
➡ 일제는 우리나라의 신문을 탄압·통제하기 위해 대한 제국 정부를 압박하여 1907년에 신문지법을 제정하게 하였어요.

② 미쓰야 협정을 체결하였다.
➡ 일제는 만주 지역 독립군의 활동을 탄압하기 위해 1925년에 중국 군벌과 미쓰야 협정을 체결하였어요.

③ 토지 조사 사업을 실시하였다.
➡ 일제는 1910년대에 식민지 지배에 필요한 재정을 확보하기 위해 토지 조사 사업을 실시하였어요.

④ 경성 제국 대학을 설립하였다.
➡ 일제는 1920년대에 민립 대학 설립 운동이 전개되자 한국인의 고등 교육에 대한 열망을 무마하기 위해 1924년에 경성 제국 대학을 설립하였어요.

⑤ 조선 사상범 예방 구금령을 시행하였다.
➡ 일제는 1941년에 독립운동을 사전에 막기 위해 범죄(독립운동)를 일으킬 우려가 있다는 자의적인 판단만으로 사상범을 미리 체포하거나 구금할 수 있다는 내용을 담은 조선 사상범 예방 구금령을 시행하였어요.

기출 선택지 +α

❻ 애국반을 조직하였다.   (O/X)
❼ 조선 태형령을 시행하였다.   (O/X)
❽ 치안 유지법을 제정하였다.   (O/X)
❾ 국가 총동원법을 공포하였다.   (O/X)
❿ 헌병 경찰 제도를 실시하였다.   (O/X)

기출 선택지 +α

정답 ❻ ×[1938년] ❼ ○[1912~1920년] ❽ ×[1925년] ❾ ×[1938년] ❿ ○

(가) 단체에 대한 설명으로 옳은 것은? [3점]

판결문

피고인 : 박상진, 김한종

주 문 : 피고 박상진, 김한종을 사형에 처한다.

이 유

피고 박상진, 김한종은 한·일 병합에 불평을 가지고 구한국의 국권 회복을 명분으로 (가) 을/를 조직하고❷국권 회복을 위한 자금 조달을 위해 조선 각도의 자산가에게 공갈로 돈을 받아내기로 하고 …… 채기중 등을 교사하여 장승원의 집에 침입하여 자금을 강취하고 살해하도록 한 죄가 인정되므로 위와 같이 판결한다.

대한 광복회는 군자금을 마련하기 위해 친일파를 처단하고 자산가를 상대로 자금을 모금하였으며, 일제가 거두어들인 세금을 운반하는 우편 마차를 습격하여 이를 탈취하기도 하였어요.

정답 잡는 키워드

❶ 박상진 등이 조직, ❷ 국권 회복을 위한 자금 마련 → 대한 광복회

박상진 등이 조직하였고 국권 회복을 위한 자금 조달 활동을 전개하였다는 내용을 통해 (가) 단체가 대한 광복회임을 알 수 있어요. 1915년에 대구에서 박상진 등이 대한 광복회를 조직하였어요. 대한 광복회는 군자금을 모금하여 만주에 무관 학교를 세우고자 하였으며, 친일파 처단 등의 활동을 벌였어요.

① 중·일 전쟁 발발 직후에 결성되었다.
➡ 대한 광복회는 중·일 전쟁(1937)이 발발하기 이전에 결성되었어요. 중·일 전쟁 발발 직후에 조선 민족 전선 연맹이 결성되었으며, 1938년에 산하의 군사 조직으로 조선 의용대가 창설되어 일본군에 대한 심리전이나 후방 공작 활동 등을 벌였어요.

② 군대식 조직을 갖춘 비밀 결사였다.
➡ 대한 광복회는 군대식 조직을 갖춘 비밀 결사로, 공화 정체의 국민 국가 수립을 목표로 삼았어요.

③ 파리 강화 회의에 대표를 파견하였다.
➡ 신한 청년당은 중국 상하이에서 결성된 단체로, 파리 강화 회의에 김규식을 대표로 파견하였어요.

④ 일제가 꾸며 낸 105인 사건으로 와해되었다.
➡ 신민회는 일제가 조작한 105인 사건으로 조직이 드러나 와해되었어요.

⑤ 만민 공동회를 열어 열강의 이권 침탈을 비판하였다.
➡ 독립 협회는 민중 집회인 만민 공동회를 열어 열강의 이권 침탈을 비판하고 이권 수호 운동을 전개하였어요.

기출 선택지 +α

❻ 정우회 선언의 영향으로 결성되었다.   (O/X)
❼ 고종의 밀지를 받아 결성된 비밀 단체이다.   (O/X)
❽ 중추원 개편을 통해 의회 설립을 추진하였다.   (O/X)
❾ 공화 정체의 국민 국가 수립을 목표로 삼았다.   (O/X)
❿ 구미 위원부를 설치하여 외교 활동을 전개하였다.   (O/X)

기출 선택지 +α

정답 ❻ ×[신간회] ❼ ×[독립 의군부] ❽ ×[독립 협회] ❾ ○
❿ ×[대한민국 임시 정부]

밑줄 그은 '시위운동'의 배경으로 가장 적절한 것은? [1점]

> 수신 : 육군 대신
> 발신 : 조선 헌병대 사령관
> ❶ 오늘 1일 새벽 경성에서 조선 독립에 관한 선언서를 발견함. 위 선언서에는 ❷ 천도교, 기독교 신도들의 서명이 있었는데, 이면에는 일본 및 조선의 학생들과 비밀리에 연락했을 가능성이 있어 수사 중. 오후 2시에 이르러 중학(中學) 정도의 학생 약 1,000명이 모이자, 민중이 이에 어울려 시내를 행진하고 시위운동을 시작함. 지금 수배 중. 위 집단은 각 장소에서 ❸ 한국 독립 만세를 외치나 난폭한 행동으로 나오지는 않아 매우 불온한 형세는 없음. 주모자를 체포하고 해산시킬 예정이고 선언서에 서명한 사람 대부분은 즉시 체포함.

3·1 운동 당시 손병희(천도교), 이승훈(기독교), 한용운(불교) 등 종교계 인사들로 구성된 민족 대표 33인 명의의 독립 선언서가 작성되었어요.

3·1 운동은 비폭력 만세 시위로 시작되었으나 운동 초기부터 일제는 시위 참가자들을 체포·탄압하였어요.

정답 잡는 키워드

❶ 1일 새벽 조선 독립에 관한 선언서 발견,
❷ 천도교, 기독교 신도들의 서명, ❸ 한국 독립 만세를 외치나 난폭한 행동으로 나오지는 않음 → 3·1 운동

천도교, 기독교 신도들의 서명이 있는 조선 독립에 관한 선언서가 발견되었으며, 학생과 민중이 한국 독립 만세를 외치며 시위운동을 시작하였다는 내용을 통해 밑줄 그은 '시위운동'이 3·1 운동임을 알 수 있어요. 미국 대통령 윌슨의 민족 자결주의와 국외에서 이어진 독립 선언의 영향을 받아 국내에서도 독립 선언의 움직임이 일어났어요. 그러던 중 고종이 승하하자 종교계 지도자와 학생들이 중심이 되어 고종의 인산일에 즈음하여 대대적인 만세 시위를 벌이기로 계획하였어요. 1919년 3월 1일 민족 대표들은 시위가 격화될 것을 우려해 태화관에서 독립 선언서를 낭독하고 일제에 자진하여 체포되었어요. 탑골 공원에 모여 있던 학생과 시민들은 민족 대표가 나타나지 않자 독립 선언서를 가져와 낭독하고 만세 시위를 전개하였어요. 만세 시위는 전국으로 확산되었고 일제는 헌병과 군대를 동원하여 탄압하였어요. 3·1 운동을 계기로 독립운동을 이끌어 갈 통일된 지도부의 필요성이 제기되어 중국의 상하이에서 대한민국 임시 정부가 수립되었어요.

① 간도 참변으로 민간인이 학살되었다.
➡ 1920년 봉오동 전투와 청산리 전투에서 패배한 일본군은 간도의 한인 마을을 습격하여 한국인을 학살하는 간도 참변을 일으켰어요.

② 상하이에서 국민 대표 회의가 개최되었다.
➡ 1923년 상하이에서 대한민국 임시 정부의 새로운 독립운동 방향을 모색하기 위한 국민 대표 회의가 개최되었어요.

③ 언론사의 주도로 브나로드 운동이 전개되었다.
➡ 1930년대 초반 동아일보의 주도로 농촌 계몽 운동인 브나로드 운동이 전개되었어요.

④ 조선 노동 총동맹과 조선 농민 총동맹이 결성되었다.
➡ 1927년 조선 노농 총동맹이 분리되어 조선 노동 총동맹과 조선 농민 총동맹이 결성되었어요.

⑤ 도쿄 유학생들을 중심으로 2·8 독립 선언서가 발표되었다.
➡ 민족 자결주의에 영향을 받은 도쿄의 한국인 유학생들이 1919년 2·8 독립 선언서를 발표하였어요. 2·8 독립 선언은 국내에서 3·1 운동이 일어나는 계기가 되었어요.

(가) 인물에 대한 설명으로 옳은 것은? [3점]

> 문학으로 보는 한국사
>
> 내 고장 칠월은
> 청포도가 익어가는 시절
>
> 이 마을 전설이 주저리주저리 열리고
> 먼 데 하늘이 꿈꾸며 알알이 들어와 박혀
>
> 하늘 밑 푸른 바다가 가슴을 열고
> 흰 돛단배가 곱게 밀려서 오면
>
> 내가 바라는 손님은 고달픈 몸으로
> 청포(靑袍)를 입고 찾아온다고 했으니
> 내 그를 맞아 이 포도를 따 먹으면
> 두 손은 함뿍 적셔도 좋으련
>
> 아이야, 우리 식탁엔 은쟁반에
> 하이얀 모시 수건을 마련해 두렴

> [해설]
> 이 시는 독립운동가이자 문학가인 (가) 의 ❶ '청포도'이다. 그는 이 시를 비롯한 다양한 작품에서 식민지 현실에 맞서 꺼지지 않는 민족의식을 ❷ 표현하였다.
> 그의 본명은 이원록으로 안동에서 태어났고, 1927년 장진홍의 ❸ 조선 은행 대구 지점 폭탄 의거에 연루되어 투옥되었다. 이후에도 그는 중국을 오가며 독립운동에 힘쓰다가 1943년 체포되어 이듬해 베이징의 일본 감옥에서 생을 마감하였다.

이육사라는 이름은 조선 은행 대구 지점 폭파 사건에 연루되어 수감 생활을 하던 당시의 수인 번호(264)에서 따온 것이에요.

정답 잡는 키워드

❶ '청포도', ❷ 본명 이원록,
❸ 조선 은행 대구 지점 폭탄 의거에 연루되어 투옥 → 이육사

'청포도'라는 시를 남겼으며, 본명이 이원록이고 조선 은행 대구 지점 폭탄 의거에 연루되어 투옥되었다는 내용을 통해 (가) 인물이 이육사임을 알 수 있어요. 이육사는 의열단에 가입하고 조선 혁명 간부 학교에 입교하는 등 적극적으로 독립운동에 참여하였어요.

① 소설 상록수를 신문에 연재하였다.
➡ 심훈은 브나로드 운동을 소재로 한 소설 "상록수"를 동아일보에 연재하였어요.

② 광야, 절정 등의 저항시를 발표하였다.
➡ 이육사는 민족의식을 일깨우기 위한 문학 활동을 전개하여 저항시 '광야', '절정' 등을 발표하였어요.

③ 타이완에서 일본 육군 대장을 저격하였다.
➡ 조명하는 타이완에서 일본 육군 대장인 구니노미야를 습격하여 치명상을 입혔어요.

④ 삼균주의를 바탕으로 한 건국 강령을 만들었다.
➡ 조소앙은 삼균주의를 바탕으로 한 대한민국 건국 강령의 초안을 작성하였어요.

⑤ 여유당전서를 간행하고 조선학 운동을 전개하였다.
➡ 민족주의 사학을 계승한 정인보 등은 "여유당전서" 간행 사업을 추진하면서 조선학 운동을 전개하였어요.

기출 선택지 +α

❻ 저항시 그날이 오면을 발표하였다. (O / X)
❼ 종로 경찰서에 폭탄을 투척하였다. (O / X)
❽ 영화 아리랑의 제작, 감독, 주연을 맡았다. (O / X)
❾ 친일파 이완용을 습격하여 중상을 입혔다. (O / X)
❿ 하늘과 바람과 별과 시라는 유고집이 있다. (O / X)

기출 선택지 +α

정답 ❻ ×[심훈] ❼ ×[김상옥] ❽ ×[나운규] ❾ ×[이재명] ❿ ×[윤동주]

(가) 단체에 대한 설명으로 옳은 것은?   [2점]

┌─────────────────────────────────────┐
│ ─ 1923년 관동 대지진 때 일본인이   │
│   수많은 한국인을 학살하였어요.   □□신문   │
│ 제△△호   1924년 ○○월 ○○일 │
│   │
│   이중교 폭탄 사건 주역은 (가) ❶의 김지섭   │
│   9월 1일 대지진 때 일어난 조선인 학살이 도화선 │
│   │
│   금년 1월 5일 오후 7시에 동경 궁성 이중교 앞에서 일어난 폭탄 │
│ 투척 사건은 전 일본을 경악하게 만든 대사건이었다. 당국은 이 사 │
│ 건에 대한 신문 게재 일체를 금지하였고, 동경 지방 재판소의 검사 │
│ 와 예심 판사가 수사를 진행하였다. 이번에 예심이 결정되고 당국의 │
│ 보도 금지가 해제되었기에, 피고 김지섭 외 4명은 전부 유죄로 공판 │
│ 에 회부되었음을 보도한다. 김지섭은 조선 독립을 위해 (가)   │
│ ❷의 단장 김원봉과 함께 과격한 방법을 강구하였고, 이를 일본에서 │
│ 실행하기로 하였다고 한다.   │
└─────────────────────────────────────┘

정답 잡는 키워드

❶ 단원 김지섭, ❷ 단장 김원봉 → 의열단

김지섭이 동경 궁성에서 폭탄을 투척하였으며 단장이 김원봉이라는 내용을 통해 (가) 단체가 의열단임을 알 수 있어요. 1919년에 김원봉 등이 만주에서 결성한 의열단은 일제 요인 암살, 식민 통치 기관 파괴 등의 개인 폭력 투쟁을 전개하였어요. 부산 경찰서에 폭탄을 투척한 박재혁, 조선 총독부에 폭탄을 투척한 김익상, 종로 경찰서에 폭탄을 투척한 김상옥, 도쿄 궁성에서 폭탄을 투척한 김지섭, 조선 식산 은행과 동양 척식 주식회사에 폭탄을 투척한 나석주 등이 단원으로 활동하였어요.

① 김구가 상하이에서 조직하였다.
➡ 김구는 대한민국 임시 정부의 침체된 활동에 활기를 불어넣기 위해 상하이에서 한인 애국단을 조직하였어요.

② 비밀 행정 조직인 연통제를 운영하였다.
➡ 대한민국 임시 정부는 국내외 업무 연락을 원활히 하고 독립운동 자금을 모으기 위해 비밀 행정 조직인 연통제를 운영하였어요.

③ 조선 혁명 선언을 활동 지침으로 삼았다.
➡ 의열단은 김원봉의 요청으로 신채호가 작성한 '조선 혁명 선언'을 활동 지침으로 삼았어요.

④ 신흥 무관 학교를 세워 무장 투쟁을 준비하였다.
➡ 신민회 회원들이 서간도(남만주) 삼원보 지역에 신흥 강습소를 설립하여 독립군을 양성하였어요. 이후 신흥 강습소는 신흥 무관 학교로 개편되었어요.

⑤ 조선 총독부에 국권 반환 요구서를 제출하려 하였다.
➡ 독립 의군부는 조선 총독부에 국권 반환 요구서를 보내려고 계획하던 중에 조직이 발각되어 해체되었어요.

기출 선택지 +α

❻ 일제의 황무지 개간권 요구를 저지하였다.   (O/X)
❼ 도쿄에서 일어난 이봉창 의거를 계획하였다.   (O/X)
❽ 복벽주의를 내세우며 의병 전쟁을 준비하였다.   (O/X)
❾ 단원 일부가 황푸 군관 학교에 입학해 군사 훈련을 받았다.
                                             (O/X)

기출 선택지 +α 정답 ❻ ×[보안회] ❼ ×[한인 애국단] ❽ ×[독립 의군부] ❾ ○

다음 자료에 나타난 민족 운동에 대한 설명으로 옳은 것은?   [2점]

┌─────────────────────────────────────┐
│   2천만 피압박 민중 제군이여!   │
│   │
│   우리 2천만 생령(生靈)을 사랑하고 조국을 사랑하는 ❶광주 학생 │
│ 남녀 수십 명이 빈사(瀕死)의 중상을 입었다. 고뇌하는 청년 학생 │
│ 2백 명이 불법으로 철창 속에 갇혀 있다. 그들은 정의를 위하여 거 │
│ 리로 나가 시위를 했다. 그러나 지배 계급의 미친개의 이빨에 물리 │
│ 고 말았다. 우리들은 ❷광주 학생의 석방을 요구하는 동시에 참을 수 │
│ 없는 피눈물로 시위 대열에 나가는 것이다.   │
│   │
│   - 감금된 학생을 탈환하자   │
│   - 총독 폭압 정치 절대 반대   │
│   - 교육에 경찰 간섭 반대   ┌ 일제는 1925년에 치안 유지법을 제정 │
│   - 치안 유지법을 철폐하라   │ 하여 사회주의 운동과 독립운동가를 │
│   └ 탄압하는 데 이용하였어요.   │
└─────────────────────────────────────┘

정답 잡는 키워드

❶ 광주 학생 남녀 수십 명이 중상을 입음,
❷ 광주 학생의 석방 요구 → 광주 학생 항일 운동

광주 학생들이 중상을 입었으며, 광주 학생의 석방을 요구하고 있는 것으로 보아 자료에 나타난 민족 운동이 광주 학생 항일 운동임을 알 수 있어요. 광주 학생 항일 운동은 1929년에 광주에서 나주로 가는 통학 열차에서 벌어진 한·일 학생 간 충돌이 발단이 되어 일어났어요. 한·일 학생 간 충돌 사건에 대한 일본 경찰의 편파적인 태도에 분노한 광주 지역의 학생들은 민족 차별 철폐, 식민지 교육 제도 철폐 등을 주장하며 대규모 시위를 벌였어요.

① 순종의 장례일을 맞아 가두시위를 벌였다.
➡ 순종의 장례일을 기해 6·10 만세 운동이 일어났어요.

② 대한민국 임시 정부 수립에 영향을 주었다.
➡ 3·1 운동을 계기로 독립운동을 이끌어 갈 통합된 정부의 필요성이 제기되어 대한민국 임시 정부가 수립되었어요.

③ 조선 사람 조선 것이라는 구호를 내세웠다.
➡ 물산 장려 운동은 '조선 사람 조선 것', '내 살림 내 것으로' 등의 구호를 내세워 토산품 애용, 근검저축, 금주·금연 등을 강조하였어요.

④ 신간회의 지원을 받으며 전국적으로 확산되었다.
➡ 광주 학생 항일 운동 당시 신간회가 진상 규명을 위한 조사단을 파견하고 지원하여 시위가 전국적으로 확산되었어요.

⑤ 일본, 프랑스 등의 노동 단체로부터 격려 전문을 받았다.
➡ 원산 총파업의 소식이 국외로 알려지면서 일본, 프랑스 등의 노동 단체들이 총파업을 격려하는 전문을 보냈어요.

기출 선택지 +α

❻ 일제의 무단 통치를 완화시키는 배경이 되었다.   (O/X)
❼ 대한매일신보의 후원으로 전국적으로 확산되었다.   (O/X)
❽ 한국인 학생과 일본인 학생 간의 충돌에서 비롯되었다. (O/X)
❾ 국내에서 민족 유일당 운동이 시작되는 계기가 되었다.(O/X)

기출 선택지 +α
정답 ❻ ×[3·1 운동] ❼ ×[국채 보상 운동] ❽ ○ ❾ ×[6·10 만세 운동]

교사의 질문에 대한 학생의 답변으로 가장 적절한 것은? [1점]

일제는 조선 민사령을 개정하여 일본식 씨명을 사용하도록 강요하였습니다. 이렇게 개정한 이후에 일제가 추진한 정책에 대해 말해 볼까요?

일제는 1939년에 조선 민사령을 개정하여 이듬해부터 한국인에게 일본식 씨명을 사용하도록 강요하는 창씨개명을 실시하였어요.

조선 민사령 중 개정의 건
(제령 제19호)

조선인 호주는 본령 시행 후 6개월 이내에 새로 씨(氏)를 정하고 이를 부윤 또는 읍면장에게 신고해야 한다. …… 신고를 하지 않을 때는 본령 시행 당시 호주의 성을 씨로 삼는다.

정답 잡는 키워드

❶ **일본식 씨명을 사용하도록 강요 → 창씨개명(1940)**

일제가 일본식 씨명을 사용하도록 강요한 시기는 1940년부터입니다. 일제는 1937년에 중·일 전쟁을 일으키고 침략 전쟁을 확대하면서 한국인을 전쟁에 쉽게 동원하기 위해 한국인의 민족의식을 말살하는 정책을 본격적으로 추진하였어요. 일제는 일왕에 대한 충성 맹세문인 황국 신민 서사를 제정하여 강제로 암송하게 하고, 일왕이 사는 곳을 향해 허리를 굽혀 절을 하는 궁성 요배와 신사 참배를 강요하였어요. 그뿐만 아니라 우리의 성과 이름도 일본식으로 바꾸도록 강요하였어요.

① **통감부**를 **설치**하였습니다.
➡ 일제는 1905년에 체결된 을사늑약에 따라 1906년에 통감부를 설치하였어요. 이후 이토 히로부미가 초대 통감으로 부임하여 내정 전반을 간섭하기 시작하였어요.

② **조선 태형령**을 **시행**하였습니다.
➡ 일제는 1910년대에 강압적인 무단 통치를 실시하여 한국인에게만 태형을 적용하는 조선 태형령을 시행하였어요.

③ **헌병 경찰제**를 **실시**하였습니다.
➡ 일제는 1910년대에 강압적 통치를 목적으로 군사 경찰인 헌병이 일반 경찰 업무와 행정 업무까지 관여하는 헌병 경찰제를 실시하였어요.

④ **여자 정신 근로령**을 공포하였습니다.
➡ 일제는 1944년에 여자 정신 근로령을 공포하여 한국 여성의 노동력을 강제로 동원하였어요.

⑤ **동양 척식 주식회사**를 **설립**하였습니다.
➡ 일제는 1908년에 한국의 토지와 자원을 수탈할 목적으로 동양 척식 주식회사를 설립하였어요.

핵심 개념 | **1930년대 이후 일제의 식민 정책**

민족 말살 통치	• 황국 신민화 정책 : 궁성 요배, 신사 참배, 황국 신민 서사 암송, 창씨개명 등 강요 • 조선 사상범 보호 관찰령 공포(1936), 조선 사상범 예방 구금령 제정(1941), 소학교의 명칭을 국민학교로 변경(1941)
경제 수탈	• 남면북양 정책 : 일본 방직업에 필요한 원료 공급 목적 → 한반도 남부 지방에 면화, 북부 지방에 양 사육 강요 • 병참 기지화 정책 : 한반도를 전쟁 물자 보급을 위한 병참 기지로 이용 • 물자 수탈 : 전쟁 물자 확보 목적 → 지하자원 약탈, 금속과 미곡 공출, 식량 배급제 실시 등 • 인력 강제 동원 : 지원병제(1938), 학도 지원병제(1943), 징병제(1944), 국민 징용령(1939), 여자 정신 근로령(1944) 시행

(가) 인물에 대한 설명으로 옳은 것은? [2점]

항복 전에 정무총감 엔도 등이 법과 질서를 유지하고 일본인들의 생명과 재산을 지키기 위하여 ___(가)___ 와/과 논의하였다. …… 일본인들은 그가 유혈 사태를 막아 줄 수 있다고 믿었던 것 같다. …… 그런데 ___(가)___ 은/는 조선 총독부가 생각했던 바를 따르지 않았다. 일본이 원했던 것은 연합군이 올 때까지 질서를 유지하기 위한 평화 유지 위원회 정도였다. 그러나 그는 실질적인 정부로 여겨질 수 있는 조선 건국 준비 위원회를 만들었다.

여운형은 광복 직후 좌우익 세력이 함께 참여한 조선 건국 준비 위원회를 조직하고, 위원장을 맡았어요.

정답 잡는 키워드

❶ **조선 건국 준비 위원회 조직 → 여운형**

조선 건국 준비 위원회를 조직하였다는 내용을 통해 (가) 인물이 여운형임을 알 수 있어요. 여운형은 1944년에 일제의 패망과 광복에 대비하여 비밀리에 조선 건국 동맹을 결성하였어요. 조선 건국 동맹은 광복 직후에 조선 건국 준비 위원회로 발전하였어요.

① 샌프란시스코에서 **흥사단**을 **결성**하였다.
➡ **안창호**는 1913년에 샌프란시스코에서 재미 한인을 중심으로 흥사단을 결성하였어요.

② **조선어 학회 사건**으로 **구속**되어 옥고를 치렀다.
➡ **최현배, 이극로** 등의 조선어 학회 회원들은 1942년에 일어난 조선어 학회 사건으로 구속되어 옥고를 치렀어요.

③ 김규식과 함께 좌우 합작 위원회를 조직하였다.
➡ **여운형**은 이승만이 남한만의 단독 정부 수립을 주장하자 중도 성향의 김규식 등과 함께 좌우 합작 위원회를 조직하였어요.

④ **반민족 행위 특별 조사 위원회**에서 **활동**하였다.
➡ 대한민국 정부 수립 직후 제헌 국회는 민족정기를 바로 세우기 위해 반민족 행위 처벌법을 제정하고, 반민족 행위 특별 조사 위원회(반민특위)를 구성하였어요. 반민특위의 조사 위원은 각 도에서 1명씩 선정하였는데 **김상덕, 김상돈** 등 10명의 국회 의원으로 구성되었어요.

⑤ 미국에서 귀국하여 **독립 촉성 중앙 협의회**를 이끌었다.
➡ 광복 후 미국에서 돌아온 **이승만**은 1945년에 민족주의 정당을 중심으로 독립 촉성 중앙 협의회를 결성하였어요.

기출 선택지 +α

❻ 김규식과 함께 남북 협상에 참여하였다.   (O / X)
❼ 정읍에서 남한만의 단독 정부 수립을 주장하였다.   (O / X)
❽ 조선 혁명 간부 학교를 세워 독립군을 양성하였다.   (O / X)
❾ 일제의 패망과 광복에 대비하여 조선 건국 동맹을 결성하였다.   (O / X)

기출 선택지 +α 정답 ❻ ×[김구] ❼ ×[이승만] ❽ ×[김원봉] ❾ ○

(가) 전쟁 중에 있었던 사실로 옳은 것을 〈보기〉에서 고른 것은?

[2점]

사진으로 보는 (가)

이 사진은 (가) 당시 끊어진 대동강 철교를 찍은 거란다. ❶유엔군은 중국군의 남하를 지연시키기 위해 철교를 파괴했다는구나.

한파가 몰아치는 한겨울에 끊어진 다리를 건너는 피난민의 모습을 보니 전쟁의 참혹함이 생생하게 느껴지는 것 같아요.

정답 잡는 키워드

❶ 유엔군이 중국군의 남하를 지연시키기 위해 철교 파괴
→ 6·25 전쟁

유엔군이 중국군의 남하를 지연시키기 위해 대동강 철교를 파괴하였다는 내용을 통해 (가) 전쟁이 6·25 전쟁임을 알 수 있어요. 1950년 6월 25일에 북한의 기습 남침으로 6·25 전쟁이 발발하였어요. 북한의 남침을 침략 행위로 규정한 유엔 안전 보장 이사회에서 유엔군을 파병하였고, 낙동강 지역까지 밀렸던 국군과 유엔군은 반격을 시도하였어요. 1950년 9월에 국군과 유엔군은 인천 상륙 작전을 전개하여 서울을 탈환하고, 여세를 몰아 38도선을 돌파하여 압록강 일대까지 진격하였어요. 하지만 중국이 국군과 유엔군의 북진을 경계하여 대규모의 군대를 보내 공세를 폈어요. 이로 인해 국군과 유엔군이 북한 지역에서 밀려났고, 유엔군은 중국군의 남하를 지연시키기 위해 대동강 철교를 파괴하기도 하였어요.

ㄱ. 애치슨 라인이 발표되었다.
➡ 6·25 전쟁 발발 이전인 1950년 1월에 미국의 태평양 지역 방위선에서 한국과 타이완을 제외한 애치슨 라인이 발표되었어요.

ㄴ. 인천 상륙 작전이 전개되었다.
➡ 6·25 전쟁 발발 직후 낙동강 지역까지 밀렸던 국군과 유엔군은 1950년 9월에 인천 상륙 작전에 성공하여 서울을 수복하였어요.

ㄷ. 부산에서 발췌 개헌안이 통과되었다.
➡ 6·25 전쟁 중이던 1952년 7월에 당시 임시 수도였던 부산에 비상계엄이 선포된 가운데 국회에서 기립 표결로 발췌 개헌안이 통과되었어요.

ㄹ. 모스크바 3국 외상 회의가 개최되었다.
➡ 6·25 전쟁 발발 이전인 1945년 12월에 제2차 세계 대전의 전후 처리를 위해 모스크바 3국 외상 회의가 개최되었어요. 이 회의에서 한국 문제도 논의되어 미·소 공동 위원회 설치 등이 결정되었어요.

① ㄱ, ㄴ ② ㄱ, ㄷ ③ ㄴ, ㄷ
④ ㄴ, ㄹ ⑤ ㄷ, ㄹ

다음 뉴스가 보도된 정부 시기의 경제 상황으로 옳은 것은? [2점]

박정희 정부는 서울-부산 간 고속 도로(경부 고속 도로)를 1968년에 착공하여 1970년에 완공하였어요.

❶서울-부산 간 고속 도로 준공식이 대구에서 열렸습니다. 대전-대구 구간을 마지막으로 경부 고속 도로가 완공되면서 서울에서 부산까지의 이동 시간이 4시간 30분 정도로 줄어들게 되었습니다. 하지만 2년 5개월여의 단기간에 고속 도로를 완공하면서 다수의 사상자가 발생하는 등 안타까운 일도 있었습니다.

정답 잡는 키워드

❶ 서울-부산 간 고속 도로 준공식 → 박정희 정부

서울-부산 간 고속 도로 준공식이 열렸다는 내용을 통해 박정희 정부 시기에 보도된 뉴스임을 알 수 있어요. 박정희 정부는 1962년부터 1971년까지 제1, 2차 경제 개발 5개년 계획을 추진하여 노동 집약적 경공업을 육성하였어요. 이 시기에 서울과 부산을 잇는 경부 고속 도로가 개통되었어요. 1970년대에는 제3, 4차 경제 개발 5개년 계획을 추진하여 중화학 공업 중심의 경제 발전을 추구하였어요. 이 시기에 포항 종합 제철 준공, 100억 달러 수출 달성 등이 이루어졌어요.

① 제2차 경제 개발 5개년 계획이 추진되었다.
➡ 박정희 정부 시기인 1967년부터 제2차 경제 개발 5개년 계획이 추진되었어요.

② 미국의 경제 원조로 삼백 산업이 발달하였다.
➡ 이승만 정부 시기에 미국의 경제 원조로 밀가루, 설탕, 면직물을 생산하는 삼백 산업이 발달하였어요.

③ 귀속 재산 처리를 위해 신한 공사가 설립되었다.
➡ 광복 후 미군정 시기에 일제의 동양 척식 주식회사와 일본인이 소유하였던 공장, 농지 등 귀속 재산 처리를 위해 신한 공사가 설립되었어요.

④ 대통령 긴급 명령으로 금융 실명제가 실시되었다.
➡ 김영삼 정부 시기에 금융 거래의 투명성을 확보하고자 대통령 긴급 명령으로 금융 실명제가 실시되었어요.

⑤ 최저 임금 결정을 위한 최저 임금 위원회가 설치되었다.
➡ 전두환 정부 시기에 낮은 임금의 노동자를 보호하기 위한 취지로 최저 임금법이 제정되었고, 최저 임금 결정을 위한 최저 임금 (심의) 위원회가 설치되었어요.

기출 선택지 +α

❻ 포항 제철소 1기 설비가 준공되었다. (O / X)
❼ 경제 협력 개발 기구(OECD)에 가입하였다. (O / X)
❽ 미국과 자유 무역 협정(FTA)을 체결하였다. (O / X)
❾ 저유가·저금리·저달러의 3저 호황이 있었다. (O / X)
❿ 농촌의 근대화를 표방한 새마을 운동이 전개되었다. (O / X)

기출 선택지 +α

정답 ❻ O ❼ ×[김영삼 정부] ❽ ×[노무현 정부] ❾ ×[전두환 정부] ❿ O

47 국제 통화 기금(IMF) 구제 금융 요청   정답 ④

다음 발표가 있었던 시기를 연표에서 옳게 고른 것은?   [2점]

> 정부는 최근 겪고 있는 금융·외환 시장의 어려움을 극복하기 위해 국제 통화 기금(IMF)에 유동성 조절 자금을 지원해 줄 것을 요청하기로 결정하였습니다. …… 유동성 부족 상태가 조속한 시일 안에 해결될 것으로 기대합니다. 정부는 국제 통화 기금과 참여국의 지원과 함께 우리 스스로도 원활한 외화 조달을 위한 다각적인 대책을 함께 적극 추진해 나갈 계획입니다.

> 1997년 말 김영삼 정부는 국제 통화 기금(IMF)에 자금 지원을 요청하였어요. 이후 외환 위기 속에서 출범한 김대중 정부는 기업에 대한 강도 높은 구조 조정과 국민의 자발적인 금 모으기 운동 등에 힘입어 국제 통화 기금(IMF)에서 지원받은 자금을 조기에 상환하였어요.

정답 잡는 키워드

❶ 국제 통화 기금(IMF)에 유동성 조절 자금을 지원해 줄 것을
요청하기로 결정 → 김영삼 정부 말기(1997)

국제 통화 기금(IMF)에 유동성 조절 자금을 지원해 줄 것을 요청하기로 결정하였다는 내용을 통해 김영삼 정부 말기(1997)에 있었던 발표임을 알 수 있어요.

1949	1965	1977	1988	1998	2007
(가)	(나)	(다)	(라)	(마)	
농지 개혁법 제정	한·일 기본 조약 체결	100억 달러 수출 달성	서울 올림픽 개최	노사정 위원회 구성	한·미 자유 무역 협정(FTA) 체결

➡ 노태우 정부는 1988년에 **서울 올림픽 대회**를 성공적으로 개최하고, 북방 외교를 추진하여 소련, 중국 등 사회주의 국가와 국교를 맺었어요. 뒤이어 들어선 김영삼 정부는 1997년에 외환 보유액 부족으로 외환 위기를 맞아 **국제 통화 기금(IMF)에 구제 금융**을 요청하고 국제 통화 기금 (IMF)의 관리를 받게 되었어요. 외환 위기 가운데 치러진 제15대 대통령 선거에서 야당의 김대중 후보가 당선되면서 처음으로 선거를 통한 평화적 정권 교체가 이루어졌어요. 김대중 정부는 1998년에 외환 위기 극복을 위한 국민적 합의를 이끌어 내기 위해 대통령 직속 자문 기구로 **노사정 위원회를 구성**하였습니다.
따라서 자료의 발표가 있었던 시기는 서울 올림픽 개최와 노사정 위원회 구성 사이인 ④ (라)입니다.

① (가)   ② (나)   ③ (다)   ④ (라)   ⑤ (마)

---

48 강릉의 역사   정답 ①

(가)에 들어갈 내용으로 가장 적절한 것은?   [2점]

> 저는 지금 ○○시에 있는 **경포대**에 와 있습니다. 관동팔경 중 하나인 경포대 안에는 숙종이 직접 지은 시를 비롯하여 많은 명사의 글이 걸려 있습니다. 이 지역에서 가 볼 만한 곳을 대화창에 올려 주세요.

대화창
- 양반의 주거 생활을 볼 수 있는 **선교장**을 추천해요.
- 보물로 지정된 승탑과 당간지주가 있는 **굴산사지**는 어때요?
- (가)

정답 잡는 키워드

❶ 경포대, ❷ 선교장, ❸ 굴산사지 → 강릉

경포대는 강원도 강릉시 경포호에 있는 누각이에요. 선교장은 강릉에 있는 고택으로 조선 시대 양반의 주거 생활을 살펴볼 수 있어요. 굴산사는 통일 신라 시기에 지어진 사찰로 지금은 터와 승탑, 당간지주 등이 남아 있어요.

① 율곡 이이가 태어난 **오죽헌**을 추천해요.
➡ 율곡 이이는 강릉 오죽헌에서 태어났어요. 검은 대나무가 집 주변을 둘러싸고 있어서 오죽헌이라는 이름이 붙여졌어요.

② **무령왕릉**이 있는 송산리 고분군을 추천해요.
➡ 송산리 고분군에서 무령왕릉이 발견되었는데, 송산리 고분군은 백제의 두 번째 수도였던 **공주**에 있어요.

③ 어재연 부대가 항전했던 **광성보**에 가 보세요.
➡ 신미양요 당시 **강화도**에 침입한 미군에 맞서 어재연 부대가 광성보에서 항전하였어요.

④ 팔만대장경판이 보관된 **해인사**를 방문해 보세요.
➡ **합천**에 있는 해인사 장경판전에 팔만대장경판이 보관되어 있어요.

⑤ 삼별초가 활동한 **항파두리 항몽 유적**에 가 보세요.
➡ 삼별초는 강화도에서 진도, 진도에서 제주도로 근거지를 옮겨 가며 대몽 항쟁을 이어 갔어요. 삼별초의 마지막 근거지인 항파두리 항몽 유적은 **제주도**에 있어요.

연표로 흐름잡기

1988	제24회 서울 올림픽 대회 개최
1990	소련과 수교
1993	김영삼 정부 출범, 금융 실명제 시행
1997	외환 위기 발생(→ 국제 통화 기금에 구제 금융 요청), 제15대 대통령 선거에서 야당 후보인 김대중 당선
1998	노사정 위원회 구성, 김대중 정부 출범

제 66회

다음 민주화 운동에 대한 설명으로 옳은 것은?   [1점]

> ○○○○년 ○○월 ○○일
>
> 학생 대표의 연설이 끝나자 우리는 단단하게 스크럼을 짜고 교문 밖으로 행진했다. ❶3·15 부정 선거에 대한 분노와 얼마 전 ❷마산에서 일어난 규탄 대회에서 김주열 군이 최루탄에 눈 부분을 맞고 마산 앞바다에 죽은 채 떠올랐다는 소문이 파다하게 퍼져 있던 터였다. …… 시위대의 물결이 경무대로 향했다. 그때 귀청을 뚫을 듯한 총소리가 연발로 들렸다. 얼마나 지났을까. 총소리가 멈춘 후 고개를 들고 주위를 둘러보다가 벌떡 일어나고 말았다. 같은 반 친구가 바지가 찢어진 채 피를 흘리며 쓰러져 있었다. 나는 정신없이 달려가 그를 안았다. 그러나 그는 이미 사지를 축 늘어뜨린 채 힘이 없었다.
>
> 이승만과 자유당 정권은 야당 대통령 후보의 사망으로 이승만의 대통령 당선이 확실한 가운데 대통령 유고 시 그 지위를 승계할 수 있는 부통령에 이기붕을 당선시키기 위해 3·15 부정선거를 저질렀어요.

정답 잡는 키워드

❶ 3·15 부정 선거, ❷ 마산 시위에서 최루탄에 맞아 사망한 김주열 군의 시신이 마산 앞바다에서 발견됨 → 4·19 혁명

3·15 부정 선거와 김주열의 시신이 마산 앞바다에서 발견되었다는 내용을 통해 자료의 민주화 운동이 4·19 혁명임을 알 수 있어요. 이승만 정부는 정권 유지를 위해 1960년에 치러진 정·부통령 선거에서 대대적인 부정 선거를 자행하였어요. 이에 항의하는 시위가 전국 각지에서 일어났고, 마산에서 시위에 참여하였다가 실종된 김주열의 시신이 마산 앞바다에서 발견되면서 시위는 격화되었어요. 이러한 가운데 서울에서 학생과 시민들이 이승만 정부의 독재와 부정 선거를 규탄하며 대통령의 집무실인 경무대로 향하였어요. 그러자 경찰이 시위대를 향해 발포하였고 정부는 비상계엄을 선포하였어요. 하지만 이후에도 이승만의 퇴진을 요구하는 시위는 연일 계속되었으며 대학교수단도 시국 선언문을 발표하고 시민과 학생들을 지지하는 시위를 벌였어요. 결국 이승만 대통령은 하야 성명을 발표하고 대통령직에서 물러났어요.

① 시민군이 조직되어 계엄군에 저항하였다.
➡ 5·18 민주화 운동 당시 광주의 학생과 시민들은 계엄군의 발포 등 무력 진압에 대항하여 자발적으로 시민군을 조직하였어요.

②당시 대통령이 하야하는 결과를 가져왔다.
➡ 4·19 혁명으로 이승만이 대통령직에서 물러나고 허정 과도 정부가 수립되었어요.

③ 호헌 철폐, 독재 타도 등의 구호를 내세웠다.
➡ 6월 민주 항쟁 당시 시민들은 '호헌 철폐', '독재 타도' 등의 구호를 외치며 시위를 전개하였어요.

④ 3선 개헌 반대 범국민 투쟁 위원회가 주도하였다.
➡ 박정희 정부가 대통령 3회 연임을 허용하는 개헌을 추진하자 3선 개헌 반대 범국민 투쟁 위원회가 조직되어 3선 개헌 반대 운동을 주도하였어요.

⑤ 장기 독재를 비판하는 3·1 민주 구국 선언이 발표되었다.
➡ 1976년에 유신 반대 운동 과정에서 재야인사들이 중심이 되어 박정희 정부의 장기 독재를 비판하는 3·1 민주 구국 선언을 발표하였어요.

(가), (나) 사이의 시기에 있었던 사실로 옳은 것은?   [3점]

> (가) 남북 간의 제반 문제를 개선, 해결하며 나라의 통일 문제를 다루는 ❶남북 조절 위원회가 정식으로 발족하였다. 남북 조절 위원회는 판문점에 공동 사무국을 두기로 하였으며, 회의는 서울과 평양에서 번갈아 진행하기로 하였다.

> (나) 서울에서 열린 제5차 남북 고위급 회담에서 남북 사이의 화해와 불가침 및 교류·협력 등을 주요 내용으로 하는 ❷남북 기본 합의서를 채택하였다. 특히 이번 합의서에서는 분단 이후 처음으로 남북 양측의 국호를 사용하였다.

정답 잡는 키워드

❶ 남북 조절 위원회 정식 발족 → (가) 박정희 정부
❷ 남북 기본 합의서 채택 → (나) 노태우 정부

(가)는 남북 조절 위원회가 정식으로 발족하였다는 내용을 통해 박정희 정부 시기의 자료임을 알 수 있어요. 박정희 정부 시기에 남북한은 통일의 3대 원칙에 합의한 7·4 남북 공동 성명을 발표하였어요. 이후 합의 사항 이행을 위한 남북 조절 위원회를 설치하였으나 성과를 거두지는 못하였어요. (나)는 남북 기본 합의서를 채택하였다는 내용을 통해 노태우 정부 시기의 자료임을 알 수 있어요. 노태우 정부 시기에 남북 고위급 회담이 시작되었고, 남북한이 국제 연합(UN)에 동시 가입하였어요. 이후 노태우 정부는 남북 사이의 화해와 불가침 및 교류·협력 등을 주요 내용으로 하는 남북 기본 합의서를 채택하였어요.

① 금강산 육로 관광이 시작되었다.
➡ 금강산 육로 관광은 김대중 정부 시기에 논의되어 노무현 정부 때 정식으로 시작되었어요.

② 6·15 남북 공동 선언이 발표되었다.
➡ 김대중 정부 시기에 분단 이후 최초로 개최된 남북 정상 회담에서 6·15 남북 공동 선언이 발표되었어요.

③ 평창 동계 올림픽에 남북 단일팀이 참가하였다.
➡ 문재인 정부 시기에 개최된 평창 동계 올림픽에 남북 단일팀이 일부 종목에 참가하였어요.

④ 남북 경제 협력을 위한 개성 공업 지구가 조성되었다.
➡ 김대중 정부 시기에 남북은 경제 협력을 위한 개성 공업 지구 조성에 합의하였어요. 개성 공업 지구는 노무현 정부 시기에 착공·완성되어 본격적으로 운영되었으나 박근혜 정부 때 폐쇄되었어요.

⑤남북 이산가족 고향 방문단의 교환 방문이 최초로 성사되었다.
➡ 전두환 정부 시기에 남북 이산가족 고향 방문단과 예술 공연단의 교환 방문이 최초로 이루어졌어요.

기출 선택지 +α

❻ 남북한이 유엔에 동시 가입하였다.   (O / X)
❼ 제2차 남북 정상 회담이 개최되었다.   (O / X)
❽ 남북 경제 교류 증진을 위한 경의선 복원 공사가 시작되었다.
  (O / X)

기출 선택지 +α   정답 ❻ ○   ❼ ×[노무현 정부]   ❽ ×[김대중 정부]

시대별 출제 비중

| 선사 | **2문항** |
청동기 시대의 생활 모습, 고조선

| 고려 | **9문항** |
태조 왕건 재위 시기의 사실, 성종 재위 시기의 사실,
고려와 거란의 관계, 의천의 활동, 문벌 사회의 동요,
원 간섭기의 사실, 고려의 경제 상황,
예산 수덕사 대웅전, 요동 정벌 추진 이후의 사실

**전근대
27문항**

| 고대 | **7문항** |
공주의 역사, 호우총 청동 그릇,
백제의 평양성 공격 이후의 사실, 삼국 통일 과정,
발해, 설총의 활동, 신라 말의 상황

| 조선 | **9문항** |
성종 재위 시기의 사실, 명종 재위 시기의 사실,
단종 복위 운동의 배경, 몽유도원도, 병자호란,
정조의 정책, 대동법, 이익의 활동, 조선 후기의 문화

| 개항기 | **10문항** |
흥선 대원군 집권 시기의 사실, 임오군란,
동학 농민 운동, 헤이그 특사 파견,
13도 창의군, 아관 파천 이후의 사실,
일본의 경제 침탈에 대한 저항,
독립 협회의 활동, 근대 문물의 수용,
전주의 역사

**근현대
23문항**

| 일제 강점기 | **6문항** |
1910년대 일제 식민 통치,
제2차 조선 교육령 발표 이후의 사실,
대한민국 임시 정부의 활동,
1930년대 후반 이후 일제 식민 통치,
조선 의용대, 최현배의 활동

| 현대 | **5문항** |
5·10 총선거, 6·25 전쟁, 제1·2차 경제 개발 5개년 계획,
전두환 정부 시기의 사실, 김대중 정부 시기의 통일 정책

| 시대 통합 | **2문항** |
역사 속 대외 관계,
한국 교육의 역사

분류별 출제 비중 고대~조선

정치 **17문항**
경제 **2문항**
사회
문화 **7문항**

난이도별 출제 비중

상 **5문항**
중 **33문항**
하 **12문항**

0 5 10 15 20 25 30 35

큰별쌤의 한 줄 평

다소 낯선 자료와 까다로운
선지가 있으나 기본 개념
이해로 충분히 풀 수 있는
무난한 시험

1 청동기 시대의 생활 모습   정답 ②

밑줄 그은 '이 시대'의 생활 모습으로 옳은 것은?   [1점]

> 여주 흔암리 유적과 함께 청동기 시대의 대표적인 유적이에요.
>
> **부여 송국리**
> 축제에 초대합니다.
> 2023. ○○. ○○. ~ ○○. ○○.
> 부여 송국리 유적 일원
>
> **모시는 글**
> 사유 재산과 계급이 출현한 이 시대의 대표적 유적지인 부여 송국리 유적에서 축제를 개최합니다. 다양한 행사에 참여하여 당시 생활을 체험해 보시기 바랍니다.
>
> ◆ 주요 프로그램 ◆
> ● 비파형 동검 모형 만들기
> ● 민무늬 토기 조각 맞추기
> ● 증강 현실로 환호와 목책 보기
>
> 비파라는 악기와 모양이 유사하여 붙여진 이름이에요.
>
> 무늬가 없고 바닥이 평평한 토기입니다.

정답 잡는 키워드

❶ 사유 재산과 계급 출현, ❷ 비파형 동검, ❸ 민무늬 토기

→ 청동기 시대

사유 재산과 계급이 출현하였다는 내용과 '비파형 동검', '민무늬 토기' 등을 통해 밑줄 그은 '이 시대'가 청동기 시대임을 알 수 있어요. 청동기 시대에 농경이 발달하고 생산력이 향상되었어요. 잉여 생산물이 생기면서 토지나 생산물에 대한 사유 개념이 나타났고, 빈부의 차이가 발생하여 계급이 형성되었어요. 또한, 정복 활동이 활발해진 가운데 계급 분화가 뚜렷해지고 막강한 권력과 경제력을 가진 지배자가 등장하였어요. 비파형 동검, 청동 거울, 청동 방울 등 청동기가 제작되었으나 주로 의례·제사용이었고, 일상생활에서는 여전히 반달 돌칼과 같은 석기가 사용되었어요.

① 소를 이용한 깊이갈이가 일반화되었다.
➡ 소를 이용한 깊이갈이는 철기 시대부터 시작된 것으로 보이며, 고려 시대에 일반화되었어요.

②많은 인력을 동원하여 고인돌을 축조하였다.
➡ 청동기 시대에 지배자가 등장하였으며, 많은 인력을 동원하여 지배자의 무덤으로 고인돌을 축조하였어요.

③ 실을 뽑기 위해 가락바퀴를 처음 사용하였다.
➡ 신석기 시대에 가락바퀴를 처음 사용하였어요. 신석기 시대 사람들은 가락바퀴를 이용하여 실을 뽑아 옷이나 그물 등을 만들었어요.

④ 쟁기, 쇠스랑 등의 철제 농기구가 이용되었다.
➡ 쟁기, 쇠스랑 등의 철제 농기구는 철기 시대부터 이용되었어요.

⑤ 주로 동굴이나 강가에 막집을 짓고 거주하였다.
➡ 구석기 시대 사람들은 식량을 찾아 이동 생활을 하였으며, 주로 동굴이나 강가에 막집을 짓고 거주하였어요.

기출 선택지 +α

❻ 반달 돌칼을 사용하여 곡물을 수확하였다.   (O / X)
❼ 계급이 없는 평등한 공동체 생활을 하였다.   (O / X)
❽ 오수전, 화천 등의 중국 화폐로 교역하였다.   (O / X)
❾ 주먹도끼, 찍개 등의 뗀석기를 만들기 시작하였다.   (O / X)
❿ 의례 도구로 청동 거울과 청동 방울 등을 제작하였다. (O / X)

기출 선택지 +α   정답 ❻ ○   ❼ ×[구석기 시대, 신석기 시대]   ❽ ×[철기 시대]   ❾ ×[구석기 시대]
❿ ○

---

2 고조선   정답 ⑤

(가) 국가에 대한 설명으로 옳은 것은?   [2점]

> 왕검성은 고조선의 도읍이에요.
>
> 니계상 참이 사람을 시켜 (가) 의 ❶왕 우거를 죽이고 와서 항복하였다. 그러나 ❷왕검성은 끝내 함락되지 않았기에 우거왕의 대신(大臣) 성기가 한(漢)에 반기를 들고 공격하였다. 좌장군은 우거왕의 아들 장과 항복한 상 노인의 아들 최로 하여금 그 백성을 달래고 성기를 주살하도록 하였다. 드디어 (가) 을/를 평정하고 ❸진번·임둔·낙랑·현도군을 설치하였다.
>   – "한서" –
>
> 한은 고조선 멸망 뒤 일부 지역에 진번·임둔·낙랑·현도군 등 군현을 설치하였어요.
>
> 우거왕은 준왕을 몰아내고 고조선의 왕위를 차지한 위만의 손자입니다. 고조선은 우거왕 때 한 무제의 공격을 받아 멸망하였어요.

정답 잡는 키워드

❶ 왕 우거, ❷ 왕검성, ❸ 진번·임둔·낙랑·현도군 설치 → 고조선

'왕 우거', '왕검성', 멸망 후 진번·임둔·낙랑·현도군이 설치되었다는 내용을 통해 (가) 국가가 고조선임을 알 수 있어요. 위만이 집권한 이후 고조선은 본격적으로 철기 문화를 수용하고 중국의 한과 한반도 남부 사이에서 중계 무역을 하여 많은 이익을 얻었어요. 이로 인해 한과 대립하였고, 우거왕 때 한 무제가 파견한 군대의 공격을 받았어요. 고조선은 한의 공격에 맞서 1년여 동안 항전하였으나 지배층의 내분으로 기원전 108년에 왕검성이 함락되어 멸망하였어요.

① 동맹이라는 제천 행사를 열었다.
➡ 고구려는 10월에 동맹이라는 제천 행사를 열었어요.

② 신성 지역인 소도가 존재하였다.
➡ 삼한에는 신성 지역인 소도가 존재하였는데, 소도에는 정치적 지배자의 힘이 미치지 못하였어요.

③ 읍락 간의 경계를 중시하는 책화가 있었다.
➡ 동예에는 읍락 간의 경계를 중시하여 다른 부족의 경계를 침범하면 소나 말, 노비 등으로 변상하게 하는 책화라는 풍습이 있었어요.

④ 여러 가(加)들이 별도로 사출도를 다스렸다.
➡ 부여에서는 마가, 우가, 저가, 구가 등 여러 가(加)들이 별도로 사출도를 다스렸어요.

⑤사회 질서를 유지하기 위해 범금 8조를 두었다.
➡ 고조선은 사회 질서를 유지하기 위해 범금 8조를 두었어요. 현재 3개 조항이 전해지는데, 이를 통해 당시 고조선의 사회 모습을 짐작할 수 있어요.

기출 선택지 +α

❻ 무천이라는 제천 행사를 열었다.   (O / X)
❼ 신지, 읍차라 불린 지배자가 있었다.   (O / X)
❽ 마립간이라는 왕의 칭호를 사용하였다.   (O / X)
❾ 왕 아래 상, 대부, 장군 등의 관직을 두었다.   (O / X)
❿ 전국 7웅 중 하나인 연과 대립할 만큼 강성하였다. (O / X)

기출 선택지 +α   정답 ❻ ×[동예]   ❼ ×[삼한]   ❽ ×[신라]   ❾ ○   ❿ ○

3 공주의 역사

정답 ②

(가) 지역에 대한 탐구 활동으로 가장 적절한 것은? [2점]

이달의 역사 인물

(가) 에 백제의

새로운 터전을 잡다

문주왕
미상~477

❶ 고구려 장수왕의 공격으로 백제의 수도 한성이 파괴되고 개로왕이 전사하였다. 그에 이어 즉위한 ❷ 문주왕은 위기를 수습하고자 ▢▢▢(가)▢▢▢ (으)로 도읍을 옮겼다.

> 개로왕은 고구려 장수왕의 침공에 대비하여 북위에 사신을 보내 군사적 도움을 요청하였으나 실패하고, 결국 고구려군의 공격을 받아 한성을 빼앗기고 전사하였어요.

정답 잡는 키워드

❶ 고구려 장수왕의 공격으로 백제의 수도 한성 파괴,
❷ 문주왕이 도읍을 옮김 → 웅진(공주)

고구려 장수왕은 수도를 국내성에서 평양으로 옮기고 남진 정책을 본격적으로 추진하였어요. 475년에 장수왕은 백제를 공격하여 한성을 함락하고 개로왕을 전사시켰어요. 개로왕에 이어 즉위한 문주왕은 위기를 수습하기 위해 웅진(지금의 공주)으로 도읍을 옮겼어요.

① 무왕이 미륵사를 창건한 곳을 살펴본다.
➡ 무왕은 지금의 전라북도 익산 지역인 금마저에 미륵사를 창건하였어요.

②무령왕과 왕비의 무덤이 발굴된 곳을 답사한다.
➡ 무령왕은 웅진이 도읍이던 시기에 왕위에 올랐으며 중국 남조의 양과 활발히 교류하였어요. 무령왕과 왕비의 무덤은 충청남도 공주에 있으며, 중국 남조의 영향을 받아 벽돌무덤으로 축조되었어요.

③ 성왕이 신라와의 전투에서 전사한 곳을 검색한다.
➡ 성왕은 신라 진흥왕과 손을 잡고 고구려를 공격해 한강 하류 지역을 되찾았으나, 곧이어 진흥왕의 공격을 받아 한강 유역을 다시 빼앗겼어요. 분노한 성왕은 신라 공격에 나섰다가 지금의 충청북도 옥천 지역인 관산성 전투에서 전사하였어요.

④ 윤충이 의자왕의 명을 받아 함락시킨 곳을 지도에 표시한다.
➡ 윤충은 의자왕의 명을 받아 지금의 경상남도 합천 지역에 있던 신라의 대야성을 공격하여 함락시켰어요.

⑤ 계백이 이끄는 결사대가 신라군에 맞서 싸운 곳을 조사한다.
➡ 나·당 연합군이 백제를 공격하자 계백이 이끄는 5천 명의 결사대가 지금의 충청남도 논산 지역인 황산벌에서 신라군에 맞서 싸웠어요(황산벌 전투).

핵심 개념 | 백제의 수도 변화와 주요 사실

수도	주요 사실
한성	• 근초고왕 : 고구려 평양성 공격(고국원왕 전사) • 침류왕 : 중국 동진으로부터 불교 수용 • 개로왕 : 고구려 장수왕의 공격으로 한성을 빼앗김
웅진	• 문주왕 : 웅진(공주)으로 천도(475) • 동성왕 : 신라와 결혼 동맹 → 나·제 동맹 강화 • 무령왕 : 22담로에 왕족 파견, 중국 남조의 양과 교류
사비	• 성왕 : 사비(부여)로 천도(538), 국호를 '남부여'로 고침, 신라 진흥왕과 연합하여 한강 하류 지역을 회복하였으나 신라에 빼앗김 • 의자왕 : 나·당 연합군의 공격으로 백제 멸망(660)

---

4 호우총 청동 그릇

정답 ①

(가)에 해당하는 문화유산으로 옳은 것은? [2점]

○○ 박물관   소장품 검색   관람 정보   박물관 소개

소장품 검색

소장품명 ▢   [   ]   검색

■ 종목 : 보물
■ 지정(등록)일 : 2015년 9월 2일
■ 소개
• ❶ 1946년 경주 호우총에서 출토됨
• '을묘년국강상광개토지호태왕호우십(乙卯年國罡上廣開土地好太王壺杅十)'이라는 명문이 있음

(가)

■ 의의 : ❷ 신라와 고구려 사이의 정치적 관계를 살펴볼 수 있는 유물로 평가됨

신라 내물 마립간의 요청을 받은 광개토 태왕이 400년에 군대를 보내 신라에 침입한 왜를 격퇴하고 이후 신라에 영향력을 행사하였어요. 호우총 청동 그릇은 이러한 양국의 정치적 관계를 보여 주는 유물로 평가됩니다.

정답 잡는 키워드

❶ 경주 호우총에서 출토, ❷ 신라와 고구려 사이의 정치적 관계를
살펴볼 수 있는 유물 → 호우총 청동 그릇(호우명 그릇)

경주 호우총에서 출토되었으며, 신라와 고구려 사이의 정치적 관계를 살펴볼 수 있는 유물이라는 내용을 통해 (가)에 해당하는 문화유산이 호우총 청동 그릇임을 알 수 있어요. 그릇 밑바닥에 '국강상광개토지호태왕'이라는 광개토 대왕을 나타내는 글자가 새겨져 있어 이를 통해 5세기 무렵 신라와 고구려가 밀접한 관계였음을 짐작할 수 있어요.

①

➡ 신라의 고분인 경주 호우총에서 출토된 호우총 청동 그릇이에요.

②
➡ 백제의 무령왕릉에서 발견된 석수(돌로 만든 동물의 상)입니다. 무덤을 지킨다는 의미에서 무덤 안에 두었어요.

③

➡ 백제가 왜에 보낸 것으로 알려진 칠지도입니다. 이를 통해 백제와 왜의 관계를 짐작할 수 있어요.

④

➡ 고구려의 불상인 금동 연가 7년명 여래 입상이에요. 뒷면에 새겨진 '연가 7년'이라는 글자를 통해 제작 시기를 추정할 수 있어요.

⑤

➡ 경주의 신라 고분에서 발견된 기마 인물형 토기 가운데 주인상이에요.

다음 상황 이후에 있었던 사실로 옳은 것은?   [2점]

> ❶10월에 백제 왕이 병력 3만 명을 거느리고 평양성을 공격해 왔다. ❷왕이 군대를 출정시켜 백제군을 막다가 날아온 화살에 맞아 이 달 23일에 세상을 떠났다.
> └ 백제 근초고왕은 4세기 후반에 평양성을 공격하여 고구려 고국원왕을 전사시켰어요(371).

정답 잡는 키워드

❶, ❷ 백제 왕이 평양성을 공격하여 왕이 전사함
→ 백제 근초고왕의 평양성 공격(4세기 후반)

백제 왕이 평양성을 공격하여 왕이 세상을 떠났다는 내용을 통해 백제 근초고왕이 고구려의 평양성을 공격한 4세기 후반의 상황임을 알 수 있어요. 백제는 4세기 근초고왕 때 전성기를 형성하였어요. 반면, 고구려는 4세기에 중국 전연의 침략을 받았으며 백제 근초고왕의 공격으로 고국원왕이 전사하는 등 국가적 위기를 겪었어요.

① 유리왕이 졸본에서 국내성으로 천도하였다.
  ➡ 1세기 초에 고구려 제2대 왕인 유리왕은 졸본에서 국내성으로 도읍을 옮겼어요.

② 미천왕이 낙랑군을 축출하여 영토를 확장하였다.
  ➡ 4세기 초에 미천왕은 낙랑군과 대방군을 축출하여 영토를 확장하였어요.

③ 소수림왕이 불교를 공인하고 율령을 반포하였다.
  ➡ 4세기 후반에 고국원왕의 뒤를 이어 즉위한 소수림왕은 불교를 공인하고 율령을 반포하는 등 체제 정비에 힘써 중앙 집권 체제를 확립하였어요.

④ 고국천왕이 을파소를 등용하고 진대법을 실시하였다.
  ➡ 2세기 후반에 고국천왕은 을파소를 등용하고 빈민을 구제하기 위해 진대법을 실시하였어요.

⑤ 유주자사 관구검이 이끄는 군대가 환도성을 함락하였다.
  ➡ 고구려는 3세기 동천왕 때 위의 유주자사 관구검이 이끄는 군대의 공격을 받아 환도성이 함락되었어요.

기출 선택지 +α

❻ 장수왕이 국내성에서 평양으로 천도하였다.   (O/X)
❼ 영양왕이 온달을 보내 아단성을 공격하였다.   (O/X)
❽ 태조왕이 옥저를 정복하고 동해안으로 진출하였다.   (O/X)
❾ 광개토 대왕이 군대를 보내 신라에 침입한 왜를 격퇴하였다.   (O/X)

핵심 개념   고구려의 건국과 성장

건국	주몽이 졸본을 도읍으로 삼아 고구려 건국 → 유리왕 때 국내성으로 천도
태조왕	옥저 정복, 요동 지방으로 진출을 꾀함
고국천왕	을파소 등용, 구휼 제도인 진대법 실시
동천왕	위의 장수 관구검의 공격으로 환도성이 함락됨
미천왕	서안평 점령, 낙랑군과 대방군 축출
고국원왕	백제 근초고왕의 공격으로 전사(평양성 전투)
소수림왕	불교 수용, 태학 설립, 율령 반포 → 중앙 집권 체제 강화

기출 선택지 +α   정답 ❻ O[427년] ❼ O[6세기 후반] ❽ X[1세기 중반] ❾ O[400년]

(가), (나) 사이의 시기에 있었던 사실로 옳은 것은?   [2점]

>   ┌ 신라 문무왕을 말해요.
> (가) ❶당의 손인사, 유인원과 신라 왕 김법민은 육군을 거느려 나아가고, 유인궤 등은 수군과 군량을 실은 배를 거느리고 백강으로 가서 육군과 합세하여 주류성으로 갔다. ❷백강 어귀에서 왜의 군사를 만나 …… 그들의 배 4백 척을 불살랐다.
> └ 신라와 당의 연합군은 백제 부흥군을 지원하기 위해 온 왜군을 백강 입구에서 격퇴하였어요.
> (나) ❸이근행이 군사 20만 명을 이끌고 매소성에 머물렀다. ❹신라군이 공격하여 달아나게 하고 말 3만여 필을 얻었는데, 노획한 병장기의 수도 그 정도 되었다.
> └ 매소성 전투로 나·당 전쟁의 승기를 잡은 신라군은 이후 기벌포 전투에서도 크게 승리하여 당군을 몰아냈어요.

정답 잡는 키워드

❶, ❷ 나·당 연합군이 백강에서 왜의 군사 격퇴 → (가) 백강 전투(663)
❸, ❹ 신라군이 매소성 공격 → (나) 매소성 전투(675)

(가)는 당과 신라의 군대가 백강에서 왜의 군대를 격퇴하였다는 내용을 통해 백강 전투 당시의 상황임을 알 수 있어요. 백제 멸망 이후 백제 부흥 운동이 전개되자 왜는 백제 부흥 세력을 돕기 위한 지원군을 보냈어요. 부흥 세력과 왜의 연합군은 백강 전투(663)에서 나·당 연합군에 맞서 싸웠으나 패배하였고, 백제 부흥 운동은 실패로 끝났어요. (나)는 매소성에서 신라군이 공격하여 승리한 것으로 보아 나·당 전쟁 중 매소성 전투 당시의 상황임을 알 수 있어요. 신라는 당과 군사 동맹을 맺고 백제와 고구려를 차례로 멸망시켰어요. 고구려 멸망 후 당이 한반도 전체를 지배하려는 야욕을 노골적으로 드러내자 신라는 당과의 전쟁에 나서 매소성 전투(675)와 기벌포 전투(676)에서 승리하고 삼국 통일을 완성하였어요.

① 장문휴가 당의 등주를 공격하였다.
  ➡ 발해 무왕은 8세기 전반에 장문휴를 보내 당의 등주를 공격하였어요. (나) 이후의 사실이에요.

② 원광이 왕명으로 걸사표를 작성하였다.
  ➡ 신라의 승려 원광은 7세기 초에 진평왕의 명을 받아 고구려를 공격하기 위해 수에 군사를 요청하는 걸사표를 작성하였어요. (가) 이전의 사실이에요.

③ 을지문덕이 살수에서 대승을 거두었다.
  ➡ 을지문덕이 이끄는 고구려군이 612년에 수의 군대를 살수에서 크게 물리쳤어요. (가) 이전의 사실이에요.

④ 김춘추가 당과의 군사 동맹을 성사시켰다.
  ➡ 김춘추는 고구려에 군사 지원을 요청하였다가 실패하자 648년에 당으로 건너가 당과의 군사 동맹을 성사시켰어요. (가) 이전의 사실이에요.

⑤ 검모잠이 안승을 왕으로 세워 부흥 운동을 벌였다.
  ➡ 고구려 멸망 이후 670년에 검모잠은 안승을 왕으로 세워 지금의 황해도 지방인 한성을 거점으로 고구려 부흥 운동을 벌였어요.

기출 선택지 +α

❻ 당이 안동도호부를 평양에 설치하였다.   (O/X)
❼ 안승이 신라에 의해 보덕왕으로 임명되었다.   (O/X)
❽ 연개소문이 정변을 일으켜 권력을 장악하였다.   (O/X)
❾ 의자왕이 신라를 공격하여 대야성을 함락하였다.   (O/X)

기출 선택지 +α   정답 ❻ O[668년] ❼ O[674년] ❽ X[642년] ❾ X[642년]

7 발해

정답 ④

밑줄 그은 '이 나라'에 대한 설명으로 옳은 것은? [1점]

> ○ 조영이 죽으니, 이 나라에서는 고왕이라 하였다. 아들 무예가 왕위
>   에 올라 영토를 크게 개척하니, 동북의 모든 오랑캐들이 겁을 먹고
>   그를 섬겼다. ← 대조영의 아들이자 발해의 제2대 왕인 무왕 대무예입니다.
>
> ○ 처음에 이 나라의 왕이 자주 학생들을 경사의 태학에 보내어 고금의
>   제도를 배우고 익혀 가더니, 드디어 **❶해동성국**이 되었다. 그 땅에는
>   **❷5경 15부 62주**가 있다.   – 신당서 –

발해는 주요 지역에 5경을 설치하였으며, 지방을 15부로 나누고 그 아래 62주를 두었어요.

'바다 동쪽의 융성한 나라'라는 뜻으로, 중국인들이 전성기를 이룬 발해를 높이 평가하여 이름 붙였어요.

정답 잡는 키워드

❶ 해동성국, ❷ 5경 15부 62주 → 발해

해동성국이 되었으며, 그 땅에 5경 15부 62주가 있다는 내용을 통해 밑줄 그은 '이 나라'가 발해임을 알 수 있어요. 발해는 고구려 출신인 대조영이 고구려 유민과 말갈인을 이끌고 동모산에서 세운 나라로 고구려 계승 의식을 표방하였어요. 9세기 선왕 때 옛 고구려 영토의 대부분을 차지하는 등 전성기를 이루었으며, 이 무렵에 중국으로부터 해동성국이라고 불렸어요. 발해의 중앙 정치 조직은 당의 3성 6부 체제의 영향을 받아 정비되었지만 그 명칭과 운영에서는 독자성을 유지하였어요. 지방 행정 제도는 5경 15부 62주 체제로 정비되었어요.

① 정사암 회의를 개최하였다.
→ 백제는 귀족 회의체인 정사암 회의에서 재상을 선출하거나 국가의 중대사를 결정하였어요.

② 9서당 10정의 군사 조직을 갖추었다.
→ 신라는 통일 이후 신문왕 때 9서당의 중앙군과 10정의 지방군 체제를 갖추었어요.

③ 욕살, 처려근지 등의 지방관을 두었다.
→ 고구려는 지방관으로 욕살, 처려근지 등을 두었어요.

④ 인안, 대흥 등 독자적인 연호를 사용하였다.
→ 발해는 무왕 때 '인안', 문왕 때 '대흥' 등 독자적인 연호를 사용하였어요.

⑤ 광평성을 비롯한 각종 정치 기구를 마련하였다.
→ 후고구려를 세운 궁예는 국호를 '마진'으로 바꾸고 광평성을 비롯한 각종 정치 기구를 설치하여 중앙 정치 조직을 정비하였어요.

기출 선택지 +α

❻ 교육 기관으로 주자감을 두었다.   (O / X)
❼ 중정대를 두어 관리를 감찰하였다.   (O / X)
❽ 건원이라는 독자적인 연호를 사용하였다.   (O / X)
❾ 지방관을 감찰하기 위해 외사정을 파견하였다. (O / X)
❿ 왕족인 부여씨와 8성의 귀족이 지배층을 이루었다. (O / X)

---

8 설총의 활동

정답 ⑤

밑줄 그은 '이 인물'에 대한 설명으로 옳은 것은? [3점]

좋아요 28회   8시간 전

이곳은 이 인물을 제사하는 경주의 서악 서원. 그는 한자의 음과 훈을 빌려 우리말을 표기하는 **❶이두를 체계적으로 정리**함. 우리말로 유학 경전을 풀이하여 후학들을 가르침. **❷원효의 아들**임. ← 설총은 원효 대사와 요석 공주(태종 무열왕의 딸) 사이에서 태어난 아들로 알려져 있어요.

정답 잡는 키워드

❶ 이두를 체계적으로 정리, ❷ 원효의 아들 → 설총

원효의 아들이며, 한자의 음과 훈을 빌려 우리말을 표기하는 이두를 체계적으로 정리하였다는 내용을 통해 밑줄 그은 '이 인물'이 설총임을 알 수 있어요. 설총은 신라 6두품 출신의 유학자로 유학 경전에 조예가 깊었으며 후학 양성에도 많은 노력을 기울였어요.

① 향가 모음집인 삼대목을 편찬하였다.
→ 진성 여왕 때 위홍과 대구화상이 왕명을 받아 향가 모음집인 "삼대목"을 편찬하였어요.

② 진성 여왕에게 시무책 10여 조를 올렸다.
→ 최치원은 당에서 활동하다가 신라로 돌아와 진성 여왕에게 사회 개혁을 위한 시무책 10여 조를 올렸으나 귀족들의 반대로 실현하지 못하였어요.

③ 화랑도의 규범으로 세속 5계를 제시하였다.
→ 원광은 화랑도가 지켜야 할 행동 규범으로 세속 5계를 제시하였어요.

④ 외교 문서 작성에 능하여 청방인문표를 지었다.
→ 강수는 외교 문서 작성에 능하여 당에 잡혀 있던 무열왕의 아들이자 문무왕의 동생인 김인문의 석방을 요구하는 '청방인문표'를 지었어요.

⑤ 국왕에게 조언하는 내용인 화왕계를 집필하였다.
→ 설총은 신문왕에게 충신을 가까이할 것을 꽃에 비유하여 조언한 '화왕계'를 지어 바쳤어요.

기출 선택지 +α

❻ 진골 귀족 출신으로 화랑세기 등을 저술하였다. (O / X)
❼ 신라 말의 사회상을 보여 주는 해인사 묘길상탑기를 남겼다. (O / X)
❽ 종파 간의 사상적 대립을 해소하기 위해 십문화쟁론을 지었다. (O / X)

밑줄 그은 '시기'에 볼 수 있는 모습으로 적절한 것은? [2점]

혜공왕이 피살된 이후 무열왕계에 의한 왕위 세습이 끊겼고, 왕위 쟁탈전이 계속되어 신라는 150여 년간 20명의 왕이 교체되는 혼란에 빠졌어요.

이 유물에는 민애왕을 추모하는 명문이 있습니다. 그는 ❶혜공왕 피살 이후 왕위 쟁탈전이 치열했던 시기에 희강왕을 축출하고 왕이 되었으나, 다른 진골 세력에 의해 1년 만에 제거되었습니다.

전(傳) 대구 동화사 비로암 삼층 석탑 납석사리호

정답 잡는 키워드

❶ 혜공왕 피살 이후 왕위 쟁탈전이 치열했던 시기 → 신라 말

혜공왕 피살 이후 왕위 쟁탈전이 치열하였다는 내용을 통해 밑줄 그은 '시기'가 혜공왕 이후부터 신라가 멸망할 때까지, 즉 신라 말임을 알 수 있어요. 8세기 후반 혜공왕이 피살된 이후 진골 귀족 간에 왕위 쟁탈전이 치열하게 전개되면서 중앙 정치는 혼란에 빠지고 지방 통제력이 약화되어 귀족들의 농민 수탈이 더욱 심해졌어요. 살기가 어려워진 농민 중에는 토지를 잃고 노비가 되거나 도적이 되는 이들도 있었어요. 이러한 혼란은 진성 여왕 때 극에 달하여 원종과 애노의 봉기 등 하층민의 봉기가 전국 곳곳에서 일어났어요.

① 의창에서 곡식을 빌리는 백성
➡ **고려**와 **조선** 시대에 빈민 구제 기관인 의창이 운영되었어요.

② 만권당에서 대담을 나누는 학자
➡ **고려** 충숙왕 때 왕위에서 물러난 충선왕이 원의 연경에 있는 자신의 집에 독서당인 만권당을 설립하였어요. 이곳에서 이제현 등이 원의 학자들과 교유하였어요.

③ 혜민국에서 약을 받아 가는 환자
➡ **고려** 시대에 서민의 질병 치료를 위한 혜민국이 설치되었어요.

④ 화엄일승법계도를 저술하는 승려
➡ **신라 문무왕** 때 의상이 화엄 사상의 요지를 축약한 '화엄일승법계도'를 저술하였어요.

⑤ 청해진을 거점으로 해적을 소탕하는 병사
➡ **신라 말**인 흥덕왕 때 장보고가 완도에 청해진을 설치하였어요(828). 장보고는 청해진을 거점으로 해적을 소탕하고 해상 무역을 주도하였어요.

기출 선택지 +α

❻ 녹읍 폐지를 명하는 국왕	(O / X)
❼ 농상집요를 소개하는 관리	(O / X)
❽ 청해진에서 교역 물품을 점검하는 군졸	(O / X)
❾ 노비안검법에 의해 양인으로 해방된 노예	(O / X)
❿ 화통도감에서 화약 무기를 시험하는 군인	(O / X)

기출 선택지 +α
정답 ❻ ×[신라 신문왕] ❼ ×[고려] ❽ ○ ❾ ×[고려] ❿ ×[고려]

(가) 왕의 재위 시기에 있었던 사실로 옳은 것은? [2점]

<탐구 활동 보고서>

○학년 ○반 이름 : △△△

1. 주제 : ___(가)___ , 안정과 통합을 꾀하다
2. 방법 : "고려사" 사료 검색 및 분석
3. 사료 내용과 분석

태조 왕건은 김순식과 같은 호족들에게 왕씨 성을 내리는 사성 정책을 펼쳐 이들을 포섭하였어요.

사료 내용	분석
명주의 순식이 투항하자 왕씨 성을 내리다.	지방 호족 포섭
❶"정계"와 "계백료서"를 지어 반포하다.	관리의 규범 제시
❷흑창을 두어 가난한 백성에게 곡식을 빌려주다.	민생 안정

흑창은 이후 고려 성종 때 의창으로 개칭되었으며 조선 시대까지 이어졌어요.

정답 잡는 키워드

❶ "정계"와 "계백료서", ❷ 흑창 → 태조 왕건

"정계"와 "계백료서"를 지었으며, 흑창을 두었다는 내용을 통해 (가) 왕이 고려를 세운 태조 왕건임을 알 수 있어요. 후삼국을 통일한 태조 왕건은 자신의 세력 기반이었던 호족 세력을 통합하고 민생을 안정시켜 국가의 기틀을 다져 나갔어요. 유력한 호족 가문과 혼인 관계를 맺거나 왕씨 성을 하사하는 등 회유책을 펴는 한편, 사심관 제도와 기인 제도를 실시하여 호족을 통제하고 지방 통치를 보완하였어요. 민생 안정을 위해 백성의 조세 부담을 덜어 주었으며 빈민 구제 기구인 흑창을 설치하여 가난한 이들에게 곡식을 빌려주었다가 추수기에 갚도록 하였어요. 또한, "정계"와 "계백료서"를 지어 관리가 지켜야 할 규범을 제시하였어요.

① 개국 공신에게 역분전을 지급하였다.
➡ 태조 왕건은 후삼국 통일 이후 개국 공신에게 공로와 인품을 기준으로 역분전을 지급하였어요.

② 외침에 대비하여 광군을 조직하였다.
➡ 정종은 거란의 침입에 대비하여 광군을 조직하였어요.

③ 광덕, 준풍 등의 독자적 연호를 사용하였다.
➡ 광종은 스스로 황제를 칭하고 '광덕', '준풍' 등의 독자적 연호를 사용하였어요.

④ 관학 진흥을 목적으로 양현고를 운영하였다.
➡ 예종은 관학을 진흥시키기 위해 장학 재단인 양현고를 설치하였어요.

⑤ 주전도감을 설치하여 해동통보를 발행하였다.
➡ 숙종은 아우 의천의 건의를 받아들여 주전도감을 설치하고 은병(활구), 해동통보 등의 화폐를 발행하였어요.

기출 선택지 +α

❻ 서경을 북진 정책의 전진 기지로 삼았다.	(O / X)
❼ 경순왕 김부를 경주의 사심관으로 삼았다.	(O / X)
❽ 전국에 12목을 설치하고 지방관을 파견하였다.	(O / X)
❾ 마진이라는 국호와 무태라는 연호를 사용하였다.	(O / X)
❿ 전시과 제도를 마련하여 관리에게 토지를 지급하였다.	(O / X)

기출 선택지 +α 정답 ❻ ○ ❼ ○ ❽ ×[고려 성종] ❾ ×[궁예] ❿ ×[고려 경종]

11 성종 재위 시기의 사실 정답 ②

다음 상황이 나타난 시기를 연표에서 옳게 고른 것은? [3점]

> ┌ 고려 성종은 최승로의 건의를 받아들여 전국의 주요 지역에 12목을
> └ 설치하고 지방관을 파견하여 중앙 집권 체제를 강화하였어요.
> ❶ 처음으로 12목을 설치하고 조서를 내려 말하기를, "부지런히 정사를 돌보면서 매번 신하들의 충고를 구하고 있다. 낮은 곳의 이야기를 듣고 멀리 보고자 어질고 현명한 이들의 힘을 빌리려고 한다. 이에 수령들의 공로에 의지해 백성들의 바람에 부합하고자 한다. '우서(虞書)'의 12목 제도를 본받아 시행하니, 주나라가 8백 년간 지속하였듯이 우리의 국운도 길이 이어질 것이다."라고 하였다.

정답 잡는 키워드

❶ 처음으로 12목 설치 → 고려 성종

처음으로 12목을 설치하였다는 내용을 통해 자료의 상황이 나타난 시기가 고려 성종 때임을 알 수 있어요. 따라서 연표에서 성종이 재위한 시기를 찾으면 됩니다.

918	945	1009	1196	1270	1351
(가)	(나)	(다)	(라)	(마)	
고려 건국	왕규의 난	강조의 정변	최충헌 집권	개경 환도	공민왕 즉위

➡ 나라를 세운 태조의 뒤를 이어 혜종이 즉위하였으나 왕권은 매우 불안하였습니다. 왕실의 외척인 왕규는 자신의 외손자를 왕위에 올리기 위해 여러 차례 혜종을 암살하려고 하였으나 실패하였어요(**왕규의 난**). 이후 혜종이 사망하고 정종이 왕위에 올랐으나 여전히 왕권은 약했어요. 정종은 즉위한 후 얼마 지나지 않아 사망하고 광종이 왕위에 올랐어요. 광종은 호족 세력을 누르고 왕권을 강화하기 위해 노비안검법과 과거제를 시행하였습니다. 이후 경종을 거쳐 제6대 왕으로 즉위한 **성종**은 최승로의 시무 28조를 수용하여 유교를 정치 이념으로 삼고 정치 체제를 정비하였어요. 2성 6부의 중앙 관제를 마련하였으며, 지방 주요 지역에 **12목**을 설치하고 지방관을 파견하였어요. 이후 성종의 뒤를 이어 목종이 즉위하였으나 **강조의 정변**으로 폐위되고 현종이 즉위하였어요.

따라서 처음으로 12목이 설치된 성종 재위 시기는 왕규의 난과 강조의 정변 사이인 ② (나)입니다.

① (가) ② (나) ③ (다) ④ (라) ⑤ (마)

핵심 개념 | 고려 초기의 정치 발전

태조	• 민생 안정 : 세금 감면(세율을 1/10로 낮춤), 흑창 설치(빈민 구제) • 호족 통합 : 혼인 정책, 사성 정책(왕씨 성 하사), 역분전 지급 • 호족 견제 : 사심관 제도, 기인 제도 • 북진 정책 : 서경을 전진 기지로 삼고 청천강~영흥까지 영토 확장 • 기타 : "정계" · "계백료서" 저술, 훈요 10조를 남김
혜종	왕권 불안정 → 왕규의 난 발생
정종	거란의 침입에 대비하여 광군 창설
광종	• 왕권 강화 : 노비안검법 실시, 과거제 실시, 공복 제정, 공신과 호족 숙청 • 칭제건원 : 황제를 칭하고 '광덕' · '준풍' 등의 독자적인 연호 사용
경종	전시과 제도를 마련함
성종	• 통치 체제 정비 : 최승로의 시무 28조를 수용하여 유교 정치 이념 채택, 2성 6부의 중앙 관제 마련, 12목을 설치하고 지방관 파견 • 국자감 설치(개경), 지방에 경학박사 · 의학박사 파견, 연등회 축소, 팔관회 폐지
목종	전시과 개정(개정 전시과), 강조의 정변(목종 폐위, 현종 옹립)

---

12 고려와 거란의 관계 정답 ③

(가) 국가에 대한 고려의 대응으로 옳은 것은? [2점]

> ┌ 거란의 2차 침입 때 개경이 함락되고 현종은 나주까지 피난을 갔어요.
> ❶ 이곳은 전라남도 나주시에 있는 심향사입니다. (가) 의 침입으로 나주로 피난한 고려 현종이 나라의 평안을 위해 이곳에서 기도를 올렸다고 전해집니다. 이 왕 때 부처의 힘으로 국난을 극복하고자 ❷ 초조대장경의 조성이 시작되었습니다.

> 거란의 침입 때 제작된 초조대장경은 몽골의 침입으로 소실되었어요.

정답 잡는 키워드

❶ 고려 현종이 나주로 피난함, ❷ 초조대장경의 조성이 시작됨
→ 거란

고려 현종이 나주로 피난하였으며 초조대장경을 조성하기 시작하였다는 내용을 통해 (가) 국가가 거란임을 알 수 있어요. 고려는 건국 초기부터 송과의 친선 관계를 우선시하였어요. 이에 송을 공격하고자 계획한 거란은 먼저 고려와 송의 관계를 끊기 위해 고려에 침입하였어요. 거란이 침략하자 서희는 거란 장수 소손녕과 외교 담판으로 송과의 관계를 끊기로 약속하여 거란군의 철수를 이끌어 냈고 강동 6주를 획득하였어요. 하지만 고려가 송과의 관계를 계속 유지하자 거란이 강조의 정변을 구실 삼아 다시 쳐들어왔어요. 이때에 양규가 흥화진에서 거란의 침입에 완강히 저항하였고, 화의를 맺고 철수하는 거란군을 여러 차례 공격하여 많은 고려인 포로를 구출하였어요. 이후 거란이 세 번째 침입하였을 때 강감찬이 귀주에서 거란군을 크게 무찔렀어요(귀주 대첩).

① 박위를 보내 근거지를 토벌하였다.
➡ 고려 말 창왕 때 박위가 왜구의 근거지인 쓰시마섬(대마도)을 토벌하였어요.

② 조총 부대를 나선 정벌에 파견하였다.
➡ 조선 효종 때 청의 요청으로 나선 정벌에 조총 부대를 파견하였어요.

③ 개경을 방어하기 위해 나성을 축조하였다.
➡ 고려 현종 때 거란과의 전쟁이 이어지는 과정에서 강감찬의 건의로 수도 개경을 방어하기 위한 나성을 축조하였어요.

④ 압록강 상류 지역을 개척하여 4군을 설치하였다.
➡ 조선 세종 때 최윤덕을 파견하여 여진을 정벌하고 압록강 상류 지역을 개척하여 4군을 설치하였어요.

⑤ 국방 문제를 논의하기 위해 비변사를 신설하였다.
➡ 조선 중종 때 삼포 왜란이 일어나자 왜구나 여진 등 외적의 침입에 대비하기 위한 임시 기구로 비변사를 처음 설치하였어요.

기출 선택지 +α

❻ 화포를 사용하여 진포에서 격퇴하였다. (O / X)
❼ 최영을 중심으로 요동 정벌을 추진하였다. (O / X)
❽ 서희를 보내 소손녕과 외교 담판을 벌였다. (O / X)
❾ 쌍성총관부를 공격하여 철령 이북의 땅을 수복하였다. (O / X)

기출 선택지 +α 정답 ❻ ×[왜구] ❼ ×[명] ❽ O ❾ ×[원]

13 의천의 활동
정답 ①

(가)에 들어갈 내용으로 옳은 것은? [2점]

왕후는 출가하기 전 의천의 이름이에요. 의천은 고려 문종의 아들이자 숙종의 동생으로 왕자 출신 승려였어요.

왕후(王煦), 왕자로 태어나 승려가 되다

❶ 문종의 아들로 불법(佛法)을 구하러 송에 유학하였다. 귀국 후 흥왕사에서 ❷"신편제종교장총록"을 간행하였다. 이 책은 송·거란·일본 등 동아시아 각지의 불교 서적을 수집하여 정리한 것이다. 이후

(가)

정답 잡는 **키워드**

❶ 문종의 아들, ❷ "신편제종교장총록" 간행 → 의천

문종의 아들이며 "신편제종교장총록"을 간행하였다는 내용을 통해 자료의 인물이 고려의 승려 의천임을 알 수 있어요. 따라서 (가)에는 의천과 관련된 내용이 들어가면 됩니다. 의천은 송에 유학하여 화엄종과 천태학 등을 공부하고 돌아와 "신편제종교장총록"을 편찬하였어요. 또한, 불교 통합을 추진하면서 수행 방법으로 이론 연마와 수행을 함께 강조하는 교관겸수를 제시하였어요.

① 국청사의 주지가 되어 해동 천태종을 개창하였다.
→ 의천은 교종을 중심으로 불교를 통합하고자 하였으며 국청사를 중심으로 해동 천태종을 개창하였어요.

② 불교 개혁을 주장하며 수선사 결사를 조직하였다.
→ 지눌은 승려 본연의 자세로 돌아가 독경과 참선, 노동에 고루 힘써야 한다고 주장하며 수선사 결사를 조직하였어요.

③ 선문염송집을 편찬하고 유불 일치설을 주장하였다.
→ 혜심은 유불 일치설을 주장하며 심성의 도야를 강조하였는데, 이는 장차 성리학을 받아들일 수 있는 사상적 토대가 되었어요.

④ 불교 관련 자료를 중심으로 삼국유사를 집필하였다.
→ 일연은 "삼국유사"를 저술하여 불교사를 중심으로 고대의 민간 설화, 야사 등을 정리하였어요.

⑤ 인도와 중앙아시아를 순례하고 왕오천축국전을 남겼다.
→ 혜초는 인도와 중앙아시아를 여행한 후 이 지역의 풍속, 종교, 문화 등을 담은 "왕오천축국전"을 저술하였어요.

기출 선택지 +α

❻ 정혜쌍수와 돈오점수를 주장하였다. (O/X)
❼ 보현십원가를 지어 불교 교리를 전파하였다. (O/X)
❽ 법화 신앙에 중점을 둔 백련 결사를 주도하였다. (O/X)
❾ 교장도감을 설치하여 불교 경전 주석서를 편찬하였다. (O/X)
❿ 이론 연마와 수행을 함께 강조하는 교관겸수를 제시하였다. (O/X)

기출 선택지 +α 정답 ❻ ×[지눌] ❼ ×[균여] ❽ ×[요세] ❾ ○ ❿ ○

---

14 문벌 사회의 동요
정답 ④

(가)~(다)를 일어난 순서대로 옳게 나열한 것은? [3점]

(가) 왕이 보현원 문에 들어서자 …… ❶이고 등이 왕을 모시던 문관 및 대소 신료, 환관들을 모두 살해하였다. …… ❷정중부 등이 왕을 모시고 환궁하였다.
└ 보현원에서 정중부, 이의방 등 무신들은 정변을 일으켜 다수의 문신을 제거하였고, 이어 의종을 폐위했어요.

(나) ❸이자겸과 척준경이 왕을 위협하여 남궁(南宮)으로 거처를 옮기게 하고 안보린, 최탁 등 17인을 죽였다. 이 외에도 죽인 군사가 헤아릴 수 없을 정도였다.
└ 이자겸이 난을 일으켜 궁궐을 불태우고 왕의 측근 세력을 제거한 후 인종을 감금하였어요.

(다) ❹묘청이 서경을 근거지로 삼고 반란을 일으켰다. …… 국호를 대위, 연호를 천개, 그 군대를 천견충의군이라 불렀다.
└ 묘청 등 서경 세력은 서경 천도와 금국 정벌을 주장하였으나 개경 세력의 반대에 부딪히자 난을 일으켰어요.

정답 잡는 **키워드**

❶, ❷ 정중부 등이 문신을 살해함 → (가) 무신 정변(1170)
❸ 이자겸과 척준경이 왕을 위협함 → (나) 이자겸의 난(1126)
❹ 묘청이 서경에서 반란을 일으킴 → (다) 묘청의 난(1135)

고려 건국 이후 국가 체제가 안정되는 가운데 여러 대에 걸쳐 고위 관직을 차지한 문벌이 권력을 독점하여 문제가 나타나기 시작하였어요. 특히 인종 때 대표적 문벌인 경원 이씨 가문의 이자겸은 왕실과 중첩된 혼인 관계를 맺고 왕권을 위협할 정도의 권력을 행사하였어요. (나) 이에 인종이 이자겸을 제거하고자 하였으나 실패하고, 오히려 이자겸이 스스로 왕이 되고자 척준경과 함께 반란을 일으켰어요(이자겸의 난, 1126). 인종은 척준경을 회유하여 이자겸의 난을 진압하고, 왕권을 회복하기 위해 서경 세력을 등용하여 개혁 정치를 추진하였어요. (다) 이 과정에서 묘청을 비롯한 서경 세력이 서경 천도를 추진하였으나 개경 세력의 반대에 부딪혀 좌절되자 서경에서 반란을 일으켰어요(묘청의 난, 1135). 반란은 김부식이 이끄는 관군에 의해 진압되었습니다. 이후 문벌 지배 체제의 모순이 더욱 심화되는 가운데 (가) 의종 때 문신에 비해 차별을 받고 있던 무신이 보현원에서 정변을 일으켜 많은 수의 문신을 살해하고 정권을 장악하였으며 의종을 폐위하였어요(무신 정변, 1170).

① (가) - (나) - (다)
② (가) - (다) - (나)
③ (나) - (가) - (다)
④ (나) - (다) - (가)
→ (나) 이자겸의 난(1126) → (다) 묘청의 난(1135) → (가) 무신 정변(1170)
⑤ (다) - (가) - (나)

핵심 개념 | 문벌 사회의 동요

이자겸의 난 (1126)	• 배경 : 인종 때 대표적 문벌 경원 이씨 가문의 이자겸이 실권 장악 • 경과 : 국왕의 측근 세력이 국왕을 중심으로 결집 → 이자겸 제거 시도, 실패 → 이자겸이 척준경과 함께 난을 일으켜 정권 장악 → 인종이 척준경을 회유하여 이자겸을 제거함 → 척준경이 탄핵을 받아 축출됨
묘청의 난 (1135)	• 배경 : 이자겸의 난 이후 개혁적인 서경 세력과 보수적인 개경 세력의 대립 • 경과 : 묘청 등 서경 세력이 서경 천도 추진 → 개경 세력의 반대로 서경 천도가 좌절됨 → 묘청 등이 서경에서 반란을 일으킴(국호 – '대위', 연호 – '천개') → 김부식이 이끈 관군에게 진압됨
무신 정변 (1170)	• 배경 : 문벌 사회의 모순 심화, 문신이 무반 고위직까지 독점, 무신에 대한 차별 • 경과 : 보현원에서 정중부, 이의방 등 무신들이 정변을 일으켜 의종을 폐위하고 권력 장악

다음 상황이 나타난 시기에 볼 수 있는 모습으로 적절한 것은? [2점]

> ─ 기철의 누이동생은 원 황제의 부인이 되어 황후 자리에 올랐어요. 기철은 기황후와
> 원의 세력을 믿고 고려 국왕도 무시할 수 없는 권력을 행사하였어요.
> ❶ 기철의 친척 기삼만이 권세를 믿고 불법으로 남의 토지를 빼앗았기
> 에 정치도감에서 그를 잡아 장(杖)을 치고 하옥하였는데 20여 일 만에
> 죽었다. …… 그러자 ❷정동행성 이문소에서 정치도감 관리들을 잡아
> 가두었다.
>   ─ 이문소는 정동행성의 부속 관서로, 원과 관련한 범죄를
>   다스리는 일을 했으나 차츰 친원 세력의 이익을 대변하
>   는 기구로 변하였어요. 공민왕이 반원 정책을 추진하면
>   서 폐지하였어요.

정답 잡는 키워드

❶ 기철, ❷ 정동행성 이문소 → 원 간섭기

기철의 친척이 불법으로 남의 토지를 빼앗았으며, 정동행성 이문소가 있는 것
으로 보아 자료의 상황이 나타난 시기가 원 간섭기임을 알 수 있어요. 몽골의
침입에 대응하여 고려 정부는 강화도로 도읍을 옮기고 항전하였으나 결국 몽
골과 강화를 맺고 개경으로 환도하였어요. 이후 '원'으로 국호를 바꾼 몽골은
고려의 내정을 본격적으로 간섭하였어요. 원 간섭기에 기철 등 원의 세력을 등
에 업은 친원 세력이 권력을 독점하고 부를 축적하였어요. 한편, 원은 일본 정
벌을 위한 중심 기구로 정동행성을 고려에 설치하고 전쟁 물자뿐만 아니라 고
려의 백성까지 강제 동원하여 일본 원정을 추진하였으나 실패하였어요. 원은
일본 원정이 실패한 후에도 정동행성을 그대로 남겨 두어 고려의 내정을 간섭
하는 기구로 이용하였어요.

① 농사직설을 편찬하는 학자
➡ 조선 세종 때 정초, 변효문 등이 우리 풍토에 맞는 농법을 정리한 "농사직설"
을 편찬하였어요.

② 초량 왜관에서 교역하는 상인
➡ 조선 후기에 부산 초량에 왜관을 설치하고 이를 통해 일본과 교역하였어요.

③ 도평의사사에서 회의하는 관리
➡ 원 간섭기에 도병마사가 도평의사사로 개편되었어요. 원의 세력에 기대어 권
력을 얻은 권문세족은 도평의사사를 장악하고 국정을 좌지우지하였어요.

④ 규장각 검서관으로 근무하는 서얼
➡ 조선 정조 때 서얼 출신인 박제가, 유득공, 이덕무 등이 규장각 검서관으로
기용되었어요.

⑤ 빈공과 응시를 준비하는 6두품 유학생
➡ 신라에는 골품제라는 신분제가 있어 골품에 따라 관등 승진에 제한이 있었어
요. 신라 말에 골품제의 한계를 느낀 6두품의 당 유학이 늘어났는데, 이들은
당에서 빈공과에 응시하여 당의 관리가 되어 출세를 도모하기도 하였어요.

기출 선택지 +α

❻ 정동행성에서 회의하는 관리	(O / X)
❼ 초조대장경을 조판하는 장인	(O / X)
❽ 삼강행실도를 읽고 있는 양반	(O / X)
❾ 상평통보로 물건을 구매하는 농민	(O / X)

(가) 국가의 경제 상황으로 옳은 것은? [1점]

> 명주의 정해현에서 순풍을 만나 3일이면 큰 바다 가운데로
> 들어가고, 다시 5일이면 흑산도에 도달하여 그 경계에 들어간
> 다. 흑산도에서 섬들을 지나 7일이면 예성강에 이른다. ……
> 거기서 3일이면 연안에 닿는데, ❶벽란정(碧瀾亭)이라는 객관이
> 있다. 사신은 여기에서부터 육지에 올라 험한 산길을 40여 리
> 쯤 가면   (가)   의 수도에 도달한다. ─ ❷"송사" ─
>
>   벽란정은 벽란도를 드나들던 외국 상인과 사신들이 머물던
>   숙소로, 송의 사신 일행이 도착하였을 때와 떠나기 전에 이곳
>   에서 묵었어요. 벽란도라는 이름은 이 벽란정에서 따왔어요.

정답 잡는 키워드

❶ 벽란정, ❷ "송사" 기록 → 고려

중국의 명주에서 바다를 건너 '벽란정'에 도착한 사신의 여정을 기록한 "송사"
임을 통해 (가) 국가가 고려임을 알 수 있어요. 고려 시대에 수도 개경과 거리
가 가까웠던 예성강 하구의 벽란도가 국제 무역항으로 번성하였어요. 벽란도
에는 송의 상인을 비롯하여 멀리 아라비아 상인까지도 왕래하였어요.

① 집집마다 부경이라는 창고가 있었다.
➡ 고구려에는 집집마다 부경이라는 창고가 있었어요.

② 활구라고 불리는 은병이 주조되었다.
➡ 고려 시대에는 활구라고 불리는 은병이 주조되었어요. 은병은 은 1근으로 만
든 고액 화폐였어요.

③ 동시전이 설치되어 시장을 감독하였다.
➡ 신라 지증왕 때 수도 금성(경주)에 시장인 동시와 이를 감독하기 위한 관청인
동시전이 설치되었어요.

④ 계해약조가 체결되어 일본과 교역하였다.
➡ 조선 세종 때 무역의 규모, 입항 조건 등을 규정한 계해약조가 체결되어 일본
과 교역하였어요.

⑤ 광산을 전문적으로 경영하는 덕대가 등장하였다.
➡ 조선 후기에 물주로부터 자금을 조달받아 광산을 전문적으로 경영하는 덕대
가 등장하였어요.

기출 선택지 +α

❻ 경시서가 수도의 시전을 감독하였다.	(O / X)
❼ 책문 후시를 통한 교역이 활발하였다.	(O / X)
❽ 벽란도가 국제 무역항으로 번성하였다.	(O / X)
❾ 송상이 전국 각지에 송방을 설치하였다.	(O / X)

---

17 예산 수덕사 대웅전
정답 ①

(가)에 해당하는 문화유산으로 옳은 것은? [2점]

❶충청남도 예산군에 있는 이 건물은 맞배지붕에 ❷주심포 양식입니다. 건물 보수 중 묵서명이 발견되어 ❸충렬왕 34년이라는 정확한 건립 연도를 알게 되었습니다.

두 개의 지붕이 서로 맞대고 있는 형태라 하여 붙여진 이름으로, 옆면에서 볼 때 사람 인(人)자 모양을 한 지붕이에요.

정답 잡는 키워드

❶ 충청남도 예산군, ❷, ❸ 충렬왕 때 건립된 주심포 양식의 건물
→ 예산 수덕사 대웅전

충청남도 예산군에 있는 주심포 양식의 건물로 고려 후기 충렬왕 때 건립되었다는 내용을 통해 (가)에 해당하는 문화유산이 예산 수덕사 대웅전임을 알 수 있어요.

①
수덕사 대웅전
➡ 예산 수덕사 대웅전은 고려 후기에 지어진 주심포 양식의 건물이에요. 주심포 양식은 공포를 기둥 위에만 두는 건축 양식이에요.

②
화엄사 각황전
➡ 구례 화엄사 각황전은 조선 후기에 지어진 중층 건물로, 현존하는 중층의 불전 중에서 가장 큰 규모입니다.

③
부석사 무량수전
➡ 영주 부석사 무량수전은 고려 시대에 지어진 주심포 양식의 건물로, 내부에 소조 여래 좌상이 봉안되어 있어요.

④
봉정사 극락전
➡ 안동 봉정사 극락전은 고려 시대에 지어진 주심포 양식의 건물이며, 현존하는 우리나라에서 가장 오래된 목조 건축물이에요.

⑤
법주사 팔상전
➡ 보은 법주사 팔상전은 현존하는 유일한 조선 시대의 목탑으로, 내부에 석가모니의 생애를 여덟 장면으로 그린 팔상도가 있어요.

---

18 요동 정벌 추진 이후의 사실
정답 ③

다음 대화 이후에 전개된 사실로 옳은 것은? [2점]

❶이번에 왕이 최영에게 명하여 요동을 정벌한다고 하네.

❷명 황제가 철령 이북을 일방적으로 명의 영토로 귀속시키려 한 것이 원인이라더군.

명은 이전에 쌍성총관부가 관할하였던 철령 이북 지역을 명의 영토라고 주장하였어요.

정답 잡는 키워드

❶ 왕이 최영에게 요동 정벌을 명함, ❷ 명 황제가 철령 이북을 일방적으로 명의 영토로 귀속시키려 함
→ 고려 우왕의 요동 정벌 추진(14세기 후반)

명 황제가 철령 이북을 일방적으로 명의 영토로 귀속시키려 한 것이 원인이 되었으며, 왕이 최영에게 요동 정벌을 명하였다는 내용을 통해 대화가 이루어진 시기가 14세기 후반 고려 우왕 때임을 알 수 있어요. 14세기 후반에 명은 공민왕이 수복한 쌍성총관부 지역이 원래 원의 영토였다는 이유를 들어 이 지역에 철령위를 설치하여 직접 다스리겠다고 통보하였어요. 이에 우왕과 최영은 이성계에게 요동 정벌에 나설 것을 명령하였어요. 이성계는 4불가론을 들어 요동 정벌에 반대하였지만 결국 왕의 명령에 따라 군대를 이끌고 나섰어요.

① 윤관이 별무반을 이끌고 동북 9성을 축조하였다.
➡ 12세기 초 예종 때 윤관이 별무반을 이끌고 여진을 정벌한 후 동북 9성을 축조하였어요.

② 서희가 외교 담판을 벌여 강동 6주를 획득하였다.
➡ 10세기 말 성종 때 있었던 거란의 1차 침입 당시 서희가 거란 장수 소손녕과 외교 담판을 벌여 강동 6주를 획득하였어요.

③ 이성계가 위화도에서 회군하여 정권을 장악하였다.
➡ 14세기 후반에 요동 정벌에 나섰던 이성계가 위화도에서 군대를 멈추고 우왕에게 회군 명령을 요청하였으나 받아들여지지 않자 군대를 돌려 개경으로 돌아와 우왕과 최영을 몰아내고 정권을 장악하였어요.

④ 배중손이 이끄는 삼별초가 용장산성에서 항전하였다.
➡ 13세기에 고려 정부가 몽골과 화의를 맺고 개경 환도를 결정하자 배중손이 이끄는 삼별초가 이에 반대하여 강화도에서 봉기하였어요. 이후 진도로 이동하여 용장산성에서 항전하였으나 여·몽 연합군의 계속된 공격에 큰 타격을 받았어요.

⑤ 최우가 강화도로 도읍을 옮겨 장기 항전을 준비하였다.
➡ 13세기에 몽골이 고려를 침략하자 최우는 강화도로 도읍을 옮겨 장기 항전을 준비하였어요.

기출 선택지 +α

❻ 강감찬이 귀주에서 외적을 격퇴하였다. (O / X)
❼ 조준 등의 건의로 과전법이 제정되었다. (O / X)
❽ 김윤후가 처인성에서 살리타를 사살하였다. (O / X)
❾ 유인우, 이자춘 등이 쌍성총관부를 수복하였다. (O / X)

기출 선택지 +α

정답 ❻ ×[1019년] ❼ ○[1391년] ❽ ×[1232년] ❾ ×[1356년]

19 성종 재위 시기의 사실   정답 ③

밑줄 그은 '이 왕'의 재위 시기에 있었던 사실로 옳은 것은? [2점]

조선의 통치 체제를 정리한 기본 법전으로 국가 운영 전반에 대한 법률을 담았어요.

❶ 경국대전에 대해 조사한 내용을 알려 줄래?

이·호·예·병·형·공전의 육전 체제로 구성되었어.

경제육전과 수교, 조례 등에서 영구히 준수해야 할 것들을 정리하여 엮었대.

세조 때 편찬이 시작되어 이 왕 때 **❷ 완성하여 반포**했지.

중앙의 6조 체제에 맞추어 6전 체제로 구성되었는데, 이 중 재정과 경제의 기본이 되는 '호전'과 형벌, 재판, 노비, 상속에 대한 규정인 '형전'은 세조 때 완성되어 시행되었어요.

정답 잡는 키워드

❶, ❷ "경국대전" 완성·반포 → 조선 성종

"경국대전"을 완성하여 반포하였다는 내용을 통해 밑줄 그은 '이 왕'이 조선 성종임을 알 수 있어요. 성종은 세조 때부터 만들기 시작한 "경국대전"을 완성하여 유교적 법치 국가의 토대를 마련하였어요. 성종 재위 시기에는 다양한 분야에서 편찬 사업이 활발하게 추진되어 국가 의례를 정리한 "국조오례의", 지리서인 "동국여지승람", 시문집인 "동문선", 음악 이론을 집대성한 "악학궤범" 등이 편찬되었어요.

① 독립된 간쟁 기관으로 **사간원**이 **설치**되었다.
➡ 태종 때 문하부 낭사를 분리하여 사간원으로 독립시켰어요.

② 함길도 토착 세력인 **이시애가 난**을 일으켰다.
➡ 세조 때 중앙 집권 체제를 강화하기 위해 북도 출신 수령의 임명을 줄이고 중앙에서 직접 관리를 파견하였어요. 이에 불만을 품은 함길도 토착 세력인 이시애가 난을 일으켰으나 진압되었어요.

③ 직제가 개편된 **홍문관**에서 **경연**을 주관하였다.
➡ **성종** 때 도서와 문서의 보관 및 관리 역할을 하던 홍문관에 집현전의 직제와 역할을 부여하여 경연을 주관하고 왕의 자문에 응하는 일을 맡도록 하였어요.

④ 집현전 관리를 대상으로 **사가독서제**가 시행되었다.
➡ 세종 때 집현전 관리를 대상으로 휴가를 주어 독서와 연구에만 전념할 수 있도록 하는 사가독서제가 처음 시행되었어요. 집현전은 세조 때 폐지되었어요.

⑤ 붕당의 폐해를 경계하기 위한 **탕평비**가 **건립**되었다.
➡ 영조 때 붕당 정치의 폐해를 경계하기 위한 탕평비가 성균관에 건립되었어요.

기출 선택지 +α

❻ 역대 문물을 정리한 동국문헌비고가 간행되었다. (O/X)
❼ 음악 이론 등을 집대성한 악학궤범이 간행되었다. (O/X)
❽ 세계 지도인 혼일강리역대국도지도가 만들어졌다. (O/X)
❾ 한양을 기준으로 한 역법서인 칠정산이 간행되었다. (O/X)
❿ 전국의 지리, 풍속 등이 수록된 동국여지승람이 편찬되었다. (O/X)

---

20 명종 재위 시기의 사실   정답 ⑤

㉠~㉤에 대한 탐구 활동으로 가장 적절한 것은? [3점]

㉠왕이 어려서 즉위하여 모후(母后)가 수렴청정을 하고, 사림 간에 큰 옥사가 연달아 일어난 데다가 ㉡요승(妖僧)을 높이고 사랑하여 불교를 숭상했으나 모두 왕의 뜻은 아니었다. …… ㉢부세는 무겁고 부역은 번거로웠으며 흉년으로 백성들이 고달프고 도적이 성행하여 국내의 재력이 고갈되었다. 그래서 왕이 비록 성덕(盛德)을 품었어도 끝내 하나도 펴지 못했으니 참으로 애석하다. 그러다가 ㉣문정 왕후가 돌아가신 후에 국정을 주관하게 되자 …… ㉤을사사화 때 화를 당한 사람들을 풀어 주고 먼 곳으로 쫓겨난 사람들을 모두 내지로 옮겼다.

'문정 왕후', '을사사화' 등을 통해 자료의 내용이 조선 명종 재위 시기에 있었던 사실임을 알 수 있어요. 따라서 이 시기에 있었던 사실과 관련된 탐구 활동을 찾으면 됩니다.

① ㉠ - **1차 왕자의 난**이 일어난 이유를 찾아본다.
➡ 명종이 어린 나이에 즉위하자 명종의 어머니인 문정 왕후가 명종을 대신하여 수렴청정을 하였어요. 1차 왕자의 난은 **태조** 때 왕위 계승을 둘러싸고 일어난 싸움이에요. 태조 이성계가 두 번째 왕비의 아들을 세자로 삼자 조선 건국에 공을 세운 이방원을 비롯한 왕자들이 반발하여 일어났어요. 이를 통해 이방원은 배다른 형제들과 정도전 등 반대파를 제거하고 권력 기반을 다졌어요.

② ㉡ - **황사영 백서 사건**이 가져온 결과를 살펴본다.
➡ 문정 왕후는 불교를 숭상하며 승려 보우를 등용해 봉은사의 주지로 임명하고 불교를 진흥하였어요. 황사영 백서 사건은 **순조** 때 신유박해가 일어나자 황사영이 신앙의 자유를 얻기 위해 베이징에 있는 주교에게 프랑스 군대를 출병해 줄 것을 요청하는 편지를 보내려 한 것이 발각된 사건이에요. 이로 인해 조선 정부의 천주교 탄압은 강화되었어요.

③ ㉢ - **예송 논쟁**의 발생 배경을 파악한다.
➡ 명종 때 외척 세력의 권력 장악에 따른 정치 혼란과 관리들의 부정부패, 연이은 흉년 등으로 인해 부세와 부역의 부담이 커지고 민생이 어려워졌어요. 예송 논쟁은 현종 때 일어난 왕실 예법에 대한 논쟁이에요. 효종 사후, 그리고 효종 비 사후 두 차례에 걸쳐 자의 대비의 상복 입는 기간을 두고 서인과 남인 사이에 벌어졌어요.

④ ㉣ - **갑술환국**의 전개 양상을 정리한다.
➡ 명종이 성인이 된 후 문정 왕후는 국정을 왕에게 맡겼으나 이후에도 10여 년간 계속해서 정사에 관여하였어요. 문정 왕후가 사망한 후 명종은 인재를 고르게 등용하는 등 선정을 펴려고 하였으나 얼마 못 가 사망하였어요. 갑술환국은 숙종 때 일어났어요. 갑술환국으로 남인이 몰락하고 서인이 집권하게 되었어요.

⑤ ㉤ - **윤임 일파**가 축출되는 과정을 조사한다.
➡ 명종 때 외척이었던 윤임 일파(대윤)와 윤원형 일파(소윤)의 대립으로 을사사화가 일어나 윤임 일파가 축출되었어요.

다음 상황이 전개된 배경으로 옳은 것은? [1점]

> ┌ 세종의 총애를 받은 집현전 학사 출신의 인물로, 세조의 왕위 찬탈에 반대하여 단종의 복위를 꾀하다가 처형당한 사육신 중 한 사람이에요.
>
> 교지를 내려 이르기를, "전날 **성삼문** 등이 상왕(上王)도 그 모의에 참여하였다고 인정하자, 백관들이 상왕도 종사(宗社)에 죄를 지었으니 편안히 도성에 거주하는 것은 마땅치 않다고 하였다. …… **상왕을 노산군(魯山君)으로 낮추고**, 궁에서 내보내 영월에 거주시키도록 하라."라고 하였다. └ 세조는 단종 복위 운동을 빌미로 상왕이 된 단종을 노산군으로 강등시키고 강원도 영월로 유배를 보냈어요.

정답 잡는 키워드

❶ 성삼문 등이 상왕도 모의에 참여하였다고 인정,

❷ 상왕을 노산군으로 낮춤 → 단종 복위 운동

성삼문 등이 상왕도 모의에 참여하였다고 인정하였으며, 상왕을 노산군으로 낮춘다는 내용을 통해 자료의 상황이 조선 세조 때 단종 복위 운동이 일어난 직후임을 알 수 있어요. 문종이 죽고 단종이 어린 나이로 왕위에 오르자 수양 대군(세조)은 계유정난을 일으켜 정권을 장악하고 양위를 받아 왕위에 올랐어요. 이후 성삼문, 박팽년 등 집현전 출신 문신들과 몇몇 무신들이 세조를 제거하고 상왕으로 밀려난 단종을 복위시킬 계획을 세웠으나 사전에 발각되었어요.

① 인조반정으로 북인 세력이 몰락하였다.
➡ 광해군 때 서인이 영창 대군 살해와 인목 대비 폐위를 구실 삼아 반정을 일으켰어요. 이로 인해 서인이 정권을 잡고 북인 세력이 몰락하였어요.

② 인현 왕후가 폐위되고 남인이 권력을 차지하였다.
➡ 숙종 때 일어난 기사환국으로 인현 왕후가 폐위되고 희빈 장씨가 왕비로 책봉되었으며 남인이 권력을 차지하였어요.

③ 계유정난을 통해 수양 대군이 정권을 장악하였다.
➡ 단종 때 수양 대군이 계유정난을 일으켜 김종서, 황보인 등을 제거하고 정권을 장악하였어요. 정세에 위축된 단종은 수양 대군에게 양위하고 상왕이 되었어요.

④ 이인좌를 중심으로 한 소론 세력이 난을 일으켰다.
➡ 영조 때 이인좌를 중심으로 한 소론 세력이 왕과 노론 세력을 제거하기 위해 반란을 일으켰으나 진압되었어요.

⑤ 폐비 윤씨 사사 사건으로 인해 김굉필 등이 처형되었다.
➡ 연산군 때 폐비 윤씨 사사 사건의 전말이 알려져 갑자사화가 일어났어요. 이로 인해 김굉필 등이 처형되고 관련자들이 화를 입었어요.

핵심 개념 | 세조 재위 시기의 사실

정치	• 계유정난으로 정권 장악 → 단종에게 양위를 강요하여 즉위, 단종 복위 운동 진압(성삼문 등 처형, 단종은 노산군으로 강등되어 영월에 유배되었다가 죽임을 당함) • 왕권 강화 : 6조 직계제 부활, 집현전과 경연 폐지, 함길도 토착 세력이 일으킨 이시애의 난 진압, 유향소 폐지
경제	직전법 실시(현직 관리에게만 토지의 수조권 지급)
문화	"경국대전" 편찬 시작

(가)에 해당하는 작품으로 옳은 것은? [1점]

조선의 예술, 메타버스 회화 전시관

안견은 세종 재위 시기에 가장 왕성하게 활동한 화가입니다. 세종의 셋째 아들로 시와 그림, 글씨에 뛰어났던 안평 대군을 가까이 섬긴 것으로 알려져 있어요.

이 그림은 안견이 안평 대군의 꿈 이야기를 듣고 그린 것입니다. 현실 세계와 이상 세계가 대비를 이루면서도 전체적으로 통일된 분위기를 자아내고 있습니다.

(가)

학생 1 / 학생 2 / 학생 3 / 해설사

정답 잡는 키워드

❶ 안견이 안평 대군의 꿈 이야기를 듣고 그림 → 몽유도원도

안견은 조선 전기에 화원으로 활동하였으며, 안평 대군의 꿈 이야기를 듣고 몽유도원도를 그렸어요. 안견의 화풍은 후대에 영향을 미쳐 안견의 화풍을 추종한 화가들을 안견파라고 부르기도 합니다. 이들의 화풍은 일본 수묵화에도 영향을 주었어요.

①
➡ 안견이 그린 몽유도원도입니다. 왼쪽에는 현실 세계를, 오른쪽에는 꿈에서 본 이상 세계를 표현하였어요.

②
➡ 조선 후기에 김정희가 그린 세한도입니다. 유배 중인 자신을 잊지 않은 제자 이상적에게 그려 준 그림이에요.

③
➡ 조선 후기에 김홍도가 단양의 명승지인 옥순봉을 그린 옥순봉도입니다.

④
➡ 조선 전기에 강희안이 그린 고사관수도입니다. 흐르는 물을 바라보며 생각에 빠진 선비의 모습을 표현하였어요.

⑤
➡ 조선 후기에 정선이 그린 진경 산수화인 인왕제색도입니다. 비온 후에 안개 낀 인왕산의 모습을 사실적으로 묘사하였어요.

23 병자호란 정답 ③

밑줄 그은 '이 전쟁' 중에 있었던 사실로 옳은 것은? [2점]

이달의 책

이 책은 조선 후기 문인 김창협이 편찬한 "충렬록"이다. 이 전쟁에서 충의를 지키고자 죽은 ❶김상용 등에 관한 기록과 그들을 기리기 위한 충렬사의 건립 경위를 담고 있다. 김상용은 ❷세자빈과 봉림 대군 등 왕실 사람들을 호종하여 강화도로 피난하였다가 이듬해 강화성이 함락되자 순절하였다.

김상용은 화의를 반대하며 결사 항전을 주장하였던 척화파 김상헌의 형으로, 병자호란 때 청군에 의해 강화성이 함락되자 스스로 화약에 불을 붙여 죽음을 맞았어요.

정답 잡는 키워드

❶, ❷ 김상용이 봉림 대군 등을 호종하여 들어간 강화성이 함락되자 순절함 → 병자호란

봉림 대군 등을 호종하여 피란한 강화성에서 김상용이 순절하였다는 내용을 통해 밑줄 그은 '이 전쟁'이 병자호란임을 알 수 있어요. 병자호란이 일어나자 김상용은 세자빈과 봉림 대군 등 왕실 사람들을 호종하여 강화도로 피란하였어요. 인조와 소현 세자도 강화도로 피란하려고 하였으나 청군에 의해 길이 막혀 남한산성으로 들어갔어요. 남한산성에서 청에 항전하던 인조는 결국 삼전도에서 항복하였어요.

① 조·명 연합군이 평양성을 탈환하였다.
➡ 임진왜란 때 조·명 연합군이 일본군이 차지한 평양성을 탈환하고 전세를 역전하였어요.

② 강홍립이 사르후 전투에 참전하였다.
➡ 광해군 때 후금 공격을 준비하고 있던 명의 요청을 받아 지원군으로 파견된 강홍립 부대가 사르후 전투에 참전하였어요.

③ 김준룡이 광교산 전투에서 승리하였다.
➡ 병자호란 때 김준룡이 근왕병을 이끌고 지금의 경기도 용인의 광교산 일대에서 청의 군대와 싸워 승리하였어요.

④ 김종서가 두만강 일대에 6진을 개척하였다.
➡ 세종 때 김종서가 두만강 일대의 여진을 정벌하고 6진을 개척하였어요.

⑤ 곽재우, 김천일 등이 의병장으로 활약하였다.
➡ 임진왜란 때 곽재우, 김천일, 고경명 등이 의병장으로 활약하였어요. 이 중 의령에서 의병을 일으킨 곽재우는 붉은 옷을 입고 선두에서 많은 일본군을 무찔러 '홍의 장군'이라고 불렸어요.

기출 선택지 +α

❻ 정문부가 길주에서 의병을 이끌었다. (O/X)
❼ 정봉수와 이립이 용골산성에서 항전하였다. (O/X)
❽ 김시민이 진주성에서 적군을 크게 물리쳤다. (O/X)
❾ 임경업이 백마산성에서 적의 침입에 대비하였다. (O/X)
❿ 포수, 사수, 살수로 구성된 훈련도감이 설치되었다. (O/X)

기출 선택지 +α
정답 ❻ ×[임진왜란] ❼ [정묘호란] ❽ ×[임진왜란] ❾ ○ ❿ ×[임진왜란]

---

24 정조의 정책 정답 ⑤

(가) 왕에 대한 설명으로 옳은 것은? [2점]

정조는 즉위 후 아버지 사도 세자의 묘를 수원으로 옮기고 현륭원이라 하였어요. 현륭원은 대한 제국 시기에 융릉으로 격상되었어요.

이 시는 (가) 이/가 ❶현륭원을 참배하고 화성 행궁에 머물다가 환궁하는 길에 지은 것입니다. 아버지인 사도 세자에 대한 마음이 잘 표현되어 있습니다.

혼정신성*의 그리움 다할 길 없어
오늘 또 화성에 와 보니
궂은 비는 침원에 부슬부슬 내리고
❸이 마음은 재전**을 끝없이 배회하누나
어찌하여 사흘 밤을 잤던고
아버님 영정을 모셨기 때문일세
더디고 더딘 걸음에 고개 들어 바라보니
오운이 저 멀리서 일어나누나

* 혼정신성 : 부모님께 효도하는 도리
** 재전 : 제사를 지내기 위하여 지은 집

정답 잡는 키워드

❶ 현륭원 참배, ❷ 화성 행궁, ❸ 사도 세자의 아들 → 정조

사도 세자의 아들이며 현륭원을 참배하고 화성 행궁에 머물렀다는 내용을 통해 (가) 왕이 조선 정조임을 알 수 있어요. 정조는 자신의 정치적 이상을 실현할 신도시로 수원 화성을 건설하였어요. 화성 행궁은 수원 화성 안에 건립된 왕실의 임시 숙소로 정조가 현륭원에 행차할 때 사용하였어요.

① 청과 국경을 정하는 백두산정계비를 세웠다.
➡ 숙종 때 조선과 청의 대표가 백두산 일대를 답사하여 국경을 확정하고 백두산정계비를 세웠어요.

② 통치 체제를 정비하고자 속대전을 편찬하였다.
➡ 영조는 "경국대전" 반포 이후에 공포된 법령 중에서 시행할 법령만을 추려서 "속대전"을 편찬하였어요.

③ 왕실의 위엄을 높이기 위해 경복궁을 중건하였다.
➡ 고종 때 흥선 대원군은 왕실의 위엄을 높이기 위해 임진왜란 때 소실된 경복궁을 중건하였어요.

④ 삼정의 문란을 시정하려고 삼정이정청을 설치하였다.
➡ 철종은 농민 봉기가 확대되자 암행어사를 파견하고 삼정이정청을 설치하여 삼정의 문란을 바로잡고자 하였어요.

⑤ 시전 상인의 특권을 축소하는 신해통공을 단행하였다.
➡ 정조는 육의전을 제외한 시전 상인의 금난전권을 폐지하는 신해통공을 단행하였어요.

기출 선택지 +α

❻ 국왕 친위 부대인 장용영을 설치하였다. (O/X)
❼ 인재 양성을 위해 초계문신제를 시행하였다. (O/X)
❽ 총융청과 수어청을 창설하여 도성을 방어하였다. (O/X)
❾ 군역의 부담을 줄이기 위해 균역법을 제정하였다. (O/X)
❿ 각 궁방과 중앙 관서의 공노비 6만여 명을 해방하였다. (O/X)

기출 선택지 +α 정답 ❻ ○ ❼ ○ ❽ ×[인조] ❾ ×[영조] ❿ ×[순조]

25 대동법 정답 ⑤

(가) 제도에 대한 설명으로 옳은 것은? [2점]

> 선혜청은 대동법이 실시되면서 설치된 관청으로, 거두어들인 쌀, 베, 동전의 출입을 관장하였어요.
>
> ❶ 광해군 때 이원익이 방납의 폐단을 혁파하고자 선혜청을 두고 (가) 을/를 실시할 것을 청하였다. …… ❷ 맨 먼저 경기도 내에 시범적으로 실시하니 백성들은 대부분 편리하게 여겼다. 다만 권세가와 부호들은 방납의 이익을 잃기 때문에 온갖 방법으로 반대하였다.
>
> ─ "국조보감" ─
>
> 방납은 공물의 납부를 대신해 주고 중간 이윤을 취하는 행위를 말해요. 방납인이 그 대가를 터무니없이 비싸게 받는 등 폐단이 커져 백성의 부담이 가중되었어요.

정답 잡는 키워드

❶ 광해군 때 이원익이 방납의 폐단을 혁파하고자 선혜청을 두고 실시 건의, ❷ 맨 먼저 경기도에서 실시 → **대동법**

광해군 때 이원익이 방납의 폐단을 혁파하기 위해 실시할 것을 청하였으며, 맨 먼저 경기도 내에 시범적으로 실시하였다는 내용을 통해 (가) 제도가 대동법임을 알 수 있어요. 조선 후기에 방납의 폐단이 심해지자 공납을 현물 대신 토지 결수에 따라 쌀이나 베, 동전 등으로 납부하는 대동법이 시행되었어요. 이원익의 건의로 경기도 지역에서 처음 실시된 대동법은 이후 김육 등의 노력으로 점차 시행 지역이 확대되었고, 숙종 때 전국적으로 실시되었어요.

① 양반에게도 군포를 부과하였다.
→ 고종 때 흥선 대원군은 군포를 호(戶) 단위로 부과하는 호포제를 실시하여 양반에게도 군포를 부과하였어요.

② 수신전과 휼양전을 폐지하였다.
→ 세조 때 새 관리에게 지급할 수조지가 부족해지자 수신전과 휼양전을 폐지하고 현직 관리에게만 수조지를 지급하는 직전법이 실시되었어요.

③ 양전 사업을 실시하여 지계를 발급하였다.
→ 대한 제국 시기에 광무개혁을 추진하는 과정에서 양전 사업을 실시하여 토지 소유 증명서인 지계를 발급하였어요.

④ 전세를 풍흉에 따라 9등급으로 차등 과세하였다.
→ 세종 때 전세를 풍흉에 따라 9등급으로 나누어 차등 과세하는 연분9등법이 실시되었어요.

⑤ 관청에 물품을 조달하는 공인이 등장하는 배경이 되었다.
→ 대동법이 실시되면서 관청에서 필요로 하는 물품을 조달하는 공인이 등장하였어요. 공인의 활동은 상업의 발달을 촉진시켰어요.

기출 선택지 +α

❻ 토지 소유자에게 결작을 거두었다. (O/X)
❼ 1결당 쌀 4~6두로 납부액을 고정하였다. (O/X)
❽ 특산물 대신 쌀, 베, 동전 등으로 납부하게 하였다. (O/X)
❾ 부족한 재정의 보충을 위해 선무군관포를 징수하였다. (O/X)

기출 선택지 +α 정답 ❻ ×[균역법] ❼ ×[영정법] ❽ O ❾ ×[균역법]

---

26 역사 속 대외 관계 정답 ④

(가)~(라)를 일어난 순서대로 옳게 나열한 것은? [3점]

> 세종에게 양위한 태종은 상왕으로서 한동안 국정에 영향을 끼쳤어요.
>
> (가) 좌의정 박은이 상왕(上王)에게 아뢰기를, "이제 왜구가 중국에 들어가 도적질하고 본도로 돌아오는 것이 곧 이때이므로 마땅히 이종무 등으로 대마도에 나가 적이 섬에 돌아오기를 기다렸다가 맞아서 치게 되면 적을 파함에 틀림없을 것이니, 진멸(殄滅)시킬 기회를 잃지 마소서."라고 하니, 상왕이 옳게 여겼다.
>
> 김방경은 여·원 연합군의 고려군 도원수로 일본 원정에 참여하였어요.
>
> (나) ❸ 김방경이 중군을 거느리게 하고 홀돈과 홍다구와 더불어 일본을 정벌하게 하였다. 일기도(一岐島)에 이르러 천여 명을 죽이고 길을 나누어 진격하였다. 왜인들이 달아나는데 쓰러진 시체가 마치 삼대와 같았다. 날이 저물어 이내 공격을 늦추었는데 마침 밤에 ❹ 태풍이 크게 불어서 전함들이 많이 부서졌다.
>
> (다) 왜구가 배 5백 척을 이끌고 진포 입구에 들어와서는 큰 밧줄로 배를 서로 잡아매고 병사를 나누어 지키다가, 해안에 상륙하여 여러 고을로 흩어져 들어가 불을 지르고 노략질을 자행하였다. …… ❺ 나세, 심덕부, 최무선 등이 진포에 이르러, 최무선이 만든 화포를 처음으로 사용하여 그 배들을 불태웠다.
>
> 최무선은 왜구를 물리치기 위해 화약 제조법을 연구하여 화약 개발에 성공하였어요.
>
> (라) ❻ 왜장이 군사 수만 명을 모두 동원하여 진주성을 포위하였는데 성 안의 군사는 3천여 명이었다. ❼ 진주 목사 김시민이 여러 성첩을 나누어 지키게 하였다. …… 10여 일 동안 4~5차례 큰 전투를 벌이면서 안팎에서 힘껏 싸웠으므로 적이 먼저 도망하였다.

정답 잡는 키워드

❶ 이종무, ❷ 대마도 → (가) 이종무의 대마도 정벌(조선 세종)
❸ 김방경, 홀돈, 홍다구가 일본 정벌, ❹ 태풍으로 전함들이 많이 부서짐 → (나) 여·원 연합군의 일본 정벌(원 간섭기)
❺ 나세, 심덕부, 최무선 등이 진포에서 화포로 왜구의 배를 불태움 → (다) 진포 대첩(고려 말)
❻ 왜장이 수만 명의 군사로 진주성 포위, ❼ 진주 목사 김시민 → (라) 임진왜란 중 진주 대첩(조선 선조)

(가) 조선 세종 때 왜구의 잦은 침입으로 백성들의 피해가 크자 이종무가 군사를 이끌고 가 왜구의 근거지인 대마도(쓰시마섬)를 정벌하였어요.

(나) 원 간섭기에 원은 일본 정벌을 위해 고려에 정동행성을 설치하고 고려군을 일본 원정에 동원하였어요. 1274년에 고려의 김방경과 원의 홀돈, 홍다구 등이 군사를 이끌고 일본 정벌에 나섰으나 태풍으로 인해 피해를 입고 퇴각하였어요. 이후 한 차례 더 일본 정벌을 추진하였으나 실패하였어요.

(다) 고려 말에 왜구의 침입이 잦아 해안 지방에 피해가 컸어요. 이에 최무선의 건의로 화통도감이 설치되어 화약과 화포가 제작되었어요. 1380년에 왜구가 전라도 해안 지역에 침입하자 나세, 심덕부, 최무선 등이 진포에서 크게 격퇴하였는데, 이때 최무선이 제조한 화포가 큰 역할을 하였어요.

(라) 조선 선조 때인 1592년에 일본군이 조선을 침략하여 임진왜란이 시작되었어요. 당시 김시민은 병력과 무기의 열세에도 진주성에서 일본군을 크게 물리쳤어요.

① (가) - (나) - (다) - (라)
② (가) - (다) - (나) - (라)
③ (나) - (가) - (라) - (다)
④ (나) - (다) - (가) - (라)
→ (나) 여·원 연합군의 일본 원정(원 간섭기) → (다) 진포 대첩(고려 말) → (가) 이종무의 대마도 정벌(조선 세종) → (라) 임진왜란 중 진주 대첩(조선 선조)
⑤ (다) - (라) - (나) - (가)

27 이익의 활동　정답 ④

다음 가상 인터뷰의 주인공에 대한 설명으로 옳은 것은?　[2점]

이익은 자신의 저서 "성호사설"에서 노비제, 과거제, 양반 문벌, 사치와 미신, 승려, 게으름을 나라를 좀먹는 6가지 폐단으로 지적하였어요.

❶ 성호사설에서 6가지 좀의 하나로 과업을 말씀하셨는데요, 어떤 점이 문제인가요?

요즈음 과거를 준비하는 유생들은 부모 형제와 생업도 팽개치고 종일토록 글공부만 하고 있으니, 이는 인간의 본성을 망치는 재주일 뿐입니다. 다행히 급제라도 하면 교만하고 사치스러워져, 끝없이 백성의 것을 빼앗아 그 욕심을 채웁니다. 때문에 나라를 좀먹는 존재로 표현했습니다.

이익은 과거제 정비와 함께 유생들도 농사를 지어 생업을 가질 것 등을 제안하였어요.

정답 잡는 키워드

❶ "성호사설", ❷ 6가지 좀 → 이익

"성호사설"에서 과업(과거제)을 나라를 좀먹는 존재로 표현하였다는 내용을 통해 가상 인터뷰의 주인공이 이익임을 알 수 있어요. "성호사설"은 이익의 저서로, 평소 학문을 연구하여 기록해 둔 글과 제자들의 질문에 답한 내용을 정리한 백과전서류의 책이에요. 천지문·만물문·인사문·경사문·시문문 등 5개 부문으로 구성되어 있는데, 인사문에 나라를 좀먹는 6가지를 비판하는 내용이 담겨 있어요. '성호'는 이익의 호입니다.

① 마과회통에서 홍역에 대한 지식을 정리하였다.
　➡ 정약용은 홍역에 관한 국내외 자료를 종합하여 "마과회통"을 저술하였어요.

② 의산문답에서 중국 중심의 세계관을 비판하였다.
　➡ 홍대용은 "의산문답"에서 어느 곳이든 세계의 중심이 될 수 있다고 주장하며 중국 중심의 세계관을 비판하였어요.

③ 발해고에서 남북국이라는 용어를 처음 사용하였다.
　➡ 유득공은 "발해고"에서 발해의 역사를 다루면서 신라와 발해를 지칭하여 남북국이라는 용어를 처음 사용하였어요.

④ 곽우록에서 토지 매매를 제한하는 한전론을 제시하였다.
　➡ 이익은 "곽우록"에서 한 가구당 생계에 필요한 최소한의 토지를 영업전으로 정하고 영업전의 매매를 제한하는 방식의 한전론을 토지 개혁안으로 제시하였어요.

⑤ 금석과안록에서 북한산비가 진흥왕 순수비임을 고증하였다.
　➡ 김정희는 "금석과안록"을 저술하여 황초령비와 북한산비가 진흥왕 순수비임을 고증하였어요.

기출 선택지 +α

❻ 양명학을 연구하여 강화학파를 형성하였다. (O / X)
❼ 북학의를 저술하여 절약보다 소비를 권장하였다. (O / X)
❽ 우서에서 사농공상의 직업적 평등을 주장하였다. (O / X)
❾ 양반전을 지어 양반의 허례와 무능을 풍자하였다. (O / X)
❿ 농민 생활의 안정을 위하여 화폐 사용을 반대하였다. (O / X)

기출 선택지 +α

정답 ❻ ×[정제두] ❼ ×[박제가] ❽ ×[유수원] ❾ ×[박지원] ❿ ○

28 조선 후기의 문화　정답 ①

밑줄 그은 '이 시기'에 볼 수 있는 모습으로 적절하지 않은 것은?　[1점]

조선 후기에 민간에서 불리던 소리를 정리해 판소리 여섯 마당으로 체계화하였어요. 현재 춘향가, 심청가, 흥부가, 적벽가, 수궁가만 전해지고 있어요.

범 나려온다 ♪ 범이 나려온다 ♪ 송림 깊은 골로 한김생이 내려온다 ♪ ♬

내가 준비한 것은 판소리 수궁가에서 호랑이가 내려오는 장면이야.

판소리는 신재효에 의해서 체계적으로 정리되었어.

한글 소설과 함께 판소리는 이 시기에 유행했지.

정답 잡는 키워드

❶ 한글 소설과 판소리 유행 → 조선 후기

한글 소설과 판소리가 유행하였다는 내용을 통해 밑줄 그은 '이 시기'가 조선 후기임을 알 수 있어요. 조선 후기에 서민 문화가 발달하면서 "홍길동전", "춘향전", "심청전" 등 한글 소설이 널리 읽히고, 서민이 즐길 수 있는 공연인 판소리와 탈놀이(탈춤) 등이 성행하였어요.

① 주자소에서 계미자를 만드는 장인
　➡ 조선 태종 때 활자 주조 관청인 주자소가 설치되어 금속 활자인 계미자가 주조되었어요.

② 송파장에서 산대놀이를 공연하는 광대
　➡ 조선 후기에 장시가 발달하고 사람이 많이 모이는 곳에서 탈놀이 등의 공연이 성행하였어요. 송파 산대놀이는 서울과 경기 지방에서 전승되는 탈놀이입니다.

③ 대규모 자본으로 물품을 구매하는 도고
　➡ 조선 후기에 상업이 발달하면서 대규모 자본으로 물품을 구매하는 독점적 도매상인인 도고가 등장하였어요.

④ 시사를 조직하여 작품 활동을 하는 중인
　➡ 조선 후기에 중인도 양반처럼 시사를 조직하여 문학 활동을 즐겼어요.

⑤ 인삼, 담배 등을 상품 작물로 재배하는 농민
　➡ 조선 후기에 인삼, 담배 등이 시장에 내다 팔기 위한 상품 작물로 재배되었어요.

핵심 개념 | 조선 후기 서민 문화의 발달

배경	• 상공업 발달, 농업 생산력 증대 → 서민의 경제적 지위 향상 • 서당 교육의 보급 → 서민의 의식 수준이 높아짐
특징	인간의 감정을 솔직하게 표현, 해학과 풍자로 양반이나 사회 비판
내용	• 판소리 : 이야기를 노래와 사설로 엮어 표현, 솔직한 감정 표현, 춘향가·심청가·흥부가·적벽가·수궁가 • 탈놀이(탈춤) : 향촌에서 마을굿의 일부로 공연, 산대놀이가 민중 오락으로 정착, 양반과 승려의 위선적 모습이나 사회의 부정과 비리를 해학적으로 풍자 • 한글 소설 : "홍길동전"·"춘향전"·"토끼전"·"심청전"·"장화홍련전" 등이 읽힘, 소설을 읽어 주는 전기수 등장 • 사설시조 : 자유로운 형식의 시조, 감정을 솔직하게 표현(남녀 간의 사랑, 사회 현실에 대한 비판 등)

제65회

29 흥선 대원군 집권 시기의 사실　　　정답 ④

(가), (나) 사이의 시기에 있었던 사실로 옳은 것은?　　[2점]

> 고종은 왕위에 오르기 전 익종(추존왕, 순조의 아들 효명 세자)의 대통을 이어 익성군으로 봉해진 후 철종의 뒤를 이어 왕위에 올랐어요.
>
> (가) 대왕대비전이 전교하기를, "①익성군이 이제 입궁하였으니, 흥선 대원군과 부대부인의 봉작을 내리는 것을 오늘 중으로 거행하도록 하라."라고 하였다. └ 고종의 즉위와 함께 흥선군 이하응은 왕의 생부인 까닭에 흥선 대원군으로 봉해지고, 그의 부인은 왕의 생모로서 부대부인에 봉해졌어요.
>
> (나) ②종로에 비석을 세웠다. 그 비에서 이르기를, '③서양 오랑캐가 침범하는데 싸우지 않으면 즉 화친하는 것이요, 화친을 주장함은 나라를 팔아먹는 것이다.'고 하였다.

정답 잡는 키워드

❶ 흥선 대원군과 부대부인의 봉작을 내림
　→ (가) 고종 즉위(1863)

❷, ❸ 서양과의 통상 수교 거부 의지를 담은 비석을 종로에 세움
　→ (나) 척화비 건립(1871)

(가)는 흥선 대원군과 부대부인의 봉작을 내린다는 것을 통해 고종이 즉위하는 상황임을 알 수 있어요. 철종이 후사 없이 승하하자 왕족 중 이하응의 둘째 아들이 대통을 이어 즉위하였고, 이하응은 흥선 대원군에 봉해졌어요. 흥선 대원군은 어린 나이에 왕이 된 고종을 대신해 국정을 운영하였어요. (나)는 서양 오랑캐가 침범하였을 때 싸우지 않는 것은 나라를 팔아먹는 것이라는 내용이 새겨진 비석을 종로에 세웠다는 것으로 보아 신미양요 이후 척화비를 세우는 상황임을 알 수 있어요. 흥선 대원군은 병인양요, 신미양요 등 서양 세력의 침략을 겪은 이후 서양과의 통상 수교 거부 의지를 담은 척화비를 종로와 전국 각지에 세웠어요.

① 영국이 거문도를 불법으로 점령하였다.
➡ 1885년에 영국은 러시아의 남하를 견제한다는 구실로 거문도를 불법으로 점령하였어요. (나) 이후의 사실이에요.

② 일본의 운요호가 영종도를 공격하였다.
➡ 1875년에 일본의 군함 운요호가 허락 없이 강화도로 접근하여 조선군과 일본군 사이에 충돌이 일어났고, 운요호가 보복에 나서 영종도를 공격하였어요. 이 사건을 계기로 이듬해 강화도 조약이 체결되었어요. (나) 이후의 사실이에요.

③ 러시아가 용암포에 대한 조차를 요구하였다.
➡ 아관 파천 이후 대한 제국에 대한 영향력을 확대한 러시아는 1903년에 용암포를 점령하고 조차를 요구하였어요. (나) 이후의 사실이에요.

④ 독일 상인 오페르트가 남연군 묘 도굴을 시도하였다.
➡ 1868년에 독일 상인 오페르트가 흥선 대원군의 아버지인 남연군의 묘를 도굴하여 통상 협상에 이용하려다가 실패하였어요.

⑤ 미국이 조·미 수호 통상 조약 체결 후 푸트 공사를 파견하였다.
➡ 조·미 수호 통상 조약 체결 이듬해인 1883년에 미국은 푸트 공사를 조선에 파견하였어요. (나) 이후의 사실이에요.

기출 선택지 +α

❻ 신식 군대인 별기군이 창설되었다.　　　　　　(O / X)
❼ 어재연 부대가 광성보에서 항전하였다.　　　　(O / X)
❽ 신유박해로 많은 천주교도가 처형되었다.　　　(O / X)
❾ 양헌수 부대가 정족산성에서 프랑스군을 물리쳤다.　(O / X)

---

30 임오군란　　　정답 ⑤

(가)에 대한 설명으로 옳은 것은?　　[2점]

> 동대문 일대 재개발 당시 발견된 하도감 터 사진이군요. 이곳은 어떤 용도로 사용된 장소인가요?
>
> 여기는 훈련도감에 속한 하도감이 있었던 장소로 군사를 훈련시키고 무기를 제작했던 곳입니다. 1881년부터 이듬해 구식 군인들에 ❶대한 차별 대우로 발생한 (가) 때까지 교련병대의 훈련 장소로 사용되었습니다.
>
> 신식 군대인 별기군을 말해요. 별기군은 신식 무기를 지급받고 근대 군사 훈련을 받았어요. 일본인 교관에게 훈련을 받아 왜별기라고도 불렀어요.

TV 교양 한국사
하도감 터

정답 잡는 키워드

❶ 구식 군인들에 대한 차별 대우로 발생 → 임오군란

구식 군인들에 대한 차별 대우로 발생하였다는 내용을 통해 (가)가 임오군란임을 알 수 있어요. 조선 정부는 개항 이후 개화 정책을 추진하면서 신식 군대인 별기군을 창설하였어요. 별기군은 구식 군인보다 좋은 대우를 받았어요. 차별 대우로 불만이 커져 있던 구식 군인들은 13개월 만에 급료로 받은 쌀에 겨와 모래가 섞여 있자 분개하여 봉기하였어요. 구식 군인들은 일본 공사관과 궁궐을 습격하였고, 도시 하층민도 봉기에 합류하였어요. 고종은 흥선 대원군에게 사태의 수습을 맡겼고 흥선 대원군이 다시 집권하게 되었어요. 그러나 민씨 일파가 청에 지원을 요청하여 출동한 청군에 의해 군란은 진압되었고, 청은 흥선 대원군을 톈진으로 납치해 갔어요.

① 입헌 군주제 수립을 목표로 하였다.
➡ 갑신정변 당시 급진 개화파는 입헌 군주제를 모방한 근대 국가를 수립하고자 하였으며, 이후 독립 협회, 헌정 연구회 등의 단체가 정치 체제를 입헌 군주제로 개편하고자 하였어요.

② 조선 총독부의 방해와 탄압으로 실패하였다.
➡ 임오군란은 청 군대에 의해 진압되었어요. 조선 총독부는 국권 피탈 이후에 설치되었어요.

③ 우정총국 개국 축하연을 이용하여 일어났다.
➡ 우정총국 개국 축하연을 이용하여 급진 개화파가 갑신정변을 일으켰으나 청의 개입으로 3일 만에 실패하였어요.

④ 홍범 14조를 기본 개혁 방향으로 제시하였다.
➡ 제2차 갑오개혁 당시 고종은 개혁의 기본 방향을 제시한 홍범 14조를 반포하였어요.

⑤ 일본 공사관에 경비병이 주둔하는 계기가 되었다.
➡ 임오군란 이후 조선 정부는 일본과 제물포 조약을 체결하여 일본에 배상금을 지불하고, 일본 공사관 경비를 위한 일본군의 주둔을 허용하였어요.

기출 선택지 +α

❻ 청의 군대에 의해 진압되었다.　　　　　　(O / X)
❼ 제물포 조약이 체결되는 배경이 되었다.　　(O / X)
❽ 전개 과정에서 전주 화약이 체결되었다.　　(O / X)
❾ 3일 만에 실패로 끝나 주동자들이 해외로 망명하였다.　(O / X)

31 동학 농민 운동
정답 ④

(가), (나) 사이의 시기에 있었던 사실로 옳은 것은? [2점]

> (가) 복합 상소 이후에도 "물러나면 원하는 바를 시행할 것이다."
> 라던 국왕의 약속과 달리 관리들의 침학이 날로 심해졌다.
> …… ❶최시형은 도탄에 빠진 교도들을 구하고 최제우의 억울
> 함을 씻기 위해 보은 집회를 개최하였다.
> └ 보은 집회부터 동학교도에 대한 탄압 중지와 더불어 탐관오리
> 숙청, 외세 척결 등 정치적인 요구가 등장하였어요.

> (나) ❷동학 농민군은 거짓으로 패한 것처럼 꾸며 황토현에 진을 쳤
> 다. 관군은 밀고 들어가 그 아래에 진을 쳤다. …… 농민군이
> 삼면을 포위한 채 한쪽 모퉁이만 ❸빼고 크게 함성을 지르며
> 압박하자 관군은 일시에 무너졌다.
> └ 동학 농민군이 황토현에서 관군을 상대로 승리를
> 거두어 그 후 세력을 크게 확장시킬 수 있었어요.

정답 잡는 키워드

❶ 최시형이 최제우의 억울함을 씻기 위해 보은 집회를 개최함
→ (가) 교조 신원 운동(보은 집회, 1893)

❷, ❸ 동학 농민군이 황토현에서 관군을 물리침
→ (나) 황토현 전투(1894)

(가)는 최시형이 최제우의 억울함을 씻기 위해 보은 집회를 개최하였다는 내용을 통해 1893년에 열린 동학교도의 보은 집회임을 알 수 있어요. 동학을 창시한 최제우는 세상을 어지럽히고 백성을 속인다는 혹세무민의 죄목으로 처형되었어요. 이후 동학의 제2대 교주 최시형은 교세를 확장하고 교조 최제우의 누명을 풀어 줄 것을 요구하는 교조 신원 운동을 이끌었어요. 동학교도는 삼례에서 교조의 신원을 요구하는 집회를 열었고, 서울에 올라와 경복궁의 광화문 앞에 엎드려 교조 신원을 호소하는 복합 상소를 올리기도 하였어요. 그리고 보은에서는 교조의 신원뿐 아니라 '척왜양'을 내걸은 집회를 개최하였어요. (나)는 동학 농민군이 황토현에서 관군을 물리쳤다는 내용을 통해 1894년에 일어난 동학 농민 운동 중에 있었던 황토현 전투 상황임을 알 수 있어요. 고부 농민 봉기 이후 안핵사로 파견된 이용태가 봉기 참여자를 동학교도로 몰아 탄압하였어요. 이에 전봉준 등 동학 지도부가 농민군을 조직하고 백산에서 보국안민과 제폭구민의 기치를 내걸고 봉기하였어요. 동학 농민군은 황토현 전투와 황룡촌 전투에서 관군을 물리친 후에 전주성까지 점령하였지만 외세의 개입을 막고자 서둘러 조선 정부와 전주 화약을 체결하였어요.

① 논산으로 남접과 북접이 집결하였다.
→ 동학 농민군의 2차 봉기 때 전봉준이 이끄는 남접과 손병희가 이끄는 북접이 논산에 집결하여 연합 부대를 결성하였어요. (나) 이후의 사실이에요.

② 개혁을 추진하기 위해 교정청이 설치되었다.
→ 전주 화약 체결 이후 조선 정부는 개혁을 추진하기 위한 기구로 교정청을 설치하고 청·일 양군의 철병을 요구하였어요. (나) 이후의 사실이에요.

③ 일본이 군대를 동원하여 경복궁을 점령하였다.
→ 전주 화약 체결 이후 조선의 철병 요구를 무시한 일본군이 경복궁을 무력으로 점령하고 청·일 전쟁을 일으키자 해산한 동학 농민군이 일본군 타도를 외치며 다시 봉기하였어요. (나) 이후의 사실이에요.

④ 고부 농민들이 조병갑의 탐학에 맞서 만석보를 파괴하였다.
→ 고부 군수 조병갑의 탐학에 반발하여 전봉준의 주도로 농민들이 봉기하여 만석보를 파괴하였어요(고부 농민 봉기). 이에 조선 정부가 사태 수습에 나서서 농민군은 해산하였고, 이용태가 안핵사로 파견되었어요.

⑤ 공주 우금치에서 농민군이 관군과 일본군에게 패배하였다.
→ 동학 농민군의 2차 봉기 때 남접과 북접의 연합 부대가 서울을 향해 북상하면서 일본군과 관군에 맞서 싸웠지만 공주 우금치에서 크게 패하였어요. 이후 전봉준 등 지도자들이 체포되면서 동학 농민 운동은 막을 내렸어요. (나) 이후의 사실이에요.

---

32 헤이그 특사 파견
정답 ⑤

다음 글이 작성된 시기를 연표에서 옳게 고른 것은? [2점]

> 전보 제○○○호
>
> 발신인 : 외무대신 하야시
> 수신인 : 통감 이토
>
> └ 을사늑약으로 대한 제국은 외교권을 빼앗겼고 이어 1906년에 통감부가 설치되어 이토 히로부미가 초대 통감으로 취임하였어요. 통감부는 1910년 8월까지 존속되었어요.
>
> ❶네덜란드에 파견된 전권 대사 쓰즈키가 보낸 전보 내용임.
> ❷한국인 3명이 이곳에 머물면서 평화 회의의 위원 대우를 받고자 진력하고 있다고 함. 그들은 오늘 아침 러시아 수석 위원 넬리도프를 방문하려 했는데, 넬리도프는 네덜란드 정부로부터 평화 회의 위원으로 확인되지 않는 자는 만나지 않겠다고 함. 이들은 일본이 한국에 시행한 정책에 대해 항의서를 인쇄하여 각국 수석 위원(단, 영국 위원은 제외한 것으로 보임)에게도 보냈다고 함.
> └ 일본의 방해로 본회의에 참석할 수 없었던 헤이그 특사는 각국 기자들에게 호소문을 배포하는 한편, 기자 회견을 열기도 하였어요. 그 결과 특사의 호소문이 유력한 외국 신문에 실리기도 하였어요.

정답 잡는 키워드

❶, ❷ 네덜란드에서 한국인 3명이
평화 회의의 위원 대우를 받고자 진력함 → 헤이그 특사(1907)

네덜란드에서 한국인 3명이 평화 회의의 위원 대우를 받고자 노력하고 있다는 내용을 통해 헤이그 특사가 파견된 상황임을 알 수 있어요.

⇒ 러·일 전쟁에서 승리한 일본은 을사늑약을 강제로 체결하여 대한 제국의 외교권을 빼앗았어요. 이에 고종은 1907년에 을사늑약의 부당함을 국제 사회에 알리기 위해 이상설, 이준, 이위종을 네덜란드 헤이그에서 열리는 만국 평화 회의에 특사로 파견하였어요. 그러나 헤이그 특사는 일본의 방해와 영국 등 열강의 무관심으로 성과를 거두지 못하였어요. 일제는 헤이그 특사 파견을 빌미로 고종을 강제 퇴위시켰고, 이후 한·일 신협약을 체결하여 내정 간섭을 강화하고 부속 각서를 통해 대한 제국의 군대를 해산시켰어요. 1909년에 기유각서를 통해 사법권과 감옥 사무 처리권까지 박탈한 일본은 이듬해 한국을 강제로 병합하는 조약을 체결하여 대한 제국의 국권을 빼앗았어요(국권 피탈).

① (가)　　② (나)　　③ (다)　　④ (라)　　⑤(마)

연표로 흐름잡기

1904	한·일 의정서 체결, 러·일 전쟁(~1905), 제1차 한·일 협약 체결
1905	을사늑약 체결
1906	통감부 설치(초대 통감 이토 히로부미 부임)
1907	헤이그 특사 파견, 고종 강제 퇴위, 한·일 신협약(정미7조약) 체결, 대한 제국의 군대 해산
1909	안중근이 하얼빈역에서 이토 히로부미 처단
1910	일본이 한국 강제 병합(국권 피탈), 조선 총독부 설치

33 13도 창의군

정답 ⑤

다음 의병 부대에 대한 설명으로 옳은 것은? [2점]

> ❶이인영을 총대장으로 추대하고, 허위를 군사장으로 삼아 …… 각
> 도에 격문을 전하니 전국에서 불철주야 달려온 지원자들이 만여 명
> 이더라. 이에 ❷서울로 진군하여 국권을 회복하고자 …… 먼저 이인
> 영은 심복을 보내 각국 영사에게 진군의 이유를 상세히 알리며 도
> 움을 요청하고, 각 도의 의병으로 하여금 일제히 진군하게 하였다.
>
> └ 13도 창의군은 일본을 몰아내기 위해 수도 한성, 즉 서울로 진격하는 서울 진공 작전을
>   전개하였으나, 군사력이 우세한 일본군에 가로막혀 실패하였어요.

정답 잡는 키워드

❶ 총대장 이인영, 군사장 허위, ❷ 서울로 진군 → 13도 창의군

총대장이 이인영이고 군사장이 허위이며, 서울로 진군하였다는 내용을 통해
자료의 의병 부대가 정미의병 때 결성된 13도 창의군임을 알 수 있어요. 정미
의병 당시 해산된 군인 중 일부가 의병에 합류하였고, 각지의 의병 부대가 연
합하여 이인영을 총대장으로 13도 창의군을 결성하고 서울 진공 작전을 전개
하였어요.

① 조선 혁명 선언을 지침으로 삼았다.
→ 의열단은 신채호가 작성한 '조선 혁명 선언'을 활동 지침으로 삼았어요.

② 이만손이 주도하여 영남 만인소를 올렸다.
→ "조선책략"이 유포되고 미국과의 수교 움직임이 나타나자 이만손을 비롯한
영남 유생들이 만인소를 올렸어요.

③ 상덕태상회를 통하여 군자금을 모집하였다.
→ 대한 광복회는 상덕태상회 등을 거점으로 하여 군자금을 모집하였어요.

④ 일본에 국권 반환 요구서를 제출하고자 하였다.
→ 독립 의군부는 조선 총독에게 국권 반환 요구서를 보내려고 하였으나 사전에
조직이 발각되어 실현하지 못하였어요.

⑤ 고종의 강제 퇴위와 군대 해산에 반발하여 결성되었다.
→ 고종의 강제 퇴위와 군대 해산이 계기가 되어 일어난 정미의병 당시에 13도
창의군이 결성되었어요.

기출 선택지 +α

❻ 고종의 해산 권고 조칙에 따라 해산하였다.	(O / X)
❼ 양주에 집결하여 서울 진공 작전을 전개하였다.	(O / X)
❽ 국제법상 교전 단체로 승인해 줄 것을 요청하였다.	(O / X)

핵심 개념 | 항일 의병 운동

을미의병 (1895)	• 원인 : 을미사변(명성 황후 시해 사건), 단발령 시행 • 주도 : 유인석, 이소응 등 양반 유생층 • 활동 : 친일 관리 처단, 지방 관청과 일본군 공격 • 특징 : 단발령 철회 조치와 고종의 해산 권고에 따라 스스로 해산
을사의병 (1905)	• 원인 : 을사늑약 체결 • 주도 : 민종식, 최익현 등 양반 유생층 • 특징 : 신돌석 등 평민 의병장 등장
정미의병 (1907)	• 원인 : 고종의 강제 퇴위(고종의 헤이그 특사 파견이 구실), 대한 제국의 군대 해산 • 특징 : 일부 해산 군인의 합류로 의병의 조직력과 전투력 강화, 다양한 계층 참여 → 항일 의병 전쟁으로 발전 • 활동 : 13도 창의군 결성(총대장 이인영, 군사장 허위, 서울의 각국 영사관에 서한을 보내 의병을 국제법상 교전 단체로 승인해 줄 것을 요청함), 서울 진공 작전 전개(1908)

기출 선택지 +α 정답 ❻ ×[을미의병] ❼ ○ ❽ ○

---

34 아관 파천 이후의 사실

정답 ③

다음 상소가 작성된 이후의 사실로 옳은 것은? [1점]

> ❶러시아 공사관으로 거처를 옮기시고 해가 바뀌었습니다. 그곳 유
> 리창과 분칠한 담장은 화려하지만 그을음 나는 석탄을 때는 전돌
> (甎埃)은 옥체를 보호하기에 적합하지 않
> 은 듯합니다. …… 온 나라 신하들의 심정을
> 염두에 두시어 간하는 말을 따라 ❷바로 환궁
> 하여 끓어오르는 여론에 부응하시고 영원
> 히 누릴 태평의 터전을 공고히 만드소서.
>
> └ 독립 협회를 비롯한 개화 지식인들이 고종
>   의 환궁을 요구하고, 전국의 유생들이 상소
>   운동을 벌이는 등 고종의 환궁을 요구하는
>   여론이 거세지자, 고종은 아관 파천 1년 만
>   에 환궁하였어요.

정답 잡는 키워드

❶ 러시아 공사관으로 거처를 옮기고 해가 바뀜, ❷ 환궁 요구
→ 아관 파천(1896) 이듬해 고종의 환궁을 요구하는 상소

러시아 공사관으로 거처를 옮기고 해가 바뀌었으며, 환궁을 요구하는 내용으로
보아 자료의 상소가 아관 파천 이듬해인 1897년에 작성된 것임을 알 수 있어
요. 을미사변으로 신변에 위협을 느낀 고종은 1896년에 러시아 공사관으로 거
처를 옮기는 아관 파천을 단행하였어요. 아관 파천 이후 열강의 이권 침탈이 심
화되는 가운데 독립 협회를 비롯한 많은 인사가 고종의 환궁을 요구하였어요.

① 영선사가 파견되었다.
→ 1881년에 조선 정부는 청에 영선사와 기술자들을 파견하여 근대식 무기 제
조 기술과 군사 훈련법을 배워 오게 하였어요.

② 군국기무처가 설치되었다.
→ 1894년에 조선 정부는 초정부적인 정책 의결 기구인 군국기무처를 설치하
고 갑오개혁을 추진하였어요.

③ 대한국 국제가 반포되었다.
→ 고종은 러시아 공사관에서 경운궁으로 환궁한 후 대한 제국의 수립을 선포하
였어요(1897). 그리고 1899년에 황제의 전제적 권한을 규정한 대한국 국
제를 반포하였어요.

④ 제너럴 셔먼호 사건이 일어났다.
→ 1866년에 미국 상선 제너럴 셔먼호가 평양에서 통상을 요구하며 살인과 약
탈을 자행하자 평양 관민이 제너럴 셔먼호를 불태워 침몰시켰어요.

⑤ 조·청 상민 수륙 무역 장정이 체결되었다.
→ 1882년 임오군란 진압 직후에 조·청 상민 수륙 무역 장정이 체결되어 허가
받은 청 상인의 내지 통상이 허용되었어요.

기출 선택지 +α

❻ 조사 시찰단이 파견되었다.	(O / X)
❼ 청·일 전쟁에서 일본이 승리하였다.	(O / X)
❽ 구본신참에 입각하여 개혁이 추진되었다.	(O / X)
❾ 명성 황후가 일본 낭인들에 의해 시해되었다.	(O / X)
❿ 고종이 환구단에서 황제 즉위식을 거행하였다.	(O / X)

기출 선택지 +α 정답 ❻ ×[1881년] ❼ ×[1895년] ❽ ○ ❾ ×[1895년] ❿ ○

35 일본의 경제 침탈에 대한 저항   정답 ①

(가)~(다)를 일어난 순서대로 옳게 나열한 것은?   [3점]

> **주제 : 일본의 경제 침탈에 대한 저항**
>
> - 상권을 수호하기 위해 **황국 중앙 총상회**가 창립되었어요.
> - 일본의 **황무지 개간권 요구**를 저지하기 위해 **보안회**가 조직되었어요.
> - **대구**에서 서상돈을 중심으로 금주, 금연 등을 통한 **국채 보상 운동**이 시작되었어요.
>
> (가)   (나)   (다)

정답 잡는 키워드

❶ 황국 중앙 총상회 창립 → (가) 1898년

❷ 보안회 조직 → (나) 1904년

❸ 국채 보상 운동 시작 → (다) 1907년

(가) 외국 상인들의 상권 침탈이 심화되자 1898년에 서울의 시전 상인들이 황국 중앙 총상회를 조직하여 상권 수호 운동을 전개하였어요.

(나) 1904년에 러·일 전쟁을 일으킨 일본은 전세가 유리하게 전개되자 대한 제국 전 국토의 약 4분의 1에 해당하는 황무지의 개간권을 일본인에게 넘길 것을 요구하였어요. 이에 반발하여 전직 관료와 유생들이 중심이 되어 서울 종로의 백목전에서 보안회를 결성하였어요. 보안회는 일본의 황무지 개간권 요구에 반대하는 운동을 전개하여 일본의 요구를 저지하는 데 성공하였어요.

(다) 1907년에 대구에서 김광제, 서상돈 등의 발의로 국민이 성금을 모아 일본에 진 나랏빚을 갚고 국권을 회복하자는 국채 보상 운동이 시작되었어요. 국채 보상 운동은 대한매일신보 등 언론의 적극적인 지원을 받아 전국으로 확산되었어요.

① **(가) - (나) - (다)**
➡ (가) 황국 중앙 총상회 창립(1898) → (나) 보안회 조직(1904) → (다) 국채 보상 운동 시작(1907)

② (가) - (다) - (나)

③ (나) - (가) - (다)

④ (나) - (다) - (가)

⑤ (다) - (가) - (나)

핵심 개념 | 일본의 경제 침탈에 대한 저항

상권 수호 운동	상인들의 동맹 철시 투쟁, 시전 상인들이 황국 중앙 총상회 조직(외국 상인의 불법적인 상업 활동을 중단시킬 것을 요구, 1898)
황무지 개간권 요구 반대 운동	• 보안회 : 일본의 황무지 개간권 요구에 반대하는 운동 전개(1904) → 일본의 황무지 개간권 요구 저지 • 농광 회사 : 일부 관리와 실업가 중심으로 설립 → 황무지를 스스로 개간할 것을 주장
국채 보상 운동	• 배경 : 일본의 강요로 막대한 차관 도입 → 대한 제국의 경제적 예속 심화 • 전개 : 서상돈, 김광제 등의 주도로 대구에서 시작 → 서울에서 국채 보상 기성회 조직(1907), 전국적인 모금 운동 전개(금주, 금연 등으로 성금 마련), 대한매일신보와 황성신문 등 언론의 지지로 확산 • 결과 : 일제 통감부의 방해와 탄압으로 중단됨

36 독립 협회의 활동   정답 ③

(가) 단체에 대한 설명으로 옳은 것은?   [2점]

> (가) 의 주요 간부인 이상재, 정교 등이 러시아의 요구에 대해 정부가 어떻게 대처할 건지를 밝히라는 글이군.

> 러시아는 석탄 저장고 설치를 위해 → 부산에 있는 절영도(지금의 영도)의 조차를 요구하였어요.
>
> 듣기에 절영도에 러시아 사람이 석탄고를 건축하려고 땅을 청구한다고 하니 …… 러시아 사람의 요청대로 빌려줄 건지, 잠깐만 빌려줄 건지, 영영 줄 건지, 빌려줄 때에는 정부 회의를 거치는지, 홀로 결정하여 도장을 찍는지 ……

정답 잡는 키워드

❶, ❷ 러시아의 절영도 조차 요구에 대한 정부의 입장을 밝히라고 요구함 → 독립 협회

러시아의 절영도 조차 요구에 대해 정부가 어떻게 대처할 것인지 밝히라고 하는 것으로 보아 (가) 단체가 독립 협회임을 알 수 있어요. 독립 협회는 서재필 등이 중심이 되어 창립되었으며 민중 계몽을 통한 근대화와 자주독립 수호를 목표로 활동하였어요. 또한, 아관 파천 이후 열강의 이권 침탈이 심해지는 가운데 이권 수호 운동을 전개하였어요. 이를 통해 러시아의 절영도 조차 요구를 저지하고 한·러 은행 폐쇄를 이끌어 내기도 하였어요.

① 정우회 선언의 영향으로 결성되었다.
➡ 1926년에 사회주의 계열이 비타협적 민족주의 세력과의 제휴를 주장한 정우회 선언을 발표하였어요. 그 영향으로 좌우 합작의 항일 운동 단체인 신간회가 결성되었어요.

② 만세보를 발행하여 민족의식을 고취하였다.
➡ 천도교는 기관지로 만세보를 발행하여 민족의식을 고취하였어요.

③ 중추원 개편을 통해 의회 설립을 추진하였다.
➡ 독립 협회는 관민 공동회를 통해 정부 대신들과 함께 시국 개혁안인 헌의 6조를 결의하였으며, 중추원 개편을 통한 의회 설립을 추진하였어요.

④ 어린이날을 제정하고 소년 운동을 전개하였다.
➡ 방정환이 중심이 된 천도교 소년회는 어린이날을 제정하고 소년 운동을 전개하였어요.

⑤ 태극 서관을 운영하여 계몽 서적 등을 보급하였다.
➡ 신민회는 애국 계몽 운동의 일환으로 태극 서관을 운영하여 계몽 서적 등을 보급하였어요.

기출 선택지 +α

❻ 고종 강제 퇴위 반대 운동을 주도하였다.   (O / X)
❼ 영은문이 있던 자리에 독립문을 건립하였다.   (O / X)
❽ 광주 학생 항일 운동에 진상 조사단을 파견하였다.   (O / X)
❾ 만민 공동회를 열어 열강의 이권 침탈을 저지하였다.   (O / X)
❿ 대성 학교와 오산 학교를 설립하여 인재를 양성하였다.   (O / X)

기출 선택지 +α

정답 ❻ ×[대한 자강회] ❼ ○ ❽ ×[신간회] ❾ ○ ❿ ×[신민회]

37 근대 문물의 수용　　　　정답 ④

(가)~(마)에 대한 설명으로 옳은 것은?　　　[3점]

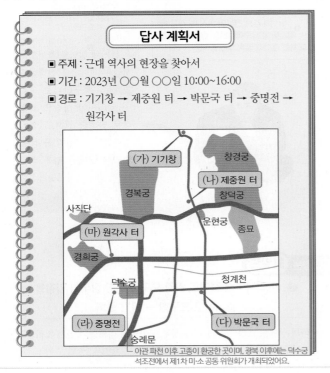

답사 계획서

■ 주제 : 근대 역사의 현장을 찾아서
■ 기간 : 2023년 ○○월 ○○일 10:00~16:00
■ 경로 : 기기창 → 제중원 터 → 박문국 터 → 중명전 →
　　　　원각사 터

(가) 기기창
(나) 제중원 터
(마) 원각사 터
(라) 중명전
(다) 박문국 터
창경궁 / 경복궁 / 창덕궁 / 운현궁 / 종묘 / 사직단 / 경희궁 / 덕수궁 / 청계천 / 숭례문

└ 아관 파천 이후 고종이 환궁한 곳이며, 광복 이후에는 덕수궁
　석조전에서 제1차 미·소 공동 위원회가 개최되었어요.

① (가) - 우리나라 최초의 근대 신문이 간행되었다.
　➡ 기기창은 근대식 무기 제조 공장으로, 개항 후 청에 파견되었던 영선사와 유학생의 주도로 설립되었어요. 우리나라 최초의 근대 신문인 한성순보가 간행된 곳은 박문국이에요.

② (나) - 고종의 황제 즉위식이 거행된 장소이다.
　➡ 제중원은 우리나라 최초의 서양식 근대 병원이에요. 설립 당시 이름은 광혜원이었으나 곧 제중원으로 개칭되었어요. 고종의 황제 즉위식이 거행된 장소는 환구단이에요.

③ (다) - 백동화가 주조되었다.
　➡ 박문국은 신문 발행과 출판 업무를 담당한 관청으로 한성순보, 한성주보 등의 신문을 발행하였어요. 백동화가 주조된 곳은 화폐 발행 기관이었던 전환국이에요.

④ (라) - 을사늑약이 체결되었다.
　➡ 중명전은 대한 제국 시기 황실 도서관으로 지어진 건물로 경운궁(지금의 덕수궁)에 있었어요. 1905년에 중명전에서 일제의 강요로 을사늑약이 체결되었어요.

⑤ (마) - 나운규의 아리랑이 처음 상영된 곳이다.
　➡ 원각사는 우리나라 최초의 서양식 극장으로 은세계, 치악산 등의 신극이 공연되었어요. 나운규의 영화 '아리랑'이 처음 상영된 곳은 단성사입니다.

---

38 1910년대 일제 식민 통치　　　　정답 ④

다음 판결이 내려진 시기에 있었던 사실로 옳은 것은?　　　[1점]

판 결 문

피고인 : 박○○
주　문 : 피고인을 태 90에 처한다.
이　유
　피고 박○○은 이○○가 '구한국의 국권 회복을 도모한다.'고 각지를 돌아다니며 유세한 것에 찬동하였다. ……
법률에 비추어 보니 피고의 소행은 …… 태형에 처함이 타당하다고 인정하여 ❶조선 태형령 제1조, 제4조에 준하여 처단해야 한다. 따라서 주문과 같이 판결한다.

└ 일제는 1912년에 한국인에게만 적용하는
　조선 태형령을 제정하였어요. 조선 태형령은
　3·1 운동 이후인 1920년에 폐지되었어요.

정답 잡는 키워드

❶ 조선 태형령 → 1910년대

조선 태형령에 따라 태형에 처한다는 내용을 통해 자료의 판결이 내려진 시기가 1910년대임을 알 수 있어요. 일제는 1910년대에 강압적인 무단 통치를 실시하였어요. 헌병 경찰제를 시행하였으며, 조선 태형령을 제정하여 한국인에게만 태형을 집행하였어요. 또한, 범죄 즉결례를 만들어 헌병 경찰이 정식 재판 없이 벌금이나 구류, 태형 등의 처벌을 할 수 있게 하였어요. 교사나 일반 관리에게 제복을 입히고 칼을 차게 하여 일상생활에서도 강압적인 분위기를 조성하였습니다.

① 원수부가 설치되었다.
　➡ 대한 제국 시기인 1899년에 황제의 군 통수권 장악을 위해 원수부가 설치되었어요.

② 신간회가 창립되었다.
　➡ 1927년에 민족 유일당 운동의 일환으로 비타협적 민족주의 세력과 사회주의 세력이 연합하여 신간회를 창립하였어요.

③ 치안 유지법이 적용되었다.
　➡ 치안 유지법은 1925년에 제정되었어요. 일제는 천황제나 사유 재산 제도를 부정하는 사회주의 운동을 단속하기 위해 치안 유지법을 제정하였고, 독립운동을 탄압하는 데에도 적용하였어요.

④ 헌병 경찰제가 실시되었다.
　➡ 일제는 1910년대에 강압적 통치를 목적으로 군사 경찰인 헌병이 일반 경찰 업무와 행정 업무까지 관여하는 헌병 경찰제를 실시하였어요.

⑤ 동양 척식 주식회사가 설립되었다.
　➡ 동양 척식 주식회사는 일제가 한국의 토지와 자원을 수탈할 목적으로 1908년에 설립하였어요.

기출 선택지 +α

❻ 국민 징용령이 제정되었다.　　　　　　　(O / X)
❼ 경성 제국 대학이 설립되었다.　　　　　　(O / X)
❽ 메가타의 주도로 화폐 정리 사업이 실시되었다.　(O / X)

기출 선택지 +α　정답　❻ ×[1939년]　❼ ×[1924년]　❽ ×[1905년]

39 한국 교육의 역사
정답 ⑤

㉠~㉤에 대한 탐구 활동으로 적절하지 않은 것은? [2점]

> 🔍 **역사** 돋보기
>
> **한국 교육의 역사**
>
> 삼국 시대에는 ㉠국가가 운영하는 기관을 통해 제도적인 교육이 이루어졌다. 이때 교재는 유학 경전과 역사서가 중심이었다.
>
> 고려 시대에 와서 과거제가 실시되었다. 조상의 음덕을 입은 관직 진출도 있었지만, 과거에 합격하는 것을 영예롭게 여기기도 하였다. 이 과정에서 관학인 국자감 못지않게 ㉡사학 역시 중요한 역할을 하였다.
>
> 조선 시대의 교육 기관은 ㉢관학으로 성균관·향교 등이 있었고, 사학으로 서원 등이 있었다. 국가는 교육을 통해 성리학의 이념을 확산시키고, 통치 질서를 유지하려고 하였다.
>
> 19세기 말 서구 문물을 접하면서 교육에도 상당한 변화가 일어났다. ㉣정부는 새로운 변화에 대처하고 행정의 실무를 담당할 필요에서 학교를 설치하였다.
>
> 갑오개혁 때 ㉤교육 입국 조서가 반포된 이후에는 각종 관립 학교가 세워져 교육을 담당하였다. 한편, 선교사들은 기독교를 전파하고 서양 문화를 보급하려고 학교 설립에 앞장섰다.

음서제를 말해요. 고려 시대에 문무 5품 이상 관리의 자손을 시험 없이 관직에 임용하는 음서제가 시행되었어요.

개신교 선교사 아펜젤러는 배재 학당을 세워 신학문 보급에 기여하였고, 스크랜턴은 여성 교육 기관인 이화 학당을 설립하였어요.

① ㉠ - 태학의 설립 취지를 찾아본다.
➡ 고구려의 소수림왕은 수도에 국립 교육 기관으로 태학을 설립하였어요. 태학에서는 주로 귀족 자제를 대상으로 유학을 교육하였어요.

② ㉡ - 9재 학당의 수업 내용을 조사한다.
➡ 고려 시대에 고관 출신의 문인들이 교육 기관을 세워 후학을 양성하였는데, 이곳 사학에서 과거 합격자가 많이 배출되어 크게 융성하였어요. 최충이 설립한 9재 학당을 비롯한 사학 12도가 유명하였어요.

③ ㉢ - 명륜당과 대성전의 기능을 알아본다.
➡ 조선 시대의 국립 교육 기관인 성균관과 향교에는 명륜당과 대성전이 있었으며, 이곳에서 교육과 함께 성현에 대한 제사가 이루어졌어요.

④ ㉣ - 동문학과 육영 공원의 운영 목적을 분석한다.
➡ 개항 이후 조선 정부는 통역관 양성을 목적으로 외국어 교육 기관인 동문학을 설립하였어요. 또한, 근대식 관립 학교인 육영 공원을 설립하여 근대 학문을 교육하였어요.

⑤ ㉤ - 배재 학당, 이화 학당의 설립 시기를 파악한다.
➡ 제2차 갑오개혁 때 교육의 기본 방향을 밝힌 교육 입국 조서가 반포된 이후 한성 사범 학교 관제, 소학교 관제, 외국어 학교 관제 등이 제정되어 각종 관립 학교가 세워졌어요. 배재 학당과 이화 학당은 1880년대에 개신교 선교사들이 설립한 학교입니다.

40 제2차 조선 교육령 발표 이후의 사실
정답 ⑤

다음 법령이 발표된 이후에 있었던 사실로 옳은 것은? [3점]

> 제1조 조선에서의 교육은 본령에 의한다.
> 제2조 국어[일본어]를 상용(常用)하는 자의 보통 교육은 소학교령, 중학교령 및 고등 여학교령에 의한다.
> 제3조 국어[일본어]를 상용하지 않는 자에게 보통 교육을 하는 학교는 보통학교, 고등 보통학교 및 여자 고등 보통학교로 한다.
> 제5조❶ 보통학교의 수업 연한은 6년으로 한다. …… 보통학교에 입학할 수 있는 자는 연령 6세 이상으로 한다.

일제는 제2차 조선 교육령을 시행하여 기존 제1차 조선 교육령(1911)에서 규정한 보통학교 수업 연한을 4년에서 6년으로 변경하였어요.

정답 잡는 키워드

❶ 보통학교의 수업 연한을 6년으로 함 → 제2차 조선 교육령(1922)

3·1 운동을 계기로 일제는 강압적인 무단 통치의 한계를 인식하고 이른바 문화 통치로 식민 통치 방식을 바꾸었어요. 이에 따라 군인 출신만 임명하던 조선 총독에 문관도 임명이 가능하도록 하고 헌병 경찰 제도를 보통 경찰 제도로 바꾸었어요. 또한, 조선일보와 동아일보 등 한글 신문의 발행도 허용하였어요. 그러나 실제로는 우리나라가 광복을 맞을 때까지 문관 출신 총독은 한 번도 임명되지 않았으며 경찰 관서나 경찰의 수는 오히려 늘어났어요. 한글 신문도 검열을 통해 삭제 및 정간 조치를 당하였어요. 일제는 교육면에서도 1922년 제2차 조선 교육령을 발표하여 형식상으로는 학제를 일본과 동일하게 개편하였어요. 하지만 실상은 일본식 교육을 강화한 기만적 식민지 교육 정책에 지나지 않았어요.

① 서당 규칙이 제정되었다.
➡ 근대적 교육을 추가한 개량 서당이 확산되자 1918년에 일제는 서당 규칙을 제정하여 이를 탄압하였어요.

② 2·8 독립 선언이 발표되었다.
➡ 1919년에 도쿄의 한국인 유학생들이 중심이 되어 2·8 독립 선언을 발표하였어요.

③ 조선어 연구회가 결성되었다.
➡ 1921년에 우리말과 글을 연구하기 위한 조선어 연구회가 결성되었어요.

④ 조선 여자 교육회가 조직되었다.
➡ 1920년에 차미리사의 주도로 여성 계몽 교육 단체인 조선 여자 교육회가 조직되었어요.

⑤ 조선 민립 대학 설립 기성회가 창립되었다.
➡ 1923년에 조선 민립 대학 설립 기성회가 창립되어 한국인을 위한 대학 설립을 위해 모금 활동을 전개하였어요.

핵심 개념 | 조선 교육령

제1차 조선 교육령 (1911)	보통학교의 수업 연한을 4년으로 규정, 실업 교육 위주로 편성
제2차 조선 교육령 (1922)	보통학교의 수업 연한을 6년으로 연장, 한국어 필수 과목 지정, 고등 교육 허용, 경성 제국 대학 설립(1924) → 한국인 취학률 저조, 고등 교육 기회 제한, 민립 대학 설립 억제
제3차 조선 교육령 (1938)	한국인 학교의 명칭과 교육 내용을 일본인 학교와 동일하게 개정, 한국어 선택 과목화(한국어 교육을 사실상 폐지), 일본어·일본사·수신·체육 등의 교과 강화
제4차 조선 교육령 (1943)	모든 교육 기관의 수업 연한 단축, 한국어 과목 완전 삭제

41 대한민국 임시 정부의 활동
정답 ④

(가) 정부의 활동에 대한 설명으로 옳은 것은? [2점]

> 도내 관공서의 조선인 관리·기타 조선인 부호 등에게 빈번하게 불온 문서를 배부하는 자가 있어서 수사한 결과 이○○의 소행으로 판명되어 그의 체포에 노력하고 있다. …… 그는 ▨(가)▨의 교통부 차장과 재무부 총장 등으로부터 여러 가지 명령을 받았다. 조선에 돌아가서 인쇄물을 뿌리는 등 인심을 교란하는 동시에 ▨(가)▨이/가 발행한 ❶독립 공채를 판매하는 한편, ❷조선 내부와의 연락 및 기타 기관을 충분히 갖추게 하는 것 등이었다. - "고등 경찰 요사" -

❶대한민국 임시 정부는 독립운동 자금 조달 방법의 하나로 독립 공채를 발행하였어요. 독립 공채는 대부분 해외 교민과 미국인을 비롯한 외국인에게 판매되었어요.

정답 잡는 키워드

❶ 독립 공채 판매, ❷ 조선 내부와의 연락 및 기타 기관을 갖춤
→ 대한민국 임시 정부

독립 공채를 판매하였으며, 조선 내부와의 연락 및 기타 기관을 충분히 갖추게 한다는 내용을 통해 (가) 정부가 대한민국 임시 정부임을 알 수 있어요. 3·1 운동을 계기로 독립운동을 체계적으로 이끌 지도부의 필요성이 커지면서 상하이에서 대한민국 임시 정부가 수립되었어요. 대한민국 임시 정부는 임시 의정원, 국무원, 법원의 삼권 분립에 기초한 민주 공화제 정부였어요. 연통제와 교통국을 두어 독립운동 자금을 모금하고 국내와 연락을 취하고자 하였으며, 독립신문을 간행하여 임시 정부의 활동과 독립운동 상황을 국내외에 알렸어요. 또한, 독립운동 자금을 마련하기 위해 독립 공채를 발행하였고, 임시 사료 편찬 위원회를 두어 "한·일 관계 사료집"을 편찬하였어요.

① 무장 투쟁을 위해 중광단을 결성하였다.
➡ 대종교는 만주에서 중광단을 조직하여 무장 투쟁을 전개하였어요. 중광단은 이후 북로 군정서로 발전하였어요.

② 민족 교육을 위해 서전서숙을 설립하였다.
➡ 이상설, 이동녕 등이 민족 교육을 위해 북간도에 서전서숙을 설립하였어요.

③ 독립군 양성을 위해 신흥 강습소를 세웠다.
➡ 이회영 등 신민회 회원들이 남만주(서간도) 삼원보에 독립군을 양성하기 위한 신흥 강습소를 세웠어요. 신흥 강습소는 이후 신흥 무관 학교로 발전하였어요.

④ 외교 활동을 위해 구미 위원부를 설치하였다.
➡ 대한민국 임시 정부는 미국 워싱턴에 구미 위원부를 설치하여 외교 활동을 펼쳤어요.

⑤ 농촌 계몽을 위해 브나로드 운동을 전개하였다.
➡ 동아일보는 1930년대에 '배우자 가르치자 다 함께 브나로드'라는 구호를 내세우며 농촌 계몽 운동인 브나로드 운동을 전개하였어요.

기출 선택지 +α

❻ 조선 혁명 간부 학교를 설립하였다. (O / X)
❼ 국내 비밀 행정 조직으로 연통제를 두었다. (O / X)
❽ 한글 맞춤법 통일안과 표준어를 제정하였다. (O / X)
❾ 독립 의식을 고취하기 위해 독립신문을 간행하였다. (O / X)
❿ 임시 사료 편찬회를 두어 한·일 관계 사료집을 간행하였다. (O / X)

---

42 1930년대 후반 이후 일제 식민 통치
정답 ④

밑줄 그은 '시기'에 있었던 사실로 옳은 것은? [2점]

- 이곳 사할린에 있는 탄광으로 강제 동원되기 전 고향 생활 중 기억나는 것이 있으신가요?

- 그때는 ❶중·일 전쟁이 시작된 뒤여서 ❷황국 신민 서사를 외우지 못하면 기차표 사기도 어렵던 시기였어요. 기차표를 사려고 하면 일본 사람들이 나보고 황국 신민 서사를 외워 보라고 시켰지요.

일제에 의해 강제 동원된 사람들은 국내뿐만 아니라 일본, 중국, 사할린 등 각지에 배치되어 작업 환경이 열악한 탄광 및 건설 현장과 공장 등에서 혹사당하였어요.

일제는 1937년에 일왕에 대한 충성 맹세문인 황국 신민 서사를 제정한 뒤 학교, 관공서, 회사뿐만 아니라 일반인의 모임에서도 암송하도록 강요하였어요.

정답 잡는 키워드

❶ 중·일 전쟁 시작, ❷ 황국 신민 서사 → 1930년대 후반 이후

중·일 전쟁이 시작되었으며 황국 신민 서사를 외워야 했다는 내용을 통해 밑줄 그은 '시기'가 1930년대 후반 이후임을 알 수 있어요. 일제는 중·일 전쟁(1937)을 일으켜 침략 전쟁을 확대하는 가운데 한국인을 전쟁에 쉽게 동원하기 위해 민족의식을 말살하는 정책을 폈어요. 황국 신민 서사 암송과 신사 참배를 강요하였으며 강제로 성과 이름을 일본식으로 바꾸게 하였어요. 또한, 전쟁에 필요한 물자를 조달하기 위해 한반도를 병참 기지로 삼았어요.

① 원산 총파업이 발생하였다.
➡ 1929년에 원산 인근의 라이징 선 석유 회사에서 일본인 감독관이 한국인 노동자를 구타한 사건이 발단이 되어 원산 총파업이 일어났어요.

② 미쓰야 협정이 체결되었다.
➡ 일제는 1925년에 중국 군벌과 미쓰야 협정을 체결하여 만주 지역의 독립군에 대한 탄압을 강화하였어요.

③ 조선 형평사가 결성되었다.
➡ 1923년에 진주에서 조선 형평사가 조직되어 백정에 대한 사회적 차별 철폐 운동인 형평 운동을 전개하였어요.

④ 국가 총동원법이 시행되었다.
➡ 중·일 전쟁을 도발한 일제는 1938년에 국가 총동원법을 제정하여 인력과 물자를 강제 동원하였어요.

⑤ 임시 토지 조사국이 설립되었다.
➡ 일제는 1910년에 우리 국권을 빼앗은 직후 조선 총독부 산하에 임시 토지 조사국을 설립하여 본격적인 토지 조사 사업을 수행하였어요.

기출 선택지 +α

❻ 미곡 공출제가 시행되었다. (O / X)
❼ 조선 노동 공제회가 조직되었다. (O / X)
❽ 3·1 운동이 전국적으로 전개되었다. (O / X)

기출 선택지 +α 정답 ❻ ×[의열단] ❼ O ❽ ×[조선어 학회] ❾ O ❿ O

기출 선택지 +α 정답 ❻ O ❼ ×[1920년] ❽ ×[1919년]

43 조선 의용대

정답 ②

(가)에 대한 설명으로 옳은 것은? [2점]

○표시된 인물이 김원봉

자료는 [(가)]의 창립 1주년을 기념하며 계림에서 촬영된 사진이다. 중국 국민당 정부의 지원을 받아❶ 김원봉 등을 중심으로 창설된 [(가)]은/는❷ 중국 관내(關內)에서 만들어진 최초의 한인 무장 부대이다.

> '중국 관내'는 대체로 만리장성을 경계로 그 아래의 중국 본토를 의미합니다. 독립군 활동의 주 무대였던 만주 지역은 '중국 관내'에 해당하지 않아요.

정답 잡는 키워드

❶ 김원봉 등을 중심으로 창설, ❷ 중국 관내에서 만들어진 최초의 한인 무장 부대 → 조선 의용대

김원봉 등을 중심으로 창설되었으며 중국 관내에서 만들어진 최초의 한인 무장 부대라는 내용을 통해 (가)가 조선 의용대임을 알 수 있어요. 조선 의용대는 김원봉 등이 중국 국민당 정부의 지원을 받아 창설한 조선 민족 전선 연맹 산하의 군사 조직으로, 주로 일본군에 대한 심리전이나 후방 공작 활동 등으로 중국군을 지원하였어요. 이러한 가운데 조선 의용대의 다수 병력이 적극적인 항일 운동을 전개하기 위해 화북 지대로 이동하였어요. 이후 이들은 조선 의용군으로 재편되었어요.

① 자유시 참변으로 시련을 겪었다.
➡ 간도 참변 이후 만주 지역의 독립군 부대들이 러시아 혁명군의 지원 약속을 믿고 자유시로 이동하였으나 자유시 참변으로 큰 타격을 입었어요.

②대원 일부가 한국 광복군에 합류하였다.
➡ 화북 지역으로 이동하지 않은 김원봉과 조선 의용대의 일부 대원은 한국 광복군에 합류하였어요. 김원봉은 한국 광복군에 합류한 후 한국 광복군 부사령관으로 취임하였어요.

③ 쌍성보 전투에서 한·중 연합 작전을 전개하였다.
➡ 한국 독립군은 총사령관 지청천의 지휘 아래 중국 호로군과 연합 작전을 전개하여 쌍성보 전투, 대전자령 전투 등에서 일본군을 격퇴하였어요.

④ 독립군 양성 기관인 한인 소년병 학교를 설립하였다.
➡ 1909년 미국에서 박용만의 주도로 독립군 양성을 위한 한인 소년병 학교가 설립되었어요.

⑤ 홍범도 부대와 연합하여 청산리에서 일본군과 교전하였다.
➡ 김좌진이 지휘한 북로 군정서는 홍범도의 대한 독립군 등과 연합하여 청산리 일대에서 일본군에 대승을 거두었어요.

기출 선택지 +α

❻ 대전자령 전투에서 일본군을 격퇴하였다. (O/X)
❼ 중국 의용군과 함께 흥경성 전투를 이끌었다. (O/X)
❽ 조선 민족 전선 연맹의 무장 조직으로 결성되었다. (O/X)
❾ 영국군의 요청으로 인도·미얀마 전선에 투입되었다. (O/X)

기출 선택지 +α
정답 ❻ ×[한국 독립군] ❼ ×[조선 혁명군] ❽ ○ ❾ ×[한국 광복군]

---

44 최현배의 활동

정답 ①

(가)에 들어갈 내용으로 적절한 것은? [2점]

이달의 독립운동가 홈 > 나라사랑광장 > 이달의 독립운동가

최현배
🎖 훈격 : 독립장
📜 서훈 연도 : 1962년

▷ 목차
• 주시경의 영향을 받아 국어 운동의 길로 들어서다
• [(가)]
• 광복 이후 국어 교재 편찬과 교사 양성에 힘쓰다
• 각종 한글 교과서를 편찬하다

최현배는 '외솔'이라는 호를 썼으며, 주시경으로부터 한글과 문법 등을 배웠어요. 일제 강점기에 "우리말본", "한글갈" 등을 저술하였으며, 일제의 민족 말살 정책에 맞서 우리말과 글을 지키기 위해 노력하였어요. 조선어 학회 창립에 주도적 역할을 하였으며, 한글 맞춤법 통일안 제정에도 참여하였어요. 광복 이후에는 조선어 학회를 개칭한 한글 학회의 이사장을 지냈어요.

①조선어 학회 사건으로 옥고를 치르다
➡ 최현배는 1942년에 일어난 조선어 학회 사건으로 이극로, 이윤재 등과 구속되어 옥고를 치렀어요.

② 파리 강화 회의에 독립 청원서를 제출하다
➡ 대한민국 임시 정부는 프랑스 파리에서 활동하고 있던 김규식을 전권 대사로 임명하여 파리 강화 회의에 독립 청원서를 제출하였어요.

③ 복벽주의를 내세우며 독립 의군부를 조직하다
➡ 임병찬은 고종의 밀지를 받아 국내에서 비밀리에 독립 의군부를 조직하였어요.

④ 국권 피탈 과정을 정리한 한국통사를 저술하다
➡ 박은식은 "한국통사"를 저술하여 국혼의 중요성을 강조하고 일제의 침략 과정을 다루었어요.

⑤ 일제에 의해 조작된 105인 사건으로 재판을 받다
➡ 일제가 1911년에 데라우치 총독의 암살을 모의하였다는 누명을 씌워 수백 명의 독립운동가를 체포하였어요. 이 중 105인이 유죄 판결을 받아 투옥되었는데, 이들 대부분이 신민회 회원이었어요.

45 5·10 총선거
정답 ⑤

다음 총선거에 대한 설명으로 옳은 것을 <보기>에서 고른 것은?

[3점]

정답 잡는 키워드

❶ 우리나라 첫 번째 총선거 → 5·10 총선거

우리나라 첫 번째 총선거라는 내용을 통해 자료의 총선거가 5·10 총선거임을 알 수 있어요. 1948년 5월 10일, 우리나라 최초의 보통 선거인 5·10 총선거가 실시되어 임기 2년의 제헌 국회 의원이 선출되었어요.

ㄱ. 좌우 합작 위원회가 주도하였다.
➡ 1946년에 여운형과 김규식 등이 통일 정부 수립을 위해 좌우 합작 위원회를 결성하고 좌우 합작 7원칙을 발표하였어요.

ㄴ. 장면 정부가 수립되는 계기가 되었다.
➡ 4·19 혁명 후 허정 과도 정부가 수립되고 내각 책임제 개헌이 이루어졌어요. 개정 헌법에 따라 치러진 총선에서 민주당이 압승하여 장면 내각이 수립되었어요.

ㄷ. 제주도에서 무효 처리된 선거구가 있었다.
➡ 전국 총 200개의 선거구에서 5·10 총선거가 실시되었어요. 하지만 제주도에서 단독 정부 수립을 반대하는 무장봉기가 일어나고 미군정이 이를 탄압하면서 선거가 정상적으로 치러지지 못하였어요. 결국 제주도의 3개 선거구 중 2개 구에서 투표수가 과반에 미달하여 무효 처리되었어요.

ㄹ. 제헌 국회 의원을 선출하기 위해 실시되었다.
➡ 5·10 총선거로 제주 2곳을 제외한 선거구에서 198명의 제헌 국회 의원이 선출되었어요. 제헌 국회에서 제정한 제헌 헌법에 따라 초대 대통령으로 선출된 이승만은 행정부를 구성하여 대한민국 정부 수립을 선포하였어요.

① ㄱ, ㄴ   ② ㄱ, ㄷ   ③ ㄴ, ㄷ
④ ㄴ, ㄹ   ⑤ ㄷ, ㄹ

기출 선택지 +α

ㅁ. 우리나라 최초의 보통 선거였다.	(O / X)
ㅂ. 2년 임기의 국회 의원이 선출되었다.	(O / X)
ㅅ. 38도선 이남 지역에서만 실시되었다.	(O / X)

46 6·25 전쟁
정답 ②

밑줄 그은 '이 전쟁' 중에 있었던 사실로 옳은 것은?

[1점]

> 사료로 보는 한국사
>
> 피하는 것은 죽는 것이요, 다 같이 일어나는 것은 사는 길이니 비록 중국군 2백만 명이 들어오기로서니 우리 2천만 명이 일어나면 한 놈도 살아나갈 수 없이 만들 수 있을 것이다. …… 각 도시나 촌락에서 모든 인민들은 쌀을 타다가 밥을 지어 주먹밥이라도 만들면 실어다가 전선에서 싸우는 사람들을 먹여야 하며, 또 장년들은 참호라도 파며 한편으로 결사대를 조직하여 적의 진지를 뚫고 적군 속에 들어가 백방으로 싸워야만 될 것이다.
>
> [해설] ❶중국군의 개입으로 이 전쟁의 전세가 불리해진 상황에서 국민의 항전 의지를 독려하는 대통령의 담화문이다.

정답 잡는 키워드

❶ 중국군의 개입 → 6·25 전쟁

1950년 6월 25일에 북한의 기습 남침으로 6·25 전쟁이 발발하였어요. 북한의 남침을 침략 행위로 규정한 유엔 안전 보장 이사회에서 유엔군을 파병하였고, 낙동강 지역까지 밀렸던 국군과 유엔군은 반격에 나섰어요. 1950년 9월 15일에 국군과 유엔군은 인천 상륙 작전을 전개하여 서울을 탈환하고, 여세를 몰아 38도선을 돌파하여 압록강 일대까지 진격하였어요. 하지만 중국이 국군과 유엔군의 북진을 경계하여 대규모의 군대를 보내 공세를 폈어요. 이로 인해 국군과 유엔군이 북한 지역에서 밀려났고, 1951년 1월에는 서울을 다시 빼앗겼어요(1·4 후퇴). 국군과 유엔군은 전열을 가다듬어 서울을 재탈환하였지만, 이후 38도선 일대에서 서로 밀고 밀리는 공방전이 지속되었어요. 이러한 가운데 소련의 제안으로 1951년 7월에 첫 번째 정전 회담이 시작되었고, 1953년 7월 27일에 정전 협정이 체결되었어요.

① 애치슨 라인이 발표되었다.
➡ 6·25 전쟁 발발 이전인 1950년 1월에 미국의 태평양 지역 방위선에서 한국과 타이완을 제외한 애치슨 라인이 발표되었어요.

②부산이 임시 수도로 정해졌다.
➡ 6·25 전쟁 초기 북한군의 공세에 밀린 이승만 정부는 피란하여 부산을 임시 수도로 정하였어요.

③ 한·미 상호 방위 조약이 맺어졌다.
➡ 6·25 전쟁의 정전 협정이 체결된 뒤 1953년 10월에 한·미 상호 방위 조약이 체결되었어요.

④ 푸에블로호 나포 사건이 발생하였다.
➡ 1968년에 북한 원산항 앞 공해상에서 미국의 정보 수집함인 푸에블로호가 북한에 나포되는 사건이 발생하였어요.

⑤ 국가 보위 비상 대책 위원회가 설치되었다.
➡ 12·12 사태로 정권을 장악한 전두환 등 신군부 세력은 1980년에 5·18 민주화 운동을 무력으로 진압한 직후 국가 보위 비상 대책 위원회를 설치하였어요.

기출 선택지 +α 정답 ㅁ. ○ ㅂ. ○ ㅅ. ○

47 제1·2차 경제 개발 5개년 계획
정답 ②

다음 상황이 나타난 시기를 연표에서 옳게 고른 것은? [3점]

□□신문

제△△호　　　　　　　　　　　○○○○년 ○○월 ○○일

장면 내각 때 수립한 경제 개발 5개년 계획을 수정하여 1962년부터 본격적으로 실시하였어요.

희망에 찬 전진을

제1차 경제 개발 5개년 계획을 성공적으로 매듭지은 현 시점에서 우리에게는 진실로 기쁘고 자랑스럽게 생각해야 할 일이 있다. 우리나라가 새롭고 희망에 찬 생활을 향하여 전진을 거듭하고 있다는 사실에 대한 자각이 더욱 높아가고 미래에 대한 자신이 날로 굳어져 가고 있다는 사실이다. …… 여러분이 아시다시피 올해는 제2차 경제 개발 5개년 계획에 착수하여 이미 도약 단계에 들어선 조국의 발전에 일대 박차를 가해야 할 중대한 새 출발의 해인 것이다. 앞으로 4~5년 후에는 아시아에 빛나는 공업 국가를 건설해 보자는 것이 이 계획의 목표인 것이다.

정답 잡는 키워드

❶ 제2차 경제 개발 5개년 계획에 착수 → 1967년

박정희 정부 시기에 5년 단위로 정부 주도의 경제 개발 계획이 추진되었어요. 1962년부터 1966년까지 제1차 경제 개발 5개년 계획을 추진하였고, 1967년부터는 제2차 경제 개발 5개년 계획을 추진하였어요.

1949		1965		1977		1988		1996		2007
	(가)		(나)		(다)		(라)		(마)	
농지 개혁법 제정		한·일 협정 체결		100억 달러 수출 달성		서울 올림픽 개최		경제 협력 개발 기구 (OECD) 가입		한·미 자유 무역 협정(FTA) 체결

➡ 박정희 정부는 1962년부터 1971년까지 경공업 중심의 제1, 2차 경제 개발 5개년 계획을 추진하였어요. 1962년부터 1966년까지 추진된 제1차 경제 개발 계획 시기에는 신발·의류·가발 등 노동 집약적 경공업 제품의 수출에 집중하였어요. 이 시기 박정희 정부는 경제 개발 자금을 마련하기 위해 일본과 국교 정상화를 추진하여 한·일 협정을 체결하였어요. 1967년부터 1971년까지 추진된 제2차 경제 개발 계획 시기에는 정유·시멘트 등 기간산업 육성과 경부 고속 국도 건설 등 사회 간접 자본의 확충에 중점을 두었어요. 1970년대에는 제3, 4차 경제 개발 5개년 계획을 추진하여 중화학 공업 육성에 집중하였어요. 이 시기에는 포항 종합 제철 준공, 100억 달러 수출 달성 등이 이루어졌어요.
따라서 자료의 상황이 나타난 시기는 한·일 협정 체결과 100억 달러 수출 달성 사이인 ② (나)입니다.

① (가)　　②(나)　　③ (다)　　④ (라)　　⑤ (마)

연표로 흐름잡기

1962	제1차 경제 개발 5개년 계획 시작(~1966)
1965	한·일 국교 정상화(한·일 협정 체결)
1967	제2차 경제 개발 5개년 계획 시작(~1971)
1970	새마을 운동 시작, 경부 고속 국도 개통
1972	제3차 경제 개발 5개년 계획 시작(~1976)
1973	포항 종합 제철 준공
1977	100억 달러 수출 달성

---

48 전두환 정부 시기의 사실
정답 ②

밑줄 그은 '정부' 시기에 있었던 사실로 옳은 것은? [2점]

보도 지침은 전두환 정부 시기에 언론사 기사 통제를 위해 작성한 가이드라인을 말해요. 정부 기관이 '가, 불가, 절대 불가' 등의 구분으로 보도 방향과 내용, 형식까지 구체적으로 결정하여 각 언론사에 시달하였어요.

이것은 부천 경찰서에서 자행된 여성 노동자에 대한 성 고문 사건을 축소, 은폐하기 위해 내린 정부의 ❶보도 지침 내용입니다. 당시 정부는 언론의 보도 방향을 통제하고, 민주화 운동을 탄압하였습니다. 이후 ❷박종철 고문치사 사건도 단순 쇼크사로 날조하였습니다.

부천서 성 고문 사건 지침
- 검찰 발표 결과만 보도할 것
- 사건 명칭을 성추행이 아닌 '성 모욕 행위로 할 것
- 독자적 취재 보도 불가

전두환정부시기인 1987년 1월에 남영동 치안본부 대공 분실에서 대학생 박종철이 조사를 받던 중 경찰의 고문으로 사망하는 사건이 발생하였어요.

정답 잡는 키워드

❶ 보도 지침, ❷ 박종철 고문치사 사건 → 전두환 정부

부천서 성 고문 사건에 대한 보도 지침이 내려졌고, 박종철 고문치사 사건을 단순 쇼크사로 날조하였다는 내용을 통해 밑줄 그은 '정부'가 전두환 정부임을 알 수 있어요. 1979년 12·12 사태로 정권을 장악한 신군부 세력은 1980년 광주에서 일어난 5·18 민주화 운동을 무력으로 진압하였어요. 이후 들어선 전두환 정부는 민주화 운동과 노동 운동을 탄압하고 언론 통제를 강화하는 등 강압적인 정책을 폈어요. 특히 효과적인 언론 통제를 위해 매일 각 언론사에 기사 보도를 제한하는 보도 지침을 내려보냈습니다.

① 야당 총재가 국회 의원직에서 제명되었다.
➡ 박정희 정부 시기에 유신 독재 체제를 거세게 비판하던 야당 총재인 김영삼이 국회 의원직에서 제명되었어요.

②5년 단임의 대통령 직선제 개헌이 이루어졌다.
➡ 전두환 정부 시기에 6월 민주 항쟁의 결과로 5년 단임의 대통령 직선제 개헌이 이루어졌어요.

③ 국가 재건 최고 회의를 기반으로 군정이 실시되었다.
➡ 5·16 군사 정변 직후에 박정희 등은 입법·행정·사법권을 가진 국가 재건 최고 회의를 설치하고 군정을 실시하였어요.

④ 평화 통일론을 내세우던 진보당의 조봉암이 처형되었다.
➡ 이승만 정부는 평화 통일을 주장한 진보당의 조봉암에게 간첩 혐의를 씌워 사형에 처하였어요.

⑤ 긴급 조치 철폐 등을 포함한 3·1 민주 구국 선언이 발표되었다.
➡ 박정희 정부 시기에 유신 체제에 반대하여 긴급 조치 철폐를 요구하는 3·1 민주 구국 선언이 발표되었어요.

기출 선택지 +α

❻ 국민 교육 헌장이 공포되었다.	(O / X)
❼ 지방 자치제가 전면 시행되었다.	(O / X)
❽ 군 내부의 사조직인 하나회가 해체되었다.	(O / X)
❾ 한국 프로 야구가 6개 구단으로 출범하였다.	(O / X)
❿ 직선제 개헌을 청원하는 1천만 명 서명 운동이 전개되었다.	
	(O / X)

기출 선택지 +α

정답 ❻ ✕[박정희 정부] ❼ ✕[김영삼 정부] ❽ ✕[김영삼 정부] ❾ ○ ❿ ○

49 전주의 역사   정답 ③

다음 지역에 대한 탐구 활동으로 적절한 것은?   [1점]

> **지도로 보는 우리 지역의 역사**
>
> 풍패지관
> 전라 감영
> 경기전
> 성황사
> 조선 시대 전주 읍성의 4대문 가운데 남쪽 문이에요.
> 풍남문
>
> 1872년에 제작된 우리 지역 지도의 일부입니다. 조선 시대 전라도 일대를 총괄하는 전라 감영, 조선 왕실의 발상지라는 의미로 한(漢) 고조의 고사에서 이름을 딴 객사 풍패지관, 태조 이성계의 어진을 봉안하고 제사하는 ❶경기전, ❷후백제의 왕성으로 알려진 동고산성 안에 있는 성황사 등이 표시되어 있습니다.

정답 잡는 키워드

❶ 경기전, ❷ 후백제의 왕성으로 알려진 동고산성 → 전주

태조 이성계의 어진을 봉안하고 제사하는 경기전, 후백제의 왕성으로 알려진 동고산성이 있다는 내용을 통해 자료의 지역이 전주임을 알 수 있어요. 견훤은 완산주(지금의 전주)에 도읍을 정하고 후백제를 건국하였어요. 전주에는 조선 시대 전라도 관찰사가 거처한 전라 감영이 있었어요.

① 유형원이 반계수록을 저술한 장소를 답사한다.
➡ 조선 후기에 유형원은 부안에서 통치 제도에 대한 개혁안을 중심으로 한 "반계수록"을 저술하였어요.

② 견훤이 아들 신검에 의해 유폐된 장소를 알아본다.
➡ 후백제의 견훤은 왕위 계승에 불만을 품은 큰아들 신검에 의해 김제 금산사에 유폐되었어요.

③ 동학 농민군이 정부와 화약을 맺은 장소를 조사한다.
➡ 동학 농민군이 관군에 승리하며 전주성까지 점령하자 조선 정부는 농민군과 전주 화약을 체결하였어요.

④ 기묘사화로 유배된 조광조가 사사된 장소를 검색한다.
➡ 조선 중종 때 조광조는 기묘사화로 능주(지금의 화순)에 유배되었고 그곳에서 사사되었어요.

⑤ 임병찬이 의병을 일으킨 무성 서원이 있는 장소를 찾아본다.
➡ 임병찬은 을사늑약이 체결되자 태인(지금의 정읍)의 무성 서원에서 의병을 일으켰어요.

기출 선택지 +α

❻ 장용영의 외영이 설치된 위치를 파악한다.   (O / X)
❼ 공민왕이 홍건적의 침입 때 피란한 지역을 찾아본다.   (O / X)
❽ 프랑스군이 외규장각 도서를 약탈한 장소를 살펴본다. (O / X)
❾ 신립이 배수의 진을 치고 전투를 벌인 위치를 검색한다. (O / X)
❿ 유계춘이 백낙신의 수탈에 맞서 봉기한 지역을 검색한다.   (O / X)

기출 선택지 +α
정답   ❻ X[수원]   ❼ X[안동]   ❽ X[강화도]   ❾ X[충주]   ❿ X[진주]

킬러 문항

50 김대중 정부 시기의 통일 정책   정답 ②

다음 뉴스가 보도된 정부 시기의 통일 정책으로 옳은 것은?   [2점]

> '김대중–오부치 공동 선언'이라고도 해요.
>
> ❶ 대통령은 오늘 도쿄에서 오부치 일본 총리와 21세기 새로운 한·일 파트너십 공동 선언에 합의하였습니다. 이 공동 선언문에는 일본이 과거 한때 식민지 지배로 인하여 한국 국민에게 다대한 손해와 고통을 안겨 주었다는 역사적 사실을 겸허히 받아들이면서, 이에 대한 통절한 반성과 마음으로부터 사죄라는 표현이 명문화되어 있습니다.
>
> 대통령, 일본 국회 연설에서 일본 대중문화 단계적 개방 약속
>
> 김대중 정부는 1965년 한·일 국교 정상화 이후에도 계속 막아 온 일본 대중문화의 유입을 단계적으로 허용하는 개방 방침을 밝혔어요.

정답 잡는 키워드

❶ 오부치 일본 총리와 21세기 새로운 한·일 파트너십 공동 선언에 합의 → 김대중 정부

김대중 정부는 일본 대중문화의 단계적 개방 방침을 마련하는 동시에 양국의 과거사를 극복하고 우호 협력 관계를 재확인하기 위해 오부치 일본 총리와 1998년 10월 8일에 '21세기 새로운 한·일 파트너십 공동 선언'에 합의하였어요.

① 남북 조절 위원회를 구성하였다.
➡ 박정희 정부 시기에 7·4 남북 공동 성명의 합의 사항을 이행하기 위한 기구로 남북 조절 위원회가 구성되었어요.

② 6·15 남북 공동 선언을 채택하였다.
➡ 김대중 정부 시기인 2000년에 평양에서 분단 이후 최초로 남북 정상 회담이 개최되고 6·15 남북 공동 선언이 채택되었어요.

③ 한반도 비핵화 공동 선언에 합의하였다.
➡ 노태우 정부 시기에 한반도 비핵화 공동 선언이 합의·발표되었어요.

④ 판문점에서 남북 정상 회담을 개최하였다.
➡ 문재인 정부 시기에 판문점에서 남북 정상 회담이 개최되고 4·27 판문점 선언이 발표되었어요.

⑤ 남북 이산가족 고향 방문을 최초로 실현하였다.
➡ 전두환 정부 시기에 남북 이산가족의 고향 방문이 최초로 성사되었어요.

기출 선택지 +α

❻ 남북한이 국제 연합(UN)에 동시 가입하였다.   (O / X)
❼ 남북한 교류 협력을 위한 개성 공단 조성에 합의하였다. (O / X)

핵심 개념 | 김대중 정부

민주주의의 발전	선거를 통한 최초의 여야 정권 교체로 성립, 여성부 신설, 국가 인권 위원회 설립
경제 발전	금융 기관과 대기업의 구조 조정 단행(노사정 위원회 설치, 부실기업 정리) → 국제 통화 기금(IMF)의 지원금을 조기에 상환
통일 정책	• 대북 화해 협력 정책('햇볕 정책') 추진 → 기업인 정주영의 소 떼 방북, 금강산 해로 관광 시작 • 최초의 남북 정상 회담 개최, 6·15 남북 공동 선언 발표(2000) → 경의선·동해선 연결과 개성 공단 조성에 합의, 이산가족 방문과 서신 교환, 금강산 육로 관광 추진

기출 선택지 +α
정답   ❻ X[노태우 정부]   ❼ ○

합격률
48.7%

응시 인원 : 47,137명
합격 인원 : 22,942명

시대별 출제 비중

전근대 28문항

선사 **2문항**
신석기 시대의 생활 모습, 부여

고려 **7문항**
고려와 거란의 관계, 이자겸의 난, 고려의 경제,
최우의 활동, 원 간섭기 이후의 사실,
고려의 문화유산, 안동의 역사와 문화

고대 **8문항**
고구려, 백제 금동 대향로, 김유신,
성왕의 정책, 삼국 통일 과정,
발해의 경제, 신라 말의 상황, 궁예의 활동

조선 **11문항**
세종 재위 시기의 사실, 창덕궁, 향약,
조선 후기의 사회 모습, 진주 농민 봉기,
성종 재위 시기의 사실, 중종 재위 시기의 사실,
임진왜란, 조선 후기의 문화, 정조 재위 시기의 사실,
정약용의 활동

근현대 22문항

개항기 **8문항**
제너럴 셔먼호 사건, 최익현의 활동,
갑신정변, 제1차 갑오개혁, 독립 협회의 활동,
한성 사범 학교 규칙 발표 이후의 사실,
대한매일신보, 러·일 전쟁 중의 사실

일제 강점기 **6문항**
1910년대 일제 식민 통치, 신간회,
물산 장려 운동, 1940년대의 사실,
이윤재의 활동, 한국 광복군

현대 **6문항**
대한민국 정부 수립 과정,
1·4 후퇴 이후의 사실, 박정희 정부 시기의 경제 상황,
4·19 혁명과 6월 민주 항쟁, 박정희 정부 시기의 사실,
김대중 정부의 통일 노력

시대 통합 **2문항**
지방 통치 체제의 변천,
역사 속 외교 활동

분류별 출제 비중 고대~조선

정치	경제	사회	문화
14문항	3문항	2문항	7문항

난이도별 출제 비중

상 4문항
중 33문항
하 13문항

큰별쌤의 한 줄 평

기본 개념과 흐름 파악으로
충분히 풀 수 있는
평이한 시험

1 신석기 시대의 생활 모습
정답 ⑤

밑줄 그은 '이 시대'의 생활 모습으로 옳은 것은? [1점]

신석기 시대부터 농경이 시작되고 정착 생활을 하였어요.

❶ 화면 속 갈돌과 갈판, 빗살무늬 토기는 이 시대의 대표적인 유물로 알려져 있습니다.

❸ 농경과 정착 생활이 시작된 이 시대의 사람들은 토기를 만들어 곡식을 저장하고 음식을 조리하기도 하였습니다.

신석기 시대의 간석기로, 갈판에 나무 열매나 곡물을 올려놓고, 갈돌로 껍질을 벗기거나 가루로 만드는 데 사용하였어요.

정답 잡는 키워드

❶ 갈돌과 갈판, ❷ 빗살무늬 토기, ❸ 농경과 정착 생활 시작

→ 신석기 시대

갈돌과 갈판, 빗살무늬 토기가 대표적인 유물로 제시되었으며, 농경과 정착 생활이 시작되었다는 내용을 통해 밑줄 그은 '이 시대'가 신석기 시대임을 알 수 있어요. 신석기 시대부터 사람들은 농경과 목축을 시작하여 식량을 생산하고 정착 생활을 하였어요. 또한, 간석기를 사용하기 시작하였는데 갈돌과 갈판은 대표적인 신석기 시대의 간석기입니다. 빗살무늬 토기는 우리나라 신석기 시대의 대표적인 토기로 식량을 저장하거나 음식을 조리하는 데 사용되었어요.

① 소를 이용하여 깊이갈이를 하였다.
➡ 소를 이용한 깊이갈이는 철기 시대부터 이루어졌어요.

② 반량전, 명도전 등의 화폐를 사용하였다.
➡ 중국의 화폐인 반량전과 명도전이 우리나라 철기 시대 유적에서 발견되어 이 시기에 한반도와 중국 사이에 교류가 이루어졌음을 알게 되었어요.

③ 청동 방울 등을 의례 도구로 이용하였다.
➡ 청동기 시대부터 청동 방울, 청동 거울 등이 의례 도구로 제작되었어요.

④ 거푸집을 이용하여 세형 동검을 제작하였다.
➡ 초기 철기 시대에 제작된 세형 동검은 한반도에서 독자적인 청동기 문화가 발전하였음을 보여 주는 유물이에요.

⑤ 가락바퀴와 뼈바늘을 이용하여 옷을 만들었다.
➡ 신석기 시대부터 실을 뽑기 위해 가락바퀴가 처음 사용되었어요. 가락바퀴로 실을 뽑고 뼈바늘을 이용하여 옷이나 그물 등을 만들었어요.

기출 선택지 +α

❻ 주로 동굴이나 막집에 거주하였다. (O / X)
❼ 많은 인력을 동원하여 고인돌을 만들었다. (O / X)
❽ 정착 생활이 시작되면서 움집이 등장하였다. (O / X)
❾ 쟁기, 쇠스랑 등의 철제 농기구를 사용하였다. (O / X)
❿ 비파형 동검과 거친무늬 거울 등을 제작하였다. (O / X)

기출 선택지 +α
정답 ❻ ×[구석기 시대] ❼ ×[청동기 시대] ❽ ○ ❾ ×[철기 시대] ❿ ×[청동기 시대]

---

2 부여
정답 ①

(가) 나라에 대한 설명으로 옳은 것은? [2점]

부여는 연맹 왕국으로 왕권이 약하였어요. 가뭄이나 장마가 계속되면 왕은 이에 대한 책임을 지고 왕위에서 쫓겨나거나 죽임을 당하기도 하였어요.

○ ___(가)___ 의 풍속에는 ❶가뭄이나 장마가 계속되어 오곡이 영글지 않으면, 그 허물을 왕에게 돌려 "왕을 마땅히 바꾸어야 한다."라고 하거나 "죽여야 한다."라고 하였다. - "삼국지" 동이전 -

○ ___(가)___ 사람들은 …… 활·화살·칼·창으로 무기를 삼았다. ❷가축의 이름으로 관직명을 지으니 마가·우가·구가 등이 있었다. 그 나라의 읍락은 모두 여러 가(加)에 소속되었다. - "후한서" 동이열전 -

목축이 발달한 부여에서는 가축을 귀히 여겨 말, 소, 돼지, 개를 상징하는 마가, 우가, 저가, 구가로 관직명을 지었어요.

정답 잡는 키워드

❶ 가뭄이나 장마가 계속되면 그 허물을 왕에게 돌림,
❷ 마가, 우가, 구가 등이 있음 → 부여

마가, 우가, 구가 등의 관직이 있었으며 가뭄이나 장마가 계속되면 그 허물을 왕에게 돌렸다는 내용을 통해 (가) 나라가 부여임을 알 수 있어요. 만주 쑹화강 일대 평야 지역에 자리를 잡은 부여는 왕이 중앙을 다스리고 가축의 이름을 딴 마가·우가·저가·구가 등의 가(加)들이 사출도라고 불린 지역을 독자적으로 다스리는 연맹 왕국이었어요. 가들은 왕을 선출하기도 하였고, 가뭄이나 장마 등 재해가 일어나면 왕에게 책임을 묻기도 하였어요.

① 영고라는 제천 행사를 열었다.
➡ 부여는 12월에 영고라는 제천 행사를 열었어요.

② 한 무제의 공격으로 멸망하였다.
➡ 고조선은 기원전 108년에 한 무제의 공격을 받아 멸망하였어요.

③ 정사암에 모여 재상을 선출하였다.
➡ 백제에서는 귀족들이 정사암에 모여 재상을 선출하거나 국가의 중대사를 논의하고 결정하였어요.

④ 읍락 간의 경계를 중시하는 책화가 있었다.
➡ 동예에는 읍락의 경계를 중시하여 이를 침범하면 노비나 가축 등으로 변상하게 하는 책화라는 풍습이 있었어요.

⑤ 제사장인 천군과 신성 지역인 소도가 존재하였다.
➡ 삼한에는 제사장인 천군과 신성 지역인 소도가 있었어요. 소도에는 정치적 지배자의 힘이 미치지 못하였어요.

기출 선택지 +α

❻ 혼인 풍속으로 민며느리제가 있었다. (O / X)
❼ 여러 가(加)들이 별도로 사출도를 주관하였다. (O / X)
❽ 남의 물건을 훔쳤을 때는 12배로 갚게 하였다. (O / X)

기출 선택지 +α
정답 ❻ ×[옥저] ❼ ○ ❽ ○

3 고구려　　정답 ③

(가)에 들어갈 내용으로 가장 적절한 것은?　[2점]

지금 보시는 자료는 안악 3호분 벽화 중 일부로, 무덤 주인공과 호위 군사 등의 행렬 모습을 자세히 보여 줍니다. 이 벽화를 남긴 나라에 대하여 알고 있는 내용을 대화창에 올려 주세요.

고구려는 교육 기관으로 지방에는 경당, 수도에는 태학을 세웠어요.

ON 대화창
❶ 책을 읽고 활쏘기를 익히는 경당을 설치하였어요.
❷ 제가 회의에서 국가 중대사를 결정하였어요.
(가)

글쓰기

고구려의 귀족 회의입니다. 백제에는 정사암 회의, 신라에는 화백 회의가 있었어요.

📌 문화유산으로 보는 한국사

정답 잡는 키워드

❶ 경당, ❷ 제가 회의 → 고구려

경당을 설치하였으며 제가 회의에서 국가 중대사를 결정하였다는 내용을 통해 (가)에는 고구려와 관련된 내용이 들어가야 함을 알 수 있어요. 안악 3호분은 황해남도에 위치한 고구려의 고분으로, 무덤 주인공의 초상화와 당시 생활 풍속을 그린 벽화들이 많이 남아 있어 이를 통해 당시의 생활 모습을 짐작할 수 있어요.

① 연의 장수 진개의 공격을 받았어요.
➡ 고조선은 기원전 3세기 무렵에 연의 장수 진개의 공격을 받아 영토를 빼앗겼어요.

② 골품에 따른 신분 차별이 엄격하였어요.
➡ 신라에는 골품제라는 신분 제도가 있어 골품에 따라 관등 승진에 제한을 두었으며 집의 규모, 수레의 크기, 옷의 색깔 등 일상생활까지 규제하였어요.

③ 빈민을 구제하기 위해 진대법을 실시하였어요.
➡ 고구려 고국천왕은 재상 을파소의 건의를 받아들여 빈민을 구제하기 위해 진대법을 실시하였어요.

④ 사회 질서를 유지하기 위한 범금 8조가 있었어요.
➡ 고조선에는 사회 질서를 유지하기 위한 범금 8조가 있었어요. 현재 3개 조항이 전해져 이를 통해 당시 사회 모습을 유추할 수 있어요.

⑤ 왕족인 부여씨와 8성의 귀족이 지배층을 이루었어요.
➡ 백제에서는 왕족인 부여씨와 8성의 귀족이 지배층을 이루었어요.

기출 선택지 +α

❻ 낙랑과 왜에 철을 수출하였다.　(O / X)
❼ 무천이라는 제천 행사를 열었다.　(O / X)
❽ 서옥제라는 혼인 풍습이 있었다.　(O / X)
❾ 대가들이 사자, 조의 등을 거느렸다.　(O / X)
❿ 마립간이라는 왕의 칭호를 사용하였다.　(O / X)

---

4 백제 금동 대향로　　정답 ⑤

(가)에 해당하는 문화유산으로 옳은 것은?　[1점]

문화유산 DB　　문화유산 검색　교과서 속 문화유산　3D 문화유산

문화유산 검색
(가)　　검색

문화재 종목별 검색
☑ 문화재 정보
☐ 우리 지역 문화재
☐ 유형 분류

• 종목 : 국보
• 지정일 : 1996년 5월 30일
• 소개 : 부여 능산리 절터에서 출토되었다. 백제의 공예 기술 수준을 보여 주는 문화유산으로 불교와 도교 사상 등을 복합적으로 반영하고 있다.

향로 전체에 정교하게 조각되어 있는 동식물과 인물, 산봉우리 등이 당시 백제의 수준 높은 공예 기술을 보여 줍니다.

정답 잡는 키워드

❶ 부여 능산리 절터에서 출토, ❷ 불교와 도교 사상 등을 복합적으로 반영하고 있음 → 백제 금동 대향로

부여 능산리 절터에서 출토되었으며, 불교와 도교 사상 등을 복합적으로 반영하고 있다는 내용을 통해 (가)에 해당하는 문화유산이 백제 금동 대향로임을 알 수 있어요. 백제 금동 대향로의 뚜껑 부분에는 신선이 노니는 모습과 봉황이 새겨져 있어 도교 사상이 반영되었음을 알 수 있어요. 또한, 연꽃이 피어나는 듯한 몸체 부분의 조각에서는 불교적인 요소를 볼 수 있어요.

①
➡ 발해의 대표적인 불상인 이불병좌상이에요.

②
➡ 고구려의 불상인 금동 연가 7년명 여래 입상이에요.

③
➡ 고령 지산동 고분군에서 출토된 대가야의 금동관이에요.

④
➡ 경주의 신라 고분에서 발견된 기마 인물형 토기 주인상이에요.

⑤
➡ 부여 능산리 절터에서 출토된 백제 금동 대향로입니다.

제 64 회

5 김유신   정답 ③

(가) 인물에 대한 설명으로 옳은 것은?   [3점]

대한민국 방방곡곡 – 충북 진천
史 한국사 채널   조회 수 230,213

이 전경은 ❶ (가) 의 탄생지로 알려진 곳의 모습입니다. 금관가야 마지막 왕의 후손인 그는 진평왕부터 문무왕까지 다섯 임금을 섬기며 ❷신라의 삼국 통일에 크게 기여하였습니다. 그는 사후에 '흥무대왕'에 봉해지며 신라의 왕이 아니면서도 대왕의 칭호를 갖게 된 인물로 기억되고 있습니다.

> 김유신은 법흥왕 때 신라에 복속된 금관가야의 마지막 왕인 김구해의 후손이에요.

> 김유신은 태종 무열왕과 문무왕을 도와 신라의 삼국 통일에 크게 기여하였어요.

정답 잡는 키워드

❶ 금관가야 마지막 왕의 후손,
❷ 신라의 삼국 통일에 크게 기여함 → 김유신

금관가야 마지막 왕의 후손으로 신라의 삼국 통일에 크게 기여하였다는 내용을 통해 (가) 인물이 김유신(595~673)임을 알 수 있어요. 김유신은 황산벌 전투에서 계백이 이끄는 결사대를 물리치는 등 백제 멸망에 주도적인 역할을 했으며, 백제 유민들의 부흥 운동과 이를 지원하는 왜군을 격파하는 데에도 큰 공을 세웠어요. 백제가 멸망한 뒤에는 고구려 공격에 힘써 여러 번 원정길에 올랐으며, 나·당 연합군이 고구려 공격에 나섰을 때 신라의 총사령관에 임명되었으나 건강 문제로 직접 출전하지는 않았어요.

① 안승을 왕으로 추대하였다.
➡ 고구려 멸망 이후 검모잠은 안승을 왕으로 추대하고 고구려 부흥 운동을 전개하였어요.

② 당의 등주를 선제공격하였다.
➡ 발해 무왕은 장문휴를 보내 당의 등주를 선제공격하여 당군을 격파하였어요.

③비담과 염종의 난을 진압하였다.
➡ 김유신은 선덕 여왕 때 상대등 비담이 염종 등과 함께 반란을 일으키자 이를 진압하였어요.

④ 기벌포 전투를 승리로 이끌었다.
➡ 나·당 전쟁 당시 신라의 사찬 시득은 기벌포 전투에서 설인귀가 이끄는 당군을 격퇴하였어요.

⑤ 일리천에서 신검의 군대를 물리쳤다.
➡ 고려의 왕건은 일리천에서 신검의 후백제 군대를 물리쳤어요.

기출 선택지 +α

❻ 경주의 사심관으로 임명되었다.   (O/X)
❼ 황산벌에서 계백이 이끄는 군대를 물리쳤다.   (O/X)
❽ 임존성에서 소정방이 지휘하는 당군을 격퇴하였다. (O/X)

기출 선택지 +α   정답 ❻×[경순왕 김부] ❼○ ❽×[흑치상지]

---

6 성왕의 정책   정답 ②

밑줄 그은 '이 왕'에 대한 설명으로 옳은 것은?   [2점]

– 성왕은 중앙 관청을 22부로 확대하고 수도를 5부, 지방을 5방으로 재편하였어요.

무령왕의 뒤를 이어 즉위한 이 왕은 국호를 고치고 중앙 관청을 22부로 정비하였어.

❶신라와 연합하여 한강 유역을 되찾았지만, 신라에 다시 빼앗겼지.

❷결국 신라와 전쟁을 벌이다가 관산성 전투에서 전사하였어.

정답 잡는 키워드

❶ 신라와 연합하여 되찾은 한강 유역을 신라에 다시 빼앗김,
❷ 관산성 전투에서 전사 → 성왕

신라와 연합하여 한강 유역을 되찾았지만 신라에 다시 빼앗겼으며 결국 신라와 전쟁을 벌이다가 관산성 전투에서 전사하였다는 내용을 통해 밑줄 그은 '이 왕'이 백제 성왕임을 알 수 있어요. 성왕은 6세기 중반에 신라 진흥왕과 연합하여 고구려를 공격해 한강 유역을 되찾았으나 곧이어 신라군의 기습 공격을 받아 한강 유역을 다시 빼앗겼어요. 이에 분노한 성왕은 신라 공격에 나섰다가 관산성 전투에서 전사하였어요(554).

① 금마저에 미륵사를 창건하였다.
➡ 무왕은 지금의 익산 지역인 금마저에 미륵사를 창건하였어요.

②수도를 웅진에서 사비로 옮겼다.
➡ 성왕은 수도를 웅진에서 대외 진출에 유리한 사비로 옮기고 국호를 '남부여'로 고쳤어요.

③ 윤충을 보내 대야성을 함락하였다.
➡ 의자왕은 윤충을 보내 신라를 공격하여 전략적 요충지인 대야성을 함락하였어요.

④ 고흥으로 하여금 서기를 편찬하게 하였다.
➡ 근초고왕은 고흥으로 하여금 역사서인 "서기"를 편찬하게 하였어요.

⑤ 북위에 사신을 보내 고구려 공격을 요청하였다.
➡ 개로왕은 고구려의 남침 위협이 계속되자 북위에 사신을 보내 고구려 공격을 요청하였어요.

기출 선택지 +α

❻ 국호를 남부여로 고쳤다.   (O/X)
❼ 동진으로부터 불교를 수용하였다.   (O/X)
❽ 진흥왕과 연합하여 한강 하류 지역을 차지하였다. (O/X)

기출 선택지 +α   정답 ❻○ ❼×[침류왕] ❽○

(가) 시기에 있었던 사실로 옳은 것은? [3점]

665년에 연개소문이 죽은 후 그의 세 아들 남생, 남건, 남산 사이에 권력 다툼이 일어나면서 고구려 지배층 내부에 분열과 동요가 나타났어요.

정답 잡는 키워드

❶ 고구려군이 안시성 전투에서 당군 격퇴 → 안시성 전투(645)

❷ 고구려 집권층 내부에 분열이 생김, ❸ 연남생이 당에 투항함
→ 연개소문 사후 지배층의 분열(666)

첫 번째 그림은 고구려군이 안시성 전투에서 당군을 격퇴하였다는 내용을 통해 645년의 상황임을 알 수 있어요. 642년에 연개소문은 정변을 일으켜 영류왕을 제거하고 보장왕을 세운 후 권력을 장악하였고, 당에 대해 강경한 입장을 취하였어요. 고구려 침략의 기회를 엿보던 당 태종은 연개소문의 정변을 구실 삼아 고구려를 침략하였어요. 고구려는 요동성, 백암성이 함락되는 위기를 맞았으나 안시성에서 당군을 물리쳤어요. 두 번째 그림은 고구려 집권층 내부에 분열이 생겨 연남건이 자신의 형을 몰아냈다는 내용을 통해 연개소문이 죽은 후 그 아들들 사이에 벌어진 권력 다툼 상황임을 알 수 있어요. 동생들에 의해 정권을 빼앗긴 큰아들 연남생은 국내성을 비롯해 여러 성의 주민들을 데리고 666년에 당에 투항하였어요. 따라서 안시성 전투와 고구려 말기 지배층의 분열 사이의 시기에 있었던 사실을 찾으면 됩니다.

① 소수림왕이 율령을 반포하였다.
➡ 고구려 소수림왕은 4세기 후반에 율령을 반포하여 통치 체제를 정비하였어요(373).

② 진흥왕이 대가야를 병합하였다.
➡ 신라 진흥왕은 6세기 중반에 대가야를 병합하여 영토를 확장하였어요(562).

③ 을지문덕이 살수에서 대승을 거두었다.
➡ 고구려의 을지문덕은 7세기 초에 우중문이 이끄는 수의 별동대를 살수에서 크게 물리쳤어요(살수 대첩, 612). 이후 수는 국력이 약해져 멸망하고 당이 건국되었어요.

④김춘추가 당과의 군사 동맹을 성사시켰다.
➡ 신라의 김춘추는 백제의 공격에 맞서기 위해 고구려에 군사 지원을 요청하였다가 실패한 뒤 당에 건너가 군사 동맹을 요청하였어요. 안시성 전투 패배 등으로 고구려 정벌에 실패한 당이 제안을 받아들여 648년에 나·당 동맹이 성사되었어요.

⑤ 근초고왕이 평양성을 공격하여 고국원왕을 전사시켰다.
➡ 백제 근초고왕은 4세기 후반에 고구려의 평양성을 공격하여 고국원왕을 전사시켰어요(371).

기출 선택지 +α

❻ 나·당 연합군이 사비성을 함락하였다.   (O / X)
❼ 신라군이 기벌포에서 당군을 격파하였다.   (O / X)
❽ 연개소문이 정변을 일으켜 권력을 장악하였다.   (O / X)

기출 선택지 +α 정답 ❻ ○[660년] ❼ ×[676년] ❽ ×[642년]

(가) 국가의 경제 상황으로 옳은 것은? [2점]

이 지도는 (가) 의 전성기 영역을 나타낸 것입니다. 이 국가에서는 각지에서 말이 사육되었는데, 그중에서도 솔빈부의 말은 당에 수출될 정도로 유명하였습니다. 특히 고구려 유민 출신으로 산동반도 지역을 장악하였던 이정기 세력에게 많은 말을 수출하였습니다.

발해에서는 목축이 발달하였고, 15부 중 하나인 솔빈부의 말은 특산물로 수출되었어요.

발해는 전략적 요충지에 상경 용천부, 동경 용원부, 중경 현덕부, 서경 압록부, 남경 남해부의 5경을 설치하였어요.

정답 잡는 키워드

❶ 5경(상경, 동경, 중경, 서경, 남경), ❷ 솔빈부의 말 → 발해

지도에 표시된 5경과 솔빈부의 말이 유명하였다는 내용을 통해 (가) 국가가 발해임을 알 수 있어요. 9세기에 발해는 요동과 연해주 지역까지 진출하여 옛 고구려 영토의 대부분을 차지하는 등 전성기를 이루었으며, 넓은 영토를 효율적으로 다스리기 위해 5경 15부 62주의 지방 행정 제도를 갖추었어요.

① 벽란도를 통해 아라비아 상인과 무역하였다.
➡ 고려 시대에 예성강 하구의 벽란도가 국제 무역항으로 번성하여 멀리 아라비아 상인도 왕래하였어요.

② 구황 작물로 감자, 고구마를 널리 재배하였다.
➡ 조선 후기에 감자, 고구마가 전래되어 구황 작물로 널리 재배되었어요.

③ 해동통보를 발행하여 화폐 유통을 추진하였다.
➡ 고려의 숙종은 의천의 건의에 따라 주전도감을 설치하고 은병(활구), 해동통보 등의 여러 화폐를 발행하였어요.

④ 시장을 관리하는 관청인 동시전을 설치하였다.
➡ 신라의 지증왕은 수도 금성에 시장인 동시를 설치하고 이를 관리하기 위한 관청으로 동시전을 설치하였어요.

⑤거란도, 영주도 등을 통해 주변국과 교역하였다.
➡ 발해는 거란도, 영주도, 일본도, 신라도 등의 교통로를 통해 주변국과 교역하였어요.

기출 선택지 +α

❻ 신라도를 통하여 신라와 교류하였다.   (O / X)
❼ 울산항, 당항성이 무역항으로 번성하였다.   (O / X)

핵심 개념	발해의 경제
농목업	• 농업 : 밭농사 중심, 일부 지역에서 벼농사 실시 • 목축 : 솔빈부의 말, 막힐부의 돼지가 특산물로 유명
상공업	• 수공업 : 금속 공예, 직물, 도자기 생산 • 상업 : 수도인 상경과 교통 중심지에서 발달
대외 무역	• 당 : 문왕 때 교류 시작, 당이 산동반도에 발해관 설치 • 일본 : 한 번에 수백 명이 오갈 정도로 활발 • 영주도, 신라도, 거란도, 일본도 등의 교통로를 통해 주변국과 교류

기출 선택지 +α 정답 ❻ ○ ❼ ×[통일 신라]

제
64
회

9 신라 말의 상황
정답 ②

다음 상황 이후에 전개된 사실로 옳은 것은? [2점]

> 궁복은 장보고의 본명으로 알려져 있어요.
>
> **❶ 청해진의 궁복**은 왕이 딸을 [왕비로] 받아들이지 않은 것에 원한을 품고 반란을 일으켰다. 조정에서는 장차 그를 토벌하자니 예측하지 못할 환난이 생길까 두렵고, 그대로 두자니 그 죄를 용서할 수 없어서, 우려하면서도 어떻게 해야 할지를 몰랐다. 무주 사람 염장이란 자는 용맹하고 씩씩하기로 당시에 소문이 났는데, 와서 아뢰기를 "조정에서 다행히 신의 말을 들어주신다면 신은 한 명의 병졸도 번거롭게 하지 않고 맨주먹으로 궁복의 목을 베어 바치겠습니다."라고 하였다. 왕이 그의 말을 따랐다.
> – "삼국사기" –

장보고는 염장에게 암살되었고, 곧이어 염장을 비롯한 중앙군이 장보고 세력을 토벌하였어요.

정답 잡는 키워드

❶ 청해진의 궁복이 반란을 일으킴 → 신라 말(9세기 중반)

청해진의 궁복이 자신의 딸을 왕비로 받아들이지 않은 것에 원한을 품고 반란을 일으켰다는 내용을 통해 신라 말 장보고의 반란 상황임을 알 수 있어요. 9세기 흥덕왕 때 당에서 돌아온 장보고는 완도에 청해진을 설치하여 해적을 소탕한 후 이곳을 중심으로 해상 무역을 전개하였어요. 이후 세력을 키운 장보고는 중앙의 왕위 쟁탈전에 관여하였고, 문성왕이 신하들의 반대에 부딪혀 자신의 딸을 왕비로 받아들이지 않자 청해진을 거점으로 반란을 도모하였어요. 그러나 조정에서 보낸 염장에게 암살당하였어요(846).

① 혜공왕이 귀족 세력에게 피살되었다.
➡ 혜공왕은 8세기 후반에 귀족 세력에게 피살되었어요. 이후 왕위 쟁탈전이 치열하게 전개되어 150여 년간 20여 명의 왕이 교체되었어요.

②최치원이 시무책 10여 조를 건의하였다.
➡ 최치원은 9세기 후반에 당에서 돌아와 사회 혼란을 수습하기 위해 진성 여왕에게 시무책 10여 조를 건의하였으나 진골 귀족들의 반발에 부딪혀 개혁을 실현하지는 못하였어요.

③ 왕의 장인인 김흠돌이 반란을 도모하였다.
➡ 7세기 후반 신문왕 때 왕의 장인인 김흠돌이 반란을 일으켰으나 실패하고 처형되었어요.

④ 자장의 건의로 황룡사 구층 목탑이 건립되었다.
➡ 7세기 전반 선덕 여왕 때 승려 자장의 건의에 따라 황룡사 9층 목탑이 건립되었어요.

⑤ 원광이 화랑도의 규범으로 세속 5계를 제시하였다.
➡ 6세기 말 진평왕 때 승려 원광이 화랑도의 규범으로 세속 5계를 제시하였어요.

기출 선택지 +α

❻ 원종과 애노가 사벌주에서 봉기하였다. (O / X)
❼ 이차돈의 순교를 계기로 불교가 공인되었다. (O / X)
❽ 궁예가 국호를 마진에서 태봉으로 바꾸었다. (O / X)
❾ 복신과 도침 등이 부여풍을 왕으로 추대하였다. (O / X)

---

10 궁예의 활동
정답 ④

다음 검색창에 들어갈 인물에 대한 설명으로 옳은 것은? [2점]

신라 왕족의 후손으로 알려진 궁예는 양길의 휘하에서 세력을 키운 뒤 송악(지금의 개성)을 근거지로 후고구려를 건국하였어요.

정답 잡는 키워드

❶ 송악을 근거지로 삼아 나라를 세움,
❷ 국호 – '마진', 연호 – '무태', ❸ 철원 천도 → 궁예

송악을 근거지로 삼아 나라를 세웠으며, 국호를 '마진'으로 정하고 수도를 철원으로 옮겼다는 내용을 통해 검색창에 들어갈 인물이 궁예임을 알 수 있어요. 신라 말의 사회 혼란을 틈타 세력을 키운 궁예는 901년에 고구려 계승을 내세우며 송악을 도읍으로 삼아 후고구려를 세웠어요. 이후 나라 이름을 '마진'으로 바꾸고 연호를 '무태'라고 정하였으며, 광평성을 설치하고 병부 등 여러 관부를 두어 정치 조직을 정비하였어요. 이어 수도를 철원으로 옮기고 국호를 '태봉'으로 다시 바꾸었습니다. 궁예는 스스로를 미륵불이라고 칭하며 폭정을 펴다가 신하들에 의해 왕위에서 쫓겨났어요.

① 후당, 오월에 사신을 파견하였다.
➡ 후백제를 세운 견훤은 중국의 후당, 오월에 사신을 파견하여 외교 관계를 맺었어요.

② 이사부를 보내 우산국을 복속하였다.
➡ 신라 지증왕은 이사부를 보내 지금의 울릉도 일대인 우산국을 복속하였어요.

③ 폐정 개혁을 목표로 정치도감을 설치하였다.
➡ 고려 충목왕은 폐정 개혁을 목표로 정치도감을 설치하였어요.

④광평성을 비롯한 각종 정치 기구를 마련하였다.
➡ 궁예는 국호를 '마진'으로 바꾼 뒤에 최고 중앙 관서인 광평성을 비롯한 각종 정치 기구를 마련하였어요.

⑤ 정계와 계백료서를 지어 관리가 지켜야 할 규범을 제시하였다.
➡ 고려를 세운 태조 왕건은 "정계"와 "계백료서"를 지어 관리가 지켜야 할 규범을 제시하였어요.

기출 선택지 +α

❻ 고창 전투에서 고려군에게 패하였다. (O / X)
❼ 미륵불을 자처하며 왕권을 강화하였다. (O / X)
❽ 신라를 공격하여 경애왕을 죽게 하였다. (O / X)
❾ 지방관을 감찰하고자 외사정을 파견하였다. (O / X)
❿ 오월에 사신을 보내고 검교태보의 직을 받았다. (O / X)

기출 선택지 +α
정답 ❻O[9세기 후반 진성 여왕] ❼X[6세기 법흥왕] ❽O[10세기 초]
❾X[7세기 백제 멸망 후]

기출 선택지 +α
정답 ❻X[견훤] ❼O ❽X[견훤] ❾X[신라 문무왕] ❿X[견훤]

11 고려와 거란의 관계 정답 ①

(가), (나) 사이의 시기에 있었던 사실로 옳은 것은? [3점]

> 고려 태조는 거란이 발해와 우호를 맺고 있다가 갑자기 배반하여 멸망시켰음을 지적하고 단교를 선언하였어요.
>
> (가)❶거란에서 사신을 파견하여 낙타 50필을 보냈다. 왕은 거란이 일찍이 발해와 지속적으로 화목하다가 갑자기 의심하여 맹약을 어기고 멸망시켰으니, 이는 매우 무도하여 친선 관계를 맺어 이웃으로 삼을 수 없다고 생각하였다. 드디어 교빙을 끊고 사신 30인을 섬으로 유배 보냈으며,❷낙타는 만부교 아래에 매어 두니 모두 굶어 죽었다.
> └ '만부교 사건'을 말해요. 고려 태조는 후대 왕에게 남긴 유훈인 훈요 10조에서도 거란 배척을 당부하였어요.
>
> (나)❸양규가 흥화진으로부터 군사 7백여 명을 이끌고 통주까지 와서 군사 1천여 명을 수습하였다.❹밤중에 곽주로 들어가서 지키고 있던 적들을 급습하여 모조리 죽인 후 성 안에 있던 남녀 7천여 명을 통주로 옮겼다.

└ 양규는 거란군에 맞서 흥화진을 지켜 낸 이후에도 서북면 각지에서 활약하였으며, 화의를 맺고 돌아가는 거란군을 공격하여 많은 포로를 구하였어요.

정답 잡는 키워드

❶, ❷ 거란이 보낸 낙타를 만부교 아래에서 굶어 죽게 함

→ (가) 만부교 사건(942)

❸, ❹ 양규가 적을 급습하여 격퇴함

→ (나) 거란의 2차 침입 당시 양규의 활약(1010)

(가)는 거란에서 보내온 낙타를 만부교 아래에서 굶어 죽게 하였다는 내용을 통해 고려 태조 때 일어난 만부교 사건(942) 상황임을 알 수 있어요. 고려 태조는 발해 멸망 후 발해 유민을 받아들이는 한편, 발해를 멸망시킨 거란(요)을 적대시하였어요. (나)는 양규가 흥화진으로부터 군사를 이끌고 와 적들을 급습하여 모조리 죽이고 사람들을 구하였다는 내용을 통해 고려 현종 때 일어난 거란의 2차 침입 상황임을 알 수 있어요(1010). 강조의 정변을 구실로 거란이 고려에 다시 침입하였을 때 개경이 함락되고 현종이 나주까지 피란하였으나, 거란과의 철병 교섭이 이루어져 거란군이 물러나게 되었어요. 양규는 화의를 맺고 철수하는 거란군을 여러 차례 공격하여 끌려가고 있던 많은 고려인 포로를 구출하였어요.

① 외침에 대비하여 광군이 조직되었다.
➡ 고려 정종 때 거란의 침입에 대비하여 광군을 조직하였어요(947).

② 강감찬이 귀주에서 대승을 거두었다.
➡ 고려 현종 때 거란이 강동 6주의 반환 등을 요구하며 세 번째로 고려에 침입하였어요. 이때 강감찬이 이끄는 고려군이 귀주에서 거란군을 크게 물리쳤어요(귀주 대첩, 1019).

③ 화통도감이 설치되어 화포를 제작하였다.
➡ 고려 말 우왕 때 최무선의 건의로 화통도감이 설치되어 화약과 화포가 제작되었어요(1377).

④ 김윤후가 처인성에서 살리타를 사살하였다.
➡ 고려 고종 때 몽골의 2차 침입 당시 김윤후가 처인성에서 몽골 장수 살리타를 사살하였어요(1232).

⑤ 철령위 설치에 반발하여 요동 정벌이 추진되었다.
➡ 고려 말 우왕 때 명의 철령위 설치에 반발하여 최영 등의 주도로 요동 정벌이 추진되었어요(1388).

기출 선택지 +α

❻ 강조가 정변을 일으켜 목종을 폐위시켰다. (O / X)
❼ 윤관이 여진을 정벌하고 동북 9성을 쌓았다. (O / X)
❽ 서희가 외교 담판으로 강동 6주를 획득하였다. (O / X)

기출 선택지 +α 정답 ❻ O[1009년] ❼ X[1107년 축조 시작] ❽ O[993년]

---

12 이자겸의 난 정답 ①

밑줄 그은 '반란'이 일어난 시기를 연표에서 옳게 고른 것은? [1점]

> 이것은 경원 이씨 가문의 이자연 묘지명으로, 딸 셋을 모두 문종의 왕비로 보냈다는 내용이 기록되어 있습니다. 훗날 이자연의 손자 또한 딸들을 왕비로 보내 최고 권력을 누렸는데, 이에 위협을 느낀 인종이 그를 제거하려 하자 척준경과 함께 반란을 일으켰습니다.

> 고려 건국 이후 국가 체제가 정비되면서 여러 세대에 걸쳐 고위 관직을 차지한 문벌이 형성되었어요. 이들은 왕실이나 다른 문벌과 혼인 관계를 맺어 권력을 독차지하였어요. 경원 이씨는 대표적인 문벌로 대를 이어 왕실과 외척 관계를 맺으며 권력을 독점하였습니다.

정답 잡는 키워드

❶ 경원 이씨 가문, ❷ 딸들을 왕비로 보내 최고 권력을 누림,

❸ 척준경과 함께 반란을 일으킴 → 이자겸의 난(1126)

경원 이씨 가문이며, 딸들을 왕비로 보내 최고 권력을 누리고 척준경과 함께 반란을 일으킨 인물은 이자겸입니다. 이자겸은 딸들을 고려 예종과 인종의 왕비로 들여보내 왕실과 중첩된 혼인 관계를 맺고 이를 바탕으로 권력을 독점하였어요. 밑줄 그은 '반란'은 이자겸의 난입니다.

1104	1135	1170	1196	1270	1351
(가)	(나)	(다)	(라)	(마)	
별무반 조직	묘청의 난	무신 정변	최충헌의 집권	개경 환도	공민왕 즉위

➡ 고려 숙종 때 윤관의 건의에 따라 별무반이 조직되었고, 예종 때 윤관이 별무반을 이끌고 가 여진을 정벌하고 동북 지역에 9성을 쌓았어요. 그러나 고려는 여진이 계속하여 반환을 요청하고 조공을 약속하자 동북 9성을 완성한 지 1년여 만에 돌려주었어요. 여진은 이후 세력을 키우고 금을 건국하였어요. 한편, 고려 내부에서는 1126년 인종의 외척으로 막강한 권력을 행사하던 이자겸이 스스로 왕이 되고자 척준경과 함께 난을 일으켰어요(이자겸의 난). 정권을 장악한 이자겸은 금이 사대를 요구해 오자 정권 유지와 전쟁 방지를 위해 금의 사대 요구를 수용하였어요. 인종은 척준경을 회유하여 이자겸을 축출하였으나, 왕권은 실추되고 지배층 사이의 분열과 갈등은 심해졌어요. 이에 인종은 묘청, 정지상 등 서경 세력을 중심으로 개혁 정치를 추진하였습니다. 서경 세력은 서경 천도를 추진하고 칭제건원과 금국 정벌을 주장하였지만, 김부식 등 보수적인 성향을 가진 개경 세력의 반발에 부딪혀 실패하였어요. 이에 묘청 등 서경 세력은 서경에서 반란(묘청의 난)을 일으켰으나 김부식이 이끄는 관군에 의해 진압되었어요.
따라서 이자겸의 난이 일어난 시기는 별무반 조직과 묘청의 난 사이인 ① (가)입니다.

① (가) ② (나) ③ (다) ④ (라) ⑤ (마)

연표로 흐름잡기

1104	윤관의 건의로 별무반 조직
1107	윤관이 별무반을 이끌고 여진 정벌 → 동북 9성 축조 시작
1109	동북 9성을 여진에 돌려줌
1122	예종 사망, 인종 즉위
1126	이자겸의 난
1135	묘청의 난(~1136)

제64회

교사의 질문에 대한 학생의 답변으로 가장 적절한 것은? [2점]

정답 잡는 키워드

❶ 여진을 정벌하고 동북 9성 축조 → 고려의 윤관

❷ 해동 천태종 개창 → 고려의 의천

'여진을 정벌하여 동북 9성을 축조', '해동 천태종을 개창'이라는 내용을 통해 고려 시대의 일이며, 자료의 인물이 각각 윤관과 의천임을 알 수 있어요. 따라서 고려의 경제 상황을 찾으면 됩니다. 고려는 건국 초부터 수도 개경에 시전을 두었고, 대도시에 서적, 약, 술, 차 등을 파는 관영 상점을 설치하는 등 상업을 육성하였어요. 또한, 주변 국가들과 활발하게 무역을 하였는데, 개경과 거리가 가까웠던 예성강 하구의 벽란도가 국제 무역항으로 번성하였어요.

① 집집마다 **부경**이라는 창고가 있었어요.
➡ 고구려에는 집집마다 부경이라는 작은 창고가 있었어요.

② **관료전**이 **폐지**되고 **녹읍**이 **지급**되었어요.
➡ 신라 신문왕은 관료전을 지급하고 녹읍을 폐지하여 귀족의 경제적 기반을 약화하였어요.

③ **상평통보**가 발행되어 **법화**로 사용되었어요.
➡ 조선 숙종 때 허적 등의 건의에 따라 상평통보가 발행되어 법화로 사용되었어요.

④ **당항성**, **영암**이 **국제 무역항**으로 번성하였어요.
➡ 삼국 통일 이후 신라에서 당항성, 영암이 국제 무역항으로 번성하였어요.

⑤ **경시서**의 관리들이 시전의 상행위를 감독하였어요.
➡ 고려는 수도의 시전을 감독하는 관청으로 경시서를 설치하였어요.

기출 선택지 +α

❻ 송상이 전국 각지에 송방을 두었다.	(O / X)
❼ 활구라고 불리는 은병을 주조하였다.	(O / X)
❽ 책문 후시를 통한 교역이 활발하였다.	(O / X)
❾ 서적점, 다점 등의 관영 상점이 운영되었다.	(O / X)

(가) 인물의 활동으로 옳은 것은? [2점]

정답 잡는 키워드

❶ 몽골 침략 당시 실권자, ❷ 강화 천도 강행 → 최우

몽골 침략 당시 실권자로 강화 천도를 강행하였다는 내용을 통해 (가) 인물이 최우임을 알 수 있어요. 무신 정변 이후 무신들이 권력을 장악하였는데, 무신 정권 초기에는 최고 집권자가 자주 교체되는 혼란이 한동안 계속되었어요. 이후 최충헌이 집권하고 권력을 세습하면서 최씨 무신 정권이 4대 60여 년 동안 이어졌어요. 최우는 최충헌의 뒤를 이어 집권하였어요. 1231년에 몽골이 침략하자 고려 조정은 화의를 요청하여 몽골군을 철수하게 하였어요. 이후 몽골이 내정을 간섭하기 시작하자 당시 실권자였던 최우는 대몽 항쟁을 결의하고 장기적인 항전을 위해 강화도로 도읍을 옮겼어요.

① 인사 행정 담당 기구로 정방을 설치하였다.
➡ 최우는 자신의 집에 인사 행정 담당 기구로 정방을 설치하고 인사권을 장악하였어요.

② **봉사 10조**를 올려 시정 개혁을 **건의**하였다.
➡ 최충헌은 이의민을 제거하고 권력을 장악한 후 왕에게 봉사 10조를 올려 시정 개혁을 건의하였어요.

③ **삼별초**를 이끌고 **진도 용장성**에서 **항전**하였다.
➡ 고려 정부가 개경 환도를 결정하자 배중손은 삼별초를 이끌고 강화도에서 진도로 이동하여 대몽 항쟁을 전개하였어요.

④ 군사를 일으켜 **정중부** 등의 **제거**를 도모하였다.
➡ 무신 정변 이후 서경에서 조위총이 군사를 일으켜 정중부와 이의방을 제거하려 하였으나 실패하였어요.

⑤ **전민변정도감**의 **책임자**로 임명되어 권문세족을 견제하였다.
➡ 고려 후기 공민왕 때 신돈은 전민변정도감의 책임자로 임명되어 권문세족을 견제하고 개혁을 추진하였어요.

기출 선택지 +α

❻ 보현원에서 정변을 일으켜 정권을 장악하였다.	(O / X)
❼ 서경에서 난을 일으키고 국호를 대위로 하였다.	(O / X)
❽ 화약과 화포 제작을 위한 화통도감 설치를 건의하였다.	
	(O / X)

15 원 간섭기 이후의 사실
정답 ⑤

다음 대화 이후에 전개된 사실로 옳은 것은? [2점]

원간섭기에 고려의 왕은 원의 공주와 결혼하여 원 황실의 부마(사위)가 되었어요.

원의 공주와 혼인한 태자께서 돌아와 왕이 되신 건 알고 있는가? 이전에 변발과 호복 차림으로 돌아오신 걸 보고 눈물을 흘렸다네.

나도 그랬다네. 그나저나 며칠 앞으로 다가온 일본 원정이 더 큰 걱정이군.

원 간섭기에 지배층을 중심으로 변발과 호복 등 몽골풍이 유행하였어요.

충렬왕 때 원의 요청에 따라 두 차례에 걸쳐 일본 원정이 이루어졌으나 태풍 등으로 실패하였어요.

정답 잡는 키워드

❶ 원의 공주와 혼인한 태자, ❷ 변발과 호복 → 원 간섭기

태자가 원의 공주와 혼인하고 돌아와 왕이 되었으며, 변발과 호복 차림으로 돌아왔다는 내용을 통해 원 간섭기에 이루어진 대화임을 알 수 있어요. 몽골과 화의를 맺고 1270년 개경으로 환도한 이후 고려는 원의 내정 간섭을 받았어요. 이 시기에 원은 고려 왕을 원의 공주와 혼인하게 하고, 고려 왕실의 호칭과 관제도 원보다 격을 낮추게 하였어요. 또 쌍성총관부, 동녕부, 탐라총관부를 설치하여 고려의 일부 영토를 직접 지배하였으며, 일본 원정을 위해 고려에 설치한 정동행성을 원정 실패 이후에도 그대로 두어 고려의 내정을 간섭하는 기구로 이용하였어요. 14세기 중반에 왕위에 오른 공민왕은 원이 쇠퇴하는 당시 정세를 이용하여 반원 자주 정책을 추진하였어요.

① 빈민 구제를 위한 흑창이 처음 설치되었다.
➡ 고려 태조 때 빈민 구제를 위한 흑창이 처음 설치되었어요. 흑창은 이후 의창으로 개칭되었으며 조선 시대까지 이어졌어요.

② 망이·망소이가 공주 명학소에서 봉기하였다.
➡ 무신 집권기에 망이·망소이가 지배층의 가혹한 수탈과 소 주민에 대한 차별에 저항하여 공주 명학소에서 봉기하였어요.

③ 김부식 등이 왕명으로 삼국사기를 편찬하였다.
➡ 고려 인종 때 김부식 등이 왕명을 받아 "삼국사기"를 편찬하였어요.

④ 김보당이 의종 복위를 주장하며 난을 일으켰다.
➡ 무신 정변 이후 동북면 병마사 김보당이 의종 복위를 주장하며 동계에서 난을 일으켰어요.

⑤ 유인우, 이자춘 등이 쌍성총관부를 수복하였다.
➡ 공민왕 때 유인우, 이자춘 등이 쌍성총관부를 공격하여 철령 이북의 영토를 수복하였어요.

기출 선택지 +α

❻ 정동행성 이문소가 폐지되었다. (O/X)
❼ 만적이 개경에서 반란을 모의하였다. (O/X)
❽ 이자겸이 척준경에 의해 축출되었다. (O/X)
❾ 대표적 친원 세력인 기철이 숙청되었다. (O/X)

기출 선택지 +α

정답 ❻ O[공민왕] ❼ ×[무신 집권기, 1198년] ❽ ×[고려 인종, 1126년]
　　　❾ O[공민왕]

16 고려의 문화유산
정답 ④

(가)에 들어갈 문화유산으로 적절하지 않은 것은? [1점]

특별 사진전

사진으로 보는 고려의 불교문화

우리 박물관에서는 고려 시대의 다양한 불교 문화유산을 보여 주는 특별 사진전을 마련하였으니 많은 관심과 참여 바랍니다.

예산 수덕사 대웅전　수월관음도　(가)

· 기간 : 2023년 ○○월 ○○일~○○월 ○○일
· 장소 : △△박물관

고려 시대의 목조 건물로, 배흘림기둥에 주심포 양식으로 축조되었어요.

물에 비친 달빛을 관음보살이 내려다보는 모습을 그린 고려 시대의 불화입니다.

① 평창 월정사 팔각 구층 석탑
➡ 고려 전기에 건립된 대표적인 다각 다층 석탑이에요.

② 논산 관촉사 석조 미륵보살 입상
➡ 고려 시대에 만들어진 대형 석불로, 은진 미륵이라고 불리기도 합니다.

③ 원주 법천사지 지광국사 탑비
➡ 고려 시대 승려 지광국사 해린의 탑비로, 해린의 행적이 새겨져 있어요.

④ 보은 법주사 팔상전
➡ 조선 후기에 중건된 건축물로, 우리나라에 남아 있는 유일한 목조탑이에요.

⑤ 영주 부석사 무량수전
➡ 고려 시대에 지어진 대표적인 주심포 양식 건축물 중 하나입니다.

17 세종 재위 시기의 사실 　　　정답 ①

밑줄 그은 '왕'의 재위 시기에 있었던 사실로 옳은 것은?　[2점]

이달의 책

세종 때 편찬된 책으로, 한자의 표준음을 정한 후 이를 훈민정음으로 표기하였어요. ── ❶ 동국정운

세종 때 설치된 집현전은 이후 세조 때 단종 복위 운동을 계기로 폐지되었고, 성종 때 집현전을 계승한 홍문관이 설치되어 그 기능을 이어갔어요.

이 책의 제목은 우리나라의 바른 음이라는 뜻으로, 집현전 학사인 신숙주, 최항, 박팽년 등이 왕의 명을 받아 편찬하였습니다. 우리나라 한자음을 바로잡아 통일된 표준음을 정하려는 목적으로 만들어진 이 책은 국어 연구 자료로서 높이 평가되고 있습니다.

정답 잡는 키워드
❶, ❷ 집현전 학사인 신숙주, 최항, 박팽년 등이 "동국정운"을 편찬함 → 세종

집현전 학사인 신숙주, 최항, 박팽년 등이 왕명으로 "동국정운"을 편찬하였다는 내용을 통해 밑줄 그은 '왕'이 조선 세종임을 알 수 있어요. 세종은 학술 연구 기관으로 집현전을 설치하였으며, 신숙주, 최항, 박팽년 등은 집현전 학사로 활동한 대표적인 인물이에요. "동국정운"은 표준 한자음을 정하기 위해 펴낸 책으로, 이것이 가능했던 이유는 세종 때 훈민정음이 창제되었기 때문이에요. 따라서 세종 재위 시기의 사실을 찾으면 됩니다.

① 금속 활자인 갑인자가 제작되었다.
➡ 세종 때 주자소에서 이전 금속 활자를 개량한 갑인자가 제작되었어요.

② 수도 방어를 위해 금위영이 설치되었다.
➡ 숙종 때 수도 방어를 위한 금위영이 설치되어 5군영 체제가 완성되었어요.

③ 훈련 교범인 무예도보통지가 편찬되었다.
➡ 정조 때 훈련 교범인 "무예도보통지"가 간행되었어요.

④ 국가의 기본 법전인 경국대전이 완성되었다.
➡ "경국대전"은 세조 때 편찬 작업이 시작되어 성종 때 완성·반포되었어요.

⑤ 신진 인사를 등용하기 위해 현량과가 시행되었다.
➡ 중종 때 조광조의 건의에 따라 신진 인사를 등용하기 위해 현량과가 시행되었어요.

기출 선택지 +α

❻ 삼수병으로 구성된 훈련도감이 설치되었다.	(O/X)
❼ 국방 문제를 논의하기 위한 비변사가 설치되었다.	(O/X)
❽ 제한된 범위의 무역을 허용한 계해약조가 체결되었다.	(O/X)
❾ 우리 풍토에 맞는 농법을 소개한 농사직설이 간행되었다.	(O/X)
❿ 효자, 충신 등의 사례를 제시한 삼강행실도가 편찬되었다.	(O/X)

기출 선택지 +α　정답　❻ ×[선조]　❼ ×[중종]　❽ ○　❾ ○　❿ ○

---

18 창덕궁 　　　정답 ⑤

(가) 궁궐에 대한 설명으로 옳은 것은?　[3점]

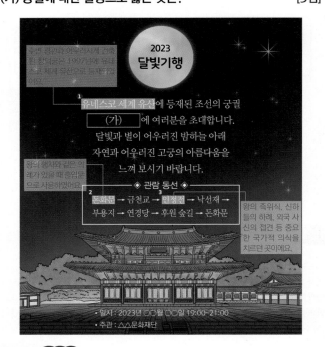

2023 달빛기행

주변 경관과 어우러지게 건축된 창덕궁은 1997년에 유네스코 세계 유산으로 등재되었어요.

유네스코 세계 유산에 등재된 조선의 궁궐 ── ❶
(가) 에 여러분을 초대합니다.
달빛과 별이 어우러진 밤하늘 아래
자연과 어우러진 고궁의 아름다움을
느껴 보시기 바랍니다.

왕의 행차와 같은 의례가 있을 때 출입문으로 사용하였어요.

◈ 관람 동선 ◈
❷ 돈화문 → 금천교 → ❸ 인정전 → 낙선재
부용지 → 연경당 → 후원 숲길 → 돈화문

왕의 즉위식, 신하들의 하례, 외국 사신의 접견 등 중요한 국가적 의식을 치르던 곳이에요.

· 일시 : 2023년 ○○월 ○○일 19:00~21:00
· 주관 : △△문화재단

정답 잡는 키워드
❶ 유네스코 세계 유산, ❷ 돈화문, ❸ 인정전 → 창덕궁

유네스코 세계 유산으로 등재된 조선의 궁궐이며, 돈화문과 인정전이 있는 것으로 보아 (가) 궁궐이 창덕궁임을 알 수 있어요. 돈화문은 창덕궁의 정문이며, 인정전은 창덕궁의 정전이에요. 창덕궁은 태종 때 지어졌으며, 광해군 때 임진왜란 중 소실된 궁궐 가운데 가장 먼저 복구되어 고종 때까지 왕이 거처하는 정궁 역할을 하였어요.

① 일제에 의해 동물원 등이 설치되었다.
➡ 일제는 창경궁에 동물원과 식물원을 설치하는 등 창경궁을 훼손하고, 이름마저 창경원으로 격하시켰어요.

② 도성 내 서쪽에 있어 서궐이라고 불렸다.
➡ 도성의 서쪽에 있어 서궐이라고 불린 궁궐은 경희궁이에요. 창덕궁은 창경궁과 함께 동궐이라고 불렸어요.

③ 인목 대비가 광해군에 의해 유폐된 장소이다.
➡ 광해군은 선조의 계비인 인목 대비를 경운궁에 유폐하였어요. 경운궁은 지금의 덕수궁이에요.

④ 정도전이 궁궐과 주요 전각의 명칭을 정하였다.
➡ 정도전은 경복궁의 명칭과 주요 전각의 이름을 정하였어요.

⑤ 태종이 도읍을 한양으로 다시 옮기며 건립하였다.
➡ 태종은 개경에서 한양으로 다시 도읍을 옮기면서 기존에 있던 경복궁은 그대로 두고 창덕궁을 새로 건립하였어요.

기출 선택지 +α

❻ 고종이 아관 파천 이후 환궁한 곳이다.	(O/X)
❼ 후원에 왕실 도서관인 규장각이 있었다.	(O/X)
❽ 역대 국왕과 왕비의 신주가 모셔져 있다.	(O/X)
❾ 일제에 의해 경내에 조선 총독부 청사가 세워졌다.	(O/X)

기출 선택지 +α　정답　❻ ×[경운궁(덕수궁)]　❼ ○　❽ ×[종묘]　❾ ×[경복궁]

(가)에 대한 설명으로 옳은 것은? [2점]

> 약문은 향약 규약문, 약계는 향약 실천을
> 위한 공동 조직, 약법은 향약 운영에 관한
> 법을 말해요.
>
> 1. 처음 [(가)]을/를 정할 때 약문(約文)을 동지에게 두루 보이
>   고 그 마음을 바로잡고, 몸가짐을 단속하고, 착하게 살고, 허물을
>   고치기 위해 약계(約契)에 참례하기를 원하는 자 몇 사람을 가려 서
>   원에 모아 놓고 약법(約法)을 의논하여 정한 다음 **➊도약정(都約正),**
>   **부약정 및 직월(直月)·사화(司貨)를 선출한다. ……**
>
> 1. 물건으로 부조할 때는 ➋약원이 사망하였다면 초상 치를 때 사화가
>   약정에게 고하여 삼베 세 필을 보내고, 같은 약원들은 각각 쌀 다섯
>   되와 빈 거적때기 세 닢씩 내어서 상을 치르는 것을 돕는다.
>
> — "율곡전서" —

> 향약의 4대 덕목 가운데 하나인 환난상휼(어려운 일이
> 생겼을 때 서로 도와야 함)과 관련 있어요.

정답 잡는 키워드

➊ 도약정, 부약정, 직월, 사화를 선출함,
➋ 약원이 사망하였을 때 상을 치르는 것을 도움 → 향약

도약정, 부약정, 직월, 사화를 두고 약원이 사망하면 힘을 모아 상을 치르는 것을 돕는다는 내용을 통해 (가)가 향약임을 알 수 있어요. 도약정, 부약정, 직월, 사화는 향약의 직임이며, 이 중 도약정이 최고 직임이에요. 향약은 조선 시대 향촌에서 지켜야 할 자치 규약으로, 덕업상권, 과실상규, 예속상교, 환난상휼 등의 덕목을 내세웠어요. 향약의 주요 직임은 지방의 사족들이 담당하였으며, 향약은 서원과 더불어 사림 세력의 지역 기반이 되었어요.

① 7재라는 전문 강좌를 두었다.
➡ 고려 시대에 관학을 진흥시키기 위해 국자감에 전문 강좌인 7재를 개설하였어요.

② 옥당이라고 불리며 경연을 담당하였다.
➡ 조선 시대의 언론 기관인 홍문관은 옥당, 옥서라고도 불리며 경연을 주관하고 왕의 자문을 담당하였어요.

③ 중앙에서 파견된 교수나 훈도가 지도하였다.
➡ 조선 시대 지방에 설치된 교육 기관인 향교에는 중앙에서 교수나 훈도가 파견되어 학생들을 지도하였어요.

④ 풍속 교화와 향촌 자치 등의 역할을 하였다.
➡ 향약은 향촌 사회에서 풍속 교화와 향촌 자치 등의 역할을 하였어요.

⑤ 매향(埋香) 활동 등 각종 불교 행사를 주관하였다.
➡ 매향 활동 등 각종 불교 행사를 주관한 조직은 고려 시대의 향도입니다. 향도는 불교 신앙 조직에서 점차 활동 범위를 넓혀 고려 후기에는 공동체 생활을 주도하는 마을 공동 조직으로 성격이 바뀌었어요.

기출 선택지 +α

➏ 홍선 대원군에 의해 철폐되었다.	(O / X)
➐ 지방 사족이 주요 직임을 맡았다.	(O / X)
➑ 좌수와 별감을 선발하여 운영하였다.	(O / X)
➒ 대성전을 세워 선현에 제사를 지냈다.	(O / X)
➓ 4대 덕목을 바탕으로 규약을 제정하였다.	(O / X)

다음 자료에 나타난 시기에 볼 수 있는 모습으로 적절한 것은? [2점]

> 비변사는 국방 문제를 논의하기 위한 임시 기구로 설치되었으나, 임진왜란을 거치면서 조직과
> 기능이 점차 확대되어 조선 후기에 국정을 총괄하는 최고 통치 기구로 발전하였어요.
>
> ➊비변사에서 아뢰기를 "…… 우리나라는 물력(物力)이 부족하여 요
> 역이 매우 무겁습니다. 매번 나라의 힘으로 채굴한다면, 노동과 비용
> 이 많이 들어갑니다. 채은관(採銀官)에게 명해 광산을 개발한 이후 백
> 성을 모집하여 [채굴할 것을] 허락하고 그로 하여금 세를 거두도록 하
> 되 그 세금의 많고 적음은 [채은관이] 적당히 헤아려 정하게 한다면 관
> 에서 힘을 들이지 않아도 세입이 저절로 많아질 것입니다. ……"라고
> 하니, 왕이 아뢴 대로 하라고 답하였다.
>
> 광산 채굴은 전적으로 정부에서 관리하다
> 가 조선 후기 효종 때부터 광산에 대한 채
> 굴권을 민간에 넘겨 세금만 걷는 방식으로
> 바뀌었어요.

정답 잡는 키워드

➊ 비변사, ➋ 채굴을 허락하고 세금을 거둠 → 조선 후기

비변사에서 백성을 모집하여 채굴하는 것을 허락하고 세금을 거두도록 할 것을 왕에게 건의하는 것으로 보아 자료에 나타난 시기가 조선 후기임을 알 수 있어요. 17세기 중반 이후 민간의 광산 채굴을 허용하고 그에 대한 세금을 거두는 방식의 설점수세제가 시행되면서 민간의 광산 개발이 활기를 띠었어요.

① 주자감에서 공부하는 학생
➡ 주자감은 발해의 최고 교육 기관으로 유학 교육을 실시하였어요.

② 초조대장경 조판을 지켜보는 승려
➡ 고려 시대에 부처의 힘을 빌려 거란의 침입을 물리치려는 소망을 담아 초조대장경이 조판되었어요.

③ 빈공과를 준비하는 6두품 출신 유학생
➡ 빈공과는 당에서 외국인을 대상으로 실시한 과거 제도입니다. 신라 말에 골품제의 한계를 느낀 6두품의 당 유학이 늘어났는데, 이들 중 일부는 빈공과에 응시하여 당의 관리가 되어 출세를 도모하기도 하였어요.

④ 과전법에 따라 수조권을 지급받는 관리
➡ 고려 말~조선 초까지 전·현직 관리는 과전법에 따라 관직 복무에 대한 대가로 수조권을 지급받았어요. 세조 때 현직 관리에게만 수조권을 지급하는 직전법이 시행되었으며, 16세기 중반에 수조권 지급 제도는 소멸되었어요.

⑤ 고추, 담배 등을 상품 작물로 재배하는 농민
➡ 조선 후기에 고추, 담배 등이 시장에 내다 팔기 위한 상품 작물로 재배되었어요.

기출 선택지 +α

➏ 염포의 왜관에서 교역하는 상인	(O / X)
➐ 관청에 필요한 물품을 납품하는 공인	(O / X)
➑ 물주의 자금으로 광산을 경영하는 덕대	(O / X)
➒ 여러 장시를 돌며 물품을 판매하는 보부상	(O / X)
➓ 직전법에 의해 토지의 수조권을 지급받는 관리	(O / X)

21 진주 농민 봉기
정답 ⑤

다음 상황이 전개된 배경으로 옳은 것은? [2점]

① 며칠 전 안핵사로 파견된 박규수가 전하께 특별 기구 설치를 상소하였다고 하네.
- 진주 농민 봉기가 일어나자 조선 정부는 사태 수습을 위해 박규수를 안핵사로 파견하였어요.

② 그렇다네. 전하께서 이를 받아들여 삼정이정청을 설치하고, 각 고을마다 대책을 모아 올려 보내라고 명하셨지.
- 조선 정부는 박규수의 건의를 받아들여 삼정의 문란을 시정하기 위해 삼정이정청을 설치하였으나, 성과를 거두지 못하였어요.

정답 잡는 키워드

❶ 박규수를 안핵사로 파견함, ❷ 삼정이정청을 설치함
→ 진주 농민 봉기 수습을 위한 정부의 대책

박규수가 안핵사로 파견되었으며 삼정이정청이 설치되었다는 내용을 통해 진주 농민 봉기가 일어난 이후의 상황임을 알 수 있어요. 순조~철종에 이르는 세도 정치 시기에 삼정의 문란과 지배층의 수탈로 민생이 피폐해졌어요. 이러한 상황에서 진주에서 유계춘의 주도로 농민 봉기가 일어났어요(진주 농민 봉기). 이 소식이 주변 지역으로 퍼져 나가 전국 각지에서 농민 봉기가 일어났는데, 그해가 임술년(1862)이었기 때문에 당시 일어난 농민 봉기를 임술 농민 봉기라고 합니다.

① 이만손 등이 영남 만인소를 올렸다.
➡ 제2차 수신사로 파견된 김홍집이 들여온 "조선책략"이 유포되자 이에 반발하여 1881년에 이만손을 중심으로 영남 유생들이 만인소를 올렸어요.

② 운요호가 강화도와 영종도를 공격하였다.
➡ 1875년에 일본의 군함 운요호가 허락 없이 강화도로 접근하자 경고 포격을 가한 조선군과 일본군 사이에 충돌이 일어났고, 운요호는 보복에 나서 영종도를 공격하였어요(운요호 사건). 이 사건을 계기로 조선은 일본과 강화도 조약을 체결하였어요.

③ 동학교도가 교조 신원을 주장하며 삼례 집회를 개최하였다.
➡ 1892년에 동학교도가 교조 최제우의 누명을 풀어 줄 것을 요구하는 삼례 집회를 개최하였어요.

④ 황사영이 외국 군대의 출병을 요청하는 백서를 작성하였다.
➡ 1801년에 신유박해로 천주교 신자들이 탄압을 받자 황사영이 신앙의 자유를 얻고자 외국 군대의 출병 등을 요청하는 백서를 작성하여 중국 베이징에 있는 주교에게 전달하려고 하였어요. 그러나 황사영의 백서가 발각되어 천주교에 대한 탄압이 강화되었어요.

⑤ 백낙신의 탐학이 발단이 되어 진주에서 농민들이 봉기하였다.
➡ 1862년 철종 때 경상 우병사 백낙신의 탐학에 항거하여 유계춘을 중심으로 진주에서 농민 봉기가 일어났어요.

---

22 성종 재위 시기의 사실
정답 ③

밑줄 그은 '전하'가 재위한 시기의 사실로 옳은 것은? [3점]

- 세조의 명으로 양성지가 편찬을 시작하여 성종 때 완성한 지리서입니다.

무술년 봄에 양성지가 팔도지리지를 바치고, 서거정 등이 동문선을 바쳤더니, 전하께서 드디어 노사신, 양성지, 서거정 등에게 명하여 시문을 팔도지리지에 넣게 하셨습니다. …… 연혁을 앞에 둔 것은 한 고을의 흥함과 망함을 먼저 알아야 하기 때문이며 …… 경도(京都)의 첫머리에 팔도총도를 기록하고, 각 도의 앞에 도별 지도를 붙여서 양경(兩京) 8도로 50권을 편찬하여 바치나이다.

- 성종의 명으로 서거정 등이 우리나라의 역대 시문을 모아 편찬한 책이에요.

정답 잡는 키워드

❶ "팔도지리지", ❷ "동문선" → 조선 성종

"팔도지리지"와 "동문선"을 왕에게 바쳤다는 내용을 통해 밑줄 그은 '전하'가 조선 성종임을 알 수 있어요. 성종은 개국 이후 추진된 조선의 여러 제도를 정비하고 체제를 완성하였어요. 이 과정에서 역사, 문화, 지리, 음악 등 다양한 분야의 편찬 사업이 활발하게 이루어졌어요. 제시된 자료는 성종 때 편찬된 "동국여지승람"의 서문이에요. 성종은 "팔도지리지"를 기초로 "동문선"에 수록된 시문을 첨가하여 각 군현의 연혁, 지세, 인물, 풍속 등을 정리한 "동국여지승람"을 편찬하게 하였어요.

① 예학을 정리한 가례집람이 저술되었다.
➡ 선조 때 김장생은 예학을 조선의 현실에 맞게 정리한 "가례집람"을 저술하였어요. "가례집람"의 간행은 후학들의 노력으로 숙종 때 이루어졌어요.

② 외교 문서를 집대성한 동문휘고가 편찬되었다.
➡ 정조 때 인조 이후에 조선이 청, 일본과 주고받은 외교 문서를 집대성한 "동문휘고"가 간행되었어요.

③ 국가의 의례를 정비한 국조오례의가 완성되었다.
➡ 성종 때 국가의 기본 예식인 오례(길례, 가례, 빈례, 군례, 흉례)를 정비한 "국조오례의"가 완성되었어요.

④ 전통 한의학을 정리한 동의보감이 간행되었다.
➡ 광해군 때 전통 한의학을 집대성한 "동의보감"이 간행되었어요.

⑤ 역대 문물제도를 정리한 동국문헌비고가 만들어졌다.
➡ 영조 때 역대 문물제도를 분류, 정리하여 백과사전식으로 구성한 "동국문헌비고"가 만들어졌어요.

기출 선택지 +α

❻ 주자소가 설치되어 계미자가 주조되었다. (O/X)
❼ 음악 이론 등을 집대성한 악학궤범이 간행되었다. (O/X)
❽ 세계 지도인 혼일강리역대국도지도가 제작되었다. (O/X)
❾ 한양을 기준으로 한 역법서인 칠정산 내편이 제작되었다. (O/X)
❿ 전국의 지리, 풍속 등이 수록된 동국여지승람이 편찬되었다. (O/X)

기출 선택지 +α 정답 ❻ ×[태종] ❼ ○ ❽ ×[태종] ❾ ×[세종] ❿ ○

23 중종 재위 시기의 사실
정답 ④

(가)에 들어갈 내용으로 가장 적절한 것은? [2점]

[역사 다큐멘터리 기획안]

○○, 정쟁과 혼란의 한가운데에 서다

■ 기획 의도

　　○○의 즉위와 집권 시기를 다큐멘터리로 제작하여 훈구와 사림의 대립 등 나라 안팎으로 혼란스러웠던 당시 상황을 살펴본다.

■ 구성 내용
　❶ ── 무오사화, 갑자사화를 일으킨 이후에도 연산군의 폭정이 계속되자 성희안 등이 연산군을 몰아내는 중종반정을 일으켰어요.
　#1. 반정(反正)으로 연산군이 폐위되고 ○○이/가 즉위하다
　❷
　#2. 삼포에서 왜인들이 난을 일으키다 ── 중종 때 삼포(부산포·제포·염포)에 거류하던 왜인들이 조선 정부의 통제에 불만을 품고 난을 일으켰어요.
　#3. 　　　　　(가)　　　　　

정답 잡는 키워드

❶ 반정으로 연산군이 폐위됨,
❷ 삼포에서 왜인들이 난을 일으킴(삼포 왜란) → 중종

반정으로 연산군이 폐위되고 즉위하였으며, 삼포에서 왜인들이 난을 일으켰다는 내용을 통해 다큐멘터리 기획안이 조선 중종 재위 시기를 다루고 있음을 알 수 있어요. 연산군의 폭정으로 반정이 일어나 중종이 즉위하였어요. 중종은 반정에 공을 세운 훈구 대신들이 정권을 장악하자 조광조를 비롯한 사림을 등용하여 이들을 견제하고자 하였어요. 중용된 조광조는 현량과 실시, 소격서 폐지, 반정 공신의 거짓 공훈(위훈) 삭제 등의 개혁을 추진하였고, 이로 인해 훈구 세력의 반발을 사게 되었어요.

① 이괄이 난을 일으켜 도성을 점령하다
　➡ 인조 때 공신 책봉에 불만을 품은 이괄이 난을 일으켜 도성을 점령하였어요.

② 허적과 윤휴 등 남인이 대거 축출되다
　➡ 숙종 때 경신환국으로 허적과 윤휴 등 남인이 대거 축출되었어요.

③ 정여립 모반 사건으로 기축옥사가 일어나다
　➡ 선조 때 정여립 모반 사건으로 기축옥사가 일어나 동인이 큰 피해를 입었어요.

④ 위훈 삭제를 주장한 조광조 일파가 제거되다
　➡ 중종 때 조광조의 개혁 정책에 반발한 훈구 세력이 일으킨 기묘사화로 조광조 일파가 제거되었어요.

⑤ 조의제문이 발단이 되어 김일손 등이 화를 입다
　➡ 연산군 때 김종직의 '조의제문'을 사초에 실은 것이 발단이 되어 김일손 등 사림 세력이 크게 화를 입은 무오사화가 일어났어요.

기출 선택지 +α

❻ 성삼문 등이 단종의 복위를 꾀하다	(O / X)
❼ 왕자의 난으로 정도전 등이 피살되다	(O / X)
❽ 이시애가 길주를 근거지로 난을 일으키다	(O / X)
❾ 외척 간의 대립으로 을사사화가 일어나다	(O / X)

---

24 임진왜란
정답 ②

(가) 전쟁 중에 있었던 사실로 옳은 것은? [2점]

임진왜란 당시 전국 각지에서 일어난 의병들은 향토 지리에 밝아 이에 알맞은 유격전을 전개하여 왜군에 큰 타격을 입혔어요.

조헌은 금산에서 7백여 명의 의병을 이끌고 왜군과 전투를 벌이다가 전사하였습니다. ❺

(가) 당시 활약한 의병장
❶ 김천일　❷ 정문부　❸ 조헌　❹ 사명 대사(유정)

화면을 누르면 설명을 들을 수 있습니다.

정답 잡는 키워드

❶, ❷, ❸, ❹ 김천일, 정문부, 조헌, 사명 대사(유정)가 의병장으로 활약함, ❺ 왜군과 전투를 벌임 → 임진왜란

김천일, 정문부, 조헌, 사명 대사(유정) 등이 왜군에 맞서 의병장으로 활약하였다는 내용을 통해 (가) 전쟁이 선조 때 일어난 임진왜란임을 알 수 있어요. 김천일은 임진왜란 당시 고경명과 함께 나주에서 의병을 일으켰어요. 정문부는 임진왜란 때 의병을 이끌고 북관 대첩에서 승리하고 길주, 성진 등 함경도 북부 지역을 되찾았습니다. 사명 대사는 승병을 이끌고 왜군에 맞서 싸웠으며 평양성을 탈환하는 데에 공을 세웠어요. 임진왜란이 끝난 후에는 일본에 파견되어 전쟁 때 잡혀간 조선인 3,000여 명을 데리고 돌아오기도 하였어요.

① 이종무가 대마도를 정벌하였다.
　➡ 세종 때 이종무가 왜구의 근거지인 대마도(쓰시마섬)를 정벌하였어요.

② 송상현이 동래성에서 항전하였다.
　➡ 임진왜란 당시 왜군은 침략 이틀 만에 부산진과 동래성을 무너뜨렸어요. 이때 송상현이 동래성에서 항전하다가 전사하였어요.

③ 김상용이 강화도에서 순절하였다.
　➡ 병자호란 당시 김상용이 왕실 가족을 수행하여 강화도로 피란하였다가 강화성이 함락되자 순절하였어요.

④ 최영이 홍산 전투에서 크게 승리하였다.
　➡ 고려 말 최영이 홍산 전투에서 왜구를 크게 격퇴하였어요.

⑤ 강홍립 부대가 사르후 전투에 참전하였다.
　➡ 임진왜란 후 광해군 때 후금과 전쟁을 치르고 있던 명의 요청에 따라 지원군으로 파견된 강홍립 부대가 사르후 전투에 참전하였어요.

기출 선택지 +α

❻ 정봉수가 용골산성에서 항쟁하였다.	(O / X)
❼ 임경업이 백마산성에서 항전하였다.	(O / X)
❽ 이순신이 한산도 대첩에서 승리하였다.	(O / X)
❾ 김시민이 진주성에서 적군을 크게 물리쳤다.	(O / X)
❿ 곽재우가 의병장이 되어 의령 등에서 활약하였다.	(O / X)

---

25 조선 후기의 문화
정답 ②

밑줄 그은 '시기'의 문화에 대한 설명으로 옳지 <u>않은</u> 것은? [1점]

호는 '단원'이며, 도화서 화원 출신이에요. 타작, 씨름, 서당 등의 작품을 남겼어요.

이 그림은 조영석과 **김홍도의 풍속화**입니다. 인부들이 말발굽에 징을 박는 모습과 기와를 이어나가는 모습을 묘사하고 있습니다. 이를 통해 이 그림이 그려진 **시기** 서민들의 일상생활을 생생하게 살펴볼 수 있습니다.

정답 잡는 키워드

❶ 김홍도의 풍속화 → 조선 후기

김홍도는 조선 후기에 활동한 대표적인 풍속화가입니다. 서민의 일상생활을 생동감 있게 담은 풍속화를 비롯하여 산수화, 기록화, 초상화 등 다양한 분야에서 뛰어난 작품을 남겼어요. 조선 후기에 상품 화폐 경제가 발달하고 서당 교육의 보급으로 서민의 의식 수준이 높아지면서 서민 문화가 발달하였어요.

① 금강전도 등 진경 산수화가 그려졌다.
➡ 조선 후기에 우리나라의 산천을 소재로 한 진경 산수화가 등장하였어요. 겸재 정선은 진경 산수화의 대표적인 화가로 금강전도, 인왕제색도 등을 남겼어요.

②(새로운 역법으로 **수시력**이 도입되었다.
➡ 수시력은 원의 역법으로 고려 후기에 도입되었으며, 조선 세종 때 수시력과 아라비아의 회회력을 참고하여 한양을 기준으로 한 역법서인 "칠정산"이 편찬되었어요.

③ 양반 사회를 풍자한 **탈춤**이 성행하였다.
➡ 조선 후기에 양반의 위선적 모습이나 사회의 부정과 비리를 해학적으로 풍자한 탈춤이 성행하였어요.

④ 춘향가, 흥보가 등의 판소리가 유행하였다.
➡ 조선 후기에 춘향가, 흥보가 등 노래와 사설로 이야기를 표현하는 판소리가 유행하였어요.

⑤ 홍길동전, 박씨전 등의 한글 소설이 널리 읽혔다.
➡ 조선 후기에 "홍길동전", "박씨전" 등의 한글 소설이 서민층을 중심으로 널리 읽혔어요.

핵심 개념 | 조선 후기 문화의 새 경향

판소리	이야기를 노래와 사설로 엮어 표현, 춘향가·심청가·흥보가 등
탈춤	양반과 승려의 위선적 모습이나 사회의 부정과 비리를 해학적으로 풍자
한글 소설	"홍길동전", "춘향전", "토끼전", "심청전", "박씨전" 등이 서민들 사이에 유행, 소설을 읽어 주는 전기수 등장
사설시조	자유로운 형식으로 감정을 솔직하게 표현
진경 산수화	정선이 개척, 우리 자연을 사실적으로 표현 → 인왕제색도, 금강전도 등
풍속화	김홍도(서당, 씨름, 타작, 무동 등), 신윤복(미인도, 단오풍정, 월하정인 등), 김득신 등
민화	민중의 소망과 기원을 담음 → 까치와 호랑이 등
공예	청화 백자 유행

26 정조 재위 시기의 사실
정답 ①

밑줄 그은 '왕'의 재위 시기에 있었던 사실로 옳은 것은? [2점]

❶**대전통편**이 완성되었는데, 나라의 제도 및 법식에 관한 책이다. …
… <u>왕</u>이 말하기를, "속전(續典)은 갑자년에 이루어졌는데, 선왕의 명령으로서 갑자년 이후에 이루어진 것도 많으니 어찌 감히 지금과 가까운 것만을 내세우고 먼 것은 소홀히 할 수 있겠는가?"라고 하였다. 이에 김치인 등에게 명하여 원전(原典)과 속전 및 지금까지의 왕명을 모아 한 책으로 편찬한 것이었다.
└ 원전은 성종 때 완성된 "경국대전", 속전은 영조 때 편찬된 "속대전"을 말해요.

정답 잡는 키워드

❶ "대전통편" 완성 → 정조

"대전통편"이 완성되었다는 내용을 통해 밑줄 그은 '왕'이 조선 정조임을 알 수 있어요. 정조는 탕평책을 추진하였으며 통치 체제를 정비하기 위해 "경국대전"과 "속대전" 및 그 뒤의 법령을 통합하여 "대전통편"을 편찬하였어요. 또한, 군사적 기반을 강화하기 위해 장용영을 설치하였으며, 수원 화성을 건설하여 자신의 정치적 기반으로 삼으려고 하였어요.

①인재 양성을 위해 초계문신제를 시행하였다.
➡ 정조는 인재 양성을 위해 37세 이하의 젊은 관리를 선발하여 규장각에 소속시켜 재교육하는 초계문신제를 시행하였어요.

② 홍경래 등이 봉기하여 정주성을 점령하였다.
➡ 순조 때 홍경래 등이 서북인에 대한 차별과 지배층의 수탈에 반발하여 봉기하였어요. 봉기 세력은 한때 선천, 정주 등 청천강 이북의 여러 고을을 점령하였으나 결국 관군에 진압되었어요.

③ 자의 대비의 복상 문제로 예송이 전개되었다.
➡ 현종 때 효종과 효종 비가 죽은 후 자의 대비의 복상 문제를 두고 서인과 남인이 대립한 예송이 일어났어요. 효종이 죽은 후 벌어진 1차 예송(기해예송)에서는 서인의 주장(1년복)이, 효종 비가 죽은 후 벌어진 2차 예송(갑인예송)에서는 남인의 주장(1년복)이 받아들여졌어요.

④ 이인좌를 중심으로 소론 세력 등이 난을 일으켰다.
➡ 영조 즉위 초에 이인좌를 중심으로 한 소론 세력이 영조와 노론 세력을 제거할 목적으로 난을 일으켰어요.

⑤ 신류가 조총 부대를 이끌고 흑룡강에서 전투를 벌였다.
➡ 효종 때 청의 요청에 따라 나선 정벌을 위한 조총 부대가 두 차례 파견되었는데, 두 번째 파견된 신류가 흑룡강에서 러시아군과 전투를 벌였어요.

기출 선택지 +α

❻ 어영청을 중심으로 북벌을 추진하였다. (O/X)
❼ 국왕의 친위 부대인 장용영을 설치하였다. (O/X)
❽ 청과의 국경을 정한 백두산정계비를 세웠다. (O/X)
❾ 이필제가 영해 지역을 중심으로 난을 일으켰다. (O/X)
❿ 육의전을 제외한 시전 상인의 금난전권을 폐지하였다. (O/X)

기출선택지 +α 정답 ❻ X[효종] ❼ O ❽ X[숙종] ❾ X[고종] ❿ O

(가) 인물에 대한 설명으로 옳은 것은?　　　　　　[1점]

답사 계획서

▶ 주제 : 　(가)　의 강진 유배지를 찾아서
▶ 일자 : 2023년 ○○월 ○○일
▶ 답사 장소

혜장선사의 주선으로 거처한 곳 → 보은산방

사의재 → 읍내의 제자들을 교육하고 "아학편훈의"를 편찬한 곳
　　　→ 정약용이 편찬한 아동용 한문 교재입니다.

❶ 10여 년간 머무르며 "목민심서", "경세유표"를 집필한 곳

❷ 다산초당 → 정약용이 전라남도 강진에서 유배 생활을 하던 시기에 머물렀던 집이에요. '다산'은 정약용의 호입니다.

정답 잡는 키워드

❶ "목민심서", "경세유표" 집필, ❷ 다산초당 → 정약용

다산초당에 머무르며 "목민심서"와 "경세유표"를 집필하였다는 내용을 통해 (가) 인물이 정약용임을 알 수 있어요. 정약용은 농업 중심의 개혁론을 주장한 조선 후기의 실학자로, 정조 사후 오랫동안 유배 생활을 하면서 지방 행정의 개혁안을 담은 "목민심서", 국가 제도의 개혁 방안을 제시한 "경세유표", 형법 서인 "흠흠신서" 등 많은 저술을 남겼어요. 또한, 홍역의 증상과 치료법을 수록한 의서인 "마과회통"을 집필하기도 하였어요.

① 일본에 다녀와 해동제국기를 편찬하였다.
➡ 신숙주는 일본에 다녀와서 일본의 정치, 외교, 사회 등을 종합적으로 정리한 "해동제국기"를 편찬하였어요.

② 최초의 서원인 백운동 서원을 건립하였다.
➡ 풍기 군수 주세붕은 최초의 서원인 백운동 서원을 세웠어요. 백운동 서원은 이후 이황의 건의에 따라 국왕으로부터 '소수 서원'이라는 현판을 받아 사액 서원이 되었어요.

③ 북한산비가 진흥왕 순수비임을 고증하였다.
➡ 김정희는 "금석과안록"에서 북한산비가 진흥왕 순수비임을 고증하였어요.

④ 양명학을 연구하여 강화학파를 형성하였다.
➡ 정제두는 양명학을 체계적으로 연구하였으며, 강화도에서 후진 양성에 힘을 기울여 강화학파를 형성하였어요.

⑤ 기기도설을 참고하여 거중기를 설계하였다.
➡ 정약용은 "기기도설"을 참고하여 거중기를 제작하고 이를 수원 화성 축조에 이용하였어요.

기출 선택지 +α

❻ 지봉유설에서 천주실의를 조선에 소개하였다.　　　(O / X)
❼ 의산문답에서 중국 중심의 세계관을 비판하였다.　　(O / X)
❽ 마과회통에서 홍역에 대한 의학 지식을 정리하였다.　(O / X)

기출 선택지 +α　정답　❻ ×[이수광]　❼ ×[홍대용]　❽ ○

밑줄 그은 '이 사건'에 대한 설명으로 옳은 것은?　　[2점]

사료로 보는 한국사

온 성의 군민이 모두 울분을 품고, …… 총환과 화살을 어지러이 발사하였으며 사생을 잊고 위험을 무릅쓰지 않는 자가 없었으니, 반드시 오랑캐를 도륙하고야 말 태세였습니다. 강 아래 위의 요해처에서 막고, 마침내 화선(火船)으로 불길이 옮겨붙게 함으로써 모조리 죽여 살아남은 종자가 없게 된 것은 모두 이들이 …… 용감하게 싸운 것에 기인한 것이었습니다.

　　환재 박규수의 문집이에요. 박규수는 1862년 진주 농민 봉기 수습을 위한 안핵사로 파견되었으며, 1866년에는 평안 감사로 제너럴 셔먼호의 격침을 지휘하였어요.

[해설] 자료는 "환재집"의 일부로, 평양 군민들이 대동강에서 이양선을 격침한 **이 사건**의 전말을 서술한 것이다. 평안 감사가 여러 차례 조정에 올린 장계를 통해 당시의 생생한 상황을 파악할 수 있다.

정답 잡는 키워드

❶ 평양 군민들이 대동강에서 이양선 격침 → 제너럴 셔먼호 사건

평양 군민들이 대동강에서 이양선을 격침하였다는 내용을 통해 밑줄 그은 '이 사건'이 제너럴 셔먼호 사건임을 알 수 있어요. 1866년에 미국 상선 제너럴 셔먼호의 선원들이 대동강을 거슬러 평양까지 들어와 조선 정부에 통상을 요구하며 관리를 납치하고 민간인을 죽이는 등 만행을 저질렀어요. 이에 평안 감사 박규수의 지휘 아래 평양 관민이 제너럴 셔먼호를 불태워 침몰시켰어요.

① 신유박해가 원인이 되어 발생하였다.
➡ 신유박해는 조선 순조 때인 1801년에 일어났어요. 신유박해가 원인이 되어 황사영 백서 사건이 발생하였어요.

② 신미양요가 일어나는 계기가 되었다.
➡ 제너럴 셔먼호 사건을 구실로 1871년에 미군이 강화도를 침략하여 신미양요가 일어났어요.

③ 전개 과정에서 전주 화약이 체결되었다.
➡ 동학 농민 운동 당시 전주성을 점령한 동학 농민군은 외세의 개입을 막고자 정부와 전주 화약을 체결하였어요.

④ 외규장각 도서가 국외로 약탈되는 결과를 가져왔다.
➡ 병인양요 때 프랑스군이 퇴각하면서 강화도 외규장각의 도서를 약탈해 갔어요.

⑤ 오페르트의 남연군 묘 도굴 사건을 배경으로 일어났다.
➡ 1868년에 독일 상인 오페르트가 흥선 대원군의 아버지인 남연군의 묘를 도굴하여 그 유해를 통상 협상에 이용하려다가 도굴에 실패하였어요. 이에 조선에서 서양 세력에 대한 반감이 더욱 높아져 흥선 대원군의 통상 수교 거부 정책이 강화되었어요.

기출 선택지 +α

❻ 제물포 조약의 체결로 이어졌다.　　　　　　　　(O / X)
❼ 김기수가 수신사로 파견되는 결과를 가져왔다.　　(O / X)
❽ 로즈 제독 함대가 강화도를 침입하는 빌미가 되었다.(O / X)

기출 선택지 +α　정답　❻ ×[임오군란]　❼ ×[강화도 조약]　❽ ×[병인박해]

29 최익현의 활동

(가) 인물에 대한 설명으로 옳은 것은? [2점]

> **월간 역사** 2023년 4월호
>
> **특집** [(가)] 의 상소, 조선의 정치를 뒤흔들다!
> ❶ 흥선 대원군의 하야를 요구하는 상소를 올리다
> ❷ 지부복궐척화의소를 올려 왜양일체론을 주장하다
> ■ 단발령에 반대하는 상소를 올리다
> → 강화도 조약에 반대하여 도끼를 들고 대궐 앞에 엎드려 올린 상소로, 조약을 체결하려면 도끼로 자신의 목부터 베라는 비장한 결의를 보여 주었어요.

정답 잡는 키워드

❶ 흥선 대원군의 하야를 요구하는 상소를 올림,
❷ 지부복궐척화의소를 올려 왜양일체론을 주장함 → **최익현**

흥선 대원군의 하야를 요구하는 상소를 올렸으며, 지부복궐척화의소를 올려 왜양일체론을 주장하였다는 내용을 통해 (가) 인물이 최익현임을 알 수 있어요. 최익현은 서원 철폐 등 흥선 대원군의 정책을 비판하며 흥선 대원군의 하야를 요구하는 상소를 올렸어요. 이를 계기로 흥선 대원군이 물러나고 고종이 친정을 선포하였어요. 대표적인 위정척사파 인물인 최익현은 일본과 강화도 조약 체결 논의가 진행되자 일본과 서양 세력이 다르지 않다는 왜양일체론을 내세우며 개항에 반대하였어요. 이후 일본의 간섭하에 추진된 개혁에 반발하여 반대하는 상소를 올리기도 하였어요.

① 대한 광복회를 조직하여 친일파를 처단하였다.
→ 박상진은 대구에서 대한 광복회를 조직하여 친일파를 처단하였어요.

② 국권 피탈 과정을 정리한 한국통사를 집필하였다.
→ 박은식은 고종 즉위 이후 개항기 역사와 국권 피탈 과정을 정리한 "한국통사"를 집필하였어요.

③ 을사늑약 체결에 반대하여 태인에서 의병을 일으켰다.
→ 최익현은 을사늑약이 체결되자 상소를 올려 을사오적의 처단을 주장하였고, 태인에서 의병을 일으켜 항거하였어요.

④ 13도 창의군을 지휘하여 서울 진공 작전을 전개하였다.
→ 정미의병 당시 허위는 의병 연합 부대인 13도 창의군의 군사장을 맡아 서울 진공 작전을 전개하였어요.

⑤ 보국안민을 기치로 우금치에서 일본군 및 관군에 맞서 싸웠다.
→ 전봉준이 이끄는 동학 농민군은 보국안민을 기치로 우금치에서 일본군과 관군에 맞서 싸웠으나 패배하였어요.

기출 선택지 +α

❻ 평양에 대성 학교를 설립하였다. (O / X)
❼ 한국독립운동지혈사를 저술하였다. (O / X)
❽ 고종의 밀지를 받아 독립 의군부를 조직하였다. (O / X)

기출 선택지 +α 정답 ❻ ×[안창호] ❼ ×[박은식] ❽ ×[임병찬]

---

30 갑신정변

다음 사건이 일어난 시기를 연표에서 옳게 고른 것은? [3점]

> → 사대당은 청에 의존하며 권력을 잡고 있던 민씨 일파로 대표되는 온건 개화파를 말해요. 갑신정변을 일으킨 개화당(급진 개화파)과 대립하였어요.
> 심히 급박한 상황 중에 나는 적의 활동과 청국 군대의 내습을 우려하여 주상을 모시고 지키기 편리한 경우궁으로 옮기시게 한 후 일본 병사로 하여금 호위할 방침을 세웠다. 곧이어 주상께 일본군의 지원을 구하도록 요청하니, 주상은 곧 영숙문 앞 노상에서 연필로 "일본 공사는 와서 나를 보호하라."라는 글을 친히 쓰시어 주시는지라. …… 졸지에 변란을 만난 사대당의 거두들은 주상께서 경우궁에 계심을 듣고 입궐하다가 …… 민영목, 민태호 등은 용감한 우리 집행원의 손에 비참한 최후를 당하였다.
> → 갑신정변 과정에서 민영목, 민태호 등 민씨 일파를 비롯한 정부 고관들이 제거되었어요.

정답 잡는 키워드

❶ 청 군대의 내습을 우려하여 왕을 경우궁으로 옮김,
❷ 일본에 군사적 지원을 요청함,
❸ 민영목, 민태호 등을 제거함 → 갑신정변(1884)

청 군대의 내습을 우려하여 왕(고종)을 경우궁으로 옮기고 일본에 군사적 지원을 요청하였으며, 민영목, 민태호 등을 제거하였다는 내용을 통해 갑신정변 당시의 상황을 기록한 자료임을 알 수 있어요.

1866	1873	1882	1885	1894	1899
	(가)	(나)	(다)	(라)	(마)
병인 박해	고종 친정	임오 군란	톈진 조약	청·일 전쟁 발발	대한국 국제 반포

→ 임오군란 이후 청의 내정 간섭이 심화되는 상황에서 김옥균, 박영효, 서광범 등 급진 개화파는 일본 공사의 지원 약속을 받고 우정총국 개국 축하연을 기회로 정변을 일으켰어요(갑신정변). 급진 개화파는 왕과 왕비를 경우궁으로 옮긴 후 경우궁을 찾아온 민씨 일파와 군권을 가진 고위 관리를 제거하였어요. 이후 개화당 정부를 구성하고 개혁 정강을 발표하였습니다. 그러나 청군이 개입하고, 지원을 약속한 일본군이 철수하면서 3일 만에 실패하였어요. 갑신정변 이후 조선 정부는 일본에 배상금 지불과 일본 공사관 신축 비용을 제공한다고 약속한 한성 조약을 체결하였어요. 청과 일본은 톈진 조약을 체결하여 조선에서 군대를 공동 철수하고 이후 조선에 파병할 때 서로 미리 통보할 것을 약속하였어요.

따라서 갑신정변이 일어난 시기는 임오군란과 톈진 조약 사이인 ③ (다)입니다.

① (가) ② (나) ③ (다) ④ (라) ⑤ (마)

연표로 흐름잡기

1882	임오군란, 제물포 조약 체결(조선 – 일본), 조·청 상민 수륙 무역 장정 체결
1883	미국에 보빙사 파견, 원산 학사 설립, 한성순보 발행
1884	우정총국 설치, 갑신정변, 한성 조약 체결(조선 – 일본)
1885	톈진 조약 체결(청 – 일본)

228 | 큰별쌤 최태성의 별★별 한국사 기출 500제 심화

31 제1차 갑오개혁
정답 ④

밑줄 그은 '개혁안'의 내용으로 옳은 것을 〈보기〉에서 고른 것은?

> 군국기무처는 제1차 갑오개혁을 추진한 기구로, 약 3개월 동안 210여 건의 법안을 의결하였어요. 제2차 갑오개혁 전에 폐지되었습니다.

[2점]

> 파리의 외무부 장관 아노토 각하께
>
> 전임 일본 공사는 국왕에게서 사실상 거의 모든 권력을 빼앗고, 개혁 위원회[군국기무처]가 내린 결정을 확인하는 권한만 남겨 놓았습니다. …… 이후 ❶개혁 위원회[군국기무처]는 매우 혁신적인 개혁안을 발표했습니다. 그런데 일부 위원들이 몇몇 조치에 대해 시의적절하지 않다고 판단하더니 이에 대해 동의하기를 거부했습니다. …… 게다가 조선인들은 이 기구가 왕권을 빼앗고 일본에 매수되었다고 비난하면서, …… 어떤 지방에서는 왕권 수호를 위해 봉기했다고 합니다.
>
> 주 조선 공사 르페브르 올림

정답 잡는 키워드

❶ 군국기무처에서 개혁안 발표 → 제1차 갑오개혁

군국기무처에서 개혁안을 발표하였다는 내용을 통해 밑줄 그은 '개혁안'이 제1차 갑오개혁 당시 추진된 것임을 알 수 있어요. 1894년에 조선 정부는 김홍집을 총리대신으로 하는 내각을 수립하고 군국기무처를 설치해 개혁을 추진하였어요. 청의 연호를 폐지하고 개국 기년을 사용하기 시작하였으며, 6조를 8아문으로 개편하였어요. 또한, 과거제 폐지, 은 본위제 도입, 신분제와 노비제 혁파 등의 개혁을 추진하였어요.

ㄱ. 건양이라는 연호를 제정하였다.
➡ 을미개혁 당시 '건양'이라는 연호를 제정하였어요. '건양'은 '양력을 세운다'라는 뜻이에요.

ㄴ. 탁지아문으로 재정을 일원화하였다.
➡ 제1차 갑오개혁 당시 탁지아문으로 재정을 일원화하였어요.

ㄷ. 양전 사업을 실시하여 지계를 발급하였다.
➡ 대한 제국은 광무개혁을 추진하면서 양전 사업을 실시하고 근대적 토지 소유 증명 문서인 지계를 발급하였어요.

ㄹ. 조혼을 금지하고 과부의 재가를 허용하였다.
➡ 제1차 갑오개혁으로 조혼이 금지되고 과부의 재가가 허용되었어요.

① ㄱ, ㄴ
② ㄱ, ㄷ
③ ㄴ, ㄷ
④ ㄴ, ㄹ
⑤ ㄷ, ㄹ

기출 선택지 +α

ㅁ. 과거제를 폐지하였다.	(O / X)
ㅂ. 태양력을 공식 채택하였다.	(O / X)
ㅅ. 공사 노비법을 혁파하였다.	(O / X)
ㅇ. 지방 행정 구역을 8도에서 23부로 개편하였다.	(O / X)

---

32 독립 협회의 활동
정답 ②

(가) 단체에 대한 설명으로 옳은 것은?

[2점]

> 독립 협회는 청의 사신을 접대하던 모화관을 고쳐 독립관이라 하고 집회 장소로 사용하였어요.

> (가) 은/는 독립관에서 경축 모임을 열었다. 회장은 모임을 여는 큰 뜻을 설명하였다. "오늘은 황제 폐하께서 대황제라는 존귀한 칭호를 갖게 되신 계천(繼天) 경축일이니, 대한의 신민은 이를 크게 경축드립니다. 우리는 ❷관민 공동회에서 황실을 공고히 하고 인민을 문명개화시키며 영토를 보존하고자 여섯 개 조항의 의견안을 바쳤습니다."라고 말하였다. …… 이어 회원들은 조직 5조와 ❸헌의 6조 10만 장을 인쇄하여 온 나라에 널리 배포하고 학생들에게 그것을 배우고 익히도록 하였다. 경축연을 마친 회원들은 울긋불긋한 종이꽃을 머리에 꽂은 채 국기와 (가) 의 깃발을 세우고 경축가를 부르며 인화문 앞으로 가서 만세를 외치고 종로의 만민 공동회로 갔다.

> 독립 협회는 정부 대신이 참여한 관민 공동회에서 국정 개혁안인 헌의 6조를 채택하여 고종의 재가를 받았어요.

정답 잡는 키워드

❶ 독립관, ❷ 관민 공동회, ❸ 헌의 6조 → 독립 협회

독립관에서 모임을 열었으며 관민 공동회를 개최하고 헌의 6조를 배포하였다는 내용을 통해 (가) 단체가 독립 협회임을 알 수 있어요. 독립 협회는 미국에서 귀국한 서재필의 주도로 조직되었어요. 민중 집회인 만민 공동회를 개최하여 러시아 등 열강의 이권 침탈을 규탄하고 이를 저지하기도 하였어요. 또 박정양 내각과 함께 관민 공동회를 개최하여 헌의 6조를 결의하고 중추원 개편을 통한 의회 설립을 추진하였어요.

① 일제의 황무지 개간권 요구를 저지시켰다.
➡ 보안회는 일제의 황무지 개간권 요구에 반대하는 운동을 전개하여 일제의 요구를 저지시켰어요.

② 러시아의 절영도 조차 요구에 반대하였다.
➡ 독립 협회는 만민 공동회를 통해 러시아의 절영도 조차 요구를 저지하였고, 한·러 은행을 폐쇄하였어요.

③ 태극 서관을 설립하여 계몽 서적을 보급하였다.
➡ 신민회는 민족 산업 육성을 위해 태극 서관, 자기 회사 등을 설립하였어요.

④ 민립 대학 설립을 위한 모금 운동을 전개하였다.
➡ 1920년대 초반에 조선 민립 대학 기성회가 조직되어 민립 대학 설립을 위한 모금 운동을 전개하였어요.

⑤ 조소앙의 삼균주의를 기초로 건국 강령을 발표하였다.
➡ 대한민국 임시 정부는 1941년에 충칭에서 조소앙의 삼균주의를 기초로 한 건국 강령을 발표하였어요.

기출 선택지 +α

❻ 고종의 강제 퇴위 반대 운동을 전개하였다.	(O / X)
❼ 일제가 조작한 105인 사건으로 와해되었다.	(O / X)
❽ 중추원 개편을 통해 의회 설립을 추진하였다.	(O / X)
❾ 영은문이 있던 자리 부근에 독립문을 건립하였다.	(O / X)
❿ 한·일 관계 사료집을 편찬하고 독립신문을 발행하였다.	(O / X)

다음 규칙이 발표된 이후의 사실로 옳은 것은?　[3점]

> **한성 사범 학교 규칙**
> └ 조선 정부가 교원 양성을 위해 1895년에 설립한 학교입니다.
>
> 제1조 한성 사범 학교는 칙령 제79호에 의해 교원에 활용할 학생을 양성함
> 제2조 한성 사범 학교의 졸업생은 소학교 교원이 되는 자격이 있음
> 제3조 한성 사범 학교의 본과 학생이 수학할 학과목은 수신·교육·국문·한문·역사·지리·수학·물리·화학·박물·습자·작문·체조로 함
>
> ：

제2차 갑오개혁을 추진하는 과정에서 고종은 교육에 관한 특별 조서인 교육 입국 조서를 반포하였어요(1895). 교육 입국 조서 반포 후 정부는 한성 사범 학교 관제를 제정하고 한성 사범 학교를 설립하였어요. 곧이어 운영을 위한 세부 규정을 밝힌 한성 사범 학교 규칙을 발표하였어요.

① 길모어 등이 육원 공원 교사로 초빙되었다.
➡ 육영 공원은 1886년에 설립된 근대식 관립 교육 기관으로 길모어, 헐버트 등을 교사로 초빙하여 근대 학문을 교육하였어요. 재정난으로 1894년에 폐교되었어요.

② 정부가 동문학을 세워 통역관을 양성하였다.
➡ 조선 정부는 1883년에 통역관을 양성하기 위해 외국어 교육 기관인 동문학을 세웠어요.

③ 이승훈이 인재 양성을 위해 오산 학교를 세웠다.
➡ 신민회 회원인 이승훈은 1907년에 정주에 오산 학교를 세워 민족 교육을 실시하였어요.

④ 함경도 덕원 지방의 관민들이 원산 학사를 설립하였다.
➡ 함경도 덕원 지방의 관민들이 합심하여 1883년에 우리나라 최초의 근대 학교인 원산 학사를 설립하였어요.

⑤ 교육의 기본 방향을 제시한 교육 입국 조서가 반포되었다.
➡ 제2차 갑오개혁 과정에서 교육 입국 조서가 반포되었어요(1895). 한성 사범 학교 규칙은 교육 입국 조서 반포 이후에 발표되었어요.

핵심 개념	근대 교육의 발달
1880년대	• 사립 교육 기관 : 원산 학사(덕원 지방의 관민이 설립 → 우리나라 최초의 근대 학교, 1883), 배재 학당·이화 학당(개신교 선교사가 설립) • 관립 교육 기관 : 동문학(통역관 양성소, 1883), 육영 공원(헐버트, 길모어 등 미국인 교사 초빙, 고관 자제 입학, 1886)
1890년대	• 갑오개혁으로 학무아문 설치, 교육 입국 조서 반포(1895) → 근대 학교 법규 제정 • 각종 관립 학교 설립(소학교, 한성 사범 학교, 외국어 학교, 의학교 등)
1900년대	을사늑약 이후 애국 계몽 운동가들이 학교 설립 → 오산 학교(이승훈), 대성 학교(안창호) 등
일제의 탄압	• 보통학교령 제정(1906) : 소학교의 명칭을 보통학교로 변경, 교육 기간을 6년에서 4년으로 단축 • 사립 학교령 제정(사립 학교 설립과 운영 통제, 1908), 교과용 도서 검정 규정 마련

(가) 신문에 대한 설명으로 옳은 것은?　[1점]

경천사지 십층 석탑에 대한 일본인의 약탈 행위에 관해 보도한 (가) 기사를 읽어 보았는가? 보도 내용을 접한 헐버트가 사건 현장을 방문하여 사진을 촬영하고 목격자 의견을 청취했다더군.

일본인의 이런 행위가 알려진 것은 양기탁과 베델이 창간한 (가) 의 노력 덕분이라고 하네.

1907년에 일본으로 무단 반출되었다가 10여 년 만에 반환되었어요. 그 과정에서 베델과 헐버트 등이 많은 노력을 하였습니다. 현재는 국립 중앙 박물관에 전시되어 있어요.

정답 잡는 키워드

❶ 양기탁과 베델이 창간 → 대한매일신보

양기탁과 베델이 창간하였다는 내용을 통해 (가) 신문이 대한매일신보임을 알 수 있어요. 1904년에 창간된 대한매일신보는 영국인 베델이 발행인으로 참여하였기 때문에 일제의 감시와 검열에서 비교적 자유로워 항일 논조의 기사를 실을 수 있었어요. 박은식, 신채호 등이 쓴 항일 논설을 게재하고 의병 투쟁에 호의적인 기사를 싣기도 하였어요. 또한, 황성신문이 정간된 후 장지연의 '시일야방성대곡'을 게재하는 등 을사늑약의 부당성을 주장하였어요.

① 상업 광고를 처음으로 실었다.
➡ 상업 광고를 처음 실은 신문은 한성주보입니다. 한성주보는 1886년에 한성순보의 복간 형식으로 박문국에서 발행되었어요.

② 천도교의 기관지로 발행되었다.
➡ 만세보는 천도교의 기관지로 발행되었으며 민중 계몽에 힘썼어요.

③ 국채 보상 운동의 확산에 기여하였다.
➡ 대한매일신보는 국채 보상 운동을 적극적으로 후원하여 국채 보상 운동이 전국으로 확산되는 데 기여하였어요.

④ 일장기를 삭제한 손기정 사진을 게재하였다.
➡ 조선중앙일보와 동아일보는 1936년 베를린 올림픽의 마라톤 우승자 손기정의 사진을 게재하면서 그의 운동복에 그려진 일장기를 삭제하였어요.

⑤ 순 한문 신문으로 열흘마다 발행하는 것이 원칙이었다.
➡ 한성순보는 순 한문으로 제작된 우리나라 최초의 근대 신문으로, 열흘마다 발행하는 것이 원칙이었어요. 박문국에서 발간하였으며 관보의 성격을 띠었어요.

기출 선택지 +α

❻ 박문국에서 발간하였다.　(O / X)
❼ 을사늑약의 부당성을 주장하였다.　(O / X)
❽ 우리나라 최초의 민간 신문이었다.　(O / X)
❾ 농촌 계몽을 위해 브나로드 운동을 전개하였다.　(O / X)

기출 선택지 +α

정답　❻ ×[한성순보, 한성주보]　❼ ○　❽ ×[독립신문]　❾ ×[동아일보]

35 러·일 전쟁 중의 사실　　정답 ④

밑줄 그은 '전쟁' 중에 있었던 사실로 옳지 않은 것은? [3점]

당신은 무슨 이유로 이토 히로부미를 살해했는가?

일본은 전쟁 당시 우리나라의 독립을 보장해 주겠다고 약속했다. 그러나 **포츠머스 조약으로 전쟁이 종결되자,** 이토는 우리 군신을 위협해 주권을 뺏으려 하였다.

안중근은 만주 하얼빈에서 한국 침략에 앞장선 이토 히로부미를 사살하였어요.

포츠머스 조약에서 러시아는 한국에서 일본의 우월한 권리를 인정하고 한국에 대한 일본의 지도·보호·감리 조치를 승인하였어요.

정답 잡는 키워드

❶ 포츠머스 조약으로 종결됨 → 러·일 전쟁

포츠머스 조약으로 전쟁이 종결되었다는 내용을 통해 밑줄 그은 '전쟁'이 러·일 전쟁(1904~1905)임을 알 수 있어요. 1904년 대한 제국을 둘러싼 러·일 간의 갈등이 고조되자 고종은 국외 중립을 선언하였어요. 그러나 일본이 인천과 뤼순 등지에서 러시아 군함을 기습 공격하면서 러·일 전쟁이 발발하였어요. 일본은 전쟁에서 승기를 잡으면서 미국과는 가쓰라·태프트 밀약을 체결하고, 영국과는 제2차 영·일 동맹을 맺었어요. 그리고 전쟁 마무리를 위해 미국의 중재로 러시아와 포츠머스 조약을 체결하였어요. 이러한 조약을 통해 일본은 열강으로부터 사실상 대한 제국에 대한 지배권을 인정받았어요. 곧이어 일본은 대한 제국의 외교권을 빼앗는 을사늑약을 체결하였어요. 이에 따라 한성에 통감부가 설치되고 이토 히로부미가 초대 통감으로 대한 제국에 들어와 내정 전반을 간섭하였어요.

① 일본이 독도를 불법적으로 편입하였다.
➡ 러·일 전쟁 중이던 1905년에 일본은 독도를 자국의 시마네현으로 불법 편입하였어요.

② 일본과 미국이 **가쓰라·태프트 밀약**을 맺었다.
➡ 러·일 전쟁 중이던 1905년에 일본과 미국은 대한 제국과 필리핀에 대한 서로의 지배를 인정한 가쓰라·태프트 밀약을 체결하였어요.

③ 일본인 메가타가 대한 제국의 재정 고문으로 초빙되었다.
➡ 러·일 전쟁 중이던 1904년에 체결한 제1차 한·일 협약에 따라 재정 고문으로 메가타, 외교 고문으로 스티븐스가 초빙되었어요.

④ 대한 제국이 **기유각서**를 통해 일제에 사법권을 박탈당하였다.
➡ 일제는 1909년에 강압적으로 기유각서를 체결하여 대한 제국의 사법권과 감옥 사무 처리권 등을 강탈하였어요.

⑤ 군사 전략상 필요한 지역을 일본에 제공하는 **한·일 의정서**가 강요되었다.
➡ 1904년 러·일 전쟁 도발 직후에 일본은 한반도 내에서 군사 전략상 필요한 지역을 임의로 사용할 수 있도록 하는 한·일 의정서 체결을 강요하였어요.

36 1910년대 일제 식민 통치　　정답 ①

다음 규정이 시행된 시기에 있었던 사실로 옳은 것은? [1점]

조선 총독부 산하의 임시 토지 조사국에서 토지 조사 사업을 전담하였어요.

❶임시 토지 조사국 조사 규정

제1장 면과 동의 명칭 및 강계(疆界) 조사와 토지 신고서의 접수
제2장 지주 지목(地目) 및 강계 조사
제3장 분쟁지와 소유권에 부의(付疑)* 있는 토지 및 신고하지 않은 토지에 대한 재조사
제4장 지위(地位) 등급 조사
　　　⋮

– ❷조선 총독부 관보 –

* 부의(付疑): 이의를 제기함

정답 잡는 키워드

❶ 임시 토지 조사국, ❷ 조선 총독부 관보 → 1910년대

조선 총독부 관보에 임시 토지 조사국 조사 규정이 실린 것으로 보아 자료의 규정이 시행된 시기가 1910년대임을 알 수 있어요. 일제는 국권 침탈 직후인 1910년부터 1918년까지 식민 통치에 필요한 재정을 확보하고 토지를 수탈할 목적으로 토지 조사 사업을 실시하였어요. 정해진 기간 내에 소유자가 토지에 관한 사항들을 직접 신고해야만 토지 소유권을 인정받을 수 있었고, 미신고지와 소유자가 불분명한 토지는 조선 총독부에 귀속되었어요.

① 회사령이 실시되었다.
➡ 1910년에 일제는 회사령을 공포하여 회사 설립 시 총독의 허가를 받도록 하였어요. 1920년에 회사령이 폐지되고 회사 설립은 신고제로 바뀌었어요.

② 원산 총파업이 일어났다.
➡ 1929년에 원산 인근의 라이징 선 석유 회사에서 일본인 감독관의 한국인 노동자 구타 사건이 발단이 되어 원산 총파업이 일어났어요.

③ 국가 총동원법이 제정되었다.
➡ 중·일 전쟁을 도발한 일제는 1938년에 국가 총동원법을 제정하여 인력과 물자를 강제 동원하였어요.

④ 조선 노동 공제회가 조직되었다.
➡ 1920년에 전국 단위의 노동 운동 단체인 조선 노동 공제회가 조직되었어요.

⑤ 조선 사상범 예방 구금령이 공포되었다.
➡ 1941년에 일제는 독립운동을 탄압하기 위해, 치안 유지법 위반으로 처벌 받은 전력이 있는 사람 가운데 재범의 우려가 있다고 판단되는 경우 예방의 목적으로 구금을 허용한다는 조선 사상범 예방 구금령을 공포하였어요.

기출 선택지 +α

❻ 조선 태형령이 시행되었다.　　　　　　　　　(O / X)
❼ 국민 징용령이 제정되었다.　　　　　　　　　(O / X)
❽ 제1차 조선 교육령이 발표되었다.　　　　　　(O / X)
❾ 황국 신민 서사의 암송이 강요되었다.　　　　(O / X)
❿ 강압적 통치를 목적으로 헌병 경찰제가 실시되었다.　(O / X)

기출 선택지 +α 정답 ❻ ○ ❼ ×[1939년] ❽ ○ ❾ ×[1937년 이후] ❿ ○

37 신간회 정답 ②

(가) 단체에 대한 설명으로 옳은 것은? [2점]

> ### 역 사 신 문
> 제△△호 ○○○○년 ○○월 ○○일
>
> #### 민중 대회 개최 모의로 지도부 대거 체포
>
> 허헌, 홍명희 등 <u>(가)</u> 의 지도부는 **❶**광주 학생 항일 운동을 전국적 시위운동으로 확산시키기 위한 민중 대회 개최를 추진하다가 경찰에 체포되었다. 이 단체는 사건 진상 조사 보고를 위한 유인물 배포 및 연설회 개최를 계획하고, 각 지회에 행동 지침을 내리는 등 시위 확산을 도모하였다.
> ─ 일제 경찰에 허헌, 홍명희 등 신간회의 지도부가 대거 체포됨으로써 신간회의 민중 대회 개최는 좌절되었어요.

정답 잡는 키워드

> ❶ 광주 학생 항일 운동을 전국적 시위운동으로 확산시키기 위한 민중 대회 개최를 추진함 → 신간회

광주 학생 항일 운동을 전국적 시위운동으로 확산시키기 위한 민중 대회 개최를 추진하였다는 내용을 통해 (가) 단체가 신간회임을 알 수 있어요. 신간회는 1927년에 조직된 민족 운동 단체로 '우리는 정치적·경제적 각성을 촉진함', '우리는 단결을 공고히 함', '우리는 일체의 기회주의를 부인함'이라는 강령을 두었으며 일제 강점기 최대 규모의 민족 운동 단체로 성장하였어요.

① 암태도 소작 쟁의를 지원하였다.
➡ 암태도 소작 쟁의는 신간회 창립 이전인 1923년에 일어났어요. 암태도 소작 쟁의를 지원한 단체로 조선 노농 총동맹을 들 수 있어요.

②민족 협동 전선으로 결성되었다.
➡ 신간회는 자치론에 반대하는 비타협적 민족주의 세력과 사회주의 세력의 민족 협동 전선으로 결성되었어요.

③ 부민관 폭파 사건을 주도하였다.
➡ 1945년에 대한 애국 청년당 당원들이 부민관 폭파 사건을 주도하였어요.

④ 조선 혁명 선언을 활동 지침으로 하였다.
➡ 김원봉이 조직한 의열 투쟁 단체인 의열단은 신채호가 작성한 '조선 혁명 선언'을 활동 지침으로 삼았어요.

⑤ 어린이날을 제정하고 잡지 어린이를 간행하였다.
➡ 방정환이 중심이 된 천도교 소년회는 소년 운동을 전개하며 어린이날을 제정하고 잡지 "어린이"를 간행하였어요.

핵심 개념 | 신간회의 결성과 활동

창립	비타협적 민족주의 세력과 사회주의 세력이 연합하여 결성(1927)
강령	정치·경제적 각성 촉구, 민족의 공고한 단결 촉구, 기회주의 배격
활동	강연회 개최, 사회단체 지원, 광주 학생 항일 운동 지원(진상 조사단 파견, 민중 대회 개최 추진)
해소	일제의 탄압, 새 지도부의 온건화 → 코민테른의 노선 변경에 따른 사회주의 계열의 이탈로 해소(1931)
의의	민족주의 계열과 사회주의 계열의 민족 협동 전선, 일제 강점기 최대 규모의 민족 운동 단체

---

38 물산 장려 운동 정답 ②

밑줄 그은 '이 운동'에 대한 설명으로 옳은 것은? [2점]

> 이것은 평양에서 조만식 등의 주도로 시작된 이 운동의 선전 행렬을 보여 주는 사진이야.
>
> 이 운동은 '조선 사람 조선 것' 등의 구호를 내세웠지만, 자본가의 이익만을 추구하는 이기적인 운동이라고 비판받기도 했어.
>
> 물산 장려 운동은 '내 살림 내 것으로', '조선 사람 조선 것' 등의 구호를 내세워 토산품 애용을 강조하였어요.

정답 잡는 키워드

> ❶ 평양에서 조만식 등의 주도로 시작, ❷ '조선 사람 조선 것' → 물산 장려 운동

평양에서 조만식 등의 주도로 시작되었으며 '조선 사람 조선 것' 등의 구호를 내세웠다는 내용을 통해 밑줄 그은 '이 운동'이 1920년대에 전개된 물산 장려 운동임을 알 수 있어요. 1920년 회사 설립이 신고제로 바뀌고, 일본 상품에 대한 관세가 철폐된다는 소식이 전해지자 일본 기업에 비해 그 수나 자본금이 훨씬 적고 기술력도 뒤처지는 한국인 자본가와 기업의 위기의식이 높아졌어요. 이러한 가운데 민족 산업과 자본을 보호·육성하여 민족 경제의 자립을 이루자는 물산 장려 운동이 전개되었지요. 평양에서 시작된 물산 장려 운동은 자작회, 토산 애용 부인회 등의 단체들이 활발히 참여하면서 전국으로 확대되었어요.

① 통감부의 탄압과 방해로 중단되었다.
➡ 통감부는 1910년 8월까지 존속되었어요. 국채 보상 운동 등이 통감부의 탄압과 방해로 중단되었어요.

②조선 관세령 폐지를 계기로 확산되었다.
➡ 물산 장려 운동은 조선 관세령이 폐지되면서 확산되었어요.

③ 황국 중앙 총상회가 설립되는 결과를 가져왔다.
➡ 1898년에 외국 상인의 상권 침탈에 대응하여 서울의 시전 상인들이 황국 중앙 총상회를 조직하였어요.

④ 한성 은행, 대한 천일 은행 설립에 영향을 끼쳤다.
➡ 1890년대 후반에 일본 금융 기관의 침투에 대응하여 한성 은행, 대한 천일 은행 등이 설립되었어요.

⑤ 일본, 프랑스 등의 노동 단체로부터 격려 전문을 받았다.
➡ 1929년에 원산 총파업이 일어나자 일본, 프랑스 등 해외의 노동 단체가 격려 전문을 보내 지지하였어요.

기출 선택지 +α

> ❻ 중국의 5·4 운동에 영향을 주었다. (O / X)
> ❼ 이상재 등이 모금 활동을 주도하였다. (O / X)
> ❽ 김광제, 서상돈 등의 발의로 본격화되었다. (O / X)
> ❾ 자작회, 토산 애용 부인회 등이 활동하였다. (O / X)

기출 선택지 +α

정답 ❻ ×[3·1 운동] ❼ ×[민립 대학 설립 운동] ❽ ×[국채 보상 운동] ❾ ○

밑줄 그은 '시기'에 볼 수 있는 모습으로 적절한 것은? [2점]

> 일본군이 1941년에 하와이 진주만의 미군 기지를 기습 공격하면서 태평양 전쟁이 시작되었어요

이 자료는 **태평양 전쟁 발발 후 일제의 전시 동원 체제가 강화된 시기**의 판결문이다. 판결문에는 피고인 임○○이 이웃 주민과의 잡담에서 "자식이 징용되거나 근로 보국대에 가지 않도록 취직시킨다." 등의 발언을 하여 민심을 어지럽혔다는 이유로 징역형을 선고한다는 내용이 담겨 있다.

> 일제가 1938년에 한국인 학생과 여성, 농촌 노동력을 강제 동원하기 위해 조직한 단체로, 1940년대에는 전국적으로 결성되어 수많은 한국인의 노동력을 착취하였어요

정답 잡는 키워드

❶ 태평양 전쟁 발발 후 일제의 전시 동원 체제가 강화됨
→ **1940년대**

태평양 전쟁 발발 후 일제의 전시 동원 체제가 강화되었다는 내용으로 보아 밑줄 그은 '시기'는 태평양 전쟁이 발발한 1941년부터 우리나라가 광복을 맞이한 1945년까지입니다. 일제는 중·일 전쟁(1937) 이후 침략 전쟁을 확대하면서 한반도를 병참 기지로 삼아 한국에서 전쟁에 필요한 인적·물적 자원을 본격적으로 동원하였어요. 국가 총동원법에 이어 국민 징용령을 시행하여 전쟁에 필요한 노동력을 강제로 동원하였으며, 전쟁 막바지인 1944년에는 여자 정신 근로령을 만들어 여성들도 군수 공장에서 강제로 일하게 하였어요. 또한, 지원병제를 실시하여 한국의 청년들을 병력으로 동원하였으며, 태평양 전쟁으로 전선이 확대되자 학도 지원병제와 징병제를 실시하여 학생과 청년들을 강제로 전쟁터에 끌고 갔어요. 일제는 한국인을 전쟁에 쉽게 동원하기 위해 신사 참배, 황국 신민 서사 암송, 창씨개명 등 한국인의 민족의식을 말살하는 정책을 더욱 강화하였어요.

① **국가 보안법** 철폐를 요구하는 학생
➡ 국가 보안법은 반국가 활동을 규제하기 위해 제정된 법률로 광복 이후인 1948년에 제정되었어요.

②**몸뻬** 착용을 권장하는 **애국반** 반장
➡ 일제는 한국인의 일상생활을 감시하고 통제하기 위해 **1938년부터** 애국반을 조직하였어요. 일제는 전시 동원 체제를 강화하면서 애국반을 통해 남성에게는 국민복을, 여성에게는 몸뻬 착용을 강요하였어요.

③ **경부선 철도** 개통식을 구경하는 청년
➡ 경부선 철도는 러·일 전쟁 중에 일본이 군사적 목적으로 공사를 진행하여 1905년에 개통되었어요.

④ **형평사 창립 대회** 개최를 취재하는 기자
➡ 1923년에 진주에서 백정에 대한 사회적 차별 철폐를 목표로 조선 형평사 창립 대회가 개최되었어요.

⑤ 헌병 경찰에게 끌려가 **태형**을 당하는 농민
➡ 1910년대 일제는 헌병 경찰 제도를 실시하였으며, 한국인에게만 태형을 적용하는 조선 태형령을 시행하였어요. 헌병 경찰 제도와 조선 태형령은 이른바 문화 통치가 시작되면서 폐지되었어요.

기출 선택지 +α

❻ 징병제를 찬양하는 친일 지식인   (O / X)
❼ 신사 참배에 강제 동원되는 학생   (O / X)
❽ 국방헌금 모금에 적극 협력하는 부호   (O / X)
❾ 여자 정신 근로령에 의해 강제로 끌려가는 여성   (O / X)

기출 선택지 +α   정답 ❻O ❼O ❽O ❾O

다음 인물의 활동으로 옳은 것은? [2점]

> **이달의 독립운동가**
>
> ## 우리 말과 글을 지키는 데 앞장선 ○○○
>
>
>
> • 생몰년 : 1888~1943
> • 호 : 환산, 한뫼
> • 주요 활동
>
> > 1921년에 설립된 조선어 연구회는 1931년 조선어 학회로 이름을 바꾸었어요.
>
> 김해 출신으로 합성 학교 등에서 교사로 재직하며 교육 계몽 운동을 전개하였다. 1919년 영변에서 만세 운동을 주도하였으며, 중국의 베이징 대학에서 역사학을 공부하였다. 귀국 이후 ❶조선어 연구회에 가입하여 한글의 연구 및 보급에 앞장섰으며, 1942년 ❷조선어 학회 사건으로 가혹한 고문을 받고 이듬해 옥사하였다. 1962년 건국훈장 독립장이 추서되었다.
>
> > 일제가 조직한 조선어 학회 사건으로 이윤재, 최현배, 이극로 등의 회원들이 구속되어 조선어 학회의 조직이 와해되었어요.

정답 잡는 키워드

❶ 조선어 연구회에 가입하여 한글의 연구 및 보급에 앞장섬,
❷ 조선어 학회 사건으로 가혹한 고문을 받음 → **이윤재**

'환산', '한뫼'라는 호를 사용하였으며 조선어 연구회에 가입하여 한글을 연구하고 조선어 학회 사건으로 옥사한 인물은 이윤재입니다. 이윤재는 조선어 연구회와 조선어 학회에서 활동하였으며 진단 학회의 창립에도 참여하였어요. 저서로는 "성웅 이순신", "문예독본" 등이 있어요.

① 한글 맞춤법 통일안 제정에 참여하였다.
➡ 이윤재는 조선어 학회에서 한글 맞춤법 통일안 제정에 참여하였으며 "우리 말 큰사전" 편찬 사업을 추진하는 등 한글 보급에 노력하였어요.

② 미국과 유럽을 여행한 뒤 **서유견문**을 **집필**하였다.
➡ 유길준은 미국, 유럽 등지를 둘러보고 귀국한 후 "서유견문"을 집필하여 서양 근대 문명을 소개하였어요.

③ **국문 연구소**를 설립하고 **연구 위원**으로 활동하였다.
➡ 주시경, 지석영 등은 대한 제국 정부가 학부 아래 설립한 국문 연구소에서 연구 위원으로 활동하였어요.

④ 세계 지리 교과서인 **사민필지**를 **한글**로 저술하였다.
➡ 헐버트는 세계 지리 교과서인 "사민필지"를 한글로 저술하였고, 을사늑약 직후에는 고종의 친서를 미국 정부에 전달하였어요.

⑤ 민족을 역사 서술의 중심에 둔 **독사신론**을 **발표**하였다.
➡ 신채호는 민족을 역사 서술의 중심에 둔 '독사신론'을 저술하여 민족주의 사학의 기반을 마련하였어요.

기출 선택지 +α

❻ 소설 상록수를 신문에 연재하였다.   (O / X)
❼ 우리말 큰사전 편찬 사업을 추진하였다.   (O / X)
❽ 극동 인민 대표 대회에서 의장단으로 선출되었다.   (O / X)
❾ 고대사 연구를 바탕으로 조선상고사를 저술하였다.   (O / X)
❿ 여유당전서를 간행하고 조선학 운동을 전개하였다.   (O / X)

기출 선택지 +α   정답 ❻×[심훈] ❼O ❽×[여운형] ❾×[신채호] ❿×[정인보, 안재홍 등]

41 한국 광복군　　　　　정답 ①

(가) 부대에 대한 설명으로 옳은 것은?　　　[1점]

대한민국 임시 정부는 윤봉길의 홍커우 공원 의거 이후 일제의 탄압이 심해지자 상하이를 떠나 여러 지역으로 옮겨 다니다가 1940년 충칭에 정착하였어요.

1. 연내에 동북 방면에서 중국 관내로 들어와 화북 각지에 분포되어 있는 독립군 중에서 모집한다.
⋮
3. 한국 국내와 동북 지방 각지에 있는 장정들에게 비밀리에 군령을 전하여 그들로 하여금 응모하게 한다.
⋮
5. 포로로 잡힌 한인을 거두어 편성한다.

이것은 ❶ (가) 편련 계획 대강의 일부로 병력 모집에 대한 구체적인 계획이 담겨 있습니다. 이를 바탕으로 대한민국 임시 정부는 충칭에서 지청천을 ❷ 총사령으로 하는 (가) 총사령부를 창설하였습니다.

정답 잡는 키워드

❶ 대한민국 임시 정부가 충칭에서 창설, ❷ 총사령 지청천
→ **한국 광복군**

1940년 충칭에 정착한 대한민국 임시 정부는 중국 국민당 정부의 지원을 받아 지청천을 총사령으로 하는 한국 광복군을 창설하였어요. 한국 광복군은 중국 각지의 독립군과 국내외에 거주하는 청년들을 대상으로 병력을 모집하였으며, 1942년에는 김원봉을 비롯한 조선 의용대의 일부 대원이 합류하여 조직이 강화되었어요. 한편, 태평양 전쟁(1941)이 발발하자 대한민국 임시 정부는 일본에 선전 포고를 하였고, 이후 한국 광복군은 연합군의 일원으로 대일전에 참전하였어요. 영국군의 요청에 따라 한국 광복군의 병력 일부가 인도·미얀마 전선에 파견되기도 하였습니다.

①미국과 연계하여 국내 진공 작전을 계획하였다.
➡ 한국 광복군은 미국 전략 정보국(OSS)과 협력하여 국내 정진군을 조직하고 국내 진공 작전을 추진하였어요. 그러나 일본의 갑작스러운 항복으로 작전을 실행에 옮기지 못하였어요.

② 쌍성보, 대전자령 전투에서 일본군을 격파하였다.
➡ 1930년대 초반에 한국 독립군은 중국 호로군과 연합하여 쌍성보 전투, 대전자령 전투 등에서 일본군을 격파하였어요.

③ 조선 민족 전선 연맹의 무장 조직으로 결성되었다.
➡ 조선 의용대는 1938년에 김원봉의 주도로 중국 국민당 정부의 지원을 받아 조선 민족 전선 연맹의 군사 조직으로 창설되었어요.

④ 중국 의용군과 연합하여 영릉가 전투에서 승리하였다.
➡ 1930년대 초반에 조선 혁명군은 중국 의용군과 연합하여 영릉가 전투에서 일본군에게 승리하였어요.

⑤ 간도 참변 이후 조직을 정비하고 자유시로 이동하였다.
➡ 간도 참변 이후 만주 지역의 독립군 부대들이 밀산에 집결하였다가 러시아 혁명군의 지원 약속을 믿고 자유시로 이동하였어요.

기출 선택지 +α

❻ 연합군과 함께 인도·미얀마 전선에서 활동하였다.　(O/X)
❼ 중국 팔로군에 편제되어 항일 전선에 참여하였다.　(O/X)
❽ 중국 관내에서 조직된 최초의 한인 무장 부대였다.　(O/X)

기출 선택지 +α　정답 ❻○ ❼×[조선 의용군] ❽×[조선 의용대]

---

42 대한민국 정부 수립 과정　　　　　정답 ④

(가) 시기에 있었던 사실로 옳은 것은?　　　[2점]

김구 중심의 한국 독립당은 신탁 통치 반대 운동에서는 이승만과 뜻을 같이하였으나, 단독 정부 수립에는 반대하였어요.

신문을 보니 며칠 전 정읍에서 이승만이 ❶단독 정부 수립을 시사하는 발언을 했다네.

한국 독립당에서는 단독 정부 수립은 안 된다고 했다더군.

(가)

우리 ❷소련의 주장은 작년 제1차 미·소 공동 위원회 때와 같습니다.

우리 ❸미국은 신탁 통치에 반대하는 단체를 제외하는 것은 부당하다고 생각합니다.

정답 잡는 키워드

❶ 이승만이 정읍에서 단독 정부 수립을 시사하는 발언을 함
→ 이승만의 정읍 발언(1946)
❷, ❸ 미국과 소련이 제1차 미·소 공동 위원회 때와 같은 주장을 함 → 제2차 미·소 공동 위원회(1947)

첫 번째 그림은 1946년에 있었던 이승만의 정읍 발언을 두고 나누는 대화이고, 두 번째 그림은 제2차 미·소 공동 위원회 당시 미국과 소련이 주장한 내용이에요. 미·소 공동 위원회가 임시 민주 정부 수립을 위한 협의 대상을 선정하는 문제를 두고 미·소 간의 의견 대립으로 무기한 휴회되자 이승만은 정읍에서 남한만의 단독 정부를 수립하자는 발언을 하였어요. 분단의 위기가 높아지는 가운데 중도 성향의 여운형과 김규식 등이 미군정의 지원을 받아 좌우 합작 위원회를 조직하였어요. 이들은 좌우 합작 7원칙을 발표하고 통일 정부 수립을 위해 노력하였어요. 그러나 좌우익 인사들이 위원회의 의견을 외면하였어요. 결국 미군정이 지지를 철회하고 여운형이 암살되면서 좌우 합작 운동은 실패하였어요. 1947년에 제2차 미·소 공동 위원회가 개최되었으나 협의 대상 문제를 둘러싸고 미·소가 다시 대립하여 성과 없이 그해 10월에 종료되었어요.

① 여수·순천 10·19 사건이 발생하였다.
➡ 1948년에 제주 4·3 사건 진압을 위해 이승만 정부가 여수와 순천에 주둔한 군대에 출동 명령을 내렸지만 군대 내 일부 세력이 명령을 거부하고 무장봉기한 여수·순천 10·19 사건이 발생하였어요.

② 유엔 한국 임시 위원단이 서울에 도착하였다.
➡ 1948년 1월에 유엔 총회의 결정에 따라 총선거의 공정한 감시를 위해 유엔 한국 임시 위원단이 서울에 도착하였어요.

③ 송진우, 김성수 등이 한국 민주당을 창당하였다.
➡ 1945년 9월에 송진우, 김성수 등 우익 인사가 중심이 되어 한국 민주당을 창당하였어요.

④여운형 등의 주도로 좌우 합작 위원회가 발족되었다.
➡ 1946년 7월에 여운형, 김규식 등의 주도로 좌우 합작 위원회가 발족되었어요.

⑤ 조선 건국 준비 위원회에서 조선 인민 공화국을 선포하였다.
➡ 1945년 9월에 조선 건국 준비 위원회는 미군의 한반도 진주를 앞두고 미군정과 대등한 입장에서 교섭하기 위해 조선 인민 공화국의 수립을 선포하였어요.

기출 선택지 +α

❻ 좌우 합작 7원칙이 발표되었다.　(O/X)
❼ 모스크바 삼국 외상 회의가 개최되었다.　(O/X)
❽ 반민족 행위 특별 조사 위원회가 구성되었다.　(O/X)
❾ 유엔 소총회에서 남한만의 단독 총선거가 결의되었다. (O/X)

기출 선택지 +α
정답 ❻○[1946년 10월] ❼×[1945년 12월] ❽×[1948년 10월] ❾×[1948년 2월]

43 지방 통치 체제의 변천
정답 ②

(가)~(라) 지방 통치 체제에 대한 설명으로 옳은 것을 <보기>에서 고른 것은? [3점]

> (가) 완산주를 다시 설치하고 용원을 총관으로 삼았다. 거열주를 빼서 청주(菁州)를 두니 처음으로 ❶9주가 되었다. 대아찬 복세를 총관으로 삼았다.
> └ 통일 신라 신문왕 때 완산주와 청주를 설치하여 9주를 갖추었어요.
>
> (나) 현종 초에 절도사를 폐지하고, 5도호와 75도 안무사를 두었으나, 얼마 후 안무사를 폐지하고, 4도호와 8목을 두었다. 그 이후로 ❷5도·양계를 정하니, 양광·경상·전라·교주·서해·동계·북계가 그것이다.
> └ 고려 현종 때 5도와 양계, 4도호부 8목의 지방 제도가 확립되었어요.
>
> (다) 각 도 각 고을의 이름을 고쳤다. …… 드디어 완산을 다시 '전주'라고 칭하고, 계림을 다시 '경주'라고 칭하고, ❸서북면을 '평안도'로 하고, ❹동북면을 '영길도'로 하였으니, 평양·안주·영흥·길주가 계수관이기 때문이다.
> └ 평양과 안주의 첫 글자를 따서 평안도로, 영흥과 길주의 첫 글자를 따서 영길도로 이름을 정하였어요.
>
> (라) ❺전국을 23부의 행정 구역으로 나누어 아래에 열거하는 각 부를 둔다. …… 앞 조항 외에는 종래의 목, 부, 군, 현의 명칭과 부윤, 목사, 부사, 군수, 서윤, 판관, 현령, 현감의 관명을 다 없애고 읍의 명칭을 군이라고 하며 읍 장관의 관명을 군수라고 한다.

└ 각 도 내에서 행정의 중심이 되어 그 도를 대표하는 지역을 말해요.

정답 잡는 키워드

❶ 9주 → (가) 통일 신라

❷ 5도·양계 → (나) 고려

❸, ❹ 서북면, 동북면을 평안도, 영길도로 고침 → (다) 조선

❺ 전국을 23부의 행정 구역으로 나눔 → (라) 제2차 갑오개혁

(가) 삼국 통일 후 신라는 넓어진 영토를 효과적으로 다스리기 위해 전국을 9주로 나누어 옛 고구려와 백제, 신라 땅에 각각 3주씩 배치하였어요. 또 주요 지역에 5소경을 설치하여 동남쪽에 치우쳐 있는 수도의 편재성을 보완하였어요.

(나) 고려는 전국을 경기 외 5도와 양계로 나누어 통치하였어요. 일반 행정 구역인 5도에는 안찰사를 파견하였고, 국경 지역에는 북계와 동계, 즉 양계를 두어 병마사를 파견하고 적의 침입에 대비하게 하였어요.

(다) 조선은 태종 때 지방 행정 구역의 명칭을 개정하면서 고려 시대부터 유지되어 온 서북면(북계)과 동북면(동계)의 명칭을 평안도와 영길도(후에 함경도)로 고쳤어요. 이후 몇 차례 개편을 거쳐 경기·충청·전라·경상·강원·황해·평안·함경도의 8도 체제가 확정되었어요.

(라) 1894년 말부터 1895년까지 추진된 제2차 갑오개혁 때 지방 행정 구역이 8도에서 23부로 개편되었어요.

ㄱ. (가) - 신문왕 재위 시기에 정비되었다.
➡ 삼국 통일 후 신라 신문왕은 확대된 영토와 인구를 효율적으로 지배하기 위해 전국을 9주로 정비하였어요.

ㄴ. (나) - 지방 장관으로 욕살, 처려근지 등이 있었다.
➡ 지방 장관으로 욕살, 처려근지를 두었던 나라는 고구려입니다.

ㄷ. (다) - 도에는 관찰사가 임명되어 수령을 감독하였다.
➡ 조선은 전국을 8도로 나누고, 각 도에 지방관으로 관찰사를 파견하였어요. 관찰사는 관내 군현의 수령을 감독하고 근무 성적을 평가하였어요.

ㄹ. (라) - 광무개혁의 일환으로 실시되었다.
➡ 대한 제국의 광무개혁 때에는 제2차 갑오개혁 때의 23부를 폐지하고 13도 제로 개편하였어요.

① ㄱ, ㄴ
② ㄱ, ㄷ
③ ㄴ, ㄷ
④ ㄴ, ㄹ
⑤ ㄷ, ㄹ

---

44 1·4 후퇴 이후의 사실
정답 ①

다음 상황 이후에 일어난 사실로 옳은 것은? [2점]

> ─ 6·25 전쟁이 발발하자 유엔 안전 보장 이사회는 북한의 남침을 침략 행위로 규정하고 16개국으로 구성된 유엔군의 참전을 결의하였어요.
>
> ❶유엔군과 국군은 서울에서 퇴각하고 한강 이북의 부대를 철수시키기로 결정하였다. 이들은 한강에 설치된 임시 교량을 이용해 철수하였고, 오후 1시경에 마지막 부대가 통과한 후 임시 교량을 폭파시켰다. 이에 앞서 정부는 서울 시민들에게 피란을 지시하였고, 많은 서울 시민들이 보따리를 싸서 피란길에 나섰다.

정답 잡는 키워드

❶ 유엔군과 국군이 서울에서 퇴각하고 한강 이북의 부대를 철수시키기로 결정 → 1·4 후퇴(1951)

유엔군과 국군이 서울에서 퇴각하고 한강 이북의 부대를 철수시키기로 하였다는 내용을 통해 6·25 전쟁 당시 1·4 후퇴의 상황임을 알 수 있어요. 1950년 6·25 전쟁 발발 이후 낙동강 전선까지 물러났던 국군과 유엔군은 9월 인천 상륙 작전을 전개하여 서울을 탈환하고, 여세를 몰아 38도선을 돌파하여 압록강 일대까지 진격하였어요. 그러나 중국군이 참전하면서 대대적인 공세에 밀려 후퇴하여 1951년 1월 4일 다시 서울을 북한군에 넘겨주었어요(1·4 후퇴). 반격에 나선 국군과 유엔군은 3월에 다시 서울을 수복하고 38도선 일대까지 진출하였지요. 이후 정전 협정이 맺어질 때까지 38도선 부근에서 일진일퇴를 거듭하는 공방전이 지속되었어요.

① 한·미 상호 방위 조약이 체결되었다.
➡ 정전 협정이 체결된 뒤 1953년 10월에 한·미 상호 방위 조약이 체결되었어요.

② 장진호 전투에서 중국군이 유엔군을 포위하였다.
➡ 1950년 11월 말에서 12월 초까지 함경남도 장진 일대에서 중국군에 포위된 유엔군이 치열한 전투를 벌였어요(장진호 전투).

③ 경찰이 반민족 행위 특별 조사 위원회를 습격하였다.
➡ 1949년 6월에 일부 친일 경찰이 반민족 행위 특별 조사 위원회를 습격하여 반민족 행위자 처벌을 위한 활동을 방해하였어요.

④ 미국의 극동 방위선이 조정된 애치슨 라인이 발표되었다.
➡ 1950년 1월에 미국이 태평양 지역 방위선에서 한국과 타이완이 제외된 애치슨 선언을 발표하였어요.

⑤ 우리나라 최초의 보통 선거인 5·10 총선거가 실시되었다.
➡ 1948년 5월 10일에 유엔 한국 임시 위원단의 감시 아래 우리나라 최초의 보통 선거인 5·10 총선거가 실시되었어요.

기출 선택지 +α

❻ 인천 상륙 작전이 전개되었다.	(O / X)
❼ 흥남 철수 작전이 전개되었다.	(O / X)
❽ 부산에서 발췌 개헌안이 통과되었다.	(O / X)
❾ 소련의 제안으로 정전 회담이 개최되었다.	(O / X)

기출 선택지 +α
정답 ❻ ×[1950년 9월] ❼ ×[1950년 12월] ❽ ○[1952년] ❾ ○[1951년 7월]

다음 뉴스의 사건이 일어난 정부 시기의 경제 상황으로 옳은 것은?
[2점]

❶ 경기도 광주 대단지에서 주민들이 차량을 탈취하는 등 대규모 시위를 벌였습니다. 서울시가 도심 정비를 명목으로 10만여 명의 주민들을 광주로 이주시키는 과정에서 약속한 이주 조건을 지키지 않자 주민들이 대지 가격 인하 등을 요구하며 집단으로 반발하였습니다.

정답 잡는 키워드

❶ 경기도 광주 대단지 주민들이 대규모 시위를 벌임
→ 박정희 정부

경기도 광주 대단지에서 주민들이 대규모 시위를 벌였다는 내용을 통해 광주 대단지 사건이 일어난 박정희 정부 시기임을 알 수 있어요. 광주 대단지는 박정희 정부 시기에 서울시의 철거민 대책으로 조성된 정착지로, 현재 경기도 성남 지역에 해당합니다. 1969년부터 철거민의 이주가 이루어져 1971년에는 주민이 10만여 명이 넘었어요. 그러나 서울시가 처음 내건 이주 조건과 달리, 당시 이들이 이주한 광주는 상하수도, 도로 등의 기반 시설이 제대로 갖추어지지 않은 상태였어요. 여기에 서울시가 처음 약속한 것보다 몇 배나 인상된 토지 대금을 청구하자 이에 분노한 광주 대단지 주민들이 기반 시설 조성과 대지 가격 인하 등을 요구하며 시위를 벌였어요.

① 경부 고속 도로가 개통되었다.
➡ 박정희 정부 시기인 1970년에 경부 고속 도로가 개통되었어요.

② 경제 협력 개발 기구(OECD)에 가입하였다.
➡ 김영삼 정부 시기에 자유 무역 추세가 확대되자 시장 개방 정책을 추진하고 경제 협력 개발 기구(OECD)에 가입하였어요.

③ 원조 물자를 가공한 삼백 산업이 발달하였다.
➡ 이승만 정부 시기에 원조 물자를 가공하여 밀가루, 설탕, 면직물을 생산하는 삼백 산업이 발달하였어요.

④ 저유가, 저금리, 저달러의 3저 호황이 있었다.
➡ 전두환 정부 시기에 저유가, 저금리, 저달러의 3저 호황으로 물가가 안정되고 수출이 증가하였어요.

⑤ 대통령 직속 자문 기구인 노사정 위원회가 구성되었다.
➡ 김대중 정부 시기에 외환 위기 극복을 위한 국민적 합의를 이끌어 내기 위해 대통령 직속 자문 기구로 노사정 위원회가 구성되었어요.

기출 선택지 +α

❻ 제3차 경제 개발 5개년 계획이 추진되었다. (O / X)
❼ 처음으로 수출액 100억 달러가 달성되었다. (O / X)
❽ 최저 임금 결정을 위한 최저 임금 위원회를 설치하였다. (O / X)
❾ 경제적 취약 계층을 위한 국민 기초 생활 보장법이 시행되었다. (O / X)

기출 선택지 +α   정답   ❻ O   ❼ O   ❽ ×[전두환 정부]   ❾ ×[김대중 정부]

(가), (나) 민주화 운동에 대한 설명으로 옳은 것은? [1점]

사진으로 보는 민주화 운동
(가)   (나)

❶ 대학교수들이 3·15 부정 선거를 규탄하고 대통령의 퇴진을 요구하며 시위에 나섬

자유당 부통령 후보 이기붕을 당선시키기 위해 자행된 3·15 부정 선거가 발단이 되어 4·19 혁명이 일어났어요.

❷ 명동 성당에서 시민들이 호헌 철폐, 독재 타도를 외치며 시위를 전개함

명동 성당은 박종철 고문치사 사건이 은폐 조작되었다는 사실이 폭로된 장소였어요.

정답 잡는 키워드

❶ 대학교수들이 3·15 부정 선거를 규탄함 → (가) 4·19 혁명
❷ '호헌 철폐', '독재 타도' → (나) 6월 민주 항쟁

대학교수들이 3·15 부정 선거를 규탄하고 대통령의 퇴진을 요구하며 시위에 나섰다는 내용을 통해 (가) 민주화 운동이 4·19 혁명임을 알 수 있어요. 이승만 정부가 정권 유지를 위해 1960년에 3·15 부정 선거를 저지르자 이에 저항하는 시위가 전국에서 일어났어요. 4월 19일 경무대로 향하는 시위대를 향해 경찰이 발포하여 사상자가 발생하였어요. 이에 대학교수단도 시국 선언을 발표하고 대통령 퇴진을 요구하며 시위에 나섰어요. 결국 4월 26일에 이승만이 하야 성명을 발표하고 대통령직에서 물러났어요. 시민들이 '호헌 철폐'와 '독재 타도'를 외치며 시위를 전개하였다는 내용을 통해 (나) 민주화 운동이 1987년에 일어난 6월 민주 항쟁임을 알 수 있어요. 전두환 정부는 시민들의 직선제 개헌 요구를 무시하고 기존 헌법에 따라 선거를 치르겠다는 4·13 호헌 조치를 발표하였어요. 이러한 상황에서 박종철 고문치사 사건에 대한 진실이 폭로되어 폭압적인 정부를 규탄하는 시위가 확산되었어요. 이때 시위에 참가한 대학생 이한열이 경찰이 쏜 최루탄에 피격되는 사건이 일어났어요. 이를 계기로 수많은 시민이 민주 헌법 쟁취 국민운동 본부가 개최한 6·10 국민 대회에 참여하여 '호헌 철폐', '독재 타도' 등을 외치며 시위를 벌였어요. 강경한 탄압에도 시위가 계속되자 정부는 여당의 대통령 후보로 내정된 노태우를 내세워 대통령 직선제 개헌 요구를 수용하겠다는 6·29 민주 선언을 발표하였어요.

① (가) - 굴욕적인 한·일 국교 정상화에 반대하였다.
➡ 1964년에 박정희 정부의 굴욕적인 한·일 국교 정상화에 반대하는 6·3 시위가 일어났어요.

② (가) - 군부 독재를 타도하려 한 민주화 운동이었다.
➡ 5·18 민주화 운동 당시 광주의 시민과 학생들은 신군부 세력의 퇴진과 계엄령 철폐 등을 요구하며 시위를 벌였어요.

③ (나) - 대통령 직선제 개헌을 이끌어 냈다.
➡ 6월 민주 항쟁으로 5년 단임의 대통령 직선제 개헌이 이루어졌어요.

④ (나) - 전개 과정에서 시민군이 자발적으로 조직되었다.
➡ 5·18 민주화 운동 과정에서 광주의 학생과 시민은 계엄군의 발포 등 무력 진압에 대항하여 자발적으로 시민군을 조직하였어요.

⑤ (가), (나) - 대통령이 하야하는 결과를 가져왔다.
➡ 4·19 혁명으로 이승만이 대통령직에서 물러나고 허정 과도 정부가 수립되었어요.

47 박정희 정부 시기의 사실 정답 ⑤

다음 조치를 시행한 정부 시기에 있었던 사실로 옳은 것은? [2점]

> **대통령 ❶긴급 조치 제9호** ─ 긴급 조치는 유신 헌법에 규정되어 있던 대통령의 특별 조치입니다. 1974년에 발동된 긴급 조치 제1호를 시작으로 총 9차례 공포되었고, 1980년 제8차 개헌으로 폐지되었어요.
>
> **국가 안전과 공공질서의 수호를 위한 대통령 긴급 조치**
>
> 1. 다음 각 호의 행위를 금한다.
>   가. 유언비어를 날조, 유포하거나 사실을 왜곡하여 전파하는 행위
>   나. 집회·시위 또는 신문·방송·통신 등 공중 전파 수단이나 문서·도서·음반 등 표현물에 의하여 대한민국 헌법을 부정·반대·왜곡 또는 비방하거나 그 개정 또는 폐지를 주장·청원·선동 또는 선전하는 행위 ─ 유신 헌법을 말해요. 박정희 정부는 긴급 조치를 발동하여 유신 헌법에 반대하는 일체의 행위를 금지하였어요.
>   ⋮
> 8. 이 조치 또는 이에 의한 주무부 장관의 조치에 위반한 자는 법관의 영장 없이 체포·구금·압수 또는 수색할 수 있다.
>   ⋮
> 13. 이 조치에 의한 주무부 장관의 명령이나 조치는 사법적 심사의 대상이 되지 아니한다.

정답 잡는 키워드

❶ 긴급 조치 제9호 → 박정희 정부

박정희 정부는 1972년에 유신 헌법을 제정하여 영구적인 독재 체제의 토대를 마련하였어요. 유신 헌법은 대통령에게 국회 해산권과 국회 의원 3분의 1 추천권 등의 초헌법적인 권한을 부여하였으며, 긴급 조치를 통해 헌법이 보장하는 국민의 권리까지도 통제할 수 있게 하였어요.

① 국민 방위군 설치법이 공포되었다.
➡ 국민 방위군 설치법은 1950년 **이승만 정부** 시기에 공포되었어요. 6·25 전쟁 당시 중국군의 개입으로 전세가 불리해지자 이를 타개하기 위해 공포·실시되어 17세에서 40세 미만의 장정이 제2국민병으로 조직되었어요.

② 내각 책임제를 골자로 하는 개헌이 이루어졌다.
➡ 1960년에 4·19 혁명으로 이승만 대통령이 하야하고 **허정 과도 정부**가 수립되어 내각 책임제와 양원제 국회 구성을 골자로 한 개헌이 이루어졌어요.

③ 귀속 재산 처리를 위해 신한 공사가 설립되었다.
➡ 광복 후 **미군정**은 일제 강점기에 동양 척식 주식회사와 일본인의 소유였던 토지 등 귀속 재산의 처리를 위해 신한 공사를 설립하였어요.

④ 평화 통일론을 주장한 진보당의 조봉암이 구속되었다.
➡ **이승만 정부**는 1958년에 평화 통일론을 주장한 진보당의 조봉암을 간첩 혐의로 구속하였어요.

⑤ 장기 독재에 저항하는 3·1 민주 구국 선언이 발표되었다.
➡ **박정희 정부** 시기인 1976년에 유신 체제에 반대하여 긴급 조치 철폐를 요구하는 3·1 민주 구국 선언이 발표되었어요.

기출 선택지 +α

❻ 인민 혁명당 재건위 사건을 조작해 관련자를 탄압하였다. (O / X)

❼ 유신 체제에 저항하여 부산, 마산 등지에서 시위가 일어났다. (O / X)

❽ 정부에 비판적인 경향신문을 폐간하는 등 언론을 통제하였다. (O / X)

기출 선택지 +α 정답 ❻○ ❼○ ❽×[이승만 정부]

---

48 김대중 정부의 통일 노력 정답 ①

다음 연설문을 발표한 정부의 통일 노력으로 옳은 것은? [2점]

> ❶ ─ 2000년 6월 13일부터 15일까지 평양에서 분단 후 처음으로 남북 정상 회담이 열렸어요.
>
> 저는 김정일 국방 위원장과 분단 55년 만에 처음 정상 회담을 가졌습니다. 세 차례에 걸친 회담을 통해 우리 두 사람은 민족의 장래와 통일을 생각하는 마음과 열정에 큰 차이가 없으며, 이를 추진하는 방법에 공통점이 많다는 것을 확인했습니다. … … 남북이 열과 성을 모아, 이번의 정상 회담을 성공적으로 마쳐 온 세계를 깜짝 놀라게 했습니다. 남과 북의 화해와 협력을 향한 새 출발에 온 세계가 축복해 주고 있습니다. 불가능해 보였던 남북 정상 회담을 이뤄냈듯이 남과 북이 마음과 정성을 다한다면 통일의 날도 반드시 오리라 저는 확신합니다.

정답 잡는 키워드

❶ 김정일 국방 위원장과 분단 이후 처음으로 정상 회담 개최
→ 김대중 정부

김정일 국방 위원장과 분단 55년 만에 처음으로 정상 회담을 가졌다는 내용을 통해 김대중 정부 시기에 있었던 대통령 연설임을 알 수 있어요. 김대중 정부는 '햇볕 정책'이라고도 불린 대북 화해 협력 정책을 추진하여 남북 간 화해 분위기를 조성하였어요. 그리고 분단 이후 최초로 남북 정상 회담을 개최하고 6·15 남북 공동 선언을 채택하였어요.

① 남북 교류 협력을 위한 개성 공업 지구 조성에 합의하였다.
➡ **김대중 정부**는 6·15 남북 공동 선언에 따라 남북 교류 협력을 위한 개성 공업 지구 조성에 합의하였어요.

② 평화 통일 외교 정책에 관한 6·23 특별 성명을 발표하였다.
➡ **박정희 정부**는 1973년에 조국의 평화 통일 및 개방·선린 외교를 표방한 6·23 특별 성명을 발표하였어요.

③ 남북 사이의 화해와 불가침 및 교류·협력에 관한 합의서를 채택하였다.
➡ **노태우 정부**는 북한과 유엔에 동시 가입하고, 남북 사이의 화해와 불가침 및 교류·협력에 관한 합의서(남북 기본 합의서)를 채택하였어요.

④ 남북 관계 발전과 평화 번영을 위한 10·4 남북 정상 선언에 서명하였다.
➡ **노무현 정부**는 제2차 남북 정상 회담을 개최하고 남북 관계 발전과 평화 번영을 위한 10·4 남북 정상 선언에 서명하였어요.

⑤ 7·4 남북 공동 성명을 실천하기 위해 남북 조절 위원회를 구성하였다.
➡ **박정희 정부**는 7·4 남북 공동 성명을 발표하고 합의 사항을 이행하기 위한 기구로 남북 조절 위원회를 구성하였어요.

기출 선택지 +α

❻ 6·15 남북 공동 선언을 채택하였다. (O / X)
❼ 한반도 비핵화 공동 선언을 발표하였다. (O / X)
❽ 남북한이 국제 연합(UN)에 동시 가입하였다. (O / X)
❾ 남북 이산가족 고향 방문을 최초로 실현하였다. (O / X)
❿ 민족자존과 통일 번영을 위한 7·7 선언을 발표하였다. (O / X)

기출 선택지 +α
정답 ❻○ ❼×[노태우 정부] ❽×[노태우 정부] ❾×[전두환 정부]
❿×[노태우 정부]

49 역사 속 외교 활동 정답 ④

(가)~(마)에 들어갈 내용으로 옳지 않은 것은? [3점]

① **(가)** - 외교 문서 작성에 능하여 청방인문표를 짓다
➡ 신라 문무왕 때 강수가 작성한 '청방인문표'를 당에 보내 인질로 억류되어 있던 무열왕의 아들이자 문무왕의 동생인 김인문의 석방을 요구하였어요.

② **(나)** - 외교 담판을 통해 강동 6주를 확보하다
➡ 고려 성종 때 거란이 침입하자 서희가 거란 장수 소손녕과 외교 담판을 벌여 강동 6주를 확보하였어요.

③ **(다)** - 일본에 파견되어 계해약조 체결에 기여하다
➡ 조선 세종은 이예를 보내 일본과 계해약조를 체결하여 세견선의 입항 규모 등 무역에 관한 규정을 정하였어요.

④ **(라)** - 보빙사의 전권대신으로 미국에 파견되다
➡ 조·미 수호 통상 조약 체결 후 미국 공사가 조선에 부임하자 답례 차원에서 1883년에 전권대신 민영익을 비롯하여 홍영식, 서광범 등으로 구성된 보빙사가 미국에 파견되었어요. 김홍집은 1880년 제2차 수신사로 일본에 파견되었고, 귀국하면서 청의 외교관 황준헌이 쓴 "조선책략"을 국내로 들여왔어요.

⑤ **(마)** - 파리 강화 회의에 독립 청원서를 제출하다
➡ 대한민국 임시 정부는 프랑스 파리에서 활동하고 있던 김규식을 전권 대사로 임명하여 파리 강화 회의에 독립 청원서를 제출하였어요.

50 안동의 역사와 문화 정답 ③

(가) 지역에 대한 탐구 활동으로 가장 적절한 것은? [2점]

정답 잡는 키워드

❶ 고창 전투, ❷ 봉정사 극락전, ❸ 도산 서원 → 안동

고창 전투는 호족들의 도움을 받은 왕건의 고려군이 고창(지금의 안동)에서 견훤의 후백제군을 격퇴한 전투입니다. 왕건은 930년 고창 전투에서 승리하면서 후백제와의 경쟁에서 우위를 차지하게 되었고, 이후 936년 일리천 전투에서 신검의 후백제군을 물리치고 후삼국을 통일하였어요. 안동에 있는 봉정사 극락전은 현재 우리나라에 남아 있는 가장 오래된 목조 건축물이며, 고려 후기에 주심포 양식으로 지어졌어요. 도산 서원은 조선 전기의 성리학자 퇴계 이황이 고향인 안동에서 제자들을 가르쳤던 서당 자리에 세워졌어요.

① 김헌창이 반란을 일으킨 근거지를 파악한다.
➡ 신라 말 헌덕왕 때 지금의 충청남도 공주인 웅천주에서 도독 김헌창이 아버지 김주원이 왕위에 오르지 못한 것에 불만을 품고 난을 일으켰어요.

② 강주룡이 고공 시위를 전개한 장소를 알아본다.
➡ 일제 강점기에 강주룡은 평양 을밀대 지붕에서 회사의 임금 삭감 결정에 반발하여 고공 시위를 벌였어요.

③ 공민왕이 홍건적의 침입 때 피란한 지역을 찾아본다.
➡ 고려 공민왕 때 홍건적이 고려에 침입하여 개경으로 향해 오자 공민왕은 안동으로 피란하였어요.

④ 신립이 배수의 진을 치고 전투를 벌인 위치를 검색한다.
➡ 임진왜란 초기에 신립은 충주 탄금대에서 배수의 진을 치고 빠른 속도로 북상하는 왜군에 항전하였으나 패하였어요.

⑤ 김사미가 가혹한 수탈에 저항하여 봉기한 곳을 조사한다.
➡ 무신 집권 초기에 김사미가 지금의 경상북도 청도 지역의 운문에서 지배층의 가혹한 수탈에 저항하여 봉기를 일으켰어요.

기출 선택지 +α

❻ 장용영의 외영이 설치된 위치를 파악한다. (O/X)
❼ 정약전이 자산어보를 저술한 곳을 검색한다. (O/X)
❽ 인조가 피신하여 청군과 항전을 벌인 곳을 알아본다. (O/X)
❾ 태조의 어진을 모신 경기전이 건립된 장소를 조사한다. (O/X)

기출 선택지 +α 정답 ❻ ×[수원 화성] ❼ ×[흑산도] ❽ ×[남한산성] ❾ ×[전주]

해설 강의 바로 보기

시대별 출제 비중

선사 **2문항**
구석기 시대의 생활 모습, 동예

고대 **8문항**
삼국의 사회 모습, 황산벌 전투,
통일 신라의 경제 상황, 최치원, 진흥왕의 업적,
발해 문왕, 경주 불국사 3층 석탑, 견훤의 활동

**전근대
29문항**

고려 **9문항**
교정도감 설치 이후의 사실, 광종 재위 시기의 사실,
고려의 관학 진흥책, 고려와 거란의 관계,
고려의 문화유산, 지눌, 조선의 건국 과정,
고려의 경제, 영주 부석사 소조 여래 좌상

조선 **10문항**
영조의 정책, 무오사화, 세조 재위 시기의 사실,
이이의 활동, 조선 후기의 정치 변화,
조선과 청의 관계, 조선 후기의 경제, 비변사,
김정희의 활동, 천주교 박해

개항기 **5문항**
박규수의 활동, 갑신정변, 갑오개혁,
독립 협회의 활동, 제1차 한·일 협약

일제 강점기 **6문항**
3·1 운동, 임병찬의 활동,
조선 혁명군의 활동, 형평 운동,
1910년대 사회 모습, 조선어 학회의 활동

현대 **8문항**
김구와 여운형의 활동, 제헌 국회의 활동,
6·25 전쟁, 이승만 정부 시기의 사실,
3선 개헌과 유신 헌법, 박정희 정부 시기의 사실,
6월 민주 항쟁, 노태우 정부의 통일 노력

**근현대
21문항**

시대 통합 **2문항**
역사 속 외세의 침입, 동래 지역의 역사

분류별 출제 비중 고대~조선

정치	**17**문항
경제	**3**문항
사회	**2**문항
문화	**7**문항

난이도별 출제 비중

상 **1**문항
중 **35**문항
하 **14**문항

1 구석기 시대의 생활 모습   정답 ⑤

밑줄 그은 '이 시대'의 생활 모습으로 옳은 것은?   [1점]

이 그림은 한 미군 병사가 **❶경기도 연천군 전곡리**에서 이 시대의 대표적인 유물인 **❷주먹도끼** 등을 발견하고 그린 것입니다. 그가 발견한 아슐리안형 주먹도끼는 이 시대 동아시아에는 찍개 문화만 존재하고 주먹도끼 문화는 없었다는 모비우스(H. Movius)의 학설을 뒤집는 증거가 되었습니다.

구석기 시대에 돌을 깨뜨리거나 떼어 내 만든 주먹도끼, 찍개 등의 뗀석기를 만들기 시작하였어요.

연천 전곡리 유적은 공주 석장리 유적, 단양 수양개 유적과 함께 우리나라 구석기 시대를 대표하는 유적지입니다. 이곳에서 아슐리안형 주먹도끼가 동아시아 최초로 발견되었어요.

정답 잡는 키워드

❶ 경기도 연천군 전곡리, ❷ 주먹도끼 → 구석기 시대

경기도 연천군 전곡리에서 주먹도끼가 발견되었다는 내용을 통해 밑줄 그은 '이 시대'가 구석기 시대임을 알 수 있어요. 주먹도끼는 찍고, 자르고, 동물의 가죽을 벗기는 등 다양한 용도로 사용된 뗀석기입니다. 구석기 시대 사람들은 뗀석기를 사용하였으며, 무리를 지어 이동하며 사냥과 채집 등을 통해 식량을 구하였어요.

① 소를 이용하여 깊이갈이를 하였다.
➡ 소를 이용한 깊이갈이는 **철기 시대**부터 시작되었으며, 고려 시대에 들어와 일반화되었어요.

② 빗살무늬 토기에 식량을 저장하였다.
➡ 빗살무늬 토기는 **신석기 시대**의 대표적인 토기입니다. 신석기 시대 사람들은 빗살무늬 토기를 만들어 식량을 저장하거나 조리하는 데 이용하였어요.

③ 지배층의 무덤으로 고인돌을 만들었다.
➡ 고인돌은 **청동기 시대**부터 만들어지기 시작한 지배층의 무덤이에요. 거대한 규모의 고인돌을 통해 당시에 많은 인력을 동원할 수 있을 만큼 큰 힘을 가진 지배자가 존재하였음을 알 수 있어요.

④ 거푸집을 사용하여 세형 동검을 제작하였다.
➡ 세형 동검은 우리나라 **초기 철기 시대**에 제작된 청동검으로, 한국식 동검이라고도 불립니다.

⑤ 주로 동굴이나 강가의 막집에서 거주하였다.
➡ **구석기 시대**에 사람들은 식량을 찾아 이동 생활을 하며 주로 동굴이나 강가의 막집에서 거주하였어요.

기출 선택지 +α

❻ 명도전을 이용하여 중국과 교역하였다.   (O / X)
❼ 의례 도구로 청동 방울 등을 사용하였다.   (O / X)
❽ 반달 돌칼을 사용하여 곡물을 수확하였다.   (O / X)
❾ 계급이 없는 평등한 공동체 생활을 하였다.   (O / X)
❿ 실을 뽑기 위해 가락바퀴를 처음 사용하였다.   (O / X)

기출 선택지 +α
정답   ❻×[철기 시대]   ❼×[청동기 시대]   ❽×[청동기 시대]   ❾○   ❿×[신석기 시대]

---

2 동예   정답 ④

밑줄 그은 '이 나라'에 대한 탐구 활동으로 가장 적절한 것은? [2점]

스스로 탐구하는 역사 수업

철기 문화를 바탕으로 등장한 여러 나라 중 함경남도와 강원도의 해안 지역을 중심으로 성장하였던 이 나라에 대해 조사한 내용을 올려 주세요.

동예와 옥저에는 왕이 없고 읍군, 삼로라고 불린 지배자가 부족을 다스렸어요.

정치	경제	사회
❶읍군, 삼로라고 불린 지배자가 있었어요.	❷단궁, 과하마, 반어피 등이 특산물로 유명하였어요.	다른 읍락을 침범하면 소, 말 등으로 변상하게 하는 책화라는 풍습이 있었어요.

❶ 단궁은 박달나무로 만든 활, 과하마는 키가 작은 말, 반어피는 바다표범의 가죽을 말해요.

정답 잡는 키워드

❶ 읍군, 삼로, ❷ 단궁, 과하마, 반어피, ❸ 책화 → 동예

읍군, 삼로라고 불린 지배자가 있었고 단궁, 과하마, 반어피 등이 특산물로 유명하였으며 책화의 풍습이 있었던 나라는 동예입니다. 고조선 멸망 이후 만주와 한반도에서는 철기 문화를 바탕으로 여러 나라가 성장하였어요. 동예는 지금의 강원도 북부 동해안 지역에 위치하였던 나라로, 일찍부터 고구려의 압박을 받아 크게 성장하지 못하고 고구려에 통합되었어요.

① 신성 지역인 소도의 역할을 알아본다.
➡ **삼한**에는 제사장인 천군과 신성 지역인 소도가 있었어요. 천군과 소도의 존재는 삼한이 제정 분리 사회였음을 보여 줍니다.

② 포상 8국의 난 진압 과정을 찾아본다.
➡ 포상 8국의 난은 3세기에 한반도 남부 해안에 위치한 8개의 소국이 가야 지역을 침범한 사건이에요. 기록에 따르면, 공격을 받은 가야 세력이 도움을 요청하여 **신라**의 내해 이사금이 군사를 보내 포상 8국의 난을 진압하였다고 합니다.

③ 삼국유사에 실린 김알지 신화를 분석한다.
➡ 김알지는 **신라** 왕족인 경주 김씨의 시조로, 경주 계림의 금궤에서 나왔다는 신화가 전해집니다. 김알지의 후손인 미추 이사금이 김씨로서는 최초로 신라의 왕이 되었어요.

④ 무천이라는 제천 행사를 개최한 이유를 파악한다.
➡ **동예**는 매년 10월에 무천이라는 제천 행사를 열었어요.

⑤ 마가, 우가, 저가, 구가 등이 다스렸던 지역을 조사한다.
➡ **부여**에서는 왕이 중앙을 다스리고 마가, 우가, 저가, 구가 등의 가(加)들이 별도로 사출도를 다스렸어요.

핵심 개념 | 여러 나라의 성장

부여	5부족 연맹체, 사출도(마가, 우가, 저가, 구가 등 여러 가들이 통치), 1책 12법, 순장, 형사취수제, 제천 행사(영고, 12월)	
고구려	5부족 연맹체(대가들이 각각 사자, 조의, 선인 등을 거느림), 제가 회의, 서옥제, 형사취수제, 제천 행사(동맹, 10월)	
옥저	민며느리제, 가족 공동 무덤	왕이 없고 읍군, 삼로라는 군장이 지배
동예	특산물(단궁, 과하마, 반어피), 책화, 족외혼, 제천 행사(무천, 10월)	
삼한	신지·읍차라는 군장이 지배, 제사장인 천군과 신성 지역인 소도 존재(제정 분리), 제천 행사(5월과 10월의 계절제), 낙랑·왜 등에 철 수출(변한)	

3 삼국의 사회 모습
정답 ③

(가), (나) 국가의 사회 모습에 대한 설명으로 옳은 것은? [2점]

> 백제는 왕족인 부여씨와 여덟 성씨(8성)의 귀족이
> 지배층을 이루었어요.

> (가) 왕의 성은 부여씨이고, [왕을] '어라하'라고 하며 백성들은 '건길
> 지'라고 부른다. 모두 중국 말로 왕이라는 뜻이다. ······ ❷도성에는
> 1만 가(家)가 거주하며 5부로 나뉘는데 상부·전부·중부·하부·후
> 부라고 하며, 각각 5백 명의 군사를 거느린다. ❸[지방의] 5방에는
> 각기 방령 1인을 두는데 달솔로 임명하고, 군에는 군장(郡將) 3인
> 이 있으니 덕솔로 임명한다. - 「주서」 -
>
> (나) 60개의 주현이 있으며, 큰 성에는 ❹녹살 1인을 두는데 도독과 비슷
> 하다. 나머지 성에는 ❺처려근지를 두는데 도사라고도 하며, 자사와
> 비슷하다. ······ ❻[수도는] 5부로 나뉘어 있다. - 「신당서」 -

> 고구려는 지방의 여러 성에 욕살(녹살),
> 처려근지 등의 지방관을 파견하였어요.

정답 잡는 키워드

❶ 부여씨, ❷, ❸ 도성 5부, 지방 5방 → (가) 백제

❹, ❺ 녹살(욕살), 처려근지, ❻ 수도 5부 → (나) 고구려

(가) 국가는 왕의 성이 부여씨이며 수도를 5부, 지방을 5방으로 나뉘었다는 내용을 통해 백제임을 알 수 있어요. 백제는 사비로 천도한 후 중앙과 지방 통치 조직을 정비하여 수도를 5부로 구획하고, 지방을 5개의 방으로 나누어 다스렸어요. (나) 국가는 성에 욕살(녹살), 처려근지를 두었으며 수도가 5부로 나뉘어 있다는 내용을 통해 고구려임을 알 수 있어요. 고구려는 5개의 정치 집단(부)이 연합하여 건국한 국가로, 5부의 유력자들이 지배층을 형성하여 국가를 운영하였어요. 고구려 초기에 5부는 각자의 주민과 영역을 다스리는 등 독자성을 유지하였으나 왕권이 강화되면서 동·서·남·북·중을 의미하는 행정적 성격의 5부로 개편되었어요.

① (가) - 사회 질서를 유지하기 위해 범금 8조를 두었다.
→ 고조선은 사회 질서를 유지하기 위해 범금 8조를 두었어요. 현재 그중 3개 조항이 전해져 당시 사회 모습을 유추할 수 있어요.

② (가) - 거란도, 일본도 등을 통해 주변 국가와 교류하였다.
→ 발해는 거란도, 영주도, 일본도, 신라도 등을 통해 주변 국가와 활발하게 교류하였어요.

③ (나) - 태학과 경당을 두어 인재를 양성하였다.
→ 고구려는 교육 기관으로 중앙에 태학을, 지방에 경당을 설치하여 인재를 양성하였어요.

④ (나) - 정사암 회의에서 국가 중대사를 논의하였다.
→ 백제에서는 귀족들이 정사암에 모여 재상을 선출하거나 국가 중대사를 논의하였어요.

⑤ (가), (나) - 골품에 따라 관등 승진에 제한이 있었다.
→ 신라는 엄격한 신분 제도인 골품제를 운영하여 골품에 따라 관등 승진에 제한을 두었어요.

기출 선택지 +α

❻ (가) - 지방에 22담로를 두어 왕족을 파견하였다. (O / X)
❼ (가) - 제가 회의에서 국가의 중대사를 결정하였다. (O / X)
❽ (나) - 빈민을 구제하기 위해 진대법을 시행하였다. (O / X)
❾ (나) - 박, 석, 김의 3성이 교대로 왕위를 계승하였다. (O / X)

기출 선택지 +α 정답 ❻O ❼×[고구려] ❽O ❾×[신라]

---

4 황산벌 전투
정답 ②

다음 상황이 나타난 시기를 연표에서 옳게 고른 것은? [2점]

> [당의] 고종이 소정방을 신구도대총관(神丘道大摠管)으로 삼아 군
> 사를 이끌고 바다를 건너 신라와 함께 백제를 정벌하도록 하였다. ❶계
> 백은 장군이 되어 죽음을 각오한 군사 5천 명을 뽑아 이들을 막고자
> 하였다. ······ ❷황산의 벌판에 이르러 세 개의 군영을 설치하였다. ❸신라
> 군을 만나 전투를 시작하려 하자, [계백은] 여러 사람 앞에서 맹세하
> 며 "지난날 구천(句踐)은 5천 명으로 오(吳)의 70만 무리를 격파하였
> 다. 오늘 마땅히 힘써 싸워 승리함으로써 나라의 은혜에 보답하자."라
> 고 하였다. 드디어 격렬히 싸우니, 일당천(一當千)이 아닌 자가 없었다.
>
> - 「삼국사기」 -

> 계백의 결사대는 초기에 승세를 잡았으나 반굴, 관창 등 화랑의 결사
> 항전으로 사기가 오른 신라군에 결국 패하고, 계백은 전사하였어요.

정답 잡는 키워드

❶ 계백이 군사 5천 명을 뽑아 나·당 연합군을 막고자 함,

❷, ❸ 황산의 벌판에서 신라군과 전투를 벌임 → 황산벌 전투(660)

계백이 죽음을 각오한 군사 5천 명을 거느리고 황산으로 가서 신라군과 전투를 벌였다는 내용을 통해 백제 멸망 직전에 벌어진 황산벌 전투 상황임을 알 수 있어요.

612	642	660	668	676	698
	(가)	(나)	(다)	(라)	(마)
살수 대첩	대야성 전투	사비성 함락	안동도호부 설치	기벌포 전투	발해 건국

➡ 백제 의자왕은 즉위 초 신라를 공격하여 40여 개의 성을 함락하였으며, 윤충을 보내 전략적 요충지인 신라의 대야성을 점령하였어요. 위기에 빠진 신라 김춘추는 고구려의 지원을 받고자 하였으나 실패하였고, 당으로 건너가 군사 동맹을 체결하였어요(나·당 동맹). 660년에 나·당 연합군이 백제 공격에 나섰고, 공세에 밀린 백제 의자왕은 계백이 이끄는 결사대를 보내 황산벌에서 신라군의 공격을 막으려 하였으나 결국 패배하였어요. 이어 나·당 연합군에 의해 수도 사비성이 함락되면서 백제는 멸망하였습니다.
따라서 황산벌 전투가 벌어진 시기는 대야성 전투와 사비성 함락 사이인 ② (나) 입니다.

① (가)   ② (나)   ③ (다)   ④ (라)   ⑤ (마)

연표로 흐름잡기

642	의자왕이 윤충을 보내 신라의 대야성 함락(대야성 전투), 김춘추가 고구려에 가서 원병 요청
648	신라가 당과 군사 동맹 체결(나·당 연합군 결성)
654	김춘추가 진골 출신 최초로 왕위에 오름(태종 무열왕)
660	계백이 황산벌 전투에서 패배, 사비성 함락, 백제 멸망

(가) 국가의 경제 상황으로 옳은 것은?   [1점]

신라는 통일 이후 주요 지역에 5소경을 설치하였어요. 서원경은 지금의 충청북도 청주 지역으로 백제의 옛 땅이었어요.

❶ 촌락 문서

○ 소장처 : 일본 도다이사 쇼소인
○ 소개
이 문서는 조세 수취와 노동력 동원에 활용할 목적으로 작성된 것이다. 여기에는 (가) 의 ❷5소경 중 하나인 서원경 부근 4개 촌락의 인구 현황, 토지의 종류와 면적, 뽕나무와 잣나무 수, 소와 말의 수 등을 3년마다 조사한 내용이 상세히 기재되어 있다.

해외 소재 우리나라 문화유산 카드

정답 잡는 키워드

❶ 촌락 문서, ❷ 5소경 중 하나인 서원경 → 통일 신라

5소경 중 하나인 서원경 부근 4개 촌락의 정보가 기재되어 있는 촌락 문서라는 내용을 통해 통일 후 신라에서 작성된 촌락 문서(민정 문서)임을 알 수 있어요. 신라 촌락 문서는 통일 신라 시기에 서원경(지금의 청주) 인근 촌락의 성별·연령별 인구수와 논·밭의 면적 등을 조사하여 기록한 문서로, 조세 수취와 노동력 동원의 목적으로 3년에 한 번씩 작성되었어요. 따라서 통일 신라의 경제 상황을 찾으면 됩니다.

① 낙랑군과 왜에 철을 수출하였다.
➡ 금관가야는 풍부하게 생산되는 철을 낙랑과 왜에 수출하였어요.

② 집집마다 부경이라는 창고가 있었다.
➡ 고구려에는 집집마다 부경이라는 작은 창고가 있었어요.

③ 활구라고 불리는 은병이 유통되었다.
➡ 고려 시대에 은으로 만든 은병이 화폐로 제작되었어요. 은병은 주둥이 부분이 넓어서 활구라고도 불렸어요.

④ 특산품으로 솔빈부의 말이 유명하였다.
➡ 발해에서는 목축이 발달하였으며, 특산품으로 솔빈부의 말이 유명하였어요.

⑤ 울산항, 당항성이 무역항으로 번성하였다.
➡ 통일 신라 시기에 울산항, 당항성이 국제 무역항으로 번성하였어요.

기출 선택지 +α

❻ 의창을 두어 빈민을 구제하였다.   (O / X)
❼ 경시서의 관리가 시전을 감독하였다.   (O / X)
❽ 삼한통보, 해동통보 등이 발행되었다.   (O / X)
❾ 청해진을 중심으로 해상 무역이 전개되었다.   (O / X)
❿ 신라방을 형성하여 중국과 활발히 교역하였다.   (O / X)

(가)에 들어갈 내용으로 가장 적절한 것은?   [2점]

〈다큐멘터리 기획안〉

○○○, 새로운 시대를 바라다

◆ 기획 의도
❶6두품 출신 학자인 ○○○의 생애를 다룬 다큐멘터리를 제작하여 혼란한 당시 상황과 그의 활동을 살펴본다.

◆ 구성
1부 당에 유학하여 ❷빈공과에 급제하다
2부 ❸격황소서를 써서 세상에 이름을 떨치다
3부   (가)
4부 관직에서 물러나 해인사에 은거하다

신라에는 과거제가 없었고 골품제로 출세에 제한이 있어 6두품 출신이 당의 빈공과에 응시하는 경우가 많았어요.

최치원이 당에서 지은 편지 형식의 격문으로, 반란을 일으킨 황소에게 항복을 권하는 내용의 글이에요.

정답 잡는 키워드

❶ 6두품 출신, ❷ 빈공과에 급제, ❸ '격황소서'를 지음 → 최치원

6두품 출신으로 당에 유학하여 빈공과에 급제하였으며, '격황소서'를 지었다는 내용을 통해 최치원에 대한 다큐멘터리 기획안임을 알 수 있어요. 최치원은 6두품 출신 학자로, 당으로 건너가 외국인 대상의 과거 시험인 빈공과에 급제하여 당의 관리로서 관직 생활을 하였어요. 당에서 황소의 난이 일어났을 때 '격황소서(토황소격문)'를 지어 문장가로 이름을 알렸어요. '격황소서'는 최치원이 신라로 돌아온 후 자신의 시문을 모아 편찬한 "계원필경"에 수록되었어요.

① 화왕계를 지어 국왕에게 조언하다
➡ 신라 신문왕 때 설총은 꽃들에 비유하여 충신을 가까이할 것을 조언한 '화왕계'를 지어 왕에게 바쳤어요.

② 외교 문서인 청방인문표를 작성하다
➡ 신라 문무왕 때 강수는 당에 잡혀 있던 무열왕의 아들 김인문을 석방해 줄 것을 당의 고종에게 청하는 '청방인문표'를 작성하였어요.

③ 진성 여왕에게 시무책 10여 조를 올리다
➡ 최치원은 신라 말의 혼란스러운 정치 상황을 바로잡기 위해 진성 여왕에게 시무 10여 조를 올렸으나 진골 귀족들의 반발로 실현하지 못하였어요.

④ 청해진을 중심으로 해상 무역을 전개하다
➡ 신라의 장보고는 지금의 완도에 청해진을 설치하여 해적을 소탕한 후 해상 무역을 전개하였어요.

⑤ 인도와 중앙아시아를 순례하고 왕오천축국전을 남기다
➡ 신라의 승려 혜초는 인도와 중앙아시아 지역을 돌아보고 그 지역의 사회상과 풍습 등을 담은 여행기인 "왕오천축국전"을 지었어요.

기출 선택지 +α 정답 ❻ ×[고려, 조선] ❼ ×[고려, 조선] ❽ ×[고려] ❾ ○ ❿ ○

7 진흥왕의 업적
정답 ④

밑줄 그은 '왕'의 업적으로 옳은 것은? [2점]

> 진흥왕은 불교 진흥에 힘써 불교 교단을 정비하였으며, 황룡사를 지었어요.
>
> o 담당 관청에 **명하여 월성의 동쪽에 새 궁궐을 짓게 하였는데, 그곳에서 황룡이 나타났다. 왕이 이것을 기이하게 여기고는 [계획을] 바꾸어 ❶사찰을 짓고, '황룡'이라는 이름을 내려 주었다.**
>
> o ❷**거칠부가** 왕의 명령을 받들어 여러 문사(文士)를 모아 ❸**국사를 편찬**하였다.
>
> — "삼국사기" —
>
> 진흥왕은 거칠부에게 역사서인 "국사"를 편찬하게 하였어요. 현재 "국사"는 전해지지 않아 그 구체적인 내용은 알 수 없어요.

정답 잡는 키워드

❶ 황룡사 건립, ❷, ❸ 거칠부가 "국사" 편찬 → 진흥왕

사찰을 짓고 '황룡'이라는 이름을 내려 주었으며, 거칠부가 왕의 명령을 받들어 "국사"를 편찬하였다는 내용을 통해 밑줄 그은 '왕'이 신라 진흥왕임을 알 수 있어요. 진흥왕은 백제의 성왕과 연합해 고구려를 공격하여 한강 상류 지역을 차지한 뒤, 다시 백제를 공격하여 한강 유역 전체를 장악하였어요. 이어 고령의 대가야를 정복하여 낙동강 유역을 차지하고, 북쪽으로 함흥평야까지 진출하는 등 영토를 확장하였어요. 진흥왕은 영토 확장을 기념하여 단양 신라 적성비와 4개의 순수비를 세웠어요.

① 이사부를 보내 우산국을 복속시켰다.
➡ 지증왕은 이사부를 보내 지금의 울릉도 일대인 우산국을 복속시켰어요.

② 예성강 이북에 패강진을 설치하였다.
➡ 선덕왕은 발해의 침략에 대비하는 한편 북방 개척을 위해 예성강 이북(지금의 황해도 평산) 지역에 패강진을 설치하였어요.

③ 관료전을 지급하고 녹읍을 폐지하였다.
➡ 신문왕은 관료전을 지급하고 녹읍을 폐지하여 귀족의 경제적 기반을 약화하였어요.

④ 국가적인 조직으로 화랑도를 개편하였다.
➡ 진흥왕은 화랑도를 국가적인 조직으로 개편하여 인재를 육성하였어요.

⑤ 이차돈의 순교를 계기로 불교를 공인하였다.
➡ 법흥왕은 이차돈의 순교를 계기로 귀족 세력의 반대를 물리치고 불교를 공인하였어요.

기출 선택지 +α

❻ 병부와 상대등을 설치하였다.	(O/X)
❼ 개국, 태창이라는 연호를 사용하였다.	(O/X)
❽ 대가야를 정복하여 영토를 확장하였다.	(O/X)
❾ 국학을 설립하여 유학 교육을 실시하였다.	(O/X)

핵심 개념 | 6세기 신라의 성장

지증왕	국호 '신라' 확정, 왕호 '왕' 사용, 이사부가 우산국(울릉도) 정복, 우경 장려, 순장 금지(노동력 확보 목적), 동시·동시전 설치
법흥왕	율령 반포, 골품제 정비, '건원' 연호 사용, 공복 제정, 상대등과 병부 설치, 불교 공인(이차돈 순교), 금관가야 병합(532)
진흥왕	• '개국'·'태창(대창)' 연호 사용, 화랑도를 국가적인 조직으로 개편, 황룡사 건립, "국사" 편찬(거칠부) • 백제 성왕과 연합하여 한강 상류 지역 점령, 백제로부터 한강 하류 지역을 빼앗음 → 백제와의 관산성 전투에서 승리(백제 성왕 전사) • 대가야 정복(562), 북으로 동해안을 따라 함흥평야까지 진출 • 영토 확장을 기념하여 단양 신라 적성비와 4개의 순수비 건립(북한산 순수비, 창녕 척경비, 황초령 순수비, 마운령 순수비)

기출 선택지 +α 정답 ❻×[법흥왕] ❼O ❽O ❾×[신문왕]

---

8 발해 문왕
정답 ④

(가) 왕에 대한 설명으로 옳은 것은? [3점]

> 정효 공주는 발해 문왕의 넷째 딸이에요.
>
> 발해의 (가) 이/가 사용한 연호이다. (가) 의 ❷**딸인 정효 공주**의 묘지석에 기록된 이 연호와 '황상(皇上)'이라는 칭호는 발해의 자주성을 보여 주는 사례이다.

발해 문왕은 '대흥', '보력'이라는 독자적인 연호를 사용하였어요.

정답 잡는 키워드

❶ '대흥' 연호, ❷ 정효 공주 → 발해 문왕

'대흥'이라는 연호와 정효 공주가 딸이라는 내용을 통해 (가) 왕이 발해 문왕임을 알 수 있어요. 당에 대해 강경한 정책을 폈던 무왕과 달리 문왕은 대외 관계를 개선하여 당과 친선 관계를 맺고 당의 제도와 문물을 수용하여 3성 6부의 중앙 정치 체제를 정비하였어요. 또한, '신라도'라는 상설 교통로를 통해 신라와 교류하였어요.

① 북연의 왕을 신하로 봉하였다.
➡ 고구려 장수왕은 북연의 왕이 망명해 오자 받아들여 신하로 봉하였어요.

② 지린성 동모산에서 나라를 세웠다.
➡ 대조영(고왕)은 고구려 유민과 말갈인을 이끌고 지린성 동모산에서 발해를 세웠어요.

③ 신라에 군대를 파견하여 왜를 격퇴하였다.
➡ 고구려 광개토 태왕은 왜의 침입을 받은 신라의 요청에 따라 군대를 파견하여 왜를 격퇴하였어요.

④ 수도를 상경 용천부로 옮겨 체제를 정비하였다.
➡ 발해 문왕은 수도를 중경 현덕부에서 상경 용천부로 옮기고 체제를 정비하였어요.

⑤ 5경 15부 62주의 지방 행정 조직을 확립하였다.
➡ 발해는 선왕 때 5경 15부 62주의 지방 행정 조직을 확립하였어요.

기출 선택지 +α

❻ 3성 6부의 중앙 관제를 정비하였다.	(O/X)
❼ 9서당 10정의 군사 조직을 갖추었다.	(O/X)
❽ 장문휴를 보내 당의 등주를 공격하였다.	(O/X)
❾ 대문예로 하여금 흑수 말갈을 정벌하게 하였다.	(O/X)

핵심 개념 | 발해의 발전

무왕	장문휴를 보내 당의 산둥반도 등주 공격, 돌궐과 교류, '인안' 연호 사용
문왕	• 당과 친선 관계 형성, 당의 제도와 문물 수용 → 3성 6부 체제, 상경성 건설(당 장안성의 주작대로 모방) • 신라와 상설 교통로(신라도)를 통해 교역, 상경으로 천도, '대흥' 연호 사용
선왕	• 요동 진출, 지방 행정 체제 확립(5경 15부 62주), '건흥' 연호 사용 • 9세기 초 전성기를 누림, 옛 고구려의 영토를 대부분 차지 → 이 무렵 중국으로부터 '해동성국'이라고 불리기도 함

기출 선택지 +α 정답 ❻O ❼×[신라 신문왕] ❽×[발해 무왕] ❾×[발해 무왕]

제63회

9 교정도감 설치 이후의 사실
정답 ⑤

다음 상황 이후에 있었던 사실로 옳은 것은? [2점]

> ┌─ 1196년에 이의민을 제거하고 권력을 장악하였어요.
> │ 이후 그의 자손이 권력을 세습하여 60여 년간 최씨
> │ 무신 정권이 이어졌어요.
> ❶ 청교역(青郊驛) 서리 3인이 최충헌 부자를 죽일 것을 모의하면서, 거짓 공첩(公牒)을 만들어 여러 사원의 승려들을 불러 모았다. 공첩을 받은 귀법사 승려들은 그 공첩을 가져온 사람을 잡아서 최충헌에게 고해바쳤다. [최충헌은] 즉시 영은관에 교정별감을 둔 후 성문을 폐쇄하고 대대적으로 그 무리를 색출하였다.
> └─ 금의 사신을 접대하던 공간이었어요.

정답 잡는 키워드

❶ 청교역 서리 등이 최충헌 부자를 죽일 것을 모의함,
❷ 최충헌이 교정별감을 둠
→ 최충헌 집권 시기(교정도감 설치, 1209)

최충헌 부자를 죽일 것을 모의한 청교역 서리 등의 무리를 색출하기 위해 최충헌이 교정별감을 두었다는 내용을 통해 최충헌 집권 시기의 상황임을 알 수 있어요. 무신 정변 이후 무신 간 권력 다툼으로 최고 권력자가 여러 차례 바뀌는 가운데 최충헌이 이의민을 제거하고 권력을 잡자 최충헌을 살해하려는 사건들이 이어졌어요. 1209년에는 청교역 서리, 일부 승려 등이 최충헌, 최우 부자를 살해하려는 계획을 세웠다가 발각되었어요. 최충헌은 이 사건의 관련자들을 색출하기 위해 영은관에 임시 기구로 교정도감을 설치하고 스스로 그 수장인 교정별감이 되었어요. 교정도감은 이후에도 존속되어 국정을 총괄하는 최고 기구가 되었고 최고 집권자가 교정별감을 겸임하였습니다.

① 김부식이 묘청의 난을 진압하였다.
➡ 고려 인종 때 김부식은 서경에서 묘청이 난을 일으키자 관군을 이끌고 가 묘청의 난을 진압하였어요(1136).

② 원종과 애노가 사벌주에서 봉기하였다.
➡ 신라 말 진성 여왕 때 원종과 애노는 중앙 정부의 세금 독촉에 맞서 사벌주에서 봉기하였어요(889).

③ 이자겸이 금의 사대 요구를 수용하였다.
➡ 고려 인종 때 권력을 장악하고 있던 이자겸은 금이 사대를 요구해 오자 이를 수용하였어요(1126).

④ 정중부 등이 정변을 일으켜 권력을 차지하였다.
➡ 고려 의종 때 정중부, 이의방 등 무신들이 보현원에서 정변을 일으켜 정권을 장악하였어요(1170).

⑤ 최우가 인사 행정 담당 기구로 정방을 설치하였다.
➡ 최충헌의 뒤를 이어 집권한 최우는 자신의 집에 정방을 설치하여 인사권을 장악하였어요(1225).

기출 선택지 +α

❻ 동북면 병마사 김보당이 난을 일으켰다. (O/X)
❼ 강조가 정변을 일으켜 목종을 폐위시켰다. (O/X)
❽ 김윤후가 처인성에서 살리타를 사살하였다. (O/X)
❾ 이자겸과 척준경이 반란을 일으켜 궁궐을 불태웠다. (O/X)

---

10 경주 불국사 3층 석탑
정답 ①

밑줄 그은 '이 탑'으로 옳은 것은? [2점]

유물로 보는 한국사

[해설] ┌─ 경주 불국사에는 불국사 3층 석탑 (석가탑), 다보탑, 청운교와 백운교 등 많은 불교 문화유산이 있어요.
❶ 경주 불국사에 있는 이 탑의 해체 보수 과정에서 발견된 금동제 사리 외함이다. 2층 탑신부에 봉안되어 있던 이 유물 안에는 은제 사리 내·외함과 무구정광대다라니경 등이 함께 놓여 있었다. 이를 통해 당시의 뛰어난 공예 기술 및 사리장엄 방식과 특징을 알 수 있다.

└─ 현존하는 세계에서 가장 오래된 목판 인쇄본으로, 불교 경전 중 하나인 다라니경을 목판에 새겨 종이에 찍어 낸 두루마리 형태의 인쇄물이에요.

정답 잡는 키워드

❶ 경주 불국사, ❷ 무구정광대다라니경 → 경주 불국사 3층 석탑

경주 불국사에 있는 탑으로 해체 보수 과정에서 무구정광대다라니경이 발견되었다는 내용을 통해 밑줄 그은 '이 탑'이 경주 불국사 3층 석탑임을 알 수 있어요. 경주 불국사 3층 석탑은 석가탑, 무영탑이라고도 불리며 신라 석탑의 완벽한 조형미를 보여 줍니다.

①
➡ 통일 신라 시기에 세운 경주 불국사 3층 석탑이에요.

②
➡ 백제의 부여 정림사지 5층 석탑이에요.

③
➡ 백제의 익산 미륵사지 석탑이에요.

④
➡ 통일 신라 시기에 세운 구례 화엄사 4사자 3층 석탑이에요.

⑤
➡ 고려 전기에 세운 평창 월정사 8각 9층 석탑이에요.

---

11 견훤의 활동
정답 ③

(가) 인물에 대한 설명으로 옳은 것은? [2점]

❶완산주를 도읍으로 삼아 나라를 세운 (가)에 대해 말해 볼까요?

견원이 넷째 아들 금강에게 왕위를 물려주려고 하자 큰아들 신검이 반발하여 견원을 금산사에 가두었어요.

견원은 900년에 완산주(지금의 전주)를 도읍으로 후백제를 건국하였어요.

❷신라의 금성을 습격하여 경애왕을 죽게 하였어요.

금산사에 유폐되었다가 탈출하여 고려에 귀부하였어요.

정답 잡는 키워드

❶ 완산주를 도읍으로 나라를 세움,
❷ 신라의 금성을 습격하여 경애왕을 죽게 함 → 견원

완산주를 도읍으로 나라를 세웠으며 신라의 금성을 습격하여 경애왕을 죽게 하였다는 내용을 통해 (가) 인물이 후백제를 세운 견원임을 알 수 있어요. 견원은 신라 말에 성장한 호족 중 하나로 세력을 키워 후백제를 건국하였어요. 견원은 신라가 고려의 왕건과 연합하여 후백제를 견제하자 신라의 금성을 습격하여 경애왕을 죽게 하고 새 왕으로 경순왕(김부)을 세웠어요. 그리고 돌아가는 길에 신라를 지원하러 온 고려군을 공산 전투에서 크게 물리쳤어요. 이후 후백제는 고창 전투에서 고려군에 패하면서 세력이 약화되었고, 견원은 왕위 계승 문제로 아들들과 갈등을 겪다가 큰아들 신검에 의해 금산사에 유폐되었어요. 하지만 견원은 금산사를 탈출하여 고려에 귀부하였고, 이후 후백제는 고려와의 전투에서 패배하고 멸망하였어요.

① 공산 전투에서 전사하였다.
➡ 견원의 후백제군은 공산 전투에서 고려군에 크게 승리하였어요. 이때 고려의 신숭겸, 김락 등이 전사하였어요.

② 금마저에 미륵사를 창건하였다.
➡ 백제 무왕은 지금의 익산 지역인 금마저에 미륵사를 창건하였어요.

③ 후당과 오월에 사신을 파견하였다.
➡ 견원은 후당과 오월, 일본에 사신을 보내는 등 외교 관계에 힘썼어요. 이 가운데 중국의 오월에서 검교태보의 직을 받기도 하였어요.

④ 김흠돌 등 진골 세력을 숙청하였다.
➡ 통일 후 신라의 신문왕은 김흠돌의 난을 진압하여 진골 귀족 세력을 숙청하고 왕권 강화를 꾀하였어요.

⑤ 국호를 마진으로 바꾸고 철원으로 천도하였다.
➡ 후고구려를 세운 궁예는 국호를 '마진'으로 바꾸고 철원으로 천도하였어요. 이후 다시 국호를 '태봉'으로 바꾸었어요.

기출 선택지 +α

❻ 사림원을 설치하여 개혁을 실시하였다. (O/X)
❼ 미륵불을 자처하며 왕권을 강화하였다. (O/X)
❽ 광평성을 비롯한 여러 관서를 설치하였다. (O/X)
❾ 오월에 사신을 보내고 검교태보의 직을 받았다. (O/X)

기출 선택지 +α 정답 ❻ ×[고려 충선왕] ❼ ×[궁예] ❽ ×[궁예] ❾ ○

---

12 광종 재위 시기의 사실
정답 ②

(가) 왕의 재위 시기에 있었던 사실로 옳은 것은? [2점]

◆우리 고장의 유적◆

충주 숭선사지

유적 발굴 현장

충주 유씨 호족의 딸 신명 순성 왕후는 왕건과 혼인하여 고려의 3, 4대 왕이 되는 정종과 광종을 낳았어요.

숭선사는 [(가)]이/가 어머니인 신명 순성 왕후의 명복을 빌기 위하여 세운 절로, 현재 그 터만 남아 있다. 이곳에서는 '숭선사(崇善寺)'라는 명문이 새겨진 기와 등 다양한 고려 시대 유물이 출토되었다.

[(가)]은/는 치열한 왕위 쟁탈전 속에서 외가인 충주 유씨 세력 등 여러 호족의 도움으로 왕위에 올랐다. 하지만 즉위 이후 노비안검법 등 호족을 견제하는 정책을 펼쳤다.

태조 왕건이 호족과의 혼인 정책을 펴 외가가 다른 많은 아들을 남기고 죽은 뒤 치열한 왕위 다툼이 일어났어요.

정답 잡는 키워드

❶ 노비안검법 등 호족 견제 정책을 펼침 → 광종

노비안검법 등 호족을 견제하는 정책을 추진하였다는 내용을 통해 (가) 왕이 고려 광종임을 알 수 있어요. 왕위 계승을 둘러싼 외척 간의 다툼이 이어지는 가운데 왕위에 오른 광종은 왕권을 강화하기 위한 정책을 추진하였어요. 먼저, 본래 양인이었다가 억울하게 노비가 된 사람을 조사하여 양인 신분으로 되돌려 주는 노비안검법을 실시하여 공신과 호족 세력을 약화하고 국가 재정을 확충하고자 하였어요. 또한, 후주에서 귀화한 쌍기의 건의를 받아들여 과거제를 도입하였으며, 관리의 등급에 따라 관복색을 구분하는 공복을 제정하여 관리의 위계질서를 세웠어요.

① 최승로가 시무 28조를 건의하였다.
➡ 고려 성종 때 최승로가 시무 28조를 건의하여 지방관 파견, 불교 행사 축소, 유교 정치 이념 확립 등의 국가 운영 방안을 제시하였어요.

② 광덕, 준풍 등의 연호가 사용되었다.
➡ 고려 광종 때 '광덕', '준풍' 등의 독자적인 연호가 사용되었어요.

③ 관리의 규범을 제시한 계백료서가 반포되었다.
➡ 고려 태조 때 관리가 지켜야 할 규범을 제시한 "정계", "계백료서"가 반포되었어요.

④ 쌍성총관부를 공격하여 철령 이북을 수복하였다.
➡ 고려 공민왕 때 유인우, 이자춘 등이 쌍성총관부를 공격하여 철령 이북의 영토를 수복하였어요.

⑤ 지방 세력 견제를 목적으로 한 상수리 제도가 실시되었다.
➡ 신라는 지방 세력가나 그 자제를 일정 기간 수도에 거주하게 하는 상수리 제도를 시행하여 지방 세력을 견제하였어요.

핵심 개념 | 광종의 왕권 강화 정책

칭제건원	황제를 칭하고, '광덕'·'준풍' 등 독자적인 연호 사용
노비안검법 시행	불법적으로 노비가 된 자를 양인으로 해방 → 공신과 호족 세력의 경제·군사적 기반 약화, 국가 재정 확충
과거제 실시	쌍기의 건의로 시행, 유교적 소양을 갖춘 신진 세력 등용
공복 제정	관리의 기강 확립

제63회

13 고려의 관학 진흥책 정답 ④

(가)에 들어갈 내용으로 옳은 것은? [1점]

최충은 관직에서 물러난 뒤 9재 학당을 세워 유학을 교육하였는데, 9재 학당은 최충의 시호를 따 문헌공도라고 불리기도 하였어요.

한국사 교실
최충의 9재 학당을 비롯한 사학이 융성하였던 시기에 위축된 관학을 진흥하기 위해 정부가 추진한 정책을 대화창에 올려 주세요.

ON 대화창
❶ 서적포를 두어 출판을 담당하게 하였어요.
❸ 국자감에 전문 강좌인 7재를 개설하였어요.
(가)
보내기

국자감은 고려 성종이 개경에 설치한 최고 교육 기관이에요.

정답 잡는 키워드

❶ 최충의 9재 학당을 비롯한 사학이 융성, ❷ 서적포 설치,
❸ 국자감에 7재 개설 → 고려의 관학 진흥책

최충의 9재 학당을 비롯한 사학이 융성하였던 시기에 위축된 관학을 진흥하기 위해 서적포를 두고 국자감에 7재를 개설하였다는 내용을 통해 (가)에 고려 정부가 추진한 관학 진흥책이 들어가야 함을 알 수 있어요. 고려 시대에 고관 출신의 문인들이 사립 교육 기관인 사학을 세워 후학을 양성하였는데, 사학 출신이 과거에 많이 합격하면서 관학이 상대적으로 위축되었어요. 이에 고려 정부는 국자감에 책을 출판하는 서적포를 설치하고, 전문 강좌인 7재를 개설하는 등 관학을 진흥하기 위해 노력하였어요.

① 독서삼품과를 통해 인재를 등용하였어요.
　➡ 통일 신라 원성왕은 유교적 소양을 갖춘 관리를 선발하기 위해 독서삼품과를 시행하였어요.

② 사액 서원에 서적과 노비를 지급하였어요.
　➡ 조선은 국왕으로부터 현판을 하사받은 사액 서원에 서적과 노비를 지급하였어요.

③ 중등 교육 기관으로 4부 학당을 설립하였어요.
　➡ 조선은 수도 한성에 중등 교육 기관으로 4부 학당을 설립하고 유교 경전을 교육하였어요.

④ 양현고를 설치하여 장학 기금을 마련하였어요.
　➡ 고려 예종 때 관학을 진흥하기 위해 장학 재단인 양현고를 설치하였어요.

⑤ 초계문신제를 시행하여 문신을 재교육하였어요.
　➡ 조선 정조는 인재를 양성하기 위해 재능 있는 젊은 문신을 선발하여 재교육하는 초계문신제를 시행하였어요.

핵심 개념 고려 시대 사학 융성과 관학 진흥책

사학 융성	고려 중기에 사학에서 공부한 사람들이 과거에서 좋은 성적을 거둠 → 최충의 9재 학당(문헌공도)을 비롯한 사학 12도 융성
관학 진흥책	• 숙종 때 국자감에 서적포를 두어 출판을 담당하게 함 • 예종 때 국자감에 7재(전문 강좌)와 양현고(장학 재단) 설치, 청연각·보문각 설치(학문 연구 장려) • 인종 때 경사 6학을 중심으로 정비

14 고려와 거란의 관계 정답 ②

(가) 국가에 대한 고려의 대응으로 옳은 것은? [2점]

거란의 2차 침입으로 수도 개경이 함락되고 현종이 나주까지 피란을 갔어요.

○ (가) 의 임금이 개경으로 침입하여 궁궐을 불사르고 퇴각하였다. …… ❶양규는 (가) 의 군대를 무로대에서 습격하여 2,000여 급을 베고, 포로가 되었던 남녀 3,000여 명을 되찾았다. 다시 이수에서 전투를 벌이고 추격하여 석령까지 가서 2,500여 급을 베고, 포로가 되었던 1,000여 명을 되찾았다.

○ (가) 의 병사들이 ❷귀주를 지나가자 강감찬 등이 동쪽 교외에서 전투를 벌였다. …… 적병이 북쪽으로 달아나자 아군이 그 뒤를 쫓아가서 공격하였는데, 석천을 건너 반령에 이르기까지 시신이 들에 가득하였다.

귀주는 거란의 1차 침입 당시 서희의 외교 담판으로 획득한 강동 6주에 해당하는 지역이에요.

정답 잡는 키워드

❶ 양규의 활약, ❷ 강감찬이 귀주에서 전투를 벌임 → 거란

양규가 포로로 끌려가는 사람들을 되찾았으며, 강감찬이 귀주에서 전투를 벌였다는 내용을 통해 (가) 국가가 거란임을 알 수 있어요. 거란은 송을 공격하기에 앞서 고려와 송의 외교 관계를 끊기 위해 세 차례에 걸쳐 고려에 침입하였어요. 거란의 1차 침입 때 고려 성종은 서희를 보내 송과 교류를 끊고 거란과 교류할 것을 약속하여 거란군을 철수하게 하였어요. 하지만 고려가 송과의 관계를 계속 유지하자 거란은 강조의 정변을 구실 삼아 다시 쳐들어왔어요. 이때 양규가 흥화진에서 거란의 침입에 완강히 저항하였고, 화의를 맺고 철수하는 거란군을 여러 차례 공격하여 포로로 끌려가는 많은 고려인을 구출하였어요. 거란의 3차 침입 때에는 강감찬이 이끄는 고려군이 귀주에서 거란군을 크게 물리쳤어요(귀주 대첩).

① 강화도로 도읍을 옮겨 항전하였다.
　➡ 무신 집권기에 몽골이 침략하자 당시 최고 집권자였던 최우는 강화도로 도읍을 옮겨 장기 항전을 준비하였어요.

② 광군을 조직하여 침입에 대비하였다.
　➡ 고려 정종 때 거란의 침입에 대비하여 광군이 창설되었어요.

③ 박위를 파견하여 근거지를 토벌하였다.
　➡ 고려 말에 박위가 왜구의 근거지인 쓰시마섬(대마도)을 토벌하였어요.

④ 압록강 상류 지역을 개척하여 4군을 설치하였다.
　➡ 조선 세종 때 최윤덕이 여진을 정벌하고 압록강 유역을 개척하여 4군을 설치하였어요.

⑤ 신기군, 신보군, 항마군으로 구성된 별무반을 편성하였다.
　➡ 고려 숙종 때 기병 위주의 여진에게 고려군이 여러 차례 패배하자 윤관의 건의로 신기군, 신보군, 항마군으로 구성된 별무반이 편성되었어요.

기출 선택지 +α

❻ 윤관을 보내 동북 9성을 축조하였다.	(O / X)
❼ 화포를 사용하여 진포에서 격퇴하였다.	(O / X)
❽ 개경에 나성을 쌓아 침입에 대비하였다.	(O / X)
❾ 대장도감을 설치하여 팔만대장경을 간행하였다.	(O / X)
❿ 서희가 외교 담판을 통해 강동 6주를 획득하였다.	(O / X)

기출 선택지 +α 정답 ❻ ×[여진] ❼ ×[왜구] ❽ ○ ❾ ×[몽골] ❿ ○

15 고려의 문화유산
정답 ③

(가)에 들어갈 문화유산으로 옳은 것은? [1점]

△△ 시대 문화유산 사진전

우리 학교 역사 동아리에서 △△ 시대의 대표적인 문화유산을 소개하는 사진전을 개최합니다. 학생 여러분의 많은 관람 바랍니다.

❶ **직지심체요절**
박병선 박사의 노력으로 널리 알려졌어요.

(가)

❷ **천산대렵도**
고려 공민왕이 그린 것으로 추정하고 있어요.

■ 일자 : 2023년 ○○월 ○○일　　■ 장소 : 본관 2층 동아리실

정답 잡는 키워드

❶ "직지심체요절", ❷ 천산대렵도 → 고려 시대의 문화유산

"직지심체요절"과 천산대렵도를 통해 (가)에 고려 시대의 문화유산이 들어가야 함을 알 수 있어요. "직지심체요절"은 고려 말에 청주 흥덕사에서 금속 활자로 인쇄된 책으로, 현존하는 세계에서 가장 오래된 금속 활자 인쇄본이에요. 천산대렵도는 변발과 호복을 한 남성이 말을 타고 사냥하는 모습을 그린 그림으로 이를 통해 고려와 몽골의 교류 사실을 짐작할 수 있어요.

①
금동 대향로
➡ 부여 능산리 절터에서 출토된 백제의 문화유산이에요.

②
호우총 청동 그릇
➡ 신라 고분인 경주 호우총에서 발견되었어요.

③
청자 상감 모란문 표주박 모양 주전자
➡ 고려 시대에 상감 기법으로 제작된 상감 청자입니다.

④
이불병좌상
➡ 두 부처가 나란히 앉아 있는 모습을 표현한 발해의 불상이에요.

⑤
인왕제색도
➡ 조선 후기에 정선이 그린 진경산수화입니다.

---

16 지눌
정답 ①

(가) 인물에 대한 설명으로 옳은 것은? [2점]

한국사 인물 탐구 Q&A

| 고대 | 고려 | 조선 | 근대 | 현대 |

불교계 개혁에 앞장선 [(가)]

Q. 그는 어떤 인물인가요?　지눌 사후 고려 희종은 그의 공적을 기려 '불일보조'라는 시호를 내리고 국사로 승계를 높였어요.

A. 8세에 승려가 되어 25세에 승과에 급제하였습니다. 선종의 승려임에도 교종을 포용하였으며, 당시 불교계의 문제점을 비판하며 개혁에 앞장섰습니다. 시호는 ❶**불일보조국사**입니다.

Q. 불교계 개혁을 위해 어떤 노력을 하였나요?

A. 전라남도 순천에 있는 ❷송광사에서 신앙 결사 운동을 펼치며 승려 본연의 모습으로 돌아가 수행에 힘쓸 것을 주장하였습니다.
지눌은 지금의 순천 송광사에서 수선사 결사를 결성하고 불교 개혁 운동을 전개하였어요.

정답 잡는 키워드

❶ 불일보조국사, ❷ 송광사에서 신앙 결사 운동을 펼침 → 지눌

시호가 '불일보조국사'이며 지금의 순천 송광사에서 신앙 결사 운동을 펼쳤다는 내용을 통해 (가) 인물이 고려의 승려 지눌임을 알 수 있어요. 지눌은 선종을 중심으로 교종을 통합하고자 하였으며, 불교 개혁 운동을 벌여 수선사 결사를 조직하였어요. 지눌은 죽은 뒤에 '불일보조국사'라는 시호를 받았는데, 보통 보조국사라고 부릅니다.

① 참선을 강조하고 돈오점수를 주장하였다.
➡ 지눌은 단번에 깨우치되 점진적으로 수행을 계속해야 한다는 돈오점수를 주장하였으며, 이를 위한 수행 방법으로 참선과 교리 공부를 함께하는 정혜쌍수를 내세웠어요.

② 불교 교단 통합을 위해 해동 천태종을 개창하였다.
➡ 의천은 해동 천태종을 개창하여 교종을 중심으로 선종을 통합하고자 하였어요.

③ 선문염송집을 편찬하고 유불 일치설을 제창하였다.
➡ 혜심은 심성의 도야를 강조한 유불 일치설을 주장하였는데, 이는 장차 성리학을 받아들일 수 있는 사상적 토대가 되었어요.

④ 승려들의 전기를 정리하여 해동고승전을 편찬하였다.
➡ 각훈은 "해동고승전"을 저술하여 삼국 시대 이래 우리나라 고승들의 전기를 정리하였어요.

⑤ 보현십원가를 지어 불교 교리를 대중에게 전파하였다.
➡ 균여는 '보현십원가'를 지어 대중에게 불교 교리를 전파하는 데 힘썼어요.

기출 선택지 +α

❻ 대승기신론소, 십문화쟁론을 저술하였다.	(O / X)
❼ 법화 신앙을 바탕으로 백련 결사를 이끌었다.	(O / X)
❽ 화엄일승법계도를 지어 화엄 사상을 정리하였다.	(O / X)
❾ 권수정혜결사문을 작성하여 정혜쌍수를 강조하였다.	(O / X)
❿ 불교 경전에 대한 주석서를 모아 교장을 편찬하였다.	(O / X)

기출 선택지 +α 정답 ❻ ×[원효] ❼ ×[요세] ❽ ×[의상] ❾ ○ ❿ ×[의천]

17 조선의 건국 과정
정답 ①

(가)~(다)를 일어난 순서대로 옳게 나열한 것은? [2점]

> ┌─ 공민왕 때 수복한 철령 이북의 영토를 명이 빼앗으려 하자
> └ 우왕과 최영은 요동 정벌에 나섰어요.
>
> (가) ❶우왕이 요동을 공격하는 일을 최영과 은밀하게 의논하였다. ……
> 마침내 8도의 군사를 징발하고 최영이 동교에서 군사를 사열하
> 였다. ┌─ 과전법 체제 아래 관리에게 지급되는 토지는
>   └ 원칙적으로 경기 지역에 한정되었어요.
> (나) 대군이 압록강을 건너서 위화도에 머물렀다. …… ❸이성계가 회군
> 한다는 소식을 듣고 앞다투어 모여든 사람이 천여 명이나 되었다.
> (다) ❹도평의사사에서 글을 올려 ❺과전을 지급하는 법을 정할 것을 청하
> 니, 그 의견을 따랐다. …… 경기는 사방의 근본이므로 마땅히 과
> 전을 설치하여 사대부를 우대하여야 한다. 무릇 수도에 거주하며
> 왕실을 지키는 자는 현직, 산직(散職)을 불문하고 각각 과(科)에
> 따라 받게 한다. ┌─ 관직 복무에 대한 대가로 전·현직 관리에게
>   └ 토지의 수조권을 지급하였어요.

정답 잡는 키워드

❶ 우왕이 요동을 공격하는 일을 최영과 의논함

→ (가) 요동 정벌 추진(1388)

❷, ❸ 위화도에 머물던 이성계가 회군하기로 함

→ (나) 위화도 회군(1388)

❹ 도평의사사, ❺ 과전을 지급하는 법을 정함

→ (다) 과전법 제정(1391)

(가) 우왕이 요동을 공격하는 일을 최영과 의논하였다는 내용을 통해 고려 말
에 우왕과 최영이 추진한 요동 정벌 상황임을 알 수 있어요. 원을 몰아내
고 대륙을 장악한 명이 철령위를 설치하여 철령 이북의 영토를 직접 통치
하겠다고 통고하자 우왕과 최영은 이성계에게 출병을 명령하여 요동 정
벌을 단행하였어요.
(나) 4불가론을 내세우며 요동 정벌에 반대하던 이성계는 위화도에서 군대를
멈추고 우왕에게 회군 명령을 요청하였지만 받아들여지지 않자 위화도에
서 군대를 돌려 개경으로 돌아와 우왕과 최영을 몰아내고 권력을 장악하
였어요.
(다) 이성계는 위화도 회군으로 정권을 장악한 후 급진 개혁파 신진 사대부와
함께 토지 개혁을 단행하여 권문세족의 토지를 몰수하고 신진 관료에게
재분배하는 과전법을 마련하였어요.

① (가) - (나) - (다)
➡ (가) 명의 철령위 설치에 반발하여 요동 정벌 추진(1388) → (나) 위화도 회
군(1388) → (다) 과전법 제정(1391)

② (가) - (다) - (나)

③ (나) - (가) - (다)

④ (나) - (다) - (가)

⑤ (다) - (나) - (가)

핵심 개념	조선의 건국 과정
위화도 회군 (1388)	명이 철령위 설치를 고려에 통보 → 우왕과 최영이 요동 정벌 단행 → 요동 정벌에 반대하던 이성계 등이 위화도에서 회군 → 우왕과 최영을 몰아내고 권력 장악
과전법 실시 (1391)	공양왕 때 조준 등의 건의로 과전법 제정, 실시 → 권문세족이 불법적으로 소유한 토지 몰수, 신진 관료에게 토지 지급, 농민의 경작권 보호
조선 건국 (1392)	이성계 일파가 고려 왕조를 유지하고자 하는 정몽주 등 일부 온건 개혁파 신진 사대부 제거 → 이성계 즉위, 조선 건국 → 한양으로 천도(1394)

18 고려의 경제
정답 ①

다음 상황이 나타난 시기의 경제 모습으로 옳은 것은? [2점]

> ┌─ 고려의 지방 행정 기구로, 현종은 4도호부 8목 체제로
> └ 정비하면서 해주목을 안서도호부로 개편하였어요.
>
> ❶도병마사가 아뢰기를, "안서도호부에서 바친 철은 예전에는 무기용
> 으로 충당하였습니다. 근래에 흥왕사를 창건하면서 또다시 철을 더 바
> 치라고 명령하셨으니 백성들이 고통을 감당하지 못하고 있습니다. 청
> 컨대 염주, 해주, 안주 세 곳에서 2년 동안 바치는 철을 흥왕사 창건에
> 쓰게 하여 수고로운 폐단을 풀어 주십시오."라고 하니, 이를 따랐다.
> ┌─ 고려의 회의 기구로, 고위 관료들이 모여 주로
> └ 국방과 군사 문제를 논의하었어요.

정답 잡는 키워드

❶ 도병마사 → 고려 시대

도병마사에서 아뢴다는 내용을 통해 제시된 자료의 상황이 고려 시대에 있었
음을 알 수 있어요. 고려의 중앙 통치 조직은 당의 3성 6부제의 영향을 받았으
나 고려의 실정에 맞게 고쳐져 2성 6부제로 운영되었어요. 또 독자적인 회의
기구로 도병마사와 식목도감이 설치되었지요. 도병마사와 식목도감은 중서문
하성의 재신과 중추원의 추밀이 모여 국가 중대사를 결정하는 회의 기구였어
요. 도병마사는 고려 후기 충렬왕 때 도평의사사로 개편되었습니다.

① 관리에게 전지와 시지를 지급하였다.
➡ 고려 시대에 관리에게 관직 복무에 대한 대가로 전지와 시지를 지급하는 전
시과가 시행되었어요.

② 시장을 감독하기 위해 동시전을 설치하였다.
➡ 신라 지증왕 때 수도 금성에 시장인 동시와 이를 감독하기 위한 관청으로 동
시전이 설치되었어요.

③ 허적의 제안에 따라 상평통보를 발행하였다.
➡ 조선 숙종 때 허적의 제안에 따라 상평통보가 발행되어 법화로 사용되었어요.

④ 일본과의 교역 규모를 규정한 계해약조를 체결하였다.
➡ 조선 세종 때 일본과 제한된 범위에서만 무역을 허용한 계해약조가 체결되었
어요.

⑤ 상권 수호를 목적으로 황국 중앙 총상회를 조직하였다.
➡ 대한 제국 시기에 서울의 시전 상인들이 외국 상인의 상권 침탈에 맞서기 위
해 황국 중앙 총상회를 조직하였어요.

기출 선택지 +α

❻ 송상이 전국 각지에 송방을 설치하였다. (O / X)
❼ 서적점, 다점 등의 관영 상점이 운영되었다. (O / X)
❽ 감자, 고구마 등이 구황 작물로 재배되었다. (O / X)
❾ 건원중보를 발행하여 화폐 유통을 추진하였다. (O / X)
❿ 민간의 광산 개발을 허용하는 설점수세제를 시행하였다. (O / X)

기출 선택지 +α
정답 ❻ ×[조선 후기] ❼ O ❽ ×[조선 후기] ❾ O ❿ ×[조선 후기]

(가) 왕에 대한 설명으로 옳은 것은?   [2점]

 이것은 "어전준천제명첩"에 담긴 어제사언시(御製四言詩)로, **(가)** 이/가 흥봉한 등 청계천 준설 공사에 공이 있는 신하들의 노고를 치하하며 지은 것이다.

청계천 준설을 추진한 **(가)** 은/는 **②**탕평, 균역 등도 자신의 치적으로 거론한 글을 남겼다.

> 영조는 청계천 바닥에 퇴적물이 쌓여 홍수 피해가 늘자 준천사를 설치하여 청계천 바닥을 파내는 등의 정비를 하였어요.

정답 잡는 **키워드**

❶ 청계천 준설, **②** 탕평, 균역 → 영조

청계천을 준설하였으며 탕평, 균역 등 자신의 치적을 거론한 글을 남겼다는 내용을 통해 (가) 왕이 조선 영조임을 알 수 있어요. 영조는 붕당의 대립으로 인한 폐단을 바로잡고 붕당 간의 조화를 바탕으로 정국을 안정시키기 위해 탕평책을 실시하였어요. 붕당의 폐해를 경계하고 탕평의 의지를 널리 알리고자 성균관에 탕평비를 세우기도 하였지요. 또한, 민생 안정을 위해 백성의 군역 부담을 줄여 주는 균역법을 시행하여 군포를 1필로 줄였어요.

① 나선 정벌에 조총 부대를 파견하였다.
  ➡ 효종은 청의 요청에 따라 나선 정벌에 조총 부대를 파견하였어요.

② 경기도에 한해서 대동법을 실시하였다.
  ➡ 광해군은 방납의 폐단을 바로잡기 위해 경기도에 한하여 대동법을 처음 실시하였어요.

③ 삼수병으로 구성된 훈련도감을 창설하였다.
  ➡ 선조 때 임진왜란 과정에서 포수, 사수, 살수의 삼수병으로 구성된 훈련도감이 창설되었어요.

④ 통치 제도를 정비하고자 속대전을 편찬하였다.
  ➡ 영조는 "경국대전" 반포 이후에 공포된 법령 중에서 시행할 법령만을 추려서 "속대전"을 편찬하여 통치 체제를 정비하였어요.

⑤ 한양을 기준으로 한 역산서인 칠정산을 만들었다.
  ➡ 세종 때 한양을 기준으로 천체 운동을 계산한 "칠정산"이 편찬되었어요.

기출 선택지 +α

❻ 준천사를 신설하여 홍수에 대비하였다.   (O / X)
❼ 수도 방위를 위하여 금위영을 창설하였다.   (O / X)
❽ 기유약조를 체결하여 일본과의 무역을 재개하였다.   (O / X)
❾ 동국문헌비고를 간행하여 역대 문물을 정리하였다.   (O / X)
❿ 각 궁방과 중앙 관서의 공노비 6만여 명을 해방하였다. (O / X)

핵심 개념 | 영조의 개혁 정치

정치	• 이인좌의 난 진압, 공론의 주재자인 산림의 존재 부정, 붕당의 근거지인 서원 대폭 정리 • 이조 전랑의 권한 축소, 탕평비 건립(붕당의 폐해 경계)
경제	균역법 실시(군포 1필 징수) → 농민의 군포 부담 감소
사회	형벌 제도 완화(사형수에 대한 삼심제를 엄격하게 시행, 지나친 형벌 금지), 신문고 제도 부활, 준천사 신설(청계천 준설)
문물 정비	"속대전", "동국문헌비고" 등 편찬

기출 선택지 +α   정답   ❻○   ❼×[숙종]   ❽×[광해군]   ❾○   ❿×[순조]

다음 상황이 나타난 시기를 연표에서 옳게 고른 것은?   [2점]

 왕이 전지하기를, "김종직은 보잘것없는 시골의 미천한 선비였는데, 선왕께서 발탁하여 경연에 두었으니 은혜와 총애가 더없이 컸다고 하겠다. 그런데 지금 그의 제자 김일손이 사초에 부도덕한 말로써 선왕 대의 일을 거짓으로 기록하고, 또 스승인 **①**김종직의 조의제문을 싣고서 그 글을 찬양하였으니, 형명(刑名)을 의논하여 아뢰어라."라고 하였다.

> 항우에게 죽은 중국 초나라 의제의 죽음을 추모하며 쓴 글로, 세조를 항우에 비유하여 세조의 왕위 찬탈을 비판하였어요.

정답 잡는 **키워드**

❶ 김종직의 '조의제문' → 무오사화

왕이 김일손이 사초에 선왕 대의 일을 거짓으로 기록하고 김종직의 '조의제문'을 실은 것에 대한 형벌을 의논할 것을 명하는 것으로 보아 무오사화와 관련된 자료임을 알 수 있어요.

1468	1494	1506	1518	1545	1589
	(가)	(나)	(다)	(라)	(마)
남이의 옥사	연산군 즉위	중종 반정	소격서 폐지	명종 즉위	기축 옥사

➡ 연산군 때 김일손이 스승 김종직의 '조의제문'을 사초에 실은 것을 문제 삼아 훈구 세력이 사림을 공격하여 많은 사림이 피해를 입은 **무오사화**가 일어났어요. 이후 연산군이 자신의 어머니인 폐비 윤씨의 사사 사건에 연루된 훈구와 사림 세력을 제거한 갑자사화가 일어났어요. 무오사화와 갑자사화를 일으킨 이후에도 연산군의 폭정이 계속되자 **중종반정**이 일어나 연산군이 쫓겨나고 중종이 왕위에 올랐어요.

따라서 무오사화가 일어난 시기는 연산군 즉위와 중종반정 사이인 ② (나)입니다.

① (가)   ② (나)   ③ (다)   ④ (라)   ⑤ (마)

연표로 흐름잡기

1494	연산군 즉위
1498	무오사화(김종직의 '조의제문'이 원인이 되어 일어남)
1504	갑자사화(폐비 윤씨 사사에 찬성한 김굉필 등이 처형됨)
1506	중종반정, 중종 즉위

21 세조 재위 시기의 사실 정답 ④

(가) 왕의 재위 시기에 있었던 사실로 옳은 것은? [2점]

조선 세조 때 원각사를 창건하고 10층 석탑을 세웠어요. 현재 원각사는 그 터만 남아 있고, 탑은 국보로 지정되어 있어요.

□□신문

제△△호   ○○○○년 ○○월 ○○일

원각사 창건 당시 작성된 계문(契文) 공개

원각사의 낙성을 축하하는 경찬회 때 [(가)]이/가 조정 신하와 백성에게 수륙재 참여를 권하는 내용이 담긴 원각사 계문이 공개되었다. 조선의 임금과 왕실이 불교 행사를 직접 후원하였다는 기록이 희소하기에 의미가 있다.

한명회, 권람 등의 조력으로 김종서, 황보인 등을 제거하고 왕위에 오른 [(가)]은/는 간경도감을 설치하여 불경을 한글로 번역, 간행하고 원각사를 창건하는 등 불교를 후원하였다.

문종의 유훈을 받은 고명대신으로 어린 나이에 즉위한 문종의 아들인 단종을 보필하였어요.

정답 잡는 키워드

❶ 한명회, 권람 등의 조력으로 김종서, 황보인 등을 제거하고 왕위에 오름 → 세조

한명회, 권람 등의 조력으로 김종서, 황보인 등을 제거하고 왕위에 올랐다는 내용을 통해 (가) 왕이 조선 세조임을 알 수 있어요. 수양 대군(세조)은 한명회, 권람 등과 함께 계유정난을 일으켜 단종을 보필하던 김종서, 황보인 등을 제거하고 권력을 잡은 후 단종의 양위로 왕위에 올랐어요. 세조는 왕권을 강화하기 위해 6조가 의정부를 거치지 않고 국왕에게 직접 업무를 보고하는 6조 직계제를 부활시켰어요. 이어 집현전 학사였던 성삼문, 박팽년 등의 주도로 일어난 단종 복위 운동을 진압하고 자신의 활동을 견제하던 집현전과 경연 제도를 폐지하였어요.

① 주자소에서 계미자를 주조하였다.
➡ 태종 때 인쇄 업무를 담당하는 관청으로 주자소가 설치되고 계미자가 주조되었어요.

② 국가의 의례를 정비한 국조오례의를 완성하였다.
➡ 성종 때 국가의 기본 예식인 오례의 예법과 절차 등을 그림을 곁들여 정리한 "국조오례의"가 완성되었어요.

③ 삼남 지방의 농법을 소개한 농사직설을 편찬하였다.
➡ 세종 때 정초, 변효문 등이 삼남 지방의 농법을 소개한 "농사직설"을 편찬하였어요.

④ 현직 관리에게만 수조지를 지급하는 직전법을 시행하였다.
➡ 세조는 새로운 관리에게 지급할 과전이 부족해지자 직전법을 시행하여 현직 관리에게만 수조지를 지급하였어요.

⑤ 우리나라와 중국의 의서를 망라한 동의보감을 간행하였다.
➡ 광해군 때 허준이 우리나라와 중국의 의서를 망라한 "동의보감"을 간행하였어요.

기출 선택지 +α

❻ 법령을 정비하여 경국대전을 반포하였다. (O / X)
❼ 문하부 낭사를 분리하여 사간원으로 독립시켰다. (O / X)
❽ 현량과를 실시하여 신진 사림을 등용하고자 하였다. (O / X)
❾ 함길도 토착 세력이 일으킨 이시애의 난을 진압하였다.(O / X)

기출 선택지 +α 정답 ❻ ×[성종] ❼ ×[태종] ❽ ×[중종] ❾ ○

---

22 이이의 활동 정답 ⑤

밑줄 그은 '이 인물'에 대한 설명으로 옳은 것은? [3점]

❶ 해주 향약을 시행하여 향촌 교화에 힘썼던 이 인물에 대해 말해 보자.

❷ 동호문답에서 수취 제도 개편 등 다양한 개혁 방안을 제시하였어.

이이가 저술한 성리학 입문서로, 천자문을 떼고 난 후 널리 읽힌 초급 예서 중 하나입니다.

❸ 격몽요결을 저술하여 체계적인 성리학 교육에 힘썼어.

향약은 조선 시대 향촌 주민이 지켜야 할 자치 규약으로, 이황의 예안 향약, 이이의 해주 향약이 대표적이에요.

정답 잡는 키워드

❶ 해주 향약 시행, ❷, ❸ "동호문답", "격몽요결" 저술 → 이이

해주 향약을 시행하였으며 "동호문답"과 "격몽요결"을 저술하였다는 내용을 통해 밑줄 그은 '이 인물'이 율곡 이이임을 알 수 있어요. 이이는 조선 성리학의 독자적 체계를 세운 대표적인 학자입니다. 그는 '이(理)'와 '기(氣)'를 통일적으로 이해하면서 현실 세계를 구성하는 '기'를 상대적으로 중시하였으며, 현실적이고 개혁적인 성향을 보였어요.

① 명에 대한 의리를 내세운 기축봉사를 올렸다.
➡ 송시열은 효종에게 기축봉사를 올려 명에 대한 의리를 강조하였으며, 청에 당한 치욕을 씻기 위해 청을 정벌하자는 북벌론을 주장하였어요.

② 청으로부터 시헌력을 도입하자고 건의하였다.
➡ 김육은 청에서 사용하는 시헌력의 도입을 효종에게 건의하였어요.

③ 양반의 허례와 무능을 풍자한 양반전을 저술하였다.
➡ 박지원은 "양반전", "허생전", "호질" 등 한문 소설을 지어 양반의 허례와 무능을 비판하고 풍자하였어요.

④ 예학을 조선의 현실에 맞게 정리한 가례집람을 지었다.
➡ 김장생은 예학을 조선의 현실에 맞게 정리한 "가례집람"을 저술하였어요.

⑤ 군주가 수양해야 할 덕목과 지식을 담은 성학집요를 집필하였다.
➡ 이이는 군주가 수양해야 할 덕목과 지식을 담은 "성학집요"를 집필하여 임금(선조)에게 바쳤어요.

기출 선택지 +α

❻ 불씨잡변을 지어 불교를 비판하였다. (O / X)
❼ 일본에 다녀와서 해동제국기를 편찬하였다. (O / X)
❽ 방납의 폐단을 줄이고자 수미법을 주장하였다. (O / X)
❾ 예안 향약을 시행하여 향촌 교화를 위해 노력하였다. (O / X)

핵심 개념 | 이황과 이이

이황	• 이(理)의 능동적 역할 중시 → 근본적·이상주의적 성향 • "성학십도", "주자서절요" 저술, 일본의 성리학 발전에 영향을 줌
이이	• 기(氣)의 역할을 상대적으로 중시 → 현실적·개혁적 성향 • "성학집요", "동호문답", "격몽요결"(성리학 입문서) 저술, 현실 개혁 제시(수미법 등)

기출 선택지 +α 정답 ❻ ×[정도전] ❼ ×[신숙주] ❽ ○ ❾ ×[이황]

23 조선 후기의 정치 변화   정답 ①

(가), (나) 사이의 시기에 있었던 사실로 옳은 것은? [3점]

> 사림이 신진 사림을 중심으로 한 동인과 기성 사림을 중심으로 한 서인으로 나뉘어 붕당을 형성하였어요.

> (가) 처음에 심의겸이 외척으로 권세를 부리니 당시 명망 있는 사람들이 섞겨 따랐다. 그런데 김효원이 전랑(銓郎)이 되어 그들을 배척하자 심의겸의 무리가 그를 미워하니, 점차 사림이 나뉘어 동인과 서인이라는 말이 나오게 되었다.
> 시호를 올리기 전까지 승하한 왕을 지칭하는 말로, 여기에서는 효종을 뜻해요.

> (나) 기해년에 왕이 승하하자 재신 송시열이 사종(四種)의 설을 인용하여 "대행 대왕은 왕대비에게 서자가 된다. 왕통을 이었으나 장자가 아닌 경우이니 기년복(朞年服)*을 입어야 마땅하다."라고 하였다. 이에 대해 허목 등 신하들은 전거를 들어 다투기를, "대행 대왕은 왕대비에게 서자가 아니라 장자가 된 둘째이니, 삼년복을 입어야 한다."라고 하였다.
> 현종 때 서인과 남인이 두 차례 예송을 벌였어요. 효종 사후 일어난 기해예송에서는 기년복을 주장한 서인의 의견이 받아들여졌어요.

> * 기년복(朞年服) : 1년 동안 입는 상복

정답 잡는 키워드

❶ 사림이 동인과 서인으로 나뉨
→ (가) 선조, 동인과 서인의 붕당 형성
❷, ❸ 송시열이 기년복 주장, ❹, ❺ 허목이 삼년복 주장
→ (나) 현종, 1차 예송(기해예송)

(가)는 사림이 동인과 서인으로 나뉘었다는 내용을 통해 선조 때임을 알 수 있어요. 선조 때 이조 전랑 임명을 둘러싸고 김효원과 심의겸이 대립하였는데, 이를 계기로 김효원을 지지한 신진 사림을 중심으로 동인, 심의겸을 지지한 기성 사림을 중심으로 서인이 형성되었어요. (나)는 왕이 승하하자 송시열이 기년복(1년복)을 입어야 한다고 주장하고, 허목 등이 삼년복을 입어야 한다고 주장하며 대립하는 것으로 보아 효종 사후 인조의 계비인 자의 대비의 복상 기간을 두고 현종 즉위년에 일어난 기해예송의 상황임을 알 수 있어요.

① 인조반정으로 북인 세력이 몰락하였다.
➡ 광해군 때 서인 세력은 광해군이 영창 대군을 죽이고 인목 대비를 폐위하자 반정을 일으켜 광해군을 몰아내고 인조를 새 임금으로 올렸어요.

② 목호룡의 고변으로 옥사가 발생하였다.
➡ 목호룡은 풍수를 공부한 지관으로 처음에는 연잉군(영조)과 노론 편에 있었으나 경종이 즉위하고 소론이 정권을 잡자 소론 편에 가담하여 경종을 시해하려는 모의가 있었다고 고변하였어요. 이로 인해 역적으로 지목된 노론 인사들이 숙청되는 사건이 일어났습니다. (나) 이후의 사실이에요.

③ 양재역 벽서 사건으로 이언적 등이 화를 입었다.
➡ 명종 때 윤원형 등 소윤 세력이 대윤 세력을 몰아내기 위해 양재역 벽서 사건을 확대하면서 이언적 등이 화를 입었어요. (가) 이전의 사실이에요.

④ 인현 왕후가 폐위되고 남인이 권력을 차지하였다.
➡ 숙종 때 후궁 장씨 아들의 원자 정호 문제로 기사환국이 일어나 서인이 축출되고 남인이 정권을 장악하였으며 인현 왕후가 폐위되었어요. (나) 이후의 사실이에요.

⑤ 이인좌를 중심으로 소론 세력 등이 난을 일으켰다.
➡ 영조 즉위 초에 이인좌를 중심으로 한 소론 세력이 왕과 노론 세력을 제거할 목적으로 반란을 일으켰으나 진압되었어요. (나) 이후의 사실이에요.

기출 선택지 +α
❻ 성희안 일파가 반정을 통해 연산군을 몰아내었다.   (O / X)
❼ 북인이 서인과 남인을 배제하고 권력을 장악하였다.   (O / X)

기출 선택지 +α   정답 ❻ ×[중종반정, (가) 이전] ❼ ○[광해군 때]

---

24 조선과 청의 관계   정답 ②

(가) 국가에 대한 조선의 정책으로 옳은 것은? [2점]

> 인조는 후금의 침략 위험이 커지자 이를 대비하기 위해 남한산성을 개축하였어요.

> **<답사 보고서>**
> ◈ 주제 : ❶ 남한산성에서 삼학사의 충절을 만나다
> ◈ 날짜 : 2023년 ○○월 ○○일
> ◈ 내용 : 현절사(顯節祠)는 ❷ 삼학사(홍익한, 윤집, 오달제)의 충절을 기려 남한산성에 세운 사당이다. 그들은 (가) 의 침입으로 발생한 전쟁에서 ❸ 화의를 반대하며 결사 항전을 주장하였다. 항복 이후 그들은 (가) (으)로 압송되어 처형되었다. 그들과 함께 척화를 주장하였던 김상헌, 정온도 추가로 이곳에 모셔졌다.
> ◈ 사진
> 척화 삼학사라고도 해요. 청에 맞서 끝까지 싸울 것을 주장한 척화파 관료로, 인조가 항복한 뒤 소현 세자, 봉림 대군과 함께 청에 끌려갔어요.

정답 잡는 키워드

❶ 남한산성, ❷, ❸ 삼학사가 화의를 반대하며 결사 항전을 주장함
→ 청

남한산성에 사당이 세워졌으며, 삼학사가 화의를 반대하며 결사 항전을 주장하였다는 내용을 통해 (가) 국가가 청임을 알 수 있어요. 정묘호란 이후 후금은 국호를 '청'으로 바꾸었고, 조선에 군신 관계를 요구하였어요. 조선 조정에서는 청과 화친해야 한다는 주화론과 청에 굴복해서는 안 된다는 척화론이 대립하였으나 척화론이 우세하여 청의 요구를 거절하였어요. 이에 청 태종이 직접 대군을 이끌고 조선을 침략하여 병자호란이 일어났어요. 인조와 신하들은 남한산성으로 피란하여 청에 항전하였으나 결국 항복하고 삼전도에서 굴욕적인 항복 의식을 치렀어요.

① 만권당을 세워 학문 교류를 장려하였다.
➡ 고려 충선왕은 원의 연경에 있는 자신의 집에 만권당을 설립하여 이제현 등 고려 학자들이 원의 학자들과 교류하게 하였어요.

② 어영청을 강화하는 등 북벌을 추진하였다.
➡ 병자호란 이후 효종 때 어영청을 중심으로 청에 당한 치욕을 씻기 위해 청을 정벌하자는 북벌이 추진되었어요.

③ 화통도감을 설치하여 군사력을 증강하였다.
➡ 고려 말에 최무선의 건의로 화통도감이 설치되었어요. 화통도감에서 제작된 화포와 화약 무기는 왜구를 격퇴하는 데 사용되었어요.

④ 사신 접대를 위해 한성에 동평관을 설치하였다.
➡ 조선은 한성에 일본 사신이 와서 머물 숙소로 동평관을 설치하였어요. 동평관은 일본과의 외교와 무역 업무에서 중요한 역할을 담당하였어요.

⑤ 포로 송환을 목적으로 유정을 회답 겸 쇄환사로 파견하였다.
➡ 임진왜란 이후 조선은 포로 송환을 위해 승려 유정을 회답 겸 쇄환사로 일본에 파견하였어요.

기출 선택지 +α
❻ 정기적으로 연행사를 보내 교류하였다.   (O / X)
❼ 공녀를 보내기 위해 결혼도감을 설치하였다.   (O / X)

기출 선택지 +α   정답 ❻ ○ ❼ ×[원에 대한 고려의 정책]

밑줄 그은 '이 시기'의 경제 상황으로 옳은 것은? [1점]

> **시(詩)로 만나는 한국사**
>
> ❶ 이현과 종루 그리고 칠패는 ──── 이현은 동대문 부근, 종루는
> 도성의 3대 시장이라네   종로 일대, 칠패는 남대문
> 온갖 장인들이 살고 일하니   밖에 있었어요. 조선 후기에
> 사람들이 많아서 어깨를 부딪히네   상업이 성장하였으며, 도성
> 온갖 재화가 이익을 좇아   의 시장에서 상업 활동이 활
> 수레가 끊임없네   발히 이루어졌어요.
> 봉성의 털모자, 연경의 비단실
> 함경도의 삼베, 한산의 모시
> 쌀, 콩, 벼, 기장, 조, 피, 보리
>   ……
>
> [해설] 이것은 한양의 모습을 그린 '성시전도'를 보고
> ❷ 박제가가 지은 시의 일부이다. 시의 내용을 통해 이 시기
> 생동감 있는 시장의 모습을 엿볼 수 있다.
> ─── 조선 후기에 활동한 실학자로 상공업 중심의 개혁론을 주장하였어요.

정답 잡는 키워드

❶ 이현, 종루, 칠패가 도성의 3대 시장, ❷ 박제가 → 조선 후기

이현·종루·칠패가 한양의 3대 시장이며, 이곳에 온갖 수공업자들이 모여 있고 여러 지역의 다양한 상품이 유통되고 있다는 내용을 통해 밑줄 그은 '이 시기' 가 상품 화폐 경제가 발달한 조선 후기임을 알 수 있어요. 또한, 이 시를 박제가 가 지었다는 내용을 통해서도 조선 후기의 모습임을 유추할 수 있어요.

① 백성에게 **정전**이 **지급**되었다.
➡ **신라** 성덕왕은 백성에게 정전을 지급하여 국가의 토지 지배권을 강화하고자 하였어요.

② **서경**에 **관영 상점**이 **설치**되었다.
➡ **고려**는 대도시에 서적, 약, 술, 차 등을 파는 관영 상점을 설치하여 상업을 육 성하였어요.

③ 금속 화폐인 **건원중보**가 **주조**되었다.
➡ **고려** 성종 때 우리나라 최초의 화폐이자 철전인 건원중보가 주조되었어요.

④ **벽란도**가 국제 무역항으로 **번성**하였다.
➡ **고려** 시대에 벽란도가 국제 무역항으로 번성하였고, 아라비아 상인도 고려에 방문하였어요.

⑤ **인삼, 담배** 등이 상품 작물로 재배되었다.
➡ 조선 후기에 인삼, 담배, 면화 등이 시장에 내다 팔기 위한 상품 작물로 널리 재배되었어요.

기출 선택지 +α

❻ 독점적 도매상인인 도고가 활동하였다. (O / X)
❼ 경기 지역에 한하여 과전법이 실시되었다. (O / X)
❽ 여러 장시가 하나의 유통망으로 연계되었다. (O / X)
❾ 광산을 전문적으로 경영하는 덕대가 등장하였다. (O / X)
❿ 모내기법의 확대로 벼와 보리의 이모작이 확산되었다. (O / X)

기출 선택지 +α 정답 ❻ ○ ❼ ×[조선 전기] ❽ ○ ❾ ○ ❿ ○

(가) 기구에 대한 설명으로 옳은 것은? [1점]

> 오늘에 와서는 큰일이건 작은 일이건 중요한 것으로 취급되지 않는
> 것이 없어, ❶의정부는 한갓 헛이름만 지니고 6조는 모두 그 직임을 상
> 실하였습니다. 명칭은 ❷변방의 방비를 담당하는 것'이라고 하면서 과
> 거 시험에 대한 판하(判下)*나 비빈 간택 등의 일까지도 모두 [(가)]
> 을/를 경유하여 나옵니다. 명분이 바르지 못하고 말이 이치에 맞지 않
> 음이 이보다 심할 수가 없습니다. 신의 어리석은 소견으로는 [(가)]
> 을/를 고쳐 정당(政堂)으로 칭하는 것이 상책이라 생각합니다.
>
> * 판하(判下) : 안건을 임금이 허가하는 것
>   의정부 3정승을 비롯한 고위 관원들이
>   모두 비변사에 참여함에 따라 의정부와
>   6조는 유명무실한 존재가 되었어요.

정답 잡는 키워드

❶ 의정부는 헛이름만 지니고 6조는 직임을 상실함,
❷ 변방의 방비를 담당함 → 비변사

'변방의 방비를 담당하는 것'이라는 뜻의 명칭을 가지고 있으나 국정 전반의 일을 다루고 있다는 내용을 통해 (가) 기구가 비변사임을 알 수 있어요. 비변사 는 중종 때 외적의 침입에 대비하기 위한 임시 기구로 설치되었으며, 명종 때 을묘왜변을 계기로 상설 기구가 되었습니다. 이후 임진왜란을 거치면서 조직 과 기능이 확대되어 군사뿐만 아니라 외교, 재정, 인사 문제 등 국정 전반을 다 루는 최고 기구가 되었고, 이에 따라 의정부와 6조 중심의 행정 체계는 유명무 실해졌습니다.

① **사헌부, 사간원**과 함께 **3사**로 불렸다.
➡ 홍문관은 경연을 담당하였으며 사헌부, 사간원과 함께 3사로 불렸어요.

② **서얼** 출신 학자들이 **검서관**에 **등용**되었다.
➡ 정조 때 박제가, 유득공, 이덕무 등의 서얼 출신 학자들이 규장각 검서관에 등용되었어요.

③ **흥선 대원군**이 집권한 시기에 **혁파**되었다.
➡ 흥선 대원군 집권 시기에 정치 개혁의 일환으로 의정부와 삼군부의 기능이 부활하고 국정 전반을 담당하던 비변사가 혁파되었어요.

④ **서울과 수원**에 **설치**되어 **국왕의 호위**를 맡았다.
➡ 정조가 국왕 친위 부대로 설치한 장용영은 서울에 내영을, 수원 화성에 외영 을 두었어요.

⑤ **대사성**을 수장으로 **좨주, 직강** 등의 관직을 두었다.
➡ 조선의 최고 교육 기관인 성균관에는 수장인 대사성을 중심으로 좨주, 직강 등의 관직이 있었어요.

기출 선택지 +α

❻ 업무 일지인 내각일력을 작성하였다. (O / X)
❼ 을묘왜변을 계기로 상설 기구화되었다. (O / X)
❽ 세도 정치 시기에 외척의 세력 기반이 되었다. (O / X)

핵심 개념	**비변사의 기능 변화**
임진왜란 이전	• 삼포 왜란(중종) → 여진과 왜구의 침입에 대비하기 위해 설치한 임시 회의 기구, 국방 문제 논의 • 을묘왜변(명종) → 상설 기구화됨
임진왜란 이후	• 임진왜란을 거치면서 기능 강화, 구성원 확대 → 국정 총괄(최고 정무 기구), 의정부와 6조 중심의 행정 체계가 유명무실해짐 • 세도 정치 시기에 외척의 세력 기반이 됨 • 흥선 대원군의 정치 개혁 과정에서 혁파됨

기출 선택지 +α 정답 ❻ ×[규장각] ❼ ○ ❽ ○

27 김정희의 활동

(가) 인물에 대한 설명으로 옳은 것은? [2점]

김정희는 제자 이상적을 '한겨울의
추위(세한)'에 가장 늦게 낙엽이 지는
소나무와 잣나무의 지조에 비유하여
자신의 고마움을 표현하였어요.

김정희는 '완당', '추사', '예당'
등의 호를 사용하였어요.

이 작품은 (가) 의 세한도로, 완당이라는 그의 호가
도인(圖印)으로 찍혀 있습니다. 그는 제주에서 유배
생활을 할 때 청에서 귀한 책을 구해다 준 제자 이상적
에게 고마움의 표시로 이 그림을 그려 주었습니다.

특별전

제주에서
다시 만난
세한도

정답 잡는 키워드

❶ 세한도, ❷ 완당 → 김정희

세한도를 그렸으며 '완당'이라는 호를 사용하였다는 내용을 통해 (가) 인물이
김정희임을 알 수 있어요. 김정희는 고증학의 영향을 받아 금석학에 조예가 깊
었으며, 예술적 능력도 뛰어나 세한도, 모질도 등의 그림을 남겼어요. 또한, 추
사체라는 독특한 서체를 창안하기도 하였어요.

① 남북국이라는 용어를 처음 사용하였다.
➡ 유득공은 '발해고'에서 통일 신라와 발해를 가리켜 남북국이라는 용어를 처
음 사용하였어요.

② 기기도설을 참고하여 거중기를 설계하였다.
➡ 정약용은 중국에 들어온 선교사가 서양의 과학 기술을 소개하기 위해 간행한
"기기도설"을 참고하여 거중기를 설계하였어요. 거중기는 수원 화성 축조에
이용되었어요.

③ 북한산비가 진흥왕 순수비임을 고증하였다.
➡ 김정희는 금석문을 연구하고 저술한 "금석과안록"에서 북한산비가 진흥왕
순수비임을 고증하였어요.

④ 양명학을 연구하여 강화학파를 형성하였다.
➡ 정제두는 양명학을 체계적으로 연구하였으며, 강화도에서 후진 양성에 힘을
기울여 강화학파를 형성하였어요.

⑤ 안평 대군의 꿈을 소재로 몽유도원도를 그렸다.
➡ 안견은 안평 대군이 꿈속에서 본 무릉도원에 대한 이야기를 듣고 몽유도원도
를 그렸어요.

기출 선택지 +α

❻ 담헌서를 통해 과거제 폐지를 주장하였다. (O / X)
❼ 역대 명필을 연구하여 추사체를 창안하였다. (O / X)
❽ 최초로 100리 척을 활용한 동국지도를 제작하였다. (O / X)
❾ 체질에 따라 치료를 달리하는 사상 의학을 확립하였다. (O / X)
❿ 연려실기술에서 조선의 역사를 기사 본말체로 서술하였다. (O / X)

기출 선택지 +α
정답 ❻ ×[홍대용] ❼ ○ ❽ ×[정상기] ❾ ×[이제마] ❿ ×[이긍익]

---

28 천주교 박해

(가), (나) 사이의 시기에 있었던 사실로 옳은 것은? [3점]

윤지충은 천주교 교리를 지키기 위해 유교 장례 의식을 배척하여 참수되었어요.
전라도 진산에서 발생하였기 때문에 신해박해를 진산 사건이라고도 합니다.

(가) 전라도 관찰사 정민시가 [진산의] 죄인 윤지충과 권상연에 대한
조사 결과를 아뢰었다. "…… 근래에 그들은 평소 살아 계신 부모
나 조부모처럼 섬겨야 할 ❷신주를 태워 없애면서도 이마에 진땀 하
나 흘리지 않았으니 정말 흉악한 일입니다. 제사를 폐지한 일은
오히려 부차적입니다."

흥선 대원군이 남하하는 러시아에 대비하려
프랑스와 손을 잡으려고 한서도에 영향을 끼쳤어요.

(나) 의금부에서 아뢰었다. "얼마 전 죄인 ❸남종삼은 명백한 근거도 없
이 러시아에 변란이 있을 것이고, 프랑스와 조약을 맺을 계책이
있다는 요망한 말로 여러 사람을 현혹하였습니다. 감히 나라를 팔
아먹고자 몰래 외적을 끌어들일 음모를 꾸몄으니, 즉시 참형에 처
해야 합니다. …… [베르뇌를 비롯한] ❹서양인 4명을 군영에 넘겨
효수하여 본보기로 삼도록 하였습니다."

병인박해로 베르뇌 주교 등 9명의 프랑스 선교사와
수천 명의 천주교도가 처형되었어요.

정답 잡는 키워드

❶, ❷ 윤지충이 신주를 태워 없앰 → (가) 정조, 신해박해(1791)
❸ 남종삼이 프랑스와 조약을 맺을 계책이 있다고 현혹함,
❹ 베르뇌 등 서양인 효수 → (나) 흥선 대원군 집권기, 병인박해(1866)

(가)는 윤지충과 권상연이 신주를 태워 없앴다는 내용을 통해 정조 때 일어난
신해박해와 관련된 자료임을 알 수 있어요. 정조 때 천주교도 윤지충이 어머니
의 상을 당하였지만 자신의 신앙을 지키기 위해 제사를 지내지 않고 신주까지
불태워 관에 고발되었어요. 혹독한 고문으로 배교를 강요받았지만 윤지충은
끝까지 신앙을 고수하여 결국 참수되었어요. 이는 최초의 천주교 박해 사건으
로 신해박해(1791)라고 합니다. (나)는 남종삼이 프랑스와 조약을 맺을 계책이
있다고 현혹하였으며, 베르뇌 주교를 비롯한 서양인이 효수되었다는 내용을
통해 흥선 대원군 집권 시기인 1866년에 일어난 병인박해 상황임을 알 수 있
어요. 고종 즉위 후 정권을 잡은 흥선 대원군은 국경을 접한 러시아 세력의 팽
창에 위기의식을 가졌어요. 이때에 남종삼이 러시아를 막기 위해 프랑스와 동
맹을 맺을 것을 주장하며 조선에 들어와 있는 프랑스인 선교사를 만나볼 것을
흥선 대원군에게 건의하였어요. 흥선 대원군은 프랑스 선교사와 접촉하려 하
였으나, 만남이 지연되고 천주교 금지를 요구하는 여론도 거세지자 천주교 박
해령을 내렸어요. 이로 인해 최대 규모의 천주교 탄압인 병인박해(1866)가 일
어났어요.

① 대종교 계열의 중광단이 결성되었다.
➡ 일제 강점기인 1911년에 만주 북간도에서 대종교도가 중심이 된 중광단이
결성되었어요. 이후 중광단은 북로 군정서로 발전하여 항일 무장 투쟁을 전
개하였어요. (나) 이후의 사실이에요.

② 한용운이 조선불교유신론을 저술하였다.
➡ 일제 강점기인 1913년에 한용운은 불교 개혁을 위해 "조선불교유신론"을
간행하였어요. (나) 이후의 사실이에요.

③ 보은에서 교조 신원을 요구하는 집회가 열렸다.
➡ 1893년에 동학교도들은 보은에서 정부의 탄압으로 처형된 교조 최제우의
누명을 풀어 줄 것(교조 신원)을 요구하는 집회를 열었어요. (나) 이후의 사실
이에요.

④ 이수광이 지봉유설에서 천주실의를 소개하였다.
➡ 광해군 때 이수광은 일종의 백과사전인 저서 "지봉유설"에서 천주교 교리서
인 "천주실의"를 소개하였어요. "지봉유설"은 이수광이 죽은 뒤 인조 때 출
간되었어요. (가) 이전의 사실이에요.

⑤ 황사영이 외국 군대의 출병을 요청하는 백서를 작성하였다.
➡ 순조 때 신유박해(1801)가 일어나자 천주교 신자였던 황사영이 신앙의 자
유를 얻기 위해 외국 군대의 출병 등을 요청하는 백서를 작성하여 중국에 있
는 프랑스 선교사에게 전달하고자 하였어요.

제63회

(가) 인물에 대한 설명으로 옳은 것은?   [2점]

여러 차례 청을 오가며 서구 문물을 접하고 세계정세에 밝았던 박규수, 오경석, 유홍기 등이 개화사상의 형성에 기여하였어요.

개화사상의 선구자

박지원의 손자이며, 진주에서 농민 봉기가 일어나자 안핵사로 파견되었다. 자신의 사랑방에서 ❷양반 자제들에게 세계 정세를 전하였으며, 청에 다녀온 경험을 바탕으로 문호 개방을 주장하는 등 개화 사상 형성에 선구적인 역할을 하였다.

(가)

정답 잡는 키워드

❶ 진주에서 농민 봉기가 일어나자 안핵사로 파견됨,

❷ 양반 자제들에게 세계정세를 전함 → 박규수

진주에서 농민 봉기가 일어나자 안핵사로 파견되었으며 자신의 사랑방에서 양반 자제들에게 세계정세를 전하였다는 내용을 통해 (가) 인물이 박규수임을 알 수 있어요. 진주 농민 봉기(1862) 수습을 위한 안핵사로 파견된 박규수는 당시 전국으로 확산된 농민 봉기의 주요 원인을 조사하고 이를 바로잡기 위해 삼정이정청의 설치를 건의하였어요. 한편, 박규수는 서양의 문물을 받아들이고 통상해야 한다는 통상 개화론을 주장하였으며, 김옥균, 박영효, 홍영식 등 양반 자제들에게 영향을 끼쳐 그들이 서양 문물과 국제 정세를 폭넓게 이해할 수 있도록 하였어요.

① 조선 중립화론을 건의하였다.
➡ 영국이 거문도를 불법 점령하자 유길준은 유럽의 벨기에, 불가리아와 같이 조선도 열강이 보장하는 중립국이 되어야 한다는 조선 중립화론을 주장하였어요. 조선에 주재하던 독일 외교관 부들러도 조선 중립화론을 주장하였어요.

② 베델과 함께 대한매일신보를 창간하였다.
➡ 양기탁은 영국인 베델과 함께 대한매일신보를 창간하여 항일 언론 활동을 전개하였어요.

③ 대동강에 침입한 제너럴 셔먼호를 격침하였다.
➡ 1866년에 미국 상선 제너럴 셔먼호가 대동강을 거슬러 올라와 통상을 요구하며 살인과 약탈을 자행하자 평안 감사 박규수의 지휘 아래 평양 관민이 제너럴 셔먼호를 불태워 침몰시켰어요.

④ 서양의 과학 기술을 정리한 지구전요를 저술하였다.
➡ 최한기는 서양의 과학 기술과 천문·지구 등에 관한 내용을 정리한 "지구전요"를 저술하였어요.

⑤ 강화도 조약 체결의 전말을 기록한 심행일기를 남겼다.
➡ 신헌은 강화도 조약 체결의 전말을 기록한 공무 일기인 "심행일기"를 남겼어요.

기출 선택지 +α

❻ 황준헌이 쓴 조선책략을 국내에 들여왔다.   (O/X)
❼ 초대 주미 공사로 임명되어 미국에 파견되었다.   (O/X)
❽ 유학생과 기술자들을 이끄는 영선사로 파견되었다.   (O/X)
❾ 서유견문을 집필하여 서양 근대 문명을 소개하였다.   (O/X)

밑줄 그은 '이 사건'에 대한 설명으로 옳은 것은?   [2점]

그들이 개혁안에서 내세운 ❷인민 평등권 확립 등은 이후의 근대적 개혁에 영향을 주었습니다.

이번 시간에는 근대 국가 수립을 위해 김옥균 등이 일으켰던 이 사건에 대한 의견을 들어 보고자 합니다.

하지만 ❸일부 급진 개화파를 중심으로 개혁을 추진하였고, 청과의 사대 관계 청산을 주장하면서도 일본의 힘에 의존하였다는 한계가 있습니다.

갑신정변은 박규수 등의 영향을 받은 김옥균, 박영효, 홍영식 등이 일으킨 근대적 정치 개혁 운동이었어요.

정답 잡는 키워드

❶ 김옥균 등이 일으킴, ❷ 인민 평등권 확립 등을 개혁안으로 내세움,

❸ 일부 급진 개화파를 중심으로 개혁을 추진함 → 갑신정변

김옥균 등이 일으켰으며, 일부 급진 개화파를 중심으로 개혁을 추진하고 인민 평등권 확립 등을 개혁안으로 내세웠다는 내용을 통해 밑줄 그은 '이 사건'이 갑신정변임을 알 수 있어요. 김옥균, 박영효 등 급진 개화파는 우정총국 개국 축하연을 이용하여 정변을 일으키고 개화당 정부를 수립한 후 개혁 정강을 발표하였어요. 개화당 정부는 청과의 사대 관계 청산, 호조로 재정 일원화, 지조법 개혁, 문벌 폐지, 인민 평등권 확립, 능력에 따른 인재 등용 등의 내용을 담은 개혁안을 발표하고 개혁을 추진하였으나 청군의 개입으로 3일 만에 실패하였어요. 이후 정변을 주도한 김옥균, 박영효 등은 일본으로 망명하였어요.

① 보국안민, 제폭구민을 기치로 내걸었다.
➡ 동학 농민 운동 당시 동학 농민군은 보국안민, 제폭구민의 기치를 내걸고 백산에서 봉기하였어요.

② 한성 조약이 체결되는 결과를 가져왔다.
➡ 갑신정변 이후 일본은 갑신정변의 책임을 조선에 떠넘기고 배상금 지불과 공사관 신축 비용 부담 등을 요구한 한성 조약의 체결을 강요하였어요.

③ 개혁 추진을 위해 교정청을 설치하였다.
➡ 동학 농민군과 전주 화약을 맺은 후에 조선 정부는 개혁 추진을 위해 임시로 교정청을 설치하였어요.

④ 구식 군인에 대한 차별 대우가 발단이 되었다.
➡ 구식 군인에 대한 차별 대우가 발단이 되어 임오군란이 일어났어요.

⑤ 민영익 등이 보빙사로 파견되는 계기가 되었다.
➡ 조·미 수호 통상 조약 체결 후 미국 공사가 한성에 부임하자, 조선 정부는 답례 차원에서 전권대신 민영익, 부대신 홍영식 등으로 구성된 보빙사를 미국에 파견하였어요.

기출 선택지 +α

❻ 최익현, 민종식 등이 주도하였다.   (O/X)
❼ 청·일 간 톈진 조약 체결의 계기가 되었다.   (O/X)
❽ 우정총국 개국 축하연을 이용하여 일어났다.   (O/X)
❾ 외규장각 건물이 불타고 의궤가 약탈당하였다.   (O/X)
❿ 3일 만에 실패로 끝나 주동자들이 해외로 망명하였다. (O/X)

---

31 3·1 운동
정답 ③

(가) 운동에 대한 설명으로 옳은 것은? [1점]

국가 보훈처는 광복 73주년을 맞아 독립 유공자를 발굴하여 포상하기로 하였습니다. 이번 포상에는 (가) 의 1주년에 만세 운동을 전개하다가 체포되어 옥고를 치른 배화 여학교 학생 여섯 명이 포함되었습니다. 이들은 일제 강점기 최대 민족 운동인 (가) 의 영향을 받아 수립된 대한민국 임시 정부의 활동 소식을 접하면서 민족의식을 키웠다고 합니다.

김경화 등 6명의 독립운동가, 독립운동 유공 인정

3·1 운동을 계기로 독립운동을 이끌어 갈 통일된 지도부의 필요성이 제기되어 상하이에서 대한민국 임시 정부가 수립되었어요.

정답 잡는 키워드

❶ 일제 강점기 최대 민족 운동,

❷ 대한민국 임시 정부 수립에 영향을 줌 → 3·1 운동

일제 강점기 최대 민족 운동으로 대한민국 임시 정부 수립에 영향을 주었다는 내용을 통해 (가) 운동이 3·1 운동임을 알 수 있어요. 미국 대통령 윌슨의 민족 자결주의가 국내에 전해지고 국외에서 독립 선언이 이어지는 가운데 국내에서도 독립 선언의 움직임이 일어났어요. 그러던 중에 고종이 갑자기 승하하자 종교계 지도자와 학생 대표들이 모임을 갖고 고종의 인산일에 즈음하여 대대적인 만세 시위를 계획하였어요. 1919년 3월 1일, 민족 대표는 탑골 공원에 나아가 독립 선언서를 낭독하고 시위를 전개할 계획이었으나, 시위가 과격해질 것을 우려하여 태화관이라는 음식점에 모여 독립 선언서를 낭독하고 일제에 스스로 체포되었어요. 비슷한 시각 탑골 공원에 모여 있던 학생과 시민들은 민족 대표들이 나타나지 않자 독립 선언서를 가져와 낭독하고 만세 운동을 시작하였어요. 이후 만세 운동은 전국은 물론 국외로도 확산되었어요.

① 김광제 등의 발의로 본격화되었다.
➡ 1907년에 대구에서 김광제, 서상돈 등의 발의로 나랏빚을 갚아 국권을 회복하자는 국채 보상 운동이 본격적으로 전개되었어요.

② 순종의 인산일을 기회로 삼아 추진되었다.
➡ 천도교계 민족주의 세력과 사회주의 세력, 그리고 학생들이 순종의 인산일을 기회로 삼아 6·10 만세 운동을 준비하였어요.

③ 제암리 학살 등 일제의 가혹한 탄압을 받았다.
➡ 3·1 운동의 만세 시위가 확산되자 일제는 헌병 경찰과 군대를 동원하여 탄압하였고, 경기도 화성 제암리에서 주민을 학살하는 등의 만행을 저질렀어요.

④ 신간회에서 진상 조사단을 파견하여 지원하였다.
➡ 광주 학생 항일 운동이 일어나자 신간회에서 진상 조사단을 파견하여 지원하였어요.

⑤ 성진회와 각 학교 독서회에 의해 전국적으로 확산하였다.
➡ 광주 학생 항일 운동은 광주 지역 학생들이 결성한 비밀 결사인 성진회와 각 학교 독서회에 의해 전국적으로 확산되었어요.

기출 선택지 +α

❻ 민족 대표 33인 명의의 독립 선언서가 발표되었다. (O / X)
❼ 일제가 이른바 문화 통치를 실시하는 배경이 되었다. (O / X)
❽ 한국인 학생과 일본인 학생 간의 충돌에서 비롯되었다.(O / X)

기출 선택지 +α 정답 ❻○ ❼○ ❽×[광주 학생 항일 운동]

---

32 갑오개혁
정답 ③

밑줄 그은 '개혁'의 내용으로 옳은 것은? [3점]

초정부적인 정책 의결 기구로 제1차 갑오개혁의 중추적 역할을 하였으며, 제2차 갑오개혁에 앞서 폐지되었어요.

이 그림은 군국기무처에서 회의하는 모습입니다. 그림의 아래쪽에는 총재 김홍집 등 회의에 참여한 관리들의 이름이 적혀 있습니다. 군국기무처는 개혁을 추진하면서 수개월 동안 200여 건의 안건을 의결하였습니다.

영의정 김홍집이 군국기무처의 총재를 겸임하여 제1차 갑오개혁을 주도하였어요.

정답 잡는 키워드

❶ 군국기무처에서 개혁 추진 → 제1차 갑오개혁

군국기무처에서 개혁을 추진하였다는 내용을 통해 밑줄 그은 '개혁'이 제1차 갑오개혁임을 알 수 있어요. 군국기무처는 개국 기년 사용, 궁내부 설치, 6조를 8아문으로 개편, 탁지아문으로 재정 일원화, 도량형 통일, 조세의 금납화 등의 개혁을 추진하였고, 과거제 폐지, 연좌제 금지, 공사 노비법 혁파, 과부의 재가 허용, 조혼 금지 등을 결정하였어요.

① 원수부를 두었다.
➡ 광무개혁 추진 과정에서 황제의 군 통수권 장악을 위해 원수부를 두었어요.

② 재판소를 설치하였다.
➡ 제2차 갑오개혁 때 재판소를 설치하여 사법권을 독립시켰어요.

③ 은 본위제를 도입하였다.
➡ 제1차 갑오개혁 때 은 본위제를 도입하였어요.

④ 태양력을 공식 채택하였다.
➡ 을미개혁 때 태양력을 공식적으로 채택하였어요.

⑤ 5군영을 2영으로 통합하였다.
➡ 조선 정부는 1881년에 개화 정책의 일환으로 구식 군대인 5군영을 무위영과 장어영의 2영으로 통합하였어요.

기출 선택지 +α

❻ 과거제를 폐지하였다. (O / X)
❼ 공사 노비법을 혁파하였다. (O / X)
❽ 건양이라는 연호를 채택하였다. (O / X)
❾ 지방 행정 구역을 8도에서 23부로 개편하였다. (O / X)

핵심 개념	제1차 갑오개혁
추진	제1차 김홍집 내각, 군국기무처 설치(개혁 주도)
정치	청 연호 사용 폐지·개국 기년 사용, 궁내부 설치(왕실 사무와 정부 사무 분리), 6조를 8아문으로 개편, 과거제 폐지
경제	탁지아문으로 재정 일원화, 도량형 통일, 은 본위 화폐 제도 확립, 조세의 금납화
사회	신분제와 노비제 혁파, 과부의 재가 허용, 조혼 금지, 고문과 연좌제 폐지

기출 선택지 +α 정답 ❻○ ❼○ ❽×[을미개혁] ❾×[제2차 갑오개혁]

(가)에 들어갈 내용으로 가장 적절한 것은?   [2점]

〈한국사 동영상 제작 계획안〉

○○○○, 공론의 장을 열다

△학년 △반 △모둠

■ 제작 의도

지식인뿐 아니라 농민, 상인, 노동자 등 다양한 계층이 참여한 집회 등을 통해 공론의 장을 마련한 ○○○○의 활동을 살펴본다.   독립 협회는 자주독립의 의지를 널리 알리기 위해 청의 사신을 맞이하던 영은문 자리 부근에 독립문을 건립하였어요.

■ 장면별 구성 내용

#1. ❶독립문 건립을 위해 성금을 모으다

#2. ❷러시아의 절영도 조차 요구를 규탄하는 집회를 열다

#3.   (가)

#4. 황국 협회의 습격으로 사망한 구두 수선공의 장례를 치르다   독립 협회 활동에 대응하기 위해 대한 제국 관료들이 보부상을 앞세워 조직한 단체로, 만민 공동회를 습격하는 등 서울 곳곳에서 독립 협회와 충돌하였어요.

정답 잡는 키워드

❶ 독립문 건립, ❷ 러시아의 절영도 조차 요구 규탄 → 독립 협회

독립문을 건립하였으며, 러시아의 절영도 조차 요구를 규탄하는 집회를 열었다는 내용을 통해 독립 협회의 활동과 관련된 자료임을 알 수 있어요. 독립 협회는 독립문을 세워 자주독립의 의지를 드러내었고, 신교육 진흥, 열강의 이권 획득 반대, 의회 설립, 민권 신장 등의 다양한 주제로 강연회와 토론회를 열어 민중 계몽에 앞장섰어요. 또한, 만민 공동회를 개최하여 러시아의 내정 간섭과 이권 침탈을 규탄하여 이를 저지하기도 하였어요.

① 평양에 대성 학교를 설립하다

➡ 신민회는 평양에 대성 학교를 설립하여 민족 교육을 실시하였어요.

② 고종 강제 퇴위 반대 운동을 주도하다

➡ 대한 자강회는 고종의 강제 퇴위에 반대하는 운동을 앞장서서 전개하였어요.

③ 집강소를 중심으로 폐정 개혁안을 실천하다

➡ 동학 농민 운동 당시 동학 농민군은 정부와 전주 화약을 체결하고 전라도 각지에 집강소를 설치하여 폐정 개혁안을 실천하였어요.

④ 관민 공동회를 개최하여 헌의 6조를 결의하다

➡ 독립 협회는 정부 대신들도 참여한 관민 공동회를 개최하여 국정 개혁안인 헌의 6조를 결의하였으며 중추원 개편을 통한 의회 설립을 추진하였어요.

⑤ 개혁의 기본 방향을 제시한 홍범 14조를 반포하다

➡ 제2차 갑오개혁을 추진하면서 조선 정부는 개혁의 기본 방향을 제시한 홍범 14조를 반포하였어요.

핵심 개념 | 독립 협회

창립	아관 파천 이후 열강의 이권 침탈 심화 → 서재필 주도로 독립신문 창간, 독립 협회 창립(1896)
활동	• 민중 계몽 운동 : 독립문·독립관 건립, 만민 공동회 개최 • 자주 국권 운동 : 러시아의 절영도 조차 요구 저지, 한·러 은행 폐쇄 • 관민 공동회 개최 : 헌의 6조 결의(입헌 군주제 지향, 탁지부로 재정 일원화, 피고의 인권 존중 등) • 의회 설립 운동 → 대한 제국 정부가 새로운 중추원 관제 반포
해산	보수 세력의 모함, 고종이 황국 협회와 군대를 동원하여 탄압 → 만민 공동회 강제 해산, 독립 협회 활동 중단

다음 기사를 활용한 탐구 활동으로 가장 적절한 것은?   [3점]

해외 언론 보도로 본 민족 운동

THE CALL

Shot Down by Korean Conspirators, Diplomat Stevens Is at Point of Death

오늘 ❶나는 ❷스티븐스를 쏘았다. 그는 대한 제국의 외교 고문에 임명되어 후한 대접을 받고 있음에도 일본의 이익을 위해 한국인에게 온갖 잔인한 일을 자행하였다. …… 나는 어떤 처벌에도 불만이 없으며, 조국의 자유를 위한 투쟁에 도움이 된다면 영광스럽게 죽을 것이다.

스티븐스는 제1차 한·일 협약 이후 일본이 파견한 미국인 외교 고문이에요. 그는 '한국인은 독립할 자격이 없는 무지한 민족' 등의 망언을 하고 일본의 한국 지배에 적극 찬성하였어요.

정답 잡는 키워드

❶, ❷ 대한 제국의 외교 고문이었던 스티븐스를 저격함

→ 장인환, 전명운의 스티븐스 저격

대한 제국의 외교 고문에 임명되었던 스티븐스를 쏘았다는 내용을 통해 미국에서 있었던 장인환과 전명운의 의거와 관련된 기사임을 알 수 있어요. 장인환과 전명운은 미국의 샌프란시스코에서 일제의 한국 침략을 지지한 친일 인물인 스티븐스를 저격하였어요.

① 제1차 한·일 협약의 내용을 알아본다.

➡ 제1차 한·일 협약에 일본이 추천하는 외교 고문과 재정 고문을 두도록 하는 조항이 담겼어요. 이에 따라 외교 고문으로 미국인 스티븐스, 재정 고문으로 일본인 메가타가 부임하였어요.

② 삼국 간섭이 발생한 원인을 분석한다.

➡ 청·일 전쟁에서 승리한 일본은 청과 시모노세키 조약을 체결하고 랴오둥반도를 넘겨받았어요. 그러자 한반도와 만주 지역에서 세력 확대를 노리던 러시아가 프랑스와 독일을 끌어들여 일본이 랴오둥반도를 청에 반환하도록 압박하는 삼국 간섭이 일어났어요.

③ 일제가 조작한 105인 사건의 영향을 파악한다.

➡ 일제가 조작한 105인 사건으로 신민회의 조직이 드러나 해체되었어요.

④ 영국이 거문도를 불법 점령한 과정을 조사한다.

➡ 한반도를 둘러싼 열강의 경쟁이 심해지는 가운데 1885년에 영국은 러시아의 남하를 견제한다는 구실로 거문도를 불법 점령하였어요.

⑤ 고종이 러시아 공사관으로 피신한 이유를 찾아본다.

➡ 고종은 을미사변 이후 일본으로부터 신변에 위협을 느껴 왕세자와 함께 러시아 공사관으로 거처를 옮기는 아관 파천을 단행하였어요.

35 임병찬의 활동 정답 ②

(가) 인물의 활동으로 옳은 것은? [2점]

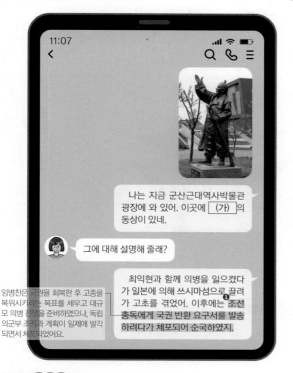

11:07

나는 지금 군산근대역사박물관 광장에 와 있어. 이곳에 (가) 의 동상이 있네.

그에 대해 설명해 줄래?

최익현과 함께 의병을 일으켰다가 일본에 의해 쓰시마섬으로 끌려가 고초를 겪었어. 이후에는 조선 총독에게 국권 반환 요구서를 발송하려다가 체포되어 순국하였지.

임병찬은 국권을 회복한 후 고종을 복위시키려는 목표를 세우고 대규모 의병 전쟁을 준비하였으나, 독립 의군부 조직과 계획이 일제에 발각되면서 체포되었어요.

정답 잡는 키워드

❶ 조선 총독에게 국권 반환 요구서를 발송하려 함 → 임병찬

조선 총독에게 국권 반환 요구서를 발송하려고 하였다는 내용을 통해 (가) 인물이 임병찬임을 알 수 있어요. 임병찬은 을사늑약이 체결되자 최익현과 함께 태인에서 의병을 일으켰다가 체포되어 쓰시마섬으로 끌려갔어요. 유배에서 돌아와 의병 봉기를 도모하던 중 독립 의군부를 조직하고 국권 반환 요구서를 조선 총독에게 보낼 것을 계획하였어요.

① 명동 성당 앞에서 이완용을 습격하였다.
➡ 이재명은 을사늑약 체결에 앞장선 친일파 이완용을 명동 성당 앞에서 습격하여 중상을 입혔어요.

②고종의 밀지를 받아 독립 의군부를 조직하였다.
➡ 1912년에 전라도 지역에서 임병찬이 고종의 밀명을 받아 독립 의군부를 조직하였어요.

③ 국권 침탈 과정을 정리한 한국통사를 저술하였다.
➡ 박은식은 "한국통사"에서 고종 즉위 이후 개항기의 역사와 일제의 침략 과정을 서술하였어요.

④ 13도 창의군의 총대장으로 서울 진공 작전을 지휘하였다.
➡ 이인영은 정미의병 당시 13도 창의군의 총대장으로 추대되어 서울 진공 작전을 지휘하였어요.

⑤ 논설 단연보국채를 써서 국채 보상 운동에 적극 참여하였다.
➡ 황성신문은 담배를 끊어 나랏빚을 갚자는 내용의 논설인 '단연보국채'를 게재하여 국채 보상 운동에 적극 참여하였어요.

기출 선택지 +α

❻ 대한 광복군 정부 수립을 주도하였다. (O / X)
❼ 의열단을 조직하여 단장으로 활동하였다. (O / X)
❽ 한국독립운동지혈사에서 독립 투쟁 과정을 서술하였다. (O / X)

기출 선택지 +α 정답 ❻ ×[이상설, 이동휘 등] ❼ ×[김원봉] ❽ ×[박은식]

---

36 조선 혁명군의 활동 정답 ②

(가) 부대에 대한 설명으로 옳은 것은? [2점]

주제 : (가) 의 무장 독립 투쟁

❶ 국민부 산하 군사 조직으로 편성되었다가 이후 여러 부대를 통합하며 재편되었습니다.

❷ 총사령에 양세봉, 참모장에 김학규가 임명되어 부대를 이끌었습니다.

❸ 만주 사변 이후 중국 의용군과 함께 남만주 일대에서 항일 투쟁을 벌였습니다.

3부 통합으로 남만주 일대에서 조직된 국민부는 조선 혁명당을 결성하고 그 아래 조선 혁명군을 두었어요.

만주 사변 이후 만주의 독립군과 항일 중국군이 일제를 공동의 적으로 삼아 연합 작전을 벌였어요.

정답 잡는 키워드

❶ 국민부 산하 군사 조직으로 편성, ❷ 총사령 양세봉,
❸ 중국 의용군과 함께 남만주 일대에서 항일 투쟁 전개
→ 조선 혁명군

국민부 산하의 군사 조직으로 편성되었으며 총사령에 양세봉이 임명되었다는 내용을 통해 (가) 부대가 조선 혁명군임을 알 수 있어요. 1931년에 일제가 만주를 침략하고 만주국을 세워 중국 내에서 항일 감정이 고조되었어요. 이러한 가운데 한국 독립당 산하의 한국 독립군과 조선 혁명당의 군사 조직인 조선 혁명군은 만주 지역에서 항일 중국군과 연합하여 항일 투쟁을 벌였어요. 남만주 지역에서 결성된 조선 혁명군은 총사령 양세봉의 지휘 아래 중국 의용군과 함께 한·중 연합 작전을 전개하였어요.

① 간도 참변 이후 자유시로 이동하였다.
➡ 간도 참변 이후 만주 지역의 독립군 부대들이 러시아 혁명군의 지원 약속을 믿고 자유시로 이동하였으나 자유시 참변을 당하여 큰 피해를 입었어요.

②영릉가 전투에서 일본군과 싸워 크게 승리하였다.
➡ 조선 혁명군은 중국 의용군과 함께 영릉가 전투, 흥경성 전투 등에서 일본군에 승리를 거두었어요.

③ 조선 독립 동맹 산하의 군사 조직으로 개편되었다.
➡ 조선 의용대 화북 지대는 화북 지역에서 활동하던 사회주의자들이 중심이 되어 옌안에서 결성한 조선 독립 동맹의 군사 조직인 조선 의용군으로 개편되었어요.

④ 영국군의 요청으로 인도·미얀마 전선에 투입되었다.
➡ 한국 광복군의 일부 대원은 영국군의 요청으로 인도·미얀마 전선에 파견되어 활동하였어요.

⑤ 중국 국민당 정부의 지원을 받아 우한에서 창설되었다.
➡ 중국 국민당 정부의 지원을 받아 우한에서 조선 민족 전선 연맹의 군사 조직으로 조선 의용대가 창설되었어요.

기출 선택지 +α

❻ 흥경성 전투에서 승리하였다. (O / X)
❼ 남만주에서 중국군과 연합 작전을 전개하였다. (O / X)
❽ 쌍성보, 대전자령 전투에서 일본군을 격퇴하였다. (O / X)
❾ 중국 팔로군에 편제되어 항일 전선에 참여하였다. (O / X)
❿ 중국 관내에서 조직된 최초의 한인 무장 부대였다. (O / X)

기출 선택지 +α 정답 ❻ ○ ❼ ○ ❽ ×[한국 독립군] ❾ ×[조선 의용군] ❿ ×[조선 의용대]

제63회

(가) 운동에 대한 설명으로 옳은 것은? [1점]

> 이것은 (가) 을/를 주도한 단체의 제7회 전국 대회 포스터입니다. '모히라! 자유 평등의 기치하에로'라는 문구가 있으며, '경성 천도교 기념관'에서 개최된 다고 알리고 있습니다. ❶진주에서 시작된 (가) 은/는 ❷'공평은 사회의 근본이요, 애정은 인류의 본량(本良)'이라는 구호 아래 전개되었습니다.

형평 운동은 백정들이 사용하는 저울처럼 공평하고 평등한 사회를 만들겠다는 신념 아래 전개되었어요.

정답 잡는 키워드

❶ 진주에서 시작, ❷ '공평은 사회의 근본이요, 애정은 인류의 본량'이라는 구호 → 형평 운동

진주에서 시작되었으며, 공평은 사회의 근본임을 표방하였다는 내용을 통해 (가) 운동이 형평 운동임을 알 수 있어요. 갑오개혁 중에 법적으로 신분제가 철폐되었지만 백정에 대한 차별은 여전히 남아 있었어요. 이들에 대한 사회적 편견과 차별은 일제 강점기에도 계속되었지요. 이에 백정들은 1923년에 경상남도 진주에서 조선 형평사를 조직하고 백정에 대한 사회적 차별 철폐를 주장하는 형평 운동을 전개하였어요.

① 통감부의 탄압으로 중단되었다.
➡ 일제가 대한 제국의 국권을 강탈하고 조선 총독부를 설치하면서 통감부는 폐지되었어요. 통감부의 탄압으로 중단된 대표적인 운동으로는 일본에 진 나랏빚을 국민의 힘으로 갚자는 취지로 전개된 국채 보상 운동이 있어요.

② 중국의 5·4 운동에 영향을 주었다.
➡ 3·1 운동은 중국의 5·4 운동, 인도의 비폭력·불복종 운동 등 외국의 민족 운동에 영향을 주었어요.

③ 대한 자강회가 결성되는 배경이 되었다.
➡ 을사늑약 체결을 전후하여 애국 계몽 운동이 전개되는 가운데 헌정 연구회를 계승하여 대한 자강회가 결성되었어요. 이 단체는 월보를 간행하고 연설회를 개최하는 등 주권 회복과 자주독립을 이루기 위한 국민 계몽에 힘썼어요.

④ 백정에 대한 사회적 차별 철폐를 주장하였다.
➡ 형평 운동을 주도한 조선 형평사는 백정에 대한 모욕적인 칭호를 폐지하는 등 사회적 차별 철폐를 목표로 활동하였어요.

⑤ 여성 교육의 중요성을 강조한 여권통문을 발표하였다.
➡ 1898년에 서울 북촌의 양반 여성들이 여성 교육의 중요성을 강조한 여권통문을 발표하였어요.

기출 선택지 +α

❻ 자작회, 토산 애용 부인회 등이 활동하였다. (O/X)
❼ 어린이날을 정하고 잡지 어린이를 발간하였다. (O/X)
❽ 조선 형평사를 조직하여 사회적 차별에 맞섰다. (O/X)
❾ 라이징 선 석유 회사의 조선인 구타 사건을 계기로 시작되었다. (O/X)

기출 선택지 +α
정답 ❻×[물산 장려 운동] ❼×[소년 운동] ❽○ ❾×[원산 총파업]

밑줄 그은 '이 시기'에 볼 수 있는 모습으로 적절한 것은? [1점]

> 1915년에 일제가 개최한 대규모 박람회입니다. 일제는 식민 통치 5년 동안의 성과를 선전하기 위해 전국 각지의 물품을 수집·전시하였어요.
> 이 사진은 조선 물산 공진회가 열렸던 당시 일장기가 내걸린 근정전의 모습을 보여 줍니다. 조선 총독부는 ❶토지 조사 사업이 진행되던 이 시기에 식민 통치를 미화하고, 그 성과를 선전하기 위해 이 행사를 개최하였습니다. 공진회장 조성 과정에서 경복궁의 많은 건물이 헐렸습니다.

일제는 한국을 강제 병합한 직후부터 예비 조사를 시작하여 1912년에 토지 조사령을 공포하고 1918년까지 토지 조사 사업을 실시하였어요.

정답 잡는 키워드

❶ 토지 조사 사업 진행 → 1910년대

토지 조사 사업이 진행되었다는 내용을 통해 밑줄 그은 '이 시기'가 1910년대임을 알 수 있어요. 일제는 1910년대에 헌병 경찰을 앞세워 위압적인 무단 통치를 전개하였어요. 경제적으로는 식민지 수탈을 위한 정책을 모색하여 식민 지배를 위한 재정을 확보하고 일본인의 토지 소유를 쉽게 할 목적으로 토지 조사 사업을 추진하였어요. 또한, 한국인의 자본 축적과 산업 발전을 억압하는 회사령, 어업령, 조선 광업령 등 여러 법령을 제정하였어요.

① 황국 신민 서사를 암송하는 학생
➡ 일제는 1937년에 일왕에 대한 충성 맹세문인 황국 신민 서사를 제정한 뒤 학교, 관공서, 회사 등에서 암송하도록 강요하였어요.

② 경성 제국 대학에서 강의하는 교수
➡ 일제는 1924년에 경성 제국 대학을 설립하여 한국인의 고등 교육에 대한 열망을 무마하려 하였어요.

③ 조선인에게 태형을 집행하는 헌병 경찰
➡ 일제는 1910년대에 헌병 경찰 제도를 실시하였으며, 한국인에 한하여 태형을 적용하였어요.

④ 원산 총파업에 연대 지원금을 보내는 외국 노동자
➡ 1929년에 원산 인근의 라이징 선 석유 회사에서 일본인 감독관이 한국인 노동자를 구타한 사건이 발단이 되어 원산 총파업이 일어났어요.

⑤ 나운규가 감독한 아리랑의 첫 상영을 준비하는 단성사 직원
➡ 1926년에 나운규가 제작·감독한 영화 '아리랑'이 단성사에서 개봉되었어요.

기출 선택지 +α

❻ 징병제를 찬양하는 친일 지식인 (O/X)
❼ 신사 참배에 강제 동원되는 학생 (O/X)
❽ 암태도 소작 쟁의에 참여하는 농민 (O/X)
❾ 근우회의 창립 기사를 작성하는 기자 (O/X)

기출 선택지 +α
정답 ❻×[1940년대] ❼×[1930년대 후반 이후] ❽×[1923~1924년]
❾×[1927년]

---

39 조선어 학회의 활동 정답 ④

다음 검색창에 들어갈 단체에 대한 설명으로 옳은 것은? [2점]

한국사 강의

단체 ▼ [   ] 검색

검색 결과

❶ **우리말을 힘써 모으다**
- 학생들을 통해 시골말, 놀이말, 속담 등 수집
  └ 일제는 1942년에 조선어 학회 사건을 일으켜 최현배, 이극로 등 조선어 학회 회원들을 검거·투옥하였어요.

❷ **최현배, 이극로 등 다수의 회원이 검거되다**
- 사전 편찬 활동 등을 치안 유지법으로 탄압

❸ **"조선말 큰사전" 편찬 작업을 재개하다**
- 서울역 창고에서 일제에 압수되었던 원고 발견
  └ 조선어 학회 사건 과정에서 일제에 압수되어 행방을 알지 못했던 사전 원고가 광복 직후 발견되었어요.

정답 잡는 키워드

❶ 우리말을 힘써 모음, ❷ 최현배, 이극로 등 다수의 회원이 검거됨, ❸ "조선말 큰사전" 편찬 작업 → 조선어 학회

우리말을 힘써 모았고 최현배, 이극로 등 다수의 회원이 검거되었으며, "조선말(우리말) 큰사전" 편찬 작업을 재개하였다는 내용을 통해 검색창에 들어갈 단체가 조선어 학회임을 알 수 있어요. 조선어 학회는 1921년에 결성된 조선어 연구회를 계승하여 우리말과 글을 연구한 학술 단체입니다. 조선어 학회는 "조선말(우리말) 큰사전"의 편찬 작업을 추진하였으나 이른바 조선어 학회 사건이 벌어져 사전을 완성하지 못하였어요. 광복 이후 한글 학회로 이름을 바꾸고 사전 편찬 사업을 이어받아 마무리하였어요.

① 한글 신문인 제국신문을 간행하였다.
➡ 이종일이 순 한글로 발행한 제국신문은 민중 계몽에 큰 역할을 하였어요.

② 태극 서관을 설립하여 서적을 보급하였다.
➡ 신민회는 계몽 서적의 보급을 위해 태극 서관을 설립하였어요.

③ 파리 강화 회의에 독립 청원서를 제출하였다.
➡ 대한민국 임시 정부는 프랑스 파리에서 활동하고 있던 김규식을 전권 대사로 임명하여 파리 강화 회의에 독립 청원서를 제출하였어요.

④ 한글 맞춤법 통일안과 표준어 사정안을 제정하였다.
➡ 조선어 학회는 휴간된 잡지 "한글"을 다시 발행하고 한글 맞춤법 통일안과 표준어를 제정하였어요.

⑤ 국문 연구소를 두어 한글을 체계적으로 연구하였다.
➡ 대한 제국 정부는 학부 아래에 국문 연구소를 세워 한글의 문자 체계를 정리하였어요.

기출 선택지 +α

❻ 우리말 큰사전 편찬 사업을 추진하였다. (O/X)
❼ 우리말 음운 연구서인 언문지를 저술하였다. (O/X)
❽ 한글 연구를 목적으로 학부 아래에 설립되었다. (O/X)
❾ 개벽, 신여성 등의 잡지를 간행하여 민족의식을 높였다. (O/X)

기출 선택지 +α 정답 ❻○ ❼×[유희] ❽×[국문 연구소] ❾×[천도교]

---

40 김구와 여운형의 활동 정답 ②

(가), (나) 인물에 대한 설명으로 옳은 것을 <보기>에서 고른 것은? [2점]

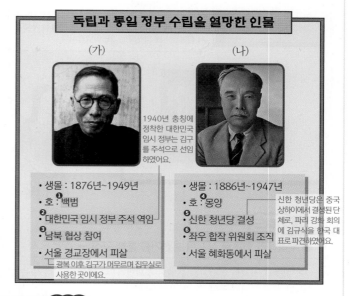

독립과 통일 정부 수립을 열망한 인물

(가)   (나)

1940년 충칭에 정착한 대한민국 임시 정부는 김구를 주석으로 선임하였어요.

신한 청년당은 중국 상하이에서 결성된 단체로, 파리 강화 회의에 김규식을 한국 대표로 파견하였어요.

(가)
- 생몰 : 1876년~1949년
- 호 : ❶백범
- ❷대한민국 임시 정부 주석 역임
- ❸남북 협상 참여
- 서울 경교장에서 피살
  └ 광복 이후 김구가 머무르며 집무실로 사용한 곳이에요.

(나)
- 생몰 : 1886년~1947년
- 호 : ❹몽양
- ❺신한 청년당 결성
- ❻좌우 합작 위원회 조직
- 서울 혜화동에서 피살

정답 잡는 키워드

❶ 백범, ❷ 대한민국 임시 정부 주석 역임, ❸ 남북 협상 참여 → (가) 김구

❹ 몽양, ❺ 신한 청년당 결성, ❻ 좌우 합작 위원회 조직 → (나) 여운형

(가) 인물은 '백범'이라는 호를 썼으며 대한민국 임시 정부의 주석을 역임하고 남북 협상에 참여하였다는 내용을 통해 김구임을 알 수 있어요. 김구는 광복 이후 남북한 지역을 통합한 정부 수립이 어려워지자 이를 해결하기 위해 김규식과 함께 남북 협상에 참여하였으나 성과를 거두지 못하였어요. (나) 인물은 '몽양'이라는 호를 썼으며 신한 청년당을 결성하고 좌우 합작 위원회를 조직하였다는 내용을 통해 여운형임을 알 수 있어요. 제1차 미·소 공동 위원회가 무기 휴회되고 이승만이 남한만의 단독 정부 수립을 주장하는 가운데 여운형, 김규식 등 중도 세력이 좌우 합작 위원회를 결성하고 좌우 합작 7원칙을 발표하였어요.

ㄱ. (가) - 상하이에서 한인 애국단을 조직하였다.
➡ 김구는 침체되어 있던 대한민국 임시 정부에 활기를 불어넣고자 1931년에 상하이에서 의열 투쟁 단체인 한인 애국단을 조직하였어요.

ㄴ. (가) - 조선 혁명 간부 학교를 세워 독립군을 양성하였다.
➡ 김원봉은 중국 국민당 정부의 지원을 받아 1932년에 독립군 간부를 양성하기 위한 조선 혁명 간부 학교를 난징에 설립하였어요.

ㄷ. (나) - 조선 건국 준비 위원회의 활동을 주도하였다.
➡ 여운형은 1944년에 일제의 패망과 광복에 대비하여 비밀리에 조선 건국 동맹을 결성하였어요. 조선 건국 동맹은 광복 직후 조선 건국 준비 위원회로 발전하였어요.

ㄹ. (나) - 미국에서 귀국하여 독립 촉성 중앙 협의회를 이끌었다.
➡ 광복 후 미국에서 귀국한 이승만은 1945년에 민족주의 정당을 중심으로 독립 촉성 중앙 협의회를 결성하였어요.

① ㄱ, ㄴ   ② ㄱ, ㄷ   ③ ㄴ, ㄷ
④ ㄴ, ㄹ   ⑤ ㄷ, ㄹ

41 제헌 국회의 활동
정답 ③

밑줄 그은 '국회'에 대한 설명으로 옳지 <u>않은</u> 것은? [3점]

5·10 총선거는 우리나라 최초의 보통 선거로, 21세 이상의
모든 국민에게 투표권이 부여되었어요.

이 우표는 **우리나라 최초로 실시된 총선거**를 기념
하기 위해 발행되었습니다. 보통·직접·평등·비밀
선거 원칙에 따라 치른 이 선거를 통해 구성된 국회에
서 활동한 의원의 임기는 2년이었습니다. ❶

당시 국회 의원의 임기는
헌법에서 4년으로 규정하
였으나, 부칙에서 제헌 국
회에 한하여 임기를 2년으
로 정하였어요.

정답 잡는 키워드

❶ 우리나라 최초로 실시된 총선거를 통해 구성 → 제헌 국회

우리나라 최초로 실시된 총선거를 통해 구성되었다는 내용으로 보아 밑줄 그
은 '국회'가 제헌 국회임을 알 수 있어요. 유엔 한국 임시 위원단의 감시 아래
1948년 5월, 우리나라 최초의 보통 선거인 5·10 총선거가 실시되었고, 그 결
과로 제헌 국회가 구성되었어요. 제헌 국회는 헌법을 제정하고 이승만을 대통
령으로 선출하였지요. 이어 1948년 8월 15일에 대한민국 정부 수립이 선포되
고 이승만 정부가 출범하였습니다.

① 반민족 행위 처벌법을 제정하였다.
➡ 제헌 국회는 일제에 협력한 자들을 처벌하기 위한 반민족 행위 처벌법을 제
정하였어요.

② 의원들의 선거로 대통령을 선출하였다.
➡ 제헌 국회는 국회의 간접 선거로 이승만을 대통령으로, 이시영을 부통령으로
선출하였어요.

③ 민의원과 참의원의 양원제로 운영되었다.
➡ 민의원, 참의원의 양원제로 운영된 국회는 4·19 혁명 이후에 구성된 제5대
국회입니다. 제1차 개헌(발췌 개헌)에서도 양원제 국회를 규정하였으나 실
제로 구성되지는 않았어요.

④ 일부 지역의 국회 의원이 선출되지 못한 채 출범하였다.
➡ 남한만의 단독 선거에 반대하여 일어난 제주 4·3 사건으로 제주도 지역에서
5·10 총선거가 정상적으로 치러지지 못하였어요. 이에 따라 제주도 두 곳을
제외한 선거구에서 선출된 국회 의원 198명으로 제헌 국회가 출범하였어요.

⑤ 일제가 남긴 재산 처리를 위한 귀속 재산 처리법을 만들었다.
➡ 제헌 국회는 일제 강점기에 일본인 소유였다가 대한민국 정부에 이양된 귀속
재산을 처리하기 위해 귀속 재산 처리법을 제정하였어요.

42 6·25 전쟁
정답 없음

(가) 전쟁 중에 볼 수 있는 모습으로 적절하지 <u>않은</u> 것은? [2점]

역사 뮤지컬

기적의 항해
MEREDITH VICTORY

한 척의 배로 가장 많은 인명을 대피시킨
메러디스 빅토리호!
(가) 전쟁 중의 **흥남 철수** ❶ 당시
배에 실린 군수 물자를 내리고
14,000여 명의 피난민을 구출한
감동적인 이야기가 펼쳐집니다.

흥남 부두에서 배에 실려
있던 무기와 화물을 버리
고 정원의 200배가 넘는
피난민을 태워 거제도까
지 무사히 대피시켰어요.

◈ 일시 : 2023년 ○○월 ○○일 19:00
◈ 장소 : △△ 문화회관 대극장

정답 잡는 키워드

❶ 흥남 철수 → 6·25 전쟁

흥남 철수가 있었다는 내용을 통해 (가) 전쟁이 6·25 전쟁임을 알 수 있어요.
인천 상륙 작전 성공 이후 국군과 유엔군은 압록강 유역까지 진출하였으나 중
국군이 개입하면서 북한 지역에서 밀려났어요. 이 과정에서 전세가 불리해진
국군과 유엔군이 함경남도 흥남 항구를 통해 해상으로 철수하는 흥남 철수 작
전이 전개되었어요. 1950년 6월 25일에 북한군의 기습 남침으로 시작된 전쟁
은 1953년 7월 27일에 정전 협정이 체결되면서 중단되었습니다.

① 국민 방위군에 소집되는 청년
➡ 6·25 전쟁 당시 이승만 정부는 중국군의 개입으로 불리해진 전쟁 상황을 만
회하기 위해 만 17세에서 40세 미만의 장병을 소집하여 국민 방위군을 조직
하였어요. 그러나 전황은 악화되었고, 1·4 후퇴 과정에서 일부 간부들이 군
수품을 빼돌려 군수 물자가 제대로 보급되지 않아 많은 군인이 굶주림과 추
위로 사망하는 국민 방위군 사건이 일어났어요.

② 원조 물자 배급을 기다리는 시민
➡ 6·25 전쟁 당시 많은 국가와 국제기구가 한국에 원조 물자를 지원하였어요.

③ 지가 증권을 싼값에 매각하는 지주
➡ 제헌 국회는 1949년에 유상 매수, 유상 분배 형식의 농지 개혁법을 제정하
였어요. 정부는 농지를 매수하면서 지주에게 지가 증권을 발행하였지요. 농
지 개혁은 6·25 전쟁으로 경상남도 일대를 제외하고 중단되었으나 1950년
9월 서울 수복 후 일부 업무가 재개되었어요.

④ 거제도 포로수용소에서 석방되는 반공 포로
➡ 1951년 7월부터 시작된 정전 협상은 포로 송환 문제와 휴전선 설정 등을 두
고 합의에 이르지 못하였어요. 2년여 동안 이어지던 회담에서 마침내 합의
분위기가 형성되었으나 1953년 6월 18~19일에 정전에 반대하던 이승만
정부가 전국 포로수용소의 반공 포로를 일방적으로 석방하여 회담이 지연되
기도 하였어요. 당시 반공 포로를 석방한 곳은 부산 거제리, 부산 가야리, 광
주, 논산, 마산, 영천, 부평, 대구의 8개 포로수용소였어요. 거제도 포로수용
소에서도 포로가 석방되었다는 것은 개인 증언 등을 바탕으로 추정할 수 있
으나 아직까지 공식 자료에서는 확인할 수 없습니다. 즉, 선택지에 대한 논증
이 어려워 정·오답 확정이 불가합니다.

⑤ 제2차 미·소 공동 위원회 개최 소식을 보도하는 기자
➡ 1947년에 제2차 미·소 공동 위원회가 개최되었으나 결렬되었어요.

(가) 정부 시기에 있었던 사실로 옳은 것은?   [2점]

국가 기념일에 담긴 역사 이야기

❶2·28 민주 운동 기념일
- 학생들, 불의에 저항하여 일어서다 -

경북도청으로 향하는 학생 시위대의 모습

2월 28일 일요일은 민주당 부통령 후보 장면의 대구 유세가 있는 날이었다. ____(가)____ 정부는 이 유세장에 학생들이 가지 못하도록 2월 28일에도 등교할 것을 대구 시내 고등학교에 지시하였다. 각 학교가 내세운 등교의 명분은 시험, 단체 영화 관람, 토끼 사냥 등이었다. 이에 분노한 학생들은 "학원의 자유를 보장하라!" 등의 구호를 외치며 시위에 나섰다. 이날의 시위는 ❷3·15 의거 등 이후 전개된 민주화 운동에 영향을 주었다. 이 시위의 역사적 의의가 인정되어 2018년에 국가 기념일로 지정되었다.

민주당 대통령 후보인 조병옥이 갑자기 사망하여 자유당 이승만이 단독으로 대통령 후보가 된 가운데 자유당은 부통령 후보인 이기붕의 당선을 위해 민주당 부통령 후보 장면의 유세를 방해하였어요.

정답 잡는 키워드

❶ 2·28 민주 운동, ❷ 3·15 의거 → 이승만 정부

2·28 민주 운동과 3·15 의거를 통해 4·19 혁명과 관련된 자료임을 알 수 있어요. 따라서 (가) 정부는 이승만 정부입니다. 2·28 민주 운동은 1960년에 정·부통령 선거를 앞두고 이승만 정부와 자유당이 민주당의 대구 지역 선거 유세장에 가지 못하도록 일요일에도 등교할 것을 지시하자 학생들이 항거하여 일어난 시위입니다. 3·15 의거는 이승만과 자유당 정부가 자행한 3·15 부정 선거에 반대하여 마산에서 일어난 시위입니다. 대구의 2·28 민주 운동, 마산의 3·15 의거는 4·19 혁명의 계기가 되었어요. 4·19 혁명으로 이승만이 대통령직에서 물러나면서 자유당 정권은 무너졌어요.

① 프로 야구가 6개 구단으로 출범하였다.
➡ 전두환 정부는 강압 정책에 대한 불만을 무마하기 위해 야간 통행금지 해제, 두발과 교복 자율화, 해외여행 자유화, 프로 야구단 창단 등 유화 정책을 추진하였어요.

② YH 무역 노동자들이 야당 당사에서 농성하였다.
➡ 박정희 정부 시기에 YH 무역의 여성 노동자들이 회사의 일방적인 폐업에 항의하며 신민당 당사에서 농성하였어요.

③ 사회 정화를 명분으로 삼청 교육대가 설치되었다.
➡ 전두환 등 신군부 세력은 1980년 5월 비상계엄 아래 사회 정화를 명분으로 군부대 내에 삼청 교육대를 설치하였어요.

④ 인민 혁명당 재건위 사건으로 관련자가 탄압받았다.
➡ 박정희 정부는 유신 체제에 반대하는 세력을 억압하기 위해 인민 혁명당 재건위 사건(2차 인혁당 사건)을 조작하여 관련자를 탄압하였어요.

⑤ 평화 통일론을 주장한 진보당의 조봉암이 구속되었다.
➡ 이승만 정부는 1958년에 진보당의 조봉암을 간첩죄로 몰아 구속하고 진보당을 해체하였어요.

(가), (나) 헌법이 제정된 시기 사이에 있었던 사실로 옳은 것은?

이전의 '대통령은 1차에 한하여 중임할 수 있다.'라는 조항을 수정하여 대통령 3회 연임을 허용하였어요.   [3점]

(가)	(나)
제1조 ① 대한민국은 민주 공화국이다. ② 대한민국의 주권은 국민에게 있고, 모든 권력은 국민으로부터 나온다. 제64조 ① 대통령은 국민의 보통·평등·직접·비밀 선거에 의하여 선출한다. 제69조 ① 대통령의 임기는 4년으로 한다. ③ 대통령의 계속 재임은 3기에 한한다.	제1조 ① 대한민국은 민주 공화국이다. ② 대한민국의 주권은 국민에게 있고, 국민은 그 대표자나 국민 투표에 의하여 주권을 행사한다. 제39조 ① 대통령은 통일 주체 국민 회의에서 토론 없이 무기명 투표로 선거한다. 제47조 대통령의 임기는 6년으로 한다. 제59조 ① 대통령은 국회를 해산할 수 있다.

유신 헌법에 따라 대통령이 통일 주체 국민 회의에서 간선제로 선출되었어요.

정답 잡는 키워드

❶ 대통령의 3기 재임 가능 → (가) 3선 개헌(1969)
❷ 통일 주체 국민 회의에서 무기명 투표로 대통령 선출,
❸ 대통령이 국회 해산 가능 → (나) 유신 헌법(1972)

(가)는 대통령을 직선제로 선출하며 3기에 한하여 계속 재임할 수 있다고 규정한 것으로 보아 1969년에 이루어진 이른바 3선 개헌임을 알 수 있어요. 박정희 정부는 국가 안보 강화와 지속적인 경제 발전을 명분으로 내세워 대통령의 3회 연임을 허용하는 내용의 3선 개헌안을 국회에서 통과시켰어요. (나)는 통일 주체 국민 회의에서 토론 없이 무기명으로 대통령을 선출하며, 대통령에게 국회 해산권을 허용한 것으로 보아 1972년에 제정된 유신 헌법임을 알 수 있어요. 유신 헌법에는 대통령에게 긴급 조치권과 국회 해산권 부여 등이 포함되었어요. 이로써 박정희 정부의 영구 집권을 위한 독재 체제가 강화되었어요.

① 지방 자치제가 전면 시행되었다.
➡ 김영삼 정부는 1995년에 지방 자치제를 전면 시행하여 주민들이 지방 자치 단체장을 직접 선출하게 하였어요.

② 여수·순천 10·19 사건이 일어났다.
➡ 이승만 정부 시기인 1948년에 제주 4·3 사건 진압을 위해 이승만 정부가 여수와 순천에 주둔한 군대에 출동 명령을 내리자 군대 내 일부 세력이 명령을 거부하고 무장봉기한 여수·순천 10·19 사건이 일어났어요.

③ 일부 군인들이 5·16 군사 정변을 일으켰다.
➡ 박정희를 비롯한 일부 군인들이 1961년에 5·16 군사 정변을 일으켜 정권을 장악하였어요.

④ 서울과 평양에서 7·4 남북 공동 성명이 발표되었다.
➡ 남북한은 1972년에 평화 통일의 3대 원칙에 합의한 7·4 남북 공동 성명을 서울과 평양에서 동시에 발표하였어요. 7·4 남북 공동 성명은 남북한 독재 체제 강화에 이용되어 이후 남한에 유신 체제가, 북한에 김일성 유일 체제가 확립되었어요.

⑤ 한·일 국교 정상화에 반대하는 6·3 시위가 전개되었다.
➡ 박정희 정부의 굴욕적인 한·일 국교 정상화에 반대하여 1964년에 6·3 시위가 일어났어요.

기출 선택지 +α

❻ 부·마 민주 항쟁이 일어났다.   (O/X)
❼ 경부 고속 도로를 준공하였다.   (O/X)

기출 선택지 +α 정답 ❻ ✕[1979년] ❼ ○[1970년]

45 박정희 정부 시기의 사실
정답 ①

다음 뉴스의 사건이 있었던 정부 시기의 사실로 옳은 것은? [3점]

오늘 오후 2시경 서울 평화 시장에 서 있었던 노동자들의 시위 도중 재단 사 **① 전태일** 씨가 분신하는 사건이 발생 하였습니다. 전 씨는 "근로 기준법을 지켜라!", "우리는 기계가 아니다!"라 고 절규하며 열악한 노동 환경 개선을 요구하였습니다.

전태일의 죽음을 계기로 많은 사람이 노동 문제에 관심을 기울이면서 노동 운동이 본격화되었어요.

정답 잡는 키워드

① 전태일 분신 → 박정희 정부

전태일이 분신한 사건은 박정희 정부 시기인 1970년에 일어났어요. 박정희 정 부는 경제 성장을 위해 국가 주도로 산업을 육성하였어요. 1960년대에 값싼 노동력을 이용한 경공업을 중심으로 경제 성장을 추진하였는데, 이 과정에서 노동자들은 낮은 임금과 열악한 환경 속에서 장시간 노동에 시달렸습니다. 근 로 기준법 준수와 열악한 노동 환경 개선을 요구하는 시위가 전개되었지만, 정 부는 수출 경쟁력 확보를 위해 저임금 정책을 고수하였어요. 이에 평화 시장에 서 일하며 노동 운동을 하던 전태일은 근로 기준법 준수를 요구하며 분신 투쟁 을 벌였어요.

① **함평 고구마** 피해 보상 운동이 전개되었다.
➡ 박정희 정부 시기인 1976년에 함평군 농협이 고구마 전량 수매를 약속해 놓 고 이를 이행하지 않아서 농민들이 피해를 입은 사건이 일어났어요. 농민들 은 피해 보상을 요구하며 투쟁을 전개하여 1978년에 보상을 약속받았어요.

② 저유가·저금리·저달러의 3저 호황이 있었다.
➡ 전두환 정부 시기에 저유가, 저금리, 저달러의 3저 호황으로 물가가 안정되 고 수출이 증가하였어요.

③ 미국과의 자유 무역 협정(FTA)이 체결되었다.
➡ 미국과의 자유 무역 협정(FTA)은 노무현 정부 시기에 체결되었고, 이명박 정 부 시기에 국회에서 비준되었어요.

④ 경제 협력 개발 기구(OECD)의 회원국이 되었다.
➡ 김영삼 정부 시기인 1996년에 한국은 경제 협력 개발 기구(OECD)에 가입하 였어요.

⑤ 최저 임금 결정을 위한 최저 임금 위원회가 설치되었다.
➡ 전두환 정부는 1987년에 최저 임금 결정을 위한 최저 임금 위원회를 설치하 였어요.

기출 선택지 +α

❻ G20 서울 정상 회의가 개최되었다. (O / X)
❼ 포항 제철소 1기 설비가 준공되었다. (O / X)
❽ 국민 기초 생활 보장법이 실시되었다. (O / X)
❾ 연간 수출액 100억 달러가 달성되었다. (O / X)
❿ 헝가리와 상주 대표부 설치 협정을 체결하였다. (O / X)

기출 선택지 +α
정답 ❻ ×[이명박 정부] ❼ ○ ❽ ×[김대중 정부] ❾ ○ ❿ ×[노태우 정부]

---

46 영주 부석사 소조 여래 좌상
정답 ⑤

(가)에 해당하는 문화유산으로 옳은 것은? [2점]

국가문화유산포털

종목별 (전체)(국보)(보물)(사적)(명승)
문화유산 검색 [   ] 검색 초기화 □결과 내 검색

(가)

① 부석사 무량수전에 있는 소조 불상으로 우 리나라 소조 불상 가운데 가장 규모가 크고 오래되어 그 가치가 높다.
얼굴은 풍만한 편이며 두꺼운 입술과 날카 로운 코 등에서 근엄한 인상을 풍긴다. 옷 주 름의 형태 등을 통해 고려 시대 불상임을 알 수 있다. 영주 부석사 무량수전은 고려 시대에 지어진 목조 건물 로 배흘림기둥에 주심포 양식으로 축조되었어요.

정답 잡는 키워드

① 부석사 무량수전에 있는 소조 불상
→ 영주 부석사 소조 여래 좌상

부석사 무량수전에 있는 소조 불상이라는 내용을 통해 (가)에 해당하는 문화유 산이 영주 부석사 소조 여래 좌상임을 알 수 있어요. 영주 부석사 소조 여래 좌 상은 고려 시대의 불상으로 신라 양식을 계승하였어요.

①

➡ 통일 신라의 경주 석굴 암 본존불상이에요.

②

➡ 고려 말~조선 초에 만 들어진 것으로 보이는 금동 관음보살 좌상이 에요.

③

➡ 고려 초기에 만들어진 하남 하사창동 철조 석 가여래 좌상이에요.

④

➡ 삼국 시대의 금동 미륵 보살 반가 사유상이에 요.

⑤

➡ 고려의 영주 부석사 소 조 여래 좌상이에요.

① (가) - (나) - (다) - (라)

② (가) - (나) - (라) - (다)

③ (나) - (가) - (라) - (다)

➡ (나) 고구려 멸망(668) → (가) 김윤후가 처인성 전투에서 살리타이 사살 (1232) → (라) 임진왜란 때 송상현이 동래성 전투에서 항전(1592) → (다) 정묘호란 때 정봉수가 용골산성에서 항전(1627)

④ (나) - (다) - (가) - (라)

⑤ (다) - (라) - (나) - (가)

[47~48] 다음 자료를 읽고 물음에 답하시오.

┌─ 승려 출신 김윤후가 처인성에서 부곡민을 이끌고
│ 싸워 몽골군을 격퇴하였어요.

(가) ❶살리타이가 처인성을 공격하였다. 적을 피해 성에 와 있던 한 승려가 살리타이를 쏘아 죽였다. 국가에서 그 전공을 칭찬하여 상장군 벼슬을 주었다. 승려가 전공을 다른 사람에게 돌리며 말하기를, "전투할 때 나는 활과 화살이 없었으니, 어찌 감히 공 없이 무거운 상을 받겠습니까."라고 하고, 굳게 사양하며 받지 않았다.

┌─ 백제를 멸망시킨 나당 연합군이 고구려의 수도 평양성을 공격하였어요.

(나) ❷[우리 부대가] 대군(大軍)과 연합하여 평양을 포위하였다. 보장왕이 먼저 연남산 등을 보내 영공에게 항복을 청하였다. 이에 영공은 보장왕과 왕자 복남·덕남 및 대신 등 20여만 명을 끌고 본국으로 돌아갔다. 각간 김인문과 대아찬 조주는 영공을 따라 돌아갔다.

┌─ 연개소문의 셋째 아들이에요. 연개소문 사후 그 아들들 사이에
│ 권력 다툼이 발생하여 정치가 혼란하였어요.

(다) 비국(備局)에서 아뢰기를, ❸"적병이 두 차례나 용골산성을 공격해 왔지만 정봉수는 홀로 고립된 성을 지키면서 충성과 용맹을 더욱 떨쳤습니다. …… 죽음을 두려워하지 않는 용사를 더 모집하여 육로로 혹은 배편으로 달려가서 기세(氣勢)를 돕게 하소서. 용골산성이 비록 포위에서 풀렸으나 이 일은 그만둘 수 없을 듯합니다."라고 하니, 왕이 따랐다.

(라) ❹부사 송상현은 왜적이 바다를 건넜다는 소식을 듣고 지역 주민과 군사 그리고 이웃 고을의 군사를 모두 불러 모아 성에 들어가 지켰다. …… 성이 포위당하자 ❺상현이 성의 남문에 올라가 전투를 독려하였으나 ❻한나절 만에 성이 함락되었다. 상현은 갑옷 위에 조복(朝服)*을 입고 의자에 앉아 움직이지 않았다. …… 적이 모여 들어 생포하려고 하자 상현이 발로 걷어차면서 항거하다가 마침내 해를 입었다.

┌─ 임진왜란 초기 부산진성에서 정발이, 동래성에서 송상현이
│ 잇따라 일본군에 패하고 순절하였어요.

* 조복(朝服) : 관원이 조정에 나아가 하례할 때 입던 예복

---

47 역사 속 외세의 침입　　　정답 ③

(가)~(라) 전투를 일어난 순서대로 옳게 나열한 것은?　[2점]

정답 잡는 키워드

❶ 살리타이를 처인성에서 사살 → (가) 처인성 전투(1232)

❷ (고구려)의 보장왕이 항복을 청함 → (나) 고구려 멸망(668)

❸ 정봉수가 용골산성에서 적에 맞서 싸움 → (다) 정묘호란(1627)

❹, ❺, ❻ 부사 송상현이 왜적에 맞섰으나 성이 함락됨
　　　　　　→ (라) 임진왜란(1592)

(가) 처인성에서 살리타이를 죽였다는 내용을 통해 고려 시대에 승려 김윤후가 처인성 전투에서 몽골군의 침입을 물리친 상황을 보여 주는 자료임을 알 수 있어요.

(나) 우리 부대(신라군)가 대군(당군)과 연합하여 평양을 포위하였으며 보장왕이 항복하는 것으로 보아 고구려 멸망 당시의 상황임을 알 수 있어요. 고구려는 668년에 나·당 연합군의 공격을 받아 평양성이 함락되면서 멸망하였어요. 고구려 멸망 후 보장왕은 당에 끌려갔어요.

(다) 정봉수가 용골산성에서 적에 맞서 싸웠다는 내용을 통해 정묘호란 때의 상황임을 알 수 있어요. 정묘호란 당시 용골산성에서 정봉수와 이립 등이 후금군에 맞서 싸웠어요.

(라) 부사 송상현이 왜적에 맞서 싸웠으나 성이 함락되었다는 내용을 통해 임진왜란 때 있었던 동래성 전투 상황임을 알 수 있어요. 명으로 가는 길을 내어 달라는 요구를 하며 조선을 침략한 일본은 침략 이틀 만에 부산진성과 동래성을 무너뜨렸어요. 이때 동래성의 부사 송상현이 항전하였지만 패배하고 죽음을 맞았어요.

---

48 동래 지역의 역사　　　정답 ①

(라) 전투가 벌어진 지역에서 있었던 사실로 옳은 것은?　[2점]

①내상이 무역 활동을 전개하였다.
➡ 내상은 조선 후기에 동래를 근거지로 활동한 상인이에요.

② 안승이 왕으로 봉해진 보덕국이 세워졌다.
➡ 신라 문무왕은 고구려 부흥 운동을 전개하던 안승이 항복하자 지금의 익산인 금마저에 머물게 하고 보덕국의 왕으로 봉하였어요.

③ 지역 차별에 반발하여 홍경래가 봉기하였다.
➡ 조선 순조 때 홍경래, 우군칙 등이 지역에 대한 차별과 지배층의 수탈에 반발하여 평안도 가산 지역에서 봉기하였어요.

④ 만적을 비롯한 노비들이 신분 해방을 도모하였다.
➡ 고려 무신 집권기에 개경(개성)에서 만적을 비롯한 노비들이 신분 해방을 도모하였으나 사전에 발각되었어요.

⑤ 지주 문재철의 횡포에 맞서 소작 쟁의가 일어났다.
➡ 1923년에 전라남도 신안군 암태도의 농민들은 지주 문재철이 지나치게 높은 비율로 소작료를 징수하자 이에 반발하여 소작 쟁의를 벌였어요.

기출 선택지 +α

❻ 제1차 미·소 공동 위원회가 개최되었다.　　　（O / X）
❼ 신립이 배수의 진을 치고 왜군에 항전하였다.　　（O / X）
❽ 고무 공장 노동자 강주룡이 노동 쟁의를 전개하였다.　（O / X）
❾ 왕건이 후백제를 배후에서 견제하기 위해 차지하였다.　（O / X）
❿ 현존 최고의 금속 활자본인 직지심체요절이 간행되었다.　
　　　　　　　　　　　　　　　　　　　　（O / X）

기출 선택지 +α

정답　⑥ ×[서울, 덕수궁 석조전]　⑦ ×[충주]　⑧ ×[평양]　⑨ ×[나주]　⑩ ×[청주]

49 6월 민주 항쟁
정답 ②

(가) 민주화 운동에 대한 설명으로 옳은 것은? [1점]

❶ 박종철 군 고문 살인 은폐 조작과 호헌 조치를 규탄하는 국민 대회 당시의 모습이야. 정부의 원천 봉쇄 방침에도 각 지역에서 열렸어.

이 대회를 주최한 민주 헌법 쟁취 국민운동 본부는 4·13 호헌 조치가 무효라고 선언하였지. 이후 민주화를 요구하는 시민들의 시위가 전국 각지에서 더욱 거세졌어.

당국의 발표와 달리 대학생 박종철이 경찰의 고문으로 사망하였다는 사실이 폭로되자 진상 규명을 요구하는 시위가 확산되었어요.

전두환 정부가 대통령 간선제인 기존 헌법을 유지하겠다는 호헌 조치를 발표하자 이에 저항하여 6월 민주 항쟁이 일어났어요.

(가) 사진전

호헌철폐 독재타도 민주쟁취

정답 잡는 키워드

❶ 박종철 군 고문 살인 은폐 조작과 호헌 조치 규탄,
❷ 4·13 호헌 조치가 무효라고 선언 → 6월 민주 항쟁

박종철 고문치사 사건과 호헌 조치를 규탄하는 국민 대회가 열렸으며, 4·13 호헌 조치가 무효라고 선언하였다는 내용을 통해 (가) 민주화 운동이 1987년에 일어난 6월 민주 항쟁임을 알 수 있어요. 전두환 정부는 국민의 대통령 직선제 개헌 요구를 무시하고 기존 헌법을 고수하겠다는 4·13 호헌 조치를 발표하였어요. 이에 국민 저항이 일어나 확산하는 가운데 박종철 고문치사 사건이 은폐·조작되었다는 사실이 폭로되면서 민주 헌법 쟁취 국민운동 본부가 결성되어 항쟁을 주도적으로 이끌었어요. 이러한 상황에서 대학생 이한열이 박종철 고문치사 사건의 진상 규명을 요구하는 시위에 참여하였다가 경찰이 쏜 최루탄에 피격되는 사건이 벌어졌어요. 이에 분노한 수많은 학생과 시민들이 '호헌 철폐', '독재 타도' 등의 구호를 외치며 민주 헌법 쟁취 국민운동 본부가 개최한 6·10 국민 대회에 참여하였고, 시위는 전국적·범국민적으로 확산되었습니다. 결국 전두환 정부는 여당의 차기 대통령 후보인 노태우를 내세워 6·29 민주화 선언을 발표하였어요.

① 허정 과도 정부가 구성되는 계기가 되었다.
➡ 4·19 혁명으로 이승만 정부가 무너지고 허정을 수반으로 하는 과도 정부가 구성되었어요.

②5년 단임의 대통령 직선제 개헌을 이끌어 냈다.
➡ 6월 민주 항쟁의 결과 5년 단임의 대통령 직선제를 주요 내용으로 하는 개헌이 이루어졌어요.

③ 야당 총재의 국회 의원직 제명으로 촉발되었다.
➡ 야당 총재 김영삼을 국회 의원직에서 제명한 사건이 도화선이 되어 부·마 민주 항쟁이 일어났어요.

④ 관련 기록물이 세계 기록 유산으로 등재되었다.
➡ 4·19 혁명과 5·18 민주화 운동 관련 기록물이 그 가치를 인정받아 유네스코 세계 기록 유산으로 등재되었어요.

⑤ 이승만이 대통령에서 물러나는 결과를 가져왔다.
➡ 4·19 혁명으로 이승만이 대통령직에서 물러났어요.

---

50 노태우 정부의 통일 노력
정답 ④

다음 선언을 발표한 정부의 통일 노력으로 옳은 것은? [3점]

나는 오늘 온 겨레의 염원인 조국의 평화적 통일을 실현해 나가기 위한 새 공화국의 정책을 밝히려 합니다. 우리 민족이 남북 분단의 고통을 겪어온 지 반세기가 가까워 옵니다. …… 민족자존과 통일 번영의 새 시대를 열어나갈 것임을 약속하면서 다음과 같은 정책을 추진해 나갈 것을 내외에 선언합니다.

……

셋째,❶ 남북 간 교역의 문호를 개방하고 남북 간 교역을 민족 내부 교역으로 간주한다.

……

여섯째, 한반도의 평화를 정착시킬 여건을 조성하기 위하여 북한이 미국, 일본 등 우리 우방과의 관계를 개선하는 데 협조할 용의가 있으며 또한 우리는 소련, 중국을 비롯한 사회주의 국가❷들과의 관계 개선을 추구한다.

└ 노태우 정부는 냉전이 해체되는 국제 정세의 변화 속에서 북방 외교를 추진하여 소련, 중국 등 사회주의 국가들과 수교를 맺었어요.

정답 잡는 키워드

❶ 남북 간 교역의 문호를 개방하고 남북 간 교역을 민족 내 교역으로 간주, ❷ 소련, 중국을 비롯한 사회주의 국가들과의 관계 개선 추구
→ 노태우 정부

남북 간 교역의 문호를 개방하고 남북 간 교역을 민족 내 교역으로 간주하며, 사회주의 국가들과의 관계 개선을 추구한다는 내용을 통해 노태우 정부 시기에 발표된 민족자존과 통일 번영을 위한 특별 선언(7·7 선언)임을 알 수 있어요. 이 선언은 남북 대화를 모색하고 사회주의 국가와 적극 교류하는 이른바 북방 정책의 출발점이 되었어요.

① 남북 조절 위원회를 구성하였다.
➡ 박정희 정부는 7·4 남북 공동 성명의 합의 사항을 이행하기 위해 남북 조절 위원회를 구성하였어요.

② 개성 공업 지구 건설에 합의하였다.
➡ 김대중 정부는 6·15 남북 공동 선언을 채택하고, 남북한의 교류 협력을 위한 개성 공업 지구 건설에 합의하였어요.

③ 10·4 남북 정상 선언을 발표하였다.
➡ 노무현 정부는 제2차 남북 정상 회담을 개최하고 10·4 남북 정상 선언을 발표하였어요.

④남북한이 국제 연합(UN)에 동시 가입하였다.
➡ 노태우 정부는 북한과 국제 연합(UN)에 동시 가입하고, 남북 기본 합의서를 채택하였어요.

⑤ 남북 이산가족 고향 방문을 최초로 실현하였다.
➡ 전두환 정부는 남북 이산가족 고향 방문을 최초로 실현하였어요.

기출 선택지 +α

❻ 남북 기본 합의서를 채택하였다. (O / X)
❼ 금강산 해로 관광 사업을 시작하였다. (O / X)
❽ 제1차 남북 적십자 회담을 개최하였다. (O / X)
❾ 한반도 비핵화 공동 선언에 서명하였다. (O / X)
❿ 판문점에서 남북 정상 회담을 개최하였다. (O / X)

기출 선택지 +α

정답 ❻○ ❼ ×[김대중 정부] ❽ ×[박정희 정부] ❾○ ❿ ×[문재인 정부]

새로운 세계로 나아가는 여러분께,
역사의 뜨거운 응원을 전하고 싶습니다.

시험을 위한 역사 공부는 여기서 끝나지만,
인생을 위한 역사 공부는 이제 시작입니다!

- 당신의 큰★별쌤 **최태성 올림**

"삶이라는 문제에
 역사보다 완벽한 해설서는 없다"

역사의 쓸모

"선택에 후회를 남기고 싶지 않을 때
 우리에겐 역사가 필요하다"

다시, 역사의 쓸모

고조선 건국부터 근현대까지
딱 한 번 읽고 평생 써먹는 교양 한국사

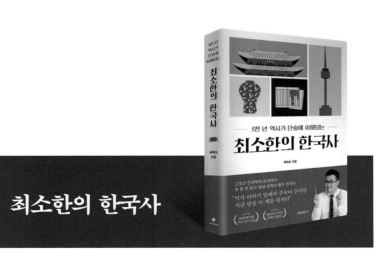

최소한의 한국사

현실을 사느라 놓치고 말았던
역사 수업의 새로운 발견

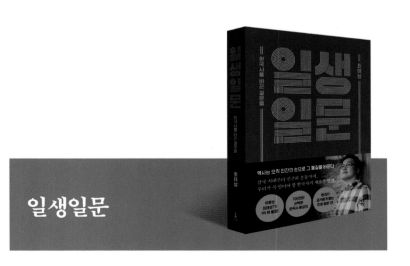

일생일문

700만이 선택한

큰★별쌤 최태성

유튜브 공식채널

별님들이 원하는 **한국사 콘텐츠의 모든 것**,
최태성 TV와 함께하세요.

 한국사 **인강** 전문채널

 한국사 **교양** 전문채널

 초등 별님들의 역사 놀이터!

 어린이를 위한 재밌는 역사의 첫걸음!

▶ 유튜브에서 ┃ 최태성 ▼ ┃ 을 검색하세요.